EDGAR WALLACE

1

Présentation de Jean-Louis Touchant

L'ÎLE D'ÈVE

LE MYSTÈRE DU TRAIN D'OR

LE CERCLE ROUGE

DAN LE SOSIE

LE VENGEUR

LA MARQUE DE LA GRENOUILLE

LE MYSTIFICATEUR

Filmographie de Jean-Jacques Schléret

L'HOMME QUI NE VOULUT PAS ÊTRE UN GENTLEMAN

par
Jean-Louis Touchant

À en croire Margaret Lane, sa biographe, divers autres témoignages ainsi que notre propre intuition, Edgar Wallace ne fut jamais un gentleman. Nous verrons qu'il ne prétendit jamais à ce titre, et que ni le roi Edouard, ni le roi George ne songèrent un instant à affubler d'un préfixe ronflant son nom de famille. Pourtant, c'est une reconnaissance qu'il aurait pu désirer, voire obtenir, en menant une existence plus bourgeoise, en fréquentant les gens qui détenaient le pouvoir. Mais il ne voulut jamais renier son passé.

Il en aurait peut-être été autrement s'il n'avait pas raté sa naissance.

L'ENFANCE COCKNEY : Naître gentilhomme est une chose, mais il est en Angleterre une autre voie qui mène à l'Ordre des Chevaliers, celle du théâtre. Naître dans cette pépinière d'acteurs, d'auteurs, de metteurs en scène est une chance fantastique. Wallace rata cette chance par la faute d'une mère trop scrupuleuse. Enfant bâtard, il sera chassé de son milieu naturel et cependant, au cours de sa prime jeunesse, ignorant tout de sa naissance, il aspirera à retrouver le paradis perdu, et devenu homme, il finira par pénétrer dans l'enceinte magique, pas celle de Shakespeare, certes, mais celle du boulevard et du vaudeville.

Son entrée dans la vie est « dickensienne ». Sa mère, Mary Richards, dite Polly, veuve d'un marin, était une petite actrice qui jouait dans les théâtres populaires du sud-est de Londres. Elle devint la protégée de Miss Alice Marriot, une grande dame du théâtre qui dirigeait sa propre compagnie et acquit une certaine notoriété en jouant elle-même le rôle d'Hamlet. Celle-ci avait un fils veule, Richard Edgar, dit Horatio, qu'elle avait fiancé à une grande actrice, Jenny Tailor. Nous voyons se dessiner les traits du mélodrame : le fils peu scrupuleux va séduire Polly, la mettre enceinte, celle-ci ne voulant pas faire de tort à sa bienfaitrice, ne désignera pas le coupable et, mieux encore, ira accoucher en secret.

Richard Horatio Edgar Wallace naît le 1er avril 1875. Polly a prétendu que son père était un certain Walter Wallace. Toutefois la véritable paternité est claironnée par les trois prénoms. Ce sera sa seule manifestation de reconnaissance, qui restera évidemment secrète.

Le bébé est confié à de pauvres gens, les Freeman, qui ont dix enfants. Il sera élevé avec une tendresse accrue par Molly, qui pour Wallace incarnera toujours la véritable noblesse. En revanche, lorsqu'il connaîtra ses origines, il ne pardonnera jamais à sa vraie mère de l'avoir rejeté.

La vie sera rude pour le petit cockney. Sa petite enfance conserve les couleurs du roman populaire : père ivrogne, fils qui prennent le même chemin, se battent, font de la prison, lecture de la Bible durant les périodes de remords, mère dévouée, qui ne voudra pas se séparer de son petit Dick lorsque la mère légitime ne pourra plus payer la pension. Et enfin une sœur aînée, Clara, qui prendra toujours la défense de celui qu'elle considère comme son frère.

Le schéma dickensien déviera cependant : Dick sera un fort mauvais élève, qui préférera faire l'école buissonnière, courir les rues, vendre des journaux. Ce ne sera pas Oliver Twist. Il s'initiera au monde de la petite délinquance locale, commettra de petits larcins et fera la rencontre d'un vrai faux-monnayeur.

Heureusement, il va vite se passionner pour le théâtre. Est-ce l'atavisme ? Il y a derrière lui deux générations de comédiens, mais il ne le sait pas. Parfois, il reçoit des places de galerie en provenance de « la grosse dame » qu'il a rencontrée quelquefois sans savoir qu'elle est sa mère. La plupart du temps il mendie, vole pour satisfaire sa précoce passion. Plus ou moins chassé de l'école, que va-t-il devenir ? Un prolétaire ? Très vite il se rend compte qu'il déteste le travail manuel. Il ne cesse de quitter un emploi pour un autre, tous aussi décevants...

Mauvais travailleur, il se met à fréquenter assidûment la bibliothèque publique. Après Molly, après Clara, c'est encore une femme, Mrs Auster, qui le guidera dans ses lectures tandis que son mari, machiniste au théâtre, l'emmènera voir des spectacles du côté des coulisses. Que rêver de mieux pour l'instant : la lecture et le théâtre ?

Eh bien, non, il n'est pas satisfait de la vie qu'il mène ! Il se confie à Clara, et s'engage comme cuisinier sur un dragueur. Déception, il n'a pas le pied marin et ignore tout de l'art culinaire. Il déserte après avoir volé un shilling à son capitaine. Il continuera à chaparder tout au long du retour. La faim fait oublier les grands principes. Revenu chez lui, Hanford, un laitier qui a épousé Clara, l'embauche. Il le volera à son tour. Traîné devant le tribunal, sa chère Clara lui évitera la prison en témoignant pour lui.

Il ne se sentira jamais solidaire d'une classe à laquelle il appartient pourtant, et restera sourd aux objurgations d'un leader socialiste. Il n'aura jamais vraiment de conviction politique originale et sur le tard, lorsqu'il briguera un siège aux Communes, il se présentera sous l'étiquette libérale, ce qui signifie tout et surtout rien. Ultime tentative, qui échouera, pour devenir un gentleman. Individualiste forcené, il est convaincu que l'on doit grimper seul dans l'échelle sociale.

À dix-huit ans, il tombe amoureux d'une jeune fille de son âge, pure et belle : Edie Cockle. Il lui écrit de longues lettres, ils jurent de se marier, mais que faire avec un pauvre salaire ? Il s'engage pour sept ans au Régiment royal. Ainsi, encore une fois, se distingue-t-il du commun. Il a commencé à rédiger son journal et à écrire des épigrammes. Les débuts d'un écrivain public, en quelque sorte. Il a presque dix-neuf ans, mesure 5 pieds 4 pouces, est très maigre et sous-alimenté. Son refus de boire avec la troupe, son aversion pour le travail manuel l'isolent. C'est alors que des connaissances de secouriste acquises précédemment vont faire de lui un soldat à part : il est versé dans le corps sanitaire. Devenu infirmier, son indépendance est assurée, finies les manœuvres et les armes. Il va pouvoir écrire, et rapidement ses épigrammes obtiennent un vif succès. Son chanteur préféré, Arthur Roberts, accepte l'une de ses chansons. Fou de joie, il déserte pour aller l'écouter à Londres. Mais son étoile ne l'abandonne pas, car il est désigné pour partir en Afrique du Sud, ce qui lui évite le tribunal militaire. Nous sommes en 1896, c'est-à-dire à la veille d'une guerre sanglante entre deux ethnies colonisatrices. Il s'embarque le 18 juillet à Southampton après avoir juré à Edie de l'aimer toujours et de l'épouser dès son retour.

LES ANNÉES D'APPRENTISSAGE : Affecté à Simonstown, et tandis que les bruits de guerre sont de plus en plus alarmants, il s'assure une existence calme, lisant Kipling, le dictionnaire (à la recherche d'un vocabulaire), et se plaignant de sa vie ennuyeuse.

Il va alors rencontrer une des nombreuses femmes providentielles que le destin place toujours sur sa route. Une mère, encore : Marion Caldecott, qui dirige la bibliothèque que son mari, le révérend William Shaw, a installée, sympathise avec le jeune infirmier-militaire épris de lecture. Elle a quatre filles. Dick va jeter son dévolu sur l'une d'elles, Ivy. Il a besoin d'amour, Edie est trop loin, et la jeune fille va l'aimer passionnément. Il trouve au sein de cette famille une chose qui lui a toujours fait défaut : un univers de profonde culture, qui sécrète en lui des sentiments opposés d'admiration et de jalousie. Son désir de devenir quelqu'un s'accroît. L'un de ses poèmes est publié dans le *Cape Times* et attire l'attention de Rudyard Kipling. Invité à un dîner de gala offert en l'honneur de l'écrivain, il obtiendra de lui un autographe. Quelle fierté pour le petit soldat poète ! Cependant il n'est pas satisfait, tout va trop lentement, notamment l'avancement dans l'armée ; et il a le mal du pays. Il a pris conscience de ses possibilités, et perçoit la lutte qu'il va devoir mener pour grimper dans l'échelle sociale ; il écrit non sans amertume :

Mais la Société le réclame pas,
Et la Société lui envoie rien,
Ni ne l'invite à dîner,
Ni à passer l'après-midi,
Ni à danser chez le Gouverneur.

Tout cela lui ouvre cependant la porte de certains journaux. Insouciant des règles et des consignes, il attaque avec virulence le Président Kruger dans les colonnes qui lui sont offertes. Son général le réprimande. Furieux, il se renseigne : il peut acheter son congé définitif au prix de 18 £. Il ne possède pas la somme, mais qu'à cela ne tienne, il va voir Mrs Caldecott, laquelle emprunte pour le satisfaire. Il sera ainsi démobilisé le 12 mai 1899, juste avant que la guerre n'éclate.

Deux faits vont marquer cette période : On publie son premier recueil : *The Mission that failed*, dont le titre est calqué sur l'ouvrage de Kipling : *The Light that failed*, et qui lui vaudra le surnom de « Kipling sud-africain ». D'autre part, alors que Gladstone, le grand homme politique anglais, est mourant, il rédige sans plus attendre une notice nécrologique qui paraîtra ainsi dans le *Cape Times* le matin même du décès.

Ce procédé deviendra vite la règle dans le monde journalistique, mais à cette époque, Wallace est un novateur. Sa profession de foi, il la crie : écrire, écrire, n'importe quoi, n'importe quel article, tout ce qui peut lui rapporter argent et notoriété.

Il demande Ivy en mariage. Le révérend, qui déteste son futur gendre, obtient que les fiancés subissent une séparation de deux années avant les noces, et renvoie sa fille à Londres.

Redevenu civil, Dick souhaite vivement que la guerre éclate, espérant se voir confier un poste de correspondant de guerre. Il rédige des poèmes « guerriers ». Ouf ! son rêve se réalise, les combats commencent et il est nommé deuxième correspondant à la célèbre agence Reuter.

Consigné à l'arrière, il écrit des articles qu'il adresse au Cap. Ces textes sont dactylographiés et envoyés à Londres au *Daily News* et au *Daily Mail*, où ils sont appréciés du public anglais.

Envoyé à Mafeking, où se déroule une grande bataille, il arrive lorsque tout est fini. Peu importe, il va raconter l'histoire à sa manière. Les Anglais sont convaincus d'avoir remporté une bataille décisive qui doit mettre fin au conflit. Molly Freeman venant de mourir, Wallace demande un congé pour se rendre à Londres. Toute sa famille adoptive a été dispersée, Clara est abandonnée, son mari parti avec toutes ses économies ; Edie s'est mariée et refuse de le recevoir. Heureusement, il est interrogé par les journalistes qui le considèrent comme un spécialiste des affaires sud-africaines doté d'un grand talent littéraire. Bonheur comme souvent suivi d'une amère déception : son recueil de poèmes, *Writ in Barracks*, est accueilli fraîchement. Thomas Marlowe, rédacteur en chef du *Daily Mail*, accepte néanmoins de recevoir de lui « quelques articles ».

C'est un vaillant défenseur – verbalement – de l'impérialisme britannique, partisan de l'annexion totale de l'Afrique du sud. Lorsqu'il y rentre, la guerre de guérilla a commencé. S'il n'y a aucune opposition en Angleterre, l'opinion internationale, elle, est largement en faveur des Boers. Chaque victoire de ceux-ci est accueillie avec joie. La reine Victoria est caricaturée dans les journaux français et allemands. Wallace se déchaîne contre « la presse vipérine de l'Europe », et l'un de ses articles va connaître un certain retentissement. Il a pour titre : « Les femmes, voilà l'ennemi » ; il réclame que les femmes des territoires occupés soient fusillées : « toutes des espionnes ».

Le *Daily News*, concurrent du *Daily Mail*, s'offusque : « Edgar Wallace, ce produit chevaleresque et humain de la civilisation du XXe siècle, s'est surpassé ». Le journal lui reproche de rapporter des histoires de seconde main, non vérifiées, qui sont la spécialité de ce « gentleman », ajoute avec dérision le journaliste. Il poursuit : « Si Wallace parvenait à assister à une bataille et à décrire ce qu'il a vu de ses propres yeux – bien que nous admettions que ce procédé comporte certains risques – il accomplirait un meilleur travail qu'en rédigeant cet indigne fatras dans sa retraite sûre de Johannesburg ».

Mais les articles de Wallace continuent d'avoir la faveur du petit peuple, ils sont vivants et présentés souvent sous forme de dialogues. Il a créé le personnage de Tommy Smithy, qui converse avec ses camarades dans le langage cockney, ce qui donne des dialogues au style corrompu mais vrai. Wallace, encore une fois, est un précurseur.

Mariage avec Ivy, malgré le désaveu du révérend. Ils s'installent au Cap. Nouvel article sur les atrocités des Boers, qu'il accuse d'achever les blessés. Remous à Londres, un débat s'ouvre entre le Ministère de guerre, la Chambre des communes et le *Daily Mail*. Le général Kitchener, partisan d'une censure totale, déplace sous escorte militaire le reporter dont la célébrité ne cesse de croître. Tromper la censure va alors devenir un sport. Wallace s'allie avec un financier, Harry Freeman Cohen, qui a un frère à Londres, pour adresser des messages codés remis au *Daily Mail*. Il peut ainsi donner des indications sur l'évolution des pourparlers de paix. Toujours sous surveillance, il affecte de demeurer loin du camp où ceux-ci se déroulent. Il s'est acoquiné avec une sentinelle, invente un système de signaux avec des tissus de couleur. Il pourra ainsi annoncer avant tout le monde la signature du traité de paix. Il devient un héros pour certains, un traître pour d'autres. Ses confrères trouvent le procédé méprisable, mais n'est-ce pas par jalousie ? Quoi qu'il en soit, Lord Kitchener raye Wallace de la liste des correspondants de guerre.

Tandis que lui naît une fille, Harry Cohen, ébloui par le talent du reporter, finance l'achat d'un journal moribond : Dick Wallace devient le rédacteur en chef du *Randy Daily Mail*. Un voyage éclair à Londres le consacre comme l'homme du jour, et il est fêté à Fleet Street.

De retour à Johannesburg, disposant pour la première fois de revenus importants, il va tout gâcher en vivant au-dessus de ses moyens. Il s'habille de façon voyante, canne à pommeau d'or et grosse chaîne de montre sur la poitrine, offre des festins, dispose d'une loge au théâtre, fréquente les courses. La Bourse ne le laisse pas indifférent. Son amour pour le théâtre l'a repris, et il s'essaye à l'écriture d'une pièce populaire sur Cecil Rhodes.

Mais tout se termine mal. Cohen l'oblige à partir, et c'est enfin, au cours de l'été 1903, le triste retour au pays. Wallace laisse derrière lui des dettes importantes et, pendant la traversée, perdra au poker les dernières livres que la famille possède.

Heureusement, dès son arrivée, le *Daily Mail* l'engage comme premier reporter. Son optimisme naturel revient au galop.

Un reportage au Maroc est caractéristique de ses méthodes journalistiques. Un riche américain a été enlevé par Raisuli, un bandit plein de charme qui s'est réfugié dans le Rif. Alors que les autres reporters s'agitent, il reste à son hôtel, se promène à cheval, prend des allures de conspirateur. Un jour, il fait parvenir au *Daily Mail* une lettre qui lui aurait été adressée par Raisuli. Cette lettre pittoresque, tout à fait dans le style de Wallace, ponctuée de multiples invocations à Allah, est publiée. On ne saura jamais s'il s'agit d'un faux, mais on peut le subodorer.

Sa pièce sur Cecil Rhodes est bouclée, puis jouée. C'est un four. La famille Wallace déménage pour fuir ses créanciers. Période noire au cours de laquelle il ressuscite son personnage cockney, « Smithy », dans une série de sketches qui paraissent en première page du *Daily Mail.* C'est le succès. Wallace, qui déteste taper à la machine, embauche un jeune homme, Mr Wood, auquel il va dicter ses articles tout en berçant son fils Bryan. Cet homme qui montrera une force de travail incroyable est au fond un grand paresseux, mais plein de ressources et à l'affût de toutes les techniques nouvelles.

Il passe pour un joyeux célibataire, sa femme Ivy restant cloitrée chez elle. Il ne peut résister aux charmes féminins. Parfois excédé par celles qui le relancent, il prie sa femme de répondre au téléphone qu'il est absent.

LE ROMANCIER : Fatigué du journalisme, déçu par le théâtre, toujours endetté, il décide brusquement d'écrire un roman. Il s'est déjà essayé à la « short story » sentimentale, sans grand succès. Il veut alors écrire un roman, mais pas n'importe lequel. Un roman policier, comme on dit aujourd'hui. A-t-il lu ? Certes, il va citer Conan Doyle et Gaboriau dans son ouvrage, mais nul ne le présente comme un grand lecteur. Le roman qu'il va écrire et les suivants ne se rattacheront jamais à un genre précis. Ce sera son originalité, ce mélange de récits policiers, d'aventures et d'amour.

Curieusement, ce premier roman intitulé *The Four Just Men* va paraître à la même époque que *L'Arrestation d'Arsène Lupin*, chaque auteur ignorant les travaux de l'autre, et bien que les deux ouvrages différent, il existe entre eux comme une subtile ressemblance. Les quatre justiciers (en réalité ils ne sont que trois, le quatrième n'étant qu'un criminel sans idéal), sont des assassins qui agissent pour la bonne cause, et Lupin est un voleur honnête. Tous doivent lutter contre d'énormes forces de police, et ils vont tous lancer des défis impossibles en prenant pour cible un policier, Lupin l'inspecteur Ganimard, les justiciers, Falmouth de Scotland Yard. De chaque côté la Presse joue un grand rôle, interpellée et prenant parti. Comme Lupin, les trois « Just men » sont sympathiques. Certes, Lupin ne tue pas (en principe) et les justiciers sont des assassins, mais leurs buts sont honorables.

L'un des mérites de ce premier roman est de présenter un cas de meurtre en local clos qui n'a rien d'artificiel puisqu'il est justifié par les événements : le ministre menacé par les justiciers est réfugié dans une véritable forteresse, gardé par une armada de policiers. Comment l'atteindre ?

Conscient de l'importance de ce problème, Wallace va en faire le fer de lance d'une opération « marketing » avant la lettre. Il décide d'abord d'être son propre éditeur, sous le label “Tallis Press”, puis de publier l'ouvrage à grand renfort de publicité, enfin de lancer un défi aux lecteurs dont se souviendra le cher Ellery Queen. Ce sont eux qui vont devoir deviner la solution finale (ce n'est que l'année suivante, en 1906, que le roman sera publié de nouveau avec l'explication). Il promet une grosse récompense à celui qui sera le plus astucieux. Il n'épargne rien : affiches, circulaires, emplacements dans les journaux. Sur le livre lui-même, on trouve un coupon détachable, sur lequel on lit : « Mr Edgar Wallace, dans les pages précédentes, a narré dans un style qui, nous devons l'avouer, le place d'emblée au premier rang des écrivains impressionnistes vivants, une histoire d'un intérêt passionnant ».

Il est tellement certain du succès qu'il songe à quitter le *Daily Mail* pour se consacrer à l'édition. En attendant, il voudrait bien que son patron, Sir Alfred Harmsworth, investisse dans son entreprise, et lui fait part de ses idées sur le roman : pas de femmes, d'étreintes passionnées, mais du mouvement, des meurtres, des enlèvements, de sombres couloirs, des trappes secrètes avec l'eau terne et gluante de la douve blafarde sous le clair de lune.

Le livre se vend, mais les factures vont engloutir tous les profits, qui ne suffisent même pas à tout régler. Janet, une journaliste qui est devenue l'amie de la famille, emprunte. Il écrit à Joseph Chamberlain, lui demande de citer son livre à la Chambre des communes. Comment payer la récompense dans ces conditions ? Harmsworth, qui s'est un peu compromis dans l'opération, décide d'arranger les choses. Il envoie donc son reporter sur le continent, notamment en Espagne, à l'occasion du mariage du roi Alphonse. Un attentat à la bombe va encore mettre Wallace en vedette : il fait parvenir ses messages à Londres avant que la censure ne s'abatte sur toutes les informations en dérobant une étiquette marquée « urgent » à l'office télégraphique. A-t-il vraiment assisté à l'attentat comme il le raconte ? Le style peut en faire douter. Quoi qu'il en soit, le récit s'enjolivera au fur et à mesure que passeront les années, ce sera le sommet de sa carrière de reporter.

Mais la chute sera rapide. En raison de sa conception très approximative de son métier, il sera chassé de Fleet Street, après avoir coûté cher à son patron.

En 1906, il participe à une croisade démagogique sur la montée du prix du savon, dirigée contre le fabricant Lever, et invente un personnage de pauvre blanchisseuse qu'il fait parler, selon son habitude, en lui faisant citer des chiffres. Quand Lever poursuit le *Daily Mail*, les articles sont reconnus comme faux et tournés en ridicule. Le journal est condamné et doit payer une lourde amende.

Wallace provoque un second procès à l'occasion d'une petite mutinerie navale. Il envoie des récits fantaisistes sur le lieutenant Collard, sans doute responsable de la mutinerie par son comportement rigide, mais qui attaque le *Daily Mail* pour les informations inexactes et diffamatoires que le reporter a colportées sans les vérifier.

Furieux, Harmsworth expédie Wallace au Congo belge, où les sociétés qui exploitent les forêts de caoutchouc sont accusées d'atrocités : esclavage, travaux forcés, châtiments inhumains. Les Anglais se sont émus, se souvenant que c'est Stanley qui a découvert, le premier, ce territoire. Le voyage est long et ennuyeux. Wallace, échaudé, ne veut plus accepter de témoignages de seconde main. Il visite les villages indigènes, s'intéresse au langage Lomongo, prend des notes qui lui serviront pour ses futurs écrits africains. Le *Daily Mail* ne publiera jamais ses reportages. Wallace prétendra par la suite qu'il a bien fourni à Harmsworth les informations que celui-ci souhaitait recevoir sur les atrocités, mais que n'en ayant pas constatées de visu, il a refusé de travestir la vérité.

En réalité, Harmsworth a dû aussi indemniser le lieutenant Collard, et la seule mention du mot diffamation le fait bondir. Il décide de renoncer à « la gracieuse plume » de celui « qui est devenu un objet de luxe trop dispendieux dont le *Daily Mail* peut allègrement se passer ».

Good-bye Fleet Street ! Sa réputation est compromise, on a oublié ses anciens exploits. Nouveau déménagement, pour fuir les créanciers. Edgar n'aime plus Ivy, qui met au monde Patricia Marion. Edie, qu'il relance, le reçoit froidement. Période de grande dépression. Il écrit des nouvelles qui la plupart du temps lui sont refusées et quand, par hasard, il reçoit quelque argent, il va le jouer aux courses. Sa situation de quasi pauvreté ne va pas l'empêcher de s'assurer les services d'un petit laveur de vitres nommé Cassidy qui deviendra son factotum. Ivy vend ses bijoux. Wallace songe au suicide, cherche des consolations dans la lecture de la Bible et des horoscopes.

En 1908, va enfin paraître son second roman, *Angel Esquire*, qui ne sera traduit au Masque qu'en 1931. Tous les personnages Wallaciens y sont présents : le voleur sympathique, le policier non conformiste, le terrible vieillard, la jeune fille belle et pauvre, la bande d'assassins.

Il donnera aussi, cette année-là, une suite aux Just Men : *The Council of justice* qui, malheureusement, n'a jamais été traduite en français. La mécanique serait-elle repartie ? Présenté en 1909 à Isabel Thorne, qui édite deux magazines : *Yes and no*, spécialisé dans les crimes mystérieux, et *Weekly Tale Teller*, une revue « à deux pennies », il lui fait lire ses textes, lui parle technique, s'inquiète, lui demande si elle connaît la formule qui le conduira à la fortune. Rien de positif mais quelques jours plus tard, alors qu'il se rend dans l'East End, il la rencontre sur l'impériale d'un autobus. Il se rappelle à son bon souvenir, lui raconte quelques anecdotes, dérive sur ses souvenirs d'Afrique. Effarement de Mrs Thorne, qui s'écrie : « Pourquoi vous tourmentez-vous en cherchant de bons sujets de nouvelles ? Utilisez vos connaissances et écrivez-moi des nouvelles africaines. »

Il se met donc à écrire ses histoires d'Afrique occidentale sous le titre collectif de *Sanders of the river*, qui rencontre un succès immédiat. Cette série sera suivie d'une autre, *The People of the river*. Les personnages de ces contes sont le commissaire Sanders et Bosambo, un chef indigène, capable de larcins mais loyal allié de l'homme blanc. À ces deux héros s'ajoutera ensuite le lieutenant Tibbetts surnommé Bones, figure comique portant monocle, portrait vivant de l'officier colonial britannique, qui deviendra vite aussi populaire. Ces aventures se déroulent dans un Congo imaginaire mais, en écrivain-né, il y introduira des éléments de sa vie, des traits de caractère empruntés à des personnages qu'il a connus (notamment ceux de son affreux beau-père) et fera parler au petit peuple noir le langage cockney. Nouvelle carrière, nouvelle réputation, tandis qu'il poursuit la rédaction de ses sketches sur Smithy.

Il vend pour quelques livres, en 1909, un ouvrage « humoristique et romanesque » au titre wallacien, *The Duke in the suburbs*, et surtout la première mouture d'un roman qui nous intéresse particulièrement ici : *Captain Tatham of Tatham island*. C'est là un ouvrage très curieux, mêlant une histoire de pirates et d'île déserte à la Stevenson ou la Jules Verne (on songe à *Face au drapeau*), à une passionnante histoire de courses de chevaux (avec une infraction à la législation des courses, thème cher entre tous), ainsi qu'une histoire d'amour. Wallace a recherché une structure originale : le récit est fragmenté en une série de témoignages que recueille un historien sur la vie et les aventures d'Edward Garfield Tatham. Bien sûr, ce n'est pas encore *Le Masque de Dimitrios* d'Eric Ambler, mais la vivacité du style contribue à créer une certaine authenticité, malgré les aspects fantaisistes de l'histoire.

Il faut noter la relation, dans le prologue rédigé par le narrateur (ce sera sa seule contribution à l'histoire), de l'enfance de Tatham. Quoiqu'américaine, elle ressemble fort à celle de l'auteur : orphelin, exilé à Dublin, vendeur de journaux, fuite à Londres, apprenti imprimeur, garçon laitier, « il lâche son boulot pour en essayer un autre et ainsi de suite ».

Le plus curieux est l'introduction dans ce récit d'aventures maritimes, des courses de chevaux si chères au cœur de Wallace. Sans dévoiler trop l'histoire, disons que Tatham découvre dans son île soi-disant déserte, une colonie de splendides pur-sang, dont un étalon qu'il baptise « l'éclaireur volant », qui « peut couvrir un mile et demi en deux minutes trente-cinq secondes ».

Il va donc le faire courir en Angleterre, ce qui nous vaudra un brillant aperçu sur la réglementation des courses et la manière de contourner les rigueurs de la législation.

La Presse n'est pas absente puisque le quatrième témoin, le principal d'ailleurs, est Richard Callus, un grand reporter. La cité utopique dont rêve Tatham, et qu'il réalise partiellement dans son île, est qualifiée un moment de socialiste, mais elle paraît plus proche du rêve fouriériste.

À partir de 1910, la chance sourit de nouveau à Wallace, mais il aide celle-ci en travaillant sans relâche, avec cette facilité qui deviendra un jour proverbiale. Ses nouvelles sur « Smithy » sont publiées dans la revue *Ideas*, et il crée un nouveau personnage, ami de Smithy : Nobby Clark. Sa biographe raconte qu'un jour, ayant oublié de livrer son texte, appelé par le directeur affolé, Edgar, sans se démonter, s'était écrié : « Vous l'aurez dans une heure ! » Il s'était immédiatement mis au travail et avant une heure le texte était déposé à *Ideas* par Cassidy.

Miracle : il est engagé au *Standard*, important journal du matin. C'est le grand retour à Fleet Street. Malheureusement, il va vite reprendre ses mauvaises habitudes d'articles bâclés. Aux funérailles du roi Edouard, il retrouve les mêmes phrases ronflantes qui lui avaient servi autrefois en semblables circonstances. Il sera plus inventif pour ses articles de prédilection, sur les courses, où il se rend vêtu de neuf et les poches pleines. Il pouvait parier « dans le vieux style négligent et aristocratique », sans se soucier sans doute du résultat. Cette assertion de Margaret Lane est importante, car elle montre ce qu'est en réalité Wallace, ou ce qu'il aspirait à devenir : un aristocrate évoluant dans un milieu familier, gaspillant l'argent, saluant les membres de sa coterie et reconnu par ses pairs. Comportement irraisonné, d'autant plus qu'il joue en se fiant à son instinct plutôt qu'à sa connaissance des chevaux. Mais quel plaisir !

C'est à cette époque qu'il tombe amoureux d'une femme avec laquelle il aura une longue liaison, et que l'on connaît seulement sous le prénom de Daisy. Comme lui, c'est une habituée du turf et des théâtres. Il la présentera à sa femme comme une simple amie, avec cette inconscience des hommes heureux et naïfs. Elle deviendra sa secrétaire, et passera le jour, et même les soirées, avec lui.

Un nouveau journal a vu le jour, *L'Evening Standard*, qui contrôle également une feuille à deux pennies, *Week-end*. Wallace se voit confier la rubrique des courses dans les deux journaux. Il devient « Le Prophète des courses », lui qui n'a jamais su prophétiser pour lui-même. Il fait de *Week-end* un journal à succès, en devient l'actionnaire principal. Il utilise des pseudonymes pour couvrir ses diverses activités : Nick O'Lincoln, Clever Mike, R.E. Walton. Sous ce sobriquet, il propose de donner le nom d'un cheval gagnant en échange d'une demi-couronne. Son ingéniosité, qui le conduit souvent à la catastrophe, lui profite pour l'instant. Il crée de nouvelles feuilles, utilisant Cassidy comme homme de paille. Il continue à écrire ses sketches et à fréquenter les milieux théâtraux. Son succès le rend vaniteux, il a une haute opinion de lui-même et ne supporte plus aucune critique.

La chute n'est pas loin.

Déjà, il devient insupportable à ses associés de l'*Evening* quand survient une malheureuse affaire dans laquelle il va se comporter avec son habituelle légèreté. Le journal a obtenu une confession de seconde main de l'empoisonneur Crippen, assassin de sa femme. Il a été condamné à mort. Dans le chapeau qui accompagnera l'article, Wallace affirme que le texte est authentique et que le journal en possède la preuve. Les autres journaux contre-attaquent et l'*Evening*, incapable d'apporter cette preuve, discrédit, finit par couler, entraînant avec lui *Week-end*.

Nous sommes en 1912, et une nouvelle fois nous rencontrons un Wallace sans travail. Il a trente-sept ans.

De nouveau exilé de Fleet Street, il va organiser sa vie et ses activités à la Maison, et se conduire en véritable potentat domestique. Son bureau se trouve dans la meilleure pièce, avec vue sur le jardin. C'est un lieu sacré où nul n'est admis sans son accord. Les enfants doivent marcher sur la pointe des pieds lorsqu'ils passent à proximité. Comme il écrit ou se sert du dictaphone à toutes les heures de la journée ou de la nuit, on ne fait plus le ménage. Le paradoxe wallacien est qu'il a toute l'allure d'un grand paresseux, flânant dans son bureau, fumant sans arrêt, dictant avec nonchalance, l'air d'un oisif. Cela ne lui suffit pas encore, il loue un appartement près de Baker Street pour fuir les contingences familiales. Dépense coûteuse, mais c'est sa conception de la vie : « si pour s'offrir certaines choses l'on attend d'en avoir les moyens, on ne les aura jamais ». Une formule qui fera fortune. Nouvelle idée anticipatrice, glisser des publicités dans ses écrits.

Il reviendra quelques mois à Fleet Street travailler pour *Ideas*. Il sera vite renvoyé pour avoir recopié un vieil article et l'avoir présenté comme du neuf. Incorrigible !

En 1914, il publie un recueil de nouvelles avec un nouveau personnage : T.B. Smith, et collabore à un journal sportif *Town Topics*, de couleur rose. Il devient vite le principal animateur du journal, le remplit de ses articles et de ses contes et installe ses amis dans divers postes. Quand la guerre survient, il en fera un journal « guerrier ». Trop âgé pour aller combattre et toujours frappé d'interdiction comme correspondant, il joue les Paul Déroulède, fustigeant les Huns, « ces singes décadents », écrivant une ballade haineuse sur Guillaume et dénonçant les pacifistes.

Toute sa vie, il sera un défenseur de l'Empire et un royaliste convaincu. Il souhaite qu'un roi soit nommé dans toutes les possessions britanniques. En 1928, le romancier Arnold Bennett stigmatisera ce comportement : « Edgar Wallace a un grave défaut et je n'ai pas l'intention de le cacher. Il est satisfait de la société telle qu'elle est. Il ne fait parade d'aucune opinion subversive. Il est convenable. »

Propagandiste des idées reçues, cet écrivain populaire ignore les revendications sociales et la seule réforme qu'il réclame est une modification dans la législation des courses. Il publie désormais des histoires de guerre, reprend le personnage de Nobby, l'ami de Smithy, lequel ne disparaîtra pas pour autant. Donc pas de vrais romans en 1914. Deux seulement en 1915, dont le curieux : *The Man who bought London (L'Homme qui voulut acheter Londres)* qui ne paraîtra en France chez Hachette qu'en 1948.

1915 est une année marquante aussi sur le plan des sentiments. Accablé de travaux de toutes sortes (il s'occupe des réfugiés belges pour lesquels, en homme généreux, son moindre défaut, il a loué une grande maison meublée), il décide de prendre une secrétaire supplémentaire. Il fait passer une annonce. Un soir arrive une jeune fille au visage couvert de taches de rousseur, « plus maigre qu'une barre de fer », écrira-t-il plus tard. C'est

Violet King, qu'il épousera en 1921 après avoir répudié Ivy. L'entretien commence mal : elle déclare n'avoir jamais entendu parler d'un Edgar Wallace. Il est vexé, parle de lui-même et décrit sa femme comme une invalide. Il lui montre ses œuvres, qui ornent son appartement. Elle est embauchée. Elle va susciter la jalousie d'Ivy, mais aussi celle de la fidèle Daisy. Il fera pourtant un nouvel enfant à sa femme : Michael Blair, et ne rompra avec Daisy qu'à l'époque de son remariage.

En 1916, il commence à s'intéresser au septième art. Il eut été étonnant qu'un esprit aussi ouvert aux nouvelles techniques reste indifférent à une nouvelle façon de s'exprimer, et surtout de gagner de l'argent. Il se met à écrire un scénario et un jour, dans une résidence qu'il a louée, arrive dans un camion un grand appareil de prise de vues et de multiples décors. Toute la famille et les amis participent à ce nouveau jeu qui ne durera que l'espace d'un été. Expérience décevante, mais qui aura des suites.

L'année suivante, grand bonheur, il travaille enfin pour le Ministère de la Guerre. Il est chargé de s'occuper de la réinsertion des prisonniers anglais blessés que l'Allemagne a accepté de rapatrier. Il remplira cette mission – qui convient à son cœur généreux – avec bonheur. Il poursuit en outre son métier d'écrivain.

Paraissent donc un recueil de nouvelles de Sanders, des récits de guerre et enfin un roman publié successivement aux U.S.A. puis en Angleterre : *Kate Plus Ten*, qui sera traduit chez Hachette en 1934 dans la collection Les Meilleurs romans étrangers et repris en 1948 dans la collection L'Enigme (No 36), traduction de Jean Raymond. Il s'agirait, en fait, d'un pseudonyme dissimulant Raymond et Jeanne Queneau.

En 1918 c'est le divorce, Ivy s'est éprise d'un réfugié belge qui l'abandonnera. Son père refuse de la recueillir, au nom de septième commandement.

Cette année-là deux romans sont publiés, *Down under Donovan (Le gagnant du Derby)*, et *The man who knew*.

La guerre est finie, période heureuse pour Wallace. Il va organiser une grande fête euphorique qui deviendra rituelle : les vacances sur le continent. On dépensera beaucoup d'argent. Il se rase la moustache pour paraître plus jeune aux yeux de Jim (Miss King) qui, de son côté, préfère l'appeler Richard plutôt qu'Edgar. Quant aux enfants, ils surnomment leur père Krazy en référence à la bande dessinée de George Herriman. Un seul roman sera publié : *The Green Rust (La rouille mystérieuse)*, mais il a organisé sa force de frappe, il dicte ses textes, son secrétaire Robert Curtis, dit Bob, tape à la machine et Jim s'occupe du reste. Un manuscrit lui demande trois jours de travail. S'il dort peu la nuit, il somnole volontiers au cours de la journée. Il fume énormément et devient un grand consommateur de thé sucré. S'il n'a pas à sortir il ne s'habille pas, reste en robe de chambre.

Le théâtre le passionne toujours. Une revue, « The Whirligig », dont il écrit l'un des sketches (avec encore ses personnages cockney) a un très grand succès. Court voyage à New York pour la signature d'un contrat avec un agent littéraire. Il achète un diamant à Jim. A-t-il idée de la demander en mariage ? Il doit sérieusement y penser. Deux romans en 1920 : *The Daffodil mystery* et *Jack O' Judgment.*

Nous voici en 1921, mariage discret avec Jim. Il écrit une pièce sentimentale : *M'Lady*, dont il financera en partie la production. Si elle fait pleurer Margot, elle n'obtient que sarcasmes du côté des critiques. C'est un nouveau naufrage financier qu'il aborde avec une sorte de sérénité. Habitude ? Sagesse ? Probablement sait-il qu'il peut désormais faire face à ce genre d'épreuve. La chance va de nouveau lui sourire. Il y faudra l'obstination d'un agent littéraire : A.P. Watt, et d'un éditeur, Hodder and Stoughton, pour le convaincre. En effet, jusqu'à cette date, il a vendu à forfait tous ses textes pour des montants dérisoires, renonçant ainsi à tous ses droits d'auteur. (Toujours ce besoin d'argent immédiat et cette insouciance de l'avenir.) Il écrit alors à son éditeur : « Je vis de croûtes et de pommes crues jusqu'à la rentrée de mes droits d'auteur. C'est merveilleux de toucher des droits d'auteur. Et ceux qui arrivent après la faillite qui suit Noël, quand on n'a plus que ses meubles à se mettre sous la dent, et encore pas très bien assaisonnés, sont les plus merveilleux de tous. »

Son nouvel éditeur inaugurera cette collaboration en publiant un recueil de dix nouvelles consacrées aux Justiciers : *The Law of the Four Just Men (La Loi des quatre).*

C'est à partir de 1922 que la production va s'accélérer, pour devenir fantastique dès 1926. Pourtant, il ne paraît pas s'échiner à la tâche.

On le voit aux courses l'après-midi, flâner au club jusqu'au crépuscule. Devenu corpulent il prend un taxi pour faire quelques yards, s'est fait installer un ascenseur à domicile. Sa légende d'écrivain fécond et rapide va se propager, on dira « Le Wallace de la semaine », et bientôt « Le Wallace de midi ». Son éditeur a saisi l'utilité de cette publicité qu'il accompagne d'affiches.

The Crimson Circle, qui paraît en 1922, atteindra le chiffre record de 500.000 exemplaires vendus. Il est vrai qu'il s'agit d'une pièce importante de l'œuvre wallacienne. Mal connu en France puisqu'il n'a été édité qu'en Suisse, il est pourtant un des ouvrages que l'on cite le plus. « Le Cercle rouge », voilà déjà qui fait rêver. Composé de 43 chapitres très courts, il ressemble à une continuité filmique. L'action rebondit chaque fois que le décor change. Le Cercle rouge, c'est tantôt un homme, tantôt une bande, toujours omniprésente dans l'action. Le lien avec le cinéma « sérial » de l'époque est évident, mais nous verrons cela de façon beaucoup plus frappante avec *La Marque de la Grenouille.*

Le vif intérêt que porte Wallace aux mystères de chambres closes se manifeste à trois reprises dans le récit. Ce n'est pas notre objet d'en dévoiler, ici, le mystère ; disons qu'elles n'exercent pas sur le lecteur la même fascination que celles que nous offrira le grand John Dickson Carr quelques années plus tard. Elles sont d'une simplicité presque naïve mais témoignent d'un esprit alerte, voire jovial.

Le roman sera adapté au cinéma plusieurs fois. Il fera le sujet d'une bande dessinée dont il me souvient avoir lu des extraits dans l'hebdomadaire pour la jeunesse : *Aventures*. Mythique Cercle Rouge !

On va vite accuser l'écrivain d'utiliser des nègres. Il n'a d'autres nègres que son secrétaire et sa femme ! Il s'attriste de ces médisances mais c'est le lot de tous les écrivains trop féconds. La Maison Wallace est une organisation de type familial, et la structure de ses récits sera toujours à peu près la même. Pas de documentation excessive, des décors parfois fantastiques, un quartier de Londres comme Bloomsbury (peu de rapports avec le Bloomsbury de Virginia Woolf !) et le sort du récit en est jeté. L'action est en marche. Dialogues, analyse psychologique sommaire, description physique élémentaire, procédure policière classique, découvertes sensationnelles, sont les ingrédients de la recette. Pas de sexe mais de l'amour, surtout chez l'auteur, pour ses petits personnages.

Outre *The Crimson Circle*, Wallace fera publier cette année-là sept ouvrages, dont *The Flying Fifty-Five*, un de ses meilleurs romans ayant pour cadre le milieu du turf, et *Captain of Souls*, l'un des récits les plus énigmatiques de l'auteur, digne du *Miroir obscur* d'Helen McCloy ou des *Yeux de la nuit* de William Irish. Des ouvrages « à part » dans la littérature dite d'évasion.

L'argent rentre donc en abondance, mais il est dépensé aussitôt. Wallace n'a rien de l'épargnant : les courses, le poker, les dépenses au Club de la Presse, dont il souhaite depuis longtemps devenir le président, et où il rappelle son passé de reporter – dont il a oublié les mauvais moments. Il est enfin élu en 1923 et, pour faire date, invente le Grand Déjeuner du Derby à l'occasion du Grand Prix annuel. Lord Derby lui-même, les propriétaires des écuries de course, les entraîneurs, tout le monde du turf, enfin, est de la fête. Il prononce un grand discours. Fait exceptionnel, il est réélu l'année suivante, et continuera par la suite à présider ce déjeuner qu'il a créé.

Six ouvrages paraissent en 1923, dont *The Green Archer (L'Archer vert)*, excellent roman de style gothique et *The Missing million*, qui sera traduit au Masque, en 1929, sous le titre *L'Affaire Walton.*

Ses ventes aux U.S.A. nc ccssent de grimper, il va pouvoir concrétiser l'un de ses rêves : posséder une écurie et un box à Ascott. Malheureusement, il ne sera pas aussi heureux dans son choix que le capitaine Tatham. Il a beau baptiser ses chevaux du nom de Sanders ou Bosambo, cela ne les fait pas pour autant triompher. Il assiste aux premières courses de la saison, tandis que Jim, qui vient de mettre au monde la petite Pénélope, est de la fête en compagnie d'un médecin. Il ne recule devant aucune dépense.

L'esprit sans cesse en éveil, il s'associe, un temps, avec un vendeur de tuyaux surnommé « Ringer », et découvre l'envers des courses : maquillage de chevaux et escroqueries. Cette expérience verra naître en 1924 Educated Evans, un nouveau personnage cockney. Huit ouvrages cette année-là, dont *Room 13*, avec le sympathique héros J.G. Reeder, vieux détective bougon et bourré de tics qui finira par se marier, et *Double Dan*, traduit en Belgique sous le titre *Dan Le Sosie.*

Ce récit assez insolite se présente comme une comédie, au sens propre et théâtral du mot. Beaucoup de dialogues, de vives reparties dans le plus pur style boulevard. Les quiproquos se succèdent comme chez Feydeau. D'ailleurs, Wallace en tirera une pièce qui sera jouée trois ans plus tard. Nous ne pouvons que regretter que le thème du « double » ne soit pas plus exploité par un auteur toujours pressé d'arriver au mot : fin.

Les personnages sont plaisants, aussi bien un Gordon compassé et bourré de préjugés, que la charmante et diabolique Diana. Un nouveau portrait de détective privé est brossé : celui de l'inefficace Julius Superbus. Un cambrioleur wallacien, Stark, fait de furtives apparitions, simplement pour le plaisir.

Donner du plaisir, c'est le nouveau credo. De bonnes âmes ont conseillé à Edgar d'écrire moins mais mieux. Son éditeur est d'un avis contraire. Wallace affirme : « Le beau travail c'est sûrement très bien pour la postérité, mais moi je n'écris pas pour la postérité. J'écris pour le journal de demain matin. » À chacun sa tâche !

Quand il commence à dicter un récit à son secrétaire, il ignore comment l'action va se développer. Il a choisi ce qu'il nomme « le mystère principal », mais viennent ensuite se greffer les « mystères secondaires ». C'est ce qui rend ses romans si alertes et qui fait leur charme, même si le dévoilement du mystère principal n'est pas toujours une surprise pour le lecteur avisé.

Années heureuses. Vacances l'été, mais aussi l'hiver, que la famille passe en Suisse. Bonheur un instant troublé par la maladie et la mort d'Ivy au cours de l'hiver 1925.

Wallace, qui a horreur du spectacle de la souffrance physique, ne lui rend pas visite, mais lui envoie des chèques et lui écrit presque chaque jour durant son agonie. Il composera une épitaphe qui sera refusée par le clan Caldecott.

Neuf ouvrages verront le jour en 1925, dont un ouvrage historique, *The Black Avons*. Wallace se serait-il intéressé à l'Histoire ? Quoi qu'il en soit, c'est aussi l'année de *The Fellowship of the Frog (La Marque de la Grenouille)* et de *The Hairy Arm (Le Vengeur)*.

La Marque de la Grenouillle ressemble au *Cercle rouge*, composé de chapitre courts, mais là s'arrête la rassemblance. Le nouveau roman n'appartient plus au domaine romanesque et fantaisiste, il est dur, réaliste, d'un réalisme qui va jusqu'au fantastique. La société secrète en est bien plus redoutable. Plus de mystères en chambre close, mais des explosions, des batailles de rues, des morts, des tireurs sur le toit, des ponts détruits, des routes coupées, des prisonniers empoisonnés dans leur cellule, des gaz toxiques répandus dans des immeubles : un climat de terreur qui est nouveau. Wallace a-t-il vu le « Mabuse » de 1922 de Fritz Lang ? Théa von Arbou a-t-elle lu Wallace avant d'écrire le scénario des « Espions », qui date de 1928 ? Cela importe peu mais il y a des rapports étranges entre les œuvres.

Nous retrouvons dans ce roman le sergent Elk, le « policier mélancolique » qui a raté tous ses examens par sa méconnaissance de l'Histoire. Il sera nommé inspecteur au cours du récit. Les « méchants » sont plus réalistes que jadis, surtout le couple formé par Lola Bassano et l'ancien boxeur Lew Brady. On se croirait déjà dans un roman de William Burnett.

Le Vengeur va nous confirmer l'intérêt que Wallace porte à l'art cinématographique, puisque le récit s'articule autour du tournage d'un film. Nous devinons que, même s'il n'a pas encore fait œuvre de cinéaste, il connaît les méthodes de travail des réalisateurs et des acteurs du cinéma muet. Son metteur en scène, Jack Knebworth, est typé avec vraisemblance. Les mœurs et les défauts de ces étranges créatures issues des classes populaires, qui deviennent des vedettes, sont décrits avec humour et seront corroborés par la suite par maints souvenirs sur l'âge d'or du nouvel art. Wallace expose ses idées et insiste sur son pessimisme concernant l'industrie du cinéma en Anglcterre, pâle copie de celui qui se fait à Hollywood ou en Allemagne, voire en France. Il écrit : « Le producteur anglais n'a aucune idée personnelle. Il ne sait qu'adopter et adapter les trucs de jeu, les méthodes d'éclairage qu'il a vus à l'étranger. » Il s'attarde sur les tournages, les répétitions, montre Knebworth dirigeant ses acteurs, mimant les scènes, « marchant à pas menus d'un bout de la scène à l'autre ». Pour Wallace le plan est encore une scène d'où tout hors champ est exclu.

Cette histoire d'un mystérieux coupeur de tête qui signe aussi le « Bienfaiteur » est marquée d'une idée neuve dont l'auteur est coutumier. Un énorme orang-outang loge dans la propriété d'un noble cruel et obscène, Sir Gregory Penne. Il est le bras vengeur du titre anglais : bras velu. Il va jouer auprès de l'héroïne un rôle un peu comparable à celui de King-Kong dans le film d'Ernest B. Shoedsack et Meriam C. Cooper. Et pour cause, puisque Wallace va participer à la rédaction du scénario lorsqu'il sera appelé, peu avant sa mort, à Hollywood.

Nous voici en 1926.

LES SIX DERNIÈRES ANNÉES : Nous l'avons annoncé, c'est une période de fécondité et d'activité incroyables, comme si une impérieuse nécessité poussait Wallace. Pas moins de

18 pièces et de 70 romans ou recueils verront le jour. Il va produire et réaliser lui-même des films, participe aux répétitions et montage de ses pièces, s'occupe des courses et d'un procès pour en modifier la réglementation. Il renoue avec le journalisme. Il va enfin se présenter aux élections comme candidat libéral et consacrer une grande part de son temps à la campagne électorale. C'est beaucoup pour un seul homme mais c'est l'existence rêvée, espérée, entrecoupée de ces fameuses vacances où il emmène toute une suite de courtisans, roi pour quelques jours.

C'est au cours de la première de ces six années qu'il publie chez son éditeur préféré *The Joker*, traduit chez Hachette sous le titre *Le Mystificateur*. Le Mauvais plaisant aurait peut-être mieux convenu (voir le « Joker » dans *Batman*, incarné par l'inoubliable Jack Nicholson). En effet, le plaisantin du récit n'hésite pas pour augmenter sa fortune à incendier une usine de caoutchouc et à séquestrer un ministre.

Cette année-là reste cependant marquée par la rencontre avec le grand acteur-directeur de théâtre Gerald du Maurier. Le rêve de Wallace de devenir un grand auteur de boulevard va partiellement se réaliser. Du Maurier lui apporte ce qui lui faisait défaut : la rigueur mais aussi l'esprit du théâtre, le sens des reparties, l'art des rebondissements – sans doute un peu différent de celui du roman –, enfin le mécanisme bien huilé qui ravit le public sans grand effort intellectuel. La première œuvre sera *The Ringer*. Elle remportera un grand succès dès la première représentation, malgré une grève générale qui bloque les transports et les journaux. Elle tiendra l'affiche 18 mois. La pièce ressemble à un roman, avec un inspecteur de Scotland Yard déguisé en criminel et un sympathique cambrioleur cockney. Wallace en tirera l'ouvrage qui sera traduit sous le titre *L'Homme aux cent masques*. Le succès de la pièce fera monter en flèche la vente de ses productions romanesques. Aussi son désir de ne plus écrire de romans d'aventures (désir qui agitera Conan Doyle et Maurice Leblanc) est-il battu en brèche. Il continuera à écrire romans – qui lui rapportent – et pièces qui ne seront pas, hélas, toujours des réussites. L'une de celles-ci, *The Calendar*, inspirée de sa connaissance du turf et du procès auquel il a participé, lui vaudra une accusation de plagiat. Elk sera joué par Nigel Bruce, futur acteur hitchockien et célèbre interprète du docteur Watson aux côtés de Basil Rathbone en Sherlock Holmes. Plus tard, après un voyage aux U.S.A., il écrira *On the spot (Le Gangster)*, qui sera interprétée par le jeune Charles Laughton.

Il cherche à vendre ses droits cinématographiques, et finit par entrer dans le capital de « The British Lion Film Corporation », qui en aura l'exclusivité. Il reçoit des actions qu'il cède immédiatement, selon son habitude d'avoir de l'argent liquide. Ces actions vont monter en flèche !

Lorsque, en 1929, il met lui-même en scène *Red Aces*, il montre peu de dons pour la réalisation. Le film suivant, *The Squeaker*, qui sera sonore, sera plus brillant. Il est vrai que c'est un homme de la parole, qui s'habille comme un metteur en scène d'Hollywood.

À cette époque, il gagne environ 50 000 £ par an, possède deux Rolls, achète une maison à Chalklands, dépense 20 000 £ pour l'aménager, et va habiter avec sa famille au Carlton. Il fait des cadeaux somptueux à ses enfants, à ses amis, et s'il se méfie de la charité organisée, distribue son argent autour de lui, notamment en versant une pension à sa chère Clara. Il crée une Caisse de Secours au Club de la Presse, destinée à venir en aide aux journalistes.

En 1931, Wallace n'est plus un homme parfaitement heureux. Il a eu des démêlés avec son fils aîné Bryan. Celui-ci se pose comme un rival, réussissant dans le cinéma et remportant des succès féminins auprès des starlettes. Il l'a chassé, l'a menacé de le déshériter. Jim a 23 ans de moins que lui, il en souffre, il devient jaloux. Sa santé n'est pas brillante. Pour parachever le tout, l'orgueil le poussant, il décide de se présenter aux élections, et participe activement à la campagne électorale à Blackpool. L'échec qu'il subit l'accable. Quand il quitte la petite ville, désespéré, un individu crie : « Bon débarras ! ».

Avant de se lancer dans cette triste aventure, il a reçu une proposition de Radio Keith Orpheum Studios, c'est-à-dire la R.K.O., à laquelle il n'a pas répondu : il n'a pas envie de partir aux U.S.A. Il a pourtant besoin de se dépayser : il part pour Rome, veut visiter Naples. Mais il fuira Rome et l'Italie sans avoir vu la célèbre ville, les hôteliers font des difficultés pour changer ses chèques. Blessé dans son orgueil, il accepte l'offre de la R.K.O. à contre-cœur, car il a de nouveau des dettes, et doit notamment de l'argent au Trésor. Il a 56 ans, sa corpulence l'inquiète, il refuse de voir un médecin. Une seule joie, sa dernière pièce, *The Green Pack*, va être jouée au Wyndham's. Il part mais au lieu de profiter des joies de la croisière, passe son temps à travailler.

Il s'installe à Beverly Hills et se voit affecter un bureau à la R.K.O. Il se rend aux courses à Agua Caliente, au Mexique et, grand plaisir, la seconde est baptisée en son honneur : Prix Edgar Wallace.

Qu'a-t-il fait à Hollywood ? La question s'est posée. Il aurait travaillé sur le scénario de King-Kong avec Meriam Cooper, ce qui paraît plausible puisque l'idée du film se trouve déjà dans *Le Vengeur*. Évidemment, la magie du film tiendra plus à la réalisation et aux extraordinaires trucages qu'au scénario proprement dit, mais quand le film sortira, Wallace ne sera plus là pour défendre ses droits. Le 6 février 1932, après une soirée donnée en l'honneur de *The Green Pack* qui va débuter à Londres, il est pris d'un malaise et décède le 10 en présence de son ami Walter Huston, qui le veillait.

Le corps est ramené en Angleterre en grande pompe. Le drapeau du paquebot et ceux de Southampton sont mis en berne à l'arrivée, les cloches de Fleet Street sonnent le glas et la salle du Wyndham's demeure obscure...

Quand il meurt en 1932, Wallace est pratiquement inconnu en France. Quelques-uns de ses ouvrages ont paru au Masque, aux Éditions cosmopolites et à la N.R.F., dans une collection que méprise le public lettré, qui a même trouvé scandaleux que Gallimard se compromette ainsi. Comment les Français pouvaient-ils comprendre l'incroyable popularité dont a joui l'écrivain dans son pays ? Ignorance, mépris, oubli, tel sera le lot de Wallace chez nous, où seule une partie de son œuvre est disponible.

Le charme d'Edgar serait-il incommunicable, et réservé à ceux qui ont eu la chance, étant jeune, de le découvrir au hasard des bouquinistes ?

Toutefois, et quel que soit le jugement que l'on puisse porter sur son œuvre, la couvrir de mépris, lui vouer une nostalgique affection, ou même totalement l'ignorer, comment n'admirerait-on pas celui qui l'a édifiée avec persévérance, obstination, courage, abnégation, au prix de sa propre existence, que le travail intensif a raccourci considérablement ? Comment ne pas admirer cet homme qui, né sans aucun atout, a obtenu que son nom soit connu de tous dans le pays où il est né, et qu'il devienne même proverbial, en matière d'écriture ? C'est en cela que Wallace est exemplaire. Nous avons écrit qu'Edgar n'était pas un gentleman, pas plus qu'un bourgeois dans le sens où nous l'entendons. Il était plus que cela, une sorte d'aristocrate, dépensier, empruntant, ne se souciant pas du lendemain, un peu dandy, un peu voyou, mais généreux, individualiste, amoureux des femmes et de la vie, le cœur pitoyable devant la misère des autres, égocentrique mais pas égoïste. Malgré ses défauts que nous n'avons pas dissimulés, Wallace est un homme que nous pouvons aimer.

OUVRAGES CONSULTÉS

Margaret Lane : *The Biography of a phenomenon*, Edgar Wallace *(La Vie d'Edgar Wallace)* traduit de l'anglais par Sabine Bernard-Derosne ; Éditions Nagel, collection Destins, 1947. *Le Fulmar* n° 1 : dossier Edgar Wallace, 1981. *Enigmatika* n° 14 : filmographie d'Edgar Wallace par Jean-Jacques Schléret. *Les Amis du crime*, n°s 11 et 12 : entièrement consacrés à Edgar Wallace.

Remerciements à François Guérif, wallacien émérite, pour le prêt de la biographie de Margaret Lane sans laquelle ce travail n'aurait pas été possible, et à Stéphane Bourgoin pour la bibliographie anglaise dont il m'a donné copie.

1909

L'ÎLE D'ÈVE

Traduit de l'anglais
par Pierre Cobor

Ce roman a paru sous le titre original :
EVE'S ISLAND

Genèse de l'histoire

Edward G. Tatham naquit en Virginie, aux États-Unis. Ce fait n'est plus contesté par personne. On trouve encore des gens à Springville (Virginie) pour affirmer l'avoir vu, tout enfant, assis devant la boutique du vieux Crubbs, traînant ses pieds nus dans la poussière. Ils le décrivent, d'après leurs souvenirs, comme un enfant aux cheveux blond cendré, au mince visage sérieux, dont les yeux bleus vous examinaient comme si vous aviez été un spécimen inconnu d'insecte, ou un phénomène inédit de la nature. Ils disent aussi que, dès cette époque, le jeune Tatham était doué d'une grande facilité d'élocution, qu'il récitait des fables, qu'il avait une mémoire qui ne laissait rien échapper, et qu'il était admis, sur un pied d'égalité, aux graves réunions qui se tenaient chaque jour chez Crubbs.

Ce dernier point m'a été certifié par Mr Crubbs l'aîné lui-même, mais j'ai averti mon gouvernement qu'il y avait lieu de faire quelques réserves sur cette assertion, ayant été avisé que Crubbs est un intarissable conteur de balivernes et, qu'en le poussant un peu, on obtiendrait de lui des souvenirs personnels concernant ses rapports avec Abraham Lincoln ou Washington.

Les pauvres registres de l'état civil de Springville nous enseignent qu'Edward Garfield Tatham est né le 1er avril 1873, de Clark Thomas Tatham, et de Georgina Mary Daly, son épouse. Le couple, qui venait d'un État de l'Est, s'installa à Springville juste assez longtemps pour qu'y naquît l'enfant qui devait plus tard occasionner presque un *casus belli* européen, avant de retourner ensuite dans l'Est.

Le père, marchand de chevaux, mourut à Baltimore en 1881, la mère à Troy (N.Y.) en 1883 ; Edward G. Tatham, à ce que j'ai pu savoir, fut recueilli par son oncle, un certain Michaël Joseph

Daly, qui tenait une salle de billard dans un quartier de l'Est, à New York. Daly devint conseiller municipal et mourut encore jeune ; c'était probablement un honnête homme et ce qu'il advint de son neveu fut plutôt le résultat d'un concours de circonstances que celui de ses conseils.

À l'âge de douze ans, le jeune Tatham traversa l'Atlantique et alla s'installer chez des parents, de fort médiocre réputation, à qui l'oncle Michaël, sur son lit de mort, avait fait recommander l'enfant. Celui-ci vécut donc, dès lors, dans une rue étroite, tout près de la Rotonde, à Dublin.

J'ai découvert qu'il avait été condamné à une peine de prison et à une amende de deux shillings et six pence pour avoir vendu des journaux dans la rue. Ceci ne constitue évidemment pas un délit, mais le procès-verbal précise qu'il « occasionna un encombrement, le 8 octobre, dans Sackville Street, et que, sommé de circuler par le constable Patrick O'Leary, il usa d'un langage grossier et insultant, propre à troubler l'ordre, après avoir assailli et malmené le nommé Patrick Moriaty, marchand de journaux ambulant, âgé de quatorze ans, en le frappant d'un coup de poing au visage ».

J'ai retrouvé, dans un journal de l'époque, un compte rendu qui fait état de cette première ingérence du jeune Tatham dans les intérêts d'autrui : Patrick Moriaty s'était adjugé le monopole de la vente du *Freeman's Journal* dans ce secteur, et avait manifesté son déplaisir de l'apparition d'un concurrent.

La vente des journaux dans les rues de Dublin n'était décidément pas la vocation du jeune Tatham. Trois mois plus tard, il était à Londres, ayant rompu les relations avec ses parents – il est d'ailleurs possible et même vraisemblable que ceux-ci aient pris l'initiative de cette rupture.

On sait peu de chose de sa vie à Londres, à cette période. Il est certain du moins qu'il travailla, mais sans jamais conserver plus de deux ou trois mois le même genre d'occupation. J'ai retrouvé ses traces comme apprenti imprimeur, petit commis et garçon laitier. Il semble avoir été en proie à un goût certain pour le vagabondage qui lui rendait insupportable la monotonie d'un emploi stable – il lâchait son boulot pour en essayer un autre, et ainsi de suite, m'a confirmé un témoin. Il est certain, en tout cas, qu'il suivit assidûment les cours du soir qu'un conseil municipal généreux avait institué au bénéfice des jeunes gens des classes défavorisées. Là, pour quelques sous par semaine, il acheva son instruction. Il remporta un prix de chimie, en argent, dont le montant surpassait de beaucoup celui de ses études. L'une de ses dissertations historiques fut imprimée dans la revue du conseil municipal. Il apprenait facilement, car il était doué d'un esprit extraordinairement alerte, et, se souvenait un de ses professeurs, « d'une imagination prodigieuse ». Il possédait encore d'autres qualités, qui devaient s'épanouir plus tard.

Je pourrais le dépeindre tel qu'il était alors, ce garçon maigre et fruste, courbé sur son pupitre de sapin, et toujours affamé : son salaire, à ce que j'ai pu savoir, ne dépassait jamais deux shillings et demi, desquels il lui fallait consacrer la moitié à son logement.

– Il était encore plus affamé de science, nous a dit son maître. Il était avide de connaissances nouvelles comme un ours est friand de miel, dévorait voracement toutes les bribes de savoir qu'il recueillait et, si la pâture intellectuelle lui était distribuée trop chichement à son gré, il tendait une main mendiante, toute pleine de notes, de résumés et de demandes d'explications.

En 1889, Tatham disparaît, et je n'ai retrouvé aucune trace de ses faits et gestes à ce moment. Á mon avis, il dut s'engager dans l'armée britannique, mais aucune preuve ne confirme cette hypothèse. Tatham lui-même n'en dit rien et, considérant cette période comme d'une importance secondaire en l'occurrence, je n'ai pas poursuivi plus loin mon enquête sur ce point.

C'est après les événements qui déterminèrent le rassemblement de notre flotte dans l'Atlantique Sud, alors que le nom d'Edward G. Tatham était sur les lèvres de tous les habitants du monde civilisé, que je fus invité à me rendre à Washington où le Président de notre grande république désirait avoir un entretien avec moi. Déjà, précédemment, j'avais eu l'honneur d'être félicité par le président au sujet de mon *Histoire de la Guerre hispano-américaine,* livre qui, je dois l'avouer en toute modestie, offrait le maximum d'objectivité possible sur des faits encore si récents.

Je fus introduit dans le bureau particulier du chef de l'État qui me serra chaleureusement la main.

– Je suis heureux que vous soyez venu, me dit-il, avec son habituel sourire expansif. Je désirais vous voir non seulement à titre personnel, mais aussi pour des raisons officielles.

Tout en parlant, il s'était mis à arpenter la pièce à grands pas, les mains enfoncées dans les poches de son pantalon.

– Vous connaissez les événements de l'Atlantique Sud ?

ajouta-t-il. Et bien entendu, vous avez eu écho des incidents qui se sont élevés au sujet du président Tatham, incidents qui sont aujourd'hui heureusement clos. Vous connaissez sans doute aussi quelques-unes des causes de ces incidents ?

Je hochai la tête affirmativement ; l'histoire était déjà dans le domaine public.

– Le gouvernement britannique a désigné une commission secrète qui a siégé pendant trois semaines pour établir les tenants et les aboutissants de l'affaire, et ses conclusions doivent rester strictement secrètes...

J'acquiesçai de nouveau de la tête.

– Il y a peu de chose à apprendre, dis-je. Nous savons que Tatham...

Le Président leva la main pour m'arrêter et sourit.

– Vous ne savez rien du tout, dit-il. Connaissez-vous Ève Smith ? Connaissez-vous le correspondant Callus ? Connaissez-vous l'ingénieur Hackitt ?

Il frappa sur la table et reprit :

– Connaissez-vous l'*Éclaireur ?*

Je le regardai avec surprise.

– L'*Éclaireur* ?

– C'est un cheval de course, dit le Président visiblement amusé de mon air étonné ; et c'est la clef de voûte de toute l'affaire, bien que peu de gens s'en doutent.

Il ouvrit un tiroir et y prit une large enveloppe d'où il sortit quelques feuillets.

– Voici le squelette de l'affaire, reprit-il. Je l'ai eu par... hum... par voie diplomatique. Je désire que vous vous rendiez en Europe pour mettre de la chair sur cette charpente. Vous trouverez ici une liste d'individus qui vous fourniront des indications. Le gouvernement britannique n'élèvera aucune objection, dès qu'il comprendra que vous savez quels sont ces témoins. Tatham a été un citoyen de notre pays. Il le serait encore s'il n'avait pas édifié ses propres lois ; il est entré en conflit avec l'Europe et a gagné la partie. Allez, et dites-moi comment il s'y est pris. Adieu, et bon voyage !

C'est ainsi que j'ai été amené à écrire le livre le plus étrange qui ait jamais été publié, un livre qui pourrait, me semble-t-il, fournir la matière d'un bon roman si un écrivain plus expérimenté que je ne le suis y mettait la main.

J'ajoute que les divers fragments de ce récit, présenté aujourd'hui au public pour la première fois, ont été recueillis en des endroits variés et parfois surprenants. En effet, lorsque j'arrivai en Angleterre, la plupart des acteurs de cette histoire s'étaient éparpillés aux quatre coins du monde. Je dus me rendre à la prison de Wormwood Scrubs pour interviewer Stuckey. Je rencontrai le correspondant de guerre dans un petit café de Cadix. Sir James Calliper se trouvait en Écosse quand je parvins à le joindre, mais, fort heureusement, il était en possession des Livres Bleus nécessaires pour élucider la fin de l'histoire. Pour trouver le capitaine Ford, il me fallut traverser la Sibérie, son navire croisant dans les mers de Chine. Enfin, je trouvai Hackitt à Rio de Janeiro.

Chacun de ces témoignages m'était nécessaire. L'ensemble des récits de ces personnages constitue l'histoire de la plus extraordinaire aventure dans laquelle l'homme se soit jamais trouvé entraîné.

Je n'ai pas donné la version du gouvernement du Congo, trop visiblement partiale. Bruxelles considère Tatham comme un vulgaire escroc, bien qu'il ait fait réparation.

En assemblant tous ces morceaux de puzzle, j'ai cru devoir disposer ces témoignages non dans l'ordre où je les ai recueillis, mais selon le déroulement chronologique des faits, afin de reconstituer le développement logique des événements.

1

DÉPOSITION DU PREMIER TÉMOIN : CAPITAINE WALTER FORD, R. N., C. M. G.

Le capitaline Walter Ford, de la Marine Royale, chevalier de l'ordre de Saint-Michel et de Saint-George, commandant le croiseur de première classe *Ontario*. Le capitaine Ford est un homme de cinquante ans, légèrement grisonnant, de haute taille. Il me reçut à bord de son navire, au large de Hong-Kong, et manifesta une certaine répugnance à me communiquer les informations que je venais chercher. Fort heureusement, la lettre de l'Amirauté britannique que m'avait procurée notre ambassadeur à Londres leva tous ses scrupules quant à la discrétion exigée par l'Acte secret, et il me fit part de tout ce qu'il savait, en phrases brèves et concises, tout en dégageant admirablement les points essentiels de son récit.

J'ai commandé pendant quelques années le garde-côte *Charter* et c'est alors que j'ai fait connaissance avec l'île que l'on désigne maintenant sous le nom d'île de Tatham. Sa position exacte doit être 20° 5' 5" latitude ouest et 37° 5' 4" longitude sud. La dernière fois que je me suis trouvé dans ces parages, c'était en octobre 1897, pour relever les fonds, du côté septentrional de l'île. Celle-ci, selon toute apparence, était inhabitée et, à vrai dire, ne semblait guère autre chose qu'un gigantesque rocher s'élevant perpendiculairement au-dessus des eaux, semblable à un énorme iceberg de granit. Son aspect était si rébarbatif que je me fis longtemps prier avant d'autoriser mon premier lieutenant à tenter une exploration à l'intérieur de l'île qui, par ailleurs, je le dis en passant, est d'environ 30 kilomètres de long et de 24 kilomètres dans sa plus grande largeur.

Ce qui me détermina à entreprendre cette expédition, ce fut la découverte, par le lieutenant A.S.W. Sanders, d'une rivière souterraine dont l'embouchure se trouvait sur la face sud de l'île, sous le pic auquel nous donnâmes le nom de « Pic du Signal ». La présence d'eau potable n'avait jamais été découverte par les navires qui, de loin en loin, saluaient l'île ; c'est sans doute pour cette raison que l'Empire avait négligé de faire valoir ses droits sur ce rocher.

Il y a deux ans encore, la possession de l'île restait indéterminée. Elle était revendiquée parfois par la Grande-Bretagne, en application du traité de Tsai-Lang ; par le Portugal, en raison d'une soi-disant « occupation » ; et aussi par la Hollande. Par ailleurs, elle est portée sur tous les atlas allemands comme possession germanique.

Je disais donc que la découverte de la rivière souterraine me décida à organiser une expédition à l'intérieur de l'île. En conséquence, le 28 octobre 1897, j'envoyai le lieutenant Granger, en canot, opérer une reconnaissance autour d'elle afin de relever les points d'atterrissage.

À son retour, il m'apprit qu'en dépit de recherches consciencieuses, il n'avait pu découvrir la plus étroite faille dans la muraille verticale qui surplombait cette côte inhospitalière. Son canot n'avait pu atterrir que sur une étroite bande de sable, entièrement recouverte d'ailleurs à marée haute, au nord-est de l'île. Mais là encore, mordant sur le sable, le roc s'élevait à cent cinquante mètres de hauteur, sans offrir la moindre brèche. Ces renseignements me parurent si surprenants que, sans mettre en doute la parole du lieutenant Granger, j'entrepris moi-même une nouvelle exploration, pour aboutir aux mêmes résultats que mon officier.

Nous serions repartis sans que j'eusse poussé plus loin des recherches, qui semblaient devoir rester vaines, si le lieutenant Granger n'avait eu l'ingénieuse idée de tenter d'obtenir une photographie de l'intérieur de l'île, au moyen d'un cerf-volant.

L'appareil fut construit avec soin par le sergent Doyle et, dès le premier essai, nos efforts furent couronnés de succès : la caméra avait fonctionné au moyen du système d'horlogerie agencé par Doyle sur le cerf-volant. Avant de développer la plaque, je fis repartir le cerf-volant. Malheureusement, un vent contraire le fit dériver.

Nos troisième et quatrième essais furent satisfaisants et les photographies ainsi obtenues parfaitement nettes. D'après leur témoignage, l'île se composait à l'intérieur d'une profonde vallée où se distinguaient des cours d'eau et une végétation abondante. Aucune trace bien entendu d'habitations humaines, mais, en revanche, abondance de vie animale, si j'en juge par des animaux qui me parurent analogues, autant que j'en pus juger, aux *quaggas* du sud de l'Afrique.

Nous avions employé des plaques isochromatiques qui m'aidèrent à discerner approximativement la formation géologique du sol, particulièrement les collines déclives de la muraille occidentale, à propos desquelles je notai :

« Paraissent prodigieusement riches en minéraux ».

Mes relevés de fonds furent terminés en décembre et, peu après, je transmis mon rapport à l'Amirauté.

J'ignorais absolument à cette époque l'existence du capitaine Tatham. L'île avait le nom d'« île de la désolation » ou *Woortz Izland.* Je n'ai entendu parler du capitaine Tatham qu'en même temps que le reste du monde, et d'une façon tout accidentelle.

Mon rapport à l'Amirauté était un document de nature confidentielle et je ne pourrais dire si le capitaine Tatham eût jamais la possibilité d'en prendre connaissance.

2

DÉPOSITION DU DEUXIÈME TÉMOIN : ERNEST GEORGE STUCKEY

L'autorisation de rendre visite à Ernest George Stuckey me fut fournie par le ministère de l'Intérieur. Cette entrevue eut lieu dans la vaste prison de la banlieue de Londres qui se nomme Wormwood Scrubs. Là, en présence de deux gardiens, Stuckey me fit le récit de ce qu'il savait. C'était un homme de belle apparence, distingué même, en dépit du hideux costume kaki des détenus, et qui conservait quelque chose de militaire dans l'attitude. Il était assis au bout d'une longue table, moi à l'autre extrémité, les deux gardiens entre nous, un de chaque côté de la table.

Il fut un temps où j'étais attaché à l'Amirauté, mais je purge aujourd'hui une peine de douze mois de prison pour divulgation de documents secrets. Avant mon entrée au service de l'Amirauté, j'étais sergent dans l'artillerie. Je connais la salle des archives, dans les vieux bâtiments de l'Amirauté, et j'y avais accès. Les documents qui y sont enfermés sont « confidentiels », formule qui n'a d'ailleurs qu'une valeur relative pour la plupart de ces dossiers.

Je m'étais souvent amusé à compulser les notes, sans jamais y avoir rien trouvé de sensationnel, et je puis vous assurer que je n'avais guère en vue, en agissant ainsi, que de passer le temps.

Un jour, je tombai sur le rapport du capitaine Ford au sujet de l'île Tatham, sous la cote Ch. 7743, 1897. Je suppose que Ch. était mis pour *Charter,* nom du navire commandé par Ford. Ce rapport me passionna ; comme j'ai l'imagination assez romanesque, je passai bien des heures à inventer toutes sortes d'histoires à propos de l'île et à rêver de richesses improbables, détenues en ce coin de terre si bien défendu par la nature. J'en arrivai à connaître le rapport de Ford par cœur et, aujourd'hui encore, je pourrais dessiner le plan de l'île les yeux fermés. Ceci se passait en 1899 ; vers la fin de l'année, la guerre des Boërs éclata : je fus mobilisé avec la réserve et partis pour l'Afrique du Sud à bord du *Drayton Grange.*

Je restai sous les ordres du général French pendant la plus grande partie de la campagne ; vers la fin, lorsque la situation devint critique du côté du Cap, je fus envoyé avec la moitié d'un bataillon sous les ordres du capitaine Powell pour rejoindre la colonne de Henniker.

Henniker ne badinait pas et nous tenait debout jour et nuit. Il avait avec nous sous ses ordres la moitié d'un corps de volontaires, des durs à cuire, je vous prie de le croire, et qui se battaient bien. C'est là que je rencontrai pour la première fois le capitaine Tatham.

C'était un grand garçon, le rire accroché aux lèvres avec des yeux qui vous fixaient d'un air amusé comme si vous aviez été une chenille bossue. Il se battait comme pas un, et je me demande s'il avait jamais connu la peur.

Il m'avait plu au premier coup d'œil et, malgré la différence de nos grades, puisqu'il était officier et moi tout juste sorti du rang, nous étions vite devenus amis. Cela peut vous paraître étrange, mais n'oubliez pas qu'en temps de guerre le côté cérémonieux de la discipline se relâche plus ou moins, sans compter qu'un gradé d'un corps irrégulier n'est jamais aussi à cheval sur l'étiquette qu'un officier de l'armée active.

Un soir, de fil en aiguille, j'en arrivai à faire allusion au rapport de Ford, et il parut tout de suite très intéressé. Il me le fit réciter au moins douze fois, et je finis par lui en dresser la carte et lui expliquer les vues obtenues au moyen du cerf-volant. Le passage sur les collines « prodigieusement riches en minéraux » le fit longuement rêver et, le lendemain soir, il copia sous ma dictée dans son calepin, tout ce que j'avais retenu du rapport.

Son accent m'avait fait supposer qu'il était Américain. J'en fus convaincu lorsqu'il m'affirma son « origine cosmopolite », car c'est le titre que se donnent les Américains lorsqu'ils ont peu connu leur propre pays. Il me confia une autre fois qu'il avait souvent fait de la prospection, et qu'il « avait le flair » pour trouver de l'or. Il commandait le deuxième escadron de volontaires, et ses hommes, qu'il appelait presque tous par leurs noms de baptême, l'adoraient.

Ce qui m'étonnait chez lui, c'était son extraordinaire puissance de concentration. Je l'ai vu rester assis devant le feu pendant des heures, les yeux fixés sur les flammes, sans plus bouger qu'une idole de pierre. Quand il était sorti de ses méditations, vous vous aperceviez que, pendant ces heures où il avait paru presque endormi, il avait dressé tout un plan : qu'il s'agît d'une reconnaissance hasardeuse, d'un raid sur une ferme, ou d'une escarmouche, il avait passé en revue toutes les éventualités, toutes les combinaisons imaginables, et pourvu à toutes les possibilités.

Finalement, sa formation fut envoyée dans le district de Pietersburg, au nord de Prétoria, et je ne le revis plus jusqu'à la fin de la guerre.

J'appris par quelques-uns de ses hommes que je retrouvai à l'hôpital (j'avais été blessé dans la bataille contre De Wet) qu'il était en querelle avec le gouvernement au sujet de la prime qui lui revenait. Autant que je le connaissais, il devait moins se soucier de sa propre part que de voir ses hommes injustement traités. En tout cas, le gouvernement se montra récalcitrant, et il sortit de l'affaire plus pauvre encore qu'il n'y était entré.

C'est en juin 1902 que je le retrouvai. Après la démobilisation, j'avais repris mon service à l'Amirauté ; un beau jour, je reçus un mot de lui, me demandant de le rejoindre le soir même au restaurant Fregiloni.

Il était toujours le même ; mais je fus dérouté de le voir en civil. Tatham appartenait à ce genre d'hommes qu'on ne peut se représenter qu'en bottes de cheval, sous un casque colonial. Il paraissait fort démuni ; ses souliers étaient éculés, son col éraillé et, de toute évidence, il y avait bien longtemps que son complet avait quitté les mains du tailleur. Après un modeste dîner qu'il tint à régler en allongeant un pourboire magnifique au garçon, il m'apprit qu'il se trouvait à Londres avec l'un de ses hommes, pour essayer de réunir des fonds en vue d'une « expédition». Le reste de sa compagnie était resté au Cap, à attendre de ses nouvelles. Comme je lui demandais le montant de la somme qu'il souhaitait réunir, il me répondit négligemment :

– Oh ! environ 150 000 francs.

Visiblement, il ne connaissait pas âme qui vive à Londres. Jusqu'alors, il n'avait trouvé aucun capitaliste disposé à lui prêter cette somme.

Il m'apprit aussi, en passant, qu'on lui avait proposé un « drôle de travail » dans une société hispano-américaine de la Cité, mais garda le silence sur ce qu'était ce « drôle de travail ». J'ai cru comprendre qu'il s'était présenté là dans l'espoir de trouver de l'argent et qu'on lui avait offert une aventure risquée et assez louche. Il avait d'ailleurs étudié la proposition et presque accepté puis il s'était rétracté et une promesse solennelle de silence avait été échangée. Tout cela paraissait très mystérieux, et je pensai un moment qu'il « romançait » pour le moins la vérité. Il me dit enfin qu'il allait repartir pour le Cap dans une semaine, mais qu'il lui restait une ou deux choses à régler auparavant.

Je lui dis spontanément que je possédais quelques économies, 3 000 francs en tout, et que je les mettais à sa disposition. À ma grande consternation, je dois l'avouer, Tatham accepta avec empressement.

– Toute aide m'est précieuse, me dit-il.

Le lendemain, je lui envoyai donc l'argent à l'adresse qu'il m'avait indiquée et, par retour du courrier, je recevais une reconnaissance de dette pour le même montant.

Je ne devais plus le revoir. Deux jours plus tard, je lus dans un journal du soir un article intitulé « Un vol peu banal ». Il s'agissait d'un ballon commandé à la fameuse firme Stence et Cie par le comte Castini, le fameux aéronaute. L'appareil, emballé dans une caisse, avait été volé au cours de son acheminement vers son légitime propriétaire. À la description qui était donnée d'un homme que l'on soupçonnait être l'un des voleurs, je n'eus pas de peine à reconnaître Tatham.

Il devait embarquer une semaine plus tard. Je recevais un mot de lui, timbré de Southampton, dans lequel il me disait : « En dépit de quelques difficultés, nous rassemblons lentement l'équipement nécessaire à l'heureuse issue de notre expédition. »

Le 28 octobre 1906, quelques jours après la sensationnelle victoire d'*Éclaireur* dans le prix du Cesarevitch, je recevais un paquet chargé constellé de cachets ; je l'ouvris, et trouvai un second emballage fait d'un épais papier ciré, sur lequel étaient écrits ces mots : « Le bien que tu as fait te sera rendu au centuple. Ned Tatham. » Ouvrant le papier, je trouvai 300 000 francs en billets de mille, répartis en deux paquets de 150 coupures chacun.

En décembre de l'année dernière, après que l'attention publique se fut portée sur l'île Tatham, une enquête officieuse fut effectuée. Au terme de cette enquête, je fus condamné à douze mois de prison, selon l'article 3 du Service des documents secrets :

« Avoir reçu en dépôt, ou administré, ou eu connaissance de tout document ou information relatifs aux intérêts militaires ou navals de Sa Majesté, et avoir délibérément trahi la confiance ainsi accordée en les communiquant, contrairement aux intérêts de l'État. »

Je n'ai plus jamais eu de nouvelles de Tatham, et n'ai jamais entendu parler de Mr Hackitt ni de miss Ève Smith.

L'argent que Tatham m'avait envoyé d'une manière si imprévue se trouve aujourd'hui encore à ma banque, la Cour ayant estimé que cette somme constituait le remboursement de mon prêt à Tatham, augmenté d'un intérêt dont il était seul juge, et non pas une rémunération pour l'information fournie par moi.

3

RÉCIT DU TROISIÈME TÉMOIN : WILLIAM C. HACKITT

William C. Hackitt est un homme assez trapu, âgé d'une cinquantaine d'années. Quand je le rencontrai à Rio, il paraissait dans une situation florissante. C'était un type intéressant d'homme de mer américain, possédant des manières plus raffinées que la plupart de ceux qui passent leur vie à courir les océans. Il était net et précis dans ses propos.

Je n'ai reproduit qu'une partie de son témoignage, la fin étant identique à ce que me dit le correspondant Callus, avec cette différence toutefois que le récit de ce dernier était infiniment plus détaillé et probablement plus exact, puisqu'il avait reçu les confidences de Tatham.

Je suis né à Seattle (Washington) et je suis marin de carrière. Mon premier voyage eut lieu en 1872 à bord de l'*Étoile de l'Ouest*, de San Francisco à Boston. Dix ans après, j'obtenais une licence de navigation anglaise et, trois ans plus tard, je devenais lieutenant à bord du vapeur *O'Sango* qui faisait le voyage Liverpool-Cabinda.

En 1895, la Compagnie étendit le rayon de ses opérations, et transporta du fret jusqu'au Cap et à Natal. Je fus nommé second à bord du *O'laki* en 1901, aux appointements de 1 200 francs par mois. Le travail était dur, nous étions débordés et, pour comble, je ne tardai pas à découvrir que le capitaine du bateau était un buveur impénitent.

Nous avions commencé notre premier voyage pour Durban et Natal en janvier 1902. Un jour sur deux, le capitaine était malade et son travail retombait sur moi et sur le second lieutenant. Nous devions faire escale à Port-Élizabeth mais, quand nous entrâmes dans la baie, un terrible vent du nord-est soufflait et la tempête était imminente.

J'étais fort peu enthousiasmé à la perspective d'avoir à jeter l'ancre par un temps pareil. J'allai donc faire part de mes hésitations au capitaine, qui se trouvait dans sa cabine en train de cuver de nombreuses libations. Il m'ordonna sans ménagement de jeter l'ancre quand même. J'obéis, comme c'était mon devoir, mais à distance aussi éloignée que possible du rivage. La tempête faisait rage et, à 3 h et demie, le sémaphore de la côte m'envoyait par signaux le message suivant : « Regagnez d'urgence la haute mer. »

Le capitaine, à qui je transmis ce message, m'enjoignit avec colère de ne pas en tenir compte. Fort inquiet, je répondis pourtant « Avons décidé de rester » au sémaphore, où l'on dut nous croire fous. À 5 heures, notre ancre se rompait, et le bateau allait se fracasser sur la côte.

L'équipage fut recueilli par des chaloupes venant de Port-Élizabeth, mais le navire sombra corps et biens.

Devant le tribunal maritime, mon capitaine soutint que je ne lui avais pas transmis le message du sémaphore, qu'il était du reste malade, alité, et qu'il m'avait transmis son commandement, rejetant toute la responsabilité de son stupide entêtement sur moi. Ma licence de navigation fut suspendue, mes appointements me furent envoyés télégraphiquement, avec avis que la Compagnie se passerait dorénavant de mes services, et je me trouvai à Port-Élizabeth détenteur d'environ 5 000 francs, mais sans la moindre perspective d'avenir.

Fort heureusement, l'*Inkonka*, navire commandé par le capitaine Moore, se trouvait dans la baie. Le capitaine accepta de me prendre comme passager à des conditions raisonnables. Une semaine plus tard, nous levions l'ancre pour le Cap. L'*Inkonka*, bien que simple cargo, possédait une installation confortable pour les passagers, la nourriture était excellente, et les officiers du bord de fort agréables compagnons.

J'étais seul passager, et le capitaine ne prévoyait aucun nouvel embarquement au Cap. Or à sa grande surprise, en arrivant au port, il fut averti par l'agent de la Compagnie qu'un groupe de cinquante personnes avait retenu des places pour Saint-Paul de Loanda, une de nos prochaines escales sur la côte portugaise d'Afrique.

Le capitaine Moore tenta d'expliquer à l'agent de la Compagnie qu'il lui était difficile d'installer convenablement un tel afflux de passagers, mais il lui fut répondu que ceux-ci étaient prévenus et que les conditions de leur transport avaient été débattues en conséquence. Il s'agissait, paraît-il, d'un groupe de prospecteurs se rendant au Katanga, à la recherche de terrains aurifères.

Les passagers arrivèrent à bord. C'étaient de singuliers gaillards, tous armés de Mausers, de pics et de pioches. D'ailleurs, malgré leur inquiétante apparence, ils n'avaient pas l'air de mauvais diables, et je n'aperçus pas l'ombre d'une gourde de whisky pendant leur séjour à bord. Leur chef était un homme athlétique qu'ils appelaient tantôt « Ned », tantôt « capitaine Tatham », et son autorité sur eux semblait sans limite.

Je m'aperçus bientôt que le capitaine Tatham était un charmant compagnon. Il semblait avoir roulé sa bosse dans le monde entier, et avait quelques notions des choses de la mer, ayant été mousse dans son jeune âge, à ce qu'il me confia.

Tout plein encore de rancœur, je lui contai l'histoire du naufrage du *O'laki*, qu'il écouta non seulement avec sympathie, mais avec un véritable intérêt. Il s'enquit de mes projets lors de mon retour en Amérique, me demanda si j'étais marié, ce à quoi je lui répondis que j'étais célibataire et que mes projets étaient encore des plus vagues. Il me demanda alors avec beaucoup de sérieux si j'avais du goût pour le métier de pirate et, pour continuer la plaisanterie, je lui rétorquai que ce genre de vie devait avoir son charme.

Nous entrions dans la baie de Sobito après un agréable voyage de six jours. Ce soir-là, le capitaine Tatham me fit une curieuse proposition. Ce n'était rien moins que de prendre le commandement du *Pealo*. Je connaissais parfaitement ce navire, un petit vapeur de 900 tonnes employé par le gouvernement de l'État libre du Congo pour transporter le courrier et les télégrammes entre Loanda et Broma.

À cette époque, le Congo belge ne possédait pas de communications télégraphiques directes avec le reste du monde, et les télégrammes devaient être acheminés via Brazzaville sur un port de l'A.-O.F., ou envoyés par bateau à Loanda, pour transmission.

Cette dernière méthode était la plus couramment employée, et c'était le *Pealo*, excellent petit bâtiment, qui servait de courrier. Je dis au capitaine Tatham que je ne comprenais pas très bien son offre, à moins qu'il ne fût quelque haut personnage du gouvernement du Congo en mesure de me confier le commandement du bateau. Ces paroles semblèrent l'égayer beaucoup.

– Il faut tout d'abord que vous vous rendiez compte que je me trouve dans une situation très difficile, me dit-il. Bien que je ne puisse vous révéler tous mes plans, je vais tout au moins fixer quelques points essentiels :

1° Je me suis engagé à mener à bien une expédition qui, dotée d'un équipement convenable, devrait coûter environ deux millions et demi.

2° Jusqu'ici, j'ai dépensé 10 733 francs 50 pour tous les frais préliminaires, à l'exception du voyage à bord de ce bateau des membres de l'expédition, voyage qu'ils ont payé eux-mêmes. En calculant au plus juste, les dépenses restant à effectuer s'établissent comme suit :

Achat d'un bateau à vapeur	900 000	francs
Approvisionnement du même	300 000	–
Salaire de l'équipage	120 000	–
Équipement scientifique	420 000	–
Provisions et matériel de campement	30 000	–
Divers	20 500	–
Soit un total de	1 790 500	francs

3° Pour faire face à ces dépenses, je suis en mesure d'affirmer que le capital actuel des membres de l'expédition se monte à 1 653 francs 25.

Lorsque Tatham m'eut exposé ce bilan peu encourageant, je lui demandai comment, dans ces conditions, il pouvait disposer du commandement du *Pealo,* et lui fis remarquer qu'en tout cas, le *Pealo*, appartenant au gouvernement, n'était sûrement pas en vente. Sa réponse fut d'une simplicité remarquable :

– Il ne s'agit pas d'acheter le *Pealo*, mais de l'emprunter, me dit-il. En d'autres termes, de le voler.

Avant de me faire cette déclaration surprenante, il n'avait pas exigé de moi le secret, mais j'ai pu constater par la suite qu'il savait juger les caractères et, en ce qui me concerne, il ne s'était pas trompé.

– Je regrette infiniment d'en être réduit à une telle extrémité, mais il est indispensable au succès de l'expédition que nous possédions un navire. J'ai donc choisi le *Pealo* qui fait parfaitement notre affaire. Par ailleurs, j'ai décidé de vous en donner le commandement en apprenant vos déboires. Votre carrière est brisée, vous n'avez rien à perdre et tout à gagner et, si par hasard les choses tournaient mal, je vous donne ma parole d'honneur d'établir votre totale innocence.

Il se mit ensuite à me donner quelques détails sur l'objectif que se proposait l'expédition. Je ne puis dire, en conscience, que j'hésitai longuement avant d'accepter l'offre du capitaine Tatham. Je crois même que je lui donnai mon accord sur-le-champ.

Le lendemain, nous accostions à Loanda, et le capitaine Tatham descendait à terre. Le *Pealo* se balançait non loin de là, arrivé la nuit précédente. C'était, comme je l'ai dit, un beau bateau, avec cet air robuste qui ne trompe pas un marin, arborant le drapeau de l'État du Congo, l'étoile d'or à cinq branches sur fond bleu roi.

Les hommes de Tatham étaient restés à bord. Il m'avait expliqué qu'il allait régler le transfert direct de ses hommes d'un bateau sur l'autre, pour tourner les règlements portugais sur l'importation des armes à feu.

L'*Inkonka* devait lever l'ancre à 8 heures, et ce n'est qu'à 7 heures que Tatham refit son apparition. Il me dit qu'il s'était arrangé pour payer le passage de ses hommes une fois à bord. Il ajouta qu'il avait également commandé d'énormes stocks de provisions diverses, à déposer à bord du *Pealo*, et que ce règlement devait aussi s'effectuer à bord.

Dans un certain sens, tous ces arrangements me souriaient moins que l'affaire du bateau, et j'exprimai mon opinion à Tatham.

Il m'écouta avec patience, sans montrer le moindre signe de contrariété ou de dépit.

– Vous avez parfaitement raison, me dit-il, quand j'eus fini, mais vous n'avez pas tout à fait compris. Je ne vole pas, je force simplement la main à un crédit qui me serait refusé autrement. Je paierai jusqu'au dernier sou, un jour ou l'autre, en ajoutant même un dédommagement pour le préjudice causé.

Ce « distinguo » apaisa mes sursauts de conscience, et je me tins pour satisfait de ses explications.

Nous fûmes transportés sur le *Pealo* par les chaloupes de l'*Inkonka*. J'avais fait mes adieux au capitaine Moore qui n'avait pas manifesté d'étonnement excessif à mon changement de plan. Il devait avoir parfaitement compris que ma carrière était brisée, et ne pouvait me blâmer de tenter ma chance en me joignant aux « prospecteurs ».

Nous fûmes reçus à bord du *Pealo* par le lieutenant. La lumière du soleil se reflétait avec éclat sur le pont, et les armes de mes compagnons ne furent pas aperçues. Les marchandises commandées par Tatham étaient déjà là, surveillées par trois ou quatre commis. J'y vis des caisses de lait condensé, de bœuf salé, de biscuits, des sacs de pommes de terre, de riz, de farines et de graines, du sucre, du sel, des colis de thé et de café.

Tatham eut un bref entretien avec les commis, et je l'entendis qui leur ordonnait de revenir le lendemain matin pour le règlement de leurs factures. Après quelques hésitations, ils y consentirent et s'en furent, après que le capitaine des prospecteurs leur eut fait remarquer avec quelque hauteur que le *Pealo* ne levait l'ancre que le lendemain dans l'après-midi et qu'il attendait de l'argent par câble.

À peine les commis avaient-ils disparu que la conversation suivante s'engagea entre Tatham et le lieutenant du *Pealo*, un certain Mr Jacobus van Held :

– Je vous serais reconnaissant d'acquitter maintenant le prix du passage de vos hommes, Tatham.

– Nous pourrions nous occuper de cela demain matin, ne croyez-vous pas ?

– Il serait préférable que la question fût réglée tout de suite. De Loanda à Boma, le prix du billet est de 100 francs.

– C'est donc 5 100 francs que je dois vous verser. Mais franchement, j'aurais espéré une petite réduction pour un groupe si nombreux !

– Je regrette, Monsieur, mais c'est tout à fait impossible.

– Vraiment ? Je vais en toucher deux mots au capitaine...

– Le capitaine est encore à terre ce soir, et je suis le seul officier à bord en ce moment.

– Allons bon ! À propos, je crois que je connais votre mécanicien en chef ; pourrai-je aller le saluer tout à l'heure ?

– Il est également à terre. Je vous le répète, à l'exception d'un des chauffeurs, du garçon de cabine et de moi-même, personne n'est encore à bord.

– Tiens ! Pourquoi ce chauffeur est-il là ?

– Parce que, selon le règlement, nous devons garder la vapeur... Réglons la question du passage, je vous prie.

Là-dessus, une longue discussion s'engagea et, comme elle menaçait de s'échauffer, le lieutenant appela prudemment le chauffeur pour lui prêter main-forte au besoin. Ce renfort n'ayant nullement impressionné Tatham, le lieutenant, suivi docilement par le chauffeur, quitta le bateau, avec des menaces confuses de ne revenir qu'accompagné par des représentants de la police portugaise.

De toute ma carrière, je n'ai jamais vu un navire déserté ainsi par la seule autorité compétente, mais la marine belge a des coutumes qui lui sont propres. Tandis que la chaloupe s'éloignait, transportant l'officier fulminant, j'aperçus trois des hommes de Tatham qui s'engageaient sur l'échelle de fer conduisant à la salle des machines et, au bout d'un instant, l'un d'eux reparut, faisant signe que tout allait bien.

Tatham se tourna alors vers moi :

– Vous êtes en fonction à partir de maintenant, me dit-il simplement.

Aussitôt je donnai l'ordre de lever l'ancre. Les hommes de Tatham paraissaient, pour la plupart, accoutumés à la manœuvre du bord. Le bateau s'ébranla.

– Gagnons d'abord la pleine mer, me dit Tatham. Je vous donnerai demain les indications sur la route à suivre.

4

RÉCIT DU TROISIÈME TÉMOIN : WILLIAM C. HACKITT *(suite)*

Le récit de Hackitt étant assez long, il me le conta au cours de deux entrevues. Dans notre second entretien, un souci scrupuleux d'exactitude lui fit modifier quelques détails de sa précédente déposition, corrections qui, du reste, ne portaient que sur quelques dates, et dont j'ai tenu compte dans cet ouvrage.

Le lendemain matin, Tatham s'avança vers moi, le sourire aux lèvres, comme si quelque chose l'amusait vivement :

– Nous avons enlevé par mégarde un journaliste, me dit-il.

Et il m'apprit qu'il avait découvert dans l'une des cabines, ronflant tranquillement et ignorant complètement le nouveau destin du *Pealo*, un reporter nommé Callus, qui partait pour l'Angola afin d'y trouver des éléments pour une palpitante enquête sur la traite des Noirs.

Quelques minutes plus tard, Mr Callus apparaissait sur le pont. C'était un homme d'une trentaine d'années, de taille moyenne, portant une petite moustache en brosse. Il aborda Tatham en lui réclamant une explication que le capitaine, à ma grande surprise, lui donna très franchement en lui exposant ses plans et les événements de la nuit précédente.

Callus écouta sans l'interrompre, mais je compris, à son air, que ce reporter affamé de toute aventure sensationnelle n'était point si fâché de se trouver avec nous.

– Vous devez bien comprendre, capitaine, dit-il enfin, qu'en aucun cas je n'entends appartenir à votre expédition, même si j'y assiste. J'aurai probablement le regret de témoigner contre vous au cours de votre procès, et d'envoyer à mon journal le compte rendu de votre exécution, si vous êtes pendu ; mais mon rôle est purement celui d'un observateur. D'ores et déjà je proteste devant témoins contre cet enlèvement effectué contre ma volonté, et je compte que vous me considérerez comme prisonnier de guerre.

Tatham n'éleva pas d'objection contre cette déclaration, et tous deux s'en furent prendre leur petit déjeuner ensemble. Dans le courant de la matinée, Tatham me communiqua l'itinéraire à suivre. Nous étions à ce moment à environ cent milles à l'ouest de Loanda ; je fis aussitôt rectifier la direction par ouest-ouest.

Je connaissais déjà vaguement de réputation la fameuse île, qui se trouve environ à 10° nord-ouest de Tristan da Cunha, et à 950 milles de Rio.

D'une façon générale, le voyage s'annonçait bien. Pendant trois jours, nous eûmes de la houle, et le *Pealo* encaissa pas mal de paquets de mer, mais le temps finit par s'éclaircir. Ce qui ne cessait de m'étonner, c'était l'aptitude remarquable de la plupart des hommes de Tatham pour le métier de matelot ; je crois bien que tous avaient plus ou moins fait un stage dans la marine au cours de leur aventureuse existence.

En tout cas, leurs dispositions et leur bonne volonté pour apprendre ce qu'ils ignoraient encore m'enlevaient une épine du pied, et me soulageaient d'une des anxiétés qui me tracassaient depuis le début de cet extraordinaire voyage.

Une cause d'inquiétude plus grave se présenta bientôt. J'avais évidemment examiné les soutes et constaté avec satisfaction que le navire avait charbonné, probablement la veille de notre arrivée. Pourtant, de toute évidence, nous ne possédions pas une quantité de combustible suffisante pour un voyage de 3 000 milles, et j'annonçai à Tatham qu'en réduisant la vitesse au minimum, nous pourrions peut-être économiser assez de charbon pour les 2 000 milles qui nous restaient à couvrir, mais que, même dans ce cas, il était de la dernière imprudence, à mon humble avis, de gagner ce rocher sans conserver le moindre morceau de braise pour le voyage de retour. Comme toujours, le capitaine fit preuve d'un optimisme débordant :

– J'y ai pensé, et nous avons rendez-vous avec un bateau-charbonnier venant de Pernambouc.

Je restai d'abord un peu sceptique ; quand le capitaine, sans se troubler, m'eut donné les indications précises de longitude et de latitude auxquelles nous devions rencontrer le houiller, il ne me resta qu'à m'incliner devant l'esprit de ressource inépuisable de Tatham.

Le temps était maintenant au beau fixe. Le capitaine estima que le moment était venu de modifier l'aspect du bateau selon les moyens du bord, et j'abondai dans son sens. Tatham avait d'ailleurs poussé la prévoyance jusqu'à acheter d'importantes quantités de peinture en poudre, qu'il ne nous restait plus qu'à délayer.

Chacun s'attela à la tâche, et bientôt la belle peinture blanche dont le *Pealo* s'enorgueillissait comme un yacht de plaisance fit place à une nuance d'un gris sale, analogue à celui adopté dans la flotte de guerre britannique. Toute la superstructure fut recouverte de cet enduit. Le nom du bateau inscrit à la proue en lettres de métal fut arraché, jeté à la mer et remplacé, à la peinture noire, par le nouveau nom du petit vapeur : l'*Éclaireuse*. J'eus la curiosité de demander à Tatham la raison du choix de ce nom ; il me répondit que c'était en souvenir du passage de ses hommes parmi les éclaireurs de Kitchener, pendant la guerre.

Une fois cette tâche finie, l'infatigable Tatham fit construire par ses hommes de singulières machines, en bois recouvert de toile grise. Intrigué, j'interrogeai Mr Callus qui sourit, et se borna à me répondre que l'*Éclaireuse* s'apprêtait à jouer le rôle du mouton dans la peau du lion. Je m'en tins à ce propos sibyllin, sachant qu'après tout Tatham s'expliquerait le moment venu.

Sept jours plus tard, et à environ 100 milles sud-ouest de Sainte-Hélène, un vapeur fut signalé. Quand Tatham me dit qu'il s'agissait sans doute du *Rongeur* (le bateau-charbonnier que nous attendions), je lui exprimai mon étonnement qu'il ait pu obtenir que celui-ci se rendît à plus de vingt et un jours de voyage de Pernambouc.

Il me répondit par un discours d'où je compris seulement qu'on lui avait offert une mission très lucrative lors de son séjour à Londres ; déclaration qui n'avait apparemment rien de commun avec le sujet de notre conversation, et qu'il termina par ces paroles plus énigmatiques encore :

– Puisque les Puljanes veulent s'amuser, ils n'ont qu'à payer. Aujourd'hui, ils payeront en charbon.

Ce n'est qu'en lisant tout récemment une *Histoire des Philippines* que j'ai compris ce qu'il avait voulu dire.

Lorsque nous arrivâmes à portée de signaux, Tatham fit battre pavillon belge, et lancer les signaux P.T.X.O., auxquels le *Rongeur* répondit : L. B.

Ces lettres ne correspondaient à rien selon le code des signaux, et répondaient évidemment à une convention préalable.

Le *Rongeur* se rapprocha jusqu'à deux encablures ; mais bien que la mer fût pareille à une nappe d'huile, j'estimai prudent de conserver cette distance. Une barque fut mise à la mer et, l'instant d'après, le capitaine du charbonnier montait sur le pont. Après un bref entretien avec Tatham, le charbonnage de l'*Éclaireuse* commença, pour se prolonger jusque fort avant dans la nuit.

Le capitaine Giles, patron du bateau-charbonnier, avait manifesté quelque surprise devant les dimensions modestes de notre navire ; d'après la quantité de charbon qui lui avait été commandée, il s'était attendu à un bâtiment de 4 000 ou 5 000 tonnes, mais quelques phrases négligemment jetées par Tatham dissipèrent son plus léger soupçon.

Lorsque le charbonnage fut terminé, tandis que Tatham et Giles vidaient une bouteille avant de prendre congé, je visitai les soutes, et constatai que nous possédions maintenant du combustible pour huit semaines de voyage au minimum.

Le *Rongeur* s'éloigna, direction nord-ouest ; tant qu'il fut en vue, nous nous dirigeâmes avec affectation vers le sud-est.

Tatham me donna alors ordre de modifier notre course et, le lendemain matin, nous étions approximativement de retour à l'endroit où nous avions charbonné la veille.

Dès l'aurore, l'équipage s'était occupé de faire disparaître toutes les traces de l'opération et à dresser les curieuses machines de bois et de toile dont j'ai parlé. Ce n'est qu'à ce moment que je compris que l'intention de Tatham était de donner à l'*Éclaireuse* l'apparence d'un navire de guerre. Effectivement, avec beaucoup de bonne volonté, l'échafaudage qui se dressait maintenant autour du grand mât pouvait rappeler une tourelle et de longs madriers recouverts de toile grise évoquaient assez bien l'idée de petits canons.

Callus contempla le résultat d'un œil critique :

– Je n'ai jamais vu de tourelles sur un patrouilleur, dit-il enfin avec une moue.

– C'est une nouvelle technique, riposta Tatham sans se déconcerter.

La journée se passa sans incident, mais, vers le soir, un vapeur fut signalé, venant dans notre direction. Quand il fut en vue, il arbora le pavillon britannique. Sur l'ordre de Tatham, je fis aussitôt flotter l'insigne blanc de la marine de guerre, non sans quelque hésitation, car c'est là une usurpation qui peut coûter cher. Il est vrai qu'au point où nous en étions !...

L'effet produit fut prodigieux : le vapeur se mit à opérer un large demi-cercle comme si, soudain, il s'avisait qu'il avait oublié quelque chose et se mettait en devoir d'aller le chercher.

Le coffre à signaux était sur le pont, où Tatham l'avait fait transporter dès le matin. Nous fîmes aussitôt les signaux suivants :

« Stoppez immédiatement. Nous rendons à votre bord. »

Le vapeur ne répondit pas, et nous reprîmes :

« Stoppez, ou nous vous coulons. »

Du bateau, cette fois, on nous répondit, toujours par le langage des signaux :

« Nous ne comprenons pas. »

Toutefois, il avait ralenti l'allure, et nous poursuivîmes la conversation :

« Qui êtes-vous ?

– Le *Greenwich*, cargo se rendant de Londres aux Philippines.

– Nous nous rendons à votre bord pour examiner vos papiers. Ouvrez la cale n° 3 pour inspection. »

Cet ordre sembla jeter la consternation à bord du *Greenwich* ; au bout d'un moment, il nous fut répondu :

« Avons cas de choléra à bord. »

J'entendis Tatham ricaner en trouvant le sens de ce message dans le code des signaux. Imperturbable, il fit répondre :

« Nous emmenons dans ce cas un médecin. Stoppez sans délai ou vous êtes coulé. »

Cette fois, le bateau s'arrêta, et le « patrouilleur » s'avança majestueusement dans sa direction. Le crépuscule était maintenant tombé, et je commençais à espérer qu'on se laisserait prendre, à bord du *Greenwich*, à notre rudimentaire camouflage favorisé par les ombres de la nuit. J'eus soin de faire stopper le bâtiment à une distance aussi grande qu'il était possible, sans éveiller la curiosité. Une chaloupe fut mise à la mer, et j'y pris place avec Tatham et une demi-douzaine de ses hommes.

Je pouvais à la rigueur offrir un aspect militaire, dans mon uniforme bleu, et les hommes ramaient à un rythme qui leur aurait été envié par des matelots de Sa Majesté, mais je songeais néanmoins qu'il faudrait que nos interlocuteurs soient bien troublés ou bien inexpérimentés pour se laisser abuser.

On nous envoya une échelle et, l'instant d'après, Tatham et moi étions sur le pont, où un goupe d'officiers nous considéra assez hargneusement, surtout Tatham qui avait conservé ses vêtements civils.

Sans laisser aux autres le temps d'ouvrir la bouche, Tatham se présenta d'une voix sèche :

– Je suis le vice-consul du Gouvernement britannique à Benguela, et mandaté par le consul de Saint-Paul de Loanda pour opérer une perquisition à bord de ce navire.

– Possédez-vous un mandat ? interrogea le capitaine.

Tatham laissa tomber un regard froid sur l'importun et, se retournant à peine dans la direction du « navire de guerre » :

– Ceci est un mandat suffisant, je crois, dit-il sans élever la voix, mais avec une hauteur écrasante.

– Quel est l'objet de cette perquisition ? reprit le capitaine.

– Contrebande de guerre, dit Tatham d'un ton impersonnel. Vous transportez des armes aux Philippines à l'intention des Puljanes, sur commande du senor de Costa, de la maison de Costa Riez et Cie, de Londres. Vous avez reçu instructions de refaire votre plein de charbon au large et de poursuivre votre route sans escale.

– Vous avez l'air d'en savoir plus que moi, répondit brusquement le capitaine. Tout ce que je peux dire, c'est que j'ai dans mes cales quatorze caisses à destination des Philippines, mais leur contenu est inscrit sur l'avenant comme : « machines agricoles ». Je ne sais rien de plus.

Tatham se dérida légèrement, mais reprit du même ton froid :

– Vous voudrez bien opérer le transbordement de ces quatorze caisses à bord du patrouilleur, par canots. Vous pourrez ensuite continuer votre voyage et devrez faire votre rapport devant le consul britannique du premier port où vous ferez escale.

– Et si je refuse ? fit le capitaine qui semblait bouillir intérieurement.

Le visage de Tatham s'assombrit. Il était si bien entré dans la peau de son personnage que véritablement, à ce moment, il *était* vice-consul.

– Dans ce cas, dit-il, il ne me resterait qu'à prier le commandant Smith (il me désigna) de vous mettre aux fers, et de conduire votre bâtiment au port le plus proche.

Le capitaine hésita, émit un vague grognement, puis se tourna vers son second et donna ordre de mettre les chaloupes à la mer.

Il faisait tout à fait noir quand le premier chargement arriva près du « patrouilleur ». Personne n'eut le droit de monter à bord, et nos hommes seuls opérèrent le transport. Tatham ouvrait les caisses à mesure qu'elles arrivaient. Le butin comprenait 100 fusils et 20 000 bandes de cartouches, mais, ce qui réjouit particulièrement Tatham, ce fut une mitrailleuse avec tout l'équipement.

Nous étions occupés à défoncer la dernière caisse, quand le capitaine du *Greenwich* nous héla d'une chaloupe.

– Que voulez-vous ? demanda Tatham.

– Je désire monter à bord, répondit le capitaine.

Tatham réfléchit un instant, puis donna ordre de lancer l'échelle au capitaine, qui apparut à la coupée comme un diable qui sort d'une boîte.

Toute les lumières étaient éteintes sur le pont, éclairé seulement par la lampe dont nous nous étions servi pour vérifier le contenu des caisses, afin de laisser dans une ombre propice nos petits camouflages.

Mais le vieux renard n'était tout de même pas né d'hier, et le peu qu'il aperçut suffit à le renseigner sur ce dont il commençait déjà à se douter. Il se tourna brusquement vers Tatham, que je vis saisir son revolver.

– Que signifie tout cela ? demanda le marin.

– Piraterie, fit Tatham, calme comme une matinée de printemps. Un métier à peine un peu plus respectable que celui de vendre des armes à des égorgeurs métis...

Ces paroles semblèrent vexer profondément le capitaine, qui en eut le souffle coupé.

– Voilà une action dont vous aurez à répondre, mon garçon ! dit-il quand il eut retrouvé sa voix.

– Pas du tout, répliqua Tatham d'un ton net.

Et là-dessus, il s'embarqua dans un discours analogue à ceux que je lui avais déjà entendu prononcer. Il avait un véritable don d'orateur (il me confia, un jour, qu'il avait posé sa candidature à l'Assemblée législative de Rhodésie) et vous haranguait comme si vous aviez été un public de meeting. Je me souviens encore à peu près de son discours, qui commençait ainsi :

– Il est difficile d'apprécier jusqu'à quel point l'apophtegme, faussement attribué aux Jésuites, et qui veut que la fin justifie les moyens, doit être appliqué dans la pratique. Toutefois, en l'occurrence, le problème qui se pose à nous pourrait assez bien servir d'illustration à cette théorie. Étant donné la maison A, engagée dans un trafic illégal et néfaste, étant donné d'autre part l'armateur B, servant par intérêt le but immoral poursuivi par A : le tiers C, pour des visées personnelles, utilise la mauvaise action de A et la complicité de B. En agissant ainsi, C commet un acte illégal, qui a pourtant pour effet de prévenir les résultats infiniment pires de l'acte de A...

– Je n'ai pas besoin qu'on me fasse un cours de mathématiques, interrompit rudement le capitaine du *Greenwich*. Donnez-moi votre nom, et celui de ce bateau.

Tatham ne répondit rien. J'ai souvent remarqué qu'il avait un singulier amour-propre et qu'il se froissait immédiatement quand on méconnaissait ce qu'il considérait comme ses dons personnels les plus précieux. Or, parmi ceux-ci, il était particulièrement vain de sa facilité d'élocution, et, par ailleurs, de son talent pour rédiger les dépêches. Il tourna donc le dos au capitaine et, s'approchant du bastingage, lui dit sèchement, en désignant l'échelle de coupée :

– Voici votre chemin, capitaine. Laissez-moi vous conseiller de partir pendant qu'il en est encore temps.

Sans répliquer, le marin obéit. Il avait senti dans la voix de Tatham une inflexion qui l'incitait à ne pas prolonger davantage son séjour sur notre pont.

Quand la chaloupe qui le transportait eut regagné le flanc du *Greenwich*, nous piquâmes sans plus attendre droit sur le sud.

Je crois vous avoir dit que Tatham avait confié ses plans à Mr Callus, le journaliste. Celui-ci avait déjà entendu parler de l'île à propos du naufrage de la *Reine de la Plata* en 1872, naufrage qui avait fait grand bruit à l'époque en Angleterre. Au mois de juillet de cette année-là, une fameuse écurie de courses avait été vendue, et un certain nombre de pur-sang, acquis par une compagnie argentine, avaient été dirigés sur l'Amérique du Sud à bord de la *Reine de la Plata.*

Or la tempête avait fait dériver le navire de sa route, son gouvernail s'était brisé, et le monde n'avait plus entendu parler de la *Reine de la Plata* jusqu'au jour où des pêcheurs avaient trouvé une bouteille à la mer, contenant un message qui donnait des détails et annonçait que le bateau s'approchait, à la dérive, des redoutables rochers de l'île de la Désolation.

– Tout ceci se passait bien avant ma naissance, affirma Mr Callus avec une certaine coquetterie, mais j'ai eu occasion de faire allusion à cet événement à l'occasion d'un reportage sur les navires disparus en mer.

Tatham sembla fort intéressé par cette histoire et accabla le reporter de questions pour savoir si la *Reine de la Plata* transportait des valeurs, si on savait sur quel point de l'île elle avait sombré, et si aucune tentative n'avait été faite pour retrouver l'épave. Comme on le voit, bien que Tatham poursuivît un objet d'une tout autre envergure, il n'entendait pas mépriser pour cela les petits poissons qui pouvaient tomber dans ses filets.

Je me souviens très bien du soir où eut lieu cette conversation. C'était la nuit après celle où nous avions faussé compagnie au *Greenwich.* Nous étions assis sur la passerelle, à causer paisiblement ; la lune brillait, la mer était calme comme de l'huile et rien ne rompait le silence que le bruit sourd de l'hélice. C'était une de ces nuits où la nostalgie s'empare de vous malgré tous vos efforts, et bien que nulle créature chère ne m'attendît au pays natal, je ne pouvais moi-même me défendre contre cette douloureuse et irritante tristesse.

Quant à Tatham, il était gai comme un pinson. Il parlait de sa chère île et envisageait diverses méthodes pour transporter en Angleterre l'or qu'il était sûr d'y trouver. Il comptait s'attaquer d'abord aux alluvions puis, dès qu'une quantité d'or suffisante aurait été rassemblée, renvoyer l'*Éclaireuse* en Angleterre afin d'acheter l'outillage nécessaire pour exploiter le filon.

– Et s'il n'y a pas d'alluvions ? dit Callus.

– Dans ce cas, il faudra nous attaquer tout de suite au quartz avec les moyens dont nous disposerons, dit Tatham.

– Et s'il n'y a pas de quartz, pas d'or du tout ? reprit Callus.

Tatham claqua des lèvres avec impatience et se lança dans une de ses allocutions favorites :

– Il n'existe pas de preuve plus convaincante d'une démence

rédhibitoire que l'incapacité de conduire une proposition à sa conclusion logique. Mais par ailleurs, la raison et la logique ne peuvent être employées à une fonction plus vaine et plus paralysante que celle qui consiste à anticiper par plaisir sur les difficultés à venir. Tout effort humain est voué à l'insuccès si, derrière la volonté d'accomplissement, se dissimule la peur de l'échec.

Mr Callus bâilla bruyamment.

– Assez ! dit-il sans cérémonie.

Bien que Tatham se refusât à admettre la possibilité d'un désastre, il ne laissait pas que d'en être préoccupé. Le lendemain de cette conversation, je le vis rester pendant trois heures immobile, dans la coursive, assis sur un pliant. Comme je passais devant lui, il leva sur moi un regard absent et me dit, comme s'il continuait la conversation de la nuit précédente :

– Et puis, s'il n'y a pas d'or, je ne vois pas pourquoi nous ne trouverions pas d'autres minéraux précieux, ou peut-être des diamants...

Cinq jours plus tard, nous parvenions en vue de l'île.

De loin, elle apparaissait exactement comme une muraille de granit sans solution de continuité. J'approchai lentement, malgré toutes les indications fournies par les sondages du capitaine Ford, afin d'être sûr de ne pas échouer le bâtiment sur un récif sous-marin, sort qui avait été certainement celui de la *Reine de la Plata*. Aussi, j'avais rassemblé une équipe chargée de relever le fond sans arrêt. Enfin, je jetai l'ancre à soixante brasses. Le temps continuait à nous favoriser et, à l'ombre de la muraille de roc, la mer ressemblait à un miroir.

Il était trop tard pour faire quoi que ce fût ce soir-là et, malgré son impatience, Tatham se borna à faire porter sur le pont la grande caisse dont j'ai parlé et qui, une fois éventrée, me montra l'enveloppe d'un ballon.

C'est à ce moment qu'il devait m'être donné de comprendre le sens d'une partie des « acquisitions » de Tatham à Loanda. Jusqu'alors, je m'étais vainement demandé à quoi pourraient bien servir une certaine bonbonne d'acide, ainsi que plusieurs sacs contenant des rognures de zinc. Mes très élémentaires notions de chimie me permettaient maintenant de deviner que Tatham se proposait de fabriquer de l'hydrogène pour gonfler l'enveloppe de soie de l'aéronef.

Cette opération nous occupa pendant la plus grande partie de la journée du lendemain. Fort heureusement, le vent resta très faible. Quant à Tatham, je dois dire que sa débordante activité ne fut pas pour arranger les choses ; au contraire : au beau milieu de notre travail, il fut illuminé par une idée. Ce n'était rien moins que d'adjoindre au contenu du ballon un gaz de sa composition, qu'il baptisa instantanément du nom de « Tathamégène ». Je ne connais pas la formule de ce nouvel élément, mais je me souviens qu'il y fallait de l'oxygène et que nous passâmes une journée à confectionner. Après quoi, le gaz en question s'avéra d'un usage pour le moins dangereux et, à son grand regret, Tatham dut accepter que le ballon continuât à être gonflé comme nous avions commencé à le faire.

Le lendemain matin, un soleil radieux brillait. Je n'ai pas encore décrit très en détail l'apparence extérieure de l'île ; ce qui m'avait frappé en premier lieu, c'était le poli extraordinaire de sa surface. On aurait cru qu'un géant s'était armé d'une feuille de toile d'émeri et en avait frotté le granit jusqu'à ce qu'il fût d'un grain parfaitement égal et brillant. Sur la face nord de l'île, la muraille n'avait pas une faille et, du côté est, il n'y avait qu'une espèce de fissure perpendiculaire qui rayait le roc du sommet jusqu'à la base. Mais nulle part n'apparaissait de point d'atterrissage visible.

Nous découvrîmes la rivière souterraine sans difficultés, son embouchure en forme de tunnel étant parfaitement visible à marée basse. Sur le moment, je pensai que le capitaine Ford avait fait bien inutilement mystère de l'existence de cette rivière si facile à repérer, mais il me fallut, par la suite, revoir mon jugement.

Nous avions jeté l'ancre au nord de l'île, et la direction du vent était nord-nord-est, tout à fait favorable à nos plans par conséquent. À midi précis, Tatham, avec l'un de ses hommes nommé Taunton, monta dans la nacelle que nous avions improvisée, et le câble qui retenait le ballon se déroula.

Avec son porte-voix, Tatham me demanda de diriger le navire du côté ouest de l'île, où la direction du vent faciliterait l'atterrissage. En conséquence, nous levâmes l'ancre et lâchâmes au ballon une cinquantaine de mètres de câble supplémentaire, ce qui dut permettre à Tatham d'avoir une vue à vol d'oiseau sur son île, car je l'entendis proférer dans son porte-voix des remarques décousues et délirantes telles que « Splendeur... merveille de la nature... magnifique... »

Je dois dire que la question de l'atterrissage du ballon me

semblait fort inquiétante. Il m'était impossible de rapprocher davantage le bateau de l'île sans racler le fond et, par conséquent, l'aéronef se balançait mollement à bonne distance au-dessus de nous, mais fort éloigné encore du plateau de l'île. Tout dépendait de la façon dont le vent déporterait l'appareil.

La brise s'annonça fort légère, et je pris sur moi de me rapprocher encore un peu de l'île, au risque d'endommager la coque de l'*Éclaireuse*. Comme pour récompenser cet effort, le vent se mit à souffler plus vigoureusement, et la nacelle disparut au-dessus du mur de granit. Nous attendîmes pendant dix anxieuses minutes, et eûmes tous le même soupir de soulagement et de triomphe en apercevant, tout en haut, l'ombre fluette du capitaine, qui nous gratifia, à travers son porte-voix, d'un discours parfaitement incompréhensible.

Il avait emporté avec lui un filin et une poulie qu'il installa aussitôt ; avant la tombée de la nuit, nous lui hissâmes des couvertures, des vivres, deux fusils et cinquante cartouches.

Le lendemain matin, toujours à l'aide de la poulie, le ballon nous fut renvoyé. Pour le regonfler, il nous fallut employer tout le gaz que nous étions capables de fabriquer. Tatham invita Callus à faire partie du deuxième contingent, mais le reporter montra si peu d'enthousiasme à confier son existence au ballon que deux autres hommes s'envolèrent seuls.

Cette seconde ascension fut infructueuse, le vent ayant changé ; le ballon se dégonflant à vue d'œil et devenant inutilisable faute de gaz, Tatham me donna pour instruction d'atterrir en canot sur l'étroite bande de sable qui se trouvait au nord-est de l'île. Il transféra son système de poulie sur le pic qui dominait la petite plage et, au prix d'un travail long et fatigant, nous lui fîmes parvenir, par pièces détachées, les divers instruments dont il avait besoin pour installer un treuil capable de nous hisser l'un après l'autre sans trop de difficultés.

Une semaine plus tard, tous les hommes avaient rejoint leur capitaine et, le deuxième dimanche après notre arrivée, je faisais ma première visite de l'île, en compagnie de Mr Callus. Nous avions été hissés à l'aide du treuil, comme les autres, et Tatham nous attendait en haut pour nous recevoir avec la courtoisie d'un bon maître de maison.

5

Récit du quatrième témoin : Richard Callus

Mr Richard Callus est si connu en tant que journaliste, reporter et grand voyageur, que ce serait de ma part une impertinence que de le présenter à mes lecteurs comme un nouveau venu. Âgé d'une bonne trentaine d'années, c'est un grand amateur d'aventures, doué d'un flair extraordinaire pour les découvrir, et d'un talent indiscutable pour les conter.

J'eus la chance de le rencontrer à Cadix, peu après son débarquement du bateau de Tanger, au moment où il revenait d'un reportage qui l'avait conduit à Casablanca.

C'est au café des Quatre-Nations, dans le calleo de Recolletos, que j'eus le plaisir de lui être présenté et d'écouter son récit, de beaucoup le plus intéressant de tous.

Quand il nous reçut sur son rocher, Tatham avait l'air extrêmement content de lui et, somme toute, il en avait le droit. Du seul point de vue du difficile établissement des communications entre l'île et le bateau, il avait réalisé des merveilles avec des moyens de fortune.

Je constatai avec surprise qu'on ne pouvait rien voir de l'île de l'endroit où se trouvait le treuil, une colline dissimulant le reste du plateau. Je me mettais en marche pour gravir cette éminence et satisfaire ma curiosité, quand Tatham m'arrêta d'un geste. Il souhaitait d'une façon si évidente jouer le rôle de maître des cérémonies dans cette présentation solennelle à son île, que je ne pus que m'incliner devant son désir.

Un déjeuner était préparé, près du treuil, et une bouteille de champagne fut vidée à la « Prospérité de l'île Tatham ». Ensuite, le capitaine prononça un discours :

– Nous sommes en ce moment à l'aube d'une ère nouvelle. La terre que nous avons su conquérir appartiendra à notre postérité. Nos enfants et les enfants de nos enfants révéreront le nom des hardis pionniers qui firent flotter l'étendard de la liberté sur une contrée déserte, qui ajoutèrent un chapitre à l'histoire de la civilisation, et qui bâtirent leur demeure hors d'atteinte de l'impérialisme mondial.

Une valeur hautement significative devait être attachée au fait que l'un des témoins de cette minute solennelle fût un représentant de la presse des États-Unis, ajouta-t-il. Il faisait allusion ici « à Mr Callus, ce grand journaliste dont l'enthousiasme pour nos projets grandioses va de pair avec les belles traditions démocratiques et pacifiques du journal qu'il incarne ». Il me demanda à ce moment le nom de mon journal, et je lui répondis assez froidement que c'était le *Cri de Guerre*.

Il se mit alors à aborder divers problèmes qui n'avaient qu'un rapport très lointain avec nos projets : l'instruction publique, l'avenir des races asiatiques et le canal de Panama.

Lorsqu'il eut achevé sa péroraison, il procéda à mon initiation aux mystères de l'île : un bandeau fut posé sur mes yeux et je fus conduis dans cet équipage sur la crête du rocher qui dominait l'intérieur.

– Et maintenant, regardez ! me dit Tatham en m'arrachant mon bandeau.

Le splendide paysage que contemplèrent alors mes yeux émerveillés méritait bien cette mise en scène un peu théâtrale.

À mes pieds, la colline descendait en pente douce jusque dans une vallée d'un vert d'émeraude, au centre de laquelle serpentait une rivière aux flots pressés. Au loin, s'élevaient les pentes intérieures de la « muraille du sud » où s'accrochaient des arbres d'un vert plus sombre, tandis que de chaque côté s'étendaient des plaines rutilantes de fleurs de toutes couleurs.

Une végétation luxuriante mais pourtant ordonnée, des arbres, des fleurs, des prairies admirables, une douzaine d'affluents de la petite rivière courant sous des voûtes de branchages, telle fut ma première vision de l'édénique île de Tatham.

– Il y a de l'or ici, là et encore là, disait Tatham avec volubilité. J'ai trouvé des grenats au bord de la rivière que vous voyez à gauche, et, là où il y a des grenats, il y a des diamants. Et regardez ! À l'endroit où la rivière disparaît, il y a un tunnel, j'en suis sûr, communiquant avec la mer à certaines marées. Avez-vous remarqué la faune ? Ces oiseaux, là-bas, ce sont des faisans, et j'ai aperçu un oryx l'autre matin...

Son enthousiasme n'était pas mal fondé. Je ne m'y connais guère en géologie, mais à n'en pas douter le terrain recelait de l'or. En tout cas, même en divisant modestement par deux les affirmations délirantes de Tatham, l'île devait encore être un véritable Eldorado.

Il avait installé une sorte de tente adossée à la colline, qu'il partagea avec moi et où il vint me rejoindre quand je me fus installé pour la nuit. S'asseyant à côté de ma couche, il se mit à m'exposer ses mirifiques plans d'avenir. Dès qu'il aurait extrait tout l'or qu'il espérait y trouver, il s'occuperait de peupler l'île d'hommes et de femmes rigoureusement sélectionnés. Les canons qu'il se proposait d'observer étaient pour le moins originaux : les hommes seraient d'un certain âge, les femmes ne dépasseraient pas une certaine taille. La population aurait exclusivement les yeux gris, parce que plus perçants que les yeux noirs. Les références les plus complètes seraient exigées de la part des immigrants, et aucune boisson alcoolique ne pourrait être importée. Par ailleurs, l'île serait enrichie d'un cheptel constitué par des moutons berrichons et des bœufs écossais. Une ville serait construite sur les pentes du nord, munie d'un réseau ferroviaire et de la lumière électrique. Le système d'échange serait constitué par une organisation bancaire où tout citoyen serait crédité chaque mois d'un montant correspondant à l'utilité de son activité vis-à-vis de la communauté et à l'importance de son travail. Les maisons, les routes, l'eau et l'électricité constitueraient un patrimoine commun, et des fortifications seraient établies sur les points stratégiques de la muraille... Je suis désolé de ne pouvoir rapporter le reste de ses projets : je m'endormis au beau milieu de ses explications...

Je fus brusquement éveillé par un bruit impressionnant. Je crus d'abord que c'était le tonnerre, puis, sentant le sol trembler sous moi, je supposai qu'il s'agissait d'un tremblement de terre. Tatham était déjà debout et écoutait.

– C'est un troupeau qui galope, dit-il, en répondant à ma muette question.

Aussitôt, je reconnus en effet le son caractéristique de cette cavalcade.

– C'est curieux, poursuivit-il, je n'ai pas aperçu le moindre animal de grande taille. Qu'est-ce que cela peut être ?

Ne pouvant le renseigner à cet égard, je restai coi.

– J'y suis ! reprit-il d'un ton rasséréné. Le capitaine Ford a parlé de zèbres. Ce sont eux, sans doute.

Les empreintes que nous relevâmes le lendemain matin nous prouvèrent que la supposition de Tatham devait être exacte. Il me sembla pourtant que les sabots étaient bien un peu grands pour appartenir à des zèbres et, examinant les traces de plus près, je fis une découverte extraordinaire : en marge de la harde, l'un des animaux avait galopé seul. Les empreintes de celui-ci étaient particulièrement nettes, surtout au bas de la colline où se trouvait une parcelle de terre noire et meuble. Or, je ne trouvai que les empreintes de trois sabots. Je fis part de mon observation à Tatham :

– Un zèbre à trois pattes est une monstruosité qui ne peut déparer notre beau royaume, me répondit-il.

C'était la première fois que j'entendais Tatham employer cette curieuse phraséologie, particulière aux membres des familles royales et aux journalistes de Grande-Bretagne. Je crus d'abord à une plaisanterie et souris faiblement, mais je m'aperçus bientôt qu'il se considérait en toute bonne foi comme l'un des maîtres du monde, et n'y voyait pas de contradiction avec les programmes socialistes dont il nous régalait si souvent.

Pendant les jours qui suivirent, Tatham se consacra à la prospection de l'île, en compagnie d'un de ses hommes nommé Gillett. Les échantillons de roche qu'il me montra m'inspirèrent quelques doutes sur la richesse réelle du terrain, mais Tatham discourut longuement sur les excentricités de l'or, qui se cache également dans toutes les roches sédimentaires, des schistes métamorphiques aux lits postpliocènes des couches tertiaires. Il me parla de diorite, de trachyte, de triasique et de veines calcaires jusqu'à ce que j'en eusse mal à la tête, et me persuada finalement qu'un galet ou une brique étaient susceptibles, dans certaines conditions, d'un examen sérieux.

Il me conta d'ailleurs sur l'or des détails intéressants qui m'étaient inconnus : on le trouvait paraît-il parfois en poussière si fine et si pure qu'elle flottait sur l'eau, ou en feuilles si belles qu'elles étaient payées le double de leur valeur intrinsèque par des collectionneurs, ou encore dans des « rivières mortes », ou enfin dans le sable, au bord de certaines mers qui recelaient des mines d'une richesse incalculable dans leurs profondeurs.

Tatham acheva ce discours en disant qu'il était impatient de tomber sur une poche d'or, et que l'idéal serait de trouver un riche lit d'alluvions permettant de réunir rapidement le capital nécessaire à l'exploitation rationnelle du filon.

L'existence même de ce filon lui paraissait indiscutable ; effectivement le huitième jour de ses recherches, il obtint la preuve certaine de la présence de l'or, dans la proportion d'environ 20 grammes par tonne. Ces débuts étaient fort prometteurs et tout le camp était dans la jubilation. À l'occasion de cette découverte,

Tatham fit un nouveau speech sur les « responsabilités de la fortune » qui dura une heure et quart et fut écouté avec une attention religieuse par tous les hommes de sa bande.

Ceux-ci constituaient une hétéroclite collection d'humanité. Mr Hackitt vous a affirmé, me dites-vous, qu'ils étaient entièrement dévoués à leur chef ; à mon avis, c'est trop peu dire du fanatisme aveugle qui les animait. Ce n'étaient pourtant pas des hommes incultes, et certains avaient passé jadis par l'Université. Des ratés ? Je ne trouve pas. Des aventuriers, voilà tout. Nombre d'entre eux avaient traversé de lointains déserts, avaient foulé le sable maudit du Kalahari, avaient travaillé dans les mines d'or du Katanga, ou s'étaient battus pour les Portugais en Angola. Ils se ressemblaient tous par leurs manières taciturnes, le mouvement machinal de leurs paupières pour regarder au loin, la couleur tannée de leur visage, strié de fines rides blanches aux coins des yeux et de la bouche, et leur foi inébranlable dans les plus absurdes rêveries de leur chef.

À mon sens, l'expédition ne manquait pas d'un certain attrait humoristique ; les déclarations de Tatham pouvaient passer pour des rodomontades et l'entreprise tout entière me paraissait avoir un vague parfum d'opérette. Mais aux yeux des hommes de Tatham, qu'ils eussent passé par Oxford ou fussent totalement illettrés, c'était une épopée napoléonienne, et ils auraient plutôt plaisanté sur les évangiles que sur l'expédition.

6

RÉCIT DU QUATRIÈME TÉMOIN : RICHARD CALLUS *(suite)*

Au cours de nos entretiens, Mr Callus me fournit nombre de détails dont je n'ai pas cru devoir tenir compte dans un ouvrage du caractère de celui-ci.

J'ai vérifié les circonstances connues du naufrage de la *Reine de la Plata* et ai obtenu par ailleurs diverses explications qui rendront ce chapitre intéressant, je l'espère, pour les amateurs de courses. J'ai toutefois omis à dessein tout terme technique susceptible de dérouter le lecteur non initié aux secrets de « l'amélioration de la race chevaline ».

J'ai oublié de vous dire qu'un des premiers soucis de Tatham fut de dresser la nomenclature géographique de l'île. Nous eûmes ainsi la rivière du Roi-Édouard, le ravin de Knox, la montagne Victoria et (je rougis de le dire) une colline Callus, sans parler de la baie Kipling, du bois Shakespeare, etc.

C'était dans le ravin de Knox, non loin de l'embouchure de la rivière du Roi-Édouard, que Tatham avait découvert le riche placer qui l'avait tout d'abord transporté au septième ciel. L'or était presque pur, et nous en trouvâmes plus de mille onces en trois jours... Puis, brusquement, la veine fut tarie.

On aurait pu croire qu'un Titan avait enfoui le précieux métal dans un trou, avait soigneusement dissimulé sa cachette sous un amas de terre et de roches, puis s'était éloigné après avoir égalisé le terrain. Aucun filon aurifère ne découlait de la poche, aucun dépôt alluvial n'existait dans ces parages. Une fois le trou gratté, nous ne trouvâmes plus une paillette d'or.

Pourtant, sans perdre courage, Tatham poursuivait ses explorations. Pour lui, si nous avions trouvé accidentellement une poche d'or, il suffisait d'un peu de patience pour en découvrir des douzaines d'autres. L'argument me paraissait faible, mais je conviens que la chance ne connaît pas de logique. Quoi qu'il en soit, et pour résumer en quatre mots l'histoire des quinze jours exténuants qui suivirent : nos recherches furent vaines.

Oh ! évidemment, il y avait de l'or dans les rochers, mais ce n'était pas là que Tatham pourrait réunir rapidement le capital important qu'il souhaitait. À mon point de vue, il n'y avait pas de raison pour qu'il ne s'attelât pas, pendant deux ans, à la tâche d'extraire l'or des rochers avec les moyens primitifs dont il disposait. Nous ne manquions pas de provisions, et les graines apportées de Loanda avaient été semées et paraissaient fructifier. Mais le tempérament bouillant de Tatham ne pouvait s'accommoder d'envisager un effort de si longue haleine, pour un résultat probablement médiocre. Sa devise était « tout ou rien », et, en conséquence, les explorations à la recherche de la poche-fantôme se poursuivirent.

C'est au cours de l'une de ces excursions, la dernière en fait, que nous fîmes une découverte qui devait avoir des conséquences inimaginables.

Nous nous étions beaucoup éloignés de notre quartier général, situé alors sur les flancs de la montagne Roosevelt. Nous avancions à l'ombre d'une sorte d'avenue de pins et de magnifiques eucalyptus, nous extasiant sur les beautés sans cesse renouvelées de cette nature à la végétation semi tropicale, quand je vis Tatham, qui marchait à l'avant-garde avec Heckitt, s'immobiliser soudain.

– Venez ! me cria-t-il.

Je me hâtai d'accourir, espérant déjà qu'il était sur les traces d'une nouvelle poche d'or.

Je le trouvai en contemplation devant un squelette qui me parut être celui d'un quadrupède.

– Si ces ossements ont jamais été ceux d'un zèbre, dit Tatham, c'est bien le plus grand qui ait jamais existé.

Il se remit à examiner avec attention les os blanchis, puis reprit :

– Si nous n'étions pas dans l'île Tatham, j'affirmerais que ce squelette est celui d'un cheval.

D'un geste vif, Hackitt se courba et ramassa un sabot :

– Ferré ! s'exclama-t-il, les yeux écarquillés de surprise.

Tatham arracha presque le sabot des mains d'Hackitt.

– Ferré ! répéta-t-il, comme en écho. C'est même une sorte de fer à cheval très spécial.

À vrai dire, le fait que nous ayons trouvé les restes d'un cheval ferré sur cette île déserte me paraissait plus remarquable que le modèle auquel pouvaient appartenir ces fers.

M'étant rapproché, je ne trouvai d'ailleurs rien d'extraordinaire à ceux-ci, excepté peut-être leur légèreté. À cette remarque, Tatham se borna à sourire mystérieusement.

– J'ai besoin de réfléchir, dit-il.

Et il s'assit en tailleur sur l'épais tapis d'aiguilles de pins, la tête entre ses mains, sans bouger, pendant plus d'une demi-heure.

À la fin, l'impatience me gagnant, je rompis sa rêverie :

– La seule chose que cela prouve, c'est que quelqu'un est venu ici avant nous et que, je ne sais comment ni pourquoi, il a réussi à hisser ce cheval par-dessus les rochers.

Tatham se releva lentement, en secouant négativement la tête.

– Nous allons tâcher de mettre la main sur ces soi-disant zèbres, dit-il.

– Vous croyez qu'il s'agit d'un troupeau de chevaux ? m'écriai-je.

– Je ne le crois pas, j'en suis sûr, repartit Tatham avec fermeté.

Depuis la nuit où j'avais été réveillé par le tonnerre de leur galop, nous n'avions plus vu trace des quadrupèdes. Cela n'avait d'ailleurs rien de surprenant, l'île étant d'une superficie respectable et les animaux effarouchés par notre présence, ayant fort bien pu émigrer sur un autre point du plateau.

Nous retrouvâmes assez facilement les empreintes de la harde ; elles nous menèrent, par l'épais bois Shakespeare, jusqu'à un gras pâturage naturel, au pied des Alpes de Taft. Nous y débouchâmes tout d'un coup, sans bruit, et aperçûmes le troupeau entier qui s'y trouvait réuni, au nombre d'une soixantaine de têtes.

– Des zèbres, vraiment ! susurra Tatham avec ironie.

...Jamais je n'avais vu de si splendides chevaux, totalement revenus à l'état sauvage, d'ailleurs.

Il y en avait de tous les âges : un grand étalon osseux, aux dents jaunes, des juments à la robe luisante comme du satin entourées de leurs poulains, des yearlings pleins de feu, à la longue crinière, qui se roulaient dans l'herbe grasse.

– Mon Dieu ! murmurait Tatham en extase, regardez-moi ce cheval ! Quel poitrail ! Quelle encolure ! Quelle croupe ! Et cette pouliche !...

Soudain, l'une des superbes bêtes leva la tête et hennit. Aussitôt la troupe entière décampa, rapide comme l'éclair, s'enfonça dans le bois et disparut.

Tous étaient partis sauf un, le grand étalon osseux, figé sur place, les oreilles pointées, les narines au vent. Tatham émergea du bois et se rapprocha de lui. Il adorait les chevaux, et le vieux cheval fit quelques pas à sa rencontre, flairant doucement ses mains.

Tatham lui frappait amicalement l'épaule, en murmurant les onomatopées qu'emploient les hommes pour se faire comprendre des bêtes.

Il nous jeta un regard triomphant lorsque nous nous fûmes approchés à notre tour.

– Avez-vous jamais vu un cheval sauvage agir de cette façon ? fit-il. (Puis, sans se préoccuper de notre réponse, il poursuivit :) Ce cheval a connu autrefois des hommes, mais je pense qu'il est le dernier du troupeau à avoir eu cette expérience.

Il se pencha et examina le sabot de devant de la bête :

– Il a été ferré, dans le temps, déclara-t-il.

Puis, se tournant vers moi, il questionna :

– Quel âge croyez-vous qu'ait ce cheval ?

– Vingt ans environ, hasardai-je.

Tatham sourit :

– Je crois pouvoir vous affirmer, à un an près, qu'il a trente-trois ans.

Il sortit de sa poche le fer que nous avions trouvé sur le squelette.

– Regardez, dit-il en me désignant trois lettres gravées dans l'acier, et à moitié effacées.

Je déchiffrai péniblement un M. et un S., mais m'avouai incapable de deviner si la lettre du milieu était un R ou un B.

– C'est un P, dit Tatham avec calme, et les trois lettres font M. P. S.

Il se tut comme pour attendre une conclusion inévitable de notre part, mais Hackitt et moi nous bornâmes à lui lancer un regard interrogateur.

– Ce qui signifie *Middle Park Stude*, acheva triomphalement Tatham. C'est le nom d'une célèbre écurie qui fut vendue à Londres il y a quelque trente ans, et dont les chevaux furent embarqués...

– La *Reine de la Plata !* m'exclamai-je. Elle transportait des chevaux de course, mais...

– Il n'y a pas de *mais* qui tienne, déclara péremptoirement Tatham. Ces chevaux, à n'en pas douter, sont des pur-sang, descendants de ceux qui firent naufrage.

Il brandit le fer à cheval :

– Ceci est un fer de cheval de course, je l'ai reconnu immédiatement.

– Mais c'est impossible, objectai-je. Comment voulez-vous qu'ils aient abordé ? Nous avons bien vu nous-mêmes qu'il fallait escalader la muraille à pic pour entrer dans l'île.

– Je n'en suis pas certain du tout, répondit Tatham. La présence de ces chevaux prouve même le contraire. La rivière nous fournit la seule explication plausible : à certaines époques de l'année, l'accès de l'île doit être possible par le tunnel.

Il flatta une dernière fois le cheval, et nous fîmes demi-tour.

– Nous allons attraper au lasso quelques-unes de ces bêtes, dit Tatham. Elles nous rendront les plus grands services, bien qu'il soit encore trop tôt pour fonder le « Turf-Club » de l'île Tatham.

Il parlait sans doute sérieusement, car il revint sur ce sujet un peu plus tard, tandis que nous traversions une vaste prairie.

– Nous installerons le champ de courses ici, dit-il. En établissant un Pari mutuel à dividendes annuels... bien entendu, l'État prendrait dix pour cent...

...En arrivant au camp, Tatham achevait d'établir les statuts du Derby de l'île.

La capture des chevaux, dont Tatham avait parlé si négligemment, ne fut pas une tâche facile. Bien que nombre des hommes de la bande fussent des artistes du lasso, leur proie, vite effarouchée, ne se laissait guère approcher d'assez près pour leur permettre d'exercer leurs talents avec réussite.

Finalement, ils réussirent à en attraper six, que Tatham leur avait préalablement désignés. Les bêtes furent parquées dans un enclos spécialement aménagé à leur intention, et leur dressage fut confié à deux experts, Summers et un certain « Le Prince », dont je ne sus jamais l'origine du surnom. Tatham avait bien choisi ses hommes : en un temps remarquablement bref, les chevaux devinrent maniables et dociles. Un jour, m'approchant de l'enclos, je vis Le Prince juché à cru sur l'un des chevaux qui galopait à toute vitesse, pendant que Tatham, chronomètre en main, minutait consciencieusement le temps de galop.

Un mois s'était écoulé, pendant lequel la chasse à l'or s'était poursuivie, toujours désespérément infructueuse. Enfin Tatham annonça la réunion d'un grand conseil pour discuter de la situation, et j'en conclus qu'il avait de nouveaux plans à exposer.

– À propos, me dit-il, vous rappelez-vous des empreintes du « zèbre à trois pattes » ?

Je me mis à rire.

– Oui, en effet, nous n'avons pas retrouvé le cheval qui les avait faites.

– Si, du moins je le crois. C'est l'étalon bai.

Et il me désigna l'une de nos captures.

– Il a pourtant l'air bien droit sur ses quatre jambes, dis-je. Il boite ?

– Pas le moins du monde ! répondit Tatham avec indignation. Mais c'est pourtant lui qui laisse ces empreintes.

– Comment cela se fait-il ?

– C'est à cause de la longueur de ses foulées. Je n'ai jamais vu un cheval en faire de pareilles ; je les ai mesurées ce matin sur le sable de la rivière, et j'ai constaté qu'il ne touche le sol que de trois pieds.

Satisfait d'avoir eu l'explication du mystère du « zèbre à trois pattes », je n'en tirai pas d'autre conclusion.

La réunion eut lieu le soir même, après le dîner. Je n'entreprendrai point de reproduire le discours de Tatham, curieux mélange de formules parlementaires, de message impérial et de rapport administratif.

– Notre devoir, dit-il en terminant, est de vous exposer la situation telle qu'elle est, principalement du point de vue financier. Vous connaissez déjà notre passif. À l'actif, nous devons porter la découverte, sur le flanc nord des Alpes Taft, d'une mine de charbon qui paraît prodigieusement riche. D'autre part, nos biens consistent en pépites d'or, pour une valeur de deux à trois cent mille francs environ. Enfin, tout récemment, nous venons de découvrir un trésor bien plus précieux encore.

Il fit une pause pendant laquelle on aurait entendu voler une mouche.

– Nous venons de découvrir, reprit-il, un cheval qui peut couvrir deux kilomètres en deux minutes trente-cinq secondes !

Un murmure interrogateur parcourut l'assistance.

– Quand vous saurez, dit Tatham avec emphase, que, pour couvrir cette distance, il fallait à *Vif Argent* deux minutes quarante-deux secondes, ainsi qu'à *Persimmon*, et que le fameux *Ormonde* n'y parvenait qu'en deux minutes trente-neuf secondes, quand je vous aurai dit que *Shontover* gagna le Derby en deux minutes quarante-cinq secondes, et *Bend Or* en deux minutes quarante-six secondes, vous comprendrez tout le formidable intérêt, toute la valeur inestimable de cette découverte...

J'ai à peine besoin d'ajouter que notre intention est d'exploiter cette découverte comme elle le mérite.

Un hourra général couvrit un instant la voix de Tatham, puis le silence le plus religieux se refit.

– La saison des courses va commencer en Angleterre, reprit Tatham. C'est donc en Grande-Bretagne que nous allons nous rendre. Nous emporterons avec nous jusqu'à notre dernier sou pour permettre le triomphe de l'*Éclaireur Volant*, nom que nous avons donné à notre cheval. Vous savez déjà que nous ne reviendrons pas les mains vides.

Un charivari infernal suivit cette déclaration, et j'avoue que, sur le moment, je fus emporté par l'enthousiasme général, bien que ce nouveau plan de Tatham m'eût complètement abasourdi.

– Vous allez vous heurter à des difficultés dont vous ne vous doutez pas, lui dis-je dès que j'eus l'occasion de lui parler tête à tête.

– Je m'en doute parfaitement, dit-il, et je suis tout à fait de taille à les surmonter.

– Avez-vous quelque idée des règlements qui régissent les courses en Angleterre ?

Il tira de sa poche une brochure dépenaillée qui s'intitulait, je crois, « Le Turf d'aujourd'hui », édité par la *Chronique des Sports* de Manchester.

– Il n'y a qu'une clause qui m'ennuie là-dedans, me dit Tatham en soulignant de l'ongle le passage en question.

Voici ce que j'y lus :

« ART. 69. – Un cheval né hors des limites du Royaume-Uni ne pourra participer à aucune course qu'après avoir été immatriculé au *Registry Office* sur production de : 1° certificat du pays d'origine établissant l'âge, le sexe, le pedigree et la couleur du cheval, ainsi que toute marque distinctive, signé par le secrétaire du Racing-Club de ce pays, ou à défaut par tout magistrat, maire ou officier d'état civil dudit pays ; 2° certificat médical, dûment signé par un vétérinaire qualifié.

– Le Racing-Club de l'île Tatham est encore à l'état de projet, comme vous le savez, dit Tatham ; mais, en tant que magistrat suprême du pays, je puis évidemment délivrer le certificat demandé. Quant au vétérinaire, une demi-douzaine de mes hommes possèdent ce diplôme-là.

Il connaissait si bien ses hommes que c'est pour rester sur cette île bénie qu'il réclama des volontaires, et non pas pour entreprendre avec lui ce périlleux voyage, où ils risquaient pourtant des ennuis de toutes sortes.

Il trouva enfin dix volontaires parmi les plus vieux de ses hommes, et leur laissa des instructions qui ne couvraient pas moins de seize pages d'écriture serrée.

Le 10 mai nous nous embarquions sans incident, après avoir procédé à la descente pleine d'émotion du cheval, toujours au moyen du treuil, perfectionné pour la circonstance. L'étalon était entravé, encapuchonné, et l'opération se fit avec la plus grande douceur ; ce fut néanmoins le seul moment où je vis Tatham manifester une anxiété quelconque.

Une fois l'*Éclaireur Volant* installé dans son box, nous fîmes des signes d'adieu aux hommes que nous laissions sur l'île – silhouettes pygmées tout en haut du pic – et le navire leva l'ancre, nous emportant vers l'Angleterre.

7

Récit du quatrième témoin : Richard Callus *(suite)*

À l'appui de cette troisième partie du témoignage de Mr Callus, je suis en possession d'un rapport émanant d'un correspondant digne de confiance à Villa Nova de Millefontes (Portugal), ainsi que de diverses spécifications fournies par la Manufacture d'Elswick, la *Hilsome Machinery* et autres firmes bien connues.

Après l'inconfort inséparable de la vie de camp, je fus enchanté de retrouver ma cabine de l'*Éclaireuse* et me sentis prêt à affronter les rigueurs de la famine en échange de l'agrément d'une couche un peu moelleuse.

Quand je parle de famine, je fais allusion ici à nos maigres provisions. Tatham avait voulu, très justement d'ailleurs, laisser d'abondantes réserves à ceux de ses hommes qui restaient sur l'île. Il en résulta que, dès le début du voyage, nous fûmes à la ration congrue. Nous n'en avions tout d'abord guère souffert, mais avec le temps, notre appétit s'aiguisait. Un seul passager à bord de l'*Éclaireuse* pouvait s'estimer réellement nourri à sa suffisance, c'était l'*Éclaireur Volant*.

Tatham, qui n'était jamais à court d'idées géniales ou baroques au choix, avait commencé par tenter d'expérimenter sur le cheval divers régimes alimentaires, mais il s'était heurté à la résistance inflexible du Prince, dépositaire responsable et d'ailleurs extrêmement compétent de notre trésor.

– Non, Ned, disait-il avec énergie chaque fois que Tatham esquissait une nouvelle tentative. Je ne suis déjà pas partisan en temps normal de nourrir les chevaux au lait condensé, mais, quand il s'agit d'un cheval de course, je te dis non, sûrement et définitivement non !

Tatham se rabattit alors sur différentes méthodes de gymnastique destinées à améliorer encore la condition de l'*Éclaireur Volant*, mais comme celui-ci n'était pas un cheval de cirque, ainsi que le fit judicieusement observer le Prince, ces tentatives furent également abandonnées.

À part ces prises de bec entre Tatham et le Prince, le voyage fut dépourvu d'incident. Le 25 mai, nous parvenions en vue du pain de sucre de Ténérife.

D'après les estimations d'Hackitt, nous devions avoir assez de charbon pour aller jusqu'à Londres, puisque nous avions décidé de pénétrer au Royaume-Uni par le chemin de la Tamise. Bien entendu, la raison pour laquelle Tatham avait choisi Londres, c'était que son port nous offrait le plus de chances de passer inaperçus.

J'étais persuadé que l'histoire du bateau volé était connue maintenant du monde entier, et que les autorités de tous les ports ne manqueraient pas d'avoir l'œil sur nous. Je savais parfaitement aussi que la pensée de ce danger ne quittait pas l'esprit de Tatham, bien qu'il affectât une totale insouciance. Mille difficultés allaient encore surgir au sujet des papiers du navire, et je n'avais pas la moindre idée de la façon dont nous pourrions en sortir.

Je comptais sans la fécondité de l'imagination de Tatham.

Lorsque je fis une timide allusion à toutes ces complications qui me tourmentaient pour lui, Tatham me répondit qu'il s'était forgé une règle d'or, alors que membre de la police des frontières, il patrouillait sur les confins de l'Angola :

– Dans le doute, jouez portugais.

Telle était cette règle sur laquelle il paraissait se reposer avec confiance. Je ne fus donc pas surpris de voir l'*Éclaireuse* cingler vers la côte portugaise.

Le soleil se couchait lorsque nous jetâmes l'ancre dans la rade de Villa Nove de Milfontes. Or après le coucher du soleil, les autorités du port ne viennent plus visiter les bateaux retardataires et, par conséquent, l'équipage de ceux–ci doit attendre le lendemain matin pour descendre à terre.

Mais Tatham se considérait comme au-dessus de ces mesquines réglementations et, dès que la nuit fut tombée, il se dirigea vers le quai à bord d'un canot. J'ignore quel argument il employa auprès des autorités pour les inciter à le laisser venir à terre. Tout ce que je puis affirmer, c'est qu'il revint à bord vers 3 heures du matin, l'air pensif, et commanda à Hackitt de reprendre le large. Il se répandit ensuite en dissertations désabusées sur la décadence des nations, la corruptrice influence de l'or, brochant le tout d'une courte homélie sur le dicton qui veut que la Nécessité soit mère de l'Invention.

Après quoi, il alla se coucher.

Le lendemain, l'*Éclaireuse* prenait le nom de *San Maria de Sines* et arborait le pavillon portugais.

C'est le 3 juin que nous entrâmes dans la Tamise. J'avais eu le temps de me préparer à la scène qui suivit l'arrivée des inspecteurs officiels.

Tatham, assumant le rôle de capitaine, produisit des papiers portugais, parla avec volubilité en mauvais anglais, jura véhémentement, s'emporta contre un matelot et accorda un gracieux sourire au pilote qui nous guidait pour remonter la Tamise et qui avait entrepris une conversation en portugais petit-nègre avec Hackitt, au grand embarras de ce gentleman.

Tout se passa bien jusqu'à l'amarrage, trop bien même, à mon avis ; un brin de superstition m'a toujours fait penser qu'il fallait se méfier de ces indulgences apparentes du sort.

Avec l'agrément de Tatham, je me rendis immédiatement à terre, et allai reprendre contact avec mon journal. Nul ne s'était inquiété de ma longue absence, puisque, pendant ce temps, j'aurais dû me trouver en Angola, d'où l'on n'attendait pas de sitôt de mes nouvelles. Je contai à mon directeur mon aventure par le menu, et il fut d'accord avec moi pour que je la suivisse jusqu'au bout.

Je dînai ensuite au *Lamb's Club*, fis un bridge avec des confrères rencontrés là par hasard, puis allai flâner dans le Strand, tout au plaisir de revoir, d'écouter et de respirer l'une des quelques rares villes où la vie vaut la peine d'être vécue.

Le lendemain matin, j'allai retrouver Tatham. La première chose à faire, c'était de monnayer notre or. Nous nous rendîmes donc en voiture à la Banque d'Angleterre, où il fut pesé et évalué. J'ignorais jusqu'alors que la Banque d'Angleterre a l'obligation d'acheter toute quantité d'or qui lui est offerte. On donna à Tatham un reçu pour son or, et on le pria de repasser le lendemain pour le paiement. Nous nous rendîmes alors à ma propre banque, à Fleet Street ; par un hasard miraculeux dans mon impécunieuse carrière, je trouvai une substantielle somme à mon crédit, qui me permit de prêter une quinzaine de milliers de francs à Tatham.

De là, nous nous rendîmes chez Messrs Weatherby, où nous trouvâmes un « calendrier du turfiste » et une liste des courses à venir. L'un des représentants de la firme, homme fort courtois, nous fournit nombre d'utiles indications.

Tatham se présenta sous le nom de Deane, rentier, domicilié à Hope Island, et exprima le désir de faire immatriculer son cheval. Il décrivit celui-ci comme étant un étalon bai âgé de quatre ans, né de père et mère inconnus, la bête ayant été recueillie par lui alors qu'elle errait à l'aventure.

– J'accepte à l'avance, dit-il, qu'on impose à mon cheval le handicap du poids d'un coureur de première classe, car je crois que c'est ce qu'il est effectivement.

Il exhiba ensuite les certificats requis, qui furent enregistrés sans commentaires, et engagea l'*Éclaireur Volant* pour une demi-douzaine de courses proches : la course à réclamer de Windsor, le Cesarevitch, le Portland Handicap, de Doncastre, la course de Kempton Park et une autre à Lingfield.

Le fonctionnaire sourit en entendant cette énumération.

– Vous semblez avoir confiance dans la variété des moyens de votre cheval, Mr, dit-il.

– Pourquoi donc ? fit Tatham.

– Songez donc que vous l'engagez pour des courses de mille mètres, de douze cents mètres, de trois kilomètres, et de six kilomètres !

– Mon cheval est tout à fait remarquable, dit gravement Tatham.

– Sans aucun doute, fit poliment le fonctionnaire.

En redescendant Bond Street, Tatham me dit :

– Faisant courir sous un faux nom, je suppose que je suis justiciable de toutes sortes de disqualifications. J'ai même fait un faux témoignage quant aux circonstances dans lesquelles je suis entré en possession de mon cheval. Pourtant, je désire courir honnêtement ; j'ai donné mon opinion sincère sur les mérites de l'*Éclaireur*, et elle sera confirmée par sa course.

– Je suppose que vous savez qu'en engageant votre cheval dans une course à réclamer, vous risquez de le perdre ?

– En le faisant courir, peut-être, riposta Tatham, mais en tout cas pas simplement en l'inscrivant. Reste à savoir quel sera notre plan de campagne. Mais des questions plus urgentes restent à débattre. Et avant tout, celle de nos couleurs. Que diriez-vous d'une casaque pourpre et or, avec manches écarlates et toque noire ?

Je le regardai avec surprise. C'était la première fois que je le prenais en défaut.

– Ces couleurs sont déjà celles de l'écurie du roi d'Angleterre, lui fis-je observer.

– Ah ! fit Tatham, sincèrement contrarié.

Faute de mieux, il se décida pour la casaque vert émeraude et blanc, avec toque cerise.

Je ne le revis que le lendemain, à mon club, où nous avions pris rendez-vous pour 3 heures. La vente de l'or avait été satisfaisante et il en avait reçu la somme de 3 £ 878 sh. 4 d., soit environ 300 000 francs.

Il me remboursa la somme que je lui avais avancée, et m'apprit qu'il avait trouvé une excellente pension pour l'*Éclaireur Volant*, à Epsom, chez un entraîneur connu qui disposait à ce moment d'un certain nombre de boxes.

Le Prince était logé près de son poulain, et, si les premiers essais étaient satisfaisants, l'*Éclaireur* devait courir dans la course à réclamer de Windsor.

Ainsi que je l'avais indiqué à Tatham, il est fort dangereux de faire courir un bon cheval dans une course de ce genre. Les conditions en sont bien simples : il s'agit d'ordinaire d'une course de 10 000 francs, le cheval gagnant étant vendu pour ce prix. C'est-à-dire que, si un cheval gagne, il est mis aux enchères à ce prix, sur-le-champ, et que son propriétaire peut, s'il le veut, le « racheter ». Le plus dangereux n'est d'ailleurs pas tellement de gagner que de perdre, car les proriétaires des chevaux gagnants peuvent « réclamer » les perdants. C'est-à-dire qu'en déposant une somme de 20 000 francs (10 000 pour la course et 10 000 pour le prix de vente fixé), ces propriétaires peuvent vous prendre votre cheval, que vous le vouliez ou non.

Tatham n'accepta pas l'idée que l'*Éclaireur Volant* puisse être battu, bien que je lui rebattis les oreilles d'histoires de chevaux considérés comme imbattables et qui avaient pourtant eu des mécomptes dans des courses pareilles. Il ne pouvait ni ne voulait admettre l'éventualité d'une catastrophe.

J'interrogeai alors Holton, l'entraîneur, afin de connaître son avis sur l'*Éclaireur*.

– C'est le meilleur cheval que j'aie jamais vu, me répondit-il simplement. Je ne dis pas cela pour vous faire plaisir, mais uniquement parce que c'est vrai. Je l'ai fait courir ce matin avec *Capricieuse*, qui a gagné la Coupe Victoria, et il l'a laissée derrière lui.

– Ne pensez-vous pas qu'il soit dangereux d'engager l'*Éclaireur* dans une course à réclamer ? dis-je.

– J'ai vu plus dangereux, me répondit diplomatiquement l'entraîneur en hochant la tête.

Pendant ce temps, le bateau avait été mis en cale sèche, et les hommes de Tatham étaient arrivés à Epsom.

Je crois bien n'avoir rien vu d'aussi émouvant que le spectacle du temps de galop matinal de l'*Éclaireur.* Toute la bande y assistait, contemplant silencieusement et solennellement les performances du grand étalon. En un sens, cette scène était pathétique, si l'on songeait que les projets et les espérances de tous ces hommes reposaient sur la réussite de cette bête, si l'on songeait aussi qu'ils avaient élu domicile, Tatham compris, dans des taudis sordides pour ne pas distraire un centime superflu du capital consacré à l'entreprise.

J'étais curieux de savoir ce que disaient les journaux sportifs, à propos de l'*Éclaireur.* L'entraîneur pensait, comme moi, que moins ils parleraient du cheval, mieux cela vaudrait. Mais Tatham entra en fureur lorsqu'il lut ces lignes, dans le *Rapport de l'Entraînement* :

« Le poulain de Holton travaille gentiment, mais l'*Éclaireur Volant* galope un peu court et ne mérite pas particulièrement son nom. »

Ou bien, ailleurs :

« *Capricieuse* risque de se gâter, en s'entraînant avec un cheval de seconde classe comme l'*Éclaireur Volant.* »

Et enfin, la veille de la course :

« Notre favori pour la course de Windsor est *Johnberry.* On peut encore citer *Capricieuse.* Nous passerons outre sur l'*Éclaireur Volant* qui ne paraît pas avoir sa chance. »

– Parfait, parfait ! faisait l'entraîneur, en se frottant les mains. Nous ne pouvions pas espérer une meilleure presse, Mr Deane ! (Je rappelle que c'était le nom d'emprunt de Tatham.)

– Je me demande, murmurait celui-ci, si je n'aurais pas le droit de poursuivre ces feuilles de chou pour dépréciation de la valeur de mon cheval.

Holton se mit à rire.

– Bien des propriétaires seraient heureux de voir ainsi déprécier leurs chevaux, dit-il gravement.

Pendant le voyage de Windsor, il nous donna un bref mais curieux aperçu des mystères du turf :

– Le public des courses est à la fois le plus méfiant et le plus crédule de tous les publics, nous dit-il. Il ne croit jamais ce qu'on lui dit, et encore moins ce qu'il voit. Il se bouchera les oreilles aux avertissements les plus éclairés, mais il écoutera aveuglément les mystérieux avis d'un gamin en haillons, qui lui paraît un envoyé du ciel descendu sur terre pour lui apporter le bon tuyau.

Nous déjeunâmes à Windsor, au buffet de la gare. Tatham avait emporté une centaine de mille francs. Il en donna la moitié au Prince avec instruction de répartir à son tour cette somme entre ses hommes, car il était plus facile de parier par petites sommes qu'en une seule fois.

Tatham, avec son habituel goût pour l'organisation, avait soigneusement édifié son plan. À un signal donné par lui, dix de ses hommes devaient s'approcher simultanément des dix principaux bookmakers, et parier chacun pour 5 000 francs, tandis qu'il ferait de même pour le reste de la somme.

La course n'était pas mal choisie, car elle avait lieu le samedi après Ascot : propriétaires ou entraîneurs étaient pressés de se refaire, Ascot ayant été désastreux cette année-là pour les parieurs. Les jeux promettaient donc d'être poussés.

Il nous restait encore à nous assurer les services d'un bon jockey. Holton avait d'ailleurs emmené, par précaution, l'un de ses lads pour le cas où tous les autres seraient engagés.

Nous arrivâmes au champ de courses juste avant la première épreuve, et Holton se mit en quête d'un jockey. Pendant ce temps, nous allâmes jeter un coup d'œil sur l'*Éclaireur Volant*, qui trottait tranquillement, sous la garde du Prince et d'un garçon d'écurie. Je ne crois pas qu'un cheval ait jamais porté tant de responsabilités sur son dos que notre étalon. J'en étais arrivé moi-même au point de ne plus apprécier l'humour de la situation, et mon cœur battait à l'unisson de celui des hommes de Tatham, dans l'attente de ce qui allait se passer.

Je vis Holton s'approcher de nous, accompagné d'un petit homme brun aux jambes torses.

– Je vous présente Mr Plant, nous dit-il avec une satisfaction manifeste. Il a consenti à monter l'*Éclaireur* pour la course.

Je considérai la silhouette tortue du fameux poids léger en formulant de tout cœur le vœu qu'il méritât notre confiance. Plant s'était approché de l'*Éclaireur* et l'examinait attentivement.

– Il peut aller ? demanda-t-il d'un ton renfrogné à l'entraîneur, qui se borna à lever les yeux au ciel d'un air extasié.

– Ils disent, poursuivit le jockey en faisant un geste de la main vers le pesage, qu'*Applescrap* a toutes les chances.

– Tant mieux ! fit Holton.

Tatham s'interposa alors :

– J'aimerais vous donner quelques conseils sur la façon de monter sur ce cheval.

Et il se lança dans une longue dissertation sur l'équitation. Je dois dire, à la louange de Plant, qu'il l'écouta sans montrer d'impatience, et même avec intérêt. De temps en temps, je devinais une contraction des mâchoires qui indiquait un bâillement refoulé, mais Tatham ne s'en aperçut pas.

Enfin, Plant se rendit au pesage pour la troisième course. Nous étions restés sur le paddock en attendant Plant, qui reparut resplendissant dans sa casaque blanche et verte sous la toque cerise.

Nous assistâmes au galop d'essai. Décidément, l'*Éclaireur Volant* avait un galop un peu court, mais Tatham ne parut pas s'en alarmer. *Applescrap* était grand favori, et la majorité des paris se faisaient sur lui. *Malina* venait ensuite, suivie de près par *Victrix*.

Tatham ne donna le signal qu'au dernier moment, et ses hommes se précipitèrent aux guichets des bookmakers.

L'opération se fit sans encombre, mais, pour une raison qui vraiment m'échappe, Tatham montra un enfantin désappointement en constatant que, malgré ses importants paris, l'*Éclaireur* était encore loin de faire figure de favori. Pourtant il avait fait un bond considérable, étant passé de 100 à 6, cote d'ouverture, à 7 à 1, à la fermeture.

Enfin, nous entendîmes le coup de cloche. Le moment solennel était arrivé.

De loin, j'aperçus le peloton déboucher, et cherchai en vain à y discerner la toque cerise.

J'entendis Tatham balbutier une malédiction et l'entraîneur, à côté de moi, jurer à mi-voix.

– Nom d'un petit bonhomme, grommelait-il, il est resté en arrière…

Je réglais fiévreusement mes lorgnettes, sans apercevoir la moindre toque cerise.

– C'est *Applescrap* qui mène, me dit l'entraîneur en mâchonnant rageusement son cigare. Il y a quelque chose avec une toque noire ou brune qui se détache du peloton et file un train d'enfer…

Il s'arrêta un instant, pour mieux voir dans le nuage de poussière qui s'élevait de la piste.

– *Applescrap* est dans les choux, proféra-t-il.

Je regardai encore à travers mes lorgnettes sans trouver trace de l'*Éclaireur*.

– La sale bête ! murmurai-je.

Derrière moi, j'entendis un reporter dicter à un sténographe :

– À ce moment, *Applescrap* est distancé comme par la foudre par un cheval surmonté de quelque chose de vert et de blanc, les cheveux au vent (le jockey a dû perdre sa toque en route)...

– L'*Éclaireur* a gagné ! cria Tatham d'une voix éclatante.

Et au même instant, la casaque verte franchissait la ligne d'arrivée.

Nous accourûmes au pesage retrouver Plant.

– Je me demande à qui vous avez bien pu commander la toque que je portais, dit-il. Il y avait dedans je ne sais quel ressort, toujours est-il qu'elle m'est tombée de la tête dès le départ.

Tatham toussa légèrement, l'air un peu penaud :

– C'est une idée à moi, fit-il avec une désinvolture feinte. J'avais pensé que cette toque tiendrait mieux avec un petit élastique qui la fixerait solidement sur la tête...

Plant eut un sourire sardonique, et traîna sa selle, sans répondre, dans la salle de pesage.

Des cris me ramenèrent à notre victoire.

– Chaleureuses félicitations, dis-je à Tatham en lui serrant vigoureusement la main...

La voix du commissaire priseur m'interrompit :

– Nous avons ici l'*Éclaireur Volant*, dit-il, sans pedigree, mais pas plus mauvais pour cela. A-t-il acheteur à cent guinées ?

Les enchères montèrent rapidement :

– Deux cents guinées pour ce magnifique pur-sang... deux cents guinées...

– Trois cents...

– Quatre cents...

Finalement, l'*Éclaireur* fut racheté par Tatham pour 450 guinées, soit plus de 50 000 francs.

– J'étais prêt à pousser jusqu'à la totalité de nos gains ! me dit-il ensuite, tout échauffé.

Étant donné qu'au total ses gains dépassaient le million, je ne pus m'empêcher de sourire. Pégase lui-même ne serait pas poussé jusqu'à ce prix-là dans une vente aux enchères !

Juste avant la dernière course, je croisai Plant.

– Eh bien, que pensez-vous du cheval ? lui demandai-je.

– C'est un cheval ! dit gravement le jockey, pour qui c'était probablement là la louange suprême. Il a couru comme s'il n'avait fait que cela dans sa vie. J'ai eu du mal à le retenir, il ne demandait qu'à filer. Nous avons passé Maher, qui montait *Applescrap*, comme… comme…

Le point de comparaison lui manquant, il se tut, puis demanda :

– Où l'avez-vous déniché ?

Il ne m'appartenait pas de satisfaire sa curiosité, mais bien des turfistes se posèrent la même question et lorsque, quinze jours plus tard, l'*Éclaireur* courut pour le prix Métropolitain, à Alexandra Park, il était un des favoris.

Cette course fut sans histoire. Plant montait encore l'*Éclaireur* : après l'avoir maintenu en quatrième position pendant les deux premiers tours de la piste, il lui fit remonter le terrain et gagner de trois longueurs… ce qui s'appelle dans un fauteuil !

L'*Éclaireur* renonça ensuite à la course de Kempton, mais parut pour l'épreuve de mille mètres de Lingfield. Les concurrents étaient peu nombreux, mais c'étaient des « sprinters » connus, tandis que l'*Éclaireur* s'était distingué jusqu'alors sur de longs parcours. Il fut donc coté rémunérativement à 100 pour 8, Tatham ayant parié non pas sur le terrain, mais par le Pari Mutuel. Il gagna facilement, d'une tête.

– Nous allons maintenant le garder pour Doncastre, dit Holton. Vous pourriez croire qu'après toutes ses performances, il sera grand favori pour le Portland Handicap de Doncastre, mais vous auriez tort. Le public estimera qu'il « n'avait rien devant lui », que c'est un cheval moyen, servi par un terrain lourd. Je serais bien content si les inspecteurs étaient du même avis.

Mais ceux-ci avaient un sens plus juste des capacités de l'*Éclaireur*, et le handicapèrent d'un poids sérieux.

Tatham n'avait pas attendu la fin de la saison des courses pour commander les achats destinés à l'île. Il avait d'ores et déjà commandé diverses machines et Hackitt prit congé de nous pour conduire l'*Éclaireuse* à Newcastle où celles-ci devaient être livrées.

Plus nos succès s'accentuaient, plus les plans de Tatham devenaient ambitieux. Il avait maintenant décidé que l'*Éclaireuse* partirait en août pour l'île, emportant les machines, avec un équipage nouveau engagé par Hackitt. En octobre, Tatham rallierait à son tour l'île avec le reste de l'outillage, sur un bateau frété pour la circonstance. L'équipage engagé pour l'*Éclaireuse* reviendrait en Europe à bord de ce bateau.

– Plus tard, déclara Tatham, nous achèterons un autre bateau pour transporter notre or à Rio, mais il ne faut pas voir trop loin ;

mon mot d'ordre a toujours été, et sera toujours : *Chi va piano va sano...*

Ahurissante inconscience, ou plaisanterie de pince-sans-rire ?

Je ne connais pas exactement quels furent, au total, les gains réalisés par Tatham dans les trois courses dont j'ai parlé. Plus d'un million, comme je l'ai dit, à Windsor ; trois cent mille francs environ à Alexandra Park ; quant à Lingfield, je n'en sais absolument rien, mais le gain dut être énorme. Le *Sportman*, en commentant la course, disait ce qui suit :

– Bien que l'*Éclaireur* ait été coté fort bas, il était certainement l'objet d'une énorme spéculation ; au dernier moment, des télégrammes lançant des enjeux affluèrent de tous les points du pays, et l'un des bookmakers reçut dans ces conditions un pari de 200 000 francs.

Ce qui me fait surtout supposer que le coup de Lingfield était d'importance, c'est le changement qui se produisit aussitôt après dans le train de vie de Tatham et de ses hommes. Abandonnant leurs humbles chambres, ils s'installèrent au Cecil, où Tatham loua pour lui seul tout un appartement. Il me dit incidemment, un autre jour, qu'ils vivaient maintenant sur le pied de 20 000 francs par semaine, ce qui prouve que Tatham pouvait distraire désormais sans inquiétude des sommes importantes sur un capital qui s'était enflé dans des proportions si formidables.

Il avait commandé deux housses pour l'*Éclaireur Volant*, l'une pour l'entraînement, l'autre pour la promenade sur le paddock. Cette dernière était de soie, avec une broderie byzantine large comme la main, en or. Il voulait encore en commander une autre, verte avec des broderies d'argent, et j'eus beaucoup de mal à l'en dissuader.

– C'est la seule manière dont je puisse pour l'instant exprimer ma reconnaissance à cette noble bête, me dit-il. Lorsque nous serons de retour dans l'île, je lui ferai construire une écurie de marbre blanc, avec un dôme doré, et une stalle de lapis-lazuli. Au-dessus de la porte seront inscrits ces mots, en lettres d'or :

Amicus humani generis

et tous les dimanches, mon peuple lui apportera des offrandes de fleurs et de blé.

Il continuait à déborder d'idées pour sa cité idéale. Sur le chemin de Lingfield, il m'avait communiqué le projet de constructions nouvelles, à savoir des piscines, des terrains de jeux, un gymnase et une « Église parfaite ».

Ce dernier projet lui tenait particulièrement au cœur.

– Aller à l'église, me disait-il, ne doit pas être un devoir, mais une joie. On doit s'y rendre avec autant de plaisir qu'à une manifestation sportive ou populaire. Je ne veux pas voir de bancs de bois ni de murs sévères, comme les affectionne notre Église protestante. Je veux que mon peuple se rende dans la maison de Dieu comme si celui-ci était un intime et non pas un personnage intimidant, chez qui l'on n'ose pas s'asseoir.

Je veux donc des fauteuils de cuir pour tous les fidèles, avec des petits bancs pour les femmes. Les hommes qui désireraient fumer pourront se grouper dans une galerie spéciale et si, au cours du prêche, quelqu'un souhaite un rafraîchissement, il pourra se le faire servir à l'instant. Il y aura, à cet effet, des sonnettes électriques un peu partout. Le pasteur devra parler d'une voix ordinaire, et non pas sur ce ton d'église impressionnant qu'on affecte d'habitude, et ses prêches ne devront jamais porter sur des questions théologiques abstraites.

Il y aura un orgue pour jouer des hymnes, mais ceux qui n'auront pas envie de chanter n'y seront pas obligés par les regards courroucés de leurs voisins. Ils auront le droit de s'asseoir et d'écouter quand ils en auront envie.

Selon Tatham, la durée du service religieux ne devait pas excéder une demi-heure ; il décida donc la création de chapelles spéciales pour les fidèles ayant particulièrement besoin de se repentir, et qui pourraient s'y recueillir aussi longtemps qu'il leur plairait.

Je me suis souvent demandé, depuis, ce qu'il serait advenu de l'île de Tatham et de sa communauté s'il avait pu mettre ses projets à exécution. Je suis persuadé qu'il aurait fini par créer un État absolument unique dans l'histoire du monde, et que, privé des conseils des guides qu'il allait bientôt être appelé à connaître, il serait incontestablement parvenu à un résultat remarquable. Il serait peut-être arrivé à une démonstration pratique triomphante de ses théories ; ou bien, il n'aurait abouti qu'à un échec tragique en même temps que grotesque. Je ne veux pas dire que je suppose qu'il en aurait été ainsi, mais je crois très sincèrement que le résultat aurait été ou tout l'un, ou tout l'autre. Là encore, Tatham n'aurait pas transigé et aurait exigé la réalisation immédiate de ses rêveries les plus fumeuses, de ses traits de génie les plus surprenants, prêt à affronter les suites, quelles qu'elles pussent être. Et peut-être ainsi serait-il arrivé aussi à fonder la Cité humaine idéale…

Il est facile d'épiloguer sur ce qui aurait pu être et n'a pas été. Tandis que Tatham se croyait encore libre comme l'air et échafaudait tous ses plans, son destin était déjà écrit, et il était entraîné, sans même s'en apercevoir, dans une direction qu'il n'avait pas choisie, à la poursuite d'un but qu'il n'avait pas envisagé.

Une semaine après la course de Lingfield nous rencontrions Ève Smith.

8

Récit du quatrième témoin : Richard Callus *(suite)*

> Jusqu'alors, l'histoire de l'île Tatham n'avait pas comporté de silhouette féminine, circonstance rare et digne d'être remarquée. À partir de ce moment, elle entre donc dans une ère nouvelle et bien différente, ainsi qu'on ne manquera pas de le constater.

Vous ai-je bien expliqué quelle était la véritable personnalité de Tatham ?

Si, de mon récit, vous n'avez pas conservé l'impression qu'il était un homme aux idées et aux aspirations élevées, chevaleresque, brave et plein de ressources, c'est que je n'ai pas su le décrire.

Une autre de ses caractéristiques, c'était son savoir encyclopédique, sur des sujets parfois déconcertants, mais qui englobaient la chimie, l'industrie minière et la géologie. Il savait conter : je me souviens qu'une fois, au cours d'une conversation sur la préhistoire, il me décrivit le mégathérium avec une précision si réaliste que j'eus ensuite de la peine à m'endormir.

Sur bien des points, il était d'une naïveté enfantine et ne s'embarrassait pas de considérations qu'il estimait secondaires, ainsi qu'il le montra dans l'affaire Ève Smith.

Je parlerai franchement sur ce point comme sur le reste ; je sais que Tatham consent à ce que tout soit dit à ce sujet.

C'était un samedi soir ; nous avions passé l'après-midi à dresser la carte des fortifications de l'île. Tatham entrevoyait une batterie sur le pic Nicolas commandant l'embouchure sous-marine de la rivière, une autre de six canons au bout du cap Sydney pour défendre la baie Kipling, et une autre, peut-être, au haut des collines Callus.

Après dîner, Tatham me proposa une promenade dans le parc. Je ne parviens pas à me rappeler pour quelles raisons Tatham était déjà mêlé à l'existence de la famille Smith. J'imagine qu'il avait dû rencontrer Mrs Smith au cours d'une de ces visites d'usines qu'il affectionnait, où un monsieur en redingote murmure des explications inintelligibles, et où une tasse de thé est ensuite servie dans les salons de la direction.

Quoi qu'il en soit, à peine avions-nous fait quelques pas dans le parc que Tatham s'arrêta pile, en me considérant avec une gravité sévère.

– Callus, me dit-il, l'un des devoirs les plus urgents que nous impose la civilisation est l'obligation de satisfaire à cet instinct créateur, à cette solidarité qui est à la base de la création des grandes cités.

Après ce préambule, il en vint à m'expliquer qu'il avait accepté, pour lui et pour moi, une invitation à une réception.

J'eus aussitôt une vision, fugace mais consternante, de dame en paillettes chantant le grand air de *La Tosca*, et de boniche faisant circuler des verres de sirop, vision qui m'incita aussitôt à me récuser.

– Il faut que vous veniez, dit Tatham d'un accent persuasif. Mrs Smith est une femme du monde excessivement distinguée, qui possède le don, si rare de nos jours, d'écouter et de comprendre les exposés techniques et financiers les plus ardus.

Je me fis longuement prier. J'étais sûr de passer une soirée d'un ennui mortel et n'acceptai finalement que poussé par la curiosité de voir comment Tatham se comporterait dans ce qu'il appelait « les hautes sphères sociales ».

Mrs Smith habitait une petite maison, dans le quartier de Bayswater, aux confins de Mayfair, dans une de ces longues rues dont le seul orgueil est d'être situées à proximité de cet aristocratique arrondissement.

Cette dame avait la rage de recevoir, et n'était jamais si heureuse que lorsqu'elle était arrivée à ce que son salon pût soutenir avantageusement la comparaison avec une rame de métro aux heures d'affluence.

Les habitués des réceptions de Mrs Smith connaissaient des recoins, des embrasures, des abris, qu'ils détenaient jalousement, et où ils parvenaient à se tenir sans qu'on leur marchât sur les pieds. Le commun des mortels était réduit à être tiraillé, bousculé, houspillé, avant de parvenir au havre d'un fauteuil par miracle inoccupé.

Le salon était au premier étage, et bien que l'escalier fût étroit, Mrs Smith donnait à ses hôtes l'illusion d'une réception à l'ambassade de France, en les recevant noblement sur la dernière marche, le dos à la porte de la salle de bains, et en les confiant à un extra qui les précédait pour faire les quatre ou cinq pas séparant l'escalier du salon.

Une des petites faiblesses de Mrs Smith consistait à prétendre qu'elle n'oubliait jamais un nom, tout comme le roi Edouard VII. Elle manquait rarement, d'ailleurs, de faire ressortir divers points communs qu'elle s'était découverts avec des membres de la famille royale.

Pendant que nous nous frayions difficilement notre chemin dans la foule, d'ailleurs choisie, des invités, Tatham se pencha sur moi pour me chuchoter d'un ton ulcéré :

– Elle m'a appelé Mr Tinker !

– Baste ! Elle m'a appelé Phillips... la mémoire d'une dame qui connaît tant de monde peut bien être sujette à des défaillances !

Tatham, qui venait de recevoir un coup de coude anonyme dans les reins, marmotta un juron et reprit, tout assombri :

– N'est-il pas lamentable que la nature ait comblé les hommes de ses dons, et que ces aveugles préfèrent l'étouffante atmosphère d'une salle de réception aux enivrantes senteurs des prairies ? Songez à la futilité, à la vanité...

Il continua à pérorer, tandis que nous étions aspirés par la foule dans un boudoir proche du grand salon.

C'est là que nous vîmes, pour la première fois, Ève Smith.

Elle était debout, près de la cheminée, écoutant distraitement un jeune homme qui parlait en gesticulant devant elle.

Comment pourrais-je la décrire ? Comment exprimer, au moyen de mots ordinaires, tout ce qui faisait le charme rare, inédit, d'Ève Smith ?

Tout en elle avait quelque chose de flou, d'indéfini, d'indéterminé ; son visage même avait des lignes indécises, en son ovale étroit. Ses larges yeux bleus étaient entourés de cils d'or bruni ; elle avait peut-être la bouche un peu grande, mais si juste de proportions, avec des lèvres si finement dessinées, que ce défaut, loin de choquer, semblait un charme de plus. La masse de ses cheveux châtains, parcourus de reflets de cuivre, était retenue par un bandeau qui lui serrait le front.

Elle me produisit vraiment, à première vue, l'impression d'une gracieuse reine, se mêlant sans façon à la foule de ses sujets, peut-être à cause du bandeau dont elle était coiffée, mais aussi à cause de son attitude fière et un peu dédaigneuse, tandis qu'elle écoutait l'importun.

Sa robe, peu décolletée et fort simple, était, je crois, de velours noir ; ses mains, bien que trop grandes pour être parfaites, paraissaient d'une blancheur irréelle sur l'étoffe foncée. Elle ne portait qu'un seul bijou : un large cercle d'or au poignet.

Ce dédain des joyaux dont raffolent tant de femmes était peut-être motivé par d'autres raisons qu'un raffinement de goût : les Smith ne possédaient qu'une fortune fort médiocre, dont les revenus étaient absorbés en grande partie par les nécessités mondaines auxquelles s'astreignait Mrs Smith.

Je jetai un coup d'œil sur Tatham. Il contemplait Ève Smith, la bouche ouverte, les yeux exorbités, la tête un peu penchée sur le côté et les mains en avant.

En cette attitude, son aspect aurait pu paraître risible, mais j'ai déjà vu briller dans des yeux d'homme cette ardeur et cette intensité qui font d'un tel instant une minute solennelle.

Tout de même, je craignais qu'il ne finît par se donner en spectacle. Je le tirai discrètement par le pan de son vêtement ; il ne s'en aperçut même pas, et continua à regarder la jeune fille.

Ève, sous le poids de ce regard, tourna les yeux de son côté. Ils se dévisagèrent un instant, en silence, puis un léger carmin monta aux joues d'Ève Smith et j'agrippai Tatham par le bras.

– Présentez-vous, maintenant au moins, lui dis-je à voix basse. Pour l'amour du Ciel, n'ayez pas ces manières de fermier inculte !

Sans protester contre mes injures, il s'avança vers elle, la main tendue :

– Je suis le capitaine Ta... commença-t-il.

Vivement, je couvris ses paroles :

– Vous connaissez Mr Deane, n'est-ce pas, miss Smith ?

Je n'étais pas du tout certain qu'elle fût miss Smith, mais il me fallait prendre le taureau par les cornes, et il se trouva que je tombais bien. Ève parut penser que je la connaissais d'assez longue date pour agir en qualité de maître des cérémonies, et elle me raconta plus tard qu'elle m'avait pris pour un certain Wilcox.

Elle tendit gracieusement la main, et Tatham la lui serra pendant un temps qui me parut excessif. Je m'apercevais déjà que ce n'était pas une sinécure que de piloter Tatham dans le monde.

– J'ai déjà entendu parler de Mr Deane, dit Ève en retirant doucement sa main. Nous sommes extrêmement flattées, ma mère et moi, de la présence, à cette simple réunion, d'une personnalité aussi éminente.

Tatham ne sentit pas la nuance de raillerie qui assaisonnait cette phrase, et répondit fort gravement :

– Je souhaiterais que vous oubliiez toutes les vaines dignités attachées à ma personne, qui ne sont que d'artificielles barrières, incapables d'entraver une amitié naissante qui, je l'espère, croîtra avec rapidité.

Ève, un peu surprise, ne répondit rien. Elle se rappelait vaguement que Mrs Smith avait cité le nom de Deane à propos de ses opérations boursières.

La bonne dame avait en effet le petit travers de boursicoter, et quiconque lui fournissait quelque lumière dans l'art complexe de la finance était immédiatement qualifié par elle de « personnalité éminente ». Ève savait donc à quoi s'en tenir sur la valeur de cette épithète dans la bouche de Mrs Smith, et elle avait voulu se moquer un peu du nouveau venu en la lui lançant à la tête, sans s'imaginer qu'elle serait ainsi prise au sérieux.

Comme le silence se prolongeait, Ève se tourna vers le jeune homme qui se tenait à côté d'elle.

C'était un gros garçon du format communément désigné par le terme « pot à tabac », avec de bonnes joues rouges, mais des sourcils noirs et broussailleux surmontant des yeux de jais. À sa cravate scintillait un diamant gros comme une noix, et il portait des bagues à tous les doigts.

– Connaissez-vous Mr de Costa ? demanda Ève.

Tatham s'inclina sans chaleur devant le jeune homme, qui lui rendit son salut.

– J'ai l'impression de vous avoir déjà vu, Mr Deane, fit de Costa.

– Je ne pense pas, laissa tomber Tatham négligemment.

– Dans nos bureaux ? suggéra de Costa, un sourire encourageant sur ses lèvres épaisses et même un peu lippues.

– Ma foi non, répliqua Tatham, toujours avec désinvolture.

– Je suis pourtant persuadé de vous avoir vu précisément dans nos bureaux, insista le jeune homme.

Xavier de Costa parlait l'anglais sans aucune trace d'accent, ce qui ne l'empêchait pas d'être, par ailleurs, aussi Brésilien qu'on peut l'être.

Si, en insistant ainsi, il s'était imaginé accaparer l'attention de Tatham sur le point négligeable de savoir s'il s'était rendu ou non dans un vague bureau, il s'était trompé. Le manque de bonnes manières constitue parfois une grande force, en permettant de passer par-dessus certaines conventions telles que le tact, l'éducation et la courtoisie de salon. Tatham tourna délibérément le dos à son interlocuteur et, sans s'apercevoir le moins du monde qu'il était de trop et n'avait plus qu'à se retirer, il se mit à parler à Ève.

L'impatience et l'agacement de la jeune fille lui apparurent tout naturellement comme l'effet d'une timidité bien compréhensible. Par une tournure d'esprit spéciale à Tatham, il se persuada aussitôt qu'elle possédait à la fois une claire vision de son génie, une vague notion de sa véritable identité, et une commode ignorance de tout ce qu'il pouvait y avoir d'illicite dans le déroulement de ses aventures.

Il se mit donc à parler, et parla pendant fort longtemps, tandis que le petit pied d'Ève remuait nerveusement au bas de sa robe et que son visage prenait une expression d'abord un peu amusée, puis nettement excédée.

Quant à de Costa, il lissait ses petites moustaches de chat, d'un air provocant.

Enfin, je réussis, grâce à un remous de la foule, à délivrer miss Smith de l'incorrigible bavard, mais il déversa alors sur moi toute la lave de son courroux. J'essayai de me disculper en lui faisant remarquer qu'il nous fallait absolument aller saluer Mrs Smith, et lui dire les quelques phrases qui sont attendues de la part d'un invité envers son hôte.

Tatham paraissait avoir totalement oublié les intentions sociables qu'il m'avait exposées avec tant de détails au début de la soirée, et continuait à chercher Ève Smith des yeux.

Fort heureusement, Mrs Smith vint à mon aide. Elle était engagée dans cette délicate opération mondaine qui consiste à

« créer l'ambiance » en circulant de l'un à l'autre pour distribuer sourires et signes de tête, ce dont Mrs Smith s'acquittait d'ailleurs avec une majesté toute souveraine.

Elle était, comme je le sus plus tard, la belle-mère d'Ève, ayant épousé en secondes noces le colonel Smith qui avait, depuis, « rendu sa belle âme au ciel », ainsi que le disait sa veuve avec un joli coup de menton vers le firmament ou le plafond craquelé de son appartement.

Elle fondit sur Tatham, ou plutôt Deane, comme un vautour sur sa proie, et lui fit l'insigne faveur de l'entraîner pour un entretien personnel, dans ce qu'elle appelait pompeusement son « cabinet de travail ».

Mrs Smith se piquait en effet d'être femme d'affaires, comme je l'ai indiqué, et possédait une pièce ornée d'un bureau à cylindre et de cartons verts bourrés de papiers. Son goût pour la finance entraînait souvent d'orageuses discussions avec sa banque, et contribuait dans une large part aux cataclysmes domestiques qui constituaient le sel de la vie quotidienne des Smith.

Deane ne put s'enfuir de ce repaire qu'au bout d'un temps qui me parut indéfini, et reparut au moment où j'étais prêt à pleurer d'ennui. Il ne daigna d'ailleurs faire aucune attention à mes gestes implorants, et se précipita sur miss Smith qui lui tendit aussitôt une main affable en lui disant :

– Vous partez déjà ?

Tatham confirma qu'il aurait déjà dû être parti. Mais si miss Smith espérait qu'elle allait être débarrassée de lui après cette phrase pourtant significative, elle fut vite détrompée : Tatham s'embarqua de nouveau dans un grand discours, et il fallut presque que je lui mette son pardessus sur le dos pour qu'il se décide à s'en aller.

Sur le chemin de l'hôtel, il ne cessa de me parler d'Ève, de ses yeux de saphir, de ses cheveux d'or, de son teint de nacre, de ses lèvres de corail, en paraissant découvrir pour la première fois ces termes de comparaison minérale.

Ève était, me dit-il, la fille d'un officier décédé quelques années auparavant, qui avait laissé une maigre pension à sa fille et à sa seconde femme. Bien que le respectable colonel n'eût jamais commandé qu'un dépôt d'habillement, Tatham invectiva avec lyrisme un gouvernement sordide qui laissait sur la paille la famille d'un « héroïque enfant de l'Angleterre qui avait versé sans compter son sang pour la patrie ».

Quant à Mrs Smith, il m'affirma que c'était une femme de tête, une femme de poids, une femme d'affaires dans toute l'acception du terme.

Il émit le vœu qu'Ève ait hérité de ces belles qualités, et ma faible protestation comme quoi il n'y avait nulle raison pour qu'une jeune fille héritât des qualités de sa belle-mère passa inaperçue.

Mrs Smith avait sollicité ses conseils autorisés pour ses placements, et cette flatterie avait produit un effet prodigieux sur Tatham.

– Je vais lui faire transférer cinq mille parts sur ma Compagnie des Mines d'Or, dit-il.

– Comment ? m'écriai-je. Quelle compagnie ?

– La Compagnie des Mines d'Or de l'île, répéta-t-il avec fermeté.

– Mais elle n'existe pas !

Il baissa la tête avec un peu de confusion.

– C'est en effet un point que j'ai négligé, dit-il, et je le confesse, je n'en avais pas saisi l'importance avant de voir cette femme extraordinaire jongler avec les actions et les obligations. Mais elle m'a ouvert les yeux sans s'en douter et, c'est une question résolue, je vais dès mon retour créer cette compagnie.

– Somme toute, dis-je avec quelque aigreur, vous allez la fonder pour pouvoir donner des parts à Mrs Smith.

– Les desseins impénétrables de la Providence, le hasard, maître en toutes choses, un sens de l'opportunité qui m'appartient en propre et dont je ne puis vous reprocher d'être dépourvu...

Il poursuivit ses considérations jusqu'à la porte de l'hôtel, les continua dans l'ascenseur, et serait entré dans ma chambre pour discourir au pied de mon lit jusqu'à l'aurore si je ne lui avais pas fermé la porte au nez.

9

RÉCIT DU QUATRIÈME TÉMOIN : RICHARD CALLUS *(suite)*

Le caractère du capitaine Tatham s'éclaire d'une nouvelle lumière, sous l'angle de l'histoire de ses amours avec miss Smith. C'est pourquoi j'ai reproduit intégralement cette partie du récit de Mr Callus.

Un homme ordinaire aurait attendu deux jours ou trois avant de tenter de revoir une jeune fille qui venait de produire sur lui une si vive impression. Mais Tatham n'était pas un homme ordinaire. Il se présenta chez les Smith dès le lendemain et, sans posséder plus de notion des convenances sociales qu'un ourson n'en a de l'aquarelle, il sonna à leur porte à midi.

Fort heureusement, Mrs Smith et sa belle-fille étaient sorties faire des courses, et Tatham revint à l'hôtel, l'œil éteint, la mine lugubre. J'étais en train de déjeuner, et il me regarda manger sans rien dire.

– On n'a pas idée de faire une visite à cette heure-ci, lui dis-je avec reproche.

– Justement, je l'avais fait exprès parce que je pensais qu'elles m'inviteraient à déjeuner, fit naïvement Tatham.

Il refusa obstinément de manger pendant dix minutes, puis il se décida, d'un air de victime, et il me fallut ensuite attendre pendant trois quarts d'heure que le mouvement de sa fourchette se ralentisse.

– Croyez-vous que je puisse revenir cet après-midi ? me dit-il.

– Ne comprenez-vous donc pas que vous allez vous rendre importun et vous faire condamner leur porte ?

À ce moment, j'eus une brillante idée :

– Songez donc, poursuivis-je, que Mrs Smith sera froissée si elle peut penser que vous lui avez offert des parts de votre compagnie pour acheter le droit d'entrer chez elle à toute heure du jour et de la nuit !

L'argument porta ; son visage s'allongea, mais il ne parla plus de cette visite intempestive. D'ailleurs, dans les jours qui suivirent il fut si occupé par ses autres affaires, que je berçai l'espoir que son grand amour pour Ève Smith n'était qu'un feu de paille, et qu'il avait oublié la jeune fille. Ma sincère amitié pour lui me faisait redouter le funeste effet qu'aurait sur sa vanité le refus d'Ève, s'il entreprenait de la demander en mariage.

Quand, incidemment, il revint sur les embarras matériels de la famille Smith, je me hasardai à suggérer que ces dames étaient certainement capables de se débrouiller toutes seules.

Il me foudroya du regard.

– Ce sont à des pharisiens, à des sépulcres blanchis comme vous, me dit-il entre autres aménités, que l'on doit le paupérisme, lèpre de l'Angleterre, l'égoïste anarchie qui règne en France, et l'antimilitarisme des États-Unis.

Je le laissai dire, car je savais d'expérience qu'il était parfaitement inutile de lutter avec la dialectique de Tatham.

Le quatrième jour, il alla faire sa visite. Je constatai avec satisfaction qu'il avait tenu compte de mes paroles. À 4 heures de l'après-midi, il sortit de sa chambre, paré comme un moderne Salomon dans toute sa gloire. De la pointe de ses souliers étincelants jusqu'à son chapeau, acheté le jour même à Bond Street, sa tenue était irréprochable. Il ne m'emmena pas avec lui.

Une heure et demie plus tard, il revenait, dans le plus complet désarroi.

– Venez chez moi, me dit-il brièvement.

Assis sur une chaise, je me demandais ce qui avait bien pu arriver, tandis qu'il se dépouillait de sa jaquette en grommelant je ne sais quoi à propos des grotesques vêtements des citadins.

Quand il eut passé une robe de chambre, je remarquai qu'il était pâle, et mon cœur battit de compassion pour lui, car je supposai qu'il avait fait sa demande et qu'il avait été repoussé.

Il n'aborda pourtant pas la question directement, et commença par se plaindre amèrement de deux messieurs qui avaient eu le singulier mauvais goût de se trouver chez les Smith en même temps que lui et qui avaient monopolisé l'attention de la jeune fille, tandis que lui, Tatham, se morfondait dans un fauteuil. Il les aurait volontiers mis à la porte, mais ces messieurs avaient invité la jeune fille à aller prendre le thé en ville.

– Il m'a fallu avoir recours à une ruse pour me débarrasser d'eux, dit Tatham en se promenant en long et en large, avec mauvaise humeur.

– Quelle ruse ? demandai-je avec curiosité.

Il ne parut pas très empressé à me répondre.

– En amour comme à la guerre, dit-il enfin, tous les moyens sont bons. Étant donné l'importance de cette entrevue et ses conséquences incalculables pour la postérité, étant donné d'autre part qu'il s'agit de sentiments infiniment supérieurs aux triviales conventions sociales...

J'attendais la suite, un peu inquiet.

– Je n'hésitai pas à induire en erreur ces deux jeunes gens, dont l'un était Mr Xavier de Costa et l'autre un certain Mr William Dixon. Ma ruse, je le répète, était parfaitement pardonnable et admissible selon les règles de la guerre... Je leur dis donc qu'un de mes amis, dans un moment de surexcitation éthylique, avait légèrement frappé un policeman...

Je sursautai, et un affreux pressentiment commença à m'envahir.

– ... Je leur dis aussi qu'à la suite de cette espiéglerie, mon ami avait été conduit au poste... Étant étranger, je ne disposais pas d'influence suffisante pour le faire relâcher ; je m'adressais donc à ces messieurs pour leur demander de se rendre à ce poste – fort éloigné – afin d'attester la respectabilité de mon ami et le faire élargir...

Tatham, contrairement à son habitude, cherchait ses mots et hésitait longuement entre chaque phrase. De toute évidence, il était mal à l'aise.

– Et qui, je vous prie, dis-je lentement, avez-vous nommé comme étant cet ami ?

Sans répondre, Tatham contempla le parquet avec obstination.

– Si, dit-il enfin, vous estimez que j'ai dépassé...

– Au nom du Ciel ! m'écriai-je. Vous n'allez pas dire que vous avez prononcé mon nom ?

Tatham hocha la tête en silence.

– Je n'ai eu recours à cet expédient qu'à la dernière extrémité, reprit-il avec force, et j'ai pris le plus grand soin de leur donner l'impression que vous étiez à peine ivre !

Je m'écroulai sur ma chaise. Que pouvais-je faire, que pouvais-je dire, à un homme comme celui-là ?

– Enfin ! dis-je en me résignant à l'opinion que les dames Smith devaient maintenant avoir de moi, qu'ont fait ces jeunes gens ?

– Je dois dire, fit Tatham, qu'ils ont été parfaitement corrects. Ils sont allés au poste en taxi, et ne vous y ayant pas trouvé, ils sont revenus. Entre-temps, j'avais remis mon sort entre les mains d'Ève.

– L'avez–vous appelée Ève ? dis-je.

– Bien entendu, puisque c'est son nom, fit Tatham, sèchement. Je lui ai révélé ceux de mes projets que j'ai jugé à propos, je lui ai donné un bref résumé de ma conception de l'amour et des relations conjugales, je lui ai enfin fait comprendre que je lui vouerais une reconnaissance éternelle, une dévotion qui ne prendrait fin qu'avec ma vie, si elle consentait à partager ma destinée...

Tout en parlant, il avait continué à marcher de long en large. Soudain, il s'arrêta devant la fenêtre. Des nuées d'orage couraient sur le ciel sombre, et la lueur livide d'un éclair venait de luire au–dessus de la Tamise.

– Bien ! dit Tatham. C'est en effet ainsi que ce doit être...

Il approuvait les éléments de se conformer à son état d'âme.

– Elle a refusé, reprit-il. Elle semblait surprise et même fâchée, mais je me suis peut-être trompée... En tout cas, elle a refusé.

– Et les deux jeunes gens ?

– Ils sont revenus au moment où j'allais partir.

Il me jeta un regard de biais.

– J'ai leurs cartes, et c'est surtout à ce sujet que je voulais vous parler. Vous seriez très aimable d'aller les trouver de ma part demain, et de convenir avec eux d'une rencontre.

Je me levai de mon siège, aphone de surprise.

– Convenir d'une rencontre ? répétai-je enfin.

– Oui. Ils ont employé à mon égard des termes que je ne suis pas disposé à supporter, surtout en présence de ma future épouse.

– Mais voyons, elle vous a refusé !

– J'ai dit *ma future épouse*, répéta Tatham en martelant les mots.

– Vous ne voulez pas les provoquer en duel ?

– C'est très exactement mon intention, au contraire. Je crois qu'un rendez-vous à Hyde Park, un matin de bonne heure, nous permettrait de régler cette affaire au mieux. Vous pouvez leur laisser le choix des armes, bien que je me considère comme l'outragé. J'aimerais personnellement assez le sabre de cavalerie, mais s'ils insistent pour un duel au couteau ou à la hache, je ne veux pas les contrarier pour si peu.

J'eus à subir un cours complet sur les lois du duel, sa valeur morale, ses conséquences sociales, et je décidai de faire mes visites le lendemain matin.

Je partis pour cette corvée, avec le sentiment très net d'être aussi fou que Tatham, mais tranquille à l'avance sur le résultat de mes démarches, persuadé que ces deux jeunes produits du XXe siècle n'envisageraient pas un seul instant de donner suite au projet saugrenu de Tatham.

Je me rendis tout d'abord chez Mr Dixon. C'était un garçon d'environ vingt-cinq ans, à la figure réjouie, qui éclata de rire lorsque je lui transmis la mission dont Tatham m'avait chargé.

– J'irai faire un tour du côté de votre hôtel, et j'irai voir Deane moi-même, déclara-t-il enfin. J'avoue que je n'ai pas été très poli, mais vous avouerez qu'il est désagréable de se faire duper devant une jeune fille. Je vais arranger cela avec lui. Vous pouvez partir tranquille et aller voir le marchand de cacahuètes.

De ce titre, je conclus qu'il n'existait pas une très chaude amitié entre Dixon et le jeune de Costa.

– Quel drôle de type que ce Deane ! poursuivit Dixon avec admiration. Un duel à Hyde Park, à l'épée ou au pistolet ! On se croirait encore au temps de la reine Berthe, ma parole ! Croyez-vous qu'il soit chez lui ? J'y vais de ce pas.

Je pris congé de lui, en déversant intérieurement un torrent de bénédictions sur sa tête artistiquement gominée.

De Costa avait une garçonnière à Jermyn Street. Il était en train de s'habiller quand je m'annonçai, et me fit attendre assez longtemps, ce qui ne m'incita pas à la sympathie à son égard. Il fonça enfin, comme un taurillon dans l'arène, dans la pièce où j'avais été introduit. Je lui exposai en peu de mots le rôle involontaire que j'avais joué dans l'affaire, explication qu'il accueillit d'un grognement. Puis j'entrai dans le vif du sujet :

– Mr Deane m'a prié de venir vous trouver au sujet de certains termes malsonnants dont vous vous seriez servi hier à son égard.

Il me lança un regard méfiant.

– Mr Deane considère ces mots comme absolument intolérables et m'a chargé de vous réclamer la réparation qu'un homme du monde ne peut qu'accorder à celui qu'il a insulté, dis-je. Le choix des armes vous est laissé.

– Comment ! hurla-t-il, il me provoque en duel ?

Je fis un petit signe affirmatif.

– Si vous voulez bien m'indiquer un de vos amis, nous pourrions conclure ensemble ces petits arrangements sans vous en importuner davantage, ajoutai-je.

– Mais... mais... bégayait-il en roulant ses gros yeux noirs, les duels sont interdits... c'est contraire aux lois... J'irai à la police et vous aurez procès-verbal... c'est monstrueux !

Il reprit haleine et poursuivit, un peu calmé :

– Je ne me battrai pas avec Mr Deane. S'il estime que cette petite altercation mérite des excuses...

– Il l'estime en effet, dis-je.

– Eh bien ! dit le jeune Brésilien avec une rage concentrée, si je fais des excuses, cette ridicule affaire sera-t-elle terminée ?

J'opinai de nouveau, et un rayon d'espoir passa sur ses traits.

– Jamais une histoire pareille ne m'est arrivée ! s'exclama-t-il presque pathétiquement. Je suis sûr que si j'allais prévenir la police, vous auriez les plus grands ennuis. Si je ne le fais pas, c'est uniquement parce que je ne veux pas voir mêlé à cette querelle le nom d'une personne qui se trouvait présente et qui, je l'espère (un essai de sourire passa sur ses lèvres), m'accordera un jour sa main. Vous pouvez dire à Mr Deane que je lui écrirai.

Je retournai à l'hôtel en sifflant et en faisant des moulinets avec ma canne. Je trouvai Tatham et Dixon aussi liés que des amis d'enfance, occupés à deviser devant une bouteille de whisky. Je crois que j'arrivai à temps pour arrêter Tatham sur la pente des confidences, car il était prêt à exposer tous ses plans à son nouvel ami.

Dixon prit congé, et je racontai à Tatham le résultat de ma démarche auprès de de Costa.

Le capitaine avait invité Mrs Smith à venir prendre le thé à l'hôtel dans l'après-midi. Il avait quelque espoir qu'Ève viendrait aussi, mais Mrs Smith excusa la jeune fille qui, selon elle, souffrait d'un violent mal de tête.

Ce thé fut fort ennuyeux, car toute la charge de la conversation retomba sur moi. Tatham était taciturne et morose, tandis que Mrs Smith, visiblement, n'avait qu'une idée en tête, celle de discuter la question de ces parts que Tatham, en un absurde mouvement de générosité, lui avait promises. Quand elle eut trouvé un détour suffisamment ingénieux pour aborder son sujet, je vis à ma grande surprise Tatham tirer un certificat qu'il tendit à la brave dame. J'eus le temps de constater que l'encre d'imprimerie était encore humide : il était établi suivant les lois sur les sociétés en Angleterre, et portait l'en-tête de la « Compagnie des Mines d'Or de l'île de l'Espérance ».

Mrs Smith se lança dans des remerciements volubiles, puis, insatisfaite malgré ce signe extérieur de sa participation dans l'entreprise, elle essaya de nous tirer les vers du nez quant aux perspectives de cet « investissement ». Elle me prenait un peu de court, mais Tatham lui répondit avec une complaisance exemplaire. Il avait tout organisé dans sa tête, et lui expliqua longuement la marche de l'exploitation. Cette mine, qui en réalité n'avait pas encore reçu un coup de pioche faute d'outillage assez puissant, sortait tout armée, comme Minerve, du cerveau de Jupiter.

Je crois que Mrs Smith nous quitta avec l'agréable impression que si la mine ne fonctionnait pas juste en ce moment, c'était uniquement parce que Tatham ne se trouvait pas sur le théâtre des opérations.

10

RÉCIT DU QUATRIÈME TÉMOIN : RICHARD CALLUS *(suite)*

> J'aurais aimé joindre à ce chapitre une attestation de don Alphonso de Costa, mais ni lui ni son fils ne jugèrent bon de me fournir ce document. Je reçus en revanche un avis de l'avocat de la Maison de Costa, m'informant que toute allusion à cette firme serait considérée comme diffamatoire et passible des tribunaux. Étant donné toutefois le caractère de cette publication, elle se trouve protégée par la loi du Congrès.

Cependant, Tatham continuait à s'occuper de ses affaires, avec plus de discernement que je ne m'y serais attendu. D'ailleurs, en août et en septembre, je ne restai guère à Londres. Je me trouvais dans le sud de l'Espagne cinq jours avant la course de Doncastre. Mais en passant par Madrid pour revenir en Angleterre, je reçus un télégramme de Tatham qui me demandait de me hâter. Deux jours plus tard, j'étais à Londres.

Je trouvai Tatham plein d'ardeur et tout prêt à retourner à l'île dès que le moment serait venu. Il me dit qu'il avait vu plusieurs fois Ève Smith, et lui avait fait la promesse solennelle de ne plus aborder certain sujet. Il se répandit en railleries acerbes sur le jeune de Costa, dont les « présomptueuses aspirations » avaient éveillé en lui toute l'animosité dont il était capable.

Nous passâmes une soirée entière à bavarder et à discuter des perspectives de succès de l'*Éclaireur Volant* dans la course de Doncastre. À 11 heures, j'allais me retirer, car j'avais eu une journée fatigante et désirais aller me coucher, lorsqu'un groom entra et me tendit une carte sur un plateau. J'y lus avec surprise ces mots gravés sur le carton :

DON ALPHONSO DE COSTA
et Xavier de Costa

ce dernier nom étant ajouté au crayon.

Je tendis la carte à Tatham.

– Je me demande ce qu'ils veulent, dis-je. C'est une heure plutôt insolite pour venir voir les gens !

Quoi qu'il en soit, Tatham donna l'ordre d'introduire les visiteurs.

Quelques instants plus tard, le jeune Brésilien, plus gras et plus noir que jamais, faisait son apparition et nous présentait son père.

Celui-ci n'était pas plus grand que son héritier, mais sec, du type « cigare ». Son visage était maigre, bien rasé, à l'exception d'une grosse moustache. Il était aussi chauve qu'un œuf, d'un teint plus olivâtre encore que son fils, et s'exprimait avec moins de facilité dans une langue qu'il ne semblait pas encore posséder complètement. Il nous salua tous deux cérémonieusement.

– Vous connaissez déjà mon père, je crois ? dit le jeune de Costa.

– Je n'ai pas ce plaisir, répondit poliment Tatham.

De Costa senior fit à Tatham une petite grimace malicieuse.

– Je crois bien que nous avions, dans le temps, entamé certains pourparlers, Mr… euh…

– Deane, dit Tatham.

– Deane en vérité ? fit l'autre avec une candeur apparente. Je croyais me rappeler un autre nom. Puis-je avoir une chaise ?

Tatham s'excusa et approcha deux fauteuils, où s'installèrent le père et le fils. Ils étaient tous deux habillés pour le soir, et le plastron de chemise de Costa senior était attaché par un diamant plus gros encore que celui qu'exhibait son fils en pareille circonstance.

– Je vous rafraîchirai donc la mémoire, reprit le vieux de Costa. Sachez, Mr… euh… Deane, que je m'occupe d'exportation. J'envoie souvent des chargements importants en Amérique du Sud.

Il sourit de nouveau.

– Voilà qui est fort intéressant, dit Tatham. J'ai toujours pensé que l'exportation et l'importation constituaient la branche la plus passionnante du commerce.

– Je suis heureux de vous l'entendre dire, dit de Costa en saluant gravement. Parfois, je dois fréter moi-même un cargo pour mener à bien certaines tractations et négociations particulièrement délicates, ayant trait aux marchandises transportées par ce cargo.

– Vous devez certainement retirer des avantages de cette organisation, dit Tatham en bâillant discrètement.

– Il y a quelque temps, poursuivit de Costa, j'ai précisément frété un cargo pour transporter une importante cargaison dans certaines îles du Pacifique.

Il eut un geste négligent de la main :

– Je ne me souviens plus très bien du nom de ces îles, ni de la composition de cette cargaison, mais je me rappelle parfaitement avoir reçu la visite d'une personne qui vint me trouver dans mes bureaux. Je me rappelle également l'avoir engagée pour une certaine besogne qui nécessitait de ma part quelques confidences…

Il toussa légèrement.

– C'est ainsi que j'en arrivai à lui expliquer qu'il devrait rencontrer un bateau charbonnier en un certain point de la mer, et débarquer plus tard des machines diverses sur une côte que les circonstances rendaient difficilement abordable…

– Aux Philippines ! dit Tatham gaiement. Et si je ne me trompe pas, vos machines diverses étaient dotées uniformément de crosses et de canons… On pourrait en conclure que c'était des fusils !

– Ceci est d'ailleurs un détail, se hâta de reprendre l'autre. Bref, un accident se produisit au cours de cette croisière : mon charbon fut volé, par un navire qui aborda le convoi avant mon cargo. Ce dernier fut ensuite arraisonné par un soi-disant navire de guerre, qui le dépouilla des marchandises qu'il transportait. Cet acte, Mr, euh… Deane, peut être qualifié de piraterie !

– Je crois bien ! fit Tatham hilare, c'est même de la piraterie qualifiée !

– Charmé que vous en conveniez vous-même, dit de Costa.

– Mais comment appelez-vous le fait de fournir des armes aux négros des Philippines ? reprit brusquement Tatham.

De Costa rougit. L'accusation le laissait assez froid, mais il était horriblement choqué par ce mot malsonnant de « négros ».

– Ce n'est peut-être pas de la piraterie, poursuivit froidement Tatham, mais c'est une mauvaise action punie par toutes les lois du monde civilisé. Oui, je suis Tatham. Je n'ai pas à m'en cacher devant vous. J'ai pris vos fusils, ces fusils que vous vouliez vendre à des nègres pour tuer des hommes blancs !

– Sir !… babultia le vieil homme en se levant brusquement.

– Oseriez-vous me contredire ? Ne saviez-vous pas que chacun de ces fusils, manié par des mains brunes, cracherait la mort sur plusieurs hommes blancs ? Mais après tout, qu'importait aux deux mal blanchis qui dirigent la firme de Costa !

Jamais je n'avais encore vu Tatham montrer autant de colère et d'insolence. Je savais que pour lui, comme pour beaucoup d'Américains, la question de race avait une importance primordiale. Pour Tatham, un homme était blanc ou noir, il n'admettait pas de degré entre les deux, et si l'on n'était pas absolument blanc, on était aussi noir que du charbon.

L'attitude du vieux Costa sous les insultes de Tatham était curieuse. Tremblant de fureur, il n'avait pas répliqué, l'air décontenancé, courbant le front sous les paroles méprisantes de Tatham.

Son fils, au contraire, avec un horrible cri étranglé, se rua sur Tatham. Le capitaine se détourna à peine et lança son poing au creux de l'estomac du jeune Brésilien, qui s'écroula.

J'ai horreur de voir un homme pleurer, et vis avec malaise des larmes de douleur et de rage briller dans les yeux de de Costa, tandis qu'il se relevait péniblement.

– Je me vengerai, Tatham ! hurla-t-il. Vous n'en avez pas fini avec moi ! Je mettrai la police sur vos traces !

– Vous pouvez servir d'indicateur si vous le jugez bon, dit Tatham qui n'avait pas perdu un atome de sang-froid, mais vous ajouterez par la même occasion un intéressant chapitre à la biographie de votre famille.

Xavier de Costa grinçait des dents et allait se jeter de nouveau sur Tatham, mais son père le saisit par le bras et le força à se tenir tranquille.

Le vieux me faisait plus peur que son fils. Il était relativement calme, mais ses mains tremblaient tandis que ses yeux brillaient d'un éclat inquiétant.

– Vous aurez de mes nouvelles, dit-il en sortant.

– Je n'y tiens pas, répliqua Tatham en refermant la porte sur les deux visiteurs.

Il rentra dans la pièce, ayant retrouvé toute sa bonne humeur. Cette visite avait agi sur lui à la façon d'un tonique.

– Il va falloir faire attention, maintenant, me dit-il. Le vieux de Costa va me mettre des bâtons dans les roues.

– Il n'osera pourtant pas s'adresser à la police, dis-je.

Tatham sourit.

– Il y a d'autres moyens, répliqua-t-il seulement.

Il allait rentrer dans sa chambre, quand il se ravisa :

– Pourriez-vous me sacrifier quelques heures de votre sommeil pour m'aider ? Je suis en train d'étudier divers plans, et la question de la centrale électrique m'embarrasse un peu.

Bien que je fusse fatigué comme je l'ai dit, la scène qui venait de se dérouler m'avait également fouetté le sang et, pendant trois heures, lui et moi nous penchâmes sur des plans sur papier bleu, discutant et comparant pour mettre sur pied la centrale électrique.

À vrai dire, le point le plus embarrassant était la question financière. Pour établir le budget, il fallait renoncer à quelque autre portion indispensable du plan général. C'était comme un jeu de patience où une pièce ne trouve jamais sa place, ou bien la prend aux dépens d'une autre pièce qui est alors sans emploi.

À la fin, Tatham, dans un soupir, renonça à chercher plus longtemps.

– Je crois que nous serons forcés de renoncer pour l'instant à cette satanée centrale… à moins que nous ne réussissions à gagner beaucoup d'argent à Doncastre.

Je hochai la tête dubitativement. Doncastre ne constituait pas un terrain de jeu très attrayant, bien que d'importantes épreuves s'y disputaient. Quant à la course de Portland, où l'*Éclaireur Volant* était engagé, elle accordait peu de chose à la spéculation.

Tatham regarda sa montre. Il était 4 h et demie.

– Il est trop tard pour se coucher, dit-il. Je vais nous faire du café.

Il possédait une cafetière électrique et, en quelques instants, le café fut prêt. La boisson brûlante et parfumée me fit grand bien.

Tatham, assis sur le rebord de la fenêtre, contemplait le ciel obscur qui tournait déjà au rose à l'est, et remuait sa petite cuiller dans sa tasse d'un air absorbé.

Il se tourna brusquement vers moi :

– Prenez votre bain tout de suite, et rasez-vous. Je vais en faire autant. J'ai une idée excellente.

Déjà méfiant, je le dévisageai. Je n'aimais pas beaucoup les excellentes idées de Tatham ; pourtant, comme il ne pouvait s'agir que d'une promenade matinale dans l'herbe humide de rosée d'un jardin, je pensai que la marche nous ferait du bien, et j'obéis sans discuter.

Les cloches sonnaient 5 heures lorsque nous débouchâmes sur le Strand. À l'exception d'un laitier ou deux, la voie, ainsi que toutes les rues avoisinantes, était déserte.

Tatham tourna à droite.

– Il vaudrait mieux trouver un taxi, murmura-t-il entre ses dents.

– Nous en trouverons certainement à la gare de Charing-Cross, dis-je. Mais sommes-nous si pressés ?

– Nous sommes très pressés.

Nous eûmes la chance de trouver une voiture à quelques pas de là. Je n'entendis pas l'adresse que Tatham glissa au chauffeur, mais je croyais déjà avoir deviné que notre expédition matinale se rapportait à l'*Éclaireur Volant*. Tatham était parfaitement capable de partir pour Epsom, où se trouvait toujours l'écurie de l'*Éclaireur*, uniquement pour voir si le précieux cheval se portait bien.

Pourtant, nous n'avions pas tourné au sud, comme il l'aurait fallu dans ce cas, et la voiture poursuivait son chemin au nord-est de la ville.

– Où diable allons-nous ? dit-je soudain.

– Chez les Smith, répondit Tatham.

Je le contemplai avec stupeur.

– Chez les Smith ? repris-je, incrédule. À cette heure-ci ? Vous êtes fou ?

Il resta muet.

Le taxi nous déposa dans une rue endormie, où nos talons faisaient un bruit sonore, et nous arrivâmes devant la maison des Smith, tous volets clos.

Tatham hésita entre sonner et frapper, mais il se décida pour frapper.

Il tambourinait depuis au moins dix minutes lorsqu'un bruit de savates nous avertit que nos efforts n'avaient pas été vains. Une servante aux cheveux ébouriffés, aux yeux pleins de sommeil, nous examina avec hébétement dans l'embrasure de la porte, et allait nous la refermer au nez quand Tatham s'introduisit d'autorité dans la place.

La domestique, un peu réveillée, nous demanda, d'une voix incertaine, de nous asseoir dans le hall pendant le temps qu'elle allait réveiller ses maîtresses.

– Inutile, dit Tatham. Nous ne désirons parler qu'à miss Ève Smith, seule.

J'aurais aimé me trouver ailleurs. Les minutes qui allaient suivre me paraissaient à l'avance dépourvues de toute espèce de charme. Dans la meilleure conjecture, il allait me falloir assister au chagrin et au désappointement de cet insensé pour qui j'avais de l'affection malgré tout et, dans l'hypothèse la plus désastreuse, je serais irrévocablement considéré comme le dernier des malotrus aux yeux de toute la société londonienne, comme un fou dangereux même, car personne n'admettrait que j'aie consenti, en possession de toutes mes facultés mentales, à accompagner un mien ami dans une visite à 5 heures du matin.

La servante redescendit, toujours en peignoir, et nous introduisit cette fois dans le salon.

Avec un déplorable sans-gêne, Tatham se mit en devoir d'ouvrir les volets. Il était joyeux comme un sansonnet, et paraissait tout à fait tranquille quant à l'issue de cette extraordinaire démarche.

Cinq minutes plus tard, la jeune fille arrivait. Elle portait un long kimono bleu foncé, ses magnifiques cheveux relevés en hâte par un peigne d'écaille. Elle était ainsi plus jolie que jamais. Jamais je n'avais pensé qu'une femme pût être aussi ravissante à l'improviste.

Ève semblait indécise et troublée. Évidemment, elle cherchait vainement à s'expliquer le sens de notre visite. La seule solution qui pourrait lui venir à l'esprit c'est que la mine, dont sa belle-mère lui avait dit qu'elle détenait des parts, était devenue subitement inexploitable, et qu'une raison urgente nécessitait notre présence. Elle ignorait encore que Mrs Smith n'avait pas dépensé un centime pour entrer en possession de ces parts.

– Je suis venu vous trouver au sujet d'une question très importante, dit Tatham, et j'espère que vous me pardonnerez de dire ce que j'ai à vous dire en présence de mon ami Mr Callus.

J'attendais la suite avec anxiété, car je n'avais pas la moindre idée de là où il voulait en venir.

– Cette nuit, j'ai eu un entretien avec Mr de Costa, reprit Tatham.

Il conta alors, avec les détails les plus méticuleux, toute cette entrevue mouvementée.

Pendant ce temps, je considérais la jeune fille. Elle avait changé d'attitude à notre égard. Tatham semblait n'avoir pas perdu son temps pendant mon absence, et cette curieuse amitié, malgré ses rebuffades, avait pris place dans la vie d'Ève. Je suppose d'ailleurs qu'autrement, elle n'aurait même pas accepté de le voir à cette heure-là.

Elle suivait ce récit avec intérêt et même avec quelque chose de plus. Ses yeux étaient pleins de sympathie et, les jambes croisées, les genoux pris dans ses mains, elle écoutait Tatham qui, sans rien omettre, la conduisait du Cap à Saint-Paul de Loanda, puis à l'île, puis en Angleterre.

De temps à autre, il me prenait à témoin, mais les yeux de la jeune fille ne se détournaient pas de lui, et elle lui faisait signe de continuer.

Lorsqu'il eut achevé, elle dit avec douceur :

– Je vous remercie, capitaine, de votre confiance. Je suis heureuse que vous m'ayez fait toutes ces confidences, car je dois vous avertir que Xavier de Costa m'a donné, hier soir, une version de ces événements loin d'être aussi louangeuse que la vôtre.

Elle sourit légèrement en lançant ce compliment à double entente.

– Mais pourquoi êtes-vous venu si tôt ? ajouta-t-elle, un peu malgré elle.

– Je dois maintenant hâter mes affaires ici, répondit gravement Tatham, et rentrer dans mon île le plus vite possible. Mais je ne puis partir avant de savoir une chose. Je ne puis même attendre un jour entier sans être fixé...

Il s'était levé, la voix vibrante de passion, les mains convulsivement jointes, différent en tout du Tatham que je connaissais.

– J'ai besoin d'une compagne, d'une associée, dit-il à voix basse. Je vous veux, vous !

Il se tut, et, grâce à Dieu, il ne se lança pas dans une déclaration d'amour qui m'aurait fait rentrer sous terre devant l'incongruité de ma présence, mais je crois qu'aucune femme ne se serait trompée au feu qui brillait dans ses yeux.

Ève s'était levée, pleine d'embarras et de confusion.

– Je suis désolée, capitaine, dit-elle d'une voix incolore, mais je ne puis accepter, bien que je sois infiniment flattée de l'honneur que vous me faites et de la confiance que vous m'avez montrée.

Tatham reprit longuement haleine.

– Vous refusez ? dit-il.

Elle secoua négativement la tête, sans parler, et nous ouvrit la porte.

11

RÉCIT DU QUATRIÈME TÉMOIN : RICHARD CALLUS *(suite)*

Cette partie du récit de Richard Callus ne constitue pas, à proprement parler, un témoignage de première main. Elle est basée sur certains extraits de la correspondance qu'il a entretenue avec Ève Smith, mais surtout sur les confidences que l'adroit reporter a su obtenir de Martha-Anne. Cette jeune personne a, depuis, épousé un garçon laitier.

Un journaliste diffère des autres écrivains par sa passion pour les « faits ». Je vous pardonne bien volontiers si vous souriez à cette déclaration, ou bien si, comme d'autres écrivains, vous sursautez avec indignation. Pourtant, comme je suis moi-même journaliste, j'ai peu d'illusions. Je connais des écrivains très savants, qui produisent de longs et ennuyeux rapports à d'illustres instituts, dans le silence du cabinet et en dédaignant délibérément une actualité qui n'échapperait pas au dernier spécialiste des « chiens écrasés ».

J'ai connu aussi de grands voyageurs qui, après avoir fait le tour du monde, publient un gros livre entièrement consacré à décrire leurs états d'âme, œuvre qu'ils auraient accomplie à moins de frais en restant les pieds dans leurs pantoufles.

Au contraire, un vrai journaliste a le goût du fait précis. Il ne se satisfait pas des récits qui lui sont faits et, par principe, reste sceptique devant ce qu'il lit. Il lui faut s'enquérir lui-même et, indiscret par métier, dépister la vérité en faisant abstraction du fameux « mur de la vie *privée* »

Ce préambule me conduit à affirmer que tout ce que j'ai su

de l'existence domestique des Smith, je l'ai appris aussi directement que possible. La délicatesse qui détourne ordinairement un homme de mettre le nez dans les affaires du voisin est pour un journaliste une vertu négative, et il y a bien longtemps que j'ai renoncé à la pratiquer.

Plus exactement, je fus invité à passer par-dessus cette convention, il y a fort longtemps, par un rogue directeur de la feuille où je faisais mes débuts. Il m'enseigna que le mot « Privé » inscrit en lettres blanches sur une porte ou sur une carrière était l'indication invariable qui devait m'inciter à foncer en avant pour recueillir des détails curieux et souvent louches, au plus grand bénéfice du journal qui, en ces jours lointains, me rétribuait royalement à raison de cinq sous la ligne.

Vous pouvez donc me croire quand j'affirme l'authenticité de tout ce que j'ai pu savoir sur la vie privée des dames Smith.

Tout ce qu'Ève ne m'a pas dit elle-même, tout ce que Mrs Smith ne m'a pas confié à différentes époques, je l'ai appris par mon « service d'information » ; en l'espèce, la peu sémillante servante de ces dames.

Lorsque nous eûmes quitté la maison des Bayswater, en ce matin mémorable, après notre démarche aussi saugrenue qu'infructueuse, Ève Smith resta longtemps assise dans le salon.

La lumière crue du petit jour entrait dans l'appartement. C'est une heure à laquelle, je l'ai remarqué, apparaissent impitoyablement l'éraillement des coussins, l'usure des tapis, la décrépitude des peintures et des tapisseries, la poussière des vitres et nombre de déplaisants détails du même ordre.

Ève s'était assise sur un pliant, près de la fenêtre et, tout en rêvant, suivait avec application, du bout du doigt, un motif chinois brodé sur son kimono.

Elle remerciait le Ciel que sa belle-mère eût le sommeil lourd et que le bruit de la conversation et des allées et venues ait été impuissant à la réveiller.

Ève mettait tous ses soins à se montrer une belle-fille obéissante et respectueuse. Elle n'y réussissait pas toujours et, en ce moment par exemple, l'apparition de Mrs Smith aurait suffi à lui faire quitter la pièce, sans dire un mot.

Elle était contente de se trouver seule, dans ce salon silencieux, pour pouvoir réfléchir tranquillement à ce problème – car, pour elle, Tatham était devenu un problème.

Un mois plus tôt, elle aurait accueilli sa demande avec un rire impertinent et aurait été enchantée de ne plus voir cet excentrique.

Mais aujourd'hui, ce grand homme bronzé, à la sincérité si déconcertante, aux interminables discours, dont la pompe faisait parfois brusquement place à des paroles ardentes, n'était plus pour elle un original quelconque.

Il s'était emparé d'une place qu'aucun homme n'avait encore occupée et, à vrai dire, c'était justice, puisque aucun homme comparable à Tatham n'était encore entré dans sa vie.

Quelle était cette place ? C'était la principale question qui préoccupait Ève. Une fois qu'elle l'aurait élucidée, le problème serait résolu de lui-même.

Quels sentiments éprouvait-elle au juste pour lui ? Jusqu'ici, elle n'avait ressenti aucune de ces impressions qui sont considérées comme la pierre de touche de l'amour : son cœur ne battait pas plus vite, son pouls restait calme lorsqu'il s'approchait d'elle, elle n'éprouvait aucun déchirement lorsqu'il prenait congé, et aucun vide lorsqu'il était parti.

En constatant, avec la conscience et le scrupule d'un bon médecin, l'absence de ces symptômes alarmants, Ève pouvait donc estimer, en toute sincérité, qu'elle n'était pas amoureuse de Tatham.

Et pourtant…

Avec impatience, elle se leva, ouvrit la fenêtre, et passa sur l'étroit balcon de pierre. Elle regarda dans la rue, à droite et à gauche. Tout était encore parfaitement désert. Les habitants du quartier se seraient crus déshonorés de se trouver dehors à cette heure indue, sauf peut-être en costume de soirée.

Insensiblement, elle se surprit à contempler la direction dans laquelle Tatham avait disparu en sortant de la maison. Elle s'aperçut même qu'en imagination elle retraçait le chemin qu'avait dû suivre le capitaine pour rentrer à son hôtel.

Peut-être, après tout, Tatham était-il pour elle quelque chose de plus qu'un camarade, tout en n'étant pas tout à fait un ami. Les confidences ne sont-elles pas l'essence de l'amitié ? Or elles avaient été abondantes, mais unilatérales. Tatham avait été seul à parler, et il avait parlé sans discontinuer, comme bien on pense. Si je me piquais de psychologie, je dirais que c'était peut-être dans ces confidences que la passion de Tatham avait pris racine. Mais cette fine déduction psychologique serait erronée. Le grand amour de Tatham était né en un instant, au premier coup d'œil.

C'était véritablement le coup de foudre, bien que je haïsse cette sotte expression.

Quoi qu'il en soit, Tatham seul s'était échauffé au feu de ses discours et de ses déclarations. Pour me servir d'une image, il avait été comme une torche flamboyante qui illumine une eau dormante. Il serait injuste de dire qu'Ève Smith était sèche et froide. Toutes les femmes sont froides – de même que tous les hommes sont menteurs. Dans une chambre obscure, un diamant ne brille pas plus qu'un caillou, ce qui ne l'empêche pas de scintiller de tous ses feux une fois qu'il est exposé au soleil.

Ève resta un long moment debout sur le balcon, puis elle rentra dans le salon.

La domestique qui l'avait réveillée était encore là, attendant respectueusement ses ordres. Elle se nommait Martha-Anne et n'éprouvait aucun sentiment particulier, excepté qu'elle se levait d'ordinaire à 7 heures, et que ce jour-là elle avait dû sortir de son lit à 5 heures.

– Mademoiselle a-t-elle besoin de moi ? demanda-t-elle avec une patience affectée.

Ève secoua négativement la tête, et la servante poursuivit :

– Il est trop tard maintenant pour que j'aille me recoucher. C'est une drôle d'heure pour faire des visites !

Elle émit encore une quantité de doléances, en ayant toutefois soin de les formuler d'une façon qui n'était pour Ève qu'une série d'inintelligibles grognements terminés sur une note aiguë à la fin de chaque phrase.

J'ignore si Ève Smith se remit au lit ensuite, mais lorsque Martha-Anne frappa à la porte de sa chambre à l'heure habituelle, elle trouva sa jeune maîtresse déjà habillée pour sortir.

– Je vais à Covent Garden acheter des fleurs, Martha, dit Ève.

– Quelle boîte ! marmotta Martha-Anne en levant les yeux au plafond.

La matinée était splendide. L'air était pur et léger, le soleil brillait gaiement sur l'asphalte de la chaussée, et les rues renfrognées de Londres semblaient sourire à la joie de vivre.

Ève Smith marchait allégrement, et se surprit en train de chanter à mi-voix.

Le marché de Covent Garden était à cent mètres de l'hôtel de Tatham.

Une heure plus tard, Ève se trouvait dans le Strand, les bras chargés d'une gerbe de fleurs, et contemplait d'un œil pensif la façade majestueuse de l'hôtel.

Je ne sais ce qui se passa dans sa tête mais, après avoir rêvé quelques instants, elle tourna les talons, partit vers Trafalgar Square et rentra chez elle par le plus court chemin.

Le petit déjeuner était rarement un moment agréable de la journée dans la maison de Bayswater. L'urbanité, la grâce et les manières d'ambassadrice de Mrs Smith ne s'exerçaient pas de si bonne heure. La maîtresse de maison affable de 11 heures du soir n'était encore, à 9 heures du matin, qu'une ménagère vinaigrée.

On aurait pu croire que la Nature, renversant son processus habituel, faisait du papillon brillant de la veille au soir une chenille grisâtre et affairée le lendemain matin.

Une pile de lettres était posée à côté de l'assiette de Mrs Smith, lorsqu'elle descendit pour le repas. Ève était déjà occupée à verser le thé et reçut sans se lever le sec claquement de lèvres entre le front et la racine du nez qui constituait la marque extérieure quotidienne de l'affection de sa belle-mère.

Ce devoir maternel accompli, Mrs Smith, drapée dans son peignoir déteint, s'assit lourdement, déplia sa serviette, jeta un coup d'œil sur son courrier et observa aigrement que le bacon était froid, le tout en même temps.

Ève la regardait distraitement. Instinctivement, elle avait chassé de son esprit toutes les rêveries de la matinée, depuis l'entrée de sa belle-mère.

– Encore une lettre de cet insupportable courtier, bougonna Mrs Smith, en dépliant un état de compte établi sur papier bleu. Je lui avais bien spécifié de ne pas vendre mon « Gaz de Long Island » avant qu'il ait atteint 84 et il l'a vendu à 81 !

– Les actions sont aujourd'hui à 76, fit sèchement Ève. S'il avait attendu comme vous le vouliez, vous auriez perdu de l'argent.

Ève avait étudié la Bourse, à titre de mesure défensive.

Grommelant toujours, Mrs Smith ouvrit un autre pli. C'était une courte lettre, apparemment désagréable.

– Saperlotte ! jura-t-elle en sursautant.

Le langage de Mrs Smith, au petit déjeuner, avait souvent une saveur soldatesque. C'était si l'on veut un acte de dévotion, puisqu'elle se servait ainsi du stock de jurons variés que lui avait légué le colonel en rendant sa belle âme au Ciel.

– Que se passe-t-il ? demanda Ève. C'est de la banque, je suppose ?

Mrs Smith réservait en effet ses expressions les plus vigoureuses pour les messages de sa banque.

– Ils disent que j'ai... un découvert de douze mille francs... et ils me demandent de le couvrir immédiatement !...

Elle lança un coup d'œil irrité à son indifférente belle-fille.

– C'est absurde ! poursuivit-elle. Ridicule ! Douze mille francs de découvert !... Je n'ai jamais vu une chose pareille de ma vie !

Ève réprima un sourire. Elle se rappelait avoir déjà entendu ces paroles.

– Je vois ce que c'est ! fit Mrs Smith d'une voix tonnante. C'est encore un de ces caissiers comme on en voit dans les journaux, qui profite de ma négligence en ces matières pour puiser dans mon compte ! Il y a longtemps que je m'en doutais !

– La dernière fois, dit Ève avec calme, vous avez soupçonné Martha-Anne de s'être servie de votre carnet de chèques. Pourquoi ne tenez-vous pas une comptabilité exacte de l'argent que vous mettez en banque ?

Mrs Smith ne répondit pas. Elle acheva de dépouiller son courrier, en réservant deux lettres pour la bonne bouche. Elle arriva enfin à celles-ci, qu'elle lut attentivement. Elle les replia ensuite, les remit dans leur enveloppe et les rangea dans un sac qui pendait au dossier de sa chaise comme une sabretache.

Après quoi, elle dirigea sur Ève un regard scrutateur, tout en sauçant son assiette.

– Ma chère petite, dit-elle finalement, il faut que vous fassiez un bon mariage.

– Vraiment ? fit froidement Ève. Qu'entendez-vous au juste ?

– Allons, ne faites pas l'enfant, Ève, dit Mrs Smith avec impatience. J'ai fait de mon mieux pour vous, j'ai battu le rappel à la maison de tous les jeunes gens à marier de Londres, l'argent coule ici comme d'un robinet – cela me rappelle que celui de la cuisine fuit, et qu'il faut que Martha-Anne fasse venir le plombier – où en étais-je ? Ah ! oui, j'ai dépensé beaucoup d'argent pour vous, et je crois que j'ai le droit d'attendre que vous ne soyez pas ingrate. Non pas que je compte sur une compensation d'ordre monétaire...

Ève écoutait placidement. Sous une forme ou sous une autre, cette conversation revenait presque journellement.

– Il m'arrive quelquefois, malgré moi, de penser que vous ne reconnaissez pas toute l'étendue de mes sacrifices et de mes efforts, fit la veuve du colonel avec un soupir comprimé. Par exemple, vous n'avez jamais porté cette robe neuve que je vous ai achetée pendant les soldes d'été.

– Je crois vous avoir dit, ma mère, que cette robe ne peut absolument pas m'aller. Ce n'est pas le genre de robe avec lequel j'oserais sortir. Franchement, j'aime mieux celles que je choisis moi-même.

– Vous êtes vexante, Ève, dit Mrs Smith avec aigreur, extrêmement vexante...

Ève ne répondit rien, jugeant toute riposte inutile.

– De plus, l'autre soir, quand Mr de Costa est venu, vous êtes descendue sans un bijou sur vous. Pourtant, dans votre chambre, j'avais déposé sur votre table mes propres perles, mes propres boucles d'oreilles.

Ève sourit :

– Ma chère mère, c'est encore une chose au sujet de laquelle nous avons déjà discuté. Même pour vous être agréable, je refuse de porter des perles fausses ; de plus, je me sentirais ridicule d'exhiber des parures que tous nos amis ont vu cent fois sur vous.

Et Ève se mit à rire franchement :

– On ne peut guère s'y tromper ; si vos perles étaient vraies, votre collier vaudrait au moins deux millions, d'après la grosseur des perles !

– Il y a pourtant une certaine finesse dans ces sortes d'imitations... dit Mrs Smith sans insister.

Une trêve de quelques instants suivit cette conversation, mais au moment où la jeune fille pliait sa serviette et se préparait à quitter la table, sa belle-mère revint à la charge.

– Que se passe-t-il avec le jeune de Costa ? demanda-t-elle.

– Que voulez-vous qu'il se passe ?

– Vous a-t-il demandée en mariage ?

– Ma foi, je ne sais plus, j'ai oublié, dit Ève avec insouciance. Vous voulez parler de ce gros brun, avec une ridicule petite moustache ?

Mrs Smith fronça les sourcils.

– Vous avez tort de parler de lui avec tant de désinvolture, dit-elle sèchement. C'est un excellent parti, son père est immensément riche. Et Mr Deane ?

Ève se leva.

– Ce ne sont pas des questions à aborder au petit déjeuner,

dit-elle en dissimulant son irritation. Cela réduit l'amour et le mariage au niveau d'une tartine de pain beurré.

– Bien, mais tout de même, est-ce que Mr Deane... ?

– Quoi, Mr Deane ? cria Ève, gagnée par l'énervement.

– Vous a-t-il demandée en mariage, ma chère petite ? Laissez-moi vous rappeler que Mr Deane possède une fabuleuse fortune, et qu'il est d'une générosité sans borne. Il a été extrêmement aimable avec moi, et il m'a promis...

– Il m'a demandé ma main, là ! interrompit Ève avec lassitude. Si vous voulez le savoir, il est venu ce matin à 5 heures pour faire sa demande.

Mrs Smith ouvrit la bouche, mais aucun son n'en sortit. La bonne dame était « knock-out », selon la forte expression de Martha-Anne, qui, tout en enlevant les tasses, suivait la scène avec une intense jubilation intérieure.

Enfin, un peu remise, elle balbutia avec incrédulité :

– À 5 heures du matin... une demande en mariage... c'est impossible !

– Martha-Anne est allée lui ouvrir. Vous n'avez qu'à l'interroger si vous ne me croyez pas, dit Ève.

– Pourquoi ne m'a-t-on pas réveillée ? demanda Mrs Smith, tous ses instincts combatifs revenus et pénétrée du regret d'avoir manqué quelque chose d'extraordinaire.

– Parce que ce n'est pas vous qu'il demandait en mariage, répondit Ève tranquillement. Sa visite ne concernait que moi.

Mrs Smith, blessée, se leva à son tour.

– Vous oubliez un peu à qui vous parlez, Ève, dit-elle avec une certaine dignité. Vous oubliez également les sacrifices et les efforts auxquels je faisais allusion tout à l'heure.

– Je n'oublie rien de tout cela, dit vivement Ève. Malheureusement, je sais parfaitement que vos sacrifices n'ont pas tant été effectués en vue de mon bonheur futur que pour arranger vos petites affaires. Je suis peut-être un peu brutale de parler ainsi, mais je ne comprends pas pourquoi vous vous obstinez à jouer cette comédie lorsque nous sommes tête à tête. Il serait bien plus simple de parler franchement, tranquillement, sans scènes et sans cris !

Mrs Smith renifla, chercha son mouchoir, et se tamponna les yeux, mais renonça bientôt à cette manifestation, à laquelle elle comprenait vaguement qu'Ève resterait peu sensible. Ève était dure, c'était évident ; elle tenait de son père, le colonel, certaines aspérités de caractère auxquelles la veuve s'était heurtée jadis en agitant vainement des mouchoirs grands comme des draps de lit. Il était même l'auteur d'une théorie déplorablement terre à terre, selon laquelle plus un sujet pleurait, moins il transpirait, théorie dont il citait volontiers des passages à son épouse dès que celle-ci faisait mine de jouer les Biblis.

La question du mariage d'Ève avait déjà été souvent agitée, mais les circonstances obligeaient maintenant Mrs Smith à faire le point.

Elle avait dépensé beaucoup d'argent, effectivement, bien que pas tout à fait de la façon dont elle se glorifiait. L'excentrique conduite du « Gaz de Long Island » n'était rien auprès de l'attitude monstrueuse d'un puits de pétrole en Russie, auquel s'intéressait la veuve du colonel.

Une grosse partie du capital de Mrs Smith avait fondu, à force de boucher des trous, çà et là, au fur et à mesure de fâcheuses spéculations.

Elle aimait à recevoir des lettres à la fois respectueuses, familières, déférentes et confidentielles, mais pleines d'autorité, signées selon l'usage pour ce genre de missive par « Votre Directeur ». Il lui semblait qu'il s'agissait de relations personnelles, intimes et importantes qu'il fallait ne pas froisser et se concilier par une docilité empressée.

En ce qui concerne le puits de pétrole, « Votre Directeur » avait commencé ses rapports et sa correspondance avec un optimisme de bon aloi, laissant supputer, à mots couverts, des bénéfices substantiels. Peu à peu, pourtant, les perspectives s'étaient assombries. « Votre Directeur » et son équipe avaient fouillé sans succès les entrailles de la terre ; le perfide pétrole leur filait sous le nez, et allait s'installer dans un autre champ pétrolifère.

Il en fallait davantage d'ailleurs pour décourager « Votre Directeur » et ses valeureux amis. Moyennant un petit appel aux actionnaires, ils faisaient l'acquisition du champ de pétrole voisin, et « Votre Directeur » informait Mrs Smith, en une lettre confidentielle comme un secret chuchoté à voix basse, que des résultats définitifs ne tarderaient pas à être acquis.

Six mois plus tard, en effet, des résultats étaient acquis, mais ils étaient catastrophiques. Le pétrole, pris de panique, s'était enfui à trente verstes de distance.

« Votre Directeur » examinait très sérieusement la situation, et le cœur de Mrs Smith fut ému de constater son dévouement et le souci qu'il prenait de ses intérêts. Par ailleurs, ce mot de « verstes » chantait à ses oreilles comme une mélodie exotique. Somme toute, un puits de pétrole existait certainement dans ce pays étranger où les kilomètres avaient un drôle de nom et où il était bien naturel que les choses ne se passent pas comme ailleurs.

Elle n'avait tout d'abord pris qu'un nombre d'actions limité dans cette société, mais quand elle eut reçu de « Votre Directeur » cette lettre confidentielle (polycopiée à raison de cinq mille exemplaires, ce qu'elle ne savait pas), Mrs Smith sentit qu'elle devait reconnaître cette confiance comme elle le méritait. Elle ordonna donc à son agent de change d'acheter à terme un gros paquet d'actions de la société. Cette décision reçut d'ailleurs l'approbation enthousiaste du courtier, qui portait le nom, à franche saveur de terroir écossais, de Douglas Kenneth Mac Dougall. Il était chauve, avec des oreilles décollées, des paupières ourlées, une bouche lippue et de courtes jambes : sa police d'assurance, établie ainsi que tous ses biens sur la tête de sa femme, était au nom de Salomon Eckmann.

Cet enfant d'Israël cultivait à l'occasion les lettres : il avait publié une brochure intitulée « L'Art du placement », avec ce sous-titre : « Comment gagner un million ».

On pourrait croire qu'un ouvrage si précieux était vendu au poids de l'or. Eh bien non ! Salomon Eckmann, véritable philanthrope, envoyait l'œuvre de sa vie, franco de port et d'emballage, à quiconque en faisait la demande. Il est vrai que si, après l'avoir feuilleté, on jetait le livre dans un coin et on l'oubliait, le Calédonien d'adoption, sans doute douloureusement surpris et un peu froissé, vous écrivait des lettres persuasives, dans l'enveloppe desquelles il glissait quelques alléchants prospectus au sujet d'une mine d'or, d'un puits de pétrole ou d'une plantation de canne à sucre. Il avait adopté, et s'en félicitait, le système du « relançage », système assez analogue à celui du clochard qui suit le gros monsieur au cigare, dans l'espoir qu'à un moment ou à un autre, il jettera son mégot.

Bref, le résultat de l'œuvre littéraire et des avis désintéressés de Mr Mac Dougall ou d'autres courtiers aux noms fleurant l'Ancien Testament avait été de délester Mrs Smith de quelque 130 000 francs, somme peu considérable pour une habitante du quartier de Bayswater. Aussi Mrs Smith en prenait-elle rapidement son parti, une fois le premier choc passé.

On supporte aisément une perte au lendemain de celle-ci ; les conséquences ne commencent guère à s'en faire sentir d'une façon gênante qu'au bout de quelques mois.

Ève était loin de connaître tout le détail des folies de sa belle-mère, sinon elle s'en serait tourmentée bien plus que celle-ci. L'aimable dame puisait un réconfort dans la persuasion qu'elle était une grande financière. Elle s'« arrangeait », ayant du premier coup compris le délicat procédé qui consiste non pas à prendre à Pierre pour payer Paul, mais à emprunter à Pierre de quoi rembourser à moitié Paul, pour utiliser l'autre moitié à continuer à jouer à terme d'après des « tuyaux sûrs ». De cette façon, si les tuyaux ne crèvent pas, on pourra rembourser à la fois Pierre et Paul, et sinon, Paul aura au moins reçu une part de la dette contractée envers lui.

Mrs Smith avait élu un jour spécial pour s'occuper en grand de ses opérations financières. Elle entra donc ce jour-là dans son cabinet de travail. Inconsciemment peut-être, elle avait espéré que ses comptes sortiraient d'eux-mêmes du chaos où elle laissait ses tiroirs et ses dossiers, et viendraient s'aligner en sages colonnes de chiffres sur son bureau. Au fond d'elle-même, elle se sentit un peu désappointée en constatant que cette tâche d'envergure lui restait entièrement à remplir.

Aussi, de même que bien d'autres personnages plus haut placés qu'elle, Mrs Smith renonça-t-elle à la rebutante entreprise de mettre de l'ordre et de voir clair dans sa position, préférant supputer ce qu'elle pourrait bien faire si un boom se produisait sur ses puits de pétrole, et si elle disposait de cinquante millions. Elle passa une matinée fort agréable dans cette occupation, et aborda l'après-midi avec l'impression de s'être considérablement enrichie.

Pendant ce temps, Ève avait été laissée à ses propres rêveries.

Elle avait peu de distractions, et ne comptait pas le soin de faire sa correspondance parmi celles-ci. Elle passa pourtant la plus grande partie de l'après-midi devant le secrétaire du salon.

Elle s'était dit une centaine de fois qu'il était parfaitement inutile qu'elle écrivît à Tatham, qu'elle lui avait fait part de tout ce qu'elle avait à lui dire et que si elle abordait de nouveau la question, il en résulterait inévitablement de nouvelles entrevues, de nouvelles supplications et de nouveaux colloques absolument superflus puisqu'elle était bien sûre de ses sentiments à son égard.

Cependant, Ève avait envie de lui écrire. Je ne suis pas un psychologue, et je ne veux pas essayer de disséquer le cœur de miss Smith. Je ne vois qu'une seule explication, qui doit être aussi claire pour le lecteur que pour moi : c'est que, telle une timide héroïne romantique, Ève Smith venait de sentir que Tatham ne lui était pas entièrement indifférent.

Elle constatait qu'elle pensait bien plus à lui ce jour-là qu'elle ne l'avait jamais fait, que son visage et ses paroles lui revenaient sans cesse à l'esprit, et même qu'elle mettait une certaine complaisance dans ces pensées.

Pour la première fois de sa vie, elle éprouvait le besoin de quelque chose et de quelqu'un.

Il lui était évidemment déjà arrivé de désirer une nouvelle robe, un changement d'air, un thé meilleur que celui que confectionnait Martha-Anne dans la cuisine, mais jamais elle n'avait ressenti le désir d'une présence, désir qui s'accroissait d'heure en heure.

Elle souhaitait voir Tatham, juste pour lui parler. Elle sentait que son esprit troublé serait ainsi calmé. Elle ne cherchait pas à savoir pour quelle raison son esprit était troublé ; en tout cas, elle n'était pas amoureuse de lui, elle se refusait absolument à en envisager même l'éventualité ; la cause, à son avis, était entendue une fois pour toutes.

On peut, n'est-ce pas, éprouver de l'intérêt pour quelqu'un sans ressentir d'amour ? Voila ! elle éprouvait de l'intérêt pour Tatham. Elle aurait voulu qu'il soit près d'elle, pour l'écouter exposer ses plans extraordinaires.

Elle avait souvent interrompu des tentatives de confidences de ce genre. Plusieurs fois déjà, il avait voulu lui dévoiler tout ce qu'il avait brièvement résumé ce matin-là. À chaque fois, elle avait détourné la conversation, embarrassée de le voir s'engager dans des considérations trop personnelles.

Elle regrettait aujourd'hui ces occasions perdues. Cela, elle se l'avouait loyalement : elle regrettait d'avoir délibérément écarté la confiance d'un homme qui méritait d'être écouté.

Ève désirait donc écrire à Tatham pour lui faire part de toutes ces découvertes. Malheureusement, c'était impossible. Elle déchira la lettre qu'elle venait de commencer, sortit, presque machinalement, une nouvelle feuille de papier de son buvard, et recommença :

« Cher Monsieur,

Je crois que... »

Là était la difficulté. Que croyait-elle qu'elle pût lui dire sans aussitôt ressusciter des espoirs qui devaient être évanouis ?

La corbeille à papiers, pleine de feuilles rageusement chiffonnées, témoigna bientôt de la perplexité dans laquelle Ève était plongée.

En désespoir de cause, elle sortit et erra, désœuvrée, dans un square du quartier. Ève était mécontente d'elle-même et rentra bientôt, sans avoir trouvé l'inspiration.

En franchissant le seuil de la maison, elle s'aperçut qu'elle était rentrée si rapidement parce qu'elle avait craint d'être absente si Tatham se présentait dans le courant de l'après-midi.

Décidément, une amitié avec lui devait être charmante. Il appartenait à la catégorie des hommes qui font des camarades parfaits.

Elle allait lui écrire pour lui faire part de ses intentions purement amicales.

Ève se saisit donc d'une neuvième feuille de papier :

« Cher Monsieur,
Je crois que... »

Mais il avait une imagination tellement prompte qu'il allait immédiatement s'imaginer autre chose que ce qu'elle voulait lui dire. Il allait croire qu'elle était une coquette banale, désireuse de jouer avec son pouvoir sur lui sans s'engager ! Il allait penser qu'elle voulait essayer de l'attacher à son char, et peut-être, effectivement, l'empêcherait-elle ainsi de rencontrer la femme qu'il lui fallait ?

Là encore, elle se sentait perplexe. Elle n'arrivait pas à se représenter la femme qui conviendrait à un homme comme Tatham. Elle y réfléchit longuement, passa en revue, en esprit, toutes les jeunes filles de sa connaissances, sans qu'aucune lui parût pouvoir briguer l'honneur d'être distinguée par le capitaine.

À n'en pas douter, Tatham était l'homme d'un seul amour, emplissant sa vie entière, chevaleresquement vouée à une seule image...

Je ne sais ce qui incita miss Smith à s'emparer d'une dixième feuille de papier :

« Cher Monsieur,
Je crois que... »

Et puis non ! il n'était pas possible d'écrire d'une façon si conventionnelle à un homme qui l'était si peu.

La dixième feuille eut le sort des neuf premières.

Le stock de papier à lettres de la maison de Bayswater aurait sérieusement baissé si, au moment où Ève se décidait pour une nouvelle formule, Martha-Anne n'avait annoncé Mr de Costa.

Aussitôt, la jeune fille cacha sous le buvard la lettre qu'elle venait de commencer, poussa la corbeille à papiers, du bout du pied, sous la table, et se tourna avec humeur vers le visiteur qui pénétrait dans le salon.

C'était bien la première fois qu'Ève éprouvait un sentiment particulier quelconque, même hostile, envers ce vague échantillon de la faune qui fréquentait le salon de Bayswater.

Aussi fut-elle choquée de constater qu'en dépit de la froideur marquée qu'elle affectait, le gros petit jeune homme était peu à peu arrivé à prendre des manières de familier de la maison.

En souriant, il lui avait tendu sa main manucurée d'un air qui, s'il n'était pas tout à fait un air de propriétaire, semblait savourer à l'avance une entrée en possession dont il paraissait certain.

– Et comment va, aujourd'hui ? dit-il familièrement.

Il tendit son chapeau et ses gants à Martha-Anne sans solliciter du regard l'assentiment d'Ève. Fait minuscule, mais qui, aux yeux prévenus de la jeune fille, marquait une insupportable confiance en soi.

– Pour un peu, pensa-t-elle avec irritation, il réclamerait ses pantoufles !

Il s'avança vers la fenêtre, jeta un coup d'œil dehors, en soulevant le rideau, et mit ses mains dans ses poches. Décidément, il agissait comme chez lui !

– J'étais passé pour voir votre mère, dit-il enfin, en se tournant vers Ève.

Elle traversa la pièce et sonna.

– Mrs Smith sera sans doute ravie de vous voir, dit-elle sèchement.

Martha-Anne apparut aussitôt, ce qui laisse à penser qu'elle ne s'était guère éloignée du trou de la serrure.

– Mr de Costa désire voir Mrs Smith, fit suavement la jeune fille. Voulez-vous lui demander si elle peut le recevoir ?

Et elle renvoya la domestique d'un signe.

De Costa était déconfit. Quand Martha-Anne revint, il était occupé à contempler pensivement la pointe de ses souliers, et semblait n'avoir pas osé prononcer un mot entre-temps.

– Mais j'aurais voulu vous voir aussi, protesta-t-il, en se levant de mauvaise grâce pour suivre la servante. J'ai quelque chose de très important à vous dire.

– Oh ! cela peut sûrement attendre, dit Ève, légèrement. D'ailleurs, il faut que je sorte...

– Mais non ! fit de Costa avec véhémence. C'est très important, je vous assure. Papa va venir dans une demi-heure. Il faut absolument que vous soyez là !

Il sourit mystérieusement :

– Papa aime beaucoup votre mère, et il veut la faire profiter d'une bonne affaire, là !

– Elle en sera sûrement enchantée, fit Ève poliment.

– Écoutez donc ! reprit de Costa.

Il lança un coup d'œil sur la domestique, qui attendait toujours près de la porte, puis sur Ève, qui négligea de comprendre cette muette prière.

– Si nous arrivons à ce que nous voulons, avec cet aventurier de Tatham, votre mère deviendra très riche, dit-il en baissant le ton de sa voix.

Il put être satisfait de l'effet de ses paroles, car les traits d'Ève prirent aussitôt une expression d'intérêt considérable.

– Tatham ? répéta-t-elle.

– Ah oui, c'est toute une histoire ! Le grand type qui est venu ici sous le nom de Deane, s'appelle en réalité Tatham. Si je vous racontais tout ce que je sais sur lui, vous seriez...

Il allait dire « épatée », mais se rattrapa à temps, et y substitua adroitement un autre mot.

– ...Vous seriez bien surprise ! C'est un escroc, un dangereux filou, et papa a demandé un mandat d'arrêt contre lui. C'est une des choses au sujet desquelles il voudrait vous voir...

Hors d'haleine, il s'arrêta. Ève jeta un regard sur l'attentive Martha-Anne.

– Je vous sonnerai, ma fille, dit-elle.

Martha-Anne s'éclipsa en marmonnant des paroles confuses.

– Voyons, que signifie tout cela ? demanda Ève. Asseyez-vous donc, je vous en prie.

De Costa ne se sentait plus de joie devant le résultat de ses discours.

Il dévisagea Ève avec attention :

– Vous devez d'ailleurs savoir bien des choses à ce sujet, dit-il. Il avait l'air assez emballé... J'espère que vous ne vous y êtes pas laissée prendre, car je connais des choses...

– Eh bien, dites-les ! fit Ève d'une voix acide. Vous vous exprimez en charades !

– Eh bien ! voilà, fit hâtivement de Costa. Tatham s'est servi d'une information que lui avait donnée papa pour commettre un acte de piraterie en haute mer. Nous sommes sûrs que c'est le même homme que ce Deane, qui d'ailleurs a presque avoué sa véritable identité à papa et à moi. Si nous pouvions avoir un troisième témoignage, il serait à notre merci... Et puis ce n'est pas tout ! Tatham a découvert une île, dont nous ne connaissons pas exactement l'emplacement, mais papa est sûr qu'elle est pleine d'or...

De Costa, emballé par son récit, ponctuait les passages les plus palpitants en frappant du poing dans la paume de sa main.

– Il y a assez d'or dans cette île pour faire de nous tous des millionnaires ! Tatham s'en est emparé en croyant qu'elle appartenait à l'Angleterre, mais si c'est bien l'île que nous pensons, elle est sous domination portugaise !

Il y avait un accent de triomphe dans ses dernières paroles.

– Dès que nous serons certains de ne pas nous tromper, papa partira pour Lisbonne et obtiendra une concession du gouvernement pour l'exploitation de l'île. Tatham sera délogé et...

La porte s'ouvrit à ce moment sur Mrs Smith.

– Je vous attendais ! dit-elle avec un peu de reproche à de Costa.

– Excusez-moi, Lady, dit le jeune homme, mais je racontais justement à Ève...

– À miss Smith ! corrigea Ève.

– À miss Smith... reprit-il en balbutiant, inquiet du ton de la jeune fille. Je lui racontais donc... l'histoire de Tatham.

– C'est amusant, n'est-ce pas ? dit Mrs Smith en s'asseyant. Cela me rappelle les romans d'aventures que je lisais lorsque j'étais enfant.

– Mais êtes-vous sûr qu'il a trouvé de l'or sur cette île ? questionna Ève.

– Nous n'en sommes pas certains, reprit de Costa, et même nous n'en aurions rien su sans Mrs Smith.

Il échangea un regard d'amicale intelligence avec la dame.

– Il a eu la bêtise de nous mettre lui-même sur la voie...

– Avec sa « Compagnie des Mines d'Or », acheva complaisamment Mrs Smith, en dodelinant de la tête.

Ève se tourna vers sa belle-mère, les joues en feu, les yeux pleins d'éclairs.

– Vous leur avez parlé de cela ? s'exclama-t-elle.

– Bien entendu, fit calmement Mrs Smith. Je prends toujours l'avis de Mr de Costa pour des investissements de cette nature. À vrai dire, poursuivit-elle, je désirais savoir si ces parts étaient négociables... Nos dépenses ont été très lourdes, ces temps-ci, et j'avais besoin d'un peu d'argent liquide. Lorsque j'ai parlé à Mr de Costa de cette mine, il m'a causé la plus grosse émotion de ma vie : la mine n'était pas cotée en Bourse !

Mrs Smith joua un moment avec son collier.

– Je ne veux pas dire, ajouta-t-elle, que ce bon Mr Deane soit un imposteur. Il peut y avoir je ne sais quel malentendu ; mais de toute façon, cette histoire est bien curieuse.

– Nos intentions sont donc très simples, reprit de Costa. Cette compagnie à la noix...

– Ne parlez donc pas de cette façon, intervint froidement Ève. Lorsqu'on connaît le capitaine Tatham, on ne peut pas douter que, si sa compagnie n'est pas encore connue en Angleterre, elle n'en existe pas moins effectivement, dans l'île Tatham...

– L'île Tatham ! cria de Costa en bondissant sur ses pieds. Où est-elle ?

Ève se serait mordu la langue pour se punir de sa sottise.

– Il vous a tout dit !

Il tendait vers elle un index accusateur.

– Il vous a dit son nom aussi, continua de Costa. Capitaine Tatham – non pas Mr Tatham, hein ? – et l'île Tatham ! Ah, tout va vite s'éclaircir !

– Je savais qu'Ève serait au courant, dit modestement Mrs Smith.

– Enfin, que voulez-vous de moi ? dit la jeune fille qui avait retrouvé son calme.

Une expression de surprise passa sur le visage du jeune de Costa.

– Eh bien ! mais... que vous nous fassiez part, à votre mère et à nous, des informations qui vous ont été communiquées...

– Et vous croyez que je peux révéler les confidences que le capitaine m'a faites ?

De Costa fut trompé par la façon mielleuse dont Ève avait prononcé ces paroles.

– Il ne faut pas prendre les choses au tragique, dit-il avec un sourire accommodant. Ce Tatham est un chenapan...

– Je vous conseille de ne pas m'en dire davantage, fit Ève d'un ton qui ne laissait plus la place au doute. Il suffit qu'une personne de la famille vous serve déjà d'espion auprès d'un homme dont aucun de vous n'est digne de délacer les souliers !

De Costa resta muet, abasourdi d'indignation et de surprise. Quant à Mrs Smith, elle estima que la circonstance exigeait un déploiement de majesté, plus grand encore qu'à l'habitude. Elle se leva lentement, toute pareille à la reine Victoria devant un pair récalcitrant.

– Ma fille, dit-elle, vous me blessez profondément.

– Ainsi donc, fit Ève sans relever l'interruption de sa belle-mère, vous aviez comploté entre vous de me faire commettre un acte de la plus basse lâcheté, de me faire trahir des secrets qui m'ont été confiés dans des circonstances que je puis considérer comme flatteuses, tout comme si j'étais une femme de chambre indélicate qui écoute aux portes !

Je me demande si Martha-Anne, l'oreille collée à la serrure, changea de visage en entendant ces paroles...

– Et, pire encore, ce n'est pas une vulgaire indiscrétion sur laquelle vous comptez de ma part, reprit Ève en qui la colère grondait maintenant. Vous croyez que je vais trahir sans hésiter un secret qui pourrait le conduire à la ruine, qui détruirait des années de labeur et de sacrifices...

Ève, furieusement, marchait de long en large, sous les yeux atterrés de de Costa et de sa belle-mère.

– Ne comprenez-vous donc pas tout ce que ces hommes ont enduré avec leur chef, tout ce qu'ils ont supporté pour entrer en possession de leur petit royaume ?... Et vous osez penser que je tremperais dans un aussi infâme complot ?

Le petit de Costa trembla sous son regard.

– Je croyais... murmura-t-il.

– Vraiment, vous croyez !... pauvre idiot ! cria littéralement Ève, déchaînée.

Un silence suivit cette apostrophe. De Costa, à son tour, luttait contre la colère. Son visage était devenu pourpre, et, sur son front, des veines bleues saillaient :

– Vous ne savez pas tout, dit-il enfin, d'une voix étouffée par la rage. Votre mère et moi, nous connaissons mieux que vous ce que vous avez à faire... Je suis venu cet après-midi pour vous demander en mariage... pour partager avec vous les millions que doit rapporter cette entreprise...

Ève ricana insolemment.

– Je vous aime ! cria de Costa, et je préférerais mourir que de vous faire l'insulte devant laquelle Tatham n'a pas hésité... Oui, si vous saviez ce qu'il a fait...

– Oh ! dites-le une fois pour toutes, fit Ève avec indifférence. Je suis fatiguée de vos vagues menaces et de vos mystérieuses informations.

De Costa n'hésita plus :

– Eh bien, dit-il, il y a trois jours, Tatham a demandé une licence de mariage spéciale !

– Une licence de mariage ? fit Ève d'une voix incertaine.

Elle sentit les battements de son cœur s'arrêter, et il lui sembla que le sol lui manquait. De Costa vit qu'elle se mordait les lèvres et s'agrippait convulsivement au dossier d'une chaise. Il se sentit satisfait de l'effet produit, et se mit en devoir d'exploiter ce succès.

– Oui, dit-il. Ce bas aventurier, gonflé de présomption, a eu cette audace !

– Cette audace ? répéta Ève, qu'une idée venait brusquement d'inonder d'une joie singulière. De quelle femme s'agissait-il donc ?

– Sans même vous consulter, il a fait établir la licence à votre nom ! s'écria de Costa, certain maintenant de la victoire. Qu'est-ce que vous en dites ?

Ève n'en dit rien du tout, mais les couleurs lui revinrent, et elle cacha la rougeur de ses joues entre ses mains.

12

Récit du quatrième témoin : Richard Callus *(suite)*

> Un fait ressort, à mon avis, de ce témoignage, c'est que toute force gagne à s'appuyer sur les conseils d'une tierce partie, qu'il s'agisse des nations ou des individus. Napoléon n'a jamais mieux réussi que lorsqu'il a écouté ses conseillers, et le plus grand monarque d'Europe est le roi d'Angleterre, qui s'efface devant son Parlement. De même, Tatham changea de beaucoup, à son avantage, lorsqu'il reçut les avis d'Ève Smith. La jeune fille avait une personnalité qui méritait bien tout l'amour que lui avait voué Tatham, ainsi que la suite le montrera.

Tatham et moi, nous étions arrivés à Doncastre, la veille du Prix du Portland Plate. Il avait retenu, dans le meilleur hôtel de la ville, un appartement pour nous deux ; il se proposait en effet de passer quelques jours dans cette charmante région.

Nous passâmes la soirée à édifier nos plans pour les paris de la course du lendemain.

Je remarquai avec surprise que Tatham n'avait pas tout son entrain habituel. Son enthousiasme, son ardeur semblaient subir une éclipse, au point qu'il en devenait presque taciturne.

Doncastre regorgeait d'une foule animée et élégante, car le Roi honorait les courses de sa présence, et un certain nombre d'autres têtes couronnées séjournaient dans les châteaux du voisinage.

Au cours d'une petite promenade, ce soir-là, nous aperçûmes de loin l'équipage du roi d'Angleterre et cette vue rendit à Tatham un peu de son ancienne exubérance. Pendant le dîner, il revint à quelques formules, négligées ces temps derniers, et je l'entendis de nouveau proférer en toute simplicité : «*Notre* bon plaisir sera... » ou «*Notre* domaine. » Au dessert, il fit même un croquis des armoiries de l'île.

Le lendemain, au matin, nous eûmes la visite de l'entraîneur. Il était soucieux, car l'*Éclaireur Volant* avait tiré un mauvais numéro : alors que d'excellents chevaux tiendraient la corde dès le départ, il allait être le dix-septième sur le rang, ce qui présentait un sérieux handicap.

Je partageais l'inquiétude de Holton, tandis que Plant, le

jockey, continuait à marquer la même tranquille assurance que Tatham :

– Je connais bien l'*Éclaireur* maintenant, disait le petit jockey, et pour partir à un mauvais rang, il n'en triomphera que d'une façon plus éclatante !

Holton haussa légèrement les épaules, et conseilla à Tatham de ne pas faire de trop gros paris ; mais le capitaine, comptant beaucoup sur Doncastre, avait rassemblé tous ses capitaux et n'eut cure des conseils pourtant parfaitement raisonnables de l'entraîneur.

Il plaça des sommes si importantes sur son cheval que j'entendis bientôt dire que l'*Éclaireur* était favori, et je laisse à penser de ce que représentait une telle cote dans une course où figuraient tant d'écuries célèbres, représentées par des chevaux hors de pair.

Mon premier mouvement avait été de ne pas assister à la catastrophe, si celle-ci devait avoir lieu comme je ne le redoutais que trop, mais je rencontrai à Doncastre quelques aimables confrères de la presse hippique qui m'offrirent une place à la tribune des journalistes, et je finis par accepter.

J'arrivai au moment précis où le drapeau blanc était abaissé. Le départ fut parfait, et les chevaux s'élancèrent en une seule ligne comme un régiment de cavalerie, mais, quelques secondes plus tard, la ligne était déjà rompue, et les manœuvres commençaient pour prendre position.

Comme les chevaux dépassaient certain tournant célèbre du champ de courses de Doncastre, j'aperçus la toque cerise à l'extrémité de l'aile droite et, intérieurement, je le mis hors de la compétition.

La course se concentrait maintenant sur le peloton, formé de quatre chevaux. Ils se tenaient, à un quart de tête près, en un effort magnifique vers le poteau, qui n'était plus qu'à vingt mètres...

Soudain, comme par magie, ces quatre chevaux furent cinq, la toque cerise se détacha du peloton malgré les efforts acharnés des autres jockeys, et, en deux foulées, l'*Éclaireur Volant* fut au poteau, remportant sa quatrième victoire consécutive !

– Eh bien ! me dit Tatham d'un ton guilleret, quand je le rejoignis après la course, la centrale électrique est payée, maintenant !

Sur ce, il m'entraîna dans la foule qui se pressait sur le passage du roi d'Angleterre qui repartait pour Londres, et Tatham joignit sa voix de stentor aux acclamations.

Nous nous disposions à revenir au pesage, quand nous aperçûmes Holton qui se hâtait vers nous en agitant un télégramme.

– C'est une dépêche que le groom de votre hôtel vient d'apporter pour vous au paddock, annonça-t-il.

Tatham s'en empara et l'ouvrit.

Son visage s'illumina dès qu'il y eut jeté un coup d'œil et, sans un mot, il me la tendit. Je lus ces mots :

– Revenez immédiatement à Londres. J'ai à vous parler d'extrême urgence. – Ève Smith.

Je n'avais pas achevé cette courte lecture que déjà Tatham avait fait signe au premier des taxis en stationnement devant le champ de courses.

– À la gare, aussi vite que possible ! ordonna-t-il en s'engouffrant dans le véhicule.

Pendant le chemin, je consultai l'indicateur. Le prochain train était dans une heure, et c'était un omnibus.

– Vous devez vous tromper ! dit Tatham.

Il étudia à son tour l'indicateur, et dut se rendre à la réalité.

– Nous allons faire chauffer un train spécial, déclara-t-il.

Mais aussitôt il s'assombrit.

– Avez-vous de l'argent ? me demanda-t-il.

Malgré mes pressentiments, j'avais fidèlement parié sur l'*Éclaireur*, mais je n'avais pas encore eu le temps de retirer mes gains, et je me trouvais en possession d'une centaine de francs seulement.

– Je suis exactement dans le même cas, dit Tatham, mais nous allons tout de même voir ce que nous pouvons faire.

À mon avis, c'était tout de suite vu : nous n'avions plus qu'à attendre patiemment au buffet pendant une heure, car les compagnies de chemins de fer n'ont pas l'habitude de faire chauffer un train spécial à crédit.

Nous arrivâmes à la gare avec la fin de l'escorte du Roi. Le visage de Tatham s'éclaira, et un sourire de triomphe passa sur ses lèvres.

– Marchez derrière moi, je vous en supplie, me chuchota-t-il, et prenez un air affairé et désagréable !

Renonçant à comprendre, je lui obéis. Tatham s'avança d'un

air important sur le quai, où Sa Majesté échangeait des poignées de main avec des officiels tête nue.

Rien ne l'arrêta. Un inspecteur de police le dévisagea, et Tatham condescendit à lui adresser un sourire distant qui arrêta net ses velléités de nous interroger.

Le train royal venait de s'avancer entouré de vapeur, le Roi pénétra dans son wagon réservé, et sa suite se mit en devoir d'occuper les autres compartiments.

– C'est le train spécial du Roi, Sir, dit en hésitant le chef de gare à Tatham.

– Monsieur est mon secrétaire, fit le capitaine, avec un geste négligent de la main vers moi.

– Je vous demande pardon ! dit l'homme en s'effaçant devant Tatham qui, bon prince, lui adressa un hochement de tête protecteur.

Mon cœur battait un peu vite, tandis que je me hissais, derrière le capitaine, dans un compartiment de fumeurs, vide.

– D'ici à ce que le train parte, me dit Tatham à mi-voix, occupez-vous à ranger votre pardessus et votre chapeau dans le filet, afin de cacher votre visage si un inspecteur surveille les compartiments

Les quatre minutes qui suivirent nous semblèrent quatre siècles, puis le train s'ébranla, et prit rapidement de la vitesse.

– Là ! fit Tatham. Maintenant, advienne que pourra, ils ne peuvent plus nous mettre dehors avant Londres.

Le train roulait depuis un quart d'heure, lorsqu'un homme passa rapidement dans le couloir, distribuant des coups d'œil discrets à chaque compartiment.

En nous apercevant il s'arrêta. C'était un grand gaillard à la mine fleurie, en provenance directe, indiscutablement, de Scotland Yard.

– Sirs, dit-il en pénétrant dans le compartiment, il me semble que vous vous êtes trompés de train.

– Si vous voulez bien vous asseoir, dit Tatham avec courtoisie, je suis prêt à vous expliquer pourquoi.

Il tendit le télégramme au détective qui le parcourut, après avoir regardé l'adresse.

– Ah ! vous êtes Mr Deane, dit-il en souriant. Eh bien, puisque vous êtes là, vous pouvez y rester. J'ai entendu dire de haut lieu (il esquissa un salut) que les courses vous ont été favorables ?

Il bavarda un moment avec nous sur les courses, puis se leva pour partir. Parvenu à la portière, il hésita un moment :

– À propos, dit-il en se retournant vers Tatham, vous savez sans doute que quelqu'un a voulu faire lancer un mandat d'arrêt contre vous ?

– Contre moi ? fit Tatham sincèrement surpris.

Le détective fit un signe affirmatif :

– Oui, dit-il, pour piraterie et autres crimes du même genre. Le motif a paru fantaisiste, et le mandat a été refusé.

Je me demandais comment ce fonctionnaire attaché à la personne du Roi pouvait être au courant des moindres potins de Scotland Yard, quand précisément, il éclaircit ce point :

– On s'est beaucoup occupé de vous, ces temps derniers, à Scotland Yard, dit-il avec un sourire.

Il agita l'index d'un air de feinte sévérité.

– Nous avions craint, de votre part, une tentative d'usurpation du trône d'Angleterre !

Je l'entendis rire tout seul dans le couloir, tandis qu'il s'éloignait. Quant à Tatham, il aurait pu dire, comme la reine Victoria : « Nous ne nous sommes pas amusés. »

– Cette supposition est une monstrueuse calomnie ! proféra-t-il d'une voix tremblante d'indignation et de courroux.

Il est de fait que la police britannique est fort rétive aux accusations qui sortent de l'ordinaire. Le senor Alphonso avait fait preuve d'ingénuité en s'imaginant qu'il n'aurait qu'à se présenter à Scotland Yard pour obtenir une lettre de cachet contre Tatham.

Il avait d'abord été traité comme un doux maniaque puis, l'emportement lui venant, comme un fou agité et, lorsqu'enfin il avait pu trouver quelque audience, la police n'en était pas moins restée récalcitrante.

Le senor Alphonso avait tout d'abord le tort d'être étranger, ce qui, aux yeux de toute administration britannique, donnait peu de crédibilité à ses dires. Par ailleurs, le fait de piraterie dont le Brésilien se prétendait victime semblait pour le moins sujet à caution.

Une enquête fut donc secrètement décidée, mais officiellement, don Alphonso se vit opposer poliment une fin de non-recevoir à sa requête.

Ce jour-là, de Costa senior avait rendez-vous avec son fils dans un petit café de médiocre apparence du Soho. L'élégant Xavier fit la moue en entrant dans cet établissement dépourvu de chic, où il se mit en devoir d'attendre son père.

À 4 h 15, don Alphonso surgit d'un taxi, paya chichement le chauffeur, et pénétra dans le café.

– Ah ! te voilà ! dit-il en apercevant son rejeton installé sur la banquette.

Il s'assit en face de lui, commanda un cognac et, quand le garçon eut disparu, tendit à son fils un journal de sports.

Le jeune homme parcourut les nouvelles de dernière heure, et rendit le journal sans mot dire.

– Son cheval a encore gagné, dit don Alphonso avec rage. Cet homme a dû faire un pacte avec le diable pour avoir tant de chance !

Pour pouvoir parler librement, les deux hommes s'exprimaient en portugais, bien que Xavier préférât généralement employer la langue de son pays d'adoption.

– Mais tout a une fin, poursuivit le vieux de Costa. Cette fois, je crois que je le tiens !

Son fils le regarda avec surprise.

– Je croyais que Scotland Yard refusait de marcher, dit-il.

– Il ne s'agit pas de Scotland Yard, mais de la concession. Mon correspondant de Lisbonne vient de me télégraphier que le gouvernement est prêt à me la concéder. Il ne reste qu'une difficulté…

Don Alphonso baissa la voix :

– Dans la région où je suis persuadé que se trouve l'île de Tatham, il y a au moins une douzaine d'îlots rocheux, et j'ignore absolument quel est celui où s'est établi le capitaine… Or, il faut absolument que nous soyons rapidement fixés et voici pourquoi : le prix de la concession est fort élevé, et je n'ai pas envie de me ruiner en m'assurant des droits sur des rochers qui ne contiennent pas un gramme d'or. J'ai l'impression que Tatham s'est établi sur l'îlot appelé « l'île du Diable », mais je n'en suis pas sûr, et je ne câblerai à notre correspondant que lorsque j'en aurai la certitude.

– Ça doit être l'île du Diable, murmura Xavier.

– Tu en es certain ?

– Pas tout à fait, dit Xavier en hésitant, mais presque !

– Allons, allons ! fit son père avec impatience, nous ne jouons pas aux devinettes ! Je te répète que la concession coûte un prix fou ; si je me trompe, il faut recommencer toutes les négociations, faire transférer ma concession et probablement payer deux fois plus cher. Il faut que nous sachions à quoi nous en tenir !

Il frappa du poing sur la table :

– Et je compte sur toi pour y arriver ! acheva-t-il.

– Mais comment ?

Le vieux de Costa ne répondit pas tout de suite. Il sortit un étui d'argent de sa poche, choisit méticuleusement un cigare de La Havane, l'alluma, et lança un nuage de fumée par-dessus la tête de son fils.

– Tu m'as dit, n'est-ce pas, qu'Ève Smith en savait plus long que nous tous, et qu'elle connaissait probablement l'emplacement de l'île ?

Xavier hocha la tête.

– Tatham lui a fait des confidences qu'elle a refusé de nous communiquer, dit-il, mais je ne suis pas sûr du tout qu'il lui ait donné une description détaillée de son île et, en tout cas, elle ne nous dira rien.

– Et si je faisais arrêter Tatham sous un faux prétexte, et si je faisais citer la jeune fille comme témoin ? suggéra don Alphonso.

Xavier s'agita sur sa banquette.

– Je ne veux pas qu'Ève soit citée en justice, dit-il, et d'ailleurs nous avons déjà vu qu'il n'était pas si facile de faire arrêter Tatham…

Pendant deux longues heures, le père et le fils discutèrent ensemble.

Don Alphonso avait déjà rendu visite à Ève le matin même, et elle ne fut pas surprise quand, un peu avant 7 heures, Martha-Anne annonça les deux visiteurs. Ève s'habillait pour le dîner, mais descendit rapidement, quelques minutes après leur arrivée. Les deux hommes la saluèrent, comme elle entrait dans le salon.

– Je suis venu chercher votre réponse, dit don Alphonso.

Xavier regarda son père avec surprise. Il ignorait encore que l'auteur de ses jours avait vu Ève plus tôt ce jour-là, et se demandait quelle proposition il avait bien pu faire à la jeune fille.

– Je n'ai pas d'autre réponse à vous donner que celle que vous connaissez déjà, répondit Ève avec calme. Même si je possédais les renseignements que vous me demandez, je ne pourrais vous les fournir.

De Costa haussa les épaules.

– Pourquoi ne voulez-vous rien dire à mon père ? plaida le jeune homme. Vous connaissez pourtant toute l'importance de la chose, pour vous comme pour nous. Je suis sûr que votre belle-mère…

– Ma belle-mère ne pourra jamais me persuader de faire quelque chose que j'estime déshonorant et injuste, riposta Ève avec hauteur.

– Vous connaissez les conséquences qui peuvent en résulter ? fit le vieux de Costa.

Xavier constata qu'Ève était très pâle, avec des yeux cernés et rouges d'insomnie.

– Je sais, dit-elle avec mépris, que vous m'avez menacée de faire arrêter le capitaine Tatham...

– Mais voyons père, balbutia Xavier, tu m'avais promis...

De Costa se tourna vers son fils avec un claquement de langue d'impatience.

– Tais-toi ! ordonna-t-il. C'est mon affaire, laisse-moi tranquille ! Oui, dit-il en s'adressant à Ève, telle est en effet mon intention. Vous pouvez épargner à Tatham bien des ennuis si vous me dites ce que vous savez.

– Tu n'avais promis de ne pas dire cela ! protesta de nouveau son fils.

– Vas-tu te taire, à la fin ! fit don Alphonso avec une lueur dans les yeux qui intimida son fils. Je ne reculerai devant aucun moyen pour que miss Smith me dise ce qu'elle sait, poursuivit sauvagement le vieux de Costa. Cet homme m'a trahi, et j'ai le droit de me venger du tort qu'il m'a causé et de l'argent qu'il m'a fait perdre !

Malgré sa détresse, Ève ne put s'empêcher d'éprouver quelque pitié pour Xavier, qui contemplait son père avec douleur et confusion, en un reproche muet pour cette manœuvre indigne.

– Il n'y a pas de tribunaux en Angleterre qui m'obligeront à dire ce que je veux taire, dit Ève avec obstination.

C'est à ce moment dramatique que Mrs Smith fit son entrée. D'un coup d'œil, elle jugea, ou crut juger la situation.

– Eh bien, eh bien ! fit-elle en minaudant alternativement dans la direction du père et du fils, je crois que vous avez réussi à convaincre cette petite fille entêtée !

– Pas encore, Lady, dit de Costa, en reprenant le masque de la courtoisie avec une virtuosité née d'une longue pratique, mais je ne doute pas que nous y parvenions bientôt. Ainsi que je l'ai dit à miss, nous savons que vous partagez entièrement notre point de vue !

– Je l'attesterais même devant Dieu, dit Mrs Smith avec ferveur, et quelque mesure que vous preniez à cet égard, vous pouvez tabler entièrement sur l'approbation d'une femme qui n'est pas seulement une mère attentive et dévouée, mais encore une femme du monde suffisamment avertie pour apprécier votre désintéressement à sa haute valeur !

Ce discours n'aurait pas été désavoué par Tatham. Après une pause, Mrs Smith se tourna vers sa belle-fille :

– Ève, dit-elle avec une sobre tristesse, je n'ai jamais encore voulu exercer l'autorité que me confère sur vous mon âge et les droits que m'a conférés le héros qui a rendu sa grande âme au ciel (coup de menton au plafond). Cependant, quelle que soit mon habituelle réserve, les circonstances m'obligent à insister pour que vous adoptiez une ligne de conduite qui peut nous être profitable à tous, et contribuer à accroître le patrimoine de la famille qui vous fait l'honneur de vous rechercher...

Elle échangea un léger salut avec de Costa.

– Mais la colère de cette famille peut être également redoutable, poursuivit Mrs Smith avec un halètement. Ève, songez au scandale ! songez à votre père défunt ! songez à celle qui vous a tenu lieu de mère !

Cette scène était d'un mauvais goût si manifeste que les de Costa eux-mêmes en furent gênés. Quant à Ève, elle soupira.

– Il est bien inutile de me parler ainsi, ma mère, dit-elle. Cette scène publique n'arrange absolument rien.

– Petite malheureuse ! cria Mrs Smith, vous faites bon marché de voir notre nom traîné dans les journaux aux côtés de celui de ce forban !

– J'ai autant le souci de l'honneur de notre nom que vous-même, ma mère, dit Ève en relevant fièrement la tête.

– Il y paraît bien peu ! fit Mrs Smith en hochant lugubrement la tête.

– La seule différence, cria Ève, soudain à bout de patience, c'est peut-être que je ne me livre pas à des manifestations déplacées et intempestives ! Les projets de Mr de Costa me font horreur, mais s'il y donne suite, que puis-je faire pour l'en empêcher ? Mon dernier mot restera le même : je ne dirai rien.

Le vieux trépignait de rage :

– Je le saurai ! bégaya-t-il. Je saurai où se trouve cette damnée île ! Je...

Il resta la bouche ouverte. Martha-Anne, tout émue, venait d'ouvrir la porte du salon à Tatham.

13

RÉCIT DU QUATRIÈME TÉMOIN : RICHARD CALLUS *(suite)*

Ce court épisode est basé sur les témoignages conjugués d'Ève Smith et de Martha-Anne. On a délibérément rejeté les considérations feuilletonesques de Mrs Smith sur « le noble aventurier » ou « comment triompha le véritable amour », cette fade littérature n'étant pas de saison dans cet ouvrage.

La jeune fille suivit le regard de de Costa, et aperçut Tatham. Elle devint cramoisie, et se mit à pétrir nerveusement son mouchoir. J'étais entré sur les talons du capitaine et, à la vue de cette scène, je fus fixé sur les sentiments d'Ève Smith.

Cependant, Tatham avait fait quelques pas en avant.

– Je crois avoir entendu prononcer mon nom, dit-il doucement.

Il ne s'adressait pas directement à Ève, et ne la regardait pas davantage.

Quels que fussent les défauts du vieux de Costa, il n'était pas lâche.

– J'ai en effet prononcé votre nom, dit-il en fixant sur Tatham ses petits yeux pleins de haine, et je consens à vous répéter ce que je viens de dire à miss Smith ! Si vous m'indiquez où se trouve votre île, j'abandonnerai toute action en justice ; sinon, je n'ai qu'un geste à faire pour obtenir un mandat d'arrêt contre vous.

Cette tentative de bluff tombait à plat, puisque Tatham avait été averti par l'obligeant détective du peu de succès des démarches de de Costa.

– Ah oui ? dit-il avec un intérêt poli.

Il se rapprocha d'Ève qui le fixait avec anxiété, et lui sourit pour la rassurer.

– Nous avons l'impression, dit-il royalement, du bout des lèvres, que vous avez déjà tenté d'obtenir un mandat et que les autorités se sont refusées à vous donner les facilités de Nous embastiller. Quand à la situation géographique de Notre île, Nous sommes disposés à vous indiquer immédiatement la longitude et la latitude où elle se trouve. Elle est située...

– Arrêtez !

Dans son trouble, Ève venait de saisir le bras de Tatham, et le secouait violemment.

– Savez-vous pourquoi ils veulent obtenir ce renseignement ? Si vous l'ignorez, je vais vous l'apprendre. Ils veulent vous enlever l'île !

– M'enlever l'île !

Tatham se mit à rire.

– Je ne crois pas, dit-il avec emphase, que ces messieurs parviendront à leurs fins !

Il y eut un silence. Les deux Brésiliens firent mine de partir.

– Nous verrons si vous triompherez toujours, grinça de Costa. Il se peut que le mandat ne m'ait pas encore été délivré, mais, dans un jour ou deux, je recevrai des nouvelles de Lisbonne !

De nouveau, je vis Ève prête à défaillir d'angoisse. Son désarroi était pitoyable.

– Nous sommes prêts à faire face à toutes les accusations, dit altièrement Tatham, et Notre désir n'est pas de Nous soustraire à un procès public. Nous avons foi en la justice de Notre cause !

Tatham paraissait déjà enchanté à l'idée d'un procès d'État où il jouerait le rôle principal, et je suis certain qu'à ce moment il songea que Westminster, qui vit jadis le procès de l'infortuné roi Charles Ier, ne serait pas indigne d'être le cadre du procès *Tatham Rex*.

De Costa et son fils n'avaient pas cru devoir attendre la fin de la péroraison de Tatham pour disparaître. L'incorrigible capitaine continua néanmoins à discourir pendant fort longtemps. Ève, prostrée dans un fauteuil, les yeux au loin, semblait ne rien entendre.

Quant à Mrs Smith, l'admirable femme, elle restait le seul auditeur de Tatham, et elle s'adapta immédiatement à son rôle en assumant les murmures d'audience, les hochements de tête approbatifs, les sourires d'intelligence, tout cela avec d'autant plus d'abnégation que, j'en suis convaincu, elle ne comprenait pas un traître mot à ses tirades. Lorsque Tatham eut fini, la veuve du colonel promena autour d'elle le regard fier et assuré de l'ami éprouvé qui vient de voir triompher une cause qui lui est sacrée.

– Je voudrais vous parler personnellement, dit Ève. Je... voudrais expliquer pourquoi je vous ai télégraphié.

Mrs Smith m'entraîna dans son cabinet de travail, et entreprit de m'ouvrir son cœur.

Elle avait toujours conservé toute sa sympathie pour Tatham, ce héros, ce conquistador, cet aigle ; elle pouvait prophétiser à l'avance qu'il vaincrait ses ennemis, et tous ses vœux étaient pour lui !

Je ne l'écoutais qu'autant que la politesse m'y forçait, occupé à me demander ce qui se déroulait pendant ce temps au salon.

Ce n'est que plusieurs mois plus tard qu'Ève elle-même m'apprit ce qui s'était passé.

Elle était d'abord restée silencieuse, après notre départ, cherchant à remettre en ordre ses idées en déroute.

– Je vous ai télégraphié, avait-elle dit enfin, parce que je désirais vous voir.

– J'espère que ces gens ne vous ont pas tourmentée ? avait demandé anxieusement Tatham. Il ne faut pas...

– Non, mais j'ai peur de ce qu'ils veulent faire. Ils veulent que je témoigne contre vous s'ils réussissent à vous faire arrêter. Mais je ne dirai rien... rien contre vous, jamais, jamais !

Tatham avait regardé la jeune fille avec surprise. Il n'avait jamais rêvé qu'Ève se transformerait aussi radicalement. De joie, de crainte et d'espérance, il s'était mis à trembler, comme frappé soudain d'une crise de paludisme. Pour la première fois de sa vie, le capitaine ne savait quoi dire, et n'avait envie de rien dire.

– Capitaine, reprit Ève, la gorge serrée. Je veux vous dire quelque chose... de très extraordinaire... Si les de Costa vous faisaient arrêter...

Tatham hocha la tête, sans retrouver encore l'usage de la parole.

– Eh bien ! dans ce cas, poursuivit la jeune fille, oppressée au point qu'elle trouvait à peine son souffle, dans ce cas... s'ils me faisaient citer pour témoigner contre vous... il y a une loi, en Angleterre... vous ne la connaissez pas ? Écarlate, elle s'arrêta, puis reprit courageusement, en essayant de maîtriser sa voix qui tremblait :

– La loi anglaise interdit qu'une femme prête serment contre son mari...

Ces derniers mots s'achevèrent en un murmure.

Ce n'est qu'assez longtemps après qu'ils nous firent appeler.

Entre-temps, j'avais en compagnie de Mrs Smith compulsé nombre de dossiers et fait la connaissance de plusieurs intéressantes entreprises de pétrole, de charbon, de cacao, de fer, etc. J'étais à peu près à bout de patience lorsque Martha-Anne, plus décoiffée et ahurie que jamais, vint nous prier de descendre au salon.

Je dégringolai les escaliers, sûr d'avance que Tatham était arrivé à son but, et il ne me fallut qu'un coup d'œil sur les deux jeunes gens qui se tenaient, comme deux enfants, au centre de la pièce en se tenant la main, pour savoir que je ne me trompais pas.

Tatham ne fit pas de discours. C'était l'occasion ou jamais, mais, pour cette fois, il la manqua.

Mrs Smith versa quelques larmes, embrassa Ève, embrassa Tatham, fut tour à tour soupirante, jubilante, sentencieuse, protectrice, bénisseuse, et donna son consentement exactement dans les mêmes termes et dans les mêmes sentiments que si sa belle-fille avait convolé avec le jeune de Costa.

– Et quand donc, demandai-je, aura lieu cet heureux événement ?

– Demain, répondit Ève.

Mrs Smith s'assit hâtivement sur une chaise, mais ne s'évanouit pas : c'était décidément la journée des occasions manquées.

Ils se marièrent effectivement le lendemain, à l'église de la Trinité, dans Mayfair. La licence de mariage que Tatham détenait, à mon insu, dans son portefeuille, remplit son objet.

J'assistai à la noce et au banquet, remarquablement organisé, bien qu'au dernier moment, par une des plus fameuses maisons de Londres.

Bien entendu, tous les hommes de Tatham étaient là, en grand apparat, dévorant des yeux leur chef et sa jeune épouse.

Au milieu du banquet, ou plus précisément, au milieu du discours de Tatham, on m'appela au téléphone : c'était mon directeur qui m'informait que je devais prendre l'Express Continental de 2 h 20 à la gare de Charing-Cross et me transporter à Belgrade pour y suivre le développement de la crise autrichienne.

Je ne devais plus revoir Ève et Tatham avant une longue année. J'étais à peine arrivé en Serbie qu'ils se disposaient déjà à quitter l'Angleterre. La maison de Bayswater avait été louée, le mobilier dispersé et Martha-Anne dotée à l'occasion de ses justes noces avec le garçon laitier. Le navire, frété par le capitaine, qui emportait le couple Tatham vers l'île, transportait dans ses flancs un mobilier complet, tout neuf, commandé par Tatham deux mois auparavant... C'était un organisateur – et un optimiste !

14

Récit du cinquième témoin : Sir George Calliper

J'insère ici le témoignage de Sir George Calliper, qui permet de dévoiler, dans tous leurs détails, les noires machinations de don Alphonso de Costa.

Je crois avoir dit que c'est en Écosse que je trouvai Sir George. Ce diplomate était fort courtois, grand, suprêmement distingué, avec une moustache grise taillée à l'ordonnance, des cheveux argentés et des yeux bleus rieurs. Il me donna communication du Livre Bleu contenant la correspondance entre les nations, qui me fut très précieux pour compléter mes notes.

Je suis sous-secrétaire d'État aux Affaires étrangères, poste que j'occupe depuis octobre 1896. J'ai entendu parler du capitaine Tatham à propos d'une note de Mr Hollings, ministre du Congo belge, au sujet d'un vapeur disparu. J'ai également entendu parler de l'île Tatham, bien que tout récemment seulement sous ce nom. Cette île a toujours été considérée comme territoire britannique, bien que quelques contestations aient été parfois soulevées par divers pays.

Les titres de possession de la Grande-Bretagne sur ce rocher sont parfaitement établis par le traité de Tsai Lang, confirmés par le traité de Buenos-Aires. À la vérité, bien que nos droits n'aient jamais été contestés, ils n'ont jamais non plus été revendiqués, en raison du caractère inaccessible de cette île, et du défaut de mouillage sur ses côtes.

En mars 1906 cependant, nous recevions une communication de don Pedro da Silva suggérant la réunion d'une conférence en vue de régler quelques questions territoriales. Cette note se terminait par ce paragraphe significatif :

« L'intention de mon gouvernement n'est pas de soulever de difficultés sur ces divers points, auxquels il s'agit simplement de donner une sanction définitive. Je veux parler en particulier des droits bien établis du Portugal sur l'île de la Désolation, attribuée au Portugal par le traité de Leipzig. »

Je répondais aussitôt par une note, dont j'extrais ce paragraphe qui vous intéresse particulièrement :

« Le gouvernement de Sa Majesté, tout en appréciant le désir de Votre Excellence d'arriver à un *modus vivendi* satisfaisant pour les deux pays, attire cependant l'attention de Votre Excellence sur une légère erreur qui semblerait s'être glissée dans cette communication au sujet de l'île de la Désolation. Le gouvernement de Sa Majesté ne retrouve aucune trace, ni dans le traité de Leipzig, ni dans l'échange de notes constituant les préliminaires de ce traité, d'une disposition particulière relative à cette île. Je crois pouvoir affirmer que le traité auquel fait allusion Votre Excellence stipule le statut des « îles et territoires situés à l'ouest du 9° 9' 5'' latitude ouest », mais ne concerne par l'île en question, concédée à la Grande-Bretagne par le traité de Tsai Lang en 1864. »

Un bref accusé de réception mis à part, je ne reçus tout d'abord pas d'autre communication du gouvernement portugais. Le Cabinet de Lisbonne venait de tomber et le senor Diaz constituait un nouveau gouvernement.

Ce n'est que quelque temps plus tard qu'une dépêche émanant du ministère des Affaires étrangères portugaises, relative à la contrebande de l'alcool dans les possessions portugaises d'Afrique, faisait de nouveau allusion à cette question :

« Les difficultés sont immenses pour réprimer la contrebande dans un territoire aussi vaste que celui de nos possessions dans l'Est africain. Nous n'aurons heureusement pas à faire face aux mêmes obstacles dans la colonisation actuellement en cours de notre île de Gama, possession portugaise ainsi que Votre Excellence ne l'ignore certainement pas, située dans l'Atlantique Sud, et communément connue sous le nom d'île de la Désolation. Cette île, occupée par le Portugal en 1783, possède des barrières géographiques naturelles contre ce trafic illicite, et Votre Excellence apprendra sans doute avec sympathie que nos efforts contre le fléau de l'alcool seront sans doute couronnés de succès dans cette colonie. »

Je répondis sans retard pour exprimer la satisfaction du gouvernement devant les efforts du Portugal pour réprimer le trafic de l'alcool, et conclus par cette phrase :

« Le gouvernement de Sa Majesté assure Votre Excellence de son amical intérêt pour le plan de colonisation auquel il est fait allusion dans votre dernière communication, bien qu'il éprouve quelque difficulté à relever la position exacte de l'île. La seule “île de la Désolation” dont nous ayons connaissance est en effet un îlot situé à 20° 5' 5'' latitude ouest et 37° 15' 4'' longitude sud, territoire cédé à l'Angleterre par le traité de Tsai Lang, ainsi que le sait sans doute Votre Excellence. »

Pour le texte exact de ces messages, vous voudrez bien vous reporter au Livre Bleu, ainsi que pour celui de la lettre qui nous était adressée peu après par le señor Pinto Seulo, ministre de la Santé publique du Portugal. Paraissant ignorer complètement la correspondance précédente, cette lettre posait la question sur un nouveau plan. Il y était question des ravages de la maladie du sommeil en Afrique équatoriale et particulièrement en Angola :

« Dans le but de lutter le plus efficacement possible contre le fléau, mon gouvernement a décidé, dans l'intérêt de l'humanité, d'établir un sanatorium et un laboratoire d'expérimentation dans une de ses possessions de l'Atlantique Sud, à savoir l'île de Gama (communément nommée île de la Désolation). Ainsi que le sait peut-être Votre Excellence, cette île fut découverte par l'intrépide explorateur Vasco de Gama au cours de son voyage en Amérique du Sud, et forme depuis un des domaines de la Couronne du Portugal.

Mon gouvernement serait fier d'être encouragé dans sa lutte contre les ravages du *trypanosomiasis*, par l'approbation et la sympathie du gouvernement de Votre Excellence. »

À cette note, je répondis, d'accord avec la commission britannique de la maladie du sommeil :

« En témoignage du désir du gouvernement de Sa Majesté de contribuer à l'œuvre entreprise par le gouvernement de Votre Excellence pour le bien de l'humanité, j'ai l'honneur de joindre à la présente communication, sous pli séparé, les rapports, énumérés en marge, établis par la commission britannique sur la terrible maladie.

Le gouvernement de Sa Majesté ne possède pas en ce moment d'information très précise sur la position de l'île dont votre gouvernement compte faire le foyer de cette belle œuvre. Cette île se trouve sans doute dans la région de l'archipel de Java, de l'Australasie ou des possessions polynésiennes du gouvernement de Votre Excellence. La seule île de ce nom dans l'Atlantique

Sud est en effet l'île britannique « de la Désolation », située à 20° 5' 5'' latitude ouest et 37° 15' 4'' longitude sud, dont il n'est évidemment pas question, la domination britannique étant affirmée sur ce territoire, sans contestation possible, par le traité de Tsai Lang et différentes autres conventions. »

Entre-temps, j'avais demandé des renseignements sur cette île, afin de connaître les circonstances qui pouvaient justifier l'intérêt tout nouveau soulevé par celle-ci.

Un mois plus tard, je recevais un rapport détaillé de Mr Christophe Angel, du département extérieur de Scotland Yard, qui m'apprenait qu'un groupe de prospecteurs s'était établi sur l'île, que l'exploitation de l'or y était intensif et que de grandes quantités de métal précieux étaient exportées régulièrement via Rio de Janeiro. Il semblait que ces pionniers fussent d'origine anglaise ou américaine.

Un indigène, qui avait travaillé dans l'île et avait déserté peu après, affirma que les habitants étaient au nombre de soixante-dix, y compris deux femmes blanches, que les mines étaient d'une grande richesse, que les monuments élevés par les colonisateurs étaient magnifiques, et que ces hommes blancs adoraient un dieu étrange en forme de cheval.

Aussi sujet à caution que parut ce témoignage, une conférence fut réunie au ministère des Colonies, qui décida l'organisation d'une mission géologique sur l'île, ainsi qu'une réglementation de l'or analogue à celle du Transvaal. En même temps, une lettre était adressée au chef des habitants de l'île, le priant de fournir sans retard un plan des mines d'or, un état de la quantité d'or extraite, et le montant de l'or exporté. Il lui était en même temps demandé de cesser toute opération avant nomination, par le gouvernement, d'un commissaire des Mines.

Cette lettre fut envoyée au gouverneur de l'Afrique du Sud, avec instruction de la faire parvenir à l'île par bateau.

En conséquence, le *Fox* quitta la baie Simon pour se diriger vers l'île. Le rapport du commandant de ce bâtiment se trouve dans l'appendice au Livre Bleu n° 5. Dans ce rapport, le commandant expose qu'il parvint en vue de l'île le septième jour de son voyage, et trouva un petit vapeur ancré au large.

L'exploitation de l'île semblait intensive, et la fumée des machines s'apercevait du large, ainsi que les hauts bras des grues. Le commandant fut surpris de constater l'installation d'une sorte d'ascenseur très vaste et confortable le long de la paroi rocheuse.

Il ne vit toutefois aucune trace de vie, sauf à bord du vapeur, qu'il accosta. Le capitaine, un certain Hackitt, le reçut fort poliment et l'assura que son maître serait ravi de lui parler. Un téléphone reliait le navire à la terre, et le chef de cette curieuse colonie, nommé Tatham, pria par téléphone le commandant du *Fox* de bien vouloir prendre l'ascenseur, afin d'avoir un entretien avec lui.

Le commandant Mainward, accompagné de son premier lieutenant, parvint donc au sommet de la muraille rocheuse, où il fut reçu par Tatham et sa femme, parfaitement exquise, paraît-il. Le commandant exécuta sa mission, et Tatham le pria de transmettre, en réponse, un message qu'il scella de cire rouge. Il prit ensuite congé, après que ses hôtes eurent courtoisement insisté pour qu'il séjournât plus longtemps avec eux.

La réponse de Tatham constituait virtuellement un manifeste adressé au gouvernement britannique pour affirmer ses droits à poursuivre les opérations minières de l'île, et à s'affranchir de toute restriction de souveraineté, de toute taxe et de toute ingérence du gouvernement.

Le ministère des Colonies s'occupait de prendre toutes mesures pour l'exécution de ses instructions, lorsque parvint au gouvernement la fameuse dépêche du 19 mai, adressée conjointement par l'Allemagne, le Portugal, l'Italie et l'Autriche, dépêche d'une signification si sérieuse qu'un conseil de cabinet fut aussitôt réuni.

Cette communication était adressée au ministre des Affaires étrangères de Grande-Bretagne par l'ambassadeur d'Allemagne, et signée par Leurs Excellences les ministres d'Allemagne, d'Italie, du Portugal et d'Autriche. Le texte en est aujourd'hui de notoriété publique : il suffit que je rappelle qu'il constituait une demande péremptoire tendant à la réunion d'une conférence européenne pour déterminer le statut de l'île.

Divers échanges de vues suivirent, dans lesquels mon gouvernement fit ressortir que ses droits sur l'île étaient au-dessus de toute discussion, et que la découverte de l'or n'était d'ailleurs nullement la raison de la détermination britannique de préserver le *statu quo* dans ses possessions de l'Atlantique Sud.

Le 27 mai, sur la proposition du président de la République française, une conférence était réunie à Paris, et l'organisation d'une commission mixte était décidée. Cette commission devait avoir pour objet :

1° D'examiner les titres de possession de la Grande-Bretagne et du Portugal ;

2° De jeter les préliminaires d'un traité entre ces puissances ;

3° De fixer un dédommagement aux occupants actuels de l'île en prévision de leur expulsion.

Il fut décidé que cette commission se réunirait sur place, c'est-à-dire sur l'île ou à bord d'un navire croisant dans ses parages, ce qui offrait entre autres l'avantage de réduire au silence une presse qui s'était emparée de cet incident pour en tirer des considérations oiseuses.

En conséquence, le 21 juillet, une flottille internationale levait l'ancre, formée de :

Grande-Bretagne : *Sutlej, Bacchante, Roi Alfred, Essex.*

France : Le *Condé*, La *Gloire.*

Allemagne : *Mecklembourg, Bismarck, Prinz Heinrich.*

Portugal : *Vasco da Gama, Don Carlo I.*

De telles manœuvres ont souvent été qualifiées de « démonstrations », parfaitement à tort. En l'occurrence, le gouvernement de Sa Majesté n'avait alors aucune raison d'effectuer une démonstration de ce genre devant l'île de la Désolation, où il s'agissait tout simplement de procéder aux négociations de la conférence.

15

Fin du récit du quatrième témoin : Richard Callus

> Je reviens au récit de Mr Callus. Le journaliste tint à souligner que jamais Tatham, pour des raisons d'ordre patriotique, ne voulut exciper de sa qualité de citoyen américain, afin de tenir son pays natal à l'écart de ses embarras personnels.

Avant de quitter l'Angleterre, Tatham m'avait écrit pour me demander d'entrer en rapport avec le gouvernement du Congo afin de fixer le prix du *Pealo*.

Il me priait en même temps de lui rendre bientôt visite sur son île, et m'indiquait que l'*Éclaireuse* (c'est-à-dire l'ancien *Pealo*) se trouverait au port de Rio de Janeiro pendant la dernière semaine d'avril de l'année suivante.

Je ne pus me rendre à cette invitation, fort heureusement d'ailleurs pour moi, car l'*Éclaireuse* ne se trouva à Rio que bien après la date que Tatham m'avait fixée. En revanche, y étaient jointes 14 000 onces d'or, ainsi qu'une longue lettre de Tatham, débordante d'enthousiasme comme toujours.

En juin dernier, alors que la crise européenne au sujet de l'île Tatham venait de se déclencher, je reçus la dépêche suivante, adressée à mon domicile de New York :

« Joignez *Éclaireuse* à Rio 3 juillet.

Excessivement urgent et important – NED. »

Trois jours plus tard, j'arrivais à Rio, me rendais à bord de l'*Éclaireuse* et m'embarquais pour l'île Tatham, où j'allais contempler l'apogée de la prospérité de Tatham, le zénith de sa puissance, et la transformation d'Ève Smith, de Bayswater, devenue arbitre de la paix du monde.

Nous levâmes donc l'ancre le 3 juillet. Hackitt commandait le navire, mais ce n'était plus le mélancolique et désabusé Hackitt que j'avais connu au large de Loanda. Il resplendissait dans son bel uniforme rutilant de galons, il était gai et plein d'entrain, comme si, à vivre au contact de Tatham, il avait pris quelque chose de son assurance et de son magnifique optimisme.

L'*Éclaireuse* avait subi la même heureuse transformation que son commandant. Hackitt me dit, avec une satisfaction non dissimulée, que Tatham avait dédommagé l'État du Congo, réglé libéralement toutes les factures des commerçants de Loanda, muni enfin l'*Éclaireuse* de moteurs perfectionnés et d'hélices du dernier modèle. La peinture de sa coque était d'ailleurs impeccable, et tous ses cuivres étincelaient.

Après un voyage fort agréable, nous aperçûmes de loin la majestueuse muraille de l'île Tatham, pareille, à l'horizon, à un nuage bleuté.

Hackitt fit faire les signaux et, en réponse, une profonde détonation retentit, accompagnée d'un panache de fumée blanche au haut d'une des crêtes. Pour la première et la dernière fois de ma vie, j'étais salué par une bordée de canon, tout comme un prince régnant !

J'empruntai, pour parvenir à la cime de la muraille, non plus la poulie d'autrefois, mais un ascenseur digne d'un building de New York.

Je retrouvai avec plaisir Tatham, toujours le même vêtu peut-être avec un peu plus de soin qu'autrefois, et rasé de près, ce qui à vrai dire constituait un changement notable.

– Allons retrouver Ève, me dit-il après les premières effusions. Elle est dans la salle du Conseil.

Le Palais du Conseil était une construction de pierre, adossée aux collines Roosevelt, sur le contrefort desquelles Tatham avait édifié sa ville.

– Nous avons un médecin, bien entendu, me dit-il en passant devant un bâtiment presque tout en verre, sur lequel était écrit le mot « Hôpital » en lettres rouges. C'est un de mes hommes, que j'ai renvoyé en Angleterre pour rafraîchir un peu son diplôme. Nous n'avons d'ailleurs pas de malade en ce moment, dit-il avec un certain regret, mais peut-être... Ah, voilà Ève !

Elle s'avançait en effet vers nous, la main tendue.

Je la trouvai plus jolie que jamais, dans son simple costume de chasse, sous un vaste sombrero.

Ce fut une journée délirante. J'inspectai les laiteries, les étables et les troupeaux de bétail sur les Alpes Taft. Il me fallut jeter une pelletée de ciment sur les fondations de l'église, et je me tins, en une attitude d'extase respectueuse, devant l'énorme dynamo de la centrale électrique. Je descendis dans une des galeries de la mine, et Tatham me confia qu'il avait découvert pour au moins cent millions de minerai.

Je rendis ensuite visite à l'*Éclaireur Volant* dans sa magnifique écurie, et déchiffrai consciencieusement la liste de ses victoires, gravée au-dessus de sa mangeoire sur une plaque d'or pur.

Je gravis les montagnes, je descendis les vallées, bref, je passai l'une des journées les plus délicieuses et les plus fatigantes de mon existence.

Tatham voulait m'emmener voir les fortifications, mais je résistai, et Ève vint à mon secours :

– Vous n'avez pas encore demandé à voir ma mère, dit-elle avec reproche.

J'avais totalement oublié l'existence de Mrs Smith. Lorsque, par hasard, elle me repassait par l'esprit (ainsi qu'il arrive de penser à n'importe qui et à n'importe quoi pendant une longue traversée), je l'imaginais rapprochée, grâce à une pension de Tatham, de la partie aristocratique de Mayfair, pépiant plus que jamais dans les salons, employant une secrétaire à tenir ses comptes, et dépensant allégrement, à Londres, une confortable allocation annuelle.

– Votre mère ? répétai-je donc avec surprise.

– La Douairière, rectifia gravement Tatham.

Je crus qu'il plaisantait, car un léger sourire passa sur les lèvres d'Ève, mais je m'aperçus bientôt qu'il parlait tout à fait sérieusement.

La belle-mère d'Ève était devenue effectivement la Reine-Mère de l'île. Elle avait accepté ce titre avec autant de gravité qu'il lui avait été décerné.

Sa résidence était installée un peu à l'écart, à flanc de coteau, et c'est là qu'elle vivait, heureuse et satisfaite. Je me rendis dans son palais, accompagné par Ève et Tatham, et elle me reçut fort gracieusement.

Je dois dire que je fus stupéfait de la majesté de l'ex-Mrs Smith. Elle ne s'exprimait plus qu'à la première personne du pluriel, y trouvait un plaisir sans cesse renouvelé, et n'aurait pas changé sa vie pour un empire. Elle me questionna avec sollicitude sur la reine du Danemark, le prince héritier de Roumanie et autres souverains avec lesquels elle me supposait sans doute en rapport quotidien, puis leva l'audience avec infiniment de bienveillance.

– Ma mère adore cela, me dit Ève en riant, tandis que nous nous dirigions vers la maison de Tatham, et les occasions de recevoir des ambassadeurs de l'étranger sont rares. Elle a dû être ravie de votre visite.

Nous avions tant de choses à nous dire, tant de choses à faire, que la journée s'écoula en un clin d'œil. Ce n'est que le soir, vers minuit, que nous abordâmes l'objet principal de notre rencontre.

Tatham me conta la visite du *Fox* et me fit connaître la réponse qu'il avait fait transmettre au gouvernement britannique.

Lui qui jurait rarement, il se répandit en imprécations contre la gloutonnerie d'un pays qui voulait le frustrer du résultat de ses efforts. Il était prêt à verser chaque année un tribut raisonnable à la Grande-Bretagne. Il projetait même de lui offrir un navire de guerre, pourvu que celui-ci reçût le nom d'*Ève Tatham*, mais il entendait rester maître chez lui.

Il n'hésiterait pas à défendre son bon droit devant les tribunaux, et plaiderait lui-même sa cause devant la Chambre des Lords (perspective qui, je crois bien, compensait presque dans son esprit les désagréments auxquels il s'attendait).

En tout cas, il n'accepterait pas passivement de se voir dépouiller de sa souveraineté, pour la transmettre à des fonctionnaires irresponsables.

Tatham ignorait encore la conférence qui venait de se dérouler entre les puissances, et l'envoi de la flotte alliée, – nouvelle qui avait éclaté au moment de mon départ d'Amérique.

Je lui contai tout ce que je savais sur les tractations laborieuses qui venaient d'avoir lieu par la voie diplomatique, et pus ainsi lui donner de nouvelles lumières sur l'avenir.

– Quoi ! faisait Tatham en allant et venant à grandes enjambées dans la pièce. Quoi ! l'Allemagne, le Portugal, l'Autriche... me soumettre à ces pays... Comment l'Angleterre peut-elle permettre des ingérences aussi indiscrètes dans ce qui, quels que soient mes droits, n'est qu'une affaire entre elle et moi ? Où est la flotte orgueilleuse d'Albion ? où est sa morgue ancienne ? où est sa fierté chatouilleuse d'antan ?

Il poursuivit sur ce ton jusqu'à ce qu'Ève, avec une bonne grâce infinie, mais une certaine fermeté, eût ramené la conversation sur le terrain, plus solide, de l'actualité.

Ève avait bien changé et, si elle avait encore embelli physiquement, elle s'était aussi merveilleusement développée moralement. Tout en conservant une attitude attentive et déférente envers son mari, elle savait, avec un tact sans défaut, couper court à ses digressions interminables, ramener doucement son esprit sur un terrain positif et canaliser, en quelque sorte, les dons rares de Tatham que celui-ci, avec une folle prodigalité, était toujours prêt à disperser.

Jamais, je crois, je n'ai vu du reste un couple aussi absolument et visiblement heureux. Dieu merci, je n'ai jamais eu à modifier mon opinion là-dessus, et aucun nuage n'a jamais terni leur parfaite union.

– Voyons, Ned, dit-elle donc en profitant d'une pause entre deux tirades, nous avons déjà déploré très vivement l'immixtion du gouvernement britannique dans nos affaires, pourquoi le blâmer maintenant de remettre ce soin à d'autres puissances ? Avant d'émettre un jugement quelconque, nous devrions prier Callus de nous communiquer tous les renseignements qu'il possède sur une matière aussi importante pour nous...

Je leur donnai effectivement toutes les informations que je

possédais de diverses sources et par mes relations dans la presse diplomatique.

Ève resta longtemps rêveuse.

– À mon avis, dit-elle enfin, il est vraisemblable que le gouvernement britannique estime que cette commission ne parviendra à aucune décision, et qu'il n'a consenti à cette expédition que pour apaiser les rumeurs de guerre qui, à ce que vous me dites, commençaient à courir dans certains milieux. Je crois donc qu'en ce qui concerne cette commission nous n'avons rien à craindre.

– Êtes-vous sûre... dis-je.

En souriant, Ève haussa légèrement les épaules.

– Je vous donne seulement mon point de vue. J'ai néanmoins l'impression que mon raisonnement est logique, car ainsi que le disait Ned tout à l'heure, la Grande-Bretagne est trop ombrageuse pour accepter de voir ses droits fixés par une conférence ainsi composée. C'est donc qu'elle sait à l'avance que les travaux de la commission avorteront...

Elle s'arrêta un instant, quêtant l'approbation de Tatham, puis reprit :

– La seule crainte que nous puissions avoir, c'est que toutes les Puissances s'inclinent devant les droits de l'Angleterre, et j'ai l'impression qu'il y a là un facteur que l'Empire a omis de prendre en considération...

Elle hésita, puis conclut :

– Mr de Costa est plus dangereux que nous ne l'avions imaginé...

Le lendemain matin, Tatham réunit tous ses hommes dans le Palais du Conseil.

Une égalité parfaite régnait entre eux, et bien qu'ils occupaient les situations les plus variées, selon les besoins de la communauté, le gardeur de vaches et le berger étaient absolument sur le même pied que l'ingénieur principal de la mine ou que le médecin. Le garçon d'écurie donnait son avis aussi librement qu'Ève Smith et, d'une façon générale, l'électricien, le laboureur, l'épicier, aussi bien que les techniciens, tous appartenaient à « l'équipe de Tatham » et c'était suffisant.

Tatham leur adressa quelques paroles relativement brèves. Il leur dépeignit très clairement la situation et, s'il ajouta quelques mots amers sur la « rapacité des nations en décadence », ils étaient en tout cas de circonstance.

La réunion se termina sur un vote de confiance pour Tatham et Ève.

Chacun reprit ensuite ses occupations, en attendant l'arrivée de la flotte.

Je profitai de ces jours de trêve pour visiter l'île plus en détail. Tatham m'emmena admirer ses fortifications, sur lesquelles il avait installé plusieurs batteries, l'une sur la montagne Ève (la reine Victoria avait perdu le parrainage de cette montagne), l'autre à l'entrée de la baie Kipling. Il avait acheté son artillerie au ministre de la Guerre d'une république de l'Amérique du Sud.

Dans l'après-midi du 17 août, l'homme de vigie qui veillait sur le plus haut pic de l'île signala que la flotte était en vue. Aussitôt, nous le rejoignîmes pour assister à l'arrivée des navires. Ils apparurent, du fond de l'horizon, en deux lignes, le *Condé* et la *Gloire* avançant les premiers avec majesté, sous leurs panaches de fumée noire.

L'expédition ne semblait manifester aucune intention d'atterrir, et ne donna aucun signe de vouloir entrer en relation avec nous.

Tatham s'étant attendu à une interpellation directe, avait fait orner l'ascenseur de tapis rouges, pavoiser le Palais du Conseil, et organiser une collation dans cette intention.

Je ne sais ce qui aurait résulté d'une entrevue courtoise entre Tatham et ses hôtes, mais je puis affirmer en tout cas que l'attitude des nouveaux venus ulcéra le capitaine, surtout lorsque la nuit venue, ils braquèrent leurs projecteurs sur l'île jusqu'au matin.

À la lorgnette, nous pouvions suivre les travaux de la commission. Elle siégeait sur le pont arrière de l'*Essex*, protégée du soleil par un vaste parasol. Cinq hommes étaient assis autour d'une table, et une demi-douzaine d'autres individus, secrétaires et sous-ordres sans doute, qui paraissaient ridiculement petits dans l'éloignement, gesticulaient sans arrêt autour des premiers, apportant des dossiers, des cartes et des documents.

Pendant six jours, la commission siégea sans daigner faire appeler Tatham. Lorsqu'elle s'y décida, elle commit une dernière faute de tact plus fâcheuse encore, en envoyant comme émissaires les deux hommes que Tatham détestait le plus au monde.

Nous étions rassemblés, Tatham, Ève et moi, devant l'ascenseur, quand cette mission y prit place. La machine atterrit, et trois hommes sautèrent sur la plate-forme.

Le premier était un petit officier portugais, mal rasé, mal lavé, qui jeta sur nous un regard insolent et, instinctivement, releva sa moustache en apercevant Ève.

Les deux hommes qui sortirent ensuite de l'appareil nous intéressaient davantage : l'un d'eux était le vieux de Costa, tout vêtu de blanc et qui, par contraste, paraissait plus noir que jamais. Son fils le suivait, l'air assez embarrassé. Ce n'était plus le gros garçon plein de suffisance que nous avions connu en Angleterre, mais un homme mûri par un chagrin secret.

Je crois qu'il aimait profondément Ève Smith, au point qu'il aurait peut-être fait le suprême sacrifice de sa vengeance à la tranquillité de la jeune femme, mais son père le dominait, et il l'avait suivi docilement.

Il était descendu sur la plate-forme, les yeux fichés à terre, et ne les avait pas levés une seule fois sur la femme qu'il n'avait su conquérir.

J'éprouvai quelque pitié pour lui, en imaginant les sentiments qui devaient l'agiter.

Quant à Ève, sa compassion était plus vive encore que la mienne, car elle était femme, et les femmes sentent ces choses-là.

– Voilà Tatham, dit de Costa à l'officier.

Il ricanait méchamment, et il avait eu l'art de donner à ces deux simples mots une inflexion insultante presque intolérable.

– Êtes-vous le régisseur actuel ? questionna l'officier.

Il s'exprimait avec difficulté dans une langue qui lui était étrangère, raison pour laquelle Tatham ne voulut pas se formaliser du choix de ses mots.

– Je crois, Tatham, que vous pouvez inscrire le mot « Fin » sur votre intéressante biographie, dit don Alphonso d'un ton venimeux.

Sa haine prenant le pas sur tout autre considération, il reprit :

– Vous m'avez appelé mal-blanchi, je crois ?

Il tendit la main vers la flotte magnifique.

– Eh bien ! il y a là assez de vrais blancs pour vous faire plier devant moi, mon brave. C'est mon tour de régler les destinées de cette île... Mon île ! cria-t-il avec exaltation. Voulez-vous voir la concession que j'ai obtenue ? C'est facile...

Il fit mine de chercher son portefeuille, bien que, j'en suis certain, il n'eût pas ce document sur lui. D'ailleurs, au même instant, il venait de remarquer le léger sourire méprisant de Tatham, et une rage folle se déchaînait en lui.

– Voleur ! Sale voleur ! hurla-t-il d'une voix hachée par la colère. Tu quitteras cette île avec tes bagages sur le dos ! Je t'enverrai en prison, tu m'entends ? Toi et cette pimbêche !

L'officier portugais posa la main sur le bras que don Alphonso brandissait, et murmura quelques mots rapides que je ne pus saisir, étant mal familiarisé avec le portugais.

– Vous devez venir devant la commission, dit-il ensuite à Tatham, en son langage laborieux. La colère de Mr de Costa est juste, par le mal fait par vous à lui.

– Je vous suis, dit Tatham entre ses dents, mais votre commission s'en repentira.

Mais déjà Ève s'avançait, son petit menton tendu en avant, d'un air de défi et de résolution.

– C'est moi qui vais venir, déclara-t-elle. Il n'est pas nécessaire que mon mari paraisse en personne.

L'officier haussa les épaules.

– La commission veut renseignements, dit-il. Pas d'importance si vous ou l'autre venez.

Mais Tatham était tout d'un coup pris de panique. L'idée bizarre lui venait soudain que la commission nourrissait de sinistres desseins envers Ève et que tous ces événements n'avaient pour but que de la séparer de lui.

– Je ne veux pas, clama-t-il. Je ne puis avoir aucune confiance en ces gens !

Une voix s'éleva :

– Vous pouvez du moins avoir confiance en moi.

Pour la première fois depuis le début de l'entrevue, le jeune de Costa venait de lever les yeux.

Tatham le dévisagea longuement.

– Oui, dit-il lentement, en vous, j'ai confiance. Je mets ma femme sous votre garde.

Le visage de Xavier se colora. Ces mots de Tatham semblaient avoir fait de lui un homme nouveau, et il soutint sans se troubler le regard méprisant et ironique de son père.

Sur la proposition spontanée du jeune de Costa, il fut convenu que j'accompagnerais Ève.

Au moment où nous allions quitter l'île, Tatham me prit à part, glissa un revolver dans ma poche, et m'enjoignit de faire feu sur le premier individu qui oserait s'approcher d'Ève. Je lui fis remarquer que nous nous rendions à bord d'un navire britannique et que ses craintes étaient absurdes. J'invoquai la protection du drapeau de l'Empire, avec un lyrisme devant lequel Tatham finit par se rendre.

Je n'oublierai pas de si tôt l'expression abasourdie des membres de la commission lorsqu'Ève se présenta devant elle.

Le dialogue ci-après s'engagea :

LE PRÉSIDENT. – Parlez-vous français, Madame ?

ÈVE. – Oui, Monsieur.

LE PRÉSIDENT. – Pouvez-vous comprendre mes questions et y répondre en cette langue ?

ÈVE. – Oui.

LE PRÉSIDENT. – Depuis combien de temps vivez-vous sur cette île ?

ÈVE. – Depuis trois ans.

LE PRÉSIDENT. – Avez-vous quelque lien de parenté avec le chef actuel de l'établissement installé sur cette île ?

ÈVE. – Je suis sa femme.

LE PRÉSIDENT. – Cette île est considérée par votre mari et vous comme étant un territoire de quelle nationalité ?

ÈVE. – Britannique.

LE PRÉSIDENT. – Avez-vous été incités à vous établir pour cette raison sur cette île ?

ÈVE. – Non, la question de la nationalité de l'île ne nous a jamais intéressés.

LE PRÉSIDENT. – Avez-vous jamais reçu un mandat officiel, ou notifié vos intentions aux autorités britanniques ?

ÈVE. – Non.

LE PRÉSIDENT. – Dans l'hypothèse où le tribunal estimerait que vous devez un dédommagement, à qui penseriez-vous devoir le verser ?

ÈVE. – À la Grande-Bretagne, bien entendu.

LE PRÉSIDENT. – Ce serait donc un paiement ?

ÈVE. – Pas nécessairement, mais plutôt un tribut.

LE PRÉSIDENT. – Parce que vous considérez l'île comme possession anglaise ?

ÈVE. – Non, parce que je me considère comme sujet britannique.

Je ne me souviens pas du reste de l'interrogatoire, qui me parut d'ailleurs assez vain.

Ève demanda ensuite à parler et, sur la permission qui lui en fut donnée, elle se mit à retracer, d'une voix douce et ferme, toute l'histoire de l'île Tatham, les nobles aspirations et les sages règlements qui la régissaient. Elle acheva en ces termes :

– L'île est une forteresse naturelle inattaquable, vos obus s'écraseront sur le granit de nos montagnes, et sa population peut vivre à l'abri dans de profondes cavernes, sans se soucier d'un bombardement qui, d'ailleurs, serait un défi à toutes les lois des peuples civilisés. Nous sommes les premiers à occuper ce rocher, notre communauté a forgé ses lois propres, et je crois traduire son opinion en disant que, quelle que soit la solution à laquelle se rallie la commission, elle fera bien de tenir compte de la volonté du peuple de l'île Tatham.

Lorsqu'elle eut achevé, il y eut un long silence.

Sur Wilfried Fexley, membre britannique de la commission, fut le premier à reprendre la parole :

– Madame, fit-il doucement, vous ne pouvez vous opposer à l'Europe tout entière !

– Que nous importe l'Europe ? fit Ève en haussant les sourcils. C'est un continent situé à dix mille kilomètres de nous. La réprobation de l'Europe nous est indifférente, et nous coulerions une flotte entière avant de faire sauter l'île, ses trésors et nous-mêmes !

Xavier nous attendait à l'écart, pour nous reconduire au canot automobile qui devait nous ramener devant l'île. Ève lui serra amicalement la main :

– Adieu, lui dit-elle, et merci. Je suis heureuse d'avoir désormais en vous un ami.

Il se détourna sans répondre, les lèvres serrées.

Durant le trajet, Ève me dit qu'elle espérait avoir donné matière à réflexion à la commission.

Tatham trépignait en nous attendant. Il prit sa femme dans ses bras devant tout le monde, avec des transports du plus mauvais goût, et la proclama la meilleure femme du monde.

Un nouveau conseil eut lieu cette nuit-là. Il dura exactement cinq minutes, au bout desquelles il fut constitué en parlement – le premier parlement de la République de l'île Tatham.

Ève tapa à la machine la très simple constitution de la nouvelle République en plusieurs exemplaires, afin d'en remettre des copies aux divers représentants des Puissances.

La nuit tout entière fut consacrée à cette tâche. Tatham nous fit du café, et je m'attelai, à sa demande expresse, à la confection d'un hymne national.

Je ne suis d'ailleurs pas mécontent de cette œuvre, qui commence ainsi :

Le peuple de la mer s'est levé,
Et s'avance vers sa destinée !

et contient quelques vers d'une assez belle venue.

Le lendemain, Hackitt fut envoyé en délégation pour porter notre message.

Il revint ensuite sur l'île, l'*Éclaireuse* fut abandonnée de tout son équipage, l'ascenseur mis hors d'usage, et tout ce qui nous reliait au monde momentanément supprimé.

Le drapeau de la nouvelle République fut alors hissé. Il était de soie verte, brodé de quarante étoiles d'argent. Je le reconnus aussitôt : c'était l'étoffe de la troisième housse que Tatham avait commandée pour l'*Éclaireur Volant* et qu'il avait renoncé à regret, sur mes conseils, à lui faire porter.

Je ne sais ce qui se passa alors à bord de l'*Essex*. Je suppose que, comprenant l'exactitude des déclarations d'Ève, le commandant de la flotte refusa de sévir contre nous sans avoir reçu des instructions formelles.

Un conseil de guerre fut réuni et se sépara sans résultat.

Pourtant, le commandant portugais semblait avoir décidé de n'en faire qu'à sa tête. Il leva l'ancre, et ouvrit le feu sur l'*Éclaireuse* abandonnée. Le premier projectile dépassa le but, le deuxième rasa le pont ; il n'eut pas le temps de faire tirer le troisième...

Du haut du pic qui surplombe la baie Kipling, les canons venaient de gronder.

Le navire portugais piqua du nez, et se mit à couler par l'avant.

Je contemplais le naufrage, qui s'effectuait avec une rapidité prodigieuse lorsque j'entendis un cri à côté de moi. C'était Ève, pâle comme un linge :

– Ah ! le malheureux... le pauvre, pauvre garçon ! balbutia-t-elle.

Je tournai de nouveau mes regards sur le navire portugais, mais je ne vis plus qu'un gigantesque remous : il venait de sombrer, emportant dans l'abîme l'ennemi juré de Tatham et son malheureux fils.

L'*Essex* faisait des signaux désordonnés :

« Cessez le feu ! l'attaque qui vient de se produire n'était pas autorisée ! »

Tatham répondit :

« Le feu est cessé. »

Un peu plus tard, de nouveaux signaux furent émis :

« Acceptez-vous de vous rencontrer avec les représentants des Puissances ?

– Non ! » répliqua laconiquement Tatham.

Les conciliabules semblèrent reprendre à bord de l'*Essex*. De longues palabres eurent certainement lieu au sein de la commission, mais nous n'en eûmes aucun écho et, quatre jours après la fin dramatique du navire portugais, la flotte levait l'ancre et disparaissait au large.

Nous n'eûmes aucune nouvelle pendant trois mois. Tatham et Ève semblaient d'ailleurs s'en soucier fort peu.

Le 3 novembre, pourtant, un navire de guerre fut signalé à l'horizon. C'était un croiseur blanc.

– Pavillon britannique, dit Tatham.

Bientôt, nous l'identifiâmes : c'était le *Fox*.

Par signaux, il nous communiqua :

« Acceptez-vous de recevoir notre commandant ? »

Tatham répondit affirmativement et le commandant Mainward ne tarda pas à émerger de l'ascenseur. Il nous serra la main, et s'inclina courtoisement devant Ève.

– Vous avez fait répandre beaucoup d'encre en Europe, dit-il après nous avoir complimentés sur l'apparence prospère de la ville. Et j'ai une lettre à vous remettre de la part du gouvernement britannique. J'en connais le contenu, et je serais heureux si vous vouliez bien en discuter avec moi. Je ne pense pas que vous ayez l'intention de vivre éternellement séparés du monde ?

Effectivement, nombreux étaient les hommes de Tatham qui demandaient à prendre femme et à fonder un foyer, et ils étaient soutenus par Ève dans cette revendication parfaitement naturelle.

– Ce message peut d'ailleurs se résumer ainsi, dit le commandant. Acceptez-vous, en dépit de la proclamation de votre République, de reconnaître la suzeraineté nominale de la Grande-Bretagne ?

– Parlez-vous sérieusement ? dit Tatham.

– Parfaitement.

– Nous la reconnaissons, dit Tatham, après avoir consulté sa femme du regard.

– Acceptez-vous de verser une contribution annuelle au Trésor ?

– Nous acceptons.

L'officier tendit le pli officiel à Tatham.

– J'attendrai votre réponse définitive à mon bord, dit-il.

Et il déclina notre invitation à déjeuner.

Un quart d'heure après, le parlement était convoqué, et la lettre lue publiquement.

Dans l'ensemble, elle confirmait les paroles du commandant. Le projet de réponse fut rédigé, approuvé par le parlement, et Hackitt, qui décidément prenait figure d'ambassadeur, la porta à bord du *Fox*.

Nous vîmes le canot décrire un demi-cercle, accoster le navire, et Hackitt se présenter au commandant, entouré de ses officiers.

Quelques minutes plus tard...

– Regardez ! s'exclama Ève.

Une étoffe était hissée au grand mât du croiseur.

« Bang ! »

Les canons du *Fox* venaient de tonner. L'étoffe se déploya sous la brise. C'était un drapeau vert orné d'étoiles blanches.

« Bang ! »

Et je compris, tandis que le croiseur britannique saluait ainsi notre drapeau, que la République de l'île Tatham venait d'être officiellement reconnue.

1917

LE MYSTÈRE DU TRAIN D'OR

Traduit de l'anglais
par Jean Raymond

Ce roman a paru sous le titre original :
KATE PLUS TEN

Prologue

– La stratégie, grommela le général, est le soutien des héros.

– Et la science des généraux, chuchota la petite fille assise à ses pieds, les jambes croisées.

Sous ses sourcils en broussaille, le vieux monsieur abaissa avec méfiance son regard vers elle, et gloussa :

– Que n'êtes-vous un garçon ! déplora-t-il.

La petite fille éclata d'un rire aigu et regarda son grand-père de ses grands yeux brillants. Car s'il était au monde un seul être humain que Catherine Westhanger adorât, c'était bien le farouche vieillard à la barbe blanche et au profil d'aigle dont elle était le compagnon habituel.

Ils étaient assis sous un gros orme, par une chaude journée de juin, et avaient, de leur place, une magnifique vue sur le comté de Galway. À leur gauche était l'ancienne demeure des Masserfield, dont le général sir Shaun Masserfield, le grand stratégiste, était le dernier représentant masculin. Au-delà de la maison s'étendait une grande plaine noire d'où des paysans extrayaient de la tourbe. Dans un champ plus petit, entouré de murs de pierre, paissaient quatre vaches, dernier vestige du bétail des Masserfield.

C'était une pauvre maison et un pauvre domaine ; la pauvreté était révélée par les carreaux cassés de l'aile est, visible de l'endroit où ils étaient assis et qui depuis longtemps avait été abandonnée aux rats, aux souris et à la vermoulure ; elle se trahissait également par l'effritement des murs, par le jardin abandonné et même par les vêtements lustrés du général.

Il abaissa son regard vers la jeune fille et sourit.

– Il me semble, dit-il, que Mademoiselle a étudié la stratégie, n'est-ce pas ?

Kate acquiesça de la tête.

– C'est une science merveilleuse, dit sir Shaun avec un sourire. J'ai écrit six volumes sur ce sujet et chacun d'eux a été pillé !

Un vieux bonhomme aux épaules voûtées sortit de la maison et sans se presser traversa le jardin, ramassant les feuilles mortes qui attiraient son regard. En arrivant devant sir Shaun Masserfield, il inclina le front.

– Le dîner est servi, Votre Honneur.

Le général se leva à l'aide de sa canne.

– Le dîner est servi, Kate, répéta-t-il solennellement et, la main dans la main, ils rentrèrent à la maison.

Là, tout en faisant honneur à un rôti de porc, le général et sa petite-fille reprirent leur discussion sur le sujet que le vieux militaire considérait comme le plus passionnant de tous ceux que peut offrir la civilisation. Inutile de dire que le général sir Shaun Masserfield était une autorité. Ses livres, en particulier son *Application de l'artillerie moderne aux principes de la Stratégie,* avaient été traduits dans toutes les langues.

Pendant bien des années il avait été chef d'un service du ministère de la Guerre et au moins deux de ses ouvrages avaient été adoptés comme manuels par l'armée italienne. La jeune fille écoutait en silence croître l'éloquence du vieux monsieur lancé sur son sujet favori.

– La défaite de Napoléon par Schwarzenberg et ces magnifiques batailles qui amenèrent l'armistice de 1814 et puis...

– Cela apparaît comme un tel gaspillage, dit-elle.

Il la fixa du regard et rugit :

– Un gaspillage ? un gaspillage de quoi ?

– De vies, d'argent et de tout, dit-elle.

– Vous êtes un pauvre petit âne, gronda-t-il. Qu'en pouvez-vous savoir, vous, une enfant de treize ans ?

– Le colonel Westhanger dit...

– Le colonel Westhanger, coupa le général, est un imbécile et un coquin ! Il est encore plus fou et plus canaille que votre père, ajouta-t-il violemment. Les Westhanger sont tous des misérables, et Molly Maguires comme eux. Qu'ils aillent au diable !

La petite-fille prêtait une oreille impassible à la tirade dont ses parents les plus proches faisaient les frais.

– Le colonel Westhanger prétend, continua-t-elle, que si tout le génie qui a été mis au service de la guerre...

– Il n'en a pas mis beaucoup à son service, ricana le vieillard, l'effronté pékin !

– Il est dans l'armée de métier, corrigea la jeune fille.

– L'armée de métier n'a pas de quoi s'en vanter ! contre-attaqua le général, en frappant sur la table du manche de son couteau. Et il s'est permis de parler de la stratégie ? Le pauvre idiot !

Kate hocha la tête en riant.

– Oh ! général, dit-elle, (elle ne le nommait jamais autrement), il n'a naturellement pas parlé de stratégie. Il a dit simplement quel gaspillage d'argent, de vies et de tout était la guerre.

– Et je jurerais qu'il a mis l'argent en premier lieu.

– De vies et de tout, dit la jeune fille, négligeant l'interruption, alors que l'on pourrait employer toute sa science et toute son intelligence à gagner de l'argent.

– À gagner de l'argent ! répéta le général triomphalement. Voilà bien son genre d'imbécillité ! Il ne pourrait pas plus gagner d'argent avec la stratégie qu'avec autre chose. Dieu sait ce qu'il adviendra de vous lorsque je mourrai et que mon neveu, cette canaille, aura hérité de ce domaine. Car votre père est aussi incapable de s'occuper de vous que moi de me déshonorer.

Il se coupa une seconde grosse tranche de porc avant de reprendre la parole. Puis il s'enquit avec une pointe de curiosité, comme s'il venait de retourner la question dans son esprit :

– Et comment la connaissance de la stratégie pourrait-elle aider un homme à gagner de l'argent ? demanda-t-il.

La jeune fille plia sa serviette avant de répondre.

– De différentes manières, dit-elle tranquillement. Mais je ne pense pas que le colonel Westhanger ou mon père pourraient s'en servir. Ils ne sont pas comme nous de grands stratégistes, prononça-t-elle avec calme.

– Nous ! répéta le vieux monsieur en riant. Et comment vous y prendriez-vous pour gagner de l'argent ?

Catherine Westhanger hocha la tête.

– Je ne pourrais vous le dire de but en blanc, il y a tellement de manières !

– Citez-m'en une, demanda le général en reculant sa chaise.

– Eh bien ! dit-elle lentement, supposez que nous envoyions Terence jusqu'à la gare après avoir dévissé l'écrou d'une roue, et que, lorsqu'il atteindra la route un peu après O'Gormans, la roue se détache. Que fera Terence ?

Elle regarda le plafond, énonçant d'un ton égal et lent chacun des épisodes.

– La première chose que fera Terence sera d'aller à la propriété des O'Gormans et le régisseur du major lui prêtera le grand cabriolet tout neuf.

– Mais nous pourrions aussi bien l'emprunter, dit le général, et dans ce cas à quoi bon toute cette fantaisie ?

– Tout le monde saurait que nous avons emprunté le cabriolet pour faire impression sur la personne qui arrive de Dublin pour acheter vos tableaux.

– Comment savez-vous que je vends mes tableaux ? demanda vivement le général.

Ce sujet lui était plutôt pénible. Les deux Van Dyck suspendus dans la salle d'armes, qui formait le hall d'entrée de la demeure, représentaient son dernier capital. Et seule la fin de ses revenus, conséquence du comportement excentrique de certaines valeurs mexicaines qui avaient absorbé une partie de sa fortune bien des années auparavant, l'avait amené à se séparer de ce reliquat de la prospérité des Masserfield ; car sa pension aussi était hypothéquée depuis longtemps.

– Comment je le sais ? répondit-elle. Comment un général connaît-il ce qu'il ne voit pas ?

– Vous avez espionné, accusa-t-il ; mais elle secoua la tête.

– Peu importe comment je le sais, cher général, dit-elle, laissez-moi continuer l'histoire. Terence ramènera le noble étranger et nous irons à sa rencontre près d'O'Gormans. Nous monterons jusqu'à la belle propriété des O'Gormans et nous demanderons à voir le major qui, en bon propriétaire irlandais, se trouve actuellement à Londres avec Mrs O'Gormans et ses enfants.

– Le major a mis sa maison à ma disposition pendant son absence. Il a une superbe bibliothèque, dit le général.

– Vous emmènerez l'étranger dans la superbe bibliothèque et vous lui ferez voir les livres. Les tableaux vous y attendront, car ce qui compte, c'est l'ambiance... La femme de charge du major, Mrs O'Shea, fera n'importe quoi pour moi.

– Où y a-t-il de la stratégie là-dedans ? demanda le vieux monsieur.

La jeune fille rit.

– En contraignant l'ennemi à combattre sur un terrain choisi, assurant ainsi l'avantage à l'attaque...

– Elle me cite mes propres ouvrages ! s'exclama le général avec désespoir. Mais pourquoi faire un mystère de cela ? Pourquoi ne pas aller droit à Mme O'Shea et lui faire part de vos projets ?

– Dans ce cas notre présence serait intentionnelle. Autrement, elle sera accidentelle, dit avec décision la jeune fille. Si elle est intentionnelle, l'ennemi l'apprendra, car nous serons à la merci de paroles qui pourraient par hasard échapper à Mrs O'Shea. Si elle est accidentelle, personne ne pourra avoir le moindre soupçon.

– Combinaison louche, gronda le général. Kate, il y a chez vous l'étoffe d'un grand stratégiste à moins que ce ne soit d'un grand criminel !

Elle se leva et tira sa jupe sur ses jambes minces.

– Je ne pense pas qu'il y ait encore rien de perdu, dit-elle avec complaisance.

Ainsi se passait l'enfance de Catherine Westhanger, presque exclusivement en compagnie du vieux Shaun Masserfield, car les visites que fit la jeune fille à son peu honorable père, ou à son oncle qui ne valait guère mieux, furent rares et espacées. Légalement, ils étaient ses tuteurs et devaient régir le petit bien laissé par sa mère. Mais le général les soupçonnait de l'avoir depuis longtemps dilapidé et la jeune fille le savait. Aussi ses « gardiens » trouvaient-ils séant de se réunir de temps en temps pour agiter la question avec elle.

En général, elle était seule, « en train de compléter son éducation en Irlande », comme l'expliquait hypocritement son père. Elle lisait beaucoup, réfléchissait énormément et assimilait la vaste expérience de son grand-père. Un an avant la mort de ce dernier, alors qu'elle atteignait sa quinzième année, il y eut un événement qui, plus qu'aucun autre, eut une influence sur le reste de sa vie.

Il y avait au service de la propriété un homme à tout faire qui était à la fois jardinier, cocher, valet de chambre et factotum de sir Shaun. Terence – il ne semblait pas avoir d'autre nom – était un homme de la ville. Il était né à Dublin et y avait passé les premières années de sa vie. Il était profondément dévoué à la jeune fille, et il n'était aucun service dont est capable un mortel qu'il eût hésité à lui rendre.

Un après-midi, un inspecteur de police attendait Kate. Son grand-père avait été se coucher à la suite d'une attaque de rhumatismes et elle reçut le représentant de la loi dans le salon.

C'était une pièce d'une grande pauvreté, garnie de meubles d'acajou et de photographies encadrées.

– Bonjour, miss Westhanger, dit l'inspecteur avec un joyeux sourire, je m'excuse de vous déranger, mais il nous arrive un petit ennui dans le voisinage et j'ai pensé que vous pourriez m'aider.

Avant qu'il prît la parole, elle savait parfaitement bien de quel ennui il s'agissait.

– En trois semaines, trois cambriolages ont été commis dans le voisinage, et il apparaît clairement que le coupable doit être un homme d'ici. Il y a eu vols avec effraction chez le major O'Gormans, chez lord Pretherston et chez Mr Castlereigh. Les gens ont été surveillés, les routes ont été battues et aucun étranger n'a été aperçu par ici, ni dans les environs.

– Et vous soupçonnez grand-père ? demanda-t-elle innocemment.

Il rit.

– Non, mademoiselle, dit-il. Mais il serait possible que ce soit quelqu'un de la maison.

– Moi ? interrogea-t-elle, l'air alarmé.

– Mademoiselle, je vais mettre cartes sur table, je soupçonne Terence, votre domestique. Je suppose que vous savez qu'il a déjà eu une condamnation à Dublin ?

– Pour cambriolage ?

– Pour un petit vol, répondit l'inspecteur. Pouvez-vous me dire où il était la nuit dernière ?

Elle acquiesça de la tête.

– Je peux vous dire tout ce qu'il a fait entre 6 et 11 heures, dit-elle sans hésiter.

– Pardon de vous interrompre, mais le cambriolage ayant été commis à 10 heures, si vous pouvez répondre de Terence entre 9 et 10 ce sera suffisant.

– Mais je vous en prie, monsieur l'inspecteur, asseyez-vous.

Elle s'assit elle-même.

– À 9 heures ou peut-être 9 heures moins 10, parce que l'horloge de la salle à manger avance de dix minutes, Terence m'apporta le dîner. Le général était couché et Cassidy était allé avec sa femme voir sa mère qui est malade.

– Ainsi, il n'y avait dans la maison que vous et Terence ?

– Et le général, dit-elle en souriant, mais il était couché. À 9 heures et demie, Terence a desservi et à 10 heures moins le quart je l'ai sonné pour le café. Mais je me souviens que la sonnette ne marchait pas et que je suis allée moi-même à la cuisine. Quand Terence apporta le café, j'étais en train d'écrire une lettre, et je lui ai demandé d'attendre, car, la sonnette étant détraquée, je ne voulais pas refaire le chemin jusqu'à la cuisine comme pour le café. 10 heures ont sonné à l'horloge avant que ma lettre ne soit finie, et j'en ai écrit encore une à Mullins, l'épicier, que j'ai terminée à 10 heures 10. Terence quitta la maison...

– Très bien, interrompit l'inspecteur dont le désappointement était évident. Ce ne peut être Terence, car le cambrioleur a été vu en train de sauter du balcon de lord Pretherston à 10 heures moins 5. On a tiré sur lui pendant qu'il traversait la pelouse. Excusez-moi de vous avoir dérangée. Au fait, pendant que j'y suis... est-ce qu'il est là ?

– Il est à l'écurie. Voulez-vous que je le fasse venir ?

L'inspecteur hésita.

– Non, ce n'est pas la peine. Puis-je vous demander de ne pas parler de ma visite ?

Elle attendit d'avoir vu l'agent de police remonter sur son cheval, traverser la grande allée et s'éloigner au galop sur la route menant au village, avant de sonner. Un vieux serviteur apparut.

– Appelez-moi Terence, dit-elle.

Terence arriva, l'air un peu inquiet. C'était un grand jeune homme dégingandé, au regard éveillé et dont les cheveux étaient impeccablement collés. Il passait pour être le coq du village.

– Fermez la porte, Terence, dit tranquillement la jeune fille. Qu'est-ce que vous avez à la main ?

– Je me suis coupé, mademoiselle, répondit Terence en mettant sa main derrière son dos.

– Vous avez été blessé, dit la jeune fille avec calme. Vous avez été blessé en traversant la pelouse de lord Pretherston ? Où cachez-vous vos larcins ?

L'homme devint pâle comme un mort.

– Je vous jure...

– Ne dites pas de bêtises, Terence, et montrez-moi tout ce que vous avez volé.

– Au nom de la Vierge, mademoiselle, ne me dénoncez pas !

– C'est maintenant que vous êtes fou ! prononça froidement la jeune fille. Redressez-vous et ne vous donnez pas en spectacle ! Montrez-moi tout ce que vous avez volé. La nuit dernière, vous êtes sorti de 8 à 10 heures et demie. De ma fenêtre, je vous ai vu rentrer en vous dissimulant.

Derrière la maison, il y avait une grande cabane dans laquelle les ouvriers qui extrayaient la tourbe rangeaient leurs outils. Une trappe avait été creusée dans le sol ; un grand coffre la dissimulait.

Terence était le seul à entrer dans la petite maison et lui seul en avait la clef.

– J'ai mis un mois à la creuser et la construire, dit-il avec un sombre orgueil. Ah, crénom !

Il tira trois petites valises de l'intérieur de la cachette. Deux d'entre elles étaient neuves, mais la jeune fille reconnut la troisième qui appartenait à son grand-père.

– Portez-les à la maison, dit-elle.

Elle le mena jusqu'à sa chambre, l'y poussa, puis referma et verrouilla la porte.

– Maintenant examinons le contenu.

Il était important car l'homme avait opéré avec art. Bien que la plupart de ses cambriolages eussent été commis en un temps limité, l'alarme ayant été rapidement donnée, et bien que l'attention des propriétaires se fût spécialement portée sur la fermeture de leurs fenêtres et sur la sécurité de leurs objets de valeur, le butin avait été étonnamment fructueux.

La jeune fille reconnut un bracelet et un collier de perles appartenant à Mme O'Gormans. Il y avait aussi deux grosses liasses de billets de banque et, autant que la jeune fille pût en juger, environ deux cents livres en or, le tout dans un petit sac de cuir bouilli.

– Comment auriez-vous pu vous débarrasser des bijoux ? demanda-t-elle.

Assis sur le bord de sa chaise, le jeune homme secoua mélancoliquement la tête d'un air abattu et grommela :

– Sûr que c'était un bien mauvais jour celui où je suis venu ici.

– Écoutez donc, malheureux, s'écria la jeune fille avec impatience. Comment pouvez-vous vous défaire des bijoux ?

– J'peux les vendre à Dublin, mademoiselle. Je connais un vieux type...

– Il faut le faire, dit-elle.

D'une main agile elle tria les bijoux et les enveloppa un à un dans du papier et emballa soigneusement le tout dans une boîte de carton, puis elle demanda :

– Où habitez-vous à Dublin ? Y avez-vous une adresse ?

L'homme lui jeta un regard soupçonneux.

– J'habite avec mon frère, dit-il.

Elle lui donna une feuille de papier, et, après un instant d'hésitation, il traversa la chambre jusqu'au petit bureau de la jeune fille et se mit à écrire laborieusement.

– Maintenant remplissez cette formule.

Elle tira une étiquette postale de son classeur et debout près de l'homme, lui donna les indications nécessaires. Quand il eut fini, elle sécha l'étiquette, prit cinq livres sterling dans un sac rempli de pièces d'or et les lui tendit. Puis elle s'assit, les mains croisées sur ses genoux et posant sur lui un regard ferme :

– Terence, dit-elle, il y a un train qui part de Galway pour Dublin à 8 heures du soir. D'ici à Galway, il y a trois heures de marche, mais vous pourriez atteler le poney et y aller avec la voiture que vous laisseriez chez Donoghue.

Il la regarda, la bouche grande ouverte et murmura :

– Mais après, mademoiselle, qu'est-ce que vous ferez ?

– Je vous enverrai les objets par colis postal. Allez chez votre frère, vous recevrez le paquet après-demain, dit-elle avec calme. Je vous conseille de vendre les bijoux et de quitter l'Irlande aussi vite que vous pourrez. L'Amérique est indiquée pour un homme de votre habileté.

– Et vous n'allez pas appeler la police ? demanda-t-il après une longue pause.

Elle secoua la tête négativement. Un sourire rusé se dessina lentement sur la figure de Terence. La pensée prétentieuse qui traversa son esprit borné apparut lorsqu'il dit avec un sourire affecté :

– En voulant me sauver, vous pourriez vous faire avoir des ennuis, mademoiselle.

Elle le toisa de haut en bas, et il s'assombrit sous la hauteur de son regard.

– J'ai ma récompense, Terence, articula-t-elle avec autorité. Ma part, c'est l'argent que je garde.

Elle ouvrit le tiroir de sa table et y jeta le paquet de billets de banque et le sac d'or, puis le referma d'une poussée. Il se passa la main sur la tête avec perplexité.

– Sûr, mademoiselle, que vous plaisantez ! Si, par exemple, on vous découvrait, si je vous dénonçais...

Elle éclata de rire.

– Allez-vous-en vite, Terence, dit-elle tranquillement. Si vous y allez à pied, vous aurez trois heures pour peser vos chances de paraître véridique.

Il fallut plus de trois heures à Terence pour considérer l'affaire comme avantageusement réglée.

Une semaine plus tard il agitait encore le problème sur le pont d'un grand transatlantique qui se balançait dans la rade de Queenstown.

PREMIÈRE PARTIE

1

LES QUATRE-VINGT-TROIS PERLES

Le comte de Flanborough appuya sur le bouton de la sonnette qui se trouvait à côté de sa table de travail, et, après exactement trois secondes d'attente, il pressa de nouveau. À la vérité la chambre des domestiques ne pouvait être à moins de cinquante mètres de la bibliothèque et celui d'entre eux qui aurait été capable de franchir cette distance en trois secondes n'était pas encore né.

Cependant, ce matin-là, Sa Seigneurie répandait une telle terreur parmi ses gens que Sibble, son valet de chambre, mit cinq secondes à venir.

– Pourquoi, bon Dieu, ne répondez-vous pas quand je sonne ? gronda le comte en jetant un regard de colère sur la figure rougeaude de son domestique.

Sibble ne répondit pas, sachant par expérience que, dans les cas où se taire est déjà insolent, parler ne peut être moins qu'impertinent. Lord Flanborough avait amplement dépassé la quarantaine, il était maigre, chauve et portait les stigmates de la dyspepsie chronique.

L'expression de son visage était insignifiante. Vous lui auriez cherché en vain une ressemblance quelconque avec les traits sympathiques des Felton ou des Flanborough des générations passées ; de leurs cadres massifs placés dans la grande galerie, ils regardaient, d'un air bienveillant ou farouche, mélancolique même, tel le premier baron Felton et Flanborough qui fut un poète contemporain de Lovelace, George Parcy Allington Felton, comte de Flanborough, baron Felton et baron Sedgelys de Waybrook, qui n'était que lointainement apparenté à la branche illustre des Felton. Seule sa malchance lui avait fait hériter du titre et des biens lourdement hypothéqués de son grand-oncle.

Du moins telle était l'opinion malveillante des Felton qui, bien que de souche plus directe, n'en arrivaient pas moins après lui dans la ligne de succession.

Lord Flanborough avait été Mr George Felton, de la maison Felton, Heinrich et Somes, une importante société d'exploitations minières dans différentes parties du monde. Et le seul point lumineux de sa succession à la pairie, ce furent deux millions de livres sterling qui l'aidèrent à libérer le domaine de ses hypothèques.

C'était un homme finaud et déplaisant. Mais sa mauvaise humeur n'avait jamais été aussi arrogante que depuis qu'il avait hérité du titre des Flanborough ; ce matin-là, il était plus désagréable que jamais.

– Pourquoi donc avais-je besoin de vous ? demanda lord Flanborough avec ennui. J'ai sonné en pensant à quelque chose... et si seulement vous étiez venu tout de suite au lieu de flâner, je pourrais... Ah ! oui... dites à lady Moya que je désire la voir.

Sibble se retira avec soulagement. Lord Flanborough tira sur sa moustache hérissée et regarda la feuille blanche qui était devant lui. Puis il prit sa plume et écrivit : « Perdu ou volé. Collier de valeur, composé de quatre-vingt-trois perles. Toute personne qui apportera des renseignements permettant de le retrouver recevra une récompense de deux cents livres. » Il s'arrêta, biffa « deux cents livres » et y substitua « cent livres ». Il ne se sentit pas encore satisfait et ramena la somme à « cinquante livres ». Il contempla ce chiffre plus modeste, le biffa également et écrivit à la place : « recevra une bonne récompense ». Il entendit le bouton de la porte tourner et leva les yeux.

– Ah ! Moya, je suis justement en train de composer une annonce, dit-il avec un sourire.

Lady Moya Felton avait vingt-deux ans et était jolie. Sa gracieuse personne réunissait les qualités, traditionnelles dans la famille, dont la nature avait si malignement privé son père. Bien faite et d'une élégante stature, bien que de taille moyenne, elle avait un visage aux traits délicats, qui tenait complètement des Felton. Si elle avait hérité du défunt Sedgelys le menton volontaire, la bouche altière et les yeux bleu de Chine, ses cheveux d'or sombre lui venaient à coup sûr des Felton.

Lorsqu'elle se mit à parler, un critique pointilleux aurait pu trouver que sa voix manquait des riches qualités dont s'enorgueillissait la famille. Car les Felton étaient de véritables orateurs du temps où un discours parlementaire était prononcé comme un texte lu. La voix de Moya était un peu rauque et n'avait pas d'ampleur. Elle était même un tantinet antipathique. Lord Flanborough prétendait à juste titre que sa fille était une « petite femme pratique ». Et en dehors de son père, il y avait pour le moins encore un homme qui pouvait confirmer cette qualité.

– Ne pensez-vous pas, père chéri, qu'il est un peu absurde de faire une annonce ?

Elle s'assit de l'autre côté du bureau, étendit le bras, ouvrit une boîte d'argent et y prit une cigarette.

– Pourquoi absurde, ma chère enfant, demanda lord Flanborough avec humeur. C'est comme cela que l'on retrouve les objets perdus. Il y a des années quand j'habitais la ville, je me souviens qu'un individu nommé Goldberg...

– Oh ! s'il vous plaît, oubliez un instant ce qui concerne la ville – elle sourit en allumant sa cigarette – et remémorons-nous toutes les circonstances. Primo, je portais le collier chez lady Machinstone. J'y ai dansé avec des gens calmes et respectables : sir Ralph Sapson, sir George Felixburn, lord Fethington, le major Aitkens et Machinstone, ce charmant garçon. Ce ne sont pas eux qui l'ont volé. Je portais encore le collier en m'en allant, car je me souviens de l'avoir vu en boutonnant mon manteau de fourrure. Je l'avais aussi dans la voiture car je l'ai touché peu d'instants avant d'arriver à la maison, je ne me rappelle pas l'avoir enlevé, mais j'étais terriblement fatiguée et c'est à peine si je me souviens de m'être couchée. Il est clair que c'est Martine la voleuse. Elle est la seule personne à pénétrer dans ma chambre. Elle m'aide à me déshabiller, c'est clair comme de l'eau de roche.

De son porte-plume, lord Flanborough tapotait ses grandes dents. C'était une habitude qui énervait beaucoup sa fille, bien que pour cette fois elle trouvât opportun de ne faire aucune remarque. On pouvait la compter parmi les personnes sensibles à la valeur des choses et la perte de son collier la tourmentait.

– J'ai demandé à Scotland Yard d'envoyer un de ses meilleurs hommes, dit lord Flanborough avec importance. Où est Martine ?

– Enfermée dans sa chambre. J'ai dit à Fellows de rester assis devant sa porte, dit la jeune femme. Quand le détective doit-il arriver ?

Lord Flanborough prit sur sa table un télégramme ouvert.

– « Je vous envoie l'inspecteur Pretherston »... Bon Dieu !

Il jeta un coup d'œil à sa fille de l'autre côté du bureau.

– Pretherston, répéta-t-elle d'un air pensif, c'est étrange.

– Pretherston... hum... dit son père, et de nouveau il la regarda.

S'il s'attendait à la moindre confusion, à la moindre rougeur ou même à la moindre défaillance du regard, il pouvait se sentir soulagé, car elle le regarda avec fermeté bien qu'il y eût dans ses yeux une lueur lointaine et qu'elle eût méditativement froncé les sourcils.

Le roman datait de cinq ans et si elle en chérissait le souvenir, c'était par pur sentiment de faiblesse envers la pièce favorite d'une collection. C'était une chose à ressortir et à épousseter de temps en temps. Michaël Pretherston était un mauvais parti à tous égards, bien qu'il eût un vieux cousin infirme pair d'Angleterre et qu'un jour Michaël dût être Pretherston de Pretherston. Il était horriblement pauvre, menait une vie de bohème, n'avait aucun respect pour l'argent et émettait des opinions subversives sur l'Église, la société et son pays. En somme il ressemblait beaucoup au type de l'anarchiste tel que lord Flanborough pouvait se le représenter avec crainte.

Sa cour avait été brève mais orageuse. La jeune fille avait perdu la tête et donné sa parole.

Revenue à la raison, le lendemain matin, et réalisant, dit-elle, que « l'amour n'était pas tout » elle lui écrivit une lettre de quarante pages dans laquelle elle posait catégoriquement les conditions qu'elle trouvait essentielles à leur union. C'étaient le sacrifice de ses opinions, la restauration de ses biens, la remise en état du château de Pretherston afin que lady Moya Pretherston (née Felton) y pût être convenablement reçue. Il répondit à ces quarante pages par une lettre de trente-deux qui débutait par un affront, car il y défendait l'anarchisme. Ce n'était pas une lettre d'amour mais plutôt quelque chose d'intermédiaire entre un pamphlet d'Henry George et une œuvre de Jean-Jacques Rousseau, le tout entrecoupé d'appels passionnés à sa compréhension de femme et d'allusions blessantes à « l'âme servile » de son père.

– C'était un jeune détraqué, dit lord Flanborough en hochant la tête. Je le croyais à l'étranger.

– Je suppose qu'il n'y a pas qu'un seul Pretherston au monde. Et pourtant je trouve vraiment curieux...

– Est-ce que vous éprouvez encore... ? commença son père avec embarras.

Elle sourit en déposant sa cigarette dans le cendrier de cristal et dit :

– C'était un garçon complètement impossible.

À ce moment, on frappa légèrement à la porte et une jeune fille entra.

Elle était vêtue de noir avec simplicité et sa beauté était d'un autre type que celle de sa maîtresse. (Car lady Moya se payait le luxe d'une secrétaire.)

Elle avait un beau visage auquel la courbe descendante des lèvres portait une ombre tragique et dont les grands yeux gris semblaient révéler une profonde souffrance. Pourtant la souffrance ne l'avait pas encore effleurée et le drame qu'on lui prêtait l'avait laissée insensible. Sa chevelure abondante était d'un brun chatoyant. La main qui serrait un bloc-notes contre la poitrine était petite et fine. La secrétaire était un peu plus grande que lady Moya mais, se tenant moins droite, elle paraissait plus petite.

– Père, vous m'aviez demandé miss Tenby pour ce matin, dit lady Moya après avoir salué la jeune fille ; est-ce que vous avez toujours besoin d'elle ?

– Je suis navrée de ce déplorable incident, lord Flanborough, prononça la jeune fille à voix basse. Ça doit être terrible de sentir un voleur dans sa maison.

Lord Flanborough sourit avec bonne humeur.

– Que cette affaire ne vous trouble pas car je suis certain que nous retrouverons le collier. J'espère que vous vous sentez bien ici ?

– Très bien, lord Flanborough, dit avec reconnaissance la jeune fille.

– Pas trop de travail ?

Elle eut un léger sourire.

– Je n'ai presque rien à faire et il y a des moments où j'en ai vraiment honte. Il y a déjà un mois que je suis chez vous et c'est à peine si j'ai gagné ma nourriture.

– C'est très bien comme cela, répliqua Sa Seigneurie avec condescendance. Vous m'avez déjà rendu de grands services et nous vous trouverons bien d'autres travaux. J'ai été heureux de vous apercevoir à l'église dimanche. Le vicaire m'a dit que vous étiez une de ses fidèles.

La jeune fille inclina la tête sans répondre. Elle attendit un moment puis, sur un mot de congé poli, elle quitta la bibliothèque.

– C'est une fille diablement gentille, dit Sa Seigneurie d'un air approbateur.

– Elle travaille vite et bien et lit le français à la perfection : j'ai eu la main heureuse, dit avec insouciance Moya. De quoi donc parlions-nous quand elle est entrée ? Ah oui... Michaël Pretherston. Je me demande maintenant...

La porte s'ouvrit et un domestique annonça :

– L'inspecteur Pretherston, milord.

– L'inspecteur Michaël Pretherston, âne baté ! corrigea le jeune homme d'un air contrarié. Il entra.

Ainsi, c'était bien Michaël ; avec quelques années de plus, un peu embelli, un peu plus sûr de lui... mais le même Michaël toujours impétueux et fantaisiste.

– Il m'a gâté mon entrée, Moya.

Il rit et s'approcha de la jeune fille d'un pas rapide.

– Comment allez-vous après toutes ces années ? Plus jolie que jamais. Rougissez donc ! Ah ! lord Flanborough, vous vous portez toujours bien... J'ai lu votre allocution à la Chambre des Pairs sur la dette navale. C'était très bien ; vous l'aviez préparée tout seul ?

Moya rit doucement, et cela dénoua la situation, car Sa Seigneurie se préparait à défendre avec dignité son honneur d'auteur.

– Toujours le même, Michaël, dit-elle en le regardant avec une franche admiration. Mais, au nom de Dieu, que faites-vous dans la police ?

– C'est en effet extraordinaire, murmura lord Flanborough en ajoutant d'un air comique : surtout pour un anarchiste.

– C'est une longue histoire, dit Michaël. En réalité j'avais été nommé au département spécial, celui des Affaires étrangères et j'ai été affecté à Scotland Yard après l'arrestation de la bande Callam qui falsifiait les dépêches confidentielles venant du continent. C'est une honte, n'est-ce pas, d'être devenu un inspecteur ? Mais noblesse oblige !...

Il rit sous cape, puis redevint soudainement sérieux :

– Mais me voilà en train d'oublier que cette visite est professionnelle... Qu'est-ce qui ne va pas ?

Lord Flanborough exposa le sujet qui lui avait fait demander l'aide de la police. Une expression de désappointement apparut sur le visage de Pretherston.

– Pour un misérable larcin..., dit-il avec reproche. Je pensais pour le moins que Moya avait été enlevée. Racontez-moi maintenant tout ce qui est arrivé durant la soirée où vous avez perdu vos perles.

La jeune fille fit minutieusement le récit qu'on lui demandait, soulignant les détails qui prouvaient que le collier était encore sur elle à un certain moment.

– Et puis vous êtes montée dans votre chambre, dit Michaël, et là que se passa-t-il ? En premier lieu, vous avez enlevé votre manteau.

– C'est cela, acquiesça la jeune fille.

– Étiez-vous de bonne humeur ou plutôt énervée ?

– Vraiment, demanda-t-elle avec surprise, cela a-t-il beaucoup d'importance ?

– Tout a une importance pour le détective patient et méthodique ; les indications morales sont aussi intéressantes et d'autant de valeur que les autres.

– Eh bien ! si vous voulez savoir la vérité, confessa-t-elle, j'étais plutôt mal disposée et très fatiguée.

– Avez-vous retiré votre manteau toute seule ou avec l'aide de votre femme de chambre ?

– Toute seule, dit-elle après réflexion. Je l'ai d'ailleurs suspendu moi-même.

Il lui posa encore quelques questions puis déclara :

– Allons voir maintenant la malheureuse Martine... mais laissez-moi vous avertir que si la pauvre fille est innocente, elle peut porter plainte contre vous pour séquestration.

– Que signifie ? demanda lord Flanborough avec rudesse. J'ai parfaitement le droit de mettre un voleur sous clef.

– Vous n'avez pas plus le droit d'enfermer cette femme dans sa chambre, reprit l'autre avec calme, que moi de vous suspendre par les pieds. Mais laissons cela pour l'instant. Conduisez-moi près de la prisonnière.

La prisonnière était très pâle et pleurait. C'était une femme mûre qui ressentait toute l'amertume de sa situation et qui protesta de son innocence dans une phrase incohérente, entrecoupée de frémissements et de sanglots.

– Je suppose que vous avez fouillé partout, demanda Michaël à Moya.

– Oh ! partout, répondit-elle avec force. Il n'y a pas une boîte ou un coin de la chambre que je n'aie examiné.

– Supposez que le fil du collier se soit cassé, les perles auraient-elles pu s'éparpiller ?

– Non, elles resteraient enfilées, car chaque perle était suivie d'un nœud. C'était un cadeau de fête de papa et je me souviens qu'il avait beaucoup insisté sur ce point.

– Je parie, dit tout à coup Michaël, que le collier est dans votre chambre. Montrez-moi votre armoire.

L'armoire de la jeune fille occupait tout un mur de son cabinet de toilette, et Martine, toujours en pleurs, en ouvrit la porte en bois de rose ; Michaël inspecta l'intérieur.

– Voilà le manteau de fourrure en question, je pense. L'avez-vous examiné après la disparition du collier ?

– Examiné le manteau ? s'écria lady Moya étonnée. Non, naturellement. Qu'a le manteau à faire avec le collier ? Il n'y a pas une seule poche à l'intérieur.

– Mais si je suis bien renseigné sur les manteaux de fourrure à la mode cette année, dit Michaël en pontifiant, je crois pouvoir vous dire qu'il est très possible que ce luxueux vêtement ait joué un rôle important dans la perte de votre collier. En réalité, ma chère Moya, continua-t-il, votre aventure n'est pas nouvelle et il s'est produit plusieurs faits semblables cette année. Deux fois sur trois, la police fut appelée et la troisième fois, le propriétaire du bijou perdu eut l'intelligence de le retrouver tout seul.

Il souleva soigneusement le manteau et l'étala pour en examiner la doublure ; il y trouva le collier accroché à l'une des grandes agrafes plates. La jeune fille poussa un cri de plaisir et décrocha délicatement le joyau.

– Surprenant, n'est-ce pas ? dit froidement Michaël. Cela est arrivé plus d'une demi-douzaine de fois depuis que ces agrafes sont en vogue. Vous enlevez votre manteau avec brusquerie, l'agrafe accroche le collier, le détache, vous pendez votre manteau dans l'armoire, puis commence le mystère du bijou disparu.

– Je ne puis vous dire à quel point je suis ravie, dit la jeune fille. Michaël vous êtes extraordinaire !

Michaël ne répondit pas ; il se retourna avec un gentil sourire vers la femme de chambre apeurée qui attendait.

– Je regrette que vous ayez eu autant d'ennuis pour cette histoire, dit-il ; dès que les gens perdent un objet de valeur, ils perdent aussitôt la tête. Je suis convaincu que lady Moya est navrée du préjudice qui vous a été causé et qu'elle vous dédommagera.

La jeune fille le regarda d'un air mécontent.

– Naturellement, Martine, je suis absolument navrée, dit-elle froidement.

– Oh ! Madame, s'empressa de dire la femme de chambre, je ne suis que trop contente que vous ayez retrouvé votre collier. Tout cela m'avait rendue malade de chagrin.

– Vous prendrez une semaine de vacances, prononça lord Flanborough avec magnificence. Je vous offre le voyage jusqu'à Seahampton, ajouta-t-il.

– Ainsi, dit Michaël de cet air caressant qui voilait à peine son ironie et qui irritait tant le comte, vous le voyez, la générosité de vos maîtres ne reculera devant aucune dépense pour que votre voyage soit agréable. Et lorsque vous serez arrivée à Seahampton (je vous recommande en passant de faire attention de ne pas perdre le « retour » du billet que l'on vous offre), vous aurez toute liberté pour parcourir la promenade côte à côte avec l'aristocratie et vous pourrez gonfler vos poumons de l'ozone ordinairement réservé à vos supérieurs. Vous pourrez aussi vous asseoir sur les chaises libres et voir se dérouler devant vous le spectacle qu'offre la bonne société. Et grâce à la générosité de vos protecteurs, vous jouirez à votre aise d'un contact de chaque instant avec l'aristocratie anglaise. Le dimanche, vous irez à l'église. Là aussi, vous trouverez un grand nombre de chaises inoccupées et vous y pourrez partager la lecture d'un livre de prières avec un gracieux voisin d'une position sociale si supérieure à la vôtre que jamais il ne pourrait vous reconnaître par la suite. Je suis bien sûr qu'alors vous prierez avec une ferveur nouvelle pour que, dans leurs délibérations, les membres de la Chambre des Lords reçoivent l'inspiration de Dieu.

– De tout mon cœur, Monsieur, dit Martine abasourdie par tant d'éloquence.

Il quitta la femme de chambre très émue et accompagna dans la bibliothèque lord Flanborough furieux et Moya indignée.

– Que vous avez débité d'absurdités, Michaël ! lui dit la jeune fille avec colère. Je ne trouve pas très élégant d'avoir voulu monter ma femme de chambre contre moi.

– Je trouve cela grossier et de mauvais goût ! ajouta lord Flanborough. En fait, Pretherston, vous êtes ici en tant qu'inspecteur de police et non en tant qu'ami. Permettez-moi de vous dire que vous avez passé les bornes.

– L'amitié, dit Michaël, en prenant son manteau et son chapeau qu'il avait jetés sur une chaise en entrant, c'est une chose qui a été inventée pour qu'on l'oublie. C'est une chose dont on ne se souvient qu'au moment des chansons bachiques que tout le monde chante en chœur dans les dîners où la sobriété n'est pas de mise. J'ai simplement tenté d'inculquer à votre esclave quelques principes moraux susceptibles d'être utiles, à vous aussi bien qu'à la société !

– Ne dites pas cela, proféra lord Flanborough. Comme si je n'étais pas capable de m'apercevoir de votre ironie !

– Les enfants et les classes inférieures ne s'aperçoivent jamais de l'ironie, dit Michaël avec un sourire lointain.

Il tendit la main à Sa Seigneurie dont la patte flasque s'avança à contrecœur.

– Je crois, reprit Michaël, que je ferais mieux de faire un rapport circonstancié avant de m'en aller. N'auriez-vous pas un secrétaire ou quelqu'un à qui vous pourriez dicter le récit des événements ? Le formalisme de mes supérieurs l'exige.

Pour Moya, les dernières traces de ses relations sentimentales avec Michaël Pretherston semblaient non seulement effacées mais même consumées dans les feux de sa colère. Elle était aussi désireuse que son père de voir se terminer l'entretien.

– On pourrait peut-être faire venir miss Tenby, dit-elle après un instant de silence.

Son père sonna et Sibble parut.

– Priez miss Tenby de venir, dit Sa Seigneurie.

– J'espère, Michaël, déclara sévèrement la jeune fille, que vous ne tiendrez pas à miss Tenby des propos aussi extravagants qu'à Martine.

– Miss Tenby, surenchérit lord Flanborough, accueillerait mal vos paroles. C'est une jeune fille qui...

– Oui, oui, dit Michaël solennellement, c'est une jeune fille précieuse. Elle tape quarante mots à la minute et va à l'église. À ses moments perdus, elle fait des travaux de couture et trouve encore le temps de vous servir d'accompagnatrice au piano.

– Ce doit être une chose merveilleuse d'être détective, se moqua Moya. À la vérité, miss Tenby est une des dactylos les plus rapides du monde.

Michaël se pencha vers elle d'un air singulier.

– Une des dactylos les plus rapides du monde, répéta-t-il d'un ton où il n'y avait plus d'ironie. Est-ce qu'elle chante ?

Ce fut au tour de la jeune fille de montrer sa surprise.

– Mais oui, et avec beaucoup de talent.

– Elle chante de préférence les opéras italiens, n'est-ce pas ?

– Quelqu'un vous a renseigné à son sujet et maintenant vous voulez faire votre petit effet, lui reprocha Moya en riant.

La conversation fut interrompue par l'arrivée de la secrétaire, qui entra, referma la porte et se dirigea droit vers le bureau. Elle s'arrêta court à la vue de Michaël ; Moya, qui ne perdait pas de l'œil la rencontre, vit la jeune secrétaire se raidir et ses grands yeux mélancoliques fixer le visage du détective.

– Alors, Kate ! dit doucement Michaël Pretherston. Bien, Bien ! Et dire que nous nous rencontrons encore, et sous de si aimables auspices.

Miss Tenby ne répondit pas.

– Quel jeu jouez-vous ? demanda, goguenard, Michaël. Quelle inspiration vous conduit sous ce toit hospitalier ? Donnez-moi donc des nouvelles du colonel, de son ami Grégori et de tous ces charmants jeunes gens. Au fait, le colonel est sans doute loin en ce moment. Pour combien en a-t-il eu ? Trois ans ?

Miss Tenby gardait un silence obstiné.

– Que signifie cela ? demanda lord Flanborough, sentant que l'instant était venu de rappeler sa présence. Connaissez-vous vraiment cette jeune fille ?

– Si je la connais ! dit avec extase Michaël. Mais je suis un de ses admirateurs les plus fervents, n'est-il pas vrai, Kate ?

Un sourire éclaira le visage de la jeune fille et montra la ligne régulière de ses dents blanches. Elle dit d'une voix douce et suppliante.

– C'est la vérité, lord Flanborough, Mr Pretherston me connaît. Il connaît aussi mon oncle, le colonel Westhanger et sait qu'il a été mêlé à un grave scandale qui l'a rendu passible de la prison. Il est aussi parfaitement exact qu'étant enfant, l'on m'appelait Kate. Il n'est pas moins vrai que je tente maintenant de m'évader de ce milieu équivoque et d'essayer de me faire une vie honorable.

– Hum ! murmura lord Flanborough légèrement déconcerté. Tout cela me semble digne de foi.

Avec indignation, Moya se tourna vers Michaël.

– Peut-être pensez-vous rendre un grand service à l'humanité, en refaisant tomber cette malheureuse fille dans le ruisseau, en la démasquant devant nous, en la mettant en demeure d'abandonner un emploi honnête.

– Oui, dit Michaël sans éprouver la moindre confusion.

C'est une honte ! s'écria Moya avec colère.

Elle n'avait pas encore décidé en son for intérieur comment elle accueillerait cette révélation ; étant donné son caractère, il y avait lieu de penser que « miss Tenby » n'avait pas beaucoup de chances de faire long feu dans la maison. Mais pour l'instant, il était opportun d'étaler un peu de charité chrétienne. Elle avait devant elle les yeux suppliants de la jeune fille, ses mains jointes et elle se sentait prise d'un sentiment de solidarité pour cette sœur courageuse qui combattait afin d'échapper aux tentacules du crime et de la loi. Elle était sous l'impulsion généreuse du désir d'aider autrui.

Si elle s'était attendue à ce que l'inspecteur Michaël Pretherston (car tel était son titre incongru) se laissât impressionner par ses reproches, elle eut lieu d'être déçue. Michaël n'avait pas quitté la jeune secrétaire des yeux et n'avait pas eu un battement de paupières. Se penchant vers miss Tenby il lui dit :

– Kate, vous êtes vraiment un prodige et dire que c'est aujourd'hui la première fois que la loi met la main sur vous.

– Aujourd'hui ? reprit-elle en élevant le ton.

Il acquiesça.

– À titre préventif. Je peux vous arrêter, murmura-t-il en appuyant sur le « peux », sous l'inculpation d'usage de faux certificats dans le but d'obtenir un emploi, et aussi parce que vous êtes suspecte.

La jeune fille abandonna son attitude humble. Elle rejeta la tête en arrière et éclata de rire, montrant de nouveau ses dents blanches.

– Oh, Mike ! railla-t-elle, alors toujours en éveil ?

Sa gaieté fut de courte durée et ses yeux gris dardèrent des feux rageurs.

– Un de ces jours, vous serez trop habile, dit-elle avec amertume. J'en ai vu disparaître de plus malins que vous, Michaël Pretherston. M'arrêter à titre préventif ? Assez de bluff. Le code ne vous permettra de le faire que lorsque mes actes tomberont sous le coup de la loi. Mais à cela vous n'y arriverez pas, espèce de brute !

– Kate, Kate ! murmura Michaël, vous parlez devant une dame.

Elle s'inclina et dit :

– Je crois que je vais aller rassembler mes hardes ; tout ceci n'a pas précisément été un voyage d'agrément.

– Je vous plains sincèrement, dit Michaël, car, en effet, cela a dû vous paraître un peu monotone après les orgies de Crime-Street.

– Il y a une chose que j'ai toujours désiré savoir, dit la jeune fille songeuse en se mordant les lèvres.

Elle se dirigea vers le bureau de lord Flanborough ; ce dernier se sentit trop stupéfait pour arrêter son geste. Sans un mot, elle ouvrit la boîte d'argent qui était sur la table et y prit une cigarette.

– J'ai toujours désiré savoir quelle sorte de tabac fume ce cher vieux monsieur.

Elle regarda la cigarette d'un œil critique et avec une exclamation de dégoût la jeta sur le bureau.

– Des *Gold Flavours !* dit-elle avec mépris. Vous en seriez-vous douté, Mike ? Et il a cent mille livres de rente !

– Ne jugez pas trop sévèrement la dégénérescence des classes dirigeantes, dit Michaël, conciliant.

Il salua Moya et sortit avec miss Tenby à son bras, tandis que lord Flanborough et sa fille abasourdis se contemplaient en silence.

2

MIKE NE RÉPONDIT RIEN IL N'Y AVAIT RIEN À RÉPONDRE

– Si vous n'avez rien de mieux à faire, dit Michaël Pretherston, venez déjeuner avec moi !

Il s'était arrêté devant la demeure des Felton avec la jeune fille dont il avait déposé le bagage, une petite valise à main, sur le bord du trottoir en attendant un taxi.

– Pourquoi irais-je déjeuner avec vous ? demanda-t-elle avec insolence. Je croyais que vous vouliez me coffrer ?

– Vous êtes d'une vulgarité effrayante, dit Michaël en secouant réprobativement la tête. Je ne peux pas vous coffrer au sens propre du terme. Et d'ailleurs je n'en ai aucun désir, mais plutôt celui de vous compromettre en vous emmenant déjeuner.

La jeune fille hésita.

– Songez à ma réputation, dit-elle.

– C'est une pensée qui m'empêche de dormir, répondit avec légèreté Michaël en appelant un taxi.

Ils choisirent un petit restaurant de Soho, où ils prirent un léger repas dans un sous-sol où le manque d'air était compensé par l'abondance des lumières.

– Maintenant, Kate, j'aimerais savoir quel jeu vous jouez, dit Michaël, et, si j'insiste, c'est parce que je sais qu'il ne s'agit précisément pas d'un jeu.

– Ce vol du collier m'a fait frémir, dit la jeune fille sans répondre directement. Cela aurait été rageant d'être accusée de quelque chose que je n'avais justement pas fait, et en plus d'une vétille pareille.

– Vous me devez bien quelque chose, dit Michaël.

– Je vous dois plus que je ne pourrai jamais vous rendre, dit la jeune fille d'une manière significative.

– Peut-être qu'un de ces jours, suggéra le détective après réflexion, vous pourrez lancer contre moi l'un de vos compagnons d'armes, soit Grégori, soit le colonel ou encore le petit Stockmar, pour me crever tant soit peu.

– Voyons, dit dédaigneusement la jeune fille. S'il n'y avait pas d'hommes comme vous dans la police, il y a longtemps que nous n'existerions plus ! Vous êtes pour nous quelque chose comme une « police d'assurance » et cela nous arrange de vous conserver vivant et bien portant. Certainement que Crime-Street prendra le deuil le jour où l'on vous enterrera.

– Vous voulez me vexer ? demanda-t-il.

Elle lui jeta un regard narquois ; la raillerie faisait briller ses yeux.

– Pourquoi pensez-vous que je sois allée chez lord Flanborough ? demanda-t-elle.

Il hocha la tête et confessa :

– Que je sois pendu si j'en sais quelque chose. J'ai deviné que c'était vous quand ils m'ont parlé de dactylographie ultra-rapide et d'opéras italiens. Maintenant écoutez-moi : je n'essaye pas de vous parler pour votre bien...

– Surtout pas, dit-elle laconiquement.

– Mais je me suis souvent demandé pourquoi une jeune fille distinguée et charmante choisissait une telle vie plutôt que de...

– Travailler huit heures par jour moyennant deux ou trois livres sterling par semaine, acheva-t-elle à sa place, plutôt que de passer ma vie dans ma petite chambre, au septième étage d'un immeuble de Bloomsbury et d'attendre chaque matin mon tour pour le bain. Plutôt que de subir les assiduités du chef de service. J'ai fait l'expérience de tout cela à titre professionnel et cela ne m'a pas tentée, Mike.

Elle le regardait droit dans les yeux.

Elle avait abandonné sa faconde argotique, et son langage maintenant était celui d'une personne de bon ton.

– Voyez-vous, la vie d'une femme n'est pas du tout entourée des mêmes circonstances que celle d'un homme. Elle a un certain besoin d'élégance et son attitude dans la vie, en réalité toute sa conduite, dépend entièrement de l'importance qu'elle attache à la toilette. Les hommes ne font rien pour les beaux yeux d'une femme. À leurs amis, ils prêtent tout l'argent qu'ils peuvent et leur sont encore reconnaissants quand ils le rendent. Ils ne s'attendent à rien de plus de leur part qu'à être remboursés et sont heureux de l'être. Mais si j'étais dactylo dans un bureau et que j'empruntasse deux livres au chef de service ou au caissier, ou un billet de cinq livres à l'un des associés, vous pouvez être sûr que cela équivaudrait pour moi à une invitation à souper avec eux le samedi suivant. Supposez qu'un homme vous prête deux livres et vous demande en retour non seulement de les lui rendre mais encore de renoncer à vos principes les plus chers. S'il vous demande de trahir les amis envers qui vous avez toujours été loyal, de mentir quand vous avez toujours été de bonne foi, en somme de vous conduire comme un voleur sur un plan où vous avez toujours été honnête.

Mike ne répondit rien, car il n'y avait rien à répondre. Il paya et accompagna la jeune fille jusqu'à un taxi.

– Je ne vais pas me lamenter sur votre cas, lui dit-il. Vous vivez votre vie. Un de ces jours, simplement, je viendrai vous cueillir, mais à contrecœur. Allons, sautez dedans, Kate.

Kate sauta littéralement dans le taxi, agita la main en signe d'adieu, puis disparut.

Pendant cinq minutes Michaël Pretherston resta immobile au bord du trottoir, méditant sur les paroles de la jeune fille. Elles avaient trouvé un écho dans son âme, car il savait bien qu'elle n'avait dit que la vérité. Il prit un peu tristement le chemin de son bureau. Se souvenant en route qu'il avait oublié d'écrire son rapport, il hésita : devait-il rentrer à Scotland Yard pour le rédiger de mémoire, ou retourner dans l'atmosphère peu sympathique de Felton. Il choisit cette dernière solution et surprit lord Flanborough au cours d'une sieste. Michaël se confondit en excuses et se montra d'un respect si contraire à ses habitudes que Sa Seigneurie ne songea pas à trouver sa visite inopportune.

– Moya est sortie, lui expliqua-t-il.

– J'essayerai d'en prendre mon parti, répondit Michaël s'installant au bureau de Sa Seigneurie et se mettant en demeure de prendre note des circonstances qui avaient entraîné Sa Seigneurie à demander l'aide de la police. Lorsqu'il eut fini le rapport, il le sécha et le mit dans sa poche.

– Je voudrais encore vous poser une ou deux questions au sujet de Kate, – ou miss Tenby, – comme vous l'appelez. Je crains de vous avoir causé une légère surprise ce matin.

– J'ai été certainement très surpris, admit lord Flanborough circonspect. Qui donc est cette Kate ? Nous avons fait un examen minutieux de la maison mais je crois pouvoir dire qu'il n'y manque rien.

Michaël s'esclaffa.

– Ne vous inquiétez pas de cela. Kate n'est pas une voleuse ordinaire. Son vrai nom est Catherine Westhanger ; on l'appelle Kate et elle est la nièce d'un colonel. Elle a dix-neuf ou vingt ans. Sa mère était un gibier de sacristie, et son père a été chassé de l'armée en 89 pour une malhonnêteté. Son grand-père maternel était le général sir Shaun Masserfield. Il était le voisin de mon frère en Irlande et le plus grand stratégiste de l'armée anglaise. Kate a hérité de son génie mais n'a pas appris son code de l'honneur. Elle perdit son père à seize ans, et son oncle, un gredin plus dangereux que son père, compléta son éducation. La famille, du côté Westhanger, a un passé criminel vieux de deux cents ans, avec quelques intermittences. Kate a été formée pour être une voleuse, mais de grande envergure. Je crois bien qu'elle est à la tête d'une des organisations criminelles les plus importantes du monde. Il est arrivé à chacun de ses membres d'être arrêté, mais jamais rien n'a pu être relevé contre Kate. C'est elle qui organise les grandes escroqueries et elles vont toujours en croissant ; jamais nous n'avons pu remonter jusqu'à elle !

– Voilà bien ce qu'on appelle la police !... commenta lord Flanborough.

– Les policiers, mon cher lord Flanborough, dit Michaël avec lassitude, sont des êtres humains qui ont à s'occuper d'autres êtres humains. Les policiers ne sont ni des anges ni des sorciers, et ne sont pas toujours clairvoyants. Les lois de ce pays sont ainsi faites que le criminel a six chances contre une de se tirer d'affaire. Nous savons fort bien que Kate a trempé dans l'affaire qui coûta deux millions de couronnes à la banque de Hollande. C'est Kate qui organisa le raid sur les bijouteries de Londres en juin dernier. Kate est la fondatrice de Crime-Street. Vous ne connaissez pas cette voie de passage, mais un de ces jours je vous y introduirai, si vous êtes curieux. Mais je vous avertis que si vous vous attendez à plonger votre sensibilité dans la misère, vous serez déçu ; c'est la rue la plus respectable de Londres. L'habileté de Kate est remarquable, sa patience au-dessus de tout éloge. Et c'est en partie à cause de cela que je suis revenu, car je voudrais savoir pourquoi elle avait élu domicile chez vous et ce qu'elle y faisait.

– Comme je vous l'ai dit..., commença de nouveau lord Flanborough.

– Pour la grâce de Dieu, interrompit Michaël, ne me répétez pas que rien ne vous manque ! Je vous dis que Kate ne vous aurait pas soustrait une épingle. Mais, voyons, elle peut s'offrir ce qu'elle veut ! Au nom du ciel, pourquoi aurait-elle perdu son temps pour ce qu'il y a à prendre chez vous ? Libre qu'elle était de parcourir la maison, je ne pense pas qu'elle aurait pu y trouver plus de cent livres de valeurs réalisables. Non, ce n'est pas pour cela que Kate est venue chez vous. Combien de temps y est-elle restée ?

– Presque un mois, dit Flanborough un peu confus de voir combien le résultat de ses investigations personnelles intéressait peu le représentant de Scotland Yard.

– À quoi l'avez-vous employée ?

– Généralement à des travaux de secrétaire pour Moya. Elle avait d'excellents certificats.

– Vous pouvez les oublier, interrompit Michaël avec humeur. Le garçon qui les a faits s'appelle Millet et habite au numéro 9 de Crime-Street.

– Elle était une dactylo merveilleuse, commença Sa Seigneurie qui se creusait la tête pour trouver des excuses au fait de s'être laissé tromper.

– Cela non plus ne m'apprend rien. Elle est une des dactylos les plus rapides du monde, et en effet, aucun point de son éducation n'a été négligé. Elle parle cinq langues et, à neuf ans, lisait déjà couramment le français. Quel genre de travail lui avez-vous fait faire ?

Lord Flanborough se recueillit un moment.

– Elle a pris des copies de quelques lettres et de quelques rapports.

– Quel genre de rapports ?

– Des rapports concernant nos entreprises dans le Sud-Africain. Vous savez, Michaël, j'ai conservé la plupart de nos anciennes participations.

– Est-ce que ces rapports étaient importants ?

– Oui et non, répondit lord Flanborough lentement. C'était simplement des rapports concernant l'extraction des produits, le coût de la production et des projets d'expédition.

– À quel autre travail l'avez-vous encore employée ?

– Laissez-moi réfléchir, dit lord Flanborough.

– Faites, répliqua Michaël revêche. Si je me souviens bien, vous usiez d'un code secret.

– C'est vrai, dit lord Flanborough, mais naturellement elle ne l'a pas eu sous les yeux.

– Où le rangez-vous ?

– Dans mon bureau, dit lord Flanborough.

– Lui a-t-il été possible de le voir ?

– De le voir, oui, mais tout à fait impossible de le copier.

– Combien de temps, au maximum, s'est-elle trouvée seule ici ?

– Seule dans la bibliothèque ? Jamais plus de cinq minutes, répondit Sa Seigneurie après réflexion.

Michaël agita le menton et demanda encore :

– Ne vous est-il jamais arrivé d'entrer dans la bibliothèque et de l'y trouver à moitié évanouie ?

Lord Flanborough le considéra, la bouche ouverte d'étonnement.

– Elle vous a raconté ?

Michaël secoua la tête.

– Non, elle ne m'a rien raconté. Mais votre propre question me donne à penser que je ne me trompe pas.

– Ce qui est remarquable, c'est que vous m'ayez demandé précisément cela, dit Sa Seigneurie. En effet je suis entré un matin et j'ai trouvé la pauvre fille, ou plutôt la misérable, qui était évanouie.

– Et alors je suppose que vous êtes allé lui chercher un verre d'eau et que vous lui avez envoyé votre femme de charge, dit Michaël en plissant les lèvres.

– Oui, convint Sa Seigneurie.

– Ce qui veut dire simplement, sourit Michaël, que vous l'aviez surprise en train d'examiner un de vos documents confidentiels et que, pendant que vous alliez chercher de l'eau et demander du secours, elle l'a remis où elle l'avait trouvé. N'y a-t-il pas eu une autre occasion où, lorsque vous êtes entré, elle ait attiré votre attention sur un petit détail, tel qu'un tableau accroché de travers ou un vase brisé ?

Lord Flanborough eut à nouveau l'air ébahi.

– Oui, un jour elle me désigna la vitrine des objets de porcelaine, et me demanda qui en avait fendu le verre. Mais en réalité la vitre n'était pas du tout fendue, expliqua-t-il.

– Mais vous êtes allé voir ?

– Naturellement, dit Sa Seigneurie.

– Ce fut un tour identique, dit Michaël. Votre inspection lui a donné le temps de remettre en place les documents examinés et de refermer le tiroir, si tiroir il y avait. Maintenant ce que je me demande, c'est ce qu'elle manigance.

– Vous ne voulez pas dire, commença Sa Seigneurie alarmée, qu'elle complotait de me dévaliser ?

– J'espère que non, dit Michaël gravement. Vous frémissez à cette idée.

– J'aimerais vous voir moins sarcastique ! Je crains que vous n'ayez jamais tout à fait pardonné à Moya...

– Je bénis Moya chaque fois que je pense à elle, répondit vivement Michaël. En refusant de m'épouser elle m'a rendu le plus grand service que peut rendre un être humain. J'espère mieux que Moya. En tant que père de Moya vous devriez protester violemment. Je sais ! je sais ! dit Michaël en agitant gaiement la main du seuil de la porte.

3

D'AUTRES YEUX GUETTAIENT MICHAËL

Michaël Pretherston arriva à Scotland Yard juste avant le départ de son chef.

Le commissaire T. B. Smith à qui ce jeune rejeton de l'aristocratie devait son poste ne fut pas encourageant.

– Si nous arrêtons Kate sous quelque imputation que ce soit, ce n'est pas cela qui empêchera le vol projeté, dit-il. Soyez sûr que toutes ses forces sont mobilisées et que sa troupe est prête jusqu'à son dernier bouton de guêtre. J'ai un homme qui est censé avoir l'œil sur elle mais qui semble l'avoir perdue de vue au bon moment. Quoi qu'il en soit, je ne crois pas qu'il y ait intérêt à la coffrer car elle se sait surveillée et se conduit en conséquence. Mais je voudrais vous donner un conseil, mon jeune ami irlandais, et ceci pour vous mettre en garde contre la perte de votre précieuse petite vie. Kate a peur de vous !

– Ce n'est pas l'impression qu'elle m'a donnée cet après-midi, dit tristement Michaël.

– Kate est une bluffeuse, et ne faites pas trop attention à ses paroles. Acceptez plutôt l'avis d'un ami et soyez très prudent. Je ne suis pas très sûr que votre conduite n'ait pas été un peu indiscrète cet après-midi.

– C'est impossible ! s'écria Michaël avec force, ce qui fit rire T. B. Smith.

– Vous auriez mieux fait de ne pas la reconnaître et de continuer à la tenir à l'œil en poursuivant votre enquête selon l'ordinaire.

– Si vous pouvez m'indiquer une méthode qui aurait pu l'empêcher de me reconnaître, et par conséquent de se savoir reconnue, je conviens de mes torts.

– Il se peut que vous ayez raison, dit T. B. Smith, convaincu ; mais quoi qu'il en soit soyez prudent.

Michaël ne fut pas long à oublier le conseil de son chef et il passa la soirée à faire dans Crime-Street, une reconnaissance solitaire des lieux.

Crime-Street ne figure sur aucun plan de Londres, mais si vous examinez soigneusement le quartier de Hampstead, vous découvrirez dans un enchevêtrement irrégulier de rues, un drôle d'ovale qui apparaît nettement sur le plan non pas tant à cause de sa symétrie que du tracé gracieux des rues qui rayonnent tout autour et qu'on appelle Amberscombe Gardens.

Le centre de l'ovale est occupé par quatre maisons, les numéros 2, 4, 6 et 8 ; le côté nord par cinq maisons, les numéros 1, 3, 5, 7 et 9. D'Amberscombe Gardens, partent au nord trois rues, la première (au commencement de l'ovale, entre les numéros 1 et 3) s'appelle l'Approche ; la seconde qui sépare les numéros 5 et 7 s'appelle Bethburn Avenue, la troisième entre les numéros 7 et 9 est Collburn Avenue. Du côté sud de l'ovale, le dessin des rues est à peu près semblable.

À l'origine, neuf maisons occupaient l'espace central, mais elles avaient été démolies par les propriétaires des quatre maisons existantes pour en faire un square. Par conséquent, du côté sud de l'ovale, les maisons étaient remplacées par un mur entrecoupé, à intervalles réguliers, par des portes de jardin semblables à toutes celles des environs de Londres.

En réalité, d'après le plan, l'allée qui allait du nord au sud traversait entièrement Amberscombe Gardens. Mais à l'époque où se passe ce récit, la courbe nord de l'ovale était connue par la police sous le nom de Crime-Street et, d'après la précédente description, les neuf maisons qui se trouvaient du côté nord étaient impliquées dans l'affaire.

La plus modeste de toute, le numéro 1, était occupée par le docteur Philippe Garon. C'était un praticien américain qui traversait souvent l'Atlantique et en revenait pour déposer invariablement de jolies sommes dans une succursale de quartier de la Banque de Londres et de l'Ouest.

Au numéro 3, il y avait une jolie maison couverte de clématites pendant la saison et qui avait de blanches fenêtres à guillotine et une sobre façade rouge. C'était la résidence de ville de Mr Cumingham qui apparemment ne devait pas avoir d'initiales ni de nom de baptême. Ses intimes l'appelaient Mush, surnom d'origine obscure. Mr Cumingham qualifiait sa situation sociale d'« indépendante », ce qui ne voulait rien dire d'autre qu'indépendante des lois ordinaires de l'honnêteté. En un sens, c'était le plus connu de la colonie car Mush avait fait deux séjours en prison, l'un en France et l'autre en Angleterre. Il avait la réputation d'être capable de perforer des coffres-forts plus rapidement qu'aucun autre professionnel et l'on disait, probablement à juste titre, qu'il avait perfectionné l'emploi du chalumeau oxhydrique par une méthode nouvelle qui écourtait de moitié le temps de travail.

Le locataire du numéro 5 était un monsieur d'un aspect bienveillant et réputé très charitable. Ses amis comme ses ennemis l'appelaient l'« Évêque ». Son nom réel était Brown et il avait trempé dans plus d'escroqueries bancaires qu'aucun de ses voisins, bien qu'il n'ait jamais été discrédité que par une misérable condamnation à dix mois de « hard labour ».

Le propriétaire du numéro 7 était connu sous les nom et titre de « Mr Jacques Colling, ingénieur civil dans les services de la municipalité ». Le « Bottin » officiel de la police le connaissait en tant que tireur remarquable, et ajoutait entre parenthèses qu'à son arrestation lors de l'attentat de la Banque de Hollande aucune arme n'avait été trouvée sur lui. On disait encore qu'il n'avait jamais été condamné en Angleterre quoique lui aussi eût fait connaissance avec les prisons françaises.

Le numéro 9 était montré aux touristes avec un certain orgueil de la part du guide, comme étant la demeure de Millet le forgeron qui portait à son actif une condamnation à quinze ans. Il n'en avait fait en réalité que deux, les autorités l'ayant gracié, ce qui lui avait valu une certaine impopularité parmi ses compagnons. On prétendait que ce fait n'était pas sans relation avec l'arrestation postérieure de ses anciens complices et que Mr Millet les avait vendus.

Au numéro 2 de la rue, sur un bas-côté de « l'ovale », habitait H. Mulberry. C'était un homme respectable et méthodique qui partait régulièrement à 9 h 15 tous les matins pour aller à son petit bureau de Chancery Lane dont il revenait le soir à 5 h 30 exactement. Mulberry était un spécialiste émérite des lettres de mendicité. Il était servi par un style du meilleur effet qui réussissait le plus souvent à soustraire aux gens les sommes prévues.

Le numéro 4 était celui d'une des plus grandes maisons de Crime-Street, maison qui abritait le « señor » Grégori, professeur de langues. Malheureusement pour lui, il avait, au cours de sa vie mouvementée, enseigné autre chose que la douce langue espagnole. Il avait appris par exemple à la banque du Chili qui se glorifiait d'avoir des billets inimitables, qu'ils pouvaient être contrefaits par dizaines de mille, et que les six couleurs employées à leur impression n'offraient pas une difficulté insurmontable à un artisan habile, possédant le sens de la couleur et le coup d'œil de l'artiste.

Le numéro 8 était habité par les deux frères, Thomas et Francis Stockmar. D'origine autrichienne, ils passaient pour des réfugiés politiques, mais étaient sans aucun doute des criminels particulièrement dangereux. Les Stockmar avaient l'aspect morose et les cheveux hérissés ; ils étaient certainement les moins présentables de toute la colonie.

En dernier lieu venait le numéro 6, la demeure la plus importante de Crime-Street. C'était une maison carrée sans aucune prétention à la beauté et qui avait un étage de plus que les autres. On disait que son troisième étage ne formait qu'une seule pièce et que, de ses nombreuses fenêtres, il était possible de surveiller non seulement le côté nord du jardin mais aussi le côté sud. On ajoutait même qu'elle avait été conçue pour pouvoir servir de forteresse en cas de nécessité et que le troisième étage avait été prévu pour le dernier acte d'une défense désespérée. Telle était la maison du numéro 6, résidence du colonel Westhanger et de sa brillante nièce.

Michaël Pretherston ne se sentait pas étranger dans Crime-Street. Il y avait été bien des fois et c'était même sur son instigation qu'Amberscombe Gardens avait été percé un beau matin par une équipe de terrassiers, ce qui avait fait découvrir le remarquable souterrain qui servait de passage entre un côté de la rue et l'autre. Il débouchait d'une part, dans le pavillon d'été des jardins de l'ovale, d'autre part, dans les écuries du numéro 3.

Les indigènes de l'endroit prétendaient obstinément qu'ils ignoraient l'existence dudit passage, qui devait avoir été établi bien des années avant qu'ils habitassent la rue. Jacques Colling, l'ingénieur civil, avait démontré à l'inspecteur de l'arrondissement que la façon même dont le passage était construit donnait à penser qu'il avait été fait pour l'écoulement des pluies, et qu'ensuite l'entrepreneur avait dû l'oublier. Ou alors, il avait pu être construit par une erreur de l'entrepreneur qui après coup avait été trop paresseux ou trop pressé pour le détruire.

Il y avait encore d'autres explications possibles mais aucune n'était complètement acceptable. Tout en faisant des moulinets avec sa canne, Michaël dépassa le tronçon de la rue sous lequel avait été construit le souterrain ; il sourit à ce souvenir et se demanda où se trouvait le nouveau tunnel, car il ne doutait pas qu'il y en eût un nouveau.

La nuit tombait et les fenêtres de la salle à manger du docteur Philippe Garon étincelaient de lumière. Chez Mr Mulberry, à droite, l'éclairage était plus modeste. La maison de Mr Cumingham était sombre ainsi que celle de l'Évêque. Une chambre à coucher du numéro 7 était éclairée, mais au numéro 6 tout était éteint ainsi qu'au numéro 8.

Il vit Millet, qui fumait debout à la grille de son jardin, et Michaël traversa la rue pour se diriger vers lui, persuadé que l'œil du bonhomme avait dû remarquer sa présence.

Millet, homme d'une aménité presque obséquieuse, lui fit un salut amical.

– Bonsoir, Mr Pretherston, j'espère que ce n'est pas quelque chose de fâcheux qui vous amène ?

Michaël s'appuya au barreau de la grille, secoua la tête et répondit :

– Rien de fâcheux ne pourrait me conduire ici, n'est-ce pas le coin de Londres le mieux en règle avec la loi ?

Mr Millet soupira, bredouilla quelque chose au sujet des malheurs du genre humain, et y ajouta l'expression de son pieux désir d'oublier le passé et de finir ses jours dans la paix et le calme qui sont refusés aux pécheurs.

– C'est très bien, dit avec douceur Michaël, et comment vont vos braves voisins ? J'étais justement en train de faire le projet de louer une maison par ici. À propos, ajouta-t-il, vous n'en connaissez pas une de libre ?

Mr Millet secoua la tête.

– J'habite celle-ci tout seul, dit-il. Si vous avez vraiment l'intention d'habiter par ici, je pourrais vous céder deux pièces chez moi. Ce serait un honneur pour moi d'être votre hôte, Mr Pretherston.

– Et comment va Kate ? demanda Michaël sans s'arrêter à l'invitation.

– Kate ? demanda Mr Millet embarrassé. Oh ! vous voulez dire miss Westhanger. Je ne l'ai pas vue depuis plusieurs jours. Pas depuis jeudi après-midi, je crois.

– Ah oui, à 2 h 30 de l'après-midi, dit Michaël d'un ton gouailleur. Elle portait une robe bleue à pois blancs et un chapeau vert garni d'une plume d'autruche. Vous vous en souvenez fort bien, car elle laissa tomber son sac et vous avez traversé la rue pour le lui ramasser. Pas la peine d'inventer un alibi, Millet. Je n'ai rien contre Kate pour le moment.

Mr Millet rit doucement.

– Vous aurez toujours le mot pour rire, dit-il.

– Sûrement, prononça Michaël d'un ton farouche, rira bien qui rira le dernier, mais pour rire le dernier, il faut savoir attendre. Et les Stockmar, eux aussi, il y a longtemps que je ne les ai vus.

– Moi, je ne les vois jamais, s'empressa de déclarer Mr Millet. Je me mêle le moins possible aux étrangers. Quoi qu'on puisse dire contre moi, Mr Pretherston, avant toute chose, je suis un patriote ; je n'aime pas et jamais n'aimerai me lier avec des étrangers.

– Votre patriotisme vous fait honneur, Millet, dit sèchement le détective sur le point de s'en aller. Je souhaiterais que vous fussiez assez patriote pour m'éclairer sur ce qui se trame ici.

Il baissa la voix.

– Car vous êtes au courant et, si vous le vouliez, cela pourrait vous permettre d'améliorer un peu votre situation.

– Si je savais la moindre des choses, répliqua l'autre avec sérieux, je le dirais tout de suite, Mr Pretherston ; mais je vis pour ainsi dire en dehors de ce milieu. Jamais personne ne me consulte, ce dont je me félicite. Je ne demande que la solitude et l'oubli du passé...

– Trêve de balivernes ! trancha rudement Michaël.

Michaël avait été épié par bien des yeux, cachés derrière des stores ou d'invisibles judas. Une douzaine de regards avaient suivi les pas de sa lente promenade le long de Crime-Street.

Le colonel Westhanger, un homme grisonnant et d'une haute stature, se tenait chez lui dans la grande pièce du troisième, les mains derrière le dos, le menton incliné sur la poitrine, et ne perdant de vue aucun des gestes du détective. Grégori, l'allure souple et élégante, était à côté de lui, abritant de la paume de la main la lueur de sa cigarette.

– Colonel mio, dit-il de sa voix caressante, que ne donnerais-je pas pour avoir l'occasion de rencontrer ce jeune homme dans un joli passage bien obscur d'une de ces vieilles maisons d'Harrisson Ainsworth, si providentiellement construites au-dessus de la rivière.

– C'est un souhait qui sera exaucé un de ces jours, répondit le colonel d'un ton bourru, ce garçon me déplaît. Il n'a pas le genre habituel des policiers. Ils sont déjà assez détestables comme ça, mais celui-là en sait trop.

Il mordit sa moustache blanche, hocha la tête et quitta la fenêtre lorsqu'il vit Michaël prendre congé du forgeron.

– Surveillez-le de l'autre côté et envoyez quelqu'un pour le suivre.

Il descendit l'escalier que recouvrait un épais tapis jusqu'au premier étage où se trouvaient ses appartements privés.

Le salon vers lequel il se dirigea était meublé avec luxe. Une jeune fille assise au piano faisait courir sur le clavier ses doigts agiles. Elle leva les yeux vers lui lorsqu'il entra.

4

LE CRIMINEL IDÉAL DOIT ÊTRE UN BON STRATÉGISTE

– Où a-t-il été ? demanda-t-elle.

– Il a parlé avec Millet, dit le colonel en se jetant sur un divan.

Il coupa d'un coup de dent le bout d'un cigare qu'il se préparait à allumer et ajouta d'un air méditatif :

– Du diable si je sais ce qu'il a dans la tête.

Kate Westhanger fit une légère grimace.

– On ne sait jamais si un policier fait de son plaisir un devoir, dit-elle. Je suppose qu'il est en train de refaire connaissance avec Crime-Street.

– N'employez donc pas cette expression, coupa aigrement son oncle.

– J'emploierai cette expression si cela me plaît, dit-elle avec calme. Pourquoi vous énervez-vous ?

– Je ne m'énerve pas, protesta-t-il, presque en criant, mais je vieillis et la tâche est lourde. Elle devient presque trop lourde pour moi et si j'avais encore la même situation qu'il y a quelques années, je crois que je laisserais tout tomber. Après tout, nous avons tous acquis assez d'argent pour avoir le droit d'en jouir tranquillement.

Elle s'était remise au piano et jouait, le pied appuyé sur une des pédales.

– Ne pourriez-vous trouver quelque chose de plus réjouissant que *La Mort d'Aase ?* grogna l'oncle.

– Ce sont vos nerfs, naturellement : oh ! excusez-moi.

Elle se leva et laissa retomber brusquement le couvercle du piano, ce qui le fit sursauter.

– Je ne sais vraiment pas quoi faire au sujet de Mike, dit-elle d'un air pensif.

– Grégori a une solution, répondit le colonel.

– Lui couper la gorge, sans doute, dit froidement la jeune fille ; Grégori propose toujours des moyens simples et horribles ! Je ne puis imaginer qu'il ait jamais de sa vie coupé la gorge à qui que ce soit, mais je suppose qu'il trouve qu'un tel langage s'accorde avec sa nature ardente de Méridional. « Mon Colonel mio », se mit-elle à singer. Jusqu'ici, nous avons toujours réussi à éviter de répandre le sang ; mon avis est de nous maintenir inébranlablement dans cette voie. Ma théorie coïncide avec celle de Mike. J'ai lu un article de lui dans un journal socialiste, l'autre jour, qui défendait avec éloquence le droit à la vie. Je suis hostile au fait de tuer. Ce qui me plaît, c'est de saigner un peu les gens gorgés d'or, et je ne sais même pas si cela me fait vraiment plaisir.

– Que voulez-vous dire par là ?

Le colonel la regarda sous ses sourcils hérissés.

Elle haussa les épaules et prononça lentement :

– Je veux dire qu'en fin de compte, je ne sais jamais si mon point de vue m'est personnel ou n'est qu'un reflet du vôtre que je reproduis comme un miroir. Voyez-vous, je suis très jeune, mais j'ai une certaine logique d'esprit qui me dit qu'aucune jeune fille de dix-neuf ans ne peut avoir un point de vue bien définitif... enfin, je veux dire, qui ne vienne que d'elle. Peut-être qu'à vingt-cinq ans, je vous jugerai un personnage terrible et que tout le reste – elle étendit les mains – me donnera le frisson.

– En attendant, dit son oncle, vous êtes miss Ali Baba, chef stratégiste de notre petite troupe et une jeune personne très exigeante. Au fait, Grégori regimbe.

Elle lui jeta un regard accompagné d'une petite moue méprisante.

– Il y a en Grégori un grand joueur d'avant-centre pour le rugby, dit-elle. Qu'est-ce qui a déclenché son attaque ?

– Chut, chut, mon enfant. Notre admirable ami est en haut, et quoi qu'il en soit, je trouve peu séant de critiquer ses associés. Notre profession comporte un certain cérémonial que vous devez avoir remarqué.

– Cela sonne étrangement, dit-elle, en se penchant en avant, les genoux joints. Vous le savez, mon cher oncle, je suis incapable de pensées droites. Déjà, lorsque j'étais haute comme cela (elle étendit la main devant elle), je n'ai jamais pu envisager de réaliser un de mes désirs sans que ce soit aux dépens de quelqu'un. À l'école de Lausanne, avant de revenir en Irlande, il me semblait vivre parmi les gens les plus singuliers et, bien que vous m'ayez prévenue, je vous donne ma parole, je les croyais tous fous. Les pères étaient tous dans les affaires et me semblaient pratiquer une méthode de vol lente et autorisée par la loi. Pensez à l'horrible monotonie du travail quotidien et assidu que ne coupait aucunes vacances, rien de stimulant, pas d'aventures hormis l'artificiel frisson donné par le théâtre et celles qui vous attendent en rentrant au logis.

– Je ne savais pas qu'il vous en était arrivé, dit le colonel qui, les yeux clos, tortillait sa moustache en jouissant de la saveur de son cigare.

– Oh ! mais oui, appuya la jeune fille d'un signe de tête, vous rencontrez toutes sortes d'hommes qui soulèvent leur chapeau et vous disent des choses telles que : « Bonjour, Mademoiselle », ou « Il me semble que nous nous sommes déjà rencontrés ». Je ne pense pas qu'ils aient jamais dit autre chose.

Elle réfléchit un instant.

– Non, ce sont tous des fervents du « Bonjour, Mademoiselle » ou du « Je vous ai déjà rencontrée » et ils veulent tous savoir si l'on suit le même chemin qu'eux.

– Et qu'arrive-t-il dans ce dernier cas ? demanda le colonel amusé, retirant son cigare de ses lèvres avec précaution pour pouvoir rire sans en faire tomber la cendre.

– Je n'ai qu'une expérience à vous raconter, dit Kate. C'était un jeune homme au menton mollement dessiné. Il pratiquait simultanément les deux méthodes d'aborder une jeune fille et son « Bonjour, Mademoiselle » fut suivi d'une enquête sur mes intentions immédiates ; je le laissai marcher à côté de moi. Je m'attendais à quelque chose de terrible, mais il parla surtout de sa mère et du mal qu'il avait à en obtenir une clef de la maison. Il voulut me prendre le bras ; je ne le laissai pas faire ; alors il me proposa un rendez-vous pour le dimanche suivant. Entre temps, il m'avait amplement renseignée sur sa famille, sa mère et la jeune fille qu'il était prêt à me sacrifier si je consentais à le revoir. J'appris aussi qu'il s'appelait Ernest et qu'il était le meilleur employé de son bureau.

– Je veux être pendu s'il n'a pas voulu vous embrasser, dit le colonel.

– Peut-être en avait-il envie ? dit la jeune fille, mais il ne me l'a pas manifesté. Il me dit encore qu'il espérait qu'il n'allait pas se mettre à pleuvoir, et me demanda s'il pouvait m'écrire. Je lui dis que oui, mais, par malheur, il oublia de me demander mon adresse.

Elle changea brusquement de sujet :

– Et Grégori, vous ne m'avez pas dit pourquoi il regimbait ?

– L'affaire de Madrid ne marche pas comme il voudrait, répondit le colonel, les yeux fuyants.

Elle acquiesça.

– Je sais, et Grégori me le reproche, je présume ?

– Grégori ne vous reproche jamais rien, dit le colonel. Je crois que Grégori abattrait celui qui oserait exercer la moindre critique à votre sujet.

– Oui, dit-elle, en inclinant la tête, les yeux fixés sur le mur, l'affaire de Madrid est mal partie malgré quarante-deux pages d'instructions très détaillées en anglais et en espagnol. Elle m'a coûté un mois de travail qui a été gâché ainsi que cent mille pesetas parce que Grégori se fiait au señor Rahboulla. Or, ce dernier, qui croyait pouvoir s'en tirer sans ma direction, prit le train à Cordoue, habillé en gris clair alors que je lui avais dit de s'habiller en noir comme un vrai Madrilène ; de plus, il insista pour aller à Madrid par Tolède. Je savais que les polices française et espagnole surveillaient Cordoue, je savais même qu'elles attendaient un étranger. Rahboulla, qui ne pouvait passer inaperçu, fut arrêté et mes plans, conçus avec tant de soin, devinrent inutilisables. Depuis, Rahboulla a faussé politesse à la police, mais il arriva à Madrid justement le premier jour où le Prado commençait à fermer à 5 heures au lieu de 6. La conclusion de tout cela, c'est que le Vélasquez est toujours au Musée, mais que nous avons gaspillé cent mille pesetas !

Le colonel hocha la tête :

– Vous êtes vraiment une jeune fille étonnante et tout ce que vous dites est absolument logique. Mais, ciel ! que de réflexion et de patience demandent tous ces petits détails !

– Le criminel idéal doit être un bon stratégiste, déclara la jeune fille. Il prévoit chaque mouvement de l'ennemi pour pouvoir le déjouer. Il fait une diversion d'un côté, il attaque d'un autre. Quand on croit qu'il prépare sa retraite, c'est alors qu'il prépare un pas en avant. Il m'a fallu six mois pour obtenir les informations voulues et il n'a fallu que six minutes à Rahboulla pour bouleverser nos plans.

Elle rit et ajouta :

– Quand je ferai des erreurs, il faudra vous en prendre au général. Il y a deux ans, Grégori mêla un Italien à notre combinaison au sujet de l'affaire du Nottingham Post Office. Cela la fit rater.

– Là, vous avez raison, s'empressa d'approuver le colonel. Tolmini a tout gâché.

– Et, une fois arrêté, il a essayé de nous compromettre tous, compléta Kate. Il avait l'impression que je l'avais attiré dans un traquenard, bien qu'on eût recommandé à cet imbécile de ne pas toucher aux sacs postaux avant la relève du service de jour.

– Pourquoi en parlez-vous aujourd'hui avec tant d'insistance ? demanda le colonel avec curiosité.

– Parce qu'il est sorti de prison, et qu'il va rouspéter, répliqua-t-elle, tout comme Grégori.

– Laissons le passé enterrer le passé, dit sentencieusement le colonel. Et quoi de neuf, à propos de notre projet actuel ?

– Il avance beaucoup plus que vous ne pensez. Encore quelques voies à aplanir, quelques obstacles à écarter, quelques fils barbelés à couper, et...

– Par Dieu ! s'écria le colonel avec admiration, vous étiez faite pour être militaire, Kate !

Elle se renversa sur sa chaise, les mains croisées derrière la nuque, et posa sur lui un regard scrutateur.

– Il fut un temps où vous apparteniez à la bonne société, dit-elle avec ce manque de détours qui lui était si personnel.

Le colonel Westhanger rougit et se renfrogna.

– Eh bien ! mon cher oncle, appuya-t-elle, maintenant on ne peut pas dire que vous vous conformiez à toutes les règles de la bonne société, n'est-ce pas ?

– J'en ai les instincts, protesta le colonel d'un ton bourru, n'insistez pas, Kate, et n'écrasez pas un homme avec cette insouciance.

– Mais je pense que vous êtes toujours un homme d'honneur, dit-elle d'un ton réfléchi. Le simple fait que la supposition contraire vous offense le confirme. Mais ce que je veux dire, c'est qu'il fut un temps où vous obéissiez à une morale plus stricte, où vous pensiez que le vol était condamnable et l'attaque à main armée un crime. Vous deviez agir de concert avec des hommes à la parole desquels vous pouviez vous fier et qui ne se seraient jamais conduits d'une façon malhonnête ou vile. Les soldats que vous commandiez avaient la même formation et vous deviez punir ceux qui s'écartaient du droit chemin et se rendaient coupables de méfaits qui, si je les compare aux vôtres, étaient des têtes d'épingles comparées au dôme de Saint-Paul.

– Je ne comprends pas pourquoi vous vous mettez à parler du passé, dit le colonel avec irritation.

Cet homme à moustaches grises avait conservé une tournure distinguée. Il était de haute taille, large d'épaules et se tenait toujours très droit. Il y avait en lui ce quelque chose d'indéfinissable qui caractérise les chefs et ne se perd jamais complètement.

– Je faisais simplement une comparaison entre vous et moi, dit Kate. Vous avez l'avantage de connaître les deux côtés de la société. Dites-moi, auquel donnez-vous la préférence ?

– Qu'en pensez-vous ? demanda-t-il avec méfiance.

Elle secoua sa cigarette dans le foyer et répondit avec franchise :

– Je crois que nous tenons le bon bout. Nous menons une vie agréable et excitante, tandis que les honnêtes gens que j'ai approchés m'ont toujours semblé très ennuyeux. Probablement sont-ils tous comme cela ?

– Il y a quelquefois des honnêtes gens qui ont de l'intérêt, dit le colonel d'un ton paterne.

– Mais pas à cause de leur honnêteté, répliqua vivement la jeune fille. Si un honnête homme bien ordinaire vous inspire de l'intérêt, c'est parce qu'il y a en lui quelque chose qui n'est pas tout à fait honnête. Si vous entendez un homme parler d'un autre comme d'un brave homme, vous découvrirez généralement qu'il va au National Sporting Club pour y voir des matches de boxe ou des courses de chiens, ou bien qu'il a une autre occupation ne s'accordant pas mieux avec des devoirs professionnels ou la pratique de ses innocentes qualités. Mais vous ne m'avez pas répondu. De quel côté préférez-vous être ?

– Si je pouvais recommencer ma vie..., commença le colonel avec une grimace.

– Quelle sottise ! dit avec calme la jeune fille. C'est une possibilité que vous n'aurez pas, alors pourquoi la mettre en question ? Et n'importe comment, si vous recommenciez votre vie, vous ne pourriez bénéficier de votre expérience actuelle, car vous ne vous en souviendriez pas. Vous avez vécu de deux façons différentes, laquelle préférez-vous ?

– Vous êtes dans de singulières dispositions, ce soir, dit le colonel Westhanger qui s'était levé et s'avançait doucement vers le feu en passant devant elle. Devenez-vous religieuse ou quelque chose comme cela ?

– Qu'est-ce qui est préférable ? demanda-t-elle de nouveau, être un voleur, mais être libre, ou bien vivre entre les quatre murs de l'honnêteté ?

– Quant au repos de l'esprit, une vie honnête est préférable, dit le colonel. Elle ne provoque ni nuits d'insomnie ni angoisse qu'il faut cacher avec toute l'habileté dont on est capable chaque fois que l'on frappe à la porte ; vous ne vivez pas dans la crainte continuelle de la police et des surprises du lendemain.

– Vraiment ! et elle lui jeta un regard amusé. Un honnête homme n'a-t-il jamais de ces épreuves ? Ne lui arrive-t-il pas, par exemple, de faire des dettes et de redouter la venue du créancier ? Et lorsqu'un employé honnête commence à vieillir, n'éprouve-t-il pas un serrement de cœur chaque fois que son patron l'examine du regard ?

Le colonel se retourna et grogna aigrement par-dessus son épaule :

– Comme toutes vos réponses ont l'air prêtes d'avance, je ne sais pas pourquoi vous m'ennuyez de vos questions. Il y a le pour et le contre, quel que soit le côté du tableau.

La jeune fille était dans une journée d'agitation. Elle se leva, alla à la petite fenêtre, ouvrit le petit volet carré et regarda dans la rue qui s'assombrissait de plus en plus. Puis, elle retraversa la pièce jusqu'à son petit bureau qui se trouvait d'un côté du foyer. Elle s'y assit et se mit à écrire pendant un moment, puis elle abandonna brusquement sa plume et se leva de nouveau.

– Vous allez me poser encore une question ? constata le colonel.

– Une seule, implora-t-elle.

– Allez-y ! grommela-t-il, peu encourageant.

– Qu'est-ce qui pourrait vous faire abandonner votre carrière, et, comme le disait en Cour d'assises le juge au pauvre Mr Mulberry, qu'est-ce qui pourrait vous faire utiliser vos indubitables talents pour atteindre un meilleur but ?

– L'opulence, répondit promptement le colonel ; assez d'argent mis de côté pour me permettre de vivre largement. Et justement, laissez-moi vous dire que vous et moi aurions les moyens de laisser tomber...

Mais elle l'interrompit :

– Votre argument n'est que matériel, j'en voudrais un philosophique ou moral, dit-elle.

– Oh ! la barbe ! trancha-t-il. Pourquoi me posez-vous ces questions idiotes ?

– Parce que je me demande, lui répondit-elle, quelle influence je pourrais être amenée à subir. Celle des garçons que je commande ? Non, je ne me soucie pas de ce qu'ils pensent. Je les tiens pour des sots, pourquoi m'influenceraient-ils ? La richesse ? Non, même si j'étais riche comme Crésus, je continuerais par dilettantisme. Le châtiment ? Non, j'emploierais mes minutes libres à rechercher les fautes qui m'auraient fait prendre. Je crains d'être incorrigible, mon oncle, car il y a quelque chose en moi que je sens irréductible. Et maintenant, je vais m'habiller, dit-elle en allant vers la porte.

– Vous sortez ? demanda le colonel avec surprise.

Elle répondit d'un signe de tête.

– Mais Grégori ?

– Grégori peut attendre, dit Kate, et puis, il m'ennuie. Il me fait toujours la cour.

– Qu'est-ce que cela a d'étonnant ? dit le colonel malicieusement.

– C'est surtout ennuyeux, dit la jeune fille.

Elle ouvrit brusquement la porte et recula d'un pas. Grégori, le plus galant des cavaliers, se tenait là, déférent. Elle le regarda froidement.

– Vous écoutiez ? demanda-t-elle.

– Señorita ! protesta-t-il offensé.

Elle rit et passa. Grégori la regarda monter l'escalier jusqu'à ce qu'elle fût hors de vue ; il ferma alors la porte et se dirigea vers le colonel.

– Notre petite amie est sévère envers moi, dit-il, sans aucune trace d'amertume.

– C'est une curieuse fille, Grégori, répondit le colonel en hochant la tête.

– C'est une curieuse fille, répéta Grégori. En vérité, c'est une curieuse fille.

Il caressa sa petite moustache noire.

– Elle ne m'aime pas.

– Est-ce qu'elle aime quelqu'un ? grogna le colonel.

– Vous, je pense, sourit l'Espagnol.

Le colonel secoua la tête désespérément.

– Je n'en sais rien, dit-il. Quel renversement de situation !

L'Espagnol prit la chaise de la jeune fille.

– Je sais à quoi vous pensez, approuva-t-il. Il y a quelques années, elle était une enfant obéissante qui reconnaissait notre code ; maintenant, elle est la maîtresse tyrannique de la situation.

Il roula adroitement dans ses doigts une cigarette, la passa sur ses lèvres et chercha une allumette dans la poche de son gilet.

– Elle est toute en cerveau, Kate, dit-il avec admiration, mais son cœur... pfuitt !... Il souffla un nuage de fumée pour illustrer sa phrase.

– Il n'y a pas de limites à son énergie, continua-t-il. Quelquefois, je pense qu'elle est dangereuse et quand j'en viens à examiner les choses de près, il m'est impossible de dire ce qu'elle peut être. Après tout, ce qu'elle fait, c'est seulement le plan. Si l'affaire est bousillée, c'est notre faute, car le plan est parfait, il n'y a pas un détail qui manque. Elle dresse jusqu'à la dernière minute l'emploi du temps ; elle prépare, elle écrit. Elle ne se trompe jamais. Oui, c'était la faute de Rahboulla, convint-il, et j'avais tort de rouspéter. Comment m'a-t-elle appelé ? *un joueur d'avant !*

Il rit doucement.

– Elle est très jeune, dit le colonel pour l'excuser, et un peu vive de paroles ; elle parle trop, je trouve.

– Une jolie femme ne parle jamais trop, dit le galant Grégori ; elle pourrait penser trop et ne pas parler assez. Une personne qui parle est comme une maison allumée avec les volets levés et la porte ouverte. Maintenant, Colonel mio, où en sommes-nous de la nouvelle affaire ?...

Le colonel apporta une chaise d'une main et une petite table de l'autre. L'Espagnol s'assit et sortit d'une poche intérieure un paquet de papiers. En quelques minutes, les deux hommes furent plongés dans la discussion de l'affaire la plus remarquable, la plus étonnante et la plus audacieuse qu'eût jamais entreprise Crime-Street.

5

UNE DANSEUSE AU *SEBO'S*

Il y avait un monde fou au *Sebo's*, car c'était l'heure du dîner et le *Sebo's* était le restaurant le plus à la mode. Tout ce qu'il y avait de chic, de fameux, de brillant dans le monde tout court, aussi bien que dans celui des lettres et du théâtre, était réuni dans un même endroit par le goût commun à toute l'humanité de jouir sans souci du luxe.

Un ministre et ses amis étaient assis à côté de la table que présidait une grande actrice de music-hall. Le propriétaire d'un favori aux courses était assis dos à dos avec un pamphlétaire radical bien connu. Le patron d'un grand quotidien de Londres pouvait apercevoir au-delà de sa table, et sans avoir à bouger les yeux, une jolie danseuse de l'Empire, un médecin attaché à la Cour, un pair d'Angleterre et un chanteur de ragtime.

La grande salle à manger étincelait de lumières ; les petites tables étaient si rapprochées les unes des autres, qu'il restait à peine assez de place pour les garçons que la Providence semblait avoir mystérieusement doués du talent de se frayer un chemin là où il n'y en avait pas. Le jazz band attaqua un air endiablé dans un coin de la salle, mais ne put couvrir le bruit des rires et le bourdonnement des conversations animées.

Dans le petit vestibule, un jeune homme grand et mince arpentait le parquet de marqueterie avec résignation ; la personne qu'il attendait était certainement en retard. Il était très blond et très rose. Il ne savait que faire de sa personne ; pour prendre une contenance, il se vissa dans l'œil un monocle cerclé d'or.

À ce moment, les portes vitrées battirent et une jeune fille se dirigea vers lui en tendant sa main gantée :

– Je suis désolée d'être en retard, Reggie, dit-elle d'un ton familier.

– Vous pourriez être en retard d'une heure, de cinq heures, ou même d'un jour entier, je serais toujours heureux de vous attendre, dit le jeune homme extasié.

– Je ne me fâcherai pas si vous m'appelez Véra, répondit-elle en souriant.

Son sourire était éblouissant, le jeune homme rougit, toussa, bredouilla, passa son doigt ganté entre son col et son cou de poulet, laissa tomber son monocle, le récupéra – tout ceci en l'espace de quatre secondes, manifestant ainsi son trouble et sa gratitude.

– Vous avez une table, j'espère, dit la jeune fille, en revenant du vestiaire.

– Certainement, dit le jeune homme.

Il la pilota à travers les tables, car sa minceur lui permettait de rivaliser avec les garçons ; ils parvinrent à une table couverte de fleurs rares. Les nouveaux arrivants devinrent le point de mire de la société ; quelques personnes sourirent, quoique les regards qui se portaient sur la jeune fille ne fussent jamais qu'admiratifs ou froidement élogieux, suivant le sexe de l'observateur.

– C'est Reggie Boltover, dit un jeune homme.

– Qui est-ce ? demanda son compagnon.

– Un être humain, ou plutôt un million ! telle fut la laconique réponse.

La jeune fille rayonnait, elle souriait constamment et son regard était plein d'admiration et de plaisir.

– Ainsi, voilà le *Sebo's*, dit-elle, n'est-ce pas un endroit terriblement immoral ?

La figure de Reggie Boltover se plissa d'une façon inquiétante ; il souriait.

– Chère Mademoiselle, chère Véra, lança-t-il, comment pourrais-je vous amener dans un endroit immoral ? Voyons, je vous le demande, comment pourrais-je vous amener dans un endroit immoral ?...

Ses talents de conversation n'étaient pas très développés, mais son cœur était pur. Ce n'était pas un jeune noceur et toute son immoralité consistait dans la croyance qu'il avait de l'être. Il avait rencontré la jeune fille un soir, par hasard. Un de ses amis, plus audacieux (et qui réalisait l'idéal de Reggie en cette matière) l'avait persuadé, après quelques faibles protestations, d'attendre avec lui à la porte d'un théâtre une amie charmante qu'il avait l'intention d'emmener souper. L'amie charmante, avec le bon cœur qui caractérise les girls, présenta son amie à elle, Véra Flemming, une « nouvelle », et tous quatre allèrent souper ensemble. Mr Reggie Boltover fut charmé par Véra et lui proposa de faire une promenade à la campagne. Il se demanda même s'il présenterait Véra à sa mère, car la jeune fille avait des façons distinguées et cela montre à quel point il était conquis. Quoi qu'il en soit, Reggie Boltover n'avait rien à trouver d'inquiétant dans cette amitié si étrangement commencée.

Les danseuses de music-hall ne sont que des employées comme les autres, avec, en plus, un goût prononcé pour le caviar et les pêches Melba. Elles ne sont pas plus dévergondées que leurs sœurs des mêmes couches sociales ; la seule différence qui existe entre elles consiste en ce que, étant en proie aux mêmes tentations, les girls ont un champ d'action beaucoup plus large et les candidats sont beaucoup plus présentables. Une midinette accepte de se rendre dans un thé, une danseuse désire aller au Ritz. Toutes deux sont consumées par une seule passion : bien manger et ne pas payer.

Reggie Boltover qui, il faut lui rendre cette justice, connaissait tout le monde, désigna à la jeune fille les personnalités présentes et se fit son cicerone pendant une bonne demi-heure. Véra Flemming était intéressée, mais non enthousiasmée.

– J'aimerais tant que vous me parliez de vous-même, dit-elle, vous êtes tellement plus intéressant que tous ces gens.

– Mais non, mais non, répondit Reggie en se dandinant, mais non.

– Si, si..., insista-t-elle avec le plus grand sérieux.

– Mais non, chère Véra, je vous jure, je ne suis pas du tout un personnage intéressant.

Sa vie était tout ce qu'il y a de plus banale, il l'admettait avec franchise. Tout ce qu'il faisait, c'était de signer quelques chèques, de liquider quelques dettes, de voir quelques amis pour parler de choses et d'autres.

– Ça doit être merveilleux de se sentir un chef, dit la jeune fille rêveuse. Naturellement ma famille est très pauvre. Nous pensons en shillings alors que vous pensez en milliers de livres sterling. Et c'est vraiment difficile de réaliser ce que c'est que de donner un ordre lorsqu'on a l'habitude d'en recevoir.

Reggie Boltover n'avait jamais donné un ordre de sa vie ; il n'osait même pas discuter les décisions que prenaient les innombrables administrateurs et directeurs que feu son père avait nommés de son vivant. Aussi chercha-t-il, lui aussi, à réaliser ce que ça pouvait être. Il avait souvent réfléchi avec terreur à l'obligation dans laquelle il pourrait se trouver, de prendre lui-même la direction de ses affaires. Il pensait confusément qu'un jour administrateurs et directeurs mourraient et qu'il devrait alors les remplacer. Il croyait vaguement qu'à la rigueur, on pourrait en acheter dans un grand magasin, mais jamais il n'avait songé à les faire sortir de terre par le seul pouvoir de sa parole toute-puissante. Jamais non plus, il n'avait envisagé le cas qu'un ordre donné par lui, concernant les affaires qu'il était censé diriger, pût être exécuté.

– Oh ! vous savez, dit-il, en réalité, je ne donne jamais aucun ordre à mes employés, vous comprenez, je les vois rarement. Naturellement, on me fait des rapports que je dois lire, alors tout va bien, je signe des chèques, je rencontre quelques personnes et voilà tout.

Sous l'influence de la sympathie et de l'intérêt que lui portait la jeune fille, il faisait quelques frais de conversation et ne se montrait pas aussi incompétent qu'il prétendait l'être. Par exemple, il savait que les fonderies et les chantiers de constructions navales qui portaient encore le nom de son père, et le sien à l'occasion, rapportaient énormément d'argent. Par contre, d'autres affaires étaient complètement improductives. Parmi ces dernières, il y en avait une dont il parlait avec la plus grande amertume, et cela parce que son père, de son vivant, en parlait également avec violence et âpreté. En apparence, le seul grief qu'il semblait y avoir contre les usines de ciment Boltover, c'était qu'elles n'avaient point de directeur, et par conséquent qu'il n'y avait aucun rapport à lire les concernant.

En effet, ce n'était qu'une bâtisse désertée et si déshonorablement improductive que, jusque sur son lit de mort, Mr Boltover père (maintenant au Ciel) désira que son nom fût rayé de la dénomination officielle de cette Compagnie. C'est du moins ce que son fils disait.

– Vous comprenez, c'était du mauvais ciment. Vous savez comment on fabrique le ciment ?

– J'aimerais tant le savoir, dit la jeune fille, les yeux brillants, je me le suis si souvent demandé !

– Eh bien ! dit Reggie, en cherchant du regard sur la table les objets propres à illustrer sa démonstration, vous draguez la rivière, vous en tirez un truc que vous fourrez dans un wagon, ensuite, vous mettez cela dans le feu, vous le retirez, vous y faites encore quelque chose et voilà, vous avez du ciment ! Seulement, notre ciment n'était pas du ciment, vous comprenez, c'est ce qui rend cette satanée affaire si improductive.

– Que c'est intéressant ! s'écria la jeune fille, je m'en souviendrai un jour.

– Naturellement, on ne néglige pas l'affaire, dit Reggie, que ces histoires mettaient en train, et, un de ces jours, on découvrira un gogo...

– Comment dites-vous ?... demanda la jeune fille choquée.

Reggie rougit, mais il fut enchanté par la délicatesse de Véra.

– Excusez ma vulgarité, mademoiselle Véra. Je voulais dire que nous cherchions un acheteur. Une fois, j'ai presque vendu cette sale affaire pour 10 000 livres sterling, mais le jour où le contrat devait être signé, on enferma le pauvre type à l'asile. Vous comprenez, il n'avait pas toute sa raison, le malheureux. C'est pour cela qu'il voulait acheter notre usine de ciment. C'est drôle, non ?... Savez-vous, dit-il brusquement, que lorsque je vins à la porte du théâtre cette nuit-là, je ne m'attendais pas à vous rencontrer.

Elle le regarda d'un air surpris :

– Vraiment ? dit-elle incrédule, comme si elle pensait à cela pour la première fois, puis, songeuse :

– Vous ne m'attendiez...

– Je ne m'attendais pas à vous rencontrer, répéta Mr Boltover, qui, lorsqu'il était venu à bout d'une phrase, y tenait fermement jusqu'à ce qu'il eût réussi à construire la suivante à laquelle il se raccrochait de nouveau.

« Non, je ne m'attendais pas à vous rencontrer, mais je suis bien content. Je crois que j'ai envers cette jeune personne une dette de reconnaissance dont je ne pourrai jamais m'acquitter !

Il dit cela d'un ton sentimental qui ne lui était pas habituel.

Cette jeune personne était l'amie de Véra ; au même moment et dans le même endroit, elle racontait à son ami tout ce qu'elle pouvait savoir de la vie de sa camarade, qu'elle ne connaissait que depuis une semaine.

– Véra ne joue pas en ce moment ; naturellement, disait-elle, je ne pense pas qu'elle soit montée sur les planches auparavant. C'est vraiment une nouvelle : elle arrive en retard aux répétitions, etc... mais je l'aime énormément.

Elle sourit à Véra qui, à ce moment, venait de l'apercevoir.

– Elle est très jolie, dit son ami.

– N'est-ce pas ? approuva-t-elle, son intérêt pour son amie s'étant soudainement évanoui.

Il y avait quelqu'un dans la salle dont chaque instant inoccupé était employé à guetter Véra et son compagnon. C'était un des garçons et son peu d'intérêt pour le service lui attirait constamment des objurgations furieuses en napolitain, en sicilien et autres dialectes. C'était un homme qui, depuis deux ans, priait pour que ce moment arrivât et son esprit se réjouissait avec une sauvage exaltation de ce que le Ciel lui eût enfin envoyé l'occasion de se venger.

Peu à peu, son plan se précisait. Des conséquences, il se souciait peu. L'occasion se présentait, l'ennemi était là. Il saisit un moment pour se glisser par la porte de service, dans l'escalier de pierre qui descendait à la cuisine que remplissaient à ce moment les cris des garçons que répétaient les cuisiniers par-dessus les marmites bouillantes et les plats brûlants. Il alla dans l'office et trouva ce qu'il cherchait dans l'endroit réfrigéré où le boucher travaillait : un long couteau effilé. Il attendit que le boucher eût le dos tourné pour s'en emparer et le cacha sous sa veste, il retraversa la cuisine, négligeant de répondre à une question du chef et se retrouva de nouveau dans le restaurant étincelant de lumières.

Il n'avait pas un moment à perdre.

Le boucher pouvait, à tout moment, s'apercevoir du vol et le voleur être conduit à l'office pour expliquer son larcin. Il se dirigea vers la table à laquelle Mr Reginald Boltover et sa jolie compagne étaient assis.

Reggie pensa que le garçon avait un message à lui remettre, mais Véra, levant les yeux, aperçut le visage de l'homme et comprit. Elle se jeta de côté contre Reginald Boltover lorsqu'elle vit le bras du garçon se lever pour frapper. Elle aperçut l'éclat du couteau pendant un instant et ferma les yeux. Puis il y eut un bruit de lutte et lorsqu'elle rouvrit les yeux, elle aperçut le vengeur étalé sur le parquet, et, debout, très calme, Michaël Pretherston examinant le couteau avec intérêt.

Elle croisa le regard de l'inspecteur et sourit, mais son sourire était forcé, et lorsqu'il la salua, ce fut d'un ton railleur qu'elle l'entendit exprimer sa surprise :

– Alors, Kate, murmura-t-il, j'ai toujours le plaisir de vous rencontrer ?...

6

KATE VISITE L'APPARTEMENT DE MICHAËL

« À 9 h 40 de la nuit du 15 courant, je me trouvais au *Sebo's* ; l'endroit était plein de dîneurs, et parmi eux il y avait Mr Reginald Boltover, accompagné d'une jeune fille se disant être miss Véra Flemming, mais dont le nom est, en réalité, Kate Westhanger. À 9 h 52, un Italien nommé Emile Tolmini, employé comme garçon au *Sebo's*, tenta de tuer Kate Westhanger, mais son geste fut prévenu et il fut arrêté.

« Durant la lutte, au cours de laquelle il fut désarmé, il fut légèrement blessé et obtint la permission de se rendre à la cuisine pour panser sa blessure. J'ai le regret de dire qu'il réussit à s'évader. C'est un interdit de séjour (N 85.943). Il a fait partie de la bande de Crime-Street ; il voulait se venger de la jeune fille qu'il accuse de lui avoir porté un préjudice réel ou imaginaire.

« Je n'ai pas voulu renseigner Mr Boltover sur la personnalité réelle de la jeune fille qui l'accompagnait ; le lendemain, je me suis rendu à son appartement, dans Piccadilly, sous prétexte de lui demander quelques renseignements sur la tentative de meurtre à laquelle il avait assisté. Je découvris alors qu'il avait été présenté à la jeune fille dans un théâtre où elle répétait en qualité de danseuse. Elle s'était évidemment arrangée pour le rencontrer de cette façon, dans un but que j'ignore. C'est un homme très riche qu'il sera peut-être bon, par la suite, de prévenir ; je prends pour le moment la responsabilité de n'en rien faire. »

Michaël Pretherston signa son rapport, le plia et l'inséra dans une enveloppe officielle à l'adresse de son chef. Il eut la chance de rencontrer cet éminent personnage entrant à Scotland Yard au moment où lui-même en sortait.

– Vous avez bien fait, dit T. B., après avoir lu le rapport. Je me demande ce qu'elle veut. J'ai grande envie de charger spécialement quelqu'un de cette affaire.

– Alors, moi, dit Michaël avec empressement.

T. B. Smith fit la moue.

– Vous êtes trop à la hauteur pour une histoire comme ça, qui peut très bien n'être rien de plus que le roman d'amour d'une danseuse.

– Kate n'est pas une danseuse, dit Michaël, si elle est mêlée à cette histoire, c'est qu'elle est à sa taille et par conséquent à la mienne.

Le chef réfléchit un moment.

– Très bien, dit-il à la fin, prenez l'affaire en main. Occupez-vous-en seul, car j'ai besoin de tous mes hommes pour le moment. Restez en contact avec moi. Jeter l'alarme ne vous servirait à rien ; si ces gens-là préparent un coup, inutile de les mettre à vos trousses.

Il hésita de nouveau.

– Sacrée Kate ! dit-il, j'espère que vous avez donné le signalement du marchand de macaronis.

Pour T. B., tous les criminels méridionaux étaient des marchands de macaronis.

Michaël l'avait donné.

– Eh bien ! bonne chance, dit le chef, mais soyez prudent.

Quand le jeune homme fut sorti, T. B. appela d'un signe de tête un policier qui passait.

– Barr, vous êtes l'homme qu'il me faut, dit-il, prenez Pretherston en filature et ne le lâchez pas d'une semelle ; vous pouvez choisir votre remplaçant.

Barr salua et se précipita vers sa consigne.

Michaël sortit le cœur léger. C'était le genre d'affaires qui lui plaisait plus que tout autre. Il n'avait pas fait part à son chef de tous ses soupçons. Le jeu de Kate c'était vraiment le grand jeu. L'aventurière de haut vol qu'elle était devait se préparer pour le record du monde d'altitude, c'est du moins ce qu'il pensait. Il devait y avoir quelque rapport entre le mois qu'elle avait passé chez lord Flanborough et les bons rapports qu'elle entretenait avec Reggie Boltover. Quand il y réfléchissait, il arrivait à cette conclusion qu'elle devait avoir préparé sa rencontre avec Reggie Boltover, alors qu'elle était encore chez Flanborough. Il avait d'abord admis qu'elle était à demeure chez le lord, mais, vérification faite, il s'aperçut que c'était une erreur. C'est ce dont il eut la preuve au cours d'une conversation téléphonique privée avec le sommelier de lord Flanborough. La jeune fille, durant son séjour à Felton House, sortait chaque après-midi à 4 heures.

Une petite enquête auprès du chef de plateau du théâtre lui apprit que la jeune fille avait manqué toutes les répétitions le matin, et une seule l'après-midi. Michaël n'avait pas de peine à reconstituer l'activité de Kate de ce côté. La jeune fille, grâce à sa police, avait dû apprendre que Boltover avait un ami qui courtisait une des danseuses du théâtre. Elle y était entrée dans le seul but de devenir son amie, et de faire d'elle l'intermédiaire inconscient, grâce auquel elle rencontrerait Reggie.

Le détective savait bien que cette rencontre n'était pas un effet du hasard. Il suivait les manœuvres de Kate dans tous leurs détours. L'après-midi, il alla trouver Reggie à son bureau ; entre parenthèses, cette pièce ressemblait à la fois à une exposition d'art publicitaire et à un boudoir.

Les intérêts théoriques de Reggie étaient multiples. Il était nominalement à la tête d'une dizaine de consortiums que son père, homme laborieux, avait créés à son profit. En pratique, il connaissait peu de chose sur chaque affaire ; il y en avait même dont il ignorait tout.

– J'espère que cette dame n'a pas eu trop peur, dit Michaël avec une feinte anxiété.

– Oh ! non, cette dame n'a pas eu peur, certainement pas, dit Reggie, accompagnant ses paroles d'un mouvement de tête énergique. Mais non, elle n'a pas eu peur. Naturellement, ç'aurait été différent si elle avait été seule !

– Certainement, approuva Michaël.

– Non, elle n'a pas eu peur, dit Mr Boltover. En fait, elle était très calme, remarquablement calme. Je n'ai jamais vu personne d'aussi calme.

– Lorsque vous la reverrez, vous voudrez bien lui dire que je suis passé prendre de ses nouvelles, dit Michaël.

– Certainement, dit Mr Boltover avec feu. Certainement, je le lui dirai, et il ajouta après un moment : quand je la reverrai...

– Elle paraissait si intéressée par tout ce que vous lui disiez, excusez mon indiscrétion.

– Vous avez raison, dit Reggie avec empressement, vous avez parfaitement raison. Elle s'intéresse à tout.

– C'est agréable de rencontrer des gens qui s'intéressent à vos préoccupations, continua Michaël naturellement. Personnellement, j'aime beaucoup que l'on s'intéresse à mon activité, et vous-même ?

– Moi, oh ! moi, c'est la même chose, répondit Mr Boltover alarmé, comme si le simple fait de penser que quelqu'un pourrait ne pas s'intéresser à ses affaires lui causait un malaise inexprimable. Moi, c'est tout à fait la même chose. Certainement.

– Naturellement, dit Michaël en souriant, elle ne doit pas saisir toute la prodigieuse complexité de vos entreprises.

– Eh bien ! hésita l'autre, je ne sais pas, je n'en suis pas sûr. C'est une jeune fille très intelligente. J'étais en train de lui parler de mes affaires lorsque cet incident pénible arriva, eh bien ! elle était aussi calme après qu'avant et elle continua à en parler – j'entends de mes affaires. Je n'ai jamais vu un tel exemple de sang-froid. J'en parlais justement aujourd'hui avec un de mes administrateurs, et il disait aussi que c'était un remarquable exemple de sang-froid. Oui, et même en la reconduisant chez elle, elle me parlait encore d'elle-même et de bien d'autres choses. Son grand-père est un homme très riche, un financier, je l'ignorais.

Michaël aurait pu dire que lui aussi l'ignorait, mais il ne voulait pas, par une interruption dépourvue de tact, tarir la source de l'éloquence de Mr Boltover.

– Très intelligente personne, en vérité, continuait Mr Boltover, oui, son grand-père est un homme très riche. Elle pensait qu'il pourrait nous débarrasser d'une affaire que nous avons sur les bras. J'en étais très étonné. Naturellement, je ne pense pas qu'elle-même ait de l'argent, puisqu'elle danse dans un music-hall. Mais, peut-être ai-je été indiscret, demanda-t-il anxieusement, vous ne saviez peut-être pas qu'elle était danseuse ?

– Si, si, je le savais, dit Michaël avec un sourire, vous n'avez trahi aucun secret, Mr Boltover.

– J'en suis très heureux, dit l'autre, soulagé. Que disais-je donc ? Ah ! oui, je parlais de son grand-père. Je pense que je puis lui céder cette affaire. Je déteste me séparer de mes entreprises – nous avons déjà refusé un bon nombre d'offres acceptables. Curieux sentiment, voyez-vous.

– Mais, peut-être n'est-ce pas une affaire très intéressante ?

– Précisément, dit Mr Boltover, elle ne l'est en aucune façon. Et pourtant, nous hésitons à nous en séparer. Naturellement, je dis des tas de choses désagréables sur les gens qui veulent acheter cette usine, et je raconte toujours la fameuse histoire du toqué, ah ! ah ! mais ce n'est qu'une histoire. Une histoire, tout simplement.

Michaël n'avait jamais entendu la fameuse histoire du toqué. Ce qu'il était anxieux d'apprendre, c'est ce que Kate se proposait d'acheter, mais, à ce sujet, il fut déçu. Il n'y avait rien de remarquable dans l'homme d'affaires qu'était Mr Reggie Boltover, mais il y avait une chose qu'il avait apprise, et bien apprise, c'était l'art de se taire. Son respectable père lui avait seriné les oreilles de ces paroles :

– Si tu n'ouvres jamais la bouche, Reggie, personne ne saura jamais que tu es un âne.

Et, en tout cas, en affaires, Reggie observait religieusement ce précepte.

Quels étaient les projets de la jeune fille ?

Michaël était embarrassé.

Chose étrange, l'explication la plus simple ne lui vint pas à l'esprit, ou, si elle lui vint, ce fut pour la rejeter aussitôt sans plus ample examen. Il ne voyait pas Kate trouvant un plaisir quelconque à se faire conduire à l'autel par un jeune imbécile quel que fût le profit que cela pût lui rapporter. Kate cherchait l'aventure, non l'argent. C'est ce qui la caractérisait. Il l'avait rencontrée pour la première fois, lorsqu'il était attaché au Service du contre-espionnage : il s'agissait de la mystérieuse disparition d'une valise diplomatique que son porteur, traversant la Manche, tenait cependant attachée à son poignet. Michaël s'était alors intéressé à Kate, mais il avait porté sur elle un jugement un peu hâtif. Ce n'est que plus tard, lors de l'affaire du *Muranic* (le coffre-fort avait été forcé et vingt-cinq dépôts de diamants avaient été volés) et de l'emprisonnement du colonel Westhanger qui s'en était suivi, que l'inspecteur s'était fait une haute idée de la personnalité de la jeune fille. D'autres faits l'avaient amené depuis à modifier cette appréciation, mais non à la changer du tout au tout.

Michaël habitait un appartement dans une grande bâtisse près de Baker Street, appartement bien au-dessus de sa condition d'inspecteur de police. Il avait, en effet, de petites rentes qui lui provenaient de l'héritage de sa grand-mère maternelle. Comme il était un homme de goûts simples et de peu de besoins, il pouvait ainsi s'installer plutôt confortablement. Il rentra chez lui un peu avant 8 heures ; il fut étonné de croiser dans le hall de l'immeuble son domestique Beston, qui s'était mis sur son trente et un, et s'apprêtait à partir.

– Eh bien ! Beston, où allez-vous donc comme ça ? demanda Michaël surpris.

L'autre le salua d'un air joyeux.

– Je vais au théâtre, Monsieur. Je remercie beaucoup Monsieur pour les billets, la cuisinière est sortie il y a dix minutes, et moi, je suis resté un peu plus tard pour laisser tout en ordre.

– Vraiment, la cuisinière est sortie il y a dix minutes, dit Michaël. Très bien. À quelle heure sont arrivés les billets ?

– Il y a environ une heure, Monsieur, par express. C'était vraiment bien aimable de la part de Monsieur de nous télégraphier pour nous prévenir.

Michaël rit doucement.

– Votre étonnement me froisse, Beston. Je fais toujours les choses comme ça. Au fait, votre nom était-il bien orthographié sur le télégramme ?

– Il me semble que oui, dit Beston surpris. Il fouilla dans sa poche et en sortit le télégramme.

Vous envoie – deux – billets – théâtre – pour – ce – soir – ne – rentrerai – pas – avant – demain. – PRETHERSTON.

Le télégramme avait été expédié du bureau du Strand. Beston s'inquiéta.

– J'espère que tout va bien, Monsieur ? demanda-t-il anxieusement.

– Certainement, dit Michaël, avec bonne humeur. Ne m'attendez pas. Je ne fais que monter et descendre.

Il monta jusqu'à son appartement, ouvrit la porte et la referma soigneusement derrière lui. Il alla droit à son bureau, ferma les volets, tira les rideaux, alluma l'électricité. Puis il téléphona à Scotland Yard.

– Allo, le brigadier Pears ? demanda-t-il. Y a-t-il un télégramme pour moi ?

– Oui, Monsieur, répondit le brigadier.

Michaël sourit.

– Voulez-vous l'ouvrir et me le lire ?

Il y eut un silence, puis la voix du brigadier se fit entendre.

Inspecteur – Michaël – Pretherston – Scotland Yard. – Arrivez – par – premier – train – vous – attends – Adelphi. – T. B.

– Expédié de Manchester, je suppose ?

– Oui, Monsieur, à 3 heures et quart.

– Le chef est à Manchester ?

– Oui, Monsieur, il est parti ce matin.

– Très bien, dit Michaël, merci beaucoup, brigadier.

Il raccrocha le récepteur.

Le travail était signé ; ce qui l'étonnait le plus, c'est que Kate fût aussi bien au courant des faits et gestes de T. B. Smith. Elle avait probablement envoyé un de ses hommes par le même train, et lui avait donné un télégramme avec l'indication exacte de l'heure à laquelle il devait être expédié. Oui, le travail était signé. Et pourtant, il y avait un point qui tourmentait Michaël : la part laissée au hasard, ce qui n'était pas la manière de Kate. Comment avait-elle pu le manquer à Scotland Yard ? Il retourna au téléphone et redemanda le brigadier Pears.

– À quelle heure le télégramme est-il arrivé ?

Le brigadier s'excusa.

– C'est une erreur regrettable, Monsieur. Le télégramme est arrivé pendant que vous étiez là, on devait vous le porter, mais je ne sais pas pourquoi, l'agent a oublié. Je lui ai passé un savon.

– Bien, merci, dit Michaël, soulagé.

Ce sentiment, vraiment curieux, il n'aurait pu l'expliquer. C'était la joie que le matador ressent lorsqu'il voit que le taureau est brave et que ce sera un beau combat. C'était la satisfaction du chasseur quand un renard vigoureux sort du hallier. Michaël désirait que Kate et son extraordinaire organisation fussent en tous points parfaites pour que sa victoire en soit plus glorieuse.

Il regarda sa montre, il était 8 heures 5 ; il savait que son « visiteur » attendrait au moins une heure après le départ des domestiques, et il voulait employer cette heure d'une façon profitable. Il commença à écrire rapidement sur un bloc, arrachant les pages au fur et à mesure qu'il les écrivait. Cela faisait bien une heure qu'il travaillait lorsqu'il entendit qu'on sonnait à la porte. Il éteignit la lumière, alla dans le couloir (il avait déjà enlevé ses chaussures) et écouta.

Celui qui devait venir avait envoyé un éclaireur s'assurer qu'il n'y avait personne dans l'appartement. De nouveau on sonna. Michaël ne bougea pas. Pour la troisième et dernière fois, on sonna. Le détective se dirigea silencieusement vers la fenêtre et se cacha derrière les rideaux. Il avait laissé la porte de son bureau ouverte de façon à pouvoir tout entendre dans l'appartement. Il eut dix minutes à attendre avant qu'un léger cliquetis lui apprît qu'on avait forcé la serrure. Il savait que le visiteur ne viendrait dans le bureau qu'en dernier lieu, et sa prévision était juste. Trois minutes se passèrent – à ce qu'il put juger – puis le rayon lumineux d'une lampe électrique fut dirigé avec précaution vers les rideaux de la fenêtre. Le rayon glissa lentement sur le parquet jusqu'à ce qu'il atteignît les rideaux. À travers une fente pratiquée dans l'épaisse étoffe, Michaël surveillait l'examen. Le rayon s'éteignit lorsqu'il eut atteint le commutateur. Il y eut un déclic et la pièce fut éclairée. La jeune fille, qui se tenait devant le bureau, était sobrement habillée et ne paraissait point pressée. Elle retira lentement ses gants tout en examinant la table encombrée. Une demi-douzaine de feuilles de papier attirèrent son attention. Quand elle eut retiré ses gants, elle prit les papiers, tira le fauteuil à elle et s'assit. Elle lut les notes d'un bout à l'autre, très attentivement. Une fois même, elle sourit. Quand elle eut fini, elle les replaça sur la table, se pencha en arrière, regarda autour d'elle et dit :

– Sortez donc, Mike !

Michaël sortit de sa cachette, nullement embarrassé.

– J'étais un peu déçue, dit-elle, de votre récit des événements du *Sebo's*, lorsque je compris qu'il n'avait pu être écrit que quelques minutes auparavant. Vous aviez oublié de sécher la dernière feuille, et l'encre était encore humide.

Elle passa son doigt dessus pour prouver le fait.

– Pourquoi n'êtes-vous pas à Manchester ? demanda-t-elle.

Cette stupéfiante question lui coupa presque la respiration.

– Voilà bien une question digne de vous, dit-il admirativement.

– Je crois bien que je me suis emparée de votre fauteuil, dit-elle.

– Ça ne fait rien.

Il s'assit sur le canapé.

– Maintenant, dites-moi tout. Mais, avant d'aller plus loin, dit-il d'un air moqueur, peut-être ne trouvez-vous pas convenable de vous trouver seule avec un homme...

– Ne craignez rien, répliqua-t-elle, il y a quelqu'un avec moi.

– Pas chez moi, j'espère, dit-il, faussement alarmé. J'ai confiance en vous, Kate, mais l'idée qu'une de vos fripouilles d'amis se trouve chez moi n'est pas faite pour me plaire.

Elle ouvrit son sac et en retira un étui à cigarettes en or. Elle l'ouvrit et en prit une.

– Vous n'en voulez pas, n'est-ce pas ?

– Pas des vôtres, Kate, dit-il avec réserve, je fumerai des miennes, si cela ne vous dérange pas.

– Vous êtes plutôt grossier, dit-elle, en fronçant les sourcils.

– Mieux vaut être grossier et avoir l'œil ouvert qu'être poli et tomber dans un piège, dit-il sentencieusement. Quand on a affaire à des criminels intelligents, on doit toujours se tenir sur ses gardes.

Elle rit et le regarda avec curiosité.

– Je me demande ce qui vous a poussé à être policier.

– La nature, répondit-il immédiatement.

Elle eut l'air étonné.

– Je ne comprends pas votre plaisanterie.

– La nature procure à chaque être ses moyens de défense. À l'huître, elle donne son écaille, au tigre ses zébrures, à la seiche sa poche, et au requin sa dentition. La nature crée toujours des antidotes. En face de criminels stupides, vous trouvez des policiers stupides. Quand les criminels sont intelligents, la nature fournit à la police un détective d'une sagacité exceptionnelle. Je suis devenu policier pour exécuter les ordres aveugles de la Providence.

Elle lui rit au nez.

– C'est si agréable de discuter avec un homme intelligent, dit-elle ; naturellement, quelques-uns de mes amis sont très intelligents, et mon oncle a une tournure d'esprit philosophique ; seulement, il ne voit qu'un seul côté des choses et moi, je pense qu'il faut également connaître l'autre côté. Vous pouvez connaître des avis opposés sur toute chose, excepté sur le crime, continua-t-elle. Si vous croyez aux théories de Darwin, vous pouvez rencontrer des adversaires intelligents qui vous donneront la réplique. Si vous croyez à la Christian Science, vous aurez les théosophes en face de vous. Et même si vous êtes un partisan convaincu de la monogamie, il vous est possible de rencontrer un Mormon qui vous soutiendra l'opinion contraire. C'est seulement en matière de crime qu'une seule opinion prévaut, l'opinion banale de l'homme moyen qui ignore tout de la question et qui ne réalise pas le génie qu'il faut au criminel s'il ne veut pas laisser derrière lui un grand trou pour montrer que c'est par là qu'il est entré et un autre pour montrer que c'est par là qu'il est sorti. Voilà pourquoi j'aime parler avec vous, Mike, dit-elle franchement.

– Cette appréciation m'est agréable, dit Michaël, mais je trouve écrasant un enthousiasme qui conduit mon admirateur à forcer mon appartement pour dérober mes plus secrètes pensées.

– Je voulais savoir ce que vous pensiez de moi, dit-elle, quoique, en principe, j'aurais dû savoir que vous ne laissiez pas traîner vos notes pour que je les lise, ajouta-t-elle pour se justifier. En toute franchise, je ne pensais pas trouver votre rapport sur votre bureau. J'étais venue pour ouvrir cela, dit-elle, en se tournant vers un gros coffre-fort qui se trouvait dans un coin de la pièce.

Elle changea brusquement de conversation.

– Vous m'avez vue l'autre nuit !

– Au *Sebo's* ? Oui, je vous ai vue.

– Qu'est-ce que vous en pensez ? demanda-t-elle tranquillement.

– Je pense que vous vous trouviez avec le bavard Mr Boltover pour des raisons connues de vous seule, dit-il lentement.

– C'est un orateur, n'est-ce pas ? convint-elle, mais c'est vraiment un brave garçon. Dieu ne lui a pas donné de cerveau et ce n'est pas gentil de plaisanter un homme sur ses infirmités.

– Pourquoi étiez-vous avec Reggie ? demanda Michaël.

– Je voulais le connaître, répondit-elle. Ces sortes d'individus m'intéressent beaucoup.

– Pourquoi étiez-vous avec Reggie ? demanda-t-il de nouveau.

– Comme vous êtes entêté ! dit-elle en riant.

Elle se leva et se mit à se promener dans la pièce, examinant les titres des livres dans la bibliothèque.

– Comme vous aimez la littérature catholique, Mike, voilà même un Tennyson. Quelle perversité !

– Vous trouverez les poèmes de Browning quelque part, dit-il sans amabilité.

– Voilà qui est mieux. Elle sourit. C'est très confortable ici. C'est exactement comme cela que je m'imaginais l'endroit où vous habitiez.

Elle regarda un livre à la reliure armoriée.

– Tiens, vous avez été à la même Université que mon oncle !

– Le poison et l'antidote !

– Vous n'êtes pas gentil pour mon oncle. C'est un malade. Le crime est une maladie chez lui.

– Et chez vous ?... demanda vivement Mike, une fantaisie. C'est une prodigieuse sensation.

Elle remit le livre en place et se tourna vers lui.

– Vous ne pouvez pas vous imaginer ce que c'est. Préparer un plan et le réaliser, couvrir quelques feuilles de papier de son écriture, et ensuite, voir les conséquences de cet acte, voir des milliers et des dizaines de milliers de livres sterling changer de mains, savoir que des hommes font de longs voyages, que des trains spéciaux sont mis en marche, que des télégrammes bourdonnent à travers le Continent, que des douzaines de brillants détectives essayent vainement de défaire ce que vingt ou trente lignes d'écriture ont fait.

– Je n'oublierai pas tout cela dans ma déposition, dit Michaël d'un air dégagé.

La jeune fille ne posait pas. De cela, il en était convaincu. Ses grands yeux gris brillaient, sa figure était illuminée par l'ardeur de sa pensée, sa voix avait un autre timbre. Elle était exaltée, transfigurée à la pensée de la puissance que son cerveau lui conférait.

– Pourquoi étiez-vous avec Reggie ? demanda-t-il de nouveau.

L'éclat qu'il y avait dans ses yeux s'éteignit, elle reprit son comportement normal.

– Oh ! je voulais lui faire les poches, dit-elle en se moquant, ou bien non, j'ai trouvé quelque chose de mieux : je voulais l'épouser. Il « vaut » deux millions de livres sterling.

– Vous n'épouserez jamais un homme pour son argent, dit Michaël.

– Qu'est-ce qui vous fait dire ça ? demanda-t-elle vivement.

Il haussa les épaules.

– L'estime que j'ai pour vous. Peut-être ai-je tort.

– Je ne me marierai jamais, dit-elle, avec décision. Je ne suis pas de celles qui se marient. Je hais les hommes, je les hais même tellement que cela me cause un véritable plaisir de leur enlever la seule chose qu'ils aiment réellement : l'argent. Vous connaissez la grande tradition des coureurs de grands chemins : voler le riche et non le pauvre. Eh bien ! moi, je vole les hommes, jamais les femmes.

– C'est-à-dire que vous volez tout simplement ceux qui ont de l'argent, dit Michaël. Ce n'est pas très fort, votre théorie.

– Non, mais elle me satisfait pleinement. D'ailleurs, je pense en faire un exposé un de ces jours devant le tribunal.

– Pourquoi étiez-vous avec Reggie ? demanda-t-il.

– Vous êtes plutôt monotone, répondit-elle en riant. Eh bien ! je voulais obtenir certains renseignements.

De nouveau ses yeux s'allumèrent, sa figure s'éclaira.

– Je vais vous dire une chose, Michaël Pretherston, dit-elle en tendant son doigt vers lui, combattons loyalement, je suis sur le point de réussir une grande chose. Je vais commettre le vol le plus étonnant que le monde ait jamais connu. C'est pourquoi j'étais avec Reggie. C'est pourquoi je me suis infligé le supplice de l'ennuyeuse compagnie de lord Flanborough.

Elle battit des mains comme un enfant.

– C'est une grande chose, Michaël, mais elle est pleine de complications, elle demande des trésors de stratégie. Et je mènerai l'affaire jusqu'au bout avec votre assistance.

Il se leva d'un bond et lui tendit la main.

– Convenu, Kate, dit-il.

– Ce sera une grande aventure pour tous deux et j'espère bien remporter la victoire. Si je gagne, j'obtiens tout ce que je veux par la suite. Si vous gagnez, je suis « faite », dit-elle, avec un petit rire.

Il la regardait en silence.

– Je vous vois déjà m'agrippant le bras et me poussant dans la « cage », continua-t-elle. Je vous vois déjà assis devant le tribunal, vêtu d'un complet brun – non, bleu – tenant votre chapeau sur vos genoux et examinant ma contenance au banc des accusés.

Un nuage passa sur le visage du jeune homme.

– Vous êtes un petit démon, grogna-t-il, non, je ne pensais pas à cela.

– Alors, à quoi pensiez-vous ? demanda-t-elle, les yeux agrandis d'étonnement.

– À vous épouser, répondit-il.

Elle le regarda amusée.

– Vous êtes fou, n'est-ce pas ?

– Oui, comment le savez-vous ?

– Ciel ! vous épouser ! s'écria-t-elle avec horreur.

– Vous pouvez faire pire, dit-il en souriant.

– Pouvez-vous me citer quelque chose qui soit plus ignoblement dégradant qu'épouser un policier ?

– Oui, rester vieille fille et élever des chats ! (Puis, changeant de sujet :) Naturellement, vous êtes libre de vos actions maintenant.

– Naturellement, approuva-t-elle, je vous ai donné une raison de vivre.

– Peut-être, dit-il tranquillement, et il lui ouvrit la porte.

Il la reconduisit jusqu'à la porte d'entrée.

– J'ai une dette envers vous, lui dit-elle sur le pas de la porte. Sans vous l'Italien allait mettre fin à une carrière pleine de promesses.

– C'est la moindre des choses, dit-il. Bonne nuit, Kate. Vous n'avez pas peur de rentrer seule à cette heure ?

Elle lui fit une grimace et descendit l'escalier d'un pas léger.

Elle sortit dans la rue, mais à peine avait-elle fait deux pas qu'une main la saisit par le bras.

– S'cusez-moi, dit une voix.

À la lueur d'un réverbère, elle reconnut un détective de Scotland Yard.

Avant qu'elle ait pu protester, une voix se fit entendre du haut du balcon – c'était Michaël.

– Laissez-la, brigadier, cria-t-il.

Elle se dégagea de la poigne de l'homme et regarda avec colère dans la direction du balcon.

– J'avais oublié que vous aviez votre « nounou » pour vous protéger, Michaël, railla-t-elle.

– Bonsoir, chère amie, dit la voix du haut du balcon.

Avec une gêne intense, la jeune fille éprouva un sentiment entièrement nouveau pour celui qui parlait, sentiment qu'avec son instinct de femme elle ne tarda pas à identifier.

Kate Westhanger venait de rougir pour la première fois de sa vie.

7

La somptueuse élégance de la princesse Bacheffsky

Il y avait un dîner chez lord Flanborough. C'était un homme méthodique, et il préparait ses invitations plusieurs semaines à l'avance ; il n'y avait donc rien d'étonnant à ce qu'il regimbât lorsque sa fille, au dernier moment, lui suggéra un changement dans ses projets.

– Ma chère Moya, disait-il avec humeur, ne dites pas d'absurdités. Après ce qui s'est passé, après son extraordinaire attitude...

– Oh ! père, Michaël est charmant et il sera très amusant. Je n'ai pas du tout envie d'assister à ce dîner avec tous ces gens ennuyeux, et si vous ne l'invitez pas, j'aurai une migraine.

– Mais, voyons, mon enfant, protestait le père, sir Ralph ne sera-t-il pas suffisamment amusant ?

– C'est le plus ennuyeux de tous, dit-elle avec calme. Je vous en prie, laissez-moi faire à mon idée.

C'est pourquoi, surpris autant qu'amusé, Michaël reçut une invitation à dîner, formulée en termes si aimables qu'il supposa – à tort – qu'un invité avait fait faux bond au dernier moment et que Moya l'avait prié de venir afin de ne pas être treize à table.

Les invités étaient encore plus terriblement ennuyeux que ne le craignait Moya.

Sir Ralph Sapson était amusant, mais à sa façon, laquelle n'était point celle de Moya. C'était un jeune homme fort et beau, dans la force de l'âge, immensément riche, et aux dires de son père, extrêmement doué. Bien qu'aucune parole précise n'eût été échangée, il était entendu, surtout de la part de lord Flanborough, que sir Ralph désirait une alliance plus intime avec la famille Flanborough que celle des affaires.

Les autres invités étaient encore moins amusants que sir Ralph. Il y avait là trois autres membres de la noblesse : le vieux lord Katstock qui faisait de la politique et qui avait été une fois sous-secrétaire d'Etat – on ne savait trop à quoi ; le marquis de Cheddar, qui faisait du sport et avait des idées personnelles sur la façon de nourrir les chiens de chasse ; lord Dumburton, militaire fort pauvre et, disait la rumeur publique, fort méchant. Le reste de la société masculine était composé d'industriels et de financiers parmi lesquels Mr Reginald Boltover qui, en reconnaissant Michaël, tressaillit comme un coupable ; durant le dîner, il ne s'intéressa à rien de ce qui se passait et s'attendait, le cœur battant, à ce que Michaël révélât son honteux secret. Il y avait aussi deux ou trois dames.

Michaël eut l'impression que d'herculéennes femmes de chambre les avaient ficelées avec des rivières de diamants et des colliers de perles. Une autre dame, mince et provinciale, ne se signalait à l'attention publique que par un nez remarquablement crochu.

– La sorcière a oublié son balai, dit Michaël à l'oreille de Moya.

– Il est au vestiaire, répondit la jeune fille. Malgré tout, c'est une brave dame, le malheur c'est qu'elle prise.

Michaël connaissait toutes les personnes présentes, ou en était connu.

– Quelle drôle d'idée vous avez eue d'entrer dans la police,

Pretherston ! dit sir Ralph de cet air protecteur qu'il réservait aux gens moins riches que lui.

– Quelle drôle d'idée vous avez eue de vous mettre dans le commerce et d'ouvrir boutique ! répliqua Michaël.

Sir Ralph sourit avec indulgence.

– Nous devons gagner honnêtement notre vie, dit-il. Je suppose que l'allusion à la boutique concerne mes magasins de détails de Produits coloniaux ? Cela rapporte cent mille livres par an, Pretherston.

– C'est pourquoi vous avez cent mille raisons de vendre de la mauvaise confiture, dit Michaël. J'ai renoncé à acheter quoi que ce soit chez vous.

– C'est grave, c'est très grave, fit sir Ralph, s'essayant à la plaisanterie. Essayez encore une fois et nous nous efforcerons de vous satisfaire.

– J'ai encore un autre grief contre vous, dit Michaël (il n'aimait pas sir Ralph Sapson). J'ai pris, l'autre jour, le train à Seahampton, il était inconfortable et n'avait pas été lavé depuis un mois, et il est arrivé avec une heure de retard. Cette compagnie de chemins de fer est encore une de vos lucratives exploitations, n'est-ce pas ?

– On m'a dit que j'avais quelques intérêts dans l'affaire, dit sir Ralph en souriant à lady Moya, mais, mon cher Pretherston, j'ai un bon conseil à vous donner : lorsqu'un train arrive en retard, il faut aller vous plaindre à la police.

La plaisanterie l'amusa énormément, il en rit à gorge déployée, ce qui eut pour effet de l'obliger à expliquer son bon mot aux quatorze convives, désireux de partager son hilarité.

Michaël devait partir de bonne heure.

– J'aimerais tant rester et jouer au bridge avec vous ! s'excusa-t-il

– Michaël, vous êtes affreux, dit la jeune fille.

– Affreux ? fit Michaël étonné.

– Oui, vous êtes devenu un esprit si pratique ; vous n'avez pas toujours été comme ça.

– Et vous, vous n'avez pas toujours détesté ce genre d'esprit, répliqua-t-il en riant.

Elle avait espéré – elle ne savait pas au juste ce qu'elle avait espéré – mais le nouveau Michaël était si différent de celui qu'elle avait connu qu'elle en aurait pleuré de dépit.

Disparue, son insouciance d'autrefois ; disparu, son goût pour les paradoxes (sinon pour contrarier les invités) ; disparue l'adoration qui, autrefois, faisait briller ses yeux. Elle avait le sentiment qu'il se moquait d'elle constamment et cela augmentait sa gêne.

– Je ne vous trouve pas très gentil ce soir, dit-elle. Ne viendrez-vous pas nous voir plus souvent ?

– Si vous perdez un collier de perles, ou si votre femme de ménage fait danser l'anse du panier, téléphonez à l'inspecteur Pretherston, bureau 26, à Scotland Yard, et j'accours en un clin d'œil.

– C'est-à-dire que vous ne voulez plus nous revoir, dit-elle vivement. Je regrette de vous avoir dérangé ce soir.

– Pour ma part, je suis enchanté.

Après le départ de Michaël, lady Moya ne fut pas une très agréable compagnie pour sir Ralph ; toute femme le comprendra : elle ne l'aimait pas. Elle avait même pour lui de l'antipathie ; au fond, elle ne l'invitait que pour lui témoigner son indifférence. Si Michaël avait été tant soit peu assidu auprès d'elle, s'il avait le moins du monde désiré renouer leurs anciennes relations, elle aurait éprouvé une intense satisfaction en le repoussant et l'aurait quitté, satisfaite de savoir toujours attaché à elle un homme pour lequel elle n'avait aucune affection (comme ces femmes à qui l'on offre une robe, un chapeau, un bijou, un homme, et qui répondent toujours : « Vous n'auriez pas autre chose ? »).

Son indifférence envers sir Ralph était telle que ce dernier lui demanda si elle n'était pas malade, ce qui provoqua immédiatement la migraine libératrice.

– Vous devriez prendre soin de Moya, Flanborough, dit-il à son hôte en partant. Elle ne me paraît pas aller bien...

– Je l'avais remarqué, dit le père consciencieusement, bien qu'il n'eût rien remarqué de ce genre (tout ce dont il s'était aperçu, c'était que Moya boudait). Vous êtes extrêmement perspicace, sir Ralph.

– Je suis un peu psychologue, admit sir Ralph, la psychologie a été l'étude de toute ma vie, c'est presque un vice chez moi. Lorsqu'un homme entre dans mon bureau, neuf fois sur dix, je connais son caractère, son mode de vie et ses aptitudes, avant même qu'il ait ouvert la bouche.

– C'est un don précieux, dit lord Flanborough solennellement.

Sir Ralph était particulièrement de bonne humeur ce soir-là. Durant la courte entrevue qu'il avait eue avec son futur beau-père, non seulement il avait obtenu une tacite confirmation de son entrée dans la famille des Flanborough, mais il avait conclu un marché fort avantageux, marché qui restait en suspens depuis douze mois et qui peut se résumer ainsi :

Lord Flanborough était président du conseil d'administration de la Compagnie de Navigation sud-africaine qui transportait passagers et marchandises du Cap à Plymouth. Sir Ralph était président du conseil d'administration de la Compagnie des Docks de Seahampton. Les docks s'étaient développés beaucoup plus rapidement que le commerce de ce port. Le marché était simple (et plus « romanesque, » que le mariage dont il n'était pour ainsi dire qu'un à-côté) : les navires de la Compagnie de Navigation sud-africaine abandonneraient sans pudeur Plymouth et Liverpool pour venir débarquer marchandises et passagers à Seahampton. Le marché satisfaisait les deux parties, puisque lord Flanborough possédait quelques participations dans les Docks de Seahampton.

Dehors, il faisait froid. C'était la pleine lune. Il allait geler. L'auto de sir Ralph Sapson attendait. Il dit au chauffeur de rentrer, il voulait marcher un peu : sir Ralph habitait Park Lane, il avait bien un kilomètre à parcourir ; son humeur lui rendait agréable un exercice qui ne lui était pas habituel. Il était devant sa porte et allait sonner, lorsqu'il entendit qu'on l'appelait. En montant les marches du perron, il avait remarqué une grosse voiture en panne, phares allumés et le chauffeur au travail.

– Je crains que vous ne me reconnaissiez pas, dit une voix douce.

Sir Ralph se découvrit.

D'une somptueuse élégance, la jeune femme qui se trouvait en face de lui, appartenait évidemment au meilleur monde.

Ralph, d'un coup d'œil connaisseur, estima son manteau d'hermine à environ mille livres sterling. Un simple collier de diamants était le seul bijou qu'elle portât.

– Je vous ai rencontré une fois à Paris, dit la jeune femme timidement. Vous m'avez été présenté au foyer de...

– C'est cela, au foyer de l'Opéra, dit sir Ralph qui, entre autres choses, était un protecteur des arts.

Elle acquiesça avec un contentement visible, ce que sir Ralph, flatté, ne manqua d'observer.

– Ma voiture a une panne, dit-elle. Oserai-je vous demander l'hospitalité ? Il fait si froid dehors.

Elle s'enveloppa plus étroitement encore dans son manteau.

– Avec le plus grand plaisir, dit sir Ralph chaleureusement, mais je suis installé en célibataire, vous savez, dit-il en riant.

Il sonna, et la porte s'ouvrit aussitôt.

– Éclairez le salon, dit-il au domestique. Le feu y est-il allumé ?

L'homme répondit affirmativement.

– Que puis-je vous offrir ? du café, du porto ?

Elle avait tiré un fauteuil devant la flamme et avait posé ses petits souliers blancs sur le garde-feu d'argent. Elle tendait ses fines mains vers le feu, sir Ralph remarqua qu'elle ne portait pas d'alliance.

– Excusez mon impolitesse, mais je ne puis me rappeler votre nom, dit-il, lorsque le valet fut sorti.

– Je vous excuse, mon nom est si barbare, dit-elle en riant, je suis la princesse Bacheffsky.

– Mais, bien sûr ! s'écria sir Ralph chaleureusement, je m'en souviens très bien maintenant.

Pour lui rendre justice, les princesses russes ne sont pas des oiseaux rares à Paris, et il avait une fort mauvaise mémoire pour les noms étrangers.

– Je suis bien indiscrète, dit la princesse, et pour la première fois il s'aperçut qu'elle parlait avec un léger accent, mais, que voulez-vous, j'avais à choisir entre rester assise dans le froid et saisir l'occasion qui se présentait. Vous n'avez pas changé depuis la dernière fois que je vous ai vu, sir Ralph. Vous êtes un des plus gros hommes d'affaires de Londres, n'est-ce pas ?

– Je possède quelques entreprises, dit sir Ralph avec modestie.

Ils parlèrent de Paris que sir Ralph connaissait, et de la Russie qu'il avait traversée une fois, et de Londres. On apporta le café et quelques minutes plus tard, son chauffeur vint dire que la panne était réparée.

– Avant de m'en aller, permettez-moi de vous demander

une faveur, dit-elle avec embarras, jouant nerveusement avec une de ses bagues.

Sir Ralph remarqua cette gêne avec surprise.

– Vous n'avez qu'à demander, Princesse, pour que cela vous soit accordé, dit-il galamment.

Elle hésita un moment, en se mordant pensivement les lèvres.

– Il faut que je vous fasse une confidence. Je sais que vous êtes un homme d'honneur (sir Ralph s'inclina), vous ne me trahirez point. Je suis à Londres, mais personne ne le sait.

Elle le regardait anxieusement en faisant cette confession.

– Je comprends, dit sir Ralph, ce qui était faux.

– Vous avez probablement remarqué – je vous sais très observateur – que je ne porte pas mon alliance. Eh bien (elle hésita), Dimitri et moi nous nous sommes querellés, et je ne veux pas le voir. Je ne suis pas allée à l'ambassade et je n'ai vu aucun de mes amis.

– Vous pouvez être sûre, dit sir Ralph, que votre secret ne sera pas dévoilé. J'ajouterai même que ce n'est pas la première fois que l'on me fait des confidences aussi délicates.

– Je savais que je pouvais avoir confiance en vous, dit-elle, en lui serrant chaleureusement la main. J'ai pris un appartement meublé dans Half-Moon Street. J'habite là avec ma dame de compagnie. Si un homme occupé peut gaspiller un peu de son temps, je suis toujours chez moi entre 4 et 5.

– Cela me fera le plus grand plaisir de renouer connaissance, dit sir Ralph en lui baisant la main.

Il monta se coucher, encore plus satisfait de lui que jamais.

8

UN ARTISTE PARLE DE LUI-MÊME

Aucun homme n'a jamais compris la femme, pour cette simple raison que la femme est incompréhensible même aux autres femmes. Si elle ne l'était pas, et si ses sœurs étaient capables de révéler ses secrets, celles-ci s'empresseraient de le dire au premier homme qu'elles rencontreraient.

Lady Moya Felton possédait ces deux qualités, qui se trouvent si rarement réunies dans la même personne : la beauté et l'intelligence. Elle s'habillait bien, parlait bien, se présentait bien. Elle avait été élevée à Newnham, un collège d'où sortent habituellement des personnes qui sont un peu moins que des femmes et un peu plus que des poupées et qui ont tant absorbé de connaissances qu'elles ne voient la vie qu'à travers les manuels. Les unes continuent toute leur vie, très sûres d'elles-mêmes, à se confiner dans ce qu'elles ont appris dans les livres et à ne jamais abandonner leur érudition de perroquets ; les autres succombent devant les vérités concrètes que la vie quotidienne leur apporte et deviennent un membre charmant et utile de la société.

Moya connaissait de la vie juste ce qu'elle jugeait nécessaire à son bien-être. Elle s'arrêta à la dernière leçon, celle du sacrifice de ce bien-être, mais c'était une personne éminemment agréable qui ne discutait jamais de biologie et ne faisait jamais allusion aux philosophies de pacotille qu'on lui avait enseignées au collège. C'est pourquoi elle était supportable. Comprenant d'instinct que l'éducation de Newnham ne pouvait fabriquer que des institutrices bigotes, elle laissait voir son instruction plutôt qu'elle ne la montrait.

En dépit de l'équilibre de son esprit, elle avait un secret coupable qu'elle cachait dans le fond de son cœur et dont elle avait honte en regard de sa raison.

Moya était une rêveuse, elle avait de merveilleuses aventures avec des personnages étonnants chaque fois qu'elle se promenait à pied ou qu'elle conduisait sa voiture. Dans l'intimité de sa grosse limousine, elle se racontait des romans peuplés d'hommes et de femmes qui n'avaient aucun rapport avec ceux qu'elle connaissait et qui ne leur ressemblaient en rien. Elle s'était ainsi trouvée dans des situations absurdes et impossibles, qu'un feuilletoniste de bas étage n'aurait jamais osé inventer. Les personnages de ses rêves ne devaient avoir aucun point commun avec des personnages vivants ; il suffisait qu'ils en eussent pour qu'elle les rejetât et qu'elle leur en substituât d'autres encore plus fictifs, encore plus éloignés de toute ressemblance possible avec ses amis et connaissances du monde réel.

Elle pouvait ainsi à la fois rêver et accepter calmement un

mariage aussi prosaïque que celui qui l'unirait à un Ralph Sapson, ce qui peut paraître inexplicable.

Pour un fiancé, Ralph était singulièrement négligent. Une seule fois après sa froide déclaration, il était venu rendre visite à Moya. Il faut dire, pour lui rendre justice, qu'il avait évité les tendres démonstrations qui accompagnent même les fiançailles les plus conventionnelles ; il avait été droit au but : les questions matérielles. C'était tout ce que Moya pouvait désirer ; elle aurait été embarrassée à la pensée qu'un être humain pouvait approcher, même de loin, l'extravagance, l'irréalité et l'immatérialité de ses amis imaginaires.

Il est remarquable que, dans la vie réelle, aucune aventure ne soit arrivée à Moya jusqu'à la semaine précise où elle devint la fiancée de sir Ralph. Cela se produisit d'une curieuse façon. Elle avait été en auto à Leicester Square voir une exposition de tableaux. C'était un de ces événements bien londoniens qui, du jour au lendemain, rendent célèbre un nom qui, jusque-là, n'était connu que d'un petit nombre d'initiés et complètement ignoré des simples mortels.

Elle entra dans la galerie, c'était un véritable désert. Il n'y avait personne à l'exception d'un jeune homme et d'une jeune fille, petite et à l'air pincé qui, d'un air préoccupé, portait sous son bras le catalogue de l'exposition.

Moya commença à examiner consciencieusement les tableaux, remarquables surtout par leurs coloris et leur atmosphère. L'artiste était vraiment un peintre d'atmosphère, ses tableaux n'étaient même qu'atmosphère. La jeune fille continua son lent examen, regardant chaque horreur pendue au mur en suivant les titres sur le catalogue et s'efforçant de comprendre les mystérieuses intentions que l'auteur avait essayé d'y mettre.

Elle se retourna pour voir quel effet produisaient ces peintures sur l'autre visiteur. Il regardait d'un air sombre un large panneau représentant, si le catalogue était exact. « Un vent bleu sur une colline verte ». Son chapeau était rejeté en arrière sur la nuque et ses mains étaient profondément enfoncées dans les poches de son pantalon. Plus il regardait « Un vent bleu sur une colline verte », plus il paraissait morose et malheureux.

La jeune fille arriva peu à peu près de lui ; elle ne pensait pas que, malgré la présence de la jeune fille au catalogue, il oserait lui adresser la parole. Et pourtant, il osa :

– Que pensez-vous de celui-là ? demanda-t-il, sans tourner la tête.

Elle fut prise de court ; elle désirait être froide et conventionnelle. Elle regarda le jeune homme, il ne lui déplut pas. Il était très blond, de belle apparence, et possédait les plus beaux yeux bleus qu'elle eût jamais rencontrés chez un homme. Il n'était pas rasé, son col n'était pas très propre, mais ses habits étaient de bonne coupe. Il sortait certainement d'Oxford.

– Je trouve cela plutôt sinistre, dit-elle.

– C'est aussi mon avis, approuva-t-il énergiquement. Je pense que « sinistre » est le mot. Et, comme œuvre d'art, quel effet cela vous fait-il ?

Elle hésita. Elle connaissait bien le jargon d'atelier et pouvait parler couramment d'atmosphère, de coloris et de lumière. Bref, elle connaissait assez de termes techniques pour pouvoir être critique d'art dans un journal quelconque.

– Comme œuvre d'art, dit-elle, c'est original et un peu excentrique !

– Excentrique ? demanda-t-il férocement.

Il regardait toujours le tableau et n'avait pas encore tourné la tête de son côté.

– Franchement, répondit-elle, je trouve que ce sont des monstruosités.

Il acquiesça de nouveau.

– Je suis tout à fait d'accord avec vous, dit-il, et je sais mieux que quiconque combien ce sont des monstruosités. C'est moi qui les ai peintes.

Moya béa d'étonnement.

– Je suis navrée, commença-t-elle.

– Je suis navré aussi d'avoir peint ces choses, répliqua-t-il, je ne regrette pas de les avoir exposées car tous mes amis ont trouvé ça merveilleux. Naturellement, je suis très heureux d'avoir fait la preuve que mes amis sont des faibles d'esprit.

Il tourna la tête et la regarda. À son tour, il eut l'air surpris.

– Eh bien ! dit-il en la regardant, étonné, je pensais que vous étiez bien plus âgée.

Elle rit.

– Le fait est que je ne vous ai pas regardée, confessa-t-il.

Comment peut-on regarder quoi que ce soit avec ces horribles choses devant les yeux ? Hé là, Emma !

Heureusement que la jeune fille au catalogue regardait de son côté, elle put ainsi comprendre que c'était à elle qu'il parlait.

– Je parie que vous vous appelez Emma !

– Non, Monsieur, répondit-elle d'un air sévère, je m'appelle Évangeline.

Il se tourna vers Moya :

– Je l'appelais Emma et elle se nomme Évangeline. J'appelais cela des tableaux et ce sont des croûtes ! Qu'est-ce qui vous a fait venir à cette exposition ?

– J'ai lu une critique, hier, dans un journal.

– Dans le *Mégaphone* demanda-t-il agressivement.

– Oui, elle était très élogieuse, il me semble, dit Moya.

Il acquiesça.

– C'est moi qui l'avais rédigée, dit-il sans pudeur.

Il se tourna vers la jeune fille au catalogue.

– Dites à votre patron qu'il ferme la galerie, qu'il emballe les tableaux et qu'il me les renvoie.

– Mais... dit Moya alarmée, j'espère que mes stupides remarques ne sont pour rien dans votre décision.

– Non, ce n'est pas à cause de vos stupides remarques, mais à cause des miennes. Vous voyez, en réalité, je ne peux pas peindre. Je ne connais pas la moindre chose de l'art. Je n'ai jamais reçu aucune éducation artistique. Je n'ai jamais étudié sous aucun maître. Je suis un homme de génie. Et voici des œuvres de génie. Les cadres coûtent extrêmement cher et j'ai dépensé je ne sais combien d'argent en tubes de couleurs. Il y a tout ce qu'on veut là-dedans – il désigna les toiles pendues aux murs – excepté le savoir-faire.

Elle murmura une conventionnelle expression de sympathie, mais ce qu'il réclamait ce n'était pas la sympathie, mais la condamnation. Il semblait trouver un réconfort dans son infortune et c'était visiblement une satisfaction que lui donnait son propre jugement.

Ils sortirent ensemble de la galerie. Moya était surprise de la rapidité avec laquelle elle était entrée dans les plus intimes aspirations et désappointements d'un inconnu, et qu'elle partageât tant soit peu sa tristesse la remplissait d'étonnement.

– Je vous connais, dit-il, interrompant une sardonique dissertation sur l'art, vous êtes lady Moya Melton of Pelton.

– Felton, corrigea-t-elle amusée.

– Oui, c'est cela, Felton, approuva-t-il, j'ai vu votre portrait au Salon. Il était plutôt mauvais.

– En général, on le trouvait bon, dit-elle timidement.

– Au fait, qu'est-ce que je sais de l'Art ? Cette automobile de luxe est probablement la vôtre, dit-il en désignant la grosse limousine.

– En effet, c'est la mienne. Mon père me l'a donnée pour mon vingt-cinquième anniversaire.

Il examina attentivement l'automobile.

– Je ne sais pas si je m'y connais autant en voitures qu'en art, dit-il, je le pensais autrefois. Quoi qu'il en soit, il y a une chose certaine : c'est une belle voiture.

Il lui ouvrit la portière. La jeune fille lui tendit la main.

– Encore une fois, dit-elle, je vous fais mes excuses pour les tableaux.

– Mais pas du tout, répondit-il avec chaleur.

Elle réfléchit un moment.

– Puis-je vous déposer quelque part ?

Il se frotta le menton.

– Si vous connaissez un joli petit lac bien profond dans lequel un homme peut se noyer à coup sûr, je vous serais obligé de m'y conduire, dit-il avec gravité, mais la voyant alarmée, il rit – vous ne connaissez peut-être pas mon nom.

En effet, elle ne le connaissait pas et pendant tout l'entretien, elle avait essayé de le déchiffrer sur le catalogue. Elle avait lu quelque chose comme « Brixel ».

– Fonso Blaxton, dit-il brusquement. Fonso est le diminutif d'Alfonso, un prénom parfaitement ridicule, n'est-ce pas ? Il convient tout à fait à un artiste. Si vous voulez m'envoyer des fleurs, j'habite Oxford Chambers.

Il lui serra la main, l'aida à monter dans la voiture et ferma la portière. Il resta immobile un court instant, puis remit son chapeau sur sa tête et disparut avant même que l'auto se soit mise en marche.

Tout en conduisant, Moya avait l'esprit si occupé qu'elle ne vit pas qu'elle dépassait sir Ralph Sapson et son élégante amie ; elle ne reconnut sir Ralph que lorsque celui-ci l'eut saluée. Sa compagne, d'un chic parfait, s'abritait avec son ombrelle de telle façon que Moya n'avait pu voir son visage.

– Qui est cette personne ?

Sir Ralph sourit d'un air affecté.

– Lady Moya Felton, princesse, répondit-il.

– Ah ! votre fiancée, dit la jeune femme. Quel ennui d'être ici incognito ! J'aurais tant aimé faire sa connaissance !

– Peut-être qu'un jour..., dit Ralph.

– J'aimerais tant la connaître ! murmura la jeune femme ; mais, je vous en prie, continuez, vous m'intéressez tellement. Je commence à comprendre pourquoi vous autres, Anglais, réussissez si bien en affaires. Vous paraissez connaître le moindre détail concernant vos entreprises.

– Oh ! mais pas du tout, protesta sir Ralph, de bonne humeur, à dire vrai je ne suis qu'un imbécile, mais en effet, on doit connaître un peu les affaires que l'on dirige.

– Un peu ! dit la jeune femme levant les sourcils, je vous trouve bien modeste. Comment, vous connaissez l'organisation de votre compagnie de chemins de fer depuis A jusqu'à Z ?

Sir Ralph caressa pensivement ses moustaches.

– Quelquefois on entre dans des affaires où on prend des responsabilités alors qu'on ne devrait pas les prendre puisqu'on n'est pas qualifié pour les prendre, dit-il confusément, mais le « train d'or » est entièrement de mon invention.

– Je n'aurais jamais pensé que le commerce fût une chose si romanesque, dit la princesse, puis, tout à coup : ne voudriez-vous pas dire à votre chauffeur de revenir, le Parc me fatigue maintenant.

Il se pencha, donna les instructions au chauffeur et la voiture exécuta un demi-tour.

– Je suis heureux de votre détermination, dit-il.

– Et pourquoi cela ? demanda-t-elle.

– Avez-vous remarqué ce jeune homme avec un feutre gris parlant à une dame dans une victoria ?

Elle inclina la tête.

– C'est un sinistre oiseau, dit sir Ralph, c'est un détective nommé Michaël Pretherston. Il est le propre frère de lord Pretherston. Je ne tiens pas à le rencontrer – en dehors de ce fait qu'il pourrait vous reconnaître malgré cette épaisse voilette qui cache tant de grâces, ajouta-t-il galamment.

– Parlez-moi encore du « train d'or », dit-elle.

De bonne grâce, sir Ralph donna toutes les explications voulues. Il raconta l'histoire des Docks de Seahampton ; bientôt, les grands vapeurs viendraient y accoster et le trafic allait augmenter considérablement.

– Nous allons transporter tout l'or provenant des mines sud-africaines, dit-il d'un ton impressionnant. Naturellement, nous devons être sur nos gardes, quoiqu'il n'y ait pas grand danger en Angleterre. « Le train d'or », se compose, en fait, de deux wagons-coffres-forts. Extérieurement, ils sont semblables aux autres trains de marchandises ; en réalité, ce sont des coffres d'acier, à l'abri des voleurs aussi bien que du feu. Rien ne peut leur arriver, ils sortiraient indemnes, même d'un accident. De plus, les meilleurs mécaniciens de la Compagnie sont désignés pour conduire le train.

– C'est merveilleux ! s'exclama la jeune fille fascinée. Et naturellement, vous devez avoir établi un horaire détaillé ?

– Je l'ai établi moi-même, dit-il.

Il sortit un carnet de notes de sa poche.

– Je vais vous montrer cela, dit-il solennellement.

– Vous allez avoir une idée du travail que constitue la mise en marche d'un train spécial, continua-t-il. Ici, vous avez l'horaire, et là, le nom du chauffeur, celui du mécanicien, celui du chef de train et ceux des gardiens.

Elle regarda le carnet.

– Je ne peux pas très bien lire votre écriture, dit-elle en riant. Ma famille était très conservatrice et, pendant toute ma jeunesse, mon père m'a défendu d'apprendre l'alphabet latin. Mais je vois que c'est un document très minutieux.

Elle lui rendit le livre en soupirant.

– Je suis vraiment bête, dit-elle, les chiffres m'ont toujours ennuyée et je vois que vous vous plaisez dans leur compagnie. Je déteste écrire, mais je vois que vous aimez cela. Votre carnet est rempli de lettres et de chiffres. Je ne comprends pas les gens qui aiment écrire, c'est toujours un supplice pour moi que d'écrire une simple lettre. Mes pensées me viennent toujours trop vite, ma plume ne peut pas les suivre !

Elle prit un morceau de papier et un crayon.

– Je vais vous montrer quelque chose, dit-elle.

Elle se mit à écrire rapidement, tenant le morceau de papier sur ses genoux. Sir Ralph, stupéfait, la regarda remplir entièrement la feuille.

– Et voilà, dit-elle triomphalement, c'est ce que je peux faire de mieux !

– On dirait de la sténo, dit-il.

– C'est quelque chose comme de la sténographie russe, dit-elle. Je suis si paresseuse que je m'en sers toujours pour écrire ce qui me passe par la tête. Ma secrétaire est la seule personne au monde à comprendre ces signes et à pouvoir les transcrire. Je fais cela parce que je déteste écrire.

– Vous êtes vraiment très intelligente, princesse.

Elle lui tapota le bras amicalement.

– Vous ne savez même pas à quel point je suis intelligente, dit-elle, et tous deux se mirent à rire.

9

Une réunion interrompue

Le colonel Westhanger regarda l'heure à sa montre.

– Elle a déjà vingt minutes de retard, dit-il.

Grégori roula une autre cigarette et écouta avec curiosité le docteur Philippe Garon, qui, tout en passant ses doigts dans sa barbe bien soignée, avait une conversation animée avec un homme pâle, entre deux âges, qui se faisait appeler Mr Cumingham, mais que la Police savait être un remarquable perceur de coffres-forts. À l'exception de Mr Millet, tout Crime-Street était là. L'« Évêque », l'air placide, jouait au bézigue avec Francis Stockmar. Jacques Colling, l'air satisfait d'un sommelier qui vient de s'acheter une maison de campagne, lisait son journal. Mr Mulberry, homme très respectable avec ses yeux de chien triste, discutait d'architecture Renaissance avec le frère Stockmar. Le colonel arpentait la chambre impatiemment et s'arrêtait de temps en temps pour échanger quelques mots avec l'un ou avec l'autre.

On entendit un léger bruit à l'étage inférieur.

Le colonel se dirigea vers la porte.

– La voilà, dit-il, et il alla sur le palier attendre Kate.

Elle était habillée d'un tailleur foncé et portait un gros renard argenté dont elle se débarrassa en entrant dans la chambre. Il est à remarquer que le colonel, qui avait tout lieu de se plaindre de son inexactitude, ne fit rien d'autre pour critiquer son arrivée tardive que de lui dire qu'il croyait qu'elle viendrait plus tôt.

Elle examina l'assemblée.

– Où est Millet ? demanda-t-elle.

– Millet travaille sur les télégrammes, répondit le colonel.

Elle parut satisfaite.

– Tout le monde est prêt ? demanda-t-elle. Avez-vous vu Boltover, Mr Mulberry ?

Il vint vers elle de son pas silencieux.

– Un jeune homme bien charmant, dit-il d'une voix traînante, vraiment charmant, nous avons eu une longue conversation ensemble.

– Et ?...

– Et tout est arrangé.

Il sortit de sa poche une enveloppe et il en tira un document sur papier timbré qu'il lui tendit avec la gravité et le respect d'un ambassadeur présentant un traité à la Reine. Elle parcourut le document et examina rapidement les signatures à la dernière page.

– Très bien, dit-elle, en le lui rendant.

Tout le monde s'assit autour d'une grande table, le colonel Westhanger à un bout et Kate à l'autre. Elle sortit de son sac un petit rouleau de papier, coupa la ficelle qui l'entourait et étala les feuilles devant elle. Elle appela chacun des individus présents par son nom et, à chacun, elle donna une ou deux feuilles de ce papier, couvertes de son écriture.

– Vous avez une semaine pour bien saisir ce qu'il y a dedans, dit-elle. Dans une semaine, nous nous retrouverons et je verrai si vous avez bien compris.

Jacques Colling l'interrogeait de l'œil.

– Les hommes ? dit-elle, combien en avez-vous à votre disposition ?

– Soixante, répondit-il, je les ai fait venir en Angleterre le mois dernier.

– Est-ce que soixante ce sera assez ? dit-elle dubitativement. Combien en avons-nous employé pour la banque d'Édimbourg ?

– C'était différent, répondit Jacques. On avait à percer

trente pieds de béton. J'ai utilisé deux cent dix hommes, par équipes de trente.

– Soixante seront bien suffisants, dit-elle après réflexion. Vous verrez que j'avais fait mes plans avec cinquante hommes seulement, mais si ceux que vous avez conviennent parfaitement...

– C'est juste les types qu'il nous faut, la plupart Italiens, quelques Français et un Portugais. C'est du fin choix, ça représente des années d'organisation.

– Vous trouverez là tous les détails, Cumingham, dit-elle, se tournant vers cet homme morose. J'ai pris en sténo tout ce qui concerne le « train d'or », son conducteur et tout le personnel ; j'ai toutes leurs adresses sauf une. Vous trouverez une croix en face du nom. Je crois que l'adresse est Berne Street, Seahampton, mais je n'ai pas eu le temps de vérifier.

– Ça ne présente pas de difficultés, dit Cumingham en lisant les instructions. L'horaire ne sera pas changé, j'espère ?

– S'il l'est, je le saurai, dit la jeune fille. Chacun d'entre vous doit transcrire ces instructions selon son propre code. Il faut faire vite.

– Pourquoi se dépêcher ? demanda Westhanger, le seul qui n'eût pas reçu de feuille.

– Je veux voir toutes les instructions brûlées avant que je quitte la pièce, dit-elle.

Le colonel fronça les sourcils.

– Mais..., commença-t-il.

– Je veux voir toutes les instructions brûlées avant que je quitte la pièce, répéta-t-elle avec force.

Son oncle grogna, mais les autres se doutèrent bien qu'elle devait avoir quelque raison pour qu'il en fût ainsi. Ils se mirent donc à transcrire fidèlement ses inscriptions, les uns sur un carnet, les autres sur des feuilles volantes, chacun utilisant ses abréviations et symboles favoris. Au fur et à mesure qu'ils avaient terminé, Kate récoltait les feuilles de papier, leur faisait répéter ce qu'ils avaient écrit, corrigeait, complétait, puis, lorsqu'elle les eut toutes en main, elle se dirigea vers la cheminée, les plaça dans le foyer et frotta une allumette. Elle les regarda flamber ; puis du pied elle éparpilla les cendres.

– Vous êtes nerveuse ? demanda ironiquement le colonel.

– Et vous ? répliqua-t-elle froidement, il me semble que...

Tout à coup un bruit se fit entendre dans l'appartement.

Les hommes sautèrent sur leurs pieds.

– Séparez les tables, chuchota la jeune fille.

La table autour de laquelle ils étaient assis était en réalité formée de trois tables qu'ils isolèrent les unes des autres. Avec une dextérité remarquable pour son âge, le colonel jeta un tapis sur chacune d'elles, plaça un pot de fleurs sur l'une, une photographie sur l'autre. À la troisième s'installèrent les joueurs de bézigue. La jeune fille s'assit au piano, l'ouvrit et commença à jouer *Rigoletto.*

– Chantez, murmura-t-elle.

L'obéissant Mulberry se précipita près d'elle. Il avait une voix agréable ; la jeune fille plaqua quelques accords.

– Je suis navré de troubler ce concert, dit Michaël Pretherston sur le pas de la porte.

– Puis-je vous demander la signification de cette intrusion ? dit le colonel Westhanger avec arrogance en voyant une demi-douzaine de policiers envahir la pièce.

– C'est ce qu'on appelle vulgairement une descente de police, dit Michaël. Que personne ne bouge ! Parsons, conduisez ces hommes un à un dans la pièce voisine et fouillez-les minutieusement. Madame Gray, ajouta-t-il, s'adressant à une grosse femme dans les cinquante ans, vous voudrez bien faire de même avec miss Westhanger.

– Pourquoi pas Kate ? demanda-t-elle méprisante. Vous devenez poli sur vos vieux jours, Mike.

– Miss Westhanger, répéta-t-il suavement.

– Et si je refuse ?

– Alors, je vous fais conduire dans un vulgaire poste de police et l'on n'y mettra pas de formes.

– Je suppose que vous avez un mandat ? dit le colonel Westhanger.

– Mon cher colonel, dit Michaël, vous imaginez-vous que je sois venu ici sans avoir observé cette petite formalité ?

Il lui montra le document.

– Et signé par deux magistrats, donc parfaitement en règle, dit-il avec entrain. Parsons, saisissez tous les documents que vous trouverez.

– Oui, chef, répondit l'homme, et il sortit avec la première de ses victimes qui se trouvait être le docile Mr Mulberry.

– C'est un travail peu agréable, dit Michaël, en regardant la jeune fille traverser la pièce accompagnée de Mme Gray. Vous comprenez, colonel, l'exercice de notre métier a parfois de pénibles moments. Vous êtes interdit de séjour, je crois ?

– Plus maintenant, grogna le colonel Westhanger.

– Excusez-moi, dit Michaël, on m'a mal renseigné. Je voudrais vous dire deux mots.

Il conduisit l'autre dans un coin de la pièce et la bonne humeur disparut de sa voix lorsqu'il interrogea le vieux colonel :

– Westhanger, dit-il, qui a élevé cette jeune fille ?

– Je ne vous comprends pas très bien, répondit-il insolemment.

– Qui a appris à Kate à être voleuse ? Vous avez compris maintenant ?

– Si c'est une voleuse, c'est que son instinct l'y porte. Mais je nie qu'elle en soit une ou qu'elle ait été mêlée à une affaire dont mes malheureux amis pourraient être accusés. Personne ne lui a appris.

– Vous êtes un drôle d'homme, dit Michaël, vous êtes ce qu'on appelle « amoral ».

– Mon caractère personnel..., commença l'autre.

– Par « amoral » je veux dire que vous n'avez aucun sens du *tien* et du *mien.* En d'autres termes, vous êtes un voleur-né. Excusez-moi, mais il est inutile de faire preuve de subtilité avec vous. Qui a élevé Kate ?

Le colonel sourit.

– Kate me doit une certaine reconnaissance, dit-il d'un air guilleret. J'ai été un père pour elle et même plus qu'un père, et je vous assure, Mr Pretherston, que vous êtes dans l'erreur quand vous pensez que c'est une voleuse. Et pourquoi me demandez-vous cela ? dit-il brusquement.

– Parce que, dit Michaël, en le regardant droit dans les yeux, je crois que vous avez décidé délibérément d'exploiter à votre profit l'intelligence d'une enfant remarquablement douée. Je crois que c'est vous, et vous seul, qui avez tellement déformé sa façon de voir les choses, que vous avez détruit toute conscience en elle. Je n'en suis pas sûr, admit-il, mais quand je le serai...

– Quand vous le serez ?... ricana le colonel.

– Pour une raison, ou une autre, je vous ferai mettre en prison, dit Michaël simplement, et vous y resterez jusqu'à votre mort. J'aurai la joie de vous faire passer la fin de votre vie dans l'infirmerie de la prison. Vous savez que cela n'a rien d'agréable.

Le colonel frissonna. Il y avait quelque chose de méchant, presque de haineux, dans la voix du policier. Pendant une seconde, le vieillard se recroquevilla devant l'énergie de Michaël ; puis il éclata en invectives, provoquées à la fois par la peur et par la rage.

– Je me moque de tes menaces ! Je te ferai enlever tes galons, espèce de sale policeman ! espèce de sale flic ! Kate vous aura, toi et tes copains, avec vos pieds plats. Si elle est voleuse, tu ne peux pas la changer, c'est moi qui l'ai formée, oui, c'est moi !... Elle aura le dessus, tu m'entends ?... et tu ne pourras jamais nous attraper, ni elle ni moi. Je l'ai formée ! Tu ne me fais pas peur !...

Sa voix aiguë tremblait de colère et son corps frémissait des pieds à la tête. Son poing osseux tendu vers Michaël était énergiquement fermé.

– Elle n'est pas de celles qu'on guérit avec des psaumes, monsieur le policier ! Vous m'avez eu. Tu m'as envoyé à cet enfer, la prison de Wandsworth, je me paierai sur ton dos et sur le dos des gens de ton espèce. Tu n'as jamais eu affaire avec une personne comme Kate et elle te brisera, oui, elle te brisera !...

– Mon oncle !...

Il se retourna et vit la figure de la jeune fille.

– Êtes-vous fou ? demanda-t-elle avec calme.

Il baissa les yeux.

– Il m'a fait sortir de mes gonds, murmura-t-il.

Michaël regarda Mme Gray ; celle-ci secoua négativement la tête ; d'un signe, il la renvoya.

– Non coupable, dit-il joyeusement.

Il regarda l'homme qui tremblait encore en face de lui.

– Je me souviendrai de ce que vous m'avez dit, Westhanger, et vous entendrez parler de moi un de ces jours.

Il alla vers la cheminée, car il venait de voir les papiers brûlés. Il les désigna du doigt.

– Encore chaud, dit-il, je crois que nous sommes arrivés un peu tard.

Il prit un peu de cendres dans le creux de sa main et les examina à la lumière. Un mot ou deux des instructions brûlées étaient encore légèrement visibles, mais c'était tout. Toutefois, il fit emporter les cendres dans une boîte.

Il fut le dernier à sortir.

– Je vous donne une chance, miss Westhanger, dit-il, et tous s'étonnèrent de sa politesse. Vous êtes sur le point de commettre un méfait qui peut vous valoir de longues années de prison. En quoi consiste-t-il ? Je l'ignore, mais je suis certain que, comme le dirait Stockmar, il sera « kolossal ». Peu m'importe que vous tous alliez en prison jusqu'à la fin de votre vie.

– Merci bien, dit Mr Stockmar, c'est très chentil de fôtre bart.

– Quand je dis tous, je fais exception pour Kate. C'est une jeune fille, et, s'il y en avait un parmi vous qui eût un peu d'humanité, il la ferait sortir de votre bande. S'il y en avait un parmi vous qui eût le moindre respect pour sa mère, ou sa sœur, ou n'importe quelle femme au monde, il devrait essayer de sauver cette enfant d'elle-même. C'est tout.

Le débonnaire Mulberry s'assit au piano et commença à jouer quelque chose de mélancolique.

– Et maintenant, nous allons chanter l'Hymne 847, dit-il avec onction.

C'est au milieu des éclats de rire provoqués par cette plaisanterie que Michaël sortit, accompagné à distance par le colonel Westhanger. Celui-ci ne reprit sa respiration que lorsque la porte eut claqué derrière l'indésirable visiteur et que tous les verrous furent poussés soigneusement.

– Où est Kate ?...

– Guelle volie, dit l'aîné des Stockmar, elle est mondée au grenier pour vaire beur à Predderston !

Au bout de Crime-Street, Michaël prenait congé de ses subordonnés, quand, dans le silence nocturne, éclata un cri terrifiant. C'était comme un gémissement qui montait et descendait, allant du cri perçant et plaintif jusqu'à une sorte de sanglot caverneux. Cela dura dix secondes à peine et cessa brusquement.

– Qu'est-ce que c'est que ça ? demanda Parsons, confondu.

Michaël se gratta le menton.

– Le colonel a une crise d'hystérie, suggéra-t-il impassible, mais en réalité, ce cri l'intriguait.

10

Sir Ralph perd une princesse et trouve un détective

Michaël prit la carte des mains du policeman et, d'étonnement, leva les sourcils.

– Sir Ralph Sapson ! dit-il, que diable me veut-il ?

Le policeman ne répondit pas, car il n'était ni devin ni même perspicace.

– Faites entrer, dit Michaël.

Sir Ralph Sapson n'avait jamais éprouvé le moindre besoin d'aller à Scotland Yard pour cultiver ses relations avec Michaël, aussi sa visite était-elle quelque peu surprenante. Ralph entra hâtivement, l'air moins arrogant que d'habitude, et probablement intimidé par les difficultés qu'il avait eues à surmonter pour atteindre son objectif.

– Vous devez être étonné de me voir, dit-il.

– Si ça ne retarde pas mon déjeuner, dit Michaël en riant, je n'y vois aucun inconvénient. Asseyez-vous donc, Ralph ; et racontez-moi vos ennuis. Mais, au fait, ajouta-t-il, comme si la pensée ne lui en était pas encore venue, peut-être, n'avez-vous aucun ennui ?

– Mais si, Michaël, dit l'autre, en déposant avec soin son chapeau. À la vérité, je suis tourmenté par deux affaires différentes, et en pensant au bon garçon que vous êtes et combien vous avez toujours été gentil avec moi...

– Ne dites pas de sottises, interrompit Michaël avec bienveillance, je n'ai jamais été gentil avec vous, et je ne suis pas un bon garçon. Avez-vous perdu quelque chose ?

– Je viens vous consulter au sujet de deux affaires, reprit sir Ralph qui affectionnait les préambules. Elles sont indépendantes l'une de l'autre, et l'une d'elles ne relève même pas de la police. Et je voudrais simplement que vous me donniez votre avis à ce sujet en tant qu'ami. Connaissez-vous la princesse Bacheffsky ?

– Non, je vous avoue que je ne la connais pas.

– C'est la femme du prince Dimitri Bacheffsky qui a de grands domaines en Pologne.

Michaël hocha la tête.

– Le monde regorge de princesses dont les maris ont de grandes propriétés en Pologne, dit-il.

– Je l'ai rencontrée à Paris, expliqua sir Ralph.

– Quand je disais le monde, je voulais dire Paris. Qu'a-t-elle fait ? Volé votre montre ?...

– Je vous en prie, dit l'autre avec humeur, ne dites pas d'âneries. Je vous dis que c'est une princesse et qu'elle est extrêmement riche. Elle s'est querellée avec son mari et est venue à Londres où je l'ai beaucoup vue. Hier, je suis allé la chercher pour une promenade en voiture, mais elle s'est envolée sans laisser un mot. Elle a réglé la note de l'appartement meublé qu'elle occupait et s'est évanouie.

– Sans doute est-elle retournée auprès de son mari, dit Michaël, ce sont des choses qui arrivent. Vous n'entendrez plus parler d'elle jusqu'à ce qu'elle intente une procédure en divorce, et alors les journaux abonderont en détails sur vos affaires, votre enfance et vos manies. Peut-être même, les journaux du dimanche donneront-ils votre portrait ?

Sir Ralph secoua la tête avec désespoir.

– Si je m'étais attendu à une telle interprétation de votre part je ne serais pas venu, dit-il sévèrement. Il n'y a rien de tel dans cette affaire. La princesse est une dame à qui j'ai rendu de légers services et qui a été assez bonne pour avoir confiance en moi. C'est tout.

– Désirez-vous donc que je vous la retrouve ? demanda Michaël avec surprise.

– Non, ce n'est pas cela, dit sir Ralph. Cette histoire a une suite étrange. Ce matin, j'ai rencontré un ami qui m'a invité à déjeuner. J'avais à m'occuper d'une quantité d'affaires et n'ai pu me trouver libre avant 1 heure moins 10 ; je n'avais pas ma voiture, mais je comptais trouver un taxi sans difficulté. Une fois dans la rue, je vis qu'il pleuvait à verse et que je ne trouverais de taxi à aucun prix ; j'étais à quelques pas du métro et je me suis décidé à le prendre.

– Quel événement ! s'écria Michaël avec admiration.

– Bref, pour abréger une longue histoire reprit sir Ralph, j'ai changé de ligne à Oxford Circus pour prendre la direction de Thames Embankment. Et c'est ici que l'histoire devient extraordinaire, dit-il avec agitation : tandis que je montais les escaliers d'un côté, de l'autre je vis descendre la princesse !

– Vraiment ? dit Michaël sans avoir l'air impressionné.

– Elle était vêtue avec simplicité, et même presque pauvrement, continua sir Ralph ; je l'ai saluée, mais elle me regarda comme si elle ne m'avait jamais vu de sa vie.

– Vous vous étiez probablement trompé, dit Michaël.

– Je jurerais que c'était elle, dit sir Ralph avec force. Il m'était impossible de me tromper, elle a un petit grain de beauté, juste sous l'oreille droite, que j'ai parfaitement vu.

– Hein ?...

Michaël était devenu on ne peut plus attentif.

– Un petit grain de beauté sous l'oreille droite, de grands yeux gris, des sourcils assez accentués, une bouche délicate et un menton arrondi ? questionna-t-il.

– Exactement cela ! s'écria Ralph stupéfait, mais, grand Dieu, vous la connaissez donc ?...

– Oh ! oui, je la connais, répondit Michaël d'un air sombre. Maintenant, racontez-moi de nouveau tout ce que vous savez sur cette princesse. Comment avez-vous fait sa connaissance ?

– Je l'ai rencontrée à Paris et lui ai été présenté à l'Opéra, répondit patiemment sir Ralph. En fait, j'avais tout oublié de cet événement jusqu'à ce qu'elle me le rappelât.

– Ah ! voilà comment commence l'histoire ! Quand vous a-t-elle rappelé tout cela ?

Sir Ralph fit un bref récit de leur rencontre fortuite.

– Je vois, dit Michaël, sa voiture se trouvait providentiellement en panne, justement devant votre porte. Comment auriez-vous pu résister à sa prière ? Tout cela était magnifiquement combiné. Alors, voilà comment vous l'avez rencontrée ? Oh ! Kate, Kate !...

Il hocha la tête.

– Kate ?... interrogea sir Ralph effaré. Au nom du ciel, qu'est-ce que vous racontez ?...

Michaël ne fit pas attention à la question.

– Je me vois obligé de vous demander plus de détails sur vos rencontres, car vous l'avez revue, naturellement ?

– Oui, je l'ai revue, c'était une femme charmante, dit sir Ralph.

– Et s'intéresserait-elle particulièrement aux affaires ?

– Non, elle ne connaissait pas grand-chose aux affaires. Là, vous vous trompez. Vous essayez de prouver que c'était une aventurière. Elle ne comprenait rien aux affaires, s'écria triomphalement sir Ralph, et je devais lui réexpliquer trois fois la même chose.

Michaël se pencha, et lui tapota le bras comme il aurait pu le faire à un enfant égaré.

– Quelles sont les choses que vous lui avez expliquées, jeune homme ? demanda-t-il.

Ici, il perdit pourtant un peu le fil, soit que sir Ralph ne pût se souvenir, soit qu'il ne le voulût pas. Michaël était assis à son bureau, la tête dans les mains, réfléchissant avec rapidité.

D'abord Flanborough, puis Boltover, et maintenant Ralph Sapson, quel était le trait d'union ?

– Êtes-vous en rapport d'affaires avec Flanborough ? dit-il.

– Comment l'entendez-vous ? demanda prudemment Ralph.

– Y a-t-il quelque chose de commun entre vos Compagnies ?

– Quelle drôle de question, mon cher ami ! dit sir Ralph. Vous savez aussi bien que moi que tous les hommes d'affaires qui travaillent sur une certaine échelle sont plus ou moins solidaires. Je m'occupe de chemins de fer, de carrières et d'un tas de choses, Flanborough de navigation et de mines d'or. J'ai des intérêts dans ses affaires et il a des participations dans les miennes.

En bon homme d'affaires, il ne parla pas à Michaël de ses projets au sujet du port de Seahampton, des voies ferrées qui se raccordaient et du « train d'or », car c'est un trait commun à tous les hommes d'affaires de garder secrets leurs projets en voie de réalisation.

– Bon, bon... dit Michaël, après avoir attendu vainement que son ami lui fournisse des éclaircissements.

– Et quelle est l'autre affaire dont vous vouliez me parler ?

Ici, sir Ralph trouva plus difficile de commencer son récit.

– C'est au sujet d'une chose assez délicate, Michaël, car elle concerne mon honneur.

– Mon Dieu, mon Dieu ! dit Michaël avec sympathie et, s'il faut dire la vérité, un peu mécaniquement, car son esprit était occupé d'un problème autrement important que l'honneur de Sapson.

– Et qui plus est, il s'agit aussi de l'honneur de quelqu'un que nous admirons tous les deux, ajouta gauchement sir Ralph. Voilà, Michaël, je suis fiancé à Moya, ce n'est pas officiel, mais c'est ainsi. Et, naturellement, la semaine passée, je n'ai pas pu la voir autant que je l'aurais souhaité, car j'ai eu beaucoup à faire.

– Naturellement, dit Michaël, toujours sympathiquement. Vous venez de me parler de la princesse, ne l'oubliez pas !

– Écoutez, vous êtes un homme du monde, dit sir Ralph en rougissant, et vous me comprenez. Quoi qu'il en soit, je n'ai pas vu beaucoup Moya, et pour en venir au fait – il se hâta de prononcer les mots –, Moya a une aventure !

– Une aventure ? répéta Michaël embarrassé, une aventure avec qui ?

– Elle le rencontre tous les jours dans le Parc et ils se promènent dans la campagne en s'arrêtant pour prendre des croquis, expliqua rapidement sir Ralph. Je n'en ai pas parlé à Flanborough, mais c'est plutôt dégoûtant !

– Si vous appelez aventure un petit flirt de Moya, cela n'a rien de particulièrement dégoûtant, quoique peu agréable pour vous, dit Michaël ; à moins d'être très au courant de l'emploi du temps de votre fiancée, vous et votre princesse étiez exposés à vous heurter à elle. Moya se conduit d'une façon très inconsidérée. Et qui est son flirt ?

– Un idiot d'artiste, dit Ralph grossièrement. Un homme qui a fait une exposition de tableaux ignobles. Il n'a sûrement pas le sou et est on ne peut plus négligé de sa personne. Je les ai vus de mes propres yeux et il traite Moya d'une façon honteuse et Moya a l'air d'aimer ça !

– Est-ce qu'il la bat, ou quelque chose ?... demanda Michaël avec lassitude.

L'entretien commençait à l'excéder et il souhaitait d'être seul pour réfléchir à son aise à la nouvelle combinaison qu'il venait de découvrir.

– Il la compromet, dit Ralph avec véhémence, lui tient la main et l'appelle « enfant » en public. Ce n'est pas supportable !

– Vous pouvez avoir confiance en Moya, dit Michaël, elle ne fera jamais rien qui puisse compromettre son avenir !

– Elle dispose de beaucoup d'argent, interrompit Ralph.

– C'est curieux comme vous êtes préoccupé par les questions d'argent. Je pensais au côté social de son avenir. C'est une jeune fille très raisonnable. Un petit roman ne lui fera aucun mal sérieux, Ralph.

– Mais, bon Dieu !... ne suis-je pas son fiancé ?... dit Ralph avec rage.

– J'ai dit « roman », répondit Michaël avec insistance. Vous n'êtes pas un roman, vous êtes une affaire.

Mais sir Ralph ne se tenait pas pour satisfait.

– Peut-être si vous la voyiez, suggéra-t-il, et si vous la raisonniez, peut-être auriez-vous une influence.

– Je n'en ferai rien, dit Michaël avec décision. Non, Ralph, vous devez débrouiller vos affaires de cœur sans y faire intervenir la police. (Sir Ralph se contracta.) Je ne connais pas assez Moya pour lui donner des conseils sur un sujet aussi délicat. Je l'ai demandée en mariage une fois, et ce n'est pas cela qui me donne le droit d'accéder à votre requête. Il y a une question que j'aimerais vous poser avant que vous ne partiez, ajouta-t-il, tandis que sir Ralph prenait ses gants et son chapeau. La princesse vous a-t-elle posé des questions à propos d'une banque à laquelle vous seriez associé ?

– Je peux vous répondre sans hésitation que non, répondit sir Ralph. À mon avis, vous vous méprenez beaucoup sur cette dame.

– À votre aise ! dit Michaël avec dédain en le reconduisant jusqu'à la porte.

11

Lady Moya ne se reconnaît plus elle-même

Sir Ralph avait lieu d'être plus inquiet qu'il ne pensait et que Michaël ne l'avait supposé. Ils auraient été éclairés tous les deux s'ils s'étaient trouvés à Cannon Street Station, un certain dimanche matin, et s'ils avaient pu être témoins de la détresse croissante de Mr Alfonso Blaxton à mesure que la grande aiguille de l'horloge de la station se rapprochait de 9 heures. Le chef de train commençait à fermer les portes des wagons et le receveur se disposait à fermer la grille lorsque Moya survint tout essoufflée et traversa la barrière précipitamment.

– Je suis désolée, haleta-t-elle, ma montre s'était arrêtée.

Mr Alfonso Blaxton la poussa dans un wagon vide de première classe et y sauta lui-même pendant que le train démarrait.

– Il y a un autre train à 3 heures ! dit-il sévèrement.

– Nous aurions pu aller à l'église !

– Quelle idée ! Jamais, je n'aurais pensé à cela ! s'écria le jeune homme avec admiration.

– Mais, d'ailleurs, je n'ai pas manqué le train, dit-elle sèchement. Vous avez tout emporté ?

Elle chercha du regard le chevalet pliant, la boîte de couleurs et les différents accessoires qui les accompagnaient généralement dans leurs promenades entrecoupées de croquis.

– Je n'ai rien apporté du tout, répondit-il franchement.

– Mais comment pourrez-vous dessiner ?

– Je ne dessinerai pas, dit-il, j'ai décidé que cette journée était trop belle pour être perdue !

Elle le regarda et rit.

– Vous ne serez jamais un artiste, dit-elle avec une soudaine sévérité. De quel côté allons-nous ?

– Je pensais que nous pourrions aller à Maidstone. Il y a de ravissantes promenades par là. J'ai loué une auto qui doit nous attendre à la gare et je pensais que nous pourrions traverser le Sussex et aller déjeuner à Seahampton.

– Pas à Seahampton, dit-elle vivement. Mon père y est aujourd'hui !

Elle aurait pu ajouter que sir Ralph y était aussi, mais, pour des raisons qui lui étaient personnelles, elle garda pour elle ce renseignement. Sir Ralph n'était pas un sujet qu'elle avait trouvé nécessaire de mettre sur le tapis. Elle jeta à son compagnon un regard approbateur.

– Je ne vous ai jamais vu aussi présentable qu'aujourd'hui, lui dit-elle, vous êtes bien rasé ! Chaque jour, vous prenez une allure de moins en moins artiste.

Il avait un sourire particulièrement agréable, et un rire qui bouillonnait de jeunesse et de bonheur. Il rit encore tandis que le train filait à travers la banlieue. Il allongea ses jambes sur la banquette en face de lui et se mit à la recherche d'une cigarette. Elle le regarda joyeusement, tandis qu'il sortait de sa poche une boîte de carton jaune vif contenant cinquante cigarettes les meilleur marché qui puissent sortir des fabriques de Virginie. Et elle fit la comparaison avec les porte-cigarettes précieux dans lesquels les hommes de son milieu rangeaient de dispendieuses cigarettes égyptiennes ou syriennes.

– Vous aimez les cigarettes ? demanda-t-elle.

– Les jaunes ? oui, assez.

– Vos goûts ne sont pas très raffinés, railla-t-elle. Pourquoi ne vous...

Puis elle voulut changer brusquement de conversation et

attirer son attention sur une vache qui paissait dans un champ, le long de la voie ferrée.

– Pourquoi je ne fume pas de « Goldlaced Machinopolos » avec un fume-cigarette d'ambre, orné de diamants ?... insinua-t-il, parce que... petite Moya, je suis un pauvre artiste obligé de travailler dur et qui a dû faire des économies sur sa semaine pour se permettre cette excursion.

– Pardonnez-moi, dit-elle, je suis tellement écervelée. Me pardonnez-vous ?

– Je ne vous pardonnerai pas, dit-il, à moins que vous ne vous mettiez dans la tête et n'oubliiez jamais que je suis aussi démesurément pauvre que vous êtes démesurément riche.

– Pourquoi voulez-vous que je ne l'oublie jamais ? demanda-t-elle.

– Parce que, répondit-il lentement, jusqu'à ce que vous deveniez très pauvre ou moi très riche, nous n'aurons que de rares occasions de nous voir, et nous ne pourrons pas souvent faire des excursions ensemble.

– Mais, en quoi l'argent intervient-il ? demanda-t-elle d'une voix faible.

Il lui semblait tout à coup difficile de parler distinctement et même clairement. Elle sentait sa gorge se resserrer et sa voix s'enroua d'une façon inusitée. Comme elle voulut arranger une boucle déplacée, elle s'aperçut avec étonnement que sa main tremblait. Elle n'avait jamais rien ressenti de tel. Son cœur battait, elle avait peine à respirer et tour à tour avait très chaud ou se sentait glacée.

Il ne lui répondit pas. Elle était assise à côté de lui et elle pouvait juste apercevoir son visage du coin de l'œil, puis elle se sentit entourée de ses bras et, avant qu'elle eût pris conscience de quoi que ce soit, il avait ses lèvres sur les siennes.

Ceci survint dans le wagon de première classe d'un express. C'était une chose qui, à la connaissance de Moya, était arrivée à des gens très ordinaires, mais elle n'avait jamais pensé que cela pourrait lui arriver, à elle, ni qu'un procédé aussi vulgaire puisse sembler aussi délicieux.

*

Sir Ralph et lord Flanborough avaient rendez-vous avec les

autorités locales. Il y eut un déjeuner et des discours qui permirent à sir Ralph de se distinguer en faisant un parallèle entre le bateau qui devait apporter le courrier d'Afrique du Sud, le retour d'Ulysse et le débarquement des premiers missionnaires chrétiens. Le bateau fit savoir par radio qu'il ne comptait pas aborder avant 9 heures du soir. Plus tard, il fut décidé que, dorénavant, le départ du Cap s'effectuerait de façon que les bateaux arrivent un samedi. Sur les quais se promenaient quelques journalistes qui étaient venus exprès de Londres avec quelques directeurs et leurs femmes.

Les nouveaux trains furent admirés et particulièrement deux fourgons, d'un caractère spécial, que sir Ralph exhiba à quelques directeurs sélectionnés. Un coffre-fort sur roues, telle en était la meilleure description. Les wagons étaient suspendus sur deux boggies de façon à pouvoir supporter un poids énorme.

– Je suis sûr que lord Flanborough ne verra aucun inconvénient à ce que je vous dise, apprit sir Ralph à son petit auditoire, que ces fourgons transporteront dès ce soir vingt tonnes de barres d'or.

– Et quelle en sera la valeur ? demanda un auditeur intéressé.

– 2 867 200 livres sterling, répondit sir Ralph gravement. Ce qui représente six mois d'extraction de toutes les mines appartenant à lord Flanborough.

Les directeurs poussèrent de discrètes exclamations qui traduisaient leur étonnement admiratif.

Il y avait à Seahampton des touristes intéressés par l'importance de ce transport, et qui ne faisaient pas partie de l'auditoire. L'un d'eux, un homme très brun, à l'aspect étranger, ne jugea pas nécessaire d'aller sur le quai plus loin qu'un petit bar de l'ancienne High Street. Un autre homme le rejoignit qui, lui, avait un visage pâle et un parler laconique.

– Tout est raté, souffla-t-il.

– Qu'est-ce qui ne marche pas ? répondit l'autre du même ton.

– Complètement impossible d'acheter le mécanicien et le chauffeur. Ce sont deux vieux employés de la Compagnie, tous les deux ont des économies et ne se laisseraient pas corrompre plus facilement que Flanborough lui-même.

– Vous n'avez pas insisté là-dessus, j'espère ? demanda vivement l'autre.

L'homme pâle secoua la tête :

– J'ai été aussi loin que j'ai pu avec le mécanicien, répondit-il.

J'avais découvert qu'il avait un fils soldat aux Indes, et je lui ai dit avoir rencontré le garçon et être un de ses amis, mais c'est un bonhomme absolument incorruptible, Grégori.

– Je vais aller téléphoner à Kate, dit l'autre. Je suppose qu'il nous faudra arrêter le train quelque part, et je voudrais bien éviter les coups de feu. Les mécaniciens sont-ils armés ?

– C'est drôle que vous me demandiez justement cela, dit l'homme pâle en caressant sa barbe. Le vieux est armé pour la première fois de sa vie. Il ne parle que de ça et est tout fier de son habileté de tireur.

Grégori était très sérieux.

– Kate doit avoir prévu cela, dit-il ; n'importe comment rejoignez-moi ici à 8 heures avec Cumingham. Je suis parfaitement préparé à presque toutes les éventualités. Millet m'a donné une douzaine de directives se prêtant à presque toutes les circonstances. Avez-vous vu le train ?

– Je n'ai pas pu m'en approcher, répondit l'autre, je suis parti au moment où Sapson amenait sa bande pour l'examiner.

Sir Ralph avait conduit ses invités le long du train jusqu'à la locomotive, d'un modèle tout nouveau et qui devait conduire le convoi jusqu'à Londres.

– Elle n'a pas l'air d'être tout à fait finie, dit l'un des invités en désignant un ouvrier qui perçait péniblement un trou sur le devant.

Ralph rit.

– Ils avaient oublié de mettre un crochet pour la lampe. Vous comprenez, je veux que le train contenant l'or soit éclairé par trois lumières vertes à l'avant. Il est essentiel qu'il se signale et se distingue nettement des autres. Par hasard, il s'est trouvé qu'ils ne lui avaient mis que deux crochets quand l'engin est sorti des ateliers. J'étais très ennuyé parce que j'avais déjà donné des instructions précises sur ce point. Mais nous n'allons pas nous mettre martel en tête à cause d'une lampe, ajouta-t-il avec bonne humeur.

Il est généralement reconnu que le deux-à-cinq du dimanche constitue les trois heures les plus tristes des cent soixante-huit que contient la semaine. Lorsque les invités furent repartis pour Londres, sir Ralph et lord Flanborough se reposèrent dans le petit hôtel de l'endroit.

Ralph avait déjà conçu le projet d'un établissement plus somptueux, afin de pouvoir recevoir une clientèle accrue, car il avait été décidé que tous deux iraient saluer le *Charter Queen* à son arrivée.

À 3 heures de l'après-midi, Ralph fit irruption avec sans-gêne dans l'appartement privé de lord Flanborough qui était en train de faire la sieste.

– N'avez-vous pas reçu un télégramme ? demanda-t-il.

Il en avait un à la main.

– Un télégramme ? pourquoi ? interrogea lord Flanborough saisi.

– Lisez cela !

Le télégramme, signé Michaël, était ainsi rédigé :

« Deux tentatives simultanées faites pour forcer coffre-fort bureau Compagnie sud-africaine et Flanborough bureau central Société minière. Ont échoué toutes deux. Les deux portes arrachées à la nitroglycérine. Donnerai confirmation par téléphone. »

Lord Flanborough resta bouche bée devant Ralph.

– C'est extrêmement sérieux, dit ce dernier. J'ai demandé un train spécial pour nous ramener à Londres. Mais, avant de partir, nous attendrons le coup de téléphone.

Dix minutes plus tard, ils étaient en communication avec Michaël, qui répéta :

– Les deux portes ont sauté et l'attentat présente quelques points curieux. Personne ne pouvait être présent dans aucun des bureaux au moment des explosions. Il n'y a pas eu d'incendie et, autant que j'ai pu en juger, rien n'a été volé. Le mieux serait que vous veniez voir par vous-mêmes.

– Je suis embarrassé, dit sir Ralph en raccrochant le récepteur, mon mécanicien doit conduire le train d'or.

– On n'a pas besoin d'un talent particulier pour conduire un train d'or, trancha lord Flanborough. Mettez-y quelqu'un d'autre et faisons-nous ramener à Londres le plus vite possible.

Le train spécial les attendait déjà quand ils arrivèrent à la gare. Sir Ralph s'attarda un peu pour donner quelques instructions au chef de gare, puis monta dans le train qui fila vers Londres.

Ce dimanche matin avait été plein d'intérêt pour Michaël. Le téléphone l'avait réveillé à 5 heures et le téléphoniste s'excusa de s'être trompé de numéro. Bien qu'il eût l'habitude de se lever deux heures plus tard, il prit son bain, s'habilla et se fit un peu de café sans attendre son domestique. Lorsqu'il descendit dans la rue déserte, il fut accueilli par un de ces petits matins magnifiques qui, souvent, sont le présage d'une journée de pluie. Il marchait sans but, mais son humeur l'invitait à l'exercice.

Il suivit Marylebone Road et traversa Portland Place sans rencontrer personne, sinon de temps en temps un policeman, et il arriva à Piccadilly Circus où il acheta les journaux du dimanche à un vendeur matinal. Puis il traversa Waterloo Place pour aller au Parc. Les portes venaient d'ouvrir et en dehors des gardiens du Parc et d'un vagabond à la marche engourdie, il ne vit personne. Il s'assit sur un banc au bord du lac, tira son pardessus sur ses jambes, car le matin était glacé, et se mit à examiner les manchettes des journaux. Ceux-ci ne contenaient rien de frappant, mais Michaël lut consciencieusement les articles. Tout ce qui était de la vie suscitait l'intérêt de Michaël Pretherston. Lui aussi aurait pu prendre comme devise : «*Homo sum et humani nihil a me alienum puto.*» T. B. Smith avait coutume de dire que Michaël serait même capable d'écrire un livre intéressant sur la psychologie des combats de chiens.

Le vol le plus sordide, l'abus de confiance le plus mesquin, l'escroquerie la plus minime, qu'ils soient commis par un grand escroc en train de «travailler Londres» ou par le menu fretin des bas-fonds, tout lui était prétexte à réflexions et il n'était rien que son esprit n'enregistrât comme pouvant lui être utile dans l'avenir.

Il était en train de lire le procès d'un incendiaire, quand il entendit son nom prononcé d'une voix douce. Il leva les yeux et sauta sur ses pieds.

– Comment, c'est vous, Kate ? dit-il. N'avez-vous donc plus de logis ?

La jeune fille se tenait à quelques pas de lui et son visage avait une expression étrange.

– Je suppose que c'est la fatalité qui m'a poussée à sortir ce matin, dit-elle. Asseyez-vous, Mike, et racontez-moi les nouvelles.

Elle ne montrait aucun signe de rancune après le traitement cavalier que lui avait fait subir Michaël.

– M'avez-vous suivi jusqu'ici, ou est-ce moi qui vous ai suivie ?

– Je vous dis que c'est la Fatalité, dit-elle. Je ne pouvais pas dormir et l'envie m'a prise de sortir ma Mercedes.

– Donnez-moi des nouvelles de la princesse Bacheffsky, lui demanda-t-il, tandis qu'elle s'asseyait à côté de lui.

– La princesse... ?

– Bacheffsky ; pauvre vieux Ralph, l'entraîner dans une pareille aventure !

Elle se pencha en avant, les jambes croisées, le coude appuyé sur un genou et son menton dans la main.

– Je n'arrive pas à me faire une opinion sur vous, êtes-vous très habile, ou bien avez-vous beaucoup de chance ?

– Les deux ! répondit-il. Mais renseignez-moi un peu sur vos propriétés dans l'Oural !

– En Pologne, corrigea-t-elle.

– Ce sont des mines, je suppose ?

– Je ne possède pas de mines, dit-elle avec calme. Vous étonnerais-je beaucoup si je vous disais que j'ai un grand domaine en Pologne ?

– Rien de ce que vous pourriez me dire ne m'étonnerait, à moins que vous ne me déclariez que vous avez décidé d'être une brave jeune fille et de respecter la loi.

Il plia ses journaux et les jeta dans une corbeille. Elle suivit ses mouvements d'un œil amusé.

– Quel être soigneux vous faites ! lui dit-elle. Quelle drôle de chose de faire ce que l'on vous dit et d'obéir aux règlements.

– Nous obéissons tous aux règlements. Vous n'êtes pas aussi originale que vous le croyez. Je remarque, par exemple, que vos jupes sont très courtes. Pourquoi ne vous revêtez-vous pas d'une toge romaine ou d'une robe grecque ? Parce que c'est contre la règle ! C'est absurde de se soumettre servilement d'un côté et de fronder d'un autre.

– Quelle subtilité ! fut la seule réponse de Kate.

– Me direz-vous, princesse... ?

– Ne m'appelez pas princesse, je vous prie, dit-elle tranquillement.

– Eh bien ! riche propriétaire, me direz-vous ce que vous vouliez à Ralph ? Il m'a parlé de vous de la façon la plus enthousiaste. La nuit de votre rencontre lui a tourné la tête. Aviez-vous apporté votre baguette magique ?

– Je l'ai eu ! concéda-t-elle.

Il se fit la réflexion qu'elle était beaucoup moins en train qu'à l'ordinaire.

– Vous vous surmenez, Kate, vous exigez trop de vous-même. Votre docteur devrait vous interdire de commettre plus d'une escroquerie par mois !

Elle rit doucement.

– Vous êtes vraiment subtil, lui répéta-t-elle.

– Je ne pense pas que vous ayez envie de me faire une confession franche et entière, insinua-t-il. Vous n'êtes pas femme à éclater en larmes et à soulager votre jeune âme en sanglotant sur mon épaule ?

– Pleurer n'a jamais été mon fort.

– Kate ! dit-il, oui, je le sais.

– Je vais vous dire quelque chose, dit-elle en le regardant droit dans les yeux. Nous allons faire quelque chose qui compte, une des choses les plus colossales, les plus audacieuses qui aient jamais été faites. Et nous la ferons aujourd'hui. Vous voulez savoir pourquoi j'ai été chez Flanborough, pourquoi je me suis occupée d'un personnage aussi ridicule que Ralph Sapson ?... Ce seront mes deux victimes, ajouta-t-elle après un moment de réflexion. Pour assurer la réussite de mon projet, je me suis arrangée pour qu'en ce jour de sabbat, ces deux messieurs ne soient pas à Londres. Je ne puis vous en dire davantage, Mike !

– Vous êtes un vrai roman-feuilleton, vous vous arrêtez au moment le plus intéressant, grommela-t-il.

Son regard perçant chercha celui de Kate, qui le rencontra sans broncher.

– Je voudrais que vous n'y soyez pas, dit-il.

– Que je ne sois pas où ?... demanda-t-elle.

– Dans cette affaire, acheva-t-il. Je voudrais que vous n'y soyez pas mêlée.

– Peut-être un de ces jours, je me rangerai, dit-elle, et alors, vous pourrez me donner des recommandations pour un emploi à huit cents francs par mois. Je serais une secrétaire idéale pour vous, Mike. Les bas-fonds n'ont rien de caché pour moi. Vous pourriez m'abandonner tout le rayon des empreintes digitales. Et que croyez-vous qu'il arrive, continua-t-elle, si j'allais trouver l'Armée du Salut et que je déclare avoir été très coupable jusque-là, mais avoir décidé de m'amender ? Me prêteriez-vous votre assistance ? Je n'ai pas d'argent, mais j'ai un cœur honnête. Alors, Mike, l'on m'emploierait à scier du bois pendant une semaine, puis l'on me trouverait une place de secrétaire d'une gouvernante dans une famille pieuse et bien pensante qui m'accorderait un dimanche et deux soirs de liberté par mois. Vous le voyez, Mike, même pour l'honnêteté, il faut commencer par les premiers échelons. Vous ne pouvez pas vous y mettre tout d'un coup. Je déteste les gens de bien.

Michaël acquiesça.

– Moi aussi, je les déteste, dit-il, ils font étalage de leur bonté, mais la bonté n'est pas toujours rude ou acide ; il arrive que ce soit de la bonté et puis c'est tout. Par exemple, continua-t-il, moi, je suis bon.

– Et moi, je suis mauvaise, dit-elle, et invoquant de la main un canard qui frissonnait en se dandinant sur une grille, elle ajouta : eh bien ! choisis entre nous deux.

Michaël éclata de rire, mais redevint sérieux instantanément.

– Votre confession me plonge dans un dilemme. Je ne puis croire que vous mentiez en tant que femme ; je ne puis me laisser impressionner par vos paroles si, d'autre part, je considère la criminelle. Je suis suffisamment familiarisé avec vos méthodes pour savoir que votre présence n'est pas indispensable à l'exécution d'un forfait, aussi n'ai-je rien à gagner en vous arrêtant.

– Pauvre Mike ! railla-t-elle.

– Pauvre Kate ! répliqua-t-il, mais la jeune fille perçut l'intonation sincère de la voix de Michaël.

« Kate, tout cela ne peut durer longtemps, reprit-il. Un jour ou l'autre, vous serez prise. Et pensez aux conséquences, songez à la misérable vie qui vous guette à Hylesburry, où chaque minute semble une heure, et chaque heure une éternité. Songez aux choses horribles que l'on vous imposera : frotter les parquets, laver le linge, coudre des sacs. Songez comment vous serez conduite en rangs à l'église tous les dimanches. Songez à la façon dont vous serez examinée et bafouée par les amis du ministre de la Justice qui viennent visiter la prison.

– Quand tout cela arrivera, je serai morte, dit-elle. Je prête une bonne intention à vos paroles, Michaël Pretherston, aussi vous répondrai-je ceci, c'est que personne, vous ou quiconque, n'a le pouvoir de me faire penser ou sentir autrement que je pense et sens. Aucun pouvoir au monde ne peut faire écrouler les fondations sur lesquelles ma vie est bâtie. J'ai lu tout ce qu'on peut lire concernant les philosophies chrétiennes ou païennes, toutes les argumentations me sont connues, depuis la simplicité de l'Évangile jusqu'aux manifestes des athées professionnels. Rien de tout cela ne m'a fait bouger d'un pas. On ne peut pas m'atteindre par la raison, par le mysticisme ou les prières. Devant tout cela, je me sens de marbre.

Elle porta sa main blanche à son sein, et il fut frappé par l'ironie de son regard.

– Pauvre Michaël ! dit-elle, si la religion avait pu m'influencer, pensez donc aux chances que j'aurais eues ! J'aurais pu épouser Ralph Sapson, lui faire glisser l'alliance autour de mon petit doigt. Flanborough a quasi demandé ma main, il est plutôt sentimental, le saviez-vous ?

– Tous les gens sujets aux maux d'estomac se montrent sentimentaux entre deux crises, énonça Michaël avec sagacité.

Bien qu'elle n'en eût pas besoin, il tendit la main à la jeune fille pour l'aider à se lever et ils sortirent ensemble du Parc. Sa petite Mercedes avait refroidi et il tourna la manivelle pour la mettre en marche.

– Au revoir, Michaël, lui dit-elle.

– Au revoir, répondit-il, je vous donne rendez-vous en Cour d'assises.

*

À 2 heures cet après-midi-là, l'agent de service dans Morgate Street entendit la première des deux explosions qui devaient bouleverser la police ce jour-là. Michaël était sur les lieux une demi-heure plus tard et une rapide enquête l'amena aux conclusions qu'il devait communiquer ensuite à Ralph. C'est alors qu'il découvrit que ni lord Flanborough, ni sir Ralph Sapson n'étaient à Londres ce jour-là. Bien que, sur le moment, il eût été impressionné par les déclarations de la jeune fille, il les avait rejetées comme étant des fanfaronnades que la jeune fille s'était amusée à inventer. En se rendant sur les lieux de l'attentat, il maudissait maintenant sa folie qui lui avait fait négliger l'avertissement. Ce fut un grand soulagement pour lui d'apprendre que, de toute évidence, on n'avait pu cambrioler aucun des deux coffres-forts. Dans les deux cas, une machine infernale avait fait sauter la porte d'acier, mais les voleurs n'avaient pu bénéficier de leur tentative.

L'agent qui entendit la première explosion dit qu'il était sur les lieux en moins de trois minutes et qu'encore il avait eu le temps d'envoyer un collègue surveiller la cour de l'immeuble pendant ce temps. Personne n'était entré ni sorti.

L'éclair provoqué par l'explosion de Bartholomew Close avait été vu de la rue. Le coffre-fort était une pièce en ciment dans laquelle une lumière était allumée nuit et jour et bien que celle-ci eût été éteinte par la violence de l'explosion, il avait été possible à l'agent de surveiller la pièce de la rue. Lui aussi affirma que personne n'était entré ni sorti après l'explosion.

– Voilà qui est curieux, dit Michaël.

T. B. Smith était venu à sa demande expresse et le chef était aussi étonné que son subordonné.

– Flanborough vous a-t-il dit qu'il allait revenir ?

– Il est en chemin, maintenant, répondit Michaël.

– Savez-vous ce que je pense ? dit T. B. Smith après un moment, je pense que ceci est un piège. Jamais on n'a eu l'intention de cambrioler ces coffres-forts. Le coup doit se passer ailleurs. Mike, faites venir les réserves !

Michaël entendit cet ordre avec plaisir, car il l'avait déjà donné de sa propre autorité et des nuées de détectives se dirigeaient déjà vers Scotland Yard de tous les points de l'horizon.

DEUXIÈME PARTIE

12

UN TRAIN SPÉCIAL TAMPONNE UNE AUTO

Quelles que fussent les inquiétudes qui tourmentèrent l'humanité en ce fatal dimanche, il y avait deux êtres manifestement et suprêmement heureux, et cela, bien que l'automobile qui les transportait fût un vieux tacot, et que la perspective de grimper une colline les rendît haletants d'appréhension, car la voiture, s'arrêtant juste au moment où le but était en vue, refusait alors de faire un tour de roue de plus.

Ils étaient heureux, bien qu'ils n'eussent échangé aucun mot d'amour depuis le moment où il l'avait prise dans ses bras. Et leur bonheur était tel qu'un cylindre ou un carburateur défaillants ne leur paraissaient que de peu d'importance.

Ils avaient très mal déjeuné à Maidstone, mais sans s'en apercevoir. Ils avaient rencontré d'innombrables périls (les réparations étaient effectuées sans le secours de la boîte à outils) et pourtant, ils étaient joyeux. Ils avaient été secoués, remués, bousculés, mais ils avaient eu des compensations, ils avaient vu les hauteurs de Kentish Rag, vertes et blanches, étoilées de fleurs. À travers une brume dorée, ils avaient aperçu de mystérieuses vallées. Ils avaient entendu les oiseaux chanter et goûté tous les plaisirs réservés à ceux qui aiment la jeunesse et ses plaisirs.

Si des nuages s'accumulaient à l'ouest, si un vent froid leur rappelait, à l'occasion, la traîtrise de mai, eux ne voyaient aucun nuage dans leur ciel, et n'avaient ressenti aucun froid dans leur monde enchanté.

Ils atteignirent le sommet d'une colline particulièrement pénible ; Alfonso arrêta la voiture et descendit. Devant eux, la route plongeait droit sur un passage à niveau. À un kilomètre plus loin, il y avait une petite colline particulièrement tentante.

– N'est-ce pas un endroit délicieux pour peindre ? demanda la jeune fille.

– Ne parlons pas d'art, supplia-t-il, parlons plutôt de choses merveilleuses comme le thé et les petits gâteaux !

Elle fut enchantée de cette plate plaisanterie.

– Je me demande ce qui va arriver? dit la jeune fille devenue grave.

– Arriver où, quand ?... demanda-t-il, surpris.

– *Nous* arriver, dit-elle.

Il prit ses mains dans les siennes.

– Je suis sur le point de devenir immensément riche.

– Vous ai-je dit que j'étais fiancée ? demanda-t-elle timidement après un long silence.

C'était un véritable acte d'héroïsme de sa part.

– Il me semble que vous m'en avez parlé les premiers temps !

– Vous croyez ?... demanda-t-elle, soulagée. Il me semblait que...

– Si vous ne me l'avez pas dit, en tout cas ai-je vu votre bague, dit-il.

Elle rougit, parce qu'elle avait enlevé cette bague dès leur seconde rencontre et qu'elle ne l'avait pas portée depuis.

– Je crois vous avoir dit que j'avais une rente de 300 livres sterling par an, continua-t-il. Maintenant que nous nous faisons des confessions, il faut bien que je vous avoue cela !

– Vous m'aviez dit que vous étiez absolument sans le sou, dit-elle sévèrement. Trois cents livres sont une fortune.

– Trois cents livres sont une fortune seulement pour celui qui est immensément riche. Pour le pauvre, c'est pire que la misère.

– Vous pouvez faire bien des choses avec trois cents livres par an, dit-elle pensivement. Et moi, que ferai-je de mon argent ? Je ne peux tout de même pas le jeter !

– Nous n'en ferons rien, dit-il fermement. Quand mes trois cents livres en seront devenues dix mille, alors vous verrez.

Elle rit, heureuse, jouant avec son bracelet-montre.

– Je ne me reconnais plus, dit-elle, j'étais un monstre d'égoïsme et d'inconscience, je ne savais pas qu'il pouvait y avoir du bonheur sur cette terre !

Pour la seconde fois, il la prit dans ses bras et l'embrassa.

– Le thé ! dit-il, pratique.

Il mit le moteur en marche, s'assit à la place du conducteur et lui tendit la main pour l'aider à monter près de lui.

L'auto démarra après un bond violent, puis descendit doucement la pente.

– C'est de la chance que la barrière soit ouverte, dit-il, comme la voiture prenait de la vitesse ; ça serait plutôt comique si je ne pouvais plus arrêter la voiture.

Le sifflet perçant d'une locomotive lui fit tourner la tête.

– Ça doit être sur une autre ligne, dit-il, un peu inquiet en mettant la main sur le frein ; quoi qu'il en soit, la barrière est ouverte, dit-il, soulagé.

De nouveau, il entendit le sifflet de la locomotive.

Il était à cinquante mètres du passage à niveau lorsqu'il vit les barrières se fermer. Il appuya sur le frein à pied sans arriver à diminuer la vitesse de la voiture ; il agrippa le frein à main et le tira en arrière ; le frein lui resta dans la main. Il n'y avait plus qu'une chance à tenter. Il appuya sur l'accélérateur et la voiture bondit en avant...

L'auto et le train paraissaient vouloir atteindre le même but simultanément...

La jeune fille fut projetée la tête en avant dans un fossé, sa chute fut heureusement amortie par la boue qui en emplissait le fond. Alfonso atterrit dans une haie vive qui lui découpa ses vêtements en lambeaux et lui déchira la figure et les mains. Il se leva et se mit à la recherche de la jeune fille ; il la trouva en train de sortir du fossé.

Le train s'était arrêté brusquement, au milieu des débris de la barrière et des morceaux de ferraille provenant de la voiture. Il ralentissait heureusement au moment où la collision se produisit, sans cela nos deux jeunes gens auraient terminé ainsi leur carrière pleine de promesses.

– Êtes-vous blessé ? furent les premiers mots qu'elle prononça.

Sa figure était égratignée et ses vêtements déchirés ; quoique sa trajectoire eût été plus dangereuse que celle de Moya, il ne présentait pas l'aspect pitoyable de la jeune fille. Celle-ci était couverte de boue, une large tache ornait sa joue et elle avait perdu son chapeau.

Les passagers du « spécial » étaient encore plus émus que leurs victimes.

– Accident ; on a heurté une auto, dit le mécanicien.

– Personne de tué ? demanda sir Ralph alarmé.

– Non, monsieur, il y a un jeune homme et une jeune fille qui ont eu plus de peur que de mal !

– Allons voir, dit lord Flanborough et il se dirigea vers les rescapés.

L'instinct paternel est infaillible. Lord Flanborough reconnut immédiatement sa fille.

Il demeura muet un instant.

– Moya !... s'écria-t-il, la respiration coupée par l'étonnement. Moya !... Grands dieux ! que faites-vous donc par ici ?...

Il se tourna vers l'épouvantail qui se trouvait à côté d'elle ; à la vue du jeune homme, sir Ralph, qui avait perdu la parole à son apparition, retrouva sa langue :

– Je vois, je vois, dit-il amèrement.

– Vous avez le dessus, dit le jeune homme, car j'ai un petit morceau de charbon dans l'œil.

La jeune fille se précipita vers lui, en cherchant son mouchoir.

– Ce n'est rien, chérie, dit le jeune homme heureusement inconscient de l'identité du gentleman cossu qui le regardait si sévèrement.

– Mais, chéri, vous pourriez devenir aveugle, dit la jeune fille suppliante. Laissez-moi faire !

– Moya ! dit lord Flanborough avec un soupir, puis-je vous demander la signification de tout ceci ?

– Oh ! je voudrais vous présenter Mr Blaxton, dit la jeune fille rougissant et pâlissant tour à tour. Fonso, je vous présente papa !

– Je suis heureux de faire votre connaissance, dit Fonso toujours à moitié aveugle.

– Fonso ?... répéta lord Flanborough irrité. Puis-je vous demander qui est Fonso ?...

Elle arrangea ses cheveux et s'essuya la joue avec son mouchoir avant de répondre.

– Je suppose que cela va vous porter un coup, et plus encore à sir Ralph. Mais Fonso et moi allons nous marier.

Alfonso Blaxton cligna de l'œil.

– Je ne vous l'ai pas encore demandé, dit-il.

– Cela n'a pas d'importance, répondit-elle avec calme. Vous le désirez, n'est-ce pas ? – Et devant son père, horrifié, et son ex-fiancé, Alfonso la prit dans ses bras.

La fin du voyage fut pénible. Sir Ralph s'assit dans un coin et évita toute conversation sur certain sujet brûlant avec lord Flanborough. Il était blessé dans son amour-propre et, il faut le dire également, touché dans son portefeuille, car une alliance avec la famille Flanborough impliquait un accroissement considérable de sa fortune.

C'est une erreur de croire que les gens riches ne se soucient pas de l'argent, et qu'un homme qui a deux millions est insensible à un troisième. Le contraire par contre est vrai. Celui qui compte sa fortune en shillings sait rarement le nombre de shillings qu'il possède. L'homme deux fois millionnaire, lui, sait la valeur de l'argent. L'ardeur au gain du millionnaire doit rendre le pauvre honteux de son imprévoyance.

– Je parlerai à Moya quand nous serons à la maison, dit lord Flanborough, je n'ai jamais été si ennuyé de ma vie ! C'est une honte, Ralph !

Mais Ralph restait renfrogné.

Sa Seigneurie alla parler à la jeune fille avant l'arrivée du train à Londres. Il lui fallait un certain courage, car cela supposait une intrusion de sa part dans le petit compartiment où se trouvait le couple et où dormait sir Ralph lorsqu'il voyageait de nuit.

Il les trouva assis correctement chacun dans leur coin, regardant par la fenêtre avec intérêt. Mais cette attitude n'était probablement due qu'au bruit qu'avait fait la porte du compartiment en s'ouvrant.

– Je désire vous parler seule, Moya !

– Sortez, Fonso, dit-elle avec une gaieté peu en harmonie avec la correction de son attitude.

Alfonso sortit du salon et ferma la porte derrière lui.

– Et maintenant, Moya, dit Sa Seigneurie avec un enjouement mal simulé, peut-être voudrez-vous m'expliquer ?...

– Pourquoi je vais épouser Fonso ?... demanda-t-elle. Parce que je l'aime. Quelle autre explication pensiez-vous que je donnerais ?...

– On croirait entendre Michaël, dit lord Flanborough amèrement. Voilà qui montre le danger qu'il y a à laisser ses enfants fréquenter des gens qui ne sont pas de leur milieu. Vous savez bien que vous êtes fiancée à sir Ralph !

– Oui, je sais qu'il m'a donné une bague et que nous étions convenus de nous marier, mais j'ai changé d'avis.

– Mais, vous *ne pouvez pas* changer d'avis ! tonna le père ! Il est impossible que ma fille épouse un misérable artiste.

– Il n'est pas misérable, et il n'est pas artiste, dit la jeune fille. Nous sommes tous deux convenus qu'il ne ferait plus de peinture et qu'il trouverait un emploi plus lucratif.

– Si vous épousez cet homme – il pointait vers elle un doigt tremblant –, je ne vous considérerai plus comme ma fille !

– Je ne demande pas à être considérée du tout. Vous avez épousé qui bon vous a semblé, n'est-ce pas ?

– Je me suis marié selon les désirs de mes parents, dit lord Flanborough avec componction.

– Voulez-vous insinuer que vous n'avez pas eu voix au chapitre ? dit la jeune fille incrédule. Je ne peux pas le croire, mon cher papa ; il est inadmissible qu'un homme de votre caractère ait accepté sans rien dire la femme qu'on lui a proposée.

– Bon, je veux bien admettre que j'aie eu mon mot à dire, mais j'avais choisi une personne convenable.

– Exactement comme moi, s'écria la jeune fille triomphalement, et, papa, si vous êtes méchant avec Fonso, je le serai encore plus avec Ralph !

– Cet homme est un coureur de dot, dit lord Flanborough avec force. Il sait que vous avez une fortune personnelle et que je ne peux pas vous empêcher de commettre une folie !

– Et Ralph, qu'est-ce qu'il est ? demanda-t-elle du tac au tac.

– Sir Ralph est un homme très riche, dit son père emphatiquement.

– Et qu'est-ce que cela lui rapportera, son mariage ? demanda-t-elle.

Lord Flanborough jugea préférable de ne pas répondre à cette question. Il savait que le mariage de sa fille avec sir Ralph apporterait plus encore à ce dernier que sa dot.

– Allez donc demander à votre ami si désintéressé s'il m'épouserait sans dot et si je donnais toute ma fortune pour fonder un hôpital ?

– Je suis sûr que sir Ralph répondrait par l'affirmative, répondit lord Flanborough.

– Demandez-le-lui donc, lui jeta-t-elle en défi.

Il sortit du compartiment et regarda Fonso d'un air renfrogné. Il alla retrouver sir Ralph. Il n'avait pas l'intention de lui poser cette question, mais, par hasard, une remarque du baronnet, juste au moment où le train arrivait à Londres, lui permit d'aborder ce sujet.

– Épouseriez-vous Moya si nos conventions étaient annulées, Ralph ?...

– Que diable voulez-vous dire ? demanda sir Ralph, tellement étonné qu'il en oublia de bouder – les questions d'argent avaient toujours le don de le faire sortir de la léthargie la plus profonde.

– Eh bien ! voilà, dit le futur beau-père, supposons que je vous dise : Vous aimez Moya, vous êtes très riche, vous pouvez l'entretenir par vos propres moyens, épousez-la sans dot ! Que répondriez-vous ?...

– Non ! dit sir Ralph furieux, non, non et non !... Je ne comprends pas où vous voulez en venir. Je ne comprends pas du tout. Nous avons établi nos conventions et vous semblez maintenant disposé à les annuler !... Quelles sont vos objections ?...

– Aucune, répondit lord Flanborough gêné, mais Moya pense que l'argent est une des principales raisons pour lesquelles vous l'épousez.

– Naturellement ! répondit brutalement sir Ralph, j'étais très épris de Moya, mais je dois dire que notre arrangement a achevé de me décider.

– Je vois, dit lord Flanborough, ne sachant que répondre, l'idée de Moya, naturellement...

Michaël les attendait à la descente du train et remarqua la gêne qui régnait entre les deux hommes. Il en comprit la raison en voyant apparaître Moya complètement crottée et un jeune homme dont la figure était couverte d'éraflures et dont les vêtements étaient en lambeaux. Il n'avait pas d'explication à recevoir et, sagement, Michaël n'en demanda pas. Il mit lord Flanborough et son ami entre les mains du détective chargé de l'affaire et, quand ils furent partis, il revint vers Moya.

– Vous vous êtes battus ? demanda-t-il.

– Papa est très fâché contre moi parce que je veux épouser Fonso, dit-elle.

Il la contempla avec étonnement.

– Vous n'allez pas me dire que vous rompez avec sir Ralph ?...

– Je le dis, répondit-elle avec résolution.

– Et voilà Fonso ?

Elle acquiesça. Michaël éclata de rire.

– Vous ne connaissez pas Fonso, dit-elle. Il est terriblement pauvre, n'est-ce pas, chéri ?...

– Terriblement, admit le jeune homme, sans paraître autrement gêné.

– Et vous allez l'épouser ? demanda Michaël.

– Naturellement, je vais l'épouser, répondit la jeune fille courroucée. Je pense que vous n'allez pas me désapprouver ?

– Vous désapprouver ?...

Il la prit dans ses bras et l'embrassa.

– Et maintenant, allons dîner, dit-il. Allez vous débarbouiller et faites-vous présentables ! L'auto de votre père vous attend. Je vous retrouverai au *Sebo's* dans une heure.

13

RÉCIT DÉTAILLÉ D'UN GRAND VOL

Il est nécessaire de raconter avec plus de détails qu'il n'est habituel, le plus grand et le plus audacieux de tous les vols connus dans les annales du crime. Flavier, de la Police française et certainement la plus grande autorité actuelle en matière de criminologie, a comparé le chef-d'œuvre de Kate Westhanger (qu'il ne nomme d'ailleurs pas) à la campagne de Bonaparte en Italie. Il a publié un essai sur ce sujet et les ressemblances qu'il établit ne sont pas aussi tirées par les cheveux que certains critiques superficiels se sont empressés de le dire.

Kirschner, moins connu que Flavier, mais cependant un criminologiste brillant et talentueux, a écrit qu'il serait humainement impossible de renouveler cet exploit et que, de toute façon, on ne saurait surpasser l'ingéniosité mise en œuvre par son auteur.

Le 14 mai, à 8 h 30 du soir, le *Charter Queen,* 8 000 tonnes, Capitaine T. Brown, s'amarra Bassin E. Quai 3 des Docks de Seahampton. Il transportait cent vingt passagers de troisième classe, soixante-quatorze de seconde et cinquante-neuf de première, une cargaison de marchandises diverses et quarante-quatre mille huit cents livres d'or en lingots de cent livres chacun, portant l'estampille de la Compagnie aurifère du Central Rand.

Les passagers débarquèrent et prirent le train spécial pour Londres à 9 h 42 ; le train-poste les avait précédés et était parti à 9 h 27. À 10 h 17, les lingots d'or furent débarqués, vérifiés et convoyés vers un train qui attendait sur une voie de garage ; là, ils furent de nouveau contrôlés sous la supervision de l'inspecteur K. Morris, de la police des Docks. À 10 h 22, la locomotive prit en remorque les wagons, le contrôleur de la Compagnie des Chemins de fer étant inexplicablement absent (on le retrouva le lendemain matin, ligoté dans un local abandonné) ; le permis de mise en marche fut donné par le sous-inspecteur Thomas Massey, arrivé le jour même de Londres. Il demanda au mécanicien et au chauffeur s'ils connaissaient la route.

– Oui, Monsieur, répondit le mécanicien, j'ai fait bien souvent le trajet.

Cependant, le sous-inspecteur Thomas Massey n'était pas entièrement satisfait. Il n'aimait pas voir des étrangers sur « sa ligne », mais les deux hommes étaient arrivés de Londres, porteurs d'une lettre de sir Ralph adressée au directeur de la Compagnie. Par la suite, on découvrit que cette lettre était un faux. Elle donnait la direction de la locomotive aux deux hommes qui étaient, suivant cette missive, deux des meilleurs employés de la North Central, compagnie de chemins de fer également sous le contrôle de sir Ralph Sapson.

Le train démarra. Ici, commencent les aventures.

À partir du moment où il quitta la gare de Seahampton-Ville, il ne fut jamais « perdu de vue » plus de dix minutes. Chaque poste d'aiguillage le long de la ligne avait reçu des instructions spéciales relatives à son passage et, en dehors des dispositions habituelles, il avait été ordonné que chaque poste communiquât l'heure de passage, non seulement au poste suivant, mais encore à Londres même.

Nous allons maintenant décrire brièvement la ligne. À partir de Seahampton, elle se dirige droit sur le gros bourg de Sevilley, puis passe au-dessus de la route en S vers Tolbridge. Il faut noter, en passant, que c'est entre Sevilley et Tolbridge que se trouve le passage à niveau où Moya eut son accident. Entre Tolbridge et Pinham, la ligne coupe droit à travers un terrain accidenté, passant successivement sous Tolbridge Hill, Beckham Beacon et Pinham Heights ; ces trois collines sont traversées par des tunnels reliés entre eux par des tranchées profondes.

C'était une nuit pluvieuse, et la bruine qui avait commencé vers 6 heures du soir s'était transformée en un véritable déluge. Le poste de Sevilley-Est nota le passage du train d'or à 11 h 7, ce qui fut corroboré par les heures données par les petits postes signalisateurs entre Tolbridge et Sevilley. Le train ralentit en traversant la gare de Tolbridge, puis s'engagea dans le tunnel de Tolbridge. Entre ce tunnel et celui de Beckham se trouve un poste qui nota le passage du « spécial », à 11 h 32. Ce poste est situé très près de la ligne et l'observateur vit non seulement le train passer dans la nuit pluvieuse, devant lui, mais encore remarqua ses lanternes arrière disparaître dans le tunnel de Beckham (il y a un virage à l'entrée de ce tunnel).

Les heures de passage sont très importantes. À 11 h 32, le train entre dans le tunnel de Beckham ; à 11 h 42, l'aiguilleur placé à la sortie du tunnel de Pinham note le « spécial ». Étant donné la rareté de ce fait (un train transportant 3 000 000 de livres sterling en or) cet employé avait ouvert sa fenêtre, bien qu'il plût ; il vit arriver les feux verts avant et disparaître les feux rouges arrière. Entre le poste de Beckham et celui de Pinham, la distance est de cinq milles, mais les horaires admettent qu'à cet endroit les trains ralentissent jusqu'à ne faire que 45 kilomètres à l'heure, ce qui explique le temps assez long que mit le « spécial » à parcourir cette courte distance.

À Maidmore, Stanborn, Quexley Paddocks et Catford Bridge, dans les environs de Londres, l'heure de passage du train fut notée. La gare qui fait suite à Catford Bridge est Balham Hill ; au cours de l'enquête, l'aiguilleur de Balham Hill déposa qu'on lui avait annoncé le passage du train d'or à 11 h 53, qu'il avait disposé les signaux en conséquence et qu'il avait prévenu la station suivante (Kennington Junction) que le « 46 voie montante » (désignation officielle du « spécial ») venait de lui être annoncé.

Il attendit dix minutes et, ne voyant pas paraître le train, il téléphona à Quexley Paddocks demandant confirmation ; le train ne devait mettre en effet que sept minutes pour parvenir à Catford Bridge. Or, Quexley Paddocks répondit que le train était passé à la vitesse de 75 kilomètres à l'heure, et sans aucun retard sur son horaire.

N'ayant reçu aucune autre nouvelle du train, l'aiguilleur de Catford Bridge, inquiet, informa le chef de gare de service, lequel envoya deux poseurs de rails explorer la ligne. Ceux-ci se rendirent à pied jusqu'à Quexley Paddocks, mais ne virent aucune trace du « spécial ». Le train d'or avait disparu comme si la terre l'avait englouti.

Toutes les heures de passage furent vérifiées. Chaque aiguilleur et chaque chef de gare fut interrogé sans qu'aucune contradiction soit découverte dans les témoignages. Dès que les deux poseurs de rails eurent atteint Quexley Paddocks et que la disparition du train fut confirmée, Londres fut informé. Entre Quexley Paddocks et Catford Bridge, la ligne traverse des jardins maraîchers et, ce qui est exceptionnel si près de Londres, elle traverse un passage à niveau commandé électriquement par le poste d'aiguillage de Quexley Paddocks.

Ici, se place un des incidents les plus remarquables de l'enquête : l'aiguilleur Henry George Wallis déposa qu'après le passage du « spécial », il fit fonctionner les signaux selon le règlement et il remarqua alors une étrange perturbation sur le cadran de la mise en marche électrique du passage à niveau, lorsque, le matin suivant, il voulut l'ouvrir pour laisser passer un tracteur de l'armée, il ne put y parvenir. Tout ceci fut soigneusement examiné et vérifié le jour suivant.

Michaël avait dîné et soupé avec Moya et Fonso Blaxton et ils avaient passé ensemble une soirée joyeuse et animée. Il était rentré chez lui, à 11 h 30, après être passé à Scotland Yard, car la menace de Kate l'inquiétait et il était impatient de connaître le résultat de l'enquête sur les deux attentats du matin. T. B. était dans son bureau, il n'avait reçu aucune nouvelle information. Michaël rentra chez lui et se coucha. Il fut réveillé à minuit et demi par la sonnerie du téléphone. C'était la voix de T. B. Smith.

– Ils ont réussi, Mike. Accourez en vitesse !

– Qu'est-ce qu'ils ont réussi ? demanda Michaël, le cœur battant.

– Ils ont barboté le satané train, répondit vulgairement T. B.

Un train spécial fut formé pour la police. À 1 h 30, sur le quai de la gare de Catford Bridge, Michaël lisait les rapports des différents aiguilleurs. Pour augmenter encore le mystère, un train de minerai, qui était parti de Seahampton une demi-heure après le « spécial », mais qui avait fait le parcours à une vitesse moindre, n'avait rien remarqué d'extraordinaire tout le long de la route. Il avait croisé un train de marchandises vide sur la voix descendante, et c'était le seul train qu'il avait rencontré jusqu'à son arrivée dans la banlieue de Londres où le trafic de nuit était plus intense.

Sir Ralph se trouvait également à Catford Bridge, atterré, consterné.

– J'ai demandé à Flanborough de venir, gémissait-il, et savez-vous ce que cet égoïste d'animal m'a répondu ?... Il a répondu que ça ne regardait que moi. Pouvez-vous imaginer quelque chose de plus indigne ?

– L'or était-il assuré ?...

Sir Ralph secoua la tête.

– Pas complètement. Il ne l'était entièrement que jusqu'à Seahampton, dit-il d'un air farouche. Après, l'assurance était partagée entre moi, Flanborough et les assureurs. N'est-ce pas épouvantable ?

T. B. entra à ce moment dans la salle d'attente, vêtu d'un suroît en toile huilée.

– Ce serait mieux si vous preniez l'affaire entièrement en main, Mike, dit-il. Sir Ralph vous donnera son aide, j'en suis sûr !

– Puis-je avoir un train d'essai ?

– Je peux en faire former un en vingt minutes, dit sir Ralph.

– Peut-on le munir de phares ?

Sir Ralph consulta un technicien. C'était possible. Michaël fit placer les phares sur un wagon-plate-forme devant la locomotive, de façon à éclairer les rails. Il passa la nuit à les inspecter, le train marchant au ralenti. Peut-être trouverait-il ainsi la clé du mystère. Son examen fut particulièrement attentif sous les trois tunnels, mais n'amena aucune découverte. Michaël arriva ainsi à l'aube à Seahampton sans avoir trouvé le moindre indice qui pût lui être utile. Il revint avec le train d'essai, dormant dans la cabine du chef de train et arriva à Quexley, juste pour y entendre le récit de l'aiguilleur relatif au passage à niveau.

Michaël, intéressé, se fit conduire par cet homme et suivit le parcours du fil, enfermé dans un tube d'acier depuis la cabine d'aiguillage jusqu'aux barrières du passage à niveau.

– L'électricien m'a dit que le fil avait été coupé quelque part, dit l'homme. Il a essayé dessus son appareil.

– Le fil ne peut être coupé s'il est enfermé dans un tube d'acier, dit Michaël.

– Il est coupé ou bien fondu, dit l'homme.

Le détective marchait lentement, s'arrêtant ici et là pour examiner la peinture du tube. À un moment donné, il s'arrêta. Quelque chose avait attiré son attention, il examina le tube plus attentivement. Il était clair qu'il avait été peint récemment. Il passa sa main autour, lentement, et tout d'un coup sentit quelque chose de doux.

– Ce n'est pas du fer ! s'écria-t-il.

Il prit son couteau et gratta. Un petit trou avait été percé dans l'acier au moyen d'un chalumeau portatif, et le fil avait été fondu par la chaleur.

– Ceci explique cela, dit Michaël. Quel effet cela peut-il avoir sur les barrières ? demanda-t-il.

– Eh bien ! on ne peut plus les ouvrir du poste d'aiguillage, dit l'homme.

– Mais peut-on les ouvrir à la main ?...

– Certainement ; il y a, en ce moment, un employé de service qui ne fait que les ouvrir et les fermer. Quand le courant est interrompu, elles sont fermées. Elles fonctionnent comme des barrières ordinaires, mais on doit faire très attention quand on les ferme.

Michaël attendit le passage d'un train pour en voir le fonctionnement. Elles s'ouvrirent et se fermèrent très régulièrement.

– Qu'est-ce que vous avez voulu dire tout à l'heure ?

– Eh bien ! quand on les fait fonctionner sans le courant, répondit l'homme, le butoir en général tombe et ne peut plus être relevé qu'électriquement.

Michaël examina le butoir. C'était un morceau d'acier monté sur un pivot et, de toute évidence, fonctionnant électromagnétiquement.

– Il ne monte ni ne descend plus, maintenant, dit Michaël en essayant.

– Il m'a tout l'air d'avoir été forcé, dit l'homme.

Sans aucun doute, il avait raison. Le détective découvrit d'incontestables traces de pince-monseigneur dans le revêtement de bois entourant la serrure.

Mais, pourquoi voulaient-ils donc ouvrir la barrière ? Si le train avait été trouvé là, criblé de balles, la nécessité de l'ouvrir aurait été facile à expliquer. Le train aurait été arrêté là, et en supposant que les voleurs aient pu forcer les coffres-forts, ils auraient embarqué l'or sur des camions et se seraient enfuis. Mais le train avait disparu.

Michaël passa le tourniquet et examina la route dans l'espoir d'un indice quelconque. Il avait plu toute la nuit et plus d'une voiture avait passé par là comme l'indiquaient les traces de roues. Il fit une centaine de mètres sur la route et ne trouva rien. Alors, il essaya de l'autre côté. Le butoir avait été également forcé. Les premiers trente mètres de la route étaient fort boueux et les traces de roues indistinctes. Plus loin, le sol était plus dur, la couche superficielle de la route avait été enlevée par la pluie et les gros camions ne laissaient qu'une empreinte.

Michaël fit encore quelques pas, puis s'arrêta et se mit à siffler. Il avait toute raison de le faire, car il venait de voir, clairement et sans aucune confusion possible, l'ornière profonde et étroite qui ne pouvait avoir été faite que par des roues de chemin de fer.

Il suivit la trace sur une centaine de mètres ; la route nationale et une ligne de tramway la coupaient. À partir de cet endroit, toute trace disparaissait.

Fatigué, Michaël se présenta devant T. B. Smith pour lui faire son rapport.

– Vous n'allez pas me dire qu'ils ont enlevé un train de ses rails et qu'ils l'ont placé sur la route, non ?... demanda T. B. sceptique. C'est impossible.

– Naturellement, c'est impossible ! dit Michaël irrité. Tout, dans cette affaire, est impossible. On ne peut pas voler un train, et pourtant, ils l'ont fait !

Sir Ralph prenait des allures pathétiques.

– N'est-ce pas un peu rude, mon vieux, dit le baronnet avec cette familiarité que les gens haut placés adoptent dans les moments d'infortune. J'ai perdu une femme et un train en vingt-quatre heures, mais pourquoi diable riez-vous ?...

– Pour rien, dit Michaël, en reprenant son sérieux !

14

LE TOUR DE PASSE-PASSE

À 6 heures du soir, le même jour, Michaël Pretherston était de nouveau au travail, se rendant de gare en gare sur une locomotive haut-le-pied, interrogeant et confrontant le personnel de la compagnie.

T. B. Smith le rejoignit à Maidmore.

– Avez-vous trouvé quelque chose ?

– J'ai une théorie, dit Michaël ; j'aimerais bien que vous entendiez la déposition du chef de gare.

– Vous l'avez interrogé ?

– Pas encore, mais je suis persuadé qu'il dira exactement la même chose que le cheminot de Stanborn.

Le chef de gare, qui était de service au moment où le « spécial » passa, était très intelligent et observateur. Il raconta que la pluie tombait à verse, qu'il avait aperçu les lumières du « spécial » et que celui-ci avait traversé la gare à une vitesse incroyable.

– N'est-il pas vrai, dit Michaël, que le train vous passa devant le nez avant même que vous vous en soyez rendu compte ?

L'homme parut surpris.

– En effet, Monsieur, j'ai eu à peine le temps de voir les feux avant que j'apercevais les feux arrière.

– Est-ce que la locomotive siffla ?

– Oui, Monsieur, d'une façon assourdissante. Je dis à ce moment même à un de mes hommes qu'on devait essayer une nouvelle sorte de sirène. Elle faisait un bruit infernal et on ne pouvait rien entendre d'autre.

– Elle siffla en passant devant toutes les gares où quelqu'un était de service, dit Michaël en se tournant vers T. B. Smith. Il est curieux de constater qu'aux haltes de Stanborn et de Merchley, qui sont fermées pendant la nuit, elle passa sans faire aucun bruit. La gare était-elle dans l'obscurité ? demanda-t-il au chef de gare.

– À peu près, oui, Monsieur, répondit-il. Il y avait une lumière sur le quai où je me trouvais, mais la nuit était très sombre et, sur l'autre quai, on ne pouvait rien distinguer. Tout ce qu'on put voir, ce furent les lumières, et le train était passé avant même qu'on s'en fût rendu compte.

À Pinham Heights, le chef de gare fit un récit analogue.

Mais l'aiguilleur de Tolbridge-Embranchement et le sous-chef de gare de Tolbridge n'entendirent aucune sirène et ne remarquèrent rien de spécial.

T. B. Smith et Michaël passèrent la nuit à Tolbridge et reprirent leur voyage au lever du jour. C'était un travail long et minutieux. Entre Pinham et Beckham Beacon, Michaël fit stopper le train et le fit aiguiller sur un embranchement dont il demanda la raison à un ingénieur de la Compagnie qui l'accompagnait. Ce dernier, que les recherches de Michaël ennuyaient, expliqua vaguement que c'était, d'une part, pour soulager le trafic sur cette portion de la ligne, et d'autre part, pour la relier à une carrière à chaux ou quelque chose comme ça, qui était d'ailleurs abandonnée depuis fort longtemps.

Michaël fit quelques centaines de mètres le long des rails rouillés. Ils conduisaient à une ligne de collines, peu élevées à quelque cinq kilomètres de là. Des herbes sauvages poussaient entre les traverses, car depuis bien des années les propriétaires de cette petite ligne ne se donnaient pas la peine de la mettre en état de service.

Les rails s'arrêtaient brusquement devant un butoir, formé de traverses ; de l'autre côté, ils se perdaient en serpentant dans un grand trou, comme si la terre s'était affaissée là.

Michaël fit demi-tour et rejoignit T. B.

– « Il » ne peut être passé par là, les rails sont rouillés et vont se perdre dans une grande fosse ! dit Michaël avec désespoir. Allons-nous-en !

Ce fut encore un jour d'enquêtes qui n'aboutirent à rien et Michaël retourna à Londres fatigué et découragé. Toutefois, il possédait les premiers linéaments d'une théorie qu'il se refusa toutefois à communiquer à son chef.

– C'est plutôt fantastique, lui dit-il en s'excusant, mais toute l'affaire est fantastique. Il est clair qu'il est impossible de voler un train et de lui faire traverser les rues de Londres sans que personne ne remarque ce spectacle inattendu !

– Verrez-vous sir Ralph ? demanda T. B. Il vous attend depuis une heure.

– Il n'est pas rentré chez lui ? demanda Michaël agacé.

Le baronnet avait perdu la tête, mais le détective n'avait que peu d'espoir à lui offrir.

– Il est impossible qu'ils puissent partir avec l'or, dit sir Ralph. Mon expert m'a affirmé qu'il leur faudrait deux jours pour percer les plaques d'acier entourant les wagons.

Une idée vint à l'esprit de Michaël.

– Avez-vous une carte à une grande échelle de votre réseau ?

– Je vous l'enverrai dès cette nuit, dit le baronnet. Vous avez de l'espoir ? demanda-t-il anxieusement.

– Bien peu, répondit Michaël avec franchise. Vous savez, Kate ne laisse pas de place au hasard.

– Kate ? dit le baronnet.

– Vous l'appelez la princesse Bacheffsky et Flanborough l'appelle miss Tenby. Sous ce nom, elle s'est emparée du code de Flanborough et, grâce à l'un de ses hommes employé au bureau du télégraphe, elle a été renseignée sur la nature de la cargaison. Et sous le nom de princesse Bacheffsky, elle vous fit raconter tout votre merveilleux plan pour amener l'or de Seahampton à Londres, et découvrit probablement la qualité de l'acier que vous employez.

– Grands dieux !...

Sir Ralph pâlit. Il s'effondra sur une chaise.

– Vous n'allez pas me dire...

– Je vous ai dit la vérité. La manière dont elle est entrée en relations avec vous n'était qu'un coup monté. Pourquoi donc la voiture de la princesse stationnait-elle à votre porte ?...

– Mais elle était si somptueusement habillée !

– Et pourquoi ne l'aurait-elle pas été ? demanda Michaël impitoyable. Elle portait probablement pour vingt mille livres sterling de diamants. Mais l'affaire ne les valait-elle pas ? Ne lui avez-vous pas donné des renseignements qu'elle n'aurait jamais pu obtenir pour ce prix !

– Alors, ce n'est qu'une vulgaire aventurière ?

– Elle *n'est pas* vulgaire, dit Michaël, mais il y a une chose qui m'étonne, ajouta-t-il à demi pour lui-même. Que voulait-elle tirer de Reggie ?

Mr Reginald Boltover fut interrompu dans la délicate besogne de s'habiller pour dîner sur la demande expresse faite par un détective de Scotland Yard d'être reçu immédiatement. Il fut soulagé en voyant entrer Michaël.

– Je suis venu vous demander quelque chose au sujet de Véra.

Mr Boltover recula.

– Mon cher ami, dit-il, ne me parlez pas de cette dame. C'est une chose qui m'est désagréable. Ne m'en parlez pas, je vous en prie.

– Ne vous émouvez pas, dit Michaël avec bonne humeur. Je voudrais avoir une idée des questions qu'elle vous posait. De quoi parlait-elle ?

Mais Mr Boltover n'en avait aucun souvenir. Il se vantait d'ignorer qu'une chose telle que « la veille » pût exister.

– Vous a-t-elle jamais interrogé sur les affaires que vous dirigez ?

– Mon cher ami, dit Reggie Boltover en secouant la tête, si elle l'a fait, je ne m'en souviens plus. Tout ce que je sais, c'est que je me suis compromis terriblement avec elle. Je ne suis pas retourné au *Sebo's* depuis.

– Puisque vous ne pouvez me donner aucun renseignement, dit Michaël, peut-être existe-t-il un secrétaire on un factotum ou un être humain quelconque qui remplace votre mémoire défaillante ? Et peut-être pourriez-vous lui donner l'ordre de me renseigner utilement ?

– Mais, avec le plus grand plaisir, dit Reggie très sérieusement, mais comment donc, mais tout de suite !

Muni de son autorisation, Michaël se rendit le matin suivant dans les bureaux de celui que les journalistes appelaient « le prince des affaires ». Quand il en sortit, son pas était plus léger, son œil plus brillant qu'ils ne l'avaient été depuis des semaines.

– Et maintenant, Kate, dit-il entre ses dents, voici votre Waterloo !

Il aurait pu disposer d'autant de collaborateurs qu'il aurait voulu, mais il préférait continuer seul son enquête. Il rentra chez lui et changea ses vêtements. Il mit des knickers et son plus vieux pardessus. Il prit une canne, son browning et deux magazines. Il ne fit pas mettre à sa disposition une locomotive spéciale, mais se rendit à Pinham Heights par le train ordinaire. Il montra sa carte au chef de gare qui, d'ailleurs, l'avait reconnu.

– Je désirerais que personne ne sache que je suis venu ici, dit-il, et je me repose sur vous du soin de cacher ma présence. Est-ce que je rencontrerai des poseurs de rails ou des employés entre ici et Tolbridge ?

– Non, personne, jusqu'au poste d'aiguillage de Tolbridge, mais, dit le chef de gare, faites bien attention car l'express va traverser le tunnel sur la voie descendante dans dix minutes. Vous feriez mieux d'attendre qu'il soit passé.

Michaël suivit cet avis et attendit que l'express eût traversé la gare dans un bruit de tonnerre et que les feux rouges eussent disparu dans l'obscurité du tunnel. Il descendit alors le quai en pente, suivit l'étroit trottoir latéral et s'engagea dans le tunnel rempli de fumée.

Il aurait pu se rendre à destination en prenant la grand-route qui va de Pinham jusqu'au pied de Beckham Beacon, mais, pour des raisons connues de lui seul, il préféra suivre le chemin le plus difficile, obscur et raboteux.

Il traversa le tunnel après une marche qui lui parut interminable et il arriva enfin à l'embranchement sur lequel il avait aiguillé sa locomotive. Il suivit les rails jusqu'au butoir et à la cavité qui se trouvait derrière.

Il inspecta le tampon très attentivement, revint sur ses pas, examina les rails. Ils étaient rouges de rouille ainsi qu'il l'avait déjà constaté l'autre fois. Néanmoins, il se mit à genoux et sortit une loupe. Alors, il mouilla son doigt et le frotta sur le rail. Il regarda ensuite son doigt. Il était rouge, mais ce n'était pas le rouge de la rouille.

Il continua à examiner chaque pouce de rail jusqu'à ce qu'il eût trouvé ce qu'il cherchait. À un certain endroit du rail, il se trouvait une petite tache rouge, pas plus grande qu'une pièce d'un centime et qui présentait toutes les apparences de la rouille. Mais la rouille n'attaque pas le bois, et la petite tache avait déteint sur la traverse. Il mouilla de nouveau son doigt et fut satisfait.

Car ce n'était pas de la rouille, mais de la vulgaire peinture comme en emploient les peintres en bâtiment.

Il retourna jusqu'au butoir et descendit dans le trou qui était profond d'environ six pieds. Il avait remarqué au fond une mare d'eau stagnante verdâtre. Il passa sa main sur la surface et regarda sa paume, elle était verte, mais sa puissante loupe ne révéla aucun signe de fluorescence, comme en présente toujours la surface d'une eau stagnante et qui lui donne sa couleur verte particulière. Au contraire, il vit un certain nombre de petits points qui étaient incontestablement des cristaux.

« Ce qui signifie, se dit Michaël, que Kate est une artiste même si Fonso n'en est pas un ! »

L'écume verte qui l'avait si bien trompé la première fois avait été formée artificiellement. Un produit chimique avait été dissous dans l'eau et avait recristallisé à la surface. Il gratta la terre molle sans trouver aucun indice indiquant la façon dont le trou avait été creusé. Mais, près de la surface, il aperçut les vrilles blanches d'une plante qui étaient encore humides. La racine avait été coupée, mais la plante était encore vivante et la racine n'avait pas encore noirci.

« Ce trou a été creusé la nuit même du vol, pensa Michaël, et la terre a été artistement arrangée. Kate a pensé que la direction de la Compagnie ne se soucierait pas d'inspecter ce tronçon de ligne. »

Il en avait bien été ainsi.

C'était une propriété privée, et une fois franchies les limites du terrain appartenant à la Compagnie, celle-ci cessait d'en être responsable. Le butoir était également de création récente. Il en eut la preuve en creusant sous sa base. Le bois était encore sec et il y avait dessous de petits brins d'herbe. Il contourna la crevasse et parvint aux rails sur l'autre bord. Ils étaient aussi artistement rouillés que les autres. La ligne décrivait une courbe à travers la campagne avant de contourner une colline et disparaissait dans une tranchée, évidemment creusée par l'eau.

Derrière, il y avait une autre carrière à chaux ; Michaël comprit, d'après la carte, qu'il y avait une route courant le long du faîte de la colline. L'usine de ciment abandonnée était invisible de la route. Son philanthropique acheteur avait dû faire abattre les cheminées enfumées, depuis sa prise de possession, et les bâtiments blanchis ne se détachaient pas sur le sol crayeux de la colline.

Il découvrit ce qu'il cherchait avant même d'avoir franchi la moitié des trois kilomètres qui le séparaient des carrières à chaux.

Maintenant, la trace des lourdes roues apparaissait nettement par endroits, l'herbe, qui poussait touffue entre les traverses, avait été foulée par leur passage.

Il cessa de suivre les rails et s'en éloigna en décrivant un demi-cercle qui devait le conduire à une petite brèche dans la colline. Son projet était de grimper jusqu'au sommet et de revenir par la crête jusqu'à ce qu'il pût dominer les chantiers. Il avait atteint la zone dangereuse.

Il prit sa canne de la main gauche et sortit son revolver qu'il fit glisser de son étui. Il lui fallut une heure pour atteindre la brèche. La montée avait été plus dure qu'il ne l'avait prévu. Sauf en un ou deux endroits, le chemin était barré par un mur lisse, impossible à escalader.

La montée avait été rude et ce ne fut qu'en nage et la gorge sèche que Michaël atteignit le sommet. De la brèche, il n'eut vue qu'en partie sur les chantiers. Il avait eu la précaution de se munir d'une paire de jumelles grâce auxquelles il put observer ce qui se passait en bas. Il n'y avait pas trace de train et son cœur se serra.

Il reprit sa piste, la poursuivit mètre par mètre et il eut peine à retenir un hurlement de joie lorsqu'il aperçut des rails conduisant à un grand hangar dont les portes étaient fermées.

À l'origine, c'était là sans doute que l'on fabriquait le ciment, mais les nouveaux propriétaires avaient ajouté des rails qui conduisaient à l'intérieur. Il poursuivit son ascension. Il se trouvait à mi-chemin entre la brèche et le point d'où il dominerait complètement les chantiers lorsqu'il entendit un moteur d'auto. Il s'aplatit par terre. Il était à peu près à cinquante mètres de la route qui se trouvait légèrement au-dessus de lui. En regardant en l'air avec précaution, il vit une auto passer à toute vitesse et disparaître en haut de la route.

Il n'y avait pas de doute, c'était l'Espagnol Grégori qui la conduisait. Il se releva prudemment et poursuivit sa route, l'œil aux aguets. Le sentier où il se trouvait lui semblait un chemin battu. Il s'en aperçut bientôt, mais en chercha vainement un autre à droite ou à gauche. Il s'arrêta et se demanda s'il ne ferait pas mieux de retourner en arrière. C'était folie que de tenter seul la capture. Sa présence devait déjà avoir été signalée. Mais dans ce cas, toute la bande s'envolerait pendant qu'il retournerait chercher du secours, et sans doute l'or avec elle.

Entre ces deux risques, il se décida pour le premier.

Il ne lui fut accordé que peu de temps pour le regretter. Il n'avait pas fait trois pas qu'il entendit le sifflement d'un lasso. Le revolver au poing il se retourna pour faire face au danger, mais trop tard : la corde s'enroula autour de son cou, il fut ébranlé par un choc terriblement douloureux et s'affaissa lourdement sur le sol.

15

« Les affaires sont les affaires », dit Sir Ralph

T. B. Smith ouvrit la porte de son bureau.

– Pas de nouvelles de Pretherston ? demanda-t-il.

– Non, chef, lui répondit-on.

– Et de Barr, non plus ?

– Non, chef.

T. B. se mordit nerveusement la lèvre inférieure.

– Qui est-ce qui les recherche ?

– L'inspecteur Grey, chef ; nous pouvons suivre leurs traces jusqu'au mont Pinham. Mais après, plus rien.

– Avez-vous averti la police du Hampshire, du Sussex et du Surrey ? s'enquit encore T. B.

– Tout cela est fait, chef, répondit l'agent. Les polices de toutes les localités sont à leur recherche.

T. B. Smith se mordait toujours la lèvre.

– Je m'explique encore la disparition de Pretherston, dit-il, mais qu'est donc devenu Barr ?

Son subordonné eut la sagesse de ne pas lui offrir de solution.

D'autres personnes manifestèrent leur inquiétude.

Moya Felton téléphona dans la matinée. Sir Ralph vint deux fois, bien qu'il fût douteux que son anxiété concernât la santé de Michaël Pretherston.

– Je suis convaincu que Michaël fera coffrer la bande, lui dit T. B., mais peut-être sera-t-il trop tard pour qu'il puisse mettre la main sur l'or !

– Cela me fait une belle jambe ! s'écria sir Ralph avec rage, ce n'est pas le Gouvernement qui m'indemnisera des 2 800 000 livres d'or perdues ? Je me fiche de la bande, ce que je veux retrouver, c'est mon or !

– On pourrait ne retrouver ni l'une ni l'autre, dit T. B. Mais, ce qui pourrait vous frapper davantage, sir Ralph, c'est le fait que Michaël Pretherston est en train de risquer sa vie pour vous retrouver votre bien !

– N'est-il pas payé pour cela ? demanda sir Ralph, est-ce que cela ne fait pas partie de son métier de policier ? Mon Dieu ! je ne trouve pas qu'il fasse rien d'extraordinaire. À chacun ses risques ; je prends la responsabilité des miens tous les jours.

– Si vous pouviez lire ce que je pense, répliqua suavement T. B. Smith, vous ajouteriez même qu'aujourd'hui, vous avez risqué gros. Je vous conseille de rentrer chez vous et d'essayer de vous calmer un peu.

– Et quand saurai-je quelque chose ? demanda impitoyablement le baron.

– Quand vous aurez des sifflements d'oreilles, trancha T. B. Reconduisez sir Ralph !

Quant à lord Flanborough, son inquiétude fut discrète. Il s'était si bien réconcilié avec Moya qu'il put lui parler avec calme et sans allusions à la mésalliance qui menaçait la famille.

– Tout bien examiné, Moya, lui dit-il, je crois que je fais aussi bien de ne pas voir Ralph. Après tout, les affaires sont une chose et les amis une autre, mais je refuse la moindre responsabilité au sujet de l'or à partir du moment où il a quitté le bateau. Cela regarde uniquement sir Ralph et je repousse absolument son assertion que la responsabilité nous incombe à tous les deux.

– Est-ce qu'il aura à supporter le coup ?

– Du moins, partiellement, les assurances en couvriront une partie. Je crois que Ralph est un garçon très avare. Je répugne à décrier mes amis, mais Ralph pousse vraiment l'économie jusqu'à l'avarice. Je lui avais conseillé d'assurer l'or totalement, mais, pour faire une économie dérisoire, il n'en a assuré que la moitié. Je le regrette pour lui !...

Il hocha tristement la tête en signe de sympathie.

– Je le regrette vraiment pour lui, mais je crois plus sage de ne pas le voir jusqu'à ce que cette affaire soit réglée. Et après tout, ajouta-t-il pensif, peut-être est-il préférable que vos fiançailles soient rompues. Il a parlé de vous d'une façon qui ne m'a pas plu, qui m'a même fâché. Ce n'est pas que je trouve votre conduite raisonnable, mais je ne permets à personne de parler de vous irrespectueusement.

À la vérité, sir Ralph s'était bien peu attaqué à Moya, mais s'était rattrapé avec son père qu'il accusait franchement de ne pas faire face à ses responsabilités. Cela s'était passé pendant leur unique entrevue. Lord Flanborough se complaisait à se poser en père modèle, mais il n'abusait guère que lui même. Moya, en effet, avait déjà été mise au courant de l'entrevue par Ralph en personne qui lui avait demandé son appui pour faire changer lord Flanborough d'attitude.

C'était le lendemain de la disparition de Michaël Pretherston et sir Ralph avait littéralement les nerfs en pelote. Il était regrettable pour lui qu'il eût justement décidé d'aller voir ce jour-là l'homme qu'une semaine plus tôt il se plaisait à considérer comme son futur beau-père.

Lord Flanborough avait omis d'avertir ses gens qu'il ne serait pas chez lui pour sir Ralph. Aussi, n'eut-il à s'en prendre qu'à lui-même quand il vit s'ouvrir violemment la porte de son cabinet de travail et sir Ralph y faire irruption.

– Cher Sapson, balbutia Sa Seigneurie abasourdie par cette visite impromptue, je vous en prie, asseyez-vous.

Sir Ralph répondit par des rugissements plutôt que par des mots.

– Non, je ne m'assoirai pas. Je vous dis que je ne veux pas m'asseoir !

– Attendez que je ferme la porte, répondit Sa Seigneurie en émoi. Cher ami, n'oubliez pas, je vous en prie...

– Je n'oublie pas une chose : C'est que je suis sur le point d'être ruiné. Voilà la vérité ! Sur le point d'être ruiné ! dit sir Ralph avec violence, en frappant sur le bureau. Cette affaire va me coûter un million et demi de livres sterling, et vous avez à prendre part aux pertes, Flanborough ! Vous avez vos responsabilités. S'il n'y avait pas eu votre maudite fille, rien ne serait arrivé !

– Je vous défends, dit lord Flanborough, heureux de passer à une question qui lui permettait de parler avec hauteur, je vous défends de parler de ma fille sur ce ton, et si vous n'en changez pas, je vous prie de sortir immédiatement !

– S'il n'y avait pas eu votre fille, nous aurions pensé à faire revenir Griggs.

– Je ne suis pas employé de chemins de fer, répondit Sa Seigneurie avec une douce ironie, et n'ai pas qualité pour donner l'ordre à des mécaniciens de retourner à Seahampton. Voyons, Sapson, soyez raisonnable !

– Vous devez partager les pertes, reprit l'autre opiniâtrement. Vous avez des responsabilités morales. Pourquoi ai-je eu l'idée de faire aller vos maudits bateaux à Seahampton ?

Son visage était hagard et défait. En deux jours, il avait tellement maigri que ses beaux vêtements, faits sur mesure, flottaient sur lui.

– On peut parler de tout avec calme et politesse, dit lord Flanborough. Je suis navré pour vous de cette perte d'argent. C'est, sans aucun doute, une grosse perte. Mais, cher ami, les affaires sont les affaires et vous ne pouvez vous attendre à ce que je me charge de vos responsabilités !

– Vous êtes aussi responsable que moi, tonna Ralph en sautant hors de sa chaise et en s'avançant sur le petit homme qui reculait prudemment. Et j'insiste pour que nous partagions les pertes !

– Qui se monteront à combien ? s'informa Sa Seigneurie.

– À sept cent mille livres, grogna l'autre.

– À sept cent mille livres !... Impossible ! répondit lord Flanborough avec force.

Ralph devint livide.

– Si vous refusez... siffla-t-il en tapant du poing sur la table, si vous refusez...

À cet instant survint du secours en la personne de Moya. Elle salua froidement sir Ralph et traversa la pièce pour rejoindre son père.

– Il n'y a toujours pas de nouvelles de Michaël ! lui dit-elle.

– Mon Dieu ! soupira Sa Seigneurie.

– Michaël ! ricana Ralph, il n'y a pas de nouvelles de l'or ! Voilà ce qui compte, Moya !

– Nous ne sommes plus sur le pied de nous appeler par nos prénoms, sir Ralph, répliqua-t-elle tranquillement.

– Eh bien, passons l'éponge ! grogna Ralph.

– Je n'ai pas à passer l'éponge. Chacun de nous a ses ennuis, mais il y en a qui savent les supporter avec plus de courage que d'autres. Vous savez très bien que cette affaire ne risque pas de vous ruiner, et que vous avez énormément d'argent.

– Elle ne me ruinera pas, dit résolument sir Ralph, parce que votre père partagera les pertes.

– Si mon père est responsable, il les partagera, répondit la jeune fille, mais il est loin d'être prouvé qu'il soit responsable, n'est-ce pas, papa ?...

– Loin d'être prouvé, confirma lord Flanborough en mettant une table entre lui et son furieux antagoniste.

On frappa à la porte et Sibble entra furtivement. Il regarda Moya d'un air mystérieux et elle s'approcha de lui.

– Qu'y a-t-il, Sibble ? lui demanda-t-elle.

– Quelqu'un vous demande, Mademoiselle, dit-il, mais cela me fait l'effet de quelque chose d'extraordinaire.

– Quelqu'un me demande ? mais, qui est-ce ?...

– Je ne sais pas, Mademoiselle, mais l'homme a une commission à vous faire qui me semble extraordinaire.

Elle alla dans le hall où l'attendait un homme à l'aspect honnête, son chapeau à la main.

Son manteau de cuir lui donna d'abord à penser que c'était un conducteur d'omnibus. Elle ne se trompait pas tout à fait.

– Êtes-vous lady Felton, Madame ?

– Oui, répondit la jeune fille.

Il lui tendit une carte qu'elle prit. C'était la carte commerciale de MM. Arton et Arkwright, entreprise de transports. Ils prétendaient être en mesure de tout transporter, les machines aussi bien que les meubles et de disposer « d'un plus grand nombre de camions que toute autre entreprise similaire dans le sud de l'Angleterre ».

– Je crains qu'il n'y ait erreur, dit-elle. Je ne vous ai pas demandé de venir.

– Non, Mademoiselle, mais nous apportons les marchandises.

– Les marchandises ? s'écria-t-elle avec étonnement.

Il la conduisit jusqu'à la porte et lui montra dix camions automobiles qui étaient alignés d'un côté de la rue, depuis le pas de la porte jusqu'à Gaspard Place.

– C'est bien votre nom ?...

Il retourna la carte, et lut par-dessus l'épaule de Moya :

LORD FLANBOROUGH,
Felton House
Grosvenor Avenue.

– Vous n'avez pas de lettre ?

– Non, Mademoiselle, on m'a simplement donné l'ordre d'apporter les produits chimiques à Sa Seigneurie et de vous faire demander.

– Les produits chimiques ?... répéta-t-elle.

Son père l'avait rejointe à la porte.

– Qu'est-ce que c'est ? demanda-t-il.

– Cet homme vous apporte des produits chimiques.

– Quelle histoire ! Ce doit être une erreur, dit lord Flanborough, je ne suis pas pharmacien.

Il descendit les marches de l'escalier avec sa fille et alla jusqu'au premier camion. Elle regarda à l'intérieur, mais il lui sembla vide.

– Où est donc ce que vous apportez ? demanda-t-elle avec surprise.

– Par terre, Mademoiselle.

Et alors, elle aperçut plusieurs colis enveloppés de sacs.

– Ils pèsent lourd, dit l'homme qui regardait à côté d'elle.

Elle avança la main pour en saisir un et le tirer vers elle, mais n'y parvint pas.

Lord Flanborough essaya à son tour et arriva à le traîner. Il sursauta en le tâtant.

– Vous n'avez pas un couteau ? demanda-t-il à l'homme.

Celui-ci sortit de sa poche un énorme canif qu'il ouvrit.

– Attention, mylord, dit-il, il coupe bien...

Mais lord Flanborough avait déjà fendu la toile et mis à l'air un lingot jaune foncé. Il rendit le canif et recula de quelques pas.

– Combien y a-t-il de camions ? interrogea-t-il d'une voix rauque.

– Dix, Monsieur. Ils contiennent tous le même nombre de colis. Est-ce qu'il faut les ramener aux docks ?

Lord Flanborough réfléchit un instant.

– Descendez-les au sous-sol et mettez-les à la cave ! dit-il.

Il remonta les marches de l'escalier et retourna dans son cabinet de travail.

Sir Ralph attendait. L'impolitesse de son hôte n'avait fait ni descendre, ni monter sa colère.

Lord Flanborough s'approcha brusquement de lui et lui dit :

– Finissons-en, Sapson. À combien s'élève la perte que vous me demandez de supporter dans l'affaire de l'or ?

– À la moitié.

– Eh bien ! pour en finir, je vous couvrirai pour la totalité, moyennant deux cent mille livres.

Ralph vacilla :

– Vraiment ? demanda-t-il avec incrédulité.

– Vraiment.

– C'est une affaire faite, dit Ralph en sortant son carnet de chèques.

Il en remplit un avec une certaine nervosité mais il était assez lisible pour être remis à lord Flanborough qui, de son côté, était en train d'écrire de l'autre côté de la table, avec peut-être plus de fermeté, mais non moins d'empressement.

– Voilà le chèque, dit sir Ralph.

– Et voilà un mot de moi vous dégageant de vos responsabilités, répondit Sa Seigneurie.

– Peut-être ai-je été un peu vif, ajouta sir Ralph en plissant son front moite, mais vous comprendrez ?...

– Je comprends parfaitement, dit lord Flanborough.

– Les affaires sont les affaires, dit sir Ralph.

– Les affaires sont les affaires, répéta Sa Seigneurie en pliant le chèque et en le glissant dans sa poche.

16

SUR L'IMMORALITÉ DES VOLEURS PROFESSIONNELS

Le bâtiment principal de ce qui avait été autrefois les fabriques de ciment Boltover consistait en quatre murs et un toit d'ardoises. C'est là que se trouvaient les meules et les machines à concasser qui transformaient la craie et la boue de la rivière voisine en matériaux pour le ciment.

Appuyés contre le bâtiment se trouvaient les chambres de chauffe et les fours. Il n'y avait plus trace de meules, quoique les fours restassent encore debout. Toutes les machines avaient été enlevées, le ciment du sol renforcé et la seule mécanique visible était une grosse « compound » qui n'avait pas cessé d'être sous pression jour et nuit, tant que les deux wagons n'avaient pas été forcés. On pouvait voir, dans chacun d'eux, un large trou circulaire ; les gouttes de métal qui pendaient autour de leurs bords ou qui avaient coulé sur le sol, indiquaient la chaleur terrifiante qui avait été employée pour fondre les parois d'acier.

Près d'un des murs étaient soigneusement rangés un certain nombre de paquets sur lesquels était assis Mr Mulberry, dont l'allure bénigne contrastait avec le fusil chargé qu'il tenait sur ses genoux.

Dans un petit bureau donnant sur le bâtiment principal, dont il était séparé par une porte d'acier, se trouvaient réunis les sept principaux organisateurs de cette expédition : Francis Stockmar, Grégori, le colonel Westhanger, Jacques Colling, Thomas Stockmar, Cumingham et Kate.

La parole était à Grégori. Il était penché sur la table, les mains croisées, la tête tournée vers la jeune fille, assise en face de lui, un peu à sa droite.

– Je pense qu'il faut en finir, Kate, disait-il. Crime-Street commence à devenir un terrain brûlant.

– Je n'aurais jamais pensé que vous pussiez perdre votre sang-froid, dit-elle.

– Je suis de sang-froid, dit-il d'un air renfrogné. Je n'ai pas envie de passer de vie à trépas, si vous voulez tout savoir. La police est à nos trousses. « Ils » savent que vous avez quitté Londres et ils sont à votre recherche.

– « Ils » m'ont trouvée, répondit la jeune fille froidement. À Brighton !

– Nous avons fait un grand coup et il nous faudra une année pour nous en sortir, continua Grégori, mais quand nous en serons sortis, alors ce que nous aurons de mieux à faire, ce sera de nous ranger !

– Et pourquoi voulez-vous vous ranger ? demanda-t-elle.

– Ma chère Kate, dit-il d'un ton plaintif, ne posez donc pas de questions aussi absurdes ! Il n'y a aucune raison au monde pour que nous ne nous rangions pas. Nous avons assez d'argent comme ça.

– Alors, c'est cela ce que vous entendez par vous ranger ?... insista-t-elle. Je ne suis pas sarcastique, je demande une explication pure et simple. Ne m'avez-vous pas toujours dit que l'on travaillait pour l'honneur et non pour l'argent ? Vous m'avez répété cela toute ma jeunesse. Vous m'aviez même dit que si vous étiez millionnaire – elle regarda son oncle en fronçant les sourcils – rien ne vous ferait devenir « bête et honnête », ce sont vos propres paroles.

– Ma chère enfant, dit le colonel Westhanger, je vous ai dit bien des choses qu'il ne faut pas prendre à la lettre. Nous avons eu tout l'amusement que nous pouvions désirer et maintenant nous allons...

Il ne trouvait pas de mot pour remplacer une certaine expression qu'il désirait éviter.

– Nous ranger, suggéra-t-elle, devenir bête et honnête ?

– Mais naturellement, Kate, dit Grégori avec impatience, voulez-vous donc être une bête traquée toute votre vie ?

– Pourquoi pas ? demanda-t-elle étonnée. Il y a autant de plaisir à être poursuivie qu'à poursuivre. Vous avez dit cela maintes et maintes fois. Est-ce que Michaël Pretherston...

– Au diable Michaël Pretherston ! dit Grégori.

– Est-ce que Michaël Pretherston, continua-t-elle, trouve autant de plaisir à me traquer que moi, à lui échapper ? Est-ce que Michaël Pretherston trouve autant de plaisir en suivant ma piste que moi à la tracer ?

– Quoi qu'il en soit, dit Grégori, j'en ai assez, je veux fermer boutique et je vous invite à faire de même. Il y a encore autre chose, Kate...

Il regarda le colonel, cherchant son appui du regard, mais le colonel trouva préférable à ce moment de regarder le plafond.

– Quelle est l'autre chose ? demanda-t-elle.

– Eh bien ! vous savez, je suis très épris de vous, dit-il, et je voudrais...

Il ne parvenait pas à achever sa phrase.

– Vous voudriez vous ranger ? suggéra-t-elle d'un air innocent. Qu'est-ce que c'est que cette manie de se ranger qui vous prend tous ? Est-ce que cela signifie que nous ne tenterons plus jamais de grands coups ?

Elle posa ses coudes sur la table.

– Allons, allons, Kate, ne soyez pas si impressionnable, dit le colonel en lui tapotant l'épaule. Vous avez été une très brave fille et nous vous devons presque tout ce que nous possédons. Je suis sûr que tout le monde ici reconnaît que vous avez été le cerveau de notre association. La seule fois que nous avons été pris, c'est quand nous avons essayé de ne pas suivre vos instructions. Maintenant tenons-nous tranquilles.

– Quand les chasseurs ont attrapé un renard, restent-ils ensuite tranquilles et ne chassent-ils plus jamais ? À la guerre, quand un soldat est sorti sain et sauf d'une bataille, reste-t-il ensuite bien tranquille et ne continue-t-il plus à se battre ? Est-ce que le chasseur poursuivi par un lion reste tranquille et laisse les lions en paix ?

– Ce n'est pas la même chose, dit son oncle hargneusement.

Grégori se pencha vers elle et lui prit la main. Elle le repoussa.

– Je vais vous dire ce qui peut vous changer, petite fille, dit-il, sans se laisser arrêter par la rebuffade. L'amour peut vous changer. Ne m'enlevez pas tout espoir.

Elle le regarda et lui éclata de rire au nez.

– Il y a un homme au monde qui à lui seul vaut mieux que vous tous.

Elle fut interrompue par un craquement comme si une chose très lourde avait été jetée contre la porte. Quelqu'un tourna la poignée : Grégori se précipita pour ouvrir. On poussa dans la pièce un homme ligoté. Derrière lui, apparut la figure méphistophélique du docteur Garon.

– Une bonne prise ! s'écria-t-il triomphalement.

– Qui est-ce ? demanda Grégori en regardant l'homme à moitié évanoui.

La jeune fille ne posa aucune question. Elle pâlit, car elle venait de reconnaître Michaël Pretherston.

17

LE PLAN DU SEÑOR GRÉGORI

C'est un fait notable qu'au cours de sa carrière Kate n'assista jamais à aucun acte de violence, bien qu'elle eût eu pour compagnons les criminels les plus décidés et qu'elle eût été entourée d'hommes que rien ne pouvait empêcher de parvenir à leurs fins. Quand on arrêtait un membre de sa bande, cela se passait toujours « en douce ». Deux étrangers arrivaient ; il y avait une conversation à voix basse ; quelqu'un demandait son chapeau et disparaissait de la circulation, quelquefois pour longtemps. Elle n'avait jamais vu brutaliser un de ses compagnons et elle n'avait jamais pensé qu'il pût y avoir de la cruauté chez eux jusqu'au moment où elle les vit entourer le corps ligoté et le jeter sur une chaise. Elle les regardait avec étonnement et horreur.

Michaël s'était évanoui, étranglé par le lasso. La corde ayant été desserrée, il avait repris conscience et avait voulu lutter, mais il avait été assommé par les trois hommes qui le guettaient depuis le moment où il s'était éloigné des rails et s'était dirigé vers l'est. Ils lui avaient passé ses propres menottes. Il s'en rendit compte lorsqu'il revint à lui, la tête lui tournant et chacun de ses os lui faisant mal.

Il mit ses coudes sur la table et s'enfonça la tête dans ses mains, essayant de rassembler ses idées. Le froid de l'acier des menottes contre son nez était le point de départ de ses méditations. Le coup qui l'avait assommé avait été amorti par son chapeau de feutre ; il se frotta la tête et sentit la bosse faite par la canne plombée du docteur Garon.

– Et maintenant, éveillez-vous, dit Grégori rudement.

Michaël leva la tête vers l'homme qui l'avait interpellé.

– Hello, Grégori ! dit-il bêtement – il regarda autour de la pièce et aperçut la jeune fille qui le regardait.

– Vous vous êtes mis dans de beaux draps, mon jeune ami, dit le colonel Westhanger.

Michaël tourna lentement ses yeux vers lui et sourit.

– Et vous donc, colonel ! Ce sont les travaux forcés à perpétuité qui vous attendent.

Le colonel verdit.

– C'est du bluff, dit Garon. Il est venu ici seul. Je l'ai guetté pendant une heure. Il a voulu faire le travail tout seul.

– Seul, répéta le colonel, et la jeune fille qui le surveillait vit sa figure se durcir. Seul ! Êtes-vous sûr ?

– Absolument sûr, répondit le docteur.

Il était assis, les jambes écartées, penché en arrière, fumant un cigare qu'il venait d'allumer.

– Ce serait une sale histoire, hein ! si vous aviez fait une blague ? dit Michaël d'un ton traînant. Il recouvrait peu à peu ses esprits et son sang-froid.

– C'est une sale histoire. Il faut en prendre votre parti.

– Et qu'est-ce que vous appelez « en prendre son parti » ? ricana Grégori. Enlever vos menottes et nous les mettre ? Si c'est le bagne qui attend le colonel, qu'est-ce qui m'attend, moi ? Vous n'espérez pas que je vais retourner à Dartmoor[1] pour construire des murs de pierre pour les fermiers de la lande, non ?

– Et que dois-je espérer ? demanda Michaël.

– Il n'y a qu'une chose qui puisse me satisfaire, lui siffla l'autre dans la figure : c'est de me débarrasser de vous.

– *Drès pien*, approuva Stockmar.

Le cœur de la jeune fille s'arrêta presque de battre et pendant un moment elle ferma les yeux et s'agrippa au bord de la table. Elle crut qu'elle allait se trouver mal et ses genoux tremblaient sous elle. Heureusement l'attention des autres se portait sur Michaël et personne ne remarqua son émotion. Elle se mordit les lèvres et, par un violent effort de volonté, retrouva le contrôle d'elle-même. Elle regarda Michaël, il souriait toujours et ses yeux qui étaient posés sur Jacques Colling étaient pleins de bonne humeur.

– La partie se joue entre vous et nous, disait l'ingénieur. Vous

1. Prison du sud de l'Angleterre.

ne pensez pas que nous avons risqué le coup uniquement pour nous voir jugés à Old Bailey ?

– Non, à Winchester, corrigea le détective. C'est une très jolie Cour d'assises ; le plafond voûté vous plaira, Jacques. Pur style gothique.

– Un moment, dit le colonel tout à coup.

D'un signe de tête il appela les hommes dans un coin de la pièce où ils tinrent à voix basse un conciliabule. La jeune fille et Michaël furent laissés seuls en tête à tête et, obéissant à une impulsion qu'elle n'aurait pu expliquer, elle lui tourna le dos et se dirigea vers la fenêtre ; cette façon d'agir n'échappa pas à Grégori qui l'examinait du coin de l'œil. La petite conférence se termina et le colonel revint vers les autres.

– Écoutez, Pretherston, j'ai une proposition à vous faire. Vous n'êtes pas riche, je crois.

– Mes affaires privées ne vous regardent pas, dit Michaël calmement. Je n'ai pas envie d'en parler avec vous.

– Le coup rapportera deux millions et demi de livres sterling et nous sommes dix à nous les partager. Facilitez-nous notre fuite et il n'y aura pas loin de deux cent cinquante mille livres pour vous.

La jeune fille se retourna et regarda Michaël. Comment réagirait-il devant cette offre ? Elle savait combien était grand le désir de l'argent chez les hommes, et surtout de l'argent gagné aisément. Elle attendit, retenant sa respiration, et son attente était presque douloureuse.

– Deux cent cinquante mille livres, répéta Michaël, c'est une somme. Pourquoi me faites-vous une telle proposition ?

– C'est une somme, insista le colonel d'une façon significative.

Michaël éclata de rire.

– Je suppose qu'il fut un temps dans votre vie, dit-il d'un ton traînant, où vous auriez assommé un homme qui vous aurait offert de l'argent pour commettre une action malhonnête. Mais peut-être ce temps n'a-t-il jamais existé ?

– Je ne veux pas plus parler de mes affaires privées que vous des vôtres, dit le colonel d'un air hargneux. Je vous fais une offre – il frappa du poing sur la table –, l'acceptez-vous ?

Michaël secoua la tête.

– Je ne veux pas être grossier avec vous, dit-il, parce que vous êtes plus âgé que moi et que vous finirez bientôt misérablement votre vie.

Il vit la figure de l'autre se contracter.

– Je ne dis pas cela pour vous être désagréable, continua Michaël. Je vous dis simplement la vérité. Supposons que vous sortiez d'ici, comment vous échapperiez-vous d'Angleterre ? Tous les ports vous sont fermés.

– Je vais vous dire comment nous sortirons d'Angleterre, dit Grégori. Par la seule route possible, par Londres.

– En bateau, par Londres ?

C'était la voix de la jeune fille, stupéfaite.

– Nous avons trouvé cela tout seuls, Kate, dit Grégori avec une grimace. C'est notre dernier coup. Nous ne vous avions pas prévenue, parce que nous pensions que cela n'était pas la peine. Tout est arrangé depuis la semaine dernière.

– Sans m'avoir demandé mon avis ? dit-elle.

Il fit un signe d'assentiment.

– Qu'en dites-vous, Pretherston ? C'est votre dernière chance.

– Ce n'est pas ma dernière chance, dit l'autre gaiement.

– Que voulez-vous dire ?

– Vous le verrez bien, dit Michaël, devenu soudain sévère. Je vous préviens que vous n'avez plus beaucoup de temps devant vous.

– Et vous encore moins, dit Grégori avec un sourire inquiétant.

– Donnons-lui une demi-heure pour réfléchir, suggéra Jacques. Mettons-le dans la machinerie.

C'était un inconfortable petit hangar qui avait été construit près des concasseuses pour y placer une dynamo. Il était maintenant vide, à l'exception d'un lit de camp sur lequel avait couché un des hommes de la bande. Des portes d'acier fermées au verrou donnaient, l'une dans le bâtiment où se fabriquait le ciment et l'autre sur l'extérieur ; pour être tout à fait sûr de sa capture, Garon se proposa pour monter la garde.

Michaël fut jeté dans la petite chambre et la porte claqua derrière lui.

– Maintenant, dit Grégori lorsqu'ils furent de retour dans le bureau, il faut prendre une décision, et vivement. Si nous sommes sûrs que ce type est seul, il faut s'en débarrasser.

– Vous n'allez pas le tuer ? s'écria Kate.

Il se tourna vers elle en grondant.

– C'est notre affaire. Cela ne vous regarde pas, Kate, dit-il. Je vous dis qu'il faut le faire, pour notre propre sauvegarde.

– La première chose à faire, dit le colonel, c'est d'emporter l'or.

– Il sera chargé sur des camions demain matin, dit Grégori, et le mieux c'est de garder ce type vivant jusqu'à ce que l'or soit expédié.

– Emploierons-nous nos propres camions ?

Grégori secoua la tête.

– Oh ! non, dit-il, ce serait trop dangereux. J'en ai loué dix à un homme d'Eastbourne, spécialisé dans le transport des machines. Il n'a aucune idée de ce que l'on peut fabriquer ici, je lui ai dit que c'était un alliage de plomb que nous allions embarquer aux docks. Stockmar junior rencontrera le convoi à Londres. Nos hommes sont à bord du bateau et embarqueront les colis.

– Ça me paraît risqué de faire traverser Londres à tout cet or sans aucune garde, dit Jacques Colling en secouant la tête.

– Ce serait encore plus risqué de le garder, répondit l'autre avec calme. Notre seule chance repose sur l'ignorance du bonhomme qui viendra lui-même surveiller l'embarquement ici. Ses gens ne toucheront pas aux lingots ; je l'ai prévenu qu'il était dangereux de toucher aux colis qu'il transporterait. Et maintenant, Kate, vous pouvez vous apitoyer sur le sort de Pretherston.

Elle haussa les épaules et s'appuya contre la fenêtre, les mains derrière le dos.

– Puisque c'est nécessaire, dit-elle d'un ton froid.

Le colonel poussa un soupir de soulagement.

– Voilà comment il faut envisager les choses, ma fille, dit-il d'un ton approbateur. Je savais bien que vous ne flancheriez pas.

Elle ne répondit rien.

– Vous avez dit qu'il serait fait dix parts ; m'avez-vous comptée ? demanda-t-elle.

– Vous êtes avec moi pour une part, mon enfant, dit le colonel en lui tapotant l'épaule. Ne soyez pas inquiète. Vous ai-je jamais refusé quelque chose ?

Elle secoua la tête.

– Je ne me souviens pas que vous m'ayez jamais refusé quoi que ce soit, dit-elle d'un air absent. Quand a lieu ce... Elle ne trouva pas de mots pour finir sa phrase.

– Pretherston ? dit Grégori. Oh ! non, on ne peut rien faire maintenant. Je pense que vous êtes d'accord avec nous, colonel. Nous devons être absolument sûrs qu'il est seul, et qu'il n'a pas la moitié de la police métropolitaine derrière lui. Je ne ferai rien jusqu'à demain soir.

Elle inclina la tête.

– Je vois, dit-elle simplement ; puis, elle ajouta : Je vais dans ma chambre.

Ils lui avaient arrangé une chambre confortable dans ce qui avait été autrefois le bureau de contremaître. Elle traversa lentement les hangars et s'arrêta un instant pour contempler la grosse locomotive ; un léger jet de vapeur s'échappait de la soupape de sûreté.

Puis elle entra dans la chambre.

18

MALGRÉ TOUT LE COLONEL ÉTAIT UN GENTLEMAN

Ce n'est qu'à 10 heures du matin, le jour suivant, que la bande vit apparaître la jeune fille. Elle avait passé une nuit sans sommeil à faire son examen de conscience et à envisager l'avenir.

Mulberry, qui n'avait plus son fusil, avait repris son aspect respectable de directeur général d'une honnête société. Il salua la jeune fille d'un signe de tête.

Il surveillait le chargement des lingots sur les camions que l'on voyait se profiler sur la crête de la colline et auxquels conduisait un chemin en zigzag, creusé dans la pierre par le précédent propriétaire de la carrière.

Un peu plus tard, Mr Mulberry grimpait jusqu'au haut de la colline et donnait ses dernières recommandations au camionneur.

– Je vous paierai d'avance, dit Mr Mulberry en sortant de son portefeuille une liasse de billets de banque. Vous avez bien compris les instructions relatives au lieu de destination de ces colis ?

– Oui, monsieur, dit l'homme. Les docks de la Tamise. Je les livrerai à la personne qui m'a engagé avant-hier.

– Mr Stockmar, dit Mulberry.

– C'est bien cela, Monsieur. Ces choses ont-elles de la valeur ?

Mulberry secoua la tête.

– Scientifiquement, elles en ont beaucoup, mais commercialement, aucune. Vous avez probablement entendu parler du bioxyde de plomb, le plus lourd des minéraux ?

– Je ne crois pas, répondit le camionneur franchement. Je ne suis pas un savant.

– C'est un produit d'une grande utilité pour la fabrication du papier, dit Mulberry laissant libre cours à ses facultés d'invention. Il est très inflammable, mais non explosible tant qu'il est transporté par des spécialistes comme mes hommes le sont.

Il désigna la procession qui montait le sentier, chacun des hommes portant un paquet sur son épaule.

– Ce sont des Italiens, n'est-ce pas ?

Mr Mulberry fit un signe de tête affirmatif.

– Les étrangers sont épatants pour travailler dans les produits chimiques, dit l'homme sentencieusement.

Il regarda en bas.

– Voilà une bien jolie personne, monsieur, dit-il respectueusement, ne sachant pas si Kate qui venait juste de sortir des bâtiments et se promenait sans but dans la cour, était une employée ou une amie.

– C'est ma secrétaire particulière, dit Mr Mulberry.

– Une bien jolie personne, tout à fait une dame.

– C'est bien, c'est bien, dit Mr Mulberry.

Il attendit jusqu'à ce que le dernier paquet fût embarqué sur le dernier camion, serra cordialement la main du camionneur et descendit nonchalamment le sentier. Personne n'aurait pu soupçonner qu'il venait de confier près de trois millions de livres sterling en lingots d'or aux bons soins d'un camionneur de hasard.

Au milieu du sentier, il rencontra Kate qui montait.

– Kate, dit-il à voix basse, si vous allez jusqu'en haut et si ce type vous demande qui vous êtes, répondez-lui que vous êtes ma secrétaire particulière, si ça ne vous fait rien. Je vous expliquerai pourquoi plus tard.

Elle acquiesça et continua à marcher lentement jusqu'à ce qu'elle fût au sommet. Les camions se préparaient bruyamment à partir. Le camionneur qu'elle avait déjà rencontré auparavant la salua.

– Avez-vous un morceau de papier ? lui demanda-t-elle.

– J'ai une carte, mademoiselle, répondit-il.

– Ça suffira, dit-elle. Prêtez-moi un crayon.

Elle écrivit quelques lignes et les lui tendit.

– Je suis la secrétaire particulière du directeur, dit-elle.

– Je sais, mademoiselle.

Il regarda la carte en fronçant les sourcils.

– D'abord, vous conduirez les camions à cette adresse, et vous demanderez à voir le monsieur dont j'ai écrit le nom.

– Mais on m'avait dit d'aller droit aux docks.

Elle sourit et acquiesça.

– Je sais, dit-elle, mais mon patron pense maintenant qu'il est préférable que vous passiez là d'abord. Sa Seigneurie, ou bien vous accompagnera jusqu'à destination, ou bien vous fera entreposer les produits chimiques pour la nuit.

Il regarda l'adresse.

– Lord Flanborough, lut-il. Et s'il n'est pas là, mademoiselle ?

Elle avait prévu la question.

– Demandez à voir lady Moya Felton, c'est sa fille, dit-elle. De toute façon, demandez à la voir en premier lieu.

– C'est bien, mademoiselle, dit l'homme, un peu impressionné. Je connais Sa Seigneurie. Je l'ai souvent vue à Seahampton.

– Maintenant, vous pouvez vous en aller sans attendre encore de nouvelles instructions, dit Kate.

L'homme rit d'un air entendu, se hissa à côté du chauffeur de la seconde voiture et, l'un après l'autre, les dix camions démarrèrent. Elle les regarda partir jusqu'à ce qu'ils eussent disparu derrière la crête de la colline, puis elle redescendit le chemin en zigzag.

Elle rencontra Grégori à la porte des chantiers.

– Où avez-vous été ? demanda-t-il.

– J'ai été voir partir le butin, dit-elle gaiement.

– Moins vous en aurez vu, mieux ça sera, grommela-t-il. J'avais dit à cet âne de Mulberry de ne pas vous laisser voir par cet homme. N'entrez pas, je voudrais vous parler.

Il était mal à l'aise et ne savait comment commencer.

– Vous savez, Kate, je suis très amoureux de vous.

– Vous avez eu toutes les raisons de l'être.

– Je les ai encore.

– Je n'en suis pas sûre, l'interrompit-elle, mais continuez.

– Que voulez-vous dire ? demanda-t-il d'un ton soupçonneux.

– Continuez, insista-t-elle, où vous conduit votre amour ?

– Au mariage, répondit-il. Votre oncle ne fait pas d'objection, et nous nous marierons aussitôt que nous serons en Amérique du Sud.

– En Amérique du Sud ? – Elle le regarda. – Ainsi telle est votre destination, continua-t-elle lentement, et je dois vous épouser, selon ce que vous avez convenu avec mon oncle.

– C'est à peu près cela, répondit Grégori.

– Et si j'avais pris d'autres dispositions ?

– Vous n'avez pas à prendre d'autres dispositions, dit Grégori, sûr de lui. Le fait est, Kate, qu'il faut que vous en finissiez avec vos grands airs. Nous les avons supportés parce que cela nous rapportait, je suppose. Maintenant, nous sommes tous dans le même bateau au propre et au figuré.

Il rit très haut de sa plaisanterie.

– Vous avez de drôles d'idées derrière la tête, et nous ne pouvons pas vous laisser courir en liberté.

Elle rejeta la tête en arrière, lui tourna le dos et voulut s'éloigner, mais il l'attrapa par le bras et la tira vers lui.

– Quand je dis que vous devez m'épouser, je sais ce que je dis.

– Me demande-t-on mon avis ? dit-elle en se dégageant lentement.

– Vous pouvez le donner si vous consentez au mariage. Sinon ce n'est pas la peine.

– Je comprends, dit-elle. J'y réfléchirai. On ne prend pas une décision comme celle-là en une minute.

Elle entra dans sa chambre et s'y enferma. À 5 heures du soir, son oncle vint frapper à sa porte.

– Vous dormiez ? demanda-t-il.

« C'est curieux, pensa-t-elle, comme les manières et même le ton de ces hommes ont changé en peu de temps. » Elle était si habituée à l'attitude de respect presque exagérée qu'ils avaient coutume de prendre envers elle, que ce changement lui était extrêmement pénible. Et ce changement était réel. Même son oncle avait perdu son masque débonnaire et la traitait maintenant en enfant, en enfant qu'il fallait dresser.

– Je pensais, répondit-elle.

Il grommela quelque chose et revint avec elle au bureau.

– Il faut en finir avec ce Michaël Pretherston, vous comprenez ?

– Oui, répondit-elle.

– Les autos viendront nous prendre dans une demi-heure. Vous et moi serons les premiers à partir.

– Vous croyez ? demanda-t-elle.

– Qu'est-ce que vous insinuez ? dit-il sévèrement. Je vous préviens, Kate, que je ne suis pas d'humeur à supporter vos plaisanteries.

À ces mots, elle ne répondit pas, mais poussa la porte d'acier qui conduisait au lieu de réunion et entra. À sa grande surprise, Michaël était là. Non seulement il avait encore ses menottes, mais on lui avait lié les bras. Grégori était assis sur la table, et ne se leva pas quand elle entra, ce qui était une nouvelle preuve que l'autorité qu'elle avait, ou croyait avoir eue sur ces hommes avait complètement disparu.

– Kate, vous pouvez user de votre influence sur ce type, dit Grégori d'un air d'ennui, c'est sa dernière carte. On lui a laissé une nuit pour réfléchir, mais il s'obstine à refuser.

Elle marcha vers le détective.

– Michaël, dit-elle doucement, rien ne peut vous décider à devenir un des nôtres ?

– Rien, répondit-il.

– Rien que nous pourrions vous donner, rien de ce que je pourrais vous donner ?

Il la regarda fermement.

– Rien de ce que je pourrais prendre de vous à ce prix, dit-il tranquillement.

– Aimez-vous vivre ?

– Autant que tout être vivant, répondit Michaël qui connaissait ses auteurs.

– Aimez-vous quelque chose au monde ? Une jeune fille ? demanda-t-elle d'une voix légèrement tremblante.

Il acquiesça.

– Une jeune fille, répondit-il et il la regarda.

Il lui sembla qu'une main de glace étreignait son cœur et, pendant un moment, elle ne put continuer.

– Ne vaut-elle pas cela ? dit-elle, retrouvant son équilibre.

– Elle vaut bien des choses, mais pas cela.

Elle regarda le parquet.

– Pauvre fille ! dit-elle.

– Maintenant que nous avons essayé le sentiment, ricana Grégori, nous allons user d'un argument plus pratique, Pretherston, vous n'avez plus qu'une heure à vivre.

– Je mourrai en bien mauvaise compagnie, dit Michaël en faisant la grimace. J'avais espéré que je mourrais pendu par un bourreau légal, comme vous le serez un jour. Être charcuté par un coupeur de gorge novice n'est pas une perspective très agréable.

Grégori proféra une injure et le frappa au visage. Il l'aurait de nouveau frappé, si la jeune fille ne s'était placée entre eux.

– Michaël, vous mourrez en bonne compagnie, dit-elle d'une façon tellement décidée qu'aucun d'eux ne comprit d'abord ce qu'elle voulait dire – du moins, si vous pensez que je suis une bonne compagnie.

– Que voulez-vous dire ? haleta le colonel.

– Simplement, que vous me tuerez avec lui, dit-elle avec une sérénité qui remplit Michaël d'admiration, parce que je vous ai tous trahis.

À ce moment, Garon se précipita dans la pièce en criant :

– Ils ne sont pas revenus ! Les camions sont partis !

– Partis ? Partis où ? demanda Grégori d'une voix rauque.

– Je viens juste de téléphoner, haleta le docteur. Ils sont allés chez lord Flanborough. Il a récupéré son or !

Il y eut un silence de mort, que rompit la jeune fille.

– Ils sont allés chez lord Flanborough, répéta-t-elle. Je le sais. C'est moi qui les ai envoyés.

La situation était tellement tendue que personne n'osait parler. Tout à coup, Grégori se précipita sur la jeune fille, avec une expression démoniaque.

– Oh ! vous ! grinça-t-il, et il lui sauta à la gorge.

Alors, tout ce qu'il y avait encore d'honneur chez le colonel Westhanger revint à la surface. Il saisit Grégori et le jeta à terre.

– En arrière, chien ! gronda le vieillard.

Cc fut son dernier mot. Il y eut un coup de feu et le colonel

Westhanger tomba de son long sur la table, une balle dans le cœur.

La jeune fille, folle de terreur, s'adossa au mur pendant que Grégori se levait, tenant son revolver encore fumant.

– Vous êtes prophète, lui dit-il durement. Vous avez dit que vous alliez mourir avec Michaël Pretherston, vous avez dit la vérité. Enfermez-les ensemble, je vais réfléchir à ce qu'il faut en faire.

19

Où Michaël se découvre un faible pour les choses criminelles

La jeune fille se leva de sa chaise et s'avança vers l'endroit où Michaël, couché par terre, n'avait pas bougé depuis qu'on l'y avait jeté.

Il ouvrit les yeux et sourit.

– Alors, Kate..., dit-il faiblement, on se retrouve toujours.

Elle s'assit à côté de lui, et lui soulevant la tête, la mit sur ses genoux.

– Ça c'est gentil, murmura-t-il.

– Pourquoi gentil ? interrogea-t-elle avec curiosité. Parce que je vous procure un oreiller plus doux que la pierre ?

– Pas seulement cela, répondit-il.

– Alors pourquoi ? demanda-t-elle avec insistance.

– Oh bien, sans doute parce que ce sont vos genoux ! ajouta-t-il d'un air vague.

Les lèvres de Kate prirent une expression amusée.

– Serait-ce différent si c'était les genoux de quelqu'un d'autre ? dit-elle.

Il la regarda et lui dit :

– Posez votre main sur mon front.

– Comme cela ?

Elle mit sa main sur le front fiévreux de Michaël.

– Quel effet cela vous fait-il ? lui demanda-t-elle après un long silence.

– Cela me soulage beaucoup ; ne me posez pas tant de questions.

Ses doigts glissèrent sur le visage du jeune homme et lui pincèrent gentiment le nez.

– Oh, Kate, murmura-t-il d'une voix lourde, moi qui allais justement m'endormir.

– Pour quoi faire ? répondit-elle, bientôt vous dormirez de votre dernier sommeil et moi aussi.

Elle ajouta avec calme, du même ton dont elle aurait annoncé un poulet rôti pour le dîner :

– Je souhaite qu'ils vous tuent le premier, dit-elle d'un air pensif.

– Misérable petite vampire ! s'écria Michaël indigné. Pourquoi ce souhait ?

Elle haussa les épaules et rejeta ses cheveux en arrière sans le quitter des yeux.

– Je ne sais pas, dit-elle enfin. Probablement pour être sûre que c'en est vraiment fini de vous. Que personne d'autre ne vous aura. Et alors tout me sera égal.

Il ne bougea pas ; elle vit ses paupières frémir une seconde, mais il demeura immobile, le regard fixé au-dessus d'elle, sur le plafond souillé de la machinerie.

– Répétez-moi ce que vous venez de dire, murmura-t-il.

– Vous répéter quoi ? Que je voudrais qu'ils vous tuent le premier ? demanda-t-elle d'un air innocent.

« Mike ! s'écria-t-elle tout d'un coup, qui était cette jeune fille ?

– Quelle jeune fille ?

– La jeune fille que vous aimez ?

– Comment ? mais vous, naturellement, répondit-il surpris.

Sa main glissa de son front et couvrit les yeux de Michaël.

– Répétez-moi cela, singea-t-elle.

– Vous, répéta-t-il. Vous voyez, je suis plus complaisant que vous.

– Et même pour moi vous ne vous joindriez pas à nous ?

– Même pour vous.

Elle ne dit plus rien pendant un temps.

– Comment avez-vous découvert que nous étions ici ? questionna-t-elle

– Il était clair que c'était le seul endroit où vous pouviez être, répondit-il.

– Quel garçon sûr de vous vous faites ! Et savez-vous aussi comment tout a été combiné ?

D'un signe de tête, il fit signe qu'il le savait.

– Le train entra sous le tunnel où vous aviez préparé un long camion monté sur roues spéciales et qui avait trois lanternes vertes à l'avant, et deux lanternes rouges à l'arrière. Voilà le « train » que l'on vit passer vertigineusement sous la pluie et auquel vous aviez mis une sirène d'un nouveau modèle.

Elle rit doucement.

– Elle cassait les oreilles, n'est-ce pas ? surenchérit-elle. Vous souvenez-vous du jour où vous étiez venu à Crime-Street ? Je vous l'avais fait entendre.

Il se rappela le bruit insolite qui l'avait tellement intrigué.

– Quand il arriva aux barrières d'un passage à niveau, le camion quitta les rails et prit la route. Il suivit les rails du tramway sur une petite distance puis pénétra dans un garage qui, je suppose, était préparé à cette intention.

– C'est bien cela, acquiesça la jeune fille.

– Le train n'alla pas plus loin que le tunnel. Il retourna jusqu'à l'embranchement. Grégori attendait avec ses terrassiers italiens et fit redresser le butoir qui était tombé. Le trou creusé derrière le tampon et plein d'écume verte était de votre invention, je suppose ?

– C'était astucieux, n'est-il pas vrai ? Et la patine de rouille que j'ai fait faire, vous l'avez vue aussi ?

– Il est heureux que vous disparaissiez, jeune Kate, dit-il, vous avez l'esprit criminel.

– Je n'ai pas du tout l'esprit criminel, protesta-t-elle. C'est un jeu, une sorte de jeu d'échecs extrêmement compliqué. Ne lisez-vous jamais de romans policiers ?

– Rarement.

– Mais il vous est arrivé d'en lire ? poursuivit-elle.

– Peut-être un ou deux, confessa-t-il.

– Trouvez-vous que leurs auteurs aient l'esprit criminel ? Ils organisent une partie... C'est comme moi. Je sais que j'ai eu tort, terriblement tort. Mais je croyais que je ne le penserais jamais. Je croyais que rien au monde ne pourrait me convertir.

– Et qu'est-ce qui vous a converti ? demanda-t-il.

Elle hésita.

– Je ne me rends pas bien compte, dit-elle avec un hochement de tête. C'est un sentiment que me fait éprouver la rencontre d'un seul homme au monde. Un sentiment qui me gèle le cœur et me fait trembler. Voilà tout, Mike. Comment croyez-vous qu'ils vont s'y prendre ?

Elle était de nouveau préoccupée par l'approche de leur fin.

– Dieu seul le sait, répondit Michaël. Je n'ai pas eu le temps d'y penser. Je suis préoccupé par autre chose. Pourquoi ont-ils gardé la locomotive sous pression ? questionna-t-il.

– C'est Grégori qui l'a décidé, répondit-elle. Il a fait combler le trou aujourd'hui, et retirer le butoir. Il a pensé qu'il pouvait être utile de faire rouler la locomotive sur la voie principale pour la bloquer. Il réserve cela pour le cas où il apprendrait qu'on envoie un détachement de police fouiller la campagne de ce côté.

– Les voilà qui viennent, dit Michaël. Aidez-moi à m'asseoir.

Elle lui souleva les épaules et l'aida à se tenir assis. Une vague silhouette se dessina sur le mur ; on entendit frotter une allumette, une bougie s'alluma. Le docteur Garon apparut.

Il posa soigneusement la bougie par terre, derrière la porte entrebâillée et s'approcha lentement de l'endroit où était Michaël.

– Eh bien ! mon fin limier, gouailla-t-il, le temps vient où les meilleurs amis doivent se séparer.

– Je m'en félicite, dit Michaël, car je ne me compte pas parmi vos amis.

Le docteur sortit une petite boîte de cuir de sa poche en fredonnant un air.

– Ce n'est sûrement pas la première fois que vous voyez une seringue à piqûres ?

Il leva en l'air le petit instrument.

– Je vais vous injecter une petite drogue qui ne vous fera pas souffrir.

– Un moment, intervint Michaël. Si je comprends bien, cette drogue est mortelle ?

Le docteur s'inclina. Sa face très rouge et sa main tremblante donnèrent à penser à Michaël qu'il avait dû boire pour se donner du cœur et oublier ses inquiétudes.

– Très bien, dit Michaël.

Il regarda la jeune fille et avança le visage vers elle. Kate se pencha et l'embrassa sur les lèvres.

– À la bonne heure, dit le docteur d'un air désagréable, voilà qui fera plaisir à Grégori.

Il prit au prisonnier ses poignets liés par les menottes et lui retroussa une manche. La jeune fille sentit son cœur s'arrêter. À ce moment la lumière s'éteignit.

– Qui est là ? s'écria le docteur, lâchant le bras de Michaël pour se retourner brusquement.

Il s'avança à tâtons dans l'obscurité.

– Qui est là ? répéta-t-il.

Ils entendirent un faible bruit, suivi par celui d'un corps qui tombe sur le sol. Michaël retenait sa respiration. Un rayon de lumière surgit soudain dans la pièce et se concentra sur la silhouette écroulée du docteur Garon.

– Touché, prononça une voix avec satisfaction.

– Barr, murmura Michaël. Comment êtes-vous entré ?

– Par la porte, répondit la voix. Vous avez remarqué qu'elle était ouverte ? Voilà comment la lumière s'est éteinte.

Il dirigea la lumière sur son supérieur.

– Ils vous ont mis les menottes, chef.

Il eut un rire étouffé, sortit une clef de sa poche dont il donna un ou deux tours adroits qui délivrèrent l'autre. Son couteau de poche vint à bout du reste.

Michaël étira ses membres engourdis.

– J'ai essayé de venir la nuit dernière, mais ils avaient posté trop de sentinelles, et il m'a été impossible de retourner téléphoner. Je suis resté aplati sur la colline toute la journée et toute la nuit. Je n'ai pas osé bouger avant qu'il fasse sombre. Et je vous avoue, chef, que je n'étais pas fier. Je pensais qu'ils se seraient enfuis.

– Vous avez un revolver ? interrogea Pretherston.

L'homme fit glisser une arme dans sa main.

Ils rebroussèrent chemin lentement, traversèrent l'endroit où la locomotive soufflait toujours, puis franchirent la petite porte d'acier du bureau. Il n'y avait personne en dehors d'un corps étendu sous la table. Ils trouvèrent une seconde porte que Michaël essaya d'ouvrir. Elle était fermée à clé. Il entendit des voix et frappa.

– Qui est là ? demanda Grégori.

– Ouvrez la porte ! répondit Michaël.

– Qui est là ? répéta Grégori.

– Ouvrez au nom de la loi, dit Michaël.

Il entendit un bruit de pas, un juron, et resta immobile, le revolver dressé, mais la porte ne s'ouvrit pas. Soudain, ce fut le silence.

– Y a-t-il une autre issue ?

– Il y a une porte qui conduit dans le hangar où se trouve la locomotive, dit la jeune fille.

Elle était toute pâle et frissonnait. La vue du corps étendu sous la table l'avait achevée.

Michaël se précipita dans le hangar, mais il était trop tard. Au moment où il franchissait le pas de la porte, une balle frappa la porte d'acier et fit ricochet au plafond. À la faible lumière d'une lanterne, il vit Mulberry et Stockmar hissant le corps évanoui du docteur Garon sur la plate-forme de la locomotive. Il tira deux fois et Cumingham vacilla mais fut traîné sur la plate-forme.

La locomotive fit un « pff » puissant qui ébranla la maison et elle se mit en marche se dirigeant vers la porte fermée. Elle cracha une fumée épaisse et aveuglante, puis heurta la porte qu'elle fit voler en éclats. Michaël bondit hors du garage mais arriva dehors juste à temps pour voir disparaître la locomotive au tournant de la colline. Barr était à côté de lui et les deux hommes regardèrent avec impuissance leurs ennemis disparaître peu à peu à l'horizon.

– Il y a un téléphone ici, dit Michaël vivement, mais il ne communique sans doute qu'avec l'intérieur de la maison.

– J'ai laissé ma motocyclette quelque part en haut de la colline, chef, dit Barr.

– Allez la chercher, répondit Michaël.

Il resta à écouter le bruit de la locomotive qui devait rouler de plus en plus vite. Une main toucha timidement la sienne.

– Vous croyez qu'ils ont filé ?

Il passa son bras autour de la jeune fille.

– Je le crains, répondit-il.

Il tournait le dos au garage quand le bruit d'une explosion en fit trembler les murs.

– Qu'est-ce qui se passe ? murmura la jeune fille.

Ils s'avancèrent jusqu'au tournant de la colline. Il n'eut pas besoin de se creuser la tête pour voir où avait eu lieu l'explosion, car une lumière rouge illuminait tout un côté de la campagne.

– Quelque chose a dû arriver à la locomotive, dit-il.

Il n'apprit qu'une heure plus tard que dans sa course vertigineuse la locomotive avait rencontré un train de marchandises et que la lumière rouge qu'il avait vue était celle que répandait l'incendie d'un réservoir à pétrole que la malheureuse machine avait renversé dans sa course fatale.

*

– Il était impossible d'en reconnaître aucun, dit T. B. Smith. Croyez-vous que Kate Westhanger fût avec eux ?

– Il n'y a plus de Kate Westhanger, répondit Michaël gravement.

Il disait la vérité car au même moment Kate Pretherston était en route pour la France, où son mari devait la rejoindre aussitôt que sa démission aurait été acceptée.

– Mais pourquoi abandonnez-vous votre profession, Michaël ? interrogea T. B. Smith.

– J'ai constaté, répondit Michaël, qu'elle portait atteinte à mes vertus morales.

– Vos vertus morales ? répéta T. B. stupéfait. J'ignorais que vous en aviez. Et comment y portait-elle atteinte ?

– J'ai constaté, chef, dit Michaël, qu'elle développait en moi un faible pour les classes criminelles.

1922

LE CERCLE ROUGE

Traduit de l'anglais
par Michel Epuy

Ce roman a paru sous le titre original :
THE CRIMSON CIRCLE

PROLOGUE

Si l'anniversaire de Mr Pallion n'avait pas été le 29 septembre, il n'y aurait jamais eu de mystère du Cercle Rouge ; en outre une bonne douzaine de personnes seraient encore de ce monde, et Thalia Drummond n'aurait pas été accusée de vol et de complicité de vol.

Mr Pallion recevait joyeusement à dîner ses trois assistants au Coq d'Or à Toulouse. Mais, vers 3 heures du matin, il lui revint à l'esprit qu'il n'était pas venu à Toulouse pour festoyer, mais bien pour exécuter un criminel anglais du nom de Lightman.

– Mes enfants, dit-il gravement, quoique d'une voix un peu pâteuse, il est 3 heures, et la « Veuve » n'est pas montée !

Ils se rendirent tout aussitôt à la cour de la prison où se trouvait le fourgon macabre et, avec l'habileté de l'habitude, se hâtèrent d'ériger la funèbre machine et d'ajuster le couperet dans sa rainure. Mais la plus grande habileté est sujette à caution quand les vins de France entrent en jeu : en essayant de manœuvrer le couperet, les aides s'aperçurent qu'il ne tombait pas comme il faut.

– Je vais arranger ça, dit Mr Pallion.

Et il planta un clou à l'endroit précis du montant où il ne devait pas y avoir de clou.

L'heure avançait. Les portes de la prison s'ouvrirent et le condamné fut poussé par ses gardes sur la bascule... Un bref commandement retentit.

– Courage ! dit Mr Pallion.

– Va au diable ! lui répondit le condamné.

L'exécuteur pressa le bouton... et le couperet descendit... jusqu'au clou qui l'arrêta.

Trois fois de suite, il le remonta ; trois fois de suite, le malencontreux clou empêcha la mort de passer. Alors, les spectateurs indignés rompirent le cordon de police et exigèrent que le condamné fût ramené dans sa cellule... Il eut ainsi la vie sauve.

Huit ans plus tard, le clou mal placé allait par contre coûter celle de plusieurs personnes.

1

L'INITIATION

C'était l'heure où les honnêtes gens vont se coucher, et les fenêtres élevées des vieilles maisons du square étaient pour la plupart éclairées. Un vent froid arrachait aux arbres leurs dernières feuilles et les roulait en désordre sur le quai.

L'homme qui allait et venait sur le trottoir désert frissonna, quoique chaudement vêtu. Il s'étonna intérieurement qu'on lui eût donné rendez-vous dans un endroit aussi exposé aux intempéries. Il jetait des coups d'œil pleins d'envie aux fenêtres d'une maison devant laquelle il passait et repassait : il n'aurait eu qu'à sonner pour y être accueilli avec empressement.

Onze heures sonnèrent à une église voisine ; le dernier coup n'avait pas fini de résonner qu'une auto sortit de l'ombre, passa silencieusement devant le promeneur et stoppa à quelques mètres. Ses phares étaient très faibles, et l'intérieur n'était pas éclairé. Après un instant d'hésitation, le piéton se rapprocha, ouvrit la portière arrière et monta dans la voiture. De là il pouvait à peine deviner la silhouette du chauffeur ; il sentit une angoisse le serrer à la gorge en réalisant soudain dans quelle aventure il s'embarquait... La voiture ne se remit pas en marche ; le chauffeur ne bougeait pas. Le nouvel arrivant rompit le silence pesant :

– Eh bien ? interrogea-t-il comme avec colère.

– Êtes-vous décidé ? fit le chauffeur.

– Serais-je ici si je ne l'étais pas ? Croyez-vous que je n'aie été poussé que par la curiosité ? Que voulez-vous de moi ? Parlez, et je vous dirai ce que je veux en échange.

– Je sais déjà ce que vous comptez me demander.

Cet homme parlait d'une façon indistincte et assourdie, comme derrière un masque. Lorsque les yeux de son interlocuteur se furent habitués à l'obscurité de la voiture, il distingua vaguement l'écharpe de soie qui enveloppait la tête du chauffeur.

– Vous êtes à la veille de la banqueroute, reprit ce dernier. Vous avez employé des capitaux qui ne vous appartenaient pas et vous pensez au suicide. D'ailleurs ce n'est pas seulement votre insolvabilité qui vous fait envisager cette solution : vous avez un ennemi qui a découvert les faux que vous avez faits et qui pourrait vous dénoncer. Il y a trois jours, vous avez obtenu d'un chimiste en gros un poison particulièrement actif que les pharmaciens ne délivrent que sur ordonnance, et vous avez l'intention de l'absorber samedi ou dimanche prochain si quelque miracle ne vous sauve pas... plutôt dimanche d'ailleurs.

L'homme assis à l'arrière de la voiture gémit.

– Maintenant, Sir, poursuivit le chauffeur, êtes-vous disposé à travailler pour moi ?

– Que faudra-t-il faire ? interrogea l'autre en frissonnant.

– Seulement suivre mes instructions. J'aurai soin que vous ne couriez aucun risque et que vous soyez bien payé. Je suis prêt à vous remettre immédiatement une forte somme qui vous permettra de faire face à vos pressants engagements. En retour, je vous demanderai de mettre en circulation les valeurs, billets de banque ou titres qui seraient plus ou moins frappés d'opposition et, d'une façon générale, de servir mes intérêts... Enfin (il s'arrêta une seconde) de payer ce que je vous demanderai de payer...

Après être resté quelques instants sans réaction, l'homme demanda un peu vivement :

– Qu'est-ce que le Cercle Rouge ?

– C'est vous-même.

– Moi ?

– Oui, vous, et une centaine d'autres, que vous ne connaîtrez pas et qui ne vous connaîtront pas davantage.

– Et vous ?

– Moi, je les connais tous. Alors, vous acceptez ?

– Oui.

L'homme au volant se retourna à demi et tendit à son interlocuteur une grosse enveloppe que le néophyte du Cercle Rouge mit dans sa poche.

– Et maintenant filez, dit-il.

L'autre obéit et, une fois sur la chaussée, s'avança de quelques pas afin d'apercevoir la physionomie de son étrange protecteur.

– N'allumez pas votre cigare, lui dit rudement ce dernier, sans quoi je croirais que c'est un simple prétexte à frotter une allumette. N'oubliez jamais que celui qui me connaît est un homme perdu.

Là-dessus, il mit la voiture en marche.

L'autre demeura immobile sur le trottoir et suivit des yeux le phare arrière de l'auto. Lorsqu'il se décida à allumer le cigare qu'il serrait entre ses dents, son allumette s'éteignit presque, tant sa main tremblait.

– Voilà ! se dit-il...

Et il prit une rue transversale.

Il avait à peine disparu qu'une ombre se détacha de l'embrasure d'une haute porte cochère voisine et le suivit. C'était un homme grand et corpulent qui marchait avec difficulté, car il avait le souffle court. Il fit une centaine de pas, puis s'arrêta, remit dans leur étui les jumelles de marine dont il s'était servi pour épier les deux interlocuteurs, et ne songea pas davantage à sa poursuite. Il savait où retrouver l'homme à pied ; quant au chauffeur mystérieux, il tâcherait de l'atteindre le lendemain. Il avait pris le numéro de la voiture. Mr Félix Marl hocha la tête. S'il avait soupçonné la nature de l'interview qu'il avait épiée, il ne s'en serait pas réjoui. De plus forts que lui avaient senti leurs vertèbres se glacer au seul nom du Cercle Rouge.

2

CELUI QUI NE PAIE PAS

Le Cercle Rouge ne se bornait pas à menacer de mort ceux qu'il condamnait à lui verser une forte somme : il les exécutait à la moindre velléité de refus. Ceux qui payaient étaient tranquilles. Philippe Bassard, par exemple. Le banquier Jacques Rizzi avait obtempéré aussi, mais s'était affolé. Il mourut un mois plus tard, de mort naturelle, souffrant d'une maladie de cœur. Quant au grand avocat Benson, il méprisa les menaces et fut trouvé assassiné dans son wagon salon.

Derrick Yale, un détective privé aux dons presque divinatoires, put trouver la piste de l'assassin : un Noir qui avait sauté sur le marchepied du wagon et avait tué Mr Benson d'un coup de revolver par la portière ; le Noir avoua et fut pendu, mais sans révéler le nom de celui qui lui avait commandé le crime. La police pouvait bien mépriser les facultés de psychométrie dont se vantait Yale, le résultat était là...

La mise hors d'état de nuire de l'assassin n'empêcha nullement qu'après la mort tragique de Benson, de nombreuses personnalités riches payèrent de grosses sommes au Cercle Rouge sans même avertir la police.

Alors qu'on commençait à ne plus entendre parler de cette fameuse organisation de chantage, Mr James Beardmore reçut un matin à son petit déjeuner une enveloppe carrée dont il sortit une carte qui portait un large cercle rouge...

– Je crois que tu t'intéresses à ce mystère, dit-il à son fils assis en face de lui. Tiens, regarde cela.

Jack Beardmore examina le message en fronçant légèrement du sourcil. C'était une carte de correspondance ordinaire : un grand cercle rouge, apparemment apposé au moyen d'un timbre en caoutchouc, en effleurait les bords des quatre côtés. À l'intérieur du cercle était écrit en caractères d'imprimerie :

« Une centaine de milliers de livres ne représente qu'une faible partie de votre fortune. Vous verserez cette somme en billets de banque à un messager que j'enverrai en réponse à une annonce de la *Tribune*, que vous ferez paraître d'ici vingt-quatre heures et qui indiquera l'heure qui vous conviendra. C'est notre dernier avertissement. »

Il n'y avait pas de signature. L'enveloppe ne portait pas d'adresse.

– Eh bien ! qu'en dis-tu ?

Le vieux James Beardmore regarda son fils par-dessus ses lunettes.

– Le Cercle Rouge ! s'exclama Jack.

– Oui, le Cercle Rouge, fit James Beardmore en éclatant de rire à la vue de la consternation peinte sur le visage de son fils. Et c'est la quatrième missive que je reçois !

– Quatre ! Ciel ! Est-ce pour cela que Yale est ici ?

– En grande partie pour cela, oui.

– Naturellement, reprit le jeune homme, je savais bien que c'était un détective, mais je ne soupçonnais pas...

– Bah ! Ne t'inquiète pas pour ce cercle infernal, interrompit un peu impatiemment son père. Je n'éprouve aucune appréhension. Froyant vit dans la terreur de ces maîtres-chanteurs. Je ne suis pas, quant à moi, étonné par notre situation : nous nous sommes fait beaucoup d'ennemis dans le temps.

James Beardmore – les traits durs, la face ridée, la courte barbiche grise – eût pu passer pour le grand-père du jeune homme de belle mine qui déjeunait en face de lui. Il avait édifié une immense fortune, mais ses débuts avaient été particulièrement durs. L'homme qui avait failli mourir de soif dans les déserts du Kalahari, en prospectant d'illusoires mines diamantifères, qui avait eu les membres gelés en cherchant l'or du Klondike, avait couru trop de dangers réels pour se laisser importuner par une bande d'aigrefins comme celle du Cercle Rouge. Pour le moment, d'ailleurs, un autre danger le préoccupait, non pour lui-même mais pour son fils.

– J'ai grande confiance en ton bon sens, dit-il, et j'espère bien que tu ne prendras pas en mauvaise part ce que je vais te dire. Je ne me suis jamais permis d'intervenir dans tes distractions ou le choix de tes fréquentations... Mais crois-tu bien sage, à l'heure actuelle...

Jack avait compris.

– Tu veux parler de miss Drummond ?

Le vieillard fit un signe affirmatif.

– Elle est secrétaire de Froyant, commença le jeune homme.

– Je sais, et je ne la méprise pas pour cela ; mais il faut bien constater, Jack, que nous ne savons absolument rien d'elle ; ni de sa famille. Rien...

Jack roula sa serviette d'un geste résolu. Il avait rougi et les muscles de son menton se contractaient accusant un caractère volontaire qui plaisait fort à son père.

– Nous sommes simplement de bons amis, déclara Jack. Je ne lui fais pas la cour, car je crois que ce serait détruire notre amitié.

Le père parut satisfait. Il avait dit tout ce qu'il croyait nécessaire, et il prit dans son courrier une grande enveloppe chargée de timbres français. L'ayant ouverte, le vieillard en sortit une volumineuse correspondance ainsi qu'une autre enveloppe plus petite, pourvue de grands cachets de cire. Il en lut la suscription et fit la grimace.

– Oh ! oh ! fit-il.

Il reposa l'enveloppe sans la décacheter. Il examina le reste de son courrier, puis, relevant la tête, dit à son fils :

– Vois-tu, ne te fie à personne au monde, homme ou femme, avant de connaître tout le mal dont il est capable. Je dois recevoir aujourd'hui un homme qui fait partie de la plus respectable société et qui a un passé plus noir que charbon... Pourtant je vais faire affaire avec lui... Je sais jusqu'où il peut aller...

Jack se mit à rire et allait répondre lorsque leur hôte entra.

– Bonjour, Yale ! dit le vieux Beardmore. Avez-vous bien dormi ? Sonne pour le café, Jack !

Le séjour de Derrick Yale causait le plus vif plaisir au jeune Jack qui était à l'âge où l'on adore le mystère et les aventures romanesques. En outre, Yale n'était pas un détective ordinaire, étant doué de facultés surnaturelles... ou qui paraissaient telles ! Sa physionomie grave d'esthète délicat, ses beaux yeux profonds, ses manières charmantes et distinguées, les gestes familiers de ses longues mains blanches ne laissaient pas que d'impressionner très favorablement les esprits ardents et chimériques.

– Je ne dors jamais, dit jovialement le détective en dépliant sa serviette.

Il retint un moment le rond d'argent entre ses doigts en le considérant attentivement.

– Que voyez-vous d'extraordinaire à ce rond de serviette ? demanda James Beardmore amusé.

– La personne qui a manié cet objet en dernier lieu, répondit Yale, a reçu de mauvaises nouvelles : elle a des parents ou amis très malades.

– Bravo ! C'est exact. Jane, la domestique qui a préparé la table, a reçu ce matin avis que sa mère était mourante.

Jack ne cacha pas son admiration :

– Mais comment avez-vous pu deviner cela au seul aspect d'un rond de serviette ?

Yale secoua la tête.

– Je ne cherche pas à comprendre, répondit-il ; tout ce que je sais est qu'au moment où j'ai touché le rond, j'ai eu une sensation de poignante tristesse. C'est curieux, n'est-ce pas ? Tout ce que j'ai dit d'autre doit être déduction inconsciente... Mais quelles sont les nouvelles, ce matin, Mr Beardmore ?

Pour toute réponse, le vieillard lui tendit la carte au cercle rouge.

Yale lut l'inscription et parut soupeser la carte sur sa main ouverte.

– Cette lettre, dit-il, a été apportée par un marin... qui a fait de la prison et a perdu récemment beaucoup d'argent.

James Beardmore se mit à rire.

– Argent que je ne suis certes pas disposé à lui faire retrouver, dit-il en se levant de table. Prenez-vous cela au sérieux ?

– Tout à fait au sérieux, répondit tranquillement Yale, au point de vous conseiller de ne pas sortir de chez vous sans moi. Le Cercle Rouge, poursuivit-il en arrêtant d'un de ses gestes familiers le mouvement de protestation du vieux Beardmore, a sans doute des façons de procéder un peu mélodramatiques, mais ce ne serait pas une consolation pour vos héritiers d'apprendre que vous êtes mort comme un héros de théâtre.

Le vieillard ne répondit pas ; son fils le regarda avec anxiété et proposa :

– Pourquoi ne pas aller quelque temps à l'étranger ?

– Aller à l'étranger pour fuir une misérable petite bande rouge ? Allons donc ! s'écria Mr Beardmore. J'aurai plus tôt fait de les envoyer...

Il n'indiqua pas de destination précise à ces criminels, mais on pouvait facilement la deviner.

3

UNE JEUNE FILLE INDIFFÉRENTE

Jack Beardmore était fort préoccupé ce matin-là en sortant de chez lui. Ses pas le portaient presque inconsciemment à travers les prés vers le vallon situé à deux kilomètres de sa maison de campagne et où une épaisse haie séparait les propriétés des Beardmore et des Froyant. La matinée était radieuse. L'orage de la nuit précédente avait ravivé les teintes délicates des prairies et des bois et le monde tout entier baignait dans une jeune lumière dorée. Au loin, au-delà des bois qui couronnaient les hauteurs de Penton Hill, Jack apercevait la grande villa blanche de Harvey Froyant, et il se demandait si Celle qu'il attendait aurait eu le courage de traverser les prairies humides et de s'aventurer si loin.

Il s'arrêta sous un grand ormeau au fond du vallon et jeta des regards inquiets sur la haie mitoyenne ; puis ses yeux se portèrent sur le petit pavillon que les anciens propriétaires de Tower House avaient fait construire à la limite de leur propriété, et il songea que l'actuel Harvey Froyant, qui détestait la solitude, n'aurait jamais commis pareille extravagance.

Personne en vue ! Il longea la haie avant d'emprunter une brèche qu'il avait faite peu de jours auparavant... La jeune fille assise sur le seuil du pavillon aurait pu entendre de là son soupir de soulagement.

En apercevant Jack, elle regarda tout autour d'elle et se leva comme à regret.

Elle était remarquablement jolie, avec son fin visage que le soleil rosissait sous l'ombre légère du chapeau de paille.

– Bonjour, Sir, dit-elle froidement.

– Bonjour, Thalia... osa-t-il répondre.

Elle fronça du sourcil.

– Je ne vous le permets pas, dit-elle sérieusement.

Cette froideur étonnait et attristait le jeune homme. Il savait qu'elle était toute vivacité et enjouement ; il l'avait vue poursuivre un lièvre et le spectacle de cette Diane rieuse et légère bondissant à travers les champs avait été un pur délice. Une autre fois il l'avait entendue chanter : tant de gaieté et d'ardeur dans sa voix lui avaient semblé contenir tout l'enchantement de la vie...

– Pourquoi, hasarda-t-il, êtes-vous toujours si dure avec moi ?

Il y eut un semblant de sourire au coin de ses lèvres.

– Parce que, répondit-elle solennellement, j'ai lu beaucoup de livres, et je sais que les pauvres petites dactylographes qui ne sont pas assez dures avec les fils de millionnaires courent à leur perte.

Son ton net et tranchant déconcertait...

– D'ailleurs, continua-t-elle, il n'y a pas de raison pour que je sois tendre. On n'est tendre, d'habitude, qu'avec les gens qu'on aime beaucoup, et je ne vous aime guère...

Elle parlait si délibérément que Jack rougit violemment comme sous une forte insulte. Il s'en voulait terriblement d'avoir provoqué cette déclaration de principe.

– Je vais vous dire quelque chose, Mr Beardmore, poursuivit-elle encore, quelque chose dont vous ne vous êtes jamais rendu compte : lorsqu'un jeune homme et une jeune fille sont jetés tous deux seuls et ensemble sur une île déserte, il est tout naturel que le jeune homme en arrive vite à penser que la jeune fille est unique au monde. Tous ses rêves se concentrent sur un seul objet et plus le temps passe, plus elle lui paraît réunir en elle toutes les perfections du monde. J'ai lu beaucoup de romans, vu beaucoup de films où cette situation est longuement décrite, et je crois bien que les choses se passent ainsi. Eh bien, Mr Beardmore, vous êtes ici en quelque sorte dans une île déserte... Vous demeurez trop longtemps à la campagne où vous n'avez l'occasion de voir que des lapins, des oiseaux et Thalia Drummond. Il vous faudrait retourner en ville où vous fréquenterez des gens de votre classe.

Elle se retourna et fit un pas en arrière en apercevant Mr Froyant à proximité.

– Je vous croyais occupée à vérifier les comptes, lui dit le nouvel arrivant d'une voix dure.

C'était un homme maigre, d'une cinquantaine d'années, pâle, aux traits aigus, très chauve. Il avait la déplaisante habitude de retrousser les lèvres sur ses longues dents jaunes toutes les fois qu'il venait de poser une question, comme s'il s'attendait à ce qu'on lui répondît évasivement.

– Bonjour, Jack ! lança-t-il au jeune Beardmore. (Puis, se retournant vers sa secrétaire :) Je n'aime guère ces façons de perdre votre temps.

– Je n'ai nullement perdu mon temps, répondit-elle calmement. Je viens de terminer ces comptes ici.

Elle montra la serviette de cuir qu'elle portait sous le bras.

– Vous auriez bien pu faire ce travail à la bibliothèque ; il était tout à fait inutile de vous isoler ainsi.

Il se gratta le nez et regarda alternativement les deux jeunes gens.

– Cela suffit, reprit-il. Jack, je vais chez votre père. M'accompagnez-vous ?

Thalia avait déjà repris le chemin de la villa et Jack n'avait plus aucun prétexte à demeurer là.

– Je vous en prie, Jack, dit Mr Froyant au jeune homme dès qu'ils eurent fait quelques pas, ne faites pas perdre son temps à ma secrétaire... Vous n'avez pas idée de la quantité de travail qu'elle a... Et je suis sûr que votre père ne vous approuverait pas.

Jack avait bien envie de répondre vertement, mais il se contint. Il n'aimait guère Harvey Froyant, et à ce moment même il l'eût volontiers insulté pour son attitude tyrannique vis à vis de la jeune fille.

– Ces petites dactylos, reprit Mr Froyant en poursuivant sa route le long de la haie, ces petites dactylos...

Soudain il s'arrêta, s'immobilisa, resta bouche bée...

– Qui, diable, a bien pu faire cette brèche dans la haie ? s'écria-t-il enfin en désignant du bout de sa canne l'ouverture par où était passé le jeune homme.

– C'est moi ! fit Jack avec joie et colère tout ensemble. La haie est à nous, et par là on a un demi-mille de moins à faire... Venez, Mr Froyant.

Ce dernier ne dit rien et suivit le jeune homme à travers la brèche. De l'autre côté, ils remontèrent lentement la pente dans la direction du grand ormeau sous lequel Jack s'était arrêté quelques instants auparavant.

Mr Froyant continuait à garder obstinément le silence. Il en voulait certainement un peu au jeune homme et croyait sans doute qu'il détournait sa secrétaire de ses devoirs.

Ils arrivaient à l'arbre lorsque le vieillard se sentit tout à coup saisi par le bras : il se retourna et, suivant la direction des regards de Jack, poussa une exclamation de terreur : sur le tronc de l'ormeau un large cercle rouge était dessiné, et la couleur en était encore toute fraîche.

4

Mr Félix Marl

Jack Beardmore fouilla du regard les environs. La seule personne en vue était un homme qui, non loin de là, se dirigeait tranquillement vers la villa Beardmore. Il portait un petit sac à la main. Jack appela, et l'homme se retourna.

– Qui êtes-vous ? cria Jack en courant vers lui. Que faites-vous là ?

L'étranger se rapprocha à portée de voix. Il était grand et corpulent, mais le poids de son sac et la rapidité de sa marche l'avaient mis hors d'haleine. Il fut un moment avant de retrouver son souffle.

– Je m'appelle Marl, dit-il enfin, Félix Marl. Vous avez peut-être entendu parler de moi, et je pense que vous êtes, vous-même, le fils de Mr Beardmore ?

– Effectivement, dit Jack. Mais que faisiez-vous par ici ?

– On m'a dit qu'il était plus court de passer par les champs en venant de la gare, mais je vois qu'il n'en est rien, répondit Mr Marl d'une voix encore entrecoupée. Je viens voir votre père.

– Êtes-vous passé près de cet arbre ? demanda encore le jeune homme.

– Pourquoi cette question ? Je vous dis que je suis venu droit à travers champs.

À ce moment Mr Froyant rejoignit les deux interlocuteurs. Il reconnut le nouvel arrivant.

– Mr Marl ! s'écria-t-il. Dites-donc, Marl, n'avez-vous vu personne en passant près de cet arbre ?

Mr Marl secoua la tête. Sans doute l'arbre et son secret ne lui disaient rien.

– Je n'avais pas même remarqué qu'il y eût là un grand arbre, dit-il. Que voulez-vous dire ?

– Rien, cela n'a aucune importance, coupa Harvey Froyant.

Ils arrivèrent bientôt à la villa. Jack s'était chargé du sac du visiteur. Cet homme ne lui faisait pas bonne impression : sa voix était dure et ses manières trop familières. Le jeune Jack se demanda ce que son père pouvait bien avoir à faire avec cet individu.

Ils allaient franchir le seuil de la maison, lorsque, sans motif apparent, le gros et grand Marl poussa un cri et fit un saut en arrière... La peur s'était emparée de lui : cela se lisait sur toute la physionomie livide de cet homme qui tremblait de la tête aux pieds.

– Que diable se passe-t-il ? Qu'avez-vous ? s'écria Froyant avec nervosité.

Après l'émotion que lui avait causée la vue du cercle rouge, il était lui-même extrêmement agité et parvenait tout juste à garder son sang-froid.

– Rien... rien, ce n'est rien, balbutia Marl. Je suis... je suis un peu...

– Gris, je suppose, grogna Froyant.

Après avoir fait entrer les visiteurs, Jack Beardmore se mit à la recherche de Yale. Il découvrit le détective au jardin, étendu sur une chaise, les bras croisés, dans une attitude profondément méditative.

Yale leva les yeux en entendant les pas du jeune homme.

– Je ne sais pas, répondit-il à la question encore informulée que Jack avait sur les lèvres.

Puis, devant le regard interloqué du jeune homme, il se mit à rire.

– N'alliez-vous pas me demander la cause de la frayeur de Marl ?

– En effet... Mais vous êtes incroyable, Yale ! Avez-vous assisté à cet accès de terreur subite ?

– Oui, j'ai tout vu d'ici... Cet homme ne m'est pas inconnu, ajouta-t-il en fronçant du sourcil. Mais où l'ai-je déjà vu ? Qui est-il ? C'est ce que je ne sais... Vient-il souvent ici ? Votre père m'a dit qu'il attendait quelqu'un... Ce doit être cet homme-là.

– C'est la première fois que je le vois, répondit Jack. Mais je me rappelle maintenant que mon père et Froyant font des affaires avec un certain Marl... C'est, je crois, un spéculateur immobilier. Mon père s'intéresse à ces sortes d'affaires depuis quelque temps... Mais, autre chose, Yale ! Je viens de voir la marque du Cercle Rouge sur un arbre !

Il conta la chose en détail, et aussitôt le détective cessa de songer à Marl.

– Je suis parfaitement sûr que le cercle n'était pas sur le tronc lorsque je suis passé la première fois, conclut Jack. On a dû le dessiner pendant que je causais... avec un ami. L'arbre n'est pas en vue de la haie et quelqu'un a fort bien pu s'en approcher et s'en aller sans être vu. Qu'en pensez-vous, Yale ?

– Tout cela m'inquiète, dit le détective d'un ton bref.

Il se leva et se mit à arpenter l'allée du jardin... Après un instant d'attente, Jack le laissa à ses méditations.

Pendant ce temps, Mr Félix Marl se montrait tout à fait incapable de démontrer à Messrs Froyant et Beardmore l'excellence de la proposition qu'il était venu leur soumettre. Il s'agissait, comme l'avait dit Jack, d'achat et de vente de terres, mais Mr Marl n'apporta aucune clarté à l'exposition de l'affaire.

– Je puis à peine parler, Sirs, dit-il ; c'est une indisposition subite... Excusez-moi... J'ai eu une émotion ce matin...

– Qu'était-ce donc ?

– Je... je ne saurais dire... Je ne puis discuter notre affaire... Il... il faudra renvoyer à demain...

– Et croyez-vous que j'aie pris la peine de venir ici pour vous entendre gémir ? lui rétorqua rudement Mr Froyant. Je vous répète qu'il faut conclure cette affaire rapidement. Et Mr Beardmore est du même avis.

Beardmore, à qui il importait peu que l'affaire fût conclue ou non, se mit à rire.

– Ce n'est peut-être pas d'une importance capitale, dit-il, et si Mr Marl ne se sent pas bien, ne le forçons pas... Voulez-vous accepter mon hospitalité pour la nuit, Marl ?

– Non, oh, non ! Non merci ! s'écria l'homme d'affaires, comme saisi d'une nouvelle terreur. Merci, merci bien, mais il faut que je rentre...

– Comme vous voudrez, dit le maître de la maison d'un ton indifférent en rassemblant les papiers épars sur la table.

Ils sortirent tous trois dans le hall où se trouvait Jack.

L'auto de Mr Beardmore reconduisit Mr Marl à la gare.

Dès lors les faits et gestes de l'homme d'affaires eussent été assez curieux à observer. Il fit enregistrer son sac pour la ville et il monta dans le train, mais il descendit à la station suivante.

Ensuite, pour un homme qui n'aime pas les exercices physiques et qui s'essouffle à la moindre montée, il déploya un véritable courage, faisant à pied les quinze kilomètres qui le séparaient alors de la villa de Mr Beardmore.

Il faisait presque nuit lorsqu'il arriva dans les bois privés qui touchent au parc. Il s'assit sur l'herbe et attendit patiemment que l'obscurité fût complète.

Durant cette attente il ne se lassa pas d'examiner avec un soin jaloux le lourd browning extrait de son sac au moment de prendre son train.

5

Une jeune fille dans les bois

– Je me demande pourquoi ce bonhomme n'est pas revenu ce matin, dit James Beardmore avec agacement.

– Qui donc ? demanda Jack.

– Marl.

– L'homme d'affaires qui est venu hier ? interrogea le détective Yale.

Les trois hommes se trouvaient sur la terrasse de la villa et, de ce point élevé, la vue s'étendait fort loin. Le train du matin était arrivé et était reparti. On en apercevait encore les volutes de fumée à une dizaine de kilomètres au pied des collines.

– Oui, répondit Mr Beardmore. Il me faudra téléphoner à Froyant et lui dire de ne pas se déranger.

Mr Beardmore se frotta le menton d'un air songeur.

– Marl m'intrigue, poursuivit-il. Ce n'est pas un incapable quoiqu'il ait fait de la prison autrefois... Il est redevenu honnête, je le crois... Mais qu'est-ce qui lui a pris hier ? Il est arrivé pâle comme la mort, et tremblant de tous ses membres...

– Je suppose qu'il a eu quelque crise cardiaque, répondit Jack... Je crois qu'il a marmotté quelque chose sur le mauvais état de son cœur...

Beardmore sourit, rentra dans le hall et en ressortit une canne à la main.

– Je vais faire une petite promenade, dit-il... Non, inutile de m'accompagner... J'ai à réfléchir... et je vous promets, Yale, de ne pas sortir de la propriété... Quoique je n'attache guère d'importance aux menaces de brigands.

Yale secoua la tête.

– Pourtant, ce cercle rouge sur le tronc d'arbre, hier... dit-il.

Mr Beardmore eut un geste de mépris.

– Il en faudra plus que ça pour m'extorquer cent mille livres.

Il fit un signe d'adieu, descendit les degrés de pierre de la terrasse et se dirigea vers le parc. Son fils et le détective le suivaient des yeux.

– À votre avis, mon père court-il vraiment quelque danger ? interrogea Jack.

Yale continua un instant à considérer le promeneur qui s'éloignait, puis se retourna.

– Du danger ! dit-il. Eh bien, oui, je crois qu'il est exposé à de sérieux dangers... Demain ou après-demain...

– J'espère que vous vous trompez, répondit le jeune homme en cherchant des yeux la silhouette encore visible de son père. Lui ne prend pas la chose aussi sérieusement que vous.

– C'est parce qu'il n'a pas mon expérience... Je sais qu'il a été voir le Chef de la Sûreté, l'inspecteur Parr, qui l'a mis en garde, lui aussi...

Malgré les craintes qui l'assiégeaient, Jack sourit :

– Pourtant, vous n'êtes pas souvent du même avis, vous détectives privés, avec la police officielle !

– J'admire l'inspecteur Parr, répondit Yale fermement. Il est peut-être un peu lent, mais très fort. On dit qu'il est un des chefs les plus consciencieux qu'on ait vus depuis longtemps à la Sûreté, et je crois qu'il a été assez mal jugé par ses supérieurs dans cette affaire du Cercle Rouge. Ils l'ont averti, paraît-il, que, s'il n'arrivait pas à arrêter cette bande, il devrait démissionner.

Pendant ce temps, Mr Beardmore s'était avancé jusqu'à la lisière d'un petit bois séparant le jardin du parc et y était entré...

– J'ai collaboré avec Parr lors de l'enquête sur le dernier assassinat commis par le Cercle Rouge, continua Yale, et j'ai été frappé...

Il s'arrêta court. Les deux hommes se regardèrent.

On ne pouvait s'y méprendre : un coup de feu venait de claquer dans la direction du petit bois. Prompt comme l'éclair, Jack sauta par-dessus la balustrade et s'élança à travers les pelouses. Derrick Yale le suivit de près.

À vingt pas de l'entrée du bois, ils trouvèrent James Beardmore étendu face contre terre. Il était mort.

Tandis que Jack cherchait en vain à trouver quelque trace de vie dans le corps inanimé de son père, une jeune fille sortait de l'autre extrémité du bois. Elle s'arrêta un moment pour essuyer aux herbes sa main tachée de rouge. Puis, elle courut jusqu'à la brèche que Jack avait ménagée dans la haie, la traversa et s'élança vers la porte du petit pavillon abandonné.

Là, Thalia Drummond jeta des regards rapides autour d'elle. Elle haletait ; elle était blanche comme neige. Après un dernier coup d'œil dans la direction du petit bois, elle entra dans le pavillon. Elle s'agenouilla dans un coin et chercha à soulever une planche du parquet. Ses mains tremblaient. Elle y réussit enfin, découvrit une petite cavité creusée sous le plancher et, après une seconde d'hésitation, y jeta le revolver qu'elle tenait à la main ; puis elle remit la planche en place.

6

Thalia Drummond

Le Préfet de police, le colonel Morton, regardait la coupure de journal placée devant lui en mordillant son épaisse moustache grise. Le Chef inspecteur Parr, qui savait ce que ce geste signifiait, attendait, d'un air détaché, ce que son supérieur avait à lui dire.

Parr était très corpulent et si petit que l'on se demandait comment il avait pu entrer dans la police. Il avait un peu moins de cinquante ans, une bonne grosse figure rouge d'où toute trace d'intelligence et de finesse semblait absente. Ses gros yeux ronds et saillants étaient sans expression, son nez fort, ses lourdes bajoues, son crâne presque dénudé ; tous ses traits manquaient totalement de caractère.

Le Préfet prit la coupure de journal.

– Écoutez ceci, dit-il. C'est un extrait de l'éditorial du *Morning Monitor*.

Il lut :

« Pour la seconde fois en moins d'un an, l'opinion publique est alarmée à la suite d'un crime inouï. Il est inutile de donner ici les détails que l'on trouvera plus loin. Mais il nous faut exprimer nettement notre étonnement devant l'impuissance de la police. Le Chef de la Sûreté, l'inspecteur Parr, qui travaille depuis plusieurs mois à éclaircir les mystères du Cercle Rouge, ne nous promet encore que de vagues révélations qui n'arrivent jamais. De toute évidence, l'état-major de la Sûreté a besoin d'une refonte complète, d'éléments nouveaux, plus actifs, plus intelligents et plus jeunes. Nous espérons que le Gouvernement n'hésitera pas à agir énergiquement et à porter le fer dans la plaie, même s'il faut recourir à des amputations douloureuses. »

– Eh bien ! Parr, grogna le Préfet, que dites-vous de cela ?

Le Chef de la Sûreté se frotta le menton et ne répondit rien.

– Mr James Beardmore, reprit Morton, vient d'être assassiné malgré le fait que la police eut connaissance des menaces qui pesaient sur lui. Il a été tué en vue de sa maison, et l'assassin court encore. Pour la seconde fois, nous sommes en présence d'un crime sensationnel, et je ne vous cacherai pas mon intention d'écouter les conseils de ces coquins de journalistes. Lors de la première affaire, vous aviez eu recours aux conseils de ce détective privé, Mr Yale. L'avez-vous revu cette fois ?

– Oui.

– Et que dit-il ?

– Des tas de sottises à propos d'un homme brun qui aurait mal aux dents...

– D'où sort-il cela ?

– De l'examen de la douille trouvée sur le lieu du crime... Mais je ne puis prendre au sérieux ces divagations psychométriques.

– Je crains que vous ne méprisiez bien des indices qui pourraient être utiles, Parr. En tout cas, ne faites pas fi des données de Yale. Cet homme a des facultés étonnantes. Que vous ne les compreniez pas ne prouve rien contre elles.

– Croyez-vous vraiment, Sir, répondit Parr un peu piqué, qu'on puisse déduire d'après une cartouche trouvée par terre le signalement de la personne qui s'en est servi et la nature de ses pensées ? C'est absurde !

– Pas tant que cela, dit tranquillement le Préfet. La psychométrie est une science pratiquée depuis longtemps. Des gens sont doués d'une sensibilité si grande qu'ils peuvent recevoir des impressions échappant au commun des mortels ; Yale est ainsi.

– Il se trouvait à moins de deux cents mètres de l'endroit où Mr Beardmore a été assassiné, riposta Parr, et il n'a pas arrêté le meurtrier.

– Je sais. D'ailleurs, vous non plus. Il y a quelques mois, vous m'avez fait part de votre plan d'attaque contre le Cercle Rouge, et je l'ai approuvé. Nous en attendions sans doute de trop beaux résultats. Maintenant, il vous faut chercher autre chose, Parr ; je suis désolé d'avoir à vous le dire.

Parr ne répondit pas immédiatement. Après un moment de réflexion, il prit une chaise et s'assit à côté du Préfet, surpris.

– Sir, je vais vous dire une chose, commença-t-il avec une vivacité qui lui était peu habituelle : les individus qui composent le Cercle Rouge sont faciles à trouver. J'en fais mon affaire, si vous me donnez un peu de temps. Mais c'est la tête qui importe. Si je pouvais atteindre la tête, les membres ne compteraient plus. Pour cela, j'aurais besoin de pouvoirs plus étendus...

– De pouvoirs plus étendus ? Expliquez-vous !

– Je vous explique...

Parr parla longuement et de telle façon qu'il laissa le Préfet silencieux et un peu abasourdi.

Moins d'une heure plus tard, Parr pénétrait dans un vaste immeuble du centre de la ville. Au troisième étage, il sonna au bureau du détective Derrick Yale. Celui-ci l'attendait.

On ne saurait imaginer plus violent contraste qu'entre ces deux hommes : autant l'inspecteur Parr était massif et lourd d'aspect, autant le détective privé, mince et agile, paraissait nerveux et délicat.

– Comment cela s'est-il passé, Parr ?

– Plutôt mal. Le Préfet m'en veut. Mais avez-vous découvert quelque chose de nouveau ?

– J'ai retrouvé l'homme qui avait mal aux dents. Il s'appelle Sibly ; c'est un marin et il a été aperçu dans le voisinage de la villa Beardmore le lendemain du crime. Et voici un télégramme qui m'annonce qu'il a été arrêté hier pour ivrognerie et tapage. On a trouvé sur lui un browning qui doit être l'arme dont il s'est servi pour assassiner Mr Beardmore. Vous vous rappelez que la balle retrouvée provenait d'un browning.

Parr fit un geste d'étonnement.

– Comment avez-vous découvert tout cela ?

– Vous n'avez pas grande confiance en mes déductions, dit Yale en souriant, sans quoi je vous dirais qu'il m'a suffi de sentir la douille pour connaître l'homme qui s'en était servi. J'ai donc envoyé un de mes agents à sa recherche et voici le résultat, conclut-il en montrant le télégramme.

Les traits placides de Mr Parr se contractèrent, ce qui n'eut pas pour effet de le rendre plus beau.

– Donc l'assassin est pris, dit-il doucement ; je me demande cependant si c'est lui qui a écrit ceci.

Il sortit de son portefeuille un fragment de papier dont les bords étaient visiblement noircis par le feu et le tendit à Yale.

– Où avez-vous trouvé cela ? demanda ce dernier.

– Dans les cendres de la cheminée de Mr Beardmore.

Le fragment provenait d'une feuille de papier déchirée en plusieurs morceaux. Il portait ces mots tracés par une main peu sûre :

« Laisser tranquille
vous laisserai tranquille »

Yale secoua la tête.

– C'est du chinois pour moi, dit-il.

Il soupesa le papier sur sa paume ouverte.

– Je ne ressens rien, dit-il, le feu a détruit l'*aura*...

Parr reprit le document et le replaça soigneusement dans son portefeuille.

– Je voulais encore vous dire que quelqu'un portant des souliers pointus et fumant un cigare a dû errer autour de la villa. J'ai observé les empreintes de la chaussure dans une plate-bande et ai trouvé de la cendre de cigare au pied d'un arbre.

– Qu'en concluez-vous ? fit Yale surpris à son tour.

– Je pense que quelqu'un voulant avertir Mr Beardmore a écrit la note dont nous venons de voir un fragment et l'a apportée de nuit à la villa. Mr Beardmore a dû en prendre connaissance puisqu'il l'a brûlée...

Un léger coup à la porte l'interrompit.

– C'est Jack Beardmore, chuchota Yale.

Jack Beardmore avait le visage pâle et défait. Il serra la main de Yale et salua Parr.

– Rien de nouveau, je suppose ? dit-il à Yale. (Puis se tournant vers Parr :) Vous étiez hier à la villa, n'est-ce pas ? Y avez–vous découvert quelque indice ?

– Rien d'important.

– Je suis venu en ville pour voir Mr Froyant, reprit Jack, et je dois dire que je l'ai trouvé dans un état nerveux pitoyable.

Il n'ajouta pas que, si sa visite ne l'avait pas satisfait, c'était surtout parce qu'il n'avait pas pu voir Thalia Drummond ; seul un de ses interlocuteurs devina le motif de sa si grande déception...

Derrick Yale lui parla de l'arrestation du marin.

– Je ne me fais pas grande illusion sur la portée de cet événement : en admettant que ce soit bien cet individu qui a tué votre père, il n'est assurément qu'un agent, un instrument, agissant pour le compte du véritable auteur des crimes du Cercle Rouge. Il nous contera sans doute la même histoire que les autres, savoir qu'il était à bout de ressources lorsqu'un inconnu l'a enrôlé au service du Cercle Rouge et lui a versé une forte somme en lui désignant une victime... Nous serons toujours aussi loin de l'éclaircissement de l'affaire.

Les trois hommes sortirent ensemble. Avant de se rendre chez l'avoué qui s'occupait de la succession de son père, Jack accompagna Parr et Yale à la gare. Les deux détectives devaient y prendre un train pour la petite ville où l'assassin présumé était en prison. Ils passaient dans une rue fort animée lorsque Jack poussa une exclamation soudaine. De l'autre côté de la rue se trouvait une agence du Mont-de-Piété, et une jeune fille qui en sortait demeurait immobile au bord du trottoir. C'était la vue de cette belle créature qui avait suscité le cri de Jack.

– Tiens ! s'écria Parr à son tour, voilà une jeune dame que je n'ai pas vue depuis plus de deux ans !

Jack ouvrit de grands yeux :

– Depuis plus de deux ans ! Parlez-vous de cette personne arrêtée au bord du trottoir ?

– Mais oui, fit Parr d'une voix indifférente. C'est Thalia Drummond que je soupçonne d'avoir fait partie d'une bande d'escrocs.

7

L'idole volée

Jack Beardmore demeura un instant muet et paralysé à ces paroles. Cependant, la jeune fille, sans se douter des regards dont elle était l'objet, héla un taxi, y monta et disparut.

– Que pouvait-elle bien faire là ? dit Parr.

– ... « partie d'une bande d'escrocs », répétait machinalement Jack. Ciel ! Mais, où allez-vous ? demanda-t-il à l'inspecteur qui s'apprêtait à traverser la chaussée.

– Je veux me rendre compte du genre d'opération qu'elle a été faire au Mont-de-Piété, répondit Parr.

– Elle peut avoir mis quelque chose en gage, étant à court d'argent... Ce n'est pas un crime...

Mais Jack sentait bien la faiblesse de son argument. Thalia Drummond, complice d'escrocs et de voleurs ! C'était incroyable ! Impossible ! Cependant il suivit Parr de l'autre côté de la rue et assista à son entrevue avec le directeur de l'établissement. Ce dernier fit apporter l'objet que la jeune fille venait d'engager : c'était une petite figurine du Bouddha, en or.

– Ce qu'il y a de curieux, fit observer le directeur, c'est que cette personne n'a demandé à emprunter là-dessus que dix livres, alors que l'objet en vaut plus de cent.

– A-t-elle donné une explication ? demanda Yale.

– Elle m'a dit avoir momentanément besoin d'argent, mais ne pas vouloir toucher une grosse somme afin de pouvoir dégager cette statuette plus facilement.

– A-t-elle donné son nom ? A-t-elle laissé son adresse ?

– Oui, répondit le commis qui avait reçu la jeune fille : Thalia Drummond, 29 Park Gate.

– Mais c'est l'adresse de Froyant ! s'écria Yale.

Jack se rappela aussitôt que ce vieil avare de Froyant collectionnait les bibelots orientaux, mais garda le silence.

Parr donna un reçu et glissa la statuette dans sa poche.

– Nous allons tout de suite chez Mr Froyant, dit-il.

Jack s'interposa désespérément :

– Pour l'amour du ciel, s'écria-t-il, laissons cette enfant tranquille ! Elle peut avoir été en butte à quelque tentation soudaine... irraisonnée ! Si l'on peut arranger la chose avec de l'argent, j'en fais mon affaire !

Derrick Yale l'écoutait d'un air grave et bienveillant.

– Vous connaissez miss Drummond ? lui demanda-t-il.

Jack fit un signe affirmatif. Il avait trop de peine pour pouvoir parler ; il éprouvait une sotte envie de s'enfuir et de se cacher.

– C'est impossible, expliqua Parr d'un ton définitif. Je suis un détective officiel, ne l'oubliez pas, et mon devoir est d'aller demander à Mr Froyant si cet objet a été apporté ici avec son approbation.

– Alors, allez-y sans moi ! fit Jack.

Il ne pouvait songer sans frémir à être témoin de l'humiliation de la pauvre fille. C'était monstrueux ! Parr se conduisait comme une brute dans cette affaire. Il se confia à Yale dès qu'ils furent seuls :

– Cette jeune fille n'a pu commettre un vol si stupide. Plût au ciel que je n'aie pas attiré l'attention de Parr sur elle !

– Je crois avoir remarqué qu'il l'avait déjà aperçue, répondit le détective. (Puis mettant la main sur l'épaule du jeune homme, il ajouta :) Jack, vous me semblez bien ému... Pourquoi donc ? Oh ! sans doute, vous avez dû rencontrer souvent cette personne chez Mr Froyant, à la campagne ?

– Oui, fit Jack. Ah ! si Mr Parr avait poursuivi les agissements du Cercle Rouge avec l'inflexibilité qu'il a aujourd'hui pour cette petite, mon pauvre père serait encore en vie.

Derrick Yale fit de son mieux pour le calmer. Il le ramena chez lui et tâcha d'orienter ses pensées sur de plus riantes perspectives. Un quart d'heure à peine s'était écoulé, lorsque la sonnerie du téléphone retentit. C'était Parr qui appelait.

– Eh bien ? demanda Yale.

– Je viens d'arrêter Thalia Drummond, répondit laconiquement l'inspecteur. Elle comparaîtra demain.

Yale raccrocha le récepteur et revint auprès de Jack.

– Elle est arrêtée ? fit le jeune homme pressentant la nouvelle.

Yale fit un signe affirmatif.

Jack Beardmore pâlit affreusement.

– Vous voyez, dit enfin Yale doucement ; vous êtes, aussi bien que Froyant, victime d'une intrigante... d'une voleuse.

– Serait-elle voleuse et pis encore, répondit Jack avec violence, je ne l'en aimerais pas moins !

8

Le Bouddha

L'entrevue de l'inspecteur Parr avec Harvey Froyant avait été brève. À la vue du détective, dont le millionnaire avait fait connaissance lors de l'enquête sur l'assassinat de Beardmore, il s'agita fébrilement.

– Eh bien ! eh bien ! s'écria-t-il, qu'y a-t-il encore ? Ces abominables assassins ont-ils entrepris une nouvelle campagne ?

– Non, répondit Parr. Je suis simplement venu vous demander quelques renseignements. Depuis combien de temps employez-vous Thalia Drummond ?

– Elle est ma secrétaire depuis trois mois... Pourquoi ?

– Combien la payez-vous ?

Mr Froyant indiqua une somme si manifestement et ridiculement minime qu'il se sentit obligé, par simple décence, d'ajouter vivement qu'elle était nourrie et avait ses soirées libres.

– Savez-vous si elle a été à court d'argent récemment ?

– Mais oui, justement. Hier, elle m'a demandé une avance de cinq livres. Elle a prétendu qu'elle avait un paiement urgent à faire. Je lui ai refusé, naturellement. Je désapprouve les versements d'avance pour n'importe quel genre de travail. Cela ne fait qu'appauvrir les gens.

– Je crois savoir, Mr Froyant, que vous possédez plusieurs objets d'art anciens. En aurait-il disparu ces derniers temps ?

Froyant bondit. La seule idée d'avoir pu être volé suffisait à lui troubler l'esprit. Sans un mot, il se précipita hors du salon. Au bout de trois minutes, il réapparut, la face congestionnée, les yeux saillants.

– Mon Bouddha ! cria-t-il. Il vaut plus de cent livres. Il était encore là ce matin...

– Faites venir miss Drummond, dit brièvement le détective.

Thalia arriva, parfaitement maîtresse d'elle-même, les mains derrière le dos, debout devant Mr Froyant. Elle eut à peine un coup d'œil pour le détective.

L'interrogatoire fut court et pénible... pour Mr Froyant ; car sur la jeune fille, rien ne paraissait faire le moindre effet. Et cependant elle pouvait bien deviner aux regards furibonds de son patron que son larcin avait été découvert. D'abord, le millionnaire put à peine prononcer une phrase intelligible...

– Vous... vous, bégaya-t-il enfin, vous m'avez volé... Il agitait une main tremblante de rage... Vous... vous êtes une voleuse !

– Je vous ai demandé une avance, répondit froidement la secrétaire. Si vous n'étiez pas un si vilain grippe-sou vous me l'auriez accordée.

– Vous... vous... continuait à balbutier Mr Froyant, ivre de colère... (Puis il se ressaisit :) Je l'accuse, inspecteur, je l'accuse de vol qualifié... Vous irez en prison, ma petite, oui, en prison... Ah ! attendez... je vais voir s'il ne me manque rien d'autre !

– Épargnez-vous cette peine, répliqua Thalia. Je n'ai pris que ce Bouddha, qui est une bien laide chose, entre parenthèses.

– Donnez-moi... rendez-moi les clés ! tonna le vieillard. Dire que je vous ai autorisée à ouvrir mes lettres d'affaires !

– Je viens d'ailleurs d'en ouvrir une qui ne vous fera pas plaisir, riposta la jeune fille d'une voix pleine d'ironie. Elle passa une enveloppe à Mr Froyant.

Il l'ouvrit, vit le cercle rouge qui s'étalait sur la missive... et se laissa choir, évanoui, sur un fauteuil.

9

Le bon juge

Le magistrat devant qui Thalia comparut devait être un bon père de famille, car il paraissait plus mal à l'aise que la jeune et si manifestement novice délinquante. Il regardait tour à tour le rapport de police, l'inspecteur Parr et Thalia Drummond, dont l'éclatante beauté semblait remplir le prétoire d'un rayonnement magique. Cet homme, qui avait vu défiler au cours de sa carrière bien des physionomies trompeuses, avait vite vu que l'accusée n'était qu'une victime ; une victime d'un mouvement d'envie ou de colère, une conscience un peu faible peut-être, mais pas mauvaise ni profondément pervertie, loin de là.

– Y a-t-il des condamnations sur son casier judiciaire ? demanda-t-il.

– Non, monsieur le Président.

Le juge considéra la jeune fille par-dessus ses lunettes...

– Je n'arrive pas à comprendre, lui dit-il paternellement, comment vous vous êtes laissée aller à cet acte. Vous qui avez évidemment reçu la meilleure éducation, vous vous abaissez à commettre un vol fort important, quoique vous n'ayez pu ou voulu en tirer qu'une petite somme. La tentation a-t-elle été trop forte pour vous ? Votre besoin d'argent était-il si impérieux ? Je ne sais... Mais quoi qu'il en soit, rien de tout cela ne vous excuse. Cependant, eu égard à votre jeunesse, à vos bons antécédents, à votre inexpérience, je crois devoir vous appliquer les dispositions de la loi qui me permettent de vous libérer de toute peine... et de surseoir au jugement même sur cette affaire. Mais que cela vous serve de leçon et gardez-vous de tout nouveau faux pas qui aurait de dures conséquences pour vous.

La jeune fille s'inclina et quitta le banc des prévenus.

Harvey Froyant sortit aussitôt de la salle d'audience. Cet homme si riche n'avait qu'une passion au monde : l'argent. Type même de l'homme qui compte tous les soirs la menue monnaie de sa poche, il aurait été capable d'envoyer sa propre mère en prison s'il l'avait soupçonnée de vol. Il en voulait surtout à Thalia Drummond pour lui avoir apporté au moment de le quitter la première lettre de chantage du Cercle Rouge.

Soupçonneux et vindicatif, il ne pouvait pas approuver la sentence généreuse du juge et, apercevant Parr dans le couloir, il lui exprima son mécontentement.

– Une femme pareille est un danger pour la société. Suis-je sûr qu'elle n'est pas complice de cette bande qui me menace maintenant, moi après tant d'autres ? Ils me demandent quarante mille livres... rien que cela... quarante mille... Sa voix se brisa en énonçant le chiffre. Je vous rappelle, inspecteur Parr, que c'est votre devoir de me protéger, votre devoir !

– La Sûreté veillera sur vous, répondit Parr ; quant à cette jeune fille, je pense qu'elle n'a même jamais entendu parler du Cercle Rouge... Elle est si jeune !

– Jeune ! grogna l'avare. Mais c'est le moment de la punir. Si on châtiait mieux la jeunesse, elle fournirait bien plus de citoyens honorables.

– Très juste, répondit le gros inspecteur. (Avec la plus grande inconséquence il ajouta :) Quelle lourde charge que les enfants !

Froyant marmotta encore quelques paroles inintelligibles, puis traversa la cour et monta dans son auto qui l'attendait à la grille.

L'inspecteur Parr le regarda partir, puis aperçut le jeune Beardmore qui attendait à la porte. Il alla à lui :

– Bonjour, Sir. Vous attendez la sortie de la jeune dame ?

– Oui. Quelles sont donc ces formalités qui la retiennent encore ?

– Elle ne tardera pas, dit Mr Parr avec bonhomie... (Puis, après un silence, il ajouta :) Si vous me permettez un mot personnel, Mr Beardmore, laissez-moi vous dire que je suis un peu surpris – je n'ose dire choqué – de l'intérêt que vous témoignez à cette Thalia Drummond...

– Que voulez-vous dire ? répliqua vivement Jack. Toute cette histoire de vol ne tient pas debout... C'est un coup monté. Cet animal de Froyant a dû...

– Non, non, interrompit tranquillement Parr. Miss Drummond a avoué de suite avoir pris la statuette ; d'ailleurs nous l'avons vue vous et moi sortir du Mont-de-Piété... Il n'y a pas de doute.

– Elle a dû vous avouer pour quelque raison personnelle, riposta Jack avec feu ; croyez-vous qu'une jeune fille comme elle soit capable d'un vol ? Dans quel but ? Je lui aurais donné une fortune très... (Il s'interrompit brusquement et reprit :) Non, non, il y a quelque chose là-dessous, quelque chose que j'ignore, un mystère quelconque qui vous échappe à vous aussi...

La porte des pas perdus s'ouvrit à ce moment et celle dont s'entretenaient les deux hommes parut. Elle s'arrêta en apercevant Jack et rougit légèrement.

– Étiez-vous dans la salle du tribunal ? lui demanda-t-elle.

Il fit un signe affirmatif.

– Vous n'auriez pas dû venir, reprit-elle avec une certaine véhémence. Comment étiez-vous averti ? Qui vous a renseigné ?

Elle semblait ignorer la présence du Chef de la Sûreté et, pour la première fois depuis son arrestation, elle témoigna d'un peu d'émotion.

– Je regrette que vous ayez été au courant de... cet incident, dit-elle au jeune homme d'une voix légèrement tremblante, et je suis très peinée de penser que vous avez été là...

– Mais tout cela est mensonge, n'est-ce pas Thalia ? s'écria passionnément le jeune homme. Vous pouvez me le confier, à moi ! Un coup monté, c'est ça ? Pour vous perdre ?

Sa voix était pleine d'amour et d'espoir, mais miss Drummond secoua la tête.

– Il n'y a pas de coup monté, dit-elle d'une voix douce et ferme. J'ai bien volé Mr Froyant.

– Mais... alors... pourquoi ? Pourquoi ?

– Je crains de ne pouvoir vous dire mes raisons, répondit-elle, un léger sourire au coin des lèvres. J'avais besoin d'argent, d'ailleurs, et c'est un motif suffisant...

– Eh bien ! moi, je vous dis que je ne vous crois pas, cria Jack. Et je ne vous croirai jamais à ce sujet. Vous n'êtes pas de celles qui succombent à une tentation de ce genre... Je le sens, je le sais.

Elle le regarda un long moment sans parler, puis se tourna vers Parr.

– Vous pourrez peut-être discuter avec Mr Beardmore, lui dit-elle ; quant à moi, je ne peux rester plus longtemps.

– Où allez-vous ? reprit Jack alors que la jeune femme s'éloignait déjà.

– Mais... chez moi.

– Vous n'avez point de « chez vous » !

– Si, j'ai une chambre meublée.

– Alors, je vous accompagne.

Elle ne protesta pas et ils sortirent ensemble. Ils ne se parlèrent point jusqu'à l'entrée du métro. Mais là, Thalia dit :

– Maintenant, laissez-moi rentrer chez moi.

– Qu'allez-vous faire ? répondit le jeune homme. Comment pourrez-vous gagner votre vie avec un tel passé.

– Est-ce donc si terrible ? fit-elle froidement. Comme elle se disposait à descendre les escaliers conduisant à la station du métro, Jack la saisit violemment par le bras :

– Maintenant, écoutez-moi Thalia. Je vous aime ; je veux vous épouser. Je ne vous l'avais pas encore dit, mais vous l'avez sûrement deviné. Je ne vous permettrai pas de sortir de ma vie. Comprenez-vous ? Vous n'avez pas plus volé que moi...

Elle se dégagea doucement.

– Mr Beardmore, répondit-elle à voix basse, vous jouez le don Quichotte et vous êtes un peu fou ! Vous me dites ne pas me permettre certaines choses... eh bien ! moi, je ne vous permettrai pas de briser toute votre existence à cause d'un caprice pour une voleuse ! Vous ne savez rien de moi... Vous m'avez rencontrée à la campagne et vous m'avez trouvée gentille... C'est tout. Je dois donc vous parler comme une mère ou une bonne vieille tante...

Une légère lueur de malice apparut dans ses yeux lorsque, achevant ces mots, elle tendit la main à Jack.

– Un jour, nous nous rencontrerons peut-être de nouveau, conclut-elle, et vous verrez alors comme tout le prestige romanesque dont vous m'entourez se sera dissipé...

Là-dessus elle descendit vivement les marches. Lorsque Jack eut recouvré ses esprits, elle avait depuis longtemps disparu.

10

L'APPEL DU CERCLE ROUGE

Thalia Drummond rentra dans son meublé de la rue Lexington, qu'elle avait occupé avant d'entrer chez Mr Froyant et qu'elle avait gardé. Sans nul doute le bruit de son aventure l'y avait précédée, car la corpulente logeuse lui fit un accueil glacé ; si la jeune fille n'avait eu encore quelques jours de loyer payé d'avance, il est probable qu'on ne l'aurait pas seulement laissée entrer.

Sa petite chambre était agréablement meublée et, une fois le verrou tiré, elle se sentit un peu soulagée.

Elle avait matière à réfléchir... Jack Beardmore ! Elle eut un geste de dépit et d'orgueil, s'efforçant de chasser l'image de ce pauvre garçon qu'elle venait de désespérer... Harvey Froyant ? C'était presque un soulagement de songer à ce vieux bonhomme. Certes, elle le haïssait. La période qu'elle avait passée chez lui avait été la plus triste de sa vie. Elle prenait ses repas avec les domestiques : chaque parcelle de nourriture leur était pesée et mesurée... Et cela par un patron dont la fortune atteignait certainement plus d'un million de livres.

« C'est encore heureux qu'il ne m'ait pas fait la cour » se dit-elle en souriant. Elle ne se représentait pas Froyant poursuivant une femme de ses assiduités. Elle se remémora les longues séances au cours desquelles elle devait suivre le vieillard, son calepin à la main, tandis qu'il passait de chambre en chambre, vérifiant l'argenterie, retournant les tapis, passant ses longs doigts osseux sur les planchettes polies des étagères.

Il mesurait le vin servi à chaque repas et comptait les bouteilles vides, même les bouchons. Il se vantait de pouvoir constater dans le vaste jardin de sa villa l'absence d'une fleur. Il envoyait régulièrement au marché les pêches et les poires de ses espaliers et faisait des scènes terribles au jardinier assez peu consciencieux pour manger une pomme au verger, car son instinct le portait infailliblement à prendre ces sortes de choses sur le fait.

Thalia sourit à ces souvenirs, puis, changeant de costume, elle ressortit. La logeuse la regarda passer sans la saluer.

– Voilà votre locataire revenue, fit une voisine.

– Oui, répondit la logeuse d'un air rogue. Je croyais que c'était une jeune fille très bien, mais il me faut déchanter. C'est la première voleuse que j'ai ici, et elle ne restera plus bien longtemps. Je lui donnerai son congé ce soir.

Ignorant les jugements sévères dont elle était l'objet, Thalia Drummond prit l'autobus. À Fleet Street, elle entra dans le hall d'un grand quotidien. Là elle prit un formulaire pour annonce et y écrivit d'une main ferme :

« SECRÉTAIRE

Une jeune dame de retour des colonies cherche un poste de secrétaire, de préférence logée. Prétentions modestes. Sténo et dactylographe. »

Elle laissa en blanc les numéros et lettres pour la réponse, porta la feuille au guichet des annonces, la paya et sortit.

De retour à sa chambre à l'heure du thé, ce fut la logeuse elle-même qui lui apporta son plateau.

– Miss Drummond, dit-elle, j'ai quelques mots à vous dire...

– Dites-les, répliqua froidement la jeune fille.

– J'ai besoin de votre chambre pour la semaine prochaine.

– Ce qui signifie que vous me mettez à la porte.

– Effectivement. Je ne peux recevoir dans ma maison que des personnes respectables, honorablement connues... comme je vous croyais...

– Continuez à le croire.

La logeuse ne se démonta pas.

– Ce serait difficile, dit-elle, maintenant que vous avez été en prison. Vous pensiez peut-être que je ne le savais pas... mais les journaux ont raconté vos beaux exploits.

– Je n'en doute pas. Eh bien ! je partirai la semaine prochaine.

– Je vous dirai aussi...

– Dites-le sur le palier, interrompit la jeune fille en ouvrant la porte à son interlocutrice indignée.

La nuit tombait. Thalia alluma une lampe et se mit en devoir de se manucurer avec le plus grand soin. Elle n'avait pas terminé lors de la distribution postale du soir. Sa logeuse lui monta une lettre.

– Vous feriez bien d'avertir vos correspondants de ne plus vous écrire ici, dit-elle en soufflant.

– Je ne leur ai jamais dit que je logeais dans un endroit aussi affreux, répliqua la jeune fille sans s'émouvoir.

Thalia referma la porte avant que la propriétaire ait pu trouver une réponse suffisamment acerbe.

Elle eut un sourire énigmatique en considérant sa lettre : l'adresse était en caractères d'imprimerie ; elle regarda le timbre postal avant de l'ouvrir, puis elle se décida et sortit de l'enveloppe une carte assez grande, épaisse et carrée. Son visage changea d'expression lorsqu'elle aperçut le large cercle rouge qui y figurait. À l'intérieur du cercle, toujours en caractères typographiques, se trouvait écrit :

« Nous avons besoin de vous. Montez dans l'auto qui vous attendra demain soir à 10 heures au coin de Steyne Square. »

Elle posa la carte sur la table et la considéra longuement.

Le Cercle Rouge avait besoin d'elle !

Elle s'attendait à cet appel, mais il arrivait un peu plus tôt qu'elle ne le prévoyait.

11

L'aveu

À 9 h 57 le lendemain soir, une auto passa devant Steyne Square et stoppa au coin de Clarges Street. Quelques instants plus tard, Thalia Drummond sortit elle-même du square, portant un grand manteau noir et un petit chapeau sur lequel elle avait passé une légère écharpe nouée sous le menton.

Sans hésitation aucune, elle s'approcha, ouvrit la portière et entra dans la voiture. Il faisait nuit noire et elle devinait à peine la présence indistincte du chauffeur. Il ne détourna pas la tête. Le moteur continuait à ronronner doucement.

– Vous avez comparu hier devant le tribunal de simple police, dit le chauffeur sans préambule. Vous aviez volé une statuette en or. Hier soir, vous avez fait insérer une annonce affirmant que, récemment revenue des colonies, vous cherchez une place de secrétaire. Afin, sans doute, d'y poursuivre vos recherches d'objets d'art...

– Très intéressant, dit Thalia sans la moindre émotion, mais je suppose que vous ne m'avez pas convoquée pour me raconter ma vie. En recevant votre lettre, j'ai pensé que je pourrais faire l'affaire. Mais d'abord j'ai une question à vous poser.

– Je ne vous promets pas d'y répondre.

– Je comprends cela, dit-elle profitant de l'ombre pour sourire. Eh bien ! que serait-il arrivé si j'avais communiqué à la police votre convocation et si Mr Parr ou Mr Yale s'étaient tenus dans les environs ?

– Il ne serait rien arrivé du tout, dit l'homme en ricanant, car depuis un bon moment vous seriez étendue morte sur le trottoir, ma petite. Mais trêve de plaisanterie, miss Drummond : je viens vous offrir de gagner beaucoup d'argent avec plaisir et facilité. Je ne m'inquiète pas de savoir si vous continuez votre collection d'objets d'art : votre tâche principale sera de me servir... Compris ?

Thalia fit un signe affirmatif, puis, songeant que son interlocuteur ne pouvait la voir, elle répondit nettement :

– Oui.

– Vous serez très bien payée pour tout ce que vous ferez ou terriblement punie si vous essayiez jamais de me trahir. J'aurai toujours l'œil sur vous. Compris ?

– Parfaitement bien.

– Votre travail sera très simple, poursuivit le chauffeur. Vous vous présenterez demain à la banque Brabazon. Brabazon a besoin d'une secrétaire...

– Mais m'acceptera-t-il ? interrompit-elle. Dois-je me présenter sous un faux nom ?

– Gardez votre nom, fit l'homme avec impatience. Ne m'interrompez pas. Je vous donnerai deux cents livres. Les voici.

Il jeta deux billets par-dessus son épaule. Elle les prit. Ce faisant, elle toucha par hasard l'épaule de son interlocuteur et sentit sous le vêtement quelque chose de dur. « Un gilet pare-balles », nota-t-elle mentalement. Puis elle dit à haute voix :

– Que dois-je dire à Mr Brabazon de mon passé ?

– Il est inutile de lui dire quoi que ce soit. Attendez mes instructions. C'est tout.

Quelques minutes plus tard, Thalia Drummond se trouvait dans un taxi qui la ramena rue Lexington. Derrière elle, une autre voiture suivait, ralentissant quand son taxi ralentissait, ne le dépassant jamais. La voiture stoppa lorsque descendit Thalia. Se doutait-elle qu'elle était suivie et qu'au moment où elle ouvrait sa porte, l'inspecteur Parr se trouvait à moins de dix mètres d'elle ? Si elle s'en doutait elle n'en montra rien.

Parr se porta sur le trottoir en face, attendit de voir une fenêtre s'éclairer à la façade du meublé, puis rejoignit son propre taxi.

Il en ouvrait la portière lorsqu'un homme au col relevé passa rapidement à côté de lui. Le Chef de la Sûreté le reconnut :

– Flush ! appela-t-il.

L'homme fit demi-tour. Il était petit, brun, d'aspect agile. Reconnaissant à son tour le Chef de la Sûreté, il affecta la plus grande surprise.

– Quoi, Mr Parr ! s'écria-t-il. Qui se serait attendu à vous rencontrer en un quartier si tranquille !

– J'ai un mot à vous dire, Flush. Venez avec moi.

C'était là une invite que le nommé Flush avait déjà dû entendre de la part d'un policier, car il fit une grimace significative.

– Avez-vous quelque chose à me reprocher, Mr Parr ? dit-il avec quelque anxiété.

– Du tout, mon ami. Vous marchez droit maintenant. Vous me l'aviez d'ailleurs promis lors de votre sortie de prison.

– Parfaitement, Sir. Je marche droit, je gagne ma vie par mon travail et je vais me marier.

– Ah bah ! s'écria Parr avec l'étonnement le mieux simulé du monde. Que ne le disiez-vous ! Est-ce avec Bella ou Milly ?

– Avec Milly, dit Flush maudissant à part soi la trop bonne

mémoire de l'inspecteur. Elle marche droit maintenant, elle aussi. Elle travaille...

– À la banque Brabazon, oui, je sais, dit Parr. (Il se frappa le front comme s'il se rappelait tout à coup quelque chose ; il murmura en même temps :) Ce doit être ça.

– Elle se conduit parfaitement bien, se hâta de poursuivre Flush ; elle ne s'approprierait pas une cigarette, même si sa vie en dépendait. Ne la soupçonnez point, Mr Parr. C'est un ange. Nous sommes elle et moi d'honnêtes gens.

Mr Parr eut un sourire placide.

– Ce sont là de grandes et bonnes nouvelles, Flush. Mais où habite-t-elle maintenant ?

– De l'autre côté du fleuve, Sir, répondit Flush avec difficulté. Vous n'allez pas ressusciter de vieilles histoires, n'est-ce pas, Mr Parr ?

– Le Ciel m'en préserve ! Non, mais j'aimerais lui parler. Peut-être... (Il hésita :) En tout cas, cela peut attendre. Je suis heureux de vous avoir rencontré, Flush.

Ce dernier ne partageait pas ce sentiment, mais il se garda de le montrer.

« C'est donc bien cela », se dit Parr, mais il n'expliqua à personne ce que « cela » pouvait être, pas même à Derrick Yale qu'il rencontra au club une demi-heure plus tard. Et, chose curieuse en effet, durant la longue conversation que les deux détectives eurent alors sur l'affaire du Cercle Rouge, Parr ne fit pas mention de l'entrevue que Thalia Drummond venait d'avoir avec un inconnu.

De bonne heure le lendemain matin, Parr et Yale partirent pour la petite ville où l'on avait arrêté et emprisonné un certain Ambrose Sibly, ex-premier matelot, accusé du meurtre de Mr Beardmore père. Sur sa requête, le fils de la victime fut autorisé à accompagner les deux détectives, mais il n'assista pas à l'interrogatoire qu'ils firent subir au prisonnier.

Celui-ci était un pauvre homme dans tous les sens de l'expression : petit, chétif, malpropre, ne sachant ni lire ni écrire, ce misérable individu n'était qu'une brute. Il avait un casier judiciaire assez chargé, comme l'avait découvert Parr grâce aux empreintes digitales de l'accusé.

D'abord, il ne paraissait pas disposé aux aveux et ce fut l'habile interrogatoire de Yale plutôt que l'autorité de Parr qui le détermina enfin à confesser son crime :

– Eh bien oui, c'est moi qui l'ai fait.

Outre les deux détectives, un sténographe autorisé se trouvait dans la cellule et transcrivait questions et réponses.

– Vous m'avez pris, ajouta l'homme, uniquement à cause de mon goût trop prononcé pour le whisky. Et puisque j'ai commencé, je vais tout vous dire, Sirs : j'ai aussi tué Harry Hobbs. Il était quartier-maître à bord de l'*Oritianga* avec moi en 1920... On ne peut me pendre qu'une fois, n'est-ce pas ? J'ai donc tué aussi cet homme et l'ai lancé par-dessus bord... à cause d'une femme dont nous avions tous deux fait la connaissance à Newport News, en Amérique. Une fois débarqué, on me renvoya. Je fus recueilli par la Société de protection des matelots, mais on me mit à la porte un soir que j'étais ivre. Dans la rue, un agent me cueillit et j'écopai de sept jours de prison. Que n'ai-je eu un mois ! Je ne serais pas ici. Enfin, une nuit, plusieurs jours après ma sortie de prison, j'errais dans les rues à la recherche de mégots de cigares ; j'aurais vendu mon âme pour un croûton de pain ou une goutte de whisky... Pour comble j'avais une horrible rage de dents...

À ce moment, Parr leva la tête et rencontra le regard malicieux de Derrick Yale. Mais le prisonnier poursuivait :

– Je me voyais déjà condamné à passer une autre nuit dans la rue lorsque j'entendis quelqu'un me dire : « Montez ! » Je regardai : une auto était arrêtée à côté de moi au bord du trottoir. Je crus avoir mal entendu, mais l'homme de l'auto répéta : « Montez, montez donc ! C'est à vous que je parle ! » Et il m'appela par mon nom. Je ne me le fis pas répéter une troisième fois. L'auto partit et roula assez longtemps. Le chauffeur ne disait plus rien et évitait les rues trop éclairées.

Au bout d'un certain temps, il s'arrêta et me parla. Il savait tout ce qui me concernait. Vous imaginez ma surprise ! Il connaissait l'affaire Harry Hobbs – dont le jury m'avait acquitté – et tout mon passé. Après cela, il me demanda si je voulais gagner facilement cent livres. À ma réponse affirmative, il m'expliqua qu'un vieux gentleman lui avait fait du tort et qu'il voulait le faire disparaître. J'hésitai d'abord ; mais il m'affirma qu'il pourrait, s'il voulait, me faire pendre pour le meurtre d'Hobbs. Il m'assura ensuite que je ne risquais absolument rien, qu'il me fournirait une bicyclette pour fuir... Finalement, j'acceptai.

La semaine suivante, nous eûmes une autre entrevue à Steyne Square et il me donna ses dernières instructions. Il m'apprit que

Mr Beardmore faisait généralement une courte promenade dans son parc chaque matin et que j'aurais là une bonne occasion. Je partis. J'arrivai aux environs de la villa au commencement de la nuit, et m'installai dans le bois pour la nuit. Il n'y avait pas une heure que j'étais là lorsque j'eus une grande frayeur : quelqu'un passa près de moi, un homme de haute taille. Ce devait être un garde-chasse. Je ne l'ai vu que de dos. Heureusement, il ne m'aperçut pas.

Et je crois que c'est tout... Le lendemain matin, le vieux gentleman vint se promener par là et je l'abattis d'un seul coup de revolver... Je ne me rappelle pas très bien, car j'avais bu du whisky toute la nuit. Je fus tout juste capable d'enfourcher la bicyclette... Et j'aurais fui beaucoup plus rapidement sans ce diable de whisky.

– C'est bien tout ? demanda Parr lorsque cette déposition fut relue à l'accusé et qu'il l'eut signée d'une croix.

– Oui, c'est tout.

– Vous ne pouvez rien dire de plus sur l'homme qui vous a fait commettre ce crime ?

– Absolument rien, je vous jure... Une seule chose cependant, reprit-il après un moment de réflexion : il se servait fréquemment d'un mot que je ne connaissais pas, que je n'avais jamais entendu... Ce doit être un homme instruit. Ainsi nous avions, à bord de notre bateau, un quartier-maître qui avait été au collège et qui employait des mots... des mots savants...

– Mais quel est le mot qui vous a frappé dans vos conversations avec votre employeur ?

Le prisonnier se gratta la tête.

– Il se peut que je m'en souvienne à un moment ou à un autre, dit-il, mais maintenant... je ne sais plus.

On ne put lui en faire dire davantage et on le laissa.

Quatre heures plus tard, le geôlier lui apporta son repas. Le prisonnier était étendu sur son lit et le geôlier le secoua par le bras.

– Réveillez-vous ! lui cria-t-il.

Ambrose Sibly ne devait plus jamais se réveiller. Il était mort.

Dans le pot d'eau qui se trouvait dans sa cellule, on trouva assez d'acide cyanhydrique pour tuer cinquante hommes.

Ce ne fut pas la présence de ce poison qui intéressa prodigieusement l'inspecteur Parr rappelé en toute hâte, mais un petit cercle de papier rouge qui flottait sur l'eau de la cruche.

12

Les bottines pointues

Félix Marl, enfermé à double tour dans sa chambre à coucher, se livrait à une besogne assez déplaisante.

Lors de son séjour dans les prisons de l'État, vingt-cinq ans auparavant, il avait appris le métier de cordonnier. Mais son travail consistait alors à réparer, non à détruire. Aujourd'hui, cependant, il découpait à l'aide d'un canif effilé le cuir d'une paire de bottines vernies en lanières étroites, qu'il jetait au fur et à mesure dans le feu ardent de sa cheminée.

Il y a des hommes qui vivent et souffrent intensément. Mr Marl était de ces créatures qui peuvent ressentir en un seul jour les affres d'un siècle d'enfer. Il avait lu dans un journal que l'on avait remarqué des empreintes de pas dans le jardin de Mr Beardmore, et de nouvelles terreurs avaient envahi son âme déjà pleine d'appréhensions. S'il n'était pas encore en enfer, il n'en avait pas moins déjà fort chaud, le front ruisselant de sueur devant le brasier qu'il avait allumé pour brûler ses bottines.

Enfin, le dernier fragment termina de griller sur les charbons ; il referma son canif, se lava les mains et ouvrit la fenêtre.

Il songeait qu'il eût été bien préférable de suivre sa première idée, et il se reprochait la pusillanimité qui l'avait poussé à prendre son revolver avec lui, lors de cette fameuse escapade... Mais il ne risquait plus rien. Personne n'avait pu le voir.

En de tels tempéraments, les moments d'affolement et de sérénité se succèdent rapidement. Ainsi, en descendant de sa chambre pour se rendre à sa petite bibliothèque, Mr Marl avait presque oublié qu'il courait tout de même quelque danger.

Évidemment, il avait écrit cette lettre très conciliante et très humble et l'avait, croyait-il, fait parvenir sûrement à son destinataire... La retrouverait-on ? Il eut un frisson... « Mais, bah ! » se dit-il en chassant cette idée.

Son domestique lui apporta son thé et le disposa sur une petite table à côté du bureau.

– Pouvez-vous recevoir ce monsieur, maintenant ? demanda-t-il.

– Eh quoi ? Quel monsieur ?

– Je vous ai averti tout à l'heure que quelqu'un désirait vous voir.

Marl se rappela que l'on avait en effet frappé à sa porte pendant qu'il découpait ses bottines.

– Qui est-ce ? interrogea-t-il.

– J'ai mis sa carte sur votre bureau, Sir.

– N'avez-vous pas répondu que j'étais occupé ?

– Oui, mais ce monsieur a dit qu'il attendrait.

Le domestique, ayant repris la carte du visiteur, la tendit à Mr Marl qui pâlit.

– C'est le Chef de la Sûreté ! s'écria-t-il. Que me veut-il ?

Il s'essuya le front d'une main tremblante.

– Faites entrer, dit-il en faisant un violent effort sur lui-même pour paraître calme.

Il n'avait jamais eu l'occasion de rencontrer l'inspecteur Parr, et l'aspect placide de ce fonctionnaire le rassura dès l'abord.

– Asseyez-vous donc, inspecteur. Je m'excuse de vous avoir fait attendre, mais j'étais fort occupé.

Parr s'assit au bord de la chaise que lui désignait Marl et s'excusa de son côté en balançant son chapeau sur ses genoux.

– J'ai cru bien faire d'attendre, dit-il, car je désirais vous entretenir au sujet de l'assassinat de Mr Beardmore.

Marl ne répondit rien, concentrant tous ses efforts pour empêcher ses lèvres de trembler et assumer un intérêt poli.

– Vous connaissiez très bien Mr Beardmore ? reprit Parr.

– Non, pas très bien, mais j'avais fait quelques affaires avec lui.

– Vous l'aviez rencontré plusieurs fois ?

Marl hésita. Il était de ceux à qui le mensonge se présente d'abord à l'esprit et qui ont une préférence habituelle pour lui.

– Oui, avoua-t-il cependant. Je ne l'avais pas vu depuis fort longtemps, en tout cas.

– Où se trouvait Mr Beardmore lorsque vous êtes entré dans la villa ?

– Sur la terrasse.

– Vous l'y avez vu ?

– Oui.

– On m'a rapporté, reprit Parr en considérant son chapeau, que – pour une raison que j'ignore – vous avez alors été saisi d'une émotion subite... Le fils de la victime, Mr Beardmore dit que vous avez semblé momentanément terrifié... Pouvez-vous m'expliquer pourquoi ?

Mr Marl haussa les épaules et eut un sourire forcé.

– Je croyais avoir expliqué que c'était une faiblesse cardiaque... J'y suis sujet.

Parr retourna son chapeau comme pour en examiner curieusement le fond et ne releva pas même les yeux pour dire :

– Ce n'était pas de voir Mr Beardmore ?

– Mais naturellement non... Pourquoi la vue de Mr Beardmore aurait-elle pu m'effrayer, je vous le demande ? J'avais longuement correspondu avec lui et le connaissais...

– Cependant vous ne l'aviez pas vu depuis de nombreuses années !

– C'est exact, mais encore...

– Et votre crise cardiaque explique seule votre émotion ? interrompit Parr en relevant subitement les yeux pour fixer son interlocuteur.

– Absolument. D'ailleurs, j'avais pour ma part presque oublié déjà ce petit incident.

– Très bien. Mais il est un autre point que je voudrais éclaircir, reprit le policier en s'absorbant de nouveau dans la contemplation de son couvre-chef : le jour de votre visite, vous portiez bien des chaussures pointues ?

Marl fronça du sourcil.

– Peut-être bien, dit-il, je ne me rappelle pas.

– Vous êtes-vous promené dans le jardin ?

– Non.

– Vous n'avez pas fait quelques pas hors du chemin pour... hem... pour admirer le bâtiment ?

– Non, non. Je ne suis resté dans la maison que quelques minutes et suis reparti en auto.

Parr leva les yeux au plafond.

– Et abuserais-je de votre amabilité en vous demandant si je puis voir les chaussures que vous portiez ce jour-là ?

– Certainement, fit Marl en se levant.

Il sortit et peu d'instants après rapporta une paire de bottines vernies très pointues.

Le policier les prit, en examina attentivement la semelle.

– Parfait, dit-il. Ce ne sont naturellement pas les chaussures que vous aviez ce jour-là, car... (il passa délicatement le doigt sur les semelles) car il y a là de la poussière, et le temps a été humide depuis...

Marl crut que son cœur allait cesser de battre.

– Ce sont pourtant les chaussures que je portais, dit-il sèchement. Ce que vous appelez poussière n'est que de la boue desséchée.

Parr regarda encore son doigt, puis secoua la tête.

– Vous devez vous tromper, dit-il, car c'est bien là de la poussière...

Il déposa les bottines et se leva.

– D'ailleurs, continua-t-il, cela n'a pas grande importance.

Il resta debout, les yeux baissés, si longtemps que Marl ressentit de l'impatience.

– Avez vous encore d'autres renseignements à me demander ? dit-il.

– Oui, je voudrais avoir le nom et l'adresse de votre tailleur. Voudriez-vous m'écrire cela ?

– Mon tailleur ! Que diable mon tailleur peut-il avoir à faire avec l'affaire Beardmore ? Enfin !

Il éclata de rire, alla à son secrétaire, écrivit nom et adresse et tendit le papier au Chef de la Sûreté.

– Merci beaucoup, et excusez-moi, dit ce dernier en mettant le papier dans sa poche sans l'avoir regardé. Je regrette beaucoup de vous avoir dérangé, mais vous comprenez que tout ce qui s'est passé quelques heures avant le crime peut avoir de l'importance pour l'enquête. Le Cercle Rouge...

– Le Cercle Rouge ! s'exclama Marl...

L'inspecteur le regarda droit dans les yeux.

– Vous ne saviez pas que c'était la bande du Cercle Rouge que l'on tenait pour responsable du crime ?

En toute vérité, Mr Marl ne le savait pas. Il avait lu les journaux, mais comme le *Monitor* seul avait donné le nom de la mystérieuse association de malfaiteurs et qu'il ne lisait pas ce quotidien, il ignorait ce détail.

Il se rassit en tremblant.

– Le Cercle Rouge ! murmura-t-il encore. Ciel ! Je n'aurais jamais cru...

– Qu'est-ce que vous n'auriez jamais cru ? demanda doucement Parr.

– Le Cercle Rouge... répéta encore Marl tout pâle, je croyais que ce n'était...

De nouveau il s'arrêta au milieu de sa phrase.

Une heure après le départ du Chef de la Sûreté, Félix Marl se tenait encore la tête entre les mains, dans l'obscurité croissante de son bureau.

Le Cercle Rouge !

C'était la première fois – depuis ce ténébreux et lointain passé auquel il ne songeait jamais sans effroi – qu'il avait affaire, si peu et si indirectement que ce fût, avec le célèbre emblème du crime. Ses idées étaient confuses.

– Je n'aime pas ça, dit-il enfin à haute voix.

Il alluma la lumière, passa la soirée à vérifier ses comptes et eut enfin un geste de satisfaction : Il pouvait profiter encore un peu de ce qu'il savait... et puis...

13

Mr Marl continue

Au service du Cercle Rouge, les tâches n'étaient pas toujours désagréables. Thalia Drummond en fut surprise. Elle avait été engagée sans aucune difficulté par Mr Brabazon et elle sentait que l'inconnu de l'auto possédait vraiment une immense influence surnaturelle.

Ce qui l'étonna davantage encore fut de ne recevoir durant tout un mois aucune nouvelle communication de son mystérieux protecteur. Il en vint une à la fin, qu'elle trouva dans son pupitre un matin. C'était une lettre sans suscription ni cercle rouge. Elle lut :

« Faites la connaissance de Marl. Découvrez pourquoi il “tient” Brabazon. Envoyez-moi le chiffre de son compte en banque et prévenez-moi immédiatement lorsque ce compte sera bouclé. Dites-moi aussi si Parr et Derrick Yale viennent à la banque. Télégraphiez à Johnson, 23, Mildred Street. »

Thalia exécuta fidèlement toutes ces instructions, même si elle n'eut l'occasion de voir Mr Marl que quelques jours plus tard.

Derrick Yale ne vint qu'une fois à la banque. Elle l'avait vu lors de son passage à la villa des Beardmore, et même sans cela elle l'eût reconnu aisément, de nombreux journaux ayant publié le portrait du fameux détective.

Elle n'apprit pas ce qu'il était venu faire à la banque, mais par la porte entrebâillée du petit bureau qu'elle occupait seule en qualité de secrétaire particulière, elle vit Yale causer avec un des clercs, et annonça la chose au Cercle Rouge.

Quant à Mr Parr, il n'apparut pas. Elle ne vit pas non plus Jack Beardmore – heureusement, car elle voulait ne plus penser à lui.

Lorsqu'il était troublé, l'austère et précis Mr Brabazon, directeur de l'ancienne banque Seller, avait un tic très particulier : il enroulait une mèche de ses cheveux autour de son index et l'amenait sur le sommet de son crâne dénudé. Dans ce geste, sa main restait en partie sur ses yeux, et il semblait absorbé en méditations philosophiques ou plongé dans une longue prière.

Cependant, en l'occasion rapportée ci-dessous, il écarta sa main pour regarder le gentleman assis en face de lui. Ce visiteur de haute stature respirait avec force et semblait oisif et bon vivant.

– Mon cher Marl, fit doucement le banquier, vous abusez tout de même un peu.

L'autre sourit ironiquement.

– Je vous offre des placements sûrs, Brabazon, vous ne pouvez le nier.

– Vous m'apportez des affaires impossibles dont je suis assez fou pour m'occuper. Il faut en finir. Vous n'avez pas besoin qu'on vous pousse. Votre actif, rien qu'ici, est de plus de cent mille livres.

Marl regarda si la porte était bien fermée et reprit en se penchant vers le banquier.

– J'ai une petite histoire à vous conter, dit-il à voix basse, l'histoire d'un jeune employé de banque sans le sou qui se maria avec la veuve du banquier Seller. Elle aurait pu être sa mère. Mais elle périt tragiquement dans un accident de montagne en Suisse. Elle glissa dans un précipice. Je le sais bien. Je me trouvais justement en cet endroit et prenais des photos du magnifique panorama. Vous ai-je jamais montré cette photo, Brabazon ? Vous êtes dessus, quoique vous ayez affirmé au magistrat enquêteur que vous vous trouviez alors sur l'autre versant de la montagne...

Mr Brabazon ne releva pas les yeux. Son visage demeura imperturbable.

– Maintenant, reprit Mr Marl d'un ton plus naturel, vous projetez, je pense, une nouvelle alliance... matrimoniale.

Le banquier, cette fois, eut un geste.

– Que voulez-vous dire ?

Mr Marl, très amusé, se frappa le genou.

– Qui serait alors la personne que vous avez été retrouver l'autre soir dans une voiture, au coin de Steyne Square ? Ne niez pas ! Je vous ai vu !

Brabazon témoigna alors quelque émotion. Il avait pâli et ses yeux étaient comme rentrés au fond de leurs orbites.

– Je ferai l'affaire que vous me proposez, dit-il.

Mr Marl se préparait à exprimer sa satisfaction lorsqu'on frappa à la porte du bureau.

– Entrez ! fit le banquier.

La personne qui entra eut le don d'attirer à elle toutes les pensées du visiteur. Elle se borna à placer devant les yeux du banquier un message télégraphique et se retira. Mais Marl resta sous le charme. La blancheur du teint, l'or des cheveux, la pureté des traits, toute l'harmonie et la souplesse de la jeune fille le frappèrent.

Il souffla un peu plus fort que d'habitude et, dès que la porte fut refermée :

– Quelle belle petite ! s'écria-t-il. Il me semble l'avoir déjà vue quelque part. Comment s'appelle-t-elle ?

– Drummond. Thalia Drummond, répondit froidement le banquier.

– Thalia Drummond ? N'était-elle pas secrétaire chez Froyant ? Vous lui faites les yeux doux, Brabazon ?

– Moi ? J'ai pour principe de ne pas même regarder mes employées, Mr Marl. Miss Drummond est une bonne secrétaire, c'est tout ce que je lui demande.

Marl se leva, riant toujours.

– Je vous reverrai demain matin à propos de notre affaire, dit-il.

– Eh bien, à 10 h 30, ou plutôt à 11 heures, si vous pouvez, répondit le banquier.

– Bon, à 11 heures.

– À demain donc, fit Mr Brabazon s'efforçant de sourire, mais sans tendre la main à son visiteur.

À peine la porte de son bureau refermée, le banquier revint à sa table, prit une carte de correspondance et, trempant la plume dans de l'encre rouge, y traça un cercle au milieu duquel il écrivit :

« Félix Marl a surpris notre entrevue à Steyne Square. Il habite, 79, place Marisburg. »

Il mit la carte sous enveloppe et indiqua l'adresse suivante : « Mr Johnson, 23, Mildred Street. »

14

Thalia est invitée

En quittant la banque, Mr Marl passa entre les deux rangées de guichets de la grande salle. Ce faisant, il chercha à apercevoir le frais et beau visage qui l'avait ému. Il y parvint. Thalia Drummond occupait un petit bureau séparé et fermé par du verre dépoli. Sa porte était entrebâillée lorsque Marl apparut :

– Toujours très occupée, miss Drummond ? dit-il en entrant sans façon.

– Oui, toujours, répondit-elle.

– Et pas beaucoup d'amusement, hein ?

– Pas trop.

– Que diriez-vous d'un petit dîner un de ces soirs, avec cinéma ou théâtre ensuite ?

Elle considéra Marl depuis ses cheveux teints jusqu'au bout de ses bottines vernies.

– Vous ne manquez pas de toupet, fit-elle, mais j'adore les dîners fins.

– Au Moulin Gris, voulez-vous ?

Elle eut une moue de mépris.

– Pourquoi pas au restaurant végétarien ? Non, au Ritz-Carlton, ou rien.

Mr Marl, plein de feu, s'empressa :

– Mais oui certainement. Ce soir, voulez-vous ?

Elle fit un signe d'assentiment.

– Venez me prendre chez moi, place Marisburg à 7 h 30, continua-t-il.

Il crut qu'elle allait protester, mais elle accepta.

– Au revoir, à bientôt ! dit-il plein d'orgueil.

– Au revoir, fermez la porte, répondit Thalia en se remettant à tapoter sa machine.

Mais il était écrit qu'elle devait être interrompue ce jour-là. Cette fois, ce fut une jeune fille de bonne mine qui entra. Elle avait observé le manège du vieux beau.

– Qui est cette vieille noix ? fit-elle.

– Un admirateur, répondit calmement Thalia.

– Vous les attirez, dit Milly Macroy avec un peu d'envie.

– Eh bien ! reprit Thalia, je suppose que vous n'êtes pas venue m'entretenir de mes amours ?

– Non, vraiment, mais pour causer de choses sérieuses...

– J'adore les choses sérieuses...

– Vous rappelez-vous le pli chargé que la banque a adressé à la société Sellinger, vendredi dernier ?

– Oui.

– Eh bien ! vous savez, je suppose, qu'ils prétendent n'avoir trouvé que du papier blanc dans l'enveloppe ?

– Vraiment ? dit Thalia en soutenant le plus calmement du monde les regards scrutateurs de sa compagne. Mr Brabazon ne m'en a rien dit.

– J'ai mis les billets dans l'enveloppe, et vous y avez mis les cachets de cire, c'est donc vous ou moi qui les a pris. Je puis jurer que ce n'est pas moi.

– Alors, ce ne peut être que moi, dit Thalia avec son plus innocent sourire. Mais, réellement, Milly, c'est une chose bien sérieuse, savez-vous, de porter une telle accusation contre une frêle et pure jeune fille ?

– Vous êtes très forte, fit Milly avec admiration. Alors nous allons jouer cartes sur table. Il y a un mois, peu de jours après votre arrivée, un billet de cent livres a été volé au guichet du change.

– Eh bien ?

– Eh bien ! j'ai su que vous l'aviez converti en petites coupures chez Bilbury, dans le Strand ; je peux vous en dire le numéro si vous doutez...

Thalia affecta un air profondément contrit :

– Quel malheur ! gémit-elle avec le plus grand sérieux. Ciel ! Je suis prise !

– Admirable ! fit Milly. Mais, entre nous, savez-vous que cette affaire Sellinger pourrait vous coûter cher ? Vous aurez besoin de tous vos amis...

– J'espère que vous en avez beaucoup vous-même, car c'est vous qui avez fait semblant de mettre l'argent dans l'enveloppe.

– Mais c'est vous qui l'en avez sorti... Non, Thalia, ne nous disputons pas à ce sujet. Si nous restons unies, ça s'arrangera... Je peux jurer que vous avez cacheté l'enveloppe devant moi, et vous que j'ai mis l'argent devant vous.

Une lueur de malice dansait dans les yeux de Thalia ; elle rit doucement.

– Très bien, dit-elle. Mais je présume qu'après m'avoir sauvée, vous allez me demander quelque chose pour votre peine ?

– Rien de spécial, ma chère. Mais je vous avertis que, si vous voulez beaucoup d'argent, il faut faire mieux que ces petits trucs et venir à ceux qui tentent les grands coups...

– Et... vous en connaissez ?

– Je suis en relation avec un gentleman...

– Dites un homme ; le mot gentleman me fait penser aux tailleurs.

– Un homme, si vous voulez ; il vous observe depuis une semaine ou deux et il est convaincu que vous êtes capable de faire beaucoup d'argent sans difficulté. Il voudrait causer avec vous.

– Un autre admirateur ? fit Thalia en levant légèrement la ligne parfaite de ses sourcils.

La face de Milly se rembrunit.

– Non, dit cette dernière avec force. Nous sommes fiancés...

– Le Ciel me préserve, s'écria Thalia, de m'interposer entre deux cœurs qui s'aiment !

– Ne plaisantez pas ! Je vous répète qu'il ne s'agit pas de sentiment, il s'agit d'affaires sérieuses.

Thalia jouait avec son coupe-papier.

– Et si je n'acceptais pas d'entrer dans votre combinaison ? demanda-t-elle.

– Ne vous décidez pas tout de suite, mais venez dîner avec nous ce soir.

– Il en pleut des invitations à dîner !

– Ah, ce vieux vous a invitée ! fit Milly. Eh bien ! mes compliments !

Ses yeux brillèrent. Elle parut sur le point de faire une confidence, mais s'abstint et dit simplement :

– Vous avez de la chance, il est cousu d'or. Je vous imagine déjà avec un collier de diamants.

– Je préfère les perles, dit Thalia en se remettant au travail. C'est entendu, Milly, je vous reverrai à la sortie.

Mais Milly avait encore quelque chose à dire :

– Attention, n'allez pas parler de nos fiançailles ; ce n'est pas encore officiel !

À ce moment une sonnerie assourdie retentit.

– C'est le patron, dit Thalia en saisissant son calepin. Non, Milly, soyez tranquille, je n'y ferai aucune allusion. Je déteste les contes de fées, d'ailleurs.

Mr Brabazon tendit une enveloppe à sa secrétaire.

– Faites porter cela au plus vite, dit-il.

Thalia prit la missive et lut l'adresse. Elle considéra alors Mr Brabazon avec un intérêt nouveau. Vraiment, le Cercle Rouge recrutait ses membres un peu partout !

15

THALIA FAIT DE MAUVAISES CONNAISSANCES

Thalia Drummond fut presque la dernière à sortir de la banque. Elle s'arrêta devant la porte, et regarda à droite et à gauche en boutonnant ses gants. Remarqua-t-elle l'homme qui l'observait de l'autre côté de la rue ? Nul n'aurait pu le dire. D'ailleurs, dès qu'elle aperçut Milly qui l'attendait à quelques pas, Thalia la rejoignit et elles s'éloignèrent ensemble.

– Vous avez bien tardé, dit Milly. Mon ami n'aime pas attendre, vous savez.

– Il apprendra, répondit Thalia. Je ne me préoccupe pas de ma montre en pareille circonstance.

Après quelques minutes de marche, elles arrivèrent à Reeder Street. Dans ce quartier, les restaurants avaient cherché des noms qui fassent songer aux lieux de plaisir parisiens. Le Moulin Gris était un petit établissement, mais, à l'aide de grandes glaces et d'une multitude de dorures, il faisait un certain effet.

Les tables étaient toutes inoccupées : le Moulin Gris ne faisait pas salon de thé durant l'après-midi. Les deux jeunes filles montèrent au premier et pénétrèrent dans une petite salle où les attendait un jeune homme brun, au teint huileux, aux cheveux très artistement arrangés et enduits de brillantine. Il était tout de noir habillé, sinon à la mode du jour, du moins avec soin.

Un parfum d'origan, une grande main, une paire d'yeux brillants et hardis... ce fut ce qui frappa Thalia dès l'abord.

Le jeune homme s'était levé vivement.

– Bonjour, miss Drummond, s'écria-t-il. Veuillez vous asseoir. Garçon, du thé !

– Je te présente Thalia Drummond, dit Milly.

– Pas besoin de présentation, s'écria gaiement le jeune homme. J'ai beaucoup entendu parler de vous, miss Drummond ! Je m'appelle Barnet.

– Flush Barnet, dit Thalia, à la surprise plutôt désagréable de son interlocuteur.

– Vous me connaissiez ?

– Elle sait tout, elle connaît tout... observa Milly avec résignation. Et mieux encore, elle connaît Marl qui l'a invitée à dîner ce soir.

Barnet regarda tour à tour les deux femmes puis demanda à Milly Macroy d'un ton un peu menaçant :

– Lui as-tu dit quelque chose ?

– On n'a pas besoin de rien lui dire... Je te répète qu'elle sait tout.

– Mais... la chose ?

– Au sujet de Marl ? Non, je t'ai laissé ce soin.

On apportait le thé, et le silence régna jusqu'au départ du garçon.

– Maintenant, dit alors Flush Barnet, nous pouvons causer tranquillement. Je vais parler franc et vous dire d'abord comment je vous appelle, à part moi...

– Ce doit être très drôle, dit Thalia sans cesser de fixer son interlocuteur.

– Je vous appelle l'astucieuse Thalia... Ça vous ressemblet-il bien ? fit Barnet en se renversant sur sa chaise pour mieux apprécier la physionomie de la jeune fille. Astucieuse et pis que cela. Vous êtes une méchante petite. J'étais à l'audience le jour où le vieux Froyant vous a convaincue du vol de sa statuette.

– Vous êtes très au courant de la Gazette des Tribunaux, riposta froidement Thalia. Mais ne m'avez-vous fait venir ici que pour échanger des compliments ?

– Non, acquiesça Flush d'une voix où Milly discerna l'admiration que la nouvelle venue inspirait à son amoureux... Je vous ai priée de venir pour parler d'affaires. Nous sommes tous du même métier, et je vous dirai tout de suite que je ne suis pas un de ces petits gâte-sauce qui vivent tant bien que mal de quelques misérables billets égarés par leurs propriétaires.

– J'ai des gens derrière moi qui peuvent avancer n'importe quelle somme si le « coup » en vaut la peine. Et vous, vous ne faites que gâter le métier avec vos petits trucs.

– Oh, vraiment ! fit Thalia. Mais en admettant même que je sois ce que vous dites, en quoi mes petits « trucs », comme vous les appelez, empêchent-ils vos grands coups, à vous ?

Barnet hocha la tête en souriant.

– Ma chère petite, combien de temps croyez-vous que cela puisse durer, ce petit commerce qui consiste à mettre du papier blanc au lieu de billets dans des enveloppes ? Si mon ami Brabazon ne s'était pas sottement mis dans la tête que c'est la poste qui est coupable, vous auriez déjà eu la police dans votre bureau... Et quand je dis « mon ami Brabazon », sachez bien que je ne plaisante pas !

Il songea soudain qu'il s'était laissé aller à trop en dire, mais il était difficile de ne pas faire état de son « amitié » avec le grand banquier... Un peu poussé, il en eût même dit davantage, mais Thalia ne fit aucun commentaire.

– Maintenant, reprit Flush en se penchant vers la jeune fille, je dois vous informer que Milly et moi surveillons depuis plus de deux mois la banque Brabazon. Il y a là beaucoup à faire, non à la banque même, car, je vous le répète, Brabazon est un ami, mais avec les clients. Et celui qui y a le plus fort dépôt, c'est Marl.

– En quoi vous faites erreur, dit tranquillement Thalia. Le compte de Marl ne payerait pas notre tasse de thé.

Il la fixa d'un air incrédule, puis se tourna vers Milly avec une moue :

– Ne m'avais-tu pas dit qu'il avait plus de cent mille livres ?

– Oui.

– Il les avait jusqu'à aujourd'hui, reprit Thalia. Mais cet après-midi Mr Brabazon a été réaliser le tout. À la Banque d'Angleterre, je pense, car les billets qu'il a rapportés étaient tout neufs. Je les ai vus sur son bureau. Il m'a appelé pour dresser le bordereau des valeurs vendues et m'a dit qu'il bouclait le compte de Mr Marl, que ce n'était pas un bon client. Il a porté l'argent lui-même à Mr Marl et, en revenant, m'a dit : « Ça y est, je crois que nous ne reverrons plus ce brigand par ici. »

– Sait-il que Marl vous a invitée ? demanda Milly.

– Non.

Barnet ne disait plus rien, mais, renversé sur sa chaise, gardait les yeux au loin, perdu dans ses pensées.

– C'était une grosse somme ? fit-il enfin.

– Soixante-deux mille...

– Et il a ça chez lui aujourd'hui ! s'écria-t-il, rouge d'émotion. Soixante-deux mille livres ! Entends-tu, Milly ? Et vous dites, Thalia, que vous dînez avec lui ce soir ? Qu'en pensez-vous ?

– Ce que je pense... de quoi ? demanda Thalia sans baisser les yeux.

– C'est une chance unique, dit-il. Vous allez chez lui ce soir ! Merveilleux ! Qu'est-ce que vous en dites ? Vous n'êtes pas incapable de l'endormir, eh ?

– Mais il a probablement des domestiques ?

– Trois, dit Barnet, mais ils sont absents quand monsieur reçoit une dame.

– Il ne doit pas me recevoir chez lui...

– Un petit souper après le spectacle ! Il va vous l'offrir. Dites oui. Il n'y aura personne dans la maison. Je connais mon homme.

– Mais qu'attendez-vous de moi ? Que je le vole ? Que je lui mette un revolver sous le nez en lui disant : « La bourse ou la vie » ?

– Ne faites pas l'imbécile. Vous n'avez absolument rien à faire... Soupez, amusez le bonhomme. N'ayez aucune crainte ; je serai moi-même dans la maison à ce moment-là.

Thalia jouait avec sa cuillère à thé, les yeux baissés.

– Et s'il ne renvoie pas ses domestiques ?

– Absurde ! Il le fait toujours. Allons, miss Drummond, montrez-vous à la hauteur de cette magnifique occasion ! Vous acceptez ?

Elle secoua la tête.

– C'est trop fort pour moi, dit-elle. Vous avez peut-être raison, mais tant pis, j'aime mieux les « petits trucs ».

– Bah ! Êtes-vous folle ? Vous ne courez aucun risque : vous n'êtes pas connue de la police, comme moi. Allons, ne vous faites pas prier !

Thalia baissa les yeux un instant encore puis les releva tout à coup et dit :

– Eh bien ! soit. Autant être pendue pour une brebis que pour un agneau.

– Ou pour la moitié de soixante mille livres ! fit Barnet de sa voix la plus joviale.

Thalia devait repasser devant la banque pour rentrer chez elle. Elle ne crut pas prudent de prendre un taxi dans les environs, et elle suivit la foule qui encombrait à cette heure Regent Street. Tout à coup, elle se sentit touchée au bras.

– Miss Drummond ! fit une voix jeune et bien timbrée.

Thalia se retourna et, pour une seconde, perdit un peu de son beau sang-froid.

– Mr Beardmore, vous me suivez !

Jack rougit.

– Je ne voulais vous parler qu'une minute, plaida-t-il, et il y a plus d'une semaine que j'en attends l'occasion.

– Vous saviez que j'étais à la banque Brabazon ? Qui vous l'a dit ?

Il hésita.

– C'est l'inspecteur Parr, répondit-il enfin. (Voyant la jeune fille sourire, il ajouta :) Parr n'est vraiment pas si méchant, il n'a jamais rien dit contre vous !

– Tant mieux ! Et maintenant, Mr Beardmore, permettez-moi de vous quitter ; j'ai un important rendez-vous.

Mais le jeune homme lui saisit la main :

– Thalia, s'écria-t-il, ne me direz-vous pas ce qu'il en est ? Qui vous entraîne ?

Elle rit.

– Vous devez avoir une raison, continua-t-il, pour fréquenter de tels gens !

– Quels gens ?

– Vous sortez du Moulin Gris, répondit Jack avec feu, et vous y avez rencontré le nommé Flush Barnet, un bandit, un repris de justice connu, ainsi que Milly Macroy, complice du vol de l'établissement Darlington.

– Et alors ?

– Vous ne savez certainement pas à qui vous aviez affaire.

– Et vous, comment les connaissez-vous si bien ? Étiez-vous seul à me suivre, ou bien en compagnie de cet excellent Mr Parr ? Vous feriez un excellent policier.

Jack pâlit.

– Mais, dit-il, vous ne voyez pas que Parr ne fait que son devoir ! Pour l'amour du ciel, Thalia, songez à votre réputation !

Elle se borna à rire.

– Dieu me garde, dit-elle, d'empêcher un bon policier de faire son devoir.

– Ne plaisantez pas, Thalia ! Je sais que je n'ai aucun droit sur vous, mais je puis vous être utile... Particulièrement au cas où vous vous seriez laissé circonvenir par ces gens...

Elle lui sourit gentiment.

– Merci. Maintenant, je me sauve.

Et d'un pas léger, elle disparut dans la foule, laissant Jack Beardmore penaud.

Arrivée à Piccadilly, elle héla un taxi et se fit conduire à son nouveau logis, à l'apparence bien plus imposante que celui de Lexington Street. Un liftier en livrée la fit monter au troisième étage et elle entra dans un petit appartement coquettement meublé.

Elle sonna. Une femme de chambre un peu âgée entra aussitôt.

– Martha, lui dit miss Drummond, j'ai pris mon thé en ville, merci. Préparez ma robe de soirée bleue et téléphonez au garage Waltham pour qu'une voiture soit prête à 7 h 25.

Et pourtant, à la banque, miss Drummond ne touchait que quatre livres par semaine.

16

Mr Marl s'en va

– Enfin, vous voilà ! s'écria Mr Marl en se levant pour saluer la jeune fille. Que vous êtes délicieuse ! Adorable !

Il lui prit les deux mains et la conduisit dans son petit salon blanc et or.

– Adorable ! répéta-t-il d'une voix étranglée. Je vous avouerai maintenant que j'avais quelque appréhension à vous promettre le Ritz-Carlton... Mais quelle erreur ! Une cigarette ?

Il sortit des basques de son habit un étui en or et le tendit à Thalia.

– Vous pensiez me voir habillée comme un mannequin ? fit la jeune fille en riant.

Elle alluma sa cigarette.

– C'est que, répondit-il en s'installant dans un vaste fauteuil, j'ai fait à cet égard d'assez malheureuses expériences ; j'en ai vu venir dîner dans de drôles d'accoutrements, je vous assure !

– Vous avez une très longue pratique ! fit Thalia en l'observant à travers ses cils baissés.

– Eh bien ! déclara Marl en se frottant les mains, je ne suis pas encore assez vieux pour ne pas prendre plaisir à la société féminine.

Il portait beau ce soir-là, avec sa chevelure trop noire, ses dents trop éblouissantes, sa taille trop mince...

– Allons vite dîner, reprit-il, et puis nous irons voir *Filles et Garçons* au Winter Palace. Après quoi... (Il hésita légèrement) que diriez-vous d'un petit souper ?

– Un petit souper ?

– Oh ! un rien, un fruit..., une glace...

– Mais où cela ? La plupart des restaurants sont fermés à la sortie des spectacles.

– Il n'y a pas de raison pour ne pas revenir ici... Vous n'êtes pas si prude, je pense ?

– Non, mais tout de même.

– Je vous reconduirai chez vous dans mon auto.

– Merci, j'ai la mienne, dit-elle simplement.

À ces mots, Mr Marl ouvrit de grands yeux. Puis il se mit à rire, à rire de plus en plus fort.

– Quel petit démon ! s'exclama-t-il.

La soirée fut intéressante, surtout à partir du moment où Thalia aperçut Flush Barnet dans le hall du restaurant.

Après le spectacle cependant, tandis qu'on était allé appeler le chauffeur, Thalia manifesta quelque hésitation. L'éloquence de Félix Marl en eut vite raison, et la demie de 11 heures sonnait lorsqu'elle rentra chez le vieux beau non sans remarquer qu'il n'avait pas sonné ses domestiques, mais avait ouvert lui-même avec son passe-partout.

Un délicat petit souper était servi dans la salle à manger.

– Je vous servirai moi-même, ma petite chérie, dit Mr Marl. Ne nous embarrassons pas de domestiques...

Mais elle secoua la tête.

– Je ne pourrais rien prendre, dit-elle, et je crois que je vais rentrer.

– Attendez, attendez une minute ! Je voulais causer avec vous de votre emploi à la banque. Je puis faire beaucoup pour vous, Thalia... Qui vous a nommée Thalia ?

– Mon parrain et ma marraine, répondit solennellement la jeune fille.

Il rit et, passant derrière elle, comme pour atteindre un des plats disposés sur la table, il se baissa et tenta de l'embrasser par surprise. Mais elle lui échappa.

– Je rentre, dit-elle.

– Sottise ! fit Mr Marl ennuyé. Rasseyez-vous donc !

Elle le regarda longuement et d'un air méditatif, puis, d'un mouvement brusque, alla à la porte. Elle la trouva fermée à clé.

– Vous feriez mieux de m'ouvrir, Mr Marl, dit-elle tranquillement.

– Je ne crois pas, ma petite chérie... Allons, soyez gentille et ne gâtez pas la bonne opinion que j'ai de vous !

– Je suis navrée, riposta Thalia, de dissiper vos illusions à mon égard, mais ouvrez-moi.

– Certainement.

Il se dirigea vers la porte, faisant semblant de chercher son trousseau de clés dans ses poches et, avant qu'elle ait pu deviner son intention, il l'avait saisie dans ses bras. Il était encore robuste, avait une tête de plus qu'elle et la maîtrisa aisément.

– Laissez-moi, dit Thalia impérieusement et sans montrer de crainte.

Il sentit tout à coup que la résistance de la jeune fille faiblissait... Il était vainqueur.

– Soupons donc, dit-elle.

– Vous ne me résisterez plus ? fit-il avec un sourire. Mais qu'est-ce que cela ?

Thalia s'était rapprochée de la table et avait ouvert son sac à main. Il crut qu'elle cherchait un mouchoir, mais elle avait sorti un objet noir, de la grosseur et de la forme d'un œuf... Elle en dégagea une sorte d'épingle qu'elle jeta sur la table.

Mr Marl considéra ce geste rapide avec des yeux horrifiés. Il savait que l'œuf noir était une sorte de grenade, ayant travaillé dans les munitions de l'armée.

– Reprenez cela, fit-il en bégayant, remettez l'épingle, vite, petite folle !

– N'ayez pas peur, dit-elle froidement. J'ai d'ailleurs une épingle de rechange dans mon sac. Ouvrez-moi cette porte.

Il tremblait de tous ses membres en tournant la clé...

Elle sortit tranquillement, l'engin de mort à la main.

Mr Marl n'eut plus autre chose à faire que de monter dans sa chambre à coucher.

Flush Barnet, caché dans un recoin du vestibule, entendit les portes s'ouvrir et se refermer. Tout redevint parfaitement tranquille. Seule une petite lueur passait par le ventilateur placé près du plafond au-dessus de la porte de la chambre à coucher de Mr Marl. Pendant la guerre, cet immeuble avait servi de maison de convalescence pour officiers, et certains arrangements plus hygiéniques que décoratifs y avaient été introduits.

Flush, ayant quitté ses souliers, monta doucement à l'étage et écouta à la porte. Ayant entendu Mr Marl grommeler, il chercha le moyen de jeter un œil à l'intérieur. Avisant alors une table proche, il la poussa avec précaution contre la cloison, y monta et, entre les ailes du ventilateur, put apercevoir Mr Marl en manches de chemise, allant et venant dans sa chambre. À ce moment, un très léger frôlement se fit entendre au rez-de-chaussée ; on eût dit un bruit de pas étouffés sur un tapis. Flush se hâta de descendre de la table et se réfugia dans un angle du corridor. Il ne vit personne monter l'escalier ; alors il s'enhardit et revint sur ses pas. Il semblait inutile d'essayer de forcer la porte de la chambre à coucher. Il semblait plus profitable de percer le coffre-fort du bureau. C'est ce que fit Flush avec art et patience. Cela lui prit plus de deux heures et s'il y trouva quelques paperasses, ce ne fut en tout cas pas la grosse somme qu'il espérait. Il revint devant la chambre de Marl. La lumière y était toujours allumée. Devait-il essayer d'y pénétrer ? Oui, sans doute, si Marl avait gardé avec lui la fortune réalisée le jour même. Mais c'était peu probable. Flush pensa qu'il avait eu le temps d'aller déposer ses billets dans le coffre privé d'une banque.

Il descendit au rez-de-chaussée, y reprit ses chaussures, son manteau et son chapeau. Puis, il se dirigea vers l'office d'où il sortit dans le petit jardin de la maison. Il atteignait la grille lorsqu'une main rude s'abattit sur son épaule.

– Venez avec moi, Flush !

C'était la voix bien connue du Chef de la Sûreté.

Barnet, d'un bond en arrière se dégagea, mais trois agents sortirent de l'ombre, le maîtrisèrent et l'emmenèrent au poste.

Là-dessus, Parr entreprit de fouiller la maison. Accompagné d'un inspecteur, il constata le beau travail de Flush sur le coffre, puis, au premier, s'arrêta devant la porte de Marl.

Les deux hommes y frappèrent. Point de réponse.

– Allez voir si vous pouvez trouver et réveiller quelque domestique, dit Parr.

L'homme revint disant que le reste de la maison était vide.

– Il y a quelqu'un dans cette chambre, fit observer le Chef de la Sûreté en constatant le filet de lumière qui passait par le ventilateur au-dessus de sa tête. Il aperçut alors la table que Flush avait poussée là, et, avec une remarquable agilité malgré sa corpulence, Parr y monta.

– Je vois quelqu'un endormi sur le lit, dit-il. Eh, là, réveillez-vous !

L'inspecteur n'eut pas plus de succès en frappant à coups redoublés sur la porte.

– Allez voir en bas si vous pouvez trouver une hache, ordonna Parr à son aide.

L'agent revint avec un marteau. Parr dirigea sur la porte le faisceau de sa lampe de poche : le panneau du milieu, tout verni en blanc, portait en son centre un cercle rouge comme apposé par un timbre en caoutchouc...

– Enfoncez la porte, cria Parr.

Il fallut cinq bonnes minutes pour briser le panneau, et lorsque les deux policiers pénétrèrent dans la pièce, le dormeur n'avait toujours pas bougé. Parr s'approcha, lui prit la main, qui retomba inerte.

Mr Marl était mort.

17

Bulles de savon

La nuit touchait presque à sa fin lorsque Parr vint frapper à la porte de Derrick Yale. Il lui conta ce qui s'était passé chez Mr Marl.

– Je me demande comment le meurtrier s'est échappé si, comme vous pensez, on ne peut incriminer ni Barnet ni la jeune Thalia Drummond. Vous dites que la maison était cernée... dit Yale après avoir réfléchi longuement aux circonstances du crime.

– En fait, j'ai découvert depuis qu'il y avait un passage non gardé entre la maison et le garage.

– Ne soupçonnez-vous réellement pas la jeune fille ?

Parr secoua négativement la tête.

– Mais, au fait, pourquoi aviez-vous fait cerner la maison de Mr Marl ?

– Parce qu'il est sous la surveillance de la police depuis de longues années, expliqua Parr au grand étonnement du détective privé... Et cela pour plusieurs raisons. Tout récemment, j'ai même découvert qu'il était l'auteur de la lettre dont nous avons trouvé un fragment – vous en souvenez-vous ? – dans la cheminée de Mr Beardmore. Je ne sais pas ce qu'il pouvait y avoir entre Marl et le vieux Beardmore, ni pourquoi Marl était venu à la villa la veille du crime, mais vous savez qu'au moment d'entrer, il a été saisi d'une émotion soudaine, inexplicable.

– Je me souviens de cela.

– Il n'a pas voulu rester chez Beardmore, mais a déclaré vouloir rentrer à Londres. Or, j'ai su qu'il était redescendu du train à Kingside, qui n'est qu'à quinze kilomètres. Il a dû revenir dans le voisinage de la villa, et il est probablement l'homme que l'assassin a aperçu dans le bois une fois la nuit venue. Maintenant, pourquoi ce retour ? Pourquoi cette frayeur en arrivant la première fois ? Pourquoi écrire une lettre à Mr Beardmore alors qu'il avait eu l'occasion de lui parler peu auparavant ?

Il y eut un long silence.

– Comment Marl a-t-il été tué ? demanda Yale.

– C'est encore un mystère. Le meurtrier n'a pas pu entrer dans sa chambre. J'ai interrogé Flush Barnet qui semble bien ne rien savoir du crime – dont je ne lui ai pas parlé – et qui avoue être venu pour voler. Il dit avoir entendu un léger bruit de pas à la suite de quoi il s'est caché. Peu après, il aurait perçu un petit sifflement comme celui que produit un gaz s'échappant d'une fissure ou d'un petit orifice. Un autre fait m'a intrigué : la présence d'une petite tache ronde et humide sur l'oreiller, à quelques centimètres de la tête de Marl. J'ai d'abord cru qu'il s'agissait là d'une nouvelle marque symbolique du Cercle Rouge, mais j'en ai découvert une autre sur la couverture du lit. Le médecin légiste ne s'est pas prononcé sur la cause du décès. On en voulait sans doute à son argent, car, d'après les dires du banquier Barbazon – que j'ai appelé au téléphone –, Marl avait retiré chez lui la veille une très grosse somme, tout son dépôt à cette banque. Le banquier et lui ont dû ne pas se trouver d'accord sur quelque point important. Le coffre-fort a été forcé par Barnet et l'on n'a point trouvé d'argent sur lui après son arrestation. Il semble que Barnet ne s'est emparé que de papiers et documents sans valeur... Mais qui a pris l'argent ?

Derrick Yale se promenait de long en large, les mains derrière le dos.

– Connaissez-vous bien Brabazon ? demanda-t-il.

Parr ne répondit pas tout de suite.

– C'est un banquier qui fait beaucoup d'affaires avec l'étranger, dit-il enfin.

– De bonnes affaires ?

– Je ne crois pas... En fait, nous avons déjà reçu quelques plaintes à son sujet.

– Ils étaient bons amis, Brabazon et Marl ?

– Oui... Mon impression, d'après les rapports de police, est que, pour une raison ou pour une autre, Marl tenait Brabazon en son pouvoir...

– Curieux ! fit Yale. Et Marl retire son argent de chez Brabazon ! Dans quelles circonstances ? Est-il allé lui-même à la banque ?

Parr dit le peu qu'il savait. Sans doute que quelque chose s'était passé à la banque... mais quoi, il l'ignorait.

Derrick Yale commençait à respecter ce gros et placide chef inspecteur qu'il avait d'abord traité avec quelque mépris comme un être un peu limité.

– Je me demande s'il me serait possible, dit le détective privé, d'aller tout de suite examiner le lieu du crime.

– J'étais précisément venu vous en prier, dit Parr. J'ai une voiture à la porte.

Durant le trajet, Derrick Yale garda le silence. Ce ne fut qu'une fois dans le vestibule de la maison de Mr Marl qu'il dit, comme sortant d'un rêve :

– Nous devrions trouver un petit cylindre de métal, par là.

À ce moment, l'agent que l'on avait posté dans le hall, vint saluer le Chef de la Sûreté :

– Nous avons trouvé une sorte de récipient en fer dans le garage.

– Ah ! s'écria Yale triomphant. Je pensais bien !

Il s'élança dans l'escalier et se dirigea droit vers la petite table qui se trouvait toujours au-dessous du ventilateur. Là il se mit à quatre pattes et renifla le tapis. Il toussa et se releva le visage rouge.

– Faites-moi voir ce cylindre de métal, dit-il.

On le lui apporta. L'agent qui l'avait appelé une bouteille n'était pas loin de la vérité ; c'était une bouteille d'acier, dont sortait un petit tuyau pourvu d'un robinet.

– Maintenant, reprit Yale, il doit aussi y avoir par là une tasse... à moins que ce ne soit une bouteille ordinaire...

– Une petite bouteille en verre se trouvait également dans le garage, mais elle est cassée, dit un agent.

– Allez me la chercher, et espérons qu'il y restera de quoi reconnaître la nature du contenu.

Parr considérait tout cela d'un air sombre.

– Qu'est-ce que cette histoire ? demanda-t-il.

– Une nouvelle méthode d'assassinat, mon cher Parr, dit Yale gaiement. Entrons dans la chambre.

Le corps de Mr Marl était encore sur le lit, recouvert d'un drap. La tache de l'oreiller n'était pas encore sèche. On avait ouvert les fenêtres.

– Naturellement, on ne peut rien sentir ici, dit Yale se parlant à lui-même. Il se remit à genoux et flaira le tapis. De nouveau, il eut un accès de toux et se hâta de se relever.

À ce moment on apporta les débris de la bouteille de verre. Le fond contenait encore quelques gouttes d'un liquide que Yale versa dans le creux de sa main.

– Eau de savon, dit-il, comme je pensais... Et maintenant, je puis vous expliquer comment Mr Marl a été tué. Votre cambrioleur, le nommé Barnet, a entendu un léger sifflement, comme une fuite de gaz. C'était en effet un gaz lourd sous pression dans le cylindre d'acier. Je puis me tromper, mais je suppose qu'il y avait là assez de gaz mortel pour nous faire passer tous ici de vie à trépas. Ce qui en a été répandu se trouve encore, étant un gaz lourd, en une couche très mince sur le parquet.

– Mais comment l'a-t-on fait entrer dans la chambre ? L'a-t-on projeté à l'aide d'un tuyau souple à travers le ventilateur ?

– Non, beaucoup plus simplement ; c'est une méthode nouvelle qu'emploie maintenant le Cercle Rouge : ils envoient des bulles de savon.

– Des bulles de savon ! s'écria Parr, sceptique.

– Parfaitement. L'extrémité du tuyau qui sort du cylindre a été trempée dans l'eau savonneuse : vous pouvez vous en rendre compte en y passant le doigt... On l'a introduit dans un interstice du ventilateur, on a tourné le robinet, des bulles de savon se sont formées et ont été envoyées dans la chambre. On a pu en diriger la course, je crois...

Il grimpa sur la table et reprit :

– Oui, d'ici on aperçoit la tête du lit. Deux ou trois bulles, mal dirigées, sont allées s'écraser sur la couverture, sur la paroi – où vous en voyez encore la marque – mais enfin une d'elles a atterri sur la figure du dormeur, et cela a suffi pour l'envoyer dans l'autre monde. Il est mort presque instantanément.

Parr ne put retenir un geste d'étonnement.

– C'est la tache ronde sur l'oreiller qui m'a mis sur la piste, ajouta encore le détective privé. Cela m'a rappelé mes sottises d'enfant, alors que je faisais atterrir des bulles de savon sur mon lit. Et quand vous m'avez dit qu'un sifflement de gaz avait été entendu, j'ai été convaincu que ma théorie était juste.

– Nous n'avons cependant rien senti lorsque nous avons pénétré dans la chambre, fit observer Parr.

– Le poids du gaz l'amasse à terre, répondit Yale. Regardez. Il frotta une allumette, et lorsqu'elle flamba bien, il l'abaissa doucement vers le plancher : à un centimètre du tapis, brusquement, elle s'éteignit.

– Je vois, dit Parr.

– Et maintenant, inspectons minutieusement toute la maison, si vous le voulez bien.

Malgré, ou plutôt à cause du succès qu'il venait de remporter, le détective privé fut suivi d'assez mauvaise grâce par les officiels.

Il comprit d'ailleurs que ces derniers n'aiment guère qu'on leur fasse la leçon, et, au bout d'un moment, il se déclara las et rentra chez lui.

18

Les aveux de Flush Barnet

Après avoir longuement perquisitionné dans la demeure de Mr Marl, l'inspecteur Parr revint interroger Flush Barnet.

Le produit de son vol était étalé sur la table du commissariat : des bagues, une montre, un carnet de chèques, un gobelet en argent... Mais le plus surprenant, c'étaient deux billets de banque de cent livres tout neufs dont Barnet jurait être le propriétaire.

Les cambrioleurs du genre de Barnet sont très généralement imprévoyants et paresseux. Tant qu'ils ont de l'argent, ils ne font rien, et, avec deux cents livres en sa possession, il était certain que Flush n'aurait pas songé à cambrioler l'appartement de Mr Marl.

– Ces billets m'appartiennent, je vous le jure ! s'écria Flush Barnet.

– Assurément, fit Parr, mais d'où les tenez-vous, c'est ce que je voudrais savoir.

– Ils m'ont été donnés par un ami.

– Pourquoi avez-vous allumé du feu dans la cheminée du bureau ?

À cette question inattendue, Flush fut interloqué...

– Parce que j'avais froid, dit-il après une seconde d'hésitation.

– Hem ! reprit Parr. Voilà un gaillard qui a deux cents livres à lui dans sa poche, néanmoins il pénètre dans une maison particulière, y force le coffre et allume du feu. Pourquoi ce feu ? C'est simple : pour brûler quelque chose qu'il vient de trouver dans le coffre.

Barnet écouta ce raisonnement sans trop protester.

– Donc, poursuivit l'inspecteur, quelqu'un vous a donné deux cents livres pour forcer le coffre de Mr Marl, y prendre un document et le détruire. Est-ce juste ?

– Quand je devrais mourir à l'instant... commença Barnet.

– Vous iriez en enfer où sont tous les menteurs, interrompit Parr. Qui vous a payé pour cela, Barnet ? Vous feriez mieux de me le dire, car je ne sais trop si je ne dois pas vous inculper d'assassinat.

– D'assassinat ! s'écria Barnet en se redressant. Que voulez-vous dire ? Personne n'a été tué !

– Mr Marl a été trouvé mort dans son lit...

Il laissa le prisonnier méditer là-dessus et alla déjeuner. Lorsqu'il revint, Barnet avait réfléchi : vu de telles circonstances, il fallait mieux tout dire.

– Je n'ai rien à faire avec le Cercle Rouge, dit-il, et c'est la vérité que je vais vous avouer : je suis l'ami d'une jeune personne qui est employée à la banque Brabazon. Un soir qu'elle faisait des heures supplémentaires, je l'attendais à la sortie, lorsque je vis sortir de la porte des employés un homme qui m'appela par mon nom. Je fus très surpris, surtout lorsque je le reconnus...

– C'était Mr Brabazon ?

– Lui-même, Sir. Il me fit entrer dans son bureau particulier. Je crus qu'il avait à se plaindre de Milly.

– Continuez, dit Parr comme le prisonnier s'arrêtait.

– Eh bien... tant pis ! Tant pis pour les autres si je leur fais du tort pour me décharger moi-même ! Mr Brabazon me dit que Mr Marl le faisait chanter au moyen de quelques lettres qu'il gardait dans son coffre. Il me promit mille livres si je pouvais m'en emparer. Il fit aussi allusion aux grosses sommes que Mr Marl pourrait avoir chez lui. Mr Brabazon savait que j'étais un professionnel, il avait fait une petite enquête sur moi et m'assura que j'étais l'homme de la situation. Alors, j'allai inspecter les lieux ; je me rendis compte de la difficulté de l'opération. Il y avait toujours plusieurs valets dans la maison, excepté les nuits où Mr Marl recevait une dame... J'aurais abandonné l'affaire, mais il y avait à la banque Brabazon une jeune personne qui pouvait intéresser Mr Marl...

– Thalia Drummond ?

– Oui. C'était une chance ! Et lorsque j'appris qu'il l'avait invitée hier soir, je jugeai que c'était l'occasion ou jamais. En outre il venait de retirer l'argent de son compte ! J'ouvris le coffre, pas trop difficilement, et n'y trouvai ni argent ni lettres, rien qu'une photo représentant un homme et une femme au sommet d'un rocher. Cela avait dû être pris à l'étranger, car de hautes montagnes couvertes de glace étaient visibles à l'arrière-plan ; et l'homme paraissait pousser la femme qui se retenait à peine à un arbuste au bord du précipice. C'était peut-être une photo de cinéma... En tout cas, je l'ai brûlée.

– Je vois, dit Parr. Est-ce tout ?

– C'est tout, Sir. Il n'y avait pas d'argent dans le coffre.

Une heure plus tard, Parr, accompagné de deux agents et avec un mandat d'arrêt dans sa poche, se présenta à l'appartement de Mr Brabazon. Un domestique ouvrit et déclara que le banquier n'était pas encore sorti de sa chambre. Parr y fut conduit. Ne recevant pas de réponse à ses appels, l'inspecteur n'hésita pas à faire sauter la serrure. Mais la chambre était vide. Une fenêtre ouverte et l'escalier de sécurité avaient dû servir à la fuite du banquier. Le lit n'était pas défait et il n'y avait aucun désordre dans la pièce. Mr Brabazon avait dû s'échapper de chez lui longtemps avant l'arrivée de la police.

Près du lit se trouvait un appareil téléphonique. Parr en décrocha le récepteur et appela le central.

– Pouvez-vous me dire, demanda-t-il, si ma ligne a reçu des appels la nuit dernière et de la part de quels correspondants ? Je suis Parr, Chef de la Sûreté.

– Il y a eu deux communications, lui répondit-on au bout d'un instant. Une de Bayswater...

– Cela c'était moi-même... Et l'autre ?

– Du Western Exchange... à 2 h 30...

– Merci, dit l'inspecteur d'une voix bourrue.

Il raccrocha le récepteur et considéra ses compagnons d'un air rêveur.

– Thalia Drummond va être obligée de chercher une autre place, dit-il.

19

THALIA REÇOIT DES OFFRES

Il fallut plus d'une semaine pour dresser un premier inventaire des affaires de la banque Brabazon. Thalia en sortit avec le salaire d'une semaine dans son réticule.

L'inspecteur Parr l'avait convoquée quelques jours auparavant et, en présence de Derrick Yale, lui avait parlé sans ambages.

– Si je ne vous inculpe pas, lui avait-il dit, c'est uniquement parce que j'ai vu de mes propres yeux Mr Marl vous ouvrir la porte lorsque vous l'avez quitté.

– Si cela m'avait aussi épargné cette convocation, j'en aurais été reconnaissante, répondit froidement la jeune fille.

– Que pensez-vous d'elle ? demanda Parr à Derrick Yale lorsque Thalia fut sortie.

– Elle m'intrigue... La petite Milly Macroy prétend qu'elle volait la banque, mais on n'a pas de preuve. La seule personne qui aurait pu témoigner contre miss Drummond est notre ami disparu, l'excellent Mr Brabazon. Pourquoi ne l'avez-vous pas citée comme témoin dans l'affaire de Flush Barnet ?

– Le cas de Barnet est assez clair, répliqua Parr.

Yale médita gravement.

– Je me demande... dit-il enfin comme se parlant à lui-même.

– Qu'est-ce que vous vous demandez ?

– Si cette jeune fille ne pourrait pas nous renseigner sur le Cercle Rouge... J'ai presque envie de l'engager comme secrétaire.

Parr marmotta quelque chose d'indistinct.

– Je sais, reprit Yale, que vous trouverez cela un peu osé, mais je ne suis pas si fou que vous le croyez. D'ailleurs il n'y a rien à dérober dans mon bureau. Elle serait tout le temps sous mes yeux, et si elle entretenait des rapports avec le Cercle Rouge, en recevant ou en envoyant des messages, j'en serais informé. Et puis, elle m'intéresse...

– Ah, ah ! dit Parr en riant. C'est pour cela que vous lui avez serré la main lors de son départ ?

– Je voulais obtenir une impression psychométrique... Eh bien ! l'impression que m'a donnée sa main est celle d'une puissance obscure et sinistre dont elle serait l'esclave... Cette petite n'agit pas pour elle-même. Elle a quelqu'un derrière elle...

– Le Cercle Rouge ? fit Parr d'un ton un peu railleur.

– C'est très possible, répondit Yale sérieusement. En tout cas, je veux parler avec elle.

Il se rendit chez Thalia dans le courant de l'après-midi. Une domestique le fit entrer dans un coquet petit salon. Une seconde plus tard, la jeune fille entra et il y eut comme un sourire dans ses yeux lorsqu'elle reconnut son visiteur.

– Eh bien, Mr Yale, dit-elle, venez-vous encore me donner de bons conseils ?

– Pas exactement, miss Drummond, j'ai plutôt dans l'idée de vous offrir une position.

Elle leva les yeux :

– Pour vous seconder ? demanda-t-elle ironiquement. Et en partant de ce principe qu'il faut un voleur pour attraper un voleur ? Ou bien voudriez-vous entreprendre de me remettre sur le droit chemin ? Plusieurs le désirent.

Elle s'assit sur le tabouret du piano et il vit bien qu'elle se moquait de lui.

– Pourquoi volez-vous, miss Drummond ?

– C'est dans ma nature, répondit-elle sans hésitation. La kleptomanie n'est pas uniquement réservée aux femmes riches, que je sache.

– En obtenez-vous du moins quelque satisfaction ? Ce n'est pas par simple curiosité que je vous demande cela, mais parce que c'est un sujet d'étude qui me passionne.

Elle eut un geste large...

– Beaucoup de satisfaction, dit-elle. J'ai un appartement confortable, une bonne domestique ; je ne mourrai pas de faim... Voilà des choses qui en valent la peine... Maintenant, parlez-moi de la position que vous voulez m'offrir ? Pensez-vous faire de moi une « agente » de police ?

– Pas tout à fait, non, mais je voudrais une secrétaire, quelqu'un de sûr. Mes affaires s'accroissent dans une énorme proportion ; je ne puis suffire à ma correspondance. J'ajouterai que vous aurez dans mon bureau très peu d'occasions de vous livrer à votre sport favori... Et, en tout cas, j'en accepte le risque... conclut-il en souriant.

Elle réfléchit un moment en regardant son interlocuteur droit dans les yeux.

– Eh bien ! si vous acceptez le risque, j'accepte votre proposition, dit-elle enfin. Où est votre bureau ?

Il lui donna l'adresse.

– Je serai chez vous demain à 10 heures. Cachez votre carnet de chèques et faites disparaître la monnaie que vous pourriez avoir dans les tiroirs.

« Elle est vraiment remarquable », songeait Yale en rentrant chez lui. Il avait dit vrai en confiant à Parr que miss Drummond l'intriguait. Il était cependant familier de toutes sortes de criminels et en connaissait peut-être mieux la psychologie que Parr lui-même avec son expérience. Il songea aussi à ce malheureux Chef de la Sûreté qu'il voyait peu à peu tomber en disgrâce. Combien de temps les grands chefs allaient-ils le tolérer après ce troisième échec dans la poursuite du Cercle Rouge ?

D'ailleurs, l'inspecteur Parr se posait la même question à cette même heure, au lieu de prendre un repos qu'il eût bien mérité. Une note officielle l'avait attendu à la Préfecture et il ne l'avait pas lue sans un serrement de cœur. Il sentait qu'il ne tenait plus qu'à un fil, et ses raisons de craindre une mise à la retraite ne faisaient que croître.

Le lendemain matin, il fut appelé chez Mr Froyant et, en arrivant, y trouva Derrick Yale. Malgré leurs bonnes relations apparentes, l'affaire du Cercle Rouge avait converti la lutte courtoise de ces deux hommes en un vrai duel. Ce n'était plus un secret pour personne que la disgrâce menaçante de Parr était moins due à ses propres échecs qu'aux brillantes capacités de son rival. Pour être juste, il faut dire que Yale faisait de son mieux pour s'effacer, mais c'était en vain.

Malgré son avarice et ce qu'il savait des hauts prix

demandés par Yale, Mr Froyant n'avait pas hésité à le faire appeler pour le mettre en concurrence avec Parr.

– Mr Froyant a décidé de se laisser rançonner, dit Yale à l'inspecteur dès son arrivée chez le millionnaire.

– Eh ! Comment faire autrement ? s'écria Mr Froyant. Il me faut payer !

Le pauvre homme ! Il avait vieilli de dix ans en quelques jours. Il était plus jaune et plus tremblant que jamais.

– Si votre police, autrefois renommée, laisse ces abominables malfaiteurs menacer les biens et la vie des plus respectables citoyens, poursuivit le millionnaire, quelle ressource leur reste-t-il, sinon de payer les rançons que les criminels exigent d'eux ? Mon ami Pindle a reçu de pareilles menaces, et il a payé. Je ne peux pas supporter davantage la pensée d'un tel danger.

Il allait et venait dans son bureau comme un dément.

– Mr Froyant payera, dit Derrick Yale lentement, mais cette fois je crois que le Cercle Rouge est allé un peu trop loin.

– En quoi ?

– Voulez-vous nous montrer la lettre ? demanda Yale à Mr Froyant.

Celui-ci sortit de son tiroir et jeta violemment sur la table une carte ordinaire cerclée de rouge...

– Quand vous est-elle arrivée ? demanda Parr.

– Par la poste, ce matin.

Parr lut le message inscrit au centre du cercle :

« Nous viendrons chercher la somme au bureau de Mr Derrick Yale, vendredi après-midi, à 3 h 30. Les numéros des billets de banque ne devront pas être en série. Si l'argent n'est pas là, vous mourrez la nuit suivante. »

Parr relut trois fois cette note, puis soupira.

– Cela simplifie les choses, dit-il. Naturellement ils ne viendront pas...

– Je crois qu'ils viendront, dit tranquillement Yale ; mais je serai prêt à les recevoir, et je compte sur vous pour m'y aider, Parr.

– Une seule chose doit être sûre, dit flegmatiquement le Chef de la Sûreté, c'est que j'y serai. Mais eux, je ne crois pas.

– Je ne suis pas d'accord avec vous là-dessus, reprit Yale. Quel que soit le meneur de la bande du Cercle Rouge, il ne manque pas de courage... En tout cas, ajouta-t-il en baissant la voix, vous trouverez à mon bureau une de vos vieilles connaissances...

Parr lança un coup d'œil rapide et soupçonneux au détective privé et vit qu'il souriait.

– Ah ! dit l'inspecteur à mi-voix, je devine. Drummond ?

L'autre fit un signe affirmatif.

– Vous l'avez prise ?

– Je vous l'ai dit, elle m'intéresse, et je continue à croire qu'elle peut nous aider à pénétrer le mystère...

À ce moment, Mr Froyant se rapprochant d'eux, Parr et Yale passèrent à un autre sujet de conversation.

20

La clé d'une vieille maison

Il fut convenu que Mr Froyant retirerait dès le jeudi matin de sa banque la somme voulue. Il la remettrait alors à Messrs Yale et Parr qui viendraient la chercher à temps pour se préparer à recevoir l'envoyé du Cercle Rouge.

En se rendant à la Préfecture, Parr dut passer dans la rue où demeurait Jack Beardmore.

Les événements cruels que ce jeune homme venait de subir l'avaient mûri rapidement. Il avait hérité d'une énorme fortune, mais, avec elle, de soucis et de responsabilités immenses. En outre, il ne pouvait parvenir à oublier Thalia Drummond : de nuit et de jour, sans cesse, il avait son clair visage devant les yeux. Il se traitait de fou, mais avait beau se raisonner, l'éblouissante image ne le quittait plus.

Il avait fait plus ample et plus amicale connaissance avec l'inspecteur Parr. Même s'il avait parfois haï le policier, il comprenait que pour un Chef de la Sûreté le sentiment devait céder le pas au devoir professionnel.

Ce jour-là, Parr allait passer devant la maison de Jack sans s'arrêter, mais, sous l'impulsion irraisonnée d'une idée subite, il s'arrêta et sonna. Un valet de pied le fit entrer.

Jack achevait de déjeuner.

– Entrez, inspecteur, dit-il avec empressement. Je suppose que vous avez déjeuné... Y a-t-il quelque chose de nouveau ?

– Rien, répondit le Chef de la Sûreté, sauf que Mr Froyant se décide à payer...

– Sans doute, s'écria Jack avec un rire un peu méprisant. Mais après cela, gare au Cercle Rouge !

– Pourquoi ?

– Parce que, comme mon père le disait souvent, dès que Froyant a dû abandonner à autrui le moindre centime, il n'a de cesse qu'il ne l'ait rattrapé. Alors, dès que sa mortelle frayeur aura cessé de l'affoler, il s'acharnera à la poursuite du Cercle Rouge avec une ardeur féroce et ne lâchera prise qu'une fois remboursé.

– Cela me semble très juste, dit Parr ; et d'ailleurs le Cercle Rouge ne tient pas encore l'argent.

Il renseigna alors le jeune homme sur les plus récentes prétentions des criminels.

– Ils y vont un peu fort, en effet, répondit Jack. C'est un habile homme qui trompera la vigilance de Mr Yale.

– Assurément, déclara posément le Chef de la Sûreté. Je lui tire mon chapeau. Il a des qualités que j'admire immensément.

– Sa puissance psychique, presque divinatoire, n'est-ce pas ?

Mais Parr secoua la tête.

– Oui, bien entendu ; mais dans ces choses-là, je suis un pur ignorant, et je laisse à d'autres le soin d'admirer en connaissance de cause. Non, je songeais à d'autres qualités.

Il demeura assez longtemps silencieux et Jack sentit qu'il était un peu déprimé.

– Vous n'avez pas la vie facile, ces temps-ci à la Préfecture, n'est-ce pas ? dit-il avec sympathie.

– Je ne suis pas précisément sur un lit de roses, répondit Parr, mais je ne m'en inquiète pas trop.

(Il fixa son interlocuteur et ajouta :) À propos, savez-vous que votre protégée a une nouvelle place ?

– Ma protégée ?... Vous voulez parler de... de miss...

– De miss Drummond, oui. Derrick Yale l'a prise comme secrétaire.

– Vous plaisantez !

– J'ai cru en effet qu'il plaisantait quand il m'en a parlé, mais il l'a fait... Très original, ce Yale.

– Il devrait être pourvu d'une position officielle à la Préfecture, tout le monde le dit... lança Jack étourdiment.

Il comprit son manque de tact, mais les mots étaient déjà lâchés. Parr ne parut pas s'en émouvoir.

– Yale est un habile homme, se borna-t-il à dire, et il a devant lui un bel avenir.

Tout en causant, les deux hommes s'étaient rapprochés de la fenêtre qui donnait sur une rue peu fréquentée.

– On dirait miss Drummond, dit Jack Beardmore en se penchant tout à coup.

Parr l'avait déjà vue ; elle passait sur le trottoir d'en face en regardant de temps en temps les numéros... Elle traversa la rue.

– Elle vient ici ! s'écria Jack. Je me demande...

Il n'acheva pas sa phrase, mais se précipita dans le hall pour lui ouvrir lui-même.

– Quel plaisir de vous voir, miss Thalia ! dit-il en lui serrant chaleureusement la main. Entrez donc. Il y a une de vos vieilles connaissances à la salle à manger.

– Ce n'est pas Mr Parr ? interrogea-t-elle vivement.

– Vous avez deviné du premier coup, répondit Jack en riant. Mais voulez-vous me voir seul ?

– Non. Je viens de la part de Mr Yale. Il voudrait que vous lui prêtiez la clé de votre maison du quai.

Elle lui expliqua en peu de mots les raisons du détective et ils entrèrent à la salle à manger. La jeune fille salua d'un léger signe de tête l'inspecteur Parr qui répondit assez froidement.

« Voilà deux personnes qui ne s'aiment guère », songea Jack. Et il se mit en devoir d'expliquer l'objet de la visite de miss Drummond :

– Mon pauvre père, dit-il à Parr, avait une vieille maison à peu près inhabitable au bord du fleuve. Il y a des années qu'elle n'est plus louée et l'on me dit que les réparations nécessaires coûteraient maintenant plus que la maison ne vaut. Yale s'imagine que Brabazon s'y est réfugié. Brabazon avait longtemps été chargé de vendre cet immeuble et il a dû à ce titre le visiter plusieurs fois. Mais y a-t-il une raison pour qu'il soit allé se cacher là ?

Parr fit la moue et cligna de l'œil.

– Tout ce que je sais, répondit-il, c'est que Brabazon n'a pas quitté le pays, et je ne pense pas qu'il ait été s'abriter dans une maison pouvant être visitée à n'importe quel moment. Mais c'est après tout possible. Il devait en avoir les clés. Qu'est-ce que cet immeuble ?

– C'est moitié un magasin, moitié une maison d'habitation, répondit Jack. Je ne l'ai jamais vue moi-même, mais je crois que c'est une de ces vieilles constructions du temps où les négociants aimaient loger à l'endroit même de leurs affaires.

Il ouvrit un tiroir et en tira une clé portant une étiquette.

– Voici la clé, miss Thalia. Et puis-je vous demander si votre travail actuel vous plaît ?

Il lui avait fallu un certain courage pour poser cette question, car il était toujours fortement intimidé par la jeune fille.

Elle sourit légèrement.

– C'est assez amusant, dit-elle, et dépourvu de tentations. Je ne puis pas en dire grand-chose encore, n'ayant commencé que ce matin... Mais ce que je sais, continua-t-elle en se tournant vers le Chef de la Sûreté, c'est que je ne vous occasionnerai pas grande inquiétude, Mr Parr. Il n'y a là, pour tout objet de valeur, qu'un presse-papiers en argent. Le bureau est agencé à l'américaine, et il y a une glissière du bureau de Mr Yale jusqu'à la boîte générale de la maison. C'est très vexant.

Elle affectait un ton sérieux, mais il y avait une lueur malicieuse dans ses yeux.

– Vous êtes une bien énigmatique créature, lui dit Parr ; mais, tout compte fait, je suis convaincu qu'il y a encore du bon en vous.

Cette déclaration eut le don de faire rire la jeune fille jusqu'aux larmes. Jack lui-même se laissa gagner par cette joie contagieuse. Seul, Parr ne se dérida pas.

– Faites attention ! dit-il à Thalia qui, aussitôt, redevint sérieuse.

– N'ayez aucune crainte, répondit-elle, je serai très prudente, et, au moindre incident, je vous ferai appeler.

– Vous ferez bien, mais j'ai quelque doute, riposta le Chef de la Sûreté.

21

LA MAISON DU QUAI

Thalia rentra tout droit à son bureau et trouva Derrick Yale avec un monceau de lettres pêle-mêle devant lui.

– C'est la clé ? dit-il. Bien, merci. Je crois que je serai obligé de vous demander de répondre à toutes ces lettres... La plupart émanent de jeunes crétins qui voudraient apprendre le métier de détective privé sous ma direction. Vous trouverez par là une formule de réponse à ces sortes de lettres. Celle-ci est d'une dame... Dites-lui que je ne puis m'occuper d'affaires nouvelles...

Il prit la clé que sa secrétaire avait posée sur la table.

– Ah ! reprit-il. Vous avez vu Mr Parr ?

– Votre divination est effrayante, Mr Yale, dit-elle en riant. Oui, j'ai rencontré Mr Parr ; mais comment le savez-vous ?

Il secoua la tête en souriant.

– C'est très simple, dit-il, et je ne m'enorgueillis pas plus de cette faculté que vous de votre prédisposition à... compléter des collections.

Elle ne répondit pas tout de suite, puis déclara :

– Je me refais une conduite.

– Peut-être... En tout cas, vous m'intéressez... vous m'intéressez énormément, ajouta-t-il.

Puis, d'un signe de tête, il la renvoya.

Elle était plongée dans son travail, et sa machine cliquetait furieusement lorsque Yale entra dans son petit bureau.

– Essayez d'atteindre Mr Parr au téléphone, dit-il ; vous trouverez son numéro dans l'annuaire.

L'inspecteur Parr n'était pas à son bureau à ce moment-là, mais elle put l'atteindre une demi-heure plus tard et passa la communication à Yale. Elle l'entendit de l'autre côté de la porte entrebâillée :

– C'est vous, Parr ? Je vais aller perquisitionner dans la vieille maison Beardmore, sur les quais. Je soupçonne Brabazon de s'y être caché... Après le lunch ? Bien ! Je vous attends vers 2 h 30.

Thalia entendit tout cela et inscrivit quelques signes sténographiques sur son buvard.

À 2 h 30 précises, Parr arriva. Elle ne le vit pas, une entrée directe menant au bureau personnel de Yale, mais elle entendit et reconnut bien sa bonne grosse voix. Les deux hommes sortirent ensemble.

Elle attendit qu'ils se fussent éloignés, puis elle prit une formule télégraphique et y écrivit :

« Johnson 23 Mildred Street.

Derrick Yale est allé visiter la maison Beardmore sur les quais. »

Thalia Drummond pouvait avoir des défauts ; elle était en tout cas fidèle à ses engagements.

La vieille bâtisse qui s'élevait au bord du fleuve était l'image même de la désolation et de la ruine. Les pierres jusqu'à une certaine hauteur étaient vertes de mousse, la grille était disloquée, le petit jardin qui l'entourait s'était transformé en une véritable forêt vierge, et l'on ne reconnaissait plus même l'allée principale conduisant à la porte d'entrée.

À une extrémité du bâtiment se trouvait une sorte d'entrepôt ou de hangar en pierre. Durant la guerre, la bombe d'un avion ennemi en avait éraflé un coin, et les tuiles cassées, éparses, l'ouverture dans le toit, avaient été laissées telles quelles.

– Voilà un endroit très gai ! dit Yale en ouvrant la porte. N'est-ce pas le lieu tout indiqué pour notre élégant ami Brabazon ?

Le vestibule était poussiéreux. Des toiles d'araignée étaient suspendues partout. Tout était silencieux. Les deux détectives firent rapidement le tour de l'appartement, sans découvrir le signe d'une présence humaine.

– Il y a un grenier, dit Yale en désignant de sa canne une trappe située dans le plafond. Il appliqua à la paroi l'échelle qui servait à cet usage, y monta, poussa la trappe et entra dans le grenier. Parr l'entendit marcher un moment, puis Yale réapparut et descendit.

– Le grenier est vide, dit-il en rabaissant la trappe.

– Je ne m'attendais vraiment pas à trouver notre oiseau ici, répondit Parr.

Ils retraversèrent la jungle du jardin, tandis que de derrière une lucarne aux vitres poussiéreuses, une face blanche et barbue les épiait, en qui même un ami intime n'eût pas reconnu les traits du banquier Brabazon.

22

L'ENVOYÉ DU CERCLE

– Vous êtes un imbécile, Sir ! Je vous croyais un habile homme, mais vous n'êtes qu'un imbécile.

Mr Froyant était terriblement en colère et la grosse liasse de billets qui se trouvait sur sa table en était la cause. La vue d'une telle somme dont il allait falloir se séparer lui causait une vraie douleur.

Derrick Yale n'était pas susceptible.

– Vous avez peut-être raison, répondit-il, mais je fais mon métier comme je l'entends, Mr Froyant, et si, comme je le crois, cette jeune fille me met sur la piste du Cercle Rouge, il est tout indiqué de l'employer.

– Souvenez-vous de ce que je vous dis, s'écria le vieil avare avec véhémence, cette coquine fait partie de la bande. Vous verrez que c'est *elle* qui viendra chercher l'argent.

– Auquel cas, elle sera immédiatement arrêtée. Croyez-moi, Mr Froyant, je n'ai aucune intention de perdre ces billets de vue, mais si jamais le Cercle Rouge parvenait à s'en emparer j'en demeurerai responsable. Mon devoir est de vous protéger et de détourner de vous les coups du Cercle Rouge, dussé-je les recevoir à votre place.

– Bien, très bien, déclara Mr Froyant. C'est la bonne façon de voir les choses. Vous n'êtes pas aussi stupide que je le croyais. Faites à votre guise.

Il prit les billets de banque, les palpa encore amoureusement, les plaça dans une grande enveloppe qu'il tendit en soupirant au détective.

– Vous n'avez pas de nouvelles de Brabazon, je pense ? reprit Mr Froyant. Cet escroc m'a volé plus de deux mille livres que, sur son conseil, j'avais eu la sottise de mettre dans une affaire de Marl.

– Vous connaissiez Marl ? demanda Yale en se levant.

– Je sais seulement que c'était une canaille.

– Mais... sur ses antécédents, son passé ?

– Il était venu de France, je crois, répondit Froyant. Je sais peu de choses sur lui. C'est James Beardmore qui me l'avait présenté. J'ai entendu dire qu'il avait été compromis en France dans des spéculations immobilières et qu'il avait même fait de la prison, mais je n'ai jamais prêté grande attention à ces commérages. Il m'a été utile à un certain moment et j'ai fait de beaux bénéfices avec plusieurs de ses affaires.

Mr Yale sourit. En de telles circonstances, pensait-il, Mr Froyant aurait bien pu pardonner à Marl une légère perte.

En rentrant à son bureau, il trouva Parr et le jeune Beardmore qui l'attendaient. Il ne s'attendait pas à la visite de ce dernier, et devina ce qui l'attirait réellement chez lui. Il expliqua aussitôt l'absence de sa secrétaire.

– J'ai donné congé à miss Drummond, dit-il à Parr. Je crois préférable de ne pas l'exposer à... tout ce qui pourrait arriver ici cet après-midi... et au danger que vous êtes vous-même prêt à affronter, ajouta-t-il en regardant Mr Beardmore.

– Je serais déçu s'il n'arrive rien, riposta vivement le jeune homme.

– Quel est votre plan ? demanda Parr.

– Je me retirerai dans mon bureau quelques minutes avant l'heure fixée. Les deux portes de cette pièce, celle qui donne dans le corridor et celle qui s'ouvre sur le bureau de miss Drummond, seront fermées à clé. Vous demeurerez dans ce petit bureau et fermerez la porte du mien de votre côté. Dès que vous entendrez frapper à la porte donnant sur le corridor et qu'elle se sera ouverte, vous saurez que l'envoyé est arrivé, et dès que la porte se refermera, vous irez dans le corridor.

Parr acquiesça d'un geste.

– C'est très simple, dit-il.

Puis, il alla à la fenêtre, se pencha et agita son mouchoir.

– Je vois, dit Yale en souriant, que vous avez pris toutes vos précautions. Combien d'hommes avez-vous ?

– Quatre-vingts. L'immeuble est, je crois, complètement cerné.

– Bien. Rappelons-nous cependant que le Cercle Rouge peut fort bien se contenter d'envoyer un simple commissionnaire qui ne serait nullement au courant de ce dont il s'agit. Dans ce cas, il faudrait le faire suivre. Je veux que l'argent arrive entre les propres mains du chef du Cercle Rouge, c'est essentiel.

– D'accord, dit Parr. Je crois bien qu'en effet ce gentleman ne viendra pas lui-même. Puis-je voir votre bureau particulier ?

Il inspecta cette pièce à fond. Elle n'avait qu'une fenêtre ; dans un angle se trouvait une grande armoire que Mr Parr ouvrit : elle ne contenait qu'un grand manteau suspendu à un crochet.

– Si cela vous est égal, dit le Chef de la Sûreté à Yale, retirez-vous un moment dans le petit bureau ; je voudrais me mettre bien dans l'esprit la disposition des lieux, et n'importe quelle présence me gêne... Merci, je ferme la porte.

Yale se retira en riant. Mr Parr referma la porte sur lui, puis ouvrit la porte qui donnait sur le corridor. On l'entendit la refermer presque aussitôt, faire quelques pas, puis dire :

– Vous pouvez revenir, j'ai vu tout ce que je voulais voir.

Le bureau de Yale était simple, mais confortable. Une cheminée sans feu, malgré la fraîcheur, en occupait un côté.

– Je n'attends guère qu'on arrive par la cheminée, fit Yale gaiement en suivant la direction des regards de Parr. Je ne fais d'ailleurs jamais de feu ; je suis un de ces heureux mortels au sang chaud qui n'ont jamais froid.

Jack, très intéressé, prit le petit browning qui se trouvait sur la table du détective.

– Attention, fit Yale, la détente est sensible.

Le détective sortit la liasse de billets de banque de sa poche et la posa à côté de l'arme, puis il regarda sa montre.

– Et maintenant, dit-il, nous agirons sagement en prenant nos positions respectives.

Il alla tourner la clé de la porte du corridor.

– Cela devient intéressant, dit Jack Beardmore à voix basse, comme un conjuré.

– J'espère que cela ne le sera pas trop, lui répondit Yale.

Parr et le jeune homme se retirèrent dans le petit bureau et fermèrent à clé la porte de communication avec le bureau de Yale.

Jack s'assit, sans y songer, sur le tabouret que Thalia devait occuper devant sa machine à écrire, puis, s'en rendant compte, il sursauta.

Thalia était-elle vraiment membre du Cercle Rouge ? Il se posait pour la millième fois cette douloureuse interrogation, sans oser demander l'opinion de l'inspecteur Parr qui avait déjà paru la soupçonner. Jack serra les dents. Il ne pouvait ni ne voulait en croire ses propres yeux, ni l'évidence même. Loin de s'affaiblir, l'emprise de la jeune fille sur son cœur s'était fortifiée. Elle était une créature exceptionnelle, et si elle avait commis...

À ce moment, ses yeux rencontrèrent les regards de Parr fixés sur lui...

– Je n'ai aucune prétention à la psychométrie, lui dit le Chef de la Sûreté, mais je gagerais que vous pensez maintenant à Thalia Drummond.

– En effet, admit le jeune homme. Voyons, Mr Parr, la croyez-vous réellement aussi compromise qu'elle le paraît ?

– Si vous faites allusion au vol de la statuette d'or chez Mr Froyant, je vous répondrai qu'il n'est pas question pour moi d'y croire ou non, j'en suis certain.

Jack garda le silence. Il n'espérait certes jamais convaincre l'épais inspecteur de l'innocence de la jeune fille et d'ailleurs, il reconnaissait que c'était folie, puisqu'elle avait avoué elle-même son larcin.

– Vous feriez mieux de garder le silence, leur dit Yale à travers la porte.

Ils ne bougèrent ni ne parlèrent plus ; ils entendirent le détective faire quelques pas, puis plus rien. L'heure approchait. Parr sortit sa montre et la mit sur la table. Elle marquait 3 h et demie. Il resta parfaitement immobile, la tête inclinée, dans une attitude attentive.

Alors, un bruit se fit entendre dans le bureau de Yale, un choc sourd, comme si le détective s'était assis lourdement.

Parr se leva.

– Qu'y a-t-il ?

– Rien, répondit Yale ; j'ai trébuché... Restez tranquille.

Ils attendirent encore cinq minutes, puis Parr appela :

– Ça va, Yale ?

Pas de réponse.

– Yale ! cria-t-il alors de toutes ses forces, m'entendez-vous ?

N'obtenant pas davantage de réponse, il se précipita à la porte de communication, l'ouvrit, et, suivi de Jack, entra dans le bureau...

Le spectacle qui les attendait eût stupéfait un policier encore plus endurci que le Chef de la Sûreté : garrotté étroitement, des menottes aux poignets, le visage recouvert d'un linge, Derrick Yale gisait sur le parquet. La fenêtre était ouverte, et une forte odeur d'éther et de chloroforme imprégnait l'atmosphère. La liasse de billets de banque avait disparu.

Trois secondes plus tard, un vieux facteur sortait du hall de l'immeuble, avec son sac de lettres sur l'épaule. Les forces de police qui surveillaient les abords le laissèrent passer sans rien lui demander.

23

UNE FEMME DANS UNE ARMOIRE

L'inspecteur Parr se pencha et enleva le linge qui couvrait la face du détective ; celui-ci ouvrit les yeux et jeta des regards hébétés tout autour de lui.

– Qu'est-il arrivé ? demanda-t-il d'une voix pâteuse.

Mais Parr tout occupé à ouvrir ses menottes ne lui répondit pas tout de suite. Enfin, les anneaux de métal tombèrent sur le parquet, tandis que Jack Beardmore coupait les liens qui entravaient les jambes de Yale.

Ils le relevèrent et l'installèrent dans un fauteuil. Il respirait avec peine et, se passant la main sur le front, il répéta encore :

– Qu'est-il arrivé ?

– C'est ce que je voudrais bien savoir, dit le Chef de la Sûreté. Par où sont-ils passés ?

Yale secoua la tête :

Je ne sais pas, je ne me rappelle pas. La porte est-elle fermée ?

Jack courut à la porte donnant sur le corridor : elle était fermée à clé, et celle-ci se trouvait à l'intérieur. L'agresseur n'avait pu passer par là, mais la fenêtre était ouverte, et c'était la première chose que Parr avait vue en entrant. Il y courut et regarda au dehors ; elle était bien à une trentaine de mètres au-dessus du sol et il n'y avait rien à l'extérieur, aucune corniche, aucun crampon de fer, qui eût pu faciliter la fuite d'un homme.

– Je ne sais pas ce qui s'est passé, dit Yale lorsqu'il eut repris ses sens. J'étais tranquillement assis devant ma table lorsque tout à coup un linge m'a été projeté sur la figure, tandis que deux mains me saisissaient aux épaules avec une force dont je n'aurais jamais cru capable un être humain. Avant d'avoir pu me débattre ou jeter un cri, j'avais perdu conscience.

– M'avez-vous entendu appeler ? demanda Parr.

L'autre secoua la tête.

– Pourtant, Mr Yale, expliqua Jack Beardmore, nous avons entendu un bruit sourd, et Mr Parr vous a demandé à travers la porte ce que c'était. Vous avez répondu que vous aviez seulement trébuché.

– Ce n'était pas moi, dit Yale ; je ne me souviens de rien depuis le moment où le linge s'est abattu sur ma tête jusqu'à ce que vous me délivriez.

Parr était revenu auprès de la fenêtre ; il l'ouvrit et la referma à plusieurs reprises, puis regarda attentivement le seuil ; et, lorsqu'il se retourna, un large sourire éclairait sa physionomie.

– C'est bien l'agression la plus hardie et la plus habile que j'aie jamais vue, dit-il.

La vieille antipathie de Jack pour le gros policier se réveilla quelque peu.

– Je ne trouve pas que ce soit particulièrement habile, dit-il ; le malfaiteur a presque tué Yale et s'est enfui.

– Je dis que toute l'affaire a été conduite d'une façon particulièrement habile, et je le maintiens, affirma solidement Parr. Et maintenant, je vais voir en bas ce que mes hommes peuvent avoir à me rapporter.

Les agents postés dans le hall et dans la rue n'eurent absolument rien à rapporter à leur chef. Ils n'avaient vu personne entrer dans l'immeuble excepté le facteur.

– Excepté le facteur ! Ah ! dit Parr. Mais oui, bien sûr. Très bien, sergent, vous pouvez disposer.

Il prit l'ascenseur et rejoignit Yale.

– L'argent est parti et bien parti, lui dit-il. Je ne vois rien d'autre à faire que de remettre mon rapport à la Préfecture.

Yale avait retrouvé son état normal et demeurait assis à son bureau, la tête dans les mains.

– Eh bien, dit-il, cette fois, c'est moi qui suis en faute, et l'on ne peut rien vous reprocher, Mr Parr. Je suis encore en train de me demander comment on a pu entrer par la fenêtre et m'atteindre sans faire le moindre bruit.

– Vous tourniez le dos à la fenêtre ?

– Oui, je n'aurais jamais songé qu'on pût passer par là ; je m'étais assis de façon à bien voir les deux portes.

– Vous tourniez aussi le dos à la cheminée ?

– Ils n'ont pas pu entrer par là, répondit le détective. Ah !

c'est bien là le plus grand mystère de ma carrière, un mystère encore plus étonnant que celui du Cercle Rouge lui-même... Et puis, il me faut maintenant aller avouer à ce pauvre vieux Froyant que son argent s'est envolé ; ça ne va pas être drôle, et si vous étiez gentil, vous m'accompagneriez. Il va être dans une colère épouvantable.

Ils sortirent tous ensemble. Yale referma soigneusement ses portes et mit les clés dans sa poche.

La colère de Mr Froyant fut en effet épouvantable, effroyable au-delà de toute mesure.

– Vous m'aviez dit, vous m'aviez en fait promis, hurla-t-il, que l'argent me serait rendu tout de suite, et vous me revenez les mains vides, avec une histoire de brigand, un conte à dormir debout ! C'est monstrueux ! Où étiez-vous donc à ce moment-là, Mr Parr ?

– De l'autre côté de la porte, répondit le Chef de la Sûreté qui ne pouvait s'empêcher de sourire. Et le récit de Mr Yale est exact.

Sans qu'on ait pu s'y attendre au milieu d'une telle explosion de rage, la voix de Mr Froyant se calma subitement :

– Fort bien, dit-il sèchement. Le Cercle Rouge a l'argent, et c'est tout. Je vous remercie, Mr Yale. Veuillez m'envoyer votre note.

L'entretien prit fin sur cette soudaine conclusion. Les deux détectives prirent congé et se hâtèrent de rejoindre Jack Beardmore qui les attendait en faisant les cent pas sur le trottoir.

– Eh bien ! fit Parr, voilà un homme capable après tout de se maîtriser. J'ai cru un moment qu'il allait en venir aux mains, et puis, crac, il a repris son sang-froid. Avez-vous remarqué ce changement de ton, Yale ?

– Oui, dit Yale d'un air rêveur.

C'est que le subit radoucissement de Mr Froyant l'avait frappé aussi, quoique d'une autre façon que Parr, et un doute terrible s'était alors emparé de son esprit.

– Maintenant, reprit Parr jovialement, puisque je vous ai aidé à supporter le choc ici, voulez-vous me rendre le même service à la Préfecture ? Je n'y jouis pas de la même faveur que vous. Allons ensemble faire rapport au Préfet.

Le bureau de Derrick Yale était demeuré tel que les trois hommes l'avaient laissé. Le silence y régnait. Dix minutes s'étaient écoulées depuis leur départ, lorsqu'un léger grincement de serrure se fit entendre ; lentement, la grande armoire située dans un coin de la pièce s'ouvrit à deux battants. Thalia Drummond en sortit. Elle referma soigneusement l'armoire ; elle demeura un instant debout au milieu de la pièce, plongée dans ses pensées, puis elle sortit une clé de sa poche, ouvrit la porte donnant sur le vestibule, la referma également à clé et sortit. Elle ne demanda pas l'ascenseur, mais prit au bout du corridor un passage donnant sur d'étroits escaliers qui permettaient l'accès à la loge du concierge. De là, elle passa dans la cour intérieure de l'immeuble, et enfin dans la rue où elle se perdit dans la foule.

24

Dix mille livres de récompense

« La Fédération des Banques d'Angleterre offre une prime de dix mille livres en récompense de toute information qui permettra l'arrestation du principal membre ou chef de la bande connue sous le nom de Cercle Rouge. En outre, la Fédération susdite a reçu l'assurance du Gouvernement que n'importe quelle personne affiliée à cette bande, autre que son chef susdit, ne sera nullement inquiétée pour ses crimes et délits, à condition qu'elle apporte tout renseignement nécessaire à l'arrestation et à la condamnation du chef ou meneur du Cercle Rouge. »

Cette affiche imprimée en grands caractères rouges se trouvait partout, dans toutes les stations d'omnibus, dans tous les bureaux de poste, aux abords de toutes les gares.

Derrick Yale la vit en rentrant à son bureau et se demanda quel serait son effet sur les comparses du Cercle.

Thalia Drummond la lut du haut d'un autobus qui s'arrêtait au coin d'une rue, et elle sourit.

Mais ce fut Mr Froyant que l'affiche parut frapper le plus. En la lisant, la couleur lui revint aux joues et ses yeux se mirent à briller. Il se rendait à son bureau, mais après avoir vu l'annonce de la Fédération des Banques, il retourna précipitamment chez lui et ressortit de son tiroir la liste des numéros des billets dont le Cercle Rouge s'était emparé. Il en avait pris note avec patience et presque avec amour.

De ses propres mains, il recopia cette liste, ce qui l'occupa une bonne partie de la matinée. La copie une fois achevée, il écrivit une lettre, y joignit la nouvelle liste de numéros, l'adressa à une firme d'agents d'affaires spécialisés dans la recherche des valeurs volées ou perdues, et alla lui-même mettre son pli à la poste.

La maison Hegitt avait déjà rendu de bons services à Mr Froyant et, dès le lendemain, son chef, Mr James Hegitt, petit homme affligé d'un reniflement chronique, se présenta chez le millionnaire.

Le nom d'Hegitt n'était pas de ceux qui sont universellement respectés et dont on parle comme d'un parangon de vertu professionnelle ; mais sa maison était des plus prospères, et inattaquable quoique plusieurs de ses clients fussent sinon en marge de la loi, du moins très près de cette marge. Malgré tout, les financiers les plus éminents entretenaient de bons rapports avec les Hegitt, car, d'une façon ou d'une autre, ces hommes d'affaires réussissaient souvent à retrouver les gentlemen porteurs occasionnels de valeurs « perdues », et à restituer celles-ci à leur propriétaire légitime dans la plupart des cas sans aucun scandale.

– J'ai reçu votre lettre, dit le petit Hegitt à Mr Froyant et je puis vous dire tout de suite que les billets dont vous m'avez donné la liste ne vont apparemment pas passer par les mêmes voies que d'habitude en pareil cas. (Il s'arrêta, renifla et poursuivit :) Le plus fort dépositaire et changeur de tous a disparu, et je ne le calomnie nullement en parlant ainsi de lui.

– Qui était-ce ?

– Brabazon.

– Brabazon ! Le brillant banquier en fuite ?

– Parfaitement. C'était le plus gros négociant en valeurs volées de tout Londres. Vous comprenez, cela cadrait avec ses autres affaires, notamment avec celles qu'il faisait à l'étranger. Il écoulait facilement au loin les papiers frappés d'opposition.

Changeant et rechangeant constamment de grosses sommes pour l'exportation, cela allait très bien. Cependant, cela a mal fini. Nous savons d'où est venu ce coup... (Il se corrigea aussitôt :) Et quand je dis que nous le savons, vous comprendrez qu'il s'agit pour nous de simples indices, et non de preuves matérielles que notre qualité d'agréé aux tribunaux nous eût alors obligés à dénoncer. Non, tout cela est extrêmement délicat et nuancé. Quant à vos billets, je crains qu'il ne soit difficile d'en dépister la trace. Beaucoup de billets volés vont aux champs de courses, au Pari Mutuel, d'autres à l'étranger, où des affiliés les changent facilement... Vous dites que c'est le Cercle Rouge qui est en cause ?

– Oui. Avez-vous jamais eu quelque affaire ou relation avec ces gens-là ?

– Non. Je sais seulement qu'ils sont extrêmement habiles. Il est fort possible que Brabazon ait été leur homme et les ait servis, consciemment ou non. En ce cas, ils pourraient être actuellement dépourvus de dépositaire, car c'est assez difficile à trouver. Que dois-je faire si je parviens à découvrir quelque trace de vos billets ?

– J'aimerais que vous m'en avertissiez immédiatement, moi seul et personne d'autre. Vous comprenez que si le Cercle Rouge apprend que je cherche vigoureusement à remettre la main sur cet argent, ce peut être une question de vie ou de mort pour moi.

L'homme d'affaires s'inclina. Le Cercle Rouge l'intéressait sans doute, car il continua à converser assez longuement avec Mr Froyant, sans que celui-ci vît où il voulait en venir.

– Ces bandes, expliqua Mr Hegitt, ont adopté des méthodes nouvelles, du moins ici. En Italie, des organisations analogues à la mafia se sont longtemps spécialisées dans ces demandes d'argent sous menace de mort. Mais pareilles manœuvres semblaient impossibles en Angleterre. Le plus extraordinaire est la remarquable fidélité des membres du Cercle Rouge. Jamais de traîtrise, jamais de dénonciation !... Je croirais volontiers, reprit-il après une seconde de méditation, qu'il y a là un seul homme, qui en emploie plusieurs, leur assigne à chacun sa tâche, mais sans qu'ils se connaissent entre eux. Et même, les comparses et sous-ordres ne doivent pas non plus savoir qui les emploie. Sans quoi, l'un ou l'autre l'eût trahi depuis longtemps.

Mr Hegitt se leva.

– À propos, reprit-il avant de quitter Mr Froyant, connaissiez-vous Mr Félix Marl ? Un certain Barnet a forcé son coffre la nuit même où il mourait... de cette étrange façon...

Tout ce qui se rapportait à Marl intéressait fort Mr Froyant.

– Oui, répondit-il. Pourquoi ?

– C'était un étrange personnage, répondit Hegitt en souriant. Il avait fait partie d'une association d'escrocs qui opéraient dans les milieux financiers français. Son notaire est venu me voir aujourd'hui. Une madame Marl réclame son héritage et a laissé deviner la vérité : Marl et un certain Lightman avaient fait fortune en France, après avoir commis plusieurs crimes. Marl bénéficia d'un manque de preuves, mais Lightman, je crois, passa à la guillotine.

– Quelle belle âme il devait avoir, ce Marl ! s'écria ironiquement Mr Froyant.

– Oh... quelle belle âme nous aurions tous si on pouvait y lire ! répliqua l'homme d'affaires.

Mr Froyant garda le silence, car il se vantait toujours d'avoir une vie où l'on pouvait lire comme en un livre... mais il aurait dû ajouter « un livre de comptes ».

Ainsi, Brabazon n'était au fond qu'un receleur, et Marl un assassin ! Mr Froyant se demanda comment ce dernier avait pu échapper au très long emprisonnement auquel il avait certainement dû être condamné, et il se félicita de n'avoir pas été volé davantage par ce criminel endurci.

Il s'habilla et alla dîner à son cercle. Sa voiture ayant dû ralentir au coin d'une rue, il revit l'affiche promettant dix mille livres au dénonciateur du Cercle Rouge, et cela lui rappela qu'il possédait cinquante mille livres de moins que la veille.

... « Dix mille livres de récompense, marmotta-t-il. Bah ! Qui oserait ? Pas même Brabazon ! »

Mais il ne connaissait pas Brabazon.

25

Le locataire de la maison du quai

Mr Brabazon mangeait lentement un morceau de pain et de fromage au fond du triste grenier de la maison du quai. Il portait encore le smoking qu'il revêtait le soir où il avait manqué d'être arrêté, mais l'habit de bonne coupe était maintenant tout taché, sa chemise blanche était devenue grise, son faux col avait disparu et son aspect lamentable n'était pas amélioré par une barbe de quinze jours qui le vieillissait de dix ans.

Ayant achevé son maigre repas, il ouvrit la lucarne et jeta les miettes au dehors, puis, soulevant la trappe, il descendit à l'arrière-cuisine de la maison. Il n'avait ni linge ni savon, mais il essaya de s'en passer et s'essuya le visage avec l'un des deux mouchoirs de poche qu'il avait sur lui au moment de sa fuite. En fait, à part un léger pardessus et un chapeau, il n'avait apporté dans sa retraite forcée que les habits qu'il avait sur le dos.

Les provisions qu'un inconnu lui avait apportées un soir étaient maintenant presque épuisées, et il se sentait à bout de résistance nerveuse. Une dizaine de jours dans la solitude d'un grenier, l'appréhension constante d'une visite, la certitude d'une condamnation en cas de surprise, avaient suffi à abattre le courage d'un homme.

Il s'était dissimulé derrière la porte d'une mansarde située immédiatement au-dessous du grenier lors de la visite de Yale, et le souvenir du danger couru en cette circonstance le hantait sans cesse.

Il s'installa le plus confortablement possible pour la nuit dans un vieux fauteuil qu'il avait découvert au rez-de-chaussée. L'inconnu qui lui avait donné l'éveil une heure avant l'arrivée de la police à son domicile, et qui lui avait déjà apporté des provisions, ne tarderait sans doute pas à revenir. Brabazon y songeait justement lorsqu'il entendit une clé glisser dans la serrure de la porte d'entrée. Il se leva et, à pas feutrés, regagna l'échelle du grenier. Il soulevait la trappe, lorsqu'il entendit une voix dire :

– Redescendez !

Il obéit. Il était habitué à l'obscurité et se dirigea vers le couloir encore plus sombre que le reste de la maison et où il avait eu sa précédente entrevue avec son étrange visiteur.

– Restez où vous êtes, lui dit la voix au moment où il arrivait au premier étage. Je vous apporte des provisions et des vêtements. Vous trouverez dans ce paquet tout ce qu'il vous faut. Vous vous raserez et vous ferez un peu plus présentable.

– Après cela, que dois-je faire ? demanda Brabazon.

– Je vous ai retenu une cabine sur le steamer qui part après-demain des quais Victoria pour la Nouvelle-Zélande. Vous trouverez également votre billet et votre passeport dans le paquet. Maintenant, écoutez. Vous ferez tomber votre moustache et vous vous raserez aussi les sourcils ; c'est ce qu'il y a de plus remarquable dans votre physionomie.

Brabazon se dit que l'inconnu devait l'avoir vu auparavant et, portant la main à ses sourcils, il reconnut que son mystérieux visiteur avait raison.

– Je ne vous ai pas apporté d'argent, continua l'étrange personnage. Vous avez les soixante mille livres que vous avez volées à Marl, lors de la clôture de son compte, en ne lui remettant que de faux billets. Car vous saviez que j'allais supprimer cet individu... ce que j'ai fait.

– Qui êtes-vous donc ? bégaya Brabazon.

– Je suis le Cercle Rouge. Ne m'en demandez pas davantage. Nous nous sommes déjà rencontrés...

– Oui... oui... balbutia encore le banquier éperdu. Je crois que je deviens fou ici. Quand dois-je quitter la maison ?

– Vous pourrez sortir demain. Attendez la tombée de la nuit. Votre bateau ne part que le lendemain matin, mais vous pourrez vous rendre à bord dès demain soir.

– Mais ne va-t-on pas m'interroger longuement lorsque je monterai à bord ? N'est-ce pas trop dangereux ?

– Vous ne courez absolument aucun risque, repartit la voix... Maintenant, donnez-moi votre argent.

– Mon argent ?

– Oui, tout.

Il y avait une telle autorité et de telles menaces dans cette voix que Brabazon obéit.

Deux grosses liasses de billets passèrent entre les mains gantées du visiteur, qui, en échange, lui tendit une autre liasse.

Au toucher, les doigts experts du banquier lui révélèrent que c'étaient des billets de banque neufs.

– Vous changerez cela à l'étranger, dit l'homme.

– Ne pourrais-je sortir dès ce soir ? plaida Brabazon. Cette maison me soulève le cœur.

Le Cercle Rouge dut réfléchir un moment car il ne répondit pas tout de suite.

– Eh bien, si vous voulez, dit-il enfin, mais rappelez-vous que c'est un peu risqué. Maintenant, remontez.

L'ordre était si péremptoire que Brabazon ne songea pas à le discuter.

Il entendit la porte se refermer et, de derrière sa lucarne, il vit une ombre se glisser dans le jardin puis dans la rue...

Il redescendit aussitôt et, à tâtons, chercha le paquet que son visiteur lui avait apporté. Il le trouva et l'apporta à l'arrière-cuisine où il pouvait allumer sans trop d'appréhension une bougie dénichée dans un recoin de la vieille maison. D'abord il compta l'argent reçu en échange du sien. C'étaient des billets neufs, mais de toutes séries et sans suite de numéros, tandis que les siens se suivaient.

Il était fort correct lorsqu'il sortit avec précaution de son refuge. Sans moustache ni sourcils, il eût pu passer sans encombre devant plusieurs agents qui avaient son signalement dans leur poche.

Il prit une chambre dans un petit hôtel voisin de la gare d'Euston et se coucha immédiatement. C'était sa première nuit calme depuis sa fuite.

Il passa la journée entière du lendemain dans sa chambre mais, à la nuit, il se risqua au dehors après un petit dîner solitaire. Il reprit confiance en voyant qu'il passait vraiment inaperçu et commença à espérer qu'il affronterait victorieusement l'interrogatoire de la police maritime. Il choisit cependant les rues les moins fréquentées et, se trouvant aux abords du Muséum, il aperçut une affiche tout imprimée en rouge qu'il eut la curiosité de lire...

Ce faisant, il lui vint une idée. Dix mille livres et l'amnistie complète ! D'autre part, aucune certitude de pouvoir fuir en sécurité sur ce bateau, et même alors, que deviendrait-il en Nouvelle-Zélande ? Il y mènerait à coup sûr une vie de chien, surtout lorsqu'il n'aurait plus d'argent. Dix mille livres et la liberté ! Personne ne saurait jamais ce qui était advenu du dépôt de Marl. Il pourrait le déposer dès le lendemain dans le coffre d'une banque, puis il irait droit à la Préfecture de Police où il apporterait sans doute assez d'informations pour permettre la capture du Cercle Rouge.

– Je ferai cela ! dit-il à haute voix.

– Et vous aurez bien raison, dit quelqu'un à ses côtés.

Il leva les yeux. Un gros homme, d'aspect débonnaire, s'était approché de lui sans bruit. Il le reconnut aussitôt.

– Mr Parr ! s'écria-t-il.

– Lui-même, répondit le Chef de la Sûreté. Maintenant, Mr Brabazon, voulez-vous faire gentiment quelques pas avec moi ? Je vous avertis d'ailleurs qu'il serait inutile de faire de la résistance.

Lorsqu'ils arrivèrent au commissariat ils virent sortir une femme en qui le pauvre Brabazon, tremblant, ne reconnut pas l'une de ses anciennes employées.

– Vous pouvez vous épargner beaucoup d'ennuis, lui expliqua Parr, en me disant tout ce que vous savez. Quant à moi, je puis vous rappeler, au cas où vous l'auriez déjà oublié, que vous avez passé la nuit et la journée à l'hôtel Bright, route d'Euston, que votre cabine est retenue au nom de Thomson sur l'Itinga qui part demain pour la Nouvelle-Zélande...

– Ciel ! s'écria Mr Brabazon, comment avez-vous appris tout cela ?

L'inspecteur Parr ne le renseigna point. D'ailleurs le banquier n'avait pas l'intention de tromper la police. Il dit tout ce qu'il savait, particulièrement tout ce qui s'était passé entre le moment où un mystérieux coup de téléphone lui avait appris l'imminence de son arrestation jusqu'au moment où le policier lui avait mis la main sur l'épaule.

– Vous êtes donc resté dans cette vieille maison tout le temps, dit Parr d'un air songeur ; mais comment avez-vous fait pour ne pas être vu de Mr Yale lorsque nous avons fait notre perquisition ?

– Ah ! c'était Yale ! fit Brabazon. Je croyais que c'était vous qui étiez monté au grenier. Eh bien ! au fond du corridor, il y a une sorte de réduit ; j'étais là, et je me suis borné à me mettre derrière la porte qui s'ouvrait à l'intérieur. Il n'a fait qu'ouvrir et jeter un coup d'œil...

– Ainsi Yale avait raison ; vous étiez dans cette maison. Maintenant, Brabazon, qu'avez-vous à déclarer d'autre ?

– Je veux dire tout ce que je sais sur le Cercle Rouge, et je crois que cela permettra de l'arrêter mais il y faudra du doigté !

Le banquier reprenait un peu de son ancien aplomb à ce qu'observa Parr. Il poursuivit ainsi :

– Je vous ai dit qu'il avait pris mes billets de banque et m'en avait donné d'autres en échange. Or ces derniers ne se suivent nullement tandis que les miens étaient tous de série E. 19, et je pourrais en indiquer tous les numéros...

– Ce devait être l'argent de Froyant, dit Parr. Continuez.

– Il n'osait pas changer des billets qu'on avait dû frapper d'opposition ; mais les miens, il les changera, et comme je vous en donne les numéros, vous voyez quel atout cela vous apporte !

L'inspecteur demeurait un peu sceptique à ce sujet. Néanmoins, il téléphona à Mr Froyant ce qu'il venait d'apprendre.

– Vous avez retrouvé l'argent ! s'écria Mr Froyant. Apportez-le moi le plus tôt possible !

– Je le ferais avec le plus grand plaisir, répondit Parr, mais je dois vous informer que si j'ai retrouvé une somme d'argent égale à celle qui vous a été volée, ce n'est pas *votre* argent, ce ne sont pas *vos* billets.

Quelques heures après, en la présence de Mr Froyant, les billets de banque de Brabazon furent examinés. Le millionnaire ne cacha pas son désappointement. Il avait cru rentrer en possession immédiate de son argent, et il lui fallait déchanter. Il en prit enfin son parti mais, sur le point de quitter l'inspecteur, il lui demanda tout à coup :

– Avez-vous les numéros des billets que Brabazon a donnés à son mystérieux visiteur ?

– Les voici, répondit Parr.

Et Mr Froyant les nota soigneusement.

26

LA BOUTEILLE DE CHLOROFORME

Thalia Drummond était en train d'écrire une lettre lorsqu'on sonna à sa porte. Elle alla ouvrir elle-même, ayant donné congé à sa domestique ce soir-là. Certes, Milly Macroy était bien la dernière personne qu'elle s'attendît à voir, mais elle ne témoigna aucunement sa surprise et la fit entrer en souriant.

– Quel palais, ma chère ! s'écria Milly en jetant des regards admiratifs autour d'elle. Vous savez vous y prendre, vous ; en tout cas mieux que le pauvre Flush !

– Comment va-t-il, cet excellent Flush Barnet ? demanda Thalia assez froidement.

La physionomie de la visiteuse s'assombrit.

– S'il vous plaît, dit-elle durement, ne parlez pas de lui sur ce ton. Il est pour le moment où vous devriez être *vous*, car vous étiez dans l'affaire aussi bien que lui.

– Ne vous emballez pas, quittez votre chapeau, asseyez-vous et causons gentiment.

Milly marmotta quelques mots indistincts mais s'assit sur le fauteuil que lui offrait Thalia.

– C'est à propos de Flush que je suis venue vous voir, reprit-elle. Il paraît qu'il est vaguement question de l'inculper du meurtre de Marl, et vous savez que ce n'est pas lui.

– Je sais, je sais ! Et comment le saurais-je ? Je ne savais même pas qu'il se trouvait dans la maison ; ce sont les journaux qui me l'ont appris. Ils ont des moyens d'information merveilleux, ces journaux !

Mais Milly n'était pas venue voir Thalia pour discuter des progrès de la presse moderne. Elle ne se laissa pas détourner de son sujet qui était, naturellement, le sort de son ami Flush.

– Thalia, dit-elle, je ne veux pas me disputer avec vous.

– J'en suis ravie... mais je ne vois pas à quel sujet nous aurions pu nous disputer.

– Le sujet serait venu assez vite, dit Milly ironique. Mais là n'est pas la question : il s'agit de savoir ce que vous allez faire en faveur de Flush. Vous êtes au mieux avec tous ces gros bonnets de la Préfecture, vous travaillez pour Yale. Et c'est Yale qui a expliqué toute l'affaire de la mort de Marl à Parr. Parr n'est pas assez intelligent pour avoir trouvé cela tout seul. Puisque vous êtes chez Yale...

– Ne me faites pas rire, Milly. Je suis chez Yale, oui, mais je fais sa correspondance et je tiens sa table en ordre, c'est tout. Quant aux gros bonnets dont vous parlez, je voudrais savoir quels ils sont. Comment voulez-vous que je fasse quelque chose pour votre Flush ?

– Vous pourriez servir la vieille histoire ; elle est toujours bonne : raconter à Mr Parr que Flush a un fort « béguin » pour vous, qu'il est très jaloux et qu'il vous a suivie cette nuit-là jusque dans la maison de Marl, d'où il n'a plus pu sortir.

– Et ma réputation ? fit Thalia froidement. Non, non, Milly, il vous faut trouver quelque chose d'autre, de plus convenable. D'ailleurs, d'après ce que j'ai entendu dire à Mr Yale ce matin, je ne crois pas qu'on accuse Flush de ce meurtre.

Elle se leva et se mit à aller et venir lentement dans la chambre, les mains derrière le dos.

– Et puis enfin, reprit-elle, en quoi votre ami m'intéresse-t-il ? Pourquoi devrais-je parler en sa faveur.

– Je vais vous dire pourquoi. (Milly Macroy se leva aussi et poursuivit :) Parce que l'affaire Brabazon va venir en jugement et rien ne m'empêche d'aller déposer à la barre et de dire clairement comment vous vous procuriez facilement de l'argent lorsque vous travailliez chez Brabazon. Ah ! cela vous touche miss !

– L'affaire Brabazon va être jugée ! dit Thalia lentement. Pourquoi ? A-t-on pris Brabazon ?

– Oui, hier soir. C'est Parr qui l'a arrêté. Je me trouvais au commissariat pour demander des nouvelles de l'argent que Flush devait me laisser, lorsqu'on a amené le banquier.

– Pauvre vieux Brabazon ! fit Thalia.

Milly l'épiait sous ses paupières à demi baissées ; elle ne l'avait jamais aimée, mais à cette heure elle la haïssait ; elle la craignait aussi, car il y avait en elle une sorte de force sinistre et glacée.

– Je ferai ce que je pourrai pour Mr Barnet, dit enfin Thalia, non que j'aie peur de ce que vous diriez au tribunal, car ce n'est guère à la barre des témoins que je vous vois, Milly, c'est à une autre place ; mais je le ferai parce que je sais que le pauvre petit est innocent de ce meurtre. J'en parlerai à Mr Yale ; je ne sais pas si cela aura un résultat quelconque, mais enfin je tâcherai d'avoir un entretien confidentiel avec lui, si l'occasion s'en présente.

– Merci, dit Milly, un peu plus aimable qu'au début, et elle se mit à manifester son admiration pour le logis de Thalia.

Celle-ci lui montra les autres pièces de l'appartement.

– Et ici ? interrogea Milly devant une dernière porte.

– C'est la cuisine, répondit Thalia sans manifester la moindre velléité d'ouvrir.

La visiteuse eut un regard soupçonneux.

– Vous avez caché là un ami ? s'écria-t-elle.

Et avant que Thalia eût pu l'en empêcher, elle avait elle-même ouvert la porte.

La cuisine était toute petite et il n'y avait personne, mais la lumière électrique y était allumée, ce qui fit penser à Milly que Thalia s'y trouvait lorsque la sonnette avait retenti.

Thalia souriait déjà devant l'évident désappointement de sa visiteuse, mais sa gaieté s'évanouit lorsqu'elle vit Milly s'approcher de l'évier et y prendre une petite fiole.

– Qu'est-ce que cela ? fit-elle.

En même temps, elle lut l'étiquette.

La fiole était à demi pleine d'un liquide incolore dont Milly n'eut pas à deviner la nature, puisque l'étiquette portait en toutes lettres : « Chloroforme et Éther ».

– Tiens ! s'écria la visiteuse, vous vous servez de ça, miss Thalia ! C'est dangereux !

Une seconde, Thalia ne sut que dire, puis elle riposta en riant :

– Dangereux, mais très utile, Milly. Lorsque je suis trop triste en songeant à ce pauvre Flush qui gémit sur la paille humide des cachots, je n'ai qu'à respirer un peu du contenu de cette fiole pour oublier !

Milly reposa la petite bouteille.

– Vous y allez un peu fort, Thalia. L'un de ces jours on va venir vous cueillir de bon matin en vous demandant si vous avez une dernière volonté...

– À quoi je répondrai : je ne demande qu'à être enterrée aux côtés de l'éminent cambrioleur Flush Barnet...

Milly Macroy ne trouva une réponse spirituelle qu'une fois dans l'escalier...

27

La mère de Mr Parr

Lorsque Jack Beardmore apprit l'arrestation de Brabazon, il se rendit immédiatement à la Préfecture pour rencontrer l'inspecteur Parr.

On lui répondit que le Chef de la Sûreté était rentré chez lui.

– Si c'est important, lui dit l'agent de service, vous trouverez sûrement Mr Parr à son appartement, avenue Stamford.

Mais Jack hésita. Il n'y avait pas grande urgence. Derrick Yale lui avait téléphoné tout ce que l'on savait.

– Parr croit, lui avait dit le détective privé, que cette arrestation peut avoir d'importantes conséquences... Non, je n'ai pas encore vu Brabazon, mais je dois accompagner Parr demain à la prison.

Yale avait ajouté qu'il partait pour le théâtre et Jack n'avait pas osé lui demander lequel.

Le jeune Beardmore renvoya son auto et résolut de rentrer à pied, dans l'espoir qu'un peu d'exercice lui ferait oublier ses tristes pensées. Tout en cheminant, il se mit à songer à Parr, se demandant comment pouvait être son logis. Le Chef de la Sûreté ne parlait jamais de sa famille et sa vie privée était peut-être aussi inconnue que le mystère qui passionnait l'opinion.

À ce moment Jack traversait un square désert ; il entendit soudain un bruit de pas derrière lui et se retourna. En temps ordinaire, il n'y eût certes pas fait attention, mais, dans cet endroit solitaire et obscur, il eut une seconde d'anxiété. Il n'aperçut personne et hâta le pas.

Un instant après, il aperçut dans le buisson de rhododendrons, à quelques pas de lui, une forme humaine. Il s'arrêta et l'inconnu s'arrêta aussi. Qu'est-ce que cela voulait dire ? Se mettrait-il à courir pour atteindre le mystérieux personnage ? Allons donc, quelque mendiant, sans doute...

Au détour de l'allée, la haute silhouette d'un policeman lui apparut. En même temps, la forme humaine, immobile dans l'ombre, s'évanouit.

À sa honte, le jeune homme se sentit immensément soulagé et se rapprocha de l'agent.

– Je désirerais savoir où est l'avenue Stamford, lui dit-il comme poussé par un instinct purement inconscient.

– Ce n'est pas très loin, Sir, l'autobus qui passe devant le square vous y mène et, en taxi, il faut dix minutes.

Jack resta longtemps irrésolu avant de héler un taxi. Sans doute Parr serait étonné, pour ne pas dire plus, de cette intrusion, sans prétexte valable surtout. Néanmoins, sous le coup d'une résolution soudaine, il prit une voiture. Devant la porte de la petite villa, il fut un moment repris par son hésitation, mais il sonna...

Ce fut Parr lui-même qui vint ouvrir. Sa physionomie demeura aussi placide que d'habitude...

– Entrez, Mr Beardmore, dit-il. Je viens d'arriver et suis encore en train de souper. Je suppose que vous-même avez soupé depuis longtemps.

– Je vous en prie, ne vous interrompez pas, Mr Parr. J'ai appris l'arrestation de Brabazon et j'ai pensé bien faire en venant en causer avec vous.

Parr, la main sur la porte de la salle à manger, allait le faire entrer, lorsqu'il s'arrêta court.

– Ciel ! s'écria-t-il. (Puis il se retourna vers Jack :) Voulez-vous attendre un instant ici ?

C'était bien la première fois que Jack voyait le Chef de la Sûreté embarrassé...

– Il me faut d'abord avertir une vieille tante qui demeure avec moi, reprit-il. Elle n'est pas habituée aux visites. Je suis veuf, vous savez, et cette tante tient mon ménage.

Là-dessus, il entra dans la salle à manger et il referma soigneusement la porte. Une minute ou deux s'écoulèrent. Un certain remue-ménage s'entendait à travers la porte. Parr ouvrit.

– Entrez, dit-il, la face encore plus rouge que d'habitude. Asseyez-vous, je vous en prie, et veuillez bien m'excuser de vous avoir fait attendre ainsi.

La tante de Parr était une très vieille dame ridée, à l'air absent ; elle paraissait beaucoup préoccuper l'excellent homme. Il ne la quittait pour ainsi dire pas des yeux tandis qu'elle allait et venait et, dès qu'elle disait un mot, il se hâtait de l'interrompre, très poliment en vérité, mais très résolument aussi.

Il acheva son repas servi sur une petite table.

– J'espère que vous voudrez bien excuser ce désordre, Sir...

– Beardmore, dit Jack.

– Elle ne retient jamais les noms, dit Parr à mi-voix.

– Je n'arrive pas à remplacer Maman complètement, dit-elle.

– Naturellement, naturellement, s'empressa de dire Parr. Très peu de mémoire... chuchota-t-il. Maintenant, Mr Beardmore, que désiriez-vous savoir ?

Jack s'excusa à nouveau.

– Le Cercle Rouge est de nature si compliquée, dit-il, que j'arrive à soupçonner toute personne d'en être le personnage principal. Croyez-vous que l'arrestation de Brabazon nous apporte quelque lumière nouvelle ?

– Je ne sais pas ; c'est possible, mais pas certain. En attendant, j'ai chargé mes meilleurs agents de ne pas le perdre de vue ; le geôlier lui-même ne doit pas pénétrer dans sa cellule.

– Vous craignez sans doute une répétition de ce qui s'est passé pour Sibly, le meurtrier de mon père ?

– Oui. Et ne trouvez-vous pas, Mr Beardmore, que cet empoisonnement de Sibly fut un des plus extraordinaires mystères dus au Cercle Rouge – qui en a cependant beaucoup à son actif ?

Il parlait d'une façon tout à fait naturelle, mais il y avait en ses yeux je ne sais quelle lueur ironique que le jeune homme remarqua avec étonnement.

– Parlez-vous sérieusement ? lui demanda-t-il. Je croyais aussi à un vrai mystère... Pas vous ?

– Oh ! si ! Cette mort inattendue de Sibly pourrait devenir, à mon avis, un facteur plus important que l'arrestation de Brabazon pour la découverte du secret final.

– Toujours à parler de crimes et de criminels, dit alors la vieille tante avec un léger frisson. Vraiment, John, c'est ennuyeux... Cela plaisait peut-être à Maman...

– Oui, oui, Tante, vous avez raison, se hâta de dire Parr.

Lorsqu'elle fut sortie de la salle à manger, Jack ne put s'empêcher de dire en souriant :

– Cette « Maman » semble hanter l'esprit de votre tante !

Il craignit d'avoir été indiscret, mais le rire de son interlocuteur le rassura.

– Oui, certes, elle y pense beaucoup ; moi aussi, d'ailleurs. Elle n'est pas avec nous en ce moment.

– Il s'agit de votre mère, Mr Parr ?

– Non, de ma grand-mère, répondit le Chef de la Sûreté, au grand étonnement de Jack Beardmore.

28

Un coup de feu dans la nuit

L'inspecteur Parr ne devait pas avoir moins de cinquante ans et Jack calcula rapidement l'âge que pouvait bien avoir cette extraordinaire grand-mère qui se plaisait à des histoires de crimes et savait mettre de l'ordre dans la maison.

– Ce doit être une personne très originale, hasarda Jack, et je suppose que l'histoire du Cercle Rouge l'aurait beaucoup intéressée.

– Elle ! s'écria Parr, mais, si elle était à ma place, ces scélérats seraient déjà tous sous les verrous.

Tant que dura la conversation, le jeune homme se demanda pourquoi la salle à manger donnait une impression de désordre, quoique en apparence tout fût à sa place. Mais il n'eut pas le loisir de réfléchir beaucoup à ce problème, car, ce soir-là, Parr était d'humeur particulièrement loquace. Il alla jusqu'à confier à Jack les reproches que lui avait adressés le Préfet.

– Naturellement, dit-il, le Gouvernement n'est pas en bonne posture devant l'opinion publique quand une pareille série de crimes restent impunis. En fait, je crois que, depuis l'affaire Ripper, il ne s'était pas produit une telle orgie d'assassinats. C'est la première fois depuis cinquante ans que nous sommes en présence d'une véritable organisation criminelle. D'habitude, ces associations se détruisent d'elles-mêmes, car elles ne peuvent subsister que sur la fidélité réciproque de chacun de leurs membres. Je n'en ai jamais vu dont les complices ne se trahissent pas très vite les uns les autres. Dans le cas du Cercle Rouge, il doit y avoir un chef qui ne se confie à personne. Aucun de ses complices ne peut le trahir pour la bonne raison qu'il ne se laisse pas connaître ; et ils ne peuvent se trahir entre eux s'ils ne se connaissent pas non plus les uns les autres.

Il continua à entretenir Jack de plusieurs affaires célèbres auxquelles il avait été mêlé, et il était plus de 11 h 30 lorsque le jeune homme se leva en s'excusant.

– Je vous accompagne jusqu'à la grille, dit Parr. Votre voiture vous attend ?

– Non, je suis venu en taxi.

– Je croyais avoir vu une auto arrêtée devant la maison. Nous n'avons guère de propriétaires d'autos dans le voisinage. Ce doit être la voiture d'un médecin.

Il ouvrit la grille et, comme il l'avait dit, une auto noire était arrêtée à quelques mètres.

– Il me semble avoir déjà vu cette voiture quelque part, dit l'inspecteur. Il fit un pas hors dc la grille ; au même instant, une détonation éclata en provenance de la voiture, et Parr tomba dans les bras de Jack Beardmore. Une seconde plus tard, l'auto avait déjà pris de la vitesse. Elle n'avait aucune lumière arrière, et elle disparut comme une ombre au détour de la rue.

Un agent de police arrivé au bruit du coup de feu aida Jack à transporter Parr dans la salle à manger. Sa vieille tante était heureusement allée se coucher et n'avait apparemment rien entendu.

Le Chef de la Sûreté ouvrit les yeux.

– C'eût été un mauvais coup, dit-il, mais avec cela, ce ne sera qu'une contusion.

Il ouvrit son gilet et cueillit entre le pouce et l'index la balle à la surface bossuée de sa cuirasse.

– Nous sommes trois personnes à Londres à porter ces sortes de cottes de maille, dit Parr. Le chef du Cercle Rouge en est une, dit-on ; je suis la seconde, et... Thalia Drummond est la troisième !

Après un long silence, il demanda à Jack de vouloir bien téléphoner à Yale.

– Il va être surpris, dit-il.

Ce fut le cas.

Derrick Yale arriva moins d'une demi-heure plus tard, en grande hâte.

– Je ne voudrais pas que vous preniez ce que je vais dire pour un mauvais compliment, dit-il à Parr, mais vraiment vous êtes le dernier à qui j'aurais cru que ces brigands veuillent s'attaquer.

– Merci, répondit le Chef de la Sûreté.

– Je vous répète que ce n'est pas un mauvais compliment. Je veux dire que je ne les croyais pas capables de lancer un tel défi à la police... Maintenant, je dois vous dire que ma secrétaire Thalia Drummond m'a demandé l'adresse de votre domicile particulier, ce matin même... car elle ne figure pas, comme de juste, dans les annuaires.

– Que lui avez-vous répondu ?

– Que je ne me rappelais pas, sur le moment. J'ai pensé après coup qu'elle avait à sa disposition mon livre d'adresses personnel où figure la vôtre. Pourquoi donc a-t-elle pris la peine de me poser la question ?

Entendant cela, Jack soupira profondément.

– Vraiment Yale, hasarda-t-il, vous n'allez pas soupçonner miss Drummond d'avoir tiré ce coup de revolver sur Mr Parr ! C'est ridicule ! Je sais qu'elle a commis de petits vols, mais de là à assassiner quelqu'un.

– Oui, je suis peut-être injuste envers cette petite, répondit Yale. Laissons cela. J'ai d'ailleurs d'autres préoccupations. (Il tira une carte de correspondance de sa poche et la tendit à Parr :) Qu'est-ce que vous dites de cela ?

– Quand l'avez-vous reçue ?

– C'était dans ma boîte aux lettres, mais je ne l'ai pas regardée depuis midi... N'est-ce pas incroyable ?

La carte portait la marque traditionnelle du Cercle Rouge et disait :

« Vous êtes du côté perdant. Mettez-vous de notre côté et vous serez amplement récompensé. Si au contraire vous persistez dans votre œuvre actuelle, vous mourrez le quatre du mois prochain. »

– Cela vous donne une dizaine de jours, observa sérieusement Parr qui parut fort affecté par cette nouvelle menace... Dix jours ! murmura-t-il.

– Naturellement, je n'attache aucune importance à cet avertissement, dit Yale gaiement. Quoique, après mon expérience de l'autre jour, je commence à croire que ces gens ont des facultés surnaturelles et diaboliques...

– Dix jours ! répéta encore le Chef de la Sûreté. Avez-vous des projets ? Où pensiez-vous vous trouver le quatre du mois prochain ?

– Je devais aller à Deal pour une partie de pêche. Un de mes amis doit me prêter un bateau, et je pensais passer la nuit en mer... Oui, c'était pour ce jour-là.

– Vous ferez ce que vous voudrez, mais nous ne vous laisserons pas seul, dit Parr avec autorité. Et maintenant, je vais me reposer ; remercions le Ciel d'avoir permis que ma tante n'ait rien entendu et que Maman ne soit pas là.

Il dit ces derniers mots à l'intention de Jack seul, qui lui adressa un sourire de connivence.

29

Le « Cercle Rouge »

Harvey Froyant se vantait de ne mettre sa confiance en personne. Il avait chargé Hegitt de rechercher ses billets, mais, vu les affaires que cette maison faisait avec des gens peu recommandables, il s'en méfiait fortement.

Deux jours après la tentative d'assassinat commise contre Parr, le vieux Hegitt se fit présenter chez le millionnaire. Il lui annonça qu'il avait découvert le passage d'une partie de ses billets dans un établissement public.

– Maintenant que nous tenons la piste, ajouta l'homme d'affaires en se frottant les mains, il nous sera facile de mettre le doigt sur celui qui a le premier remis ces billets en circulation.

Mais Mr Froyant ne l'entendait pas ainsi. Il ne pouvait ni ne voulait laisser toute l'affaire entre les mains d'Hegitt.

– Je suis désolé de cette décision, lui répondit ce dernier. J'ai opéré moi-même les premières recherches, et je vous assure qu'il y aurait maintenant bien peu de choses à faire pour découvrir l'argent et l'homme que vous cherchez.

Mr Froyant savait cela aussi bien que l'homme d'affaires. Il avait décidé d'agir par lui-même. Muni des renseignements fournis par Hegitt, il fit une minutieuse enquête auprès des banques dont il était le client, et le résultat en fut son départ précipité pour la France. Il ne passa que deux heures à Paris, et débarqua un beau matin à Toulouse. Sa chance, qui l'avait favorisé dès le début de ses recherches, ne l'abandonna point dans la grande ville méridionale. Il découvrit qu'un de ses anciens agents immobiliers était maintenant un avocat en renom de la ville : monsieur Brassard le reçut d'autant mieux qu'il espérait le renouvellement des belles affaires d'autrefois, mais il montra un peu moins d'enthousiasme lorsqu'il connut l'objet véritable de la visite de Mr Froyant.

– Je ne suis pas au courant de ces choses, dit-il, car je ne suis pas un avocat d'assises, mais un avocat d'affaires. Cependant, à l'époque, la cause dont vous me parlez fit un certain bruit, et je me souviens très bien de l'accusé Marl, et aussi d'un autre... un Anglais...

– Un nommé Lightman ?

– Parfaitement. Deux bandits d'ailleurs ! L'un d'eux avait tué le caissier et un employé d'une banque de Nîmes ; et tous deux furent impliqués dans un assassinat ici à Toulouse. Je me rappelle fort bien tout cela, et surtout le tragique incident.

– Quel incident ?

– Lorsqu'on voulut exécuter Lightman. Les aides du bourreau avaient dû boire plus que de raison pour se donner du courage ; en tout cas, le couperet de la guillotine ne fonctionna pas comme il faut... Il tomba trois fois, et trois fois quelque chose l'arrêta dans sa course avant qu'il touchât le cou du condamné.... Les spectateurs intervinrent – on est fort émotif ici dans le midi – et exigèrent que le condamné fût ramené en prison. Oui, c'est ainsi que le « Cercle Rouge » échappa à la peine capitale.

... À cet instant, Mr Froyant, qui tenait une tasse de café à la main, la laissa choir, tant sa surprise était grande.

– Le... quoi ? Comment l'avez-vous appelé ? demanda-t-il en hurlant.

Brassard le regarda bouche bée...

– Lightman, dit le « Cercle Rouge », répondit-il enfin. C'était son surnom, connu de tous d'ailleurs... Mais si cette affaire vous intéresse spécialement, je vais appeler un de mes clercs qui s'était passionné pour ce procès.

Il sonna, et un vieil homme, la plume sur l'oreille, entra.

– Jules, dit Brassard, vous souvenez-vous du « Cercle Rouge » ?

– Oh ! très bien, monsieur. J'ai assisté à l'exécution manquée. Ce fut horrible ! ajouta-t-il en levant les mains au ciel.

– Pourquoi l'appelait-on « Cercle Rouge » ? demanda Mr Froyant.

– À cause de sa marque. (L'homme porta ses doigts à son cou.) Sur sa gorge, monsieur, il y avait un cercle rouge parfaitement dessiné ; c'était sa peau même qui avait cette couleur ; et il y avait une légende là-dessus : on prétendait qu'aucune lame ne pourrait jamais l'atteindre à cette place, à cause de ce signe qui opérait comme un charme. Je pense que ce n'était que ce qu'on nomme dans le peuple une « envie », une de ces taches rouges indélébiles de naissance, mais celle-ci était fort remarquable à cause de sa forme régulière de circonférence... Lorsque cet individu eut été condamné à mort, beaucoup de gens assurèrent que l'exécution serait empêchée pour une cause ou pour une autre... Se doutaient-ils de l'influence néfaste qu'auraient nos vins généreux sur les aides chargés de monter la funèbre machine ? Quoi qu'il en soit, un malencontreux clou, mal placé, empêcha la sentence capitale d'être appliquée.

Mr Froyant écouta ce récit avec l'intérêt qu'on devine ! Peu à peu la vérité se faisait jour en lui.

– Qu'advint-il, par la suite ? demanda-t-il au clerc.

– Lightman, dit « Cercle Rouge », fut déporté, envoyé au bagne dans une colonie lointaine. Marl n'avait été condamné qu'à quelques années parce qu'il y avait un léger doute sur son cas. J'ai entendu dire plus tard que Lightman avait réussi à s'échapper du bagne, mais je ne sais si le fait est exact.

Mr Froyant remercia son hôte, passa le reste de la journée en fiévreuses recherches, alla voir le Procureur Général, et termina son enquête par un long entretien avec le directeur de la prison, dans le bureau duquel il examina de nombreuses photographies.

On peut dire qu'il se retira ce soir-là dans sa chambre d'hôte avec un sentiment de satisfaction complète auquel s'ajoutait la plaisante pensée d'avoir réussi là où la plus habile police avait échoué. Il possédait le secret du Cercle Rouge.

30

POUR FAIRE TAIRE MR FROYANT

Le voyage en France d'Harvey Froyant n'avait pas échappé à l'attention de Derrick Yale et de l'inspecteur Parr. Le Cercle Rouge en devait également être averti, si, du moins, le télégramme expédié par Thalia Drummond avait atteint son destinataire.

Ce fut précisément au sujet de ces messages envoyés régulièrement par Thalia à un inconnu que Derrick Yale se rendit à la Préfecture de Police le soir même du triomphant retour de Mr Froyant.

En arrivant à son bureau, Parr trouva Yale en train de faire démonstration de ses facultés divinatoires à un groupe d'agents. Il était vraiment étonnant : d'une simple bague que lui confia un inspecteur, il put dire à son possesseur abasourdi non seulement toute l'histoire connue de sa vie, mais encore certains secrets qu'il croyait être seul à posséder.

Dès que Parr fut là, son secrétaire lui remit une enveloppe cachetée. Il jeta un coup d'œil à l'adresse écrite à la machine, puis la posa sur la main ouverte de Yale.

– Dites-moi qui m'envoie cela, dit-il en souriant.

– C'est un homme très petit, qui porte une ridicule barbe jaune ; il parle du nez et il est boutiquier.

Parr sourit plus largement. Yale reprit :

– Du reste, il n'y a ici aucune psychométrie ! Il se trouve que je connais bien Mr Johnson, de Mildred Street.

Il éclata de rire à la vue de la stupéfaction de Parr, et lorsqu'ils furent seuls il expliqua :

– J'ai su que vous aviez découvert l'endroit où l'on envoyait tous les messages destinés au Cercle Rouge. Mais moi, je le connaissais depuis longtemps, et je lisais toujours toute cette correspondance. Mr Johnson m'a averti que vous étiez venu dans ses parages et je l'ai prié de vous fournir ses explications par écrit. C'est ce que vous trouverez dans cette enveloppe.

– Ainsi, vous avez toujours été au courant ?

– Oui, je sais que les lettres et télégrammes destinés au Cercle Rouge étaient adressés à ce Johnson, et que chaque après-midi, un petit garçon venait les prendre. C'est humiliant pour moi, mais j'avoue que je n'ai pas pu découvrir qui vient les voler dans la poche de ce gamin.

– Les voler dans sa poche ?

Yale paraissait jouir immensément de confondre Parr avec tout ce mystère.

– Eh oui, poursuivit-il ; ce petit garçon a pour instructions de mettre les plis dans sa poche, d'aller ensuite se promener dans High Street qui est une artère très animée. Ce faisant, quelqu'un lui prend le contenu de sa poche sans qu'il ait jamais pu s'en apercevoir.

Le Chef de la Sûreté s'assit et se frotta vigoureusement le menton.

– Vous êtes un homme étonnant, dit-il ; et qu'avez-vous découvert d'autre ?

– Une chose que je soupçonnais depuis longtemps : Thalia Drummond est en communication constante avec le Cercle Rouge et elle lui a fourni toutes les informations qu'elle a pu se procurer.

Parr secoua la tête.

– Et qu'allez-vous faire maintenant ?

– Je vous ai toujours dit, répliqua Yale, que nous arriverions par elle au Cercle Rouge, et je suis convaincu que, tôt ou tard, cette prédiction se réalisera. Il y a maintenant près de deux mois que j'ai décidé ce brave Johnson à me laisser jeter quelques coups d'œil sur la correspondance du Cercle Rouge... Je me suis donné pour un policier officiel auprès de cet inoffensif boutiquier... J'espère que vous ne m'en voudrez pas.

– Au contraire, je pense très souvent que vous devriez être un officiel. Ainsi Thalia Drummond communique régulièrement avec le Cercle Rouge ?

– Je vais la garder encore à mon service, naturellement. Je préfère l'avoir sous la main, elle sera moins dangereuse.

– Et savez-vous pourquoi Mr Froyant est allé en France ?

Son interlocuteur haussa les épaules.

– Pour ses affaires personnelles je suppose. Il en a beaucoup à l'étranger ; il possède de grands vignobles en Champagne. Je pensais que vous le saviez ?

Le Chef de la Sûreté fit un signe affirmatif. Il y eut un long silence. Chacun des deux interlocuteurs suivait le cours de ses propres pensées. Parr se demandait spécialement pourquoi Mr Froyant était allé à Toulouse.

– Comment avez-vous su qu'il est allé à Toulouse ? demanda tout à coup Yale.

Cette question était si inattendue et correspondait si bien avec la réelle et présente préoccupation de Parr que ce dernier en sursauta violemment.

– Ciel ! s'écria-t-il. En êtes-vous à pouvoir lire la pensée d'autrui !

– Quelquefois, fit Yale sérieusement. Moi, je croyais qu'il demeurerait à Paris.

– C'est à Toulouse qu'il est allé, répondit brièvement Parr sans expliquer comment il l'avait appris.

Mais rien peut-être de ce que Yale avait fait jusqu'alors, aucune preuve de ses dons exceptionnels et presque surnaturels, n'avait autant déconcerté le placide inspecteur. Il restait effrayé maintenant, après avoir senti sa secrète pensée ainsi pénétrée, lorsque la sonnerie du téléphone retentit. C'était Mr Froyant.

– Est-ce vous, Parr ? Je voudrais vous voir. Voulez-vous venir chez moi, avec Mr Yale ? J'ai d'importantes communications à vous faire.

Parr raccrocha le récepteur d'un geste résolu.

– Que diable peut-il bien avoir appris ? se dit-il tout haut.

Et dans les yeux de Derrick Yale, qui n'avaient cessé de rester attachés à tous les gestes de Parr, s'alluma un instant une étrange lueur.

Thalia Drummond venait d'achever son simple repas du soir et s'occupait prosaïquement à raccommoder une paire de bas. Mais cette tâche donnait un trop libre cours à ses pensées qu'elle eût voulu pouvoir détourner entièrement de leur objet. Oui, il lui était de plus en plus difficile de ne pas penser à Jack Beardmore, difficile et même douloureux... Aussi, mettant de côté fil et aiguilles, se décida-t-elle à chercher une occupation plus absorbante, lorsque la sonnette de la porte d'entrée retentit.

Elle alla ouvrir et reçut des mains d'un facteur un petit paquet de la forme et de la grandeur d'une boîte de chaussures. L'adresse était écrite à la main, mais en caractères d'imprimerie, et la jeune fille eut un frémissement en la voyant.

La porte refermée, elle revint vite dans son boudoir et coupa les ficelles du petit colis. Le papier défait, elle aperçut la lettre émanant du Cercle Rouge qui expliquait l'envoi. Elle lut :

« Vous connaissez bien la disposition intérieure de la maison de Froyant. Il y a un passage direct entre le jardin et le caveau voûté qui se trouve sous son bureau. Allez-y immédiatement en emportant avec vous ce qui se trouve dans cette boîte. Attendez dans le caveau jusqu'à ce que je vous donne de nouvelles instructions. »

Thalia examina le contenu du carton : il y avait d'abord un long gant de cuir qui lui arrivait au coude. C'était un gant d'homme et de main gauche. À part cela, il n'y avait qu'un poignard à garde pleine, très aiguisé. Un long temps elle considéra l'arme et le gant, puis alla au téléphone, indiqua un numéro, attendit un bon moment, jusqu'à ce qu'enfin on l'avertit que le numéro demandé ne répondait pas.

Elle regarda sa montre. Il était plus de 8 h et demie et elle n'avait pas de temps à perdre. Elle mit le gant et le poignard dans un grand sac à main, endossa un long manteau et sortit.

Une demi-heure plus tard, Derrick Yale et Parr entraient chez Mr Froyant. Le hall était brillamment éclairé, et de toutes les fenêtres sortaient des flots de clarté ; cela contrastait singulièrement avec les habitudes économiques du maître de céans, et Yale en fut frappé. D'habitude, il n'y avait qu'une petite lampe dans le hall et toutes les chambres non occupées étaient plongées dans l'obscurité.

Le bureau de Mr Froyant s'ouvrait directement sur le hall et était également très éclairé. Le maître de la maison reçut ses visiteurs avec un sourire de satisfaction qui le rajeunissait.

– Sirs, leur dit-il, ce dont j'ai à vous faire part va sans doute vous surprendre. Je viens justement de demander le Préfet au téléphone, ajouta-t-il en regardant spécialement Parr, parce que, vous comprenez, en un cas pareil, il faut prendre ses précautions. Il pourrait vous arriver malheur au sortir d'ici, et, d'autre part, il n'est pas bon de mettre trop de monde dans notre secret. Voulez-vous quitter vos pardessus ? Ce que j'ai à vous raconter prendra un certain temps.

À ce moment, la sonnerie du téléphone retentit et Mr Froyant alla à l'appareil qui se trouvait sur sa table.

– Oui, oui, monsieur le Préfet, dit-il, j'aurais une très importante communication à vous faire... Puis-je vous rappeler dans une minute ? Vous serez encore là ? Très bien, merci beaucoup... À tout à l'heure.

Il raccrocha et parut méditer une seconde.

– Je n'ai pas voulu parler au Préfet devant vous, dit-il enfin, d'abord parce que c'est à lui qu'il appartient d'être renseigné le premier, et ensuite parce que je ne veux pas me priver du plaisir de vous entretenir longuement des choses inattendues que j'ai apprises. Me permettez-vous donc de parler seul un moment avec le Préfet ?

– Certainement, dit Parr en sortant le premier de la chambre.

Cependant Yale parut hésiter.

– Vos révélations ont-elles trait au Cercle Rouge ? demanda-t-il.

– Vous verrez, répondit Mr Froyant. Accordez-moi cinq minutes, et vous aurez votre part d'émotion.

Derrick Yale se mit à rire, et Parr qui était déjà dans le vestibule sourit en l'entendant.

– Il m'en faut beaucoup pour m'émouvoir, dit encore Yale qui sortit à son tour.

Le détective se retourna au moment de fermer la porte et ajouta :

– Après vos révélations, Mr Froyant, je pourrai vous en faire à mon tour sur votre ex-employée, la jeune Drummond. Je sais qu'elle ne vous intéresse plus, mais le fait dont je vous parlerai vous étonnera tout de même quelque peu.

Parr le vit sourire et crut que Froyant lui avait rétorqué quelque plaisanterie. Yale referma doucement la porte.

– Je me demande ce qu'il a de si extraordinaire à nous révéler, dit-il à Parr.

Les deux hommes passèrent au salon dont le grand lustre était également allumé.

– Que de lumière ! s'écria Yale. C'est bien inhabituel, n'est-ce pas ? ajouta-t-il à l'adresse du premier valet Steere qu'il connaissait.

– Oui, Sir, fit l'homme. Mr Froyant n'a pas l'habitude de gaspiller l'électricité, mais il m'a dit qu'il voulait que tout soit éclairé ce soir pour parer à toute éventualité. Cela m'a fort surpris. Il a aussi deux revolvers chargés dans ses poches. De sa part, c'est étonnant.

– Comment savez-vous qu'il a deux revolvers sur lui ? demanda vivement Parr.

– Parce que c'est moi qui les lui ai chargés. J'ai été soldat et je m'y connais. Un de ces revolvers est à moi.

Derrick Yale se mit à siffloter et dit :

– On dirait qu'il s'attend à ce que ses révélations lui procurent quelque visite ; avez-vous des hommes à proximité, Parr ?

– Oui, j'ai deux agents dans la rue.

Parr et Yale ne pouvaient entendre la voix de Froyant qui devait être en train de téléphoner, car les cloisons étaient épaisses.

Il y avait déjà plus d'un quart d'heure qu'ils avaient quitté le bureau, et Mr Froyant ne les rappelait pas. Yale devenait impatient.

Lorsqu'il y eut une demi-heure, le détective privé revint au hall et demanda au premier valet d'aller voir si Mr Froyant avait fini de téléphoner.

– Je ne puis pas l'interrompre, dit l'homme. Nous avons l'ordre de ne jamais pénétrer dans son bureau sans être sonné. Mais peut-être l'un de vous pourrait-il y aller...

Parr se trouvait près de la porte du bureau. Il l'ouvrit et, sous les lumières aveuglantes de toutes les lampes allumées, il ne douta pas une seconde de ce qui était arrivé dès que son regard se fut arrêté sur la figure livide du maître de la maison : Mr Froyant était mort. Il était à demi assis dans son fauteuil ; de sa poitrine sortait la garde en forme de coupe d'un fort poignard. Sur la table se trouvait un long gant de cuir taché de sang.

Au cri de Parr, Yale se précipita dans la pièce. Les deux hommes se regardèrent un instant sans pouvoir proférer un mot. Parr parla le premier.

– Appelez mes hommes, dit-il. Que personne ne sorte de la maison. Dites au premier valet de rassembler tous les domestiques à la cuisine...

Il se mit à inspecter la chambre en détail. Devant les grandes fenêtres qui donnaient sur le petit jardin, derrière l'immeuble, pendaient de lourds rideaux de velours. Il les écarta. Les volets étaient parfaitement clos.

Comment donc Harvey Froyant avait-il été tué ? De quel côté le meurtrier l'avait-il approché ? Par derrière ? Le poignard semblait avoir été plongé de haut dans la poitrine de l'infortuné. Et pourquoi ce gant ? Le Chef de la Sûreté l'examina longuement. C'était un long gant de chauffeur, très usé.

Il laissa les choses en l'état et se hâta de téléphoner au Préfet. Celui-ci attendait encore l'appel que lui avait annoncé Mr Froyant.

– Il ne vous a donc pas téléphoné de nouveau ? demanda Parr.

– Non. Qu'est-il arrivé ?

Le Chef de la Sûreté le lui expliqua en peu de mots et écouta sans broncher les reproches véhéments que lui adressa son chef. Puis, il raccrocha le récepteur, et sortit dans le hall où l'attendaient ses agents.

– Je vais fouiller toute la maison, dit-il.

Il redescendit au bout d'une demi-heure.

– Eh bien ? lui demanda Yale vivement.

Parr secoua la tête.

– Rien, fit-il. Il n'y a personne ici qui n'ait pas le droit d'y être.

– Mais comment est-on entré dans le bureau ? Il y a toujours eu quelqu'un dans le hall, sauf au moment où le valet Steere est venu nous parler au salon.

– En effet.

– Il y a peut-être une trappe dans le parquet ? suggéra Yale.

– Allons donc ! Une trappe dans le plancher, en plein Londres.

Néanmoins on souleva le tapis et une étroite trappe apparut. Le premier valet expliqua que pendant la guerre Mr Froyant avait fait aménager un petit caveau voûté sous son cabinet de travail ; pour pouvoir s'y rendre plus vite en cas d'alerte, il avait fait faire cette trappe.

Parr se fit apporter une bougie et, la trappe étant soulevée, descendit dans le caveau. Celui-ci consistait en une simple et petite chambre carrée. Dans une paroi se trouvait une porte fermée à clé. En fouillant les poches du maître de la maison, on en trouva la clé personnelle... Parr ouvrit la porte et constata qu'elle donnait sur une pelouse commune à plusieurs maisons voisines et qu'aucune barrière ne séparait des rues avoisinantes.

– Il est donc parfaitement possible d'être entré ici par les pelouses, observa Yale ; et il faut supposer que l'assassin est venu et est reparti par la trappe.

Ce disant, Yale, descendu à son tour dans le caveau, projetait autour de lui la lumière de sa lampe électrique. De là il passa à l'extérieur.

Tout à coup il se pencha.

– L'empreinte d'une chaussure, dit-il ; voyez, c'est la marque d'un soulier sur la terre humide...

C'était une chaussure de femme.

Parr vint voir à son tour.

– Il n'y a pas de doute, dit-il, et cette marque est toute récente.

Il regarda de plus près, et, soudain, se rejeta en arrière en poussant un grand cri.

– Mon Dieu ! fit-il. Quelle abominable affaire !

Il avait reconnu l'empreinte des chaussures de Thalia Drummond.

31

Les réponses de Thalia

Derrick Yale était absorbé par la lecture des journaux du matin. Il en avait déjà parcouru une douzaine qui gisaient à côté de lui.

Les titres des articles étaient agressifs :« Un crime affreux sous les yeux mêmes de la police »... ou bien : « La faiblesse et l'incompétence à la Préfecture de Police »...

– Parr a mauvaise presse ce matin, dit Yale en repoussant le journal qu'il lisait, et cependant il ne lui était pas plus possible de prévenir ce crime que vous ou moi, miss Drummond !

Thalia paraissait un peu lasse ; elle avait les yeux cernés et un air distrait qui contrastait avec son habituelle gaieté.

– On n'entre pas dans la bataille sans attraper des coups, dit-elle froidement.

Il la regarda curieusement.

– Vous n'êtes pas une grande admiratrice de la police, fit-il.

– Je tâche de garder une juste mesure, répliqua-t-elle d'un air pincé en plaçant devant le détective une pile de correspondance. Et d'ailleurs, vous n'attendez sans doute pas de ma part un certificat d'aptitude en faveur des chefs...

– Vous êtes une étrange fille, dit-il en riant. Il y a des moments où je serais tenté de croire que vous n'avez absolument pas de cœur. Mais, à propos de Froyant, vous avez été sa secrétaire, n'est-ce pas ?

– Oui.

– Vous avez logé chez lui ?

– Oui, répondit-elle en le fixant longuement de ses yeux d'un bleu froid. Pourquoi me demandez-vous cela ?

– Je pensais que vous connaissiez peut-être l'existence de ce caveau sous le cabinet de travail de Mr Froyant ?

– Certes oui ; le pauvre homme n'en faisait pas mystère. Il m'a dit une bonne douzaine de fois combien cela lui avait coûté.

Yale réfléchit un moment.

– Où plaçait-on d'habitude les clés de la porte extérieure du caveau ?

– Dans le bureau de Mr Froyant. Supposez-vous que j'aie pu les avoir ou que j'aie quelque chose à faire avec le crime d'hier soir ?

– Je ne suppose rien du tout, fit-il en riant. Ma curiosité est toute naturelle puisque vous avez longtemps habité la maison. Et croyez-vous qu'on ait pu soulever la trappe sans faire le moindre bruit ?

– Oh ! oui, parfaitement. Elle est articulée sur des bras métalliques huilés... Répondrez-vous vous-même à ces lettres ?

Il repoussa le paquet de lettres.

– Qu'avez-vous fait hier soir, miss Drummond ?

Cette fois, il attaquait directement.

– J'ai passé la soirée chez moi, répondit-elle, les mains derrière le dos, dans une attitude rigide.

– Toute la soirée ?

Elle ne répondit pas.

– N'êtes-vous pas sortie vers 8 h 30 avec un petit paquet sous le bras ?

Elle garda le silence.

– Un de mes hommes vous a aperçue, reprit Yale d'un air

détaché, puis vous a perdue de vue. Où avez-vous été puisque vous n'êtes rentrée que vers 11 heures ?

– J'ai été me promener. Si vous voulez bien me donner un plan de Londres, je tâcherai de retracer mon itinéraire.

– Et si quelqu'un l'avait déjà retracé, cet itinéraire ?

– En ce cas, dit-elle, je n'aurais pas à prendre la peine de vous le dire.

– Voyons, voyons, miss Drummond, je suis profondément convaincu que vous n'êtes pas capable d'assassiner quelqu'un... Mais vos faits et gestes de la soirée d'hier permettent des soupçons... que je n'ai d'ailleurs pas encore révélés à Parr.

– J'ai toujours été soupçonnée de quelque chose, c'est un état normal pour moi. Et puisque vous en savez tant, il est absolument inutile que je vous en apprenne davantage.

Il la fixa droit dans les yeux, mais elle soutint fermement ce regard ; alors, avec un haussement d'épaules, il dit :

– Je ne crois vraiment pas qu'il soit bien important de savoir ce que vous avez fait hier soir.

– Et moi, je suis portée à croire que vous avez raison, dit-elle ironiquement en retournant à sa machine à écrire.

« Quelle énigmatique créature ! » pensa Derrick Yale.

Les femmes, d'une façon générale, ne l'intéressaient pas, mais Thalia Drummond sortait de l'ordinaire. Ce n'était pas sa beauté qui le frappait ; il savait qu'elle était belle, de la même façon qu'il savait que la porte de son bureau était peinte en brun et que la neige est blanche... pas autrement.

Il reprit ses journaux, lut encore quelques articles plus ou moins violents sur l'insuffisance de la police et, peu après, comme il s'y attendait, Parr arriva.

– Le Préfet m'a demandé ma démission, dit-il. À la surprise de Yale, sa voix était presque gaie. Je ne me frappe pas, d'ailleurs. J'avais déjà pensé à me retirer voilà trois ans, lorsque mon frère me laissa quelque argent.

Derrick Yale ne savait pas que Parr avait une fortune personnelle.

– Qu'allez-vous faire ? dit-il.

– Dans les emplois du gouvernement, répondit Parr en souriant, on ne peut qu'obéir. Mais ma démission ne prendra effet qu'à la fin du mois prochain. Je dois encore attendre de voir ce qui vous arrive à vous.

– À moi ? Oh, je vois ! vous faites allusion à cette menace

de mort pour le quatre ? Voyons, j'ai encore deux ou trois jours à vivre... Je ne crois pas que vous ayez besoin d'attendre pour cela ! Mais, plaisanterie à part, pourquoi démissionner ? Croyez-vous que si je voyais le Préfet ?...

– Cela ne changerait rien... Du reste, je reste chargé de l'affaire du Cercle Rouge jusqu'à ce que ma démission soit effective, et c'est à vous que je le dois.

– À moi ?

– Oui, j'ai expliqué au Préfet que votre vie était trop précieuse pour que je ne reste pas en charge jusqu'à ce que la date fatale soit passée.

À ce moment, Thalia Drummond rentra avec un autre paquet de lettres.

– Bonjour, miss Drummond.

– Bonjour, Sir ; les journaux parlent beaucoup de vous ce matin. Vous devenez célèbre, Mr Parr.

– La publicité est toujours bonne, miss. Mais vous-même, il me semble qu'il y a longtemps que vous n'avez donné quelque chose à la presse.

L'allusion au passage de la jeune fille devant le tribunal l'amusa fort.

– Tranquillisez-vous, dit-elle ; mon tour reviendra. Quelles sont les dernières nouvelles du Cercle Rouge ?

– Les dernières nouvelles ? fit Parr lentement. Eh bien ! c'est que désormais sa correspondance adressée à Mildred Street devra suivre une autre voie.

Il perçut un léger changement dans la physionomie de Thalia ; ce ne fut qu'un éclair, mais cela lui suffit.

– Le Cercle va-t-il donc ouvrir des bureaux en ville ? répliqua-t-elle d'une voix enjouée. Pourquoi pas, après tout ? Il paraît avoir la liberté de faire tout ce qu'il veut. Et je ne vois pas pourquoi il ne s'installerait pas dans un grand immeuble avec ascenseurs et enseignes lumineuses... Non, pas d'enseignes lumineuses : la police serait tout de même capable de les apercevoir...

– Cette ironie, sur les lèvres d'une jeune et jolie femme, n'est pas seulement déplacée, mais indécente, fit Parr sévèrement.

Yale écoutait cet échange d'aménités en souriant de plaisir. Si Thalia Drummond l'intriguait, il y avait des moments où le Chef de la Sûreté ne l'étonnait pas moins. Ce gros homme, d'aspect si lourd, ne manquait pas d'esprit quand il voulait.

– Puis-je maintenant vous demander où vous étiez, hier soir ? reprit Parr, les yeux baissés.

– Au lit, en train de rêver.

– Alors, vous êtes somnambule, pour avoir erré sur les pelouses de Mr Froyant vers 9 h 30...

– Vraiment ! Vous y avez trouvé les traces de mes pas sur les fleurs ! Mr Yale a déjà fait allusion à ce passage féerique ! Mais non, Sir, je suis simplement allée me promener dans un jardin public. La solitude est bonne conseillère.

Parr continuait à regarder attentivement le tapis.

– Eh bien ! reprit-il, lorsque la fantaisie vous reprendra d'aller vous promener dans un parc durant la nuit, ne vous approchez pas trop de Jack Beardmore. La dernière fois, vous lui avez fait une peur terrible.

Elle rougit violemment.

– Mr Beardmore ne doit pas s'effrayer si facilement, dit-elle, et d'ailleurs... d'ailleurs...

Elle n'acheva pas et sortit tout à coup de la pièce.

Lorsque, un moment plus tard, Parr passa par son petit bureau en s'en allant, elle leva sur lui des yeux pleins de reproche et lui dit :

– Il y a des moments, Mr Parr, où je vous déteste cordialement!

– Vous m'étonnez, lui répondit le Chef de la Sûreté.

32

UN VOYAGE À LA CAMPAGNE

Une grande animation régnait à la Préfecture de Police. L'opinion publique, surexcitée par les articles des journaux, avait perdu confiance en ceux qui étaient chargés de veiller sur la sécurité, les biens et la vie de leurs concitoyens. Le Chef de la Sûreté, surtout, était visé ; c'était lui qui, depuis le début, avait enquêté sur les attentats et les crimes du Cercle Rouge. C'était donc lui qui allait être sacrifié.

Parr demanda, et obtint, l'agrément de ses chefs à un voyage d'enquête en France. Pendant son absence, on devait chercher son successeur. Il n'avait guère qu'un ami parmi les dirigeants, et, chose curieuse, c'était le Préfet lui-même. Ce dernier l'avait protégé de son mieux, mais son cas était maintenant désespéré. Il ne put qu'ajourner au mois suivant le départ de son subordonné, et cela grâce au concours inattendu de Derrick Yale.

Yale alla rendre visite au Préfet et donna sur le meurtre de Froyant tous les détails possibles pour exonérer son collègue officiel :

– Du fait même que je me trouvais là en compagnie de Parr, moi qui m'étais spécialement chargé de protéger Mr Froyant, Mr Parr devrait être déchargé de toute responsabilité.

Le Préfet s'appuya au dossier de son fauteuil et se croisa les bras.

– Je ne voudrais aucunement vous froisser, Mr Yale, répondit-il, mais vous savez qu'officiellement nous ne pouvons faire état de vos services ni de votre présence. Rien de ce que vous pourriez dire ne viendrait en aide à Mr Parr. Il a couru sa chance, et il a échoué.

Au moment où Yale allait se retirer, le Préfet le rappela.

– Vous pourriez peut-être jeter quelque lumière sur un point, lui dit-il. C'est à propos du meurtrier de James Beardmore ; un certain Sibly, si vous vous en souvenez ?

Yale fit un signe affirmatif et se rassit.

– Qui se trouvait dans sa cellule au moment de ses aveux ?

– Mr Parr, moi-même et un sténographe officiel...

– Homme ou femme ?

– Un homme. Appartenant, je crois, à la Préfecture. C'était tout. Le gardien de la prison est entré une ou deux fois. C'est lui qui apporta la cruche d'eau dans laquelle on trouva plus tard le poison.

Le Préfet ouvrit alors un dossier et y prit une grande feuille de papier.

– Voici, dit-il, la déposition du gardien. Je vous épargne les préliminaires, mais ceci m'intéresse. (Il mit ses lorgnons et lut lentement :)

« Le prisonnier était assis sur son lit. Mr Parr lui faisait face, et Mr Yale se tenait le dos appuyé à la porte qui n'était pas fermée à clé quand j'entrai. Je pris la cruche et allai la remplir au robinet de la cour ; je la laissai un instant sous le robinet, car à ce moment on m'appela d'une autre cellule. Mais il est impossible que quelqu'un ait pu approcher du robinet pendant ce temps, quoique la porte de la cour fût ouverte. Lorsque je rapportai la cruche, Mr Parr me la prit des mains en me disant de ne plus les interrompre. »

Vous voyez, reprit le Préfet en enlevant ses lorgnons, qu'il n'est pas question de sténographe là-dedans. L'avait-on recruté sur les lieux ?

– Je suis presque certain qu'il était attaché à la Préfecture.

– Il me faut demander des éclaircissements à Parr, conclut le Préfet. Il doit être revenu de France. Je lui téléphone tout de suite, pendant que vous êtes là.

Parr expliqua que le sténographe avait été engagé dans la petite ville et, au cours des heures confuses qui avaient suivi la découverte de la mort de Sibly, il n'avait pas songé à se préoccuper de l'identité de cet homme. On lui avait fourni une copie à la machine des déclarations de Sibly et il se rappelait vaguement avoir payé directement ce sténographe. Ce fut tout ce que Parr put dire à ce sujet. À l'air désappointé du Préfet, Yale conclut que la réponse de Parr n'avait pas vraiment éclairci la question.

– Vous ne vous souvenez pas vous-même des traits de ce sténographe ? reprit le Préfet.

Yale secoua la tête négativement.

– Il me tournait le dos, dit-il.

Le Préfet grommela quelque chose sur le manque de précision apporté à cette affaire puis ajouta :

– Je ne serais pas surpris que votre sténographe ait été un émissaire du Cercle Rouge. Ce fut une négligence coupable que de ne pas s'assurer de l'identité de l'homme qui a établi une pièce si importante pour la justice. En l'occurrence Parr a commis une faute, et je le déplore vivement, car je l'aime beaucoup. Évidemment c'est un de ces officiers de police de la vieille école que vous autres, adeptes des méthodes modernes, affectez de mépriser. Il n'a pas de dons extraordinaires, non, mais une certaine finesse tout de même. Enfin, il faut qu'il s'en aille. La chose est décidée. Je puis vous en faire part, car il est déjà averti. C'est mille fois fâcheux.

En réalité, tout le monde était au courant de la prochaine retraite du Chef de la Sûreté.

Mais celui qui paraissait le moins affecté, c'était Parr lui-même. Il poursuivit son labeur quotidien comme si de rien n'était et avec le même entrain que s'il venait d'être nommé à de hautes fonctions.

Une après-midi, il rencontra par hasard Jack Beardmore qui fut étonné de le voir si gai.

– Eh bien, Mr Parr, dit le jeune homme, approchons-nous du dénouement ?

– Oui, répondit-il, en tout cas en ce qui me concerne...

Il apprit à Jack qu'il allait prendre sa retraite.

– Mais vous ne pouvez pas vous retirer ainsi, s'écria le jeune Beardmore, au moment où vous tenez tous les fils du mystère ! Ce serait folie, à moins qu'on ne veuille abandonner tout espoir de capturer jamais ces sinistres criminels !

Parr songea que depuis longtemps « on » avait perdu cet espoir, mais il n'aimait pas aborder ce sujet.

Jack se préparait à partir pour sa maison de campagne, où il n'était pas retourné depuis que son père y avait trouvé une mort tragique mais où de nombreuses questions d'intérêt – renouvellement de baux avec des fermiers, réparations à décider... – nécessitaient sa présence.

– Vous y allez seul ?

– Oui, répondit le jeune homme. Il ajouta aussitôt : Je n'ose vous y inviter, Mr Parr, car vous êtes sûrement retenu en ville par vos fonctions ; mais si ce n'était pas le cas, je serais ravi...

– Je crois qu'actuellement on peut bien se passer de moi, répondit le Chef de la Sûreté. Oui, je crois que je puis accepter votre aimable invitation. D'ailleurs, je n'ai pas revu votre villa depuis la mort de votre pauvre père, et je serais heureux d'examiner à nouveau les environs.

Il demanda deux jours à ses chefs et, comme Jack devait partir le soir-même, il rentra directement chez lui, prépara un petit sac, écrivit une lettre pour prévenir Yale et se rendit à la gare.

À la fin de sa lettre il avait ajouté le post-scriptum suivant : « Il est possible que certaines circonstances exigent ma présence en ville. Dans ce cas, n'hésitez pas à m'appeler. »

Étant donné cette dernière phrase, la conduite de Mr Parr ne put que paraître bizarre.

33

UNE NUIT BLANCHE

Parr ne se révéla pas très jovial compagnon de voyage. Durant tout le trajet, il s'absorba dans la lecture des journaux qui commentaient sans se lasser les derniers attentats du Cercle Rouge. Jack s'étonna de le voir, lui si calme et flegmatique, prendre un tel intérêt aux attaques dont il était lui-même l'objet. Il le lui dit.

Le Chef de la Sûreté posa la feuille qu'il lisait et enleva son gros pince-nez à monture d'acier :

– Je ne sais trop ce qui me pousse, mais, après tout, les critiques ne font pas de mal. C'est seulement quand on a tort – et qu'on le sait – que ces diatribes vous irritent. Je sais que j'ai raison, et ces articles ne m'offensent nullement.

Ils débarquèrent à la petite gare de campagne et firent en auto les cinq kilomètres qui les séparaient de la villa Beardmore.

À peine étaient-ils arrivés que le régisseur tendit à l'inspecteur un télégramme reçu quelques minutes plus tôt. Le Chef de la Sûreté déchira l'enveloppe et lut :

« Revenez vite événements importants. Yale »

Sans un mot il tendit le télégramme à Jack.

– Quel dommage ! s'écria ce dernier. Et il n'y a plus qu'un train à 9 heures !

– Je n'ai nulle intention de le prendre, dit calmement Parr. Mon voyage m'a déjà fatigué. Tant pis. Cela attendra.

Cette décision surprit un peu Jack qui voyait surtout en Parr un homme de devoir ; mais il était aussi fort heureux de le garder pour sa première nuit dans cette maison dont tous les recoins lui paraissaient peuplés de fantômes.

Parr reprit et considéra encore le télégramme.

– Il a été expédié une demi-heure à peine après notre départ de Londres, dit-il. Vous avez le téléphone ici, n'est-ce pas ?

– Oui, à votre service.

Parr demanda la communication avec Londres. Un bon quart d'heure s'écoula avant qu'il l'obtînt.

– C'est bien ce que j'avais pensé, dit-il à son retour au

salon, ce télégramme est un faux. Je viens de téléphoner à Yale.

– Qu'est-ce qui vous a fait supposer qu'il n'était pas authentique ?

– Ah ! c'est que, répondit Parr en souriant, c'est que ma faculté de divination se développe et fera bientôt concurrence à celle de notre ami Yale.

Ils passèrent la soirée à jouer au piquet. Parr y était maître, et comme il n'est peut-être guère de jeu plus passionnant pour deux solitaires, ils se laissèrent surprendre par les douze coups de minuit à la pendule du hall.

La chambre de Parr était celle qu'avait occupée de son vivant Mr James Beardmore.

– Où est votre propre chambre ? demanda le Chef de la Sûreté au jeune homme.

– À côté, répondit-il.

Parr entendit la porte de Jack se refermer, puis enleva son veston. Mais au lieu de continuer à se dévêtir, il prit dans son sac et endossa une vieille robe de chambre légère, éteignit la lumière et alla ouvrir les volets de ses fenêtres. La nuit n'étant pas très obscure, il retrouva facilement son lit sur lequel il alla s'étendre tel qu'il était.

Avec beaucoup de volonté, il réussit à ne pas fermer les yeux. Vers le matin, mais bien avant le jour, il se leva et alla sans bruit s'accouder à la fenêtre la plus proche. Il avait cru entendre au loin la trépidation assourdie d'un moteur, mais maintenant le silence était complet. Il alla à son lavabo, se mouilla la face avec de l'eau fraîche, et se sécha sans hâte. Puis il revint à la fenêtre, en approcha une chaise et s'installa de façon que sa vue s'étendît sur toute l'avenue qui conduisait à la villa.

Une demi-heure s'écoula. Alors il aperçut une ombre qui sortit de l'abri des arbres, s'avança un peu, puis disparut. Au bout d'un instant elle réapparut une seconde, plus près de la maison ; et encore une fois, au moment d'atteindre l'ombre de la villa.

Parr sortit doucement de sa chambre, descendit l'escalier à tâtons. La porte d'entrée était solidement verrouillée et il perdit un peu de temps à l'ouvrir sans bruit. Lorsqu'il fut dehors, il n'aperçut personne. Il contourna la maison, sans rien voir d'insolite, mais en revenant à la porte d'entrée il entendit de nouveau le bruit lointain d'une auto : le visiteur nocturne était reparti.

Il referma soigneusement la porte d'entrée et remonta à sa chambre. L'incident l'intriguait. Il était clair que l'homme, quel qu'il fût, n'avait pas su qu'il était observé. Il devait être reparti aussitôt.

Ce ne fut qu'au cours du déjeuner que le mystère fut éclairci. Jack lisait et relisait un carton chiffonné dont l'aspect frappa l'inspecteur. On eût dit un message du Cercle Rouge.

– Que pensez-vous de cela ? dit le jeune homme en lui tendant le document. J'ai trouvé le pli accroché à un arbuste au-dessous de ma fenêtre.

Parr lut :

« La dette de votre père n'est pas encore payée. Nous vous en tiendrons quitte si vous persuadez vos amis Yale et Parr de cesser leur activité contre nous. »

Un peu au-dessous, et en plus petits caractères, on avait écrit, évidemment après coup :

« Nous cesserons nos démarches auprès des particuliers. »

– C'était donc leur émissaire, dit Parr d'un air songeur. Je me demandais pourquoi il repartait si vite.

– Vous avez vu le porteur de ce message ? s'écria Jack.

– Je n'ai fait que l'entrevoir. En réalité, je m'attendais à la visite d'un membre du Cercle Rouge, et même à des conséquences plus graves...

Il s'assit à table et ne proféra plus mot jusqu'à la fin du repas. Alors il rompit brusquement le silence en disant à brûle-pourpoint à Jack :

– Je me demande s'il sait que vous aimez Thalia Drummond ?

Jack rougit.

– Pourquoi cette question ? Croyez-vous qu'ils soient capables de se venger sur Thalia ?

– Ils en seraient tout à fait capables si cela servait leur dessein... Mais, voyons, ne perdons pas notre temps : je voudrais me rendre compte de ce qui a effrayé Marl, le jour de sa visite à votre père. Pouvez-vous me désigner le point précis où il se trouvait lorsqu'il a manifesté tant d'émotion ?

– Parfaitement. Venez.

Le jeune homme lui montra le coin d'un massif que Marl

avait piétiné en reculant vivement au moment de son accès de frayeur.

– Je me rappelle très bien de l'endroit, dit-il, le jardinier ayant dû remplacer une bouture de rosier qu'il venait de planter.

Parr alla se placer à l'endroit désigné et dit à mi-voix :

– Je savais bien qu'il mentait... (Et il ajouta tout haut :) On ne peut apercevoir la terrasse d'ici. Or, Marl m'a dit que c'est au moment où il arrivait en vue de cette terrasse où se trouvait votre père qu'il a été saisi de son étrange crise. Et mon impression première était que c'était la vue soudaine de votre père qui l'avait effrayé.

– J'aurais pu rétablir la vérité sur ce point, répondit Jack. Mon père n'est pas sorti de son cabinet de travail de toute la matinée ; il n'est venu à la porte vitrée, qu'au moment où nous montions déjà les escaliers de la terrasse.

Parr fit un rapide croquis de l'emplacement, puis conclut :

– Je crois que j'ai vu tout ce que je voulais voir.

En revenant à la maison, il reparla du dernier message du Cercle Rouge :

– C'est là une fausse manœuvre de sa part, et il n'en fait pas beaucoup, dit-il à la grande surprise de son hôte.

Il s'assit sur les escaliers de la terrasse, perdu dans ses pensées. Il ressemblait plus à un bon gros rentier qu'à un fin détective, mais il y eut dans ses dernières paroles une assurance qui fit plaisir à Jack :

– J'y suis ! Ma première idée était la bonne. C'est le chef même du Cercle Rouge qui est venu cette nuit. Il vous apportait le message contenu dans la première partie de sa lettre. En cours de route, il lui est venu une grande idée et il a ajouté son espèce de post-scriptum au dernier moment. Ainsi, ce qu'il dit de Yale et de moi peut être exact : il désire fort nous écarter de son chemin, mais il est bien fou s'il s'imagine que nous y consentirons jamais. Voulez-vous me faire voir encore cette lettre ?

Il l'examina de nouveau.

– Oui, reprit-il, la seconde partie a été écrite plus précipitamment que la première, probablement dans l'auto...

Parr se frotta le menton et conclut :

– Quel est donc son plan ?

Il devait l'apprendre plus vite qu'il ne pensait, car au même moment, un domestique vint dire en courant que le téléphone sonnait depuis plusieurs minutes dans le cabinet de travail de Jack.

– C'est pour vous, dit le jeune homme après avoir répondu, et il tendit le récepteur au Chef de la Sûreté. Il reconnut la voix du Préfet.

– Revenez immédiatement, lui dit celui-ci ; vous êtes convoqué au Conseil des Ministres cet après-midi.

Lorsque Parr raccrocha le récepteur, un large sourire éclairait sa placide physionomie.

– Qu'est-ce ? lui demanda Jack.

– J'assiste au Conseil des Ministres, répondit-il, et il se mit à rire comme jamais le jeune homme ne l'en aurait cru capable.

34

L'ambition du Cercle Rouge

En arrivant à Londres, Jack Beardmore et l'inspecteur Parr trouvèrent les journaux pleins de commentaires sur l'événement du jour.

Même en résumé et telle que la présentait un bref communiqué officiel, l'affaire était bien de nature à soulever une vive émotion dans le public. En effet, dans la matinée, tous les membres du Gouvernement avaient reçu un document dactylographié et dépourvu de toute adresse ou indication autre que le cercle rouge apposé sur chaque feuillet.

Ce document portait :

« Tous les efforts de votre police tant officielle que privée, l'habileté de Derrick Yale aussi bien que la persévérance du Chef de la Sûreté, Mr Parr, ont été impuissants à Nous faire échec. Et toutes Nos opérations réussies ne sont pas encore connues. Nous avons été malheureusement contraints d'enlever la vie à plusieurs personnes, et cela non dans un esprit de vengeance, mais pour servir de salutaire avertissement aux autres. Ce matin encore, Nous avons été dans la douloureuse obligation de détruire l'existence de Mr Samuel Hegitt, homme d'affaires, dont la curiosité stimulée par

Mr Harvey Froyant Nous avait approché de trop près. Heureusement pour ses collègues et employés, il avait entrepris personnellement son enquête, de sorte qu'il devait seul disparaître. On trouvera son corps au bord de la ligne de chemin de fer, entre Marsden et Brixton.

» Puisque la police est impuissante et que Nous constituons – comme on le dit : – un péril public des plus graves, Nous avons décidé de cesser notre activité sous condition qu'un million de livres sterling nous soit versé. La manière dont ce versement sera opéré sera réglée ultérieurement. Il devra en tout cas être accompagné d'une amnistie complète et en blanc, de sorte que si l'occasion le nécessitait ou si, par la suite, Notre identité venait à être découverte, Nous puissions être entièrement couverts par ce document.

» Un refus opposé à notre proposition entraînerait de très graves conséquences. Nous donnons ci-dessous les noms de douze Parlementaires éminents qui nous serviront d'otages. Si, à la fin de la présente semaine, le Gouvernement n'a pas pleinement accepté Nos conditions, l'un de ces Représentants de la Nation mourra. »

Aux bureaux de la Préfecture, Yale fut la première personne qu'aperçut Parr. Le détective privé, contre son habitude, paraissait soucieux.

– Je craignais un coup de ce genre, dit-il, et le plus ennuyeux est que cela se produit au moment où je pensais mettre la main sur le principal meneur de la bande.

Il serra la main de Parr et ajouta :

– Et dire que je devais passer la journée à la pêche !

– C'est vrai. À propos, c'est aujourd'hui que vous deviez mourir ! Il est vrai que le Cercle arrête ses opérations contre les particuliers.

Yale sourit.

– Je suis venu vous assurer, dit-il, que je me mets entièrement à votre disposition. Avant que vous n'assistiez aux délibérations du Conseil, vous devez être informé que le Gouvernement a, dit-on, l'intention de m'attribuer un poste officiel et de me confier l'affaire du Cercle Rouge. J'ai déjà été pressenti et j'ai formellement refusé. Je suis convaincu que vous êtes mieux à même que quiconque de poursuivre l'enquête et je ne veux d'autre chef que vous.

– Merci, dit Parr simplement. Mais peut-être le Conseil en décidera-t-il autrement.

Le Conseil des Ministres se réunit dans le bureau du Secrétaire d'État. Les membres du Gouvernement ayant tous reçu le message du Cercle Rouge, aucun ne manquait à cette mémorable séance. Il se passa un certain temps avant qu'on ne fît appeler les personnalités convoquées.

Ce fut Yale qui fut introduit le premier. Puis, un quart d'heure plus tard, ce fut le tour de Parr. Il connaissait de vue la plupart des grands personnages rassemblés là. L'impression générale d'hostilité qu'il ressentit en entrant s'accrut encore au léger signe de tête que le Premier Ministre lui adressa en réponse à sa révérence.

– Mr Parr, dit le Premier Ministre d'une voix glacée, nous délibérons en ce moment au sujet de l'association de malfaiteurs connue sous le nom de Cercle Rouge et qui est en train de devenir un danger public. Son audace, qui ne connaît plus de bornes, est allée jusqu'à envoyer à tous les membres du Gouvernement une menace écrite que vous avez sans doute déjà lue dans les journaux.

– Oui, monsieur le Premier Ministre.

– Je ne vous cacherai pas que nous sommes très mécontents de la façon dont vous vous êtes acquitté de votre tâche. Bien que toutes facilités vous aient été accordées, que des pouvoirs spéciaux vous aient été conférés, en particulier celui...

Il consulta un papier placé devant lui, mais le Chef de la Sûreté l'interrompit.

– Je vous demande pardon, monsieur le Ministre, mais il n'est pas prudent d'indiquer à haute voix quels sont les pouvoirs spéciaux que j'ai reçus...

Le Chef du Gouvernement resta un instant interloqué.

– Fort bien, reprit-il ; je peux dire cependant que d'une façon générale vous avez joui d'extraordinaires privilèges en vue de l'accomplissement de vos missions. Vous avez eu de nombreuses occasions que vous avez manquées ; vous avez même été présent lors d'un attentat, et vous n'avez rien pu ou su empêcher.

Parr s'inclina.

– Notre désir était de confier officiellement cette affaire à Mr Derrick Yale qui a réussi par deux fois à arrêter l'auteur d'un crime attribué au Cercle Rouge, sans toutefois arriver à en découvrir l'instigateur. Cependant Mr Yale n'accepte qu'à condition d'être placé sous vos ordres. Nous y consentons. D'autre part, vous aviez offert votre démission à monsieur le Préfet de Police qui l'a acceptée. Cette acceptation sera donc, pour le moment, réservée.

Maintenant, Mr Parr, dites-vous bien, continua l'homme d'État en appuyant sur ses mots, pénétrez-vous bien de cette idée qu'il est absolument, entièrement impossible de prendre la demande de ces malfaiteurs en considération : ce serait la négation de toute loi, l'abdication de toute autorité. Nous comptons donc sur vous pour assurer la sécurité entière de tous les membres du Parlement menacés. Toute votre carrière est en jeu.

Le Chef de la Sûreté se leva et dit :

– Je garantis en tout cas qu'aucun membre de Gouvernement ne sera attaqué, mais il est encore impossible de promettre l'arrestation de l'individu qui s'appelle Cercle Rouge.

– Je suppose, reprit le Premier Ministre, que le nommé Hegitt, dont parle le document, a été tué.

– Malheureusement oui, répondit Yale. Mr Hegitt a été assassiné en cours de route, en rentrant hier soir chez lui, à Marsden.

– C'est déplorable, déplorable ! fit le Chef du Gouvernement en hochant la tête. Une véritable orgie de meurtres et d'attentats et qui ne semble pas close !

En sortant, les deux détectives se trouvèrent au milieu d'un grand rassemblement de journalistes et de curieux qui attendaient les résultats de la délibération du Cabinet. L'affaire du Cercle Rouge passionnait tous les esprits. Yale fut reconnu et acclamé, mais Parr, à sa grande satisfaction, passa complètement inaperçu.

Thalia Drummond lisait attentivement un journal lorsque Derrick Yale rentra dans son bureau. Le détective remarqua qu'elle se hâtait de repousser le journal et de se remettre à sa machine, comme si elle était prise en faute.

– Eh bien, miss Drummond, dit-il, que pensez-vous de ce dernier exploit du Cercle ?

– C'est colossal, répondit-elle, et par certains côtés, admirable.

– Je ne vois pas ce qu'il y a d'admirable, dit Yale gravement. Vous avez une assez bizarre façon d'envisager les choses.

Il s'arrêta sur le seuil de son bureau personnel et regarda longuement la jeune fille, d'un œil scrutateur. Elle ne baissa pas les yeux.

– Vous devez être contente de ne plus avoir à envoyer de communications à Mr Johnson de Mildred Street, reprit-il.

Elle ne répondit pas. Au bout d'un instant, il revint :

– Il est probable que je vais avoir mon bureau à la Préfecture même, et j'ai idée que l'atmosphère de la maison ne vous conviendrait pas. Je vous laisserai donc ici et vous confierai les affaires courantes.

– Vous êtes-vous chargé de découvrir et d'arrêter le Cercle Rouge ?

Il secoua la tête.

– Mr Parr garde la direction de l'enquête, répondit-il, mais je dois le seconder.

Il ne fit plus d'allusion à ses nouvelles fonctions et la matinée fut consacrée à la besogne courante. Vers midi, il sortit et annonça qu'il ne reviendrait pas avant le lendemain.

Quelques instants après son départ, la sonnerie du téléphone retentit et Thalie, reconnaissant la voix qui lui parlait, manqua de laisser choir le récepteur.

– Oui, c'est moi, dit-elle. Bonjour, Mr Beardmore.

– Mr Yale est-il là ? demanda Jack.

– Il vient de sortir et ne reviendra pas au bureau aujourd'hui. Mais s'il s'agit d'une communication importante, je saurai où l'atteindre.

Elle assurait sa voix de son mieux.

– Je ne sais pas si c'est réellement important ou non, dit Jack. Mais voici : en classant ce matin des papiers ayant appartenu à mon père – travail bien triste, entre parenthèses – j'ai trouvé toute une liasse de documents relatifs à Marl.

– À Marl... Félix Marl ?

– Oui. Sans doute mon pauvre père en savait bien plus sur lui que nous ne nous imaginions. Marl avait été en prison : savait-on cela ?

– On l'avait deviné, je crois, répondit Thalia.

– Mon père faisait toujours une enquête sur les gens avec qui il pensait avoir affaire, et ces documents émanent d'une agence française. Il en résulte que c'était un joli gredin et je m'étonne que mon père ait accepté de faire affaire avec ce gibier de potence. Une des plus curieuses pièces de cette liasse est une enveloppe sur laquelle est inscrit : « Photographie de l'exécution ». Elle est encore cachetée et scellée aux initiales de l'Agence française de renseignements. Il semble que mon père n'a pas eu la curiosité de l'ouvrir.

– Voulez-vous me faire une faveur ? dit alors la jeune fille d'une telle voix implorante et émue que Jack s'étonna.

– Qu'avez-vous ? dit-il. Mais certainement, je suis à votre entière disposition... Vous le savez bien !

– Eh bien ! n'ouvrez pas cette enveloppe, reprit Thalia d'une voix plus ferme et plus vive. Mettez en lieu sûr tous ces papiers relatifs à Marl. Voulez-vous me le promettre ?

– Assurément. Je vous le promets. Mais quelle drôle de requête !

– En avez-vous déjà parlé à quelqu'un ?

– J'ai envoyé une note là-dessus à Mr Parr.

Il l'entendit pousser une exclamation de regret.

– Enfin, dit-elle, me promettez-vous de n'en parler à personne d'autre, particulièrement de la photographie ?

– Oui, oui. Voulez-vous que je vous l'envoie ?

– Non, non, ne faites pas cela !

Là-dessus, elle raccrocha brusquement le récepteur. Elle demeura un long moment le souffle court, comme vivement émue, puis mit son chapeau, ferma le bureau à clé et alla déjeuner.

35

THALIA DÎNE AVEC UN MINISTRE

– Le quatre est passé, et je suis encore de ce monde, dit Derrick Yale à Parr en arrivant au bureau qu'ils occupaient ensemble à la Préfecture. Cependant, ajouta-t-il, j'ai manqué ma partie de pêche.

– Il vaut mieux, grogna Parr, que vous ayez perdu votre partie de pêche que d'avoir perdu contact avec nous. Je suis convaincu que, si vous y étiez allé, nous ne vous aurions plus revu.

Yale sourit.

– Vous avez, dit-il, une confiance aveugle en ce Cercle Rouge.

– Oui... jusqu'à un certain point, répondit Parr sans relever les yeux de la lettre qu'il était en train d'écrire.

– On dit que Brabazon a fait de nouvelles dépositions, dit Yale après un silence.

– Oui ; rien de sensationnel cependant. Il a avoué que, depuis longtemps, il changeait les sommes que le Cercle Rouge extorquait à ses victimes, mais sans le savoir. Il a donné aussi des détails sur la manière dont le Cercle l'a recruté ; je suppose donc qu'il savait bien de quoi il était chargé.

– L'inculpez-vous du meurtre de Marl ?

– Nous n'avons pas assez d'indices probants pour cela, dit Parr en mettant sa lettre sous enveloppe.

– Qu'avez-vous donc découvert en France ? Je n'ai pas encore eu l'occasion de m'entretenir de cela avec vous.

Parr prit sa pipe, la bourra et l'alluma avant de répondre.

– J'ai découvert à peu près les mêmes choses que Froyant, dit-il. En somme, j'ai suivi la même piste que lui. Il s'agissait surtout de Marl et de son passé. Vous savez qu'il avait fait partie d'une association de malfaiteurs en France et que lui, avec un complice nommé, je crois, Lightman, avaient été condamnés, l'un aux travaux forcés, l'autre à mort. Lightman, n'eut la vie sauve que grâce à un mauvais fonctionnement de la guillotine. Il fut déporté dans un bagne d'une des colonies françaises, où il mourut.

– Non, il s'en échappa, dit Yale tranquillement.

– L'affreux diable ! Enfin, ce qui m'intéressait surtout, ce n'était pas Lightman, c'était Marl.

– Parlez-vous français, Parr ?

– Couramment, pourquoi ?

– Pour savoir comment vous aviez pu poursuivre votre enquête, là-bas !

– Oui, je parle assez bien le français, dit Parr cherchant à changer de sujet.

– Et Lightman s'est échappé, répéta alors Yale. Je me demande ce qu'il est devenu.

– Cela, c'est une question dont je ne me suis pas embarrassé, dit Parr avec une légère impatience dans la voix.

– Vous n'avez pas été le seul à vous intéresser à Marl, reprit Yale. J'ai vu sur votre bureau une note du jeune Beardmore, relatant sa découverte de papiers concernant Marl dans les archives de son père. Celui-ci avait déjà enquêté sur le passé de Marl ; c'était un homme prudent.

Yale devait déjeuner avec le Préfet de Police. Parr fut plutôt heureux de n'être pas invité. Il avait beaucoup à faire pour constituer de bonnes gardes du corps auprès de chaque membre du Gouvernement.

En fait, sa présence eût bien embarrassé Yale qui avait à faire au Préfet une communication que Parr ne devait pas entendre. Ce fut vers la fin du repas qu'il se décida à parler. Le Préfet eut un haut-le-corps.

– Quelqu'un à l'état-major de la Préfecture ! s'écria-t-il. Mais, c'est impossible, Mr Yale !

Celui-ci secoua la tête.

– Certes, je voudrais croire la chose impossible, dit-il, mais ne vous paraît-il pas que tout tend à étayer cette supposition ? Tout ce que nous faisons pour dépister les agissements du Cercle Rouge est invariablement contrecarré. Quelqu'un qui a eu accès à la cellule de Sibly l'a empoisonné. Qui donc, sinon une personne agréée en haut lieu ? Prenez maintenant le cas de Froyant : plusieurs inspecteurs surveillaient la maison, et cependant on n'a vu personne entrer ou sortir.

Le Préfet, un peu plus calme, répondit :

– Parlons clairement, Mr Yale : vous soupçonnez Parr ?

– Allons donc ! fit Yale en riant. Cet homme ne saurait posséder aucun instinct criminel. Non, non ! Mais le fait demeure, poursuivit-il en baissant la voix, que, si vous cherchez bien, vous trouvez derrière chaque attentat du Cercle Rouge, une puissance occulte... et bien renseignée.

– Parr ?

– Je ne voudrais pas aller jusque là... Mais peut-être est-il victime de quelque subordonné en qui il a confiance. Vous comprenez, ajouta-t-il vivement, que je n'hésiterais pas à l'accuser si mes soupçons l'atteignaient, pas plus que je ne vous ménagerais vous-même en pareil cas, monsieur le Préfet.

Celui-ci ne paraissait pas très à l'aise.

– Ce Cercle Rouge finirait par nous faire voir la vie en

noir, dit-il... Quelle est donc cette jeune personne là-bas qui vous regarde constamment ?

– Cette petite, dit Yale, s'appelle Thalia Drummond ; et le gentleman avec qui elle déjeune est, si je ne me trompe, l'Honorable Raphaël Willings, Sous-secrétaire d'État.

– Thalia Drummond ? fit le Préfet. N'est-ce pas une jeune fille qui fut convaincue de vol... il y a quelque temps... au détriment de Froyant, dont elle était secrétaire ?

– Parfaitement. Elle est pour moi une énigme vivante ; et ce qu'il y a de plus surprenant en elle, c'est son admirable et presque surnaturel sang-froid. Croiriez-vous qu'à cette heure même elle est censée se trouver dans mon bureau, occupée à répondre au téléphone et à faire ma correspondance sur sa machine ?

– Elle est votre employée ? s'étonna le Préfet (qui ajouta en souriant :) Oui, elle n'a pas l'air d'avoir froid aux yeux. Mais comment a-t-elle fait la connaissance – et la conquête – de Mr Willings ?

À cela, Yale n'offrit pas de réponse. Il était encore à table avec le Préfet lorsqu'il vit la jeune fille se lever et, suivie de son compagnon, sortir de la salle du restaurant. Elle dut passer assez près de leur table pour gagner la sortie, et ce faisant, elle adressa un petit sourire et un léger signe de tête au détective privé qui la suivait des yeux.

– Qu'est-ce que vous dites de cet aplomb ? demanda Yale au Préfet.

– Je présume que vous aurez un petit sermon à lui adresser ce soir, observa le Préfet.

Yale trouva ce sermon plus difficile à faire qu'il ne l'aurait cru.

Thalia ne l'avait précédé que de peu à son bureau, et elle était en train d'enlever son chapeau lorsqu'il survint.

– Une minute, je vous prie, miss Drummond, dit-il ; j'ai quelques mots à vous dire : pourquoi êtes-vous sortie alors que je vous avais spécialement priée de rester aujourd'hui au bureau ?

– De son côté, Mr Willings m'a spécialement priée à déjeuner, répondit Thalia avec un sourire innocent, et comme il est ministre, je suis convaincue que vous n'auriez pas aimé que je refuse.

– Comment avez-vous fait la connaissance de Mr Willings ?

Elle le regarda de haut en bas avec insolence.

– Il y a plusieurs manières de faire la connaissance des hommes, répliqua-t-elle. On peut mettre des annonces dans les journaux matrimoniaux ; on peut aussi les rencontrer dans un parc public ; on peut aussi leur être présentée. J'ai été présentée à Mr Willings.

– Quand ?

– Ce matin, vers 12 heures, au Merros Club. J'y vais danser quelquefois... Petite distraction qu'excuse ma jeunesse...

Yale prit de l'argent dans sa poche et le posa sur le bureau.

– Voici, dit-il, vos honoraires d'une semaine. À partir de ce soir, je n'aurai plus besoin de vos services.

Elle leva les yeux :

– Vous renoncez à me réformer ? dit-elle si sérieusement que Yale, pris de court, se mit à rire.

– Vous êtes irréformable, miss Drummond. J'aurais passé sur bien des choses, j'aurais excusé quelque différence dans la monnaie courante, mais je ne puis consentir à ce que vous quittiez le bureau sans mon autorisation expresse.

Elle prit l'argent et le compta.

– Le compte est exact, dit-elle.

– Il n'y aurait qu'un moyen de vous réformer, Thalia Drummond, reprit Yale avec une certaine lenteur et comme s'il trouvait difficilement ses mots.

– Et quel est-il, je vous prie ?

– Trouver un mari... Je serais presque tenté d'essayer...

Elle s'assit sur le coin du bureau et se mit à rire silencieusement.

– Que vous êtes drôle ! dit-elle enfin... Je vois maintenant que vous êtes un vrai moraliste, continua-t-elle sur un ton plus sérieux ; avouez que vous avez simplement voulu faire une expérience avec moi et que vous n'avez pas plus de sympathie pour ma personne que pour ce flacon d'encre.

– Je n'éprouve pas d'amour pour vous, en effet...

– Eh bien ! je m'en vais, non sans vous remercier de l'occasion que vous m'avez fournie de connaître et de servir un homme aussi éminent que vous.

Il n'en écouta pas davantage et rentra dans son bureau particulier sans même faire à Thalia l'honneur de claquer la porte.

Ce renvoi subit inquiétait un peu la jeune fille. De deux choses l'une : ou bien Yale avait sur elle de graves soupçons, ou bien il usait d'un stratagème pour voir ce qu'elle ferait. La première alternative était assez grave pour la faire réfléchir. Elle se remémora l'allusion de Yale aux messages adressés à Johnson, de Mildred Street. Qu'y avait-il là, en dehors du fait qu'il la savait en relations avec le Cercle Rouge ?

En arrivant à son appartement, elle trouva une lettre qui l'y attendait, comme tous les soirs. L'animateur du Cercle Rouge était un correspondant assidu, en ce qui la concernait du moins.

Une fois bien enfermée chez elle, elle décacheta l'enveloppe et lut :

« Vous avez très bien suivi mes instructions. Votre présentation à Willings a été habilement opérée. Je désire que vous connaissiez cet homme à fond et découvriez son point faible. En particulier, je désire savoir ce qu'il pense réellement de ma proposition au Gouvernement et quelle est l'attitude que prendront les ministres à ce sujet. La robe que vous aviez au déjeuner n'était pas parfaite. N'épargnez aucune dépense pour vos toilettes. Derrick Yale vous renvoie aujourd'hui, mais que cela ne vous inquiète pas : votre présence à son bureau devenait inutile. Vous dînez ce soir avec Willings. Il est particulièrement sensible aux charmes féminins. Faites-vous, si possible, inviter chez lui. Il a une collection d'armes anciennes dont il est très fier. Vous pourrez ainsi étudier la disposition de la maison. »

Elle regarda encore dans l'enveloppe et y découvrit deux billets de cent livres. Elle les mit dans son sac et sa physionomie devint très grave.

36

L'assemblée du Cercle

Mr Raphaël Willings était de ces politiciens à la brillante carrière, dont les mérites sont si nombreux qu'on ne sait jamais s'il faut leur attribuer le portefeuille de la marine ou celui de l'agriculture. Ministre à moins de quarante ans, il n'était cependant pas populaire. On saluait en lui le bel orateur, l'homme remarquablement doué, mais il avait donné trop de preuves de versatilité, tant d'inconséquence dans sa souplesse, que l'opinion publique ne lui faisait pas grande confiance.

Parmi ses collègues, il n'avait pas bonne réputation. On le ménageait parce que le vague troupeau des parlementaires opportunistes le suivaient, mais il manquait de convictions... Il avait échappé à grand-peine à une citation à comparaître au cours d'un procès scandaleux, et par deux fois le cercle sélect dont il faisait partie avait reçu la visite de la police... cela, d'ailleurs, à l'instigation de la femme d'un de ses collègues. En échange de quoi les journaux à la solde de Willings avaient attaqué si malignement le mari de la dame qu'il avait dû se retirer de la vie publique.

Willings était un homme de belle stature, candidat à l'obésité, un peu chauve. Dans l'ensemble, point déplaisant du tout. Il croyait ingénument qu'il avait été très habile en se faisant présenter à Thalia ; et il eût été extrêmement mortifié s'il avait su que la dame qui avait fait la présentation en avait reçu l'ordre, le matin même, du Cercle Rouge. Cette association recrutait ses membres dans toutes les classes de la société. On y trouvait des comptables, un sous-directeur d'une compagnie de chemins de fer, un médecin, trois directeurs d'hôtel parmi la centaine d'agents que comptait le Cercle. Ils étaient tous bien payés et n'avaient pas grand-chose à faire. Quelquefois, il ne leur était demandé que de présenter l'une à l'autre deux personnes que le Cercle voulait mettre en rapports. Mais dans tous les cas ils recevaient leurs instructions sous la même forme.

Recrutés tous en un moment opportun de disgrâce, de malheur ou d'inquiétude, convoqués en d'étranges endroits, tout de suite pourvus d'argent, appelés – assez rarement – à des tâches toujours faciles, ils étaient restés pour la plupart fidèles à leur chef inconnu malgré l'appât de la grosse prime offerte au dénonciateur. Aucun d'eux d'ailleurs n'aurait pu la toucher, étant tous absolument incapables de donner le moindre renseignement sur l'identité de leur patron. C'est ce qui arriva aux quelques peureux qui allèrent se confier à la police. Le Cercle Rouge avait d'ailleurs de remarquables méthodes d'espionnage. Par exemple, lorsqu'il convoqua pour la première fois ses adeptes en une sorte d'assemblée générale, en indiquant à chacun le déguisement à adopter pour n'être pas reconnu même par les autres membres, aucun des traîtres ou des mécontents n'y fut appelé.

Au cœur de Londres se trouvent plusieurs très vieilles églises, mais aucune n'est aussi ancienne que Sainte-Agnès. Échappée par miracle aux ravages du Grand Incendie, entourée de maisons plus hautes que son clocher, elle sert de lieu de culte à une congrégation dont les membres pourraient se compter sur les doigts d'une main. Cependant, un pasteur y prêche régulièrement chaque dimanche et l'intérieur en est bien entretenu. Elle était autrefois pourvue d'un cimetière attenant ; des immeubles de rapport s'élevaient désormais sur le champ de repos dont les hôtes avaient été transportés en de plus salubres retraites.

L'entrée de l'église se trouvait au fond d'une impasse qui donnait dans une petite rue de ce vieux quartier, et les ombres qui passaient vite de la ruelle dans l'impasse semblaient aller se perdre et s'évanouir devant les portes invisibles du vieux monument, dans une obscurité plus épaisse que la nuit même... Car c'était en l'église de Sainte-Agnès que le Cercle Rouge tenait sa première et dernière assemblée générale.

Là encore tout était organisé et prévu d'une façon merveilleuse. Chacun avait reçu des ordres précis, lui indiquant la minute même où il devait arriver, de telle façon que deux membres n'entrent jamais en même temps.

Thalia Drummond, dûment convoquée, se présenta à l'heure dite à la porte, immédiatement refermée derrière elle. Il n'y avait aucune lumière à l'intérieur. Seule une vague clarté filtrait à travers les vitraux.

– Allez tout droit, chuchota une voix, et placez-vous au bout du second banc à droite.

Il y avait déjà d'autres personnes dans l'église. Deux ombres à chaque banc constituaient une sorte de congrégation fantomatique et silencieuse. Alors, l'homme qui s'était tenu près de la porte pour recevoir et placer les arrivants, monta à l'autel ; dès ses premiers mots, Thalia reconnut que les serviteurs du Cercle Rouge se trouvaient en présence de leur maître.

Sa voix était sourde et étouffée ; Thalia supposa qu'il portait le masque dont elle l'avait vu affublé le jour où il l'avait recrutée.

– Mes amis, dit-il, le moment est venu pour notre association de se dissoudre. Vous avez tous lu dans les journaux ma proposition au Gouvernement. Vous êtes tous intéressés à sa réussite, étant donné mon intention de vous distribuer vingt pour cent des sommes à recevoir. J'avertis ceux qui craindraient une interruption intempestive, que la prochaine ronde de police ne passe pas ici avant une heure et que le son de ma voix ne peut aucunement être entendu hors de l'église.

Il s'arrêta une seconde pour reprendre d'une voix plus dure :

– Quant à ceux qui pourraient avoir l'idée de nous trahir et s'imagineraient qu'il était trop dangereux de nous réunir, je répondrai que toutes les précautions sont prises et que j'ai la certitude de n'être pas inquiété ce soir.

Mesdames et messieurs, je ne vous cacherai pas que le Cercle Rouge est actuellement en péril. Deux fois, des circonstances imprévues ont été sur le point de révéler mon identité à la police. Le grand détective Yale est sur mes traces ainsi que le Chef de la Sûreté Parr qui n'est pas non plus un adversaire méprisable. À ce moment suprême, je n'hésite pas à réclamer de chacun de vous un effort extraordinaire. Demain vous recevrez tous des instructions très détaillées et complètes. Rappelez-vous que vous courez les mêmes dangers que moi et que votre récompense en sera d'autant plus grande. Maintenant, retirez-vous un par un, à trente secondes d'intervalle, en commençant par le premier banc à droite, puis le premier à gauche, et ainsi de suite. Allez !

Les ombres se retirèrent ainsi, lentement, et selon l'ordre indiqué.

L'orateur attendit que l'église fût vide, puis sortit à son tour, traversa l'allée et, une fois dans la rue, se mit en quête d'un taxi.

Thalia Drummond l'avait précédé de plusieurs minutes. Dans le taxi qui l'emportait à l'autre bout de la ville, elle enleva son grand manteau de pluie, son chapeau noir et sa voilette, pour apparaître dans une robe de bal exquise.

Quelques instants plus tard, elle entrait au Merros Club où l'éclat de sa beauté fit sensation. Trop de sensation même au gré de Jack Beardmore qui se trouvait là avec quelques amis.

– Qui est-ce ? demanda un des compagnons de Jack.

– Elle, je ne sais pas, répondit un second, mais l'homme

qui vient à sa rencontre n'est autre que Raphaël Willings, le Ministre.

De son côté, Thalia avait aperçu le jeune homme et maugréait intérieurement. Elle ne prêta qu'une oreille distraite aux propos de Mr Willings jusqu'au moment où un mot qu'il prononça lui fit dresser l'oreille...

– Des armes anciennes ? dit-elle. On dit que vous en avez une très belle collection, Mr Willings.

– Cela vous intéresse-t-il ?

– Oui, un peu... c'est-à-dire... j'adore ça... répondit Thalia, toute surprise elle-même de manquer d'à-propos.

– Alors, pourrais-je vous prier de venir une fois prendre le thé chez moi afin de vous montrer mes panoplies ? s'empressa de dire l'homme d'État. Il est si rare qu'une femme s'intéresse à ces choses-là... Voulez-vous demain ?

– Non, après-demain, dit hâtivement Thalia... ou même peut-être le jour suivant.

Peu après, elle vit Jack s'en aller sans avoir seulement jeté un regard dans sa direction.

Elle se sentit triste, car elle eût bien aimé lui parler et elle avait espéré qu'il s'arrangerait pour passer près de sa table.

Mr Willings voulut la reconduire dans son auto et elle le quitta avec un soupir de soulagement.

L'immeuble dans lequel se trouvait son appartement était un peu en retrait et une petite cour le séparait de la rue. Après avoir pris congé de son admirateur, Thalia se disposait à franchir cette étroite cour de cinq à six mètres de largeur à peine, lorsqu'elle s'aperçut qu'un homme attendait dans l'ombre, un peu à l'écart de l'entrée. Elle s'arrêta, attendit que l'auto de Willings eût disparu, puis se dirigea délibérément vers l'homme. Il lui parla un instant à voix très basse, elle lui répondit de la même façon, puis ils se quittèrent sans se serrer la main. Elle entra dans l'immeuble, et l'homme se dirigea vers la rue.

Quoique rien dans son attitude ne le décelât, cet homme se savait suivi. Il avait attendu assez longtemps l'arrivée de la jeune fille et avait fort bien entrevu l'ombre qui se dissimulait sous l'auvent d'une boutique, de l'autre côté de la rue.

Cependant, sans se méfier de rien en apparence, il continua son chemin. Il savait bien que quelqu'un venait derrière lui, quelqu'un qui à un moment donné le dépasserait et chercherait à le voir. Il tourna dans une autre rue plus faiblement éclairée et ralentit le pas. Alors, l'espion le rattrapa juste sous un réverbère ; il tournait la tête pour apercevoir les traits de celui qu'il avait suivi lorsque ce dernier d'un geste brusque l'abattit de deux coups de poing au visage. L'espion tomba et, au même instant, sortirent de l'ombre trois hommes qui se ruèrent sur lui...

Lorsqu'il reprit ses sens, il aperçut pleinement éclairée la face de l'homme qu'il avait épié :

– Ciel ! s'écria-t-il. Vous !

– Cela ne vous servira pas à grand-chose de m'avoir reconnu, dit l'autre en souriant.

37

« Je vous reverrai demain... si vous êtes encore en vie »

Ce soir-là, Jack Beardmore était rentré chez lui en proie au plus grand désespoir. Il ne parvenait pas à oublier son amour pour Thalia Drummond, malgré toutes les raisons qu'il avait de la mépriser. Il se taxait lui-même et fort véhémentement de stupidité et de triple folie tout en arpentant, les mains dans les poches, son cabinet de travail. À ce moment-là il l'aurait volontiers châtiée pour la souffrance qu'elle lui faisait endurer. Il s'assit, se prit la tête entre les mains et s'absorba dans ces douloureuses pensées que la froide raison, depuis des millénaires, traite d'absurdes et qu'elle ne parvient pourtant jamais à déraciner du cœur des hommes.

Il se leva, tout enfiévré, alla à son coffre, y prit une liasse de documents qu'il jeta sur la table. Il y avait là l'enveloppe cachetée que son père avait jointe aux papiers concernant Marl. Jack ne l'avait pas ouverte, par déférence pour le désir de Thalia. Mais en cette heure de désespoir, il éprouvait un puéril désir de briser ces cachets en dépit d'elle.

Pourquoi avait-elle manifesté une si grande crainte qu'il ne vît cette photographie ? Portait-elle un si grand intérêt à Marl ? Il se rappela que Thalia avait passé avec cet homme la soirée qui avait précédé sa mort mystérieuse. Il reprit la liasse et l'emporta avec lui dans sa chambre à coucher. Il était si las qu'il oublia sa curiosité pour la « photographie de l'exécution »... Qu'importait ?

Il s'attendait à ne pas pouvoir fermer l'œil de la nuit, mais la jeunesse ayant des ressources inattendues, il s'endormit presque aussitôt, la tête sur l'oreiller. Alors il rêva. Il rêva naturellement de Thalia Drummond. Elle était sous la domination d'un monstre qui ressemblait à l'inspecteur Parr... Puis il rêva de Marl qui prit des aspects terrifiants et se trouvait bizarrement associé avec une vieille dame, la grand-mère de Parr, celle qu'il appelait « Maman »...

Ce qui le réveilla, ce fut le reflet d'une lumière sur la glace surmontant sa table de toilette. Déjà la lueur avait disparu lorsqu'il se dressa sur son séant. Qu'était-ce ? Il était sûr d'avoir vu ce reflet, comme celui que produit une vive lumière dans la rue...

– Qui est là ? dit-il à voix haute. Il chercha à atteindre la lampe placée sur sa table de nuit, mais il ne la trouva pas. Elle avait été enlevée. Il sauta hors du lit.

Il entendit un léger bruit du côté de la porte et s'élança. Il saisit quelqu'un qui d'abord se débattit violemment. Mais soudain il relâcha son étreinte en poussant une exclamation, car il venait de réaliser qu'il avait affaire à une femme... et quelque instinct l'avertit qu'il s'agissait de Thalia Drummond.

Il étendit la main à la recherche du commutateur électrique et soudain la chambre fut inondée de lumière.

C'était bien Thalia... Thalia blanche comme une morte et toute palpitante, Thalia qui cachait quelque chose derrière elle et essayait de soutenir son regard attristé par un air de tragique défi.

– Thalia ! balbutia-t-il.

Thalia dans sa chambre ! Pourquoi ?

– Qu'êtes-vous venue faire ici ? s'écria-t-il, et que cachez-vous ?

– Pourquoi avez-vous apporté ces documents dans votre chambre ? fit-elle presque farouchement. Si vous les aviez laissés dans votre coffre... Oh ! pourquoi ne les avez-vous pas laissés dans votre coffre ?

Il vit qu'elle tenait à la main l'enveloppe cachetée contenant la photographie de l'exécution.

– Mais... mais, Thalia, bégaya-t-il, je ne vous comprends pas. Pourquoi ne m'avoir pas dit ?

– Je vous ai demandé de ne pas regarder cette photo. Je n'aurais jamais pensé que vous l'auriez apportée ici... Ils sont venus, ce soir, pour tâcher de s'en emparer...

Elle était haletante et toute prête à éclater en sanglots.

– Ici ? Ce soir ? Qui donc ?

– Le Cercle Rouge. Ils savaient que vous possédiez cette photo, ils ont pénétré dans votre cabinet de travail... J'étais déjà cachée par là, et j'espérais – oh ! comme j'espérais de tout mon cœur ! – qu'ils trouveraient ce document ! Maintenant, poursuivit-elle d'une voix brisée, ils croient que vous l'avez vue... Oh ! pourquoi avez-vous fait cela ?

Il alla prendre quelque vêtement, se sentant en assez ridicule posture ; recouvrant quelque assurance, il dit :

– Tout ce que vous me dites est du chinois pour moi. Je ne comprends qu'une chose, c'est que ma maison a reçu la visite de cambrioleurs. Venez avec moi.

Ils descendirent ensemble à son cabinet de travail. Elle avait dit la vérité. La porte du coffre-fort pendait lamentablement sur un seul gond. Tout le contenu était épars sur le parquet. Les tiroirs de son bureau avaient été pareillement forcés, et des recherches hâtives, quoique très complètes, avaient été opérées dans toute la pièce. La corbeille à papiers elle-même avait été vidée par terre...

– Je n'y comprends rien, murmura le pauvre Jack en baissant les rideaux de la fenêtre.

– Vous allez mieux comprendre, dit Thalia, mais j'ose espérer que vous ne comprendrez pas tout... Maintenant, je vous en supplie, prenez une feuille de papier et écrivez ce que je vais vous dicter.

– À qui dois-je écrire ? interrogea le jeune homme absolument médusé.

– À Mr Parr, répondit-elle. Mettez :

« Cher Mr Parr. – Inclus, voici une enveloppe contenant une photographie reçue par mon père peu avant sa mort. Je ne l'ai pas ouverte, mais j'ai pensé que la photo pouvait être de quelque intérêt pour vous. »

Sans se faire prier ni chercher davantage à élucider ce mystère, il écrivit et signa. Elle prit la missive et la photo et mit le tout dans une grande enveloppe.

– Maintenant, mettez l'adresse, dit-elle. Et puis ajoutez en haut à gauche : « Expéditeur : Jack Beardmore ». Au-dessous mettez encore : « Photographie. Ne pas plier. Très urgent ».

Cela fait, elle prit le tout et se dirigea vers la porte.

– Je vous reverrai demain, Mr Beardmore, si vous êtes encore en vie, dit-elle du seuil.

Il avait envie d'éclater de rire, mais il y avait dans la physionomie, dans les yeux, sur les lèvres tremblantes de la jeune fille quelque chose qui le glaça jusqu'à la moelle des os.

38

L'arrestation de Thalia

Une semaine s'était écoulée depuis la réunion du Conseil des Ministres. Le Gouvernement avait fait savoir, de la façon la plus nette, qu'il opposait un refus complet aux propositions des malfaiteurs.

Cet après-midi-là, Mr Raphaël Willings se préparait à recevoir une visite. Son hôtel particulier d'Onslow Gardens était célèbre pour ses collections uniques d'armes antiques, d'eaux-fortes et d'in-folio.

Mr Willings sourit en considérant tous ces précieux objets. Il venait de recevoir un billet anonyme l'avertissant que Thalia Drummond aimait plutôt trop les bibelots et pièces rares... Mais cela ne fit que le stimuler. Qu'importait que Thalia emportât un bijou d'or ou un livre rare pourvu qu'elle lui soit offerte !

Lorsque la jeune fille arriva, elle fut reçue par un domestique au type méridional et elle se rappela que Mr Willings n'employait jamais que des Italiens chez lui. Elle regarda la pièce dans laquelle on l'avait fait entrer. C'était un grand salon pourvu de nombreuses fenêtres et où figuraient en vitrines ou en panoplies les plus belles pièces des collections. Thalia, qui s'attendait à un petit thé en tête à tête, fut assez surprise.

Mais Willings survint et l'accueillit chaudement.

– « Mangeons et buvons, car demain nous mourrons », dit-il

assez mélodramatiquement... Vous connaissez les dernières nouvelles ?

– Non.

– Je suis désigné comme la plus prochaine victime du Cercle Rouge. Vous avez sûrement entendu parler de cette fameuse association... Eh bien ! poursuivit-il en riant, j'ai l'honneur d'avoir été choisi parmi tous mes collègues pour servir d'avertissement aux autres.

Elle s'étonna qu'en de telles circonstances il pût garder un visage aussi calme et riant.

– Étant donné, reprit-il, que la tragédie en question doit se jouer ici même et cet après-midi, je voulais vous demander de me faire le grand plaisir...

Il fut interrompu par un coup à la porte ; un domestique entra et dit quelque chose en italien...

Mr Willings lui fit un signe d'assentiment.

– Ma voiture est à la porte, dit-il à Thalia. Puis-je vous demander de venir prendre le thé dans ma petite maison de campagne ? Nous pouvons y être dans une demi-heure.

Elle n'avait pas prévu ce changement de programme.

– Où cela se trouve-t-il? demanda-t-elle.

– Entre Barnet et Hatfield. Connaissez-vous l'Hertfordshire ? C'est un endroit charmant.

– J'aurais préféré rester ici, dit-elle.

– Croyez-moi, répondit-il en secouant la tête, les menaces du Cercle Rouge ne m'épouvantent pas du tout ; et cette maison est un paradis pour moi en votre compagnie. Mais la police m'a aussi avisé de ne pas rester chez moi. J'ai dit que je devais prendre le thé avec un ami, et les autorités m'ont permis d'aller à la campagne, comme si je m'y décidais inopinément. Hélas, je ne suis pas un homme libre. Je vous dois mille excuses, mais, je vous en supplie, ne gâtez pas les belles heures tranquilles que nous pouvons goûter. J'ai envoyé en secret deux domestiques pour tout préparer, et j'aimerais tant vous montrer la plus jolie petite maison de campagne de tous les environs de Londres.

Elle accepta. Il alla prendre son chapeau et son manteau et elle se mit à examiner avec curiosité les objets d'art des collections. Lorsque Mr Willings réapparut, elle était en contemplation devant une panoplie d'anciens poignards orientaux.

– C'est beau, n'est-ce pas ? lui dit-il. C'est dommage de

n'avoir pas le temps de vous dire l'origine de ces armes... (Puis, changeant de ton :) Tiens, le poignard assyrien a disparu !

Une arme manquait en effet : sa place dans la panoplie était vide.

– Je venais de me faire la même remarque, dit Thalia.

Mr Willings fronça du sourcil.

– Peut-être un domestique l'a-t-il décroché, dit-il, quoique j'aie bien recommandé que personne n'y touchât en mon absence... (Il hésita, puis reprit :) Tant pis, je verrai cela à mon retour... Partons vite.

Il la conduisit à la grande limousine qui attendait à la porte.

Cependant, cette affaire ne le laissait pas indifférent. En passant à Barnet, il en reparla :

– Je sais que ce poignard était encore à sa place hier, car je l'ai fait admirer à Sir Thomas Summers. Il s'intéresse beaucoup aux aciers ouvragés d'Orient. Quant aux domestiques, ils n'oseraient pas y toucher. Personne n'est entré au salon depuis hier excepté cet employé supérieur de la police... Assurément, il y a là un mystère que nous allons oublier pour le moment...

Durant tout le reste de la course, il fut attentif, poli, amusant. Il ne semblait avoir d'autre préoccupation que d'égayer sa jolie compagne. Il n'avait pas exagéré les charmes de son pavillon situé sur la route d'Hatfield, ou, plus exactement à cinq kilomètres de la grand-route et en plein bois.

– Nous y voici ! s'écria-t-il en la conduisant à travers un hall aux belles boiseries vers un petit boudoir délicatement orné.

Le thé était tout prêt, mais Thalia n'aperçut aucun domestique.

– Enfin seuls ! grâce au ciel ! dit Willings en prenant aussitôt un autre ton et une autre allure.

Thalia sentit que le moment critique approchait, mais sa main ne trembla pas en versant le thé dans les tasses... Elle avait à peine achevé, lorsque, sans préliminaire, il passa derrière elle, l'embrassa et la saisit dans ses bras.

Elle ne se défendit point, mais gardant ses yeux graves fixés sur les siens, lui dit :

– J'ai quelque chose à vous dire.

– Dites tout ce que vous voudrez, répliqua Willings en continuant à la serrer contre lui et en l'embrassant encore.

Alors elle essaya de se dégager et d'appliquer les règles de jiu-jitsu qu'on lui avait apprises à l'école ; mais l'homme d'État connaissait ces coups et il n'en continua pas moins à l'entraîner, en la portant presque, vers un passage drapé qui devait donner accès à une alcôve secrète. Elle luttait désespérément mais silencieusement. Deux fois elle essaya de parler, deux fois il la fit taire. Malgré tout, ils se rapprochaient de la draperie... de plus en plus... de plus en plus...

Les deux domestiques italiens qui se trouvaient à la cuisine à l'autre bout de la maison entendirent tout à coup un grand cri. Ils se regardèrent mutuellement, puis s'élancèrent vers le hall. La porte du boudoir n'était pas fermée à clé ; ils y pénétrèrent, et là ils aperçurent leur maître, étendu à terre au pied des rideaux de l'alcôve, le poignard assyrien planté entre ses deux épaules. Debout près de lui, la jeune fille, livide, le contemplait.

Un des valets arracha la lame de la blessure et étendit Mr Willings sur le sofa, tandis que l'autre courait au téléphone. Tout en essayant d'étancher le sang qui inondait le corps de son maître, l'Italien essayait de parler à Thalia qui, secouant la tête, fit signe qu'elle ne comprenait pas.

Alors, comme dans un rêve, elle sortit lentement de la chambre, passa dans le hall et se trouva dehors. Aucun des deux domestiques ne songea à la retenir. Elle aperçut alors l'auto de Mr Willings que le chauffeur avait laissée là. Elle regarda autour d'elle : personne en vue. Redevenue pleinement maîtresse d'elle-même, elle sauta dans la voiture et la mit en marche... Mais aussitôt un obstacle surgit : c'était la grille du jardin. Elle se rappela qu'à l'arrivée le chauffeur avait dû descendre pour l'ouvrir. Elle était maintenant refermée, mais il n'y avait pas de temps à perdre. Elle mit la marche arrière et recula de quelques mètres ; puis, en pleine vitesse, elle fit bondir la voiture sur la grille. Il y eut un bruit de verre, de ferrailles tordues, mais elle passa... et quelques secondes plus tard la limousine aux phares brisés, au pare-chocs tordu, roulait à vive allure sur la route de Londres.

Le liftier de sa maison ne la reconnut pas tout de suite tant elle avait les traits convulsés...

– N'êtes-vous pas bien, miss ? lui dit-il en la mettant dans l'ascenseur.

Elle se borna à secouer la tête.

Une fois chez elle, elle alla droit au téléphone ; à l'homme à qui elle parlait, elle conta une étrange histoire, entrecoupée de sanglots, et si décousue qu'il eut de la peine à se rendre compte de ce qui était arrivé...

– J'en ai assez... assez ! cria-t-elle en terminant son incohérent récit... Je n'en peux plus ! Je n'en veux plus ! C'était horrible, horrible !

Elle raccrocha le récepteur et jeta des regards égarés autour d'elle. Elle se dit qu'il lui fallait absolument se maîtriser, sans quoi elle allait s'évanouir... Elle se raidit, mais il se passa des heures avant qu'elle ne se sentît de nouveau dans son état normal.

Ce fut heureusement en possession de tout son sang-froid qu'elle alla ouvrir, vers le soir, à un visiteur inattendu. C'était Derrick Yale.

– Qu'est-ce qui me vaut l'honneur ? demanda-t-elle. Et qui est votre ami ? ajouta-t-elle en apercevant un autre personnage qui demeurait sur le palier.

– Thalia Drummond, dit gravement Yale, je suis porteur d'un mandat d'arrêt contre vous.

– Encore ! fit-elle en levant les yeux. Suis-je donc destinée à me retrouver constamment entre les mains de la police ? De quoi suis-je accusée ?

– De tentative d'assassinat... sur la personne du Ministre Raphaël Willings, répondit Yale. Et je vous avertis que tout ce que vous direz à partir de maintenant pourra être utilisé contre vous.

Le compagnon de Yale s'avança et prit la jeune fille par le bras.

Thalia Drummond passa la nuit au poste de police de Marylebone.

39

Le régime de la prison

– Je ne sais pas encore tout ce qui est arrivé, dit Mr Yale au Chef de la Sûreté qui l'écoutait en silence et fort attentivement. Je suis arrivé chez Mr Willings juste comme il venait de partir avec Thalia Drummond pour sa maison de campagne. Les domestiques ont d'abord montré quelque répugnance à me renseigner, mais j'eus vite fait de découvrir la vérité. Il resterait à savoir qui des deux a séduit l'autre. Elle a en tout cas dû lui donner l'impression qu'elle l'accompagnait à regret. Depuis longtemps, je soupçonne cette jeune fille d'être plus qu'une simple agente du Cercle Rouge. Naturellement, j'étais déjà un peu inquiet aussi me décidai-je à rejoindre cette petite villa que Willings possède près de Hatfield. En arrivant, je trouvai Willings en train de perdre tout son sang et Thalia enfuie dans l'auto même de son ami. Elle a brisé la grille pour aller plus vite. Elle a du nerf, cette petite.

– Comment est Willings ?

– Il en réchappera : la blessure est superficielle ; mais nous avons la preuve que le crime a été prémédité. Le poignard qui a servi à l'attentat a disparu de la panoplie alors que la jeune fille se trouvait seule dans le salon de l'appartement. Le blessé pense qu'elle a dissimulé l'arme dans son manchon, et cela paraît vraisemblable. Il ne fait d'ailleurs pas un récit très clair des événements qui ont précédé immédiatement l'attentat.

– Comment ! fit Parr. Et où cela se passait-il ? Je veux dire dans quelle pièce de la villa ?

Dans un petit salon qui communique par une simple draperie avec ce que Willings appelle sa chambre turque, et qui est en effet dans le goût oriental. J'imagine que cette sorte d'alcôve a dû accueillir des scènes plus ou moins licencieuses, car Willings ne jouit pas sous le rapport des mœurs de la meilleure réputation. C'est au pied du rideau séparant les deux pièces que Willings a été trouvé.

Mr Parr était si absorbé dans sa méditation que son interlocuteur le crut endormi, mais le Chef de la Sûreté était bien réveillé. Il songeait entre autres choses qu'une fois de plus le mérite d'avoir fait la lumière sur un des crimes du Cercle

Rouge revenait à Yale, mais il ne paraissait pas sujet à la jalousie.

Sans transition, il émit une idée qui semblait n'avoir qu'un rapport fort lointain avec leur conversation.

– Tous les grands criminels, déclara-t-il, se font prendre pour avoir commis une très légère erreur d'appréciation.

Yale sourit.

– L'erreur légère, répondit-il, ce doit être, dans le cas qui nous occupe, de n'avoir pas réussi à tuer Willings. Ce n'eût pas été une grande perte, évidemment. Mais enfin, en ce qui me concerne, je suis tout de même heureux que le coup n'ait pas été mortel.

– Je ne faisais pas allusion au cas de Mr Willings, dit Parr en se levant lentement, mais plutôt à un stupide petit mensonge qui m'a été dit par un homme dont j'aurais attendu vraiment plus de sagesse.

Sur ces paroles énigmatiques, Parr sortit et se rendit chez Jack Beardmore.

Assez curieux et typique trait de son caractère : ce fut à Jack qu'il songea à annoncer tout d'abord l'arrestation de Thalia Drummond. Il éprouvait de la sympathie pour ce jeune homme, bien plus que ne le croyait Jack lui-même, et il pressentait, mieux que Yale, quel coup cela allait être pour le pauvre amoureux.

Mais Jack avait déjà reçu la nouvelle de l'arrestation, parue dans les secondes éditions des journaux. Parr le trouva plongé dans la plus affreuse désolation.

– Il faut qu'elle ait les meilleurs avocats possibles, dit-il. (Puis il ajouta :) Je ne sais pourquoi je vous dis cela, Mr Parr, car vous n'êtes pas du côté de la défense.

– Naturellement, répondit le Chef de la Sûreté, mais ne me faites pas plus inhumain que ne l'oblige ma fonction. Je n'ai aucune haine personnelle contre les criminels que j'arrête. Ainsi, Truland, l'empoisonneur, qui a été grâce à moi envoyé au bagne, était bien un des plus gentils garçons que j'ai connus. J'acquis beaucoup de sympathie pour lui, après l'avoir quelque peu fréquenté.

Jack frissonna.

– Je vous en prie, ne comparez pas Thalia Drummond avec cet empoisonneur, s'écria-t-il. Croyez-vous vraiment qu'elle soit à la tête du Cercle Rouge ?

Parr fit la moue.

– Si quelqu'un venait me donner des preuves que c'est l'Archevêque, Primat d'Angleterre, je n'éprouverais aucune commotion cérébrale, Mr Beardmore. Avant que l'affaire du Cercle Rouge ne soit liquidée, il y aura d'autres surprises, croyez-le. J'ai commencé mon enquête avec l'idée que n'importe qui pourrait être le chef du Cercle... Vous, Marl, le Préfet, Yale, Thalia Drummond... Je n'ai exclu personne...

– Et maintenant ? interrogea le jeune homme en souriant. Vous êtes-vous ajouté vous-même à la liste ?

– Pourquoi pas ? « Maman » pense...

Cette fois Jack l'interrompit par un grand éclat de rire.

– Votre grand-mère doit vraiment être une personne remarquable, dit-il enfin. A-t-elle une opinion sur le Cercle Rouge ?

– Certainement, répliqua Parr avec force. Elle a une opinion arrêtée, et cela depuis le tout premier crime de la bande. Elle a mis le doigt sur leur point faible dès le début, mais cela n'est pas nouveau de sa part ; c'est d'elle que j'ai reçu l'inspiration de mes meilleures réussites ; et, en fait, tout ce que...

Mais il s'interrompit.

Jack ne chercha pas à lui en faire dire davantage. Au fond il éprouvait une grande pitié pour ce pauvre gros homme si mal doué pour sa profession. Il s'était probablement élevé au haut grade qu'il occupait par sa simple persévérance. Dans les services officiels, on accède aux plus importants emplois grâce à l'ancienneté... En tout cas, au moment même où les plus vives intelligences s'employaient à découvrir le mystère terrifiant du Cercle Rouge, il était bien un peu bizarre d'entendre ce brave homme parler gravement des avis que pouvait lui donner sa grand-mère sur une telle affaire !

– Il me faudra aller vous voir et refaire connaissance avec votre tante, dit Jack... par politesse.

– Elle est partie pour la campagne, répondit Parr. Je suis seul pour le moment. Une femme de ménage vient chaque matin, mais il n'y a personne le soir... Il me semble que je n'ai plus de « chez moi »...

Jack avait éprouvé quelque soulagement à parler d'autre chose. Mais Parr revint à de graves questions.

– Thalia Drummond sera interrogée et définitivement inculpée demain, dit-il.

– Il n'y a, je pense, aucun espoir de la faire mettre en liberté provisoire ?

– Non. Elle sera transférée à la prison d'Holloway, ce qui n'a rien de tragique. C'est une des meilleures prisons du pays, et peut-être même sera-t-elle contente de se reposer un peu.

– Comment se fait-il que ce soit Yale qui l'ait arrêtée ? Je croyais que c'était votre affaire.

– Je l'en avais chargé, répondit Parr. Il fait officiellement partie de la police maintenant, et comme il avait déjà procédé aux premières constatations chez Mr Willings, j'ai cru devoir le laisser s'occuper de cette affaire.

Comme le Chef de la Sûreté s'y était attendu, Thalia fut interrogée et son arrestation confirmée dès le lendemain. Mr Willings n'était pas assez bien pour venir témoigner, mais il pouvait déjà sans doute tenir une plume, car il envoya ce même jour sa démission au Premier Ministre. Celui-ci l'accepta ; en termes si acidulés que l'insensible Willings lui-même en éprouva quelque chagrin. Car enfin, de quelque façon que tournaient les événements, il était perdu dans l'opinion et auprès de ses amis politiques eux-mêmes. On ne pouvait qu'être révolté au récit de ce qui était arrivé : il avait emmené dans sa maison de campagne une jeune fille qu'il connaissait à peine ; il avait tenté de lui faire violence, et, au cours de la lutte, avait reçu un coup de poignard. Il n'en fallait pas tant pour discréditer un homme.

Parr alla voir Thalia Drummond à la prison. Elle refusa de le recevoir dans sa cellule et insista pour que l'entretien eût lieu au parloir, en présence d'une surveillante. Elle expliqua alors la raison de cette attitude.

– Vous m'excuserez, Mr Parr, de n'avoir pas voulu vous voir dans ma cellule, mais tant d'émissaires du Cercle Rouge, jeunes et pleins d'avenir, ont vu leur carrière brusquement interrompue à la suite d'une entrevue avec un policier dans la solitude de leur cachot, que je voudrais prendre toutes précautions utiles.

– Je ne me souviens que d'un seul, dit le Chef de la Sûreté, d'un certain Sibly.

– Qui a été fort indiscret, fit Thalia en montrant en un large sourire ses dents éblouissantes. Mais que me voulez-vous ?

– Je voudrais que vous me fassiez le récit de tout ce qui est arrivé dès votre entrée chez Mr Willings.

Elle conta fidèlement le début de sa visite.

– Quand avez-vous découvert que le poignard n'était pas à sa place dans la panoplie ?

– En regardant autour de moi pendant que Mr Willings était allé chercher son chapeau et son pardessus. Comment se porte-t-il ?

– Il va aussi bien que possible... Je crains qu'il ne se rétablisse... C'est-à-dire, corrigea-t-il hâtivement, je crois qu'il se rétablira vite. Est-ce lorsqu'il revint qu'il remarqua pour la première fois l'absence du poignard ?

– Oui.

– Aviez-vous un manchon ?

– Oui, répondit-elle. Est-ce là qu'on me soupçonne d'avoir caché l'arme ?

– Aviez-vous encore votre manchon à la main en entrant dans la villa ?

Elle réfléchit un moment.

– Oui, dit-elle enfin.

Parr se leva.

– Vous n'avez pas de plainte à formuler, sur rien... sur la nourriture ?

– Aucune. Le régime de la prison me convient parfaitement. À ce propos, je désire que personne ne m'envoie, par bonté d'âme déplacée, des gâteries quelconques. La nourriture ordinaire des détenues est excellente !

Parr se gratta le menton.

– Je crois que vous êtes très sage, dit-il.

40

L'ÉVASION

L'attentat contre Raphaël Willings avait consterné tous les membres du Gouvernement. Mr Parr en sut quelque chose dès son retour à la Préfecture. Certes le Chef du Gouvernement avait quelque raison d'être inquiet. Le Cercle Rouge n'avait pas encore désigné sur quelle tête tomberait son prochain coup ni quand il frapperait.

Le Chef de la Sûreté fut mandé auprès du Premier Ministre et leur conférence dura deux heures. Un Conseil des Ministres suivit, conformément à ce qui avait été annoncé dans les journaux. Le bruit courait, mais c'était sans fondement, que la vie du Premier Ministre avait été menacée.

En rentrant à son appartement, ce soir-là, Derrick Yale trouva l'inspecteur Parr qui l'attendait sur le palier.

– Qu'y a-t-il ? lui demanda-t-il vivement.

– Je viens vous demander votre aide, répondit Parr.

Le Chef de la Sûreté garda le silence jusqu'à ce qu'il fût bien installé devant un bon feu dans le petit salon de Yale.

– Vous savez, Yale, reprit-il alors, que je vais quitter mon emploi. Le Premier Ministre doit décider s'il ne serait même pas préférable que je m'en aille plus tôt qu'il n'avait été convenu. Au Conseil d'aujourd'hui, on a beaucoup parlé des méthodes d'investigation employées par la police, et le Préfet a été prié d'apporter des précisions à ce sujet. Il me charge d'expliquer nos manières de faire à une réunion qui doit avoir lieu demain chez le Premier Ministre.

– En somme, que veut-on ? demanda Yale.

– Que je fasse une sorte de conférence, répondit Parr d'un air mélancolique, sur les méthodes que j'ai employées pour essayer de découvrir le secret du Cercle Rouge. Vous savez sans doute que j'ai reçu, à cette fin, des pouvoirs extraordinaires, qu'on ne m'avait pas encore demandé de révéler aux membres du Gouvernement. Je n'ai donc pas dit tout ce que je sais. Mais je vais le faire vendredi soir, et ai besoin de vous pour cela.

– Tout mon concours vous est acquis... mon vieil ami.

– Merci, dit Parr. Il y a encore bien des choses mystérieuses pour moi dans l'affaire du Cercle Rouge, mais j'y vois tout de même de plus en plus clair. Actuellement, j'ai l'impression qu'un complice se cache dans les hautes sphères de la Préfecture.

– C'est aussi mon opinion. Qu'est-ce qui vous fait songer à cela ?

– Eh bien ! répondit lentement Parr, prenons un exemple : le jeune Beardmore avait une photographie trouvée dans les papiers de son père et qu'il m'a envoyée. Elle est fort bien arrivée, les cachets intacts, mais, une fois ouverte, il n'y avait qu'une carte blanche dans l'enveloppe. J'ai découvert depuis que c'était Thalia Drummond qui avait mis le pli à la poste, mais Beardmore jure qu'il s'est tenu sur le pas de la porte et l'a vue glisser l'enveloppe dans la boîte aux lettres de l'autre côté de la rue, en face de chez lui. Si c'est exact, l'enveloppe a été ouverte à la Préfecture même... On en a extrait le contenu et on l'a habilement refermée.

– Qu'était-ce que cette photo ? interrogea avec curiosité Yale.

– C'était la photographie d'une exécution capitale... ou en tout cas d'un condamné à mort nommé Lightman... On avait dû prendre cette photographie à l'occasion d'un accident survenu à la guillotine et qui sauva la vie au condamné... Ce document était parvenu au vieux Beardmore la veille même du jour où il fut assassiné – que de choses, entre parenthèses, sont arrivées la veille de leur mort aux victimes du Cercle Rouge ! Trouvé par Jack Beardmore et mis à la poste par...

– Par Thalia Drummond, vous l'avez dit ! s'écria Yale. Voyez-vous, Parr, je crois que vous pouvez innocenter tous les employés de la Préfecture. Thalia Drummond explique tout. Elle est derrière tous les agissements du Cercle Rouge. J'ai perquisitionné dans l'appartement qu'elle occupait, et voici ce que j'ai découvert...

Il alla dans une pièce voisine et en revint avec un paquet enveloppé de papier brun qu'il ouvrit devant le Chef de la Sûreté stupéfait.

Il y avait là un long gant de cuir et un poignard à garde pleine en forme de coupe renversée.

– Ce gant, dit Yale, ressemble étonnamment à celui que l'on a trouvé sur la table de Froyant ; et cette arme est pareille à celle qui a donné la mort au pauvre homme.

Parr prit les objets et les examina attentivement.

– Oui, dit-il enfin, c'est là le gant de la main gauche. Celui qui était chez Froyant était le gant de la main droite. Ce sont des gants de chauffeur. À qui étaient-ils ? Usez de votre faculté psychométrique, Yale.

– J'ai essayé, répondit ce dernier, mais ces gants ont passé dans trop de mains, c'est le cas de le dire, et les impressions sont trop confuses. En tout cas, cette découverte apporte la preuve que Thalia Drummond est intimement mêlée aux crimes du Cercle Rouge... Enfin, pour en revenir à notre premier sujet de conversation, acheva Yale en enveloppant à nouveau le gant et le poignard, laissez-moi vous répéter que je suis à votre entière disposition... Que puis-je faire pour vous ?

– Ce que je vous demanderai, dit Parr, ce sera de remplir les vides que je laisserai... le cas échéant... (Il secoua la tête et conclut avec un soupir :) Si seulement « Maman » était là !

– « Maman » ! fit l'autre interloqué.

– Oui, ma grand-mère, répondit doucement Mr Parr, la seule détective digne de ce nom, excepté vous et moi.

Ce fut la première fois que Yale soupçonna Parr d'être un humoriste...

En ces jours mémorables où le Cercle Rouge faisait l'objet de toutes les conversations, les événements sensationnels se succédaient à intervalles très rapprochés. Mais sans doute aucun incident de cette affaire célèbre ne causa autant d'émotion que l'annonce de l'évasion de Thalia Drummond !

C'est dans les romans que les prisonniers s'échappent de prison. Dans la réalité, il arrive quelquefois qu'un individu habile sorte inaperçu d'une geôle de province, mais jamais, jamais on n'avait entendu dire qu'une femme ait pu s'évader d'Holloway... Et cependant, ce matin-là, la surveillante de service avait trouvé vide la cellule de Thalia Drummond !

Il en fallait beaucoup pour étonner réellement Derrick Yale, mais cette nouvelle-là le paralysa. Il lut le récit de l'évasion mot à mot, et arrivé à la fin, il était encore plus mystifié qu'au début. Il dut cependant se rendre à l'évidence ; il avait devant lui, imprimé noir sur blanc, le « communiqué officiel » que le Gouvernement avait donné avec une hâte inusitée à la presse :

« Étant donné l'importance de la prisonnière, et la gravité des charges qui pèsent sur elle, des précautions extraordinaires avaient été prises. Le service de ronde avait été doublé et devait passer dans les couloirs toutes les demi-heures au lieu de toutes les heures. Au cours de ces rondes, on ne regarde pas, d'ordinaire, dans chaque cellule ; néanmoins, la surveillante de nuit, Mme Hardy, crut devoir regarder, vers 3 heures du matin, par le guichet de la porte de la cellule, et elle constata la présence de la prisonnière. Mais à 6 heures, lorsqu'on ouvrit la porte, Thalia Drummond n'était plus là. Les barreaux de la fenêtre étaient intacts, ainsi que les verrous et les serrures de la porte.

» Des recherches entreprises immédiatement dans tout le

corps du bâtiment, dans les cours, préaux et environs sont restées sans résultat. Pas un indice, pas une trace de pas, rien. Il est matériellement impossible que la prisonnière ait franchi les murs ou qu'elle soit sortie par les voies d'accès communes, car il lui aurait fallu passer par six portes – dont aucune n'a été forcée – ou encore par la loge du gardien-chef – qui a été occupée toute la nuit.

» Cette nouvelle preuve de l'omnipotence et des extraordinaires forces dont dispose le Cercle Rouge est vraiment déconcertante, survenant surtout au moment où cette bande infernale menace la vie de nos gouvernants. »

Yale regarda la pendule. Il était 11 h et demie. Il sauta du lit et sans déjeuner courut jusqu'à la Préfecture où il trouva Parr de très bonne humeur...

– Mais, Parr, s'écria-t-il, c'est impossible, ce n'est pas vrai ! Ou bien elle avait des amis dans le personnel de la prison !

– C'est absolument mon avis, répondit Parr. Je viens de le dire en termes identiques au Préfet : elle devait avoir des amis dans le personnel de la prison... Autrement, ajouta-t-il après une seconde de silence, comment aurait-elle pu s'enfuir ?

Yale lui jeta un regard soupçonneux. Le moment semblait mal choisi pour plaisanter ; et pourtant il semblait bien que quelque chose sonnait comme un rire assourdi dans la voix du Chef de la Sûreté.

41

L'INEFFAÇABLE CERCLE ROUGE

Yale n'apprit rien de nouveau à la Préfecture. Il se rendit alors à son bureau particulier qui n'avait pas reçu sa visite depuis deux jours.

À son avis, l'évasion de Thalia Drummond était une affaire beaucoup plus grave que Parr n'avait semblé le croire. Parr ! Qu'importait ce que pensait ce brave homme... Et pourtant ? À ce moment une terrible pensée lui vint. Parr ! Ce gros et placide bonhomme... C'était impossible ! Yale secoua la tête, et cependant se mit résolument à rassembler dans son esprit tous les événements auxquels le Chef de la Sûreté avait pris part... et il conclut par le même mot : impossible !

Tout en réfléchissant ainsi, il arriva à son bureau. La première chose qu'il remarqua en ouvrant la porte fut que sa boîte aux lettres était vide. C'était une très grande boîte apposée à l'intérieur de sa porte et arrangée de telle façon que tout pli ou petit paquet jeté de l'extérieur glissait sur des lames d'aluminium en forme de palettes tournantes ; de sorte qu'il était impossible aux professionnels de la pêche aux boîtes aux lettres de tirer le moindre profit de celle-ci. Cependant, elle était vide ; il n'y avait pas la moindre circulaire, pas le plus insignifiant imprimé !

Il entra dans son bureau particulier ; il n'eut qu'un pas à faire pour comprendre ce qui était arrivé. Tous ses tiroirs étaient ouverts. Le petit coffre-fort placé à côté de la cheminée avait été forcé. Il alla droit à sa table sous laquelle se trouvait une cachette pratiquée entre deux tiroirs et qu'un expert seul eût pu deviner ; c'est là qu'il avait placé les plus importants documents relatifs au Cercle Rouge. Il n'aperçut à sa place qu'une planchette brisée et la marque du ciseau qui avait fait sauter la petite serrure de sûreté... La cachette était vide.

Il demeura longtemps immobile, les bras croisés, les yeux baissés. Inutile de réfléchir longtemps, il savait qui avait fait le coup ; néanmoins il procéda à une petite enquête, et la première personne qu'il interrogea, le liftier, leva tous ses doutes :

– Oui, Sir, lui dit-il, votre secrétaire est venue ce matin peu après l'ouverture des bureaux. Elle n'est restée qu'une heure, puis elle est descendue.

– Avait-elle un sac ?

– Oui, Sir, un petit sac-valise.

– Merci, fit Yale.

Il s'en alla conter la chose au tranquille et débonnaire Chef de la Sûreté. Puis il ajouta :

– Je vais maintenant vous dire, Parr, une chose que je n'ai même pas encore confiée au Préfet : selon toute probabilité, le Cercle Rouge est dirigé par un homme. J'ai pu savoir que Thalia Drummond connaît cet homme, mais ce que je sais aussi, c'est que, loin de le servir et de lui obéir, c'est elle qui lui donne des ordres, qui règle les tâches de chacun, qui est en fait le centre, le cerveau de toute l'organisation.

– Juste ciel ! s'écria Parr.

– Vous vous étonniez que je l'aie prise à mon service ? Je vous ai répondu que je pensais atteindre par elle l'âme même du Cercle Rouge. J'avais raison.

– Mais pourquoi l'avez-vous renvoyée ?

– Parce qu'elle a commis une faute qui méritait son renvoi ; si j'avais passé là-dessus, elle aurait deviné que j'avais une raison cachée de la garder. J'aurais pu cependant m'épargner ce scrupule, ajouta-t-il en souriant, car son travail de ce matin montre qu'elle connaissait le dessous de mes cartes. (Il s'arrêta une seconde, puis reprit d'une voix dure :) Quand vous aurez achevé votre démonstration, ce soir, devant ces messieurs du Gouvernement, j'aurai à ajouter quelque chose qui vous surprendra.

– Rien de ce que vous pourrez dire ne me surprendra jamais, dit flegmatiquement Parr.

À son retour à son appartement, Derrick Yale eut une nouvelle surprise... en deux actes : d'abord il constata que sa domestique était absente. C'était une femme qui venait chaque jour de 9 heures du matin à 9 heures du soir. Or, il n'était que 6 heures.

Il alluma l'électricité et eut vite vu que son appartement avait reçu la même visite que son bureau, et de la même visiteuse évidemment.

À ce moment, la femme de ménage rentra et lui apprit qu'elle avait reçu *de lui* dans la matinée un billet la priant de venir *le* retrouver en un petit village à deux heures de la ville... Elle était très étonnée de ne l'avoir pas rencontré... Ah ! Thalia Drummond avait eu tout le temps voulu pour inspecter les lieux !

– Qu'elle est habile ! s'écria Yale tout haut et du fond du cœur.

Il l'admirait sincèrement : en moins de douze heures, elle s'était évadée de sa cellule, avait cambriolé le bureau et l'appartement de Yale et s'était emparée de documents qui avaient une importance vitale pour l'affaire du Cercle Rouge.

Il s'habilla avec soin en se demandant ce que cette surprenante jeune fille allait faire ensuite. Quant à lui, son plan était net : d'ici vingt-quatre heures, Parr serait révoqué. Il prit un revolver dans son tiroir, le tint un moment à la main comme s'il hésitait, puis le glissa dans sa poche. Oui, le dénouement allait se produire, un dénouement sensationnel et tout à fait imprévu.

Dans l'antichambre du Premier Ministre, il aperçut un personnage dont la présence l'intrigua. Jack Beardmore en effet, bien que fils d'une victime du Cercle Rouge, n'avait pas été mêlé aux plus récents événements.

– Vous devez être surpris de me voir ici, dit Jack en riant, mais je vous assure que je l'ai été plus encore en recevant une convocation !

– Qui vous l'a envoyée ? Parr ?

– Non, le secrétaire du Ministre, mais je crois que c'est à l'instigation de Parr.

À ce moment, un jeune et brillant attaché de cabinet survint et fit entrer les deux hommes dans un grand salon, d'aspect sévère et où une douzaine de personnages, en deux groupes, causaient entre eux.

Le Premier Ministre vint à la rencontre des nouveaux arrivants.

– L'inspecteur Parr n'est pas encore là, dit-il à Yale. (Puis se tournant vers Jack :) Mr Beardmore, je pense ? Mr Parr a insisté sur la nécessité de votre présence. Je suppose qu'il jettera quelque lumière sur les causes de la mort de votre pauvre père... que j'ai intimement connu...

Parr arriva à cet instant. Il était en redingote noire, pas très neuve ; il avait adopté un faux col rabattu très bas qui faisait paraître sa face encore plus large et plus ronde. Assurément sa bonne grosse personne détonnait un peu au milieu de ces intellectuels raffinés, mais il ne semblait pas du tout mal à l'aise. Le Préfet entra quelques secondes après, adressa un léger signe de tête à Parr et alla s'asseoir à côté du Premier Ministre. Ils échangèrent quelques mots à voix basse, puis le Préfet s'approcha de Yale.

– Avez-vous quelque idée de ce que va nous dire Parr ? lui demanda-t-il avec un peu d'impatience. Il paraît que c'est lui-même qui a proposé de nous faire l'historique de l'affaire du Cercle Rouge... J'espère qu'il ne se moque pas de nous...

– Je suis sûr que non, interrompit Jack avec une certaine chaleur.

Le Préfet regarda le jeune homme d'un air un peu scandalisé et interrogateur... Yale s'empressa de lui présenter le jeune Beardmore.

– Je suis d'accord avec Mr Beardmore, ajouta-t-il. Je n'appréhende aucun enfantillage de la part du Chef de la Sûreté. Je pense qu'il va nous montrer en quoi de nombreux événements, très divers d'apparence, se relient et se tiennent, et s'il est encore bien des éléments inconnus dans la chaîne de ces événements, je suis prêt à fournir, si possible, les chaînons manquants.

Cependant, les Ministres s'étaient rassemblés autour de la grande table centrale, et le « Premier » fit signe à Parr de s'approcher.

– Si vous le permettez, Sirs, dit le Chef de la Sûreté, je préférerais rester où je suis. Je ne suis pas un orateur, et je voudrais parler tout simplement comme si je conversais avec l'un de vous.

Il s'éclaircit la voix et commença. D'abord il hésita, s'arrêtant une fois ou deux, cherchant ses mots ; mais à mesure qu'il entrait plus avant dans le vif de son sujet, il parlait de plus en plus clairement.

– Le Cercle Rouge, commença-t-il, est le surnom d'un certain Lightman, un criminel qui, après avoir commis plusieurs assassinats en France, fut condamné à mort par la Cour d'Assises de Toulouse, mais eut la vie sauve grâce à un mauvais fonctionnement de la guillotine. Il s'appelle Ferdinand Walter Lightman, et, au moment de sa condamnation à mort, il était âgé de vingt-trois ans. À la suite d'une macabre maladresse du bourreau, il fut ramené en prison, puis déporté au bagne de Cayenne, d'où il s'évada en tuant un gardien. On croit qu'il passa en Australie. Un individu d'un autre nom, mais répondant à son signalement, a travaillé dans un entrepôt de Melbourne pendant dix-huit mois, puis chez un colon du nom de MacDonald pendant deux ans et cinq mois. Il quitta précipitamment l'Australie, étant sous le coup d'un mandat d'arrêt pour tentative de chantage au détriment de son patron.

Nous n'avons pu suivre sa trace subséquente jusqu'au moment où parut en Angleterre un maître-chanteur inconnu et mystérieux qui signait ses lettres de menace et se laissait appeler du nom de « Cercle Rouge ». Ce malfaiteur réussit par sa patience, ses soins méticuleux, son énergie et son intelligence, à s'associer un grand nombre d'agents dont il ne se faisait pas reconnaître et qui ne se connaissaient pas non plus entre eux. Sa méthode consistait à chercher des gens en mauvaise posture, qui avaient besoin d'argent ou craignaient des poursuites pour quelque indélicatesse. Il s'entourait de tous renseignements possibles avant de s'aboucher avec l'un d'eux, puis il le convoquait dans un square qui avait l'avantage d'avoir plusieurs sorties et d'être faiblememt éclairé. Vous savez, Sirs, que nos squares de Londres sont misérablement privés de lumière. L'entrevue avait lieu dans une auto fermée et conduite par le Cercle Rouge lui-même, masqué.

Il recrutait aussi des repris de justice, d'esprit simple et borné, comme le matelot Sibly, tout indiqués pour servir ses desseins... De simples voleurs... comme (il hésita une fraction de seconde) comme Thalia Drummond.

C'est ainsi qu'il put faire assassiner le directeur d'une compagnie de chemin de fer par un Noir, Mr Beardmore par Sibly... Il prit aussi à son service le banquier véreux Brabazon, et était sur le point de convoquer Félix Marl. Mais ce dernier se trouvait être justement un ancien complice de Lightman, dit Cercle Rouge, et Marl le reconnut malheureusement lors d'une rencontre inattendue. Ce fut l'arrêt de mort de Marl, qui fut assassiné, vous vous en souvenez, avec une habileté vraiment inouïe.

Parr avait désormais conquis son auditoire, et tout le monde l'écoutait avec le plus vif intérêt.

– Vous comprenez, Sirs, poursuivit-il, le Cercle Rouge...

– Pourquoi se donnait-il ce nom ? interrompit Derrick Yale tout à coup.

Le Chef de la Sûreté, comme pris de court, fut un moment avant de répondre.

– Il s'appelait « Cercle Rouge », répondit-il enfin très lentement, parce que ce surnom lui avait été donné par ses camarades bagnards. En effet, il avait au cou une « envie » ou marque rouge naturelle en forme de cercle... et... je vous casse la tête si vous bougez !

Il s'était levé et avait posé sur l'oreille de Yale le canon d'un revolver de gros calibre.

– Haut les mains ! fit-il encore, tandis que, de la main gauche, d'un geste brusque, il arrachait à Yale son haut faux col, sous lequel apparut rouge, d'un rouge de sang, l'indélébile cercle rouge.

42

« Maman »

Trois hommes, sortis d'on ne sait quelle cachette, apparurent alors et passèrent les menottes à Yale en un tour de main. C'étaient les trois agents qui, la veille, avaient protégé Parr contre un espion. Adroitement, on lui enleva l'arme qu'il était en train de sortir de sa poche, puis, un voile épais jeté sur sa tête, il fut emmené.

Le Chef de la Sûreté s'épongea le front et se retourna vers ses auditeurs stupéfaits.

– Sirs, dit-il, si vous voulez bien m'excuser pour aujourd'hui, je vous dirai demain la fin de l'histoire.

Tous alors l'entourèrent et le pressèrent de questions, mais il ne put que secouer la tête.

– Il vient de passer par des moments très pénibles, dit le Préfet, et nul ne le sait mieux que moi. Je vous serais donc très reconnaissant, monsieur le Premier Ministre, de bien vouloir accéder au désir du Chef de la Sûreté, et de l'autoriser à remettre à demain le reste de ses explications.

– Certainement, répondit le Président du Conseil, surtout si Mr Parr veut bien déjeuner demain avec nous.

Le Préfet accepta de la part de son subordonné que l'émotion avait anéanti.

Parr prit le bras de Jack Beardmore et sortit. Ils montèrent ensemble en taxi.

– Il me semble que je rêve ! dit Jack. Derrick Yale ! Cela paraît impossible... et pourtant...

– Oh ! c'est parfaitement possible, dit Parr qui commençait à recouvrer la voix.

– Alors, il faut croire que Thalia Drummond et lui étaient de connivence...

– Hé... Hé... fit le Chef de la Sûreté d'un air entendu.

– Mais comment avez-vous découvert le fin mot de l'énigme ?

– C'est « Maman » qui m'a mis sur la voie. Vous ne pouvez pas savoir ce qu'elle est pour moi. Elle me disait encore aujourd'hui...

– Elle est donc revenue ?

– Oui. Je voudrais que vous fassiez sa connaissance. Elle tient à ses idées et aime à discuter mais je la laisse dire et je reconnais qu'elle a le plus souvent raison.

– Ah ! je l'admire d'avance ! s'écria Jack. Êtes-vous bien sûr maintenant d'avoir mis la main sur le Cercle Rouge ?

– Aussi sûr que je vous vois, et aussi sûr que je le suis en affirmant que ma grand-mère est la femme la plus sage du monde.

Jack garda le silence jusqu'à ce qu'ils fussent entrés dans la rue où habitait Parr.

– Ainsi, dit-il enfin, Thalia est bien perdue. Si Yale est le Cercle Rouge, il ne la ménagera pas.

– Assurément non... Mais, après tout, Mr Beardmore, pourquoi vous inquiéter tant de Thalia Drummond ?

– Mais parce que je l'aime ! Vous ne comprenez donc rien ! cria sauvagement le jeune homme qui, l'instant d'après, se confondit en excuses.

– Je sais que je ne comprends rien à rien, répondit Parr avec un bon rire, mais, sous ce rapport, je ne suis pas seul de mon espèce, Mr Beardmore, croyez-moi. Et si vous voulez un bon conseil, oubliez l'existence même de Thalia Drummond. Et puis, si vous avez de l'affection à revendre, reportez-en un peu sur « Maman ».

Jack était sur le point de dire quelque chose de peu aimable sur la bonne vieille grand-mère lorsque la voiture s'arrêta devant la maison de l'inspecteur.

Du bas des escaliers, celui-ci cria :

– Allô ! « Maman ! » J'amène Mr Beardmore !

Jack entendit une exclamation.

– Entrez, entrez, Mr Beardmore, dit Parr, et venez que je vous présente à « Maman ».

Jack entra et demeura comme frappé de la foudre. Devant lui se trouvait une jeune fille souriante, un peu pâle et l'air un peu las, mais qui, sans aucun doute, à moins qu'il ne fût subitement devenu fou, était Thalia Drummond !

Ils se serrèrent les mains et elle le fit asseoir entre elle et Parr devant une table dressée.

– Papa ! dit-elle, tu m'avais annoncé le Préfet à dîner.

– Papa ! balbutia Jack. Mais... mais...

Elle l'arrêta du geste :

– Papa, expliqua-t-elle, est un humoriste assez mauvais. On

m'appelle toujours « Maman » ici, parce que c'est moi qui dirige la maison depuis la mort de ma mère. Et ce surcroît de plaisanterie sur la grand-mère... c'est une pure invention, qu'il vous faudra pardonner...

– À qui ?

– À mon père, répondit Thalia. Quant à moi, vous ne connaissez pas encore tous mes noms. Je m'appelle Thalia Drummond Parr, et je rends grâce au ciel que vous ne soyez pas policier, sans quoi vous eussiez depuis longtemps découvert mon horrible secret. Maintenant, servez-vous, Mr Beardmore ; j'ai préparé ce plat moi-même.

Mais Jack ne put ni boire ni manger avant d'en avoir appris davantage, et Thalia le renseigna bien volontiers :

– Lors du premier crime commis par le Cercle Rouge, mon père eut non seulement un énorme surcroît de travail, mais encore de vives craintes pour son avenir. Il avait plusieurs ennemis à la Préfecture, et même le Préfet le pria de ne pas se charger de cette nouvelle affaire – car le Préfet est mon parrain, et il s'inquiétait de nous. Papa insista, tenant à l'honneur de faire son devoir – il y eut peut-être des moments où, dans son for intérieur, il l'a regretté. Enfin, qu'importe. Quant à moi, je m'intéressais depuis longtemps à la chose policière. Aussi, lorsque Papa eut appris de quelle façon le Cercle Rouge recrutait ses agents, je décidai d'embrasser la carrière criminelle.

Votre père reçut sa première lettre de chantage trois mois avant que mon projet ne fût mis à exécution. Je me fis alors accepter comme secrétaire chez Mr Froyant pour l'unique raison que sa propriété touchait à celle de votre père. Ils étaient amis, et cela me donnait l'occasion de surveiller ce qui se passait. J'avais essayé de me procurer le même emploi auprès de votre père, mais sans succès... Chose affreuse, je me trouvais dans le bois lorsqu'il fut tué... Ce fut un moment atroce. Je ne pus apercevoir qui avait tiré le coup de feu, mais je me précipitai vers votre père et, voyant qu'il était mortellement atteint, et que, d'autre part, vous arriviez en courant sur les lieux, je crus plus prudent de m'enfuir. Le plus compromettant était que j'avais justement un revolver à la main, ayant vu un individu rôder dans les bois et ayant voulu le poursuivre.

Après la mort de votre père, il n'y avait plus de raison pour moi de rester au service de Mr Froyant. Je désirais fort entrer en relations directes avec le Cercle Rouge et je savais que la meilleure manière d'attirer l'attention de ce mystérieux criminel était de devenir criminelle moi-même. Ce ne fut pas du tout par hasard que vous m'aperçûtes au moment où je venais d'engager la statuette d'or volée à Mr Froyant. Papa avait arrangé tout cela de façon à ce que ce vol, suivi de ma comparution devant le tribunal, impressionnât Derrick Yale, *alias* Ferdinand Lightman. Je ne courais aucun danger d'être condamnée à de la prison ferme. Mais, comme je m'y attendais, cela me valut une convocation du Cercle Rouge.

Le rendez-vous eut lieu un soir à Steyne Square. Je crois bien que Papa n'était pas fort loin à ce moment-là, n'est-ce pas ?

– À quelques mètres, « Maman », j'avais peur pour toi ! dit Parr en riant.

– Le Cercle Rouge m'enjoignit de prendre le poste de secrétaire du banquier Brabazon. Vous voyez, la méthode de Yale était de faire espionner les uns par les autres tous ses agents. Mr Brabazon m'intrigua. Je n'arrivai pas à discerner s'il était honnête ou non, et, naturellement, je ne me figurai d'abord pas qu'il était affilié au Cercle Rouge. Il me fallut commettre un vrai détournement pour affirmer ma nature corrompue. Cela me valut une réprimande de mon chef inconnu, mais servit utilement mes desseins en me faisant faire la connaissance d'une autre bande d'aigrefins ; ce qui, par contrecoup, me permit d'être présente au logis de Mr Félix Marl la nuit où il fut tué.

Le but de Yale était de détourner les soupçons sur moi. D'ailleurs, il a toujours eu l'intention de me supprimer un jour ou l'autre. La nuit où il a tué Froyant, il m'avait fait venir dans la maison avec un gant et un poignard pareils à ceux dont il s'était servi lui-même.

– Mais comment vous êtes-vous évadée de la prison ? demanda Jack.

Elle le regarda d'un air malicieux.

– Pauvre ami ! s'écria-t-elle. Vous feriez mieux de me demander comment j'ai pu y rester ! J'ai été conduite chez moi par le directeur même de l'établissement et escortée par deux respectables inspecteurs.

– Nous voulions forcer la main à Yale, vous comprenez, dit alors Parr. Dès qu'il apprit l'évasion de Thalia, il s'agita et se prépara à fuir. Et quand il se vit cambriolé, il sut à n'en pas douter que Thalia n'était pas ce qu'il avait pensé.

43

La suite de la conférence

Jack accompagna l'inspecteur Parr au déjeuner offert le lendemain par le Premier Ministre. Thalia, devenue l'héroïne du jour, fut également invitée. Après le repas, le Chef de la Sûreté acheva son discours si bien commencé la veille :

– Si vous le voulez bien, rappelez-vous, Sirs, que le personnage de Derrick Yale ne paraît en scène que dès le premier crime dû au Cercle Rouge. Il est vrai qu'il s'était établi auparavant comme détective privé, avait mis des annonces vantant ses mérites psychométriques, mais il n'avait presque point d'affaires et n'en cherchait d'ailleurs pas. Il préparait son grand coup. Ce fut tout de suite après ce premier crime qu'il offrit à un grand journal d'employer ses facultés psychométriques à la découverte du meurtrier.

Cela ne lui était pas difficile ; il connaissait le meurtrier mieux que personne, puisque c'est lui qui avait armé son bras. De là date sa notoriété. C'était ce qu'il voulait. Désormais tous ceux qui étaient menacés par le Cercle Rouge allaient lui demander conseil et assistance.

En entrant en rapport avec ses victimes, Yale pouvait soit les convaincre qu'il valait mieux payer, soit, s'ils s'y refusaient, les faire disparaître par un de ses agents.

Froyant, qui avait payé, n'aurait certainement pas été assassiné ; mais, furieux d'avoir perdu tant d'argent, il voulut enquêter lui-même, et, partant d'une très faible hypothèse, il put reconstituer l'identité de Yale et reconnaître en lui l'ex-condamné à mort Lightman. La nuit de sa mort, il nous avait convoqués pour nous faire part de sa découverte, et, dans sa crainte d'un mauvais coup de Yale, il avait éclairé toute la maison *a giorno* et avait placé deux revolvers chargés à sa portée quoiqu'il n'aimât pas les armes à feu.

Ceux d'entre vous, Sirs, qui ont lu les rapports officiels sur cette affaire se rappellent sans doute que Mr Froyant, voulant téléphoner d'abord au Préfet, nous pria de sortir de son cabinet un moment. Je passai le premier. Yale saisit cette occasion au bond, et, sous prétexte d'adresser encore quelques paroles à Mr Froyant, il s'en approcha et lui plongea un poignard dans le corps. J'avais remarqué que Yale avait gardé sa main droite dans sa poche. Or, cette main était pourvue du long gant que l'on a découvert, et dans sa manche se trouvait le poignard qui a servi au crime.

– Mais pourquoi ce gant ? demanda le Premier Ministre.

– Pour qu'aussitôt après l'attentat, sa main ne fût pas tachée de sang. Cela a été fait en une seconde pendant que j'avais le dos tourné. Mr Froyant a dû mourir instantanément. Yale retira vivement son gant et parut poursuivre encore un moment une conversation avec un homme qui était déjà mort.

Je devinai après coup la vérité, mais je n'avais pas de preuves. Yale avait ordonné à ma fille de se trouver dans la maison, portant avec elle un gant et un poignard pareils à ceux dont il s'était servi. Il savait que Thalia serait accusée et convaincue de ce forfait. Mais elle, prise de soupçons, resta dans le jardin...

J'anticipe sur les événements : j'aurais dû vous parler auparavant du meurtre de Mr James Beardmore. Il avait reçu des lettres de chantage du Cercle Rouge, et nous étions avertis. Mr Beardmore spéculait sur les terrains et était en relations d'affaires avec toutes sortes de gens, plus ou moins recommandables. Il attendait un jour la visite de Marl, un homme au passé louche, qu'il n'avait encore jamais vu ; il mentionna cela à son fils, mais pas à Yale qui s'était improvisé garde du corps. Lorsque Marl arriva devant la villa, il aperçut soudain son ex-compagnon de prison et complice, Lightman, qu'il avait perdu de vue ou croyait mort ; qu'il avait trahi, en tout cas.

C'était Yale qui se trouvait près d'un bosquet de rosiers non loin des escaliers de la terrasse. Marl eut un moment d'émotion et de frayeur indicibles ; il feignit de rentrer à Londres, en proie à une panique indescriptible et déterminé à tuer Yale avant d'être tué par lui. Mais il n'était pas très courageux, et il se décida à revenir de nuit auprès de la villa. Il écrivit un billet à Yale où il lui disait sans doute qu'il le laisserait tranquille si, de son côté, il le laissait tranquille. Ces mots se retrouvent par deux fois dans un fragment du billet retrouvé à demi carbonisé dans la cheminée de Mr Beardmore. Par surcroît de précaution, Yale a dû aller brûler cette missive dans le cabinet de travail du maître de la maison.

Dès ce moment, Marl était un homme perdu, Yale ne pouvant permettre à un tel témoin de son passé d'exister. Marl faisait lui-même une petite opération de chantage au détriment de Brabazon, agent du Cercle Rouge. Brabazon dut avertir Yale qui, sous le couvert de ses fonctions extra-policières, visita la boutique où l'on adressait les correspondances destinées au Cercle Rouge, et, sous le prétexte d'aider la justice, les lisait, sans pouvoir être accusé d'être leur destinataire.

Brabazon décida de fuir dès le lendemain du meurtre de Marl (il avait tout préparé pour cela d'avance). Comme les soupçons se portaient naturellement sur lui, il alla se réfugier dans la vieille maison abandonnée appartenant à la famille Beardmore. Cette maison fut fouillée... mais ce fut Yale qui se chargea d'aller au grenier où précisément se cachait le banquier...

– Il est un point qui reste encore obscur pour moi, interrompit alors le Premier Ministre. Comment se fait-il que l'on ait trouvé Yale chloroformé dans son propre bureau ?

– Ce fut, répondit Parr, une manœuvre habile et qui me fit illusion sur le moment. Yale se lia et se chloroforma lui-même après avoir mis l'argent de Froyant dans une enveloppe adressée à son appartement et qu'il envoya par la glissière à la boîte aux lettres de l'immeuble. Vous rappelez-vous, Sirs, que le facteur fit la levée de cette boîte quelques minutes après le prétendu attentat ? Il m'a certifié avoir « levé là une grosse enveloppe à l'adresse de Yale ». Malheureusement pour ce dernier, j'avais enfermé Thalia quelques instants auparavant dans la grande armoire du bureau d'où elle assista à toute la comédie. Elle a pu ensuite s'emparer de la fiole de chloroforme qu'il avait rejetée dans un tiroir de son bureau.

Quant à la dernière victime, Mr Raphaël Willings, poursuivit Parr avec calme et clarté, il ne doit la vie qu'à la passion qu'il avait malhonnêtement conçue pour ma fille. Elle se défendait de toutes ses forces contre ses entreprises outrageantes lorsqu'elle aperçut une main tenant un poignard et sortant de l'entrebâillement du rideau derrière lequel Mr Willings voulait l'entraîner. Ce poignard avait été dérobé à la panoplie de Mr Willings par Yale, agissant encore en qualité de détective. La lame était sur le point de frapper Mr Willings en pleine poitrine quand Thalia, en un suprême effort, le repoussa de côté, de telle façon qu'il ne reçut le coup qu'à l'épaule. Naturellement, Yale n'était pas loin et se hâta de dénoncer ma fille comme ayant été seule capable de cet attentat.

Considérez, Sirs, l'habileté vraiment diabolique de toutes ces opérations. Yale s'était classé au plus haut rang des détectives privés ; il avait toute facilité pour recevoir les plus secrètes informations relatives au Cercle Rouge. Il arriva même à se faire admettre à la Préfecture comme attaché à mon service et il put prendre là connaissance de documents importants. Quelques-unes de ces pièces n'étaient pas, à la vérité, aussi précieuses qu'il se l'imaginait, mais dans un de ces cas Mr Jack Beardmore eut la vie sauve grâce à une enveloppe que Yale vola et décacheta le premier. Ce pli contenait une photographie de l'exécution capitale, manquée, où Yale était très reconnaissable.

Maintenant, Sirs, y a-t-il d'autres points sur lesquels vous désireriez quelque éclaircissement ? Il est un détail que je veux vous rapporter pour finir. Il y a deux jours, j'ai dit à Yale que la plupart des grands criminels se font prendre pour une très légère erreur d'appréciation de leur part. Eh bien ! Yale a eu l'effronterie de me dire qu'il était allé chez Mr Willings après son départ pour la campagne et que les domestiques lui avaient appris de quel côté s'était dirigé leur maître. Or Yale n'est pas du tout allé chez Mr Willings pour la bonne raison qu'il l'avait précédé de deux bonnes heures dans sa maison de campagne.

– Ce qui m'inquiète un peu en ce moment, dit alors le Premier Ministre, c'est de savoir quelle récompense devra être accordée à votre fille, Mr Parr. Pour vous, la question sera facilement tranchée, et votre promotion ne fait aucun doute. Mais pour elle ? À part une indemnité pécuniaire qui lui est bien due, que pourrons-nous lui offrir ? Elle a couru de grands dangers et bien servi son pays... Elle a droit...

– Ne vous préoccupez pas du sort de miss Parr, interrompit alors quelqu'un d'une voix étranglée d'émotion, car nous devons nous marier, elle et moi, très prochainement.

Était-ce Jack Beardmore qui avait ainsi parlé ? Tout le monde parut le croire et lui-même sentait que ces mots correspondaient bien à sa pensée. Il avait lancé cette phrase sans bien se rendre compte lui-même de ce qu'il faisait.

Lorsque la rumeur des félicitations unanimes se fut apaisée, Mr Parr se tourna vers sa fille :

– Tu ne m'avais pas averti, lui dit-il sur un ton de doux reproche.

– Lui non plus ne m'avait pas avertie, répondit-elle en regardant Jack.

– Cela veut-il dire qu'il ne t'a pas demandé de t'épouser ? demanda le père surpris.

Elle secoua la tête.

– En effet, dit-elle, nous ne nous sommes encore rien dit, mais je sens depuis longtemps que quelque chose de ce genre devait arriver un jour ou l'autre.

Lightman, ou Yale comme on continuait à l'appeler, se montra prisonnier exemplaire. Il se plaignit seulement qu'on ne lui accordât pas l'autorisation de fumer lorsqu'il dut marcher au supplice.

– Ces choses-là sont bien mieux comprises en France, dit-il au directeur de la prison... La dernière fois que j'ai été exécuté, j'ai pu fumer, je vous assure.

Au chapelain qui l'assistait, il exprima le très vif intérêt qu'il éprouvait pour Thalia Drummond.

– C'est une perle ! s'écria-t-il. Je pense qu'elle va épouser le jeune Beardmore... Quelle chance il a, ce garçon ! Personnellement, les femmes ne m'attirent pas, et c'est à cela que j'attribue mes succès dans la vie. Mais si j'avais dû me marier, c'est une femme comme Thalia Drummond que j'aurais choisie.

Il aimait à converser avec ce chapelain, avec qui il pouvait parler de toutes sortes de pays, de cités, de peuples qu'ils avaient visités tous deux.

Par un maussade matin de mars, un homme entra dans sa cellule et lui lia les mains. Il le regarda par-dessus son épaule.

– Avez-vous entendu parler de Mr Pallion ? lui demanda-t-il. C'était un de vos collègues : il exerçait la même profession que vous.

Le bourreau ne répondit pas, le règlement ne lui permettant pas de discuter d'autre chose avec le prisonnier que de son pardon pour l'homme qui va le pendre.

– Vous devriez bien vous informer de Mr Pallion, dit-il encore en sortant de la prison, et profiter de son exemple... Ne jamais boire... La boisson a causé ma ruine... Si ce n'était la boisson, je ne serais pas là...

Cette idée l'occupa durant le court trajet. On lui passa la corde autour du cou et on lui couvrit le visage d'une toile blanche...

– J'espère que cette corde ne se rompra pas, dit-il au dernier moment.

Et ce fut là le dernier vœu du Cercle Rouge.

1924

DAN LE SOSIE

Traduit de l'anglais
par L. Remond

Ce roman a paru sous le titre original :
DOUBLE DAN

1

Une faible orpheline

– C'est une orpheline, articula Mr Collings d'un ton ému.

Les orphelines étaient le point faible de Mr Collings. Dans les rapports qu'il entretenait, comme avoué, avec ses clients, c'était un homme d'apparence sévère et réservée. Il était partisan du compromis et croyait avec sincérité qu'un mauvais arrangement vaut mieux qu'un bon procès.

Des plaignants rayonnants de joie parce qu'ils se figuraient tenir entre leurs mains la défaite de leur adversaire, entraient dans son bureau d'un pas décidé. Le verbe haut, ils citaient des chiffres vertigineux représentant les sommes qui, d'après eux, allaient leur être payées à titre de dommages-intérêts.

Lorsqu'ils sortaient de l'étude de Mr Collings, ils n'étaient plus que l'ombre d'eux-mêmes et ils s'en allaient, découragés, ayant perdu foi en l'avenir parce que l'avoué leur avait démontré péremptoirement qu'il valait mieux que les choses s'arrangeassent à l'amiable.

Ainsi, par exemple, s'il eut été possible qu'un homme entrât dans le bureau de Mr Collings et lui dît ceci :

– Ha, ha ! je tiens ce damné Binks ! Il m'a tué d'un coup de revolver... Comment m'y prendre pour lui faire payer des dommages ?

– Un moment, aurait répondu Mr Collings, je doute fort que vous parveniez à tirer quelque chose de Mr Binks. Rendez-vous donc compte, cher monsieur, que votre situation n'est guère claire... Comment ! vous vous promenez, avec dans le corps une balle qui, sans aucun doute, est la propriété de Binks, et vous prétendez faire payer ce Binks ! Je ne sais vraiment pas quelle serait l'attitude d'un jury qui aurait à se prononcer sur votre cas... Écoutez, laissez-moi arranger cette histoire...

Seule une catégorie de citoyens avait le don de rendre l'âme de Mr Collings plus perplexe, c'étaient les orphelins.

Dès son jeune âge, l'avoué, élevé strictement par des parents peu enclin à la légèreté, avait été obligé de lire le dimanche de doctes ouvrages où il était question de pauvres orphelines, d'orphelins martyrisés et sauvés enfin par des sociétés philanthropiques.

Dans cette littérature si morale, on parlait également de méchants hommes battant les chiens, jetant des mouches en pâture aux araignées et spoliant sans vergogne d'infortunés bambins qui n'ont plus de parents.

– C'est une orpheline, répéta Mr Collings.

Et il renifla bruyamment.

– Voilà tantôt dix ans qu'elle est orpheline ! répondit Mr William Cathcart d'un ton plutôt cynique.

Mr Collings était imposant, chauve, et avait l'habitude de se livrer chaque après-midi aux ineffables douceurs d'une petite sieste.

Mr Cathcart était mince comme une lame de couteau. Son visage avait l'épaisseur d'une feuille de papier. Il était moins chauve que Mr Collings et, au dire de beaucoup de personnes, il ne dormait jamais. De plus, il haïssait les orphelines.

– C'est une orpheline peu ordinaire, reprit Mr Cathcart, c'est même la plus extraordinaire orpheline que j'aie jamais rencontrée... Comment ! une gosse avec un compte en banque se montant à plus de 100 000 livres sterling ! Je refuse carrément de m'apitoyer sur son sort !

Mr Collings se frotta les yeux.

– Une pauvre orpheline, insista-t-il, vous savez très bien que c'est Mrs Tetherby qui lui a donné de l'argent du temps où cette dernière était encore en vie ; et cette situation n'avait rien d'irrégulier. Mais si moi, un avoué, je donnais un penny, une livre, 1 000 livres à une orpheline, à valoir sur la fortune qui ne sera à elle qu'au jour de sa majorité, serait-ce une infraction à la loi ?

Mr Cathcart réfléchit posément :

– Hum ! en certaines circonstances, vous pourriez agir en qualité de tuteur...

– Hum ! fit l'avoué, comme un écho. (Puis abandonnant ce

point de la conversation :) Cette Mrs Tetherby était affligée d'une certaine inertie – défaut de beaucoup de grosses femmes...

– Inertie... dites paresse plutôt, interrompit Mr Cathcart.

– Mais elle adorait Diane. Peu de tantes aiment leur nièce comme elle aima la sienne. Son testament le prouve, du reste. Elle laissa tout...

– Elle ne laissa rien du tout ! fit Mr Cathcart avec une aigre satisfaction.

Comme cet homme détestait les orphelines !

– Elle ne lui laissa rien pour la bonne raison que déjà, de son vivant, elle avait confié à Diane l'entière gestion de sa fortune.

– Elle aimait cette petite orpheline, murmura Mr Collings.

– Si jamais une femme au monde aurait eu le droit...

– Avait eu le droit, rectifia patiemment l'avoué débonnaire.

– ... de ne pas avoir le droit de s'occuper d'une jeune fille du tempérament de Diane Ford, c'est bien... ou plutôt, ce fut bien Mrs Tetherby. Comment ! une jeune fille de seize ans à qui l'on permet de filer le parfait amour avec un étudiant...

– Un étudiant en théologie, précisa complaisamment Mr Collings. N'oubliez pas ce détail. Sachez, cher monsieur, qu'une femme peut très bien donner son cœur à un étudiant en théologie, alors qu'un étudiant en médecine ne lui inspirerait que du dégoût. Ce dernier révolterait peut-être tout ce qu'il y a de sensitif en elle...

– Un théologien est pire encore en ce qui concerne la sensitivité...

– D'ailleurs, Mrs Tetherby nous a consultés dans le cas que nous évoquons. Inerte ou paresseuse, elle eut recours à nous, le fait est là.

– Si elle eut besoin de nos lumières, ce fut pour savoir si elle était passible de la cour d'assises au cas où, dans un guet-apens, elle tuerait Mr Dempsi, dont la trop grande assiduité auprès de sa nièce l'énervait au plus haut point. Souvenez-vous. Elle a lancé le chien à ses trousses, sans résultat. Ce sont ses propres paroles que je cite.

– Dempsi est mort, dit Mr Collings d'une voix étouffée. Il y a huit mois, à l'époque où sa tante mourut, j'en parlais encore à Diane. Je lui demandai si son cœur se cicatrisait. Elle me répondit avec humour qu'elle avait ressenti à peine une égratignure et que le soir, lorsqu'elle s'ennuyait, elle passait le temps à essayer de dessiner ses traits, de mémoire.

– Petit démon sans cœur !

– Une enfant, corrigea l'avoué avec bonhomie, que voulez-vous !... La jeunesse ne se souvient de rien, pas même des coliques de pommes vertes.

D'un air inspiré, Mr Collings leva les yeux au ciel.

– Une orpheline, recommença-t-il.

Un employé entra :

– Miss Diane Ford, messieurs !

Les directeurs de la maison Collings & Cathcart, échangèrent un bref regard.

– Faites entrer, dit Collings.

La porte se referma.

– William, reprit l'avoué, tâchez d'être aimable envers elle.

Mr Cathcart grimaça.

– Et elle, sera-t-elle aimable envers moi ? demanda-t-il amèrement. Êtes-vous sûr qu'elle se conduira avec un minimum de politesse ? Êtes-vous prêt à risquer une grosse somme sur son urbanité ?

À ce moment, la porte se rouvrit et la plus délicieuse créature du monde fit son apparition. Avec elle tout un printemps enivrant envahit la pièce. Douceur rosée des fleurs de pêcher. Rire des sources sur les cailloux brillants. Éclat des aubépines au mois de mai : miss Diane Ford.

Mr Cathcart, qui avait servi pendant la guerre en qualité de capitaine d'intendance et qui, de ce chef, avait acquis l'habitude des inventaires, dressa mentalement l'état suivant :

Jeune fille	: Mince, taille moyenne	Une
Yeux	: Bleu-gris, grands, plus ou moins innocents	Deux
Bouche	: Rouge, arquée, ferme............	Une
Nez	: Droit, forme parfaite.............	Un
Cheveux	: Légèrement dorés, ondés.......	Une tête

Faut-il le dire ? Diane répondait autant à cette description que l'homme dans la rue au signalement de son passeport ! Elle répandait autour d'elle l'atmosphère du printemps et de l'aube. Son teint éblouissait et elle se déplaçait avec une grâce si souple, si féline, que Mr Cathcart – qui était un homme marié – la soupçonnait de ne s'être jamais livrée au joug dominateur du corset.

Impulsive, elle se jeta contre Mr Collings qu'elle embrassa impétueusement.

Comme Mr Cathcart avait fermé les yeux, il n'aperçut pas le large sourire satisfait que son associé avait exhibé à son intention.

– Bonjour, mon oncle ! Bonjour, oncle Cathcart...

– 'Jour ! marmonna Cathcart d'un ton hostile.

– 'Jour ! répéta-t-elle gamine. Dire que j'étais venue ici animée des meilleures intentions et que je vous avais même appelé « oncle »...

– J'avais entendu, répondit l'« oncle » nouvellement promu, mais mon opinion, miss Ford, est que nous ferions mieux de parler affaires.

– Affaires ! s'exclama-t-elle d'un ton las, vous n'avez donc pas d'autres sujets de conversation ?

Elle enleva son chapeau, le lança adroitement sur le classeur le plus rapproché et soupira :

– Oh ! oncle Collings, que je suis malade !

Mr Cathcart se dressa à demi.

– Oui, j'en ai assez de l'Australie, des gens qui sont autour de moi, j'en ai assez de tout. Je retourne chez moi !

– Chez vous ! s'exclama Mr Collings stupéfait... mais, ma chère petite Diane si par « chez vous » vous entendez l'Angleterre et non pas, hum...

– Le ciel... suggéra Cathcart, sarcastique.

– Oui, oui, oui, c'est en Angleterre que je veux aller ! J'ai l'intention d'aller habiter chez mon cousin, Gordon Selsbury.

Songeur, Mr Collings se gratta l'extrémité du nez :

– Un homme d'âge avancé, je présume ?...

– Je l'ignore.

Indifférente, elle haussa les épaules.

– Marié ?

– Oui, si c'est un chic type. Tous les chics types se marient, excepté évidemment celui que j'ai devant moi...

Mr Collings, qui était célibataire, rit de bon cœur, mais Mr Cathcart, qui avait contracté des liens conjugaux, ne parut même pas amusé par la gentille boutade de la jeune fille.

– Je suppose que vous avez écrit ou télégraphié là-bas et

que Mr Selsbury ne voit aucun empêchement à ce que vous alliez le rejoindre ?

– Pas du tout. Aucun, fit-elle brusquement, il sera enchanté de m'avoir auprès de lui.

– Vingt ans, soupira Mr Cathcart en contemplant Diane, enfant que la loi doit encore protéger. Dites donc, Collings, vous ne croyez pas que nous ferions bien de prendre quelques renseignements au sujet de ce Selsbury avant de...

Mr Collings regarda la jeune fille d'un air interrogateur. Diane n'avait jamais paru moins orpheline et faible qu'à ce moment-là.

– Il serait sage peut-être... suggéra Collings.

Il n'en dit pas plus, car il s'aperçut à l'attitude de sa pupille qu'en effet il serait sage de ne pas insister.

Diane sourit, découvrant une double rangée de dents petites et éblouissantes :

– J'ai retenu ma cabine, une délicieuse cabine, avec salle de bains et salon. Les murs sont recouverts de brocart et de soie, et le lit est tout petit, tout mignon. Il est placé au milieu de la pièce de façon que lorsque le navire roule assez fort, on peut tomber dehors de n'importe quel côté !

À ce moment-là, Mr Cathcart jugea qu'il était nécessaire d'intervenir.

– Je regrette de ne pouvoir accorder mon consentement à votre départ, articula-t-il posément.

– Pourquoi ? fit-elle mordante, le menton en bataille.

– Oui, pourquoi ? répéta Collings, désireux de connaître la pensée de son associé.

– Parce que, ma jeune et chère demoiselle, la loi de ce pays vous considère encore comme une enfant ; parce que Mr Collings et moi, nous avons sur vous l'autorité paternelle « in loco parentis ». De plus, je suis assez vieux pour être votre père.

– Ou mon grand-père, répondit-elle calmement. Au fond, quelle importance cela a-t-il ? Vous savez, l'âge, ça ne veut rien dire. En venant de Bendigo, dans le train, il y avait en face de moi un vieux fou de soixante ans qui essayait sans cesse de prendre ma main dans la sienne. Lorsque le cœur est jeune, l'âge ne signifie rien du tout.

– Parfait ! souligna Collings dont le cœur était très jeune.

– En résumé, continua Mr Cathcart, vous ne partirez pas. Je ne désire pas faire appel à la justice, mais...

– Un instant, monsieur l'avoué avocassier, dit Diane, jetant à terre quelques livres qui se trouvaient sur une chaise et s'asseyant à leur place. Un instant. Tantôt vous m'avez jeté à la tête l'argument « loco parentis », autorité paternelle du tuteur, et cætera. Permettez-moi de vous en servir un autre : J'ai le droit d'être émancipée !

– Eh ? s'écria William subitement dégonflé.

– Je ne connais du droit que ce qui peut m'être utile, expliqua-t-elle modestement. Ma vie jusqu'à présent s'est passée calmement parmi les herbes hautes du pays de Kara-Kara, mais quoiqu'orpheline ignorante, je sais certaines choses...

Mr Collings soupira.

– D'autant plus, poursuivit la jeune fille sans pitié, que l'avoué qui fait appel à la justice doit agir sur les instances d'un client. Sans client – à moins que ce soit un cas tout à fait personnel, comme par exemple si sa femme commet le péché d'adultère –, il ne peut appeler la justice à son secours. Qui dénicherez-vous pour porter plainte contre moi, Mr Cathcart ?

L'interpellé haussa les épaules avec lassitude.

– Faites votre lit comme vous l'entendez, répliqua-t-il sourdement.

– Le juge lui-même ne pourrait m'y obliger ! rétorqua-t-elle ironiquement.

Mr Cathcart, voyant Diane s'avancer vers lui, prit un porte-plume pour se donner une contenance.

– Oncle Cathcart, dit-elle à voix basse, j'avais tant espéré que nous nous serions quittés bons amis. Chaque soir, agenouillée, au pied de mon lit, j'ai fait cette fervente prière : « Dieu, faites que mon oncle Cathcart soit un jour pénétré du sens de l'humour et faites de lui un chic type ». J'espérais bien ce miracle que je souhaitais de tout mon cœur.

L'oncle Cathcart s'agita, mal à l'aise.

– Agissez comme il vous plaira. Je ne puis greffer une vieille tête sur de jeunes épaules. Ce sont ceux qui vivent le plus longtemps qui contemplent le plus de spectacles.

– Et c'est en goûtant le pudding qu'on se rend compte de sa qualité ! ajouta-t-elle du même ton sentencieux.

Une heure plus tard, pendant le déjeuner, Mr Collings, qui tapotait son cigare pour en faire tomber la cendre, demanda :

– Ce Selsbury, quel genre de type est-ce ?

– Épatant ! répondit rêveusement Diane. Il a ramé au numéro 6 dans la course Oxford-Cambridge. Je suis folle de lui.

Les yeux emplis d'horreur, Mr Collings la fixa, révolté.

– Et lui ? est-il fou de toi ? s'enquit-il.

Diane sourit. Dans son sac à main, elle prit une houpette et se repoudra le bout du nez.

– Il le deviendra ! minauda-t-elle suavement.

2

Mr Gordon Selsbury

Mr Gordon Selsbury se demandait parfois, avec beaucoup de sincérité, s'il n'était pas d'une essence supérieure aux autres hommes.

Il travaillait dans le cadre banal de la City de Londres, rendez-vous des gros hommes d'affaires anglais.

La profession qu'il exerçait avec beaucoup de profit était pourtant assez terre à terre pour un esprit cultivé et éclairé comme le sien. Mr Gordon Selsbury était intéressé dans une maison d'assurances.

À certains moments, assis dans son salon devant le beau foyer à plaques d'argent, dont il était fier, il s'étonnait des contradictions de son génie.

Placé au-dessus du monde et de ses intérêts mesquins, il avait cependant l'art et la manière de faire face aux matérialistes de tout acabit et d'arracher à leurs mains avides de grosses sommes d'argent...

– Non, Trenter, je serai absent demain après-midi. Voulez-vous dire à Mr Robert que je le verrai à mon bureau ? Merci, Trenter.

Trenter fit un signe de tête respectueux et retourna à l'appareil téléphonique.

– Non, monsieur, expliqua-t-il au frère de son maître, Mr Selsbury ne sera pas ici demain.

La voix, à l'autre bout du fil, trahit un certain embarras.

– Voulez-vous avoir l'obligeance de lui rappeler qu'il m'a promis de jouer au golf avec moi ? Demandez-lui de venir à l'appareil.

Gordon, le visage inexpressif, se leva du fauteuil de tapisserie dans lequel il se prélassait. Jamais, devant les domestiques, il ne révélait le moindre de ses sentiments.

– Oui, en effet, je sais, dit-il d'un ton las, mais j'avais un rendez-vous antérieur. Cherche quelqu'un d'autre, Bobbie. Le vieux Mendelssohn... Quoi ? Une vieille ganache ?... Je n'y puis rien. De toute façon, vous devrez dénicher un autre partenaire, moi je n'aurai pas le temps, je serai terriblement pris demain... D'ailleurs, je déteste parler affaires au téléphone. Au revoir.

Lentement, avec dignité, Gordon s'en retourna dans son salon.

Il avait ramé autrefois dans une équipe universitaire et malgré qu'il les considérât comme d'assez mauvais goût, deux rames entrecroisées, souvenirs de ses exploits de jadis, « ornaient » le manteau de la cheminée. Dire qu'un jour il avait été un étudiant frais émoulu, qu'il avait éprouvé un plaisir extrême à subtiliser les casques des policemen, à rouler à bécane le long des sentiers privés et à faire des pieds de nez aux surveillants ! Difficile à croire...

Gordon était grand et athlétique comme l'Apollon du Belvédère. Son front était large et vaste, sa chevelure étincelait de blondeur, mais chose étrange pour un jeune homme de son apparence, il portait des favoris longs de cinq centimètres qui lui donnaient un air de maturité précoce.

– Il doit écrire des sonates ou jouer du violoncelle, pensaient les hommes qui le voyaient pour la première fois.

– C'est un danseur acrobatique ou un artiste de cinéma, devinaient au contraire les femmes.

– Trenter !

Trenter, les traits tendus, attendit. Gordon fronça les sourcils.

– Trenter !

– Oui, monsieur.

Lentement, Mr Selsbury tourna la tête. Ses yeux noirs fouillèrent ceux de son valet de pied.

– Ce matin, je vous ai aperçu embrassant la femme de chambre. Vous êtes marié, je crois ?

Trenter, le cœur plein d'appréhension, fit un vague signe d'affirmation.

– Je désire que ceci ne se reproduise plus, articula Gordon froidement. En votre qualité d'homme marié, vous avez des responsabilités que vous ne pouvez ni ignorer, ni oublier. Eleanor, pour l'appeler par son prénom, est une jeune fille impressionnable. Il est injuste d'assombrir ses jours en éveillant dans son cœur une passion qu'il vous est impossible de payer de retour. De plus, j'ai été personnellement victime de votre aveuglement. L'eau pour ma barbe est arrivée en retard, ce matin. Je ne veux plus que cela se produise.

– Non, monsieur, fit humblement Trenter.

À l'office, la nouvelle se répandit comme une traînée de poudre.

Eleanor, grande et svelte, teint pâle, sourcils noirs, yeux de flammes, cessa de se rougir les lèvres pour exhaler son indignation.

– Comment ? Parce que le patron est une sainte-nitouche, il s'imagine que nous n'avons pas de sentiments ? Pauvre poisson à sang froid ! Mais je ne me laisserai pas insulter par un misérable espion aux semelles de caoutchouc !

– Qui est-ce, ce « Sainte-Nitouche » ? demanda Trenter qui, en sa qualité de pratiquant baptiste était peu au courant de l'aristocratie du paradis.

– Lui ! s'exclama Eleanor, c'est l'homme que les femmes ont tenté et qui n'a pas succombé !

– Qui l'a tenté ? s'enquit Trenter, brusquement jaloux.

– Personne. D'abord, si tu crois que c'est moi, je te déclarerai tout net que je voudrais le voir essayer de me passer un bras autour de la taille... Ha, ha ! il n'oublierait jamais ce moment-là !

– Je ne crois pas qu'il s'oublierait à te passer le bras autour de la taille, fit Trenter dont les soupçons s'apaisèrent.

Sceptique, il rejeta la tête en arrière.

– Il n'est pourtant pas si ininflammable, fit-elle mystérieusement, et, montrant du menton une grosse femme, le ventre orné d'un tablier de couleur, elle ajouta :

– Demande plutôt à la cuisinière !

– Quoi ! c'est toi, Marie, qui l'a tenté ? murmura-t-il dans un souffle.

Heureusement, l'esprit de Mrs Magglesark ne travaillait pas avec la rapidité de l'éclair :

– Je l'ai vu qui...

À ce moment-là, Eleanor, craignant qu'elle ne dise des imprudences lui marcha violemment sur les orteils et dit :

– Moi et la cuisinière – c'est-à-dire, la cuisinière et moi, nous étions sur l'impériale d'un autobus dimanche passé...

– À Knightsbridge, précisa Marie, heureuse de collaborer au récit de la servante.

– Nous bavardions en riant. Tout à coup Marie me prend le bras : Regarde, me dit-elle, le patron !

– Non, j'ai dit « On dirait sa tête », corrigea Marie...

– Le fait est que c'était bien lui... continua Eleanor. Il était avec une jeune fille, très grande, habillée de noir et il lui tenait la main !

– Dans la rue ? demanda Trenter, incrédule.

– Non, dans une auto. Du haut du bus on voit aisément ce qui se passe dans les limousines... Que de spectacles ai-je déjà contemplés de cette façon !

– Était-elle jolie ? demanda Trenter, assez fat.

Les lèvres d'Eleanor se retroussèrent.

– Certains la trouveraient assez bien faite. Et toi, Marie, qu'en penses-tu ?

– Elle n'était pas mal.

– Il lui tenait la main ! répéta Trenter pensivement. N'était-ce pas Mrs Van Oynne ?

Qui ?

– Une dame qui est déjà venue ici deux fois prendre le thé. C'est une Américaine très bien habillée... Héloïse est son prénom. Beaucoup de goût. Elle adore le noir et les plumes de paradis.

– Elle a des plumes de paradis ! s'exclamèrent en chœur Eleanor et Marie.

Trenter, de la tête, fit un signe affirmatif.

– C'est elle que vous avez vue, continua Trenter, mais pas pour le motif que vous croyez. C'est une intellectuelle. Elle passe son temps à lire. La dernière fois qu'elle est venue ici, ils ont discuté au sujet de l'« âme et de l'ego ». Aux bribes et morceaux que j'ai pu saisir, je n'ai pas compris un traître mot.

Eleanor était très impressionnée.

– Assez bizarre, ces débats au sujet d'ânes égaux, dit-elle.

Gordon Selsbury adorait les discussions. Avec Héloïse Van Oynne, il n'y avait pas de sujet qu'il ne pût développer avec fruit. À vrai dire, c'était presque toujours lui qui parlait, mais le regard attentif de son interlocutrice suppléait au manque de phrases. Cet après-midi-là, Gordon était assis avec elle au tea-room du *Cobourg Hotel*. Peu de clients. Ils étaient relativement seuls.

– Depuis que je vous connais, il y a une chose que je brûle de vous dire, fit-il d'une voix tout à coup très douce... Un mois que nous nous connaissons ! Un mois déjà ! C'est presque incroyable. Nous avons dû certainement nous rencontrer autrefois, en des temps révolus, dans un temple de l'Atlantide perdue où des prêtres barbus chantaient la gloire des divinités disparues. Vous étiez une grande dame. J'étais un humble gladiateur. Car les jeux de cirque remontent, j'en suis sûr, aux jours du continent englouti. Qui sait ? les derniers Atlantes furent peut-être les fondateurs de cette mystérieuse civilisation étrusque qui intrigue tant de savants...

Les yeux brillants de la femme paraissaient approuver la nouvelle et audacieuse théorie présentée par Selsbury.

Ils disaient, ces yeux, en leur langage muet, mais éloquent : « Comme c'est merveilleux d'associer l'Étrurie à la civilisation mythique de l'Atlantide ! »

Ces yeux, comme ils étaient pleins de vie ! Et que de choses ne devaient-ils pas penser, en dehors des mythes étrusques !

– La beauté de notre amitié, continua Gordon, résulte du fait que nous avons réussi à dégager nos intérêts communs de l'emprise du flirt banal et misérable.

– Que voulez-vous dire ? demanda-t-elle en penchant la tête.

– Je veux dire, expliqua Gordon en ramassant délicatement une miette de gâteau tombée sur ses genoux, que pas une seule fois l'éclat de notre amitié n'a été terni par cette faiblesse que tant d'humains se plaisent à appeler « amour ».

– Oh, je comprends ! fit Héloïse Van Oynne en se renversant dans son fauteuil de rotin, tandis qu'un sentiment de satisfaction détendait ses traits intrigués.

– Notre amitié, c'est la sympathie totale, la compréhension parfaite de la pensée par la pensée, l'unité de deux âmes...

Elle sourit avec une douceur infinie. C'est toujours ainsi qu'Héloïse souriait lorsqu'elle ne saisissait pas ce qu'avec tant de confiance lui expliquait Gordon...

À son tour, elle se lança sur le chemin éthéré de la philosophie :

– L'âme est certainement la chose la plus belle que nous possédions, énonça-t-elle pensivement. Et c'est par là que nous sommes si différents des autres, Gordon. Qu'il est doux de pouvoir se confier, l'un à l'autre, et de ne pas devoir se replier en soi-même.

Elle soupira après ce difficile exercice d'élocution. Et, pour revenir à une conversation plus terre à terre, elle reprit :

– Vous me parliez, Gordon, d'une de vos cousines d'Australie. Elle doit, certainement, être très intéressante et je brûle d'envie de faire sa connaissance. Je vous aime Gordon, je vous aime beaucoup. Tout ce qui vous touche, de loin ou de près, parents, occupations, loisirs, me captive prodigieusement...

Elle posa sa main gantée sur son genou.

Aucune autre femme n'eût pu, sous peine de voir accourir toute la police de Londres, mettre sa main sur le genou de Gordon. Mais ici c'était Héloïse ! Et Gordon, souriant, posa sa main nue sur celle de la jeune femme.

– Diane ? Ah, oui ! Je ne sais rien d'elle, sauf qu'elle a eu une aventure assez tapageuse avec un type nommé Dempsi. Je crois qu'elle doit être très riche. Je me suis occupé un peu d'elle, je lui ai envoyé des livres, des conseils. Ah, mes conseils ! Tenez, je suis persuadé que, pour une jeune fille, les avis d'un homme ont plus de fruit que ceux d'une femme. De quoi parlions-nous ? Ah, oui... Croyez-vous que dans le subconscient hétérogène de la nébulosité primordiale, l'ego...

– Est-elle brune ou blonde ? demanda Héloïse, ennemie aujourd'hui de la métaphysique.

– Je ne sais réellement pas. Sa tante m'a écrit quelque temps avant sa mort – pauvre créature ! – elle me disait que Diane avait complètement oublié comment était Dempsi et qu'elle aurait désiré trouver une photo de lui quelque part. Comme c'est drôle, n'est-ce pas, Héloïse, la vie et la mo...

– Diane ! murmura songeusement Héloïse, pauvre petite fille d'Australie ! Je voudrais la connaître, Gordon.

Gordon leva vers elle un sourire aimable et amusé :

– Et moi, dit-il, je ne puis imaginer rien de plus improbable, rien de plus impossible que votre rencontre, à toutes deux.

3

L'ORPHELINE S'IMPOSE

Cheynel Gardens est un de ces endroits si retirés de la circulation que rares sont les chauffeurs de taxi capables d'y arriver sans demander leur chemin.

Certains cochers « en ont entendu parler », d'autres se souviennent d'y avoir conduit parfois un client. Seuls le facteur local et le policeman, qui doit y accomplir sa ronde quotidienne, peuvent le situer exactement... Les personnes qui habitent Cheynel Gardens ont l'impression d'être aux confins du monde. Font-ils partie du district de Mayfair ou de celui de Marylebone ? Elles l'ignorent ou à peu près !

Gordon occupait une maison de coin avec jardin, l'unique jardin du voisinage et probablement celui qui avait donné son nom au quartier, si d'ailleurs on pouvait appeler jardin une cour pavée de 3,60 m sur 3 m et occupée presque entièrement par deux arbustes plantés dans des tonneaux. En venant de Brook Street, c'était la dernière habitation à gauche. Belle apparence du reste : brique rouge et pierre jaune. Grand studio dans lequel la lumière entrait, tamisée par de beaux vitraux qui lui donnaient l'aspect d'un oratoire.

Le studio de Mr Selsbury était en vérité un lieu sacré où l'on n'entrait pas sans y être expressément invité. Deux portes de chêne massif mettaient le propriétaire à l'abri des importuns et du bruit lorsqu'il se plongeait dans l'étude de ses deux revues favorites, l'*Économiste* et la *Revue des assureurs*. Il lisait aussi *The Times*, et, la nuit, il parcourait avec avidité des fascicules de sociologie. Lorsqu'il était fatigué il se contentait du compendieux *Zur Genealogie der Moral*, de Nietzsche, son auteur préféré.

Il descendit de la voiture qui l'avait ramené chez lui, donna au chauffeur un pourboire de dix pour cent calculé minutieusement jusqu'au moindre penny et monta lentement les marches du perron. La porte s'ouvrit sans bruit au moment même où son pied quittait la dernière marche. Comme chaque jour, Trenter se trouvait dans le corridor prêt à prendre des mains de son maître son chapeau, ses gants et sa canne.

Gordon demanda, pour ne point faillir au rite quotidien :

– Y a-t-il du courrier ?

Si Trenter avait répondu « Non, monsieur », il aurait contrevenu au rituel établi depuis longtemps.

– Oui, Monsieur, et...

Inutile d'en dire plus. Déjà Gordon regardait avec étonnement quatre immenses malles qui couvraient entièrement la surface du vestibule. Sur trois d'entre elles se trouvaient des étiquettes portant en gros caractères « NE PAS UTILISER PENDANT LE VOYAGE ». Sur la quatrième était collé un placard rouge avec, en grandes lettres noires, le mot « CABINE ».

– Que-quoi-que signifie ceci ? demanda Gordon, à moitié suffoqué.

– La jeune dame est arrivée cet après-midi, monsieur, expliqua le valet, mal à l'aise.

– La jeune dame est arrivée. De quelle jeune dame voulez-vous parler ?

– De miss Ford, monsieur.

Gordon fronça les sourcils. Il avait déjà entendu ce nom... Ford... Ford... Cette syllabe ne lui était pas tout à fait inconnue...

– Ford... ? Des autos Ford ?

– Non, monsieur, miss Diane Ford, d'Australie.

Sa cousine ! Mr Selsbury sourit aimablement. L'instinct de l'hospitalité n'était pas entièrement atrophié en lui. D'ailleurs, les Selsbury appartenaient tous à une race courtoise.

– Voulez-vous dire à miss Ford que je suis rentré et que je serais heureux de la voir dans mon bureau ?

La face de Trenter se rembrunit.

– Elle *est* dans le bureau, expliqua-t-il d'un ton presque suppliant... Je lui avais dit que, lorsque vous n'êtes pas là, personne ne pénètre dans votre studio et que j'en tiens soigneusement les portes fermées, mais...

Gordon était pris au dépourvu. Il est assez déconcertant, à vrai dire, de constater que votre hôte s'est déjà approprié comme un droit l'hospitalité que vous vous proposiez de lui offrir !...

– Tiens, tiens ! s'exclama-t-il, souriant... Je vais voir Miss Ford, Trenter.

Il frappa à la porte du studio et une voix l'invita à entrer.

– Je suis heureux de faire votre connaissance, cousine Diane, dit-il en regardant autour de lui.

Son confortable fauteuil favori lui tournait le dos, et Gordon vit s'agiter au-dessus du dossier une jolie main blanche.

– Entrez Gordon... Je suis sûre que c'est vous !

Elle se retourna d'un bond et le regarda en plein dans les yeux. Pour être plus à l'aise, elle avait enlevé ses souliers. Debout sur ses bas de soie, elle paraissait toute petite, toute menue.

Gordon eut l'impression de voir devant lui une chatte mignonne.

« Amusante aventure », pensa-t-il.

– Eh bien, jeune fille, l'apostropha-t-il paternellement, vous êtes arrivée ! Je ne me doutais pas que je ferais un jour votre connaissance. Avez-vous fait un bon voyage ?

– Êtes-vous marié ? lui demanda-t-elle à brûle-pourpoint.

– Non, je ne suis pas marié. Je suis un célibataire endurci.

– Ah !

Elle lâcha un soupir de soulagement.

– Je craignais beaucoup cette « complication »... À propos, vous ne m'avez pas embrassée...

Gordon ne se rendait pas du tout compte qu'il avait négligé d'embrasser sa cousine, pas plus qu'il ne lui semblait avoir oublié de lui jeter à la tête le livre qu'il avait sous le bras. Mais les Selsbury sont des gens polis. Il se pencha sur elle et de ses lèvres toucha sa joue.

– Asseyez-vous ma chère – vous prendrez une tasse de thé, n'est-ce pas ? Je suis horriblement fâché de vous avoir fait attendre... Où logez-vous ?

Elle lui lança un regard de côté.

– Ici.

Pendant l'espace d'une seconde, son visage exprima l'incompréhension la plus candide.

– Je me suis peut-être mal exprimé. Je veux dire : à quel hôtel êtes-vous descendue ? Où dormirez-vous, cette nuit ?

– Ici, répéta Diane.

Gordon ne perdait jamais la tête, même aux moments les plus critiques. Un jour, alors que la malle Ostende-Douvres était en train de sombrer, il se trouvait sur le pont, flegmatiquement occupé à discuter au sujet de la théorie atomique avec un répétiteur de Cambridge. Deux fois, des cambrioleurs avaient pénétré dans sa maison et maintes fois, au cours de banquets, il avait dû prononcer des discours.

On ne peut donc pas dire que le danger lui était inconnu.

– Vous voulez dire que vous venez habiter ici pendant quelque temps, avec moi ? Je serais enchanté, mais, voyez-vous, ce logis est malheureusement celui d'un célibataire. Il n'y a aucune femme dans la maison en dehors du personnel domestique féminin.

Il parlait avec amabilité. Son raisonnement se déroulait logique et froid. Son attitude, tandis qu'il lui exposait ses arguments, était correcte et distinguée.

– Vous avez besoin d'une femme dans cette maison. Il était temps que j'arrive ! répliqua-t-elle très maîtresse d'elle-même.

Il étouffa un soupir. Mon dieu, que les choses peuvent se compliquer dans la vie ! Un autre que lui aurait bondi, sacré, tempêté, se serait mis en colère, aurait tenu des propos désagréables ou accompli des actes blessants.

– Je serais heureux de vous avoir ici pendant quelques jours, sourit-il, téléphonez vite à votre chaperon. Dites-lui de faire porter ses malles ici sans tarder...

Calmement, Diane remettait ses souliers.

– J'ai admiré vos rames, dit-elle, vous nagiez au numéro 6, n'est-ce pas ? Et vous avez gagné ? Comme c'est splendide !

– Oui, oui, oui...

Gordon n'était pas fier de ses prouesses athlétiques d'antan.

– Voulez-vous que je téléphone moi-même ?

– À qui ? demanda-t-elle de l'air le plus innocent du monde.

– À votre chaperon... À la dame qui vous accompagne dans vos voyages.

– Ne faites pas l'idiot...

Il se raidit, puis s'amollit à nouveau. Ses traits pâlirent.

– Je voyage seule, aussi seule qu'on puisse l'être en compagnie de cent cinquante compagnons de voyage qui, sur le pont, s'amusent follement à toutes sortes de jeux. Une dame intellectuelle, sur un bateau, ne peut avoir rien de commun avec des passagers qui passent leur temps à pousser des disques sur des carrés...

Une chaise se trouvait à proximité de Gordon. Il s'assit. Des hommes de sa trempe ne perdent pas facilement leur sang-froid, même dans les situations les plus embrouillées. Leur personnalité et leur volonté viennent à bout de tous les obstacles.

– Écoutez, dit-il, je vais vous parler en bon père, en bon oncle et en bon cousin.

Le sourire qui se jouait sur sa face était contraint, sévère et bienveillant à la fois.

– Vous êtes une jeune fille, et il faut qu'on vous explique que vous ne pouvez décemment rester ici, en tant qu'hôtesse d'un jeune célibataire.

Debout, les mains derrière le dos, elle l'écoutait parler, nullement impressionnée.

– Et moi, j'ai à vous dire ceci, Gordon Selsbury : non seulement, je *puis* demeurer ici, mais je *vais* demeurer ici ! Est-ce ma faute, à moi, si vous êtes célibataire ? Vous devriez être marié. C'est insensé, vivre tout seul dans une grande maison ! Je suis venue habiter ici et c'est moi qui vais diriger votre ménage. Il faudra me donner une liste des plats que vous aimez pour votre déjeuner. Moi, j'adore les pamplemousses avec une fine tranche de bacon. Je ne dédaigne pas les rognons « à la chef »... Aimez-vous les gaufres ? J'en raffole ! Nous avions une cuisinière japonaise qui les réussissait à la perfection. Des tomates, c'est également délicieux pour le déjeuner, mais il faut...

– Diane, l'interrompit-il avec gravité, vous me désolez. Vous savez bien que vous ne pouvez demeurer ici. Ma chère enfant, je dois veiller sur votre réputation. Plus tard, vous vous rendrez compte de l'imprudence que vous voulez commettre à présent. Écoutez, je vais téléphoner à l'*Hôtel Claridge* pour demander qu'on vous retienne une belle chambre...

Il se leva à demi. Les mains blanches se posèrent sur ses épaules et il retomba assis. Elle était robuste, la petite orpheline !

– Ne faisons pas de scandale, fit-elle avec fermeté. Il n'y a pour vous qu'un seul moyen de me faire sortir de la maison, c'est d'appeler un policeman. Au surplus, un seul policeman serait plutôt impuissant, car dans ma sacoche, j'ai un ravissant petit browning... Je n'hésiterais pas à m'en servir.

Il la contempla avec horreur. Elle lui rendit son regard, candidement, sans reproche. Elle avait la volonté de rester. En elle, Gordon découvrit une variante d'un principe nietzschéen...

– Il ne me reste qu'une seule chose à faire, Diane.

Sa voix était grave et solennelle. On eût dit qu'il allait entonner en mineur un hymne grégorien.

– Je vais quitter ma propre maison. Je vous cède la place. Je vais aller habiter l'hôtel le plus proche.

– Vous n'en ferez rien, dit-elle. Si vous osez partir d'ici, je mettrai des annonces dans tous les journaux : *Disparu depuis vendredi, Mr Gordon Selsbury. Grand. Blond. Teint frais. Présentant bien.*

Gordon humecta ses lèvres sèches. La vie était bête, mais rien dans la vie ne paraissait aussi idiot à Gordon que la presse populaire. La seule fois qu'il avait eu un cauchemar, c'était lorsqu'il avait rêvé qu'il avait assassiné une danseuse. Le juge lui infligea la peine la plus hideuse au monde : écrire le récit du crime pour un journal policier !

– Vous changerez peut-être bientôt d'avis, fit-il d'une voix faible. Je suis certain que, lorsque vous vous serez rendu compte de ce que vous faites, vous...

Elle s'assit devant son magnifique bureau, prit une plume et arrachant une feuille d'un bloc-notes demanda, délicieusement innocente :

– Maintenant, dites-moi ce que vous désirez pour votre déjeuner... Du saumon fumé ? Une tranche de bacon ? Du poisson ? Le poisson est excellent pour le cerveau... Ça ne vous fait rien que je vous appelle « Gord » tout court ?...

4

Diane s'installe

Le lendemain, à son retour d'une exploration des grands magasins, Diane trouva au salon une dame maigre et entre deux âges qui la salua d'un sourire plein de déférence. Elle représentait complètement le type de duègne sévère de l'époque puritaine de la reine Victoria, et Diane la regarda obstinément, car elle ne portait pas de chapeau et sur ses genoux reposaient un tricot commencé et trois longues aiguilles d'acier.

– Bonjour ! Vous êtes miss Ford, n'est-ce pas, ma chère ? Je suis miss Staffle. J'espère que nous allons devenir de bonnes amies.

– Je l'espère, répondit Diane. Nous serons de bonnes amies lorsque je comprendrai. Vous êtes une invitée ?

Cric ! Cric ! Crac ! faisaient les aiguilles, allant et venant rapidement, de maille à maille. Diane regarda ce spectacle avec colère. Elle était la seule femme au monde qui n'eût jamais tricoté un jumper.

– Hum... c'est-à-dire oui. Mr Selsbury s'est dit que vous deviez vous sentir seule. Cela ne vaut rien d'être trop seule. On se fait du mauvais sang...

– Je m'en fais en ce moment, répliqua Diane, incisive. Dois-je présumer que vous avez été engagée en qualité de chaperon ?

– En qualité de compagne, rectifia doucement miss Staffle.

Diane ouvrit un petit portefeuille.

– Votre salaire a été fixé à combien ?

D'une voix indistincte, miss Staffle répondit à la question.

– Voici deux mois de salaire, dit Diane, j'ai décidé de ne pas avoir recours à une gouvernante.

Elle agita la sonnette. Les aiguilles du tricot cessèrent d'aller et de venir.

– Eleanor, dit Diane à l'élégante chambrière, miss Staffle quitte cette maison tout de suite. Je crois même qu'elle n'attendra pas l'heure du thé. Voulez-vous faire descendre ses bagages et dire à Trenter d'appeler un taxi ?

– Mais, ma chère, protesta miss Staffle d'une voix acidulée... c'est Mr Selsbury qui m'a engagée et je crains que...

– Mr Selsbury non plus n'a pas besoin de chaperon, fit Diane. Maintenant, mon ange, êtes-vous décidée à me causer des ennuis ou à faire comme un charmant chérubin, vous envoler ? ...

Gordon revint à la maison. Il s'était préparé à l'orage et s'était composé un visage de pierre devant lequel larmes ou reproches seraient vains. Il trouva Diane essayant un nouveau disque sur un appareil Grafanola flambant neuf. Les épaules et les pieds de la jeune fille scandaient le rythme de « I ain't nobody's darling ». Gordon détestait les gramophones. Mais à ce moment, un autre objet requérait son attention. Nulle part, il n'apercevait de trace de cette excellente miss Staffle.

– Personne n'est venu ? demanda-t-il distraitement.

Elle s'arrêta de siffler.

– Personne. Ah si ! Comme c'est amusant ! Une vieille dame s'est présentée, croyant que j'avais besoin d'une gouvernante.

– Où est-elle ?

Le cœur de Gordon sombra.

– Je n'ai pas pris son adresse... Je ne supposais pas que vous auriez eu recours à ses services.

– Vous l'avez renvoyée ?

Diane fit un signe affirmatif :

– Oui, son tricot m'épouvantait.

Puis, brusquement, comme si un horizon nouveau se révélait à son esprit...

– Quoi ?... Ce jumper, c'était pour vous ?

– Vous avez... hum... renvoyé... hum.. quelqu'un que j'avais pris à mon service, dans ma maison ? questionna sévèrement Selsbury... Vraiment, Diane, vous allez un peu fort ! Éclaircissons la situation, ma chère.

Diane retourna le disque.

– Le thé sera servi dans dix minutes, dit-elle... Gordon, vos souliers sont boueux, allez changer de chaussures !

Les joues de Selsbury rougirent. Le levain de la révolte gonfla tout à coup en lui.

– Je n'en ferai rien ! s'exclama-t-il hargneux, je n'entends pas recevoir d'ordre dans ma propre maison ! Diane, vous allez trop loin. Cette situation doit cesser sur l'heure.

Il abattit sa main sur le dossier du fauteuil. Une résolution inébranlable se lisait dans ses yeux.

– Un de nous deux doit quitter cette maison ce soir, dit-il, j'en ai assez. Déjà la valetaille jase. Ce matin, lorsque vous êtes descendue pour le déjeuner dans un négligé plus que négligé, j'ai aperçu un sourire équivoque sur la face de Trenter. J'ai une situation à maintenir, une réputation à sauvegarder. Je possède un nom à la City. Je dois mettre mes intérêts à l'abri de votre inconscience et de votre imprévoyance de vilaine gamine !

– Quelle façon de parler à une dame ! s'exclama-t-elle d'un ton de reproche.

– Je ne veux pas discuter plus longtemps avec vous et je ne permettrai pas que vous tourniez cette situation en plaisanterie.

Je vous répète qu'un de nous deux doit quitter Cheynel Gardens !

Elle réfléchit un instant, puis sortit de la pièce. Gordon l'entendit qui téléphonait et un sourire flotta sur ses traits. Un peu de fermeté, il avait donc suffi de cela !

– Allô ! Allô ! Je suis bien au *Morning Telegram* ? C'est miss Diane Ford qui est à l'appareil. Voulez-vous envoyer un reporter au n° 61, Cheynel Gardens...

Mais déjà Gordon avait bondi et d'une main furieuse, il couvrait l'embouchure de l'appareil.

– Que faites-vous ? questionna-t-il rageusement.

Elle haussa les épaules.

– La vie sans vous serait impossible, Gordon, dit-elle, la voix brisée. Vous êtes le seul parent que j'aie au monde... Si vous me mettez à la porte, il n'y a plus qu'un but pour moi... le fleuve...

– Vous êtes folle ! gémit-il.

– J'espère que, lorsqu'on trouvera mon cadavre, le coroner comprendra... Laissez-moi faire, Gordon, je préviens les journalistes... On m'appelle.

De toutes ses forces, il l'arracha de l'appareil et prit le cornet.

– Ne vous dérangez pas, dit-il au *Morning Telegram*, n'envoyez personne... Elle va très bien... Elle n'est pas morte... Je veux dire qu'il ne s'agit pas d'un suicide...

Hors d'haleine, il revint au bureau.

– Votre conduite est abominable ! N'êtes-vous pas honteuse ? Je comprends maintenant pourquoi ce misérable Dempsi s'est enfui loin de vous et pourquoi il a préféré périr dans la brousse plutôt que de demeurer davantage auprès d'une mégère de votre espèce !

Les Selsbury étaient gens courtois, mais il y a une limite à tout. Gordon fut cruel, méchant ; les mots qu'il prononça, il les savait blessants avant qu'ils sortissent de sa bouche.

Il regretta aussitôt son explosion de colère.

– Excusez-moi ! marmotta-t-il.

Le visage impénétrable de Diane ne décelait rien de ses pensées.

– Je regrette beaucoup. Je n'aurais pas dû dire tout cela ! Pardonnez-moi, je vous en prie.

Elle demeura muette. Ses yeux immobiles reflétaient une sourde tragédie.

Subrepticement, Gordon se glissa hors de la pièce.

Alors, elle dit tout haut, d'un ton très naturel :

– Comme c'est ridicule d'avoir fait placer le téléphone dans le bureau ! Demain, j'écrirai à l'administration pour faire changer ça !

Le dîner fut morne. Gordon sortait ce soir-là.

– Je vais au théâtre avec un ami.

– Voilà des années que je ne suis allée au théâtre, soupira-t-elle.

– La pièce que je vais voir ne vous intéresserait pas. C'est du théâtre russe à inspiration sociologique.

À nouveau, elle soupira.

– J'adore le théâtre russe. Les personnages ont une manière si douce de mourir ! C'est mieux que dans l'opérette où l'on ne sait jamais qui est le vrai héros.

Gordon frissonna.

– Cette pièce n'est pas pour les jeunes filles, fit-il gentiment.

Elle le regarda d'un air nullement convaincu.

– Si vous teniez beaucoup à ce que je vous accompagne, je pourrais être habillée en cinq minutes, suggéra-t-elle, car, au fond, je me demande à quoi je pourrais bien passer ma soirée.

– Pensez à établir le menu du déjeuner de demain, dit-il amèrement.

Et il partit.

Lorsqu'elle fut seule, elle partagea le temps entre ses pensées et le nouveau gramophone. Parfois, elle songeait à Mr Dempsi, et non sans un certain malaise. Non pas qu'elle eût aimé Michael Dempsi qui avait fait irruption dans sa vie comme un tremblement de terre dans la propriété d'un fermier californien. Il avait été pour elle un gros ennui. À présent, il était presque oublié. Elle devait faire un effort pour se rappeler sa silhouette en fil de fer, sa volubilité et sa légèreté. Elle se souvenait qu'il s'était jeté à ses pieds, qu'il l'avait menacée de la tuer, qu'il l'adorait et que pour elle, il était prêt à abandonner sa carrière ecclésiastique... Puis, par une chaude matinée, un vendredi (les roses du jardin étaient plantureuses et riches d'odeur), il avait déposé à ses pieds toute sa fortune et, les yeux remplis de larmes, il avait pris congé d'elle pour s'enfoncer dans la brousse et n'en plus revenir. La brousse se trouvait à plus de cent kilomètres. Il s'y rendit, selon sa propre expression « pour terminer une existence qui n'avait que trop duré et pour trouver l'oubli dans le grand néant». Il semblait avoir tenu parole, car jamais le désert ne l'avait rendu. Elle ne le pleurait pas. Si parfois elle évoquait son souvenir c'est parce qu'elle conservait soigneusement empaquetées les 8 000 livres sterling qu'il avait déposées à ses pieds lorsqu'il était parti...

À sa tante, elle n'avait pas conté cet épisode tragi-comique des 8 000 livres jetées à ses pieds. Et, à présent, Diane était ennuyée. Elle avait une horreur sacro-sainte des dettes. La sensation qu'elle détenait de l'argent qui ne lui appartenait pas la tenait éveillée, la nuit. Sous aucun prétexte, elle n'aurait pu prendre un penny à qui que ce fût. Un jour, à la ferme, les tondeurs de moutons étaient venus. Elle les avait payés, mais ils l'avaient priée de conserver leur argent du samedi au lundi. Elle avait accepté avec répugnance et veillé pendant les deux nuits, assise dans un fauteuil, un revolver sur les genoux.

Diane déposa les 8 000 livres à sa banque et, pendant tout un mois, elle fit des projets de monuments à élever à la mémoire de Dempsi. Dans les pages roses du dictionnaire, au chapitre « Locutions étrangères » elle avait découvert une épitaphe singulièrement appropriée au cas qui la préoccupait :

« SATIS ELOQUENTIAE SAPIENTIAE PARUM. »

« Il avait beaucoup d'éloquence, mais peu de raison. »

Les années passèrent, augmentant son malaise. Elle fit des recherches afin de découvrir des parents du disparu. Puis, lentement, Dempsi s'estompa à l'arrière-plan de ses soucis. Un trappeur romanesque lui fit la cour. L'affaire se termina brusquement par l'arrivée peu romanesque de l'épouse du trappeur qui emporta son époux volage dans une auto de soixante chevaux...

Pendant cinq minutes exactement, Diane pensa à Dempsi. Durant le reste de la soirée, elle répéta un nouveau pas de valse, très séduisant.

– Ce que je ne comprends pas, disait Trenter à l'office, c'est que le patron permette ces choses-là. C'est tout à fait indécent pour une jeune fille d'habiter la maison d'un célibataire. Cela me rappelle une histoire que le vieux Superbus me conta un jour – c'est un huissier et il en a déjà vu de drôles dans l'existence...

– Même si on m'offrait un million, je ne voudrais pas d'un huissier comme ami, interrompit sèchement Eleanor dont la jeunesse auprès de parents continuellement endettés avait conservé le souvenir le plus mauvais des huissiers et de leurs exploits, au propre et au figuré. J'aimerais mieux un cambrioleur. Ne vous en faites pas au sujet de notre Diane, Arthur. Personnellement, je ne suis pas fâchée qu'elle soit arrivée... Et moi, est-ce que je n'habite pas la maison d'un célibataire ?... N'ai-je pas cependant aussi ma moralité ? Et la cuisinière qui est ici depuis un an au service d'un homme non marié ?

– C'est différent, hasarda Trenter.

– Alors ?

– La maison n'est plus ce qu'elle était.

La mélancolie de Trenter, en prononçant ces mots trouvait son origine dans des motifs obscurs.

Gordon, qui était un garçon pourtant fort méticuleux, ne comptait jamais ses cigares. Diane au contraire savait combien il en restait dans chaque boîte et elle avait l'œil à tout.

N'avait-elle pas remarqué d'un air sarcastique devant Trenter, hier, que les souris de Cheynel Gardens devaient avoir des goûts bien singuliers pour préférer les Flor Puros au fromage de Hollande ?

– En vérité, je vous le dis, un grand changement s'opère dans cette maison. Je le sens dans mes os... Ne riez pas. Déjà, lorsque j'étais petit j'avais le don de double vue...

– Vous devriez porter des lunettes ! dit Eleanor.

5

Mr Julius Superbus, détective

Par un bel après-midi d'arrière-été, Héloïse Van Oynne contemplait la rivière étincelante de soleil. Elle était rêveuse.

– Parlez-moi encore de Diane, je vous prie... Elle doit être fascinante, cette jeune fille !

Son compagnon esquissa un vague geste d'embarras. Il avait déjà trop parlé de sa cousine, et il regrettait sa loquacité.

– Ma foi, vous en savez autant que moi. D'ailleurs, j'espère... qu'un jour... vous finirez par la rencontrer...

Héloïse, fine et réceptive comme le sont toutes les femmes,

perçut la réticence à peine masquée sous les paroles de Gordon.

Elle était attirante, cette Héloïse (Diane, elle, aurait dit « épatante »), élancée et pleine d'esprit. Ses yeux noirs et profonds celaient du mystère, un mystère décevant, fuyant, qui parfois faisait courir dans la chair de Selsbury un frisson délicieux.

Et pourtant Gordon n'était pas amoureux. Il était du reste assez ininflammable. Il s'imaginait, à tort et à raison, que lui aussi possédait un charme puissant et secret. Un jour une femme avait dit de lui qu'il ressemblait à un sphynx et cette comparaison lui était restée dans la tête.

Ah ! si Diane avait été plus âgée, si elle n'avait pas été sa cousine, si elle ne s'était pas installée de force chez lui, si elle n'avait pas défié les conventions, si elle ne s'était pas montrée si infernalement sarcastique, si imbue de sa volonté, il aurait peut-être éprouvé pour elle, un sentiment qui, que...

À propos de Diane, il se rappela brusquement, en consultant sa montre, qu'il lui avait promis d'être chez lui pour le dîner. Héloïse vit un nuage passer sur son visage et sourit intérieurement.

– Cette aventure qu'elle a eue, c'était sérieux, Gordon ? demanda-t-elle aimablement.

Gordon toussa. À chacun de leurs rendez-vous, sa partenaire de joutes philosophiques lui parlait de l'« aventure » de Diane. L'insistance d'Héloïse le tracassait. C'était logique pour les femmes ordinaires, ces questions ironiques, mais Héloïse était bien trop au-dessus de cela.

Heureusement, une brusque question de sa compagne amena un nouveau sujet de conversation :

– Gordon, qui est donc cet homme ?

Le skiff, qui, deux fois déjà, était passé devant la terrasse de l'hôtel où ils prenaient le thé, fendait à nouveau l'eau de la rivière à quelques mètres d'eux. Une nouvelle fois, le rameur, gros homme à face rouge, inspecta le couple avec curiosité.

– Je l'ignore. Est-ce que nous partons ?

Elle ne fit aucun mouvement pour se lever.

– Quand vous reverrai-je, Gordon ? La vie est si vide et si triste sans vous. Diane vous monopolise-t-elle donc déjà si entièrement ? Les gens ne nous comprendraient pas, n'est-ce pas, mon cher... Je ne vous aime pas et vous ne n'aimez pas. Si un jour, vous découvriez que vous m'aimez, vous ne me reverriez plus jamais...

Doucement, elle rit.

– Ce sont nos âmes, simplement, qui se comprennent.

Sa voix chantait, très grave :

– Entre nous coule la claire rivière de l'entendement qui de nos deux esprits en fait un seul. Cela, l'amour pas plus que le mariage ne le procure...

– Oui, c'est merveilleux, approuva-t-il, les personnes les plus extraordinaires ne se rendraient pas compte...

– Je languis après Le Jour qui doit venir, dit-elle en contemplant songeusement la rivière... peut-être ne viendra-t-il jamais ce Jour de mes Rêves...

Gordon Selsbury avait aussi l'impression que le Jour dont parlait Héloïse ne viendrait jamais. Pendant tout l'après-midi, il avait attendu l'occasion favorable pour exprimer ses pensées.

– Héloïse, j'ai longuement réfléchi à ce projet d'excursion à Ostende. Naturellement, ce serait délicieux de passer toute une journée à deux, de vivre, sinon sous le même toit, du moins dans la même atmosphère. Le contact permanent de nos intelligences me séduirait beaucoup. Mais... croyez-vous que ce soit sage ? Évidemment, je parle en me plaçant à votre point de vue, car le scandale qui déchire la femme n'effleure l'homme que très légèrement.

Elle tourna vers lui ses yeux brillants.

– Ils disent... Que disent-ils ? Laissez-les dire ! fit-elle d'un accent prophétique.

Il hocha la tête.

– Votre réputation m'est très précieuse, prononça-t-il non sans une teinte d'émotion dans la voix, très précieuse, Héloïse. Bien que la saison touche à sa fin et que la plupart des hôtels commencent à se vider, je crois que nous pourrions rencontrer à Ostende des gens qui nous connaissent et qui prendraient nos innocents divertissements intellectuels pour, hum, pour... C'est extrêmement dangereux.

Elle se leva, riant aux éclats.

– Je ne savais pas que vous étiez tellement esclave des conventions, mon cher Gordon. Vous avez raison. Notre projet était déraisonnable. N'en parlons plus.

Sans un mot, il paya la note et monta avec elle dans son auto. Lui aussi paraissait souffrir. Personne, jusqu'à présent, ne l'avait accusé d'être esclave de l'étiquette.

Lorsqu'ils furent à mi-chemin, devant le Parc de Richmond, il dit :

– Nous irons. C'est décidé. Je vous verrai comme convenu.

Silencieusement, elle lui serra le bras. Dans la pente de Rochampton Lane, elle murmura rêveusement :

– Il y a, dans notre amitié, quelque chose de si infini... C'est trop beau presque...

Lorsque Gordon rentra, il vit Diane qui, dans le bureau, lisait une revue. Elle jeta le magazine à terre et se leva, dérangeant le bel ordre qui régnait sur la table de travail de son cousin.

– Vous êtes en retard, Gord, terriblement en retard... Le dîner est prêt depuis longtemps.

Une expression peinée se répandit sur le visage de Mr Selsbury.

– J'aimerais beaucoup que vous ne m'appeliez pas « Gord », Diane, se plaignit-il gentiment, cela me fait l'effet d'une potence, une corde de pendu... gord... corde...

– Mais il vous va, ce nom ! s'exclama-t-elle en joignant les mains, vous ne vous doutez pas combien il vous va !

Gordon haussa les épaules :

– Peu me chaut...

– Où êtes-vous allé ? questionna-t-elle avec cette brusquerie qui lui était coutumière.

– J'ai été retenu...

– Pas à votre bureau, répliqua-t-elle promptement, car vous n'y êtes pas rentré depuis le déjeuner... Je le sais.

Mr Selsbury leva vers le plafond ses yeux pleins de détresse.

– J'ai été retenu par une affaire purement administrative ! daigna-t-il expliquer.

– Tiens ! tiens ! remarqua Diane, nullement impressionnée.

Rien ne faisait impression sur Diane. Selon sa propre expression, elle « avait passé l'âge où l'on se laisse influencer » !

Gordon, lui, en était arrivé à s'avouer secrètement qu'il trouvait sa cousine jolie. À certains égards, elle était même belle. Elle avait des yeux bleus, d'un bleu ineffable, mêlé de gris ; sa peau était semblable à du satin. Son port était harmonieux. Si elle avait été plus âgée ou plus jeune, si ses cheveux n'avaient pas été coupés court... si elle avait eu un peu plus de respect pour ceux qui le méritent, si, si, si... Les « si » se mêlaient et se confondaient dans l'esprit de Gordon.

Il marcha lentement vers la fenêtre comme s'il suivait un corbillard et regarda dans l'obscurité. Quel problème insoluble que cette Diane !

À ce moment, Trenter entra :

– Trenter !

– Oui, monsieur ?

Le valet s'approcha.

– Voyez-vous cet homme sur le trottoir d'en face ? Cet homme au teint rouge ?

C'était l'étranger du skiff. Gordon l'avait reconnu tout de suite.

– Cet homme, poursuivit Selsbury, je l'ai déjà aperçu aujourd'hui. Coïncidence vraiment étrange.

– Oui, monsieur, dit Trenter, c'est Mr Julius Superbus.

Gordon ouvrit une bouche étonnée :

– Julius Superbus ! Que voulez-vous dire ? Est-ce un ancien Romain ? Vous le connaissez ?

Trenter sourit avec suffisance.

– Oui, monsieur, Julius Superbus est son nom. Mr Superbus est un Romain, le dernier Romain demeuré en Angleterre. Il est natif de Caesaromagnus, un petit village non loin de Cambridge. C'est là que je l'ai connu autrefois alors que j'y étais en service.

Gordon fronça les sourcils. Par quel bizarre concours de circonstances avait-il vu deux fois ce quidam, une fois à Hampton à bord d'une embarcation et une deuxième fois à Cheynel Gardens où il semblait plongé dans la contemplation d'un réverbère ?

– Quelle est sa profession ?

– Détective, monsieur.

Gordon pâlit...

6

Le procédé de Double Dan

Souvent, trop souvent même, Gordon oubliait volontiers que le nom Héloïse Van Oynne était précédé du mot « Madame ». Lentement s'était formée en lui l'idée (car il était trop discret pour questionner son amie spirituelle) qu'Héloïse avait épousé un bonhomme dont le caractère et les mœurs étaient diamétralement opposés aux siens. Mr Van Oynne revêtait pour lui l'aspect d'un homme d'affaires gros et grossier, sans imagination, sans aspirations. D'un côté, l'indifférence idiote, ou la furie imbécile du mari ; de l'autre, la sensibilité douloureuse d'Héloïse, sa patience souffreteuse jusqu'au jour où elle rencontra cette âme sœur : Gordon...

À nouveau, il regarda par la fenêtre.

À gestes mesurés, Mr Julius Superbus versait le contenu d'une blague à tabac en peau de phoque dans une énorme pipe noire. C'était un de ces types d'hommes qui ne reculeraient devant rien pour parvenir à leurs fins.

Un détective !

Il se retourna avec désespoir vers Diane.

– Diane, cela ne vous ferait-il rien de me laisser seul ici pendant quelques instants ? Je désire voir quelqu'un.

Elle disparut par la porte la plus éloignée en agitant coquettement la main en signe d'au revoir.

– Faites-le entrer.

– Le faire entrer, monsieur ? répéta Trenter interloqué.

Gordon répéta l'ordre.

– Ce n'est pas un gentleman, tenta encore de dire le domestique.

En réalité, Mr Superbus était beaucoup moins qu'un gentleman. Trenter se dirigea vers le couloir, à moitié intrigué seulement par l'étrange décision de son patron, car il savait que Julius lui répéterait tantôt tout ce qu'allait lui dire Mr Selsbury.

Une pause, puis :

– Mr Superbus, monsieur.

Trenter se retira.

Rien dans l'apparence de Mr Superbus ne faisait penser à

la brillante civilisation romaine. Il était très petit et se dandinait en marchant. Il était si gras qu'il n'aurait pu se tenir sur un mètre carré de terrain lui appartenant sans empiéter sur la propriété d'autrui. Sa figure était rouge et large. Il avait une moustache noire en brosse, apparemment teinte, et, sur sa tête presque chauve, vingt-sept cheveux se séparaient en deux camps, treize à gauche et quatorze à droite. Souvent Mr Superbus s'amusait à les compter. Il attendit, respirant avec bruit et triturant son chapeau dans ses mains bleuies.

– Asseyez-vous, Mr Superbus, dit Gordon d'un ton embarrassé, Trenter me disait tantôt que vous avez l'avantage d'être romain.

Avant de s'asseoir, Mr Superbus se pencha en avant comme s'il voulait se rendre compte de la présence réelle et de la position correcte de ses pieds.

– En effet, Monsieur, répondit-il d'une voix chaude et grave, je crois être un vrai Romain. Nous, les Superbus, avons une généalogie remontant aux âges les plus reculés. À présent, nous ne sommes plus que quatre : il y a moi, puis mon frère Auguste qui a épousé une jeune fille de Coventry, il y a Agrippine qui est assez heureuse avec son troisième mari – celui-là au moins n'est pas un ivrogne, je le constate avec plaisir – et enfin, il y a Scipion qui est au théâtre.

– Vraiment ! s'exclama Mr Gordon, momentanément ébloui.

– Oui, il est au théâtre, répéta Mr Superbus avec une pointe d'orgueil. Il se conduit très bien. C'est le meilleur machiniste qu'ils aient, à la Gaieté. Ah ça ! nous appartenons à une très vieille famille, en vérité ! Je ne possède pas les papiers en faisant foi, mais un vieux gentleman de Cambridge m'a dit un jour que si justice m'était rendue, j'aurais le droit, comme aîné de faire partie de la Famille Royale Romaine...

Près de Caesaromagnus se trouve l'Université de Cambridge. De vieilles personnes de l'endroit racontent volontiers qu'il y a environ cent ans, des étudiants adoptèrent un simple d'esprit du village appelé Sooper et que, par dérision, ils prononcèrent son nom à la latine : Superbus. Le surnom était resté et s'était même transformé en nom de famille.

Mr Superbus, cependant, qui avait eu vent de ces racontars, les avait accueillis avec le mépris le plus profond.

– Notre origine ? Je l'ignore... Mais vous savez très bien

que, du temps des Romains, les empereurs contaient volontiers fleurette aux femmes des pays conquis...

Gordon n'accordait pas une très grande attention aux propos généalogiques de Mr Julius Superbus. Il coupa court.

– Hum, Mr Superbus, vous... Hum... vous occupez un emploi fort important, paraît-il ?... Vous êtes détective, il me semble... ?

Mr Superbus, discrètement, fit signe que Gordon ne se trompait pas.

– Ce doit être une existence bien intéressante ! s'exclama Gordon, surveiller des gens, comparaître devant le juge, témoigner, accuser...

– Jamais je ne vais au tribunal, interrompit Mr Superbus d'un ton qui ne semblait pas satisfait ; à vrai dire, mes occupations sont plutôt d'ordre commercial... et privé. Je ne suis appelé à témoigner que lorsque je m'occupe d'affaires importantes... Ainsi, pour le moment – il s'approcha tout près de Selsbury et se penchant contre son oreille, il murmura – je suis à la recherche de Double Dan...

Un poids énorme dégringola du cœur de Gordon. Après tout, Mr Superbus ne le filait pas pour le compte de Mr Van Oynne ! Ce dernier tenait sans doute, dieu merci, plus à ses chevaux et à ses meutes qu'à sa femme.

– Il me semble que je connais ce nom... Double Dan... N'est-ce pas celui qui prend l'apparence de certaines personnes pour commettre ses méfaits ?

– Vous avez deviné, monsieur ! Il est tellement adroit que... Ainsi, par exemple, l'affaire Mendelssohn...

À présent, Gordon se rappelait tout à fait.

– Ainsi, Mr Mendelssohn, poursuivit Julius... Croiriez-vous que quelqu'un pourrait se déguiser en Mr Mendelssohn et se faire passer pour lui ? Double Dan réussit ce tour de force et il escroqua ainsi plus de 8 000 livres. Son truc est simple. Il éloigne Mr Mendelssohn sous un prétexte quelconque, se rend à son bureau, signe un chèque et envoie un employé le toucher... Mr Mendelssohn, le vrai, en a été si dépité et si furieux qu'il est parti en villégiature et qu'on ne l'a pas encore revu en ville !

– Ah, je comprends ! fit Gordon, et vous agissez pour le compte de... ?

– De l'Association des Agents de Change et des Assureurs qui sont les principales victimes de Double Dan.

Gordon riait rarement. Mais, cette fois, un large sourire détendit ses traits :

– Et vous m'avez suivi pour me protéger, n'est-ce pas ?

– Pas tout à fait ! rétorqua Julius avec une réserve professionnelle. Mon but, en vous suivant, c'est de vous étudier, de vous observer, de façon à n'être pas roulé au cas où Double Dan essaierait de se faire passer pour vous.

– Voulez-vous un cigare ? demanda Gordon.

– Merci beaucoup, je le fumerai chez moi si vous n'y voyez aucun inconvénient. Ma brave femme adore l'odeur de cigare. Nous sommes mariés depuis plus de vingt-trois ans. Nulle part au monde, on ne trouverait meilleure épouse.

– Une Romaine ?

– Non, monsieur, rectifia Julius avec gravité, elle est née dans le Devonshire.

Lorsqu'une demi-heure plus tard Diane entra dans la pièce, elle vit Gordon debout, le dos au foyer, les mains derrière le dos, la tête penchée légèrement, statue vivante de la réflexion.

– Qui est ce drôle de gnome que j'ai vu sortir de la maison ?

– C'est un homme nommé Superbus, dit Gordon arraché brusquement à sa rêverie. Il se livre à une enquête. Il recherche quelqu'un qui a volé 8 000 livres sterling.

– Oh !

Diane lâcha un petit cri effrayé et s'assit. Le spectre de feu Mr Dempsi semblait être entré dans le bureau...

7

LES HÉSITATIONS DE GORDON

Bobbie Selsbury plut à Diane dès le premier instant où elle le vit. Il était, en plus petit, le portrait de son frère. Comme lui, il était brusque et sceptique. Comme lui, il adorait les opérettes trépidantes et les danses modernes. Il était fiancé à une jeune fille qui résidait au Canada et aucune autre femme ne semblait l'intéresser !

Il vint dîner deux fois, et à sa seconde visite, Gordon estima que son frère connaissait assez son hôtesse indésirable pour discuter ouvertement devant lui l'inopportunité d'un séjour prolongé de la jeune fille.

– Bobbie est ce qu'on appelle un homme du monde, dit Gordon.

Lorsqu'il proclamait les qualités de ses amis ou de ses parents, Gordon affectait la manière du président qui présente un conférencier inconnu au public.

– Mon enfant, continua-t-il, Bobbie est mieux que moi au courant des usages sociaux, car moi je suis un vieux bonhomme et vous avez mené jusqu'à présent une vie de claustration. Je crois que nous pouvons par conséquent, en toute assurance, confier à Bobbie le soin de résoudre le problème qui nous occupe. Bobbie, réponds-moi franchement : est-il convenable que Diane habite sans chaperon la même maison que moi ?

– Je ne vois vraiment pas pourquoi elle aurait besoin d'un chaperon avec un vieil épouvantail comme toi, répondit Bobbie sans hésiter. Au surplus vous êtes cousins. Elle a certainement fait de Cheynel Gardens ce qu'ils n'étaient pas avant : un lieu digne d'être visité.

– Mais le monde... protesta Gordon.

– Pas plus tard que l'autre jour, tu m'affirmais combien tu te sentais au-dessus du monde et de ses opinions, rétorqua ce traître de Bobbie. Tu me disais que les commentaires de tes semblables ne parvenaient pas à t'émouvoir. Tu disais qu'un homme doit avoir la force de se dresser contre l'opinion publique. Tu disais...

– Mes théories, l'interrompit Gordon d'un ton mordant, trouvent leur application générale dans certaines écoles de philosophie. Elles ne concernent pas, elles ne concerneront jamais les questions de maintien et de décence.

– Diane est ici, et tu peux t'estimer rudement privilégié d'avoir quelqu'un pour repriser tes chaussettes. Est-ce qu'il vous paie, Diane ?

Elle secoua la tête.

– Je subsiste grâce à mon petit capital, dit-elle plaintivement.

La discussion se termina là ce jour. La dernière phrase de Diane bourrelait Gordon de remords, et ce n'est que le lendemain qu'il aborda à nouveau la conversation.

– Je crains d'avoir parlé assez étourdiment, hier, s'excusa-t-il. Puis-je vous demander d'acheter ce dont vous avez besoin et aussi de me dire le montant des sommes qui vous seront nécessaires ?

Elle se renversa en arrière et rit doucement.

– Cher ange ! fit-elle, je n'ai pas besoin d'argent, mais pas du tout, je suis littéralement cousue d'or.

– Alors pourquoi avez-vous dit à Bobbie... ?

– J'aime qu'on m'entoure de sympathie, déclara-t-elle calmement, et personne n'est gentil envers moi, excepté Eleanor... Elle n'est pas mal Eleanor, n'est-ce pas ?

– Je n'ai jamais fait attention.

– Je le sais depuis que je sais que vous ne l'avez jamais embrassée.

Gordon mangeait du bacon à ce moment-là, c'est pourquoi aucune exclamation ne s'éleva de son gosier. En revanche, il se dressa en exhalant un grognement confus.

– Ne soyez pas alarmé, mon cher, je n'ai pas pour habitude de questionner les domestiques, mais une femme a un instinct qui la trompe rarement. Je vous excuse, Gordon, ajouta-t-elle en esquissant un geste large et plein de générosité.

– La façon dont vous envisagez la vie est réellement stupéfiante, dit-il lorsqu'il eut repris quelque calme. Qu'est-ce qui vous fait penser que j'aurais pu l'embrasser ?

– Sa joliesse, fit Diane. Tous les hommes normaux ont envie d'embrasser les jolies filles ! Si vous saviez combien il y en a qui ont essayé de m'embrasser !

Les sourcils de Gordon se levèrent jusqu'au milieu du front. Déjà il ne se révoltait plus, le pauvre. Il commençait à s'habituer aux énormités de la petite orpheline.

– Vous ne m'avez pas demandé si je leur ai permis de m'embrasser..., ajouta-t-elle après un court silence.

– Cela ne m'intéresse pas, fit-il d'une voix glaciale.

– Pas un tout-petit-petit-petit peu ?

Dans la voix de la jeune fille, une ombre d'angoisse pointait, mais cette fois il ne se laissa pas prendre au piège. Il savait déjà que c'était aux moments où Diane semblait la plus sérieuse qu'elle éclatait intérieurement de rire. Terrible jeune fille !

– Je n'ai vécu que deux romans d'amour, continua-t-elle sans prendre garde à la mine renfrognée de son cousin. Il y eut Dempsi, et puis il y eut Dingo.

– Qui était ce Dingo ?

Malgré toutes ses résolutions intérieures, Gordon s'était laissé prendre...

– Son vrai nom était Mr Théophile Shawn. C'était un homme marié qui avait cinq enfants.

– Bonté du ciel !

Gordon laissa tomber son couteau et sa fourchette sur son assiette.

– Il ne m'a jamais embrassée, expliqua-t-elle. Sa femme vint le quérir au moment où je commençais à aimer l'odeur des clous de girofle – il mangeait des clous de girofle, le pauvre. Ça fait pousser les cheveux, prétendait-il. Chaque fois qu'il était à court de clous, il sautait dans son auto et allait en acheter. Souvent, il filait ainsi dix fois par jour... Il était toute la journée avec ma chère tante qui l'avait rencontré pendant une conférence sur les taches du soleil. Ma tante ignorait d'ailleurs tout de sa femme jusqu'au jour où cette dernière vint le rechercher. C'était une femme délicieuse qui me remercia d'avoir pris soin de son époux. Elle me raconta qu'elle avait trouvé son mari très changé. Autrefois, il était toujours saoul et elle était ravie de le revoir débarrassé de sa vilaine passion. Moi, je pense que les femmes devraient bien connaître leurs maris avant de contracter mariage, ne trouvez-vous pas ?

Mr Selsbury soupira.

– Mon opinion est que vous débobinez un tas de sottises. Je voudrais bien savoir quel malheureux sera votre mari...

Elle sourit sans répondre. Assez de chocs pour aujourd'hui, pensa-t-elle.

Au moment où il se levait de table, elle se rappela soudain qu'elle devait lui poser une question :

– Gordon, cet homme qui est venu hier, cet homme au nom hébreu ?

– Romain. Vous voulez parler de Superbus.

Elle acquiesça de la tête.

– Qui l'intéressait ?

– Il était à la recherche d'un voleur, un escroc nommé... (Il leva les yeux au plafond pendant que sa mémoire travaillait.) Ah ! J'y suis ! Il s'appelle Double Dan ! C'est un malfaiteur de la pire espèce.

– Pas possible ? fit-elle, les yeux fixés sur la nappe. Vous partez, Gordon ? À quelle heure serez-vous de retour ?

– Lorsque mes affaires me le permettront, répliqua-t-il avec une urbanité extrême... Diane, vous rendez-vous bien compte que personne jamais, dans ma vie, ne m'a posé telle question ?

– Tiens... Je vous demande pourtant ça tous les jours.

– Personne, veux-je dire, excepté vous, naturellement. On ne m'a jamais demandé compte de mes allées et venues et je ne vois pas la raison que j'aurais de les détailler aujourd'hui...

– Je ne vous demande pas de rapports, je vous pose une simple question, dit la jeune fille, subitement triste. Voyez-vous, c'est à cause du dîner.

– Il se peut que je ne sois pas ici pour dîner, dit Gordon, cassant.

Et il partit à la City où l'attendaient ses affaires qui avaient tellement prospéré depuis quelque temps qu'il devait étudier une nouvelle forme de police d'assurance.

Pendant le lunch qu'il prit dans un restaurant non loin de son bureau, il passa ses pensées en revue. Pourquoi Héloïse n'avait-elle pas choisi un autre endroit qu'Ostende pour y excursionner ? Ostende... cela représentait le luxe, la vie légère et facile aux yeux des âmes pieuses et respectables. Au fait, pourquoi ne s'était-il pas montré un peu plus ferme envers Diane ? Pourquoi ne lui avait-il pas signifié, en termes plus énergiques, qu'il était absolument impossible qu'elle habitât Cheynel Gardens ?

En tolérant sa présence, n'avait-il pas attenté aux usages conventionnels ? Les « conventions ». Quel vilain mot ! Quel mot bourgeois !

N'empêche que ce projet d'Ostende, c'était de la folie, tout simplement. On le reconnaîtrait certainement, là-bas. On parlerait de lui. Sa réputation serait ruinée et celle de Mrs Van Oynne aussi. Des frissons brûlants et glacés le parcouraient tour à tour. Il ne se reconnaissait plus. Comment, il suffisait que Diane eût parlé incidemment de ses favoris pour qu'il songeât à les faire enlever alors que son coiffeur, depuis des années, le sollicitait en vain de se débarrasser de ces ornements extra-capillaires ! Héloïse aussi lui avait demandé pourquoi il tenait à ces côtelettes qui le rendaient plus vieux qu'il n'était en réalité. Ne lui ferait-il pas plaisir, à Héloïse, s'il paraissait devant elle, les favoris rasés ? Autre chose l'ennuyait, c'était qu'on ne va pas à Ostende comme on se rend à son bureau de la City, en redingote noire et en chapeau haut de forme. Que revêtir ce jour-là ? Son costume de sport... ? Il prit une autre résolution et entra chez son tailleur en retournant à la maison. Le tailleur écouta avec beaucoup d'attention.

– Si vous allez à l'étranger, je vous conseille deux costumes en tweed. Les carreaux gris sont très à la mode, un carreau rayé imperceptiblement de rouge... Lord Furnisham m'en a commandé un pareil le mois passé et lord Furnisham est un homme aux goûts très raffinés... Et puis, ce n'est pas le premier venu... Un grand ami de l'archevêque...

Gordon examina les échantillons et fut épouvanté par leur coloris éclatant. Jamais, auparavant, il n'aurait imaginé qu'il s'habillerait un jour de gris. Et pourtant, en gris... personne ne le reconnaîtrait puisqu'il n'avait jamais porté que des costumes noir ou bleu foncé.

– Vous ne trouvez pas ce carreau gris à fil rouge un peu... ostentatoire ?

– Mes clients ne sont pas de votre avis, dit le tailleur avec autorité.

– Très bien, alors.

Gordon se décida à commander le costume.

Mentalement, il dressa le plan du voyage à Ostende. Héloïse logerait au *Majestic* et lui au *Splendid*, non loin de là. Tous les matins, ils se rencontreraient pour déjeuner dans un petit restaurant de la Place d'Armes. Ils consacreraient une journée à la visite de Bruges. Peut-être parcourraient-ils aussi le littoral ? Et puis, il y aurait des livres à feuilleter, des conférences philosophiques à écouter. À Mariakerke précisément s'était établi un Platon belge qui y exposait à ses fidèles les lois d'une nouvelle éthique. Avec Héloïse il irait l'entendre dire ce qu'il pensait du Bien et du Mal.

Dans ce voyage, une chose ennuyait Gordon extrêmement. C'est qu'il fallait trouver à Londres, un tiers à mettre dans la confidence afin que lui, Gordon, soit averti immédiatement si quelque chose d'inattendu, désastre, catastrophe ou accident survenait. Mais qui ?... Pas Diane, évidemment. L'employé de Gordon ? Rien qu'à l'idée de confier à un subalterne le secret de sa fugue, Gordon se sentit brûler de honte. Restait Bobbie.

Robert G. Selsbury avait un bureau à Mark Lane, où de 10 heures du matin à 4 heures de l'après-midi, il achetait et vendait du thé, du café et du sucre en réalisant des bénéfices coquets. Une seule fois, Gordon était allé le voir à son bureau qu'il avait trouvé étouffant et empestant les épices. Son bureau à lui, dans la Queen Victoria Street, était sévère, inodore, noble et chaste ! Tout au plus y flairait-on par moments, un imperceptible parfum de lavande, car, ennemi déclaré des microbes, Gordon s'était laissé conter par des médecins que la lavande des plaines de Mitcham tuait tous les bacilles, bactéries et autres germes nocifs.

Chaque fois que Bobbie allait voir son frère à Victoria Street, il lui semblait qu'il aurait dû circuler en pantoufles dans la calme retraite de Gordon.

Le principal actionnaire de R. G. Selsbury examinait un échantillon de thé de Chine, lorsque Gordon Selsbury fut annoncé.

– Mr Gordon ? demanda Bobbie, incrédule.

– Oui, monsieur, répéta la jeune fille.

– Faites-le avancer à l'ordre, fit le jeune homme de bonne humeur.

Gordon entra, statue vivante de la dignité.

– Qu'y a-t-il ? demanda Bobbie.

Gordon choisit un siège avec beaucoup de soin, s'assit, déposa son chapeau de soie sur la table, puis plia ses gants minutieusement.

– Robert, je suis dans l'embarras. Je désire que tu m'aides.

– Il ne peut s'agir d'argent. C'est une histoire d'amour. Dis-moi son nom.

– Ce n'est ni amour, ni argent, répliqua Gordon assez acidement, c'est... hum... une affaire très délicate.

Bobbie se mit à siffler d'un air indifférent.

– Je vais tout te dire.

Gordon se livrait à lui-même une lutte désespérée. Une envie terrible le tenaillait d'inventer une excuse, d'empoigner son chapeau, ses gants et de battre hâtivement en retraite.

– Il s'agit de Diane ?

– Non, il ne s'agit pas de Diane, fit Gordon sèchement, Diane n'a rien à voir dans cette histoire. Voici de quoi il est question, mon vieux...

Ce « mon vieux » rassura Bobbie. Son frère semblait redevenu normal. Sans montrer de signe de lassitude, il écouta l'histoire la plus insipide qu'il eût jamais entendue.

– Qui est cette Mrs Van Oynne ? demanda-t-il enfin.

– C'est... c'est... non, je préfère ne rien dire. Je l'ai rencontrée un jour à un débat organisé par la Société Théosophique. Elle est... étonnante.

– C'est ce qu'il me semble, fit froidement Bobbie... J'espère que tu n'iras pas à Ostende, n'est-ce pas ?

Il fallut à Gordon une fameuse dose d'assurance pour répliquer :

– Au contraire. J'irai. J'ai besoin de changer d'air. J'ai besoin d'un peu de récréation intellectuelle.

– Mais pourquoi aller à Ostende pour parler philosophie et psychologie ? Battersea Park n'existe donc plus ? Ceci est vraiment la plus grande invention de fou que j'aie jamais entendue. Tu sais que si tu es reconnu à Ostende, c'en est fini de ton nom, de ton honneur et de ton crédit ? Je suppose que tu me dis la vérité, que tu n'es pas venu me raconter des balivernes. Si un autre m'avait débobiné cette histoire, je serais sceptique... À propos, as-tu pensé à Diane ?

Question étrange. Gordon fut démonté.

– Je ne vois pas ce que Diane a à voir ici...

– C'est une personne qui habite ta maison, fit Bobbie très sérieusement, ton déshonneur éventuel serait aussi le sien.

– Mais elle peut partir ! Elle peut quitter cette maison ! Comme je voudrais qu'elle s'en aille ! Enfin, Bobbie, tu ne crois quand même pas que je vais permettre à Diane de s'interposer entre moi et mes projets ? Cette orpheline, je la déteste par moments ! Je te le demande une fois pour toutes : veux-tu ou non m'aider ?

L'ultimatum était lancé. Bobbie choisit la paix.

– J'espère que je n'aurai pas trop à télégraphier, dit-il, d'ailleurs, il ne se produira rien pendant ton absence. Que vas-tu dire à Diane ?

Mr Selsbury ferma les yeux avec lassitude.

– Est-ce nécessaire que j'avertisse Diane ? Tu sais, je ne suis pas un bon menteur, moi. Tu ne pourrais pas trouver une histoire ?

Bobbie renifla.

– Je te remercie du compliment. Pourquoi ne lui dis-tu pas que tu vas à la chasse en Écosse ?

– Je déteste le subterfuge, grimaça Gordon. Au surplus, quand la chasse s'est-elle ouverte ?

– Il n'y a pas longtemps. Va en Écosse. C'est loin. Mais personne ne te reconnaîtra car tu ne seras pas par là !

Gordon crut son frère atteint d'amnésie partielle...

Puis il crut comprendre.

– Je répugne à inventer des histoires... Et puis, pourquoi dois-je rendre compte de mes déplacements ?

Diane ! Gordon était loin de supposer qu'elle aurait été un grave ennui pour lui. C'est l'esprit plein de mauvaises pensées qu'il retourna à Cheynel Gardens ce soir-là.

Un télégramme l'attendait à la maison. Son agent de New York l'avisait de ce que Mr Tilmet viendrait le voir vendredi. C'en était fait, du moins momentanément, du voyage à Ostende. L'agent new-yorkais de Gordon avait acheté, pour son compte, la maison d'assurances Tilmet & Voight, et Mr Tilmet avait exprimé le désir d'être payé – 50 000 dollars – lors de son passage à Londres, pendant un voyage en Europe. Les documents de vente étaient arrivés le matin et tout était en ordre. C'est pour régler les comptes que Mr Tilmet annonçait sa visite.

Gordon jeta un coup d'œil sur la rubrique « Navigation » dans le *Times*. Le *Mauretania* avait été signalé à 500 milles à l'ouest de The Lizard la veille à midi. Gordon se livra à un rapide calcul mental. Demain matin, les 50 000 dollars devraient se trouver chez lui. Grosse somme, mais excellente affaire, pensa Mr Selsbury. Il fit une note sur son carnet de chèques, puis monta s'habiller. Il dînait avec Héloïse ce soir-là, et il descendait l'escalier, lorsqu'il aperçut, dans le couloir, Diane qui l'attendait. Elle était en toilette de soirée. Une délicieuse robe crème l'habillait. Comme bijoux, deux colliers de perles. Il la suivit dans le bureau. Elle se retourna. C'était une Diane transfigurée, une apparition éthérée, presque irréelle tant elle était séduisante et fraîche.

– Mais, Diane, vous êtes délicieusement jolie, dit-il.

En vrai gentleman, Gordon n'avait pu empêcher ce compliment de franchir ses lèvres.

– Merci, répondit-elle avec assez d'indifférence. Cette couleur me va toujours bien. Je vois que vous dînez dehors... Où allez-vous ?

Il hésita.

– Je dîne au *Ritz*. Et vous ?

– Je vais à l'*Embassy*. Mr Collings est arrivé en Angleterre. Il est venu me voir cet après-midi et m'a invitée à dîner avec lui. C'est mon avoué et mon oncle, un gros chéri...

Gordon murmura un compliment inintelligible. Il était heureux d'être débarrassé de Diane pour quelques heures. Mais dieu qu'elle était ravissante, ce soir !

Elle sentait l'admiration muette de Gordon l'envelopper de ses ondes secrètes et, précieusement, comme une chatte, elle alla vers le bureau, y ouvrit un tiroir...

– Quoi ? Que vois-je ? s'écria Gordon indigné... Qui vous a permis ?... Mon bureau... Qui vous a donné la clé ?

– J'ai trouvé celle qui ouvrait la serrure, avoua-t-elle sans embarras, le tiroir était d'ailleurs vide. Il n'y avait dedans que quelques livres allemands que j'ai jetés. Puis, j'ai fait changer la serrure. Je dois avoir un endroit pour serrer mes affaires...

Il s'efforça de maîtriser la colère que le gagnait brusquement.

– Quels objets ? demanda-t-il.

– Ma boîte à bijoux.

– Elle devrait se trouver dans le coffre-fort.

– Quelle est la combinaison de la serrure ?

– *Telma*, répondit-il avant qu'il se fût rendu compte de ce qu'il disait. Personne au monde ne connaît le mot !

Tout à coup, Diane ouvrit le tiroir et déposa sur le bureau un objet brillant et noir, dont la vue fit reculer Gordon...

– Vous ne devriez pas être en possession d'arme à feu, dit-il avec nervosité, un malheur est si vite arrivé lorsqu'on manie ces choses. Songez-y, vous pourriez vous tuer !

– Des sornettes ! s'écria Diane, je connais ce revolver à fond... Tenez, vous voyez le trou de la serrure là, je parie de l'atteindre trois fois en cinq coups...

– N'en faites rien, recommanda-t-il précipitamment... Votre arme est-elle chargée ?

– Évidemment ! fit-elle en lui tendant le revolver d'un geste presque tendre. Rien dans le canon, mais le magasin est plein. Voulez-vous que je vous montre comme cela fonctionne ?

– Non, mettez cette satanée chose de côté.

Diane obéit, ferma le tiroir, mit la clé dans son sac à main.

– *Telma... Telma...* fit-elle à mi-voix, je ne dois pas oublier ce mot.

– J'aimerais au contraire que vous l'oubliiez... Au fond, je n'ai jamais eu l'intention de révéler à quiconque, à vous pas plus qu'à un autre, la combinaison de mon coffre-fort. Il n'est pas juste que vous sachiez... Par inadvertance, vous pourriez...

– Je ne fais jamais rien par inadvertance. J'agis par malice ou par péché, mais toujours de ma propre volonté...

Elle jeta son manteau sur ses épaules :

– Vous pourriez me déposer à l'*Embassy* puisque vous allez au *Ritz*. À moins que vous n'alliez en compagnie de quelqu'un ?

Elle l'examina d'un regard plein de suspicion.

En vérité, Gordon avait l'intention d'« aller en compagnie de quelqu'un » et son premier objectif était Buckingham Gate. À cause de Diane, il arriva cinq minutes en retard et il s'excusa auprès de Mrs Van Oynne qui l'avait attendu stoïquement.

Au restaurant, sous l'influence de la musique, il expliqua à sa compagne la cause de son retard.

– Diane encore, fit-elle, acerbe, je crois que je commence à détester cette péronnelle ! Ah, Gordon ! Vous ne savez pas avec quelle impatiente ardeur j'attends samedi !

– Je pensais précisément que... hum... samedi est un mauvais jour... les trains sont remplis de voyageurs en week-end...

Elle poussa un long soupir.

– Nous ne devons pas voyager ensemble, concéda-t-elle avec résignation... Mon dieu, comme vous avez peur !

– Je n'ai pas peur pour moi, protesta Gordon blessé à vif, c'est pour vous que je crains... C'est ma seule pensée, je le jure... À propos, j'ai dit à Robert...

– À votre frère ? Qu'a-t-il répondu ? interrogea-t-elle, curieuse.

– Eh bien... (Gordon hésita.) Vous savez, Robert, avant tout, est un homme d'affaires. Il a peu ou pas d'imagination. Il a pensé tout de go ce que... (Gordon haussa les épaules.) ce que penserait de nous le premier venu, Héloïse...

– Ne pourrions-nous pas partir vendredi ?

– Impossible, j'ai un rendez-vous important.

Il expliqua tout à Mrs Van Oynne et insista sur l'importance qu'avait pour lui la visite de Mr Tilmet.

Pendant tout le repas, elle remarqua qu'il était distrait et lointain. Sans doute était-il rendu inquiet par l'idée du voyage prochain ? Héloïse se trompait, car Gordon pensait à Diane. Il s'avouait qu'après avoir commencé par tolérer la présence de Diane à son foyer, il trouvait une sorte de plaisir âpre à jouir de sa propre déconfiture en présence de la jeune fille. Excellente maîtresse de maison, elle avait sensiblement réduit les dépenses courantes, et pourtant, elle n'y allait pas par quatre chemins avec les fournisseurs.

L'autre jour, Diane était entrée à la cuisine juste après le passage du boucher. Elle avait jeté un seul coup d'œil sur la côtelette, un seul. Dehors, le garçon-boucher se préparait à remonter à vélo lorsqu'un morceau de viande, lancé à toute vitesse par la fenêtre de la cuisine vint l'atteindre avec violence à l'épaule... La trajectoire était parfaite. L'objet avait été jeté de main de maître. Le garçon-boucher, sous le choc, manqua tomber... Éberlué, il regarda autour de lui.

Droite et digne, Diane se tenait sur le seuil de la porte.

– Congelée ! fit-elle laconiquement... Apportez-nous de la viande fraîche ou ne mettez plus les pieds ici !

Le garçon-boucher partit dans un état voisin de l'apoplexie. Mais, le lendemain, la viande était infiniment meilleure.

Trenter, qui touchait une petite commission de tous les fournisseurs, avait été très fâché par l'attitude offensante de Diane envers le boucher, et il s'était plaint à Mr Selsbury qui avait pris la chose assez sévèrement.

Ce soir pourtant, au milieu des lumières éblouissantes du restaurant, en face de Mrs Van Oynne, il considérait l'aventure de la côtelette sous un angle plein de mansuétude.

– Pourquoi souriez-vous ? lui demanda Héloïse.

– Je souriais ? s'excusa-t-il. J'ignorais totalement. Je pensais... hum... à quelque chose qui est arrivé au bureau.

Il se rendit tout à coup compte qu'il venait de mentir pour Diane, pour cette intruse !...

... Mr Collings, avoué éminent, avait bien assez d'amis à Londres et parmi eux beaucoup de grosses légumes de l'Australia House. Diane qui s'était rendue à l'*Embassy*, croyant dîner en tête à tête avec son « oncle », y fut accueillie par de graves et mûrs personnages accompagnés de leurs épouses. Elle fut présentée à un sous-secrétaire d'État pour les Colonies. Elle s'arrangea pour demeurer le plus près possible de lui lorsqu'elle apprit, par une bribe de conversation, que le sous-secrétaire d'État était un des futurs ministres dont on parlait pour le prochain gouvernement. Gordon avait besoin d'un titre nobiliaire, pensa la prévoyante Diane, et elle braquait ses premières batteries.

8

TRENTER EST DANS LE SECRET

Lorsque, cette nuit-là, elle fut de retour à la maison, Gordon était arrivé avant elle. Il était taciturne et pensif et, à l'encontre de son habitude, il ne s'était pas mis au lit, comme il le faisait toujours lorsqu'il revenait du théâtre ou d'une soirée.

– Vous êtes-vous amusée ? demanda-t-il.

– Oui. J'ai fait la connaissance de la crème du ministère des Colonies... Et vous ?.. Je suppose qu'elle a été ennuyée lorsque vous êtes arrivé en retard ?

– Oh, cinq minutes... La dame était naturellement...

– ...de mauvaise humeur ?... interrompit-elle... C'était donc vraiment une lady ? Gordon... montrez-la moi...

Il sourit.

– Elle ne vous intéresserait pas, Diane. C'est plutôt une intellectuelle.

Diane ne parut pas offensée de la remarque.

– La seule chose pour laquelle je donne raison aux Bolchevistes, dit-elle sans animosité, c'est qu'ils ont commencé par supprimer l'« intelligentsia »... Ils en avaient sans doute assez d'entendre parler d'introspection et spiritualisme. Dites-moi, de quoi parlez-vous avec cette dame ? Du bi-métallisme ou du libre arbitre ?

Amusé, il répliqua :

– Nous parlons de livres, de gens... Et vous ?

Elle jeta son manteau sur le dos d'une chaise, attira un tabouret près du feu et chauffa ses genoux devant l'âtre rougeoyant. Gordon, l'âme emplie de pudeur, fit quelques pas en arrière.

– Nous avons discuté du commerce et de la supériorité du bœuf d'Australie. Nous nous sommes exclamé sur la difficulté qu'il y a à trouver des domestiques... Ah, nous avons aussi papoté sur le compte de Mrs Carter-Corillo... Imaginez-vous qu'elle a fait une fugue... Oh, pas très longue, trois jours... Mais, comme le disait si bien lady Pennefort, dans trois jours il y a trois fois vingt-quatre heures... Mrs Carter fut folle et le jeune homme qu'elle entraîna avec elle encore plus fou. On les a vus ensemble. La carrière du jeune homme est irrémédiablement brisée. L'innocent... il allégua comme excuse à leur fugue un intérêt commun dans certaines pierres archéologiques de la région d'Abbeville, car tous deux sont très forts en histoire de l'art.

– Et pourquoi ne serait-ce pas vrai ? demanda Gordon d'un air mordant, prêt à prendre envers et contre tous le parti du jeune secrétaire d'ambassade qui avait commis l'imprudence de faire une excursion archéologique en France avec une femme mariée. Pourquoi un homme et une femme n'auraient-ils pas des intérêts scientifiques identiques ?

– Nous verrons ce qu'en penseront les juges qui auront à se prononcer sur la demande en divorce introduite par Mr Carter-Corillo, répondit froidement Diane.

– Pour quels motifs ? Incompatibilités d'écoles archéologiques ? demanda Gordon sarcastiquement.

– Ne faites pas l'innocent. Vous savez que les conventions sont les secondes lois de la société. Celui qui les transgresse est capable de transgresser aussi la loi tout court.

Il la regarda, surpris de sa froide inconscience.

– Comment ! Et vous qui habitez ici, sans chaperon, avec un célibataire...

– Des cousins, c'est différent. Personne n'a jamais dit que le troisième secrétaire d'ambassade était le cousin de Mrs Carter-Corillo. Cela eût fait évidemment une différence. D'ailleurs, tout le monde sait combien vous me détestez.

– Je ne vous déteste pas, fit-il après un moment de réflexion, mais puisque vous le croyez, pourquoi vous obstinez-vous à rester ?

– J'ai une mission à remplir, dit-elle d'un ton qui n'admettait aucune réplique.

Et la conversation en resta là.

Le lendemain, pendant le déjeuner, Gordon lui fit part de son départ imminent.

– J'ai l'intention d'aller en Écosse, chasser la grouse, dit-il, humble comme un écolier à son premier mensonge.

– Qu'est-ce que les grouses vous ont fait ? demanda-t-elle, en ouvrant bien grand ses beaux yeux bleus.

– Rien. Mais il est d'usage de les tuer à cette époque de l'année. En Australie la chasse existe également, je suppose ?

– Je ne sais pas. J'ai chassé le wallaby et le dingo, mais je n'ai jamais tué d'oiseau. Vous allez en Écosse ? C'est très loin. Gordon, cela m'ennuie. Je serai inquiète à votre sujet. Les journaux de ce matin relataient précisément un affreux accident de chemin de fer. Vous me télégraphierez ?...

– À chaque gare, répliqua-t-il ironiquement, mais honteux de lui-même lorsque Diane le remercia avec ingénuité.

– Merci, je suis heureuse. Je n'y puis rien, mais une peur horrible me tenaille lorsque des personnes que j'aime vont en chemin de fer. Si vous voulez, je pourrais moi-même télégraphier aux gares et à votre hôtel, pour avoir de vos nouvelles.

Gordon se rendait compte à présent que, dans un moment de folie et de déraison, il avait compliqué à l'extrême une situation déjà embrouillée par elle-même.

Fuir, s'excuser, rire de l'anxiété simulée ou réelle de Diane, il n'y fallait pas songer... Et intérieurement, il envoya Héloïse au diable avec le damné génie qui avait mis cette idée d'excursion dans leur tête !

Trenter préparait le smoking de son maître lorsque Gordon entra dans son cabinet de toilette.

– Hum, ne sortez pas, Trenter... Quand avez-vous pris vos vacances ?

– La première semaine d'avril, monsieur.

Gordon réfléchit.

– Connaissez-vous l'Écosse ?

– Oui, monsieur, j'y ai accompagné d'anciens patrons qui allaient à la chasse.

– Bien. Le fait est, Trenter, que je dois m'absenter pour une mission particulière. C'est du plus grand secret même pour mes amis intimes. Il y a des raisons, des raisons péremptoires que je ne vais pas vous expliquer ici, pour lesquelles, je dois me rendre à un certain endroit alors qu'on me croit en un autre...

Trenter devina et du premier coup atteignit le but :

– Une dame, monsieur ? fit-il respectueusement, sans mauvaise intention, et avec l'unique idée de rendre hommage à l'esprit chevaleresque de Selsbury.

– Non !

Gordon rougit de colère.

– Non et non, vous dis-je. Mes affaires n'ont rien à voir avec les femmes.

– Excusez-moi, monsieur.

– Je ne désire pas discuter avec vous au sujet de ma mission. Ce que je veux dire, le voici. Miss Ford, souffrant des nerfs ces jours-ci, m'a demandé de lui envoyer des télégrammes aux étapes de mon voyage.

– Et vous voudriez que je me rende en Écosse et que je les envoie à votre place ! dit Trenter d'un air inspiré.

– Exactement. Je vois que vous m'avez compris. D'autant plus que si le télégramme tombe en d'autres mains, une certaine tierce personne sera également trompée.

Trenter approuva d'un air entendu. Il se demandait qui cette tierce personne pouvait bien être. Gordon lui-même l'ignorait. Il commençait simplement à s'habituer à mentir et à forger des fables.

– Pas un mot aux autres domestiques ! recommanda-t-il.

Le bon serviteur sourit. Jamais Gordon ne l'avait vu sourire. C'était un spectacle bien étrange que le visage détendu de Trenter.

– Non, monsieur. Je leur dirai que ma tante de Bristol est malade (c'est la vérité) et que vous m'avez accordé un congé pour aller la voir. Combien de temps dois-je rester absent, monsieur ?

– Une semaine.

Mr Trenter se rendit au quartier des domestiques d'un air important.

– Le singe m'a donné une semaine de congé pour aller voir ma tante. Je pars demain.

Eleanor, méfiante de nature, intervint :

– C'est si soudain. Bien drôle. Le patron s'en va demain aussi. Vous êtes des démons, vous les hommes. Nous, les femmes, nous savons combien nous devons nous méfier de vous...

Trenter sourit avec mystère. Cela le flattait qu'on le comparât à un démon...

– Hum, hum ! toussota-t-il.

– Miss Diane part-elle aussi ? demanda la cuisinière.

– Avec lui ou avec moi ? rétorqua Trenter, insolent... Non, mes belles, elle ne part pas avec lui, en tout cas, et je n'en blâme pas le patron. Ce n'est pas une lady, voilà mon opinion.

– Taisez-vous ! hurla Eleanor d'une voix perçante, je vous défends de parler ainsi de miss Diane !

– Ah, vous les femmes, vous vous tenez toujours ensemble ! soupira Trenter.

– Et vous les hommes, vous ne tenez à rien du tout... D'ailleurs, miss Diane est trop bonne pour le singe... Ha, ha ! Je suppose que vous partez tous les deux dans un but plutôt louche ?... On ne me la fait pas, à moi !... Vous êtes un fameux lapin et votre femme peut vous avoir !

– Je vous ai dit, je vous l'ai dit quarante millions de fois, que je ne suis pas marié ! rugit Trenter, en colère... J'ai « dû l'épouser » parce qu'« il » voulait un homme marié comme valet de pied... Si j'avais dit que j'étais célibataire, je n'aurais pas eu la place... Votre colère finira par vous jouer un mauvais tour, ma fille...

– Ne dites pas de bêtises... et surtout, n'en dites pas de miss Diane.

– Je ne me casserai pas la tête pour elle en tout cas, fit Trenter agressif, et pour vous encore moins...

9

La future victime de Double Dan

Autrefois, lorsque Trenter le connaissait plus intimement, Mr Julius Superbus exerçait la profession d'huissier. Il saisissait les meubles des faillis, il portait des sommations à domicile, il confisquait des propriétés, bref, il se livrait à tous ces actes qui contribuent à rendre si impopulaire la fonction d'huissier attaché au tribunal civil.

Mr Superbus, cependant, monta en grade et, un jour, il éprouva le suprême orgueil de voir son nom orner une plaque de cuivre à la porte d'un des bureaux d'une importante compagnie d'assurances.

Mr Julius SUPERBUS
Premier préposé aux enquêtes.

Mais Mr Superbus, plein de vanité, avait ajouté sur ses cartes de visites dans un coin, en petits caractères, le mot « détective ».

Il avait également réclamé à ses supérieurs une médaille de nickel, destinée à être fixée au revers de son veston et qui, prétendait-il, devrait l'aider dans « des cas difficiles ».

Ainsi équipé, Mr Superbus pouvait à loisir se donner un faux air de limier de Scotland Yard.

Mr Superbus adorait le cinéma, il y passait la majeure partie de ses soirées. Il aimait par dessus tout les films dépeignant les malheurs de jolies filles pauvres que des traîtres sans vergogne, mais bouffis de richesses, poursuivent de leurs assiduités... Les jeunes filles étaient habituellement sauvées au dernier moment par de jeunes et beaux héros aidés de détectives à face glabre et flegmatique, fumant imperturbablement un cigare énorme et qui terrorisaient les criminels rien qu'en montrant au revers de leur veston le petit insigne édifiant de la police. Dans sa candeur ingénue, Mr Superbus se figurait être le policier imperturbable. Il sauvait des orphelines, arrêtait des bandits, venait en aide aux jeunes héros et fumait sans arrêt un gros cigare. Brave Mr Superbus !

Devant la fenêtre ouverte de sa salle à manger, Mr Superbus était dans un état de méditation très profond. Quoique le temps fût assez frais, il était en manches de chemise. Homme à sang plutôt froid, il n'était guère sensible aux variations de la température.

Ce n'était un secret pour personne que Mr Superbus traversait la Serpentine à la nage tous les 25 décembre, même lorsqu'avant de pouvoir piquer une tête dans l'eau froide, il devait au préalable casser la glace à coups de pioche. Pour cet exploit, son portrait paraissait chaque année, le 26 décembre, dans tous les journaux illustrés du pays.

Son excellente épouse entra en frissonnant. Moins bonne nageuse que son mari, elle se contentait de recourir aux bienfaits de l'eau dans une salle de bains de 2,10 m sur 1,20 m.

– Tu attraperas la mort dans ce froid, Julius, le réprimanda-t-elle... A-t-on jamais vu s'asseoir devant une fenêtre ouverte du matin au soir à ne rien faire !

– Je ne suis pas occupé à ne rien faire, répliqua calmement Julius, je pense.

– C'est précisément ça que j'appelle ne rien faire, dit Mrs Superbus en trottinant autour de la table sur laquelle elle étala la nappe.

Elle appréciait au plus haut point la valeur de son mari et

l'admirait secrètement pour ses nombreuses qualités, mais elle était d'avis que l'harmonie de son ménage eût été détruite si elle lui avait montré trop ouvertement les sentiments qu'elle éprouvait pour lui.

– La façon dont tu t'occupes de certaines choses me dépasse, avoua-t-elle.

– Chez moi, c'est le cerveau qui travaille, expliqua modestement Julius.

– Tu as tant d'idées... Je me demande pourquoi tu ne fais pas du théâtre...

Mrs Superbus était convaincue que la scène serait la dernière étape de la carrière incomparable de son cher époux, sa plus chère récompense, le plus bel honneur qui lui serait décerné, but final d'une lente et laborieuse évolution cérébrale.

– Ce qui me tracasse pour le moment, c'est Double Dan... Mais je suis venu à bout d'autres mystères que le sien... Je le démasquerai, aussi fort qu'il soit !

Elle l'approuva d'un lent hochement de tête.

– La façon dont tu as réparé la citerne la semaine passée m'a émerveillée... Après cela, je te crois capable de tout... Qui est Double Dan ?

– C'est un escroc, un parasite de la société, un vampire humain, mais je finirai bien par lui mettre la main au collet !

– Cela m'étonne que la police ne soit pas à ses trousses...

– La police ! s'exclama-t-il d'un rire qui sonna faux... Non, bobonne... pas la police, car, entends-moi bien... celui qui capturera Double Dan sera un malin... un type intelligent... doué de facultés...

– Je ne connais personne qui soit plus intelligent que toi, dit Mrs Superbus avec admiration.

Mr Superbus accepta le compliment avec dignité. Ne lui était-il pas dû ?

Comme tous les détectives privés, ou soi-disant, et les Sherlock Holmes amateurs, Mr Julius Superbus avait pour la police officielle un mépris souverain. Et pourtant, le peu qu'il savait de Double Dan, la nouvelle que Mr Gordon Selsbury serait probablement sa nouvelle victime, il le tenait de Scotland Yard... Il avait appris la nouvelle de la bouche d'un fournisseur dont la servante avait comme fiancé un policeman commis aux écritures dans les bureaux du chef de la police métropolitaine.

Après le déjeuner, Mr Superbus endossa son paletot et se

rendit à son aise à Cheynel Gardens. Gordon était sorti et c'est Diane qui le reçut.

– Comment, c'est vous Mr...

– Superbus, dit obligeamment Julius.

– C'est vous, le Romain !

Mr Superbus répondit d'un signe affirmatif. Il aurait pu ajouter « ultimus Romanorum », s'il avait su le latin. Au lieu de cela, il expliqua :

– Il n'en reste pas beaucoup, de notre race, en Grande-Bretagne.

– Je vous crois. Asseyez-vous et prenez une tasse de thé. Vous désirez probablement voir Mr Selsbury, mais il ne sera pas de retour avant une heure.

– C'est-à-dire que j'étais venu pour le voir et pour ne pas le voir, fit Julius assez hermétiquement... Le fait est que je voudrais surveiller de près certain individu. J'aimerais avoir un œil sur lui.

– Vous parlez de ce monsieur appelé Double Dan ?... Qui est-il, Mr Superbus ?

– Eh bien, madame...

– Pardon, mademoiselle.

– On ne le dirait pas, fit-il, dans un effort pour être galant... Ce Double Dan est une manière de brigand, un desperado qui, je crois, doit venir de l'Ouest...

– L'ouest de Londres ?

– Non. D'Amérique. C'est là que vivent tous les desperados. Et c'est là qu'ils vont tous aussi...

Elle écouta avec une grande attention lorsque Mr Superbus conta, avec force détails plaisants, les mille et un méfaits de Double Dan.

– Il n'y a rien que cet individu ne puisse faire, Miss... Il se transforme en échalas ou en barrique. Il se fait tour à tour grand, petit, gras, maigre, vieux, jeune. Mon opinion est qu'il fut autrefois acteur...

– Acteur ?

– Oui, de vaudeville. Une chose est certaine, c'est qu'il roule tous les policiers lancés derrière lui. Aussi le seul espoir de le voir un jour arrêté est de compter, non pas sur les détectives, mais sur les spécialistes, sur ceux qui, par leurs études, ont poussé l'art de la recherche à un degré insoupçonné...

Et Mr Superbus se rengorgeait, en prononçant ces paroles... Soudain, il se rembrunit, lança autour de lui un regard méfiant...

– En tout cas, c'est au tour de Mr Selsbury maintenant.

Diane se dressa de son siège comme mue par un ressort.

– Vous voulez dire que c'est lui que Double Dan volera ?

Mr Superbus, gravement, hocha la tête affirmativement.

– Ceci apparaît des renseignements confidentiels que j'ai pu rassembler.

– Mais Mr Selsbury sait-il ?

– Je lui en ai déjà parlé, à mots couverts, miss... Mais je crois qu'au fond, il ignore qu'il est menacé par Double Dan... Lorsqu'un homme se sent visé par un bandit, il perd son assurance et il tend plutôt à gêner la police qui est chargée de le protéger.

Le dernier Romain secoua tristement la tête.

– Si j'ai bien compris, reprit Diane... Double Dan procède de la façon suivante : un jour que Mr Selsbury sera absent, il s'introduira ici, déguisé en Mr Selsbury et il fera main basse sur tout ce qu'il trouvera de précieux ?

– Ce qui l'intéresse surtout, ce sont les chèques et l'argent. Il travaille en gros, ce garçon, et ne s'embarrasse pas de menu fretin... Or, soyez sans crainte, il ne partira pas avec des cuillers d'argent... L'argenterie ne l'intéresse pas. C'est un grossiste dans le métier d'escroc. Voici des années que je surveille ses agissements.

– Ce que vous me dites est très alarmant, dit la jeune fille après un long silence.

– J'en conviens et c'est pourquoi vous devriez avoir ici, pour vous protéger et veiller sur vous, quelqu'un qui ne craint pas Double Dan. Mais il doit être malin et posséder, ce que j'appellerais l'expérience des milieux criminels.

– Vous voulez parler de vous-même ? questionna Diane en s'empêchant à grand'peine de sourire.

– Oui, moi, fit Mr Superbus, modestement... Si j'étais vous, miss, j'en dirais deux mots à Mr Selsbury. Venant de sa fille, le conseil l'impressionnera peut-être plus.

Lorsqu'ils se séparèrent, il prit la petite main de Diane dans sa grosse patte rouge, lui dit au revoir en l'appelant « miss Selsbury » et la pria de présenter ses civilités à son père. Lorsque Gordon rentra, elle lui raconta la visite.

– Quel Superbus ! s'écria Gordon, il est venu pour faire une petite affaire, mais je me demande pourquoi il a commencé par vous alarmer !... Il faudra que je parle de ceci au Comité de l'Association.

– Il ne m'a pas alarmée, protesta Diane, excepté lorsqu'il m'a priée d'en parler à mon père disant que sa fille saura peut-être le convaincre de prendre un garde du corps...

– Comment, tempêta tout à coup Gordon, il s'imagine que je suis votre père !... Il en a du toupet, ce quidam !... Écoutez Diane, si j'étais vous, je ne m'alarmerais pas à cause de Double Dan... Qu'il ait roulé le vieux Mendelssohn, je n'en disconviens pas... Mais Mendelssohn est un vieux Don Juan qui s'est fait prendre comme un benêt dans les rets de cette belle aventurière qui travaille pour le compte de Double Dan.

Le lendemain, Gordon apprit par le journal que le bateau de New York était arrivé. Il résolut de demeurer chez lui, ce jour-là et il envoya son comptable toucher pour lui un chèque se montant à 11 000 livres sterling.

– Je veux 50 000 dollars en billets, dit Gordon, vous les achèterez à la Banque d'Angleterre. Apportez-les moi en taxi, Miller. Vous avez dit au bureau qu'on me téléphone les télégrammes qui arriveraient pour moi ?... Bien. Qu'on n'y manque pas surtout, car j'attends un message de Mr Tilmet.

Deux heures après, alors que Mr Selsbury venait de serrer les 50 000 dollars dans son coffre-fort, le message attendu arriva.

Mr Tilmet télégraphiait de Paris qu'il avait débarqué à Cherbourg et qu'il serait à Londres dimanche. Le soir du même jour, il quitterait l'Angleterre pour la Hollande. Gordon, furieux de voir ses plans dérangés, envoya de bon cœur l'Américain à tous les saints du paradis.

L'après-midi, il vit Héloïse. Elle était si joyeuse à l'idée du voyage projeté que Gordon n'eut pas la force de lui demander de le décommander. Ils prirent rendez-vous pour 10 heures et trois quarts à Victoria d'où ils voyageraient séparés jusqu'à Ostende. La traversée serait probablement calme car la météo annonçait une mer douce et de légers vents d'est.

Trenter avait fait la valise de son maître. Il y avait enfermé un des nouveaux costumes de Gordon, ce gris à carreaux avec filets rouges, que le tailleur avait envoyé au dernier moment.

La valise avait été transportée dans le plus grand secret à un hôtel dans les environs de la gare de Victoria. C'est dans cet hôtel que Gordon devait procéder à sa métamorphose. Il ne restait à présent plus qu'une seule chose à faire : préparer les télégrammes que Trenter devait envoyer pendant son voyage en Écosse. Gordon les rédigea d'un cœur d'autant plus léger qu'il se disait que ses télégrammes serviraient à confondre l'imposteur, si par hasard il profitait de son absence pour se présenter chez lui, sous ses apparences.

Le cœur plein du désir de bien faire, Gordon en arriva même à se persuader qu'en préparant les télégrammes mensongers destinés à donner le change à cette innocente Diane, il accomplissait une bonne action.

Il inscrivit sur le premier « Euston... Viens de partir. Gordon ».

D'York, d'Édimbourg et d'Inverness, il écrivit : « Bon voyage. Tout va bien. Gordon ».

10

LE FIANCÉ D'OUTRE-TOMBE

Ce jour-là, Diane demanda à Gordon de lui prêter quelqu'argent.

– J'avais demandé le transfert de mon compte à la succursale de la banque d'Australie à Londres, dit-elle, mais il y a du retard. J'ai téléphoné aujourd'hui, on m'a répondu que le transfert n'avait pas encore été effectué. Sauvez-moi de la misère, Gordon. Je suis une femme ruinée !

Elle exhibait dramatiquement un porte-monnaie vide, retourné. Son cousin ressentit une bizarre satisfaction en signant le chèque qu'elle lui demandait, et retrouva un peu de ce sentiment paternel qu'il éprouvait pour elle à certains moments.

– Dire que si vous m'aviez renvoyée je serais morte de faim ! s'exclama-t-elle en acceptant le chèque. Gordon, sous des dehors rudes et peu engageants, vous cachez un cœur d'or.

– Je souhaite parfois que vous soyez un peu plus sérieuse, dit-il en souriant.

– Et moi je souhaite toujours que vous le soyez moins, répondit-elle.

À cause de Diane, Gordon était maintenant privé temporairement de l'usage du bureau l'après-midi. Les qualités dynamiques de Diane se manifestèrent à nouveau par l'arrivée d'ouvriers venant installer le téléphone du bureau de Mr Selsbury dans le hall. Il hésita d'abord. Mais Diane était pétulante, espiègle, et lui ne se sentait pas d'humeur à chamailler.

Bobbie vint dîner ce soir-là, et, quand ils furent seuls, lui posa une question qu'il s'était déjà posée bien des fois à lui-même :

– Pourquoi continuez-vous à mener ce genre de vie, Diane ? Vous avez beaucoup d'argent et vous pourriez avoir une existence très agréable, au lieu de vous embarrasser de Gordon.

Elle leva les yeux sous ses cils recourbés :

– Gordon désire-t-il que je reste ? L'a-t-il jamais désiré ? Non, monsieur ! Quand je suis arrivée, j'avais laissé mes bagages dans le couloir. Je voulais lui demander l'adresse d'un bon hôtel. Je n'avais pas la moindre intention de rester... Jusqu'au moment où je m'aperçus qu'il était pris d'une véritable panique à l'idée que je pourrais demeurer. Lorsqu'il se fit paternel et me traita de « chère petite fille », ma décision fut prise, je restai... Le jour où Gordon désirera que je reste, je filerai.

L'atmosphère de la maison était chargée d'électricité, Bobbie le sentait. Quant à Diane elle éprouvait un malaise qui ne provenait certes pas de l'ennui d'argent causé par l'erreur des employés de banque. Même dans le hall des domestiques, régnait une certaine nervosité. Eleanor était agitée de sinistres pressentiments.

– Je suis sûre qu'il va arriver quelque chose, glapit-elle d'une voix aiguë.

– Ne soyez pas ridicule, dit Trenter, d'un ton mal assuré.

– J'aimerais tant que vous ne partiez pas... sanglota-t-elle. L'idée de votre départ me donne la chair de poule... Ce type qui rôde devant la maison depuis quelques jours ne m'inspire pas confiance, mais pas du tout... La première fois que je l'ai vu (Eleanor parlait de Mr Superbus), je me suis dit : « Cet individu doit être un bandit »...

– C'est vrai, fit la cuisinière, même que vous avez ajouté :

« Je suis certaine que ce personnage va nous amener des ennuis ».

Gordon Selsbury se mit au lit à 10 heures. À 3 heures, il se leva, descendit dans son bureau et fit bouillir de l'eau. Pendant que le café passait, il ouvrit le coffre-fort, prit les 50 000 dollars, les compta soigneusement et les remit à leur place.

Il eut tout à coup l'impression que son coffre-fort n'était pas assez robuste et il se dit que, lorsqu'il reviendrait de voyage, il donnerait des instructions pour qu'on lui en fournisse un autre, plus solide. La maison de Gordon était un champ d'expériences idéal pour les cambrioleurs... Là, par cette grande baie à vitraux, comme il serait facile d'entrer !... Un petit canif pour couper le plomb des vitraux et on s'introduisait dans le bureau comme dans une église. Dans un coin de la pièce, tout près de la fenêtre, se trouvait une petite porte masquée par une tenture. Elle ouvrait sur la cour et ne servait jamais. Seul l'ancien propriétaire de la maison aurait pu dire pour quelle raison elle avait été ménagée à cet endroit. Il s'appelait Grigglewaite. Trois fois il avait divorcé et, pour l'instant, il habitait au paradis, si du moins on en croyait l'épitaphe qui ornait sa pierre tombale.

Gordon alla à l'étage chercher son passe-partout, descendit, ouvrit la porte dissimulée et sortit dans le jardin. L'obscurité la plus complète y régnait et le silence n'était troublé que par le souffle humide et doux du vent. Au bout du jardin se trouvait une autre porte donnant accès à un passage latéral. Le mur quoique assez élevé ne constituait pas à vrai dire un obstacle infranchissable pour un professionnel du vol. Gordon frissonna et retourna à son café. Le feu qu'il avait ravivé répandit en lui un baume rassurant. Il aurait avec joie donné 1 000 livres sterling, même 10 000 pour que la folle aventure n'eût pas lieu... pour pouvoir rester avec... oui... avec qui ? mais avec Diane parbleu !

À la lumière de cette révélation qui se faisait jour en lui, il se prit d'une certaine méfiance envers lui-même, comme si dans son tréfonds deux personnages différents s'affrontaient. Et pourtant, il n'y avait pas à se le dissimuler, Diane lui était bien chère ! Ah, s'il s'était montré un peu plus loyal envers elle ! S'il avait un peu moins parlé de Dempsi ! S'il avait moins ridiculisé cette passade de jeunesse, cette aventure entre un petit garçon et une petite fille ! S'il s'était montré plus généreux, enfin ! Jusqu'à l'aube, il pensa à Dempsi. Comment était-il, comment parlait-il, quel aspect avait-il ? Ces pensées l'occupèrent sans répit jusqu'au moment où, derrière la verrière multicolore, le point du jour se montra faiblement.

Rien dans l'aventure que se proposait Gordon ne l'enthousiasmait. Il allait à son destin comme vers une chose froide et monotone. Il en ressentait la médiocrité et frissonna de tout son être. Pourquoi donc Diane était-elle toujours si gentille ?

Hier, Gordon s'était dit également qu'il devrait charger Diane de bien vouloir s'occuper de Mr Tilmet lorsque ce dernier se présenterait à Cheynel Gardens. Personne d'autre qu'elle ne pourrait mener l'accord à bonne fin.

– Mais bien volontiers, répondit-elle lorsque Gordon lui en avait parlé. Avez-vous le reçu et le contrat ? À propos, vous savez que ce contrat est sans valeur s'il n'a pas été établi par un notaire américain ? Ma tante avait acheté un jour un puits de pétrole situé dans le Texas et elle dut recourir à un attorney yankee avant de pouvoir signer l'acte de vente.

– Et elle a encore été volée par-dessus le marché ? demanda Gordon. Toutes ces affaires de puits de pétrole ne sont-elles pas des attrape-nigauds ?

– Elle y a gagné au contraire 70 000 livres. Ma tante avait un amour irrésistible des transactions hasardeuses... À propos, les billets sont dans le coffre-fort ?

– Avec le contrat et le reçu. Vraiment, Diane, vous êtes presque une business woman !

– Je ne demanderais pas mieux que de vous croire sur parole, rétorqua-t-elle, mais je voudrais quand même voir l'argent.

Il ouvrit le coffre-fort. Elle prit les billets, les compta un à un puis elle ferma la porte et tourna la serrure.

– Bien. Pendant votre départ, je m'occuperai du grand nettoyage. J'ai demandé au vitrier d'envoyer quelqu'un pour nettoyer les fenêtres. Vos vitres sont dans un état navrant. D'ailleurs, puisque Trenter part en même temps que vous, j'aurai besoin de gens supplémentaires ici. Je ferai venir un ménage d'extras. Il y a une mansarde ici, je compte les y faire loger. Est-elle prête à recevoir quelqu'un ?

Diane allait, venait, active, diligente, donnant des ordres, projetant des plans. Et Gordon, subjugué, charmé malgré lui, l'admirait...

Eleanor, entrant le matin pour mettre le bureau en ordre, le trouva, vêtu de sa robe de chambre, endormi dans son fauteuil devant les cendres du foyer éteint.

Le cri de surprise de la domestique l'éveilla.

– Oh, monsieur, vous m'avez fait une de ces peurs !

Il se leva d'un bond et la regarda de côté.

– C'est vrai ?... Je regrette, Eleanor. Voulez-vous envoyer Trenter dans ma chambre ?

Gordon était courbaturé. Mauvais début d'un jour qui s'annonçait si fâcheux.

Un bon bain procura quelque soulagement à Mr Selsbury.

Au déjeuner, Diane lui demanda :

– Gordon, Eleanor m'a dit qu'elle vous avait trouvé endormi devant le foyer. À quelle heure étiez-vous descendu ?

– Vers 3 heures. Je me suis rappelé soudain que j'avais oublié d'achever un travail fort important.

Elle avait les traits soucieux.

– Pourquoi ne pas partir par le train de nuit ? Vous pourriez dormir... suggéra-t-elle avec un sourire aimable.

– Oh, ça ira, dit-il avec une gaieté factice.

La conversation prit un autre tour. Bobbie arriva pour recevoir les dernières instructions de son frère. À sa vue Gordon se sentit irrité et son « Bonjour » claqua sèchement, comme un coup de fouet.

– Lorsque vous serez parti, dit la jeune fille, je demanderai à Trenter de me montrer ceux de vos vêtements qui ont besoin d'être réparés et d'aller chez le teinturier.

– Trenter part avant moi, dit-il hâtivement. Il doit prendre le train pour Bristol, sa tante est gravement malade.

– Qu'avez-vous ? fit soudain Bobbie.

Gordon se retourna, prêt à lancer une méchanceté, mais ce n'était pas lui que son frère regardait avec angoisse... Ses regards étaient dirigés vers Diane, brusquement blanche comme une morte. Ses yeux étaient emplis d'une terreur qu'elle ne parvenait pas à dissimuler, ses joues s'étaient creusées. Gordon sauta de son siège et courut à elle.

– Dites-moi ce qu'il y a... s'écria-t-il, sincèrement remué.

– Rien, rien, haleta-t-elle... C'est peut-être l'idée de la séparation... Je suis toujours un peu bébête lorsque mes cousins s'en vont !

– Avez-vous reçu de mauvaises nouvelles ?

Devant elle se trouvait son courrier décacheté. Elle secoua la tête en signe de dénégation :

– Non. Les comptes du boucher sont un peu embrouillés... Ne me regardez pas comme ça avec des yeux tout ronds, Bobbie, c'est très impoli.

Dans sa main, elle dissimulait la lettre qu'elle venait de lire. Mr Dempsi était ressuscité. Il était à Londres en ce moment. Les premières lignes de sa missive étaient éloquentes :

« Ma fiancée adorée, je suis venu t'arracher aux autres... »

Tout à fait le style et le ton de Dempsi !

11

LE VIDE DANS LE COFFRE-FORT

Dix minutes plus tard, Bobbie entra sans frapper dans la chambre de son frère, interrompant sans le vouloir un entretien qui paraissait plein d'intérêt si l'on en devait juger par la façon dont, en hâte, Trenter fourra dans ses poches plusieurs formules télégraphiques... pas assez vite cependant pour que Bobbie ne les vît... Il s'abstint de tout commentaire, jusqu'au moment où Mr Trenter, après avoir revêtu ses plus beaux habits, disparut par la porte de rue.

– Où court-il comme cela ? demanda-t-il à son frère.

– Il est pressé d'aller rendre visite à sa vieille tante qui est malade, expliqua Gordon.

– Il a, en tout cas, l'air bien funèbre. Ce chrysanthème notamment, à sa boutonnière, lui donne un aspect très macabre... Ce cher Trenter... fait-il aussi partie de ta petite mise en scène, mon frère bien-aimé ?

– Je ne sais pas ce que tu veux dire par mise en scène, répliqua Gordon, acerbe. J'ai eu grandement tort de te raconter mes affaires.

– Je sais ça. Et tu ne m'aurais évidemment rien dit si tu n'avais eu besoin de moi pour t'aider au cas où il y aurait eu du grabuge... Je te connais, va.

Gordon lança vers lui un regard chargé de colère.

– Sois tranquillisé sur mon sort. Je ne ferai pas de grabuge, comme tu le dis si élégamment.

– Je te crois. Mais personne au monde ne serait de mon avis.

– Tu ne comprends pas, tu ne comprendras jamais ce que sont les affinités secrètes, fit Gordon, cet entendement et cet élan qui, que, qui... que personne ne pourrait te donner... Cette magie qui, que, enfin, qui charme un homme, le ravit, tue en lui tout sens des responsabilités et des obligations...

Bobbie hocha sentencieusement la tête.

– Je sais ce que tu as... une femme.

Gordon se leva d'un bond.

– Bobbie, cria-t-il rageur... Je me tue à te dire qu'il ne s'agit pas ici d'une histoire d'amour comme toutes les histoires idiotes ordinaires...

– N'empêche qu'elles donnent bien du fil à retordre aux juges et aux détectives, ces histoires... Tu dois me prendre pour un type cynique, n'est-ce pas, Gordon ? Mais vois-tu, c'est mon droit. Je suis célibataire. La dame a-t-elle un mari ?

– Héloïse est mariée, répondit Gordon, gravement.

– Héloïse ?... Je dois me souvenir de ce prénom. Je suppose que le rôle de Trenter est d'expédier des télégrammes de façon à donner un semblant de véracité à tout ce que tu as raconté ici ? À propos, comment est-elle ?

Gordon n'avait aucune envie de fournir des détails.

– Tu sais, si tu as envie de me mettre des bâtons dans les roues...

– Ne fais pas le baudet, Gordon, il n'entre nullement dans mes intentions de te trahir, parce que, pour une raison extraordinaire et qui me dépasse, je crois à tes histoires d'affinités philosophiques et d'entendement platonique...

On frappa à la porte. C'était Eleanor.

– Monsieur, pourriez-vous recevoir Mr Superbus ?

– Non, fit Gordon, mordant. Allez me chercher un taxi.

– Qui est Mr Superbus ? demanda Bobbie.

– C'est le détective dont je t'ai parlé. L'homme qui surveille Double Dan.

Bobbie, suivant une habitude qui exaspérait Gordon au plus haut point, modula un sifflement aigu :

– Double Dan ! By Jove ! Je ne pensais plus à lui. Gordon, sais-tu que tu risques beaucoup en partant maintenant ? Y a-t-il de l'argent dans la maison ?

– Je te l'ai dit.

– Je crois que tu divagues, mon vieux. Tout ce que tu me racontes, c'est « Je te l'ai dit »... Ton cerveau bat-il la campagne ?

– Eh bien, je te répète alors que dans le coffre-fort il y a 50 000 dollars commis à la garde de Diane. Le mot est *Telma*, je le lui ai dit et je puis sans crainte te le confier également. Cet argent est destiné à Tilmet qui viendra ici dimanche. Diane s'occupera de lui.

– Double Dan, répéta Bobbie songeur... Il n'aura aucune difficulté à se faire passer pour toi, Gordon, car tu es un type bien défini. Moi-même je me surprends parfois à imiter certains de tes gestes, certaines inflexions de ta voix. Un peu de pompe, un peu de préciosité dans la façon de s'exprimer, l'allure un tantinet prétentieuse...

D'un geste furieux, Gordon lui intima l'ordre de sortir de la pièce. Sa patience allait briser ses digues.

Lorsqu'il descendit, Diane était sortie et il n'en fut pas fâché. Il remarqua que le cornet du téléphone reposait sur la table. Il le prit et le remit dans sa fourche.

– Où est miss Ford ? s'enquit-il.

– Miss Ford a dû sortir. Elle m'a dit de vous transmettre ses adieux, lui dit Eleanor. Mr Superbus demande si vous ne pourriez pas le recevoir.

– Non, je ne désire pas avoir d'entretien avec Mr Superbus. Dites-lui... dites-lui ce que vous voudrez, enfin... J'ai un train à prendre...

Il fila si rapidement que Bobbie oublia tout à fait de lui demander un renseignement très important, l'adresse à laquelle il devrait lui télégraphier au cas où quelque chose de grave se produirait. Bobbie, s'il y avait absolument tenu, aurait pu rejoindre son frère à la gare, mais une sorte de délicatesse intérieure lui interdisait de se montrer à Mrs Van Oynne. Il s'assit et attendit le tour de Diane, l'esprit troublé par l'émotion qu'elle avait manifestée au reçu d'une simple lettre. Car Bobbie avait vu la lettre que la jeune fille avait tenté de dissimuler... Sous sa main, il avait aperçu une page d'écriture fine et serrée. Diane avait donc des secrets !...

Quant à Gordon, quel maniaque ! Quel fou ! Quel illuminé !

Bobbie se leva de son siège, hésita un instant, puis se dirigea vers le coffre-fort.

Sa main se porta machinalement sur le bouton... Il forma le mot *Telma*. La porte s'ouvrit...

Dans le coffre il y avait un reçu et un contrat de quatre pages. D'argent, pas de trace !

12

LES HUIT MILLE LIVRES DE DEMPSI

Une demi-heure après, Diane était de retour, mais sur ses traits se lisaient encore les effets du choc qu'elle avait éprouvé au déjeuner.

– Bonjour, Bobbie !

Elle le regarda dans les yeux :

– Que se passe-t-il ?

– Diane, articula-t-il gravement, vous devez avoir des ennuis...

Distraitement, elle lança son chapeau sur la table.

– Des ennuis ? Mais j'en ai par-dessus la tête, mon cher ! répondit-elle d'une voix qui voulait être gaie.

Il ne sourit pas.

– Gordon m'a dit qu'il avait déposé 50 000 dollars dans son coffre-fort à l'effet de payer un Yankee qui viendra ici dimanche. Il m'a révélé la combinaison de la serrure.

Elle se tenait droite devant lui, les mains derrière le dos :

– Et alors ?

– Alors ? Il n'y a pas d'argent dans le coffre !

Silence...

– Et savez-vous pourquoi ? demanda-t-elle.

– Je l'ignore. Cette aventure m'ennuie souverainement. Gordon n'a-t-il pas emporté l'argent avec lui ?

Elle secoua la tête.

– Non. C'est moi qui l'ai pris, Bobbie... car Dempsi est vivant !... Oui, reprit-elle en secouant la tête désespérément, il vit... J'ai reçu une lettre de lui ce matin, treize pages !... Je suis pleine d'anxiété et d'appréhension.

– Mais je croyais qu'il s'était perdu dans la brousse...

Elle sourit d'un sourire douloureux et se laissa tomber dans le fauteuil qui avait servi à Gordon la nuit précédente.

– On l'a retrouvé, expliqua-t-elle, il avait les fièvres... Il errait dans les plaines désertiques. Le délire le possédait. C'est dans cet état que des nomades l'ont rencontré. Ils l'ont pris avec eux, l'ont soigné, l'ont remis sur pied... Vous savez, Bobbie... Dempsi est mi-italien, mi-irlandais... Laquelle de ces deux moitiés est la plus folle ?...

Bobbie la considéra pendant un long moment.

– Sait-il que vous n'êtes pas mariée ?

Elle ne répondit pas.

– Eh bien ? fit le jeune homme.

– Non, répondit calmement Diane. Il m'a appelée au téléphone tantôt et ses premiers mots furent : « Êtes-vous mariée ? Non ? Dans ce cas nous nous marierons demain... Si vous êtes mariée, vous serez veuve ce soir ! »

– Qu'avez-vous répondu ? demanda Bobbie, le cœur étreint d'angoisse et de peur.

– Je lui ai dit que j'étais mariée, fit-elle avec un calme qui l'étonna... C'était la seule réponse à lui faire, car je n'aurais pu, raisonnablement, lui expliquer ce que je faisais ici, si je lui avais dit que je n'étais pas mariée. Il s'est mis alors dans une rage telle que j'ai dû ajouter que j'étais veuve... Bobbie, mentir n'est pas difficile, hein !

Bobbie était incapable de répondre quoi que ce soit.

– Comme il m'accablait de questions, j'ai dû lui dire que je vivais ici avec mon oncle Isaac – vous savez, j'ai eu autrefois un oncle de ce nom... Ce n'était, à vrai dire, pas un oncle... mais un oncle adoptif... hum... que moi j'avais adopté, enfin... Il est mort dans une crise de *delirium tremens*... suivant en cela l'exemple montré par tous les membres de ma famille qui, tous, ont tenu à se distinguer dans un domaine ou l'autre... De toute façon, Bobbie, je ne pouvais pas lui dire que j'habitais seule une grande maison ni que j'y habitais avec un homme... Quelle veine que Gordon soit parti !

L'esprit et les nerfs surexcités, Bobbie arpentait la pièce de long en large...

– Et les 50 000 dollars ? demanda-t-il.

– Je lui devais de l'argent. Avant sa fuite dans la brousse, il y eut entre nous une scène terrible. Il voulait que je fuie avec lui et lorsque je manifestai l'intention très nette de n'en rien faire, il me jura ses grands dieux qu'il allait se suicider. On l'aurait pris pour un fou. Il pleurait, sanglotait, m'embrassait les pieds. Soudain, il se releva, et se mit à courir... C'est alors qu'on le crut égaré dans les vastes solitudes où l'on meurt de faim et de soif... Malheureusement, il a raté sa sortie...

– Et cet argent ?

– Il me l'a lancé à la tête avant de s'enfuir. Comme Dempsi n'avait pas de famille, j'ai mis l'argent en banque avec le mien...

Elle se mordit les lèvres et poursuivit :

– J'avais l'intention de faire ériger un si beau monument à sa mémoire.

Bobbie soupira, soulagé.

– Eh bien, ma chère enfant, comme vous lui avez certainement fait parvenir son argent, le pire est passé. Vous pouvez aller en chercher d'autre, les banques ne ferment pas avant midi.

– Comment le remplacer ? demanda-t-elle sèchement. Je n'ai d'autre argent en banque que les quelques livres au moyen desquelles je me suis fait ouvrir un compte... J'ai pris les 50 000 dollars dans le coffre-fort... j'ai mis 8 000 livres à mon compte. Voici le reste.

Elle lui tendit quelques billets fripés.

Bobbie la regarda stupéfait.

– Mais ce-ce Tilmet, cet-cet Am... Américain ? Vous devez pourtant le payer ?

– Je m'imaginais que vous trouveriez cet argent pour moi ! prononça-t-elle de l'air le plus innocent du monde, les yeux candidement suppliants.

Il consulta sa montre.

– Cela n'ira pas sans formalités... Vous vous imaginez donc qu'on réalise 8 000 livres en deux heures... Cet argent de Gordon est déposé à votre banque ?

De la tête, elle approuva.

– J'envoie un chèque à Dempsi. Il est descendu dans un petit hôtel d'Edgward Road.

– Il a donc fait allusion à l'argent ?

– Tout à fait incidemment... Mais vous comprenez, n'est-ce pas, je ne veux pas avoir de dettes sur la conscience... Fffff !

Elle s'éventa d'un geste de la main.

Bobbie prit les 10 000 dollars restant et les enferma soigneusement.

– Je vais examiner ce que je puis faire. Puis-je téléphoner ?

– Oui, je vous en prie. Vous pouvez faire tout ce qu'il vous plaît, excepté m'obliger à épouser Dempsi, dit-elle d'un ton las.

Bobbie téléphona à sa banque et sa conversation n'eut rien d'optimiste. Le caissier lui apprit qu'à la suite de récents gros paiements, son solde avait fondu comme par enchantement... Quant à avancer une si grosse somme... le caissier croyait qu'il n'était même pas nécessaire de déranger le directeur pour apprendre de sa bouche même combien il réprouvait de tels usages...

Bobbie, énervé, ne savait plus où donner de la tête lorsqu'Eleanor entra, un télégramme en main. Diane le lui arracha et poussa un cri de triomphe.

– Sauvés !

– Qu'y a-t-il ? dit Bobbie en prenant le message.

Le télégramme, signé du secrétaire de Mr Tilmet, avait été envoyé de Paris : *Crains que Mr Tilmet ait grippe. Ne pourrons venir Londres que dans quinze jours.*

– Dieu soit béni pour cette grippe ! s'écria Diane.

Bobbie essuya son front mouillé de sueur.

– J'ai envie de mettre le reste de l'argent en sûreté, dit-il, je n'aime pas le laisser dans cette maison.

Pour toute réponse, elle ouvrit le tiroir du bureau et montra la gueule noire du browning.

– Les cambrioleurs sont ma spécialité, dit-elle.

– Cela ne vous ferait-il rien de ranger cette arme ? Quelle créature assoiffée de sang vous faites !

– Vous avez raison ; Bobbie, en ce moment, je me sens pleine de désirs de meurtre... Qu'y a-t-il, Eleanor ?

– Voulez-vous recevoir Mr Superbus, miss ?

– Je ne savais pas qu'il était là ? Priez-le d'entrer.

Grave comme un sénateur, Mr Julius Superbus entra et fut présenté à Bobbie.

Son air de mystère montrait qu'il désirait avoir un entretien privé avec Diane, mais cette dernière lui expliqua les liens qui l'unissait à Mr Gordon Selsbury et le digne détective se décida à parler.

– Je suis fort marri d'avoir raté Mr Selsbury, dit-il, car mon agent secret m'a fait parvenir, la nuit passée, des renseignements très détaillés sur certaine bande qui...

– Vous voulez parler de Double Dan ?

Diane éclata de rire. Pour l'instant, elle semblait n'avoir aucun souci au monde.

– Il n'y a pas de quoi rire, mademoiselle, fit le dernier Romain en hochant sentencieusement la tête et en s'asseyant à la façon d'un empereur.

– Non, vraiment, il n'y a pas de quoi rire, madame... heu... miss... Tenez, si Double Dan entrait en ce moment, là, par cette porte... déguisé comme il sait l'être, vous croiriez voir entrer votre père...

Diane leva la main pour protester :

– Permettez-moi de vous signaler en passant que Mr Selsbury n'est pas mon père.

D'un geste élégant, Julius fit signe qu'il permettait.

– Dan est tout simplement merveilleux... Tenez, ce matin même, je disais à cette excellente Mrs Superbus que, si pendant une de mes absences, elle voit entrer chez nous un gaillard qui pourrait être moi, elle doit immédiatement lui enlever la chemise... J'ai un grain de beauté sur l'épaule, madame, heu... miss. Pourquoi les appelle-t-on grain de beauté ? Voilà un mystère que jamais je n'ai pu percer...

Diane se tourna vers Bobbie :

– Ce que nous raconte Mr Superbus est assez alarmant.

– Je l'ignore, fit Bobbie, il y a beaucoup de gens qui ont des grains de beauté.

– Ne faites pas l'innocent. C'est de Double Dan que je parle.

– Pourquoi viendrait-il ici ? demanda Bobbie qui, à part soi se disait que le contenu du coffre-fort valait bien la visite d'un malandrin.

C'est Mr Superbus qui répondit.

– Tout le monde pense cela. Mais ils ont toujours une raison, lorsqu'ils viennent, miss. Mon excellente épouse me disait : Pourquoi viendrait-il chez nous, ce Double Dan ? Mais je lui fis remarquer que...

Il s'interrompit brusquement et regarda le coffre-fort en face de lui :

– Qu'y a-t-il là-dedans ? Des valeurs ?

– Pas beaucoup, répondit Diane hâtivement. Parlez-nous de Double Dan, Mr Superbus.

Mr Superbus sourit d'un sourire satisfait.

– Je suis celui qui sais le plus de choses sur lui au monde, dit-il modestement. Voilà comme je suis, moi ! C'est un type très adroit qui travaille avec sa poule... hum, je veux dire avec une femme... Il la fait passer, à tort ou à raison, pour son épouse. C'est elle qui lui procure les renseignements sur les personnes que Double Dan roulera... Vous comprenez leur système ?

– Je vois, fit Diane, elle étudie le bonhomme, le décrit à son complice et l'attire au loin pendant que Double Dan procède à sa mystification...

– Elle est fine et rusée, je ne vous dis que ça ! Savez-vous comment elle attrape les hommes ?... Elle se lie... hum... d'amitié avec eux...

– Vous ne voulez pourtant pas dire que c'est ainsi qu'elle a procédé avec le vieux Mendelssohn qui doit avoir au moins soixante-cinq ans !...

Mr Superbus éclata de rire. Il était amusé, le cher homme !

– Soixante ans, mais, ma chère demoiselle, c'est l'âge le plus dangereux ! Ce fut un jeu pour elle... Elle est d'autant plus fine qu'elle s'attaque de préférence à des gens cultivés... Elle a elle-même des connaissances générales étendues, et, si je puis m'exprimer ainsi, elle prend ses mouches par les discussions philosophiques et littéraires... Vous connaissez ce genre de bas-bleu, n'est-ce pas, miss ?

– Est-ce qu'elle se fait passer pour une femme mariée ? demanda Diane amusée.

– Oui, il y a toujours un mari dans les coulisses. Parfois il habite à l'étranger, parfois il est dans un asile d'aliénés. La plupart du temps, enfin, il ne gêne pas.

Bobbie tituba et de la main chercha le dossier d'une chaise pour y prendre appui. Heureusement, Diane ne s'aperçut pas de son émoi.

– Et, alors, que se passe-t-il ?

– Alors ?... Lorsqu'elle a bien embobiné les malheureux, elle les attire au loin, fort loin... Et pendant qu'ils sont absents, Double Dan opère... Il a mis à profit les indications de sa complice pour étudier la voix de sa victime, son allure, ses tics... Bref, il se met complètement dans la peau du personnage qu'il étudie... Vous me comprenez, miss ? Pas mal imaginé, hein ! Dire que c'est moi qui ai rassemblé tous ces renseignements intéressants sur Double Dan !

– Et après ? La... hum... la jeune fille ? s'enquit Diane.

– Oh ! elle s'esquive sous un prétexte ou l'autre. Elle dit

que son mari est revenu brusquement de l'étranger et qu'elle doit retourner immédiatement chez elle... Naturellement, l'homme victime de ce stratagème ne revient pas tout de suite chez lui, car il a fait savoir ordinairement, avant son départ, que son absence durerait une quinzaine de jours.

– Quelle machination ! s'exclama Diane.

– C'est mon opinion, appuya Mr Superbus...

– En tout cas, sourit Diane, nous ne devons pas nous faire de mauvais sang en ce qui concerne Mr Selsbury...

Mr Superbus ne répondit pas, mais son visage soucieux disait à suffisance ses craintes personnelles à l'égard de Gordon...

Il regarda autour de lui de l'air d'un conspirateur prêt à révéler un secret important et puis :

– Il a quitté la ville, n'est-ce pas ?

– Oui.

– Pour combien de temps ?

– Pour huit jours.

Superbus se gratta le menton.

– Hum... La chose est plutôt délicate... Puis-je me permettre, miss, de vous demander si Mr Selsbury est parti pour affaires ou...

– Ou pourquoi ?

– Hum... en aventure galante ?...

Diane rit doucement.

– Non, non pas ça... (Puis, se rembrunissant :) Quelle sorte de femme serait partie avec lui ? Je veux dire, est-ce une jolie femme ?...

– Je l'ignore, miss, et surtout, j'ignore les goûts éventuels de Mr Selsbury.

– Vous partez, Bobbie ?

Bobbie, qui s'était levé, suivait le détective prenant congé de la jeune fille.

– Oui, je dois voir quelqu'un...

Sa voix était incohérente, ses mains tremblaient.

En ce moment-là il était résolu à rattraper Gordon, car il était peut-être encore temps.

Lorsque Bobbie fut parti, Diane sonna et lorsqu'Eleanor entra, elle vit sa maîtresse assise devant le secrétaire, séchant l'écriture d'une enveloppe au moyen d'un buvard.

– Mettez votre chapeau, Eleanor, et allez porter cette lettre à l'*Hôtel de Marble Arch*. Prenez un taxi.

– Oui, madame, répondit la soubrette, surprise.

– Et demandez à voir Mr Dempsi.

Diane essaya péniblement de paraître enjouée...

– Si... s'il embrasse la lettre ou se livre à quelque démonstration de ce genre, ne montrez pas votre étonnement. C'est un homme très impulsif... Il se peut même qu'il vous embrasse, d'ailleurs...

Eleanor se raidit...

– Vous croyez, miss ?

– Il ferait ça sans mauvaise intention, je vous assure... Il embrasse toujours les gens qu'il voit pour la première fois, expliqua Diane qui, en bonne diplomate, pensait à l'avenir... Je... Je.... Je ne serais pas surprise s'il m'embrassait lorsqu'il viendra me voir, car nous sommes de vieux amis... et vous savez, en Australie... on s'embrasse beaucoup plus souvent qu'ici...

– C'est vrai, madame ? dit Eleanor sentant s'éveiller en elle un intérêt soudain pour les mœurs des peuples qui composent le puissant Empire britannique.

– Je crains que Mr Selsbury, au contraire, ne comprenne pas ces façons d'agir, continua Diane... Les hommes sont plutôt d'esprit étroit... Si vous lui en parliez...

– Dieu, madame, je ne dirais jamais un mot de cela à Mr Selsbury.

Avant de partir, Eleanor, qui s'était habillée, entra encore au bureau.

– Excusez-moi, miss Ford, mais je pense brusquement à une chose... Si, par hasard, ce gentleman m'embrassait... auriez-vous l'extrême obligeance de n'en souffler mot à Mr Trenter ?

– Comptez sur moi, Eleanor, répondit Diane avec fermeté. Nous, les femmes, nous devons nous soutenir les unes les autres.

Par la fenêtre, elle épia le départ de la servante, puis se renversa dans son fauteuil. Les journaux s'entassaient devant elle sur le bureau. Elle en prit un, l'ouvrit, essaya de se plonger dans la lecture d'un fait-divers à scandale sans réussir à distraire ses pensées du drame qui se jouait dans son cœur.

Elle entendit frapper et se retourna. Ce n'était pas de la porte que venait le coup, mais plutôt de la fenêtre à vitraux. Dans la baie se trouvait une petite vitre carrée, mobile...

Le cœur battant, Diane traversa la pièce. Derrière la vitre se profilait une tête.

La gorge étreinte d'émotion, elle demanda :

– Qui est là ?

La voix qui lui parvint lui glaça le sang.

– Comment ? Vous ne me reconnaissez pas, mon adorée ?

– Mr Dempsi ! s'exclama-t-elle... Vraiment, vous ne devez pas entrer... Oh non, vous ne pouvez pas ! Mon oncle Isaac n'est pas à la maison et je ne puis vous recevoir !

Elle avait ouvert la vitre et regardait les yeux brillants et le menton barbu de Dempsi. Un vaste sombrero dissimulait la figure de l'aventurier et de ses épaules tombait une longue cape noire aux plis élégants. On eût dit un personnage d'opéra-comique.

– Je... je ne puis pas vous voir maintenant ! C'est tout à fait impossible.... Ne... ne voulez-vous pas repasser mercredi prochain ?

Ainsi donc, Dempsi était devant elle ! Vaguement, elle reconnaissait le profil de son soupirant. Il offrait d'ailleurs peu de ressemblance avec le visage d'enfant qu'elle avait connu en Australie... Mais l'éclat des yeux, les gesticulations de la main suffisaient pourtant...

– Diane, haleta-t-il, je suis sorti du tombeau pour vous reprendre !

– Oui, oui, oui, mais pas maintenant, fit-elle tandis qu'une angoisse douloureuse serrait sa gorge... Retournez dans votre tombe jusqu'à 3 heures. Je vous verrai alors.

L'ombre disparut. Comment Dempsi était-il entré... Elle rouvrit la vitre et vit une forme noire escalader le mur avec l'adresse d'un chat... Lentement, Diane gravit l'escalier qui menait à sa chambre, ferma la porte derrière elle et se laissa tomber lourdement sur son lit.

À ce moment-là, elle se rappela qu'un jour, sa tante excédée des assiduités de Dempsi avait, devant elle, préparé un piège à balle qui devait l'envoyer *ad patres* s'il s'était permis d'entrer dans la maison sans y être expressément invité. À ce souvenir, des larmes embuèrent ses yeux.

– Pauvre tante, sanglota-t-elle, comme tu savais ce que valent les hommes !

13

Gordon Double Dan

Dans sa chambre d'hôtel, devant la glace, un rasoir en main, le visage barbouillé de savon, Gordon hésita... Car, sacrifier des favoris, c'est, dans la vie d'un homme, un acte qui ne manque ni de gravité, ni de solennité. L'instant semble si irrévocable, la décision a été si longue à venir que ce n'est pas sans un frisson qu'on approche le rasoir de la joue. Il est vraiment étonnant qu'aucun poète n'ait, jusqu'à présent, mis ces émotions en vers.

Gordon durcit les muscles de sa mâchoire et attaqua ses ornements capillaires d'une main ferme... La lame brilla dans la lumière d'un soleil pâle. L'acte était consommé !

Lorsqu'il eut enlevé la mousse qui le faisait ressembler à un clown, Gordon se regarda avec étonnement. Il avait complètement changé, à son avantage, du reste. Deux coups de rasoir l'avaient rajeuni de dix ans.

– C'est enfantin ! s'exclama Gordon, d'un ton assez indifférent.

Il se tourna vers le lit sur lequel se trouvait le carton contenant son costume, son laineux costume à carreaux gris et petit filet rouge.

L'impression produite par l'échantillon du tissu s'était estompée dans son esprit, et il fut littéralement stupéfait lorsque le costume s'offrit à sa vue. L'étoffe en était terriblement voyante, le pantalon était large, d'une largeur exagérée comme c'était la mode. Ce n'était pas un pantalon, c'étaient des drapeaux...

Gordon sentit une sueur froide couler le long de ses tempes et sa main tremblante chercha un mouchoir.

Il ne pouvait décemment mettre ce costume-là, se parer de ces boutons futuristes, s'affubler de cette défroque bonne tout au plus pour des souteneurs ou des piliers de bars !

Que mettre alors ? Sa redingote noire et son haut-de-forme ?... Pour traverser la Manche ?... Ridicule aussi...

Le temps passait, impitoyablement. Gordon enfila le pantalon. Après tout, il n'était pas si affreux que ça ! Il continua de s'habiller.

Devant la haute glace de la garde-robe il se contempla avec ahurissement.

Une chose était certaine. C'est que son ami le plus intime ne l'aurait pas reconnu. Heureusement que son paletot couvrirait toute cette mascarade. Le nouveau Gordon Selsbury qu'il avait devant les yeux le fascinait.

– Comment allez-vous ? demanda-t-il en s'inclinant cérémonieusement.

Le personnage en face de lui lui rendit sa courbette. C'était un étranger complet pour Gordon... un jeune bookmaker, un... Difficilement, Gordon s'arracha à son examen et fit hâtivement ses paquets. Il sonna trois fois pour le valet. (Il fallait sonner une fois pour la bonne et deux fois pour le commissionnaire.) Naturellement, ce fut la chambrière qui arriva... Heureusement, l'hôtel où était descendu Gordon était un caravansérail où les hôtes font des séjours de courte durée. On arrive le soir, on part le matin. Aussi, la bonne ne manifesta-t-elle aucun étonnement à la vue du changement opéré en Mr Selsbury.

– Faites venir le valet, demanda Gordon.

Lorsque le domestique fut là, Gordon lui donna des instructions au sujet de la valise qu'il laissait à l'hôtel et dans laquelle il avait serré son vieux costume, et de sa boîte à chapeau contenant son haut-de-forme.

– Mettez ces objets au vestiaire de l'hôtel, dit-il au valet, je viendrai les reprendre vendredi prochain.

Mais le domestique le regarda avec insistance. Il avait servi jadis dans un cercle select de Pall Mall.

– Excusez-moi, n'êtes-vous pas Mr Selsbury, s'il vous plaît ?

Gordon rougit jusque dans la nuque.

– Oui, je suis Mr Selsbury, dit-il avec hauteur, tout en regrettant intérieurement de n'avoir pas choisi un autre hôtel.

– Si j'étais vous, dit le valet très respectueusement, je ne laisserais pas ma valise à l'hôtel.

Il ajouta, avec les meilleures intentions du monde :

– Vendredi prochain, nous aurons un grand dîner ici, donné en l'honneur d'un ministre. L'hôtel sera plein de gens du monde. Je suppose que vous ne tenez pas particulièrement à être reconnu, n'est-ce pas ?

Gordon était si éberlué qu'il ne pensa pas à protester.

– Dites-moi par quel train vous reviendrez, j'irai vous

attendre avec votre valise que je vais aller déposer à la consigne de la gare, si vous le permettez, suggéra le valet d'un ton presque paternel.

– Merci... euh...

– Mon nom est Balding, monsieur. J'ai été garçon au Club des Universitaires...

– Oui... Je vois... Je pense que vous avez là une idée excellente. Le fait est que je pars en mission et... euh... je dois prendre garde... Il s'agit de dizaines de milliers de livres...

– Je comprends, monsieur.

Balding comprenait fort bien. Il était habitué à rencontrer des gentlemen dans le cas de Mr Selsbury et il savait combien, à certains moments psychologiques, la diplomatie et l'adresse peuvent venir à point.

Gordon mit un billet dans la main de Balding qui se confondit en remerciements :

– Oh, merci beaucoup... merci mille fois, monsieur ! Je vais prendre votre valise, maintenant.

Il saisit la poignée.

– Arriverez-vous par le premier train continental ou le deuxième, vendredi prochain ? Celui d'Ostende arrive à 4 h 30, celui de Paris à 8 h 30.

– 4 h 30, répondit Gordon.

Le sort en était jeté. Il prit la deuxième valise, plus petite que celle qu'il avait confiée à Balding ; il se rendit à la caisse où il paya sa note et partit.

Le troisième quart de 10 heures sonnait au moment où il entra dans la gare de Victoria. Le train partait à 11 heures. Ce n'était pas la peine de se presser. Dans sa poche, Gordon avait son ticket de place réservée dans un Pullman. La journée était assez maussade. Les coups de vent succédaient aux échappées de soleil. Il releva le col de son paletot. Le bulletin météorologique annonçait :

« Vents de nord à nord-ouest. Mer moutonneuse à mauvaise. Visibilité bonne. »

Gordon regarda autour de lui. Héloïse n'était-elle pas encore là ? Déjà, il se sentait mal à l'aise et éprouvait une insurmontable envie de ramasser sa valise et de s'en aller, lorsqu'il la vit arriver, affairée, jetant de brefs coups d'œil derrière elle. L'émotion empreinte sur son visage fit battre plus vite le cœur de Mr Selsbury.

– Vite, suivez-moi à la salle d'attente ! lui jeta-t-elle en passant devant lui.

Comme dans un rêve, Gordon obéit, prit sa valise et marcha sur ses traces.

La grande salle était, à ce moment, presque vide. Héloïse le mena vers le coin le plus éloigné et le plus désert.

– Gordon... Gordon... Une chose affreuse !

Le sein de la jeune femme se soulevait tumultueusement.

– Gordon... mon mari... il est revenu inopinément du Congo... Il me suit... Il est presque fou !... Oh, Gordon, qu'ai-je fait ?... Il jure ses grands dieux que je ne l'aime plus, que mon affection est ailleurs... Il dit qu'il ne sera tranquille que lorsqu'il aura tué celui qui lui a volé mon amour... Vous savez, Gordon, mon mari est pour la méthode forte, c'est un admirateur acharné de Pierre le Grand !...

– Est-ce vrai ? répliqua Gordon faiblement.

C'est tout ce que Mr Selsbury trouvait à répondre.

Mrs Van Oynne continua d'une voix entrecoupée :

– Gordon, vous devez partir à Ostende et m'y attendre... J'arriverai le plus vite possible... Oh ! très cher... vous ne savez pas ce que je souffre en ce moment !

Mais Gordon était tellement en proie à ses propres émotions qu'il semblait se soucier fort peu de ce qu'éprouvait Héloïse.

– Vous ne lui avez pas dit que... notre amitié... est un lien purement spirituel ?

Elle eut un sourire plein de pitié.

– Très cher... Qui croirait cette histoire ?... Maintenant, dépêchez-vous... Je dois m'en aller...

Pendant une seconde sa petite main parfumée se posa sur sa manche, puis elle disparut.

Hébété, Gordon ramassa sa valise, sortit de la salle d'attente. Nulle part, il n'aperçut Héloïse... Un commissionnaire tendit la main vers ses bagages...

– Train pour le continent, monsieur ?... Vous avez votre place ?

Gordon leva les yeux vers la grande horloge. Il était 11 heures moins 5...

– Le train de Douvres part à 11 h 05, monsieur, expliqua le commissionnaire.

– 11 h 05 ? répéta machinalement Gordon, je croyais que c'était à 11 heures...

– Non, vous avez encore le temps, monsieur.

Mr Selsbury resta debout, sans un geste. Il ne parvenait pas à prendre une décision... Ses facultés lui refusaient leur service...

– Allez me chercher un taxi, voulez-vous ? fit-il enfin avec effort.

– Oui, monsieur.

Le commissionnaire lui prit la valise des mains et il ne résista pas. Morne, il suivit l'homme à travers le hall plein d'agitation et d'appels.

– Où le chauffeur doit-il aller, monsieur ? demanda le commissionnaire en tenant la portière ouverte et en souriant aimablement dans l'espoir d'un bon pourboire.

– En Écosse...

– En Écosse, monsieur ? s'étonna le brave homme.

L'exclamation tira Gordon de sa somnolence :

– Non, non... À l'hôtel *Grovely*. Merci beaucoup.

Le pourboire que Mr Selsbury glissa dans la main du commissionnaire était munificent, princier... L'homme en chancela et à moitié étranglé par l'émotion, dit au chauffeur : *Hôtel Grovely*.

Le taxi sortit de la gare avec un bruit de ferraille.

À ce moment-là, Bobbie Selsbury, les nerfs surexcités visitait les compartiments du train de Douvres, place par place.

Quant à Gordon, il sentait son sang-froid lui revenir peu à peu. À présent, sa pensée fonctionnait à peu près normalement. Il était hors d'atteinte maintenant de cet époux, plein du désir de vengeance et de projets homicides, de ce mari terrible, disciple de Pierre le Grand, le tsar sanguinaire de toutes les Russies, pensez donc !

Gordon se demanda si dans sa bibliothèque il possédait une biographie sincère et non expurgée de Pierre le Grand, car il était désireux de connaître par le détail la façon de procéder du grand empereur.

Le portier de l'hôtel ne parut guère surpris de le voir revenir.

– Gardez le taxi, prévint Gordon qui ne savait pas s'il serait capable, tantôt, d'en appeler un par ses propres moyens.

Il monta à sa chambre, entra et sonna trois fois pour le valet. Le portier apparut.

– Balding est parti en congé, monsieur... Le samedi, il a fini à 11 heures...

– Quand reviendra-t-il ?

– Lundi, monsieur. Chaque quinzaine, voyez-vous, nous avons un jour entier... Y a-t-il quelque chose que je puisse faire pour vous ?

Gordon secoua la tête. Il ne désirait que deux choses : la valise qu'avait emportée Balding et sa respectabilité... Il enleva son paletot et se regarda dans la glace avec une insurmontable mélancolie.

– Ce n'est pas moi ! murmura-t-il.

À présent, il se voyait sous un angle autre qu'avant son départ pour la gare. Le type qu'il représentait lui était hideusement familier. Il l'avait vu, ce séducteur, dans les films vulgaires pour public de bas-étage...

La seule alternative qui s'offrait à lui était la suivante : ou bien demeurer prisonnier volontaire dans sa chambre d'hôtel jusqu'au retour de Balding... ou retourner chez lui subrepticement... et changer de costume sans que personne ne l'aperçoive. Chez lui, il avait plus d'une redingote en queue de morue, des batteries de chapeaux haut de forme, des bataillons de pantalons à rayures grises et noires... La dernière éventualité lui sourit. Diane déjeunait à 1 heure, la salle à manger se trouvait de l'autre côté du hall, plus loin que le bureau.

Il serait relativement aisé d'entrer, de bondir dans l'escalier, de s'engouffrer dans le cabinet de toilette, de changer de vêtements et de descendre à la salle à manger pour s'y offrir aux regards stupéfaits de Diane... Comme elle serait étonnée !... Quelle amusante aventure !

– Ha, ha ! Diane, vous ne vous attendiez pas à me voir, lui rirait-il au nez... Eh bien, il est arrivé que j'ai reçu un câblogramme important... Juste au moment où j'allais prendre le train... Les favoris ?... Ah, oui ! je les ai fait raser pour vous ménager une petite surprise. Je suis mieux ainsi, n'est-ce pas ?

Son cœur se réchauffa à cette scène qu'évoquait son imagination.

Rien qu'à l'idée de se retrouver chez lui et de dormir cette nuit dans son lit, Gordon se sentait joyeux comme un enfant. Et puis, se retrouver avec Diane... Il devait bien se l'avouer, Diane exerçait sur lui une séduction à laquelle il ne tentait pas d'échapper... Si Héloïse partait à Ostende et l'y cherchait, ce serait assez malheureux... Mais comme elle resterait là-bas au moins pendant deux jours, il trouverait bien moyen d'entrer en communication avec elle.

Tout à coup, il frissonna, car derrière le nom de Mrs Van Oynne apparaissait soudain dans son esprit l'image du mari jaloux, brutal et assoiffé de sang.

Gordon avait deux heures à perdre avant de mettre son plan à exécution. De sa chambre d'hôtel, il téléphona à un libraire de la Buckingham Palace Road.

– Avez-vous une bonne *Vie de Pierre le Grand* ? demanda-t-il.

– Oui, Monsieur, nous en avons deux.

– Envoyez-les moi tout de suite, dit Gordon en souriant.

Son sourire disparut graduellement à la lecture du sort qui advint à certain gentilhomme tombé amoureux de Catherine et dont la tête, séparée du corps, avait été placée dans un vase de verre dans le boudoir de l'impératrice pour lui rappeler à chaque instant que son époux n'avait pas l'âme d'un mari trompé et content ! Et puis, il y avait cet autre courtisan qui, lui aussi, aimait la souveraine et que Pierre fit pendre à une haute potence sous laquelle il alla se promener avec Catherine. Ces récits impressionnèrent fortement Gordon et il ne put s'empêcher d'éprouver une certaine admiration respectueuse pour ce tsar qui s'entendait si bien à défendre son bien.

Il serra le livre, mit son paletot, descendit et au bord du trottoir aperçut le taxi toujours à l'attente. Diable, il l'avait complètement oublié !

Il se fit conduire jusqu'au coin de la rue, paya grassement le chauffeur et marcha rapidement dans la direction de Cheynel Gardens, le nez fourré dans le col relevé de son pardessus.

Heureusement, la rue était déserte. Il courait presque lorsqu'il atteignit la façade familière. Devant la porte, il introduisit d'une main tremblante la clé dans la serrure... Si, pourtant, le verrou était poussé de l'intérieur ? Il appuya et lâcha un profond soupir de soulagement, car la porte s'ouvrit sans difficulté.

Sur la pointe des pieds, il marcha vers la porte du salon, puis écouta. Pas un son. Avec mille précautions, il ouvrit, se glissa derrière une tenture, et referma la porte derrière lui.

La pièce était vide. Il entendit le tic-tac monotone de la grande horloge.

La première chose à faire, pensa-t-il, était d'entrer en communication avec Bobbie. Il écouta. Des bruits de couverts lui parvinrent. Diane déjeunait. Il ferma toutes les portes et alla au téléphone.

– Non, Monsieur, lui répondit un employé du bureau de son frère, Mr Selsbury n'est pas ici.

Gordon raccrocha sans dévoiler son identité et essaya, sans plus de succès, de toucher son frère à son domicile particulier. Il se leva, s'étira d'un air satisfait la bouche ornée d'un sourire apaisé... Comme Diane allait être surprise !

Il traversa le bureau pour se rendre dans le vestibule. Sa main se trouvait sur la poignée lorsqu'en se retournant il vit la tenture cachant la porte du jardin remuer imperceptiblement. La porte sera restée ouverte, pensa-t-il... Mais brusquement, une main se montra de derrière l'étoffe, écarta la draperie... Une femme était là !... Héloïse !...

Gordon n'en croyait pas ses yeux. Ce n'était pas vrai ! Ce ne pouvait pas être vrai ! Devant lui il n'avait qu'un fantôme créé par son esprit en délire !...

– Partez, fit-il d'une voix grave, vous n'êtes pas réelle !

– Gordon !

Elle tendit des mains implorantes et ses yeux étaient suppliants.

Gordon recula d'un pas vers la porte.

– Comment êtes-vous venue ici ? questionna-t-il d'une voix rauque.

– Par la porte du jardin... Je vous ai suivi... Gordon... Il est fou de rage. Vous devez me protéger !

Il la regarda d'un air soupçonneux.

– Qui est furieux ? Pierre le Grand ?

– Pierre ? Oh, non, mon mari ! Claude ! Il sait tout ! ajouta-t-elle avec un geste de tragédienne.

– Il sait tout ? C'est un journaliste alors ?

Gordon sombrait dans l'incohérence. C'est alors que lentement, elle s'approcha de lui et posa ses deux mains sur son bras...

– N'est-ce pas, fit-elle d'un ton caressant, que vous voulez que je reste ici... N'est-ce pas que vous n'allez pas me mettre à la porte ? Il m'a filée, mais j'ai réussi à le dépister...

– Demeurer ici ?

Gordon ne reconnut pas sa propre voix...

– Vous êtes folle ?

Elle le regarda, surprise :

– Êtes-vous marié ?

– Non, (puis, pris d'une inspiration subite)... Oui !

– Non... oui... répéta-t-elle d'un ton impatient... Qu'est-ce à dire ? Vous êtes divorcé ?

– Non, vous êtes absurde, Héloïse.

– Alors, vous êtes marié à... Diane ? s'écria-t-elle en dirigeant sur lui un doigt accusateur.

Gordon se contenta d'approuver d'un air à moitié idiot :

– Vous... vous... devez partir d'ici... Si vous restez... c'est la ruine...

Elle recula, les mains sur les hanches et ses lèvres se retroussèrent...

– La ruine ? Que voulez-vous dire ?

– Vous devez retourner auprès de votre mari... lui dire que vous avez commis une erreur...

– Il le sait bien, l'interrompit-elle amèrement, et lentement elle enleva son manteau.

Gordon, immédiatement, saisit le vêtement...

– Remettez-ça tout de suite, remettez-ça !

– Non, non et non ! Oh, Gordon, vous ne pouvez pas me mettre à la porte après tout ce que nous avons été l'un pour l'autre ! Oh... après toutes les confidences que nous avons échangées.

Il la poussa vers le jardin d'un geste fébrile... Il était un tout autre homme, l'angoisse, la peur, l'anxiété le possédaient...

– Dehors ! fit-il d'une voix sifflante... Je vous verrai dans une demi-heure où vous voudrez, dans une maison de thé, n'importe où... Héloïse, vous ne vous rendez donc pas compte que ma réputation dépend de...

Elle rétorqua d'un air singulièrement froid :

– Dans une maison de thé... Vous voulez donc me jeter aux... Lyons ? ajouta-t-elle, faisant un mauvais calembour sur la marque célèbre de thés...

Il la regarda avec colère. Comment, dans de telles circonstances, trouvait-elle le courage de faire de médiocres mots d'esprit ?

– Votre réputation, continua-t-elle froidement.... Voilà qui m'est parfaitement égal, je vous assure... Écoutez, je ne quitterai pas cette maison toute seule !

Gordon lui couvrit la bouche de la main pour lui imposer silence, car on avait frappé à la porte... La voix de Diane s'éleva :

– Qui est là ?

Les traits grimaçants, Gordon montra la porte du jardin...

– Qui est là ? répéta Diane.

– Partez par là, je le veux ! ordonna Gordon dans un murmure...

Héloïse secoua la tête, hésita, puis se glissa derrière la tenture... Elle cédait.

– Qui est là ? Qui a fermé la porte ?

La voix de Diane se faisait pressante. Gordon boutonna son veston, se passa la main dans la chevelure, tourna la clé dans la serrure et ouvrit la porte toute grande.

– Voilà, voilà, ma chère, fit-il, exhibant un sourire grimaçant de chat... Ha, ha ! C'est Gordon, tout simplement !... « Gord », diriez-vous ! Je viens... heu... Je viens de... heu... mais oui, me voici ! Je suis comme les pièces fausses, je reviens toujours...

Dans son for intérieur, Gordon rageait de devoir se plier à une telle comédie dans la maison où il s'était depuis de si longues années habitué à être le seul maître...

Elle, rapide comme l'éclair, l'avait dévisagé. En un dixième de seconde, elle s'était rendu compte que l'homme qu'elle avait devant elle ressemblait trait pour trait, les favoris exceptés, à Gordon Selsbury. Mais il avait l'air un peu plus gros (à cause du costume à carreaux gris mêlés de rouge) et plus petit... L'individu devait, à coup sûr, être un homme de mauvais goût essayant de se faire passer pour un gentleman sportif... Toutes ces pensées traversèrent son cerveau en moins de temps qu'il n'en faut pour l'écrire. Quant à Gordon, il ne pensait à rien qu'à jouir de l'étonnement de la jeune fille. Mais dans les yeux de Diane brillait une lueur qui le rendit mal à l'aise. Elle avança d'un pas et il recula de deux.

– C'est... heu... ha, ha... moi... Gord..., s'exclama-t-il d'un ton pitoyable...

– Très drôle, dit froidement Diane, mais nous attendrons demain pour rire...

Cette vieille repartie de music-hall n'inquiéta pas Gordon, pas plus qu'elle ne le rassura.

– Ainsi, ce n'est que Gordon, répéta-t-elle en hochant méditativement la tête... Asseyez-vous là, mon vieux Gordon.

– Écoutez-moi, ma chère enfant... fit-il en tâchant de prendre un air détaché... Je vais vous expliquer... J'ai simplement raté mon train.

Tandis qu'il parlait, elle ouvrit un tiroir... sans cependant perdre Gordon de vue... Sa main plongea dans le meuble et en retira un browning...

Clic ! La sûreté fut débloquée... Le revolver était chargé...

– Que faites-vous, Diane ? demanda-t-il d'une voix entrecoupée...

Mais dans les yeux de la jeune fille se lisait une résolution froide.

– Voulez-vous être assez aimable pour ne pas m'appeler Diane ? dit-elle calmement. Ainsi donc, vous êtes venu... vous voilà !... Pourtant, moi qui m'attends à beaucoup de choses, je ne m'attendais pas à vous voir !... Seulement, mon ami, vous êtes venu à une bien mauvaise heure.

– Écoutez, chère amie...

– Pas de familiarités ! Ne croyez pas que vous réussirez à me tromper... Je vous connais !

– Vous me connaissez ? demanda-t-il, stupéfait.

– Je vous connais, répéta-t-elle en articulant chaque syllabe, vous êtes Double Dan !

Il bondit sur ses pieds, mais le revolver braqué sur lui le calma... À grands gestes, il parla, tenta de s'expliquer.

– Vous êtes Double Dan, dit-elle, tandis qu'une flamme embrasait ses yeux... J'ai entendu parler de vous. Vous vous introduisez dans la peau des gens... Vous et votre complice, une femme, vous attirez d'innocentes victimes loin de chez elles et vous profitez de leur absence pour cambrioler leurs maisons !...

Elle regarda autour d'elle.

– Où est la femme ? N'apparaît-elle pas sur la scène ou son rôle est-il fini lorsque la victime est partie ?

– Diane, je vous jure que vous vous trompez... Je suis Gordon, votre cousin.

Elle sourit amèrement.

– Dan, vous n'avez pas pris toutes vos précautions... Vous n'avez pas étudié votre personnage à fond... Gordon, le vrai, portait de petits favoris... Vous ne le saviez donc pas ?

– Je... J'ai eu un accident, bégaya Gordon... Je les ai fait raser... pour vous plaire...

Le rire ironique de la jeune fille le glaça jusqu'aux veines.

– Mon cousin Gordon n'est pas le genre d'homme à avoir

un accident au sujet de ses favoris, dit-elle froidement, où est votre complice ?

Il fit tous ses efforts pour ne pas diriger son regard du côté de la tenture et se contraignit à regarder devant lui, d'un air qu'il croyait innocent, mais, involontairement, ses yeux se tournèrent vers la porte du jardin. Et Diane aperçut ce mouvement...

– Sortez de là, ordonna-t-elle.

Pas de réponse.

– Sortez, ou je tire !

La tenture s'agita. Héloïse, blafarde, s'élança au milieu de la pièce et se jeta sur la poitrine de Gordon.

– Ne me laissez pas assassiner ! Par pitié !

Diane l'examina et hocha la tête.

– C'est ça, votre mari... dit-elle.

Elle alla vers la porte qu'elle ferma.

– Maintenant, Double Dan et Mrs Double Dan, écoutez-moi bien. Vous êtes venus ici pour commettre un larcin... Si je voulais, je pourrais vous remettre entre les mains de la police... Mais je suis plutôt indécise, car, voyez-vous, en ce moment, votre présence ici a quelque chose de providentiel... Gordon Selsbury !... Vous imaginez-vous que Gordon est l'homme à introduire une femme chez lui, en cachette ?... Croyez-vous qu'il daignerait se vêtir comme un pitre de cinquième catégorie ?... Ne vous avisez plus de prononcer le nom de Mr Gordon Selsbury en ma présence !

Gordon ouvrit la bouche, la referma, agita les lèvres, mais aucun son ne sortit de sa gorge angoissée.

– Vous resterez ici, continua Diane, jusqu'à ce que je vous autorise à vous en aller.

Elle alla à la porte du jardin, la ferma, puis revint vers Gordon.

– Vous aviez une clé ? Donnez-la moi.

Gordon, comme un agneau, obéit. Elle ferma la porte à double tour. Il tenta un dernier effort désespéré.

– Diane, je vais tout vous expliquer, je suis... heu... le fait est que... Je vais vous dire la vérité... Je suis Gordon, aussi incroyable que cela puisse paraître... J'admets que je porte en ce moment un costume de très mauvais goût et que mon apparence habituelle a quelque peu changé... mais tout cela peut être expliqué assez aisément.

On frappa à la porte.

– Un moment, fit Diane, reculant vers la sortie... Qui est là ?

– Eleanor, madame... un télégramme.

Par la porte entrebâillée, la bonne tendit une enveloppe. Diane l'ouvrit et lut.

– Continuez, dit-elle, vous me disiez que vous êtes Mr Gordon Selsbury ? Continuez... vous inventez assez bien... Mais avant tout, écoutez ceci : *Je quitte Euston à l'instant. Soignez-vous bien. Gordon.*

– Voyons, mon petit ami, avouez-moi la vérité... Oseriez-vous encore prétendre que vous êtes Gordon ?

Il baissa la tête, vaincu par l'inconcevable acharnement de la fatalité.

– Gordon Selsbury ou Double Dan ? poursuivit Diane, impitoyable...

– Double Dan..., avoua Gordon, lassé, subjugué par les événements...

14

ONCLE ISAAC ET TANTE LIZZIE

Jamais Gordon n'avait vu quelqu'un d'aussi effrayé qu'Héloïse. Comment, elle, femme de sang-froid, de haute intelligence, âme supérieure, la voici qui s'était recroquevillée devant le regard dominateur de Diane ! Gordon soupira profondément, assujettit le tablier qu'il avait noué autour de sa taille et se demanda où Trenter serrait sa provision de poudre à nettoyer l'argenterie. Au fond, c'était encore un heureux hasard que Trenter fût absent et que l'humiliation de Gordon ne l'eût pas comme témoin... Car n'était-ce pas la pire humiliation, celle d'avoir reçu l'ordre de nettoyer l'argenterie à l'office et d'avoir à se préparer à exécuter d'autres besognes pas plus distinguées !

Encore un soupir et Gordon se mit à astiquer un pot à lait. Ses mains n'étaient pas habituées aux travaux de ménage, et cependant, l'ombre de la pensée de désobéir ne lui était même pas venue lorsque Diane d'un ton impérieux l'avait envoyé en corvée à la cuisine.

Il ne dormait pas, il ne rêvait pas, de cela il était tout à fait certain... Lui, Gordon Selsbury, maître de céans, il était bien dans sa cuisine, les manches de chemise relevées jusqu'au dessus du coude, un vilain tablier cachant à moitié son horrible costume gris à rayures rouges. Il frottait, étendait de la pâte, répandait de la poudre et frottait à nouveau...

Diane le prenait pour Double Dan et rien n'avait pu la distraire de cette croyance. Pourtant, pensa Gordon, si elle le prenait pour Double Dan, pourquoi n'envoyait-elle pas chercher la police ? Pourquoi ne le faisait-elle pas coffrer au plus tôt ? Au fond de lui-même, il éprouvait pour Diane une grande gratitude rien que parce qu'elle avait décidé de ne pas mêler Scotland Yard à ses affaires.

Mais qu'étaient donc devenus les domestiques ? Gordon n'avait pas vu Eleanor pas plus que la cuisinière... Où se trouvaient-ils ? Il allait le savoir bientôt.

À cet endroit de ses réflexions, la porte de la cuisine s'ouvrit et Diane fit son apparition. Gordon, la bouche ouverte, la considéra avec stupéfaction. Autour de sa taille mince, elle avait serré une large ceinture de cuir à laquelle pendait une gaine d'où dépassait la crosse noire d'un browning.

– Savez-vous ce que c'est que des pommes de terre ? demanda-t-elle sèchement.

Gordon se sentit gêné lorsqu'il réalisa à ce moment que tout ce qu'il savait des pommes de terre, c'est qu'elles appartiennent au règne végétal.

– Avez-vous jamais pelé des pommes de terre ?

– Je ne me rappelle pas, répondit-il... ah si !... Je me souviens, que lorsque j'allais à l'école je pelais parfois...

– Vos années passées à la Maison de Correction ne m'intéressent pas, interrompit-elle brusquement... Déposez ce pot à lait et suivez-moi à côté.

Il obéit passivement. Dans l'autre cuisine, il n'y avait aucune trace de Marie, la cuisinière, Eleanor était tout aussi invisible.

– J'ai envoyé mes domestiques en vacances, expliqua-t-elle, car je ne veux pas qu'un scandale quelconque éclabousse le nom de mon cousin... Je ne rendrai même pas publique la tentative d'escroquerie dont il a été victime. Vous

vous rendez bien compte, n'est-ce pas, qu'il est inutile que vous cherchiez à vous en aller d'ici ?

– Oui, fit-il de la tête.

– Comme, d'autre part, il est impossible que nuit et jour je vous surveille, j'ai demandé à un ami de m'aider.

Une lueur d'espoir fit briller les yeux de Gordon...

– C'est un détective, dit-elle, d'un ton impressionnant... Mr Superbus... Vous devez connaître ce nom, j'en suis certaine...

– Ce... Ce... bégaya Gordon indigné.

– Oui, ce... répéta froidement Diane.

Une sonnerie retentit tout à coup dans la cuisine. Diane regarda l'indicateur : le petit disque correspondant à la porte d'entrée vibrait avec violence.

– Les pommes de terre sont là ! annonça Diane.

Instinctivement, Gordon, qui avait été soldat, esquissa un salut militaire. Diablesse de Diane !

Lorsque Diane fut partie, Gordon courut vers la porte, elle était fermée à clé ! Quant aux fenêtres, elles étaient pourvues de forts barreaux de fer. Gordon retourna à ses pommes de terre en soupirant lamentablement. Il soupirait fréquemment depuis quelques heures !

La sonnette résonna de nouveau au moment où Diane dégrafait sa ceinture et déposait son arme dans le buffet du vestibule. La jeune fille hésita une seconde, mais déjà quelqu'un tambourinait avec impatience sur la porte. Diane se dirigea vers la sortie et ouvrit, sachant qui elle allait apercevoir...

Un monsieur barbu trépignait sur le seuil.

– 3 heures ! 3 heures ! s'écria-t-il avec emphase au moment où il vit Diane... 3 heures, ma fiancée, ma colombe, ma vie !

– Entrez, répondit simplement Diane.

Il l'aurait bien prise dans ses bras, mais elle le tint à distance.

– Les domestiques, murmura-t-elle en matière d'excuse et en s'esquivant adroitement de ses bras... Giuseppe, vous devez vous conduire décemment... Mon oncle...

– Votre oncle ! répéta-t-il en la contemplant d'un air extatique... Il est ici ?

Elle hocha la tête affirmativement.

– Dans cette maison ?

– Mais oui, certainement.

– Votre oncle est ici ! s'exclama-t-il, la voix triomphante...

– Mais Giuseppe... protesta-t-elle tandis qu'il continuait de la regarder avec des yeux fixes et embrasés...

– Alors, mon amour, le rêve de ma vie va s'accomplir... Votre téléphone... puis-je m'en servir ?

Avant qu'elle ait répondu, il avait décroché le récepteur. Il donna un numéro, celui de son hôtel, puis :

– Oui, envoyez mes bagages tout de suite à Cheynel Gardens... Oui. Deux valises ? Le nom ? Cheynel... Oui, c'est ça... Cheynel Gardens, n° 61. Impossible de vous tromper... N'oubliez pas mon pyjama... Il est sous l'oreiller...

– Giuseppe, fit-elle... Que faites-vous ? Attendez un instant... Réellement, vous ne pouvez pas demeurer ici...

– Si, ma colombe, sous votre toit... Quel bonheur ! Quel beau jour, ma chérie, ma vision étoilée !... Sans votre bon oncle, je n'aurais pu décemment demeurer ici... Vous avez une nouvelle tante ? Hélas, pauvre Mrs Tetherby !...

– Mais, Giuseppe, gémit-elle, vous devez vous en aller bien vite... Mon oncle déteste que des gens s'installent chez lui.

Il tapota gentiment son épaule.

– Nous le charmerons, ne vous inquiétez pas... Nous surmonterons ses objections. Dites-moi quel est son dada préféré, je lui en parlerai... Car je sais parler de tout, ma conversation est universelle. Ah ! votre tante ! Votre charmante tante ! Faites-la venir que je lui serre la main et l'embrasse sur les deux joues !... La tante de Diane... Oh, parenté divine !

Diane s'aperçut que, décidément, le côté italien de Mr Dempsi prenait le dessus. Il allait, venait, inspectait tout... Le voilà, à présent, examinant les rames de Gordon suspendues au-dessus du foyer.

– Vous avez appris à ramer, Diane ? C'est merveilleux ! Nous nagerons ensemble sur le fleuve du Temps, nous boirons l'eau du Léthé et nous oublierons le passé...

Emporté par son élocution, il fut tout près d'elle en deux bonds et lui prit les mains.

– Diane, si vous saviez comme j'ai pensé, nuit et jour, à ce moment qui nous verrait réunis !... Lorsque j'errais lamentablement, dans les vastes solitudes désertiques des territoires du Nord, dans le silence de la hutte du sauvage, dans le grand calme rompu seulement par le chant des oiseaux... Je pensais à vous, je voyais votre doux visage... La splendeur de vos cheveux, le rayonnement de votre front... vos yeux souriants et...

Il s'interrompit tout à coup, pensant à autre chose...

– Votre oncle... amenez-le ici, tout de suite !...

Gordon avait pelé sa troisième pomme de terre lorsque Diane entra dans la cuisine en titubant. Les pommes de terre que Gordon avait pelées étaient très grosses lorsqu'il les avait prises en main, minuscules lorsqu'il les avait déposées dans le bassin plein d'eau... Il avait sa manière à lui de peler les pommes de terre... Pour être sûr, il avait pelé profondément. Ce n'est pas si bête que ça.

Lorsqu'il aperçut les traits ravagés de Diane, il laissa tomber le tubercule sur lequel il s'escrimait...

– Ça ne va pas ?...

– Rien ne va ! fit-elle amèrement... Écoutez... Je vais vous donner l'occasion de racheter votre faute... Je déteste votre nom, Dan, et je l'ai changé... Vous êtes Isaac, ne l'oubliez pas !

– Qui ? s'écria-t-il.

– Isaac... mon oncle Isaac.

Il mit le couteau sur la table, essuya ses mains à son tablier et marcha calmement vers la jeune fille.

– Je ne suis pas votre oncle Isaac... commença-t-il.

– Enlevez ça ! rétorqua-t-elle en montrant le tablier... Mettez votre veston et venez avec moi. Rappelez-vous que vous êtes mon oncle Isaac et que cette femme terrible... À propos, où donc est-elle ?

– Comment diable le saurai-je ? demanda Gordon d'un air suprêmement ennuyé.

– Attendez !

Diane escalada les marches de l'escalier quatre à quatre jusqu'aux mansardes. Elle ouvrit la porte de la pièce où elle avait eu l'intention de loger le domestique supplémentaire qu'elle aurait engagé avec sa femme. À l'intérieur, elle trouva Héloïse, assise sur le rebord du lit. La femme se leva lorsqu'elle entra.

– Écoutez, Mrs Selsbury, fit-elle d'une voix perçante, je ne suis pas au courant de la législature de ce pays, mais je sais que vous n'avez pas le droit de me séquestrer dans...

– Voulez-vous que j'aille chercher la police ? fit Diane d'un ton mi-calme, mi-menaçant.

– Je veux dire, reprit Héloïse calmée, que vous êtes occupée à faire une grosse bêtise... Vous vous trompez, Mrs Selsbury... Ce pauvre idiot est bien votre mari...

– Je n'ai pas de mari, idiot ou imbécile, dit la jeune fille... Je n'ai jamais eu de mari... ou plutôt... Je suis veuve.

Héloïse fut troublée...

– Si vous le désirez, vous pouvez oublier tout ce qui s'est passé ici aujourd'hui, dit l'orpheline... Un visiteur est arrivé... Un vieil ami... Le fait est que nous étions fiancés jusqu'au jour où il périt dans la brousse...

– Et il est ici ? s'exclama Héloïse.

– Il est ici, et il y reste. Mais il est élémentaire que je ne puis l'autoriser à séjourner ici si je n'ai pas de chaperon... C'est pourquoi, à partir de ce moment, vous êtes... Tante Lizzie !

Héloïse faillit s'étrangler.

– Vous êtes tante Lizzie et votre infâme mari est l'oncle Isaac... Descendez à la cuisine et faites-lui part de ma résolution.

– Si je comprends bien, fit Héloïse en se frottant les yeux... Je... Je... suis tante Lizzie et... le pauvre enfant est... doit être...

– L'oncle Isaac...

– Merci, j'avais presque oublié... Mais c'est un vrai film de cinéma !.. Ha, ha !... Je suis tante Lizzie !...

Elle s'effondra sur le lit, sur le point d'avoir une crise de nerfs...

– Vous êtes tous fous ! éclata-t-elle soudain... Comment, moi, citoyenne américaine, ou tout au moins de Toronto, à une portée de pierre, je... je... je... suis tante Lizzie !... Moi, tante Lizzie !...

15

Gordon en mauvaise posture

Lorsqu'Héloïse entra à l'office, Gordon jouait distraitement avec des épluchures de pommes de terre.

– Vous êtes oncle Isaac ! s'exclama-t-elle, nerveusement.

À la vue de sa compagne d'infortune, Gordon sembla sortir d'un long rêve.

– Dites, Gordon... cette furie... c'est Diane, sans doute ?

– Oui...

– Votre femme ? Vous ne m'aviez jamais dit cela...

– Elle n'est pas ma femme... Elle n'a rien à dire dans cette maison... Si je vous ai laissé entendre que j'étais marié, c'était afin que vous vous en alliez. Ne voyez-vous donc pas à quel résultat vous êtes arrivée ? Vous avez ruiné ma réputation. Ah ! si vous aviez pu ne jamais paraître dans ma vie !

Gordon prononça cette dernière phrase comme une lamentation.

– Si elle n'est pas votre femme, dit Héloïse qui paraissait avoir perdu l'esprit, c'est qu'elle est votre veuve !

– Elle est ma veuve, si cela peut vous faire plaisir, admit Gordon avec lassitude. Asseyez-vous, Héloïse, je vais vous donner un verre d'eau qui vous fera du bien.

– Diane ? répéta Héloïse avec étonnement... C'est donc ça, votre petite Australienne, Gordon ?... Dites donc, est-ce qu'elle a fait partie de la rousse ?

– De la quoi ?

– De la police enfin ? Elle en a tous les trucs...

– Que voulez-vous dire ?

– Rien. D'ailleurs, nous devrons marcher comme elle l'entend. Il ne s'agit pas de récriminer, cela se voit tout de suite. Nous nous sommes fourrés dans une aventure dont il sera difficile de nous dépêtrer. Alors, laissons les événements suivre leur cours.

Cinq minutes plus tard, Mr Dempsi, volubile et gesticulant, serrait à les briser les deux mains de Gordon :

– Comment ? C'est vous... l'oncle de ma déesse ! Si jeune encore... Vous devez être plus vieux que vous n'en avez l'air... Et voilà donc tante Lizzie ?... !

Il embrassa bruyamment Héloïse sur les deux joues et la jeune femme se laissa faire avec résignation. Gordon, éberlué, regardait et écoutait sans pouvoir placer un seul mot. Qui donc était cet importun ? Diane avait oublié de faire les présentations. Elle s'en excusa.

– Oncle Isaac... Mr Giuseppe Dempsi... dont je vous ai parlé si souvent déjà, n'est-ce pas ?...

Le « n'est-ce pas » était accompagné d'un regard si fulgurant que Gordon « se rappela » sans trop de difficulté.

– Je croyais monsieur mort... dit Gordon d'une voix de basse funèbre...

– Mais heureusement, oncle Isaac, je suis vivant, bien vivant ! Réjouissez-vous, cher oncle... Votre petit Wopsy... C'est le nom qu'on me donne dans l'intimité, voyez-vous... Votre petit Wopsy donc n'est pas mort... Je suis revenu du royaume des ombres et c'est la voix magique d'une sirène qui m'a rappelé à la vie... (D'un geste théâtral, il désigna Diane, puis :) Ma fiancée, annonça-t-il d'un ton de solennité.

Gordon les regarda l'un après l'autre avec stupéfaction... Diane... Dempsi... fiancé... fiancée...

– C'est parfaitement ridicule, ne put-il s'empêcher de dire malgré un coup d'œil énergique de Diane.

Heureusement, tout à son effervescence, Dempsi ne remarqua pas cette interruption quelque peu intempestive...

– Ah, cher oncle Isaac, clama-t-il avec emphase, comme nous allons parler de toutes sortes de choses... (Puis, se tournant vers Diane :) Dites-moi, chérie, ai-je changé ?... Ah... J'étais un enfant alors... incertain, vacillant, ignorant la vie... Je ne savais pas que pour gagner l'amour d'une femme il faut se montrer fort. Gémir et pleurer ne servent à rien. Être timide n'avance pas. Se lamenter à ses pieds l'agace, être humble ne suscite en elle que mépris, mais être fort, robuste, grandiloquent... crier, tempêter... exiger...

– Excusez oncle Isaac, l'interrompit Diane à ce moment, il va donner à manger aux poules.

Diane suivit Héloïse et Gordon à la cuisine où, à l'abri des oreilles indiscrètes de Dempsi, elle leur fit des reproches violents.

– Vous ne valez rien, ni l'un ni l'autre !... dit-elle d'une voix désespérée... Je vous croyais bons comédiens puisque vous êtes des fripouilles et je m'aperçois qu'il n'y a rien, mais rien de rien, dans votre cerveau ! Vous étiez comme des statues de marbre devant ce Dempsi !

– Mais... Qu'aurions-nous dû faire ? s'enquit Gordon... D'ailleurs, si j'avais écouté mon impulsion, j'aurais jeté ce bellâtre dehors, sans compliment. Mais vous régnez en maîtresse ici, n'est-ce pas... Vous ne permettez même pas que je donne des explications sur madame...

– Vos explications n'ont rien à voir avec tante Lizzie, l'arrêta-t-elle assez brutalement... Vous espérez donc encore me leurrer, mon bonhomme. Je sais que vous êtes Double Dan. Je veux me servir de vous, s'il y a moyen. S'il n'y a pas moyen, j'enverrai chercher la police... J'attends Mr Superbus d'un moment à l'autre, c'est lui qui surveillera vos faits et gestes... Tâchez de vous conduire comme un honnête oncle, sinon...

Gordon grimaça :

– Comment voulez-vous que je me conduise comme un honnête oncle lorsque vous me mettez sous la coupe d'un vulgaire flic, demanda-t-il rageusement... D'ailleurs, comment allez-vous faire pour que ce Mr Superbus me surveille ?... On ne se méfie pas de ses oncles. Quel prétexte allez-vous donner pour justifier ma mise en surveillance ?

– Je dirai que vous êtes faible d'esprit, prononça froidement la jeune fille.

– Moi, faible d'esprit ! Mais vous êtes folle.

Sans daigner répondre, Diane s'éloigna et le couple penaud demeura silencieux à écouter le bruit de ses pas.

– Voilà ce que c'est que d'organiser un voyage à Ostende, fit Gordon d'un air rageur.

– Si nous étions allés à Ostende, rétorqua Héloïse, tous ces ennuis ne seraient pas arrivés... Estimez-vous heureux d'être prisonnier ici car, qui sait, mon mari attend peut-être à la porte avec l'intention de vous envoyer dans l'autre monde.

Gordon, d'un geste désabusé, passa sa main sur son front fiévreux. Il était tout à fait découragé.

– Cela m'est égal, dit-il à Héloïse, je ne m'occupe pas de votre mari. C'est peut-être un homme raisonnable qui comprendrait les choses telles qu'elles se sont passées en réalité.

Elle s'assit sur le bord de la table, alluma une cigarette, et s'amusa à lancer en l'air des volutes bleues. Pendant longtemps, elle demeura muette, puis...

– Ah... Si je pouvais être encore dans mon calme petit appartement de la 139e Rue ! gémit-elle.

16

Voici Mr Superbus

Diane était harassée. Elle avait dépensé une grande activité et ses nerfs étaient à bout. Elle devait veiller à tout, surveiller ses prisonniers, et recevoir les fournisseurs apportant les provisions.

Vers le soir, un homme sonna à la porte. Il était habillé pauvrement et d'humble apparence. Son visage étroit, jaune, était hérissé d'une barbe de trois jours et il penchait légèrement la tête de côté. À la vue de Diane, il recula imperceptiblement.

– Bonsoir, miss, dit-il en touchant légèrement sa casquette. Je viens chercher l'argent.

– Quel argent ? s'exclama-t-elle avec surprise.

– Mon argent, j'ai nettoyé les carreaux, hier.

Elle se rappela. Eleanor s'était plainte d'un homme qui « avait fourré son nez partout » et dont elle se méfiait.

– Je m'appelle Stark, miss, ajouta le nouveau venu.

– Je me souviens.

Elle alla à la recherche de son sac à main. Lorsqu'elle fut de retour, elle le vit qui examinait la serrure de la porte avec un intérêt de professionnel.

– Je... J'étais serrurier autrefois, miss, dit-il pour excuser son évidente curiosité. Mr Selsbury n'est pas là, miss ? demanda-t-il tandis qu'elle comptait l'argent dans sa main.

– Non, fit-elle sèchement.

– Et Mr Trenter, miss ?

– Non.

Les yeux de l'homme brillèrent.

– Mr Selsbury sera-t-il absent pendant longtemps ? Je désirerais le voir au sujet d'un travail.

– Je ne sais pas quand il rentrera. Mais il y a plusieurs hommes dans la maison, voulez-vous en voir un ?

Son expression changea du tout au tout.

– Non merci, miss, merci.

Elle ferma la porte sur lui et se demanda quand le « chien de garde », c'est ainsi qu'elle avait surnommé Mr Julius Superbus, arriverait.

Lorsqu'elle rentra dans le studio, Dempsi en était sorti.

Diane profita de son absence momentanée pour se diriger rapidement vers le coffre-fort de Mr Selsbury. C'était un de ces coffres vieux modèles dont la serrure à secret était renforcée d'une serrure ordinaire. Gordon lui avait dit un jour que jamais il n'employait de clé pour l'ouvrir, depuis le jour où, l'ayant égarée, il avait dû faire venir des techniciens pour ouvrir son coffre. Elle fouilla la table-bureau, retourna les tiroirs et ses efforts furent récompensés par la découverte d'une petite enveloppe cachetée portant ce mot « Clef » inscrit à l'encre.

– Dieu soit loué ! s'exclama-t-elle.

Elle introduisit la clé dans la serrure, tourna une fois. Le coffre-fort était désormais à l'abri des violences de ceux qui, par ruse ou par force, auraient pu obtenir le mot de la combinaison.

... Un taxi s'arrêta devant la porte et Mr Julius Superbus en descendit d'un air important. Il avait avec lui une grande boîte peinte en rouge et noir. De l'intérieur du taxi il prit encore un grand registre serré par une lanière de cuir et une casquette de golf. Il déposa ses bagages sur le trottoir, jeta un coup d'œil dans la voiture pour voir s'il n'avait rien oublié et paya le chauffeur en ajoutant un pourboire de 6 pence. Diane, dans la lettre qu'elle lui avait envoyée, avait ajouté en post-scriptum « N'épargnez aucun frais » et Mr Superbus agissait selon ses instructions !

Le détective amateur prit ses bagages sous ses bras, monta les trois marches du perron et poussa le bouton de sonnette avec l'extrémité de son nez.

C'est Diane elle-même qui vint ouvrir.

– Vous m'avez envoyé chercher, dit-il simplement, me voici.

Diane semblait contente de voir Mr Superbus et elle le conduisit dans la salle à manger.

– Mr Superbus, dit-elle gravement, je vais mettre votre talent à une rude épreuve et je suis sûre que je ne ferai pas en vain appel à vos lumières. Je suis dans un cruel embarras.

Il inclina la tête avec componction.

– Avez-vous fouillé tous vos vêtements ? demanda-t-il à brûle-pourpoint... Je vois ce qu'il y a, vous avez perdu quelque chose. Il est tout naturel que vous soupçonniez vos domestiques, mais sont-ils coupables, madame ? Pas une fois dans cinquante cas, je...

– Je n'ai rien égaré, Mr Superbus, mon oncle est ici...

Elle s'arrêta, se demandant comment elle allait expliquer l'affaire à Mr Julius. Allait-elle tout lui confier, le mettre dans le secret ?

– La famille, dit le dernier descendant des Romains, il vaut mieux qu'elle reste séparée. Les parents viennent vous importuner, vous emprunter de l'argent, manger chez vous, dormir chez vous, et lorsqu'ils s'en vont, c'est le cœur plein d'envie et d'amertume. Les oncles sont surtout ainsi. Laissez-moi faire, madame. (Il sortit sa montre de sa poche.) Je vous garantis que dans cinq minutes il sera dehors !

Elle s'empressa de lui donner les premiers renseignements. Mr Superbus se trompait, son oncle était le bienvenu chez elle. Au demeurant, c'était un brave type, fort ressemblant à Mr Selsbury, jeune comme lui. Seulement... elle se toucha le front d'un geste entendu et Mr Superbus comprit.

– Je sais ce que vous voulez dire, madame, dans le cas qui nous intéresse, c'est le tact et l'adresse qui importent... Il faut que les fous croient qu'ils font ce qu'ils veulent et rien d'autre. Mais sous le gant de velours, ils doivent aussi sentir la main de fer. Laissez-moi faire : je suis tout désigné pour m'occuper de votre oncle. J'ai de l'expérience. Nous avons eu plusieurs aliénés dans la famille.

Diane recula d'un pas.

– Son épouse est-elle aussi ici ? demanda Superbus.

– Oui, tante Lizzie.

– Ceci rend ma tâche plus difficile, remarqua Julius, car il est assez malaisé de surveiller un homme marié qui dort... À moins que tante Lizzie m'autorise à aller voir de temps en temps...

– Je ne crois pas qu'elle consentira à... L'essentiel est que l'oncle Isaac ne sorte de cette maison sous aucun prétexte.

– Ne vous tracassez pas à ce sujet, madame.

Lorsqu'elle eut donné toutes ses instructions, Diane retourna au bureau afin de calmer l'impatient Dempsi dont la voix autoritaire avait interrompu deux fois sa conversation avec le détective.

C'est d'un air extrêmement absorbé que Mr Superbus se rendit à la cuisine. Il n'observa aucune ressemblance entre

Gordon Selsbury et l'oncle Isaac, mais, sur les traits de tante Lizzie, il remarqua une certaine gêne.

– Bonjour, dit-il en entrant, mon nom est Smith.

Gordon montra la porte.

– Sortez, ordonna-t-il.

Mr Superbus eut l'air amusé :

– Je suis venu jeter un petit coup d'œil sur vous, oncle Isaac et en même temps sur vous, tante Lizzie.

La voix du dernier Romain était empreinte d'ironie et de compassion.

– Sortez, rugit Gordon le visage rouge de colère, retournez à l'instant auprès de la dame qui paie vos services et dites-lui que je lui accorde dix minutes pour me rendre mes clés et jeter cet infernal Dempsi à la porte !

– À quoi bon...

C'était Héloïse qui parlait.

– Si vous vous fâchez, vous serez en prison lundi...

– Cela m'est égal !

La rage emportait Gordon :

– C'est moi qui suis maître ici, vous m'entendez ! Je vais faire valoir mes droits !

– Gordon, reprit Héloïse, si vous faites venir les détectives, vous devrez expliquer ma présence ici... Et alors ?...

De la tête, Mr Superbus approuvait Héloïse. Il avait assisté avec amusement à l'« accès » de l'oncle Isaac qui voulait se faire passer pour son propre neveu et qui prétendait commander à Cheynel Gardens. Comme il ne faut pas fâcher les fous il murmura d'un air paternel en s'adressant à Selsbury :

– Vous êtes un bon type, oncle Isaac, et moi aussi... Nous sommes tous de bons types ensemble !

Et il appuya sa phrase d'un clin d'œil à l'adresse d'Héloïse.

Gordon sentit une colère terrible le pénétrer. Il bondit hors de l'office et se mit à la recherche d'un rasoir, d'un couteau, d'un marteau, de n'importe quelle arme enfin.

Il est des choses qu'un homme est incapable de supporter. Et ce qu'il déteste par-dessus tout, c'est la pitié mal à propos.

17

La nuit portera conseil

– La vie, dit nonchalamment Mr Dempsi en étendant les jambes devant le foyer, est une bien belle chose... Quelle différence ! Hier j'étais seul, découragé, sans espoir... Aujourd'hui, je suis avec ma bien-aimée.

– Mr Dempsi... commença Diane.

– Wopsy, fit-il d'un air de doux reproche.

– Eh bien, Wopsy, je vous ai permis de demeurer ici parce que je désirais avoir avec vous un entretien calme et raisonnable.

Elle appuya sur les qualificatifs, tandis que, le regard chargé d'amour, il tentait de saisir une main qui reculait devant les siennes.

– Avec vous, j'aime tant le silence, fit Dempsi grandiloquent... Ah... Le Silence et la Femme Aimée !...

Mais Diane avait préparé tout un discours dans le calme de sa chambre à coucher et elle voulait le servir à Dempsi.

– Il y a environ cinq ans, dit-elle, vous avez eu la bonté de me demander ma main. Je refusai. Il y en a qui disent que les jeunes filles n'ont pas de cervelle – le fait que j'ai refusé votre proposition est la preuve du contraire. Ce que j'éprouvais alors, je le ressens encore en ce moment. Mon cœur est dans une tombe.

– Dans la tombe de mon cœur ! fit-il, poétiquement.

– Ne tournez pas ceci au tragique, Wopsy... Écoutez... J'aimais un homme... Il est parti...

– Il vous a abandonnée ? s'exclama Dempsi en bondissant de son siège.

– Non, je veux dire que... qu'il... est parti pour l'Au-Delà, le Grand Au-Delà.

– Ah, il est claqué. Ces choses-là arrivent, ma chérie. Ainsi moi, j'aimais une femme, une femme divine, grande, divinement blonde, gracieuse dans le moindre de ses gestes... Elle aussi s'en est allée dans le Grand Au-Delà...

– Elle est morte, Wopsy ?

– Non, elle est partie au-delà de l'Atlantique et joue à présent dans un théâtre de New York... Mais elle est morte dans mon cœur. Je l'ai arrachée de mon âme... Ah, j'ai été sur le point de me tuer... Je me dégoûtais de l'aimer si fort. Je me disais : « Wopsy, Wopsy, tu as donc oublié ta Diane, ta petite Diane, ton premier amour ? » Avec un courage qui m'a moi-même beaucoup étonné, j'ai oublié l'infidèle. À l'heure actuelle, elle est la femme fatale la mieux payée à Hollywood... Je la vois encore fréquemment, sur l'écran. Mon cœur ne palpite plus à sa vue. Ce sont des drames qui arrivent dans la vie.

Diane ne se sentait nullement émue, seulement un peu découragée.

– Moi, fit-elle avec effort, je n'oublierai jamais mon amour... Wopsy, vous voyez donc que c'est impossible... À propos, avez-vous reçu l'argent ?

– L'argent ? Quelle petite folle vous faites !

– Je l'ai envoyé par chèque.

Il se renversa dans son fauteuil en éclatant de rire :

– L'argent ! Parler d'argent avec moi ! Comme vous aimez les billets de banque, vous Anglo-Saxons ! Des hommes de mon tempérament, voyez-vous...

Il acheva sa pensée en faisant claquer ses doigts d'un geste de dédain :

– Je vous pardonne bien volontiers l'infidélité que vous avez commise envers ma mémoire, chère Diane. Vous n'étiez, à vrai dire qu'une enfant. Je ne pouvais pas attendre de vous que vous chérissiez la mémoire de l'homme qui mourut pour vous... C'est le passé. Nous appartenons au présent, aujourd'hui... Et demain, lundi ou mardi, nous serons mariés.

– Et que ferons-nous mercredi ? demanda-t-elle. Excusez-moi de m'occuper d'un avenir si éloigné.

Pendant une seconde, Dempsi fut démonté et il rit d'un rire qui sonna faux :

– Mon adorée petite Diane, que vous êtes amusante !...

– Écoutez, Dempsi, ou Wopsy, puisque vous préférez, demain vous retournerez à votre hôtel. Et nous ne nous marierons ni lundi, ni mardi, ni mercredi. Savez-vous pourquoi ? Parce que je n'éprouve nullement le désir de vous épouser.

Les traits de l'Italien s'assombrirent.

– Ha, ha ! Je vois d'où vient le coup... L'influence de cet oncle Isaac est diabolique ! Toute ma vie, j'ai été roulé par des oncles et des tantes. Mais il aura affaire à Giuseppe Dempsi, l'oncle Isaac.

Il s'élança de son fauteuil, fit deux bonds jusqu'à la porte, mais Diane s'accrocha désespérément à son bras.

– Laissez-moi ! rugit-il.

– Si vous sortez de cette pièce, je téléphone à la police.

Dempsi s'arrêta.

– La po-la po-po, la police pour moi !

Il se couvrit la face avec ses deux mains et ses épaules se soulevèrent convulsivement comme s'il sanglotait. Diane n'éprouva aucun remords.

– Elle, dont je rêve toutes les nuits, me menace ! Ô ciel, que je meure !

Diane ne fit rien pour l'empêcher de mourir, mais au bout de trois minutes, son soupirant vivait encore.

– Mr Dempsi, séchez vos larmes. Vous pourrez loger ici, cette nuit, votre chambre se trouve tout en haut. J'espère que vous y dormirez bien. Si vous désirez quelque chose, sonnez. Personne ne répondra. Bonsoir.

Il fit demi-tour vers la porte, l'air extrêmement fatigué.

– Hélas... Ce n'est plus la même Diane !... s'exclama-t-il, désespéré.

Un cœur de pierre eût été touché par le pathétique de sa voix. Mais le cœur de Diane était d'acier trempé et ne frémit pas.

Dempsi était à peine dans sa chambre qu'il entendit un bruit étrange. Il bondit vers la porte. Trop tard... On venait de la fermer à clé, de l'extérieur.

– Quoi ? Qu'est-ce ? Qui a fermé la porte ? Ouvrez tout de suite !

– C'est moi, fit Diane du palier... C'est dans votre intérêt. Oncle Isaac ne vous aime pas beaucoup.

Un silence.

– Mais, mais s'il y avait un incendie ? C'est très dangereux, ce que vous faites là !

– Il y a un extincteur dans votre chambre, répliqua-t-elle sèchement, vous le trouverez dans votre garde-robe.

Elle était moulue, vannée. Tous ses membres lui faisaient atrocement mal. Ah... Si Gordon était là pour la réconforter ! Ou même Eleanor...

Heureusement, il restait Mr Superbus.

Des notes de musique lui arrivaient de la pièce des domestiques. Mr Superbus jouait de l'orgue à bouche avec une douceur sans pareille, avec art presque. Tante Lizzie était assise, le menton dans la main, devant le poêle de la cuisine. Quant à l'oncle Isaac, appuyé contre le garde-manger, il considérait le musicien d'un air furieux. C'est ainsi que Diane les trouva lorsqu'elle entra.

– La soirée est bonne ? demanda-t-elle.

– Diane, fit Gordon, vous poussez la plaisanterie un peu loin... Je n'ai eu qu'un morceau de pain et du fromage à souper.

Elle le considéra avec dérision :

– Mais nous non plus nous n'avons pas dîné. Estimez-vous heureux d'avoir eu du pain et du fromage. D'ailleurs, il est temps d'aller au lit.

– J'irai au lit lorsque cela me plaira !

Mr Superbus secoua la tête paternellement.

– Méchant ! Vous êtes méchant ! lança-t-il, d'une voix pleine de reproches... Là... Je ne reconnais plus ce cher oncle Isaac... Comment, mon oncle, vous si gai, vous qui chantiez tantôt comme un oiseau, vous voici à présent de mauvaise humeur ?

Gordon rougit de colère.

– Je n'ai pas chanté, misérable menteur !

– Tante Lizzie, fit le détective... Oncle Isaac a-t-il, oui ou non, chanté ?

L'interpellée haussa les épaules d'un geste de suprême indifférence.

– En tout cas, s'il ne chantait pas, il fredonnait, fit Mr Superbus, péremptoire.

La vérité est que tantôt Julius avait joué, sur son orgue à bouche, une chanson d'étudiants et que Gordon, ancien élève d'Eton, l'avait machinalement accompagné entre les dents.

– Au lit ! ordonna Diane sèchement.

Elle fit sonner ses clés, ce qui lui donna l'aspect d'une féroce gardienne de prison.

– Vous regretterez votre conduite, dit Gordon... Des milliers de personnes certifieront que je suis bien Mr Selsbury.

– Et combien de témoins identifieront tante Lizzie ? demanda sardoniquement la jeune fille.

Gordon ne trouva aucune réponse.

Ce fut Héloïse qui parla à sa place.

– Ce ne sera pas difficile, dit-elle, je suis Mrs Van Oynne, et j'habite au 71, Glarence Gate Gardens.

– Très bien, madame, répondit Diane. Si vous voulez, vous pouvez téléphoner à la police qui vous fera identifier. Je dirai que, par erreur, je vous ai prise pour... la... la complice de Double Dan.

Héloïse se leva, éludant la proposition de Diane.

– Je suis fatiguée. Je vais dormir, dit-elle en bâillant.

Diane montra le chemin, Gordon suivit, puis vint Mr Superbus jouant doucement de son orgue à bouche. S'il avait été un musicien plus accompli, il aurait scandé cette marche nocturne par *La Mort d'Asae.*

– Bonne nuit, dit machinalement Gordon en s'arrêtant devant la porte de sa chambre à coucher.

– Pas là !

La voix de Diane claqua comme un coup de fouet. Docile, il la suivit un étage plus haut, jusqu'à la chambre que Diane destinait au ménage de nouveaux domestiques qu'elle comptait prochainement engager. Héloïse entra.

– Bonsoir, dit-elle.

– Vous oubliez quelque chose, dit Diane.

– Si vous croyez que je vais vous embrasser, ma petite fille, siffla Héloïse furieuse, vous vous trompez.

Et claquant la porte derrière elle, elle disparut dans sa chambre.

– Pas moi, mais votre mari, dit calmement Diane.

On entendit, de l'intérieur, qu'Héloïse traînait une chaise devant la porte dont elle cala la clenche avec le dossier du siège.

– Comment ! s'exclama Diane en se retournant vers Gordon, vous vous êtes donc querellés ? Ou bien, vous...

– Rien !

– C'est bien compliqué. Il va falloir que je vous trouve une chambre, maintenant. Accompagnez-moi.

Au bout du couloir, il y avait une chambre d'amis mais le lit n'était pas fait.

– Il y a des couvertures dans un coin, dit la jeune fille, demain, je tâcherai de vous procurer des draps. Vous dormirez d'ailleurs ici plus confortablement qu'au violon.

Elle ferma la porte à clé derrière lui.

Gordon remarqua que la fenêtre était restée ouverte, mais

il n'y avait pas moyen de s'évader par cette voie-là. Le mur tombait à pic jusqu'à une cour intérieure en contre-bas entourée d'une grille aux piquants acérés. Gordon décida que le mieux était de se mettre au lit.

Pendant une heure, il se retourna en tous sens. Ses nerfs étaient à bout. Il ne parvenait pas à trouver le sommeil ! Peut-être qu'en cherchant, il trouverait une deuxième clé dans un tiroir de la commode ? Il se leva, visita le meuble, mais en vain. Il éprouva ensuite la porte. Tout à coup, il entendit venir du corridor un bruit étrange. C'était à la fois le grincement d'une scie et le ronflement d'un moteur...

Le bruit s'arrêta tout à coup, et Mr Superbus, car c'était lui qui ronflait, s'enquit :

– Vous dormez bien, oncle Isaac ?

En chien fidèle, le dernier Romain passait la nuit sur le tapis.

18

Un homme dans la nuit

Diane, malgré sa fatigue, dormit péniblement. Elle s'éveilla brusquement d'un sommeil léger, entrecoupé de soubresauts. Aucun bruit dans la maison, sauf le ronflement lointain de Mr Superbus. Cependant, Diane eut l'intuition que quelque chose d'anormal se passait. Elle se glissa hors du lit, mit son peignoir et regarda par la fenêtre. Sur le trottoir, elle vit une ombre. C'était celle d'un homme petit, mais à carrure épaisse dont la silhouette, projetée par le réverbère, se dessinait nettement contre les maisons d'en face. Diane avait déjà vu cette silhouette auparavant. Tout à coup, elle se rappela. C'était Stark, le nettoyeur de vitres !

Il l'aperçut sans doute, car il s'effaça rapidement contre la grille d'une cour. À l'autre bout de la rue, Diane vit déambuler un policeman faisant sa ronde. Il s'arrêta lorsqu'il fut arrivé à un coin, fit quelques pas vers Cheynel Gardens, puis s'immobilisa à nouveau. Une faible flamme éclaira son visage. C'était l'heure où les policiers de service se risquent à enfreindre les règlements défendant strictement de fumer. L'ombre contre les grilles ne bougea pas d'une ligne.

– Que désirez-vous ? héla Diane.

Stark regarda en l'air.

– Rien, madame. Je suis sujet à l'insomnie..., bégaya-t-il.

– Demandez conseil au policeman, dit la jeune fille, il vous soignera.

Stark ne répondit pas, disparut pendant quelques secondes dans l'allée pleine d'ombre, devant la maison, puis se montrant à nouveau, il se dirigea avec décision vers la rue principale. Le policier fumeur alla à sa rencontre. Les deux hommes conversèrent pendant quelques instants, puis Stark s'en alla. Diane eut l'impression que le policeman avait esquissé un geste vers Stark, mais elle ne put deviner ce dont il s'était agi.

Elle était tout à fait éveillée, maintenant. Il était 3 heures et quart. Elle prit son sac à main, ouvrit la porte et écouta. Cela suffit pour que le fidèle Julius s'éveillât et descendît l'escalier.

– Ce n'est que moi, Mr Superbus, dit-elle, soulagée de voir que le détective prenait sa mission au sérieux. Je crains, cher monsieur, que vous n'ayez beaucoup d'émotions dans cette maison...

– Ne vous tracassez pas, miss, je dors très peu. Napoléon non plus ne dormait guère... Vous désirez quelque chose, madame ?

– Je vais me faire une tasse de thé, dit-elle en descendant l'escalier menant à la cuisine.

Elle avait faim. Elle fit une infusion, dénicha une boîte de gâteaux secs et, à voix basse appela son protecteur pour qu'il partageât son maigre repas.

– Si nous éclairions ? fit-elle en tournant tout aussitôt le commutateur du hall. Entrez donc, Mr Superbus.

Elle se dirigea vers le bureau. La porte ne céda pas sous la poussée qu'elle lui imprima. Diane fronça les sourcils.

– Je suis pourtant sûre de n'avoir pas fermé cette porte à clé.

Elle prit son passe-partout dans son sac à main, introduisit la clé dans la serrure et sursauta. La porte était fermée de l'intérieur !

– Attendez-moi ici pendant que je vais m'habiller, recommanda-t-elle.

Les yeux de Mr Superbus s'arrondirent d'étonnement. L'émotion changea son teint pétunia en vieil or. Il n'était ni nerveux, ni effrayé. Mais le danger le faisait pâlir. Tout comme Marc-Antoine.

Bientôt Diane redescendit. Elle s'était absentée pendant trois minutes à peine. Dans le bahut du hall, elle prit son ceinturon et se l'attacha autour de la taille. Lorsque Mr Superbus la vit tenant l'arme en main, il se sentit plus à l'aise.

– Ouvrez, s'il vous plaît !

Derrière la porte, il y eut un bruit léger de pas et un craquement comme si quelqu'un tournait un commutateur...

– Vite, ordonna la jeune fille à voix basse, allez surveiller le derrière de la maison ! Il va essayer de fuir par le mur... N'hésitez pas... Descendez-le... Il se peut qu'il soit armé.

Mr Superbus ne bougea pas. Il semblait cloué au sol.

– Si nous appelions un policeman, suggéra-t-il d'une voix d'outre-tombe.

Elle secoua la tête :

– Je ne veux pas la police ici. Faites comme je dis, je vous en prie.

Mr Superbus essaya de lever un pied et grimaça.

Son rhumatisme serait-il revenu ?

– Je ne vous laisserai pas ici toute seule ! hoqueta-t-il d'une voix blanche. Ce serait lâche, abandonner une femme dans le danger !

Le hall, cependant, possédait une autre entrée pour le bureau. C'était par une sorte d'antichambre que Gordon employait comme bibliothèque.

– Restez ici, murmura Diane en se dirigeant vers cette antichambre.

La porte en était ouverte. Elle la poussa sans bruit et pénétra dans la pièce en étreignant son revolver.

À l'extrémité de l'antichambre, elle poussa la porte donnant dans le bureau. La pièce se trouvait dans l'obscurité. Seule la large baie à vitraux éclairait vaguement les environs immédiats de la fenêtre.

– Les mains en l'air, s'écria Diane, je vous vois !

Le commutateur se trouvait à l'autre bout du bureau. Diane y marcha à l'aveuglette, mais elle avait à peine fait quelques pas qu'une forme noire bondit, ouvrit la porte du hall, partit comme une flèche...

– Heureusement que Superbus est là, pensa Diane en s'élançant à la poursuite de l'inconnu.

Mais chose étrange, elle n'entendit pas de bruit de lutte et lorsqu'elle arriva dans le hall, ce dernier était vide...

– Mr Superbus, appela-t-elle.

– Ici, madame !

Il sortit derrière elle du bureau.

– Je vous avais suivie. Cela me chiffonnait de voir une femme s'aventurer seule dans l'obscurité... Vous l'avez vu ?

– Oh ! Pourquoi n'avez-vous pas fait ce que je vous avais dit ? gémit-elle.

– Mon devoir était de vous protéger, fit gravement Julius.

Elle alluma toutes les lampes du studio. Rien ne semblait avoir été dérangé excepté...

Diane avait laissé le disque des lettres du coffre-fort au « X » et à présent l'arrêt était sur le « A ».

– Allez chercher le thé, demanda-t-elle à Superbus, puis elle continua son inspection.

Mr Superbus revint avec le plateau que Diane avait préparé quelques minutes auparavant.

– Ce qu'il nous faudrait, ce sont des indications révélatrices sur cet intrus... risqua Mr Superbus.

– Eh bien, trouvez-en !

À quatre pattes, il fit le tour de la pièce tandis que Diane mangeait ses gâteaux avec avidité.

– Quelqu'un s'est assis là ! s'exclama le détective en montrant le fauteuil près du foyer. Regardez ce coussin, on y voit l'empreinte d'une tête.

– C'est la mienne, rétorqua laconiquement Diane.

Il la regarda avec méfiance.

– Allons, venez manger, l'invita-t-elle en lui tendant la boîte à biscuits.

Puis elle continua, songeuse...

– Je me demande comment il a bien pu faire pour sortir...

– Qui ?

– Doub... Je veux dire, oncle Isaac...

Julius esquissa un pitoyable sourire.

– Il n'est pas sorti de sa chambre, madame, car je n'ai pas

abandonné mon poste. Je crois que le bonhomme que nous avons surpris ici est un cambrioleur...

– Comment serait-il alors sorti de la maison ? La porte d'entrée est toujours verrouillée et la chaîne n'a pas été enlevée. Si c'est un cambrioleur, eh bien, il est encore dans la maison à l'heure qu'il est.

– Ne-ne-ne dites pas cela, mada-miss-madadame, la supplia nerveusement Julius, je vous assure que s'il est encore dans la maison, je ne réponds plus de rien. Voyez-vous, je deviens enragé lorsque je vois des cambrioleurs, aussi le docteur m'a-t-il ordonné de les éviter autant que possible.

– Il est dans la maison, et il se cache probablement dans la cuisine. Prenez encore quelques gâteaux. Lorsque j'aurai bu mon thé, nous irons à sa recherche.

Mais Julius n'avait plus d'appétit.

– Ceci est une affaire pour la police régulière, dit-il avec le plus grand sérieux, elle est payée par le gouvernement pour s'en occuper. D'ailleurs, l'État pourvoit à l'entretien des veuves de policiers. En outre, vous savez, miss, que lorsqu'un agent capture un bandit, il reçoit de l'avancement. Or, moi j'estime que je dois tâcher de favoriser les policemen lorsque j'en ai l'occasion. Dois-je aller en chercher un, Miss ?

Elle lui fit signe de demeurer.

– Restez ici. J'irai voir, moi.

Il refusa. Sa place était à ses côtés et même un peu derrière elle. Il adorait la voir manier avec fermeté son petit browning.

La cuisine était vide.

De retour dans le bureau, Mr Superbus exposa son opinion.

– Vous savez, miss, que les malfaiteurs s'échappent souvent par des souterrains ? J'en ai vu beaucoup, des passages secrets, moi. Vous poussez un panneau... et vous apercevez une volée de marches menant à un caveau souterrain. Vous actionnez un ressort...

– Il n'y a pas de ressorts secrets au n° 61 de Cheynel Gardens, dit sèchement Diane. Il n'y a pas non plus de panneau camouflé. En fait de caveau, il n'y a que la cave où se trouve la chaudière du chauffage central. Allez-y satisfaire votre curiosité, si vous le désirez.

– Oh, je ne mets pas vos dires en doute, fit aimablement Mr Superbus.

Il était à présent 4 heures et quart. Mr Superbus alluma le

feu, alla à la cuisine chercher du bois. Le trajet aller se faisait lentement et le chemin du retour à grandes et vives enjambées. Les dents de Mr Superbus claquaient en revenant de l'office. C'est qu'il y faisait si froid, voyez-vous !

– Il n'y avait pourtant rien à la cuisine qui eût pu vous faire de mal ! dit Diane en souriant.

Julius eut un sourire amusé :

– Me faire mal, à moi ! Il n'est pas encore né, celui qui me fera mal ! Je ne sais pas ce que c'est que la peur, Miss. Toute ma famille est comme ça. Mon frère allait la nuit du cimetière à la *Grande Duchesse*...

– Vous avez des accointances avec la noblesse, Mr Superbus ?...

– Non, madame, c'est le nom d'une auberge. Il est marié, mon frère. Oui, il va à travers le cimetière et il n'a jamais rien vu... Ma sœur Agrippa est brave comme une lionne. Nous sommes tous comme ça dans la famille... Tiens, qu'est-ce que j'entends ?

Il se leva à moitié. Du hall parvenait un bruit de pas.

– Allez voir...

Diane prit son revolver.

À contrecœur, Mr Superbus obéit...

Diane le suivit.

– Halte, madame, fit tout à coup le Romain, ne tirez pas, c'est tante Lizzie !

19

La disparition de l'oncle Isaac

Héloïse fit deux pas en avant. Un vif mécontentement se peignait sur son visage.

– Que se passe-t-il ? J'ai entendu quelqu'un monter en courant l'escalier.

Ses yeux tombèrent sur la boîte de gâteaux. Elle en prit une poignée, s'assit devant le foyer éteint et mangea pensivement les biscuits.

– Ah ! Si j'étais chez moi ! soupira-t-elle.

Diane, impressionnée, dit à Superbus :

– Allez chercher une tasse et une soucoupe, tante Lizzie voudrait un peu de thé.

Julius qui s'était accroupi devant le foyer pour le rallumer et qui dans cette position ressemblait à un prêtre oriental, adorateur du feu, leva vers Diane une face sur laquelle se lisait un dégoût insurmontable.

La jeune fille s'empressa d'ajouter :

– Vous n'avez pas besoin de descendre à la cuisine, Mr Superbus, vous trouverez des tasses dans un placard au bout du couloir.

Julius se releva en poussant un soupir de soulagement.

– La cuisine ne me fait pas peur, mentit-il.

Héloïse alluma le feu, puis, les bras ouverts, se pencha frissonnante au-dessus des flammes. Des millions d'années lui semblaient avoir passé depuis son emprisonnement dans cette maison maudite. Diane, qui l'observait de côté, vit que la joue de Mrs Van Oynne était d'un galbe très pur, que le nez était d'une forme parfaite. Elle se prit, à ce moment, d'une soudaine compassion pour cette femme jetée ainsi dans une aventure qui aurait Dieu sait quelle issue.

– Qu'est-ce qu'il est pour vous... ce Double Dan ?

Héloïse haussa une épaule.

– Vous êtes sa femme ?

– Peut-être un jour, vous dirais-je tout, répondit l'interpellée, tandis qu'un profond soupir soulevait sa poitrine, mais pas maintenant, pas maintenant...

– Je suppose que vous ne menez pas ce genre de vie par plaisir ? continua Diane dont le cœur s'ouvrait devant son hôtesse de hasard.

– Vous avez deviné, fit Héloïse accentuant sa réponse de hochements de tête pleins de tristesse.

– Puis-je faire quelque chose pour vous ? commença Diane.

À ce moment, Mr Superbus arriva avec une tasse et une soucoupe, ce qui eut pour effet d'interrompre les confidences amorcées.

– Vous avez bien dormi, tante Lizzie ? demanda Julius tout en buvant bruyamment.

Elle secoua la tête.

– Non, je ne dors pas bien hors de chez moi. D'autant plus

que je suis rongée d'ennuis. Et quand on a des ennuis, voyez-vous, le sommeil est lent à venir.

– Ah !... fit pensivement Julius, eh bien, je pense, moi, que vous avez dormi !

Elle le considéra par-dessus l'épaule.

– Où cherchez-vous cette présomption ? Dites, mon pauvre Mr Superbus, croyez-vous savoir mieux que moi si oui ou non je dors bien ?

– Je pense aussi que vous êtes un peu somnambule... ajouta-t-il pensivement.

– Quoi ?

– Somnambule... Vous marchez pendant que vous dormez... J'ai l'impression de vous avoir vue vers 1 heure...

Elle détourna le regard et s'absorba dans la contemplation du feu rougeoyant.

– Vous avez des visions, cher monsieur, si vous croyez m'avoir vue à une heure. Dites-moi, êtes-vous marié ?

– Oui, répondit Mr Superbus, avec une pointe d'orgueil.

– Dans ce cas, je puis vous révéler sans blesser votre pudeur qu'à 1 heure j'enlevais mon corset... Vous ne m'avez pas vue à 1 heure... et je serais bien gênée si réellement vous m'aviez vue...

Julius était embarrassé, mais non découragé.

– Enfin, il se peut qu'il ait été 3 heures... J'ai vu quelqu'un descendre l'escalier... Ha, ha ! Tante Lizzie, je vous ai vue !

Il leva un doigt d'un geste taquin.

– Vous êtes stupide, dit-elle, étouffant un bâillement. (Puis elle se leva.) Je crois que je vais pouvoir dormir maintenant. Et cette fois, je vais suspendre un bas devant le trou de la serrure... comme ça, Mr Superbus, vous ne pourrez plus me voir.

Le détective rougit d'indignation sous l'allusion d'Héloïse.

– L'avez-vous vue ? demanda Diane lorsque Mrs Van Oynne fut sortie de la pièce.

– Non, madame, avoua Superbus, c'est un truc, voyez-vous... On arrive souvent de cette manière à tirer des renseignements des criminels. Les détectives américains emploient cette méthode qu'ils appellent « interrogatoire au troisième degré ». Un jour, j'avais une femme d'ouvrage qui avait l'habitude de voler mon tabac pour son mari... Je fis l'épreuve du troisième degré et elle réussit à merveille... Dans d'autres cas...

– Vous croyez que c'était tante Lizzie qui était dans le hall ?

– J'en suis certain ! affirma le dernier Romain. Vous avez déjà certes remarqué comme elle marche silencieusement. Mauvais signe...

– Avez-vous remarqué qu'elle sentait l'origan ? demanda Diane en imitant le ton mystérieux de son interlocuteur.

– Non, je n'ai pas fait attention, admit Julius.

– Moi non plus, répondit Diane, en se moquant du détective, c'est pourquoi je crois pouvoir en déduire qu'après tout, elle ne sentait pas l'origan. Détail important, n'est-ce pas ?

Il faisait encore noir dehors lorsqu'elle leva la jalousie pour regarder par la fenêtre.

– Prenez cette clé et allez voir si l'oncle Isaac est encore dans sa chambre. Tâchez d'ouvrir brusquement la porte et de la refermer plus vite encore, pour qu'il ne s'échappe pas. Vous m'avez compris ?

Les mots « brusquement » et « vite » étaient bien inutiles. Mr Superbus, certainement, ne s'attarderait pas en présence du dangereux oncle Isaac.

Le détective monta l'escalier à pas comptés. Arrivé devant la porte de l'oncle, il écouta avec attention. Aucun bruit ne venait de la pièce ; c'était bon signe. Pourtant, le silence, c'est toujours dangereux pour les détectives... C'est dans le silence que les bandits complotent leurs mauvais coups. À ce moment, Mr Superbus se rappela des histoires de fous furieux marchant à pas de velours derrière leur victime qu'ils poignardaient sans merci dans le dos...

Il respira un grand coup. Le sang des César se glaça dans ses artères. Son cœur battit plus vite. À nouveau il écouta.

Si l'oncle Isaac dormait, on n'entendrait pas de bruit. Or, on n'entendait pas de bruit, donc l'oncle Isaac dormait. Tel est le raisonnement lumineux que se tint Mr Superbus. Satisfait de son syllogisme il descendit.

– Il dort comme un bébé innocent, dit-il... Il dort avec un sourire de bienheureux sur le visage.

Elle prit la clé de sa main, la considéra, puis lui demanda :

– Vous êtes entré ?

– Sans hésiter, fit Julius tout en se chauffant le dos au feu... J'ai fait de la lumière et j'ai jeté un regard autour de moi.

Diane considéra la clé sur sa paume ouverte.

– Je vous demande ça, dit-elle lentement, parce que je me suis trompée de clé en vous la donnant...

Julius était un homme d'infinies ressources :

– J'ai un procédé pour ouvrir les portes qui n'est connu que de trois personnes au monde.

– Montez avec moi, fit Diane, moi aussi j'ai un procédé... J'emploie la bonne clé.

Déconfit, il marcha derrière elle.

Elle ouvrit la porte, tourna le commutateur.

La pièce était vide.

20

Et Bobbie ?

Une corde était attachée au pied du lit. Cette corde, faite de trois bandes de couverture attachées ensemble, pendait dans le jardin.

Diane se pencha. Le bout de la corde se balançait à environ deux mètres de profondeur et, entre son extrémité et le sol, il y avait plus de six mètres...

Double Dan serait-il tombé de cette hauteur sur le dallage de la cour ?

– C'est drôle, murmura Mr Superbus, lorsque je suis venu voir tantôt...

– Ne nous égarons pas, dit la jeune fille le front soucieux. À quoi peut bien servir une corde pendant à plus de six mètres du sol... Et pourquoi n'a-t-il pas poussé le lit près de la fenêtre pour augmenter la longueur ?...

Elle s'arc-bouta contre le lit qui glissa aisément... Le poids d'un homme au bout de la corde aurait suffi à amener le lit contre la fenêtre...

Le front pensif elle examina l'appartement. Dans un coin se trouvait une haute armoire à glace. Diane prit son browning et ouvrit la porte de l'armoire.

– Sortez de là, ordonna-t-elle froidement.

Gordon sortit, plein de dignité.

Mr Superbus, qui se trouvait dans le corridor, vit ce spectacle et secoua la tête d'un air de reproche.

– Oncle Isaac ! Oncle Isaac ! prononça-t-il... Jamais je n'aurais cru que vous auriez joué pareil tour à un vieil ami !...

– Voulez-vous me dire de quel droit vous abîmez mon linge ? questionna Diane.

Cette demande provoqua un nouvel accès de colère de Gordon...

– Votre linge ?... Mais c'est mon linge ! Vous m'entendez, mon linge ! ! !

Elle leva la main :

– Oncle Isaac, trêve de discussion. Voulez-vous avoir l'extrême amabilité de remonter cette corde et de fermer la fenêtre ? Il va faire jour bientôt et je ne voudrais pas donner matière à commérage au laitier... Je dois sauvegarder les intérêts et la réputation de mon cousin.

– Faites venir Bobbie, demanda Gordon d'un ton subitement calmé. Je suis sûr qu'il n'aura aucun doute sur ma véritable identité.

– Si par « Bobbie » vous voulez dire Mr Robert Selsbury, répondit la jeune fille, sachez que je lui ai déjà téléphoné et qu'on a répondu qu'il était absent. Il est parti pour une destination inconnue... probablement attiré par un de vos complices.

Gordon abasourdi par cette déveine ne trouva pas un seul mot à répondre. Son seul espoir de secours s'évanouissait.

– Très bien, fit-il enfin avec accablement, je vous promets que je ne vous causerai plus d'ennuis.

Il amena la corde à lui, ferma la fenêtre et fit retomber la jalousie.

– Maintenant, si cela ne vous fait rien, j'aimerais dormir. J'ai veillé toute la nuit.

Elle approuva d'un signe bref :

– Vous pouvez dormir, mais Mr Superbus demeurera dans votre chambre. Je fermerai la porte sur vous deux.

– Pour ma part, je préférerais demeurer dans le couloir, interrompit Mr Superbus. J'aime fumer, voyez-vous.

– Vous resterez à l'intérieur, insista Diane ferme.

– S'il ose, je le jette par la fenêtre, hurla Gordon sauvagement.

Mr Superbus battit en retraite vers le fond de la pièce.

– Ça va, ça va, madame... bégaya-t-il, vous pouvez avoir confiance en l'oncle Isaac.

Diane se rendit compte qu'il était inutile d'insister. Elle se contenta donc de fermer la porte sur Gordon et descendit au bureau. Double Dan n'essayerait plus de s'évader, du moins, pour le moment...

Mais il fallait entrer tout de suite en rapport avec Bobbie, risquer même de le déranger en le tirant de son lit à cette heure matinale. Elle décrocha le récepteur et forma le numéro.

On lui répondit tout de suite. C'était la voix d'un inconnu, le domestique de Mr Selsbury.

– C'est miss Ford. Pourrais-je parler à Mr Selsbury ?

– Il n'est pas rentré cette nuit, miss... Je l'attends depuis hier soir. Il m'avait dit qu'il pourrait être de retour à Londres à l'aube.

– Où est-il ?

– Il est parti pour Ostende, miss. Il m'a téléphoné de Douvres.

La nouvelle surprit Diane.

– Il est parti seul ?

– Oui, pour autant que je sache, répondit le valet de Bobbie avec tact et diplomatie.

Diane raccrocha pensivement. Bobbie avait-il, lui aussi, été attiré au loin afin d'être mieux volé ?

21

LES ÉTONNEMENTS DE BOBBIE

Au dernier moment, Bobbie Selsbury était parti pour la gare de Victoria afin de sauver son frère d'une situation qu'il considérait comme alarmante. Il avait visité un train pour Douvres du premier au dernier compartiment et était occupé à examiner les passagers d'un deuxième train lorsque le sifflet du chef de gare déchira l'air. Que faire ? Interrompre ses recherches ou partir à Douvres ?

Bobbie opta pour Douvres et continua sa visite, inspectant

les Pullman, dévisageant des couples de jeunes mariés, sans parvenir à découvrir l'objet de ses recherches.

À Douvres, il apprit qu'un train supplémentaire était parti de Victoria à 11 heures moins le quart. Son frère l'avait peut-être pris, qui sait ? Dans ce cas, Gordon était déjà à bord de la malle sous pression. La décision de Bobbie fut vite prise. Il n'avait pas de passeport, mais à cette période de l'année et particulièrement pour la Belgique, les officiers du service d'immigration ne sont pas trop sévères.

Bobbie n'eut aucune peine à les persuader qu'une affaire de toute urgence l'appelait sur le navire et il obtint l'autorisation de s'y rendre sur la promesse formelle qu'il descendrait à terre quelques minutes avant le départ de la malle.

Il perdit quelques instants à téléphoner chez lui à Londres. Heureusement, il eut la communication tout de suite, mais lorsqu'il fut à bord, il s'aperçut qu'il y avait tellement de passagers qu'il lui serait totalement impossible de visiter toute la malle avant le départ du bateau. C'est pourquoi le *Princesse Juliana* transporta Bobbie à Ostende. Mr Selsbury arriva à la ville balnéaire belge à 4 heures de l'après-midi après avoir poursuivi ses recherches en vain. Il passa deux heures à persuader le vice-consul de Grande-Bretagne de lui accorder un permis de séjour, car on avait déjà signalé de Douvres son départ insolite. Comme il n'y avait guère d'hôtels ouverts, à cette époque de l'année, Bobbie eut tôt fait de les visiter tous et d'y examiner le livre des arrivées. Gordon n'était pas à Ostende. Il en éprouva un soulagement. Il est vrai qu'au dernier moment il avait peut-être changé d'idée et qu'il pouvait être parti pour Paris. Mais cela, c'était assez problématique.

Il retourna à Douvres par la malle de nuit et arriva au port au petit jour. Il fut retenu pendant deux heures par les officiers d'immigration qu'il avait involontairement trompés au départ, rata deux express pour Londres et put enfin prendre place dans un train omnibus qui le déposa dans la capitale à 10 heures du matin.

Fatigué, irrité, pas rasé, il se résolut enfin à la démarche qui aurait dû marquer le commencement de ses investigations : il se rendit à Scotland Yard où il eut la chance de tomber sur l'inspecteur Carslake. Carslake et lui s'étaient battus ensemble en France pendant la guerre et durant plus d'un an avaient travaillé à l'Intelligence Bureau, (lisez : Service d'Espionnage), là où on déchiffrait les messages secrets allemands et où on repérait la position des batteries ennemies par des procédés qui eussent étonné Sherlock Holmes en personne. Bobbie conta son histoire aussi brièvement que possible et l'inspecteur l'écouta avec un réel intérêt...

– C'est une coïncidence vraiment remarquable que vous soyez précisément tombé sur moi, mon cher, car imaginez-vous que c'est moi qui m'occupe de l'affaire Double Dan. Ce que vous me racontez me paraît être le plan de son opération favorite.

– Gordon n'est pas un homme facile à personnifier, dit Bobbie...

– Rien n'est difficile pour Double Dan, répondit Carslake sans hésiter. Grand, petit, maigre, rondouillard, tout lui est égal. Vous n'avez pas vu la femme, Mrs Van Oynne ?

Bobbie secoua la tête.

– Savez-vous où elle habite ?

– Je n'en ai pas la moindre idée.

– Il n'agira pas avant lundi, dit Carslake songeur, Dan ne travaille que pendant les heures d'ouverture des banques, mais lorsqu'il travaille, il va extraordinairement vite en besogne ! Ah, il est adroit, Double Dan, je dois le reconnaître !

– Quel est son véritable nom ?

– Throgood. Autrefois, il était acteur. Je crois même qu'il a joué avec les meilleurs artistes américains. Je suppose qu'il doit être anglais ou gallois. Sa complice est américaine ou canadienne. C'est une ancienne girl, si je ne me trompe... Élancée, plutôt petite, avec des cheveux d'or et des yeux bleus ?

Bobbie secoua la tête :

Ceci ne paraît pas correspondre à la description que Gordon m'en a faite, mais je puis me tromper... Vous êtes sûr de ce que vous avancez ?

Carslake opina de la tête :

– Nous l'avons filée jusqu'à Paris où elle nous a semés. Je ne croyais pas que Double Dan aurait fait parler de lui aussi tôt. Il préfère d'habitude que le bruit causé par un de ses coups se soit dissipé avant d'en entreprendre un nouveau. Je ne crois pas non plus qu'il ait changé de partenaire, car le rôle à jouer est extrêmement délicat et difficile. Il paraît que Double Dan inquiète beaucoup les businessmen, mais à leur place, je n'aurais aucune inquiétude pour le moment. Enfin, de toute façon, je vous verrai lundi.

Bobbie retourna chez lui, un peu soulagé.

Son domestique avait des nouvelles pour lui.

– Miss Ford vous a demandé au téléphone, ce matin, monsieur.

– Oh ! Et qu'avait-elle à me dire ?

– Elle a simplement demandé si vous étiez à la maison.

– Quelle heure était-il ?

– À peu près 5 heures.

– 5 heures ! Espèce de maladroit, pourquoi avez-vous tardé jusqu'à maintenant pour me le dire ?

Il se précipita au téléphone et sonna Diane :

– Ah, c'est vous Bobbie ! Pourrais-je vous voir aujourd'hui ?

– J'arrive à l'instant.

– Cela n'est pas absolument nécessaire, mais ne soyez pas surpris si vous rencontrez ici quelqu'un dont je vous ai déjà parlé...

– Pas Dempsi ? s'exclama Mr Selsbury junior.

– Si, lui... Il est ici pour un court séjour... Je vous expliquerai tantôt.

Bobbie émit un long sifflement.

Un peu plus tard, il déjeunait dans la solitude lugubre de son cercle, car c'était dimanche, le jour où il fait le plus triste dans les clubs. Au début de l'après-midi, il déambulait dans la direction de Cheynel Gardens. Le valet qui lui ouvrit avait l'aspect théâtral d'un domestique d'opérette. Sa livrée était deux fois trop étroite et son devant de chemise empesé lui sortait du gilet comme une bosse de polichinelle.

– Miss Ford est au bureau, dit le nouveau valet d'un ton important en toisant le visiteur des pieds à la tête.

Bobbie le considéra avec étonnement...

– C'est vous, le nouveau majordome ?

L'interpellé posa sa main sur son cœur, fit la courbette et dit d'une voix de basse :

– Oui, monsieur. On m'appelle Smith.

Et ce disant, il grimaça un sourire de mauvais augure.

– Eh bien, moi, je préfère vous appeler Superbus. Quittez, je vous prie, cet air de matamore.

Mr Superbus obéit, abandonna son air tragique et imposant. Il semblait désappointé, le pauvre.

– Vous m'aviez reconnu, monsieur ? s'exclama-t-il surpris. Miss Ford vous a peut-être dit ?...

Bobbie sourit avec dédain.

– Vous reconnaître ! Bonté du ciel ! Mais j'ai vu que c'était vous, dès l'instant où vous avez ouvert la porte !

– C'est étrange, marmonna Julius, ma femme me dit pourtant toujours que lorsque je change mes traits, elle passerait à côté de moi dans la rue sans me reconnaître.

– Elle a raison, mon cher Superbus, car personne ne s'amusera à regarder une tête comme la vôtre dans la rue ! Maintenant, dites-moi vite ce que vous faites ici ?...

– Moi ? se récria Superbus d'un air tellement innocent qu'il ne lui manquait vraiment qu'une gerbe de lis en main pour ressembler à un bienheureux du paradis.

Mais Bobbie ne fut pas dupe :

– Dites-moi ce que vous faites dans cette maison. Miss Ford est-elle au courant de votre présence ?

Rapidement, Mr Superbus referma la porte et posa un doigt sur ses lèvres.

– Chut ! dit-il mystérieusement.

Bobbie attendit.

– Eh bien, fit-il impatiemment, je « chute »...

Julius marcha vers le studio sur la pointe des pieds, puis appela Bobbie d'un geste. Le vénérable Romain était la statue vivante du conspirateur...

– Elle m'a fait appeler, confia-t-il... Elle m'a demandé de venir habiter ici... Pouvais-je refuser ? Lorsqu'il y a du danger, je suis prêt, moi ! Je suis ainsi !

Bobbie crut comprendre. Diane, elle aussi, craignait Double Dan. C'est pourquoi elle avait trouvé bon de faire venir un homme à Cheynel Gardens.

– Ah, je comprends ! Miss Diane est une jeune fille très intelligente.

– Très intelligente, monsieur. Et en faisant appel à mes services, elle a choisi le meilleur détective. « The right man in the right place », monsieur...

– Ce n'est pas à vous que j'ai fait cette réflexion. Je me parlais à moi-même, dit sèchement Bobbie.

Julius courba la tête.

– Je sais, monsieur, mais tous deux, nous vous avons entendu. J'ai l'oreille très fine...

– Ainsi donc, miss Ford, se sentant seule dans la maison, vous a demandé de venir ?

– Ce n'est pas tout à fait ça, monsieur. Il y a encore l'oncle Isaac.

Bobbie ouvrit la bouche.

– On-oncle Isaac, quel oncle Isaac ?

– J'ignore son nom de famille. C'est un gentleman très irascible. Il a des accès de colère, et puis...

Montrant son front de la main, Mr Julius esquissa un geste qui, dans tous les langages du monde exprime la perte des facultés mentales, mais Bobbie ne comprit pas.

– Oncle Isaac ! Oncle Isaac !

Mr Superbus hocha une nouvelle fois la tête.

– Il y en a encore un autre, Mr Dempsi...

Dempsi... Bobbie était déjà au courant.

– Et tante Lizzie...

Bobbie tituba, se raccrocha au manteau de la cheminée. Rêvait-il ? Était-il le témoin d'une séance de prestidigitation ? Mr Superbus n'allait-il pas à présent extraire des lapins d'un chapeau haut de forme et un bocal de poissons rouges de la manche de son veston ?

– Auriez-vous l'obligeance de me verser un rafraîchissement, Mr Superbus ? Je crains de ne pouvoir le faire, car ma main n'est pas sûre.

Le grand détective ouvrit un placard d'un air important et versa un verre de limonade.

– Vous avez parlé de tante Lizzie ? questionna Bobbie lorsqu'il eut quelque peu recouvré ses esprits.

– Parfaitement, Monsieur, elle est arrivée hier avec l'oncle Isaac. C'est une bien jolie jeune femme. Naturellement, elle s'entend très mal avec oncle Isaac. Peut-on imaginer ? S'appeler Lizzie ! Alors qu'il y a de jolis prénoms comme Maud ou Ethel !

Bobbie se secoua intérieurement comme pour s'arracher à un cauchemar obsédant.

– Pour-pourquoi ne s'appellerait-elle pas Lizzie ? Mais Lizzie, c'est un nom de-de-de tante.

Mr Superbus sc versa une rasade. Il y avait droit aussi n'est-ce pas ?

– À votre bonne santé, monsieur !

– Tante Lizzie... murmura pensivement Bobbie.

– Ce que je ne comprends pas, émit Julius en s'essuyant discrètement la bouche, c'est qu'elle a un beau nom... Héloïse... c'est ainsi parfois qu'il l'appelle lorsqu'ils sont seuls...

À ces mots, Bobbie une fois de plus se sentit vaciller. Ce n'était plus un Mr Superbus qu'il avait devant les yeux, mais dix, vingt, cent Mr Superbus...

– Héloïse, répéta-t-il... A-t-elle des cheveux aile de corbeau ?

Julius réfléchit. Il n'avait jamais vu de corbeau, mais il savait que cet oiseau est du plus beau noir.

– Oui, monsieur.

– Et des yeux qui vous entrent au fond de l'âme ?

Le détective hésita.

– C'est que chez moi, voyez-vous, ils n'ont pas essayé d'entrer... mais je dois avouer qu'ils ont, enfin, qu'ils ont quelque chose de particulier, ces yeux.

– Et la voix la plus douce du monde ?

Une fois encore Mr Superbus prit son temps. Diable, il n'avait guère l'expérience de ces choses-là !

– Je ne l'ai jamais entendue chanter... Jamais non plus, je ne l'ai entendue parler abondamment. Elle jure un peu, surtout lorsqu'elle s'adresse à l'oncle Isaac, et vraiment ce n'est guère convenable pour une dame. Elle fume aussi, ce qui est détestable pour le beau sexe ainsi que me l'affirmait un jour un médecin et non des moindres...

Bobbie l'interrompit :

– Où est l'oncle Isaac ?

La réponse arriva comme un boulet de canon :

– Il nettoie l'argenterie.

Bobbie recula.

– Il nettoie l'argenterie !

Mr Selsbury junior leva les bras au ciel. Quand allait-il s'éveiller, grands dieux ?

Il se pinça le coude...

– Je ne rêve pas, je suis éveillé. Oncle Isaac nettoie l'argenterie. Où sont les autres domestiques ?

– Les domestiques ? Miss Ford les a envoyés un peu partout. Je suis le seul étranger resté à la maison. Ma mission est de veiller à ce que l'oncle Isaac ne sorte pas de céans.

Un peu de lumière commença de descendre en l'esprit de Bobbie. Si c'était Gordon lui-même qui se trouvait prisonnier dans sa propre maison ?

– Et il veut s'en aller ?

– C'est-à-dire qu'il est un peu méchant, l'oncle. Pour employer une expression médicale, il est sujet à des hallucinations. Il voit des choses. Il croit qu'il est un autre. J'ai eu des centaines de cas du même genre.

– Mais qui lui a dit de nettoyer l'argenterie ?

– Miss Ford. Elle prétend que cela lui fait du bien.

À ce moment, on entendit un pas pesant dans le hall.

– C'est lui, monsieur. N'ayez pas peur de l'oncle Isaac. C'est un enfant inoffensif.

Au même instant, Gordon se montra, mais s'arrêta net en voyant son frère. Il était en manches de chemise. Dans sa main il avait un plumeau et sa chevelure était recouverte d'un turban fait d'un tablier plié attaché par une épingle de sûreté. Bobbie était incapable de parler, mais il regardait, fixement, de tous ses yeux.

– Ciel... ! C'est oncle Isaac ! dit-il à Mr Superbus d'une voix presque indistincte.

– Vous le connaissez, monsieur ? Le contraire m'eût étonné. Entre membres d'une même famille, on se connaît toujours, n'est-ce pas ?

– Oui... oui... Je le connais.

Mr Superbus s'approcha de Gordon, lui posa affablement la main sur le bras et demanda, comme à un malade :

– Désirez-vous quelque chose, oncle Isaac ?

Heureusement pour le dernier Romain, Gordon en était arrivé au stade du complet découragement, aussi ne fit-il aucun geste meurtrier.

– Oui-non, répondit-il d'un ton rauque.

Julius secoua la tête.

– Drôle de type, confia-t-il en aparté à Bobbie. Il n'a pas de suite dans les idées. Je me demande s'il a jamais été marié ?

Gordon se redressa et dans un effort :

– Où est-est... tante Lizzie ?

– Dans sa chambre, oncle Isaac, elle est prête.

Pendant un dixième de seconde, le visage de Gordon refléta une colère inexprimable. Il gronda entre les dents :

– Je vous défends de m'appeler « oncle Isaac », d'ailleurs, je ne suis pas *votre* oncle !

– Non, monsieur, admit Superbus. Je n'ai pas d'oncles. Du moins pas que je sache. Certaines familles en ont, d'autres pas.

Tout à coup, le regard du détective s'assombrit. Il contempla Gordon avec une attention soutenue, puis, s'adressant à Bobbie, prononça distinctement :

– Mais, je pense à quelque chose d'assez inattendu, monsieur... Celui-là (désignant Gordon) est-il réellement bien l'oncle Isaac qu'il prétend être ?

Bobbie tressaillit :

– Euh ?

– Connaissez-vous l'oncle Isaac ?... Qui vous dit que ce n'est pas Double Dan ayant revêtu son apparence ?

Bobbie jeta un regard sur son frère. Gordon avait les traits défaits et secouait la tête, désespérément. Pour quelque raison mystérieuse, il désirait être l'oncle Isaac et personne d'autre.

– Oh oui ! s'exclama Bobbie en avalant sa salive... C'est bien l'oncle Isaac.

Mais Julius ne fut pas convaincu immédiatement.

– Êtes-vous sûr ? insista-t-il.

– Mais comment donc ! s'écria Bobbie avec un semblant de chaleur... C'est oncle Isaac, je l'ai reconnu en moins de quatre secondes.

Dépité de voir sa théorie merveilleuse s'effondrer, Mr Superbus lâcha un petit « Oh » désappointé qu'il ponctua d'une grave recommandation :

– Faites attention tout de même, car Double Dan est extraordinairement adroit...

– Vous êtes fou ! s'exclama Bobbie... Il ne pourrait pas imiter oncle Isaac !

– Quoi ?... rit Mr Superbus, vous ne connaissez donc pas Double Dan ?

Mais Bobbie avait son plan. Il devait parler à Gordon seul à seul.

– Mr Superbus, je voudrais avoir une petite conversation avec mon oncle. Cela ne vous ferait-il rien de nous laisser seuls pendant quelques minutes ?

– Ne le laissez pas échapper ! recommanda le détective, il est malin comme un singe ! Vous auriez dû entendre ce qu'il nous a sorti la nuit dernière !

– Soyez tranquille. Je ferai bien attention.

S'il l'avait fallu, Bobbie aurait promis de conduire son frère au poteau d'exécution.

Le dernier Romain hésitait encore. Diane était sortie, mais elle avait laissé des instructions qui devaient être suivies à la lettre. Et Julius était pointilleux sur la question du devoir.

– Surtout, ne le laissez pas téléphoner...

Bobbie promit encore et, à contrecœur, Mr Superbus s'éloigna.

– Appelez-moi s'il se montre méchant, fit-il avant de disparaître. Et soyez sage, hein, l'oncle ?...

« Oncle » promit d'un signe de tête.

Lorsque la porte se fut refermée, Bobbie écouta soigneusement. Il attendit quelques secondes, puis il l'ouvrit brusquement. Superbus était baissé... Il attachait ou faisait semblant d'attacher le lacet de son soulier. Sa tête se trouvait exactement à hauteur du trou de serrure...

– Vous avez besoin de moi ? demanda-t-il en souriant sans honte.

– Non, répondit Bobbie avec emphase, et il referma la porte sur ce mot.

– Ciel, Gordon...

Gordon leva des bras désespérés...

– Bobbie... Je suis plongé dans un abîme de détresse... articula-t-il avec angoisse.

– Qu'est-il arrivé ? Que signifie tout ceci ? Pourquoi ne m'as-tu pas appelé plus tôt ?

D'un geste, Gordon arrêta ses questions.

– J'ai essayé de te toucher par téléphone, mais cet infernal cerbère ne m'en a pas laissé l'occasion. Bobbie, est-ce un crime de tuer un détective amateur ? Moi, j'ai oublié. Mais, je crois qu'en certaines circonstances, l'assassinat est parfaitement justifié.

– Qu'est-il arrivé ? demanda Bobbie.

Mais Gordon incapable de contenir sa nervosité marchait dans la pièce de long en large. Sa voix tremblait d'émotion. L'arrivée de son frère apportait l'inévitable et déprimante réaction... Peu à peu, cependant, il se calma :

– Lorsque j'arrivai à la gare pour y retrouver... tu sais bien qui...

– Héloïse ?

Gordon fit la grimace. Il n'aimait pas parler d'Héloïse. L'énoncé de son nom le rendait malade.

– Je l'ai trouvée dans un état de peur incroyable. Tu t'imagines aisément quelle a été mon inquiétude quand elle m'apprit que son mari l'avait suivie et qu'il allait arriver d'un moment à l'autre. Elle voulait que je parte l'attendre là-bas, mais j'ai reculé... Je suis retourné à mon hôtel pour y reprendre mes vêtements ordinaires. Malheureusement, le valet qui s'était chargé de mettre ma valise en sûreté était parti pour le week-end. Je rentrai à la maison... Elle a dû me suivre...

– Héloïse ?

Gordon avala une bouffée d'air.

– Je t'en prie. Dis « elle », ne prononce pas son nom... Je suis plus calme lorsque je n'entends pas ces syllabes...

– Tu dis qu'elle a dû te suivre ?..., répéta Bobbie... alors, mon vieux, elle est ici ? Dis-moi, ce... ce... ce n'est pas tante Lizzie ?...

– Oui. C'est elle, tante Lizzie... Tante Lizzie ! Oh, Bobbie, comme cette aventure est terrible ! Que vais-je faire ? Je ne puis pas quitter la maison... Que dois-je...

– Mais pourquoi ne partirais-tu pas d'ici ? demanda tout naturellement Bobbie.

Les questions de son frère ennuyaient Gordon au-delà de toute expression.

– Je ne comprends pas, poursuivit Mr Selsbury junior... Tu n'as pourtant qu'à expliquer à Diane...

Gordon rit d'un rire qui sonna faux.

– Je ne t'ai pas tout raconté, continua Gordon d'un ton funèbre. Imagine-toi que Diane, m'ayant trouvé ici, m'a accusé d'être Double Dan. J'en ai été littéralement sidéré. C'était si grotesque que je n'ai su que répondre. Enfin, mon vieux, suppose un instant que quelqu'un, s'approchant de toi dans la rue, dans un tram, n'importe où, te dise que tu as commis un meurtre... Que trouverais-tu à répliquer ? Quelque chose d'amusant ? Moi, je suis resté muet, car je n'ai pas le don d'improviser des réponses humoristiques. Quant à cette femme infernale, dès qu'elle me vit elle se jeta à mon cou ! Sans hésiter, Diane en a conclu que j'étais Double Dan... Et pourtant « Elle » ne s'accrochait à moi que parce que ma cousine l'avait menacée de la revolvériser. Que devais-je faire ? Dilemme effarant. Ou bien je devais avouer que j'étais en effet Double Dan, ou bien raconter la vérité à Diane... Dans ce cas, elle n'aurait pas cru à mes relations toutes spirituelles avec cette femme et m'aurait pris pour un vulgaire coureur de cotillons...

– En effet, en effet... scanda Bobbie. (Il ajouta :) Qui lui a donné le nom de tante Lizzie ?

– Qui ? répondit amèrement Gordon, mais Diane parbleu ! Diane... Elle me rend fou, tu m'entends ! Dire qu'elle est venue de si loin, d'Australie, pour bouleverser ma vie ! Elle est épouvantable, cette Diane ! Elle flirte ici avec Dempsi, sous mes propres yeux. Quelle petite peste !... Tu sais ce qu'elle prétend devant Dempsi ?... Qu'elle est veuve !... Veuve de qui ? Par moment, j'ai l'impression que c'est moi le mari défunt dont on se moque. En tout cas, elle m'a déjà dit assez de choses capables de me mener au tombeau !..

Bobbie était grave. Il réfléchissait profondément. La situation était si bizarre qu'il se demandait comment tout cela allait se terminer.

– Hum...

Gordon avait espéré des commentaires plus utiles :

– Tu dois m'aider à sortir de cette impasse, Bobbie. Pour commencer nous devons traiter Dempsi avec la dernière des fermetés. Est-ce que tu sais qu'il voulait épouser Diane cet après-midi-même ? Il a, en permanence, une licence de mariage en poche et il assure qu'ils pourraient même se marier le dimanche, car il connaît un pasteur spécialisé dans les mariages dominicaux. Ce clergyman est déjà venu sonner deux fois !... Bobbie, je crois que je vais faire un malheur et que je vais tuer tout le monde dans cette boîte...

Bobbie examina son frère avec une curiosité mêlée d'intérêt. Il constatait avec surprise que la colère de Gordon visait tout spécialement Dempsi.

– Si j'étais toi, je ne tuerais personne, répondit Bobbie tranquillement... D'ailleurs, je me demande pourquoi tu te mets tant en colère contre Dempsi. Lui et Diane, au fond, sont de vieux amoureux...

– Tu veux me rendre fou ? éclata tout à coup Gordon... De vieux amoureux ! Ils n'ont jamais été des amoureux, tu m'entends !... Mais la conduite de Diane, maintenant... Diane... Diane... Diane... Diane... que je croyais la plus modeste des jeunes filles !...

– La découverte de son véritable caractère a dû être un rude choc pour toi, pauvre vieux, dit Bobbie sardonique... Que pense tante Lizzie de tout cela ?

– Est-ce que je m'occupe de ce qu'elle pense ? Sais-tu ce que Diane a tenté de faire, Bobbie, et ce qui trahit la noirceur de son âme ? Elle a voulu nous donner une chambre commune, à tante Lizzie et à moi !... Elle a voulu nous fourrer ensemble dans une petite chambre de domestique dans les mansardes ! Elle prétend qu'Héloïse est ma complice. Il y a de quoi se tordre, hein ?

Bobbie, en effet, assis dans un fauteuil, se tenait les côtes, malgré l'imbroglio dans lequel son frère était embourbé jusqu'au cou.

– Diane me traite comme un chien, poursuivit Gordon...

– C'est ce que tu pouvais espérer de mieux dans un accoutrement semblable ! observa Bobbie qui considérait avec étonnement le fameux costume gris à carreaux mêlés de rouge. Où as-tu déniché ces nippes, mon pauvre Gordon ? Sais-tu qu'un jour j'ai vu un juge condamner à cinq ans de prison un voleur qui comparaissait devant lui, vêtu de hardes à peu près semblables aux tiennes ? Le magistrat affirmait que de tels vêtements ne pouvaient que dénoter un esprit criminel.

– Assez plaisanté, Bobbie !... Il faut que tu m'aides à sortir de ce pétrin. Pour cela il suffit que je trouve le moyen d'aller à l'hôtel pour y reprendre mes vêtements respectables... Au pis aller, je pourrais me rendre en Écosse puisque l'on croit que j'y suis... Mais je n'ai pas un centime. Sous la menace de son damné revolver, Diane m'a fait vider mes poches. C'est la femme la plus énergique que j'aie jamais rencontrée, mon vieux ! Elle m'a menacé de mort si j'essayais de m'approcher de mon coffre-fort... Elle m'a fouillé pour voir si je n'étais pas porteur de fausses clés !

Bobbie tâta son portefeuille. Le voyage à Ostende avait épuisé son argent liquide et c'était dimanche...

– Je n'ai presque rien sur moi, mais au club je pourrais...

– Cela n'a pas d'importance, interrompit Gordon. Je vais te dire ce que j'attends de toi. Un simple service qui nous tirera tous d'embarras. Lorsque Diane arrivera...

Bobbie continua :

– Lorsqu'elle arrivera, il suffira que je lui affirme que tu es réellement Gordon Selsbury !

Gordon bondit de son fauteuil :

– Tu es fou ? Tu veux ruiner à jamais ma réputation ? J'ai renoncé à lui faire admettre que je suis Gordon, car comment lui expliquer mon aventure avec Héloïse ?

Bobbie comprenait maintenant... Gordon ne voulait pas que Diane le crût un coureur de femmes...

– Oui, je vois... articula-t-il posément... Je n'avais pas pensé à tante Lizzie.

– Tu te rends compte, à présent ? soupira Gordon... Crois-moi, mon vieux, j'y ai bien réfléchi ! Je pourrais m'échapper d'ici demain matin, par exemple, lorsque Diane ira à sa banque et que cet idiot de dernier Romain aura relâché sa surveillance. Mais auparavant, il me faudrait un peu d'argent. Comme j'en ai besoin avant l'ouverture des banques, il ne peut être question que tu m'aides de ce côté. Mais tu peux faire ceci. Tâche de persuader Diane de te confier la clé de mon coffre-fort. Non seulement elle l'a fermé au moyen de la combinaison... mais aussi à double tour. J'ai déjà essayé en vain de l'ouvrir. Procure-toi la clé et donne-la moi à la première occasion.

Mais la physionomie de Bobbie s'était brusquement transformée. Les mâchoires serrées, il regardait Gordon avec fixité.

– By Jove ! éclata-t-il soudain.

Les yeux lui sortaient des orbites...

– Que... qu'y a-t-il ? questionna Gordon le cœur chaviré.

Lentement, distinctement, Bobbie articula :

– Espèce d'infernal bandit !

Gordon recula d'un pas comme s'il avait été giflé.

– Vous donner la clé ?...

– Que veux-tu dire ? balbutia Gordon, se demandant s'il ne rêvait pas.

L'attitude de Bobbie s'était transformée du tout au tout. Toute trace d'amitié avait disparu de ses paroles. Il contemplait avec colère l'homme qu'il avait devant lui.

– Vous êtes Double Dan ! haleta-t-il, rageur... By Jinks ! Un peu plus et vous me rouliez ! Vous êtes malin, mon bonhomme, diaboliquement malin ! Moi qui croyais que Carslake exagérait quand il m'affirmait que vous êtes sataniquement adroit ! Vous êtes Double Dan ! D'abord, mon frère a des favoris... Où sont les vôtres ? Il me semblait bien qu'il y avait quelque chose de pas « comme toujours » en vous lorsque je vous aperçus tantôt !... Dire que j'ai écouté vos balivernes jusqu'à présent... Brave petite Diane, va !

Gordon rougit. Des sons inarticulés sortirent de sa gorge :

– Je jure que...

Bobbie secoua la tête.

– Cela ne sert à rien, mon ami, maintenant je comprends votre plan... Vous et votre complice avez attiré mon infortuné frère quelque part, bien loin d'ici. Lorsque vous avez découvert que je me rendais à Ostende, vous avez changé de tactique... Gordon, comme je le craignais, est donc parti pour Paris...

– Seul ? questionna froidement Gordon.

– Je-je l'ignore... Mais avouez que jusqu'à présent, Double Dan, votre plan s'est réalisé... Le mari apparaît, la femme prie la victime de s'en aller sans elle... Elle suivra, promet-elle... Et le tour est joué.

– Je vous dis...

Bobbie, d'un geste, arrêta les protestations de Gordon.

– Non, mon bonhomme, vous ne réussirez pas à me convaincre. Ma cousine Diane, qui vous a démasqué, doit avoir quelque raison spéciale pour ne pas vous livrer à la justice... Si j'avais été à sa place, je n'aurais pas hésité, et vous seriez déjà bouclé... Mais comme elle a peut-être une idée que je ne connais pas, je ne contrarierai point ses plans... Ha, ha, continua-t-il en riant doucement... Vous donner la clé du coffre, hein... J'y étais presque pris... Il s'en est fallu d'un cheveu ! Maintenant, mon bonhomme, continuez votre besogne . époussetez, nettoyez l'argenterie, polissez les cuivres et ne vous avisez pas de nous brûler la politesse car il vous en cuirait ! Bénissez votre étoile de n'être pas en prison à l'heure qu'il est !

Sans mot dire, Gordon se remit à épousseter les meubles. De grosses gouttes de transpiration et d'angoisse perlaient à son front.

– Bobbie, gémit-il tout à coup.

L'interpellé se retourna comme si un serpent l'avait mordu.

– Voulez-vous un coup de pied au postérieur ?

De toute évidence, il apparut que Gordon se passerait bien

de cette démonstration. Il se remit à frotter le dossier d'un fauteuil. Hélas, le cœur n'était pas à l'ouvrage et la besogne n'avançait pas !

Bobbie ouvrit la porte et trouva Mr Superbus assis sur la dernière marche de l'escalier. Il se nettoyait les ongles avec son canif.

– Pas d'ennuis avec oncle Isaac ? demanda-t-il lorsque Bobbie apparut sur le seuil de la porte.

– Non, pas du tout, répondit Bobbie.

– A-t-il essayé de fuir ? demanda le dernier Romain.

– Lui, s'échapper ? Je le plains ! ricana Bobbie. Surveillez-le bien, Mr Superbus, car oncle Isaac a plus d'un tour dans son sac.

Il agita vers Gordon un doigt menaçant.

– Méchant oncle Isaac, fit-il, comme s'il réprimandait un écolier, vous êtes un méchant... Je suis bien mécontent de vous...

Gordon ramassa son plumeau et sortit de la pièce en titubant. Son cerveau battait la campagne.

– Je suis un méchant oncle Isaac ! Je suis un méchant oncle Isaac ! balbutia-t-il l'air égaré.

Et de la cuisine, on l'entendit pendant longtemps qui répétait cette phrase sur un ton monotone.

22

En attendant Double Dan

– Bobbie !

Joyeusement, Diane s'avança vers le jeune homme, les mains tendues. Derrière elle, il aperçut une ombre étrangère.

– Bonjour, chère amie. Vous voyez que je n'ai pas tardé à répondre à votre appel !

L'ombre derrière Diane était celle de Dempsi à qui le large sombrero donnait une sinistre apparence.

– Chère ? s'exclama-t-il d'une voix menaçante, qui vous appelle « chère » ici ? Qu'est-il pour vous, cet homme, Diane ?

– Mon cher Mr Dempsi, commença-t-elle d'une voie lasse, ce gentleman...

Mais l'Italien était dans une rage qu'il essayait vainement de dissimuler. Il jeta son sombrero par terre, arracha son manteau du geste large d'un hidalgo... Bobbie s'attendit à le voir sortir deux poignards et trois pistolets de sa ceinture.

– Monsieur, dit Dempsi d'un ton cassant... Vous avez dit « chère » à madame. Je vous somme d'expliquer votre conduite !

Diane intervint.

– Je vous présente Mr Selsbury, mon cousin...

– Ah ! Votre cousin ! En effet, vous vous ressemblez, répondit Dempsi subitement calmé. Ce sont les mêmes yeux splendides, les mêmes mains bien faites, la même bouche ferme, les...

Bobbie était ennuyé, aussi interrompit-il le loquace soupirant de Diane :

– Vous êtes bien gentil de cataloguer ainsi nos ressemblances et de souligner mes attraits physiques, monsieur, mais ne croyez-vous pas qu'il vaudrait mieux que vous me disiez qui vous êtes ?

Il y avait de l'antagonisme dans la voix de Bobbie.

– Je vous présente Mr Dempsi, fit Diane intervenant à nouveau. Vous m'avez certes déjà entendue parler de lui.

Dans les yeux de la jeune fille, il y avait une prière à laquelle Bobbie ne put résister. Il s'inclina devant Dempsi et il dit avec une chaleur feinte, tout le plaisir qu'il éprouvait à faire la connaissance de son interlocuteur.

– Wop-Wopsy, dit alors la jeune fille, vous ne voulez pas vous changer... en haut ?

Dempsi lui baisa la main.

– Mon adorée... Je monte. Votre désir est un ordre pour moi. monsieur, ou plutôt, cousin Bobbie, excusez-moi, je reviens dans un instant.

Bobbie eut un sourire contraint d'amabilité. Son cousin frais émoulu dut se figurer qu'il était malade...

Dempsi monta l'escalier en chantant *Souvent femme varie...*

– Grands dieux ! s'exclama Bobbie. C'est ça votre premier amour, Diane ?

– Oui, fit-elle d'un hochement de tête désabusé.

– Il est toujours comme ça... hargneux ?

– Oui, Bobbie, envers tous les hommes qui ont le malheur de me regarder. L'autre jour, à l'hôtel du Ritz-Carlton, il a voulu étrangler le garçon qui nous servait parce qu'il n'était pas vilain homme et qu'il avait un peu d'esprit... Si vous saviez les ennuis que j'ai, Bobbie... Il y a encore ce Double Dan...

– Il est ici, n'est-ce pas ? répondit le jeune homme.

– Vous l'avez vu ? Dieu soit loué ! Comme il ressemble à Gordon, n'est-ce pas ? La façon dont il se déguise est réellement stupéfiante. J'ai essayé de percer son secret... Inutile... De toute façon il est venu à temps pour m'aider en jouant le rôle de l'oncle Isaac. À vrai dire, nous n'avons jamais eu de parent de ce nom, mais pour contrecarrer les projets de Dempsi, je puis dire qu'il est venu à point... d'autant plus qu'il a amené une tante avec lui !

– C'est un forban plein d'audace ! s'écria Bobbie. Savez-vous qu'il m'a presque roulé ? Je n'ai pas été aussi malin que vous. Pendant vingt minutes j'ai parlé avec lui, croyant avoir affaire à mon frère... Il n'a fait aucun faux pas, le bandit, il avait tout étudié à l'avance... Ainsi il m'a appelé Bobbie dès qu'il m'a vu...

– Moi il m'a appelée tout de suite Diane. Mais je dois dire qu'il ne m'a pas trompée l'espace d'une seconde. Tenez, ce matin, je l'ai encore surpris tâchant d'entrer dans le cabinet de Gordon, sous prétexte qu'étant Gordon, il avait besoin de vêtements.

– Quel toupet, n'est-ce pas ? Il voulait sans doute se débarrasser de cet affreux costume à carreaux gris mêlés de rouge ?

– Samedi, j'étais terriblement prise au dépourvu, Bobbie, car je vous avais téléphoné en vain... Mais tout à coup, j'ai pensé à ce petit bonhomme – Mr Superbus – que j'ai fait venir ici pour surveiller Double Dan-Oncle Isaac sous prétexte que cet oncle est quelque peu excentrique... Heureusement que Dempsi le supporte...

– Qui ? L'oncle Isaac ? Cela me surprendrait, car l'oncle Isaac – dans son rôle de Gordon – semble détester l'Italien...

– Non, je veux dire que Dempsi ne voit pas Mr Superbus avec déplaisir... Ils ont à peu près le même caractère, voyez-vous. Tous deux croient descendre de Jules César en personne. Ils se sont prêtés mutuellement des volumes sur la *Vie de César*.

– Comment s'est comporté Double Dan quand vous l'avez démasqué ?

– Très calmement... Jamais je n'ai vu un homme accepter comme lui une situation aussi inattendue.

– Et l'excellente tante ?

Diane haussa les épaules.

– Elle a été assez rétive – comme toutes les femmes du reste. Mais maintenant, elle est dressée... Je l'ai appelée tante Lizzie afin d'éviter le scandale... mais (ici la voix de Diane sombra) ils ne sont pas mariés !

Bobbie fit tous ses efforts pour paraître scandalisé :

– Ils ne sont pas mariés, ma chère ! ?

Diane secoua la tête. Il y avait en elle un peu du sang puritain des Ford et Bobbie fut surpris de réaliser la pudeur de cette jeune fille qu'il croyait si libre et si détachée de l'emprise des conventions.

– C'est terrible, n'est-ce pas, poursuivit Diane. Ils ne sont même pas fiancés ! Savez-vous le projet que j'ai conçu ? Eh bien, j'ai décidé qu'il l'épouserait avant de sortir de cette maison. C'est lui qui l'a compromise : il réparera sa faute... De cette façon l'aventure finira moralement.

Bobbie n'eut pas l'air emballé par la proposition de sa cousine.

– Si j'étais vous, conseilla-t-il, je ne me mêlerais pas de leurs affaires privées...

À ce moment, Gordon Selsbury entra inaperçu dans la pièce. Il tenait une ramassette et un balai. Pendant quelques secondes, il se tint derrière eux sans qu'ils le vissent. Puis :

– Avez-vous eu des nouvelles de Gordon ? demanda Bobbie.

Le visage de Diane s'éclaira :

– Oh ! Il m'a envoyé les télégrammes les plus aimables du monde. Il a pensé à moi à chaque station...

Bobbie toussa :

– Oui, il est charmant.

Elle fouilla dans son sac à main et en retira une feuille de papier pliée.

– Voici le dernier que j'ai reçu. Il est expédié de Crewe. Il n'est arrivé qu'à 10 heures ce matin : *Mon voyage se passe excellemment. J'espère que tout va bien. Gordon.*

Bobbie se leva :

– Oh, c'est inadmissible ! Je veux dire que c'est inadmissible que ce télégramme ne soit arrivé qu'aujourd'hui ! Envoyez une réclamation à la direction Télégraphes.

Gordon serra les mâchoires, respira un bon coup et avança d'un pas. Diane le vit et ne bougea point. L'oncle Isaac, pour elle, n'était pas plus important qu'un meuble.

– Ah ! soupira Diane, s'il pouvait rester en voyage une semaine de plus !...

– Vous savez, remarqua Bobbie... mon frère, au fond, n'est pas un mauvais type. Il est parfois brusque. Il a des manières de porc-épic, mais beaucoup d'intellectuels et de graves penseurs sont comme ça.

Elle secoua la tête avec indulgence. Il n'était pas besoin que Bobbie se posât en champion de Gordon, car déjà en elle-même Diane avait excusé toutes les brutalités qu'il avait eues envers elle.

– J'admets qu'il soit un peu orgueilleux, continua Bobbie, et imbu de son importance, mais c'est un petit défaut commun à beaucoup de grands hommes.

La main qui tenait le balai trembla...

– C'est que, voyez-vous, il a été gâté lorsqu'il était petit... Ce sont les gâteries des parents qui rendent les hommes infatués.

Mr Gordon Selsbury, qui s'était agenouillé pour épousseter un panneau, se releva presque. Son visage était tout blanc de colère. Ses lèvres remuaient comme s'il allait dire quelque chose.

– Que voulez-vous, soupira Bobbie, ce pauvre Gordon a, comme tout le monde, ses défauts...

– Les défauts de l'âge mûr, ajouta Diane. C'est un homme qui dès sa naissance a eu quarante-cinq ans... Heureusement que ce n'est pas un étourdi, ni un homme léger, ni un dissipateur...

Gordon, à terre, sembla recouvrer un peu de sérénité.

– Diane, fit paternellement Bobbie, ne mettez jamais un homme sur un piédestal.

– Lâche, siffla Gordon sans qu'on l'entendît.

– Le meilleur des hommes commet des erreurs, continua ce traître de Bobbie. Ce qui nuit à Gordon, c'est précisément son innocence. Je suis persuadé qu'une femme ayant un peu de bagout et beaucoup de duplicité pourrait le tourner comme elle voudrait autour de son petit doigt.

– Bobbie, répondit Diane très sérieusement, si j'étais la femme de Gordon, j'aurais en lui la confiance la plus entière.

Il est la véritable personnification de l'honneur. Quoique vous puissiez dire de lui, vous devez admettre qu'il est la loyauté faite homme. Il ne fera jamais rien de bas ni de vulgaire. Ainsi tenez, par exemple, je n'imaginerais jamais Gordon allant en partie galante à Ostende.

Bobbie huma l'air, assez embarrassé. Il était honnête quoiqu'aimant à dauber sur le compte d'autrui. Et il lui répugnait de cacher par des mensonges ce que Gordon lui avait confié sous le sceau du secret.

– Évi-évidemment, se contenta-t-il de répondre, peut-être que non...

Elle sourit avec pitié en regardant Bobbie.

– Peut-être, dites-vous... Vous savez qu'il ne le ferait pas, Bobbie. Gordon est la véritable antithèse de la vulgarité. Enfin dites-moi, pourriez-vous vous le figurer contant fleurette à tante Lizzie ?

Mais Bobbie, honnête jusqu'au bout, se débattit.

– Je pense, Diane, qu'on ne peut avoir une confiance absolue en personne. Aucun homme n'est digne de l'entière foi d'une femme.

Elle rit :

– Taisez-vous, célibataire bouffi de cynisme !

À ce moment, une voix s'éleva derrière eux.

C'était Gordon, d'un ton plein d'emphase et d'indignation :

– Moi je pense que...

Il s'arrêta sous le regard furibond de Diane...

– Comment ! Vous osez interrompre notre conversation !...

– Je... heu... Je...

– Mon ami, dit Bobbie, avec fermeté, je vous ai déjà dit que vous ne tromperiez personne. Perdez donc tout espoir à ce sujet. Vous savez que si j'étais maître ici, vous seriez en ce moment en prison. Mon honorable cousine n'a pas jugé utile d'appeler la police. Je m'incline devant sa décision. Quant à vous, il est tout naturel que vous appréciiez sa générosité à son juste mérite.

Gordon lança au loin sa brosse et son balai et se dressa d'un bond.

– Je m'en bats l'œil ! explosa-t-il... Malgré les apparences, malgré tout, j'affirme que je suis Gordon Selsbury.

À ce moment, il se retourna, car il avait entendu un bruit. Mr Superbus était dans l'embrasure de la porte. Il tenait une enveloppe. Gordon la vit et perdit son assurance. Il s'agenouilla à nouveau et reprit sa brosse.

– Un télégramme pour vous, madame ; je ne savais pas qu'on pouvait en recevoir le dimanche.

Elle prit l'enveloppe, l'ouvrit : *Aberdeen. Excellent voyage, mais serai heureux de revenir. Gordon.*

Bobbie s'exclama :

– Quelle adresse !

Elle le regarda, tout à coup, le front rembruni.

– Que voulez-vous dire ?

– Je veux dire « Quel beau voyage » !... se reprit Bobbie.

Elle hocha lentement, songeusement, la tête.

– Savez-vous, dit-elle, que je commence à me sentir toute différente envers Gordon ?

L'homme à terre, s'assit sur ses talons, l'oreille tendue. À ce moment, Diane eut conscience de sa présence.

– Qu'attendez-vous ? questionna-t-elle froidement.

– Rien... hum... rien...

Gordon se courba à nouveau vers le sol.

– Où est votre... votre complice ?

Gordon tourna la tête.

– Elle lit un livre intitulé *Comment être heureuse même mariée* répondit-il cyniquement.

– Qu'allez-vous faire de Dempsi ? demanda Bobbie à Diane.

Elle fit une grimace.

– C'est ce qui me chiffonne, Bobbie. Évidemment je ne puis pas attendre qu'il disparaisse tout naturellement de mon chemin... Eh bien, qu'y a-t-il ?...

Mr Superbus venait d'entrer à nouveau.

Il s'inclina devant elle en portant la main au cœur, à la façon mahométane.

– Ce clergyman est encore là, annonça-t-il... C'est le pasteur de Banhurst.

Superbus qui avait habité la campagne professait à l'égard du clergé un grand respect. Le pasteur de Banhurst devait être, sans aucun doute, une personnalité marquante. Pour Diane il représentait l'esclavage, la menace... Sa présence dans la maison la terrorisait...

– Dites-lui que je suis malade, dit-elle d'une voix désespérée... Dites-lui que je suis très malade... Demandez-lui de repasser demain... Et ne dites surtout pas que Mr Dempsi est ici.

– Il a laissé sa carte, expliqua Superbus, et il a dit qu'en cas de besoin vous pourriez le faire appeler.

D'un geste, Diane repoussa la carte :

– Je n'ai pas besoin de son adresse... Je n'en ai pas besoin !

Mr Superbus ne protesta pas, s'inclina à la manière orientale et sortit.

– Bobbie, que dois-je faire ? C'est la troisième fois aujourd'hui que ce clergyman sonne à la porte. C'est Dempsi qui l'envoie. Il croit que notre mariage n'est qu'une question d'heures. Il est fou, ce Dempsi, tragiquement fou ! Que faire ?

Vous avez encore quelques heures devant vous, vous ne pouvez vous marier après la tombée du jour, car c'est défendu par la loi...

– Défendu par la loi !... Croyez-vous que cela puisse embarrasser Dempsi ? La loi, mais c'est lui qui fait la loi pour les affaires qui l'intéressent ! Comment le faire partir ? Avez-vous une idée ?

Bobbie se gratta le crâne... Une idée ?...

– J'en ai plus de cent. Mais elles sont toutes folles ou irréalisables. S'enfuir... ?

– S'enfuir, oui...

– Où ça ?

– En Écosse, rejoindre Gordon.

Bobbie se leva. Il était très embarrassé :

– Vous ne pouvez pas faire cela ! Faites tout ce que vous voudrez, mais pas ça ! D'abord, aucun de nous ne sait où il est en ce moment. Ensuite, ensuite... hum... moi je ne ferais pas ça...

Les yeux de Diane s'écarquillèrent.

– Pourquoi pas ? Je raconterais toute la vérité à Gordon. Je suis sûr qu'il se montrerait sensible à mes malheurs et très gentil. Je suis si certaine que dans des moments pénibles, Gordon... doit être... un vrai... réconfort...

Le petit sourire affligé accompagnant ces paroles était si pathétique que Bobbie en fut tout remué :

– Supposez un instant que Dempsi vous suive – et il le fera certainement... Imaginez qu'il vous rencontre avec Gordon dans les étendues désertiques des moors... ?

– C'est une bonne idée. Dans les moors, Gordon aurait son fusil... Mais chut ! voici Dempsi...

Bobbie avait accepté de loger à Cheynel Gardens car Mr Superbus était assez fatigué et il fallait quelqu'un pour ne dormir que d'un œil.

Durant le souper il se produisit une petite scène. C'est Héloïse qui avait préparé le repas, augmentant ainsi la sympathie que Diane éprouvait pour elle. Dempsi, extravagant comme à l'ordinaire, réclama du vin. Il voulait du vin, du vin rouge, afin de boire à la santé de sa fiancée, de sa future épouse.

– Du vin rouge ! clama-t-il, léger, mousseux, pétillant... Du vin avec la caresse du soleil sur les chauds vignobles... Du sang rouge comme le sang jeune des amants, palpitant de tendresse, d'émoi et de passion !...

Bobbie répliqua par un monosyllabe acerbe et offrit un peu de soda et de whisky. Mais le visage de Dempsi s'assombrit, sur quoi Diane se hâta d'intervenir. Mais déjà Dempsi était déchaîné. Il se leva, baisa la main de Diane, et lui raconta pour la septième fois l'histoire de sa vie. Il lui dit ses angoisses lorsqu'il croupissait dans la hutte des aborigènes, ses anxiétés lorsqu'il rechercha son adorée dans tous les recoins du monde, sa douleur, lorsque sous le ciel étoilé d'Australie il poursuivait son rêve, sa Diane, la dame de ses songes, sa déesse ! Dire que bientôt, elle serait sienne... Le passé serait bien vite oublié !

– La barbe, ponctua Bobbie.

Mr Dempsi fondit en larmes.

– Réellement, Diane, dit Bobbie, ce bonhomme m'est tout à fait antipathique.

Entre-temps, Dempsi avait quitté la salle à manger et avait regagné sa chambre. Diane, fatiguée, à bout de nerfs, se renversa dans son fauteuil en s'éventant la face.

– Il est terrible, hein, Bobbie !... Dites-moi... Il doit pourtant exister un moyen de s'en débarrasser sans être obligé de recourir au meurtre ?...

Dempsi, en regagnant sa chambre, aperçut la porte du bureau ouverte et à l'intérieur Mr Superbus qui arrangeait le feu. Dempsi entra, marcha droit sur le détective, posa une main sur son épaule et soupira avec force :

– Ah, mon ami !

Julius, embarrassé et inquiet, mit à son tour sa main sur une épaule de Dempsi et fit :

– Bonsoir, Monsieur.

– Vous êtes le seul ami que j'aie dans cette maison, fit Dempsi dans un nouveau soupir, la seule âme qui me comprenne et m'apprécie, la seule créature honnête dont le souvenir est doux à ma mémoire.

Ainsi qu'on a déjà pu le remarquer, Dempsi, lorsqu'il parlait de lui – ce qui arrivait souvent – laissait chaque fois supposer qu'il venait de rentrer d'un bref séjour dans l'autre monde.

– Mais il y en a d'autres qui vous aiment, se récria Mr Superbus, d'un ton de sympathique commisération.

– Je ne le crois pas, moi, Giuseppe Dempsi ! Qui oserait dire le contraire !

Julius recula d'un pas.

– Pas moi, monsieur, je vous assure ! C'est la dernière chose au monde à laquelle je songerais !

Giuseppe redevint aimable :

– Dès l'instant où je vous vis, je me dis « Voici un homme aux visées hautes, un super-homme, d'une grande sensibilité et d'une intelligence hors pair. Ce Mr Superbus possède un grand cœur... De plus, c'est un homme d'affaires, sympathique, un vigilant gardien de la loi, un détective de tout premier ordre...

Mr Superbus s'agita avec embarras. Puis il toussa.

– C'est-à-dire, Monsieur, que je ne suis pas tout à fait un vrai détective... Je le suis et je ne le suis pas. Voyez-vous, autrefois, j'étais huissier près le tribunal de commerce...

Dempsi sourit :

– Mais maintenant, mon cher, vous êtes un vrai détective, un disciple de l'immortel Holmes... Quel homme modeste vous faites, au surplus !

– Monsieur, je ne fais que des enquêtes privées, pas officiellement pour Scotland Yard... Je suis détective amateur. Ainsi que j'aurai l'honneur de vous l'expliquer...

Mais Dempsi, dans un flux de paroles, ne permettait pas à Mr Superbus de s'expliquer.

– Dire que vous protégez vos concitoyens contre ce maudit Double Dan ! Dire qu'un tel criminel court en liberté ! Haha ! Vous semblez surpris, n'est-ce pas de me voir au courant de ses exploits !... Superbus, glorieux détective, rendez-moi un immense service. Lorsque vous aurez mis la main au collet de ce brigand, appelez-moi !

Dans les yeux de Dempsi, luisait un éclat significatif... Sur ses mains crispées, Superbus crut voir ruisseler le sang de Double Dan... Le dernier Romain en resta médusé.

– Appelez-moi, répéta Dempsi... Il y a déjà si longtemps que je n'ai tué personne... Mais je ne veux plus parler de cela... Par avance, je plains déjà sa femme et les orphelins qu'il va laisser...

L'Italien reporta son regard admiratif sur Mr Superbus :

– Ainsi donc, vous êtes un détective !... Une unité de cette vaillante armée de courageux citoyens qui bataillent sans répit contre le crime, qui protègent les hommes paisibles comme Giuseppe Dempsi contre les vautours suçant le sang de la société !...

Dempsi tendit la main. Mr Superbus gonflé de vanité la prit. Quel homme du monde ce Mr Dempsi ! Les mots qu'il avait prononcés tournoyaient dans le cerveau du dernier Romain qui se promettait d'ores et déjà de les employer à son profit à la plus prochaine occasion.

– Oui, admit-il avec modestie, notre métier est délicat... Le public ne se rend pas compte des dangers qu'il présente. Nous risquons beaucoup... Ainsi, hier, j'ai failli être renversé par un autobus.

Dempsi sembla impressionné.

– Non ! se récria-t-il.

– Si ! fit gravement Julius en agitant la tête de haut en bas et de bas en haut. C'était pendant que j'accomplissais mon service... Je vis tout à coup un individu à la mine inquiétante, ressemblant à un bonhomme qui me doit de l'argent depuis plusieurs années... Je traversai la rue pour le regarder de plus près... Tout à coup... l'autobus me rata de cinq centimètres...

Dempsi frissonna de tous ses membres.

– Quelle bravoure ! Et avez-vous arrêté beaucoup de malfaiteurs ? Beaucoup, n'est-ce pas ? Mais c'est certainement là un sujet dont vous n'aimez pas à parler... Je comprends vos sentiments. Ils sont ceux d'un homme délicat.

– C'est-à-dire que j'en ai amené beaucoup devant le juge de paix, dit Julius... Ce n'est pas tout à fait la justice... Des gens qui, par exemple, ne payaient pas leurs dettes et devaient de l'argent à leurs fournisseurs...

L'autre le contempla avec terreur :

– Comment pouvez-vous dormir la nuit ?

Julius sourit avec suffisance.

– Ils ne m'empêchent pas de dormir, car j'ai le sommeil profond, moi... rien ne m'éveille la nuit, bien digérer fait bien dormir, dit-il sentencieusement.

– Dites-moi, demanda Dempsi, êtes-vous depuis longtemps au service de ma reine ?

Mr Superbus rappela à lui toutes ses connaissances d'histoire moderne.

– Je croyais, monsieur, que vous aviez un roi en Italie...

Dempsi rit.

– Non, non, non, vous faites erreur ! Je parle de ma douce Dame, Diane... Je suis son esclave, son serf, son chevalier servant, elle est ma reine.

– Ah, vous parlez de Mrs Ford ? Il n'y a pas longtemps que je la connais.

Dempsi changea brusquement de conversation :

– Je vais me coucher. Je ne fermerai pas ma porte au verrou. Voulez-vous m'avertir au cas où Double Dan manifesterait sa présence ?

Question bien inutile, en vérité, car Mr Superbus possédait un organe vocal capable d'attirer tous les habitants du quartier.

– Je veux bien. Mais je n'ai besoin de personne pour lui faire son affaire.

Dempsi se mordit la lèvre et considéra songeusement le détective.

– Écoutez, grand ami, aux premiers coups de feu je serai éveillé. Je serai tout aussitôt à vos côtés.

Julius devint très pâle. Dans les grandes occasions, tous les Romains pâlissaient, même César Borgia, même Néron, cet amateur de feux d'artifice.

– Des dé-to-na-tions ? demanda faiblement Mr Superbus.

– Oui. Double Dan est armé jusqu'aux dents... Mais que votre conscience soit calme, mon cher détective, je serai là pour prendre votre place si vous tombez victime du devoir !

Julius haussa le cou péniblement :

– Lorsque je tomberai victime du devoir ?... Sur les tapis ?...

– Mon cher Superbus, ajouta encore Dempsi, lorsque vous tomberez, n'oubliez pas d'ouvrir une dernière fois les yeux. La suprême vision que vous aurez : ce sera moi penché avec pitié sur votre corps percé de balles, mon pauvre Superbus... Puis je me redresserai et réglerai le compte de votre meurtrier.

Julius ferma les yeux et remua les lèvres. On eût dit qu'il faisait ses oraisons...

23

Réflexions sur un trépas héroïque

Les yeux clos, il vit en imagination un spectacle tragique. À l'avant-plan, sur le sol, gisait une forme inanimée : la sienne.

– Mon Julius, je te jure que tu seras vengé !

La main de Dempsi se posa sur son bras...

– Vous... vous êtes sûr qu'il a des armes à feu sur lui ?

– Oui.

– Chargées ? Mais c'est une infraction à la loi ! On se fait condamner pour ça !

– En fait, cher ami, tous les desperados que j'ai rencontrés étaient armés jusqu'aux dents, et ils n'hésitaient pas à se servir de leur revolver. Je puis vous assurer également qu'ils sont adroits au tir.

– Croyez-vous ?... Mon excellente épouse disait que...

Dempsi ne lui laissa pas le temps d'achever. Son visage devint tout à coup grave, comme s'il se rendait compte d'une situation dramatique.

– Votre femme ? N'ayez aucune crainte, mon brave Superbus. Elle ne sera jamais dans le besoin. Je m'occuperai d'elle. Votre action d'éclat sera honorée et commémorée, je vous le promets. Votre nom sera immortalisé dans la pierre. J'ai déjà, dans mon cerveau, un projet de plaque de marbre noir, simple et grandiose. Une inscription en lettres d'or dira ceci :

À LA MÉMOIRE DE JULIUS SUPERBUS
HÉROS, GENTLEMAN ET ROMAIN.

La voix de Dempsi tremblait un peu. On eût dit qu'il prononçait un éloge funèbre devant le mémorial en question.

Quant à Mr Superbus, il essuyait la sueur qui coulait de son front, à grosses gouttes.

– Mer-merci beaucoup... Ma fem-femme sera bien aise de vos bon-bontés... Elle sait que je suis brave. Je vous suis très obligé. Personne ne serait plus gentil que vous...

– Ne la voyez-vous pas en imagination, votre épouse, lisant l'inscription destinée à perpétuer votre héroïsme ? Moi, je la vois qui contemple la plaque apposée dans la muraille d'une belle église gothique... Elle a les yeux humides. Ses enfants sont à ses côtés...

– Je n'ai pas d'enfants, remarqua bruyamment Mr Superbus.

Dempsi fit un geste vague.

– Elle peut se remarier... Elle doit être encore jeune... La vie lui réserve peut-être encore du bonheur.

Le pauvre Julius, incapable de demeurer debout, se laissa tomber sur une chaise.

– Ce que vous dites-là n'est guère fait pour m'encourager...

Dempsi se pencha sur lui et lui parla avec gentillesse.

– C'est donc entendu ? N'ayez aucune hésitation, cette nuit. Appelez-moi si vous êtes en danger... J'arriverai peut-être encore à temps pour vous sauver la vie... Dieu fasse qu'il en soit ainsi. Nous sommes de fermes alliés, n'est-ce pas, mon cher Superbus ? Celui qui vous offense, m'offense ! Gare à lui, il aura affaire à moi, à moi, Giuseppe Dempsi !

Le détective amateur se leva. Mais ses genoux le soutenaient à grand'peine et sa langue avait la sécheresse d'un vieux parchemin.

– Je pensais à ceci, Mr Dempsi... Vous dormez dans la maison... Mr Bobbie passe également la nuit ici... Dans ces conditions, est-il bien indispensable que j'y demeure ? Non pas que je sois effrayé, loin de là... Le danger n'intimide pas Superbus... Mais c'est à mon excellente épouse que je pense...

– Je serai prêt à accourir, répéta Dempsi en manipulant un petit revolver qu'il avait extrait de sa poche.

À la vue de l'arme, Julius manqua s'évanouir.

– Je n'ai peur d'aucun homme de ma taille, proclama-t-il d'une voix tremblante... Mais les cambrioleurs ne sont pas loyaux... Ils vous surprennent par derrière... Est-ce juste, ça ?

Dempsi ne répondit pas, car tante Lizzie venait d'entrer dans la pièce...

24

La conversion d'Héloïse

Gordon, à la cuisine, s'ennuyait. Le fumet des rôtis et l'alignement brillant des casseroles d'aluminium n'avaient aucune poésie pour lui. Il avait déjà lu et relu les deux livres de cuisine et les vieux journaux qui formaient la bibliothèque de l'office ainsi que l'almanach qu'il aurait pu réciter par cœur et dans lequel il avait appris toutes les dates des assassinats célèbres, des attentats politiques et des naissances d'hommes illustres.

Il avait à peine vu Héloïse et encore moins Diane. Chose curieuse, malgré la façon cavalière dont Diane le traitait, il n'éprouvait à son égard aucun ressentiment. Au contraire, il ressentait une sorte de malin plaisir à penser à elle. Il possédait, en effet, un sens aigu de l'humour et le comique de sa situation lui sautait aux yeux.

Quelle femme énergique !... Et quelle jolie fille ! Dire qu'avant sa folle aventure, il n'avait même pas remarqué ces deux qualités ! Mais... ce Dempsi... Le cœur de Gordon s'alourdit d'angoisse.

La porte s'ouvrit lentement. Gordon, rêveur, leva les yeux, espérant voir entrer celle à qui il pensait. Mais il fut désappointé. Ce n'était qu'Héloïse.

Mrs Van Oynne jeta à terre le livre qu'elle tenait, tordit un morceau de journal qu'elle approcha de la flamme du poêle pour allumer ensuite sa cigarette. Il se leva du fauteuil d'osier sans mot dire et lui céda sa place.

Les yeux fixés sur les charbons incandescents, Héloïse fumait en silence. Gordon la regarda de côté. Elle était belle, mais d'une beauté plus dure, plus sévère que Diane. Gordon se sentit plein de pitié pour elle.

– Vous pouvez vous flatter de m'avoir attiré dans une vilaine aventure, dit-il posément sans une trace de rancœur dans la voix.

Elle l'examina de côté et, d'un petit geste précis, fit tomber la cendre de sa cigarette.

– Il n'y a vraiment pas de quoi devenir fou, mon bonhomme...

Un frisson glacé courut dans le dos de Gordon lorsqu'il entendit cette réponse :

– J'aimerais que vous ne m'appeliez pas « mon bonhomme »... C'est si déplacé... si...

Elle rit aigrement.

– Il y a deux jours à peine, j'étais encore si parfaite à vos yeux pourtant...

– Que voulez-vous dire ?

– Nous ne nous faisions aucun reproche... Nous parlions d'âmes, d'affinités d'âmes... Si vous saviez comme je devais faire attention pour ne pas m'endormir en écoutant vos radotages... Maintenant, vous êtes tout différent et je vous aime mieux comme ça... Je préfère le bon sens et le naturel... Mon bonhomme, c'est grâce à moi que vous avez déserté les régions éthérées de la philosophie pour les réalités de l'existence. C'est moi qui vous ai formé...

– C'est vous qui avez ruiné ma réputation, voulez-vous dire, interrompit-il avec haine... Si vous n'étiez pas venue ici, derrière moi, j'aurais pu tout expliquer à Diane, je veux dire, à miss Ford.

– Je préfère que vous disiez « Diane ». Cette jeune dame n'est certainement pas une demoiselle. Ou bien elle est mariée, ou bien... Ah, si je n'étais pas venue !...

– Je ne vous comprends pas... Pourquoi êtes-vous venue ici ?

– Parce que mon homme m'a trahie... expliqua-t-elle froidement.

– Votre homme, dit Gordon stupéfait, vous voulez dire votre mari ?

Elle jeta sa cigarette et s'étira.

– Mon mari est l'être le plus incompréhensible qui ait jamais existé... Je parle de Dan, de celui que vous nommez Double Dan...

Un silence tomba que rompait le tic tac monotone de l'horloge.

– Vous-vous... vous travaillez avec Double Dan ? questionna-t-il...

Elle sourit avec pitié.

– Certainement. Dans quel but croyez-vous donc que je vous aie permis de me conter fleurette ?... Parlons franchement... Que pensez-vous avoir d'attirant pour une femme ?

Il bégaya une protestation confuse :

– Je-je ne vous ai pas conté fleurette... Nous avons parlé de choses... de philosophie... de goûts communs...

– Si vous aviez eu autant d'expérience que j'en ai, vous vous seriez rendu compte que tout cela n'était que du flirt ! Vous me faisiez la cour, mon cher, inconsciemment peut-être, mais vous me faisiez la cour !

La colère de Gordon monta d'un degré :

– Il n'en a jamais été question, protesta-t-il. Vous savez très bien que nous avons discuté de choses impondérables... Nous n'avons jamais échangé... de caresses... C'est à peine si j'ai effleuré votre main. Comment osez-vous dire que je vous faisais la cour en vous décrivant des animaux préhistoriques !

Mais à la grande indignation de Gordon, elle insista sans aucune espèce de pudeur :

– Mon bonhomme, c'est ainsi que les grands esprits jouent au jeu de l'amour. Lorsqu'un savant se met à me parler d'un dinosaure et de l'âge de la pierre taillée, c'est qu'il a le béguin pour moi !

– Alors, fit-il, bouillant de colère, tout cela n'était qu'une infâme comédie pour m'éloigner ?

– Comment, vous ne le savez pas encore ?

Héloïse était sincèrement stupéfaite.

– Comme vous pensez lentement ! s'exclama-t-elle.... Il vous a fallu du temps pour vous en rendre compte... Ma mission était de vous éloigner, tandis que Double Dan...

– ... devait se faire passer pour moi

Maintenant, il s'expliquait tout. Les mystères n'étaient plus des mystères pour lui.

– Mais il m'a trahie ! On m'avait cependant avertie avant mon départ de Manhattan Island avec lui... Mais je n'ai pas voulu croire ceux qui me donnaient leurs conseils... J'avais foi en lui, je m'étais laissée bêtement embobiner !... Vous voyez quelle folle je suis ?... Tout ce que les autres m'ont dit s'est réalisé. Hier matin, alors que tout était prêt pour vous attirer à Ostende, je suis allée le voir au sujet du partage de l'argent de Mendelssohn... Non, ne faites pas un geste horrifié, je n'ai pas travaillé dans cette affaire. C'est une petite amie à moi qui a eu le talent de simuler une escapade avec le vieux Mendelssohn... Il lui fallait sa part car elle devait partir voir son fils malade. Comme j'ai bon cœur, j'ai avancé l'argent à

Freda – c'est son nom – et je me suis rendue chez Double Dan, pour récupérer mon dû... Freda travaillait aux mêmes conditions que moi, quarante pour cent pour elle, soixante pour Double Dan...

– Double Dan ? s'exclama Gordon en se frottant les yeux machinalement, votre mari ?

– Mon mari ! se récria-t-elle avec dégoût... Vous êtes fou... Je suis une femme respectable, moi... Je suis mariée... Depuis dix ans ! J'ai un coquet appartement à New York et un gentil mari, un beau mari, un brave mari...

– À-à-New York ? répéta-t-il.

Elle hésita un instant.

– Pas pour le moment, car il est au pénitencier, mais il est innocent, je le jure. Vous savez comme les juges sont injustes. Ils vous feraient asseoir sur le fauteuil électrique pour gagner un dollar. Mon pauvre John a été surpris la nuit dans la bijouterie d'Ackensmits et on l'a condamné. Pourtant les juges savaient très bien que ce n'était pas de sa faute car il est somnambule, le pauvre... Enfin, il est très bien vu à Sing-Sing où il est un des meilleurs chanteurs de la chorale pénitenciaire. Il aura fini sa peine dans un mois et naturellement je serai à New York pour le recevoir.

– C'est un... vo... leur ?...

Héloïse rougit de colère :

– Un voleur, John ! Vous êtes maboul ! Il a eu de la malchance, voilà tout ! C'est une victime du somnambulisme, vous dis-je ! Lorsqu'il est dans son état ordinaire, il ne prendrait pas un centime... Naturellement, c'est pendant la nuit que sa maladie se manifeste le plus fort... Non, monsieur, John est un gentleman quoique la police américaine l'appelle « un expert en éventrations de coffres-forts » !

– Ah, je comprends, fit Gordon sardoniquement, c'est un monsieur qui fait sauter les banques, de préférence la nuit, et il a soin de s'attaquer aux banques où il ne possède pas de compte courant !...

– Je travaillais avec lui, poursuivit Héloïse sans paraître s'apercevoir de la remarque de Gordon, mais cela a fini par lui causer des ennuis, alors je me suis associée avec Double Dan, cet hypocrite...

Gordon cessa de tambouriner sur la table pour demander :

– Alors, Double Dan va venir ici ? Il va apparaître sous

mes traits et mon apparence ? C'est ça l'épilogue de nos conversations scientifiques ?... Tout ce que nous nous sommes dit, alors, c'était...

– ... de la frime ! Et cela me barbait rudement, croyez-moi !

– Mais, fit-il intrigué, vous ne m'avez pas encore expliqué pourquoi vous êtes venue ici...

– Parce que je veux avoir mon argent, l'argent que j'ai prêté à Freda... Je suis allée chez Double Dan... Savez-vous ce qu'il a osé me dire ? Qu'il n'avait pas eu de chèque de Mendelssohn ! Comme si Double Dan va s'embarrasser de chèques ! Il a ajouté qu'il était à court d'argent... qu'il avait des dettes. J'ai juré, tempêté, menacé, il m'a répondu froidement que j'avais eu tort de payer Freda, qu'il regrettait beaucoup, mais... que je pouvais aller au diable !

Gordon la regarda sérieusement.

– Pourquoi me racontez-vous tout cela ? Vous rendez-vous compte que je n'aurais qu'à téléphoner à la police pour que votre affaire soit réglée ?...

Elle ne sourcilla pas :

– Cher oncle Isaac ! fit-elle en riant.

Il vacilla... C'est vrai, dans cette maison, il était l'oncle Isaac, rien que l'oncle Isaac !...

– Comment le reconnaîtrais-je, ce Double Dan, lorsqu'il arrivera ? Quand l'attendez-vous ?

– Je l'ignore. Dan fait son apparition quand on s'y attend le moins. C'est un type extraordinaire, je dois le reconnaître. C'est mieux qu'un expert, c'est un artiste. Vous ne pouvez prévoir quand il arrivera... Il revêt toutes sortes d'apparences. Parfois c'est un valet...

Gordon tressaillit... Un valet ?... Mr Superbus ?...

– Vous voulez parler de notre ami, le détective ?...

– Double Dan imite très bien les détectives. Un jour, il a roulé la police en se déguisant en un des deux agents qui étaient chargés de le surveiller nuit et jour... Mon bonhomme, vous devriez me remercier à genoux des quelques renseignements inappréciables que je suis en train de vous fournir... Ah, j'oubliais, Double Dan a aussi le talent de personnifier les clergymen, particulièrement ceux qui se rendent à domicile... Les clergymen de ce genre lui ont rapporté au moins un demi-million.

– Un pasteur... Il en est venu un aujourd'hui. Mais pourquoi ne témoignez-vous pas contre lui en justice ?

– Non, monsieur, c'est en privé que nous réglerons nos comptes... Entre Double Dan et Héloïse Chowster... Chowster est mon nom... Je suis la fille du révérend Chowster, de Minneapolis et j'ai été à l'école jusqu'à dix-neuf ans, ne l'oubliez pas... D'ailleurs, je ne suis pas ici pour vous faire ma biographie... Sachez, mon bonhomme, que la naissance et l'éducation comptent pour quelque chose...

Il se couvrit le visage de ses mains tremblantes :

– Quel fou j'ai été ! Quel fou !

Héloïse le regarda, étonnée, car c'était vraiment la première fois qu'elle le trouvait intéressant.

– À mon avis tous les hommes sont toujours plus ou moins fous.. Oui, l'homme vient au monde avec un grain de folie... Pendant vingt ans, il a l'occasion de devenir sage, puis il rencontre une femme qui le fait retomber dans l'aliénation mentale...

– Je ne supporterai pas que Mr Double Dan vienne se livrer à ses exploits chez moi, rétorqua farouchement Gordon... Je suis fermement décidé à brouiller son jeu.

– Vous croyez ? demanda-t-elle avec une curiosité polie.

– Croyez-vous que je vais rester les bras croisés tandis qu'une paire de coquins...

– Oh ! Oh ! Oh ! protesta-t-elle.

– ... rançonnent la société sans vergogne ?

– Très bien. Mais je doute beaucoup que vous parveniez à importuner Double Dan. Mon John me disait toujours que Dan saurait fracturer un coffre-fort avec une épingle à cheveux.

– Je vais tout raconter à la police, dit fermement Gordon... J'ai été fou de ne pas m'y être décidé plus tôt... C'est peut-être la déconsidération pour moi... mais je veux que vous alliez tous deux en prison !

Héloïse demeura imperturbable devant l'orage déchaîné.

– Petit bonhomme en sucre, fit-elle, ne te fâche pas... Sois gentil, baby !

Il tourna vers elle un visage ravagé de colère :

– Vous avez fait tout ce que vous avez pu pour faire croire à miss Ford que j'étais votre... hum... votre... quelque chose pour vous... Je vous aurais tout pardonné, excepté ça...

– Bébé... ne te fâche pas... montre tes petites dents de lait, bébé... Oh méchant dada !...

Diane qui venait d'entrouvrir la porte de la cuisine, entendit cette dernière phrase.

– Je vous saurais gré d'attendre que vous soyez hors d'ici pour vous susurrer des mots d'amour, dit-elle froidement.

Au son de sa voix, Gordon sursauta violemment. Puis il retomba dans une apathie douloureuse. Il semblait vaincu, bien vaincu.

– Je ne sais pas ce que vous voulez dire, dit insolemment Héloïse en regardant Diane dans les yeux... Je trouve, moi, que les coquins, peuvent très bien se dire de douces choses. J'admets que l'oncle Isaac n'est pas un beau chéri comme le petit Wopsy... Mais aux yeux de tante Lizzie, c'est un amour de darling !...

Gordon n'eut pas la force d'intervenir. Son courage s'était évanoui. Il disparut dans l'arrière-cuisine et reposa son front fatigué sur la machine à hacher la viande.

La réplique de Mrs Van Oynne laissa Diane interdite :

– Mr Dempsi est un ami très cher... Mais le comparer à votre...

Diane se détourna. Le double jeu qu'elle jouait la rendait malade. Elle en avait assez de toute cette hypocrisie. Si elle avait dû exprimer sa pensée, elle aurait clamé à Héloïse qu'elle préférait mille fois Double Dan à Dempsi.

– Cette aventure me rend malade. J'en ai assez de cette villégiature ici, dit l'Américaine du plus plat accent yankee.

L'effet de cette phrase fut magique. Diane releva son front soucieux et articula très doucement.

– Je vous plains, quelquefois, madame.

Héloïse haussa les épaules.

– Et moi je ne suis pas toujours à la noce, mademoiselle... La vie est parfois un tel enfer !

Le cœur de Diane allait irrésistiblement à la femme qui était devant elle. Sa solitude, l'atmosphère de tragédie qui semblait l'entourer, le mystère de sa vie, tout cela appelait la tendresse et la charité.

– J'aurais dû comprendre que vous n'aviez pas été heureuse, madame. Excusez-moi si parfois je me suis montrée brutale envers vous.

Se rendant compte de la faiblesse momentanée de Diane, Héloïse s'empressa de la mettre à profit :

– Avant de le rencontrer, j'étais honnête, soupira-t-elle.

Gordon, horrifié, sortit de l'arrière-cuisine :

– Vous... vous...

– Silence !

Devant le regard de colère de Diane, il se mourait.

– C'est lui qui a fait de moi ce que je suis, hélas...

Héloïse jouait maintenant sa dernière carte et elle misait sa liberté.

La voix de Diane trembla de rage contenue en se tournant vers Gordon :

– Espèce de brute ! Vous n'êtes pas honteux de ce que vous avez fait ! Vous êtes un tigre qui ne méritez pas de vivre... Pourquoi ne le quittez-vous pas, Héloïse ?

Héloïse renifla bruyamment et se frotta les yeux.

– Il me tient sous sa coupe, Mademoiselle... Les hommes comme lui n'ont pas pitié des femmes qu'ils ont domptées... Les malheureuses sont soumises jusqu'à la mort...

Gordon s'avança sur Héloïse qui hurla :

– Protégez-moi ! Il va me battre !

Le bras de Diane se posa sur celui de Gordon.

– Reculez !...

Puis à Héloïse :

– Il ose vous... battre ?

Sanglotante, Héloïse baissa la tête en signe d'affirmation.

– Parfois je suis toute bleue et toute noire... Il me battra certainement tantôt à cause de cette scène. Ne vous inquiétez pas à mon sujet, miss Ford... Je dois supporter Dan jusqu'au bout, quoiqu'il arrive !

– Traître ! s'exclama Diane.

Héloïse pleurait. Gordon grinçait des dents. La voix de Diane était grave et vibrante :

– Pourquoi ne pas le quitter, ma chère ? Êtes-vous mariée ?

– Les hommes comme Double Dan ne se marient pas, sanglota Héloïse.

Diane regarda Gordon.

– Et moi, je vous dis qu'il vous épousera ! prononça-t-elle.

Brusquement Héloïse se jeta aux pieds de Gordon. Ce dernier, abasourdi, n'eut même pas l'idée de la repousser lorsqu'elle l'entoura de ses bras... Il devait rêver, c'était certain.

Mais le cauchemar allait bientôt s'évanouir, car des aventures comme la sienne n'existent pas dans la réalité. Il n'eut qu'une pensée, ne pas bouger, ne pas remuer... attendre la voix de Trenter qui allait comme tous les matins lui annoncer :

– Il est 8 heures, monsieur, et il pleut...

Alors, Gordon ouvrirait les yeux et tout serait redevenu normal.

Au lieu de Trenter, ce fut la voix d'Héloïse qui l'apostropha :

– Dan... Dan... tu as entendu ce qu'a dit la bonne demoiselle ?... Épouse-moi, Dan, épouse-moi, je t'en prie.

Gordon sourit d'un air égaré.

– Reprenons notre vie calme d'avant... Permets que je revoie la petite ferme paternelle du Connecticut, Dan... Oh ! le son argentin des cloches de la chapelle... Les paisibles vaches broutant l'herbe tendre... Rends-moi tout cela, Dan...

La voix d'Héloïse gémissait sur un timbre aigu.

Gordon se secoua.

– Qu'est-ce que c'est que cette mascarade ? hurla-t-il tout à coup, incapable de se contenir.

– Faites attention ! dit sévèrement Diane.

Il secoua la tête :

– Je vous dis que...

– Vous l'épouserez !

– Je ne puis pas !... Je ne veux pas ! Allez tous au diable !

Héloïse se courba hypocritement comme si elle allait être battue.

– Tu as promis, Dan... Tu as promis... sanglota-t-elle, tu ne vas pas renier ta parole, n'est-ce pas ? Dis-moi que tu m'épouseras, Dan !

Diane, devant le désespoir de la comédienne, sentait son cœur se fendre. Gordon, au comble de la rage, retroussa les lèvres en un rictus affreux.

– Ah, tu souris ! poursuivit Héloïse... Je vois tes yeux briller... Tu es gentil, n'est-ce pas ? Nous allons abandonner ce vilain métier d'escrocs et prendre une petite ferme en Amérique... Oh ! Dan, ne sera-ce pas délicieux lorsqu'assise à la porte du jardin, je te verrai jeter du grain aux poulets ?

– Au diable les poulets ! Au diable la porte du jardin ! Voyons, Diane, vous ne vous apercevez donc pas que cette femme joue ici une comédie infâme et indigne. Elle n'est absolument rien pour moi... !

– Il me chasse ! Il me dédaigne ! Il me méprise ! sanglota Héloïse qui tomba sur le sol, de tout son long...

Diane, se précipita vers elle et lui releva la tête :

– Venez avec moi, ma chérie. Cet homme est insensible aux prières.

Puis, se trournant vers Gordon :

– Vous pouvez bien rire, misérable.

– Je ne ris pas, protesta Gordon avec indignation... D'ailleurs il n'y a vraiment rien de risible dans cette maudite maison !...

Diane contempla Héloïse avec une profonde commisération.

– Si je vous donnais de l'argent, est-ce que vous retourneriez chez vous, à la maison ?

– Oui, fit faiblement Héloïse.

– Vous aurez ce qu'il vous faut demain. Accompagnez-moi, maintenant.

D'un geste dolent, Héloïse se libéra de la main de Diane.

– Non... fit-elle d'une voix cassée, je veux rester ici encore quelques minutes... Je veux dire... à Dan... ce que personne d'autre au monde... ne pourrait entendre.

Diane devint très pâle.

– Je crois comprendre, dit-elle simplement, et elle sortit en fermant la porte derrière elle.

Héloïse écouta quelques instants, puis se tourna vers Gordon, la face illuminée de joie.

– Chic ! jubila-t-elle en dansant entre la table et l'armoire. Mon ticket de retour est payé !... Quel ange, hein, mon vieux !

– Méchante femme ! Vipère ! siffla Gordon, comment ! Vous n'êtes pas honteuse !

– Flûte ! (Puis, tout à coup, s'approchant de Gordon, elle lui parla les yeux dans les yeux :) Ayez pitié de moi, mon bonhomme... Car supposez un instant que Double Dan ne veuille pas me rendre mon argent... Que ferais-je ? Je n'ai plus un centime. Je suis fauchée... Comment traverser l'Atlantique pour retourner chez moi ?... Ayez un peu de cœur, voyons.

– Vous avez abominablement trompé miss Ford.

– Écoutez-moi, pour l'amour de Dieu... Et vous, ne l'avez-vous pas trompée ?... De toute façon, vous ne méritez pas une jeune fille épatante comme elle... Ah, elle en a du cœur, et de l'intelligence, celle-là !

Il marcha nerveusement de long en large dans la cuisine, marmonnant des choses indistinctes. Puis, il s'arrêta devant elle :

– C'est vous qui avez trompé tout le monde ici. Vous n'avez pas craint de m'accuser de tous les crimes et d'affirmer à miss Ford que je suis Double Dan.

Héloïse, insouciante, avait allumé une cigarette. Elle s'était assise sur le coin de la table et ses pieds se balançaient dans le vide.

Peu à peu, Gordon se calma :

– Je finirai dans un asile d'aliénés, c'est aussi sûr que Double Dan terminera sa carrière en prison.

– Ne vous en faites pas, le petit jeu va bientôt cesser. D'abord, moi, j'en ai assez. Et puis, dans quinze jours, John sera à la maison... Je vais en finir avec Dan.

– Il va venir ici ? demanda Gordon.

– Nous nous verrons et il me donnera ma part, dit énigmatiquement Héloïse. Ah, il a cru que je me contenterais de dix pour cent des bénéfices ! Il ne sait pas que c'est la moitié qu'il me faut !

– Écoutez, dit Gordon, je vous préviens que cette comédie a assez duré !... Il y a 50 000 dollars dans le coffre-fort du studio... C'est cela sans doute l'objectif de Double Dan ?

– 50 000 ! s'exclama Héloïse, haletante... Voilà qui explique tout... Vous m'aviez pourtant dit autrefois, Gordon, que vous n'aviez jamais plus de 1 000 livres en argent liquide chez vous...

– C'est de l'argent que j'ai exceptionnellement ici, pour payer un Américain, répondit Gordon, avec une patience qui l'étonna. Au fond, je ne vois pas très bien pourquoi je vous donne tant d'explications. Il est vrai que je deviens fou !... Quoiqu'il en soit, les 50 000 dollars sont dans mon coffre-fort... Cela me suffit.

Héloïse se taisait, pensive.

– Ainsi donc, Double Dan le savait !... 50 000 dollars... 10 000 livres sterling... une fortune... et il la voulait tout entière pour lui, sans partage avec personne !... Le cochon !...

Héloïse avait oublié la présence de Gordon. La trahison de Dan l'absorbait tout entière :

– Ah ! Je comprends, maintenant, pourquoi il tenait tant à travailler seul !... Attirez-le à Ostende, et je me charge du reste, disait-il... Le reste, c'était 50 000 dollars pour lui !... Quel cochon !...

– Madame, intervint Gordon, vos affaires privées ne me regardent pas...

– Haha ! Il a voulu me rouler ! Eh bien, on va voir si je vais me laisser faire, foi d'Héloïse Chowster ! Attendez, Double Dan, vous allez avoir de mes nouvelles !

La perfidie de Dan ouvrait à Héloïse des horizons nouveaux. Ce qu'elle voulait avant tout maintenant, c'était se venger !

– Je ne me laisserai pas voler par Dan, vous m'entendez ! éclata à ce moment Gordon. Est-ce que vous me prenez pour un fou, par hasard ?

– Je l'ai parfois pensé... répliqua-t-elle froidement.

Mais tout à coup, elle changea de ton, car elle venait d'entendre le pas de Diane dans l'escalier :

– Je ne te demanderai plus rien, Dan, fit-elle en sanglotant... Je te souhaite bonne chance... Veux-tu... me donner la main... pour la dernière fois ?

Abasourdi, Gordon la fixa sans mot dire... Il comprit lorsqu'il aperçut Diane.

– Ne nous séparons pas comme ça, Dan... Je te pardonne tout le mal que tu m'as fait. Adieu, Dan, mon ami...

Elle tendit vers lui une main timide.

– Au revoir, répéta-t-elle.

– Espèce de brute, ordonna Diane, donnez-lui la main... tout de suite !

Gauchement, comme un enfant, il obéit.

– Venez avec moi, ma chère, dit doucement Diane... Ne vous occupez plus de lui...

– Merci, fit Gordon, c'est la première chose sensée que vous dites...

– Miss Ford, puis-je vous demander quelque chose ? fit Héloïse, en hésitant.

– Mais certainement.

Héloïse montra la robe claire qu'elle portait :

– Mes vêtements... Je n'y tiens plus beaucoup... je n'ai plus l'esprit à la joie, maintenant... Si vous aviez une robe noire pour moi... une robe sévère...

Diane comprit.

– Venez avec moi dans ma chambre, Héloïse, je vous donnerai ce dont vous avez besoin. N'ayez pas peur, je vais envoyer Superbus pour surveiller ce coquin.

Gordon leva un doigt menaçant :

– Diane, je vous prie de ne pas venir en aide à ce démon femelle... Et pour l'amour du ciel, ne lui prêtez pas vos toilettes... Elle se fera passer pour vous...

Le regard que Diane lui lança aurait glacé un ours polaire.

– Brute, infâme brute ! Allez vous coucher, et dormez, si votre conscience vous le permet !

25

À L'ASSAUT DU COFFRE-FORT

Ce fut la cloche de l'église voisine qui rappela à Gordon que l'on était lundi matin.

Dans le couloir, quelques heures auparavant, la voix de Bobbie avait crié « Bonne nuit » à quelqu'un.

– Bonne nuit ! répondit Gordon.

– Ce n'est pas à vous que je parle ! fit Bobbie sèchement.

Bobbie avait passé la soirée avec l'inspecteur Carslake à qui il avait posé un tas de questions.

Il rentra à Cheynel Gardens, et se rendit immédiatement à sa chambre dont il ferma la porte sur lui. Gordon, l'oreille aux aguets, entendit le verrou se fermer dans la chambre de Diane. Quelques minutes après, Dempsi passa dans le couloir. D'en bas monta le ronflement sonore de Mr Superbus.

Toutes les issues de la maison étaient fermées, sauf une : c'était la vitre qui s'ouvrait dans la grande baie du bureau. Sans en avoir l'air, Gordon avait examiné la baie pendant la journée car il redoutait que Diane n'eût bloqué le panneau avec des vis. Heureusement, elle n'y avait pas pensé.

La demie d'une heure sonna. Gordon sortit de son lit et s'habilla. Il n'avait pas d'argent, mais les domestiques de l'hôtel le reconnaîtraient. Là, il pourrait faire un chèque et, une heure après, il aurait autant d'argent qu'il en voudrait. Lorsqu'il aurait l'argent, il reviendrait à Cheynel Gardens et s'occuperait spécialement de Dempsi. Le mettrait-il à mort ?... En tout cas, il lui ferait endurer tous les supplices de l'enfer. Quant à Héloïse... peut-être serait-elle partie ?... Il éteignit, ouvrit la porte et écouta. Pas un bruit. Il descendit l'escalier avec mille précautions et arriva au bureau. Mr Superbus respirait en mesure. Son ronflement faisait vibrer les carreaux. Lorsque Gordon entra, le détective émit un petit grognement et se retourna. Le ronflement cessa, mais Julius n'interrompit point son somme.

Le moment était bien choisi. Gordon fit un pas en avant, mais s'arrêta brusquement. Projeté de l'extérieur, un cercle de lumière venait d'apparaître sur le vitrail... Il attendit, retenant sa respiration. Il perçut un bruit de lime, puis la vitre bascula... Une forme noire entra...

Le rond lumineux apparut à nouveau, mais cette fois sur le coffre-fort. Un cambrioleur ! La première impulsion de Gordon fut de courir sus à l'homme et de l'empoigner... La seconde fut d'agir avec plus de prudence.

– Haut les mains ou je tire !

La lumière s'éteignit brusquement et une voix plaintive s'éleva.

– Ne tirez pas, monsieur, c'est un policeman qui est ici...

– Taisez-vous ! ordonna Gordon, il y a un homme qui dort dans cette pièce... Où est votre revolver ?

– Je n'en ai pas.

– Que faites-vous ici ?

Gordon saisit la lampe de poche, dirigea le rayon lumineux sur le visage de l'homme.

– Je vous connais ! s'exclama immédiatement Mr Selsbury.

Les lèvres minces s'écartèrent en un sourire obséquieux :

– Vous avez l'avantage pour le moment... monsieur.

– Vous êtes le nettoyeur de vitres d'hier matin, n'est-ce pas ?

Le cambrioleur fit un signe affirmatif :

– On m'appelle Stark... Je ne ferai pas de rouspétance, mais si vous dites au juge que j'avais un revolver, je dirai que vous êtes un menteur !

Comme il élevait la voix, Gordon regarda autour de lui avec angoisse. Heureusement Mr Superbus n'avait pas cessé de ronfler...

– Ne parlez pas si haut, ordonna Gordon... et dites-moi... Avez-vous ouvert le coffre ?

– Si vous étiez venu une minute plus tard, c'était fait, avoua Stark, vous avez gâté une nuit de beau travail.

– Dans ce cas, ouvrez-le.

– Quoi ?

Stark n'en croyait pas ses oreilles.

– Je vous dis de l'ouvrir. Vous serez bien payé pour ce travail, et je vous rendrai la liberté... La seule chose à faire est de fracturer une serrure. Le mot secret est *Telma...*

– Vous ne blaguez pas, monsieur ?

– Non, non. J'ai perdu ma clé. Mettez-vous au travail. Pourriez-vous vous en tirer sans lumière ?

L'autre ricana dans l'obscurité :

– Seuls les amateurs travaillent à la lumière de la lampe. Moi, je me contente de mon ampoule électrique. C'est plus sûr.

De dessous son veston, il tira une pince-monseigneur et un instrument plus long et plus mince. Stark était peut-être un pauvre nettoyeur de vitres, mais en tant que cambrioleur, c'était un aristocrate possédant tout le matériel nécessaire à l'exercice de son occupation favorite.

– Avez-vous déjà vu ouvrir un coffre-fort avant aujourd'hui ? demanda Stark.

Gordon secoua la tête.

– Oui, mais pas de cette façon.

– Il faut des années d'apprentissage pour arriver à un résultat. Les étrangers ont gâté le métier... Trop de concurrents, surtout des Américains... Pourquoi ne restent-ils pas dans leur pays, ces Yankees ? Nous enlever ainsi le pain de la bouche !...

Tout en bavardant, Stark avait « travaillé » et brusquement la porte du coffre s'ouvrit...

– Voilà, monsieur est servi !

– Ouvert ? Déjà ?

– Oui.

– Donnez de la lumière...

– Voici.

Gordon se pencha et s'exclama :

– Il n'y en a jamais 10 000 dedans !

Brusquement, il s'arrêta et leva la tête... Quelqu'un descendait l'escalier. Fiévreusement, Gordon rafla tous les billets, en fourra un dans la main de Stark et souffla :

– Vite, partez... il y a quelqu'un !

En une seconde Stark eut franchit la fenêtre... Gordon le suivait lorsqu'une voix tremblante s'éleva du sofa :

– Qui-qui-qui est là-là ?

Mr Selsbury n'attendit pas pour fournir des explications. Lorsque le détective, avec un courage réellement surprenant, bondit vers lui, il sauta par la fenêtre.

– Halte ! s'écria une autre voix au même moment.

C'était Dempsi !

Gordon se laissa tomber dans la cour tandis que des coups de feu retentissaient : Bang !... Bang !...

Deux fois Dempsi tira. L'on entendit un hurlement de douleur. Diane, éveillée brusquement par ce cri, sauta de son lit... Tout en courant, elle serrait son peignoir autour de sa taille.

Elle arriva au bureau.

Au milieu de la pièce, Dempsi était debout. À ses pieds, Mr Superbus se tordait de douleur.

– C'est le prix du devoir ! articula gravement l'Italien.

C'était hélas ! la vérité.

En venant à Cheynel Gardens, Mr Superbus n'avait pas omis d'apporter avec lui les dix mignons petits orteils qui lui appartenaient en propre. Mais, à cette heure, l'un d'eux venait de se séparer brutalement de ses frères et de leur propriétaire, le patricien romain !

26

Souvenirs d'une mauvaise nuit

Dans le brouhaha causé par l'arrivée du docteur et les plaintes de Mr Superbus, Diane essaya de rassembler ses pensées. Elle se félicitait, malgré elle, de l'évasion de l'intrus. Évidemment, la perte du petit orteil de Mr Superbus l'affligeait presque autant que le digne Romain lui-même qui se voyait ainsi privé d'un attribut sérieux sinon indispensable. Les larmes aux yeux, il ne cessait de gémir et de se lamenter sur le malheur irréparable qui lui était survenu. Il l'adorait ce petit doigt de pied, il le chérissait ! Que de souvenirs tendres ne lui rappelait-il pas ! Un jour il avait failli l'aplatir en laissant tomber un marteau dessus. Ce qu'il avait tempêté et blasphémé ! Maintenant, il regrettait son emportement. Pauvre doigt de pied ! Il avait été si gentil, si aimable ! Les autres, ses frères, avaient couvé en eux des cors et des durillons qui avaient bien affligé Mr Superbus. Lui, le pauvre cher disparu, il s'était toujours bien gardé de ces protubérances douloureuses !

Diane avait été vite rassurée sur l'état de Mr Superbus, car le médecin lui avait certifié que le digne détective devait avoir plus de peur que de mal. Au surplus, et sans oser se l'avouer, elle n'était point fâchée que Double Dan fût parvenu à s'enfuir.

Quant à Dempsi, cette fusillade nocturne avait eu le plus singulier effet sur sa faconde coutumière. Du coup, il cessa d'appeler Diane son adorée et le rêve de sa vie.

– Le fait est que le pauvre Wopsy n'avait jamais employé de browning auparavant, riait Bobbie... une fois qu'il a touché la détente, il n'a plus su comment il fallait faire pour l'arrêter !

– Pauvre Wop ! s'exclama Diane... ou plutôt, pauvre Mr Superbus !

Bobbie partit et revint peu de temps après le déjeuner. Il était allé chez son banquier et lorsqu'il revit Diane, Dempsi était absent.

– Eh bien ? demanda Mr Selsbury junior avec enjouement, le reste de la nuit s'est-il bien passé ?

– Mais oui. Avez-vous l'argent, Bobbie ?

– Oui, le voici.

Bobbie retira de sa poche revolver, une grosse liasse de billets de banque américains. Diane demeura songeuse, les lèvres pincées.

– À propos, j'ai reçu un télégramme de Gordon. Il est arrivé à Inverness.

– Tiens... Et comment va cette vieille branche de Superbus ?

– Pauvre vieux, rit-elle doucement. Je crois qu'il est presque consolé de la grande perte qu'il a éprouvée. Il me semble qu'il a déjà quelque tendance à se considérer comme un héros de la guerre... Pour le moment, une chose le ronge... Que va dire son excellente épouse de la disparition du charmant orteil ? Je présume, à voir ses craintes, que Mrs Superbus doit les examiner tous les soirs pour savoir si le compte y est...

Bobbie ricana. Cela lui semblait si comique, perdre un doigt de pied !

– Plus rien de Double Dan ?

– Non, répondit-elle, je crois qu'il a disparu et bien disparu. D'après les traces qu'il a laissées, il a dû escalader le mur. Mr Superbus prétend qu'il avait un complice... Bobbie, après tout, je suis contente qu'il se soit enfui.

Bobbie regarda la jeune fille avec étonnement :

– Contente, mon dieu ? Et pourquoi ?

– Pour la jeune femme... (Le visage de Diane se couvrit d'un voile de tristesse.). Vous ne pouvez vous imaginer ce qu'elle a souffert à cause de lui, Bobbie. Il y a un monde de bonté, dans cette Héloïse... Mais elle a été subjuguée, dominée par ce bandit.

– En tout cas, il s'est échappé très lestement... Je suis descendu derrière Dempsi et j'ai tout aussitôt fouillé la cour et la maison sans découvrir âme qui vive.

Elle esquissa un geste d'indifférence.

– N'en parlons plus, voulez-vous ? Savez-vous que Dempsi s'est conduit avec vaillance ?... Je n'aurais jamais cru qu'un homme nerveux et impulsif comme lui aurait eu tant de sang-froid en face du danger. Il m'a demandé après, avec beaucoup d'intérêt, si j'avais averti la police. Je n'en ai encore rien fait. Il s'en va aujourd'hui.

– Qui ça ? Dempsi ?

Elle fit un signe affirmatif et ajouta :

– Et il prétend qu'il m'attendra mille ans, s'il le faut... C'est tout ce qu'il a dit aujourd'hui au sujet du mariage qu'il projette.

Hagard et fort peu séduisant, l'Italien pénétra dans la pièce :

– Bonjour, Mr Selsbury... N'avez-vous pas vu tante Lizzie ? Ah, je lui dois toutes mes condoléances... C'est terrible, lorsque des amants doivent se séparer... Ce Double Dan est donc parti... Et c'était Double Dan ! Mais Diane, notre chère hôtesse, n'a pas eu peur, n'est-ce pas ! Ah, c'était merveilleux... Dites-moi, qui était-ce donc... tante Lizzie ?

– Une amie, se hâta d'expliquer Diane.

Dempsi secoua la tête avec tristesse :

– Jamais, jamais de ma vie je ne me pardonnerai d'avoir amputé Mr Superbus d'un doigt de pied...

Bobbie rit.

– On dirait d'après vos paroles que vous lui avez logé une douzaine de balles dans la tête...

– Moi ? Ah ! j'admire Mr Julius Superbus !

– Il n'aurait pas dû dormir, fit Diane, il m'avait promis d'avoir toujours un œil ouvert pendant la nuit... J'avais si confiance en sa parole que je n'ai pas pris la peine de descendre pour faire une ronde...

À ce moment le bruit d'une canne dans le hall annonça l'arrivée de l'invalide. Mr Superbus entra. Un de ses pieds formait une énorme masse de bandages, de bourrelets et de coussins. Il marchait en s'aidant d'une canne et d'une béquille. Lorsqu'il vit Diane, il lui adressa un faible sourire. Dempsi le prit sous un bras, Bobbie sous l'autre, et ils le conduisirent au sofa, où il s'écroula en poussant de petits gémissements plaintifs.

– Vous sentez-vous mieux, Mr Superbus ?

Il secoua la tête.

– Doucettement, madame. Évidemment, je me sens encore un peu remué. C'est mon état chaque fois que j'ai été mêlé à une fusillade... Je vous raconterai un jour toutes mes aventures, mais pour le moment, je me demande ce que va dire mon excellente épouse lorsqu'elle s'apercevra qu'il me manque un doigt de pied !...

Il hocha lugubrement la tête. Diane essaya de le réconforter.

– Je suis certaine qu'elle ne fera aucune histoire, Mr Superbus... Vous savez, les femmes sont héroïques dans les moments de détresse... Et un doigt de pied de plus ou de moins n'est tout de même pas fait pour compromettre votre bonheur ici-bas, je suppose ?...

Mr Superbus, profondément ému, soupira :

– C'est une chose terrible quand on y pense, madame...

Ses lèvres tremblaient...

– Dire qu'hier encore, mon petit-titit doigt de pipipied était encore vivant et bien portant et que main-main-tenant... le voici abandonné... seul... voué à dieu sait quel sort... Où est-il aujourd'hui mon petitit doigt de pipied ?...

Mr Dempsi se couvrit les yeux de ses mains longues et fines.

– Dire que c'est moi le coupable ! sanglota-t-il presque.

– Ne soyez pas affligé, monsieur, prononça Superbus avec l'intonation d'un martyr prêt à être dévoré par les fauves... Cela aurait pu arriver à tout le monde... Mais j'aurais tout de même préféré que ce fût lui... ou elle... que vous eussiez abattu...

Les yeux de Diane s'agrandirent de surprise :

– Ou « elle » ? Qui vous fait penser ça ? L'autre personne était-elle une femme ?

– Peut-être...

À ce moment-là Julius n'était nullement disposé à se montrer plus explicite. En vérité, il n'était pas trop sûr de son affaire... Il avait dit « elle » comme il eût dit « Chinois » ou « Mésopotamien »... par un souci policier de soupçonner tout le monde à tout propos.

– Je ne puis faire aucune déclaration pour le moment, dit-il sombrement, tout sortira à l'audience...

– Que s'est-il passé, en réalité ?

C'était Bobbie qui posait cette question. Julius fouilla sa poche, en sortit un gros carnet de notes, l'ouvrit, chercha longtemps la page, puis lut :

« Vers 2 heures du matin, le 15 courant, je fus tiré de mon sommeil par le pressentiment que quelque chose allait arriver, par exemple, des voleurs ou des malfaiteurs. Sans hésiter, je me levai de mon lit situé à 67 centimètres et demi du mur... Le bureau était plongé dans une obscurité profonde, mais je distinguai une forme humaine. Au moment où je me précipitais sur elle pour l'arrêter... un ou plusieurs individus semblèrent surgir devant moi. Conscient du danger, je les empoignai... »

– Je suppose que vous avez entendu le bruit de la lutte ? demanda anxieusement Mr Superbus.

Diane n'avait rien entendu du tout. Bobbie secoua la tête :

– J'ai entendu quelque chose, mais j'étais trop loin.

Mr Dempsi, la tête penchée en avant, ne répondit pas.

– « Tout à coup, » lut Mr Superbus, « j'entendis un coup de feu et ce fut tout. »

– Mais vous dites qu'il devait s'agir d'une femme ? s'enquit Diane.

– Peut-être ? Mais ce pouvait être aussi un homme. Ce point-là sera éclairci lorsque je pourrai tout raconter en détail à l'audience... Pour le moment, je me bornerai à désigner les intrus par « une ou plusieurs personnes non identifiées »... Où est donc oncle Isaac ? Je ne l'ai pas encore vu ce matin...

– Mais Mr Superbus, lorsque vous avez empoigné les malfaiteurs, vous avez tout de même dû vous rendre compte si c'étaient des hommes ou des femmes ?... insista Diane.

Julius inclina la tête.

– En tant qu'homme marié, je dois évidemment le savoir, admit-il.

– Mais vous avez « empoigné » les malfaiteurs... appuya Diane.

– Dans un sens oui... Mais il y a le sens propre et le sens figuré, madame. Lorsqu'un homme empoigne une difficulté, la prend-il par l'oreille ou par le bras ? Non, n'est-ce pas... Lorsque je dis « empoigné », je parle d'une manière générale.

– Mais vous avez vu...

Ici, Julius se trouvait sur un terrain plus sûr :

– On aurait dit un homme... Et si vous voulez que je vous dise ce que je pense... Je crois que c'était l'oncle Isaac... Ne croyez pas un instant que c'était réellement l'oncle Isaac. Je veux dire qu'il lui ressemblait... Je ne veux jeter la suspicion sur personne...

– Vous devez vous tromper, Mr Superbus, dit la jeune fille.

– Il ou elle est passé devant moi et est parti par cette porte...

– Vous vous trompez, Mr Superbus, il ou elle est passé par la fenêtre et s'est échappé par la cour. On a trouvé la fenêtre ouverte.

– Tandis que je me trouvais à terre, blessé, continua Mr Superbus s'exaltant, je revis devant mes yeux toute mon enfance... mon école... mon instituteur... Le café où j'ai fait la connaissance de mon excellente épouse... la nuit où je l'ai aidée à ramener son père à la maison et à le coucher dans son lit...

– Oui, oui, interrompit un peu brutalement Bobbie... Vous avez passé de durs moments, Mr Superbus... Vous feriez mieux de nous dire comment il se fait que vous dormiez pendant que ces voleurs fracturaient le coffre-fort ?

Mr Superbus élargit des yeux stupéfaits :

– On m'aura donné un narcotique... J'en suis sûr. Mon café d'hier soir aura été drogué... car j'ai le sommeil très léger... Le moindre bruit suffit à m'éveiller...

Bobbie le regarda d'un air un peu méprisant.

– Alors, comment avez-vous entendu le coup de pistolet ?

Diane ouvrit la bouche pour protester, car réellement, elle trouvait la remarque de Bobbie offensante pour le digne Romain.

27

Double Dan !

Pressé de revoir son excellente épouse, Mr Superbus partit de Cheynel Gardens dans une auto de la Croix-Rouge.

Il aurait pu prendre un taxi, mais il préféra une ambulance et tout particulièrement une voiture qui portât le petit drapeau blanc à la croix rouge symbolique.

Julius Superbus sortit de la maison, emmitouflé dans des couvertures, étendu sur une civière, et souriant comme un mourant qui nargue le trépas :

– Je frissonne à l'idée de ce que va penser ma bonne épouse lorsqu'elle me verra arriver... La seule satisfaction que j'aie est celle du devoir accompli...

Lorsqu'il fut parti, Diane demanda à Bobbie :

– Qu'est-ce que ça vaut, un doigt de pied ? Il faut que j'envoie quelque chose au pauvre cher homme... 200 livres, serait-ce assez ?

– C'était un petit orteil, remarqua Bobbie, un gros aurait coûté davantage... Offrez-en lui toujours 200... en attendant.

Diane écrivit tout de suite à Mr Superbus. Elle était d'excellente humeur, malgré le coffre-fort fracturé, malgré l'ombre de la tragédie qui avait failli ensanglanter la maison.

Eleanor et la cuisinière étaient revenues assez tôt. Elle leur avait pourtant dit de ne pas rentrer avant mardi. Mais comme les servantes n'avaient pas bien compris les instructions de Diane, elles étaient rentrées le lundi pour être certaines de ne pas se faire attraper.

Penchée à la fenêtre, Héloïse vit Mr Superbus faire ses adieux dramatiques. Elle était dans un état très nerveux, Héloïse. Un rien la faisait sursauter et frissonner.

Diane finissait sa lettre à Mr Superbus, lorsque Mrs Van

Oynne entra l'air dégagé. Dempsi était assis sur le divan et contemplait le foyer d'un air rêveur. Bobbie était dans sa chambre où il rédigeait des télégrammes suppliant Gordon de rentrer à Cheynel Gardens sur l'heure. Ces télégrammes, il les envoyait à tous les hôtels de Paris où, croyait-il, Gordon pouvait se trouver.

Diane releva la tête en souriant, sécha l'adresse de l'enveloppe et y colla un timbre.

– Parlez avec tante... avec Héloïse, dit-elle à Dempsi. Distrayez-la un peu.

– Quoi ?

Les méditations de l'Italien s'interrompirent brusquement.

– Oh, madame, s'excusa Dempsi, j'espère que les détonations ne vous ont pas éveillée ? Si oui, je vous dois mille excuses...

Elle secoua la tête mélancoliquement :

– Non, non... Mon esprit trop occupé par autre chose... Quelque chose que... que, réellement je ne puis expliquer... Dites-moi... Oncle Isaac est-il vraiment parti ?

– Oui.

– Oh, parti ! Disparu de ma vie ! C'est impossible !

Dempsi semblait à peine intéressé par les interjections d'Héloïse. Lui aussi paraissait être absorbé par d'autres pensées.

– Madame, fit-il enfin, vous êtes si triste ?

Le regard tragique d'Héloïse se posa sur lui.

– Triste... lorsque je pense à mon vieux papa et à la ferme paternelle du Michigan...

– Je croyais que c'était au Connecticut... releva Diane.

Mais Héloïse avait l'esprit vif :

– Maman habite le Michigan et papa le Connecticut, non c'est le contraire... Ils vivent séparés l'un de l'autre.

– Je comprends, dit la jeune fille, ils se sont séparés à l'amiable, sans doute ? Vous devez être contente de retourner en Amérique où deux maisons vous attendent ?

Héloïse regarda Diane avec suspicion. Elle se demandait si la jeune fille parlait sérieusement ou bien si elle se moquait d'elle.

– Ainsi, vous retournez chez vous ? demanda Dempsi.

– Oui, grâce à miss Ford, je vais me refaire une nouvelle

vie... Un jour, j'espère que mon existence d'autrefois ne m'apparaîtra plus que comme un mauvais souvenir...

– Vous retournez en Amérique ?

– Oui.

– C'est un beau pays, fit rêveusement Dempsi.

Diane se leva et sortit.

Alors se produisit un coup de théâtre. Vif comme l'éclair, Dempsi se dressa. Son expression changea du tout au tout. Il regarda Héloïse d'un œil vif et perçant et dit entre les dents :

– L'argent... Où est l'argent ?

Héloïse jeta un coup d'œil vers la porte, un coup d'œil autour d'elle. Personne dans le bureau.

– Tu sais où est l'argent, Sally, continua-t-il. Parle ou bien...

Elle n'était plus triste, au contraire, ses traits reflétaient une colère terrible. Les mains sur les hanches, en une attitude de défi, elle fixa l'homme dans les yeux.

– Dan... tu es le plus adroit de tous... Tu ne m'étonnerais pas en pénétrant dans cette pièce, déguisé en puce savante. Mais je ne veux pas que tu t'attaques à cette innocente enfant... Espèce de rien du tout... Crois-tu que tu vas me rendre complice de ton ignominie ?... Qui a pris l'argent ? Mais c'est toi qui as pris l'argent ! Tu t'en es emparé et en même temps, tu as aidé ce fou à s'échapper. Je suis sûre que tu travaillais au coffre-fort lorsqu'il est entré.

Tu mens, rugit-il fou de rage. Je suis entré après que tu eus enlevé l'argent. Je ne croyais pas tirer et je pense que j'ai commis là un acte bien stupide... Mais lorsque j'ai vu le type fuir par la fenêtre, je me suis douté de ce qui s'était passé... Il t'a donné l'argent pour que tu lui permettes de s'en aller !

Pleine de colère, elle montra ses dents blanches en un rictus de rage.

– Tu veux dire que c'est moi qui ai l'argent en ce moment ? Dans ma poche ?

– Parbleu !

Elle lâcha un profond soupir :

– Eh bien, mon vieux, tu en as du toupet. C'est toi qui as pris l'argent. Tu as tiré sur cette andouille de Romain lorsqu'il est entré dans le bureau pour voir ce qui se passait... Que faisais-tu avant ça, tout habillé, prêt à partir par le premier train en m'abandonnant ? Lâche ! Est-ce que je n'ai pas travaillé pour toi de toutes mes forces ? N'ai-je pas extrait, mot à mot, de Gordon, toute l'histoire de Diane ? N'est-ce pas moi qui t'ai donné tous les renseignements qui t'étaient indispensables pour monter ton coup ? Et tu me laisserais tomber comme cela ?...

Il ne répondit pas.

Elle crut remporter une victoire complète lorsqu'il se mit à faire des excuses.

– Il y avait 50 000 dollars dans ce coffre. Mais tout ce que j'y ai trouvé c'est un chèque barré aussi inutile qu'un sac de confetti... Il me faudrait deux jours pour le toucher. Et Selsbury sera ici ce soir.

– 50 000 dollars ! s'exclama-t-elle. Mais tu ne m'avais rien dit ! Tu prétendais qu'il y avait au maximum 1 000 livres à gagner dans cette affaire ! Et ce chèque, que représente-t-il ? De l'argent qu'elle devait à Dempsi. C'est grâce à moi que tu as su que Dempsi, avant de s'enfoncer dans la brousse, avait jeté son argent à Diane... Tu me dois tout, mon vieux, et tu ne veux pas partager ! Écoute... Tu vas être gentil... Tu vas me dire que j'ai raison et tu vas me donner cinquante pour cent des bénefs... Sinon... Je te fais prendre !

Il essaya d'atermoyer :

– Sally, Sally... examinons le fond des choses... et...

– Tu crois que c'est moi qui ai l'argent, hein, Dan ?... Es-tu certain que si je l'avais, je perdrais mon temps ici ?

– C'est vrai... Alors, qui a ouvert le coffre ? Pas Selsbury ?...

– C'est toi.

– By Jove ! Je te jure que je n'ai pas pris l'argent !

La porte s'ouvrit. C'était Diane. Elle avait oublié de joindre un chèque à la lettre qu'elle avait écrite à Mr Superbus...

– J'adore la campagne, fit Héloïse... Oh, le chant des geais bleus... et les nuages voguant majestueusement dans le ciel... Il n'y a rien de tel que cela, Mr Dempsi...

– Mais il me semble que c'est la première fois que je vous vois parler ensemble, observa Diane avec un sourire.

Et elle sortit.

– Écoute Sally, nous n'allons pas laisser tomber l'affaire, n'est-ce pas ?... Quelqu'un a pris l'argent... Peut-être Selsbury. À propos, pourquoi donc es-tu venue ici ?

– Je suis venue ici lorsque je me suis aperçue que tu voulais m'évincer... Je te connais, Dan, tu as une mauvaise réputation dans notre milieu... Tu n'es guère honnête.

Il éclata de rire :

– Et toi, tu n'as guère bien manœuvré... Comment as-tu laissé revenir ce Gordon ici ?

– Ça m'est égal... L'essentiel pour moi était d'être tout près de l'argent que tu voulais me rafler sous le nez sans m'en donner un sou.

Dan se tut. C'était un philosophe.

– Enfin, il n'y a rien à faire... Nous partagerons. Mais selon nos anciennes conventions... Moi soixante-dix pour cent, toi trente...

– Soixante-dix... trente ! J'admire ton sang-froid, Dan... Mais je suis blindée... La moitié ou rien !

– Écoute, sois raisonnable... J'ai rendu le chèque de Dempsi à Diane... Elle va le faire encaisser et me donner l'argent... Veux-tu attendre ? Dans une demi-heure, les fonds seront là... Ça va, moi soixante pour cent, toi quarante ?

– La moitié, répéta Héloïse fermement.

La discussion continua pendant une dizaine de minutes, mais la femme triompha.

Eleanor, cherchant sa maîtresse, quelques minutes après, la trouva dans la chambre de Gordon, arrangeant le linge de l'armoire :

– C'est le pasteur, miss...

– Le pasteur !

Le cœur de Diane battit.

Eleanor tendit une carte de visite. Machinalement, Diane la prit, lut, puis relut, se passa la main sur le front : *Le révérend Giuseppe Dempsi, Vicaire de Bathurst.*

– Le révérend Giuseppe Dempsi ! dit la jeune fille à voix haute.

Une seconde après, elle descendait l'escalier en trombe. Elle le reconnut tout de suite, le Dempsi d'autrefois... Elle l'aurait reconnu partout... à ses yeux bruns, à la flamme qui y luisait.

– Diane ! s'exclama-t-il. Après tant d'années !

– Mr Dempsi... C'est vous ! Ah, si vous saviez comme je suis heureuse de vous voir ! Dempsi, le vrai Dempsi !

Mais alors... l'autre... qui était-il ? La solution de ce mystère pénétra en elle comme un trait de lumière.

– Je suis déjà venu plusieurs fois pour vous voir, expliqua Dempsi. Voyez-vous je n'ai plus que quinze jours à passer en Angleterre. Ma paroisse se trouve tout près de Melbourne.

Diane, je me demande si vous me pardonnerez jamais les ennuis que je vous ai causés ?... (Il sourit et continua :) Quel enfant j'étais ! Oui, je me suis enfoncé dans la brousse, décidé à mourir... Puis j'ai réfléchi... Je suis arrivé, je ne sais comment, dans un couvent où j'ai été admis à poursuivre mes études... Je n'ai jamais regretté mes vœux !

Elle le regarda avec appréhension.

– Vous avez l'air plus doux maintenant, père Dempsi... Et... dites, Wopsy... vous savez que j'ai encore beaucoup d'argent vous appartenant ?...

– Je-je me demandais s'il en restait encore... Le fait est que... J'aurais besoin d'un peu d'argent maintenant... Il n'y a pas d'orgue dans mon église...

Elle était joyeuse... surexcitée...

Tout à coup, elle vit venir Bobbie à pas rapides.

– Diane, commença le jeune homme...

Derrière lui se tenait Gordon. Un Gordon habillé sévèrement. Diane, surprise, courut à lui et sans se rendre compte de son geste l'embrassa... Gordon lui rendit son baiser sans paraître le moins du monde embarrassé.

– Gordon, connaissez-vous le révérend Giuseppe Dempsi ? Mr Dempsi dont je vous ai parlé plusieurs fois ?...

Gordon regarda le religieux avec surprise :

– Le révérend Giuseppe Dempsi ? Je croyais que... euh...

Il prit la main que lui tendit le pasteur souriant.

– Comment allez-vous ?

– Diane et moi sommes de vieilles connaissances, je puis même dire de vieux amis, expliqua Dempsi.

– Extraordinaire !...

C'est tout ce que put dire Gordon.

– Mais, fit Diane, comment cela se fait-il que vous soyez déjà ici, Gordon ? Ce matin j'ai reçu le télégramme que vous m'avez envoyé d'Inverness...

– Je suis revenu en avion, dit Gordon rougissant, j'avais l'impression que quelque chose se passait ici.

– C'est vrai !... Comme vous êtes sensitif ! Tiens, cher, vous avez fait raser vos favoris ?

Il hocha la tête, gravement.

– J'ai pris cette décision dès l'instant où vous m'avez dit que vous n'aimiez pas ce genre d'ornement facial...

À ce moment, Eleanor ouvrit la porte à un gentleman grand et large d'épaules :

– Miss Ford est-elle là ?

– Oui, monsieur, mais elle est occupée.

– Je suis l'inspecteur Carslake, de Scotland Yard... Je voudrais jeter un coup d'œil sur le coffre-fort qui a été fracturé la nuit dernière... Il n'est peut-être pas nécessaire de déranger miss Ford.

Eleanor fit entrer le détective dans le bureau.

– ... partirai par le premier train, disait, dans le bureau, le faux Dempsi, nous partagerons plus tard...

– Nous partagerons avant de nous séparer, répliqua sèchement Héloïse. On ne sait jamais ce qui peut arriver...

Le visiteur entra. Héloïse le reconnut à l'instant. Saisissant un journal ouvert, elle tenta de se dissimuler derrière les pages, en prenant la posture de quelqu'un absorbé dans la lecture.

– Restez ici, dit « Dempsi »...

Puis lui aussi, il vit le détective. Les deux hommes se reconnurent.

– Cette barbe, dit Carslake ne m'est pas familière, mais ces yeux vifs... Ce nez aquilin appartiennent à mon vieil ami Dan Throgood, alias Double Dan.

– Je crois que vous vous trompez, dit « Dempsi » avec morgue.

– C'est votre travail, ça ? demanda Carslake en contemplant le coffre-fort.

– Non, je ne m'occupe pas de turbin pareil. Vous n'avez rien à me reprocher, Carslake, je suis ici en qualité d'hôte de Mr Selsbury.

– Et maintenant, vous allez être l'hôte du Roi, dit Carslake en prenant des menottes dans sa poche.

Plus tard, dans la journée, un autre inspecteur se présenta au n° 61, Cheynel Gardens, pour y arrêter une certaine Sarah Chowster, alias Héloïse Van Oynne. Mais Héloïse avait disparu. Personne ne savait où elle était passée.

– Puis-je voir miss Ford, demanda le policier, ou Mr Selsbury ?

Eleanor le pria de patienter un moment, se dirigea vers le bureau, et avant d'entrer, écouta à la porte...

– ... Gordon... J'étais bien décidée à retourner en Australie, disait une douce voix de femme.

– Et moi, répondit Gordon, je vous suivrai au bout du monde... Et à mon tour, je me perdrai dans la brousse pour vous.

Il y eut un long silence.

Eleanor ouvrit la porte d'un centimètre et jeta un coup d'œil à l'intérieur. Puis elle retourna vers le détective.

– Mr Selsbury et miss Ford sont en conversation, fit-elle simplement.

1925

LE VENGEUR

Traduit de l'anglais
par Lyd. Acverdi

Ce roman a paru sous le titre original :
THE AVENGER
en Grande-Bretagne
et
THE HAIRY ARM
aux U.S.A.

1

Le Coupe-Têtes

Le capitaine Michel Brixan était superstitieux, d'une superstition bien inoffensive, d'ailleurs. Ainsi, voyant une corneille dans un pré, il était convaincu d'en voir une seconde avant la fin du jour. Et lorsque, à la gare d'Aix-la-Chapelle, il aperçut à l'étalage d'un kiosque un volume portant ce titre très explicite : *Une simple Extra, ou la Gloire de Hollywood,* il se demanda aussitôt dans quelles circonstances il pourrait bien entendre à nouveau ce mot d'« extra » dans le sens d'actrice surnuméraire, sans importance.

Le roman, qu'il acheta, ne l'intéressa nullement. Il parcourut rapidement une page pleine de superlatifs, puis, pour se distraire, se mit à étudier l'indicateur des chemins de fer belges. Il s'ennuyait ; son ennui n'était cependant pas suffisant pour qu'il en vienne à s'intéresser à la carrière sensationnelle de Rosa Love qui, de modeste figurante, était devenue grande vedette et millionnaire. Mais le terme d'« extra » était nouveau pour Michel, et il attendit que la journée lui en apportât l'inévitable répétition...

Sans être lui-même un policier sans cesse à la poursuite de criminels ou de cambrioleurs, ces choses l'intéressaient. Il était considéré comme le plus intelligent des agents du Service du contre-espionnage attaché au ministère des Affaires étrangères britanniques. Son poste l'obligeait à de fréquentes visites dans des endroits louches où, en s'entretenant avec des étrangers bizarres, il cherchait à découvrir les courants cachés qui entraînent les barques diplomatiques à des ports insoupçonnés. À deux reprises, il avait traversé l'Europe sous le déguisement d'un touriste naïf ; il avait canoté patiemment le long des nombreux bras du Danube pour découvrir, à l'intérieur d'une petite auberge riveraine, la signification d'une mobilisation secrète. Ces missions étaient entièrement à son goût.

Aussi fut-il passablement ennuyé de se voir brusquement rappelé de Berlin au moment même où, lui semblait-il, le mystère du traité slovaque allait être éclairci, au prix de grands efforts de sa part.

– Si vous m'aviez laissé vingt-quatre heures de plus, je vous aurais apporté une photographie du document, dit-il à son chef, le commandant Georges Staines, en venant lui faire son rapport.

– Je le regrette, répliqua le commandant sans s'émouvoir, mais la vérité est que nous avons eu un entretien à cœur ouvert avec le Premier ministre slovaque et il nous a promis de se bien conduire. Il nous a même cité le texte du traité ; il s'agit là d'une convention purement commerciale. Brixan, connaissez-vous Elmer ?

L'agent du Foreign Office s'assit sur le bord du bureau de son chef et demanda avec amertume :

– M'avez-vous donc rappelé de Berlin pour me poser cette question ? Vous m'arrachez à mon café préféré d'Unter den Linden – à ce propos, les Allemands sont en train de fabriquer en Bavière des millions de munitions sous couvert d'une fabrique de crayons – pour me parler d'Elmer ? C'est un fonctionnaire, non ?

Le commandant Staines fit un signe affirmatif.

– C'était, précisa-t-il, un fonctionnaire des Finances. Il a disparu, il y a trois semaines, et l'examen de ses livres a montré qu'il dérobait systématiquement les fonds laissés sous son contrôle.

Michel Brixan fit une grimace.

– Je suis fâché de l'apprendre, dit-il. Elmer m'avait pourtant semblé tranquille et inoffensif. Mais réellement, vous ne comptez pas m'envoyer à sa poursuite, n'est-ce pas ? C'est là l'affaire de Scotland Yard.

– Je ne vous enverrai pas à sa poursuite, répondit lentement Staines, parce qu'il a été retrouvé.

Quelque chose de lugubre était passé dans sa voix ; il prit une feuille de papier dans son bureau et la tendit à Brixan... Mais celui-ci avait déjà deviné.

– Pas le « Coupe-Têtes » ? s'exclama-t-il.

Lui aussi avait entendu parler du « Coupe-Têtes ».

Staines fit un geste affirmatif.

– Voici la note.

Il tendit à son subordonné une petite feuille portant quelques mots dactylographiés, et Brixan lut :

« Vous trouverez un coffre dans les buissons près du pont de chemin de fer d'Esher.

LE COUPE-TÊTES »

– Le Coupe-Têtes..., répéta machinalement Brixan, en faisant entendre un sifflement.

– Nous avons trouvé le coffre à l'endroit indiqué, et à l'intérieur, bien entendu, la tête de ce malheureux Elmer, nettement tranchée. C'est la septième tête en sept ans, continua Staines ; et presque dans chaque cas, dans cinq cas sur sept exactement, la victime était sous le choc de poursuites judiciaires. Même si la question du traité slovaque n'avait pas été résolue, Brixan, je vous aurais rappelé.

– Mais tout cela ne concerne que la police, dit le jeune homme avec agitation.

Son chef l'interrompit :

– Techniquement parlant, vous êtes un policier, et le secrétaire des Affaires étrangères désire que vous preniez l'affaire en mains ; il agit avec l'approbation du secrétaire d'État qui, comme vous le savez, a Scotland Yard dans ses attributions. Jusqu'à présent, la mort de Francis Elmer et la découverte de ses restes macabres n'ont pas été communiquées à la presse. On avait fait tant de bruit autour de l'affaire antérieure que la police s'est décidée à garder celle-ci secrète. Une enquête a été ouverte et les recherches habituelles ont été faites. Le seul renseignement que je puisse vous donner est que cet Elmer avait été vu par sa nièce, voici une semaine, à Chichester. Nous l'avons su avant d'apprendre sa mort. La jeune fille, Adèle Leamington, a un engagement à la *Knebworth Picture Corporation*, dont le studio se trouve à Chichester. Le vieux Knebworth, un Américain, est un très bon type. Cette jeune fille a un emploi de surnuméraire, une « extra », c'est le terme consacré.

Brixan sursauta.

– Une « extra » !... Je savais bien que ce maudit mot reviendrait. Continuez, mon commandant, que désirez-vous que je fasse ?

– Filez là-bas et voyez-la : voici son adresse.

– Existe-t-il une Mrs Elmer ? demanda Brixan en glissant l'adresse dans sa poche.

– Oui, mais elle ne peut apporter aucune lumière sur l'affaire. C'est la seule personne qui sache qu'Elmer est mort. Elle n'avait pas vu son mari depuis quatre semaines, et ils étaient vraisemblablement plus ou moins séparés depuis des années déjà. Cette mort lui apporte une forte somme grâce à l'assurance contractée en sa faveur.

Brixan relut encore la terrible note du « Coupe-Têtes ».

– Quel est votre avis sur tout cela ? demanda-t-il.

– L'opinion générale est qu'il s'agit là d'un déséquilibré qui s'imagine investi du droit de punir les délinquants. Mais les deux exceptions ébranlent fortement cette théorie.

Staines, l'air perplexe, s'étendit dans son fauteuil.

– Prenons le cas de Willit, dit-il. Sa tête a été retrouvée, il y a deux ans. Willit était un homme fortuné, l'honnêteté en personne, aimé de tous ; il avait de fortes sommes en banque... Crewling, la deuxième exception, l'une des premières victimes du Coupe-Têtes, était également au-dessus de tout soupçon, quoique dans son cas, il y ait eu autre chose : il était mentalement déséquilibré depuis quelques semaines au moment de sa mort. Les notes dactylographiées ont été invariablement tapées sur la même machine. Dans chaque cas, on voit ce U à moitié effacé, ce T pâle et l'étrange alignement des caractères, que les experts sont unanimes à attribuer à une très vieille machine *Kost* qu'on ne rencontre plus guère. Trouvez celui qui emploie cette machine à écrire, et vous aurez sans doute trouvé l'assassin. Mais il est peu probable qu'il soit jamais découvert par ce moyen, car la police a publié des photographies signalant ces particularités ; j'imagine que M. le Coupe-Têtes n'utilise jamais sa machine que pour annoncer la fin de ses victimes.

Michel Brixan rentra chez lui fort préoccupé ; sa nouvelle mission le rendait perplexe. Son existence s'écoulait dans le monde de la haute politique. Les tours et détours de la diplomatie n'avaient plus de secrets pour lui, tandis que les anomalies courantes de l'humanité – le vol, l'assassinat – n'étaient jamais entrées dans le champ de sa curiosité professionnelle.

– Bill, dit-il en s'adressant au petit terrier couché devant la cheminée de son salon, je n'y vois goutte. Mais que je m'y perde ou que je m'en sorte, je vais faire la connaissance d'une « extra »... N'est-ce pas épatant, Bill ?

Bill agita aimablement la queue.

2

La visite de Mr Sampson Longvale

Adèle Leamington attendit que le studio fût presque vide pour s'approcher de l'homme à cheveux blancs qui était affalé dans un fauteuil, les mains enfoncées dans les poches de son pantalon, un pli méchant barrant son front.

Le moment n'était pas favorable pour l'approcher ; personne ne le savait mieux qu'elle.

– Mr Knebworth, puis-je vous parler ?

Il leva lentement les yeux sur elle. En d'autres circonstances, il se serait levé, car cet Américain d'âge mûr était, en temps ordinaire, la courtoisie en personne. Mais ce jour-là, justement, il se sentait plein de mépris pour les femmes. Son regard était morne, quoique le professionnel qu'il était reconnût instinctivement les qualités physiques de la jeune fille. Elle était jolie : ses traits réguliers étaient encadrés d'une toison de cheveux châtains où jouaient encore les rayons dorés de l'enfance ; une bouche ferme, au contour délicat ; une silhouette mince. Que de perfections !

Au cours de sa longue carrière, Jack Knebworth avait vu grand nombre de jolies extras et avait traversé des périodes d'enthousiasme et de désespoir en les voyant évoluer à l'écran... Jolis mannequins de bois, sans âme ni expresssion, incurablement gauches. Trop jolies pour être intelligentes, trop conscientes de leur beauté pour être naturelles... Poupées sans esprit ni initiative... Des extras uniquement capables d'exhiber des toilettes au milieu d'une foule, de sourire et de danser machinalement, bonnes à être des extras et rien de plus jusqu'à la fin de leurs jours.

– Eh bien ? demanda-t-il brusquement.

– N'y aurait-il pas un rôle pour moi dans cette production, Mr Knebworth ? dit Adèle.

Le réalisateur sourit :

– Ne jouez-vous pas déjà, miss... Je ne me rappelle pas votre nom... Miss Leamington, n'est-ce pas ?

– Oui, certainement, je joue... Je suis l'un des mannequins du fond, dit-elle avec un sourire. Je ne demande pas un grand rôle, mais je sens que je pourrais faire quelque chose de mieux que ce que je fais actuellement.

– Je suis bien sûr que vous ne pourriez pas faire pis que beaucoup d'autres, grogna-t-il. Non, ma bonne amie, il n'y a aucun rôle pour vous. Là !

Elle allait sortir lorsqu'il la rappela.

– Ça a sûrement laissé ses vieux parents à la maison ; ça s'est imaginé qu'au cinéma, on aura un million par an et une nouvelle voiture tous les jeudis, hein ? Ou bien aviez-vous une bonne place de dactylo et vous êtes-vous fourrée dans la tête que vous pourriez éblouir Hollywood si seulement on vous en donnait la chance ? Allons, rentrez chez vos parents, petite fille ; retournez à votre machine à écrire, qui vous assure au moins un morceau de pain.

La jeune fille eut un faible sourire.

– Ce n'est pas sur un « coup de tête » que je me suis lancée dans le cinéma. Je suis venue ici sachant fort bien quelles difficultés m'attendent. Je n'ai plus de parents.

Il lui jeta un regard de curiosité.

– De quoi vivez-vous ? On ne gagne pas d'argent comme extra, pas ici du moins. Peut-être en gagnerait-on si j'étais un de ces directeurs à millions qui créent des films avec des courses de chars ; mais moi, mon film idéal ne devrait avoir que cinq personnages.

– J'ai reçu un petit héritage de ma mère, et puis j'écris.

Elle s'arrêta en le voyant diriger son regard vers l'entrée du studio. Tournant la tête, elle vit une silhouette étrange arrêtée à la porte. Elle crut d'abord que c'était un acteur habillé pour un essai.

C'était un vieillard, mais sa haute stature et un port très droit pouvaient, à distance, tromper sur son âge. Un habit collant, une culotte courte serrée autour des bottes, un col haut et une volumineuse cravate de satin noir, quoique neufs, évoquaient un lointain passé. Il avait des manchettes de linon plissé ; son gilet de velours gris était fermé par des boutons d'or. Il semblait être descendu d'un de ces vieux portraits de famille représentant quelque dandy de 1850. D'une main gantée, il tenait un chapeau haut de forme à bords relevés ; l'autre main s'appuyait au pommeau doré de sa canne. Sa figure, profondément sillonnée de rides, avait une expression de bonhomie ; il semblait ignorer sa complète calvitie.

En un clin d'œil, Jack Knebworth fut hors de son fauteuil et alla à la rencontre de l'étranger.

– Ah, Mr Longvale ! Je suis ravi de vous voir. Avez-vous reçu ma lettre ? Je ne saurais vous dire combien je vous suis reconnaissant de vouloir bien nous prêter votre maison.

C'était donc Sampson Longvale, le propriétaire de *Dower House* ! Adèle se le rappelait, maintenant : il était connu à Chichester sous le nom de « gentilhomme démodé ». Un jour que la troupe était allée tourner des extérieurs, quelqu'un lui avait indiqué une grande et étrange habitation aux murs croulants, au jardin envahi d'herbes sauvages. C'était sa demeure.

– J'ai pensé bien faire en venant vous voir, dit le vieillard.

Sa voix était richement modulée. Adèle ne se souvenait pas d'avoir jamais entendu une voix aussi douce ; elle examina l'excentrique avec un nouvel intérêt.

– J'espère vivement que la maison et le jardin vous conviendront. Tout est dans un triste état, mais je ne puis, hélas ! me permettre d'entretenir la propriété telle qu'elle était du temps de mon aïeul !

– C'est justement ce qu'il me faut, Mr Longvale. Je craignais de vous offenser en vous disant...

Le vieux gentilhomme l'interrompit avec un rire musical.

– Non, non, vous ne m'avez pas offensé, cela m'a amusé. Vous avez besoin d'une maison hantée. Je puis presque vous offrir cela, quoique je ne puisse vous promettre l'apparition de mon ancêtre. Dower House a été hantée pendant des centaines d'années. Un des anciens propriétaires, dans une crise de folie, avait assassiné sa fille, et la malheureuse femme est supposée hanter la maison. Je vous avoue que je ne l'ai jamais vue, quoique l'une de mes servantes l'ait aperçue, voici bien des années. Je suis maintenant débarrassé de ce genre d'ennuis : je n'ai plus de domestiques. (Il sourit.) Pourtant, ajouta-t-il, si vous désirez y passer la nuit, je serais heureux de recevoir cinq ou six d'entre vous.

Knebworth eut un soupir de soulagement. Il avait déjà fait une rapide enquête aux environs et savait qu'il était impossible d'y trouver des logements pour toute sa troupe ; de plus, il voulait à tout prix tourner certaines scènes le soir, et pour l'une d'entre elle, l'effet recherché ne pouvait être obtenu qu'à la lumière du jour naissant.

– Je crains que cela ne vous donne trop d'ennuis, Mr Longvale, dit-il, et puis il nous faudrait mettre au point la question délicate de...

Le vieillard l'arrêta d'un geste.

– S'il s'agit de la question d'argent, je vous en prie, n'en parlons pas, dit-il d'un ton ferme. Je m'intéresse au cinéma, comme d'ailleurs à tout ce qui est moderne. Les vieilles gens ont tendance à décrier le modernisme, mais pour ma part, j'éprouve le plus grand plaisir à étudier les merveilles scientifiques récemment révélées.

Il eut un sourire énigmatique.

– Un jour, vous me filmerez dans un rôle où, je crois, je serai sans rival... un film où j'aurais le rôle de mon illustre ancêtre...

Jack Knebworth le regardait, mi-amusé, mi-surpris. Il n'était pas extraordinaire pour lui de rencontrer des gens qui désiraient paraître à l'écran, mais il ne se serait jamais attendu à cette vanité de la part de Mr Longvale.

– J'en serais très heureux, dit-il poliment. Vos ancêtres étaient sans doute célèbres dans le pays ?

Mr Longvale soupira.

– Mon regret est de ne pas descendre en ligne droite de la branche de Charles Henry, le membre le plus célèbre de ma famille. C'était mon grand-oncle. Moi, je suis le descendant de la branche des Longvale de Bordeaux ; notre nom est historique, Sir.

– Êtes-vous français, Mr Longvale ? demanda Jack.

Le vieillard ne sembla d'abord pas l'avoir entendu. Il regardait dans le vide. Puis, dans un sursaut :

– Oui, oui, nous étions français. Mon arrière-grand-père épousa une Anglaise qu'il avait rencontrée dans des circonstances tout à fait particulières. Nous sommes venus nous fixer en Angleterre sous le Directoire.

À ce moment seulement, il eut l'air de s'apercevoir de la présence d'Adèle et s'inclina devant elle.

– Il faut que je m'en aille, dit-il en consultant une volumineuse montre en or.

La jeune fille le suivit des yeux tandis que Knebworth l'accompagnait à travers le hall ; elle vit par la fenêtre le « gentilhomme démodé » monter dans une automobile du modèle le plus ancien qu'elle ait jamais vu. Ce devait être l'une des toutes premières voitures introduites dans le pays, haute sur roues, volumineuse, inconfortable. Elle passa lentement avec un bruit de tonnerre.

Jack Knebworth revint à pas lents.

– Décidément, cette folie de l'écran les prend à tout âge, prononça-t-il. Bonne nuit, miss... J'ai oublié votre nom... Miss Leamington, n'est-ce pas ? Bonne nuit.

Arrivée à la porte de son logement, Adèle se rendit compte que cette conversation, pour laquelle elle avait fait appel à tout son courage, avait mal fini : elle était plus loin que jamais d'avoir un rôle à jouer.

3

La nièce de Francis Elmer

Adèle Leamington occupait une petite chambre dans une maison d'aspect très modeste. À certains moments, elle aurait même souhaité que cette chambre fût encore plus petite ; elle aurait eu ainsi un prétexte pour demander à l'imposante et inflexible Mrs Watson une réduction de son loyer.

Les extras de la troupe de Jack Knebworth étaient bien payées lorsqu'on les employait, mais cela était rare. Jack était un de ces réalisateurs spécialisés dans les drames familiaux.

Adèle était en train de s'habiller, lorsque Mrs Watson lui apporta son petit déjeuner.

– Il y a un jeune homme dehors depuis que je suis levée. Je l'ai vu à la porte en rentrant mon lait. Il est très poli, mais je lui ai dit que vous dormiez encore.

– Désire-t-il me voir ? demanda la jeune fille avec étonnement.

– C'est ce qu'il m'a dit, grogna Mrs Watson. Je lui ai demandé s'il venait de la part de Knebworth, il m'a dit que non. Si vous désirez le recevoir, vous pouvez le faire entrer au salon, quoique je n'aime pas beaucoup ces visites de jeunes gens à jeunes filles... Je n'ai jusqu'à présent jamais logé d'actrices ; j'ai toujours eu une réputation respectable et je désire la conserver.

Adèle sourit.

– Rien ne peut être plus respectable qu'un visiteur matinal, Mrs Watson, dit-elle.

Elle descendit et ouvrit la porte. Le jeune homme, arrêté sur le trottoir, lui tournait le dos, mais il fit volte-face au bruit de la porte qu'elle ouvrait. Agréable et bien mis, son sourire franc lui fut sympathique d'emblée.

– J'espère que votre propriétaire ne vous a pas réveillée ? J'aurais pu attendre. Vous êtes miss Adèle Leamington, n'est-ce pas ?

– Oui. Voulez-vous entrer, s'il vous plaît ?

Elle le conduisit dans un petit salon encombré de meubles, referma la porte derrière elle et attendit.

– Je suis journaliste, prétendit-il.

Le visage de la jeune fille se voila de tristesse.

– Vous venez au sujet de mon oncle Francis ? Lui est-il vraiment arrivé quelque chose ? Un détective est venu me voir, il y a huit jours. L'a-t-on retrouvé ?

– Non, on ne l'a pas retrouvé. Vous le connaissiez certainement très bien, n'est-ce pas, miss Leamington ?

Elle secoua la tête.

– Non, je ne l'ai vu que deux fois dans ma vie. Mon père et lui s'étaient brouillés avant ma naissance, et je ne l'ai vu qu'une fois après la mort de Papa et une autre fois avant que ma mère ne tombe gravement malade.

Il lui sembla, assez étrangement, que son interlocuteur se rassurait à ces paroles.

– Mais vous l'avez vu à Chichester ?

– Oui. J'allais avec toute la troupe à Goodwood Park en char à bancs et je l'aperçus longeant le trottoir. Il semblait malade et bien malheureux ; il sortait d'un bureau de tabac lorsque je le vis ; il avait un journal sous le bras et une lettre à la main.

– Où se trouve ce bureau de tabac ? demanda immédiatement le jeune homme.

Elle lui donna l'adresse qu'il nota.

– Et depuis, vous ne l'avez plus revu ?

– Non. Lui est-il vraiment arrivé quelque chose ? demanda-t-elle avec angoisse. J'ai souvent entendu ma mère dire qu'Oncle Francis était extravagant et manquait parfois de scrupules. A-t-il eu des ennuis ?

– Oui, admit Michel Brixan, il en avait, mais rien qui doive vous inquiéter. Vous êtes une grande vedette, n'est-ce pas ?

Elle rit, malgré son inquiétude.

– La seule chance pour moi de devenir une grande vedette serait que vous l'annonciez dans votre journal.

– Mon quoi ? fit-il, stupéfait une minute. Ah oui, mon journal, bien sûr !

– Je ne crois pas du tout que vous soyez journaliste, enchaîna Adèle, soupçonneuse.

– Mais si, mais si, affirma-t-il, osant même nommer un journal très populaire.

– Quoique je ne sois pas une grande vedette et ne doive probablement jamais l'être, hélas ! je veux vous croire, car je n'ai jamais eu aucune chance... Je soupçonne même Mr Knebworth de penser que je suis bonne à rien.

Brixan venait de découvrir un nouvel intérêt à sa mission en la personne de la nièce de Francis Elmer. Il n'avait jamais rencontré une jeune fille aussi jolie, aussi sincère et naturelle.

– Vous devez maintenant vous rendre au studio, je suppose ?

– Oui.

– Je me demande si Mr Knebworth serait fâché que je vienne vous voir ?

Elle hésita.

– Mr Knebworth n'aime pas les visiteurs.

– Eh bien, j'irai alors lui rendre visite personnellement, dit Brixan. Peu importe qui je viens voir, n'est-ce pas ?

– Cela m'importe certainement très peu, à moi, répondit froidement Adèle.

L'enquête ne prit pas beaucoup de temps à Brixan. Il trouva facilement la petite boutique de tabac et son propriétaire put heureusement se souvenir de Francis Elmer.

– Il était venu chercher une lettre, mais elle n'était pas adressée au nom d'Elmer, lui confia-t-il. Quantité de gens se font adresser leur correspondance chez moi ; cela me rapporte un petit supplément.

– Vous a-t-il acheté un journal ?

– Non, Sir, il en avait un sous le bras, le *Morning Telegraph*. Je m'en souviens, parce que j'avais remarqué que l'une des annonces en première page était encadrée au crayon bleu, et je me suis alors demandé ce que cela pouvait signifier. J'ai ici un exemplaire de ce numéro. Voulez-vous le voir ?

Il sortit dans l'arrière-boutique et revint avec un journal jauni.

– Voilà, il y a six annonces. Je ne sais plus laquelle c'était.

Brixan examina les annonces. L'une était un message passionné d'une mère à son fils, lui demandant de revenir et promettant que « tout serait pardonné ». Une autre était chiffrée ; il n'avait pas le temps d'en rechercher la clef. Une troisième était évidemment un rendez-vous. La quatrième était une réclame mal voilée. À la cinquième, il s'arrêta. Elle disait : « Ennuyé ; instructions définitives à l'adresse que vous ai donnée. Courage. Le Bienfaiteur. »

– Le Bienfaiteur..., dit Michel Brixan. De quoi avait-il l'air, votre client ? Était-il déprimé ?

– Oui, Sir, il semblait bouleversé, désespéré. Il avait l'air de quelqu'un qui perd la tête.

– C'est cela. La description est juste, dit Michel.

4

Une vedette

La troupe de la *Knebworth Picture Corporation,* tout habillée pour la prise de vues, attendait depuis plus d'une heure au studio.

Jack Knebworth, recroquevillé dans son fauteuil en une pose qui lui était familière, se frottait nerveusement le menton, jetant de temps en temps un coup d'œil à la pendule fixée au-dessus de la porte de son bureau.

À 11 heures, Stella Mendoza fit enfin son apparition, apportant avec elle un parfum de violettes et un malheureux pékinois.

– Auriez-vous adopté l'heure d'été, miss ? demanda lentement Knebworth. Ou peut-être avez-vous pensé que la convocation était pour l'après-midi ? Vous avez fait attendre cinquante personnes, Stella.

– Tant pis pour elles ! fit-elle en haussant les épaules. Vous m'avez dit que vous alliez tourner des extérieurs ; j'ai naturellement pensé qu'il n'y avait pas à se presser. Et puis j'avais ma valise à faire.

– Vous avez naturellement pensé qu'il n'y avait pas à se presser...

Jack Knebworth savait qu'il avait régulièrement trois esclandres par an. Celui-ci était le troisième. Le premier avait été avec Stella, le deuxième avait encore été avec Stella et le troisième allait certainement être avec Stella.

– Je vous avais demandé d'être là à 10 heures. Ces jeunes gens et jeunes filles attendent depuis 9 h 45.

– Voyons, Knebworth, que voulez-vous tourner ? fit-elle avec un mouvement impatient de la tête.

– Mais... vous, surtout, dit Jack avec lenteur. Allez mettre votre costume n° 9 et n'oubliez pas d'enlever vos boucles d'oreilles : vous jouez une petite chanteuse qui crève de faim. Nous devons tourner au château de Griff et j'ai promis au vieux gentilhomme qui nous prête sa demeure que j'aurais terminé les scènes de jour à 3 heures. Si vous étiez une Pauline Frédérick, une Norma Talmadge, ou encore Lillian Gish, vous vaudriez qu'on vous attende ; mais une Stella Mendoza doit être là à 10 heures... Ne l'oubliez plus.

Le vieux Knebworth s'était levé pour enfiler tranquillement son pardessus, tandis que la jeune artiste, rouge de colère, le suivait d'un regard où flamboyait toute sa vanité outragée.

Stella avait jadis été simplement Maggie Stubbs, fille d'un épicier de province, et Jack venait de la traiter comme si elle était encore Maggie Stubbs et non la grande vedette de cinéma, « l'idole des écrans du monde entier », ainsi que prétendait son agent de publicité.

– Fort bien, Knebworth, puisque vous voulez une histoire, vous l'aurez ! Je m'en vais immédiatement ! Dans ma situation, j'ai le droit d'exiger ce qui m'est dû. D'ailleurs, ce rôle doit être complètement changé pour me donner une chance d'y déployer ma personnalité. Il y a beaucoup trop de jeunes premiers là-dedans. Les gens ne paient pas leur place pour voir ces messieurs. Vous n'êtes pas juste à mon égard, Knebworth ; j'ai du tempérament, je le reconnais. Mais vous ne pouvez tout de même pas vous attendre à ce qu'une femme comme moi ne soit qu'une bûche.

– L'ennui avec vous, Stella, c'est que vous n'ayez en guise de cervelle qu'une vraie bûche, grogna le réalisateur ; (puis, sans faire attention à l'expression furieuse adoptée par la jolie physionomie de l'actrice, il continua :) Vous avez passé deux ans à tourner des petits rôles à Hollywood et vous n'avez su rapporter en Angleterre rien d'autre qu'une nouvelle manière de parler que vous auriez parfaitement pu acquérir dans les magazines à deux sous ! Du tempérament ! Oh ! Cela signifie des certificats médicaux lorsque le film est à moitié fini, et des besoins urgents de long repos à moins que vos honoraires ne soient augmentés de 50 % ! Dieu merci, ce film-ci n'est pas encore commencé. Partez, sotte bécasse que vous êtes ! Partez, et le plus vite sera le mieux !

Suffoquée de rage, incapable d'articuler un mot de ses lèvres tremblantes, la jeune fille se précipita dehors.

Le réalisateur aux cheveux blancs promena son regard sur la troupe silencieuse.

– Voici l'heure des miracles, dit-il d'un ton sardonique. Voici le moment où l'extra qui a laissé à la maison la misère et une mère malade devient star en une nuit. Si vous ne savez pas que cela arrive une fois dans l'existence de toute troupe de Hollywood, c'est que vous ne lisez pas les romans. Allons, avancez, Mary Pickford bis !

Les extras souriaient, les unes amusées, les autres mal à l'aise, mais personne ne parla. Adèle était figée, incapable du moindre mouvement.

– La modestie ne fait pas partie de notre métier, persifla Jack. Qui de vous se croit capable de jouer « Roselle » dans cette production ? Car une extra va me jouer ce rôle, croyez-moi ! Je m'en vais lui montrer, à cette pseudo-actrice, qu'il n'y a pas une extra dans ma troupe qui ne puisse jouer mieux qu'elle. Quelqu'un de vous m'a parlé hier d'un rôle à jouer... C'est vous !

De son doigt tendu, il indiqua Adèle qui s'avança, le cœur battant tumultueusement.

– Voyons, j'ai dû voir votre essai, il y a six mois environ, dit Jack. (Puis, se tournant vers son assistant :) Quelque chose n'allait pas pour celle-ci, qu'était-ce donc ?

Le jeune assistant se gratta la tête dans un effort de mémoire.

– Les chevilles ? hasarda-t-il sans se compromettre, connaissant les exigences de Knebworth en matière de chevilles.

– Non, rien qui cloche de ce côté. Sortez le négatif et voyons-le !

Dix minutes plus tard, Adèle était assise à côté de Knebworth dans la salle de projection et elle vit son « essai ».

– Les cheveux ! s'écria tout à coup Knebworth. Je savais bien qu'il y avait quelque chose. Je n'aime pas les cheveux courts ; ils donnent à la femme un air impudent et poseur. Vous les avez laissé repousser ? ajouta-t-il quand on redonna les lumières.

– Oui, Mr Knebworth.

Il la regarda, froidement admiratif.

– Oui, vous ferez l'affaire, conclut-il d'un ton boudeur. Allez au vestiaire et prenez les costumes de miss Mendoza. Mais il y a une chose que je voudrais encore vous dire : il se peut que vous fassiez bien, comme il se peut que vous fassiez mal ; mais, bonne ou mauvaise, sachez qu'il n'y a là aucun avenir pour vous. Donc, ne vous montez pas la tête. La seule femme qui ait quelque chance de réussir en Angleterre, c'est la femme du réalisateur, et moi, je ne vous épouserai jamais, même si vous veniez m'en supplier à genoux ! C'est là la seule catégorie de star qu'admette le public anglais, la femme du réalisateur ; et à moins de l'être, jamais vous... (Il fit un geste de la main pour accentuer la vanité d'un pareil espoir et reprit :) Je m'en vais vous donner un bon conseil, ma petite ; si vous réussissez dans ce film-ci, tâchez donc d'accrocher un de ces réalisateurs anglais bien malins qui vous collent trois pans de décor avec un pot de fleurs au milieu et appellent cela un salon !... Harry, donnez le manuscrit à miss... miss... chose. Et éloignez-vous d'ici, filez en un endroit tranquille et étudiez-le un peu. Harry, voyez la garde-robe. Je vous donne une demi-heure pour lire le scénario !

Tout étourdie, croyant rêver, la jeune fille sortit dans le jardin qui entourait le studio et s'assit à l'ombre, s'efforçant de concentrer toutes ses facultés sur les lignes dactylographiées. Ce n'était pas vrai, ce n'était pas possible ! Tout à coup, elle entendit des pas sur le gravier et leva la tête, alarmée. C'était son visiteur matinal, Michel Brixan.

– Oh, je vous en prie... Il ne faut pas m'interrompre ! implora-t-elle tout agitée. J'ai un rôle... un grand rôle à lire !

Sa détresse était si sincère qu'il eut hâte de s'éloigner.

– Je vous demande mille fois pardon...

Dans son agitation, elle laissa glisser à terre les feuilles volantes qu'elle tenait sur ses genoux ; ils se baissèrent rapidement tous les deux pour les ramasser et leurs têtes se rencontrèrent dans un choc.

– Oh ! pardon... C'est une vieille scène de vaudeville que nous jouons-là..., commença-t-il.

C'est alors que ses yeux tombèrent sur la feuille qu'il venait de ramasser et s'y fixèrent avec avidité. C'était la description d'une scène :

« La cave est spacieuse, éclairée par une lampe au plafond. Au centre, une grille de fer derrière laquelle on voit aller et venir une sentinelle... »

– Ciel ! s'écria Brixan, devenant tout pâle.

Les U de la feuille étaient brouillés, les G illisibles. La page avait été tapée sur la machine avec laquelle le Coupe-Têtes dactylographiait ses terribles avis de mort.

5

Mr Lawley Foss

– Qu'y a-t-il ? demanda Adèle, voyant l'expression grave du jeune homme.

– D'où vient cette feuille ?

Il indiqua celle qu'il tenait à la main.

– Je n'en sais rien ; je l'ai trouvée parmi les autres pages du manuscrit, mais j'ai aussitôt remarqué qu'elle ne se rapporte pas à *Roselle*.

– Qui peut me renseigner ?

– Mr Knebworth.

– Où est-il ?

– Passez par cette porte et vous le trouverez dans le studio.

Sans ajouter un mot, il la quitta et entra rapidement dans le bâtiment. Il reconnut instinctivement parmi la troupe l'homme qu'il recherchait. Jack Knebworth fronça les sourcils à la vue de l'étranger, car il interdisait sévèrement les visites aux heures de travail ; mais avant qu'il eût pu demander une explication, Brixan était devant lui :

– Pouvez-vous m'accorder deux minutes ?

– Je ne puis accorder une seule minute à personne ! gronda Jack. Qui êtes-vous et qui vous a laissé entrer ?

– Je suis détective du Foreign Office.

L'attitude de Jack changea aussitôt.

– Qu'y a-t-il ? demanda-t-il en introduisant le détective dans son bureau.

Brixan posa sur la table la feuille dactylographiée.

– Qui a écrit cela ? demanda-t-il.

Jack Knebworth regarda le manuscrit et répondit :

– Je ne l'ai jamais vu. De quoi s'agit-il ?

– Vous n'avez jamais vu ce manuscrit ?

– Non, je puis vous le jurer. Mais mon directeur littéraire pourra vous renseigner.

Il pressa une sonnette et dit à l'employé qui entra :

– Demandez à Mr Lawley Foss de venir tout de suite. Livres, scénarios et pièces à jouer sont remis entièrement entre les mains de mon directeur littéraire, dit-il ensuite en s'adressant au jeune détective. Je ne vois jamais un manuscrit à moins qu'il ne le juge digne de production et même alors, le film n'est pas toujours créé. Si la pièce est mauvaise, je ne la vois même pas. Je ne suis pas plus sûr que ça de n'avoir pas laissé ainsi échapper quelques bons scénarios, car Foss... (Il hésita une seconde.) Ma foi, lui et moi, nous ne sommes pas toujours du même avis. Mais dites-moi, Mr Brixan, de quoi s'agit-il ?

En quelques mots, Michel lui expliqua la gravité de sa découverte.

– Le Coupe-Têtes ! murmura Jack.

On frappa à la porte et Lawley Foss entra. C'était un petit homme fluet, à la physionomie sombre, aux yeux rusés. Son visage, profondément ridé, était celui d'un homme atteint de quelque maladie chronique. Mais la seule maladie qui eût rongé Lawley Foss était l'envie. Dans sa jeunesse, il avait écrit deux pièces qui furent jouées avec succès pendant quelques soirées. Mais après cela, ce fut en vain qu'il frappa aux portes ; aucun metteur en scène ne voulut même feuilleter ses manuscrits...

En entrant dans le bureau de Knebworth, il lança un regard soupçonneux à Michel Brixan.

– J'ai voulu vous voir, Foss, au sujet de cette feuille qui s'est glissée dans le manuscrit de *Roselle*, dit Jack Knebworth. Puis-je dire à Mr Foss ce que vous venez de me raconter, Sir ?

Le détective eut une seconde d'hésitation. Une voix intérieure lui conseillait de garder secrète cette affaire. Mais malgré l'appel du bon sens, il fit oui de la tête.

Lawley Foss écouta passivement les explications du réalisateur concernant le feuillet, puis il le prit des mains de Jack Knebworth et l'examina. Pas un muscle de son visage ne trahit ses pensées.

– J'ai à la bibliothèque un tas de manuscrits et je ne puis vous répondre immédiatement ; mais si vous me permettez d'emporter cette page, je vais rechercher à quelle pièce elle appartient.

À nouveau, Brixan hésita. Il n'avait pas envie de se dessaisir de cette pièce à conviction ; et pourtant, sans une confirmation de ses soupçons, elle n'avait aucune valeur. À contrecœur, il donna son consentement.

– Que pensez-vous de ce type-là ? demanda Jack Knebworth lorsque la porte se fut refermée derrière l'écrivain malchanceux.

– Il ne me plaît pas, avoua Brixan. Je dirai même que ma première impression est franchement mauvaise ; mais me voici probablement bien injuste à l'égard de ce pauvre homme.

Jack Knebworth soupira. Foss était l'un de ses plus gros ennuis, bien plus pesant que la passionnée Stella Mendoza.

– C'est un drôle de type, dit-il. Il est diablement intelligent. Je n'ai jamais rencontré personne qui sache vous prendre un sujet et en sortir quelque chose comme ce Lawley Foss, mais... il n'est pas commode.

– Je le crois sans peine, dit brièvement Brixan.

Ils rentrèrent dans le studio et le détective se mit à la recherche de la jeune fille pour lui expliquer sa brusquerie.

Les yeux d'Adèle étaient pleins de larmes quand il l'approcha ; sa brusque fuite avec la feuille de papier à la main avait rendu toute concentration impossible chez la jeune artiste.

– Je vous prie de m'excuser. Je souhaiterais presque de n'être pas venu ici..., dit-il avec regret.

– Moi, je le souhaite bel et bien ! s'exclama-t-elle, souriant malgré elle. Qu'y avait-il dans la feuille que vous avez emportée ? Vous êtes bien un détective, n'est-ce pas ?

– Je l'avoue, dit bravement Brixan.

– Avez-vous dit la vérité en me disant que mon oncle...

Elle s'arrêta, cherchant ses mots.

– Non, je ne vous ai pas dit la vérité, répliqua doucement Brixan. Votre oncle est mort, miss Leamington.

– Mort ! s'écria-t-elle.

– Oui, il a été assassiné dans des circonstances mystérieuses.

Le visage d'Adèle devint subitement blême.

– Ce n'est pas sa tête qu'on a retrouvée à Esher ?

– Comment l'avez-vous appris ? interrogea Brixan.

– Je l'ai lu ce matin dans le journal.

Il maudit intérieurement le reporter doué de trop de flair qui avait su trouver la trace de ce nouveau drame.

Mais tôt ou tard, il aurait bien fallu que la jeune fille apprît la vérité.

Le retour de Foss le dispensa d'autres explications. L'homme eut une conversation à voix basse avec Jack Knebworth, puis le directeur fit signe à Brixan.

– Foss ne retrouve pas le manuscrit, dit-il, rendant le feuillet au détective. Il se peut que ce soit là une page échantillon envoyée pour examen préliminaire. Ou encore un héritage de nos prédécesseurs : j'ai repris ce studio avec tout un lot de manuscrits à une compagnie en faillite.

Il tira impatiemment sa montre. Brixan s'empressa de lui demander :

– Vous partez tourner en extérieur, Sir ; me permettriez-vous de venir avec vous ? Je vous promets de ne pas vous déranger.

Jack accepta d'un bref mouvement de la tête. Quelques minutes plus tard, Michel Brixan était assis à côté d'Adèle sur la banquette du char à bancs qui les emmenait jusqu'au lieu de la prise de vues.

6

Le châtelain de Griff

Le char à bancs avait parcouru toute la première partie de la route sans qu'Adèle adressât la parole au jeune homme. Elle lui en voulait un peu de s'être ainsi imposé à elle ; d'autre part, son énervement à l'approche de l'épreuve décisive s'était transformé en un vrai trac et rendait toute conversation impossible.

– Je vois que ce Mr Lawley Foss vient avec nous, prononça enfin Michel Brixan pour rompre le silence.

– Il nous accompagne toujours en extérieur, répondit-elle d'un ton bref. Il arrive fréquemment qu'un scénario soit modifié pendant le tournage.

– Où allons-nous en ce moment ? demanda-t-il.

– Au château de Griff, d'abord. C'est une grande propriété appartenant à sir Gregory Penne.

La jeune fille répondait à Brixan par pure politesse.

– Mais je croyais que nous allions à Dower House ?

Elle le regarda en fronçant légèrement les sourcils.

– Pourquoi donc m'interrogez-vous ? dit-elle presque fâchée.

– Parce que j'aime à vous entendre parler, déclara calmement le jeune homme. Sir Gregory Penne ? Il me semble que je connais ce nom-là.

Elle ne répondit pas.

– Il a passé plusieurs années sur l'île de Bornéo, n'est-ce pas ?

– C'est un homme abominable. Je le déteste ! s'exclama-t-elle tout à coup avec véhémence.

Elle n'expliqua pas la cause de cette antipathie et Michel Brixan eut la discrétion de ne pas insister, mais elle ajouta bientôt :

– J'ai été deux fois chez lui. Il a un très beau jardin que Mr Knebworth utilise parfois. Je n'y suis allée qu'en qualité d'extra et j'étais tout à fait à l'arrière-plan. Mais j'aurais voulu être encore plus effacée. Il a une drôle d'opinion sur les femmes et surtout sur les artistes... Ce n'est pas que je m'imagine être une grande artiste, ajouta-t-elle vite, mais je parle de toutes celles qui jouent pour gagner leur vie. Aujourd'hui, nous n'avons, Dieu merci, qu'une seule scène à tourner à Griff, et sir Gregory ne sera peut-être pas chez lui ; quoique ce soit peu probable : il est toujours là lorsque je viens.

Brixan lui jeta un coup d'œil à la dérobée. La première impression qu'il avait eue de sa beauté était plus que confirmée. Il y avait dans le visage de la jeune fille quelque chose de soucieux qui était très touchant ; l'honnêteté de ses yeux sombres lui dévoilait tout ce qu'il eût voulu savoir sur ce qu'elle pensait de l'admiration de ce sir Gregory.

– C'est curieux comme dans les romans tous les nobles gentilshommes sont des bandits, dit-il, et ce qui est plus curieux encore, c'est qu'en effet, tous les baronnets que j'ai connus étaient d'une moralité douteuse. Je vous ennuie, n'est-ce pas ? demanda-t-il à brûle-pourpoint, quittant ce ton de badinage.

Elle se tourna vers lui.

– Oui, un peu, dit-elle franchement. Voyez-vous, Mr Brixan, je vais avoir tout à l'heure à courir mon unique chance, une chance comme il n'en arrive aux extras que dans les romans, et j'en ai une peur mortelle. Votre présence ajoute encore un peu à mon énervement ; mais ce qui porte ma terreur à son comble, c'est que la première scène doit être tournée à Griff. J'en ai horreur, j'en ai horreur ! ajouta-t-elle, presque hors d'elle. Cette immense et lugubre maison, avec ses tigres empaillés et ses horribles sabres...

– Des sabres ? demanda-t-il rapidement. Que voulez-vous dire ?

– Des sabres d'Orient, oui... Les murs en sont couverts. Leur seul aspect me fait frissonner. Mais sir Gregory en fait son bonheur ; la dernière fois que nous y sommes allés, il a raconté à Knebworth que toutes ces lames étaient aussi tranchantes qu'en sortant de fabrication, et certaines d'entre elles datent pourtant de trois cents ans. Cet homme est extraordinaire. Il peut trancher en deux une pomme posée sur votre main sans vous faire une égratignure. C'est un de ses amusements favoris... Et voici la maison en question. Sa vue suffit à me donner le frisson !

Le château de Griff était une de ces sombres demeures qu'aimaient à bâtir les architectes sous le règne de Victoria. L'unique tour grise, placée à l'aile gauche du château, lui donnait un aspect mal équilibré – qui ne suffisait cependant pas à distraire l'attention de la laideur de la bâtisse rectangulaire. L'absence de verdure autour de la maison ajoutait encore à l'impression lugubre qu'elle produisait ; elle s'élevait, morne, au centre d'une plate-forme recouverte de gravier.

– Cela ressemble à une caserne avec un terrain de parade, dit Brixan.

Ils passèrent la grille et le char à bancs s'arrêta. Le jardin devait se trouver derrière la maison.

Le détective descendit de son siège et alla trouver Jack Knebworth qui surveillait déjà le déchargement de la caméra et des projecteurs. Derrière le char, on plaça la grande dynamo avec ses trois arcs électriques qui devaient renforcer l'éclairage du jour.

– Ah, vous voilà, vous ! grogna Jack. Vous allez me rendre le service de ne pas me déranger, car j'ai devant moi une matinée éreintante.

– Je viens vous demander de me prendre comme... comment dit-on ? Comme extra, dit Michel.

Le vieillard fronça les sourcils.

– En voilà une idée ! Pour quoi faire ? demanda-t-il, soupçonneux.

– J'ai une excellente raison pour vous demander cela. Et je vous promets que rien de ce que je ferai ne vous dérangera. La vérité, Mr Knebworth, c'est que je voudrais être près de vous pour le reste de la journée et que j'ai besoin d'un prétexte.

Jack Knebworth se renfrogna, se mordit les lèvres, se gratta le menton, puis bougonna :

– C'est bon ! Vous nous serez peut-être utile. Quoique j'aurai amplement à faire à diriger une seule débutante... Vous avez de la chance que je ne vous envoie pas promener.

Il y avait dans la troupe un grand jeune homme dont les cheveux, peignés en arrière, semblaient avoir été brossés à la colle, puis passés au vernis. C'était un assez joli garçon ; il avait fait le trajet assis à gauche d'Adèle, sans prononcer une parole. Lorsque Michel Brixan eût fait sa demande à Knebworth, cet acteur leva les sourcils et, s'approchant du réalisateur, les mains dans les poches, demanda d'un ton vexé :

– Dites-moi, Mr Knebworth, quel est donc cet oiseau ?

– Quel oiseau ? grogna Jack. Ah, vous parlez de Brixan ? C'est un extra.

– Oh, un extra ? dit le jeune homme. Mais c'est réellement exaspérant que des extras se croient les égaux des artistes ! Et cette petite Leamington... Elle va tout simplement gâcher le film, je vous le jure !

– Vous le jurez ! ricana Knebworth. Écoutez donc, Mr Connolly, je ne suis pas enchanté de votre travail au point de vous permettre de faire de semblables pronostics, même concernant une extra.

– Mais je n'ai encore jamais joué avec une extra pour partenaire !

– Alors, vous deviez vous sentir bien seul, marmotta Jack, occupé à son installation.

– Tenez, Mr Knebworth, Mendoza, voilà une artiste..., recommença le jeune premier.

Jack Knebworth se redressa.

– Vous, passez de l'autre côté ! hurla-t-il. Lorsque j'aurai besoin des conseils de beaux gosses de votre espèce, je vous les demanderai. Pour le moment, vous êtes de trop ici !

Reggie Connolly dut s'éloigner ; d'un haussement d'épaules, il signifia que le film allait être gâché, mais qu'il dégageait toute sa responsabilité.

À l'arrivée de la troupe, sir Gregory Penne parut devant la grande porte d'entrée de son château. C'était un homme trapu. Le soleil de Bornéo et un appétit exagéré avaient coloré son visage d'un teint allant du pourpre au brun. Sa physionomie était sillonnée de rides innombrables ; ses yeux étaient fortement bridés. Le menton, d'une rondeur féminine, semblait être le seul point de sa figure que le soleil et d'autres stimulants aient laissé dans son état naturel.

Tandis qu'il descendait la pente pour venir rejoindre les acteurs, Brixan put l'examiner à loisir. Sir Gregory portait un vêtement de golf à carreaux de couleurs voyantes où le rouge prédominait. Une volumineuse casquette était enfoncée sur ses yeux. Retirant un reste de cigare d'entre ses dents, il s'essuya les moustaches du revers de la main d'un geste rapide et caractéristique.

– Bonjour, Knebworth, prononça-t-il.

Sa voix était dure et cruelle ; une voix que jamais le rire ni la tendresse n'avaient adoucie.

– Bonjour, sir Gregory.

Le vieux Knebworth fit quelques pas à sa rencontre.

– Je m'excuse d'être en retard.

– Vous n'avez pas à vous en excuser, répondit l'autre. Mais j'avais cru que vous viendriez plus tôt. Avez-vous amené ma poulette, dites ?

– Votre poulette ? (Jack le regarda, franchement interloqué.) Vous parlez de Mendoza ? Non, elle ne vient pas.

– Je ne parle pas de Mendoza, si c'est le nom de la petite brune. Mais peu importe, je plaisantais.

« Qui peut bien être sa *poulette* ? » se demandait Jack, ignorant les deux malheureux incidents dont avait été l'objet l'une de ses extras. Mais il eut bientôt la clef de ce mystère : le baronnet s'approcha lentement d'Adèle Leamington, qui faisait mine d'être très absorbée par la lecture de son rôle.

– Bonjour, petite fille, dit-il en soulevant sa casquette d'un centimètre au-dessus de sa tête.

– Bonjour, sir Gregory, répondit-elle froidement.

– Vous n'avez pas tenu votre promesse ! (Il hocha la tête avec reproche.) Ô femme, éternelle femme !

– Je ne me rappelle pas vous avoir fait une promesse, dit tranquillement la jeune fille. Vous m'aviez demandé de venir dîner avec vous et je vous ai répondu que c'était impossible.

– Je vous avais pourtant promis de vous envoyer ma voiture. Ne me dites pas que c'est trop loin de chez vous. Mais cela ne fait rien, je ne vous en veux pas.

Et, à l'indignation de Brixan, il caressa le bras de la jeune fille d'un geste qui se voulait paternel, mais qui la remplit d'horreur. Elle retira vivement son bras et, tournant le dos à cet amoureux, courut vers Jack Knebworth pour lui poser une question incohérente sur le sens d'une ligne parfaitement claire du manuscrit.

Le vieux Knebworth n'était pas un sot. Il avait suivi de loin la petite comédie et en avait compris tous les gestes.

« C'est la dernière fois que nous tournons au château de Griff », se dit-il.

Car Jack Knebworth avait certains principes en matière de conduite et ses opinions sur la femme étaient diamétralement opposées à celles de sir Gregory Penne.

7

Les épées et Bhag

La petite troupe s'éloigna, laissant le détective seul avec le baronnet. Pendant quelques instants, Gregory Penne suivit la jeune fille d'un regard allumé ; puis il remarqua la présence de Brixan et tourna vers lui ses yeux froids et insolents.

– Qui êtes-vous ? demanda-t-il en examinant le détective de haut en bas.

– Je suis un extra, dit Brixan.

– Ah, un extra ? Une espèce de garçon de cœur, quoi ? Qui se maquille et se poudre la face... Quelle vie pour un homme !

– Il y en a de pires, dit Brixan, faisant un effort pour dominer son antipathie.

– Connaissez-vous cette petite... comment s'appelle-t-elle... Leamington ? demanda tout à coup le baronnet.

– Je la connais très bien, affirma Brixan.

– Ah, vraiment ? (Le châtelain devint soudainement aimable.) C'est une gentille petite. Elle est bien différente des autres figurantes. Vous pourriez me l'amener un soir à dîner. Elle viendrait bien avec vous, hein ?

De ses paupières bouffies, le vieillard essaya un clignement d'œil complice. Quelque chose dans cet homme intéressait Michel Brixan : c'était une brute, mais une brute munie d'un cerveau ; et pourtant, il devait avoir quelque chose de plus, ayant occupé un poste de haut fonctionnaire.

– Avez-vous à jouer en ce moment ? Si non, vous pourriez monter avec moi et jeter un coup d'œil sur mes épées, dit tout à coup sir Gregory.

Michel comprit que cet homme tenait, pour une raison quelconque, à cultiver sa société.

– Non, je ne joue pas en ce moment, répondit-il.

Aucune autre invitation n'aurait pu lui causer un plus grand plaisir. Sans que le maître de céans l'eût deviné, Michel Brixan s'était en effet promis de ne pas quitter Griff avant d'avoir examiné cette curieuse collection.

– Oui, c'est une gentille petite.

Penne revenait à son sujet favori.

– Comme je viens de vous le dire, c'est une trouvaille dans le tas des figurantes : jeune, fraîche, virginale ! Vos autres petites camarades n'ont en elles plus aucun mystère. Elles me révoltent. Une jeune fille, il faut que ce soit comme une petite fleur printanière. Parlez-moi de la violette, de la pâquerette : je donnerais volontiers tout un bouquet de roses cultivées pour un seul pétale de ces petites chéries de la forêt !

Michel écoutait ce bavardage avec un dégoût mêlé pourtant d'un certain intérêt. Ce vieillard disait des choses écœurantes, monstrueuses. Brixan eut parfois de la peine à ne pas lever la main sur l'homme obscène qui marchait à côté de lui ; c'est en adoptant à son égard l'attitude d'un naturaliste enthousiaste en face d'un serpent qu'il put se dominer.

Le grand hall dans lequel ils entrèrent était pavé de briques ; levant les yeux sur les murs, Brixan aperçut les fameuses lames. Il y en avait des centaines : poignards, épées, anciens sabres japonais, stylets et dagues des croisés à poignée double.

– Qu'en pensez-vous, hein ?

Sir Gregory parlait avec la fierté d'un collectionneur enthousiaste.

– Il n'y a pas ici une arme qui ait sa pareille, mon petit ; et vous ne voyez là que le moins intéressant de ma collection.

Il conduisit son visiteur à travers un large corridor éclairé par des fenêtres étroites et espacées, et, là encore, les murs étaient couverts d'armes brillantes. Ouvrant une porte, sir Gregory le fit entrer dans une grande pièce qui lui servait à l'évidence de bibliothèque, quoique les livres n'y fussent pas nombreux ; ceux que Brixan vit au premier coup d'œil étaient des volumes qu'on trouve généralement dans toute maison de gentilhomme campagnard.

Au-dessus de la cheminée, le détective aperçut deux grands sabres d'un modèle qu'il n'avait pas encore rencontré.

– Que pensez-vous de ceux-là ?

Penne décrocha l'une des lames et la sortit de son fourreau.

– N'en essayez pas le tranchant, vous vous couperiez. Cette lame trancherait un cheveu, mais elle vous fendrait aussi bien en deux sans que vous eussiez le temps de vous en apercevoir.

Puis son attitude changea soudainement ; arrachant presque le sabre des mains de Brixan, il le remit dans le fourreau et l'accrocha à sa place.

– C'est une arme de Sumatra, n'est-ce pas ?

– Elle vient de Bornéo, répondit brièvement le baronnet, les sourcils froncés.

Il était évident que cette arme avait éveillé en lui des souvenirs désagréables. Pendant un long moment, il tisonna en silence le feu qui brûlait dans la cheminée.

– J'ai tué son propriétaire, dit-il enfin. Du moins, c'est bien ce que j'espère !

Il se retourna et Brixan put lire la peur dans ses yeux.

– Asseyez-vous, Sir..., commanda-t-il, indiquant au jeune homme un siège bas. Nous allons boire quelque chose.

Il appuya sur une sonnette ; au grand étonnement de Brixan, un petit homme à la peau cuivrée, nu jusqu'à la ceinture, répondit à l'appel. Gregory donna un ordre dans une langue inconnue, mais qui devait être du malais. Le serviteur sortit après un bref salut, puis revint presque instantanément, apportant un plateau avec une carafe et deux verres.

– Je n'ai pas de serviteurs blancs... Je ne puis les supporter, dit Penne, avalant d'un seul coup le contenu de son verre.

J'aime les serviteurs qui ne volent pas et ne bavardent pas. Ceux-ci, vous pouvez les fouetter sans ennui s'ils désobéissent. J'ai ramené ce garçon-là l'année dernière de Sumatra ; c'est bien le meilleur valet de chambre que j'aie jamais eu.

– Retournez-vous chaque année à Bornéo ? demanda Michel.

– Presque chaque année. Je possède un yacht ; il est à Southampton en ce moment. Si je ne m'en allais pas de ce maudit pays une fois par an, je deviendrais fou ! On n'a rien, ici ! Vraiment rien ! Avez-vous jamais rencontré cette espèce de fou, Mr Longvale ? Knebworth m'a dit que vous alliez tourner chez lui. Quel vieil âne ! Il vit dans le passé et s'habille comme une réclame pour vins fins. Prendrez-vous encore un verre ?

– Non, merci, je n'ai pas encore fini le mien, dit Brixan avec un sourire.

Ses yeux allèrent au sabre suspendu au-dessus de la cheminée.

– L'avez-vous depuis longtemps, celui-là ? Il semble être tout moderne.

– Mais non, il n'est pas moderne, coupa Gregory. Moderne ! Il a au moins trois cents ans. Je ne le possède que depuis un an.

Brusquement, il changea de nouveau de sujet.

– Vous me plaisez, Sir... Chose. Moi, les gens me plaisent ou me déplaisent au premier contact. Vous êtes un type qui pourrait réussir en Orient. J'y ai fait deux millions, moi. L'Orient est plein de merveilles, mais aussi plein de choses incroyables. (Il fixa Brixan d'un regard brillant.) Plein de bons serviteurs, dit-il lentement. Voulez-vous faire connaissance du serviteur parfait ?

Il y avait dans son ton quelque chose de particulier. Brixan acquiesça.

– Voulez-vous voir l'esclave qui ne pose jamais de questions et ne désobéit jamais, qui n'a d'autre amour que l'amour de son maître, (il se frappa la poitrine.) d'autre haine, que celle des gens que je hais... mon confident... Bhag ?

Il se leva, alla à son bureau et pressa un ressort que Brixan n'avait pas remarqué. Un panneau s'ouvrit aussitôt dans le mur opposé. Pendant une seconde, Brixan ne vit rien. Puis, les yeux clignotant à la lumière, apparut la plus sinistre et la plus terrifiante des silhouettes. Il fallut à Brixan toute sa volonté pour étouffer l'exclamation qui lui était montée aux lèvres.

8

BHAG

C'était un grand orang-outang de plus de deux mètres de haut qui, voûté, mi-assis, examinait le visiteur de ses yeux malins. Sa poitrine velue était énorme ; ses bras, qui touchaient presque le plancher, étaient aussi épais qu'une jambe humaine. Il était habillé d'un pantalon de toile bleue retenu par des bretelles qui se croisaient sur son large dos.

– Bhag ! appela sir Gregory d'une voix si douce que Brixan put à peine la reconnaître. Viens ici.

La bête gigantesque traversa la pièce à grands pas.

– C'est un ami, Bhag.

Le singe tendit la main et les doigts de Brixan se trouvèrent pour une seconde emprisonnés dans sa paume velue. Puis il porta sa main à ses narines et renifla bruyamment. Ce fut le seul son qu'il émit.

– Apporte-moi des cigares, dit Penne.

Le singe se dirigea immédiatement vers un petit meuble, tira un tiroir et apporta une boîte.

– Pas ceux-là, dit Gregory, les petits.

Il parlait distinctement, articulant les syllabes comme pour parler à un sourd et la hideuse créature replaça sans hésitation la boîte et en offrit une autre.

– Verse-moi un whisky-soda.

Le singe obéit. Il ne répandit pas une goutte et quand son maître lui dit « assez », il replaça le bouchon dans la carafe et remit celle-ci en place.

– Merci, Bhag, c'est tout.

Sans un son, le singe se dirigea vers le panneau ouvert et disparut. La porte se referma derrière lui.

– Grand Dieu, mais c'est une créature humaine ! dit Brixan, la gorge sèche d'émotion.

Sir Gregory ricana :

– Plus qu'humaine, dit-il. Bhag, c'est mon bouclier contre tout mal.

Ses yeux semblèrent se fixer instinctivement sur l'épée au-dessus de la cheminée.

– Où se tient-il ?

– Il possède son petit appartement et il l'entretient dans une grande propreté. Il mange avec les serviteurs.

– Quelle horreur ! s'exclama le détective.

Gregory ricana encore, content de sa stupéfaction.

– Mais oui, il mange avec les domestiques. Ils en ont peur et ils l'adorent en même temps ; c'est une sorte de dieu pour eux et ils le craignent. Savez-vous ce qui se serait produit si j'avais dit : cet homme est mon ennemi ? Il vous aurait déchiqueté membre après membre. Rien n'aurait pu vous sauver, Sir... Chose, rien ! Et pourtant, il sait être doux... Ah oui, il peut être doux. Et intelligent ! Il sort presque chaque nuit et je n'ai jamais eu aucune plainte des villageois. Pas de bêtes volées, pas de gens effrayés. Il s'en va rôder tout simplement dans les bois et ne tue pas même un poulet.

– Depuis combien de temps l'avez-vous ?

– Depuis huit ou neuf ans, dit le baronnet en avalant le whisky que le singe lui avait versé. Et maintenant, sortons et allons voir les acteurs. C'est une gentille petite, hein ? N'oubliez pas que vous allez me l'amener à dîner, n'est-ce pas ? Comment vous appelez-vous ?

– Brixan, Michel Brixan.

Sir Gregory marmotta quelque chose d'inintelligible.

– Je m'en souviendrai... Brixan. J'aurais dû le dire à Bhag. Il aime à connaître les noms.

– Mais m'aurait-il donc reconnu si vous le lui aviez dit ? demanda Brixan avec un sourire.

– S'il vous aurait reconnu ? Non seulement il vous reconnaîtra à l'avenir, mais il sera maintenant capable de trouver votre trace. Avez-vous remarqué comme il a flairé sa main après avoir serré la vôtre ? C'était pour vous classer, mon garçon. Si je lui disais : va porter ce message à Brixan, il vous trouverait n'importe où.

Lorsqu'ils arrivèrent dans le jardin placé derrière le château, la première scène du film était terminée et un large sourire sur la figure de Jack Knebworth fit comprendre à Brixan que les craintes d'Adèle n'avaient pas été justifiées.

– Cette petite est une perle, dit Jack. Une actrice née, faite pour la scène... C'est presque trop beau pour être vrai. Que me voulez-vous encore ?

C'était Reggie Connolly qui, souffrant de cette obsession commune à tous les jeunes premiers, estimait qu'on ne lui offrait pas la possibilité d'apparaître suffisamment à l'écran.

– Dites-moi, Mr Knebworth, dit-il d'un ton vexé, on ne me voit pas beaucoup, moi, dans cette histoire ! Jusqu'à présent, c'est à peine s'il y a eu dix mètres de moi dans tout le film. Écoutez, ce n'est pas juste, tout de même. Si on doit paraître...

– Vous n'avez pas à *paraître*, dit Jack brusquement. Et l'un des principaux griefs de Mendoza avait été justement qu'on vous voyait trop.

Brixan s'éloigna. Sir Gregory Penne s'était dirigé vers Adèle, trop bouleversée de bonheur pour garder un ressentiment même contre cet homme qu'elle détestait cordialement.

– Petite fille, je voudrais vous parler avant votre départ, dit-il, baissant la voix.

Pour la première fois, elle lui sourit.

– Eh bien, vous en avez l'occasion en ce moment, sir Gregory.

– Je voudrais vous dire combien je regrette ce qui s'est passé l'autre jour, et combien je vous estime pour ce que vous avez dit, car une jeune fille a le droit de garder ses baisers pour l'homme qui lui plaît. N'est-ce pas ?

– Mais bien entendu, dit-elle. Je vous en prie n'y pensez plus, sir Gregory.

– Je n'avais aucun droit de vous embrasser contre votre volonté, surtout pendant que vous étiez chez moi. Me pardonnerez-vous ?

– Mais je vous pardonne, dit-elle.

Elle voulut s'éloigner ; il lui saisit le bras.

– Vous allez venir dîner chez moi, n'est-ce pas ? (Il indiqua d'un geste de la tête l'endroit où se trouvait Brixan .) Votre ami m'a dit qu'il vous amènerait.

– Quel ami ? demanda-t-elle, les sourcils levés. Vous parlez de Mr Brixan ?

– Oui, le petit Brixan. Pourquoi donc vous liez-vous avec ce genre d'homme ? Ce n'est pas qu'il ne soit pas un brave garçon. Personnellement, il me plaît. Alors, viendrez-vous ?

– Je regrette, mais je ne le pourrai pas, répondit-elle, son aversion pour cet homme lui revenant.

– Petite fille, dit-il avec émotion, il n'y a rien au monde que vous ne puissiez obtenir de moi. Qu'avez-vous besoin de fatiguer votre jolie personne à ce métier d'actrice ? Je vous donnerai une troupe à vous, si vous le voulez, et la plus belle voiture que l'argent puisse payer.

Les yeux de l'homme luisaient comme deux points enflammés. Elle en frissonna.

– Je possède tout ce que je désire, sir Gregory, dit-elle.

Elle était furieuse contre Michel Brixan. Comment avait-il osé accepter une invitation en son nom ? Comment osait-il se dire son ami ? Sa colère dépassait presque l'antipathie qu'elle éprouvait pour son persécuteur.

– Venez ce soir, venez avec lui..., dit Penne dans un souffle. Je le veux... M'entendez-vous ? Toute la troupe sera chez le vieux Longvale. Vous pourrez facilement vous échapper.

– Je n'en ferai rien. Je pense que vous ne vous rendez pas compte vous-même de ce que vous me proposez, sir Gregory, dit-elle calmement. Quelles que soient vos intentions, c'est une insulte à mon égard.

Faisant brusquement demi-tour, elle le quitta. Brixan aurait voulu lui parler ; mais elle passa, la tête haute, lui jetant un regard qui le cloua sur place, quoique, après un moment de réflexion, il en devinât la cause.

Lorsque les appareils furent pliés et que la troupe fut remontée dans le char à bancs, Brixan vit Adèle se placer ostensiblement entre Jack Knebworth et le jeune premier qui boudait ; il crut sage d'aller s'asseoir à quelque distance d'elle.

La voiture allait partir lorsque sir Gregory s'approcha de Brixan et, montant sur le marchepied, commença :

– Vous m'aviez dit que vous la persuaderiez...

– Pour vous le dire, répondit Brixan, j'aurais certainement dû être ivre ; or, il me faut plus d'un verre de whisky pour me réduire à ce triste état. Miss Leamington est une créature libre et elle serait bien mal avisée d'aller dîner seule avec vous ou avec un autre homme.

Il s'attendait à une rebuffade, mais, à sa grande surprise, le vieillard ricana seulement et lui fit un signe amical d'adieu. En tournant la tête au moment où la voiture passait la grille, il vit sir Gregory en conversation avec un autre homme ; il reconnut Foss qui, pour une raison inconnue, était resté en arrière.

Le regard du jeune homme se porta alors à la fenêtre de la

bibliothèque où le monstre Bhag, enfermé dans son logis obscur, attendait les instructions de son maître pour les exécuter sans raisonnement ni pitié. Michel Brixan, tout endurci qu'il fût au danger, se sentit frissonner.

9

Le noble ancêtre

Dower House se trouvait à l'écart de la grande route. C'était un fouillis de constructions basses placées derrière des buissons désordonnés et un mur croulant. À une époque lointaine, cette propriété avait eu un garde ; maintenant, la loge était déserte, ses fenêtres étaient brisées et des brèches s'ouvraient dans le toit. Le portail n'avait plus été fermé depuis des générations ; il gisait, appuyé contre le mur, ainsi que l'avait jeté la dernière personne ayant ouvert la grille de *Dower House*.

Ce qui jadis avait été une belle pelouse n'était plus qu'un fourré d'herbes sauvages. Le chardon et les orties s'entremêlaient là où autrefois de galants gentilshommes avaient joué à la paume. Dès le premier coup d'œil, Brixan jugea qu'une seule partie de la maison devait être habitée. Dans une aile seulement les fenêtres étaient en bon état ; partout ailleurs, elles étaient brisées ou tellement couvertes de poussière qu'elles semblaient avoir été peintes en gris.

Amusé et intrigué, Brixan découvrit le pittoresque Mr Sampson Longvale, qui s'avança à leur rencontre, sa tête chauve luisant au soleil, sa culotte fauve, son gilet de velours et son veston démodé tel que Gregory Penne l'avait décrit.

– Ravi de vous voir, Mr Knebworth. Je n'ai qu'une pauvre demeure, mais je vous offre mon hospitalité de grand cœur ! J'ai préparé le thé dans ma petite salle à manger. Voudriez-vous me présenter aux autres membres de votre troupe ?

Sa courtoisie, sa dignité d'un autre siècle, étaient charmantes, et Brixan ressentit une chaude sympathie pour cet aimable vieillard qui savait évoquer malgré l'atmosphère moderne l'exquis parfum de l'âge passé.

– J'aimerais tourner une scène avant le coucher du soleil,

Mr Longvale, dit Knebworth. Aussi, si vous voulez bien me le permettre, je n'accorderai que quinze minutes pour le thé. Où est Foss ? demanda-t-il, se retournant. Je voudrais modifier une scène.

– Mr Foss a dit qu'il reviendrait du château de Griff à pied, répondit quelqu'un. Il avait à parler à sir Gregory.

Jack Knebworth eut à l'adresse de son collaborateur bavard un juron aussi vigoureux qu'original.

– J'espère qu'il n'est pas resté en arrière pour emprunter de l'argent, ajouta-t-il, s'adressant à Brixan. Si je n'y fais pas attention, ce garçon-là va compromettre mon crédit dans le pays.

Il semblait être revenu de son mauvais sentiment à l'égard du détective ; ou peut-être sentait-il qu'il ne pouvait, sans rompre la discipline instituée, se laisser aller à la confidence avec une autre personne de la troupe.

– A-t-il cette tendance ? interrogea Brixan.

– Il manque constamment d'argent et est toujours en train d'inventer quelque truc abracadabrant pour en gagner, truc qui le laisse chaque fois plus pauvre que jamais. Lorsqu'on se fourre dans une telle situation, la prison n'est pas loin, vous savez. Allez-vous rester ici pour la nuit ? dit-il, changeant de sujet. Je ne crois pas que vous puissiez coucher dans la maison ; je suppose que vous allez retourner à Londres ?

– Non, pas ce soir, dit rapidement Brixan. Ne vous occupez pas de moi, je vous en prie. Je ne veux surtout pas vous déranger.

– Venez faire la connaissance du vieux, dit Knebworth à voix basse. C'est un drôle de bonhomme, au cœur d'enfant.

– Il m'a plu de prime abord, dit Brixan.

Mr Longvale accueillit aimablement cette nouvelle présentation.

– Je crains qu'il n'y ait pas de place pour tout le monde dans ma salle à manger. J'ai disposé une autre table dans ma bibliothèque. Peut-être voudrez-vous y prendre votre thé en compagnie de vos amis ?

– Oh, c'est trop aimable de votre part, Mr Longvale. Connaissez-vous déjà Mr Brixan ?

Le vieillard sourit et fit un signe affirmatif.

– J'ai fait sa connaissance sans m'en apercevoir. Je ne me rappelle jamais les noms... C'est un défaut curieux dont était également affligé mon arrière-grand-oncle Charles, ce qui l'amena à certaines confusions dans ses mémoires. De sorte que plusieurs des incidents qu'il y relate ont même été considérés comme apocryphes.

Mr Longvale les fit entrer dans une pièce étroite qui s'étendait sur toute la largeur de la maison. Son plafond était soutenu par des poutres noircies ; les lambris, polis et usés par le temps, devaient dater de cinq cents ans au moins. « Point d'épées au-dessus de cette cheminée », pensa Brixan en souriant. Au lieu d'armes, il aperçut le portrait d'un beau vieillard, dont le visage avait une expression d'une dignité étonnante. Un seul mot pouvait rendre l'impression qu'il produisait : il était majestueux.

Brixan ne fit aucun commentaire sur ce portrait et le maître de la maison n'en dit rien non plus. Le repas fut rapidement expédié et bientôt, assis sur le pan d'un mur, Brixan put assister au tournage d'une scène de *Roselle*. Il fut frappé par les dons artistiques extraordinaires que déployait Adèle. Il connaissait suffisamment le cinéma pour deviner le prix qu'un réalisateur pouvait attacher à une actrice aussi capable de reproduire fidèlement les mouvements et les émotions qu'il lui dictait.

En d'autres circonstances, il aurait pu trouver grotesque de voir Jack Knebworth imiter une jeune fille, appuyer sa joue ridée sur le revers de la main et marcher à pas menus d'un bout de la scène à l'autre. Mais il se rendait compte que le metteur en scène ne faisait que dessiner adroitement les contours du rôle à jouer, laissant à la fine artiste la tâche d'exprimer sa personnalité dans les détails délicats qui feraient les délices des amateurs de l'art muet. Elle n'était plus Adèle Leamington ; elle était Roselle, l'héritière d'une grande propriété dont un cousin mal intentionné cherchait à la déposséder. Brixan reconnut facilement l'histoire. C'était un remake de *The Cat and the canary* agrémenté de quelques scènes de *Miracle Man*. Il signala la chose au réalisateur à la fin de la scène.

– Je suppose que c'est un vol, dit Jack Knebworth avec philosophie, mais je n'approfondis pas la chose. C'est un scénario de Foss et je serais navré de découvrir qu'il contient quelque chose d'original.

Mr Foss fit une apparition tardive et Brixan se demanda quelle avait été la nature de l'entretien confidentiel qui l'avait retenu auprès de sir Gregory.

Revenant au salon, il s'arrêta pour contempler le coucher du soleil, méditant sur ce mystère des mystères... l'impression extraordinaire qu'Adèle avait produite sur lui.

Michel Brixan avait connu bon nombre de jolies femmes, de tous les genres ; il en avait envoyé quelques-unes en prison. Un jour, à Vincennes, il assista même à l'exécution de l'une d'elles par un peloton français. Plusieurs lui avaient plu ; il crut en aimer une. Et voilà qu'aujourd'hui, en analysant froidement ses sentiments, il se sentait en danger de tomber réellement amoureux d'une jeune fille qu'il ne connaissait que depuis quelques heures.

– Ce qui serait absurde ! prononça-t-il à haute voix.

– Qu'est-ce qui serait absurde ? demanda Knebworth qui venait d'entrer dans la chambre.

– Moi aussi, je me demandais à quoi vous pensiez, sourit Mr Longvale qui avait observé le jeune homme en silence.

– Moi ?... Eh bien, je songeais à ce portrait.

Michel se tourna et indiqua le tableau au-dessus de la cheminée ; dans un certain sens, il disait la vérité, car cette pensée était présente dans son esprit, mêlée aux autres.

– Ce visage me semble familier, ajouta-t-il. Ce qui est absurde, puisqu'il s'agit évidemment d'une vieille peinture.

Mr Longvale alluma deux bougies et en approcha une du portrait. Brixan le regarda de nouveau et fut une fois de plus impressionné par la majesté de ce visage.

– C'est mon arrière-grand-oncle, Charles-Henry, dit avec fierté Mr Longvale, ou, ainsi que nous le nommons affectueusement dans notre famille, le grand Monsieur.

Au moment où le vieillard prononça cette phrase, le visage de Brixan était tourné vers la fenêtre. Soudainement, tout vacilla devant ses yeux. Jack Knebworth le vit pâlir et, lui saisissant le bras, demanda :

– Qu'y a-t-il ?

– Ce n'est rien, dit faiblement Brixan.

Knebworth regarda aussi la fenêtre.

– Qu'était-ce ? dit-il.

À l'exception de la flamme des deux bougies et de la pâle lumière du crépuscule qui venait du jardin, la chambre était plongée dans l'obscurité.

– L'avez-vous vu aussi ? demanda le metteur en scène et, courant à la fenêtre, il regarda au dehors.

– Qu'était-ce ? demanda à son tour Mr Longvale, le rejoignant.

– Je jurerais que je viens de voir une tête à la fenêtre. L'avez-vous vue, Brixan ?

– J'ai vu quelque chose, dit celui-ci avec hésitation. Me permettez-vous d'aller voir au jardin ?

– Il m'a semblé que c'était une tête de singe, dit Knebworth.

Brixan fit un signe affirmatif et sortit ; tout en courant, il transféra rapidement son browning d'une poche de son pantalon à celle du veston.

Il disparut ; cinq minutes plus tard, Knebworth le vit remonter le sentier du jardin et alla à sa rencontre.

– Avez-vous trouvé quelque chose ?

– Non, rien au jardin. Vous avez dû vous tromper.

– Mais ne l'avez-vous pas vu également ?

Brixan hésita.

– J'ai cru voir quelque chose, dit-il d'un ton qu'il s'efforça de rendre insouciant. Quand comptez-vous tourner vos scènes de nuit ?

– Vous avez vu quelque chose... Était-ce un visage ?

Brixan fit un signe affirmatif.

10

La fenêtre ouverte

Lorsque Brixan redescendit au jardin, il entendit le ronronnement de la dynamo, puis, avec un sifflement et une légère explosion, les charbons s'allumèrent et la façade de la demeure s'éclaira subitement.

Dehors, un automobiliste s'était arrêté sur la route pour voir ce spectacle inusité.

– Que se passe-t-il ici ? demanda-t-il avec curiosité.

– On tourne, lui répondit Brixan.

– Ah, c'est ça ? Je suppose que c'est la troupe Knebworth ?

– Où allez-vous ? demanda Brixan à son tour. Excusez-moi, mais si vous allez à Chichester, vous pourriez me rendre un grand service en m'emmenant.

– Montez donc, dit l'inconnu. J'allais à Petworth, mais le détour n'est pas grand, je vous déposerai à l'entrée de la ville.

Tout le long du chemin, il assaillit Brixan de questions,

trahissant cette curiosité universelle qu'éveille invariablement parmi les profanes tout ce qui touche au cinéma.

Le détective descendit à la place du marché et se dirigea vers la maison de l'un de ses anciens professeurs qui demeurait à Chichester, et qui possédait une excellente bibliothèque.

Déclinant une invitation pressante à dîner, Brixan expliqua le but de sa visite, qui fit rire son vieux maître.

– Je ne me rappelle pas que vous vous soyez montré très studieux dans le temps, dit-il. Mais vous pouvez disposer de ma bibliothèque. Est-ce quelque vers de Virgile qui vous échappe ? Je pourrais peut-être vous éviter la peine de chercher.

– Il ne s'agit pas de Virgile, Maître, dit Brixan en souriant. C'est quelque chose d'infiniment plus concret.

Il passa vingt minutes dans la bibliothèque et lorsqu'il en sortit, une lumière de triomphe brillait dans ses yeux.

– Je vais user de votre téléphone, si vous le permettez.

Il eut Londres aussitôt. Après une longue conversation avec Scotland Yard, il entra dans la salle à manger où son maître était attablé en face de son repas solitaire.

– Vous pourriez me rendre encore un service, ô mentor de ma jeunesse. Possédez-vous dans cet asile de paix un revolver qui tire des cartouches plus lourdes que celles-là ?

Brixan posa son arme sur la table. Il savait que Mr Scott avait été officier de l'armée territoriale ; sa requête n'était donc pas aussi ridicule qu'elle pouvait le sembler au premier abord.

– Mais oui, je puis vous en donner un plus lourd que ça. Que vous préparez-vous donc à tuer, des éléphants ?

– Quelque chose d'un peu plus dangereux, dit l'autre.

– La curiosité n'a jamais été de mes défauts, dit son maître.

Il sortit et revint avec un browning de gros calibre et une boîte de cartouches.

Les deux hommes passèrent cinq minutes à nettoyer l'arme qui n'avait pas servi depuis des années. Puis, sa poche alourdie de ce nouveau revolver, Michel prit congé, se sentant le cœur et l'esprit allègres grâce aux lumières qu'il venait de puiser dans cette maison.

Il loua une voiture au garage de la ville et se fit conduire à *Dower House*, renvoyant la voiture à quelque distance de la maison. Jack Knebworth n'avait même pas remarqué son absence.

Mais le vieux Longvale, vêtu d'un pardessus à pélerines superposées et d'un bonnet de soie souple, vint à lui dès qu'il fut arrivé.

– Puis-je vous parler, Mr Brixan ? dit-il à voix basse.

Ils entrèrent ensemble dans la maison.

– Vous rappelez-vous, cet après-midi, Mr Knebworth a été bouleversé par quelque chose qu'il crut voir à la fenêtre, quelqu'un avec une tête de singe ?

– Oui.

– Eh bien, figurez-vous qu'il y a un quart d'heure environ, je me promenais au bout de mon jardin ; regardant par-dessus la haie dans le champ, j'ai vu une forme gigantesque se lever de terre et se diriger vers ces buissons...

Il indiqua par la fenêtre un fourré dans le champ, de l'autre côté de la route.

– L'énorme silhouette semblait se baisser et avancer furtivement.

– Voudriez-vous me montrer exactement la place ? demanda le détective.

Il suivit Mr Longvale dans le champ jusqu'aux buissons qu'il trouva déserts. Il scruta l'horizon, mais ne vit pas trace de Bhag. Car il ne doutait pas que ce ne fût Bhag. Cela pouvait n'avoir aucune signification. Penne lui avait dit que l'animal faisait d'habitude des promenades nocturnes et qu'il était tout à fait inoffensif.

Mais si...

Cette pensée était absurde. Et pourtant, cet animal était si extraordinairement humain qu'aucune conjecture le concernant n'était tout à fait absurde.

En rentrant au jardin, il se mit à la recherche d'Adèle. Elle venait de terminer sa scène et suivait des yeux les mouvements furtifs de deux cambrioleurs qui grimpaient le long d'un mur à la lumière réduite d'un seul projecteur.

– Excusez-moi, miss Leamington, je vais vous poser une question indiscrète. Avez-vous apporté avec vous d'autres vêtements que ceux que vous portez ?

– Pourquoi diable cette question ? demanda-t-elle, les yeux grand ouverts d'étonnement. Mais bien entendu, j'en ai apporté. J'emporte toujours avec moi de quoi me changer en cas de pluie...

– Une autre question encore : avez-vous perdu quelque chose au château de Griff ?

– Oui, j'y ai perdu mes gants, répondit-elle vivement. Les auriez-vous trouvés ?

– Non. Quand vous êtes-vous aperçue de cette perte ?

– Aussitôt. J'ai même eu la pensée... (Elle s'arrêta.) C'était une pensée stupide, mais...

– Qu'avez-vous pensé ? demanda-t-il.

– Je préférerais ne pas vous le dire. C'est une affaire toute personnelle.

– Vous avez pensé que sir Gregory les avait gardés en souvenir ?

Malgré l'obscurité, il la vit rougir.

– Eh bien, oui, je l'ai cru, dit-elle d'un ton sec.

– Ah ? En tous cas, ce n'est plus la peine que vous changiez de vêtements, dit-il.

– De quoi parlez-vous donc ?

Elle le regarda, soupçonneuse, et il comprit qu'elle le croyait ivre. Mais les raisons de ses questions désordonnées étaient bien la dernière chose qu'il eût pu lui expliquer en ce moment.

– Et maintenant, tout le monde au lit !

C'était Jack Knebworth qui parlait.

– Allons, tout le monde, filez vite ! Mr Foss vous a indiqué vos chambres. Je vous veux tous debout dès 4 heures du matin. Aussi, profitez du sommeil que vous avez devant vous. Mr Foss, avez-vous marqué les chambres ?

– Oui, j'ai inscrit les noms sur chaque porte, répondit l'homme. J'ai cru bien faire en réservant une chambre pour mademoiselle seule ; ai-je eu raison ?

– Mais je pense que oui, dit Knebworth avec hésitation. En tout cas, elle n'aura pas le temps de s'y habituer.

La jeune fille souhaita bonne nuit au détective et s'en alla à la chambre qu'on lui avait assignée. C'était une petite pièce simplement meublée et sentant le moisi. Un lit-cage, une commode surmontée d'une glace tournante, une petite table et une chaise, c'était tout ce qu'elle contenait. À la lumière de la bougie, Adèle put apercevoir un plancher récemment encaustiqué et recouvert en son milieu d'un bout de tapis.

Elle donna un tour de clef à la porte, souffla sa bougie, puis, s'étant déshabillée, s'approcha de la fenêtre et l'ouvrit. Ce fut alors qu'elle aperçut au centre de l'un des petits carreaux de verre un disque de papier blanc. Il était collé sur le côté extérieur de la fenêtre ; elle allait l'arracher lorsqu'elle eut la pensée que ce devait être un signe placé par Knebworth pour retrouver la position exacte de ce qu'il voulait tourner le lendemain.

Elle se coucha, mais ne s'endormit pas immédiatement. L'agacement étrange que lui causait Michel Brixan la préoccupait avec persistance. « Il est gentil », se dit-elle plusieurs fois. « Mais il ne manque certainement pas d'aplomb... »

Finalement, le sommeil la gagna. Elle souriait encore quand ses paupières se fermèrent.

Elle avait dû dormir pendant deux heures environ ; une sensation de danger immédiat la réveilla en sursaut. Elle s'assit sur son lit, le cœur battant, et regarda autour d'elle. Un pâle rayon de lune éclairait toute la chambre, vide.

Était-ce la présence de quelqu'un derrière la porte qui l'avait éveillée ? Elle essaya la poignée : la porte était bien fermée à clef. La fenêtre ? « Elle est tout près du sol », se souvint Adèle. S'approchant de la croisée restée ouverte, elle en ferma un battant et allait pousser l'autre quand, soudain, un bras velu sortit de l'ombre et une main encercla le poignet de la jeune fille.

Elle n'eut aucun cri. Debout, le souffle arrêté, elle était frappée d'épouvante. Son cœur cessa de battre et elle sentit que son corps se glaçait. Qu'était-ce ? Rassemblant tout son courage, elle se pencha à la fenêtre et rencontra une face hideuse ; deux yeux verts plongèrent dans les siens.

11

La fenêtre marquée

Le monstre murmura quelque chose, émettant des sons semblables au gazouillis d'un oiseau. Adèle vit ses dents blanches briller dans l'obscurité. Il ne cherchait pas à l'attirer, tenant simplement son poignet d'une main de fer, tandis que de l'autre, il s'agrippait aux branches de lierre qui lui avaient permis de grimper jusqu'à la fenêtre. Tout à coup, il eut un nouveau murmure et tira le bras de la jeune fille. Celle-ci fit un mouvement en arrière, mais sans pouvoir se libérer de l'étau qui l'emprisonnait. Puis une longue jambe velue passa pardessus l'appui de la fenêtre ; la seconde main vint s'abattre sur le visage d'Adèle. Son cri fut à moitié étouffé dans la large paume, mais quelqu'un l'entendit.

Un éclair vint d'en bas, suivi du bruit d'un coup de feu. Une balle siffla dans le lierre, frappa le rebord de brique et la jeune fille l'entendit ricocher. L'énorme singe lâcha immédiatement prise et, sautant par la fenêtre, disparut dans la nuit. Craignant de perdre connaissance, incapable de bouger, Adèle s'appuya au rebord de la fenêtre. Elle vit une silhouette dans les buissons de lauriers et reconnut aussitôt ce rôdeur nocturne. C'était Michel Brixan.

– Êtes-vous blessée ? demanda-t-il à voix basse.

Elle ne put que secouer négativement la tête.

– Je ne l'ai pas atteint, je crois ?

Faisant un grand effort, elle put articuler quelques syllabes.

– Non, je ne crois pas. Il a fui.

Brixan avait tiré de sa poche une lampe électrique et examinait les buissons.

– Aucune trace de sang. C'était assez difficile de l'atteindre, je craignais de vous blesser.

Une fenêtre s'ouvrit dans la maison et la voix de Jack Knebworth résonna dans la nuit.

– Qu'est-ce que c'est que ces coups de feu ? Est-ce vous, Brixan ?

– C'est moi. Descendez donc, je vais vous expliquer ce qui se passe.

Le bruit ne semblait avoir éveillé ni Mr Longvale ni aucun membre de la troupe ; lorsque Knebworth descendit au jardin, il y trouva Michel Brixan qui, en quelques mots, lui raconta ce qui venait de se passer.

– Le singe appartient à l'ami Penne, dit le jeune homme. Je l'ai vu chez lui ce matin.

– Que supposez-vous ? Qu'en rôdant par là, il a aperçu une fenêtre ouverte et... ?

Brixan secoua la tête.

– Non, dit-il lentement. Il est venu dans un but déterminé, celui d'enlever votre vedette. Cela semble bien romanesque, bien improbable ; mais c'est là ma conviction. Ce singe, je vous l'affirme, est doué de facultés humaines.

– Mais il ne pouvait reconnaître Adèle. Il ne l'a jamais vue.

– Et le flair ? dit Brixan. Ce matin, elle a perdu au château une paire de gants et il y a tout lieu de croire qu'ils lui ont été volés par le noble sieur Gregory Penne dans le but de faire reconnaître par Bhag le parfum de la jeune fille.

– C'est incroyable ! Je ne puis l'admettre. Quoique je doive reconnaître que ces grands singes font parfois des choses stupéfiantes. L'avez-vous tué ?

– Non, Sir, je ne l'ai pas touché, mais je puis vous affirmer une chose : c'est que cet animal a déjà dû essuyer des coups de feu, car autrement, il se serait précipité sur moi et je l'aurais tué.

– Mais que faisiez-vous donc par ici ?

– Bah, je veillais, dit-il d'un ton insouciant. Un détective convaincu a tant de choses dans la tête qu'il ne peut dormir comme tout le monde. Je dois avouer que je n'avais pas l'intention de quitter le jardin cette nuit, car j'attendais la visite de Bhag. Qui est-ce ?

La porte de la maison s'ouvrit et une mince silhouette enveloppée d'une robe de chambre apparut sur le seuil.

– Jeune dame, vous allez attraper un bon gros rhume, déclara Knebworth. Que vous est-il arrivé ?

– Je n'en sais rien. (Elle se frotta le poignet.) J'avais entendu du bruit et me suis approchée de la fenêtre ; et alors, cette chose horrible m'a saisie par la main. Qu'était-ce, Mr Brixan ?

– Rien d'autre qu'un singe, dit-il en affectant l'indifférence. Je regrette que vous ayez été tellement effrayée. Je pense que mon coup de feu a été le plus impressionnant ?

– Oh, pas du tout, vous le savez bien. Ah, c'était horrible, horrible !

Elle se couvrit le visage de ses mains.

Le vieux Jack grogna.

– En tous cas, vous devez une grande reconnaissance à notre ami, jeune dame. Il s'attendait apparemment à cette visite et veillait au jardin.

– Vous l'attendiez ? s'exclama-t-elle.

– Mr Knebworth exagère mon rôle dans cette affaire, dit Brixan. J'attendais cet animal parce qu'il avait été vu dans les champs par Longvale. Et vous-même, d'ailleurs, aviez cru l'apercevoir, n'est-ce pas, Mr Knebworth ?

Jack fit un signe affirmatif.

– À vrai dire, nous l'avions tous vu, continua Brixan, et

comme l'idée d'une visite nocturne de ce singe à une future star ne me plaisait nullement, je me suis installé au jardin.

D'un geste impulsif, Adèle tendit sa petite main et Brixan la prit.

– Je vous remercie, Mr Brixan, dit-elle. Je vous avais mal jugé.

– Qui donc ne se trompe jamais ? dit Brixan en riant.

Elle revint dans sa chambre et cette fois referma la fenêtre. Avant de s'endormir, elle se leva encore une fois et alla jeter un coup d'œil à travers la vitre ; elle aperçut en bas le petit point lumineux de la cigarette de son gardien et se recoucha, tranquillisée, pour s'éveiller aussitôt, crut-elle, aux coups frappés par Foss qui appelait la troupe au travail.

L'homme de lettres fut le premier en bas. Le jardin commençait à s'envelopper de lumière ; d'un ton brusque, Foss salua Michel Brixan.

– Bonjour, Sir, dit ce dernier. À propos, Mr Foss, vous êtes resté à Griff hier pour parler à notre ami, Mr Penne ?

– Cela ne vous regarde pas, grogna l'homme en s'en allant.

Mais Brixan l'arrêta d'un geste.

– Il y a quelque chose qui me regarde bien, c'est de savoir pourquoi ce disque de papier blanc a été placé sur la fenêtre de miss Leamington.

Il montra le petit cercle de papier que la jeune fille avait découvert.

– Je n'en sais rien, dit Foss, en colère mais avec un certain frémissement de crainte dans la voix.

– Si vous n'en savez rien, qui donc le saura ? Car moi, je vous ai vu hier soir placer ce papier sur la vitre !

– Eh bien, puisque vous tenez à le savoir, c'était pour délimiter le champ de l'objectif.

Cette explication était plausible. Brixan avait en effet déjà vu Knebworth marquer les limites du champ de l'objectif pour que tous les acteurs y figurent. À la première occasion, il posa la question à Knebworth.

– Non, je n'ai pas demandé ces marques. Où était-ce ?

Brixan lui montra la fenêtre.

– Je n'aurais en tous cas jamais fait marquer là-haut, au milieu d'une fenêtre ! Qu'en pensez-vous ?

– Je crois que Foss a marqué cette fenêtre suivant les instructions de Gregory.

– Mais dans quel but ? demanda Knebworth avec étonnement.

– Pour indiquer à Bhag la chambre d'Adèle Leamington, voilà dans quel but, dit le détective, sûr de ne pas se tromper.

12

LE SECRET DE LA TOUR

Brixan n'attendit pas qu'on eût commencé à tourner. Il avait un plan d'action ; dès qu'il le put, il s'échappa de *Dower House*, traversa le champ et prit la route conduisant au château de Griff. Son œil exercé avait remarqué un sentier à travers champs qui longeait la limite de la propriété de sir Gregory Penne et devait être un raccourci entre *Dower House* et Griff ; en effet, après dix minutes de marche, ce sentier l'amena à la grande route. Il marchait d'un pas rapide, les yeux baissés, cherchant sur le sol quelque trace laissée par la bête ; mais à moins que l'animal n'eût été blessé, il y avait peu d'espoir d'en trouver.

Enfin, il arriva à la haute muraille de pierre qui entourait les terrains du baronnet. Il la suivit jusqu'à un petit portillon grand ouvert, ce qui semblait indiquer qu'on s'en était servi tout récemment.

En entrant par ce portillon, Brixan se trouva dans un champ qui devait servir de jardin potager. Il ne vit personne à proximité. Dans la lumière du matin, la haute tour du château paraissait encore plus inhospitalière et laide.

Aucune fumée ne sortait des cheminées ; Griff semblait être la demeure de la mort. Cependant, le jeune homme n'avançait qu'avec prudence ; au lieu de traverser le champ, il rentra dans l'ombre projetée par le mur et marcha ainsi jusqu'à la clôture de bois qui séparait à angle droit le jardin potager et le beau parc que Knebworth avait utilisé la veille pour ses extérieurs.

Les yeux de Brixan ne cessaient de scruter les environs ; il s'attendait à tout moment à voir apparaître devant lui la forme hideuse de Bhag. Il n'était plus qu'à quelques pas de l'entrée principale du château et à une demi-douzaine de mètres de la tour grise. Il pouvait voir maintenant toute la façade de la maison. Les stores baissés, l'apparence endormie de la demeure auraient pu dissiper les soupçons d'un homme moins sceptique que lui.

Il se demandait s'il irait jusqu'à la maison, lorsqu'il entendit un bruit de vitres brisées et leva les yeux juste à temps pour voir des fragments de verre tomber d'une fenêtre située tout en haut de la tour. Le soleil n'était pas encore levé ; la terre était enveloppée d'une brume trompeuse et les buissons formaient un admirable abri.

« Qui donc peut briser des vitres à cette heure matinale ? Ce n'est sûrement pas le singe si adroit », se demanda Brixan. Subitement, l'air fut traversé par un cri déchirant ; une telle épouvante vibra dans cet appel que le jeune homme sentit tout son corps se glacer. Ce cri de terreur était venu de la fenêtre supérieure de la tour et mourut aussitôt, comme si une main appliquée sur la bouche de l'infortunée victime l'eût étouffé...

N'hésitant plus, le détective sortit de son abri, traversa en courant le sentier et tira la cloche de la grande porte d'entrée qui se trouvait au-dessous de la tour. Il entendit la cloche résonner et se retourna pour s'assurer que ni Bhag, ni aucun des serviteurs du château ne l'avaient suivi.

Une minute passa, puis deux ; sa main se portait de nouveau à la cloche lorsqu'il entendit un pas lourd résonner dans le corridor, perçut le bruit de pantoufles sur les dalles du hall et une voix brusque demanda :

– Qui est là ?

– Michel Brixan.

Il y eut un grognement, un bruit de chaîne, de verrous, enfin, la porte s'entrouvrit de quelques centimètres.

Gregory Penne était vêtu d'un pantalon de flanelle grise et d'une chemise déboutonnée aux poignets.

Son regard exprimait la surprise.

– Que me voulez-vous ? demanda-t-il en ouvrant la porte de quelques centimètres de plus.

– Je viens vous parler, dit Brixan.

– C'est dans vos habitudes, les visites à l'aurore ? grogna sir Gregory Penne en refermant la porte derrière son visiteur.

Brixan ne répondit pas. Il suivit Gregory Penne à la bibliothèque qui, de toute évidence, avait été occupée pendant la nuit. Les volets étaient clos, les lampes allumées et, devant le feu de cheminée, une petite table portait deux bouteilles de whisky dont l'une était vide.

– Un verre ? demanda Penne machinalement en se servant à boire d'une main tremblante.

– Votre singe est-il rentré ? demanda le visiteur, refusant d'un geste la boisson.

– Qui, Bhag ? Je suppose. Il va et vient comme il lui plaît. Voulez-vous le voir ?

– Je n'y tiens pas. Je l'ai déjà vu une fois cette nuit.

En train d'allumer une cigarette à l'aide d'une brindille de bois prise à la cheminée, Penne se retourna rapidement à cette parole.

– Vous l'avez déjà vu ? Que voulez-vous dire ?

– Je l'ai vu à *Dower House*, essayant de s'introduire dans la chambre de miss Leamington. Il s'en est fallu de peu qu'il ne laisse sa vie dans cette histoire.

L'homme laissa retomber dans le feu la brindille allumée et se leva.

– Avez-vous tiré sur lui ?

– Oui.

– Vous avez tiré sur lui..., dit Gregory doucement. Voilà qui explique la chose. Pourquoi avez-vous tiré ? Il est parfaitement inoffensif.

– Il n'en avait pas l'air, dit sèchement Brixan. Il a tenté d'enlever miss Leamington.

Les yeux de l'homme s'ouvrirent tout grands.

– Il était allé aussi loin que cela ? Et alors ?

Il y eut une pause.

– Vous l'avez envoyé chercher la jeune fille, dit Brixan. Vous avez aussi obtenu que Foss marquât sa fenêtre pour que Bhag sache la retrouver.

Il s'arrêta ; l'autre ne répondait rien.

– Le procédé de l'homme des cavernes est bestial, même quand il exécute lui-même le rapt. Mais lorsqu'il envoie un singe faire sa besogne malpropre, cela s'appelle d'un tout autre nom et passe dans une autre catégorie.

Les yeux de Penne n'étaient plus visibles. Son teint était devenu gris.

– Ainsi, voilà où vous voulez en venir ! dit-il. Et moi qui vous croyais un ami !

– Je ne suis pas responsable de vos illusions, dit Brixan. Mais je puis vous dire une chose : si par votre faute ou par celle de votre infernal agent il arrive le moindre mal à Adèle Leamington, je ne me contenterai pas de tuer Bhag ; je viendrai ici et vous logerai une balle dans la peau. Avez-vous compris ? Et maintenant, voudriez-vous me dire la signification du cri que j'ai entendu tout à l'heure partir de votre tour ?

– Qui diable croyez-vous interroger, sale petit acteur ? cria Penne, livide de colère.

Brixan sortit une carte de sa poche et la lui tendit.

– Voici en quelle qualité je vous interroge, dit-il.

L'homme approcha la carte de la lumière et la lut. L'effet fut instantané. Sa grosse mâchoire tomba et la main qui tenait la carte trembla si fort qu'elle la laissa échapper.

– Un détective ? murmura-t-il. Un... un détective ? Que me voulez-vous ?

– J'ai entendu quelqu'un appeler au secours, dit Brixan.

– C'était probablement l'une de mes domestiques. J'ai ici une Papoue malade ; elle est même un peu folle et nous devons la transporter demain à l'hôpital. Si vous le voulez, je m'en vais aller voir ce qu'il y a.

Il regardait Brixan, comme pour lui demander la permission de se retirer. Toute son attitude était maintenant bien humble et le détective n'eut qu'à voir cette face blême et ces lèvres tremblantes pour que ses soupçons devinssent une certitude. Il se passait dans cette maison quelque chose qu'il lui fallait découvrir.

– Puis-je aller voir ? demanda Penne.

Brixan fit un signe affirmatif. L'homme se hâta de quitter la pièce ; un bruit de serrure se fit entendre. Brixan courut à la porte et essaya de l'ouvrir. Elle était fermée à clef.

Il regarda rapidement autour de lui, puis alla à l'une des fenêtres, tira le rideau et voulut ouvrir le volet. Mais le volet était également verrouillé. Il se mettait à examiner cette serrure spéciale quand, brusquement, toutes les lampes s'éteignirent. Seule la lueur rougeâtre de la cheminée continuait à vaciller.

13

Le piège

Brixan entendit à une extrémité de la bibliothèque un faible craquement, suivi d'un bruit presque imperceptible de pieds nus sur le tapis et d'un souffle précipité.

Le jeune homme n'hésita pas. Palpant de la main le trou de la serrure du volet, il y appliqua son revolver et tira deux fois. Le bruit de la détonation dans la pièce fermée fut assourdissant et dut avoir un effet instantané sur l'intrus, car lorsque le volet céda et s'ouvrit, inondant la chambre de lumière, Brixan était seul.

Presque aussitôt, le baronnet réapparut à la porte. Si, quelques minutes auparavant, il avait semblé effrayé, son état était maintenant piteux.

– Qu'y a-t-il ? Qu'y a-t-il ? gémit-il. Quelqu'un a tiré ?

– Oui, quelqu'un a tiré, dit calmement le détective. Et ce quelqu'un, c'est moi. Les messieurs que vous avez envoyés pour régler vos comptes avec moi, Penne, ont eu de la chance que je n'aie visé que la serrure de votre volet.

Il aperçut quelque chose de blanc sur le tapis et le ramassa rapidement. C'était une écharpe de grosse soie ; il la porta à son nez.

– Quelqu'un a perdu cela dans sa hâte. Je devine l'usage auquel on destinait cette écharpe, dit-il.

– Mon ami, je vous assure que j'ignorais tout de cela.

– Et comment se porte notre intéressante malade ? demanda Brixan avec un sourire. La dame un peu folle qui crie ?

L'homme se passa les doigts sur ses lèvres tremblantes, comme pour dominer leur agitation.

– Elle va bien. C'était bien ce que... ce que je pensais..., dit-il. Elle a eu une espèce de crise.

Brixan le surveillait, pensif.

– Me serait-il possible de la voir ? demanda-t-il.

– C'est impossible ! dit Penne d'un air de défi. Vous ne pouvez voir personne ! Comment osez-vous venir ainsi chez moi à pareille heure et détériorer ma maison ? Je me plaindrai à Scotland Yard, mon bonhomme, et vous verrez qu'il va vous en cuire ! Certains de ces détectives s'imaginent que la terre leur appartient, ma parole ! Mais je saurai vous démontrer le contraire, allez !

Dans sa violence, il commençait à hurler, masquant sa peur sous cette apparence colérique. Le jeune homme leva, comme par hasard, les yeux vers les lames suspendues au-dessus de la cheminée. Sir Gregory suivit ce regard et son attitude changea de nouveau.

– Mon ami, pourquoi m'exaspérez-vous ? Je suis l'homme le plus doux du monde, si on sait me prendre. Je vous assure que vous vous êtes forgé des idées folles sur mon compte.

Brixan ne discuta pas. Il sortit dans le vestibule où commençaient à pénétrer les premiers rayons du soleil. Arrivé à la porte, il se retourna.

– Je ne puis insister pour perquisitionner chez vous, car, vous le savez bien, je n'ai pas sur moi un ordre régulier, et d'ici à ce que je l'apporte, il n'y aura plus rien à découvrir. Mais faites attention, mon bonhomme ! (Il tendit un doigt menaçant.) J'ai horreur des allégories classiques, mais vous feriez bien d'étudier dans la mythologie l'histoire d'une dame que les Grecs appelaient Adrastée !

Sur ce, il s'en alla, suivi du haut de la tour par le regard désespéré d'un pâle visage féminin, tandis que sir Gregory rentrait à la bibliothèque et, après de fébriles recherches, découvrait qu'Adrastée était synonyme de Némésis.

Brixan revint à *Dower House* au moment du petit déjeuner. Il constata sans fierté que son absence était apparemment passée inaperçue, sauf d'Adèle qui fut aussi la première à le voir revenir.

Jack Knebworth était d'excellente humeur. Les scènes, croyait-il, étaient des plus réussies.

– Je ne puis évidemment rien dire de définitif avant d'avoir développé les films ; mais en ce qui concerne la petite Leamington, elle est épatante ! Je n'aime pas à prophétiser, mais j'ai la conviction qu'elle deviendra une grande artiste !

– Vous ne vous y attendiez pas ? dit Brixan, surpris.

Jack se mit à rire.

– Cette histoire avec la Mendoza m'ennuyait fort et lorsque je suis parti pour tourner ces extérieurs, j'étais à peu près certain qu'il me faudrait revenir pour refaire le tout avec Stella. Les stars de cinéma ne naissent pas stars ; l'expérience amère, les souffrances supportées vaillamment les forment. Il leur faut passer par des périodes d'insuccès absolu, connaître le danger d'être à tout moment mises à la porte, avant de gagner la bataille. Votre petite a sauté toutes ces phases intermédiaires et a réussi dès son premier essai !

– En parlant de *ma petite*, remarqua calmement Brixan, voudriez-vous avoir la bonté de vous rappeler que si je m'intéresse à cette demoiselle, c'est tout à fait incidemment.

– Si vous ne mentez pas, vous n'êtes qu'un sot ! rétorqua Jack Knebworth.

– Quelles sont ses chances de réussite ? demanda Brixan, désireux de changer de sujet.

Knebworth hérissa brusquement sa chevelure blanche et répondit :

– Ses chances ? Très pauvres. En Angleterre, la réussite est impossible pour une jeune fille. C'est terrible à dire, mais c'est ainsi. Vous pouvez compter sur les doigts les soi-disant stars anglaises ; elles n'ont qu'une renommée locale et sont généralement mariées à leur metteur en scène. Quelle chance peut donc avoir une petite fille bien douée pour le cinéma ? Et même si elle perçait, cela ne lui servirait pas à grand-chose. La production anglaise est bien inférieure aux productions américaine et allemande. Elle est même devancée par la production française. Le producteur anglais n'a aucune idée originale. Il ne sait qu'adopter et adapter les trucs de jeu, les méthodes d'éclairage qu'il a vus à l'étranger ; avec le concours d'un opérateur américain, il veut arriver à présenter quelque chose qui retarde sur Hollywood de plusieurs années.

Jack Knebworth devisa avec volubilité sur ce sujet tout le long du chemin du retour à Chichester.

– Dans le monde entier, l'industrie cinématographique est entre les mains des réalisateurs ; en Angleterre, elle est entre les mains d'imitateurs. Non, votre petite amie n'a aucune chance de réussite dans ce pays. Si le film que je suis en train de tourner marche en Amérique, alors, oui. Elle ira jouer à Hollywood d'ici douze mois !

Une visiteuse attendait Jack Knebworth devant la porte de son bureau ; il la salua froidement.

– Je voudrais vous voir, Mr Knebworth, dit Stella Mendoza, en décochant un sourire au jeune premier qui était entré derrière le réalisateur.

– Ah, vous voudriez me voir ? Eh bien, vous me voyez. Que me voulez-vous ?

Avec un joli air de repentir et de confusion, elle tripotait son petit mouchoir de dentelle. Jack n'en fut pas impressionné. C'était lui-même qui lui avait appris ce truc du mouchoir.

– J'ai été bien sotte, Mr Knebworth, et je viens vous demander pardon... Je n'aurais jamais dû faire attendre tout le monde ; je le regrette sincèrement. Dois-je revenir demain matin ? Ou puis-je rester dès aujourd'hui ?

Un sourire à peine perceptible parut au coin des lèvres du réalisateur.

– Pas besoin de revenir demain, ni de rester aujourd'hui, Stella, dit-il. Votre remplaçante a réussi d'une façon remarquable et je ne suis nullement disposé à recommencer le travail.

Elle lui lança un regard furieux, complètement en désaccord avec son attitude de soumission.

– Mais vous n'ignorez pas, Mr Knebworth, que j'ai un contrat ? dit-elle d'une voix aiguë.

– Moi, je préférerais de beaucoup avoir miss Mendoza pour partenaire..., murmura une gentille voix.

C'était le jeune Reggie Conolly, à la chevelure bien lissée.

– Il n'est guère facile de jouer avec miss... je ne connais même pas son nom, ajouta-t-il. Elle est tellement... Mon Dieu, Mr Knebworth, elle manque totalement de sens artistique.

Le vieux Jack ne répondit pas. Son regard sombre était fixé sur le jeune homme.

– Bien plus, je ne me sens pas capable de montrer toute ma valeur si miss Mendoza est exclue de la troupe..., continua Reggie. Non, vraiment, je ne le puis pas ! Je me sens terriblement nerveux, et il est difficile d'exprimer toute sa personnalité quand on est si impressionnable. Tenez, ajouta-t-il, je crois que je préfère ne pas continuer si miss Mendoza ne revient pas.

Elle le récompensa d'un regard reconnaissant, puis, souriante, se tourna lentement vers Jack, toujours silencieux.

– Voudriez-vous que je reprenne dès aujourd'hui ?

– Ni aujourd'hui, ni un autre jour ! hurla le vieux metteur en scène, ses yeux lançant des éclairs. Quant à vous, espèce de petit enfant de chœur, si vous essayez de me laisser tomber maintenant, je vous fais chasser de tous les studios du pays et chaque fois que j'aurai l'occasion de vous rencontrer, je vous passerai une de ces râclées...

Fulminant de rage, il rentra dans son bureau, où Brixan l'avait précédé.

– Qu'en pensez-vous ? demanda-t-il quand il se fut calmé. Voilà les tours qu'ils essaient de vous jouer. Il va me quitter au beau milieu d'un film ! L'avez-vous entendu ? Ce blanc-bec ! Cette nullité ! Dites, Brixan, voudriez-vous jouer avec ma petite fille ? Vous ne pouvez faire pire que Connolly et cela vous distraira, pendant que vous cherchez le Coupe-Têtes.

– Non, je vous remercie, dit lentement le détective. Ce n'est pas mon métier. Quant au Coupe-Têtes... (Il alluma une cigarette et envoya des cerceaux de fumée au plafond.), je le connais, maintenant, et puis mettre la main sur lui quand je le voudrai.

14

Mendoza déclare la guerre

Jack le regardait, stupéfait.

– Vous plaisantez, dit-il.

– Je suis, au contraire, très sérieux, dit tranquillement Michel Brixan. Mais connaître le Coupe-Têtes et prouver sa culpabilité sont deux choses très différentes.

Jack Knebworth, les mains dans ses poches, s'assit sur le bord de son bureau et fixa sur le détective un regard incrédule.

– Est-ce quelqu'un de ma troupe ? demanda-t-il, troublé.

Michel rit.

– Je n'ai pas le plaisir de connaître toute votre troupe, répondit-il avec diplomatie, mais en tous cas, ne vous mettez pas martel en tête. Qu'allez-vous faire avec Reggie Connolly ?

Le réalisateur haussa les épaules.

– Oh, il ne pense pas un mot de ce qu'il a dit et j'ai été bête de me mettre dans cet état. Cette sorte de mollusque ne pense jamais à rien. En le voyant à l'écran si mâle et si tendre, vous ne vous imagineriez jamais quelle pâte molle c'est ! Quant à Mendoza... (Il fit un geste significatif de la main.)

Cependant, miss Stella Mendoza n'allait pas accepter sa démission aussi facilement que cela. Après une lutte acharnée, elle s'était frayé une place dans le monde artistique et n'allait pas la perdre sans bataille. Sa situation était d'ailleurs bien assise. Elle avait de l'argent... tant d'argent qu'elle aurait pu ne plus continuer à travailler ; car en plus de son salaire élevé, elle jouissait d'un revenu dont la source ne mériterait pas d'être révélée. Mais elle risquait de voir Knebworth reporter la guerre contre elle sur un champ plus vaste.

Son premier mouvement fut de se mettre à la recherche d'Adèle Leamington qui, à ce qu'elle venait d'apprendre, avait pris sa place. Elle était prête à se montrer conciliante, mais en découvrant qu'Adèle occupait déjà la loge de la star, cette loge qui lui avait toujours été assignée à elle, Stella, l'artiste se sentit envahie par la colère. Furieuse, mais gardant une apparence de calme, elle frappa à la porte. Qu'elle, Stella Mendoza, eût à frapper à cette porte était suffisant pour la mettre hors d'elle.

Adèle était assise devant la table de toilette, considérant avec une certaine timidité le déploiement de miroirs et de lumières le long des murs. À la vue de Mendoza, elle rougit.

– Miss Leamington, n'est-ce pas ? demanda Stella avec douceur. Puis-je entrer ?

– Je vous en prie.

Adèle se hâta de quitter sa chaise.

– Mais restez donc assise, dit Stella. C'est un siège bien inconfortable, mais la plupart des sièges ici sont inconfortables. On me dit que c'est vous qui me doublez ?

– Vous doubler ? dit Adèle, perplexe.

– Mais oui, Mr Knebworth m'a dit qu'il vous a prise comme doublure. Vous comprenez bien ce que cela signifie, n'est-ce pas ? Quand une artiste est empêchée de jouer, on met parfois une figurante à sa place dans les scènes où elle n'est pas bien distincte, les scènes de second plan.

– Mais Mr Knebworth m'a prise également dans des premiers plans, dit tranquillement la jeune fille. Je n'ai figuré que dans un seul second plan.

Miss Mendoza, cachant sa colère, eut un soupir.

– Pauvre vieil ami ! Il est bien fâché contre moi, et je n'aurais vraiment pas dû le provoquer. Je reviens demain, vous savez.

Adèle pâlit.

– C'est très humiliant pour vous, chère petite, je vous comprends, mais nous sommes toutes passées par là. Et on sera très gentil pour vous au studio malgré tout, vous verrez.

– Mais c'est impossible, dit Adèle. Mr Knebworth m'a dit que je jouerais dans ce film d'un bout à l'autre.

Mendoza, souriante, secoua la tête.

– Cette terrible, on ne peut jamais avoir confiance en ce que ces gens-là vous racontent, fit-elle. Il vient de me dire d'être prête à tourner demain matin à South Downs.

Le cœur d'Adèle se serra. Elle savait que c'était bien là le lieu du rendez-vous, ignorant que Stella Mendoza avait obtenu ce renseignement du fidèle Reggie Connolly.

– C'est vraiment humiliant pour vous, continua Stella pensive. Moi, à votre place, je partirais, je m'en irais en ville pour une quinzaine de jours, jusqu'à ce que tout cela soit terminé. Je me sens bien fautive, dans toute cette histoire, ma chère ; je suis un peu la cause de votre déception et si l'argent peut être une compensation...

Elle ouvrit son sac à main, prit une liasse de billets de banque, en détacha quatre et les mit sur la table.

– Qu'est-ce que c'est ? demanda Adèle froidement.

– Eh bien, ma chère, il vous faudra de l'argent pour vos frais...

– Si vous vous imaginez que je vais partir pour Londres sans avoir vu Mr Knebworth et avant de m'être assurée que vous dites la vérité...

Le visage de Mendoza s'enflamma.

– Voulez-vous insinuer que je mens ?

Elle oublia son attitude amicale et se planta devant Adèle, véritable virago, les mains sur les hanches, le regard fulminant.

– Je ne sais si vous mentez ou si vous vous trompez, dit Adèle, moins émue par l'aspect de cette mégère que par les nouvelles qu'elle venait d'entendre. La seule chose dont je sois bien certaine, c'est que pour le moment cette loge est à moi et je vous demande d'en sortir.

Elle ouvrit la porte et eut un moment la crainte que l'actrice ne la frappât ; mais une énorme Irlandaise, l'habilleuse de la troupe, qui avait assisté en silence à toute cette scène s'interposa entre les deux rivales ; elle poussa avec bonhomie la star excitée hors de la loge.

– Je vous ferai bien sortir de là ! cria Stella par-dessus l'épaule de l'habilleuse. Jack Knebworth n'est pas tout dans la Compagnie ! J'ai suffisamment d'influence pour faire mettre à la porte Knebworth lui-même !

Les injures qui suivirent n'étaient pas bonnes à entendre, mais Adèle Leamington les écouta en silence. Cette colère était éloquente et Adèle fut heureuse de comprendre que l'artiste n'avait pas dit la vérité.

Pendant quelques horribles minutes, la jeune fille l'avait crue ; elle savait que Knebworth n'hésiterait pas à la sacrifier, elle ou n'importe quel autre membre de sa troupe, si cela pouvait donner plus de poids commercial au film.

Knebworth était seul lorsqu'on lui annonça à nouveau son ex-star. Sa première pensée fut de ne pas la recevoir. Mais elle l'empêcha de prendre une décision en apparaissant à la porte. Il la fixa pendant une seconde de ses yeux perçants, puis d'un geste de la tête l'invita à entrer. Dès qu'ils furent seuls, il prit la parole :

– Il y a en vous beaucoup de choses que j'admire, Stella, et votre aplomb n'est pas la moindre d'entre elles. Mais il est tout à fait inutile de revenir. Oublions le passé ! Vous ne paraîtrez pas dans ce film et il se peut que vous ne paraissiez plus jamais dans aucune de mes productions.

– Ah, vraiment, vous croyez ?

Elle s'assit sans attendre d'y être invitée et sortit une cigarette de son porte-cigarettes doré.

– Vous venez pour me dire que vous avez de l'influence sur des gens intéressés pécuniairement dans notre Compagnie, dit Jack à la grande confusion de l'actrice qui se demanda s'il n'existait pas une liaison téléphonique entre la loge de la vedette et le bureau, puis se souvint qu'il n'y en avait pas. J'ai eu affaire à bon nombre de femmes dans ma vie et je n'en ai jamais mis une à la porte sans qu'elle n'invoquât le Président, le Vice-Président ou le Trésorier de la Compagnie, en le tenant suspendu au-dessus de ma tête, telle l'épée de Damoclès. Mais aucune de ces menaces n'a jamais pris, Stella. Des gens intéressés pécuniairement dans l'affaire peuvent vous aimer à en mourir, mais pour vous aimer, il leur faut de l'argent ; et si je ne produis pas de films qui se vendent, quelqu'un que je connais n'aura plus jamais de beaux colliers de perles.

– Nous verrons bien si sir Gregory Penne est de votre avis ! dit-elle avec défi.

Jack Knebworth eut un sifflement.

– Ah, Gregory Penne ? Je ne savais pas que vous aviez des

amis de ce côté-là. Mais oui, c'est un actionnaire de la Compagnie, mais il n'a pas assez de voix pour que son avis y joue un rôle. Je suppose qu'il vous a affirmé le contraire ? D'ailleurs, Penne eût-il 99 % des actions, cela n'aurait rien pu changer pour le vieux Jack Knebworth, car le vieux Jack Knebworth a un contrat qui lui donne carte blanche et la seule clause qui prévoie un dédit possible le prévoit pour moi ! Non, ma chère, ne cherchez pas, vous ne pouvez m'atteindre.

– Je présume que vous allez me faire porter sur la liste noire ? dit-elle.

Ce qu'elle craignait le plus était en effet que Jack Knebworth ne fît circuler l'histoire de son crime, impardonnable dans le monde du cinéma, celui d'avoir abandonné un film commencé.

– J'y avais pensé, affirma-t-il, mais je ne suis pas vindicatif. Je vous laisserai raconter partout que le rôle ne vous convenait pas et que vous l'avez refusé, ce qui sera aussi près de la vérité que toute autre histoire qu'il me faudrait inventer. Allez, Stella, et que Dieu soit avec vous. Je sais que ce n'est pas votre genre, mais enfin, tâchez de bien vous conduire.

Il lui fit un signe et elle sortit. Dehors, elle rencontra Lawley Foss et lui résuma son entrevue.

– S'il en est ainsi, vous ne pouvez rien faire, dit-il. Je serais bien intervenu pour vous, Stella, mais en ce moment, il me faut intervenir pour moi-même, ajouta-t-il avec amertume. N'est-ce pas une humiliation pour un homme de ma valeur d'avoir à faire des courbettes, chapeau bas, devant ce maudit Yankee ?

– Vous mériteriez d'avoir une Compagnie à vous, Lawley, dit-elle, comme elle l'avait déjà dit une douzaine de fois auparavant. Vous écririez des scénarios ; et moi, je serais la vedette et les lancerais. Ma foi, vous auriez vite fait d'étouffer Knebworth, j'en suis sûre ! J'ai été dans le seul endroit où l'art est apprécié, à Hollywood, et je puis vous assurer qu'un fanfaron comme Jack Knebworth n'y resterait pas le temps d'un éclair.

– Est-il dans son bureau ? fut la réponse de Foss.

Elle fit oui d'un signe de tête et Lawley Foss frappa avec une certaine nervosité à la porte du chef.

– Mr Knebworth, je viens vous demander une faveur.

– Est-ce de l'argent ? demanda Jack, fronçant ses épais sourcils.

– Eh oui, c'est de l'argent. J'ai oublié une ou deux petites dettes et l'on me poursuit, en ce moment. Il me faut trouver cinquante livres d'ici cet après-midi.

Jack ouvrit un tiroir, y prit un carnet et remplit un chèque de quatre-vingts livres.

– Voici vos appointements d'un mois d'avance, dit-il. Vous avez déjà pris ce qui vous est dû à ce jour. Aux termes de votre contrat, vous avez droit à un mois de préavis ou à une somme équivalente. Vous la tenez.

Le visage de Foss se couvrit d'une vilaine rougeur.

– Est-ce à dire que je suis mis à la porte ? demanda-t-il en élevant la voix.

– Oui, vous êtes mis à la porte. Non parce que vous venez de me demander de l'argent, ni parce que vous êtes l'homme le plus incommode de la terre, mais pour ce que vous avez fait hier, Foss.

– Que voulez-vous dire ?

– Je veux dire que je crois avec Mr Brixan que vous avez fixé une marque à la fenêtre de miss Leamington pour guider l'envoyé de sir Gregory Penne qui a failli enlever ma vedette.

Les lèvres de Foss s'efforcèrent à sourire.

– Vous devez avoir du mélodrame dans le sang, Knebworth, dit-il. Enlever votre vedette ! Il se peut que ces sortes de choses arrivent aux États-Unis, mais jamais en Angleterre.

– Refermez la porte en sortant, dit Jack, revenant à son travail.

– Permettez-moi de vous dire..., commença Foss.

– Je vous permettrai de ne rien me dire ! trancha Knebworth, pas même au revoir. Allez !

Et lorsque la porte eut claqué derrière son visiteur, le vieux réalisateur pressa une sonnette sur son bureau et dit à l'assistant qui entra :

– Faites venir miss Leamington. J'ai besoin de voir quelqu'un de propre.

15

LES DEUX AGENTS DE SCOTLAND YARD

Si Chichester n'est pas renommé pour ses restaurants, la salle à manger du petit hôtel où trois personnes étaient réunies cet après-midi-là présentait l'avantage de l'isolement.

En rentrant à son hôtel, Michel Brixan avait trouvé deux hommes qui l'attendaient ; il les fit monter dans son petit salon.

– Je suis content de vous voir, dit-il à l'inspecteur. Le travail en matière purement criminelle est nouveau pour moi, et pourtant, je veux garder secrets les résultats de mes recherches à ce jour..., poursuivit-il en souriant. Pour le moment, je n'ai pas l'intention de vous révéler tous mes soupçons.

L'inspecteur Lyle rit, amusé.

– Nous avons été placés entièrement à votre disposition, capitaine Brixan, dit-il, et ni l'un ni l'autre ne sommes bien curieux. Le sergent Walters vous apporte le renseignement que vous aviez demandé.

Il indiqua son compagnon.

– Quel renseignement... ? Concernant Penne ? Est-il connu de la police ? demanda Michel avec intérêt.

Le sergent Walters fit un signe affirmatif.

– Il est passé en jugement, il y a quelques années, et a été condamné à une amende pour avoir porté la main sur une domestique. Il avait dû la fouetter et a frôlé de près la prison. C'est donc la première fois qu'il attira notre attention. Nous avons alors procédé à une enquête à Londres aussi bien qu'en Malaisie et avons eu des détails sur lui. C'est un homme très riche ; parent éloigné du dernier baronnet de ce nom, il s'en est approprié le titre. Il a passé de quinze à vingt ans à Bornéo, vivant isolé dans la jungle ; les histoires que nous avons recueillies sur son compte ne sont pas bien élégantes. Vous pourrez en lire quelques-unes à vos moments perdus, Mr Brixan ; vous les trouverez dans le rapport que nous vous avons apporté.

Brixan demanda :

– Avez-vous appris quelque chose concernant un orang-outang apprivoisé dont il a fait son compagnon ?

À sa grande surprise, l'officier répliqua :

– Bhag ? Mais oui, nous en avons entendu parler. Il a été pris par Penne tout petit encore et a été élevé en captivité. Il nous est difficile de suivre exactement la trace de cet homme, car il ne revient jamais en Angleterre par la ligne maritime habituelle. Il possède un yacht, le *Kipi*, joli petit bateau manœuvré par des Papous. Je ne sais pas ce qu'il apporte ou emmène, ce navire... Il y a quelques mois, nous avons reçu une plainte : la dernière fois que Penne a été là-bas, il a failli y perdre la vie dans une querelle avec un indigène. Et maintenant, Mr Brixan, que désirez-vous que nous fassions ?

Les instructions de Brixan furent brèves. Ce même soir, en revenant chez elle, Adèle eut la conviction qu'un homme la suivait. Après son aventure de la nuit précédente, ce fait l'aurait certainement inquiétée sans le mot du détective qu'elle trouva chez elle :

« M'en voudrez-vous si j'envoie un homme de Scotland Yard pour veiller sur vous ? Je ne crois pas que vous couriez un danger quelconque, mais je me sentirais infiniment plus tranquille si vous vouliez bien supporter cet ennui. »

Elle lut cette lettre et fronça les sourcils. Ainsi, on la faisait suivre ? Cette sensation lui était désagréable et pourtant, elle ne pouvait guère s'y opposer ; elle ne put même s'empêcher d'éprouver un sentiment de reconnaissance à l'égard de ce jeune homme impulsif qui semblait bien déterminé à ne pas la perdre de vue.

16

L'ÉTRANGER AU TEINT CUIVRÉ

Muni d'un nouveau grief contre l'univers, Lawley Foss rassemblait ses forces pour se venger de ceux qui l'avaient si mal traité. La première et la plus puissante de ses armes était Stella Mendoza.

Un conciliabule de guerre fut tenu dans le salon du joli petit cottage que Stella avait loué dès son entrée dans la troupe de Knebworth. Le troisième membre de ce conseil était Reggie Connolly. Et, chose caractéristique, la mutuelle sympathie qui réunissait les trois amis était égalée par leur mutuel désintéressement.

– Nous avons été traités par Knebworth d'une façon honteuse, surtout vous, Mr Foss. Je trouve que, comparé à votre cas, le mien n'est rien.

– C'est la façon dont il s'est conduit avec vous, Stella, qui me fait de la peine, assura Foss énergiquement. Une artiste de votre valeur...

– Pensez à tout le travail que vous avez fait pour lui ! Et Reggie... Il l'a traité comme un chien !

– Pour moi personnellement, cela n'a aucune importance, dit Reggie. Je puis toujours trouver un engagement... Mais c'est vous...

– Nous pouvons tous trouver des engagements, interrompit Stella avec un soupçon d'acidité dans la voix. Je pourrai avoir une troupe à moi quand je le voudrai : je connais deux metteurs en scène qui seraient ravis de travailler avec moi, et deux hommes qui verseraient jusqu'à leur dernier sou pour fonder une compagnie théâtrale pour moi... Enfin, ils donneraient beaucoup, en tous cas. Chauncey Seller n'a d'autre rêve que de jouer avec moi et vous savez quelle renommée il a ; et lui me laisserait avoir tous les premiers plans, prêt à s'effacer toujours. C'est un homme charmant et le meilleur jeune premier que je connaisse dans ce pays ou ailleurs.

Mr Connolly eut une quinte de toux.

– L'important *en ce moment* est de répondre à cette question : pouvons-nous trouver l'argent nécessaire ou non ? demanda Foss.

Aucune assurance immédiate et enthousiaste ne vint de la part de la jeune femme.

– Car, dans le cas contraire, moi, je puis obtenir tout ce que je voudrai, annonça Foss à la surprise des deux autres. Je ne vous dirai ni de qui, ni comment je vais obtenir cet argent, mais je suis certain de pouvoir en trouver beaucoup ; et il me sera plus facile de le demander pour la réalisation d'un projet précis qu'à des fins personnelles.

– Moins de risque ? suggéra Connolly, désireux de soutenir la conversation.

Sa remarque était d'autant plus malheureuse que, sans s'en douter, il avait touché juste. Foss devint cramoisi.

– Que diable voulez-vous dire par ce « moins de risque » ? demanda-t-il.

Le malheureux Reggie n'avait rien voulu dire du tout et se hâta de le déclarer. Il était prêt à servir ses amis, mais au fur et à mesure que la discussion avançait, il sentait que son rôle devenait de plus en plus insignifiant. Rien ne déprime autant un conspirateur que de se voir enlever l'objet même de sa conspiration. Reggie Connolly crut le moment venu de faire complète volte-face et de saisir cette occasion pour affirmer ce qu'il appelait « sa personnalité ».

– Tout cela est parfait, Stella, dit-il, mais il me semble qu'on me laisse un peu de côté. Qu'est-ce que c'est, ce projet de jouer avec Chauncey Seller... Il a gâché plus de films que n'importe quel autre artiste de ma connaissance... Et toutes ces histoires ? Vraiment, je ne vois pas en quoi je puis vous être utile. Je sais que vous allez me traiter d'abominable lâcheur, mais je trouve tout de même que nous devons une certaine reconnaissance au vieux Jack Knebworth. Pour vous, j'ai envoyé promener ma situation et je serais prêt à faire bien d'autres sacrifices, mais cette idée de prendre Chauncey Seller dans votre groupe... Chauncey Seller qui est une nullité de la pire espèce... Et puis voilà que Foss me saute presque à la gorge pour un rien... !

Ses deux compagnons ne semblaient pas enclins à le rassurer, considérant tous deux l'avenir plutôt que le présent. Le jeune homme sortit avec fracas, avant même que Stella eût réfléchi qu'en gardant Reggie, elle aurait pu mettre Knebworth dans l'embarras et l'obliger à reprendre toutes les scènes dans lesquelles le jeune premier avait déjà paru.

– Bah, ne vous occupez pas de Connoly, continua Foss. Le film ne peut que rater avec cette extra de malheur : elle est mauvaise. Écoutez, j'ai un ami à Londres : il peut mettre des fonds à notre disposition. J'ai sur lui un moyen de pression... Enfin, j'ai un moyen de le persuader. Je vais aller le voir ce soir.

– Et moi, dit Stella, je verrai de mon côté mon ami. Nous appellerons la Compagnie la *STELLA MENDOZA PICTURE CORPORATION*.

Lawley Foss hésita. Il avait en vue un autre titre, mais était disposé à s'arrêter à un compromis tel que *FOSS-MENDOZA* ou *F.M. Company*, compromis que Stella accepta, à condition cependant que les initiales soient interverties.

– Qui est ce Brixan ? demanda Mendoza au moment où Foss s'en allait.

– C'est un détective.

– Un détective ? Qu'est-il donc venu faire ici ?

Lawley eut un sourire de mépris.

– Il essaie de découvrir une chose que jamais un homme de son intelligence bornée ne découvrira. Il est à la recherche du Coupe-Têtes ! Je suis le seul homme au monde qui aurait pu le servir. Mais au lieu de cela, ajouta-t-il avec un rire rusé, je vais me servir moi-même !

Sur cette affirmation mystérieuse, il la quitta.

Stella Mendoza était une femme ambitieuse, et lorsque l'ambition vise la fortune et la célébrité, elle s'embarrasse rarement de scrupules. La vie privée de Stella et ses principes n'étaient ni meilleurs ni pires que ceux de milliers d'autres femmes : ils n'étaient pas plus inhérents à sa profession que ne l'était son goût pour la bonne chère et le luxe. Les péchés de telle catégorie de gens ne viennent jamais de leur profession ou de leur métier, mais bien plutôt de leur empire plus ou moins grand sur eux-mêmes. Ainsi, telle femme préférera mourir plutôt que d'accepter la honte. Telle autre souffrira la honte plutôt que d'accepter la misère ; et cela sans accorder une seule pensée de repentir à l'acte déshonorant qu'elle devra accomplir pour en arriver à ses fins.

Après le départ de Foss, Stella monta à sa chambre pour changer de toilette. Il était encore trop tôt pour la visite qu'elle projetait, car sir Gregory n'aimait pas à la recevoir dans la journée. Lui, qui n'avait pas hésité à envoyer Bhag avec la mission fantastique que l'on sait, observait très scrupuleusement certaines convenances.

Ayant une lettre à poster, l'artiste prit sa voiture et se rendit à Chichester ; arrivée près de la place du marché, elle aperçut Michel Brixan dans une situation assez étrange : il se trouvait au centre d'un petit rassemblement, sa haute stature dépassant tout le monde. Elle vit à côté de lui le casque d'un policeman et fut sur le point de céder à la curiosité qui la poussait à s'approcher d'eux, mais se ravisa et continua son chemin. Lorsqu'elle revint à la même place, la foule s'était dispersée et Brixan avait disparu.

Elle se demanda si elle venait de voir le détective dans l'accomplissement de ses fonctions.

Voici ce qui s'était passé : en traversant la place, Brixan avait été arrêté par la vue d'un rassemblement autour d'un policeman embarrassé et d'un homme à la chevelure épaisse, au visage cuivré. Le policeman cherchait en vain à se faire comprendre de cet étranger, malais évidemment, dont la silhouette bizarre, le complet mal taillé et le feutre mou trop grand attiraient l'attention des passants.

L'étranger avait à la main un paquet lié dans un mouchoir vert clair et sous le bras un long objet enveloppé d'une toile, attaché avec d'innombrables ficelles. Au premier coup d'œil, le détective crut reconnaître un des serviteurs indigènes de Penne, mais après réflexion, il se dit que sir Gregory ne permettrait pas à l'un de ses esclaves de courir librement la campagne.

Se frayant un passage dans la foule, il s'approcha du policeman qui le salua avec un sourire.

– Je n'arrive pas à saisir un seul mot de son baragouin, Sir, dit-il. Il me demande quelque chose, mais pas moyen de le comprendre. Il vient d'arriver dans le pays.

L'homme au teint cuivré tourna ses grands yeux vers Brixan et lui dit quelque chose d'incompréhensible. Il y avait dans l'attitude de cet étranger une dignité que même son ridicule accoutrement n'arrivait pas à atténuer, un port particulier, un air de grandeur qui attirèrent aussitôt l'attention de Brixan.

Soudain, il eut l'idée d'adresser à l'étranger quelques mots en hollandais. Les yeux de l'indigène s'animèrent aussitôt.

– *Ja, mynheer*, je parle le hollandais.

Brixan avait deviné qu'il devait venir de Malaisie où le hollandais et le portugais sont parlés par les indigènes des classes supérieures.

– J'arrive de Bornéo et je cherche un homme qui s'appelle *Truji* en anglais. Non, *mynheer*, je voudrais voir sa demeure, car c'est un grand homme dans mon pays. Lorsque j'aurai vu sa demeure, je retournerai à Bornéo.

Brixan l'examina pendant qu'il parlait. Son visage était d'une grande beauté, mais enlaidi par une longue balafre allant de la tempe jusqu'au bas du menton.

« Un nouveau serviteur de Gregory Penne », songea le détective en indiquant à l'étranger la direction à prendre. Arrêté près du policeman, il suivit des yeux cette silhouette bizarre avec ses paquets, jusqu'à ce qu'elle eût disparu au tournant. Puis il continua son chemin.

17

LE CONSEIL DE MR FOSS

Assise sur son lit, les jambes repliées sous elle, une boîte de marrons glacés à portée de sa main, Adèle était plongée dans la lecture de son cher manuscrit. Un grand pli barrait son front ; malgré tous ses efforts, elle n'arrivait pas à concentrer ses pensées sur les instructions inextricables dont Foss parsemait invariablement ses scénarios.

En temps ordinaire, elle aurait pu surmonter ces difficultés ; mais, pour une raison ou pour une autre, des pensées qui n'appartenaient nullement au domaine de l'art l'envahissaient aujourd'hui avec une telle impétuosité que le sens des lignes placées devant ses yeux n'atteignait pas son cerveau.

Qui était au fond ce Michel Brixan ? Il ne ressemblait pas à l'image qu'elle s'était faite du détective. Pourquoi restait-il à Chichester ? Se pourrait-il... ? Elle rougit à cette pensée et s'irrita contre elle-même. Il n'était guère probable qu'un homme occupé à la recherche d'un terrible criminel perde là son temps uniquement pour rester près d'elle. Ou est-ce que le Coupe-Têtes, l'assassin, se trouverait à proximité de Chichester ? À cette pensée, elle laissa retomber le manuscrit qu'elle tenait.

La voix de sa propriétaire l'éveilla de sa songerie.

– Voulez-vous recevoir Mr Foss, miss ?

Elle sauta de son lit et ouvrit la porte.

– Où est-il ?

– Je l'ai introduit dans le salon, dit la dame.

Cette dernière était devenue un peu plus aimable depuis quelque temps. La nouvelle de l'élévation de la petite extra au grade de star s'était probablement déjà répandue dans la petite ville.

Lorsqu'Adèle entra au salon, elle trouva Lawley Foss debout près de la fenêtre.

– Bonjour, Adèle, dit-il gaiement. (Il ne l'avait encore jamais appelée par son prénom.)

– Bonjour, Mr Foss, répondit-elle en souriant. Je suis bien fâchée d'apprendre que vous nous quittez.

Foss haussa les épaules avec indifférence.

– Le champ d'action était trop limité pour mon genre, dit-il.

Il se demandait si Brixan avait parlé à la jeune fille du petit disque de papier sur la fenêtre et conclut avec raison qu'il n'en avait rien dit. Foss lui-même n'avait d'ailleurs attaché aucune signification à cette marque de papier, acceptant l'explication de Gregory selon laquelle il voulait jeter à la jeune fille qui lui plaisait des fleurs et un cadeau de réconciliation. Foss, tout en traitant Penne de fou amoureux, lui avait rendu le service demandé. Il prit ensuite pour un mélodrame purement imaginaire l'histoire que Knebworth lui raconta.

– Adèle, dit-il, vous n'êtes qu'une petite sotte de repousser un homme tel que Gregory Penne !

À l'expression de la physionomie d'Adèle, il vit aussitôt qu'il marchait sur un terrain périlleux.

– Voyons, ça n'a aucun sens de planer dans les nuages. Nous sommes des êtres humains, après tout, et il n'est pas anormal que Penne se soit amouraché de vous. Il n'y a aucun mal à cela. Des centaines de jeunes filles acceptent de dîner avec des messieurs sans y voir quelque chose de sinistre. Penne est mon ami, je dois le voir ce soir pour une affaire très importante... Voulez-vous venir avec moi ?

Elle secoua la tête.

– Il se peut en effet qu'il n'y ait aucun mal à cela, mais je n'y vois aucun plaisir non plus.

– C'est un homme riche, un homme puissant, dit gravement Foss. Il pourrait vous être utile.

Elle secoua à nouveau la tête.

– Je ne veux avoir recours qu'à mes propres capacités, dit-elle. J'ai failli dire « mon talent », mais cela vous aurait semblé trop prétentieux. Je n'ai pas besoin de la protection d'un homme riche. Si je ne puis réussir sans cela, c'est que je ne le mérite pas et je me résignerai alors à l'échec.

Foss ne s'en allait pas.

– Je crois que je pourrai me passer de vous, remarqua-t-il, mais j'aurais été content de pouvoir compter sur votre collaboration. Il est fou d'amour pour vous. Si Mendoza le savait, elle vous tuerait !

– Mendoza ? s'exclama la jeune fille. Mais pourquoi ? Est-ce qu'elle... elle le connaît ?

Il fit un signe affirmatif.

– Mais oui. Peu de gens le savent. Il fut un temps où Gregory était prêt à tout faire pour elle ; elle a été intelligente : elle lui a permis de l'aider ! Mendoza a maintenant de l'argent à en allumer le feu et des bijoux qui rempliraient un musée.

Adèle écoutait, frappée d'horreur, incrédule ; Foss se hâta de se mettre à l'abri d'une éventuelle colère de Stella.

– Vous n'avez pas besoin de lui dire que je vous ai raconté... C'est tout à fait confidentiel... Je ne tiens pas non plus à me mettre Penne sur le dos ! (Il frissonna.) Cet homme est un vrai démon !

Elle eut un sourire sarcastique.

– Et pourtant, vous me proposez calmement de venir dîner chez lui et faites même miroiter devant mes yeux l'appât des diamants de miss Mendoza !

– Je suppose que vous la trouvez abjecte ? ricana-t-il.

– Je la plains profondément, dit doucement la jeune fille, et je suis bien décidée à ne pas avoir à me plaindre moi-même.

Elle lui ouvrit la porte et il sortit sans rien ajouter. « Après tout, se dit-il, je n'ai besoin d'aucun secours extérieur. »

Il avait dans la poche de son gilet une page de manuscrit tapée à la machine du Coupe-Têtes. Ce document devait bien valoir une petite fortune.

18

Un visage à l'arrière-plan

Mr Sampson Longvale était en train de faire une petite promenade le long du sentier étroit parallèle à sa maison. Fidèle à ses habitudes, il était habillé d'une longue robe de chambre en soie grise attachée à la taille par une écharpe écarlate. Un bonnet de nuit ornait sa tête et il tirait solennellement sur la pipe en terre qu'il tenait entre ses dents.

Il venait de souhaiter bonne nuit à sa femme de ménage qui rangeait chaque jour son appartement et lui préparait son frugal repas, lorsqu'il entendit un bruit de pas qui s'approchaient. Il pensa d'abord que ce devait être son employée qui, selon son habitude, avait oublié quelque chose ; mais en se retournant, il reconnut le visage peu aimable de son voisin, sir Gregory, qui avait par deux fois trouvé l'occasion d'être malpoli avec lui.

Le vieillard immobile regardait venir ce visiteur.

– Bonsoir..., grogna Penne. Pourrais-je vous parler en particulier ?

Mr Longvale inclina la tête avec courtoisie.

– Mais certainement, sir Gregory. Voulez-vous entrer ?

Il l'introduisit dans son long salon et alluma des bougies. Sir Gregory regarda autour de lui et eut une grimace de dégoût à l'aspect délabré de l'appartement.

Lorsque le vieillard lui avança un fauteuil, il hésita avant de s'y asseoir.

– Et maintenant, Sir, dit poliment Longvale, à quoi dois-je le plaisir de votre visite ?

– L'autre jour, vous avez eu ici une troupe d'acteurs...

Mr Longvale inclina la tête.

– On a raconté une histoire insensée... que mon singe aurait essayé de pénétrer dans la maison.

– Un singe ? dit Mr Longvale, doucement surpris. C'est la première fois que j'entends parler de singe.

L'autre le regardait, soupçonneux.

– Est-ce vrai ? demanda-t-il. Vous voulez me dire que vous n'en avez pas entendu parler ?

Le vieillard se leva, image de la dignité.

– Voulez-vous insinuer que je mens, Sir ? dit il. S'il en est ainsi, voici la porte ! Et quoi qu'il m'en coûte de manquer de courtoisie envers un visiteur, je crains qu'il ne me reste qu'à vous prier de quitter ma maison.

– C'est bon, c'est bon, dit sir Gregory. Ne vous fâchez pas, mon ami. Ce n'est pas pour cela que j'étais venu vous voir. Vous êtes médecin, n'est-ce pas ?

Mr Longvale était évidemment surpris.

– J'ai pratiqué la médecine dans ma jeunesse, dit-il.

– Et... vous êtes pauvre ? (Gregory regarda autour de lui.) Je parierais que vous ne possédez pas un sou !

– Vous vous trompez, dit tranquillement le vieux Mr Longvale. Je suis au contraire très riche et le fait que je ne répare pas ma maison est dû uniquement à mon amour des vieilles choses. C'est un goût malsain, probablement morbide, même. Comment avez-vous su que j'étais médecin ?

– Je l'ai appris par l'un de mes serviteurs. Vous avez remis un doigt cassé à un charretier.

– Il y a des années que je ne pratique plus, dit Longvale. Je le regrette presque, ajouta-t-il. C'est une noble science.

– Quoi qu'il en soit, même si vous n'êtes pas sans le sou, vous êtes un vieux taciturne et cela m'arrange. Il y a là-haut, chez moi, une jeune fille qui est très malade. Je ne veux pas qu'un de ces médecins de campagne vienne fourrer son nez dans mes affaires. Voulez-vous venir avec moi et l'examiner ?

Le vieil homme restait pensif.

– J'en serais heureux, dit-il, mais je crains que mes connaissances médicales ne soient un peu rouillées. Est-ce une servante ?

– Une sorte de servante, répondit l'autre d'un ton bref. Quand pouvez-vous venir ?

– Je vais venir avec vous, dit gravement Mr Longvale.

Il sortit pour revenir aussitôt vêtu de son pardessus.

Le baronnet eut un regard moqueur pour cet habit des temps passés.

– Pourquoi diable portez-vous des vêtements aussi démodés ? demanda-t-il.

– Ils sont tout neufs pour moi, dit le vieillard avec douceur. Les vêtements actuels n'ont aucune poésie ; ils ne m'apportent pas l'émotion que me procurent ceux-ci.

Il caressa la cape de son manteau et sourit.

– Un vieil homme a le droit d'avoir ses manies ; laissez-moi les miennes, sir Gregory.

Au moment où Mr Sampson Longvale arrivait au château de Griff, Michel Brixan, appelé par un message urgent, entrait dans le bureau de Jack Knebworth.

– J'espère que vous m'excuserez de vous avoir demandé de venir ; c'est probablement sot de ma part, dit le directeur. Vous rappelez-vous que nous avons tourné des scènes au château de Griff ?

Brixan s'en souvenait fort bien.

– Je voudrais que vous voyiez l'une de ces scènes, prise avec la tour pour arrière-plan, et que vous me disiez ce que vous pensez de... quelque chose.

Étonné, Brixan accompagna le directeur dans la chambre de projection.

– Mon directeur de laboratoire m'a signalé la chose sur le négatif, expliqua Jack lorsqu'ils se furent assis et qu'on eut éteint les lumières.

– Qu'est-ce donc ? demanda Brixan avec curiosité...

– C'est justement ce que je ne sais pas, dit Knebworth se frottant le front, mais vous allez le voir vous-même.

Il y eut un rayon vacillant de lumière, puis des grésillements de projecteur et enfin, deux personnes apparurent sur le petit écran. C'étaient Adèle et Reggie Connolly ; Brixan suivit avec une attention mêlée d'un malaise croissant la scène d'amour jouée par les deux acteurs.

Dans le fond, on voyait la tour, et Brixan y remarqua pour la première fois une petite fenêtre qu'il n'avait pas aperçue à l'intérieur du hall, particulièrement sombre et toujours éclairé par des lampes électriques.

– Je n'avais jamais remarqué cette fenêtre, dit-il.

– C'est justement cette fenêtre que je vous prie de surveiller, dit Knebworth.

Au même moment, une figure apparut furtivement à la fenêtre. Indistincte et trouble d'abord, elle fut bientôt mise au point. C'était une figure ovale de jeune fille, aux yeux sombres, aux cheveux en désordre, une terreur inexprimable peinte sur tous ses traits. Elle leva la main comme pour appeler quelqu'un... Jack Knebworth lui-même, probablement, puisqu'il avait dirigé la prise de vue. Les deux spectateurs avaient à peine eu le temps de s'accoutumer à la présence de cette jeune fille mystérieuse lorsqu'elle disparut avec une rapidité qui laissait supposer qu'elle avait été violemment tirée en arrière.

– Qu'en pensez-vous ? demanda Knebworth.

Brixan réfléchissait en se mordillant les lèvres.

– On dirait que l'ami Penne a une prisonnière dans sa sombre tour. Ce doit être la femme que j'ai entendu appeler et qu'il prétendit être une servante. Mais la fenêtre me rend perplexe. Il n'y a aucune trace de fenêtre à l'intérieur. L'escalier qui monte du hall est placé de telle sorte qu'il est impossible que la jeune fille se soit trouvée sur une marche ou un palier. Il doit donc y avoir à l'intérieur un autre mur cachant un escalier. Est-ce que vous allez être obligé de reprendre ces scènes ?

– Non, nous pouvons supprimer l'apparition ; elle ne se

trouve que sur une longueur d'une cinquantaine de mètres. Mais j'ai pensé que vous seriez content de voir cela.

On redonna les lumières et ils revinrent au bureau du réalisateur.

– Je n'aime pas ce Penne pour plusieurs raisons, dit Jack Knebworth. Je l'aime encore moins depuis que j'ai appris sa grande affection pour Mendoza ; je l'ignorais.

– Qui est Mendoza ?... La vedette détrônée ?

– Oui, Stella Mendoza... Ce n'est pas une mauvaise fille, mais pas bonne non plus, dit l'autre. Je me suis toujours demandé pourquoi Penne nous autorisait si facilement à utiliser ses terres pour nos extérieurs, et maintenant, je le sais. Je vous assure que cette propriété a plus d'un secret.

Brixan sourit faiblement.

– Au moins l'un de ces secrets sera dévoilé cette nuit, dit-il. Je m'en vais explorer la tour de Griff et je n'ai pas l'intention d'en demander la permission à sir Gregory Penne. Si j'y découvre ce que je suppose, Gregory Penne dormira cette nuit sous les verrous.

19

Une visite nocturne

Michel Brixan s'était fait envoyer de Londres une lourde valise qui contenait des choses bien précieuses. Il s'occupait depuis une demi-heure de ce contenu, lorsque le garçon d'étage de l'hôtel vint lui annoncer l'arrivée de la motocyclette qu'il avait fait louer.

Le détective descendit, un sac de montagne attaché sur son dos, enfourcha la motocyclette et fut bientôt hors de la ville, filant à toute vitesse sur les routes sinueuses du Sussex. En arrivant près de *Dower House*, il ralentit, s'arrêta et dissimula sa machine.

Il était 11 heures du soir lorsqu'il se mit à traverser prudemment les champs conduisant au petit portillon du château. L'oreille tendue, il s'attendait à chaque instant à entendre le pas velouté de Bhag.

Le portillon latéral était fermé et verrouillé, obstacle que le jeune homme avait cependant prévu. Ouvrant son sac, il en sortit une ligne de pêcheur en trois pièces et la monta. Il fixa au bout de cette ligne un lourd crochet qu'il éleva ensuite jusqu'au haut du mur et le planta ; il tira fortement sur la ligne pour en éprouver la solidité et, quelques secondes plus tard, grimpant à cette échelle improvisée, il atteignit le sommet et sauta de l'autre côté du mur.

Il suivit le chemin qu'il avait déjà pris une fois à l'abri de la haie, regardant continuellement à gauche et à droite pour ne pas se laisser surprendre par le monstrueux serviteur de Penne. Au moment où il atteignait l'extrémité de la haie, la grande porte d'entrée de la maison s'ouvrit tout à coup et deux hommes en sortirent. L'un d'eux était Penne ; Michel Brixan ne reconnut pas tout d'abord la silhouette élancée de l'autre, puis il entendit sa voix : c'était M. Sampson Longvale !

– Je crois qu'elle s'en remettra fort bien. Ses plaies sont tout à fait particulières. On dirait presque qu'elle a été griffée par une énorme patte d'animal, dit Longvale. J'espère vous avoir été utile, sir Gregory, quoique, ainsi que je vous l'ai dit, il y a presque cinquante ans que je ne pratique plus la médecine.

Ainsi donc, le vieux Longvale était médecin ! Chose curieuse, cette nouvelle ne surprit pas beaucoup Brixan. Quelque chose dans les manières bienveillantes et détachées du vieillard aurait fait deviner son éducation médicale à quelqu'un de moins observateur que Michel Brixan.

– Ma voiture va vous ramener chez vous, dit sir Gregory.

– Non, non, merci, ce n'est pas la peine. Je préfère marcher un peu, ce n'est pas bien loin. Bonne nuit, sir Gregory.

Le baronnet bougonna « bonne nuit » et rentra dans le hall mal éclairé ; Brixan entendit le bruit de chaînes : il verrouillait sa porte.

Il n'y avait pas de temps à perdre. Avant même que Sampson Longvale eût disparu dans l'obscurité, le détective avait ouvert son sac et avait ajouté à sa ligne trois autres tronçons. Chacun de ces tronçons était muni d'une pointe ; c'était une sorte d'échelle à crochets qu'utilisent les pompiers. Au cours de sa carrière mouvementée, Brixan avait plus d'une fois recouru à ce moyen pour pénétrer dans des maisons inabordables.

Il ne s'était pas trompé en évaluant la distance, car lorsqu'il eut élevé sa ligne et fixé le crochet au rebord de la petite fenêtre de la tour, l'échelle était peu éloignée du sol. Après l'avoir essayée, il fit un léger bond et en quelques mouvements parvint en haut. Il n'eut pas de peine à ouvrir la fenêtre et, pénétrant à l'intérieur, se trouva sur la marche d'un étroit escalier plongé dans la pénombre.

Sortant sa lampe de poche, il fit circuler de haut en bas un rayon de lumière. Il vit en bas une petite porte qui devait conduire dans le hall ; par un effort de mémoire, il put effectivement se rappeler la présence dans un coin de ce hall d'un rideau auquel il n'avait pas attaché d'importance.

Il descendit et essaya d'ouvrir la porte. Elle était fermée à clef. Sortant alors de sa poche un petit sac à outils, il se mit à manipuler la serrure. Après s'être assuré que la porte s'ouvrirait au besoin, il l'abandonna et monta l'escalier, arrivant à un étroit palier sans aucune porte.

Un deuxième étage, puis un troisième et un quatrième l'amenèrent, d'après ses calculs, au sommet de la tour ; là, il découvrit une petite porte. Il écouta pendant un moment et entendit quelqu'un bouger à l'intérieur ; d'après le son des pas, il jugea que ce devait être quelqu'un chaussé de pantoufles.

Puis une porte claqua. Il essaya alors de tourner la poignée qui céda. Il entra doucement, avançant petit à petit, jusqu'à ce qu'il pût voir toute la pièce.

C'était une petite chambre au plafond élevé, meublée seulement d'un lit bas sur lequel une femme était étendue.

Par bonheur, elle lui tournait le dos ; mais ses cheveux noirs et la couleur ambrée de son bras nu lui apprirent que ce n'était pas une Européenne.

Tout à coup, elle se retourna et il reconnut aussitôt le visage qu'il avait vu sur le film. Elle était jeune et belle. Ses yeux étaient fermés et elle se mit à pleurer doucement dans son sommeil.

Brixan s'était déjà avancé jusqu'au milieu de la chambre lorsqu'il vit la poignée de la porte, située à l'opposé, tourner lentement ; rapide comme l'éclair, il revint sur le palier obscur.

C'était Bhag, vêtu de son pantalon de toile bleue, un plateau dans ses grandes mains. Avançant une jambe, il tira à lui une petite table et plaça le repas devant le lit. La jeune femme ouvrit les yeux et recula avec un cri de dégoût ; et Bhag, évidemment accoutumé à de pareilles manifestations de sa part, s'en alla.

Brixan rentra à nouveau dans la chambre, la traversa sans que la jeune femme l'eût remarqué, ouvrit la porte opposée et regarda.

À deux mètres à peine de la porte, il vit Bhag assis sur ses talons, les yeux tournés vers lui.

Refermant vivement la porte, le jeune homme s'enfuit vers l'escalier secret et tira la deuxième porte derrière lui. Il tâta, espérant trouver une clef, mais n'en trouvant point, descendit à toute vitesse les escaliers.

Il ne tenta pas de sortir par la fenêtre, mais continua jusqu'au bas de l'escalier et entra par la porte conduisant dans le hall. Cette fois, il put verrouiller la porte derrière lui. Écartant le rideau, il entra doucement dans le hall. Il attendit. Au bout de quelques secondes, des pas, puis un bruyant reniflement se firent entendre de l'autre côté de la porte.

Son premier mouvement fut de s'assurer une retraite ; sans faire de bruit, il fit glisser les verrous de la porte d'entrée, retira la chaîne et tourna la clef. Puis, tout aussi silencieusement, il traversa le corridor jusqu'à la chambre de sir Gregory. Le danger était maintenant que les serviteurs malais ne le voient, mais il lui fallait courir ce risque. Lors de ses précédentes visites, il avait remarqué tout près de l'entrée de la bibliothèque une porte qui devait conduire à quelque antichambre. Cette porte n'était pas fermée ; il entra dans une pièce complètement sombre. Avançant à tâtons le long du mur, il trouva le commutateur et le tourna. Deux lampes murales s'allumèrent, éclairant suffisamment la pièce pour lui permettre de l'examiner.

C'était un petit salon, inutilisé apparemment, car les meubles étaient recouverts de housses et la cheminée était vide. De là, on devait pouvoir pénétrer dans la bibliothèque par la porte près de la fenêtre. Il éteignit les lampes, alla fermer à clef la porte de la bibliothèque, puis essaya les volets. Ils étaient fixés par des barres de fer, mais n'étaient pas verrouillés comme ceux de la bibliothèque. Il retira les barres, entrouvrit très doucement les volets, puis la fenêtre. Sa seconde voie de fuite était prête et il pouvait maintenant affronter le danger.

S'étant agenouillé devant la porte de la bibliothèque, il regarda par le trou de la serrure. La bibliothèque était éclairée et quelqu'un y parlait. Une femme ! Tournant sans bruit la poignée, il entrouvrit la porte de quelques millimètres et put voir l'intérieur de la pièce.

Penne se tenait debout dans sa pose favorite, le dos tourné à la cheminée, et devant lui se trouvaient les rafraîchissements sans lesquels la vie lui était apparemment insupportable.

Sur un siège bas à côté de la cheminée était assise Stella Mendoza. Elle était vêtue d'un manteau de fourrure et autour de son cou s'étalaient des joyaux comme Brixan n'en avait encore jamais vu sur une femme.

Il était évident que la conversation ne devait pas être des plus agréables, car le visage de Gregory était plus renfrogné que jamais et Stella n'avait pas l'air satisfaite.

– Si je vous ai quittée, c'est que je le devais, gronda l'homme en réponse à une observation qu'elle venait de faire. Une de mes domestiques est malade et j'ai dû aller chercher un médecin. D'ailleurs, si je n'étais pas sorti, le résultat serait le même. Rien à faire, ma petite. La poule aux œufs d'or a cessé de pondre. Vous avez été bien sotte de vous disputer avec Knebworth.

Elle dit quelque chose que le détective ne put saisir.

– Eh, je pense bien qu'une Compagnie à vous, ce serait splendide ! dit Penne, sarcastique. Ce serait splendide pour moi qui aurais à débourser et encore mieux pour vous qui n'auriez qu'à dépenser ! Non, Stella. Ce truc-là ne prend pas. J'ai été très bon pour vous ; n'espérez pas que je me ruine pour satisfaire vos caprices.

Elle s'écria avec véhémence :

– Ce n'est pas un caprice ! C'est une nécessité. Vous ne voudriez pas me voir aller de studio en studio acceptant le premier rôle venu, n'est-ce pas, Gregory ? plaida-t-elle.

– Je ne veux pas vous voir travailler du tout, et rien ne vous y oblige. Vous avez de quoi vivre. Quoi qu'il en soit, vous n'avez rien de sérieux contre Knebworth. Sans lui, vous ne m'auriez pas rencontré, et si vous ne m'aviez pas rencontré, vous n'auriez pas votre fortune. Au fond, que cherchez-vous ? Un changement ?

Un silence suivit. La tête de la jeune fille était baissée et Brixan ne pouvait voir son visage ; mais lorsqu'elle répondit à Penne, une note méchante dans sa voix lui en dit long sur son état d'esprit.

– C'est vous qui peut-être désirez un changement ? Si je voulais, je pourrais révéler des choses sur votre compte qui ne feraient pas bon effet dans les journaux, et cela vous procurerait un bon changement ! Mettez-le-vous bien dans la tête, Gregory Penne ! Je ne suis pas une sotte... J'ai vu et j'ai entendu ici bien des choses et je sais combien font deux et deux. Ah, vous croyez que je demande un changement ? Eh bien, oui ! Je veux trouver des amis qui ne soient pas des assassins...

L'homme avait bondi sur elle, sa grande main lui couvrant la bouche.

– Petite gueuse ! siffla-t-il.

À ce moment, on dut frapper à la porte, car il se retourna et dit quelques mots en un dialecte étranger.

Brixan ne put entendre la réponse.

– Écoutez-moi. (Gregory s'adressait à la jeune fille sur un ton plus calme.) Foss m'attend ; nous discuterons de cette affaire tout à l'heure.

Allant à son bureau, il pressa le ressort qui ouvrait la porte secrète du logis de Bhag.

– Entrez là et attendez-moi, dit-il. Je n'en ai pas pour plus de cinq minutes.

Elle regardait avec méfiance la porte qui venait soudain de s'ouvrir dans la boiserie.

– Non, dit-elle. Je veux rentrer chez moi. Demain sera assez tôt pour notre discussion. Je regrette d'avoir été trop dure, Gregory, mais vous me faites parfois perdre la tête.

– Entrez là !

Le visage devenu mauvais, il lui indiqua l'ouverture.

Elle pâlit.

– Non, je n'irai pas ! Ah, brute, pensez-vous donc que je ne sais pas ? C'est là l'antre de Bhag ! Oh, brute que vous êtes !

Le visage de l'homme était horrible à voir. Il semblait que tout son esprit se fût concentré dans une grimace diabolique.

La respiration bloquée par la terreur, la jeune fille se réfugia contre le mur et le regarda. Gregory réussit enfin à se dominer.

– C'est bon, passez dans le petit salon, dit-il, la gorge sèche.

Brixan n'eut que le temps de tourner le commutateur pour éteindre la lumière et de s'aplatir contre le mur. La porte s'ouvrit et la jeune fille fut poussée dans la pièce.

– C'est sombre ici, gémit-elle.

– Vous trouverez les boutons électriques.

La porte claqua.

Brixan se trouvait devant un dilemme. Il pouvait voir la silhouette de la jeune fille avançant le long du mur ; il fit un mouvement pour l'éviter. Mais en se reculant, il accrocha une chaise.

– Qui est là ? s'écria-t-elle. Gregory ! Ne le laissez pas me toucher. Gregory !

Son appel aigu vibra dans la maison.

Brixan bondit, passa devant elle, sauta par la fenêtre et, le cri d'agonie résonnant encore à ses oreilles, fila le long de la haie.

Malgré toute la promptitude de sa fuite, quelque chose de plus agile encore que lui avait bondi à sa poursuite, quelque chose de grand qui courait à quatre pattes, ne cessant d'émettre un étrange gazouillis.

Le détective l'entendit et devina aussitôt.

De quelle cachette secrète était sorti Bhag ? Ou bien se trouvait-il dans le jardin au moment où le détective sautait par la fenêtre ? Le jeune homme sentit tout à coup que la poche de son veston était devenue trop légère et y porta la main. Son revolver avait disparu, tombé probablement au moment où il avait sauté.

Le bruit des pas était toujours derrière lui. Prenant tout à coup la tangente, Brixan se précipita à travers champs, trébuchant au milieu des choux, glissant dans les sillons, l'énorme bête gagnant du terrain à chaque seconde.

Enfin, il vit devant lui le portillon fermé. Ce portillon eût-il même été ouvert, le mur n'aurait pas été un obstacle pour le singe. La fuite n'était donc plus possible. À bout de souffle, Brixan se retourna vers son adversaire et vit dans la nuit une paire d'yeux verdâtres qui luisaient comme des étoiles de malheur.

20

Le sauveur inattendu

Michel Brixan s'apprêtait à livrer une suprême et inutile bataille. Mais voilà qu'à sa stupéfaction, le singe s'arrêta et son murmure d'oiseau devint un bredouillement mécontent. Se levant sur ses pattes de derrière, il se tambourina rapidement la poitrine de ses poings fermés, produisant ainsi un son creux déchirant.

En même temps que ce son, Brixan entendit un étrange sifflement. Il regarda autour de lui. Portant les yeux au sommet du mur, il y vit un homme assis et le reconnut aussitôt. C'était l'étranger au teint cuivré qu'il avait rencontré ce même jour à Chichester.

Le sifflement devint plus fort et Brixan vit que l'étranger tenait dans la main un objet brillant et courbé. C'était un sabre tout pareil à celui que sir Gregory avait au-dessus de sa cheminée.

Une seconde plus tard, l'étranger avait sauté à terre et Bhag, lançant un cri presque humain, faisait demi-tour et s'enfuyait à toutes jambes.

Brixan le suivit des yeux jusqu'à ce qu'il eût disparu dans la nuit.

– Mon ami, dit-il en hollandais, vous êtes arrivé juste à temps.

Il se tourna vers son sauveur, mais celui-ci avait disparu comme si la terre l'avait englouti. Cependant, il put distinguer une forme sombre s'éloignant rapidement le long de la haie. Il eut un instant la tentation de le suivre et de l'interroger, mais il prit une autre décision.

Après quelques efforts, il réussit à grimper par-dessus le mur et à sauter sur la route. Il remit un peu d'ordre à sa toilette, fit le grand tour de la propriété et se présenta calmement à l'entrée principale de Griff en sifflotant un air allègre. Ne voyant personne au moment où il traversait les plates-bandes devant la façade, il s'empressa de retrouver son revolver.

Il lui fallait s'assurer que l'actrice ne courait aucun danger. Sa voiture était toujours à l'entrée. Brixan avait déjà levé la main vers la sonnette lorsqu'il entendit des pas et des voix résonner dans le hall. Il écouta attentivement : il n'y avait aucun doute, l'une de ces voix était celle de Stella Mendoza ; il se cacha rapidement.

La jeune fille sortit, suivie de sir Gregory ; au ton de leur conversation, un étranger ignorant les circonstances de leur entrevue aurait pu conclure que, malgré l'heure tardive, cette visite était bien ordinaire.

– Bonne nuit, sir Gregory, dit la jeune fille presque tendrement. Je viendrai vous voir demain.

– Venez déjeuner, dit Gregory. Et amenez votre amie. Désirez-vous que je vous accompagne jusqu'à votre voiture ?

– Non, je vous remercie, répondit-elle vivement.

Brixan la suivit des yeux jusqu'à ce qu'elle eût disparu ; la lourde porte du château se referma bientôt avec son bruit familier de chaînes et de verrous.

Où se trouvait Foss ? Il devait être parti plus tôt, si Gregory n'avait pas menti en l'annonçant. Brixan attendit que le silence fût revenu, puis, marchant sur la pointe des pieds, il traversa le sentier couvert de gravier et s'en alla.

Il chercha à apercevoir le petit homme au teint cuivré, mais celui-ci avait définitivement disparu. Le détective se souvint tout à coup qu'il avait laissé son échelle accrochée à la fenêtre et décida d'aller la reprendre. Il la trouva à sa place, la démonta, la remit dans son sac et, cinq minutes plus tard, il était auprès de sa motocyclette.

Une lumière jaunâtre éclairait la fenêtre de la salle à manger de Mr Longvale. Michel avait presque envie de passer chez lui. Le vieux gentilhomme aurait en tous cas pu le renseigner sur cette jeune femme au visage ovale qu'il avait vue dans la chambre de la tour. Mais au lieu de faire cette visite, il décida de rentrer chez lui. Il se sentait fatigué et un peu déçu. La tour ne lui avait pas révélé le secret important qu'il avait espéré y trouver. La jeune femme était évidemment une prisonnière, enlevée probablement pour l'amusement de sir Gregory et amenée en Angleterre sur son yacht. De pareilles choses s'étaient déjà produites ; quelques mois auparavant, une affaire toute semblable avait été jugée par les tribunaux. Mais cela ne semblait pas valoir la peine qu'il prolongeât encore sa veille.

En rentrant, il prit un bain, se fit une tasse de chocolat, puis, avant de se coucher, s'assit pour dresser le bilan de sa journée. En réfléchissant aux événements auxquels il venait d'assister, il se sentit moins sûr de sa première solution du mystère du Coupe-Têtes. Et plus il y pensait, plus il était mécontent de lui-même, jusqu'à ce qu'enfin, complètement dégoûté de se sentir aussi hésitant, il éteignit la lumière et se coucha.

Le lendemain, il dormait encore paisiblement lorsqu'un visiteur inattendu vint le réveiller. Brixan s'assit dans son lit, se frottant les yeux.

– Est-ce que je rêve, ou est-ce bien Staines ? s'écria-t-il.

Le commandant Staines sourit.

– Vous ne rêvez pas. C'est bien moi.

– Serait-il arrivé quelque chose de nouveau ? demanda Brixan, sautant hors de son lit.

– Non, rien. Mais j'ai dansé tard la nuit dernière. Pour me punir de cette frivolité, j'ai décidé de prendre le premier train du matin et de venir voir où vous en êtes dans l'affaire Elmer.

– L'affaire Elmer ? (Brixan fronça les sourcils.) Ciel ! J'avais presque oublié ce malheureux Elmer !

– Voilà quelque chose pour vous le remettre en mémoire, dit Staines.

Il sortit de sa poche une coupure de journal. Brixan la prit et lut :

« Votre mal physique ou moral est-il incurable ? Hésitez-vous au bord du néant ? Le courage vous manque-t-il ? Écrivez au Bienfaiteur, Boîte... »

– Qu'est-ce que c'est que cela ? demanda Brixan, perplexe.

– Cela a été trouvé dans la poche du gilet qu'Elmer avait porté quelque jours avant sa disparition. Mrs Elmer, examinant ses habits avant de les vendre, a trouvé ce bout de journal. C'est découpé dans le *Morning Telegraph* du 14, c'est-à-dire trois ou quatre jours avant qu'Elmer disparaisse. Le numéro est celui sous lequel les réponses devaient être adressées au journal. L'enquête a prouvé que quatre lettres étaient arrivées au nom du « Bienfaiteur ». On les a fait suivre à une petite boutique à Stiblington Street, à Londres. Là, elles ont été prises par une vieille femme, ouvrière d'apparence. Aucune trace n'a pu être retrouvée après cela. Des annonces du même genre ont été retrouvées dans d'autres journaux, mais là encore, les lettres étaient adressées à un intermédiaire chez qui une femme, la même probablement, était venue les prendre. À chaque annonce, l'auteur change d'adresse. Cette femme, entre autres, est une inconnue dans chacun des quartiers où elle s'est présentée et d'après ce que déclarent les boutiquiers, elle doit être un peu « timbrée » car elle a l'habitude de marmotter toujours quelque chose et de se parler à elle-même. Son nom, ou plutôt le nom qu'elle a toujours donné, est Stivins... Chaque fois, elle était munie d'un mot signé « Marc », l'autorisant à retirer la correspondance. Nous n'avons aucun doute qu'elle ne soit de Londres, mais jusqu'à présent, la police n'a pas su la retrouver.

– Et si on la retrouve ? demanda Brixan, croyez-vous à quelque rapport entre l'annonce et les assassinats ?

– Oui et non, répondit Staines. Je vous signale simplement que cette annonce est étrange et en tous cas suspecte. Et maintenant, qu'avez-vous à me raconter ?

Durant une heure, Brixan conta ses aventures, interrompu de temps en temps par une question de Staines.

– L'idée est curieuse, presque fantastique, dit gravement le commandant, mais si vous sentez ne fût-ce qu'un seul fil entre vos mains, allez-y. À vous dire vrai, j'avais une crainte horrible que vous n'ayez échoué ; et puisque je ne veux pas que notre département devienne la risée de Scotland Yard, j'ai voulu faire un saut jusqu'ici et vous communiquer le résultat de mes investigations.

Plus tard, au moment où tous les deux prenaient place à table, le commandant ajouta :

– Je suis de votre avis ; vous devez agir avec grande prudence. L'affaire est délicate. N'avez-vous pas parlé de vos soupçons aux agents de Scotland Yard ?

Brixan secoua la tête.

– Ne leur dites rien, insista son chef. Vous pouvez être certain qu'ils se hâteraient d'arrêter la personne que vous soupçonnez et cela ferait très probablement disparaître la preuve de sa culpabilité. Vous dites que vous avez perquisitionné dans la maison ?

– Pas perquisitionné ; j'y ai fait de rapides recherches.

– Y a-t-il des caves ?

– Je le suppose. Ce type de maison en a toujours.

– Des dépendances ?...

– Autant que j'ai pu en juger, il n'y en a pas.

Brixan accompagna son chef à la gare et le commandant lui déclara qu'il partait bien plus rassuré qu'il n'était venu. Au moment où le train allait s'ébranler, il ajouta :

– Je vais vous donner un conseil : tenez-vous sur vos gardes ! Vous avez affaire à un homme ingénieux et sans scrupules. Pour l'amour du ciel, ne sous-estimez pas trop son intelligence. Je ne veux pas avoir à me réveiller un matin en apprenant que vous avez quitté le monde des vivants.

21

La rature

Le chemin conduisant de la gare au logis de Brixan ne passait pas par la petite rue où demeurait Adèle Leamington. Et pourtant, avant de rentrer chez lui, le jeune homme vint sonner à sa porte et fut déçu d'apprendre que l'artiste était sortie dès 7 heures du matin.

Knebworth tournait en extérieur à South Downs. Le studio était désert quand le détective y arriva ; seuls le secrétaire de Knebworth et le nouveau scénariste, arrivé la veille, s'y trouvaient.

– Je ne sais exactement où l'on tourne, Mr Brixan, dit le secrétaire, mais c'est quelque part près d'Arundel. Miss Mendoza est venue ce matin me poser la même question Elle voulait inviter miss Leamington à venir déjeuner en sa compagnie.

– Ah, vraiment, Mr Dicker ? dit lentement Brixan. Eh bien, si elle revient, vous pouvez lui dire que miss Leamington a déjà pris un autre rendez-vous.

L'autre sourit d'un air entendu.

– J'espère qu'elle ne vous fera pas trop attendre. Quand Jack Knebworth tourne des extérieurs, on ne sait jamais...

– Je n'ai pas dit qu'elle avait rendez-vous avec moi, trancha Brixan en élevant la voix.

– Ah, à propos, Mr Brixan, dit tout à coup le secrétaire, vous rappelez-vous les recherches que vous avez faites... Je veux dire, au sujet d'une feuille dactylographiée qui s'était trouvée dans le manuscrit de miss Leamington ?

– Mais oui. A-t-on retrouvé le manuscrit ? demanda le détective.

– Non, mais le nouveau scénariste me dit qu'il a examiné le livre dans lequel Foss inscrivait tous les manuscrits qu'il recevait : il y a trouvé une entrée noircie avec de l'encre de Chine.

– Je voudrais voir le livre, dit Brixan, vivement intéressé.

On le lui apporta aussitôt. C'était un grand livre de comptabilité, divisé en colonnes portant le titre des scénarios offerts, le nom de l'auteur, son adresse, la date de la réception et la date du renvoi. Brixan plaça le livre sur le bureau de Knebworth et se mit à étudier la liste des auteurs.

– Si cet auteur a envoyé un scénario, il en a probablement envoyé d'autres, dit-il. N'y a-t-il pas d'autre ratures ?

Le secrétaire secoua la tête.

– C'est la seule que nous ayons trouvée, dit-il. Vous verrez figurer là quantité de gens du pays... Depuis que nous travaillons ici, il n'y a pas un seul commerçant dans les environs qui n'ait écrit un scénario ou soumis une idée.

Le doigt du détective remontait lentement le long de la colonne des noms, page après page. Tout à coup, son doigt s'arrêta à un nom :

Sous l'Empire de la Peur : sir Gregory Penne.

Il se tourna vers Dicker.

– Est-ce que sir Gregory a soumis des scénarios, Mr Dicker ?

– Mais oui, il en a envoyé un ou deux. Vous retrouverez son nom plus loin encore. Il écrivait des scénarios qu'il croyait convenir à miss Mendoza. Ce n'est pas lui, l'homme que vous recherchez ?

– Non, dit vivement Brixan. Possédez-vous ici l'un de ses manuscrits ?

– Ils lui ont tous été renvoyés, dit Dicker avec regret. Il a écrit des choses idiotes ! J'en ai lu une. Je me rappelle que Foss a essayé de persuader le vieux Jack de l'accepter. D'après ce que nous venons d'apprendre, Foss y gagnait pas mal d'argent à ce petit truc-là. Il demandait une commission aux auteurs et Mr Knebworth a découvert ce matin qu'il avait même touché deux cents livres d'une jeune femme pour la faire entrer dans la troupe ! Le directeur lui a écrit ce matin une lettre salée, vous savez !

Brixan retrouva en effet une fois encore le nom de sir Gregory Penne. Il n'y avait rien de remarquable à ce que le châtelain de Griff ait soumis un manuscrit. Il n'y a guère d'être pensant au monde, homme ou femme, qui ne se croie capable d'écrire un scénario.

Il ferma le livre et le rendit à Dicker.

– Cette entrée raturée est étrange. Je m'en vais voir Foss et lui en parler.

Le détective se présenta au petit hôtel où demeurait Foss, mais celui-ci était sorti.

– Je ne crois pas qu'il soit rentré cette nuit, dit le directeur de l'hôtel. S'il est rentré, il n'a en tous cas pas dormi dans son lit. Il nous avait annoncé son départ pour Londres, ajouta-t-il.

Brixan revint au studio, car la pluie commençait à tomber : « la troupe ne devrait plus tarder », pensa-t-il. Il avait raison ; quelques minutes plus tard, le grand char à bancs jaune rentrait dans la cour. Adèle vit le jeune homme et, après un bref bonjour, elle allait passer, lorsqu'il l'arrêta.

– Merci bien, Mr Brixan, répondit-elle à son invitation, mais nous avons déjeuné dehors et j'ai deux grandes scènes à lire pour demain.

Son refus était assez catégorique, mais Brixan n'était pas homme à accepter facilement un échec.

– Et que direz-vous d'une tasse de thé ? Il faut bien que vous goûtiez, ma chère, eussiez-vous même cinquante scènes à étudier. Et vous ne pouvez pas manger et lire en même temps, ou si vous le faites, vous aurez une indigestion, et si vous avez une indigestion...

Elle rit.

– Si ma propriétaire veut bien me prêter son salon, vous pourrez venir à 4 heures et demie prendre une tasse de thé, dit-elle. Mais je vous préviens : si vous avez un autre rendez-vous à 5 heures, vous pourrez y arriver à temps.

Lorsque Brixan entra au studio, Jack Knebworth l'attendait.

– Vous a-t-on parlé de cette rature au livre des entrées ? demanda-t-il. Oui, je vois que vous êtes au courant. Qu'en pensez-vous ? (Puis, sans attendre une réponse :) Cela me semble tout à fait louche. Foss était un fieffé coquin... Il ne pouvait pas rester honnête. Je viens de découvrir encore une sale histoire : il se faisait graisser la patte pour faire accepter des artistes !

– Et comment cela a-t-il marché avec la jeune vedette ? demanda Brixan.

– Vous parlez d'Adèle ? Vraiment, Brixan, c'est une merveille ! Je touche du bois tout le temps. (Il effleura sa table de la main.) Je sais qu'une grosse déception doit m'attendre quelque part. Ces choses-là n'arrivent pas dans la vie réelle. Les seules vedettes qu'ont ait vues naître ainsi en une nuit ont été de ces poupées présentées par quelque vice-président amoureux qui, ayant promis de faire quelque chose pour Mimi ou Lucette, ne peut manquer à sa parole. Et Mimi, ou Lucette, aidée par six cents extras, cinq cent mille dollars d'accessoires, deux courses de chars et une chute de Babylone, réussit finalement à donner une vague idée de ce qu'aurait été la reine des Perses si elle était née coryphée ou mannequin. Et de deux choses l'une, ou elle est si peu habillée qu'on oublie de regarder son visage, ou elle a tant de toilettes qu'on n'a pas le temps de remarquer son jeu... Ces sortes de stars ressemblent à la poussière lumineuse de la voie lactée : tant de splendeur l'entoure qu'elle pourrait ne pas y être du tout. Tandis que cette petite Leamington l'emporte entièrement et indiscutablement par son intelligence. Je vous le répète, Brixan, cela me fait peur. Ces choses-là n'arrivent que dans l'imagination des publicistes. Il doit y avoir un vice quelconque en cette enfant.

– Un vice ? dit Brixan, stupéfait.

– Mais oui, un vice caché. Ou bien elle va me laisser tomber et disparaître avant que le film ne soit terminé, ou encore elle se fera arrêter un de ces jours pour avoir conduit en état d'ivresse au milieu de Regent street !

L'autre éclata de rire.

– Je ne pense pas qu'elle fasse ni l'un, ni l'autre, assura-t-il.

– Avez-vous entendu parler de la nouvelle compagnie théâtrale que fonde Mendoza ? demanda Jack en bourrant sa pipe.

Brixan prit une chaise et s'assit.

– Non, première nouvelle.

– Elle monte une nouvelle affaire. Je n'ai encore jamais mis une star à la porte sans qu'elle ne fasse cette tentative ! Tout cela s'inscrit sur du papier, le capital versé en grosses lettres, le nom de la star en plus grosses encore ! Les amis de la star lui suggèrent généralement cette idée en l'assurant que cent mille livres par an est un salaire de famine pour une femme de son génie. Derrière tout cela, il y a toujours une *poire* qui fournit les fonds. L'étoile choisit une pièce dans laquelle elle ne quitte jamais l'écran et arbore une nouvelle toilette tous les cinq mètres de film. Si elle ne peut pas trouver un pareil scénario, elle s'en fait écrire un. Les autres membres de la troupe n'apparaissent que dans les seconds plans. Mais quand le film est à moitié chemin, l'argent manque subitement, la compagnie fait faillite et tout ce qui reste à la pauvre petite étoile, c'est une Rolls-Royce qu'elle avait achetée pour aller tourner les extérieurs, un pavillon qu'elle s'était fait bâtir pour être plus près du studio et 25 % environ du capital qu'elle avait touché à titre de versements des actionnaires.

– Mendoza ne trouvera pas en Angleterre un bon metteur en scène.

– Elle peut en trouver, dit Jack. Il y a des metteurs en scènes dans ce pays, mais malheureusement, ce ne sont pas des hommes en vue. Ils ont généralement été ruinés par leur folie des grandeurs. Un homme qui réalise un film avec un fort capital pour le soutenir peut gagner de l'argent. Il n'ira pas chercher des sujets rebattus. Il dira à ses capitalistes : « Réalisons la chute de Jérusalem. J'ai une idée épatante pour rebâtir le temple d'Ézéchiel.

Cela ne nous coûtera qu'une bagatelle de deux cent mille dollars et nous aurons cinq cents extras dans l'une des scènes ; nous rebâtirons le Colisée et placerons cent lions roux dans l'arène ! Le sujet ? Qu'avez-vous besoin d'un sujet ? Le public aime les foules ! » Ou encore, il aura l'idée de reconstituer le Vésuve et ses éruptions au taux de cent cinquante dollars le mètre. Plusieurs grandes réputations ont été faites à coup de décors et d'extras... Entrez, Mr Longvale.

Brixan se retourna. L'aimable vieillard était à la porte, tenant son chapeau à la main.

– J'ai eu peur de vous avoir dérangés, dit-il de sa belle voix. Mais j'étais sorti pour une entrevue avec mon homme d'affaires et ne pouvais résister à la tentation de passer voir comment marche votre film.

– Cela avance fort bien, Mr Longvale. Je vous remercie. Vous connaissez Mr Brixan, je crois ?

Le vieillard sourit et fit un signe affirmatif.

– Je suis allé voir mon homme d'affaires pour une question assez drôle. Il y a bien des années de cela, j'ai fait des études de médecine et ai passé des examens. De sorte que je suis docteur, sans avoir jamais pratiqué la médecine. On ignore généralement que j'ai ce diplôme et j'ai été fort surpris la nuit dernière qu'un hum... un de mes voisins vînt me prier d'aller voir une de ses domestiques malade. Or, je suis tellement ignorant de ces questions que je me suis demandé si ce serait contrevenir à la loi que d'exercer la médecine sans m'être fait enregistrer ?

– Je puis vous rassurer à ce sujet, Mr Longvale, dit Brixan. Si vous avez été enregistré une fois comme médecin, vous êtes en règle pour toujours et vous n'avez rien fait de répréhensible.

– C'est ce que m'a dit mon homme d'affaires, répondit gravement Longvale.

– Était-ce un cas grave ? demanda Brixan qui avait deviné de quelle malade il s'agissait.

– Non, pas grave. Je craignais un empoisonnement du sang, mais je crois que je m'étais trompé. La médecine a fait de tels progrès depuis ma jeunesse que je n'osais presque pas prescrire un médicament. Quoique très heureux de pouvoir être utile à l'humanité, j'avoue que cet événement m'a secoué et je n'ai guère dormi après cela. Ma nuit a d'ailleurs été bien mouvementée. Figurez-vous que quelqu'un a eu l'idée de placer une motocyclette dans mon jardin.

Brixan ne put retenir un sourire.

– Je ne comprends pas ce que cela peut signifier, poursuivit Longvale. Et puis j'ai vu notre ami Foss qui m'a semblé bien préoccupé.

– Où l'avez-vous vu ? demanda vivement Brixan.

– Il passait devant ma maison. Moi, j'étais en train de fumer ma pipe à la grille du jardin et lui ai dit bonsoir sans voir qui c'était. Au moment où il s'est retourné, je l'ai reconnu. Il m'a dit qu'il revenait d'une visite et qu'il en avait une autre à faire.

– Quelle heure était-il ? demanda encore le détective.

– Il devait être près de 11 heures. (Le vieillard hésita.) Je n'en suis pas sûr. C'était juste avant que je me mette au lit.

Brixan pensa que sir Gregory, ayant probablement renvoyé Foss, lui avait demandé de revenir après le départ de la jeune fille.

– Et dire que ma petite propriété était remarquable par sa tranquillité, continua Mr Longvale en hochant la tête. (Puis, se tournant vers Knebworth, il dit :) Lorsque votre film sera terminé, peut-être me permettrez-vous de le voir ?

– Mais certainement, Mr Longvale.

– Je ne sais pourquoi je m'y intéresse tellement, dit le vieil homme. Je dois avouer qu'il y a quelques semaines à peine, la production d'un film était pour moi un mystère. Et même aujourd'hui encore, c'est une science occulte.

À ce moment, Dicker glissa sa tête dans l'entrebâillement de la porte.

– Désirez-vous recevoir miss Mendoza ? demanda-t-il.

Le visage de Jack Knebworth exprima un profond ennui.

– Non, répondit-il d'un ton bref.

– Elle dit..., commença Dicker.

Seule la présence du vénérable Mr Longvale empêcha Jack d'exprimer ce qu'il pensait de Stella Mendoza et de tout ce qu'elle pouvait dire.

– Ah, voilà encore une autre personne que j'ai vue hier soir, annonça Longvale. J'ai supposé d'abord que vous deviez « tourner » dans les environs, c'est bien ainsi que l'on dit, n'est-ce pas ? Mais Mr Foss m'a assuré que je me trompais. Elle est charmante, ne trouvez-vous pas ?

– Tout à fait, dit sèchement Jack.

– Une exquise nature, continuait Longvale sans se rendre compte de la situation. Le brouhaha et la fébrilité dans lesquels la vie moderne nous entraîne ne laissent plus de place à la douceur de caractère et on est heureux de rencontrer une exception. Ce n'est pas que je sois un ennemi du progrès. L'époque moderne est pour moi la phase idéale de l'existence.

– Exquise nature ! grommela Jack Knebworth lorsque le vieil homme eut pris congé avec sa dignité coutumière. L'avez-vous entendu, Brixan ? Ah, vraiment, si cette femme est douce, c'est alors que le diable est en chocolat !

22

La tête

En sortant, Brixan vit Stella à la grille du studio et se souvint qu'elle avait été invitée à déjeuner au château de Griff. À son grand étonnement, la jeune femme se dirigea vers lui.

– Je voudrais vous parler, Mr Brixan, dit-elle. J'ai envoyé un mot au bureau pour demander si vous y étiez.

– C'est par erreur, alors, que votre message a été transmis à Mr Knebworth ? sourit Michel.

Elle haussa les épaules, comme pour exprimer son dédain pour Jack Knebworth et pour tous ses travaux.

– Non, c'est vous que je désirais voir. Vous êtes détective, n'est-ce pas ?

– Oui, dit Brixan, se demandant ce qui allait suivre.

– Ma voiture est au coin de la rue ; voudriez-vous m'accompagner chez moi ?

Brixan hésita. Il avait hâte de voir Adèle, quoiqu'il n'eût rien de spécial à lui dire, excepté une chose qu'il ignorait encore lui-même et qu'elle ne pouvait deviner.

– Avec plaisir, répondit-il finalement.

Elle conduisait avec adresse et semblait trop absorbée par son volant pour parler pendant le trajet.

Lorsqu'il se trouva dans son élégant petit salon d'où une vue splendide s'ouvrait sur South Down, Brixan attendit avec curiosité que la jeune femme expliquât cette invitation imprévue.

– Mr Brixan, commença Stella, je vais vous raconter quelque chose que vous devriez, me semble-t-il, savoir.

Son visage était pâle, ses gestes très nerveux.

– Je sais ce que vous penserez de moi lorsque je vous aurai tout dit, mais il faut que je m'y résigne. Je ne peux plus me taire.

Une sonnerie retentit dans le hall.

– Le téléphone. Veuillez m'excuser une minute.

Elle sortit précipitamment, laissant la porte entrouverte. Brixan entendit qu'elle répondait d'un ton bref et dur, puis un long intervalle de silence suivit ; elle devait écouter sans commentaires. Il se passa près de dix minutes avant qu'elle ne revînt ; ses yeux étaient brillants, ses joues en feu.

– M'en voudrez-vous si je remets à un peu plus tard ce que j'allais vous raconter ? demanda-t-elle.

Elle venait d'avoir sir Gregory au téléphone, Brixan en était sûr sans qu'elle ait prononcé son nom.

– Rien ne vaut le moment présent, miss Mendoza, dit-il, encourageant.

Du bout de sa langue, elle humecta ses lèvres sèches.

– Oui, je le sais, mais j'ai des raisons pour ne pas parler maintenant. Voulez-vous que nous nous voyions demain ?

– Mais certainement, dit Brixan, secrètement heureux d'être libéré.

– Voulez-vous que je vous ramène ?

– Non, merci, je puis rentrer à pied.

– Laissez-moi vous déposer à l'entrée de la ville, je vais dans cette direction, proposa-t-elle.

Bien sûr qu'elle allait dans cette direction, songea Brixan. Elle allait au château de Griff. Il en était tellement certain qu'il ne prit même pas la peine de le lui demander et lorsqu'elle arrêta sa voiture devant l'hôtel, elle attendit à peine que le jeune homme fût descendu pour repartir à toute vitesse.

– Il y a un télégramme pour vous, Sir, dit le garçon de l'hôtel.

Il entra dans sa loge et revint avec un pli que Brixan ouvrit.

Il resta un moment sans comprendre le sens terrible du message qu'on lui adressait. Puis il le relut lentement :

« Une tête trouvée Chobham Common ce matin. Venez immédiatement commissariat Leatherhead. Staines. »

Une heure plus tard, une voiture le déposait devant le commissariat. Staines l'attendait à l'entrée.

– Trouvée ce matin à l'aube, dit-il. L'homme n'a pas été identifié.

Il conduisit le détective à une annexe. Sur une table au milieu de la chambre se trouvait une caisse et le commandant en souleva le couvercle.

Brixan jeta un coup d'œil sur le visage de cire de l'assassiné et pâlit.

– Grand Dieu ! s'exclama-t-il.

C'était la tête de Lawley Foss.

23

Sur une piste

Brixan, fasciné d'horreur, considéra pendant quelques secondes ce tragique spectacle. Puis il recouvrit lentement la caisse d'un drap et sortit dans la cour.

– Vous l'avez reconnu ? demanda Staines.

– Oui, c'est Lawley Foss, l'ancien scénariste de la *Knebworth Picture Corporation.* Il était encore vivant hier soir vers 11 heures ; on l'a vu. Moi-même, je l'ai entendu, sinon vu, un peu avant 11 heures. Il était au château de Griff, qui appartient à sir Gregory Penne. Avez-vous trouvé la note habituelle ?

– Nous avons bien trouvé une note, mais elle est bien différente des autres.

Staines montra la petite feuille dactylographiée : une seule ligne, caractéristique par ses lettres mal alignées.

« *Voici la tête d'un traître.* »

C'était tout.

– J'ai téléphoné à la police de Dorking. La nuit était pluvieuse et quoique plusieurs voitures aient passé par là, aucune n'a pu être identifiée.

– Et l'annonce a-t-elle paru ? demanda Brixan.

Staines hocha la tête.

– Non, c'est la première chose à laquelle nous avons pensé. Tous les journaux sont actuellement bien surveillés et tous les rédacteurs nous ont promis de nous aviser dès que pareille insertion paraîtrait. Mais rien de suspect n'a été publié.

– Il va falloir que je suive la voie des probabilités, dit Brixan. Il est clair que cet homme a été assassiné entre 11 heures du soir et 3 heures du matin... probablement plus près de 3 heures, car si le meurtrier demeure dans le Sussex, il lui fallait avoir le temps de transporter la tête jusqu'à Chobham Common, de l'y laisser et de rentrer chez lui avant le jour.

La voiture de Brixan le ramena vivement à Chichester. Avant d'atteindre la ville, il obliqua de côté et se dirigea vers le château de Griff où il parvint assez tard. Le château avait son aspect morose habituel. Le jeune homme tira la cloche, mais aucune réponse ne vint. Il sonna encore ; enfin, la voix de sir Gregory l'interpella d'une fenêtre de l'étage supérieur.

– Qui est là ?

Brixan leva la tête. Sir Gregory Penne ne le reconnut pas et cria à nouveau :

– Qui est là ?

Puis il ajouta quelque chose en malais.

– C'est moi, Michel Brixan. Je veux vous voir, Penne.

– Que me voulez-vous ?

– Descendez et je vous le dirai.

– Je suis malade. Revenez demain matin.

– C'est maintenant que je veux vous voir, dit le détective d'une voix ferme. J'apporte un ordre de perquisition.

C'était un mensonge ; il n'avait pas songé à demander un tel ordre.

La tête de l'homme se retira vivement et la fenêtre se referma avec fracas. Un long moment de silence suivit, si long que Brixan crut à un refus de le recevoir. Mais il avait tort. La porte s'ouvrit enfin et sir Gregory Penne apparut, éclairé par une lampe

Étrange apparition ! Il était complètement habillé. À sa ceinture pointaient deux gros revolvers que le détective ne remarqua d'ailleurs pas immédiatement. Sa tête était enveloppée de pansements ; un seul œil était visible ; son bras gauche était immobilisé par un bandage et il boitait en marchant.

– J'ai eu un accident, dit-il d'un air rechigné.

– Un mauvais accident, à ce que je vois, dit son visiteur en l'examinant attentivement.

– Je ne peux pas rester à causer ici ; venez dans ma chambre, grogna l'homme.

La bibliothèque de sir Gregory portait des traces évidentes de lutte. Un miroir suspendu au mur était brisé en morceaux ; et levant la tête, Brixan vit que l'un des deux sabres manquait.

– Vous avez perdu quelque chose, dit-il. Est-ce que c'est également arrivé au cours de votre accident ?

Sir Gregory fit oui de la tête.

Quelque chose dans l'aspect du second sabre attira l'attention de Brixan. Sans en demander la permission, il le décrocha et tira la lame du fourreau. Elle était brunie par le sang.

– Que signifie cela ? demanda-t-il sévèrement.

– Un individu s'est introduit dans ma maison la nuit dernière, dit sir Gregory lentement. Un Malais. Il racontait une histoire abracadabrante, prétendant que j'avais enlevé sa femme. Il m'a attaqué et je me suis naturellement défendu.

– Et aviez-vous réellement enlevé sa femme ?

Le baronnet haussa les épaules.

– C'est absurde. La plupart de ces gens de Bornéo sont fous, et ils se jettent sur vous pour un oui ou pour un non. J'ai fait de mon mieux pour l'apaiser...

Brixan regarda la lame tachée.

– Oui, je le vois, dit-il sèchement. Et avez-vous réussi à... l'apaiser ?

– Je me suis défendu, si c'est cela que vous voulez insinuer. Je lui ai rendu la monnaie de sa pièce. Vous n'auriez pas voulu que je reste là les bras croisés et me laisse assassiner dans ma propre maison, n'est-ce pas ? Je sais manier un sabre tout aussi bien que n'importe qui.

– Et vous l'avez apparemment manié, dit Michel. Qu'est devenu Foss ?

Pas un muscle du visage de Penne ne bougea.

– De qui parlez-vous ?

– Je parle de Lawley Foss, qui était ici hier soir.

– Vous parlez du bonhomme du cinéma ? Je ne l'ai pas vu depuis des semaines.

– Vous mentez, dit calmement Brixan. Il était ici hier soir. Je puis vous l'affirmer, car j'étais dans la chambre contiguë.

– Ah, c'était donc vous ? dit le baronnet avec soulagement. Eh bien, oui, il était venu pour m'emprunter de l'argent. Je lui ai donné cinquante livres et il est parti ; je ne l'ai plus revu.

Brixan regarda à nouveau la lame.

– Serez-vous surpris d'apprendre que la tête de Foss a été retrouvée à Chobham Common ? demanda-t-il.

L'autre leva sur le jeune homme un regard froid et scrutateur.

– J'en suis très surpris, dit-il tranquillement. Si c'était nécessaire, j'ai un témoin pour prouver que Foss est sorti d'ici, quoique je n'aime pas à citer une femme. Miss Stella Mendoza soupait ici avec moi, ainsi que vous devez le savoir, puisque vous étiez dans la chambre à côté. Foss est parti avant elle.

– Il est revenu ensuite, dit le détective.

– Je ne l'ai plus revu, vous dis-je, déclara le baronnet avec violence. Si vous trouvez quelqu'un qui l'ait vu revenir dans cette maison après sa première visite, vous pourrez m'arrêter. Croyez-vous que je l'aie tué ?

Brixan ne répondit pas.

– Il y avait une femme, là-haut, dans la tour. Qu'est-elle devenue ?

L'autre se passa la langue sur les lèvres avant de parler.

– La seule femme qu'il y ait eu dans la tour était une servante malade. Elle est partie.

– Je voudrais m'en assurer.

Pour une seconde seulement, Penne tourna les yeux du côté de l'antre de Bhag, puis il répondit :

– Très bien. Suivez-moi.

Il sortit dans le corridor, puis tourna dans la direction opposée au hall d'entrée. Après avoir fait une dizaine de pas, il s'arrêta et ouvrit une porte fort ingénieusement dissimulée dans la boiserie. Il étendit la main, toucha un commutateur et éclaira un escalier conduisant vers le hall. En suivant le baronnet, Brixan commençait à comprendre que la *tour* n'était en somme qu'une illusion. Elle n'était *tour* que vue de la façade. À l'intérieur, ce n'étaient que deux étages étroits ajoutés à l'une des ailes du bâtiment.

Les deux hommes passèrent par une porte, montèrent un escalier en spirale et, enfin, arrivèrent au corridor où, la nuit précédente, Brixan avait vu Bhag.

– Voici la chambre en question, dit Penne, ouvrant une porte.

24

LES EMPREINTES DU SINGE

– Ce n'est pas cette chambre-là qui m'intéresse, dit calmement Brixan. Il y en a une autre au bout de ce passage.

L'homme hésita.

– Vous ne voulez donc pas me croire ? demanda-t-il d'une voix presque affable. Quel sceptique vous faites ! Allons, Brixan, voyons ! Je ne tiens nullement à me disputer avec vous. Venez, descendons prendre quelque chose et oublions nos querelles. Je me sens bien malade...

– Je veux voir cette chambre, dit Brixan.

– Je n'en ai pas la clef.

« Allez la chercher » fut la réponse impérative.

Le baronnet finit par sortir une clef de sa poche et, après bien des ruses, dut ouvrir la porte.

– Ma servante est partie un peu précipitamment, dit-il. Elle est tombée si gravement malade que j'ai dû m'en débarrasser.

– Puisqu'elle est partie malade, elle est sans doute entrée dans un hôpital dont vous pourrez me donner le nom ? dit Brixan en tournant le commutateur électrique.

Un coup d'œil à la chambre lui suffit pour comprendre que l'histoire d'un départ précipité pouvait être vraie. Mais l'aspect de la pièce permettait de douter que les circonstances de ce départ eussent été normales. Le lit était bouleversé. Il y avait du sang sur l'oreiller et une tache brune sur le mur. Une chaise gisait, brisée. Le tapis avait des taches suspectes dont l'une ressemblait à l'empreinte d'un pied nu. Michel releva sur le drap une empreinte apparente de cinq doigts, mais aucun être humain ne pouvait posséder une telle paume.

– Les empreintes de la brute, dit Brixan. C'est Bhag, ça !

– Il y a eu ici une petite lutte, dit sir Gregory... Cet homme est monté et a prétendu reconnaître sa femme en ma servante...

– Qu'est-il devenu ?

Aucune réponse.

– Que lui est-il arrivé ? dit le détective patiemment.

– Je l'ai laissé partir et emmener la femme. C'était le moins dangereux.

Brixan poussa une exclamation, se baissa et ramassa près

du lit un objet brillant. C'était la moitié d'une lame nettement rompue, ne portant aucune tache. Ramassant alors la chaise renversée, il examina les pieds et retrouva là des traces d'éraflure.

– Je puis reconstituer la scène qui s'est passée ici. Vous et votre ami Bhag, vous avez surpris l'homme alors qu'il se trouvait dans cette chambre. Cette chaise a été brisée dans la lutte ; c'est probablement Bhag qui l'a utilisée en guise d'arme. L'homme a pu s'échapper de la chambre ; il est descendu à la bibliothèque, y a pris le sabre et est remonté ici. C'est alors qu'a eu lieu la vraie bataille. Je présume qu'une partie de ce sang est à vous, Penne...

– Une partie ! ricana l'autre. Le diable vous emporte, c'est bien mon sang, allez !

Un long silence suivit.

– Est-ce que la femme est sortie d'ici... vivante ?

– Je le crois, dit Penne, maussade.

– Est-ce que son mari est sorti d'ici... vivant ?

– Vous feriez mieux de vous en assurer. Moi, je n'en sais rien... J'ai été sans connaissance pendant près d'une demi-heure. Mais Bhag sait manier un sabre...

Brixan ne quitta pas la maison avant de l'avoir examinée de la cave au grenier. Il fit venir tous les serviteurs et commença l'interrogatoire. Tous, sauf un, parlaient le hollandais, mais aucun ne le parlait suffisamment pour pouvoir renseigner le détective.

Revenant à la bibliothèque, il alluma toutes les lampes.

– Je veux voir Bhag, dit-il.

– Je vous dis qu'il est sorti. Si vous ne me croyez pas...

Penne alla à son bureau et pressa le ressort. La porte s'ouvrit, mais rien ne parut.

Après un moment d'hésitation, son revolver dans une main et sa lampe de poche dans l'autre, Brixan pénétra dans le repaire de la bête. Il parcourut deux pièces très proprement tenues, mais remplies d'une odeur particulière. Il vit un lit étroit muni de draps, de couvertures et d'un oreiller de plumes, une petite armoire pleine de noix, une fontaine d'eau courante (il sut plus tard que malgré toute son intelligence, Bhag était incapable de tourner un robinet), un siège usé, où le serviteur muet devait faire sa sieste, enfin, trois balles de cricket qui devaient servir de jouets au hideux animal.

Il comprenait maintenant la façon dont Bhag devait entrer et sortir. Sa sortie était une petite ouverture carrée sans vitres ni rideaux pratiquée dans le mur à un mètre cinquante environ du sol ; deux barres d'acier horizontales fixées au mur par une extrémité devaient lui servir d'échelle. À l'extérieur, Brixan retrouva cette même disposition de barres.

Il n'y avait là aucune trace de sang, aucune preuve que Bhag eût pris part à la terrible scène de la nuit précédente.

Revenant à la bibliothèque, le jeune homme recommença ses recherches, mais ne put rien trouver ; enfin, il entra au petit salon dans lequel il s'était caché la veille. Et là, il découvrit des traces sur l'appui de la fenêtre : une empreinte de pied nu et des marques pouvant faire supposer qu'un corps lourd avait été traîné par cette fenêtre.

À ce moment-là, le chauffeur que Brixan avait envoyé à Chichester revint avec deux officiers de police qui l'assistèrent dans ses recherches sur le terrain. La trace du fugitif était facile à suivre : il y avait du sang sur le gravier, des branches brisées sur la plate-bande circulaire et des empreintes d'un petit pied nu sur le gazon. Puis les traces se perdaient dans le jardin potager.

– La question est de savoir qui portait et qui était porté ? dit l'inspecteur Lyle lorsque Brixan lui eut raconté en quelques mots ce qu'il venait d'apprendre. J'ai l'impression que ces deux personnes ont été tuées dans la maison et leurs corps emportés par Bhag. L'absence de toute trace de sang dans sa chambre prouve seulement qu'il n'y est pas revenu depuis l'assassinat. Si nous retrouvons le singe, nous pourrons résoudre ce petit mystère. En tous cas, Penne est bien le Coupe-Têtes, c'est évident, continua l'inspecteur. J'ai eu l'autre jour l'occasion de lui parler : il a quelque chose d'un fanatique.

– Je ne suis pas bien certain que vous ayez raison, dit lentement Brixan. Mes suppositions vous paraîtront peut-être bien bizarres, mais je serais très surpris que sir Gregory fût le meurtrier. J'avoue que l'absence de traces dans la chambre de Bhag me confond et votre théorie peut être correcte. Il n'y a rien d'autre à faire que de garder la maison sous surveillance jusqu'à ce que j'aie communiqué avec le quartier général.

À ce moment, le second détective, qui était en train d'examiner le champ, revint dire qu'il avait retrouvé la trace près du petit portillon grand ouvert. Ils se précipitèrent à l'endroit indiqué et retrouvèrent en effet les mêmes traces. Une traînée de sang était visible en dedans et en dehors de la petite grille. Un tas de feuilles séchées avait été laissé là par le jardinier et ils y découvrirent l'empreinte d'un corps, comme si celui qui avait porté l'autre eût posé là une partie de son fardeau pour se reposer. Mais la trace se perdait définitivement dans le champ de l'autre côté de la grille.

25

LE MYSTÈRE DE LA « CONDUITE INTÉRIEURE »

Il n'est pas donné à la jeunesse de prévoir toute l'instabilité de ses propres sentiments. Il en avait beaucoup coûté à Adèle Leamington d'inviter chez elle un jeune homme, mais cet effort une fois accompli, elle se mit à attendre l'heure du thé avec un étrange plaisir.

Au moment précis où Brixan filait à toute vitesse dans la direction de Londres, elle abordait Jack Knebworth dans son sanctuaire.

– Mais certainement, ma chère, vous pouvez disposer de toute l'après-midi. Je ne sais plus quel était mon programme.

Il avait tendu la main pour prendre l'horaire de la journée, mais la jeune fille répondit :

– Vous vouliez faire faire des portraits de moi, dit-elle.

– Ah oui ? Eh bien, cela ne fait rien, nous les remettrons à un autre jour. Dites-moi, vous sentez-vous bien sûre de vous pour ce film ?

– Moi ? Oh non, Mr Knebworth, je ne suis pas du tout sûre de moi : j'ai un tel trac ! Il serait d'ailleurs étonnant que je fasse bien dès le premier essai. On fait quelquefois de ces rêves fous, mais dans le rêve, il est facile de sauter les obstacles ou de glisser par-dessus les difficultés. Et dans la réalité, chaque fois que vous prononcez « On tourne », je suis paralysée par la peur. Mes nerfs sont tellement tendus que je ne puis m'empêcher de suivre chacun de mes propres mouvements, me disant tout le temps : « Ton geste est gauche, tu tournes la tête avec raideur... »

– Mais cela ne dure pas ? demanda brusquement le metteur en scène, si brusquement qu'elle sourit.

– Non ; dès que j'entends le bruit de l'appareil, je me sens devenir la personne que je joue.

Il lui donna une tape amicale sur l'épaule.

– C'est ce que vous devez constamment être, dit-il. (Puis il continua :) Pas revu la Mendoza ? Elle ne vous ennuie plus ? Et Foss ?

– Je n'ai pas revu miss Mendoza depuis plusieurs jours... mais j'ai vu Mr Foss hier soir.

Elle n'expliqua pas les circonstances étranges dans lesquelles elle avait vu l'ancien scénariste, et Jack Knebworth n'eut pas la curiosité de l'interroger. Il ne sut donc rien de cette entrevue mystérieuse de Lawley Foss avec un homme assis dans une voiture arrêtée au coin d'Arundel Road, entrevue dont Adèle avait été témoin la nuit précédente ; il ne sut pas qu'une main blanche et féminine, ornée d'un gros diamant, avait fait à Foss un signe amical au moment où la voiture se remettait en marche.

Avant de rentrer chez elle, Adèle s'arrêta chez le pâtissier, puis chez le fleuriste pour acheter des gâteaux et des fleurs destinées à embellir le salon de Mrs Watson. Chemin faisant, elle se demanda plus d'une fois quel attrait elle pouvait exercer sur un homme aussi sérieux que Brixan. Elle avait l'habitude de s'examiner d'un œil impartial ; elle savait qu'à force de se dominer, elle avait réussi à faire d'Adèle Leamington une jeune personne parfaitement incolore, sans aucune originalité. Qu'elle fût jolie, elle le savait ; mais la beauté n'attire que les êtres superficiels. Les hommes qui valent la peine d'être connus exigent plus que la beauté. Et Brixan n'était pas un don Juan... Non, ce n'était pas ce genre d'homme. Il recherchait en elle une amie ; elle n'eut pas un instant la pensée qu'il pût vouloir simplement s'amuser pendant son séjour forcé dans la petite ville de province.

À 4 heures et demie, la jeune fille attendait son visiteur. À 4 h 45, elle alla à la porte, regarda dans la rue. À 5 heures, fâchée, mais philosophe, elle but son thé, et demanda à la petite bonne de débarrasser la table.

Brixan avait oublié !

Tout naturellement, elle lui chercha des excuses, qu'elle repoussa aussitôt pour les admettre encore. Elle se sentait vexée, amusée, puis vexée à nouveau. Remontant à sa chambre, elle alluma le gaz, prit son manuscrit et essaya d'étudier les scènes qu'elle devait tourner le lendemain. Mais toutes sortes de pensées vinrent la distraire des pages dactylographiées qu'elle tenait. Le souvenir de Brixan prédominait, puis celui de la voiture fermée, de Lawley Foss et de cette main blanche faisant un signe d'adieu. Chose curieuse, son esprit revenait constamment à cette voiture. Elle était toute neuve, à la carrosserie admirablement polie, et elle avait disparu sans aucun bruit.

Finalement, la jeune fille abandonna son manuscrit et se leva, hésitant à se mettre au lit. Il n'était que 9 heures ; elle ne se sentait pas fatiguée. Chichester offrait peu de distractions le soir. Il y avait bien deux cinémas dans la ville, mais ils ne la tentaient pas. Elle mit son chapeau et descendit, disant à sa propriétaire :

– Je sors pour un quart d'heure.

La maison qu'elle habitait était située dans un quartier de petites villas. La rue était pauvrement éclairée : la lumière des becs de gaz n'atteignait guère certains recoins. Dans l'un de ces recoins sombres, Adèle aperçut une voiture arrêtée... Elle devina la masse avant de la reconnaître, puis se demanda si le propriétaire savait que son feu arrière était éteint. En s'approchant de la machine, elle la reconnut : c'était la voiture auprès de laquelle elle avait vu Foss la veille.

Elle essaya de jeter un coup d'œil à l'intérieur, mais ne put rien voir. Les stores étaient tirés de son côté, et elle crut que la voiture était vide ; puis tout à coup...

– Belle dame... Venez avec moi !

La voix n'était qu'un murmure ; elle vit le scintillement d'une pierre, puis une main blanche sur le rebord de la vitre mi-baissée, et dans un accès de peur instinctive, elle se jeta en arrière.

Elle entendit le ronronnement du moteur. La voiture la suivait et elle se mit à courir. Au coin de la rue, elle aperçut un homme et, reconnaissant le casque d'un policeman, se précipita à sa rencontre.

– Qu'y a-t-il, miss ?

À ce moment, la voiture passa rapidement, tourna dans une rue transversale et disparut.

– Un homme m'a parlé... dans cette voiture, dit-elle à bout de souffle.

L'agent consciencieux considéra fixement la place où avait stationné la voiture.

– Il n'avait pas de feux, dit-il sans comprendre. J'aurais dû prendre son numéro. Vous a-t-il insultée, miss ?

Elle hocha la tête, déjà honteuse de sa frayeur.

– Non, j'ai eu peur. Je crois que je n'irai pas plus loin, dit-elle avec un sourire.

Elle fit demi-tour et rentra chez elle.

Le statut de star, même dans la modeste troupe de Jack Knebworth, a ses mauvais côtés, se dit-elle. Elle sentait ses nerfs extrêmement fatigués.

Elle se coucha et rêva que l'homme dans la voiture était Michel Brixan et qu'il lui demandait de venir prendre le thé chez lui.

Il était plus de minuit lorsque Brixan appela Jack Knebworth au téléphone et lui annonça la tragique nouvelle.

– Foss ! s'exclama le réalisateur. Grand Dieu ! Ce n'est pas possible ! Voulez-vous que je vienne vous voir ?

– Je vais passer chez vous, dit Brixan. Il y a une ou deux choses que je voudrais savoir et ma visite éveillera moins la curiosité publique que si je vous recevais à l'hôtel.

Jack Knebworth habitait une maison dans Arundel Road ; il attendit son visiteur à la grille du jardin.

Brixan lui raconta comment on avait découvert la tête et crut pouvoir lui confier les détails de sa visite chez sir Gregory Penne.

– Cela dépasse tout, dit Jack à mi-voix. Ce pauvre Foss ! Vous croyez que c'est Penne qui a fait le coup ? Mais pourquoi ? On ne décapite pas un homme parce qu'il vous a demandé de l'argent !

– Mes suppositions se sont un peu modifiées, dit Brixan. Vous souvenez-vous d'une feuille de manuscrit qui avait été trouvée dans vos papiers et que je vous ai dit avoir été écrite par le Coupe-Têtes ? Eh bien, depuis que j'ai vu la rature dans le livre des entrées, je suis parfaitement sûr que Foss savait qui était l'auteur du manuscrit, et je suis tout aussi sûr qu'il avait pris le parti désespéré de faire chanter le criminel. Si c'est bien ainsi et si sir Gregory est l'homme que nous recherchons – je répète que je suis incertain sur ce point –, alors, nous aurons toutes les raisons de l'accuser de ce nouveau meurtre. Une seule personne peut nous éclairer là-dessus et c'est...

– Mendoza, dit Jack.

Les yeux des deux hommes se rencontrèrent.

26

La main

Jack regarda sa montre.

– Je pense qu'elle doit être au lit, mais cela vaut la peine que nous essayions. Voudriez-vous la voir ?

Brixan hésita. Stella Mendoza était une amie de Penne et il lui répugnait d'admettre définitivement l'idée que Penne était l'assassin.

– Oui, dit-il, je crois qu'il nous faut la voir. Après tout, Penne sait qu'il est soupçonné.

Jack Knebworth passa dix minutes auprès du téléphone avant d'obtenir une réponse du pavillon de Stella.

– Miss Mendoza, ici Knebworth, dit-il. Est-il possible de vous voir tout de suite ? Mr Brixan voudrait vous parler.

– À pareille heure de la nuit ? demanda-t-elle d'une voix ensommeillée. Je dormais quand le téléphone a sonné. Ne peut-il attendre demain matin ?

– Non, il tient particulièrement à vous voir cette nuit même. Je vais venir avec lui si vous le voulez bien.

– Qu'est-ce qui ne va pas ? demanda-t-elle rapidement. Est-ce au sujet de Gregory ?

Jack transmit la question dans un chuchotement et Brixan lui fit un signe affirmatif.

– Oui, cela concerne Gregory, dit Knebworth.

– Venez donc ; j'aurai le temps de m'habiller.

Lorsqu'ils arrivèrent, elle était prête à les recevoir, trop intriguée et alarmée pour revenir sur l'heure tardive de cette visite.

– Qu'est-il arrivé ? demanda Stella.

– Mr Foss est mort.

– Mort ? (Elle ouvrit de grands yeux.) Mais je l'ai encore vu hier ! Mort, comment ?

– Il a été assassiné, dit lentement Brixan. Sa tête a été retrouvée à Chobham Common.

Si les bras de Brixan ne l'avait soutenue, la jeune femme serait tombée et il se passa quelque temps avant qu'elle ne reprît suffisamment ses sens pour répondre aux questions qui lui furent posées.

– Non, je n'ai pas revu Mr Foss après qu'il eut quitté le château, où je ne l'ai d'ailleurs vu que pendant quelques secondes.

– Avait-il laissé entendre qu'il reviendrait ?

Elle secoua la tête.

– Sir Gregory vous a-t-il dit que Foss allait revenir ?

– Non. (Elle secoua à nouveau la tête.) Il m'a dit au contraire qu'il était content de le voir partir et que Foss lui avait emprunté cinquante livres jusqu'à la semaine prochaine, car il espérait gagner beaucoup d'argent. Gregory est comme cela : il vous raconte les choses que les gens lui confient en le priant de ne pas les divulguer. Il est assez fier de sa richesse et de ce qu'il appelle sa charité.

– Vous étiez invitée à déjeuner chez lui ? dit Brixan en la surveillant du regard.

Elle se mordit les lèvres.

– Vous devez m'avoir entendue parler au moment où je le quittais, dit-elle. Non, il n'y avait aucune invitation à déjeuner. C'était un camouflage pour ceux qui nous écouteraient. Nous savions que quelqu'un avait pénétré dans la maison. Était-ce vous ?

– Oui.

– Oh, quel soulagement ! (Elle eut un profond soupir.) Ces quelques minutes dans la chambre obscure ont été terribles pour moi. J'avais cru que c'était...

Elle hésita.

– Bhag ? suggéra Brixan.

Elle inclina la tête.

– Oui. Mais dites, vous ne soupçonnez pas Gregory d'avoir tué Foss ?

– Je soupçonne tout le monde en général et personne en particulier, dit Brixan. Avez-vous vu Bhag ?

Elle frissonna.

– Non, pas cette fois. Je l'ai déjà vu, bien entendu. Il me fait trembler. Je n'ai jamais vu une bête aussi humaine. Quelquefois, lorsque Gregory est un peu... un peu ivre, il appelle Bhag et lui fait faire des tours. Savez-vous que Bhag peut faire tous les exercices que font les malais avec le sabre ? Gregory possède un sabre de bois spécialement conçu ; la façon dont cette bête fait le moulinet au-dessus de sa propre tête est terrifiante.

Brixan la fixait, intéressé.

– Ainsi, Bhag *sait* manier le sabre ? Penne me l'a dit, mais j'ai cru qu'il mentait.

– Oh si, il sait manier le sabre. Gregory lui a tout appris.

– Que vous est Penne ? demanda le détective à brûle-pourpoint.

Elle rougit.

– C'est un ami, dit-elle, mal à l'aise, un très bon ami... Financièrement, j'entends. Il s'est attaché à moi, il y a déjà longtemps, et... nous avons été... de très bons amis.

– L'êtez-vous toujours ?

– Non, dit-elle d'un ton bref. J'en ai fini avec Gregory et demain, je quitte Chichester. J'ai chargé un agent de sous-louer ma maison. Pauvre Foss, dit-elle et des larmes remplirent ses yeux. Pauvre homme ! Mais, Mr Brixan, Gregory ne peut l'avoir fait, je puis vous le jurer ! Il y a en Gregory beaucoup de bluff. Au fond, cet homme est un poltron et, quoiqu'il soit responsable de choses horribles, il a toujours eu un agent pour faire sa sale besogne.

– Des choses horribles ? Lesquelles ?

Elle semblait hésiter.

– Eh bien, il m'a raconté qu'il aimait à faire des expéditions dans des villages indigènes, à Bornéo, pour y enlever des jeunes filles. On trouve là-bas une tribu avec de très belles femmes. Il se peut que là encore il m'ait menti, mais je crois qu'il disait vrai. Il m'a raconté qu'il y a un an, étant à Bornéo, il a enlevé une femme dans un hameau sauvage dans lequel aucun Européen ne pénètre sans courir un danger mortel.

– Et ces confidences ne vous faisaient rien ? demanda Brixan, fixant sur elle un regard froid.

Elle haussa les épaules.

– Que voulez-vous, c'est un homme comme ça ! fut tout ce qu'elle répondit.

Brixan raccompagna Jack Knebworth jusque chez lui.

– L'histoire que Penne m'a racontée semble concorder avec ce que dit Mendoza. Je ne doute plus que la femme de la tour ne soit celle qu'il a enlevée et le petit homme au teint de cuivre est certainement son mari. S'ils ont pu s'échapper du château, nous ne devrions pas avoir de peine à les retrouver. Je vais envoyer un message à toutes les gares et au matin, nous devrions avoir de leurs nouvelles.

– Nous sommes au matin, dit Jack en considérant l'horizon grisâtre. Voulez-vous entrer chez moi ? Je vais vous faire préparer du café. Cette nouvelle m'a bouleversé. J'avais l'intention de faire une bonne journée de travail, mais la troupe va sûrement être sens dessus dessous. Ils ont tous connu Foss, quoiqu'il n'ait jamais été populaire parmi eux. Pour compléter nos misères, il ne manque plus qu'Adèle en soit affectée au point de ne pouvoir jouer ! Au fait, Brixan, pourquoi donc ne vous installez-vous pas ici ? Je suis célibataire, j'ai le téléphone, et vous auriez ici une tranquillité que vous ne pouvez avoir à l'hôtel.

Cette idée plut au détective et ce fut chez Jack Knebworth qu'il coucha cette nuit-là, après une heure de conversation téléphonique avec Scotland Yard.

Dès le matin, il fut de nouveau au château et put étendre ses recherches qui ne lui apportèrent toutefois aucun éclaircissement. Ainsi que le lui avait signalé Scotland Yard, la situation était difficile. Sir Gregory Penne était membre d'une excellente famille, était riche et remplissait les fonctions de juge de paix. Tant que ses excentricités n'avaient rien de contraire à la loi... « On ne peut pas pendre un homme pour son originalité », avait dit le commissaire.

Le seul fait suspect était la disparition simultanée de Bhag et de l'étranger avec sa femme.

– Il n'est pas rentré de la nuit. Je ne l'ai pas revu, assura sir Gregory. Et ce n'est pas la première fois qu'il s'en va comme il lui plaît. Il trouve des cachettes que vous ne soupçonneriez jamais, il est probablement fourré quelque part. Mais il reviendra.

Brixan traversait la ville de Chichester lorsqu'il aperçut une silhouette qui lui fit freiner brusquement sa voiture, au risque de faire éclater ses pneus. En un clin d'œil, il fut hors de l'auto, marchant à la rencontre d'Adèle.

– Il y a une éternité que je ne vous ai vue, dit-il avec une exagération qui, à un autre moment, aurait fait sourire la jeune fille.

– Je m'excuse de ne pouvoir m'arrêter. Je m'en vais au studio, dit-elle d'un ton plutôt froid, et j'ai promis à Mr Knebworth d'arriver tôt. Voyez-vous, je me suis rendue libre hier après-midi en disant à Mr Knebworth que j'avais un rendez-vous...

– Et vous en aviez un réellement ? demanda innocemment Brixan.

– J'avais invité quelqu'un à goûter !

Le visage du jeune homme s'allongea.

– Sapristi ! s'écria-t-il. Je suis un monstre !

Elle voulait passer, mais il l'arrêta.

– Je ne voudrais pas vous effrayer, ni vous attrister, Adèle, dit-il doucement, mais la raison de mon étourderie, c'est que nous venons de découvrir un nouveau drame.

Elle s'arrêta et le regarda.

– Un autre ?

– Oui. Mr Foss a été assassiné.

Elle devint toute pâle.

– Quand ? demanda-t-elle d'une voix calme.

– La nuit dernière.

– Ce devait être après 9 heures, dit-elle.

Le visage du jeune homme exprima la surprise.

– Comment le savez-vous ?

– Parce qu'à 9 heures du soir, j'ai vu la main de l'assassin ! Voici comment : avant-hier soir, j'étais sortie pour acheter de la laine dont j'avais besoin. C'était un peu avant la fermeture des magasins... 7 h 45. Dans la rue, j'ai rencontré Mr Foss et lui ai parlé. Il était très nerveux et inquiet et me refit la proposition qu'il m'avait déjà faite en venant me voir. Son attitude était si étrange que je lui ai demandé s'il n'avait pas quelque ennui. Il me dit que non, mais qu'il avait un terrible pressentiment que quelque chose d'affreux allait lui arriver. Il me demanda si je demeurais depuis longtemps à Chichester et si je connaissais les catacombes.

– Des catacombes ? dit vivement Michel.

– Oui. Je fus aussi surprise par sa question. Je n'en avais jamais entendu parler. Il me dit qu'elles faisaient partie de l'histoire de Chichester. Il avait parcouru des guides sans y rien trouver à ce sujet, mais il croyait que ces catacombes se trouvaient près de Chellerton ; un glissement du terrain avait dû en obstruer l'entrée. Il parlait d'une façon extrêmement décousue et embrouillée ; j'eus la pensée qu'il avait bu et je fus contente de le quitter. Je m'en allais donc et fis mon emplette. Puis je fus arrêtée par une collègue qui me demanda de l'accompagner un peu ; je n'en avais nulle envie, mais je ne voulais pas avoir l'air hautaine et je l'ai accompagnée. Dès que je l'ai pu, je l'ai quittée et me suis dirigée vers mon appartement. Il était déjà 9 heures et les rues étaient désertes. Elles ne sont pas bien éclairées à Chichester, mais je pus reconnaître Mr Foss. Il était arrêté au coin d'Arundel Road et attendait quelqu'un. J'allais rebrousser chemin pour éviter de le rencontrer encore une fois, lorsqu'une voiture apparut et s'arrêta presque à côté de Mr Foss.

– Quel genre de voiture ? demanda Brixan.

– C'était un landaulet fermé, conduite intérieure. Ce qui me frappa, ce fut que ses feux s'éteignirent dès qu'elle contourna la rue. Mr Foss l'attendait, évidemment, car il s'approcha et s'appuya à la portière pour parler à quelqu'un à l'intérieur. Je ne sais ce qui me prit, mais un mouvement impulsif me poussa à m'approcher à mon tour pour voir qui était à l'intérieur de la voiture. Je n'étais plus qu'à trois ou quatre mètres d'eux lorsque Mr Foss recula et l'auto démarra. Le conducteur étendit la main hors de la portière et ce fut la seule chose que je pus voir lorsqu'il me dépassa : l'intérieur de la voiture était complètement noir.

– Avez-vous remarqué quelque chose de particulier à cette main ?

– Elle était petite et blanche et portait au petit doigt un diamant d'un feu extraordinaire. Je me suis demandé pourquoi un homme portait une bague de ce genre. Vous allez me traiter de sotte, mais la vue de cette main m'a remplie d'un sentiment de peur inexplicable. Il y avait en elle quelque chose d'anormal. Lorsque je me suis retournée, Mr Foss était parti d'un pas rapide dans la direction opposée et je n'ai pas cherché à le rattraper.

– Vous n'avez pas vu le numéro de la voiture ?

– Pas du tout. La curiosité ne m'en vint pas.

– Vous n'avez pas même aperçu la silhouette de l'homme à l'intérieur ?

– Non, je n'ai rien vu, sauf la main levée.

– De quelle grosseur croyez-vous que fût le diamant ?

Elle avança les lèvres avec un air de doute.

– La voiture m'a croisée très rapidement et je ne puis rien vous dire de précis. Je peux m'être trompée, mais il m'a semblé qu'il était aussi gros que le bout de mon petit doigt. Je n'ai naturellement pu remarquer aucun détail, quoique j'aie revu la voiture hier soir.

Elle raconta ce qui lui était arrivé la veille et il l'écouta fébrilement.

– L'homme vous a parlé... Avez-vous reconnu sa voix ?

– Non... Ce n'était qu'un murmure. Je n'ai pas vu son visage ; j'ai cependant l'impression qu'il portait une casquette. Le policeman m'a dit qu'il aurait dû noter son numéro.

– Ah, vraiment, il a dit cela ? remarqua Brixan avec ironie. Cet homme fera son chemin.

Il resta un moment plongé dans ses pensées, puis :

– Je vous emmène au studio, si vous le voulez bien.

En arrivant, il la laissa aller à sa loge où elle apprit que le travail était suspendu pour la journée. Lui-même s'en alla à la recherche de Jack.

– Vous connaissez tous les gens d'importance de la région, dit-il, connaissez-vous quelqu'un qui conduise un landaulet, conduite intérieure, et porte un gros diamant au petit doigt de la main droite ?

– La seule personne de ma connaissance qui ait cette faiblesse, c'est Mendoza, dit Knebworth.

Brixan émit un sifflement.

– Je n'ai jamais songé à Mendoza, dit-il, et Adèle décrit la main comme petite et féminine.

– La main de Mendoza n'est pas précisément petite, mais elle serait petite pour une main d'homme, dit Jack, pensif. Et puis sa voiture n'est pas une conduite intérieure, mais cela ne signifie rien. Au fait, je viens de faire dire à la troupe que je travaille aujourd'hui. Si je laisse tout ce monde inoccupé, à réfléchir, ils seront tout à fait hors de leurs gonds.

– C'était mon avis, dit Brixan en souriant, mais je n'osais pas vous en faire part.

Dans l'après-midi, un appel urgent le fit partir pour Londres pour y assister à une conférence des grands chefs de Scotland Yard. Après deux heures de discussion, il fut décidé que sir Gregory Penne resterait en liberté, mais sous surveillance.

– Nous avons vérifié l'histoire de l'enlèvement de la jeune fille à Bornéo, dit le chef de la Sûreté. Tous les faits concordent. Je n'ai pas le moindre doute que Penne ne soit le coupable, mais il nous faut agir avec prudence. Vous, capitaine Brixan, dans votre département, vous pouvez évidemment vous permettre de courir certains risques, mais la police ne doit jamais faire une arrestation sous inculpation d'assassinat sans avoir la certitude absolue qu'une condamnation va suivre. Il peut y avoir quelque chose de vrai dans votre nouvelle hypothèse, et je serai le dernier à la réfuter, mais vous aurez à mener deux enquête parallèles.

Brixan repartit pour le Sussex en plein jour. À six kilomètres au nord de Chichester, il aperçut au milieu de la route une longue silhouette qui agitait les bras. Il ralentit et reconnut avec étonnement Mr Sampson Longvale. Avant que la voiture se fût arrêtée, Longvale sautait sur le marchepied avec une agilité surprenante.

– Je vous attends depuis plus de deux heures, Mr Brixan, dit-il. Permettez que je monte à côté de vous.

– Montez donc, dit Brixan cordialement.

– Je sais que vous allez à Chichester. Cela ne vous ferait-il rien de passer à *Dower House* ? J'ai quelque chose d'important à vous raconter.

L'endroit où il avait attendu et arrêté la voiture se trouvait au croisement des routes de *Dower House* et du domaine de sir Gregory. Le vieillard dit à Brixan qu'il était revenu à pied de Chichester et attendait là son passage.

– Je viens seulement d'apprendre, Mr Brixan, que vous êtes au service de la loi, dit-il en inclinant gracieusement la tête. Je n'ai pas besoin de vous dire combien j'estime ceux dont la tâche est de servir la cause de la justice.

– C'est Mr Knebworth qui vous l'a dit, je pense ?

– Oui, c'est lui qui m'a révélé votre véritable fonction, répondit gravement l'autre. J'étais d'ailleurs allé vous chercher, pressentant que vous deviez avoir une position plus importante que je ne me l'étais tout d'abord figuré. J'avoue que je vous avais d'abord pris pour un de ces jeunes désœuvrés qui n'ont rien d'autre à faire que de s'amuser. Je suis ravi d'apprendre que je m'étais trompé. C'est d'autant plus heureux que j'ai besoin de votre avis sur un point de la Loi que mon homme d'affaires ne pourrait, je crois, m'expliquer. Ma situation est tout à fait extraordinaire et même embarrassante. Je suis un homme qui évite l'attention du public et j'ai une certaine aversion pour les affaires d'autrui.

Brixan se demandait ce que ce vieillard loquace pouvait bien avoir à lui raconter... Aurait-il, au cours de ses promenades nocturnes, été témoin de quelque chose qu'on n'avait pas encore découvert ?

Ils s'arrêtèrent devant Dower House et le vieillard descendit, ouvrit la grille et la referma lorsque Brixan eut passé. Au lieu d'entrer dans son salon, il se dirigea vers l'escalier et fit signe à son visiteur de le suivre. Ils montèrent et s'arrêtèrent devant la porte de la chambre qu'Adèle avait occupée la nuit de sa terrible émotion.

– Je voudrais que vous voyiez ces gens-là, prononça gravement Longvale, et que vous me disiez si je n'agis pas contrairement à la Loi.

Il ouvrit la porte et Brixan vit que deux lits avaient été placés dans la chambre. Sur l'un d'eux était étendu l'étranger au teint de cuivre ; il était tout emmailloté de pansements et paraissait sans connaissance. Sur l'autre lit dormait la jeune femme que Brixan avait vue dans la tour : elle aussi était blessée ; son bras était placé dans des éclisses et enveloppé d'un pansement.

Brixan eut un profond soupir.

– Voilà en tous cas un mystère résolu, dit-il. Où avez-vous trouvé ces gens-là ?

Au son de sa voix, la jeune femme ouvrit les yeux, fronça les sourcils à sa vue et regarda le vieillard.

– Vous avez été blessée ? demanda Brixan en hollandais.

L'éducation de la jeune femme en matière de langues européennes avait été apparemment négligée, car elle ne répondit pas.

Elle semblait tellement inquiète en sa présence que Brixan fut content de quitter la chambre. Lorsqu'ils se retrouvèrent dans le sanctuaire de Mr Longvale, celui-ci raconta l'événement.

– Je les ai aperçus hier soir vers 11 heures et demie. Ils marchaient en trébuchant tous les deux sur la route et je crus d'abord qu'ils étaient ivres. Mais la femme prononça quelques mots : comme je n'oublie jamais une voix, même lorsque je l'ai entendue parler une langue étrangère, je reconnus aussitôt ma malade de l'autre jour et je sortis pour l'arrêter. C'est alors que je pris conscience de l'état de son compagnon ; elle me reconnut et commença à me parler d'un ton excité, en une langue que je ne comprenais pas. Mais il aurait fallu être bien stupide pour ne pas comprendre le sens de ce qu'elle disait. L'homme était sur le point de perdre connaissance ; avec l'aide de la femme, j'ai réussi à le faire entrer dans la maison et à le coucher. Par bonheur, je m'attendais à être de nouveau appelé auprès de ma malade et avais acheté des pansements et certains médicaments, ce qui me permit de leur donner les premiers soins.

– Est-il gravement blessé ? demanda Brixan.

– Il a perdu beaucoup de sang, répondit Longvale, et quoiqu'il ne semble pas qu'il y ait des artères sectionnées ou des os brisés, l'aspect des plaies est alarmant. Mais voilà, continua le vieillard de son ton toujours grave, je me suis dit que cet homme n'a pu recevoir ses blessures qu'au cours de quelque acte illicite et j'ai eu la pensée d'aviser la police de sa présence chez moi. Je me suis d'abord présenté chez mon excellent ami, Mr Jack Knebworth, et lui ai ouvert mon cœur. Il me dit alors qui vous étiez et je décidai d'attendre votre retour avant de faire autre chose.

– Vous venez de résoudre un mystère qui me confondait et vous me confirmez d'autre part une histoire que j'avais entendue avec beaucoup d'incrédulité, dit Brixan. Je crois que votre idée d'aviser la police était la bonne... Je vais faire un rapport au quartier général et vous enverrai une ambulance pour emmener ces deux personnes à l'hôpital. L'homme peut-il supporter le déplacement ?

– Je le crois, affirma le gentilhomme. Il dort profondément en ce moment et donne l'impression d'être dans le coma, mais tel n'est pas le cas. Je ne demanderais pas mieux que de les garder ici malgré l'absence de confort. Mais il me faudrait les soigner moi-même et je ne suis plus guère bon pour un pareil effort. Il est heureux que la femme ne soit pas immobilisée.

– Avait-il un sabre avec lui lorsqu'il est arrivé ?

Mr Longvale eut un geste d'impatience.

– Comme je suis sot de l'avoir oublié ! Mais oui, il est là.

Il ouvrit un tiroir de son bureau antique et prit un sabre tout pareil à celui que Brixan avait vu au-dessus de la cheminée du château de Griff. La lame était immaculée. Michel ne s'attendait pas à la trouver autrement, car pour un oriental, son sabre est un enfant : le premier soin de l'homme avait probablement été de l'essuyer.

Brixan allait partir, mais il se ravisa soudainement.

– Serait-ce abuser de votre amabilité, Mr Longvale, que de vous demander un verre d'eau ? J'ai la gorge sèche.

Avec une exclamation d'excuse, le vieillard se précipita hors de la chambre, laissant Brixan seul dans le hall.

Le jeune homme jeta aussitôt un rapide coup d'œil sur le porte-manteau où il voyait accrochés un pardessus du maître de la maison, son chapeau de feutre à large bords relevés et un chapeau de paille tout ordinaire. L'idée du verre d'eau n'était pas une ruse, car Brixan avait soif. Mais il possédait le sens inquisiteur inhérent à sa profession.

Le vieillard revint quelques minutes plus tard et trouva le jeune homme en train d'examiner le chapeau de paille.

– D'où vient-il ? demanda le détective.

– C'est le chapeau que le blessé portait lorsqu'il est arrivé, répondit Longvale.

– Je l'emporte avec moi, si vous le voulez bien, dit Brixan après un long silence.

– Mais avec le plus grand plaisir. Notre ami de là-haut n'en aura pas le besoin avant longtemps, dit le vieillard avec un petit sourire malin.

Le détective revint à sa voiture, posa le chapeau près de lui et reprit la direction de Chichester ; tout le long du chemin, il réfléchit, fort intrigué. Car à l'intérieur du chapeau se trouvaient les initiales L. F. Comment le chapeau de Lawley Foss s'était-il retrouvé sur la tête de l'homme de Bornéo ?

27

Les catacombes

Le soir de ce même jour, les deux malades de Mr Longvale étaient conduits à l'hôpital de la ville et, après un rapport favorable des médecins, Brixan sentit que l'un des côtés du mystère disparaissait.

Il alla de nouveau voir son vieux professeur.

– Encore une investigation ? demanda le vieillard lorsqu'on introduisit son ex-élève.

– Vous avez deviné, Sir, dit le détective, quoique je doute fort que vous puissiez m'aider. Je cherche un ouvrage sur l'histoire de la ville de Chichester.

– J'en possède un, publié en 1600. Vous êtes la deuxième personne en quinze jours qui me demande à le consulter.

– Qui donc était la première ? demanda vivement Brixan.

– Un certain Foss..., commença Mr Scott. Il voulait savoir quelque chose concernant les catacombes. Je n'avais jamais entendu dire qu'il y eût des catacombes sous cette ville. S'il s'agissait de Cheddar, j'aurais pu vous fournir une quantité de renseignements, car je suis une autorité sur la question des catacombes de Cheddar.

Il fit entrer son ancien élève dans sa bibliothèque et, prenant un volume sur le rayon, le posa sur la table.

– Après le départ de ce Foss, j'y ai jeté un coup d'œil à titre de curiosité. On n'en parle qu'une seule fois, à la page 385. Il s'agit de la disparition d'une compagnie de cavalerie commandée par sir John Dudley, comte de Newport, à l'époque des troubles sous le règne d'Étienne de Blois. Voici la page.

Il l'indiqua.

Brixan lut le passage imprimé en caractères anciens :

« Le noble Seigneur, ayant décidé d'attendre à l'abri de la nuit, conduisit les deux *compagnies* de cavalerie dans les grandes catacombes qui existaient de ce temps-là. Par la volonté du Dieu Tout-Puissant qui nous tient tous dans son Auguste Main, il arriva à 8 heures du matin un grand glissement de terrain qui ensevelit pour toujours tous les cavaliers et escuyers aussi bien que sir John Dudley, comte de Newport, qu'on ne revit plus jamais. Et le lieu de cet événement se trouve à neuf milles en ligne droite de la même ville, appelée *Regnum* par les Romains ou *Ciffanceaster* en langue saxonne. »

– A-t-on jamais retrouvé l'emplacement de ces catacombes ?

Mr Scott hocha la tête.

– De vagues traditions prétendent que des contrebandiers les auraient utilisées à nouveau, il y a près de cent cinquante ans. Mais vous savez, chaque région a des légendes du même genre.

Brixan sortit de sa poche une carte de la ville de Chichester, mesura un rayon de neuf milles avec son compas et traça un cercle autour de la ville. Il remarqua que la ligne passait soit à travers, soit tout près de la propriété de sir Gregory.

– Tiens, il existe donc deux tours de Griff ? demanda-t-il soudainement en examinant la carte.

– Oui, la deuxième se trouve derrière la propriété de Penne ;

c'est d'ailleurs là la véritable tour de Griff, ou de Griffin, ainsi qu'elle avait été appelée à l'origine. Il me semble qu'elle doit se trouver soit sur le terrain de Penne, soit à sa limite... C'est une très vieille tour ronde, haute de sept mètres environ ; elle doit dater de près de deux mille ans. Je m'intéresse beaucoup aux antiquités et ai étudié cet endroit. La partie intérieure du mur doit certainement être romaine... Les Romains ont eu un grand camp dans cette région ; Regnum fut même un de leurs quartiers généraux. On donne toutes sortes d'explications concernant la destination première de cette tour. Ce devait être un donjon, ou un dépôt de vivres. Mon idée est que la tour romaine originale n'avait que quelques mètres de haut et ne devait pas du tout servir de défense. On a dû la surélever à diverses époques...

Brixan exultait.

– Si mon hypothèse est juste, j'aurai des renseignements complémentaires sur cette forteresse romaine avant l'aurore, dit-il.

Il alla prendre ses malles à l'hôtel et les transporta à son nouveau domicile. En arrivant chez Knebworth, il vit qu'on avait mis trois couverts pour le dîner.

– Vous attendez quelqu'un ? demanda Brixan en suivant des yeux Jack Knebworth qui achevait l'arrangement de la table.

Comme tout vieux célibataire, il avait cette manie de l'ordre qui consiste à placer tous les objets à la même distance les uns des autres.

– Quelqu'un de vos amis, oui.

– De mes amis, à moi ?

Jack inclina la tête.

– J'ai demandé à la petite Leamington de venir. Et quand je vois un homme de votre âge devenir cramoisi au nom d'une jeune fille, je le plains, vous savez. Elle va venir, d'une part pour causer affaire et d'autre part... pour avoir le plaisir de me rencontrer dans une atmosphère plus humaine que le studio. Aujourd'hui, elle n'a pas été tout à fait aussi bien que je l'aurais voulu, mais je crois que nous étions tous un peu hors de notre assiette.

La jeune fille arriva bientôt. Il y avait en elle ce jour-là quelque chose de très doux et de touchant, quelque chose qui alla droit au cœur de Brixan et y affermit la place qu'elle y avait déjà prise.

– Je songeais en venant, dit-elle pendant que Jack Knebworth l'aidait à enlever son manteau, combien tout est incroyable dans la vie... Jamais je n'aurais rêvé que je serais un jour invitée à dîner avec vous, Mr Knebworth.

– Et moi, je n'ai jamais rêvé que vous seriez digne d'une telle distinction, grogna Jack. D'ici cinq ans, vous vous direz : en avais-je fait une affaire de cette invitation à dîner chez le vieux Knebworth !

Posant sa main sur l'épaule de la jeune fille, il la conduisit à la salle à manger où elle vit Brixan. Le jeune détective se sentit mal à l'aise en voyant la figure d'Adèle s'allonger à sa vue. Mais ce ne fut que pour une seconde ; comme si elle eût lu la pensée du jeune homme, elle expliqua ce changement soudain d'expression :

– J'avais pensé que nous ne causerions ce soir que films et scénarios ! dit-elle.

– Mais bien entendu, assura Brixan. Je suis le meilleur auditeur que l'on puisse imaginer et le premier qui mentionnera le mot d'assassinat sera jeté par la fenêtre !

– Il faut alors que je me prépare à sauter ! dit-elle en riant, car je vais parler assassinat et mystère... tout à l'heure.

Sous l'influence d'un entourage encourageant, la jeune fille se révélait petit à petit sous un nouvel aspect et Brixan vit se confirmer toutes les suppositions les plus favorables qu'il avait faites à son sujet. La timidité, la réserve presque glaciale d'Adèle fondaient dans la compagnie des deux hommes dont l'un, sentait-elle, l'aimait bien, et l'autre... Brixan était en tous cas un ami.

– Figurez-vous que cet après-midi, j'ai fait le détective, annonça-t-elle lorsqu'on eut servi le café. (Puis elle ajouta solennellement :) Et j'ai fait des découvertes extraordinaires. J'ai commencé par essayer de retrouver la trace de cette voiture qui avait dû arriver dans ma rue en venant du terrain vague qui se trouve au bout. J'y ai retrouvé une seule trace de pneus d'auto et je crois que ce ne peut être que celle de mon homme aux mains blanches. Voyez-vous, j'avais remarqué que l'un des pneus arrière portait un signe en étoile et il ne m'a pas été difficile de suivre cette trace. J'ai trouvé au milieu du terrain vague un endroit où de l'essence avait été répandue par terre : la voiture doit s'être arrêtée là. Et puis... j'y ai trouvé ceci !

Elle ouvrit son sac à main et en sortit un petit flacon verdâtre. Il était débouché et ne portait aucune étiquette. Brixan le lui prit des mains, l'examina, puis le porta à son nez. Le flacon avait une odeur particulière, pénétrante et point désagréable.

– Reconnaissez-vous l'odeur ? demanda Adèle.

Il hocha la tête.

– Laissez-moi sentir.

Jack Knebworth prit à son tour le flacon et le flaira.

– Chloral butylique, déclara-t-il rapidement.

La jeune fille l'approuva d'un signe de la tête.

– C'est ce que je crois aussi. Mon père était chimiste-pharmacien. Un jour, jouant dans le dispensaire, j'ai trouvé dans un tiroir un joli petit flacon et l'ai débouché. Je ne sais pas ce qu'il me serait arrivé si Papa ne m'avait vue. J'étais encore toute petite à cette époque, mais je me souviens toujours de cette odeur.

– Chloral butylique ? demanda Brixan en plissant le front.

– Oui. On le connaît sous le nom de « gouttes mortelles », dit Knebworth. Les détrousseurs qui opèrent dans les ports et dévalisent les marins s'en servent volontiers. Quelques gouttes dans un verre de vin suffisent pour faire perdre connaissance.

Brixan prit le flacon. C'était une petite bouteille de pharmacie ordinaire, semblable à celles qui contiennent d'habitude des poisons. Il vit d'ailleurs le mot « poison » incrusté dans le verre.

– Pas de trace d'étiquette, dit-il.

– Ce flacon n'a peut-être aucun rapport avec la voiture mystérieuse, admit la jeune fille. Je ne fais qu'assembler à tout hasard deux sinistres objets.

– Où l'avez-vous trouvé ?

– Dans un ravin très profond actuellement rempli d'eau. Mais le flacon n'avait pas roulé jusqu'à l'eau. Ça, c'est ma découverte numéro un. Et voici la numéro deux.

Elle retira de son sac un objet métallique qui portait à ses deux extrémités des traces de cassure.

– Savez-vous ce que c'est ? demanda-t-elle.

– Je donne ma langue au chat, dit Jack qui tendit l'objet à Brixan.

– Je sais ce que c'est parce que j'avais vu un pareil objet au studio, dit la jeune fille. Et vous aussi, vous le savez, n'est-ce pas, Mr Brixan ?

– C'est, dit celui-ci, la partie centrale d'une paire de menottes, la partie qui porte les charnières.

Des taches de rouille recouvraient encore l'objet que la jeune fille, à ce qu'elle dit, avait pourtant nettoyé.

– Et voilà mes deux découvertes. Je ne vais pas vous présenter mes conclusions, car je n'en ai point.

– Ces objets peuvent n'avoir pas été jetés de la voiture, dit Brixan. Mais d'autre part, ainsi que vous le dites, il est possible que le propriétaire de l'auto ait choisi cet endroit particulièrement désert pour se débarrasser des deux articles qu'il ne pouvait garder chez lui. Il eut été plus sûr de les jeter à la mer, mais je pense qu'il a dû opter pour la facilité. Je garde vos trouvailles.

Il les enveloppa dans un morceau de papier et la conversation revint au cinéma.

– Nous tournons demain à la tour de Griff... la vraie tour cette fois, dit Jack Knebworth. C'est une vieille... Qu'ai-je donc dit de si amusant ? demanda-t-il brusquement.

– Non, rien, sauf que vous venez d'accomplir quelque chose que j'avais prédit ! dit Brixan. Je savais bien que j'entendrais encore parler de cette maudite tour !

28

La tour

L'esprit de Brixan était fort agité. Il attachait à l'histoire de la voiture fermée beaucoup plus d'importance que ne l'avait pensé la jeune fille ; et l'invitation faite *à la belle dame* de monter à l'intérieur le tracassait tout particulièrement.

À la suite des événements des derniers jours, il avait été obligé de renvoyer le détective qu'il avait chargé de veiller sur Adèle, mais il décida de placer près de sa maison un policeman local, muni des mêmes instructions.

Après avoir reconduit Adèle, il se rendit au commissariat de police, mais le commissaire était absent et l'agent de service n'osait pas prendre sur lui de détacher un homme suivant les ordres de Brixan. Ce ne fut que sous la menace de celui-ci de téléphoner à son supérieur qu'il consentit à envoyer un agent de police en uniforme surveiller la rue en question.

Revenu à la maison de Knebworth, Brixan examina à nouveau les deux objets trouvés par la jeune fille. Le chloral butylique était un poison et un poison violent. Quel usage pouvait en faire le Coupe-Têtes ? se demanda-t-il.

Quant aux menottes, il examina à nouveau ce fragment. Une force inouïe avait été employée pour en rompre les parties. C'était un mystère qu'il dut renoncer à résoudre.

Avant de se coucher, il eut une conversation téléphonique avec l'inspecteur qui surveillait le château de Griff. Rien de nouveau à cet endroit. La vie de tous les jours suivait apparemment son cours normal. L'inspecteur avait été invité à l'intérieur de la maison et sir Gregory lui avait dit que Bhag n'était toujours pas revenu.

– Je vous y laisse encore cette nuit, dit Brixan. Demain, nous allons lever cette surveillance, car Scotland Yard est maintenant convaincu que sir Gregory n'a pas été mêlé à la mort de Foss.

Un grognement à l'autre bout du fil lui fit comprendre que l'inspecteur ne partageait pas cette façon de penser.

– Il y est bien mêlé d'une façon ou d'une autre, allez. À propos, j'ai trouvé dans le champ près d'ici un chapeau de paille taché de sang. Il porte à l'intérieur la marque des magasins *Chi Li* à Tjandi.

– Vous me l'enverrez demain matin, dit Brixan, très agité.

Le lendemain matin, au moment où il déjeunait, on lui apporta le chapeau qu'il examina. Knebworth, qui connaissait par Brixan presque toute l'histoire, l'étudia avec curiosité.

– Si l'homme portait le chapeau de Lawley au moment où il est arrivé chez Mr Longvale, où donc, au nom du ciel, a pu avoir lieu l'échange ? Il faut que ce soit quelque part entre le château et la demeure du vieillard, à moins...

– À moins que quoi ? demanda Brixan.

Il avait une haute opinion de la perspicacité de Knebworth.

– À moins que l'échange n'ait eu lieu chez sir Gregory. Vous pouvez voir que quoique ce chapeau ait des taches de sang, il n'est pas abîmé, ce qui est étrange.

– Très étrange, concéda Brixan. Et pourtant, si ma première hypothèse était la bonne, l'explication serait toute simple.

Brixan ne révéla pas à Knebworth cette hypothèse.

Il accompagna le réalisateur jusqu'au studio et vit toute la troupe partir en char à bancs, souhaitant dans son for intérieur d'avoir le prétexte et le loisir de les suivre. C'était un groupe insouciant et gai et la société de ces jeunes gens était vraiment réconfortante.

Après avoir vérifié que rien de nouveau ne s'était passé à Londres, il se dit qu'aucune raison ne l'empêchait de s'éloigner et quelques secondes plus tard, sa voiture partait à la suite du joyeux convoi.

Il aperçut la tour un quart d'heure environ avant de l'atteindre : une vieille bâtisse trapue, qui pouvait passer pour une étable trop élevée. Lorsque le jeune homme eut rejoint la troupe, le char à bancs était arrêté sur la pelouse et les artistes achevaient leur maquillage. Il ne vit tout d'abord pas Adèle qui s'habillait sous une petite tente, tandis que Knebworth et l'opérateur discutaient les éclairages et le placement des acteurs.

Brixan avait trop d'esprit pour intervenir à ce moment ; il s'en alla rôder aux environs de la tour, examinant les modifications curieuses que les générations avaient apportées à la construction originale. Il ne s'y connaissait que très peu en architecture, mais il put néanmoins distinguer la partie romaine du mur et crut reconnaître l'endroit où des constructeurs saxons avaient dû reprendre le monument.

L'un des accessoiristes était en train de fixer l'échelle par laquelle Roselle devait descendre. L'histoire qu'on allait tourner était celle d'une jeune fille qui, après avoir débuté dans la vie comme choriste, était devenue la femme d'un noble seigneur aux idées archaïques. Un jeune homme pauvre, mais honnête, qui l'avait aimée dans sa jeunesse – Brixan avait appris que l'inconsolable Reggie Connolly jouait ce rôle –, se trouvait toujours là pour secourir la jeune femme ; et lorsqu'un jour, elle fut enfermée dans une tour de pierres, c'est lui qui vint la sauver.

Les scènes de l'intérieur de la tour avait été tournées à Arundel. La vieille tour de Griff ne devait servir que pour une scène de premier plan montrant la jeune fille en train de descendre dans les bras de son amoureux, le long d'une corde de bandes de draps attachées ensemble.

– Ça va être rudement dur de descendre de là-haut, dit Reggie d'un ton lugubre. Bien sûr, on a mis une corde à l'intérieur du drap, il n'y a donc aucun danger que cela casse. Mais miss Leamington est terriblement lourde ! Tenez, mon vieux, vous n'avez qu'à la soulever vous-même, vous verrez quel plaisir c'est !

Rien n'aurait pu procurer à Brixan un plus grand plaisir que de suivre ce conseil à la lettre.

– Ce rôle demande une trop grande force physique pour moi,

je vous assure, bêla encore Reggie. Je ne suis pas un homme des cavernes, vraiment ! J'ai dit à Knebworth que cette besogne n'était pas pour moi. Et puis qu'ont-ils besoin de tourner un premier plan ? Pourquoi ne ferait-on pas un mannequin que je pourrais m'attacher à la ceinture ? Et d'abord, pourquoi ne descendrait-elle pas toute seule ?

– C'est extrêmement facile, dit Knebworth qui s'était approché et avait entendu la dernière phrase. Miss Leamington se tiendra à la corde et vous aidera ainsi en allégeant son poids. Tout ce que vous avez à faire, c'est de paraître courageux et beau.

– Tout ça est fort bien, grommelait Reggie, mais je n'ai pas été engagé pour grimper à la corde. Chacun a ses goûts, et cela n'est pas du mien !

– Répétez la scène, dit Jack laconiquement.

La corde fut fixée à une barre de fer placée à l'intérieur de la tour dont on ne devait pas filmer le sommet. La vraie descente avait été tournée à Arundel en second plan par des doublures. On commença. La première tentative faillit finir en catastrophe. En criant, Connolly lâcha son fardeau et la jeune fille serait tombée si elle ne s'était retenue fermement à la corde.

– Recommencez ! hurla Jack. Et rappelez-vous que vous jouez un homme. Le petit Coogan la tiendrait mieux que cela !

Ils essayèrent à nouveau. Après une troisième répétition, alors que le malheureux Reggie était exténué, Knebworth annonça d'un ton bref :

– On tourne !

La prise de vue commença.

Quels que fussent ses défauts et son caractère, on ne pouvait douter que Connolly fût un véritable artiste. Malgré l'angoisse de cet effort extraordinaire, il savait sourire avec douceur au visage de la jeune fille tourné vers lui, tandis que l'objectif suivait les amants dans leur fuite. Ils touchèrent terre, et après un dernier regard langoureux à la jeune fille, Connolly posa les trois secondes finales.

– Coupez tout, dit Jack.

Reggie s'assit lourdement.

– Dieu du Ciel ! gémit-il en tâtant ses bras. Jamais on ne me fera recommencer cela, non, vraiment, jamais ! J'en ai plein le dos de cette histoire, Mr Knebworth. C'est horrible ! J'ai cru mourir !

– Eh bien, vous n'êtes pas mort, dit Jack avec bonne humeur. Et maintenant, reposez-vous tous quelques instants.

L'appareil fut éloigné de vingt à trente mètres. Tandis que Connolly, sans cesser de gémir, s'étendait sur l'herbe, la jeune fille s'approcha de Brixan.

– Je suis contente que ce soit fini, dit-elle. Ce pauvre Mr Connolly ! Toutes les horreurs qu'il disait à voix basse pendant la descente me donnaient une folle envie de rire qu'il me fallait réprimer, car cela nous aurait obligés à recommencer. Mais évidemment, ce n'était pas facile, ajouta-t-elle.

Les bras de la jeune fille étaient meurtris et la corde lui avait blessé le poignet. Michel avait un désir fou de baiser cette petite plaie, mais il se domina.

– Comment m'avez-vous trouvée ? Avais-je un air à peu près gracieux ? J'ai eu l'impression de ressembler à un ballot de paille !

– Vous étiez... merveilleuse ! dit-il avec ferveur.

Elle lui jeta un coup d'œil rapide, et baissa les yeux.

– C'est peut-être un peu exagéré de votre part ? dit-elle avec modestie.

– Peut-être bien, répondit Brixan. Qu'y a-t-il là-dedans ?

Il indiqua la tour.

– À l'intérieur de la tour ? Rien du tout, excepté un tas de pierres et des herbes sauvages.

– Vous venez de dire que vous étiez contente d'en avoir fini. Vous avez donc dû avoir un peu peur ?

Elle eut un coup d'œil malicieux.

– Mr Knebworth dit que s'il n'est pas satisfait de l'éclairage du jour, nous aurons à recommencer la nuit. Pauvre Connolly, il renoncerait plutôt à son rôle.

À ce moment, la voix de Knebworth résonna.

– N'emportez pas l'échelle, Collins, cria-t-il. Mettez-la dans l'herbe derrière la tour. Il se peut que je sois obligé de revenir ici ce soir. Vous n'avez qu'à laisser tout ce qui ne craint pas la pluie et vous ramasserez le tout demain matin.

Adèle fit une grimace.

– C'est bien ce que je craignais. Pas pour moi... C'est plutôt amusant. Mais la nervosité de Mr Connolly est quelque peu contagieuse. J'aurais bien voulu que ce soit vous qui jouiez ce rôle.

– Dieu sait que je l'aurais voulu ! dit Brixan, avec tant de sincérité dans la voix qu'elle rougit.

Jack Knebworth vint à eux.

– Adèle, avez-vous laissé quelque chose là-haut ? demanda-t-il montrant le sommet de la tour.

– Mais non, Mr Knebworth, dit la jeune fille étonnée.

– Mais alors, qu'est-ce que c'est ? s'écria le directeur.

Il montrait quelque chose de rond qui était apparu tout en haut.

– Et cela bouge ! s'exclama-t-il.

À ce moment, une tête devint visible, suivie d'une paire d'épaules velues, puis une jambe passa par-dessus le mur de la tour.

C'était Bhag !

Son poil était blanc de poussière, sa figure abominablement sale. Brixan remarqua tout cela, puis, lorsque la bête tendit la main pour saisir un appui, il vit que chacun de ses poignets était encerclé d'un fragment de menottes brisées !

29

Le retour de Bhag

La jeune fille poussa un cri et saisit le bras de Brixan.

– Qu'est-ce que c'est ? demanda-t-elle. Est-ce la Chose qui était... montée dans ma chambre ?

Brixan se dégagea gentiment et courut à la tour. Au même moment, Bhag prit son élan et se laissa tomber sur le sol. Il resta là une seconde, les poings appuyés à terre, sa face méchante tournée vers l'homme. Puis il renifla fortement et, faisant entendre son étrange gazouillis, déambula à travers le pré et disparut derrière un monticule.

Brixan s'était élancé à sa poursuite. Lorsqu'il put l'apercevoir à nouveau, le grand singe était à quatre cents mètres de lui, courant à toute vitesse le long des buissons qui séparaient les deux champs. Toute poursuite était vaine et le détective revint lentement vers la troupe alarmée.

– Ce n'est qu'un orang-outang appartenant à sir Gregory ; il est parfaitement inoffensif, dit-il. Il avait disparu de la maison de son maître depuis deux ou trois jours.

– Il devait se cacher dans la tour, dit Knebworth en s'épongeant le front. Eh bien, je suis joliment heureux qu'il n'ait pas eu l'idée de sortir au moment où je tournais ! Vous ne l'aviez pas aperçu, Adèle ?

La jeune fille devait être toute pâle sous son maquillage jaune ; la main qu'elle porta à ses lèvres tremblait.

– Voilà qui explique le mystère des menottes, dit Knebworth.

– Vous les avez donc remarquées ? demanda vivement le détective. Oui, cela explique l'anneau brisé, mais cela n'explique pas tout à fait le chloral butylique.

En parlant, il avait pris la main de la jeune fille ; dans cette chaude pression, elle crut sentir quelque chose de plus qu'un geste de simple sympathie.

– Avez-vous eu peur ?

– J'ai eu terriblement peur, confessa-t-elle. C'est affreux ! Était-ce Bhag ?

– Oui, dit-il, c'était Bhag. Je pense qu'il devait être caché dans la tour depuis sa disparition. Vous n'aviez rien vu là-haut ?

– Non, heureusement ! Autrement, je serais tombée. Il y a à l'intérieur des recoins sombres dans lesquels il pouvait se cacher.

Brixan décida d'aller voir lui-même. On appuya une échelle au mur et il grimpa jusqu'en haut. La tour était formée de quatre murs ressemblant à ceux d'une forteresse. À l'intérieur, au centre, le sol était creusé en entonnoir, d'une façon qui rappelait les trous faits par des obus de gros calibre. La terre était couverte d'un enchevêtrement de buissons. Le jeune homme ne put distinguer que quelques grosses pierres et les branches d'un arbre.

On pouvait facilement se cacher là : Bhag s'y était probablement réfugié, dormant pour se reposer de sa besogne et de ses blessures ; car Brixan avait remarqué sur l'animal quelque chose que personne n'avait vu : la peau arrachée par endroits et une oreille fendue.

Il redescendit et rejoignit Knebworth.

– Je crois que cela met fin à notre travail pour aujourd'hui, dit Jack avec hésitation. Je sens de la tension dans l'air et il se passera bien du temps avant que je puisse décider les femmes à revenir ici de nuit.

Brixan ramena le réalisateur dans sa voiture. Tout le long

du trajet, il songea à cette étrange apparition du singe. Quelqu'un avait enchaîné Bhag. Il aurait dû le deviner en voyant le fragment des menottes. Aucun être humain ne pouvait les avoir brisées. Et Bhag s'était échappé... D'où ? Comment ? Et pourquoi n'était-il pas revenu à Griff chez son maître ?

Après avoir déposé Knebworth chez lui, il s'en alla directement chez sir Gregory. Il trouva le baronnet au milieu de la prairie devant la maison, en train de jouer au golf. Il était toujours enveloppé de pansements, mais se rétablissait avec rapidité.

– Oui, Bhag est de retour. Il est rentré, il y a une demi-heure environ. Dieu seul sait où il était ! J'ai souvent souhaité que cet animal puisse parler, mais je ne l'ai jamais souhaité aussi ardemment qu'en ce moment. Quelqu'un lui avait mis des menottes ; je viens de les lui enlever.

– Puis-je les voir ?

– Vous le saviez donc ?

– Je l'ai vu. Il est sorti de la vieille tour sur la colline.

– Ah, vraiment ? Et que diable y faisait-il ?

Sir Gregory se gratta le menton d'un geste pensif.

– Cela lui est arrivé bien souvent de sortir, mais il s'en va presque toujours à une chasse que je possède à cinq kilomètres d'ici ; il trouve là suffisamment d'ombre et personne ne le dérange. Un braconnier a un jour eu la folie de tirer sur lui... Il fut bien heureux de s'en tirer vivant. Avez-vous retrouvé le corps de Foss ?

Le baronnet avait repris son jeu ; son regard était fixé sur sa balle par terre.

– Non, dit tranquillement Brixan.

– Mais vous espérez le retrouver ?

– Cela ne me surprendrait pas.

Sir Gregory était appuyé sur son maillet, le regard perdu au loin.

– Quelle est la sanction que prévoit la loi lorsque quelqu'un tue par accident un serviteur qui essayait de le poignarder ? demanda-t-il.

– Il passe en jugement, dit Brixan, et le verdict est généralement : « meurtre en état de légitime défense »... Il est acquitté.

– Mais à supposer qu'il ne l'ait pas avoué ? Supposez

qu'il... eh bien, qu'il se soit débarrassé du corps... l'ait enterré... et ait caché toute l'affaire ?

– Oh, alors, il se placerait dans une situation très dangereuse. Et surtout, si – il surveilla l'effet de ses paroles –, si une amie qui ne serait plus une amie... avait été témoin ou avait eu connaissance de la chose.

Le seul œil visible de Penne clignota rapidement et son visage devint cramoisi, comme chaque fois que le baronnet éprouvait une vive émotion.

– Et supposez qu'elle ait essayé de lui soutirer de l'argent sous la menace de le dénoncer à la police ?

– Alors, expliqua patiemment Brixan, elle irait en prison, condamnée pour chantage et probablement pour complicité de meurtre.

– Vraiment ? fit sir Gregory avec satisfaction. Elle serait complice si... si elle l'avait vu poignarder le serviteur ? Souvenez-vous que ceci s'est passé il y a très longtemps. Il existe un délai de prescription, n'est-ce pas ?

– Pas pour l'assassinat, dit Brixan.

– Assassinat ! Vous appelez cela assassinat ? s'écria l'autre en alarme. En état de légitime défense, voyons ! Quelle blague !

Brixan commençait à y voir clair. Stella Mendoza avait un jour traité Penne d'assassin et l'esprit agile du détective pouvait maintenant reconstituer le crime avec précision. Un serviteur de couleur, un de ces Malais, probablement, avait dû se révolter et Penne l'avait tué, peut-être même en défendant sa propre vie. Puis il avait eu peur des conséquences de son acte. Le détective se souvint des paroles de Stella : « Penne est un fanfaron et un poltron, dans le fond. » Ce devait être là toute l'histoire.

– Où avez-vous enterré votre malheureuse victime ? demanda calmement le détective.

Penne eut un sursaut.

– Enterré ? Que voulez-vous dire ? bégaya-t-il. Je n'ai assassiné ni enterré personne. Je vous ai tout simplement soumis un cas hypothétique.

– Cela m'a bien plutôt l'air d'un fait que d'une hypothèse. Enfin, je n'insisterai pas.

Les crimes de ce genre ennuyaient Brixan ; si ce n'avaient été les circonstances particulières et curieuses des crimes du

Coupe-Têtes, il aurait abandonné le cas dès le début de ses investigations.

Il y avait cependant découvert un autre attrait qu'il ne s'avouait même pas dans son for intérieur... Quant à sir Gregory Penne, la grossièreté de cet homme, ses fantaisies, la basse vulgarité de ses amours, étaient plus qu'écœurantes... Il aurait volontiers supprimé sir Gregory de ses relations mais... il n'avait encore aucune certitude.

– C'est curieux comme les pensées s'enchaînent les unes aux autres, dit Penne, sortant de sa rêverie. Un homme comme moi, dont l'esprit n'a pas de grandes préoccupations, s'attaque à un problème abstrait et ne peut plus s'en détacher. Ainsi, elle serait complice du crime, dites-vous ? Cela signifie les travaux forcés.

Il semblait tirer une grande satisfaction de cette pensée et devint presque aimable au moment où, après avoir examiné les menottes, Brixan prit congé. Les menottes étaient de marque anglaise et d'un vieux modèle.

– Bhag est-il sérieusement blessé ? demanda Brixan, son examen terminé.

– Non, il a une ou deux entailles, répondit l'autre avec calme. (Il ne faisait aucune tentative pour masquer ce qui s'était passé la nuit précédente.) Pauvre bête, il est accouru à mon secours ! Et cet homme a failli le tuer. Le pauvre vieux était mis hors de combat, mais il s'est relevé et l'a suivi malgré tout.

– Quel chapeau portait cet homme ?

– Kéji ? Je ne sais pas. Je suppose qu'il avait un chapeau, mais je ne l'ai pas remarqué. Pourquoi ?

– Pour rien. Je voulais seulement savoir, dit Brixan d'un ton détaché. Il l'avait peut-être perdu dans les catacombes.

En prononçant ces mots, il surveillait attentivement son interlocuteur.

– Des catacombes ? Je n'en ai jamais entendu parler. Qu'est-ce que c'est que cela ? Y a-t-il donc des catacombes à proximité d'ici ? demanda sir Gregory avec innocence. Vous avez une connaissance extraordinaire de la topographie du comté, Brixan. Je vis ici depuis plus de vingt ans et pourtant, je me perds chaque fois que je sors dans Chichester.

30

L'ANNONCE

La question des catacombes intriguait Brixan plus que toute autre dans cette affaire. Il songea à recourir à Longvale, dont la connaissance du pays était encyclopédique. Le gentilhomme était sorti et Brixan le rencontra dans son antique voiture sur la route de Chichester. Il l'entendit, plutôt, car le bruit de sa vieille automobile était perceptible bien avant qu'elle n'apparût au tournant de la route. Brixan ralentit son moteur. Longvale l'imita et ils s'arrêtèrent l'un à côté de l'autre.

– Oui, elle est plutôt bruyante, admit le vieillard en épongeant son crâne chauve d'un beau mouchoir de soie. Ce n'est que depuis quelques années que je m'en rends compte. Mais personnellement, je ne crois pas qu'une voiture silencieuse me donnerait autant de satisfaction.

– Vous devriez acheter une...

Brixan nomma en souriant la marque en renom.

– J'y ai pensé, dit l'autre avec sérieux, mais j'aime les vieilles choses... C'est là mon excentricité.

Brixan lui demanda s'il connaissait l'existence des catacombes et à sa grande surprise, le vieillard eut une réponse affirmative.

– Mais oui, j'en ai souvent entendu parler. Lorsque je n'étais encore qu'un gamin, mon père m'a raconté que ce pays était miné de catacombes et que celui qui aurait la chance de les découvrir y trouverait de grandes réserves d'alcool. Autant que je sache, personne ne les a jamais découvertes. Dans le temps, il y avait une entrée par là.

Il indiqua la direction de la tour de Griff.

– Mais il y a bon nombre d'années...

Et il redit l'histoire du glissement du terrain et de la disparition de deux compagnies de galants chevaliers, histoire qu'il avait probablement puisée à la même source que Brixan.

– Une légende populaire raconte qu'un cours d'eau est venu depuis cette date se jeter dans la mer près de Selsey Bill... à quelque distance au-dessous du niveau de l'eau. Mais, vous le savez, les gens de la campagne ne vivent que de ces légendes. Ce n'est probablement qu'un conte.

L'inspecteur Lyle attendait le détective chez lui ; il venait lui apporter une nouvelle stupéfiante :

– L'annonce a réapparu ce matin dans le *Daily Star*.

Brixan prit la coupure qu'on lui tendait. Elle était rédigée exactement de la même façon que les précédentes.

« *Votre mal physique ou moral est-il incurable ? Hésitez-vous au bord du néant ? Le courage vous manque-t-il ? Écrivez au Bienfaiteur, Boîte...* »

– Il n'y aura pas de réponse avant demain matin, continua Lyle. Les lettres doivent être réexpédiées à une boutique de Lambeth Road et le chef de la Sûreté veut que vous soyez prêt à en suivre la trace.

Cette trace était fort embrouillée. Le lendemain, à 4 heures de l'après-midi, une vieille femme entra dans la boutique de Lambeth Road et demanda les lettres adressées à *Mr Vole*. Il y en avait trois. Elle paya la taxe, mit les lettres dans son vieux sac à main, et s'en alla, trébuchante. Après avoir descendu Lambeth Road, elle monta dans un tramway allant dans la direction de Clapham et descendit près du Parlement. Là, ayant traversé plusieurs rues, elle arriva devant un groupe de vieilles maisons en ruines. À chaque coin de rue, elle en prenait une autre plus misérable que la précédente. Finalement, elle arriva à une ruelle étroite et mal pavée qui finissait en cul-de-sac ; ses maisons, toutes bâties sur le même modèle, se rejoignaient au bout. La vieille femme s'arrêta devant la dernière bicoque, sortit une clef de sa poche et ouvrit la porte. Elle se retournait pour la refermer derrière elle lorsqu'elle vit un homme sur le seuil, un jeune homme bien mis, qui devait l'avoir suivie depuis le début.

– Bonjours, mère, dit-il.

La vieille l'examinait d'un regard soupçonneux en marmottant quelque chose à voix basse. Seuls les médecins et les dames patronnesses appelaient une femme « mère » ; et la police avait également pris l'habitude d'user du mot. Son visage se rida hideusement à cette pensée désagréable.

– Je voudrais avoir un petit entretien avec vous.

– Entrez, dit-elle d'une voix pointue.

Le carrelage de l'entrée était fendillé en plusieurs endroits et indescriptiblement sale, mais cette entrée était encore remarquablement nette en comparaison de l'horreur que présentaient la chambre et la cuisine de cette habitation.

– Qui êtes-vous ? Hôpital ou Police ?

– Police, répondit Brixan. Je veux voir les trois lettres que vous venez de recevoir.

À son étonnement, la vieille eut un geste de soulagement.

– Oh, ce n'est que ça ? dit-elle. Eh bien, c'est une commission que je fais pour un monsieur. Je la fais depuis des années. Et jamais personne ne m'a rien dit.

– Quel est son nom ?

– J'connais pas. C'est le nom que portent les lettres, suivant le cas. Je les lui fais suivre.

Elle sortit d'un amas de vieilleries trois enveloppes portant une adresse dactylographiée. Brixan en reconnut aussitôt les caractères. L'adresse donnait une rue de Guildford.

Brixan lui prit les trois lettres qu'elle avait dans son sac à main. Il lut deux d'entre elles ; la troisième avait été écrite par lui-même. Mais l'examen le plus attentif de ces papiers ne lui révéla rien. La femme recevait des instructions par lettre : l'inconnu lui indiquait l'endroit où la correspondance devait être prise et elle touchait une livre sterling pour sa peine.

« Elle est un peu loufoque et absolument stupide », écrivit Brixan dans son rapport, « et l'enquête à Guildford ne nous a rien donné. Il existe un autre intermédiaire qui renvoie les lettres de nouveau à Londres, mais elles n'y arrivent jamais. C'est là que gît le mystère. La nouvelle adresse n'existe pas à Londres et j'en suis réduit à supposer qu'elles sont interceptées en route. La police de Guildford s'occupe de la question. »

Staines était très ennuyé.

– Brixan, dit-il, je n'aurais pas dû vous charger de cette affaire. Mais j'avais cru bien faire. On n'est pas content à Scotland Yard en ce moment et l'on dit que si l'on n'a pas encore arrêté le Coupe-Têtes, c'est parce que des personnes étrangères au service ont été mêlées à l'affaire. Vous connaissez la jalousie qui existe entre les divers départements, et je n'ai pas besoin de vous dire que je suis passablement ennuyé.

Brixan regardait pensivement son chef.

– Je puis arrêter le Coupe-Têtes, mais plus que jamais, je suis convaincu que nous ne pourrons pas prouver sa culpabilité avant d'en savoir un peu plus long sur... les catacombes.

Staines fronça les sourcils.

– Je ne vous comprends pas très bien, Brixan. De quelles catacombes parlez-vous ?

– Il existe des catacombes dans les environs de Chichester. Foss en connaissait l'existence et se doutait de leur corrélation avec les crimes du Coupe-Têtes. Donnez-moi encore quatre jours, Commandant, et je vous les découvrirai. Et si je ne réussis pas... (Il s'arrêta.) Si je ne réussis pas, la prochaine fois que vous me verrez, je serai à l'intérieur de l'un des coffres du Coupe-Têtes.

31

On demande Mr Brixan

C'était le lendemain du départ de Brixan pour Londres. Pour une raison qu'elle était elle-même incapable de définir, Adèle se sentait troublée. Et pourtant, le travail marchait à merveille : Jack Knebworth, habituellement si avare de ses louanges, avait été presque lyrique à la suite d'une scène qu'elle avait jouée avec Connoly. Il était si généreux dans son enthousiasme que même Reggie se décida à y prendre part, prêt à revenir sur sa première appréciation des capacités de la vedette.

– Je vais être parfaitement franc et sincère, Mr Knebworth, dit-il dans ce moment d'expansion, Leamington est bonne. Évidemment, je suis toujours là pour la soutenir et rien n'est aussi instructif... si je peux me permettre...

– Allez-y, dit Jack Knebworth.

– Merci... aussi instructif que d'avoir pour partenaire un véritable artiste. Moi, cela ne m'arrange pas beaucoup, mais cela l'aide énormément ; cela lui inspire du courage, de la confiance... Et quoique j'aie eu des moments de parfait découragement, je sens tout de même qu'elle commence à me récompenser de ma peine.

– Ah oui ? grommela le vieil homme. Je voudrais bien pouvoir en dire autant de vous, Reggie ! Malheureusement, quelle que soit la peine que l'on se donne pour vous, cela ne pourra jamais vous faire progresser.

Le sourire méprisant de Reggie aurait pu irriter un homme moins patient que le réalisateur.

– Vous avez parfaitement raison, Mr Knebworth, déclara-t-il avec sincérité. On ne peut plus m'être utile ! Je suis parvenu à l'apogée de mes capacités et je doute que vous rencontriez jamais mon pareil. Je suis certainement le meilleur jeune premier de ce pays et probablement de plusieurs autres encore. J'ai eu trois offres de Hollywood et vous ne devinerez jamais quelle vedette m'a demandé d'être son partenaire...

– Je n'en crois pas un mot, dit calmement Jack. Mais jusqu'à un certain point, il y a du vrai dans ce que vous venez de dire au sujet de miss Leamington. Elle est parfaite et je ne crois pas que cela vous fasse du bien de jouer avec elle : en face d'une pareille artiste, vous ressemblez à une grosse cruche à bière.

Un peu plus tard, Adèle demanda à son metteur en scène aux cheveux blancs s'il était vrai que Reggie allait quitter l'Angleterre.

– Je ne le crois pas, dit Jack. Il n'y a jamais eu acteur qui n'ait point dans sa poche une offre superbe... qu'il est sur le point d'accepter. Mais chaque fois qu'il s'agit de rompre le contrat si peu avantageux pour accepter l'offre brillante, le contrat se trouve sous clef chez son agent et on ne peut le récupérer. Dans toutes les troupes cinématographiques du monde, il se trouve des acteurs et des actrices qui partent pour Hollywood par le prochain bateau... pour leur montrer là-bas comment on joue ! Mais je crois que les vapeurs partiraient sans passagers s'ils voulaient attendre ces merveilles. Ce bluff fait partie intégrante de l'existence factice que mènent les acteurs.

– Mr Brixan est-il revenu ?

Il hocha la tête.

– Non, je ne l'ai pas aperçu. Un homme en guenilles est venu tout à l'heure le demander au studio.

– C'était un vagabond, à l'aspect répugnant ? demanda la jeune fille. Je lui ai parlé. Il m'a dit avoir une lettre pour Mr Brixan et vouloir la lui remettre en mains propres.

Elle alla à une fenêtre d'où l'on voyait l'entrée du studio. Sur le trottoir en face de l'entrée, elle aperçut le malheureux vagabond. De longs cheveux gris très sales tombaient de dessous une casquette crasseuse et déformée ; il devait être sans chemise, car le col de son veston était boutonné jusque sous son menton ; un orteil sortait de sa bottine trouée. Il pouvait avoir près de soixante ans, mais son âge était difficile à définir exactement. Sa barbe grise hérissée semblait n'avoir pas subi le contact du rasoir depuis sa sortie probable de prison. Ses yeux étaient rouges et enflammés, son nez de ce cramoisi qui touche au bleu. Il avait les mains enfoncées dans les poches de son pantalon, qui semblait n'avoir que ce seul moyen de soutien. Arrêté au bord du trottoir, il battait régulièrement d'un pied quelque mesure étrange et chantonnait une lugubre mélopée.

– Ne serait-il pas bon que vous voyiez cette lettre ? demanda la jeune fille inquiète. C'est peut-être quelque chose de très important.

– J'y ai pensé, dit Jack Knebworth, mais quand je lui ai demandé de me laisser lire le message, il n'a fait que ricaner.

– Savez-vous qui le lui envoie ?

– Pas du tout, ma petite, répondit patiemment Knebworth. Et maintenant, laissons un peu cet absorbant sujet qu'est Michel Brixan et revenons à notre belle Roselle. Cette scène de la tour ne peut pas être rectifiée ; il faut donc la supprimer. Nous allons commencer maintenant à tourner les intérieurs.

Cette production était extraordinairement difficile : les prises de vues étaient plus compliquées et les foules plus nombreuses que dans les précédents films de Knebworth. La journée ne fut pas facile pour la jeune actrice et elle était absolument à bout de forces en sortant ce soir-là du studio.

– Mr Brixan n'est pas rentré, miss ? dit une voix aiguë derrière elle au moment où elle allait traversr la chaussée.

Elle eut un sursaut et se retourna vivement. Elle avait oublié l'existence du vagabond.

– Non, il n'est pas rentré, dit-elle. Vous feriez mieux de redemander Mr Knebworth. Mr Brixan demeure chez lui.

– Comme si je ne le savais pas ! J'ai sur lui tous les renseignements possibles. Heu, je pense bien que je le sais !

– Il est à Londres en ce moment. Je pense que vous savez cela ?

L'autre répondit :

– Non, il n'est pas à Londres. S'il était à Londres, je ne traînerais pas par ici, s'pas ? Non, il a quitté Londres depuis hier. Je m'en vais l'attendre ici jusqu'à son arrivée.

Ce ton impertinent amusa la jeune fille malgré sa grande fatigue.

En traversant la place du marché, elle dut faire un bond en avant pour éviter la voiture de Stella Mendoza. Stella était parfois fort téméraire ; la devise gravée sur la mascotte de bronze de son radiateur : « Saute ou meurs ! » n'était pas vaine.

Elle était ce soir-là terriblement pressée et eut un juron en donnant un brusque coup de volant à sa voiture pour éviter la jeune fille qu'elle avait reconnue. Sir Gregory était revenu à de meilleurs sentiments et elle voulait à tout prix le voir avant qu'il ne changeât à nouveau d'idée. D'un mouvement nerveux, elle arrêta sa voiture devant la grille du château de Griff, ouvrit la portière et sauta sur le gravier.

– Si je ne reviens pas dans deux heures, vous pouvez filer à Chichester prévenir la police, dit-elle au chauffeur qui l'avait accompagnée.

32

Sir Gregory

En quittant son domicile, Stella avait laissé sur sa table de nuit une note dans le même sens : si elle ne revenait pas à l'heure fixée, la police était invitée à lire une certaine lettre qu'elle trouverait sur la cheminée. La jeune femme n'avait pas prévu que ni cette note ni la lettre ne seraient lues avant le lendemain matin...

Cette entrevue était pour Stella Mendoza la plus importante et la plus décisive de sa vie. Elle avait à dessein retardé son départ de Chichester, dans l'espoir que sir Gregory Penne reviendrait à une compréhension plus généreuse de ses obligations envers elle, quoiqu'elle eût fort peu d'espoir qu'il changeât d'idée sur la question essentielle, celle de l'argent. Et voilà que, comme par miracle, il se rendait : il lui avait téléphoné sur un ton presque amical, avait ri de ses réserves et des précautions qu'elle lui avait avoué vouloir prendre. Elle étouffa ses craintes et partit.

Il la reçut non dans sa bibliothèque, mais dans la grande pièce au premier étage. Cette salle était plus longue que la bibliothèque, car elle occupait aussi l'emplacement du petit salon d'en bas ; mais l'ameublement en était tout différent. Stella n'avait vu qu'une seule fois ce « hall splendide », comme

Gregory l'appelait. Son immensité et son manque de lumière l'avait effrayée et elle en gardait un mauvais souvenir.

Le grand salon était recouvert d'un épais tapis noir. Il n'y avait point de meubles ; seuls quelques divans avaient été placés dans les coins. Les murs étaient tendus de tapisseries orientales. Des deux côtés de la pièce s'élevait une rangée de piliers rouges. Le seul éclairage provenait de trois lanternes qui projetaient sur le tapis des rayons jaunâtres, sans ajouter la moindre gaieté à l'ensemble.

Penne était assis sur un divan, les jambes croisées à l'orientale, suivant des yeux les mouvements d'une jeune danseuse malaise ; la danseuse se trémoussait aux sons étranges de trois guitares de son pays dont jouaient trois hommes au visage solennel installés dans un coin sombre de la pièce. Gregory était habillé d'un pyjama rouge flamboyant. Son regard vitreux, aussi bien que le pli brutal de sa bouche dirent à Stella tout ce qu'elle voulait savoir sur l'état de son terrible ami.

Sir Gregory Penne n'était qu'un esclave de ses appétits. Né riche, il n'avait jamais connu de refus à ses désirs. L'argent s'ajoutait à l'argent dans une sorte de progression constante et lorsqu'il se vit rassasié des joies normales de la vie et des douceurs à sa portée, il trouva son plaisir en s'emparant de ce qui lui était défendu. Les expéditions que ses agents avaient faites de temps en temps dans les jungles de sa seconde patrie lui avaient rapporté des trophées humains ou non, qui perdaient toute leur saveur dès qu'ils étaient en sa possession.

Stella qui, en rêve, s'était déjà vue maîtresse du château de Griff perdait son attrait pour Gregory au fur et à mesure qu'elle devenait plus complaisante. Et un jour, les derniers vestiges de cet attrait disparurent : elle finit par n'avoir pas plus d'importance pour lui que la table à laquelle il s'asseyait tous les jours.

Le médecin lui avait dit que la boisson le tuerait... Il se mit à boire plus que jamais. L'alcool lui apportait des visons délicieuses, histoires mouvantes enveloppées des brumes étincelantes du rêve... En état d'ivresse, il aimait à avoir devant les yeux le visage d'une femme qui le haïsse. Aussi fanfaron que poltron, il ne voulait jamais approfondir les conséquences de ses actes. Pour finir, il y avait toujours son argent qui payait plus ou moins cher tous les griefs qu'on pouvait avoir contre lui.

L'esclave qui avait conduit Stella Mendoza au salon avait disparu ; la jeune femme, debout près du divan, examinait l'homme, attendant qu'il fasse attention à elle. Enfin, il se tourna et la gratifia d'un regard stupidement vague.

– Asseyez-vous, Stella, dit-il d'une voix pâteuse, asseyez-vous. Vous ne sauriez pas danser comme ça, hein ? Aucune Européenne n'aura jamais cette grâce, cette souplesse. Regardez-la !

La danseuse tournoyait maintenant avec une rapidité vertigineuse, ses draperies légères l'enveloppant d'un nuage. Tout à coup, au son de l'accord final des guitares, elle se jeta à terre, la face en avant. Gregory prononça quelques mots en malais et la femme montra ses dents blanches dans un sourire. Stella la reconnut. Il y avait eu au château deux danseuses, mais l'une avait attrapé la fièvre scarlatine et fut rapidement éloignée : Gregory avait horreur des maladies.

– Asseyez-vous là, ordonna-t-il, indiquant à la vedette un coin du divan.

Comme par magie, tous les serviteurs avaient disparu de la chambre et l'actrice se sentit soudainement mal à l'aise.

– J'ai laissé dehors mon chauffeur avec l'ordre d'aller chercher la police si je ne reviens pas dans une demi-heure, dit-elle d'une voix élevée.

Il rit.

– Stella, vous auriez dû amener votre nourrice. Qu'avez-vous donc aujourd'hui ? Ne pouvez-vous pas penser à autre chose qu'à la police ? J'ai à vous parler, ajouta-t-il sur un ton plus doux.

– Moi aussi, j'ai à vous parler, Gregory. Je quitte Chichester et je ne veux plus y revenir.

– Vous entendez que vous ne voulez plus *me* revoir, hein ? Eh bien, je vous avoue que moi aussi, j'en ai bien assez de vous. Et de mon côté, il n'y aura ni pleurs ni grincements de dents.

– Ma nouvelle compagnie théâtrale..., commença-t-elle, mais il l'arrêta d'un geste.

– Si la création de votre nouvelle compagnie dépend de ma mise de fonds, vous pouvez en faire votre deuil, dit-il durement. J'ai vu mon homme d'affaires, ou enfin quelqu'un qui s'y connaît, et il m'a dit que si vous essayiez de me dénoncer au sujet de l'affaire de Tjarjin, vous vous attireriez des ennuis à votre tour. Je vais vous donner de l'argent. Pas beaucoup, mais ce sera suffisant. Je ne crois pas que vous soyez dans la misère, car je vous ai déjà donné de quoi monter trois compagnies théâtrales. Stella, je suis fou de cette petite.

Elle le regarda, la bouche ouverte de surprise.

– Quelle petite ? demanda-t-elle.

– Adèle. C'est bien son nom, je crois ? Adèle Leamington.

– Vous entendez la petite extra qui a pris ma place ? s'écria-t-elle.

– Oui, c'est cela. Cette petite m'a ensorcelé, Stella, plus que vous ne l'avez jamais fait. Et je ne dis pas cela pour vous offenser le moins du monde.

Elle se contentait d'écouter, ne trouvant pas un mot devant une semblable déclaration.

– J'irais bien loin pour l'avoir, continua-t-il. Je l'épouserais si cela pouvait avoir quelque importance pour elle... Il est du reste temps que je me marie. Écoutez, vous êtes de ses amies...

– Amie ! siffla Stella, retrouvant sa langue. Comment pourrais-je être de ses amies alors qu'elle m'a pris ma place ? Et même si je l'étais ? Vous ne vous imaginez pas que je m'en vais amener une jeune fille dans cet enfer ?

Il l'obligea à le regarder dans les yeux, la fixant, froid, méchant, plein de menace.

– Cet enfer fut, pendant un certain temps, votre paradis ! Il vous a en tous cas donné des ailes ! Ne partez pas pour Londres, Stella, restez encore une semaine ou deux. Tâchez de vous lier avec cette jeune fille. Vous avez des occasions que personne n'a. Influencez-la un peu... Vous n'y perdrez rien. Parlez-lui de moi ; dites-lui que je suis bon et quelle chance elle a de me plaire. Vous n'avez pas besoin de parler de mariage, mais vous pourriez le mentionner si vous voyez que cela devient nécessaire. Montrez-lui quelques-uns de vos bijoux... Vous savez, ce gros pendentif que je vous ai donné...

Il continua à divaguer et elle l'écouta en silence, son étonnement se transformant en une colère incontrôlable.

– Ah, la brute ! s'écria-t-elle finalement. Oser suggérer que je lui amène ici cette jeune fille ! Je ne l'aime pas, c'est tout naturel. Mais je me mettrais à genoux devant elle pour la supplier de ne pas venir à Griff. Vous croyez que je suis jalouse ? (Elle fit une moue de mépris à la vue du sourire qui s'étendait sur la figure de Penne.) Vous faites erreur, Gregory. Je suis jalouse de la place qu'elle a prise au studio, mais en ce qui vous concerne, vous...

(Elle haussa les épaules.) Vous ne signifiez plus rien pour moi. Je doute même fort que j'aie jamais vu en vous autre chose qu'une bonne source de revenus. Voilà qui est franc n'est-ce pas ?

Elle se leva et commença à mettre ses gants.

– Comme vous n'avez pas l'air de vouloir m'aider, je vais être obligée de chercher un moyen pour vous faire tenir votre promesse. Et vous m'avez promis ma troupe, Gregory ; je suppose que vous l'avez oublié ?

– Vous m'intéressiez alors davantage, répondit-il. Où allez-vous ?

– Je rentre chez moi, et demain, je quitte la ville.

Le regard de l'homme glissa d'abord à l'une des extrémités du salon, puis à l'autre, et se reporta enfin sur elle.

– Vous ne rentrez pas chez vous, vous restez ici, ma chère, dit-il.

Il eut un éclat de rire.

– Ah, vous aviez dit à votre chauffeur d'aller chercher la police, n'est-ce pas ? Je m'en vais vous dire quelque chose, moi. Votre chauffeur est actuellement dans ma cuisine, en train de souper. Si vous croyez qu'il a quelque chance de sortir d'ici avant vous, c'est que vous ne me connaissez pas, Stella

Il ramassa sa robe de chambre qui traînait sur le divan et l'enfila. Aux yeux de la jeune fille, cette silhouette avait quelque chose de terrifiant, de malpropre, d'obscène. Le pyjama écarlate ajoutait encore à l'expression diabolique de son visage et elle recula instinctivement.

Il remarqua aussitôt ce mouvement et ses yeux s'allumèrent d'un feu de triomphe.

– Bhag est en bas, dit-il gravement. Il manipule les gens sans douceur. Dernièrement, il a traité une jeune femme de telle façon que j'ai dû demander un médecin. Vous allez venir avec moi sans... son secours ?

Elle courba la tête. Ses genoux tremblaient. Cette fois, elle n'allait pas braver impunément la bête dans son antre.

Au milieu du corridor, il ouvrit une porte et la poussa à l'intérieur.

– Entrez là et restez-y. Je viendrai vous parler demain, quand je serai dégrisé. En ce moment, je suis ivre. Je vais peut-être vous envoyer quelqu'un pour vous tenir compagnie... Je n'en sais encore rien. (Il hérissa ses cheveux d'un geste perplexe d'homme ivre.) Mais il faut que je sois dégrisé avant d'en finir avec vous.

La porte claqua et une clef tourna dans la serrure. Elle se trouvait dans l'obscurité complète d'une chambre inconnue... Pendant quelques secondes horribles, elle se demanda si elle était seule.

Il se passa longtemps avant que sa main rencontrât le commutateur. Elle le tourna. Un globe de cristal s'alluma au plafond.

C'était une petite pièce qui avait servi de chambre à coucher. Le lit avait été enlevé, mais un matelas et un oreiller restaient encore par terre dans un coin. Il y avait une fenêtre fermée par de gros barreaux de fer et aucune sortie. Elle examina la porte ; il n'y avait même pas de trou dans lequel elle aurait pu essayer les clefs qu'elle possédait.

Revenant à la fenêtre, elle leva le store de toile, car il faisait chaud dans la chambre. Elle vit que la fenêtre donnait sur la prairie qui s'étendait derrière la maison ; devant ses yeux s'étalait une rangée d'arbres. La grande route passait devant la façade du château ; elle comprit que le cri le plus aigu ne pourrait y être entendu.

S'étant assise sur une chaise, elle se mit à réfléchir à sa situation. Tout à coup, elle se souvint qu'elle avait de quoi arrêter Gregory dans le cas d'un danger imminent. Elle ouvrit sa robe, déboutonna une ceinture de cuir fin et prit dans son étui un bijou de browning... une arme-joujou qui pouvait devenir tout à fait sérieuse s'il le fallait. Elle chargea ce minuscule revolver et le remit dans sa poche.

– Et maintenant, Gregory, je vous attends, dit-elle à haute voix.

À ce moment, elle eut un coup d'œil vers la fenêtre, sursauta et poussa un cri.

Deux mains crasseuses s'étaient agrippées aux barreaux ; un horrible visage de mendiant était apparu à ses yeux. Sa main tremblante chercha le revolver, mais avant qu'elle ait pu presser la détente, le visage avait disparu. Elle eut beau regarder par la fenêtre, les barreaux ne lui permettaient pas de voir le parapet le long duquel descendait ce bizarre visiteur.

33

ÉCHEC

Dix heures sonnaient à la cathédrale de Chichester lorsque le vagabond qui, une demi-heure auparavant, avait cherché à pénétrer les secrets de Griff fit son apparition sur la place du marché. Ses habits étaient encore plus poussiéreux et sales qu'auparavant, et un policeman qui l'aperçut s'arrêta résolument sur son passage.

– On traîne sur les routes ? demanda-t-il.

– Ben oui, pleurnicha l'homme.

– Eh bien, dépêchez-vous de filer. Cherchez-vous un asile ?

– Oui, Sir.

– Pourquoi ne tentez-vous pas votre chance à l'asile de nuit ?

– C'est plein, Sir.

– Vous mentez, dit l'agent. En tous cas, vous êtes prévenu : si je vous revois, je vous arrête.

Marmottant quelque chose dans sa barbe, l'être crasseux, ses mains toujours enfoncées dans les poches de son pantalon, se dirigea vers Arundel Road.

Dès qu'il fut hors de la vue de l'agent, il tourna brusquement à droite et hâta le pas. Il s'approcha de la maison de Jack Knebworth. Le réalisateur, entendant sonner, ouvrit lui-même la porte et resta stupéfait à l'aspect inattendu du visiteur.

– Que me voulez-vous, mon brave ? demanda-t-il.

– Mr Brixan est-il rentré ?

– Non, il n'est pas revenu. Vous feriez mieux de me donner cette lettre. Je vais communiquer avec lui par téléphone.

Le vagabond ricana et secoua la tête.

– Non, vous ne le pourrez pas. Je veux voir Brixan.

– Eh bien, vous ne le verrez pas ici ce soir, dit Jack. (Puis il ajouta, soupçonneux :) J'ai idée que vous ne voulez pas du tout le voir, et que vous traînez par ici pour un tout autre motif.

Le vagabond ne répondit pas. Il sifflotait doucement un air d'opéra, battant toujours la mesure de son pied droit.

– Il s'est fourré dans une sale histoire, l'ami Brixan, annonça-t-il sur un ton satisfait qui agaça Knebworth.

– Qu'en savez-vous ?

– Je sais que ça ne va plus avec les grosses huiles de la police... Voilà ce que je sais. Il n'a pas pu trouver où disparaissaient les lettres : c'est là son grand souci. Mais moi, je le sais.

– Est-ce pour cela que vous voulez le voir ?

L'homme eut un geste affirmatif.

– Je sais, moi. Je pourrais lui raconter quelque chose s'il était ici. Mais voilà, il n'est pas là.

– Puisque vous savez qu'il n'est pas là, pourquoi diable revenez-vous ? s'exclama Jack, exaspéré.

– C'est parce que la « rousse » commence à m'embêter, voilà pourquoi. Un flic là-bas, au coin de la place du marché, m'a promis de m'arrêter la prochaine fois qu'il me reverrait. Alors, j'ai eu l'idée de passer par ici pour gagner du temps, voilà !

Jack le regarda avec stupéfaction.

– Vous en avez de l'aplomb, murmura-t-il. Et maintenant que vous avez gagné du temps et que j'ai servi à vous distraire, vous pouvez me faire le plaisir de filer ! Voulez-vous manger quelque chose ?

– Oh, pas moi ! dit le vagabond. Moi, je vis sur ma graisse !

Sa voix perçante de voyou commençait à agacer les nerfs de Jack.

– Eh bien, bonne nuit, dit-il d'un ton bref.

Il referma la porte au nez de son imperturbable visiteur.

Le vagabond attendit pendant un très long moment avant de s'en aller. Puis il prit une cigarette à l'intérieur de son innommable coiffure, l'alluma et repartit de son pas traînard dans la direction d'où il était venu, faisant un long détour pour éviter le centre de la ville que surveillait le peu aimable policeman.

L'horloge d'une église sonna la demie lorsqu'il arriva de nouveau à l'angle d'Arundel Road. Il jeta sa cigarette, se plaça à l'ombre d'un mur et attendit.

Cinq, puis dix minutes passèrent. Ses yeux perçants reconnurent tout à coup la silhouette d'un homme qui venait rapidement dans sa direction, et il ricana dans la nuit. C'était Knebworth. Jack avait été troublé par son visiteur et se dirigeait vers le poste de police pour obtenir des nouvelles de Brixan. Le vagabon le devina, mais il n'eut guère le temps de s'occuper du metteur en scène, car une voiture apparut sans bruit au coin de la rue et s'arrêta en face de lui.

– Est-ce vous, mon ami ?

– Oui, dit le vagabond d'une voix étouffée.

– Montez donc.

Le vagabond avança la tête, cherchant à percer l'obscurité qui régnait à l'intérieur de la voiture. Puis, d'un tour de poignet, il ouvrit la portière, mit un pied sur le marchepied et se jeta soudainement sur le conducteur.

– Coupe-Têtes, je vous tiens ! siffla-t-il.

Ces mots étaient à peine sortis de sa bouche que quelque chose de doux et d'humide le frappa au visage... quelque chose qui l'aveugla, l'étouffa et l'obligea à lâcher prise. Un coup de pied du conducteur et il gisait sans mouvement sur le trottoir tandis que la voiture repartait à toute vitesse.

Jack Knebworth avait assisté à cette scène sans y comprendre grand-chose à cause de l'obscurité. Il accourut rapidement. Un agent de police apparut aussi et ils soulevèrent ensemble le vagabond.

– J'ai déjà vu ce type-là par ici, dit l'agent. Je lui ai dit de filer.

C'est alors que l'homme étendu poussa un profond soupir et porta la main à ses yeux.

– Cette fois, je donne ma démission, dit-il.

Knebworth resta bouche bée...

C'était la voix de Michel Brixan.

34

La disparition

– Mais oui, c'est moi, dit amèrement Brixan. Ça va bien, Sergent, vous pouvez aller. Jack, il faut que je rentre pour enlever tout ce maquillage.

– Bonté divine ! murmura Knebworth regardant le détective. Je n'ai jamais vu un homme qui sache assez bien se maquiller pour m'induire en erreur, moi !

– J'ai induit tout le monde en erreur, y compris moi-même,

dit le détective, furieux. J'avais cru l'attraper avec une lettre et au lieu de cela, c'est lui qui m'a eu.

– Que vous a-t-il jeté ?

– De l'ammoniaque, je crois... Une solution très forte...

Vingt minutes plus tard, il ressortait de la salle de bain, ayant repris son aspect normal, malgré ses yeux enflammés.

– J'avais voulu lui tendre un piège à ma façon, mais il est beaucoup trop malin pour moi.

– Savez-vous qui c'est ?

– Oh oui, dit Brixan, je le sais. J'avais préparé des hommes pour l'arrêter, mais je ne voulais pas faire de bruit ; je voulais surtout éviter une effusion de sang. Mais, hélas, à moins que je ne me trompe, du sang sera versé.

– Je n'ai pas reconnu la voiture, et pourtant, je connais toutes celles qui roulent en ville, dit Jack.

– C'en est une nouvelle, employée exclusivement pour les expéditions nocturnes du Coupe-Têtes. Il doit la parquer ailleurs que chez lui. Vous m'avez demandé tout à l'heure si j'avais faim, je vous ai menti en répondant que je vivais sur ma graisse, vous savez. Pour l'amour du ciel, donnez-moi quelque chose à manger !

Jack ouvrit son buffet, y prit de la viande froide, prépara du café et attendit en silence que le détective affamé eût englouti son repas.

– Là, maintenant, je me sens revivre, dit-il. Je n'avais rien mangé depuis ce matin, sauf un biscuit. À propos, notre amie Stella Mendoza se trouve au château de Griff et je crois lui avoir fait peur. Je me trouvais par là, toujours à la poursuite de mon oiseau, lorsque je me suis trouvé en face d'elle... à sa grande frayeur !

À ce moment, on frappa violemment à la porte et Jack leva la tête.

– Qui cela peut-il être à pareille heure ? demanda-t-il.

– Le policeman, probablement, dit Brixan.

Knebworth ouvrit la porte et vit sur le seuil une femme âgée qui tenait à la main un rouleau de papier.

– Vous êtes Mr Knebworth ? demanda-t-elle.

– Oui, dit Jack.

– Je vous apporte le manuscrit que miss Leamington a oublié. Elle m'avait demandé de vous l'apporter.

Knebworth prit le rouleau et fit glisser l'élastique qui le maintenait. C'était le manuscrit de *Roselle*.

– Pourquoi m'apportez-vous ceci ? demanda-t-il.

– Elle m'a dit de l'apporter si je le trouvais.

– Fort bien, dit Jack mystifié, je vous en remercie.

Il referma la porte et revint à la salle à manger.

– Adèle me renvoie son manuscrit. Qu'est-ce qui se passe ?

– Qui l'a apporté ? demanda Brixan avec intérêt.

– Ce doit être sa propriétaire, dit Jack en décrivant la femme.

– Oui, c'est elle. Adèle refuserait-elle de continuer le film ?

Jack secoua la tête.

– Cela ne lui ressemble pas.

Brixan était intrigué.

– Que diable cela peut-il signifier ? Que vous a dit exactement la femme ?

– Elle m'a dit que miss Leamington lui avait demandé d'apporter le manuscrit si elle le trouvait.

En un clin d'œil, Brixan fut hors de la maison, courant le long de la rue pour rattraper la femme.

– Voudriez-vous revenir une minute, s'il vous plaît, lui dit-il en la ramenant à la maison. Expliquez à Mr Knebworth pourquoi miss Leamington envoie ce manuscrit et ce que vous vouliez dire par « oublié ».

– Eh bien, quand elle est partie pour venir chez vous..., commença la femme.

– Pour venir chez moi ? s'écria Knebworth.

– Un monsieur est venu du studio et a dit que vous la demandiez. Miss Leamington allait justement se mettre au lit quand je lui ai monté ce message. Le monsieur a dit que vous vouliez la voir au sujet de cette pièce et qu'il fallait qu'elle apporte le manuscrit. Elle n'arrivait pas à le retrouver et était très ennuyée. Alors, je lui ai dit de partir et lui ai promis de l'apporter dès que je l'aurais trouvé. Elle a accepté.

– De quoi avait l'air ce monsieur qui est venu ?

– Un monsieur assez gros. Ce n'était pas tout à fait un monsieur, c'était un chauffeur. Je crois même qu'il devait avoir bu, quoique je n'aie pas voulu le dire à miss Leamington pour ne pas l'effrayer.

– Et alors, qu'est-il arrivé ensuite ? demanda Brixan.

– Elle est descendue, le chauffeur était déjà à son siège. Elle est montée dans la voiture.

– Une voiture fermée, je pense ?

– Oui.

– Et alors, ils sont partis ? Quelle heure était-il ?

– Près de 10 heures et demie. Je m'en souviens parce que juste avant que la voiture ait démarré, j'ai entendu sonner l'horloge.

Brixan était redevenu apparemment calme. Sa voix était presque un chuchotement.

– 11 h 25, dit-il en consultant sa montre. Vous avez bien attendu pour venir.

– Je ne retrouvais pas le manuscrit, Sir. Je l'ai finalement trouvé sous l'oreiller de miss Leamington. Mais n'est-elle pas ici ?

– Non, elle n'est pas là, dit calmement le détective. Je vous remercie beaucoup. Voudriez-vous aller m'attendre au poste de police ? Je ne vous retiendrai pas longtemps.

Il monta prendre son pardessus.

– Où pensez-vous qu'elle soit ? demanda Jack.

– Elle est au château de Griff, répondit l'autre, et la question de savoir si sir Gregory sera mort ou vivant au matin dépend désormais du traitement qu'Adèle aura subi entre ses mains.

Au poste de police, il trouva la propriétaire effrayée et en larmes.

– Comment était habillée miss Leamington en sortant ?

– Elle avait sa cape bleue, cette jolie cape qu'elle porte toujours.

Brixan avait trouvé au poste les hommes de Scotland Yard. La voiture qui partit pour Chichester était bien chargée, trop chargée de l'avis du policier, navré que toute cette cargaison humaine vint diminuer la vitesse de la voiture au moment où chaque seconde pouvait être précieuse. Enfin, après un temps qui lui parut une éternité, la voiture arriva au château. Brixan ne perdit pas une seconde : il enfonça la grille fragile avec l'avant de sa machine, monta la pente et s'arrêta devant la porte d'entrée.

Il n'eut pas besoin de sonner : la porte était grande ouverte et Brixan, à la tête de ses hommes, se précipita à travers le hall désert et le corridor dans la bibliothèque de sir Gregory. Une seule lampe éclairait faiblement la pièce qui était vide. À pas rapides, le détective courut au bureau et pressa le ressort. La porte du repaire de Bhag s'ouvrit. Mais Bhag manquait aussi.

Il pressa la sonnette près de la cheminée et presque aussitôt, un serviteur à visage cuivré entra tremblant dans la chambre.

– Où est votre maître ? demanda Brixan en hollandais.

L'homme secoua la tête.

– Je ne sais pas, répondit-il, mais il eut un regard instinctif au plafond.

– Montrez-moi le chemin.

Ils montèrent le large escalier conduisant du hall au premier étage. Au milieu d'un corridor dont les murs étaient décorés de sabres, le jeune homme arriva devant une porte ouverte... le grand salon où sir Gregory avait passé sa soirée. Là encore, personne. Brixan revint vers le hall. À ce moment, il entendit qu'on frappait violemment à l'une des portes du corridor. La clef se trouvait dans la serrure ; il la tourna et ouvrit largement la porte. Stella Mendoza, pâle comme une morte, se précipita dehors.

– Où est Adèle ? prononça-t-elle dans un sanglot.

– C'est ce que j'allais vous demander, dit Brixan. Où est-elle ?

La jeune fille eut un hochement de tête impuissant, essaya de parler et tomba évanouie.

Il n'attendit pas qu'elle revint à elle, et continua ses recherches. Il allait de chambre en chambre, mais sans trouver trace d'Adèle ni du maître brutal de Griff. Il revint encore à la bibliothèque et entra dans le petit salon adjacent où il vit une table mise pour deux. La nappe était tachée de vin ; l'un des verres était à moitié vide... Mais les deux convives pour lesquels on avait préparé la table avaient disparu. Ils devaient être partis par la grande porte d'entrée... Pour où ?

Il s'arrêta, son esprit concentré sur un problème plus vital pour lui que la vie elle-même, lorsqu'il entendit du bruit venant de l'appartement de Bhag. Le singe monstrueux apparut en personne à la porte. Il avait à l'épaule une plaie sanglante ; le sang tombait par terre goutte à goutte, pendant qu'il restait là, debout, serrant dans ses grandes mains quelque chose qui ressemblait à un paquet de chiffons. Brixan regarda de plus près et tout se mit à tourner devant ses yeux.

L'étoffe déchiquetée et tachée de sang que Bhag tenait était la cape bleue d'Adèle Leamington !

Bhag fixa pendant un moment l'homme qui, il le savait, était son ennemi ; puis, lâchant la cape, il recula jusqu'à l'entrée de son logis et, montrant les dents, fit une grimace haineuse.

Brixan tira trois coups de feu et l'immense créature disparut en un clin d'œil, refermant sa porte derrière elle.

Knebworth avait assisté à cette scène. Ce fut lui qui ramassa la cape que Bhag avait jetée.

– Oui, c'est à elle, dit-il d'une voix étranglée, une horrible pensée glaçant son cœur.

Brixan avait rouvert la porte de l'antre du singe et, le revolver à la main, se précipitait à l'intérieur. Knebworth n'osa pas le suivre. Il attendit, pétrifié. Enfin, le détective revint.

– Il n'y a personne là-dedans, dit-il.

– Personne ? demanda Jack Knebworth dans un murmure. Dieu soit loué !

– Bhag a fui... Je crois l'avoir blessé ; il y a là une traînée de sang, mais il se peut que je n'en sois pas responsable. Il a dû être blessé dernièrement. (Le jeune homme montra les taches sur le parquet.) Car, lorsque je l'ai vu récemment, il n'avait rien.

– L'aviez-vous revu avant aujourd'hui ?

– Mais oui. Il a hanté la maison de Longvale pendant trois nuits.

– La maison de Longvale !

...Où était Adèle ? C'était là la question essentielle, la pensée prépondérante de Michel Brixan. Et où se trouvait le baronnet ? Que signifiait cette porte grande ouverte ? Aucun des serviteurs du château ne put rien lui dire et le détective sentait qu'ils étaient sincères. Seuls Penne, la jeune fille et... le grand singe... savaient... à moins que...

Il revint précipitamment à Stella Mendoza qu'il avait confiée aux soins d'un officier de police.

– Elle ne fait que passer d'un évanouissement à un autre, dit l'officier. Je ne puis rien en tirer, sauf qu'une fois, elle a dit : « tuez-le, Adèle ».

– Ainsi, elle l'a vue ! dit Brixan.

L'un des agents qu'il avait laissé dehors pour surveiller la maison eut quelque chose à rapporter. Il avait vu une silhouette sombre grimper le long du mur de la maison et disparaître dans une ouverture, puis ressortir quelques minutes plus tard.

– C'était Bhag, dit Brixan. Je savais bien qu'il n'était pas dans la maison lorsque nous sommes arrivés. Il doit être entré pendant que nous étions à l'étage supérieur.

On trouva la voiture qui avait amené Adèle. C'était la voiture de Stella et Brixan eut d'abord la pensée que Mendoza avait participé à l'enlèvement. Il apprit plus tard que, tandis que le chauffeur de l'actrice était à la cuisine, prisonnier, Penne avait lui-même conduit la voiture jusqu'à la maison de la jeune fille. Ce fut la vue de cette voiture qu'elle connaissait qui avait dissipé tous les soupçons d'Adèle.

Brixan était dans un état qui touchait à la folie. La question de la capture du Coupe-Têtes lui semblait insignifiante comparée à celle du salut de la jeune fille.

– Si je ne la retrouve pas, je deviendrai fou, déclara-t-il.

Jack Knebworth ouvrait la bouche pour répondre lorsqu'il fut interrompu d'une façon extraordinaire. Dans la tranquillité de la nuit résonna subitement un cri d'agonie qui glaça le sang du metteur en scène.

– Au secours ! Au secours !

Quelque aigu que fût l'appel, Brixan reconnut aussitôt que c'était une voix masculine et que cette voix appartenait à Gregory Penne.

35

Ce qui était arrivé à Adèle

Il y avait des moments où Adèle doutait de ses capacités d'artiste ; et jamais ses doutes n'étaient plus forts que lorsqu'elle s'efforçait de fixer son esprit sur les directives écrites du scénario. Elle en blâmait Brixan, puis se repentait aussitôt et s'en blâmait elle-même bien davantage. Ce soir-là, elle renonça à la lutte ; roulant le manuscrit, elle le lia d'un élastique, le glissa sous son oreiller et se prépara à se mettre au lit. Elle avait déjà enlevé sa robe lorsqu'on vint l'appeler.

– De la part de Mr Knebworth ? dit-elle, surprise. À pareille heure ?

– Oui, miss. Il va faire demain de grandes modifications dans la pièce et veut vous voir tout de suite. Il vous a envoyé une voiture. Miss Mendoza revient dans la troupe.

– Ah ? dit-elle faiblement.

Elle avait donc échoué : son beau rêve n'avait été qu'un château de cartes !

– Je viens tout de suite, dit-elle.

Ses doigts tremblaient pendant qu'elle fixait sa robe et elle s'en voulait de cette preuve de faiblesse. Peut-être Stella ne revenait-elle pas pour jouer ce rôle-là ; un nouveau personnage avait pu être ajouté ; peut-être n'était-ce pas du tout pour *Roselle* qu'elle était réengagée ? Toutes ces hypothèses trottaient dans son esprit. Elle était déjà à la porte lorsqu'elle se souvint que Jack Knebworth voulait voir son manuscrit. Elle remonta en courant, mais dans son agitation oublia totalement où elle avait glissé le rouleau de papier. Désespérée, elle s'en alla finalement, disant à la propriétaire :

– J'ai laissé quelque part des papiers qui sont importants. Voudriez-vous les apporter à la maison de Knebworth si vous les trouvez ? C'est un rouleau de feuilles dans une couverture marron...

Elle en fit la description aussi bien qu'elle put.

En sortant, elle reconnut avec un serrement de cœur la voiture de Stella Mendoza. Ainsi, Jack et l'actrice étaient bien réconciliés !

En un clin d'œil, elle fut à l'intérieur, la portière se referma et elle se trouva près du chauffeur qui ne disait rien.

– Mr Brixan est-il avec Mr Knebworth ? demanda Adèle.

Le chauffeur ne répondit pas et elle crut qu'il ne l'avait pas entendue ; mais il fit tout à coup un virage inattendu et tourna dans la direction opposée.

– Ce n'est pas par là qu'il faut tourner pour aller chez Mr Knebworth, dit-elle, alarmée. Ne connaissez-vous donc pas le chemin ?

Il ne répondait toujours pas. La voiture augmenta de vitesse, traversa une longue rue sombre et se trouva en pleins champs.

– Arrêtez immédiatement ! cria-t-elle en mettant la main sur la poignée de la portière.

Son bras fut aussitôt saisi par la main du chauffeur.

– Ma chère petite, si vous essayez de sauter de la voiture en marche, vous allez abîmer votre joli petit corps et très probablement défigurer votre beau visage, dit-il.

– Sir Gregory ! s'écria Adèle.

– Allons, ne faites pas d'histoires, dit Gregory sur un ton menaçant. Vous allez venir souper avec moi. Je vous ai invitée à plusieurs reprises, et cette fois, vous allez venir, que vous en ayez envie ou non ! Stella nous attend chez moi, vous n'avez donc rien à craindre.

Elle fit un effort pour se calmer.

– Sir Gregory, vous allez me ramener chez moi immédiatement. C'est indigne, ce que vous faites là !

Il exultait.

– Mais il ne va rien vous arriver, voyons ! Personne ne vous fera aucun mal et vous rentrerez chez vous saine et sauve ! Petite chérie, vous allez simplement souper avec moi, ce soir. Et si vous vous agitez, je jette la voiture contre le premier arbre que je rencontre et je nous tue tous les deux !

Il était ivre... enivré non seulement d'alcool, mais aussi par son pouvoir. Gregory touchait enfin à son but et ne s'arrêtait plus devant rien.

Stella était-elle vraiment chez lui ? Adèle ne le croyait pas. Et pourtant, cela pouvait être vrai... Elle s'accrocha à cet espoir d'une éventuelle présence de Stella.

– Nous voici arrivés, grogna Gregory en arrêtant la voiture devant la porte du château et en sautant sur le gravier.

Avant qu'elle eût compris ce qu'il voulait faire, il l'avait prise dans ses bras, malgré sa résistance désespérée.

– Si vous criez, je vous embrasse, menaça-t-il à l'oreille de la jeune fille qui se raidit, immobile.

La porte s'ouvrit instantanément. Adèle regarda le serviteur qui se tenait impassible dans le hall pendant que Gregory gravissait le vaste escalier et elle se demanda quel secours pourrait lui venir de cet étranger. Finalement, Penne la mit debout près d'une porte, l'ouvrit et poussa la jeune fille à l'intérieur.

– Voici votre amie, Stella, dit-il. Dites-lui quelques mots en ma faveur ! Essayez de faire entrer un peu de bon sens dans sa tête, si vous le pouvez. Je vais revenir dans dix minutes et nous aurons alors le plus exquis des petits repas de noces que de jeunes mariés aient jamais eu !

La porte claqua et fut verrouillée avant qu'Adèle vît qu'une autre femme se trouvait dans la chambre. C'était Stella. Elle se sentit un peu rassurée en reconnaissant le pâle visage de sa rivale.

– Oh, miss Mendoza, dit-elle essoufflée, Dieu merci, vous êtes là !

36

LA FUITE

– Ne vous hâtez pas trop de remercier le bon Dieu, dit Stella avec un calme apparent. Ah, petite folle que vous êtes, pourquoi êtes-vous venue ici ?

– Il m'y a forcée. Je ne voulais pas venir, répondit Adèle.

Elle sentait sa raison lui échapper et essaya d'imiter le calme de sa compagne, mordant ses lèvres pour arrêter leur tremblement. Au bout d'un moment, elle se domina suffisamment pour pouvoir raconter à Stella ce qui lui était arrivé. Le visage de Stella se rembrunit.

– Bien sûr, il s'est servi de ma voiture, dit-elle, se parlant à elle-même, et il a fait prisonnier mon chauffeur comme il m'en avait prévenue. Oh, mon Dieu !

– Que va-t-il faire ? demanda Adèle dans un souffle.

Stella tourna ses beaux yeux vers la jeune fille.

– Que pensez-vous qu'il veuille faire ? dit-elle en ponctuant ses mots. C'est une brute... de ces brutes qu'on ne rencontre guère que dans les romans ou... dans des chambres verrouillées. Il n'aura pas plus de pitié pour vous que n'en aurait Bhag.

– Si Michel l'apprend, il le tuera.

– Michel ? Ah, vous parlez de Brixan ? dit Stella avec un vif intérêt. Est-il amoureux de vous ? Est-ce pour cela qu'il tourne autour de la troupe ? Je n'y avais pas pensé. Mais que voulez-vous que cela lui fasse, à cette brute, Michel Brixan ou n'importe quel autre homme au monde ? Il peut fuir... Son yacht est à Southampton, et il aura toujours son immense fortune pour le sortir de ce genre d'histoires. Il sait fort bien que toute femme sérieuse hésitera à paraître devant un tribunal de police dans un procès de mœurs. Oh, il a toutes sortes d'atouts dans son jeu, allez. C'est un reptile, mais un reptile venimeux !

– Que faire !

Stella, serrant les mains sur sa poitrine, marchait de long en large dans l'étroite pièce.

– Je ne pense pas qu'il me fasse du mal, à moi. (Puis, inconséquente, elle saisit une tangente :) J'ai vu un mendiant à la fenêtre, il y a deux heures environ.

– Un mendiant ? dit la jeune fille étonnée.

– Oui, il m'a fait une peur affreuse, mais en y repensant, j'ai reconnu ses yeux. C'était les yeux de Brixan, quoique le déguisement fût si parfait qu'on ne le devinerait jamais.

– Michel ? Il est ici ? demanda la jeune fille avec fébrilité.

– Il doit être quelque part à proximité. Ça, c'est l'une des possibilités de salut pour vous, et en voici une autre.

Avec ces mots, elle prit son petit browning et le tendit à Adèle.

– Avez-vous jamais tiré ?

– Mais oui, j'ai eu à utiliser le revolver dans une scène, répondit-elle timidement.

– Ah, bien sûr ! Eh bien, tenez. Celui-ci est chargé. Ceci, c'est le cran de sûreté. Relevez-le avec votre pouce avant de vous servir de l'arme. Le mieux, ce serait que vous tuiez Penne ; mieux pour vous et mieux pour lui aussi, je crois.

La jeune fille recula avec horreur.

– Oh, non, non !

– Cachez cela dans votre poche. En avez-vous une ?

Il y avait une poche dans sa cape bleue et Adèle y cacha l'arme.

– Vous ne vous rendez pas compte du sacrifice que je vous fais là, dit Stella franchement, et je ne le fais pas par affection, car je ne vous aime pas beaucoup, Adèle Leamington. Mais je ne serais pas digne de survivre si je laissais cette brute vous vaincre sans lutte.

Et alors, dans un mouvement impulsif, elle se baissa et embrassa la jeune fille ; Adèle entoura de ses bras le cou de sa rivale et se serra contre elle.

– Il vient, murmura Stella Mendoza en reculant d'un pas.

C'était en effet Gregory... Gregory vêtu de son pyjama écarlate et de sa robe de chambre pourpre, la figure rouge, les yeux allumés d'excitation.

– Allons, venez, vous ! (Il tendit le doigt.) Non, pas vous, Mendoza ; vous resterez ici. Vous pourrez peut-être la revoir après... après le souper.

Il se pencha sur la jeune fille qui reculait.

– Personne ne vous fera aucun mal. Laissez là votre cape.

– Non, je la garde, dit-elle.

Sa main se porta instinctivement sur le revolver qu'elle serra.

– Fort bien, venez telle que vous êtes. Cela m'est égal.

Il lui serra fortement le bras en marchant à côté d'elle, étonné et ravi de ce qu'elle ne résistât pas. Ils descendirent dans le hall, puis entrèrent dans le petit salon adjacent à la bibliothèque. Il ouvrit la porte à deux battants, lui montrant la table gaiement décorée, et la poussa devant lui.

– Du vin et des baisers ! s'écria-t-il en saisissant une bouteille de champagne qu'il déboucha en inondant la nappe immaculée. Du vin et des baisers !

Il poussa brutalement un verre plein vers la jeune fille et épandit du vin sur sa cape.

Sans rien dire, elle secoua la tête.

– Buvez ! hurla-t-il.

Elle effleura le verre de ses lèvres.

Avant même qu'elle ne s'en rendît compte, elle était dans ses bras, la face bestiale de l'homme pressée contre la sienne. Elle tenta d'échapper à son étreinte, réussit à détourner la bouche et sentit ses lèvres chaudes se presser contre sa joue.

Puis il desserra son étreinte et, se dirigeant d'un pas trébuchant vers la porte, la ferma d'un coup de pied. Il allait tourner la clef dans la serrure lorsqu'il entendit derrière lui :

– Si vous tournez cette clef, je vous tue.

Il se retourna, abasourdi, et vit un revolver dans la main de sa victime. Les grands poings de l'homme s'agitèrent devant son visage dans un geste de peur.

– Baissez cela, petite folle, bégaya-t-il. Baissez cela ! Vous ne savez pas ce que vous faites. Le maudit jouet peut partir par accident.

– Il ne partira pas par accident, dit-elle. Ouvrez cette porte.

Il eut une seconde d'hésitation, mais le doigt de la jeune fille releva le cran de sûreté ; il vit le mouvement.

– Ne tirez pas, ne tirez pas ! cria-t-il en ouvrant largement la porte. Mais attendez, insensée ! Ne sortez pas, Bhag est là-bas. Il va se jeter sur vous. Restez avec moi. Je vais...

Mais elle fuyait à travers le corridor. Elle glissa sur le tapis, se releva aussitôt. Ses mains tremblantes manièrent fébrilement verrous et serrures. La porte s'ouvrit enfin et un instant plus tard, Adèle était dehors.

Sir Gregory la suivait. La surprise l'avait dégrisé brusquement et toutes les conséquences tragiques de sa folie lui vinrent à l'esprit avec une telle précision qu'il se sentit saisi de peur. Se précipitant à nouveau dans sa bibliothèque, il ouvrit un coffre-fort et en sortit une poignée de billets de banque. Il les enfonça dans une poche de la pelisse qui était pendue au portemanteau et qu'il enfila. Il échangea ses pantoufles contre d'épaisses chaussures et, à ce moment, se souvint de Bhag. Il ouvrit sa porte, mais Bhag n'était pas là. L'homme porta ses mains tremblantes à sa bouche dans un geste d'horreur. Si Bhag la rattrapait !...

Une lueur de bon sens revint à son esprit. Il fallait retrouver Bhag. Il sortit dans la nuit à la recherche de son étrange et terrible serviteur. Portant ses mains à la bouche, il émit un long et plaintif hurlement ; c'était un appel auquel Bhag n'avait encore jamais désobéi. Il attendit. Aucune réponse ne vint. Gregory répéta encore son cri mélancolique. Si Bhag l'entendait, il n'obéissait pas pour la première fois de sa vie.

Gregory Penne s'arrêta, une sueur froide mouillant son front. Puis son calme habituel lui revint. Il avait encore le temps de s'habiller. Il monta à son élégante chambre à coucher enleva son pyjama et, quelques minutes plus tard, fut de nouveau en bas, cherchant le singe. Maintenant qu'il était habillé, il se sentait plus homme. Un grand verre de whisky contribua d'ailleurs à lui rendre définitivement son assurance. Il sonna le serviteur qui était chargé de sa voiture.

– Avancez la machine devant le petit portillon latéral, dit-il. Allez-y immédiatement. Veillez à ce que la grille soit ouverte : je puis avoir à partir cette nuit encore.

Il ne doutait plus qu'il ne soit arrêté. Dans ce cas, ni son immense fortune, ni les relations qu'il avait dans le pays, ne pourraient plus le sauver. Son dernier exploit avait été bien plus qu'une simple excentricité !

C'est alors qu'il se rappela que Stella Mendoza était toujours dans la maison et monta la voir. Un coup d'œil suffit à l'actrice pour comprendre que quelque chose d'imprévu s'était passé.

– Où est Adèle ? demanda-t-elle aussitôt.

– Je n'en sais rien. Elle s'est échappée... Elle avait un revolver. Bhag l'a suivie. Dieu sait ce qui va se passer s'il la trouve. Il va la déchiqueter membre à membre... Qu'est-ce que c'est ?

Un faible coup de feu résonna à distance, venant de derrière la maison.

– Des voleurs, dit Gregory, mal à l’aise. Écoutez, je m’en vais.

– Où allez-vous ?

– Ça ne vous regarde nullement, rétorqua-t-il. Voici un peu d’argent.

Il en mit une poignée dans sa main.

– Qu’avez-vous fait, Gregory ? murmura-t-elle, horrifiée.

– Je n’ai rien fait, vous dis-je, gronda-t-il. Mais cela n’empêchera pas qu’on ne m’arrête. Je vais rejoindre mon yacht. Vous feriez mieux de filer avant leur arrivée...

Elle s’était tournée pour prendre son chapeau et ses gants lorsqu’elle entendit la porte se refermer et la clef tourner dans la serrure. Il était sorti et l’avait enfermée d’un geste machinal, tout comme il continua machinalement à descendre l’escalier sans faire attention aux coups de poing qui s’abattaient sur la porte.

Le château de Griff se trouvait sur une colline et la route de Chichester se déroulait devant sir Gregory. Au moment où, arrêté devant la maison, il regardait au loin, espérant malgré tout apercevoir le singe, il y distingua les phares d’une voiture.

– La police ! s’exclama-t-il.

Aussitôt, il courut en trébuchant à travers le potager en direction de la grille.

37

Encore la vieille tour

Adèle fuyait le long de l’allée, ne pensant qu’à une chose : s’échapper de cette horrible demeure. Le portail était fermé, la loge du portier plongée dans l’obscurité, et elle tenta en vain d’ouvrir le gros verrou de fer forgé qui tenait ferme.

En tournant la tête en arrière vers le rai de lumière qui venait de la porte de la maison restée ouverte, elle aperçut une vague silhouette qui avançait avec précaution le long du gazon. Elle pensa d’abord que c’était Gregory Penne, puis tout à coup, le souvenir de cette forme voûtée lui revint à l’esprit et elle faillit en tomber évanouie. C’était Bhag ! Elle s’élança le long du mur, courant aussi silencieusement qu'elle put, glissant d'un buisson à l'autre. Mais il l'avait aperçue et la poursuivait sans se presser, comme s'il n'était pas très sûr qu'elle fût une proie légitime. « Il y a peut-être une autre grille », pensa-t-elle, et elle continua à avancer, jetant de temps en temps un coup d'œil en arrière et serrant fortement dans sa main le petit browning.

Elle dut bientôt quitter l'abri du mur et traverser la prairie. Il lui sembla un instant qu'elle avait trompé son poursuivant. Mais Bhag ne sortait que rarement en terrain découvert, et elle le revit bientôt. Il marchait parallèlement à elle le long du mur, ne montrant aucune hâte. Elle pensa que si elle continuait à avancer, il se lasserait peut-être et s'en irait. Il était possible que la curiosité seule l'eût jeté à sa poursuite. Mais elle fut déçue. Elle traversa un massif pour suivre un sentier, mais bientôt, elle comprit qu'elle allait ainsi se rapprocher du mur le long duquel son persécuteur avançait toujours. Aussitôt, elle quitta le sentier et marcha sur l'herbe trempée de rosée. Elle fut bientôt mouillée jusqu'aux genoux, mais ne s'en aperçut même pas... Bhag avait abandonné l'abri du mur et la suivait en plein champ !

Adèle se demanda si le jardin était entièrement entouré de ce mur ; tout à coup, elle vit avec joie une grille peu élevée. Passant rapidement par-dessus, elle sauta sur la route et courut à toute vitesse sans savoir où cette route la mènerait. En jetant un coup d'œil en arrière, elle vit avec horreur que Bhag la suivait toujours, sans faire pourtant d'effort pour diminuer la distance qui les séparait.

Ce fut alors qu'elle aperçut au loin les fenêtres éclairées d'une maison. Elles semblaient être toutes proches, mais en réalité, trois bons kilomètres l'en séparaient encore. Avec un sanglot de joie, Adèle abandonna la route et se mit à monter le versant d'une colline pour découvrir en arrivant au sommet... que les lumières étaient toujours aussi loin. Regardant en arrière, elle vit luire les yeux verts de Bhag.

Où était-elle ? Un coup d'œil aux alentours lui apporta la réponse. Devant elle, à gauche, se dessinait la silhouette trapue de la vieille tour de Griff.

À ce moment-là, Bhag, pour une raison incompréhensible, abandonna son rôle de spectateur et, poussant un grognement de chien, fit un bond vers la jeune fille. Elle se jeta en courant dans la direction de la tour. Son souffle entrecoupé s'échappait de sa gorge avec des sanglots, son cœur battait si fort qu'à chaque instant, elle craignait de tomber, à bout de forces. Une main saisit sa cape et la lui arracha. Cela lui donna une seconde de répit. Il lui fallait maintenant faire face à son ennemi ou périr.

Faisant vivement volte-face, le revolver levé dans sa main, elle considéra le monstre qui grognait en déchirant sa cape. Il s'accroupit à nouveau pour bondir et elle pressa la détente. Le bruit inattendu de la détonation la saisit tellement qu'elle faillit lâcher le revolver. L'animal poussa un hurlement de douleur et tomba, portant sa main à son épaule blessée. Mais il se releva immédiatement, commençant à reculer en la fixant toujours du regard.

Que devait-elle faire ? Le singe pouvait à tout moment bondir à nouveau sur elle. Elle jeta un coup d'œil à la tour. Ah, si elle pouvait grimper là-haut ! Tout à coup, elle se souvint de l'échelle que Jack Knebworth avait laissée au bas du mur.

Elle fit quelques pas, sans cesser de surveiller le singe qui, elle le savait, ne la quittait pas des yeux. Vivement, elle promena sa main dans l'herbe et toucha le bois de la légère échelle qu'elle leva sans peine et appuya contre le mur. Elle se souvenait d'avoir entendu Jack dire que le singe n'aurait pas pu, sans aide, arriver à monter dans la tour par l'extérieur, mais que de l'intérieur, il lui avait été facile de grimper en se servant des branches des arbres.

Elle voyait toujours Bhag : la lueur morne de ses yeux verts était terrible. En rassemblant toutes ses forces, elle fit un bond et atteignit rapidement le haut de l'échelle qu'elle commença aussitôt à tirer derrière elle. Bhag s'approchait de plus en plus et fut bientôt au pied du mur : il fit de vains efforts pour grimper à son tour, mais échoua. Adèle entendait son murmure de rage en replaçant l'échelle contre le côté intérieur du mur.

Ils restèrent ainsi pendant longtemps à se regarder, l'orang-outang et la jeune fille. Puis Bhag se décida à se retirer. Elle le suivit des yeux autant qu'elle put, attendit d'avoir la certitude qu'il était bien parti, puis chercha à reprendre l'échelle. Le montant inférieur devait s'être accroché à quelque buisson ; elle tira, tira, tira encore et l'échelle céda tout à coup si facilement qu'elle perdit l'équilibre. Pendant une seconde, elle resta suspendue, se tenant d'une main au mur, de l'autre tenant l'échelle ; puis glissant, roulant, elle tomba jusqu'en bas et se releva, essoufflée. Elle aurait eu envie de rire de cet accident sans la solitude impressionnante qui l'entourait. Elle essaya de replacer l'échelle contre le mur, mais dans l'obscurité ne put trouver un sol ferme.

Il devait y avoir des pierres parmi les buissons, et elle se mit à en chercher. Elle arriva au bord de la dépression conique au milieu de la tour, écarta un buisson, avança un pied pour tâter le sol et, soudainement, perdit pied. Elle comprit qu'elle glissait le long d'une pente, dans une ouverture creusée dans les profondeurs de la terre.

38

Les ossements dans la caverne

Adèle tombait, tombait, tombait toujours plus bas, s'agrippant vainement d'une main à la terre humide, et de l'autre serrant machinalement son revolver. Elle roulait maintenant sur une pente escarpée. Son pied toucha douloureusement une pierre en saillie et elle faillit s'évanouir. Elle n'osait plus se demander où elle allait ainsi arriver. Il lui semblait qu'une éternité se passait avant qu'elle n'arrivât enfin au sol plat ; et là, roulant plusieurs fois sur elle-même, elle alla buter avec force contre un mur de pierre.

Une éternité, lui sembla-t-il, et pourtant, tout ne pouvait pas avoir duré plus de quelques secondes. Elle resta pendant un long moment étendue sur le sol rocheux. Enfin, elle se leva avec une grimace de douleur, tâta sa cheville blessée et agita son pied pour voir s'il n'y avait rien de brisé. Levant les yeux, elle aperçut une étoile au-dessus de sa tête et comprit que ce devait être là l'ouverture par laquelle elle était tombée. Elle essaya de remonter, mais à chaque tentative qu'elle faisait, la terre molle cédait sous ses pieds et elle retombait à nouveau.

Elle constata que l'un de ses souliers lui manquait. Elle promena ses mains sur le sol et retrouva sa chaussure à moitié enfouie dans la terre. Elle la vida, nettoya son bas et se rechaussa. Puis elle s'assit et se demanda ce qu'elle allait faire. Elle devinait qu'avec le jour, elle pourrait examiner ce lieu et que, pour le moment, il lui fallait faire appel à toute sa philosophie et attendre le lever du soleil.

C'est alors qu'elle remarqua qu'elle tenait toujours son revolver à la main. Avec un faible sourire, elle le débarrassa de la terre qui le recouvrait, remit le cran de sûreté et glissa l'arme dans sa ceinture.

Le mystère de la réapparition de Bhag s'expliquait, maintenant. Il devait s'être caché dans le souterrain. Il sembla même à la jeune fille qu'elle sentait l'odeur particulière propre à la bête.

Jusqu'où s'étendait ce souterrain ? Elle regarda à gauche, à droite, mais ne put rien voir. Alors, elle avança prudemment, la main tendue tâtant chaque centimètre du sol, et toucha un pilier ; mais elle retira aussitôt la main, car la pierre était humide et visqueuse.

Tout à coup, elle fit une découverte de la plus haute importance. En tâtant le mur, elle arriva à une niche qui, d'après sa forme, devait avoir été faite de la main de l'homme. Elle avança encore la main et son cœur bondit quand elle toucha quelque chose qui avait une forme bien familière. C'était une lanterne. Elle ouvrit la petite porte vitrée et trouva à l'intérieur un bout de chandelle et une boîte d'allumettes !

Ainsi qu'elle l'apprit plus tard, ce n'était pas l'effet d'un miracle ; mais à ce moment-là, il lui sembla que cette possibilité d'avoir une lumière lui avait été envoyée en réponse à sa fervente prière mentale. D'une main tremblante, elle réussit, après plusieurs efforts, à allumer la chandelle. Celle-ci était neuve. La lumière fut d'abord faible ; mais la cire se mit à fondre et en refermant la lanterne, la jeune fille put examiner les lieux.

Elle se trouvait dans un souterrain étroit. D'innombrables stalactites pendaient au plafond. Le sol était sec au-dessous de l'ouverture par laquelle elle était tombée, mais plus loin, il y avait de l'humidité et un petit ruisseau courait de côté dans un lit naturel creusé dans le roc. Là, le souterrain s'élargissait et les stalactites devenaient plus nombreuses. Des deux côtés de la galerie, à gauche et à droite, des niches étaient creusées dans le mur en rangées si régulières qu'elles semblaient avoir été sculptées par un être humain. C'étaient de petites cavernes qui révélèrent, à la lumière de la lanterne, des splendeurs naturelles inattendues : grottes féeriques, creusées délicatement dans des couches de pierre, petits lacs scintillant aux feux de la bougie. Le souterrain devenait de plus en plus large. Finalement, la jeune fille se trouva dans une grande chambre qui semblait richement décorée de dentelles délicates. Le sol y était parsemé d'étranges bâtonnets blancs. Il y en avait des milliers, de toutes les dimensions, de toutes les formes. À la lumière de la lanterne, leur couleur blanche ressortait curieusement sur la teinte foncée des pierres. Adèle se baissa, ramassa un de ces bâtonnets et le laissa tomber aussitôt avec un cri d'horreur. C'étaient des os humains.

Toute tremblante, elle traversa presque en courant cette caverne. Le souterrain redevenait plus étroit et reprenait le même aspect que dans les premiers mètres. Rencontrant une nouvelle niche, elle y vit une nouvelle lanterne avec une bougie et des allumettes. Qui les avait mises là ? Elle n'avait pas osé réfléchir à sa première trouvaille, la plaçant dans la catégorie des miracles. Mais cette nouvelle lanterne la fit sursauter. Qui donc avait placé ces lanternes dans le mur, comme pour s'en servir en cas d'urgence ? Quelqu'un devait donc vivre ici. La jeune fille frémit à cette pensée.

Continuant son exploration, elle examinait chaque mètre de la galerie, la seconde lanterne non allumée pendue à son bras. À un endroit, son chemin fut barré par un petit cours d'eau, qu'elle sauta ; ailleurs, elle dut traverser un lac et l'eau lui arriva jusqu'à la cheville. Maintenant, le souterrain tournait insensiblement vers la droite. De temps en temps, elle s'arrêtait et écoutait, espérant et craignant en même temps d'entendre le son d'une voix humaine. La voûte de la galerie s'abaissait. Elle portait maintenant des traces de stalactites qui avaient dû être brisées pour préserver la tête de la mystérieuse personne hantant ces chambres souterraines.

Soudain, Adèle s'arrêta, son cœur battant tumultueusement ; elle avait entendu résonner des pas. Ils passèrent au-dessus d'elle. Puis vint un étrange bourdonnement qui augmenta d'abord d'intensité, puis faiblit et s'évanouit. Une automobile ! Elle se trouvait sous la route ! Bien sûr, la vieille tour se trouvait sur une pente de la colline. Elle devait maintenant être près de la ligne de la route et, à quelque deux ou trois mètres au-dessus d'elle, devaient briller les étoiles. Elle fixa passionnément la dure surface de la voûte et, dominant la terreur qui commençait à l'envahir, elle continua son chemin. Elle avait besoin de tout son courage et de tout son calme.

La galerie tourna brusquement. De nouvelles petites grottes apparurent dans le mur. Elle s'arrêta tout à coup, glacée. Le rayon de sa lanterne était tombé à l'intérieur de l'une de ces grottes. Deux hommes étaient couchés là l'un à côté de l'autre...

Portant la main à sa bouche, Adèle étouffa le cri qui lui était monté aux lèvres et ferma les yeux pour ne plus voir l'affreux spectacle. Ils étaient morts... décapités ! Dans le renfoncement où ils étaient placés, l'eau pétrifiante tombait sur eux goutte à goutte, ainsi qu'elle continuerait à tomber éternellement, jusqu'à ce que ces malheureux restes humains deviennent pierres.

Pendant un long moment, la jeune fille n'osa ni bouger, ni ouvrir les yeux, mais finalement, la force de sa volonté eut le dessus sur son épouvante et elle considéra avec un calme voulu ce spectacle qui lui glaçait le sang. La grotte voisine était occupée de la même façon, mais là, il n'y avait qu'un seul homme. Enfin, prête à s'évanouir, vaincue par toutes ces émotions, elle aperçut devant elle une pâle lueur qui vacilla, changea de place ; puis le son d'un rire horrible parvint à ses oreilles.

La jeune fille agit instantanément. Ouvrant sa lanterne, elle souffla la bougie et s'appuya au mur du souterrain, oublieuse des restes lugubres qui l'entouraient, consciente seulement du danger qui surgissait devant elle. À ce moment, une nouvelle lueur s'alluma puis encore et encore, jusqu'à ce que le lieu éloigné qu'elle voyait fût éclairé comme en plein jour. Et tout à coup, un cri d'angoisse mortelle retentit ; une voix étranglée hurla :

– Au secours ! Oh, mon Dieu, au secours ! Brixan, je ne suis pas prêt à mourir !

C'était la voix de Gregory Penne.

39

Brixan ne doute plus

C'était cette même voix qui avait amené Brixan en toute hâte à la grille latérale du jardin. Une voiture se trouvait de l'autre côté, phares éteints. Un petit homme brun, tout effrayé, se tenait à côté de la portière.

– Où est votre maître ? demanda vivement le détective.

L'homme tendit la main.

– Il est parti par là, bégaya-t-il. Il y avait le diable dans la grande machine... Elle ne voulait pas bouger lorsqu'il a pressé la petite plaque...

Brixan devina ce qui s'était passé. Par le jeu de cette étrange malignité des choses, au moment suprême, la machine avait refusé de marcher et Penne avait fui à pied.

L'homme fit de nouveau le même geste.

– Il a couru, dit-il simplement.

Brixan se tourna vers le détective qui était avec lui :

– Restez ici, il peut revenir. Arrêtez-le aussitôt et passez-lui les menottes. Il est probablement armé et pourrait avoir l'idée de se suicider. Il ne faut rien risquer.

Il avait si souvent traversé ce qu'il appelait le pré noir qu'il aurait pu trouver son chemin les yeux fermés. Il le parcourut à grands pas et arriva au bord de la route. Aucune trace de sir Gregory. À cinquante mètres de la route, une lumière éclairait gaiement la fenêtre supérieure de la maison de Mr Longvale et Brixan prit cette direction.

Là encore, aucune trace du fugitif. Le détective vint frapper à la porte de la maison. Le vieux gentilhomme lui ouvrit immédiatement. Il était vêtu d'une robe de chambre, attachée par une large ceinture...

– Qui est là ? demanda Mr Sampson Longvale en cherchant à percer l'obscurité de la nuit. Mais, Dieu le bénisse, c'est Mr Brixan, l'officier de la Loi ! Entrez donc, entrez donc, Sir.

Il ouvrit largement la porte et Brixan entra dans le salon éclairé de ses inévitables bougies que renforçait encore une lampe d'argent alimentée au pétrole.

– Rien de fâcheux au château, j'espère ? demanda anxieusement Mr Longvale.

– Si, une petite histoire, dit Michel Brixan d'un ton insouciant. N'auriez-vous pas vu par hasard sir Gregory Penne ?

Le vieillard hocha la tête.

– J'ai trouvé cette nuit un peu trop fraîche pour ma promenade habituelle, dit-il. Je n'ai donc vu aucun des événements extraordinaires qui, depuis quelque temps, semblent accompagner inévitablement les heures nocturnes. Lui est-il arrivé quelque chose ?

– J'espère bien que non, dit tranquillement Brixan. J'espère... pour le bien de chacun... qu'il ne lui est rien arrivé.

Il traversa le salon et alla s'accouder à la cheminée, examinant le portrait qui la surmontait.

– Vous admirez mon ancêtre ? sourit largement Mr Longvale.

– Je ne sais pas trop si je dois l'admirer. C'était certainement un vieillard d'une rare beauté.

Mr Longvale inclina la tête.

– Avez-vous lu ses mémoires ?

Michel Brixan fit un signe affirmatif et le vieillard n'en sembla nullement surpris.

– Oui, j'ai lu ce qui passe pour être ses mémoires, dit Michel Brixan avec calme, mais les historiens postérieurs affirment qu'ils ne sont pas authentiques.

Mr Longvale haussa les épaules.

– Moi, personnellement, j'en crois chaque mot, dit-il. Mon oncle était un homme extrêmement instruit.

Jack Knebworth aurait été certainement stupéfié en apprenant que le détective, parti tête baissée à la recherche d'un probable assassin, était en train de discuter calmement d'une biographie ; et pourtant tel était le cas.

– Je pense parfois que vous songez trop à votre oncle, Mr Longvale, dit doucement Brixan.

Le vieux gentilhomme fronça les sourcils.

– Vous voulez dire... ?

– Je veux dire qu'un tel sujet peut devenir une obsession très désagréable et qu'un semblable culte peut conduire un homme à faire des choses qu'aucun être sain d'esprit ne ferait.

Longvale le considéra avec un étonnement naïf.

– Peut-on mieux faire que d'imiter ses héros ? demanda-t-il.

– Non, à condition que votre sens des valeurs n'ait pas été complètement dévoyé, et que vous n'attribuiez pas à ces héros des vertus qui n'en sont point... ou que vous ne confondiez pas ce qui est héroïque avec ce qui est horrible.

Brixan quitta la cheminée et, appuyant ses mains à la table, fixa son regard sur l'homme qui lui faisait face.

– Je veux que vous m'accompagniez à Chichester ce soir.

– Pourquoi ?

– Parce que je vous crois malade et qu'il vous faut des soins.

Le vieillard rit et se redressa encore.

– Malade ? Je ne me suis jamais mieux porté de ma vie, Sir, jamais je n'ai été plus fort !

Et il en avait l'air. Sa hauteur, la largeur de ses épaules, l'éclat sain de ses joues, tout chez lui exprimait la santé physique.

Une longue pause suivit, puis :

– Où est Gregory Penne ? demanda Brixan en accentuant chaque mot.

– Je n'en ai pas la moindre idée.

Les yeux du vieillard rencontrèrent sans vaciller ceux du détective.

– Nous parlions de mon grand-oncle. Vous le reconnaissez sans doute ? demanda-t-il.

– Je l'ai reconnu dès que j'ai vu le portrait. Je croyais m'être trahi à ce moment-là, mais apparemment, il n'en était rien. Votre grand-oncle, poursuivit Brixan d'un ton détaché, était Samson, autrement dit Longvale, bourreau héréditaire de France !

Un tel silence suivit que le tic-tac d'une pendule éloignée résonna distinctement.

– Votre grand-oncle avait beaucoup d'exploits à son actif. Il avait pendu trois hommes à un gibet de trois mètres de haut, si ma mémoire est fidèle. Sa main fit tomber les têtes de Louis XVI et de son épouse, Marie-Antoinette.

L'expression de fierté répandue sur le visage du vieillard était stupéfiante. Ses yeux luisaient. Il semblait être devenu encore plus grand.

– Par quelle fatalité êtes-vous venu vous établir en Angleterre et par suite de quels détours de l'esprit vous êtes-vous décidé à continuer en secret la profession de Samson, et à rechercher de tous côtés des malheureux à détruire, cela, je ne le saisis pas.

Brixan n'avait pas élevé la voix, il parlait sur un ton de conversation ordinaire ; et Longvale lui répondit de la même façon.

– Ne vaut-il pas mieux, dit-il doucement, que l'homme quitte la vie avec le secours de quelqu'un d'autre plutôt que de commettre le crime du suicide ? N'ai-je pas été le bienfaiteur de ceux qui n'osaient pas mettre fin à leurs jours ?

– Lawley Foss, par exemple ? suggéra Brixan, ses yeux graves fixés sur ceux de son interlocuteur.

– C'était un traître, un vulgaire escroc, un homme qui avait pensé utiliser ce qu'il avait appris accidentellement pour me soutirer de l'argent.

– Où est Gregory Penne ?

Un lent sourire éclaira la figure de l'homme.

– Vous ne voulez donc pas me croire, Sir ? Cela, ce n'est pas gentil ! Je n'ai pas vu sir Gregory.

Brixan indiqua la cheminée, dans laquelle une cigarette se consumait lentement.

– Je vois ce mégot, dit-il, je vois ces traces de boue sur le tapis. J'ai entendu son cri. Où est-il ?

Son browning de gros calibre était à portée de sa main. Un seul mouvement de la part de l'homme et il l'aurait étendu à terre. Le détective savait qu'il avait affaire à un lunatique de l'homicide de la plus dangereuse espèce et n'aurait pas hésité à tirer. Mais le vieillard ne montrait aucune velléité d'agression. Sa voix était la douceur même. Il semblait éprouver une profonde fierté pour ses crimes, lesquels, dans son esprit, n'étaient que des actes de bienfaisance !

– Puisque vous tenez vraiment à ce que je vienne avec vous à Chichester, je vais vous suivre, dit-il. Vous pouvez vous en tenir à votre jugement, mais en mettant fin à mon travail, vous rendez un mauvais service à la misérable humanité. J'avais dépensé des milliers de livres pour la servir. Je ne vous en garde cependant pas rancune.

Il prit une bouteille sur le buffet de chêne près du mur, choisit soigneusement deux verres et les remplit.

– Nous allons boire à notre santé réciproque, dit-il avec sa courtoisie habituelle.

Portant le verre à ses lèvres, il le vida avec ce plaisir apparent des vieux amateurs de bons vins.

– Vous ne buvez pas ? ajouta-t-il avec surprise.

– Quelqu'un d'autre a bu.

Un verre à moitié vide se trouvait sur le buffet et Michel venait de l'apercevoir.

– Il n'a pas l'air d'avoir beaucoup apprécié votre vin.

Mr Longvale poussa un soupir.

– Très peu de personnes se connaissent en vins, dit-il en époussetant un pan de sa robe de chambre.

Puis, sortant de sa poche un mouchoir de soie, il se pencha et se mit à épousseter d'un geste élégant ses souliers.

Brixan se tenait sur le bord d'un tapis devant la cheminée, sa main serrant son revolver, tout son être tendu dans l'attente du moment décisif. Il ne pouvait encore deviner d'où allait venir le danger, ni quelle forme il allait prendre. Mais un danger était là, un danger terrible et sans pitié, souligné encore par la suavité du ton de cet homme... Il le sentait venir.

– Voyez-vous, Sir..., continua Longvale tout en continuant à nettoyer ses chaussures.

Et alors, avant que Brixan ait pu comprendre ce qui s'était passé, son adversaire avait saisi le bout du tapis sur lequel se tenait le jeune homme et l'avait tiré d'un geste brusque. Avant d'avoir pu reprendre l'équilibre, Brixan tomba bruyamment, sa tête frappant le parquet, son revolver glissant loin de lui. En un clin d'œil, le vieillard s'était jeté sur lui, l'avait retourné face contre terre et lui avait tordu les bras derrière le dos. Michel essaya de lutter, mais étant donné sa position désavantageuse, il se sentait comme un enfant sous cette puissante étreinte. Il sentit le contact froid du métal à l'un de ses poignets, puis il y eut un déclic. De toutes ses forces, il essaya d'éloigner sa seconde main. Mais lentement, graduellement Longvale la ramena et la deuxième menotte se referma.

Des pas résonnèrent près de la maison. Le vieillard se releva pour ôter sa robe de chambre et en envelopper plusieurs fois la tête du détective. À ce moment, on frappa à la porte. S'étant assuré d'un coup d'œil que son prisonnier ne présentait aucun danger, Longvale éteignit la lampe, souffla l'une des bougies et emporta l'autre dans l'entrée. Il était en bras de chemise et l'officier de Scotland Yard qui se présenta s'excusa de déranger un homme qui venait vraisemblablement de descendre de sa chambre à coucher pour répondre à son appel.

– Avez-vous vu Mr Brixan ?

– Mr Brixan ? Mais oui, il est venu ici, il y a quelques minutes. Il est reparti pour Chichester.

Brixan entendait la voix, mais ne pouvait distinguer ce qui se disait. La soie qui enveloppait sa tête le suffoquait et il perdait déjà connaissance quand le vieillard revint, lui enleva la robe de chambre et s'en revêtit.

– Si vous faites le moindre bruit, je vous couds la bouche, dit-il d'un air si naturel et si bonhomme qu'il semblait incroyable qu'il pût accomplir sa menace.

Mais Brixan savait que sa phrase n'était pas qu'une citation : il faisait une menace que son ancêtre avait souvent mise à exécution. Le beau vieillard, surnommé par les courtisans du roi Louis *Monsieur de Paris*, avait pendu, décapité, mais il avait aussi torturé. Il avait existé dans la vieille Bastille des chambres aux murs enfumés où le vénérable bourreau avait accompli des tâches innommables.

– Je regrette beaucoup que vous ayez à disparaître, dit le vieillard avec un regret sincère dans la voix. J'ai pour vous une grande estime. La Loi est sacrée pour moi et ses officiers ont une place toute privilégiée dans mon affection.

Il ouvrit un tiroir du buffet et y prit une large serviette qu'il plia avec soin avant de la fixer sur la bouche de Brixan. Puis il le leva et l'assit dans un fauteuil.

– Si j'étais un homme jeune et agile, je ferais un geste qui eut plu à mon oncle Charles Henry. Je fixerais votre tête sur la grille de Scotland Yard ! J'ai souvent examiné cette grille avec cette idée. Non pas que j'aie songé à vous, mais un jour, la Providence aurait pu m'envoyer un haut dignitaire, un Ministre ou même un Premier Ministre. Mon oncle, ainsi que vous le savez, avait eu le privilège de décapiter des rois et des chefs de partis... Danton, Robespierre... tous les grands chefs, sauf Marat. Danton fut le plus grand de tous.

Brixan avait une excellente raison pour ne pas répondre. Mais il avait retrouvé tout son sang-froid et malgré la douleur qu'il ressentait à la tête, son esprit était bien clair. Il pressentait maintenant ce qui allait suivre et savait qu'il n'aurait pas longtemps à attendre. Quelles scènes avaient dû voir les murs de ce salon ! Que de moments d'agonie mentale et physique ! C'était l'antichambre de la mort. C'était là que Bhag avait dû être endormi. Brixan devina ce que devait contenir ce vin, du chloral butylique qui faisait partie de l'équipement de l'assassin. Mais pour une fois, Longvale avait mal évalué la force de sa victime. Bhag avait probablement suivi les deux indigènes jusqu'à Dower House... Le mari et la femme que le vieillard eut la ruse d'épargner.

Brixan devait bientôt comprendre ce qui allait advenir. Le vieil homme rouvrit le buffet, et y prit un gros crochet de fer au bout duquel se trouvait une poulie. Levant la main, il fixa le crochet à une poutre d'acier au plafond. Brixan avait déjà remarqué cette poutre et se demandait à quoi elle pouvait bien servir. Il allait l'apprendre.

Un long rouleau de cordages fut pris à son tour dans le buffet : un bout en fut passé dans la poulie, puis fixé adroitement sous les aisselles du détective. Se baissant, Longvale souleva le tapis, le roula et Brixan vit alors une petite trappe que le vieillard ouvrit. Il ne put rien voir en bas, mais un gémissement humain monta jusqu'à lui.

– Je crois que nous pouvons maintenant nous passer de ceci, Sir, dit Longvale en détachant la serviette qui recouvrait la bouche du détective.

Après quoi, il tira sur la corde sans aucun effort apparent et Brixan se trouva suspendu en l'air. Il était mal à l'aise et avait l'absurde sensation d'être ridicule. Le vieil homme le disposa au-dessus de l'ouverture, puis se mit à lâcher lentement la corde.

– Voudriez-vous avoir l'amabilité de me dire lorsque vous aurez touché terre, pria-t il, et alors, je viendrai vous rejoindre.

Levant les yeux, Brixan vit l'ouverture carrée devenir de plus en plus petite ; pendant un long moment, il se balança, vacillant, tournoyant dans l'air. Il lui semblait qu'il n'avançait pas, puis tout à coup, ses pieds touchèrent terre et il appela.

– Cela va-t-il tout à fait bien ? demanda aimablement Mr Longvale. Voudriez-vous reculer de quelques pas ? Je vais jeter la corde et elle pourrait vous faire mal.

Brixan suffoquait, mais il se soumit à ces instructions et entendit aussitôt le bruit de la corde qui tombait. La trappe se referma et seul un gémissement tout près de lui rompit le silence.

– Est-ce vous, Penne ?

– Qui est là ? demanda l'autre d'une voix effrayée. Est-ce vous, Brixan ? Où sommes-nous ? Qu'est-il arrivé ? Comment me suis-je trouvé ici ? Ce démon m'a donné quelque chose à boire. Je me suis sauvé en courant et c'est tout ce que je me rappelle.

J'étais venu pour lui emprunter sa voiture. Mon Dieu, que j'ai peur ! Mon démarreur était en panne...

– Avez-vous crié en vous enfuyant ?

– Je crois que oui. J'avais senti cet infernal poison produire son effet et je me suis élancé... Je ne me souviens plus. Où êtes-vous, Brixan ? La police va nous sortir de là, n'est-ce pas ?

– Vivants, je l'espère, dit Brixan.

Il entendit le sanglot d'effroi de l'homme et regretta sa phrase.

– Quel est cet être ? Qui est-il ? Sont-ce là les fameuses catacombes ? J'en ai entendu parler. Cela sent le tombeau ici, n'est-ce pas ? Pouvez-vous voir quelque chose ?

– J'ai cru voir de la lumière à l'instant, dit Brixan, mais mes yeux doivent me tromper. (Puis il ajouta :) Où est Adèle Leamington, Penne ?

– Dieu seul le sait, dit l'autre. (Il tremblait et Brixan entendit ses dents claquer.) Je ne l'ai pas revue. Je craignais que Bhag ne l'ait suivie. Mais il ne lui aurait pas fait de mal... C'est un drôle de diable. Comme je voudrais qu'il soit là en ce moment.

– Je voudrais bien qu'il y ait quelqu'un, répondit sincèrement le détective.

Il essaya de libérer ses mains des menottes qui les encerclaient, mais il se rendait compte que, désarmé, il n'avait que très peu de chance de vaincre le vieillard. Il avait perdu son revolver. Dans une poche intérieure de son veston, il y avait bien ce long couteau à lame de rasoir qui l'avait souvent tiré d'affaire, arme infaillible lorsqu'on manque de revolver, mais il savait qu'il n'aurait pas l'occasion de s'en servir.

S'étant assis, il essaya d'exécuter un truc qu'il avait vu faire sur une scène de Berlin... le truc qui consiste à glisser les jambes à travers les mains liées, de façon à ramener les bras devant soi, mais il lutta vainement. Enfin, le son d'une porte qui s'ouvrait et la voix de Mr Longvale se firent entendre.

– Je ne vous retiendrai qu'un instant, dit-il. (Il portait à la main une lanterne vacillante qui semblait intensifier encore l'obscurité de la cave.) Je n'aime pas que mes clients prennent froid...

Son rire hideux se répercuta sous la voûte de la cave. S'étant arrêté, il frotta une allumette et une lumière étincelante éclaira le souterrain, venant d'une lampe à pétrole fixée dans le roc. Il en alluma encore une, puis une troisième, une quatrième. Dans cet éclairage violent, tous les détails de la caverne apparurent avec une netteté stupéfiante. Brixan vit la chose écarlate qui en occupait le centre et, quelque endurci qu'il fût, quelque préparé à cette apparition terrible, il frissonna.

C'était une guillotine !

40

La veuve

Une guillotine !

Placée au centre de la cave, elle s'élevait, peinte en rouge sang. Sa simplicité même avait quelque chose d'horrible.

Fasciné, Brixan observait tous les détails : le panier, le scintillant couteau triangulaire suspendu au sommet du cadre, la plate-forme basculante avec ses courroies, la lunette peinte en noir et découpée de façon à embrasser la tête de la victime et la maintenir en position jusqu'à ce que le couteau tombe dans sa rainure bien graissée. Il connaissait cette machine dans toutes ses parties, l'ayant vue fonctionner certains matins gris devant une prison française, les soldats repoussant la foule des curieux, un petit groupe de personnalités officielles placées au centre. Il connaissait le déclic avec lequel le couteau devait tomber pour envoyer dans l'éternité l'homme placé au-dessous.

– *La Veuve !* dit Longvale avec humour.

Il promena amoureusement la main sur le cadre.

– Au secours ! Oh, mon Dieu, au secours ! Brixan, je ne suis pas prêt à mourir !

Cet appel d'agonie résonna dans la caverne.

– *La Veuve*, murmura à nouveau le vieillard.

Il ne portait pas de chapeau ; sa tête chauve luisait à la lumière et pourtant, il n'y avait rien de ridicule dans son aspect. Son attitude devant cet objet qu'il aimait avait quelque chose de pathétique.

– Qui sera son premier époux ?

– Pas moi, pas moi ! hurla Penne, se rejetant contre le mur, le visage blême, sa bouche se tordant convulsivement. Je ne suis pas prêt à mourir...

Longvale se dirigea lentement vers lui, se baissa et le souleva.

– Courage ! murmura-t-il. C'est l'heure !

Jack Knebworth allait et venait sur la route lorsque la voiture de la police revint à toute vitesse de Chichester.

– Il n'est pas à Chichester, il n'est pas passé à la gare, dit l'agent essoufflé en sautant de la voiture.

– Il se peut qu'il soit entré dans la maison de Longvale.

– J'ai vu Mr Longvale : c'est lui qui m'a dit que le capitaine était parti pour Chichester. Il doit s'être trompé.

Le visage de Knebworth pâlit. Une grande lumière se fit brusquement dans son esprit. Longvale ! Il y avait quelque chose d'étrange en lui. Serait-il possible... ?

Il se rappelait maintenant une affirmation contradictoire que le vieillard lui avait faite, se souvenait du désir exprimé à plusieurs reprises par Sampson Longvale d'être filmé dans une pièce écrite par lui, relatant un épisode de la vie de son fameux ancêtre.

– Nous allons sonner chez lui. Je veux lui parler.

Ils eurent beau marteler la porte de coups de poing, aucune réponse ne vint.

– Voici sa chambre à coucher.

Jack Knebworth indiqua une fenêtre à barreaux de fer où une lumière apparut. L'inspecteur Lyle jeta un caillou avec tant de violence qu'il brisa la vitre. Aucune réponse ne vint.

– Cela ne me plaît pas, dit soudainement Knebworth.

– Cela ne peut pas vous plaire moins qu'à moi, grogna le policier. Smith, essayez cette fenêtre.

– Vous voulez que je l'ouvre ?

– Oui, dépêchons !

Une seconde plus tard, la fenêtre du salon était brisée ; mais ils rencontrèrent un obstacle qui n'était pas aussi facile à écarter.

– Le volet est fermé d'une barre d'acier, dit le détective. Je crois qu'il vaut mieux essayer l'une des fenêtres de l'étage supérieur. Quelqu'un pour m'aider à monter, vite.

Aidé d'un camarade, il atteignit l'appui d'une fenêtre ouverte, cette même fenêtre devant laquelle Adèle s'était trouvée face à face avec la physionomie grimaçante de Bhag. Une seconde plus tard, il fut dans la chambre et se baissa pour aider un second policier à monter. Quelques minutes encore et la porte d'entrée était ouverte.

– Pour autant que j'aie pu en juger, il n'y a personne dans la maison, dit le policier.

– Allumez une lampe, ordonna brièvement l'inspecteur.

Ils trouvèrent la petite lampe à pétrole et l'allumèrent.

– Qu'est-ce que c'est que cela ?

L'officier détective indiqua le crochet et la poulie toujours suspendue au plafond et ses sourcils se froncèrent.

– Je ne comprends pas, dit-il lentement. À quoi cela peut-il servir ?

Jack Knebworth poussa une exclamation.

– Voici le revolver de Brixan ! dit-il en ramassant l'arme.

L'inspecteur lui jeta un coup d'œil distrait et ses yeux se reportèrent sur la poulie.

– Je n'y comprends rien, dit-il. Voyez si l'un de vous peut trouver quelque chose. Ouvrez tous les meubles, tous les tiroirs. Sondez les murs... Il peut y avoir des portes secrètes ; il y en a dans toutes ces vieilles maisons du temps des Tudor.

Les recherches furent vaines et l'inspecteur revint avec une expression soucieuse devant le crochet et la poulie. Un de ses hommes vint lui dire qu'il avait découvert le garage.

C'était un bâtiment extraordinairement long, mais lorsqu'on l'ouvrit, on n'y trouva que la vieille voiture démodée qu'on connaissait bien dans le pays. Il était cependant évident que ce n'était là que la moitié de la construction. Le mur blanc d'apparence solide qui se trouvait derrière la voiture devait cacher une autre partie du bâtiment, quoiqu'il n'y eût point de porte. Un mur épais terminait le garage à l'extérieur.

Jack Knebworth donna quelques coups à la paroi intérieure.

– Ce n'est pas de la brique, dit-il, c'est du bois.

Une chaîne pendait dans un coin. Elle semblait n'avoir aucune destination spéciale mais un examen attentif montra que les anneaux de cette chaîne passaient dans un trou du plafond grossièrement peint à la chaux. L'inspecteur tira la chaîne et au même instant, le prétendu mur s'ouvrit à deux battants, dévoilant une seconde pièce dans laquelle se trouvait une seconde voiture, recouverte soigneusement d'une housse. Knebworth tira la housse et dit :

– C'est bien la voiture.

– Quelle voiture ? demanda l'inspecteur.

– La voiture que conduit le Coupe-Têtes, dit rapidement Knebworth. Il était là-dedans lorsque Brixan a tenté de l'arrêter. Je l'aurais reconnue n'importe où ! Brixan est quelque part dans la maison et s'il se trouve entre les mains du Coupe-Têtes, que Dieu lui vienne en aide !

Ils revinrent en courant dans la maison et le crochet avec la poulie les attira à nouveau comme un aimant. Tout à coup, l'officier se baissa et rejeta le tapis. Exactement au-dessous de la poulie apparut la trappe. L'ouvrant rapidement, il s'agenouilla et regarda en bas. Knebworth vit sa figure devenir hagarde.

– Trop tard, trop tard ! murmura-t-il.

41

La mort

Le cri d'un homme à moitié fou de peur n'est pas agréable à entendre. Les nerfs de Brixan étaient assez solides, mais il dut enfoncer ses ongles dans la paume de ses mains liées pour se dominer.

– Je vous préviens, put-il prononcer lorsque les cris se transformèrent en un bégaiement inintelligible, je vous préviens, Longvale, que si vous faites cela, vous serez damné pour l'éternité.

Avec un calme sourire, le vieil homme se tourna vers son second prisonnier, mais ne répondit rien. Soulevant dans ses bras l'homme à moitié évanoui aussi facilement que si c'était un enfant, il le porta à l'horrible machine et le coucha sur la plate-forme, la face tourné vers la terre. Il ne se pressait nullement. Brixan devina par la lenteur de ses gestes le plaisir monstrueux qu'il éprouvait. Il fit le tour de la machine et souleva une moitié de la lunette ; il y eut un déclic et la lunette resta ouverte.

– C'est une invention à moi, remarqua-t-il avec fierté.

Brixan détourna les yeux, dirigeant son regard à l'autre bout de la cave. Et il vit là quelque chose qui lui fit affluer tout le sang à la tête. Il crut d'abord à une vision due à la tension extrême de tout son être.

Adèle !

Elle se dessinait nettement dans la lumière, toute poussiéreuse et souillée de terre.

– Si vous faites un mouvement, je vous tue ! s'écria-t-elle.

C'était bien elle ! Brixan s'efforça de se soulever sur ses genoux et se mit debout. Longvale avait entendu la voix et se tournait lentement.

– Ma petite dame, dit-il aimablement. Quel heureux hasard ! J'ai toujours pensé que le point culminant de ma carrière serait, comme l'a été celui de feu Charles Henry, le moment où une reine me tomberait sous la main. Comme c'est singulier !

Il marchait lentement sur elle, dédaignant le danger imminent du revolver fixé sur lui ; un sourire radieux éclairait son visage, ses fines mains blanches étaient tendues comme pour recevoir un hôte d'honneur.

– Tirez ! cria Brixan d'une voix étranglée. Tirez donc, au nom du Ciel !

Elle hésita pendant une seconde et pressa la détente. Le coup ne partit pas... Rempli de terre, le mécanisme délicat n'avait pas fonctionné.

Elle se tourna pour fuir, mais le bras du vieillard était déjà autour d'elle et d'une main, il attira la tête de la jeune fille sur sa poitrine.

– Vous allez voir, ma chérie, dit-il. *La Veuve* va devenir *Le Veuf* et vous allez être sa première épouse !

Elle était maintenant toute molle dans ses bras, incapable de résistance. Une étrange inertie l'avait envahie ; et quoiqu'elle eût gardé connaissance, elle ne pouvait plus ni bouger, ni parler. Brixan, luttant désespérément pour libérer ses mains, priait le ciel qu'elle s'évanouisse... afin que, quoi qu'il arrive, l'abominable sentiment de terreur lui fût épargné.

– Et maintenant, qui sera le premier ? murmura le vieillard en se caressant le crâne. Il serait convenable que cette petite dame montrât le chemin, pour que l'agonie de l'esprit lui soit ainsi épargnée... Et pourtant...

Il considéra, pensif, le corps prostré qu'il avait déjà attaché à la plate-forme, et abaissa la lunette sur le cou de Gregory Penne. Sa main se porta à la manivelle qui commandait le couteau. Il s'arrêta à nouveau, cherchant évidemment dans son cerveau malade à résoudre un problème.

– Non, vous serez la première, dit-il enfin, défaisant les courroies et repoussant le malheureux jusqu'à terre.

Mais Brixan le vit tout à coup écouter, la tête levée. D'en haut venait le bruit sourd de pas nombreux. Il changea à nouveau d'idée, ramassa Gregory Penne et le mit debout. Brixan se demanda pourquoi il le tenait pendant si longtemps, restant lui-même si rigide, et pourquoi il le laissa tout à coup tomber à terre. Puis... il comprit. Quelque chose traversait la cave à grandes enjambées... quelque chose de volumineux, de velu, avec des yeux méchants fixés sur le vieillard.

C'était Bhag ! Son poil était taché de sang. Sa physionomie portait ce masque de poussière que Brixan lui avait vu le jour où il était sorti de la tour de Griff. Il s'arrêta et flaira son maître qui gémissait, étendu par terre, puis lui passa tendrement la patte sur la figure. Ensuite, sans préliminaires, il bondit sur Longvale, et le vieillard s'écroula par terre, les bras levés dans un geste de vaine défense. Bhag resta pendant quelques secondes au-dessus de lui, le regardant, marmottant, gazouillant. Puis il souleva l'homme et le plaça là où son maître se trouvait quelques secondes auparavant ; il inclina la plate-forme et la remit en place.

Brixan le regardait, fasciné d'horreur. Le grand singe avait donc assisté à une exécution ! C'était de cette cave qu'il s'était échappé la nuit où Foss avait été assassiné. Son cerveau mi-humain avait retenu tous les détails. Brixan pouvait presque voir le travail qui s'accomplissait dans son cerveau pour retrouver le fonctionnement de la machine.

Bhag tripota le cadre, toucha le ressort qui tenait la lunette et celle-ci tomba, encerclant le cou du Coupe-Têtes. À ce moment, le détective entendit un bruit, leva les yeux et vit la trappe s'ouvrir au-dessus de sa tête. Bhag l'entendit aussi, mais il était trop absorbé pour s'interrompre. Longvale était revenu à lui et luttait pour dégager sa tête de la lunette. Puis, comme se rendant compte de l'imminence de son sort, il resta tranquille, ses mains tenant les bords de l'étroite plate-forme, et il chercha une phrase appropriée à la circonstance.

– Fils de Saint-Louis, monte au Ciel !

À ce même moment, Bhag pressa la poignée qui commandait le couteau...

D'en haut, l'inspecteur Lyle avait vu tomber la lame, avait entendu le craquement horrible qui suivit et s'était presque évanoui. Et alors, Brixan cria :

– Dépêchez-vous, Inspecteur ! Vous trouverez une corde dans le buffet. Descendez vite et apportez des armes.

Le buffet contenait en effet une autre corde et, une minute plus tard, le détective descendait dans la cave.

– Ne craignez pas le singe, il n'y a aucun danger, dit Brixan.

Bhag s'était penché sur son maître évanoui, ainsi qu'une mère au-dessus de son enfant.

– Emmenez miss Leamington, dit Brixan à voix basse pendant que le détective lui enlevait les menottes.

La jeune fille était étendue, inaminée, près de la guillotine, inconsciente par bonheur de la tragédie qui venait de se dérouler en sa présence. Un autre policier était descendu par la corde et Jack Knebworth, malgré son âge, fut le troisième à se glisser dans la cave. Ce fut lui qui trouva la porte et aida le détective à emporter la jeune fille.

Enlevant les menottes des poignets du baronnet, Brixan le retourna sur le dos. Dès qu'il vit son visage, le jeune homme comprit que Penne avait eu une attaque et que son cas, sinon désespéré, était du moins très grave. Comme s'il comprenait que le jeune homme ne voulait aucun mal à son maître, Bhag le surveillait passivement et Brixan se souvint comment, dès leur première entrevue, le singe avait flairé sa main.

« Il vous classe pour l'avenir dans la catégorie de ses amis », avait laissé entendre Gregory ce jour-là.

– Prends-le, dit Brixan, parlant distinctement comme le faisait Gregory en s'adressant au singe.

Sans hésitation, Bhag se baissa et ramassa dans ses bras son maître inconscient. Brixan le guida vers l'escalier qu'ils montèrent ensemble.

La maison était remplie de policiers stupéfaits à la vue du grand singe et de son fardeau.

– Monte-le là-haut et mets-le au lit, ordonna Brixan.

Knebworth avait déjà emmené la jeune fille dans sa voiture. Elle commençait à revenir à elle et il voulait l'éloigner de la maison de mort avant qu'elle ne reprît complétement connaissance.

Brixan redescendit dans la cave et en fit le tour avec l'inspecteur. Les corps décapités dans les niches dirent leur propre histoire. Plus loin, on trouva la grande caverne parsemée d'ossements.

– Voici la confirmation de la vieille légende, dit le détective à mi-voix. Ce sont là les os de ces chevaliers et seigneurs murés dans le souterrain par un glissement de terrain. On voit distinctement les squelettes des chevaux.

Comment Adèle avait-elle pénétré dans la caverne ? Il ne fut pas longtemps sans trouver la pente par laquelle elle était tombée.

– Encore un mystère d'éclairci, dit-il. La tour de Griff a été évidemment bâtie par les Romains pour empêcher le bétail et les gens de tomber dans les catacombes. Le vieux fou avait utilisé le souterrain pour y cacher les restes de ses victimes, mais je suis certain qu'il s'était en même temps préparé cette voie pour une fuite éventuelle.

Il vit une lanterne et des allumettes que la jeune fille n'avait pas trouvées et ce fut pour lui une preuve concluante de la justesse de ses suppositions.

Ils revinrent à la guillotine et Brixan resta là en silence, considérant le corps rigide étendu sur la plate-forme, les mains toujours crispées sur les bords.

– Comment arrivait-il à persuader ses victimes de venir là ? demanda l'inspecteur dans un chuchotement.

– C'est une question que se doit d'étudier un psychologue, dit Brixan au bout d'un moment. Il est évident qu'il entrait en contact avec des gens songeant au suicide, mais qui reculaient devant l'acte ; et il leur rendait ce service. J'imagine que l'idée d'exposer leurs têtes dut lui venir de ce que l'un de ces malheureux avait exprimé le désir que sa femme et ses enfants pussent toucher une assurance. Il agissait avec des ruses extraordinaires. Les lettres, ainsi que vous le savez, étaient adressées à un intermédiaire chez qui une vieille femme les prenait et les expédiait à une seconde adresse ; là, elles étaient remises sous une autre enveloppe et expédiées apparemment pour Londres. Je pus découvrir que ces enveloppes étaient gardées dans une boîte spéciale à l'abri de la lumière. L'auteur mystérieux de l'annonce avait stipulé qu'elles ne devaient être sorties de la boîte qu'au moment d'être expédiées. Une heure après que ces lettres étaient mises dans la boîte aux lettres, l'adresse disparaissait et une autre la remplaçait.

– Encre spéciale ?

– Oui, un truc que les criminels emploient fréquemment. La nouvelle adresse était *Dower House*, bien entendu. Éteignez les lumières et remontons.

Ils éteignirent trois lampes et le détective eut un coup d'œil circulaire sur la cave.

– Il me semble qu'il vaut mieux le laisser ici, dit-il.
– Il me semble aussi, dit Brixan.

42

On tourne !

Trois mois s'étaient écoulés depuis que Dower House avait livré ses terribles secrets. Temps suffisant pour permettre à Gregory Penne de se remettre complètement et même de faire un mois sur les six mois de prison auxquels il avait été condamné. La guillotine fut installée dans un certain *Black Museum* sur le quai de la Tamise où les jeunes policiers vinrent étudier les méthodes des criminels. Personne ne parlait plus du Coupe-Têtes.

Toute cette histoire semblait être vieille de mille ans. Brixan se trouvait de nouveau dans le studio de Jack Knebworth, perché sur une table, suivant des yeux le réalisateur qui, au dernier degré du désespoir, expliquait à l'échevelé Reggie Connolly la façon dont on fait une déclaration d'amour.

Dans un coin éloigné, Stella Mendoza, fort élégante, une cigarette entre les doigts, surveillait avec une expression de mépris son ex-complice et partenaire.

– On ne va tout de même pas m'apprendre comment il faut tenir une femme dans ses bras ! disait Reggie en colère. Bonté divine, croyez-vous donc que j'aie dormi pendant toute ma vie ? Ne pensez-vous pas, Mr Knebworth, que j'en sais aussi long que vous sur les femmes ?

– Je me moque un peu de savoir comment vous tenez votre amie ! hurla Jack. Je vous montre ici comment on tient une *femme* dans ses bras ! Il n'existe qu'une seule façon de faire une déclaration d'amour et c'est *la mienne !* J'en ai le brevet ! Allons, votre bras autour de sa taille encore une fois, Connolly. Levez la tête. Tournez-vous par ici. Baissez un peu le menton. Souriez, nom d'une pipe... Souriez donc ! cria-t-il. Souriez comme si vous l'aimiez. Essayez d'imaginer qu'elle vous aime ! Pardonnez-moi cette supposition, Adèle, mais essayez de vous l'imaginer, Connolly. Là, c'est mieux. Vous avez l'air d'avoir avalé du verre pilé ! Un regard tendre, les yeux dans les yeux... Un regard tendre, ai-je dit, et non pas stupide ! C'est mieux. Refaites-le...

Il surveillait, interrompait, gesticulait et finalement, dans un geste résigné :

– Abominable, mais rien d'autre à faire. Éclairage !

Les grands feux Kreisler s'allumèrent, les lampes argentées lançant leur lumière bleue et diffuse. La répétition fut reprise encore une fois, puis :

– On tourne ! s'exclama Jack et la manivelle se mit à tourner.

– C'est tout pour vous aujourd'hui, Connolly, dit Jack. Et maintenant, miss Mendoza...

Adèle vint en courant vers Brixan et d'un bond s'assit sur la table près de lui.

– Mr Knebworth a parfaitement raison, dit-elle en secouant la tête. Reggie Connolly ne sait pas faire une déclaration d'amour.

– Qui sait la faire ? demanda Brixan,... excepté l'homme aimé ?

– Mais il est présumé être l'homme aimé, insista-t-elle. Ce qu'il y a de plus fort, c'est qu'il est présumé être le meilleur amant de l'écran anglais.

Brixan eut un rire moqueur.

Elle resta silencieuse pendant un moment, puis :

– Pourquoi êtes-vous encore ici ? Je croyais que votre tâche dans cette région était terminée ?

– Pas du tout, dit-il gaiement. J'ai encore une arrestation à faire.

Elle lui lança un rapide coup d'œil.

– Encore ? dit-elle. J'avais cru lorsque vous avez arrêté ce pauvre sir Gregory...

– Ce *pauvre* sir Gregory ! protesta-t-il. Il doit s'estimer bien heureux ! Six mois de travaux forcés, voilà ce qu'il méritait ; c'est un bonheur pour lui qu'il ait été accusé non d'avoir tué son serviteur, mais d'avoir caché sa mort.

– Qui voulez-vous arrêter maintenant ?

– Je ne sais pas encore si je vais l'arrêter, celle-là.

– C'est une femme ?

Il fit un signe affirmatif.

– Qu'a-t-elle fait ?

– L'accusation n'a pas encore été définitivement formulée, dit-il d'une façon évasive, mais je crois qu'il y aura plusieurs points. Avoir causé des perturbations, d'abord ; avoir mis délibérément en danger la santé publique... En tous cas, la santé d'une personne... Puis : vexations intentionnelles de...

– Ah, vous voulez parlez de vous-même ?

Elle rit gentiment.

– J'avais cru que cela faisait partie de votre délire ou du mien, lors de cette fameuse nuit, à l'hôpital... Mais d'autres personnes vous avaient vu m'embrasser, c'était donc vous qui déliriez ? Je ne crois pas avoir envie de me marier, dit-elle en réfléchissant. Je suis...

– Ne dites pas que vous êtes fiancée à votre art, supplia Brixan, elles le disent toutes !

– Non, je ne suis fiancée à rien, mais j'ai le désir d'empêcher mon meilleur ami de commettre une grave erreur. Vous avez devant vous une grande carrière, Brixan, et le mariage avec moi ne vous aiderait guère. Les gens vont croire que vous vous êtes emballé et lorsque viendra l'inévitable divorce...

Tous les deux rirent ensemble.

– Si vous avez fini de jouer à la vieille tante, je vais vous dire quelque chose, dit Brixan. Je vous ai aimée dès le premier coup d'œil, vous savez.

– Mais bien sûr, dit-elle calmement. C'est la seule façon possible d'aimer une jeune fille. S'il vous avait fallu trois jours pour vous décider, ce ne pourrait être de l'amour. C'est comme cela que je sais que je ne vous aime pas. La première fois que je vous ai vu, vous m'avez ennuyée ; la seconde fois, j'ai été furieuse contre vous ; et depuis, j'ai à peine pu vous supporter. Attendez que j'aie enlevé mon maquillage !

Elle sauta par terre et courut à sa loge. Brixan fit quelques pas pour présenter ses condoléances au malheureux Knebworth.

– Adèle ? Oh, cela va très bien. Elle a vraiment eu une offre d'Amérique : ce n'est pas Hollywood, mais un studio dans l'Est. Je lui ai conseillé de ne pas l'accepter avant d'avoir un peu plus d'expérience, mais je ne crois pas qu'elle ait besoin de mon conseil. Cette demoiselle ne va pas rester dans le cinéma.

– Qu'est-ce qui vous le fait croire, Mr Knebworth ?

– Elle va se marier, dit Jack d'un air sombre. J'en reconnais les symptômes. Je vous ai toujours dit qu'il y avait quelque chose de louche en elle. Elle va se marier et abandonner l'écran... Voilà son excentricité.

– Et qui croyez-vous qu'elle épousera ? demanda Brixan.

Le vieux Jack ricana.

– Je puis vous promettre que ce ne sera en tous cas pas Reggie Connolly.

– Oh, je puis aussi vous en assurer ! s'écria avec indignation le jeune acteur qui avait une ouïe remarquablement fine. Je ne suis pas un type fait pour le mariage. Le mariage tue l'artiste. Une femme, c'est comme une pierre au cou. On n'a plus aucune chance d'exprimer sa personnalité. Et pendant que nous y sommes. Mr Knebtworth, êtes-vous parfaitement sûr que je sois à blâmer dans tout ça ? Ne vous a-t-il pas semblé... Vous savez, je ne veux pas dire un seul mot contre cette chère petite... Ne vous a-t-il pas semblé que miss Leamington n'est pas tout à fait... comment le dirai-je ?... mûre pour l'amour... C'est bien l'expression qui convient.

Stella Mendoza s'était approchée. Elle était revenue dans la troupe et il était clair qu'elle allait y reprendre son ancienne place.

– Pas mûre, Reggie ? dit-elle. Vous n'y voyez pas clair, mon cher.

– Je ne puis pas me tromper, dit Reggie avec assurance. Dans ma vie, j'ai fait la cour à plus de jeunes filles que tous les autres jeunes premiers pris ensemble, et je puis vous assurer que miss Leamington est nettement et effroyablement ingénue...

L'objet de leur discussion apparut à l'entrée du studio, souhaita gaiement bonne nuit à tout le monde et sortit, suivie de Brixan.

– Vous êtes nettement et effroyablement ingénue, dit le jeune homme en la guidant à travers la chaussée.

– Qui vous a dit cela ? Cela sonne comme une phrase de Reggie.

– Il dit que vous ne savez rien de l'amour.

– Peut-être bien, dit-elle d'un ton décidé.

Il n'osa plus reprendre ce sujet avant qu'ils n'aient atteint la rue obscure dans laquelle elle demeurait.

– La meilleure façon de faire une déclaration d'amour, dit Brixan, passablement étonné de son propre aplomb, c'est d'entourer la taille de la jeune fille...

Elle fut soudainement dans ses bras, son frais visage pressé contre celui du jeune homme.

– Il n'y a pas de façon, murmura-t-elle. Il faut aimer tout simplement !

1925

LA MARQUE DE LA GRENOUILLE

Traduit de l'anglais
par Alix Naville

Ce roman a paru sous le titre original :
THE FELLOWHIP OF THE FROG

1

À *MAYTREE COTTAGE*

Le radiateur était à sec ; la voiture stoppa sur la route de Horsham, juste devant *Maytree Cottage*, un grand cottage avec une façade en bois et un toit de chaume. Richard Gordon s'arrêta au portail pour l'admirer.

La maison était de style élizabéthain, mais ce n'était pas son ancienneté qui provoquait l'intérêt de Richard, ni, bien qu'il aimât les fleurs, le grand jardin dont un parfum de roses arrivait jusqu'à lui.

Ce n'était pas non plus l'intimité, la propreté de cette demeure, avec son allée de briques rouges qui menait à la porte d'entrée et ses fenêtres aux rideaux immaculés.

Non, ce qui attirait ses regards, c'était la jeune fille assise sur la pelouse dans un fauteuil de jardin, à l'ombre d'un mûrier. Ses jambes, allongées, étaient jeunes et bien faites. Elle avait un livre à la main et, près d'elle, une grosse boîte de chocolats. Des cheveux dorés, pleins de vie et de reflets. Un teint éblouissant. Et, comme elle tournait la tête de son côté, il vit deux yeux graves, interrogateurs, trop foncés pour être gris, mais pourtant plus gris que bleus...

Vivement elle ramena ses jambes et se leva.

– Je suis navré de vous déranger. (Dick, son chapeau à la main, souriait en s'excusant.) Mais j'aimerais avoir un peu d'eau pour ma pauvre petite Lizzie... Elle a une soif terrible.

La jeune fille fronça les sourcils, puis se mit à rire.

– Lizzie. Ah ! c'est votre voiture. Si vous voulez m'accompagner derrière la maison, je vous montrerai où se trouve le puits.

Il la suivit, se demandant qui elle pouvait être. Il avait remarqué le petit ton protecteur qu'elle avait eu en lui parlant, ce ton que prennent les petites jeunes filles quand elles s'adressent à des garçons de leur âge. Dick, qui avait trente ans, mais qui en paraissait dix-huit, avec son aimable visage d'enfant, connaissait cette intonation et s'en amusa.

– Le seau est ici, et voilà le puits, dit-elle en les lui montrant du doigt. J'appellerais bien la domestique pour vous aider, mais nous n'en avons pas. Nous n'en avons jamais eu et je ne pense pas que nous en ayons jamais.

– Dans ce cas, il y a une domestique qui manque une bien bonne place, répliqua Dick, le jardin est vraiment charmant.

Elle ne répondit pas. Peut-être regrettait-elle sa familiarité. Elle prit un air dégagé en le regardant remplir les seaux, et, lorsqu'il les porta auprès de sa voiture, le suivit sur la route.

– J'ai cru que c'était une... une... comment l'avez-vous appelée ?

– Elle s'appelle Lizzie, et elle ne sera jamais rien d'autre pour moi, répondit Dick d'un ton ferme, tout en remplissant le radiateur de la grosse Rolls. On m'a dit que je devrais l'appeler Diane, mais ces noms prétentieux ne me disent rien. Non, elle s'appelle Liz et sera toujours Liz.

Elle fit le tour de la machine et l'admira avec curiosité.

– Cela ne vous fait pas peur de conduire une aussi grosse voiture ? Je mourrais de peur, moi, elle est tellement immense et doit être si difficile à conduire !

Dick s'arrêta, un seau à la main.

– Le mot peur, dit-il d'un air fanfaron, est un mot que j'ai supprimé du vocabulaire de ma jeunesse.

Un instant perplexe, elle se mit à rire doucement.

– Êtes-vous venu par Walford ? lui demanda-t-elle.

Il fit un signe affirmatif.

– Je me demande si vous avez vu mon père sur la route ?

– Je n'ai vu personne, sauf un homme entre deux âges, l'air maussade, qui dérogeait aux règles du dimanche en portant une grande boîte brune sur son dos.

– À quel endroit l'avez-vous dépassé ? demanda-t-elle avec intérêt.

– À moins de trois kilomètres d'ici. (Puis un doute germant dans son esprit :) Ah ça !... J'espère que ce n'est pas votre père que je viens de décrire ?

– Cela m'en a tout l'air, dit-elle sans paraître ennuyée le moins du monde. Mon père est un naturaliste photographe. Il prend des films d'oiseaux et de toutes sortes de bêtes. C'est un amateur évidemment.

– Évidemment, acquiesça Dick.

Il rapporta les seaux où il les avait trouvés, puis le jardin lui fournit le prétexte qu'il cherchait pour s'attarder à causer un peu avec la jeune fille. Ils furent bientôt interrompus par un jeune homme qui parut à la porte du cottage. C'était un beau garçon, grand et bien découplé. Dick, au jugé, lui donna vingt ans.

– Ella ! Est-ce que papa est rentré ? commença-t-il, avant d'apercevoir le visiteur.

– Mon frère, dit la jeune fille.

Dick Gordon le salua. Il se rendait compte que cette désinvolture venait, en grande partie du moins, de ce qu'il paraissait si jeune. Il y avait des avantages à être traité comme un petit jeune homme téméraire. La suite lui donna raison. La jeune fille reprit :

– Je viens de lui dire qu'on ne devrait pas permettre aux petits jeunes gens de conduire de grosses voitures. Ray, tu te souviens de l'effroyable accident qu'il y a eu au carrefour de Shoreham ?

Il eut un petit sourire.

– Tout ça fait partie d'une conspiration pour m'empêcher d'avoir une motocyclette. Mon père a peur que je ne tue quelqu'un et Ella craint que je ne me casse la figure.

Peut-être que quelque chose, dans le sourire fugitif de Ray, avertit la jeune fille qu'elle avait eu sur son âge un jugement un peu prématuré, car soudain, d'une manière assez brusque, elle lui fit un signe d'adieu et s'en alla. Comme Dick atteignait le portail, l'homme qu'il avait dépassé sur la route arriva. Grand, dégingandé, le visage creusé, les cheveux gris, il regarda l'étranger d'un air soupçonneux.

– Bonjour, dit-il laconiquement. Quelque chose de cassé ?

– Non, mais le radiateur était à sec, et mademoiselle...

– Bennett, reprit le nouveau venu. Alors, elle vous a donné de l'eau ? Bon. Eh bien... bonjour.

Il se retira pour laisser passer Gordon, mais Dick ouvrit le portail et attendit que le propriétaire de *Maytree Cottage* fût entré.

– Je m'appelle Gordon, dit-il. (Du coin de l'œil il remarqua qu'Ella était revenue sur ses pas et se tenait, avec son frère, à portée de la voix.) Vous avez été tout à fait aimable, et je vous suis très reconnaissant.

Mais sans s'arrêter, Mr Bennett fit un signe de tête et s'en fut déposer son lourd fardeau dans la maison. Dick, en désespoir de cause, se tourna vers la jeune fille.

– Vous avez tort de penser que c'est une auto difficile à conduire. Ne voulez-vous pas essayer, ou votre frère ?

La jeune fille hésita, mais son frère fut ravi.

– J'aimerais bien l'essayer, je n'ai jamais conduit une grosse voiture, fit-il.

C'était pour lui une occasion inespérée de prouver son savoir-faire. Ils regardèrent la grande voiture disparaître au tournant ; la jeune fille, le sourcil un peu froncé, et Dick, dont l'unique pensée était de gagner ainsi quelques minutes en tête à tête avec elle. Il se conduisait d'une manière absurde, se disait-il, lui, un officier de la loi, un avocat expérimenté, tel un garçon de dix-neuf ans, irresponsable et frappé du coup de foudre ! Les paroles de la jeune fille ne firent que marquer plus fortement encore la folie de la chose.

– Je regrette que vous ayez laissé Ray conduire, dit-elle. C'est très mauvais de mettre un garçon qui n'est jamais satisfait de ce qu'il a au volant d'une magnifique voiture... Je ne sais si vous me comprenez, mais Ray est très ambitieux et il a la folie des grandeurs. Ce genre de choses n'est pas bon pour lui.

John Bennett sortit alors de la maison, une pipe noire entre les dents ; sa figure se fit plus sombre lorsqu'il vit les deux jeunes gens au portail.

– C'est une merveille !

Ray Bennett sauta hors de sa voiture et la regarda avec une admiration mêlée de regret.

– Ma parole ! Si elle était à moi !

– Oui, mais elle ne l'est pas, rétorqua son père brusquement. (Puis comme s'il regrettait sa vivacité :) Peut-être qu'un jour tu en posséderas toute une collection, Ray. Allez-vous à Londres, Mr Gordon ?

– Dick fit un signe de la tête.

– Je ne sais si vous auriez envie de vous arrêter et de partager notre très modeste repas ? demanda Mr Bennett, à la grande surprise de Dick, que cette proposition enchanta. Et vous pourrez dire à ce jeune écervelé que ce n'est pas toujours drôle de conduire une grande voiture.

Dick remarqua tout de suite l'étonnement de la jeune fille. Évidemment, on lui faisait un grand honneur ; cette idée fut confirmée lorsque John Bennett les quitta.

– Vous êtes le premier jeune homme qui ait jamais été invité à dîner, dit-elle lorsqu'ils furent seuls. N'est-ce pas Ray ?

Ray sourit.

– Mon père n'a jamais été très sociable, ça c'est un fait, dit-il. Je lui ai demandé d'inviter Philippe Johnson pour le week-end, mais il n'a rien voulu savoir. C'est dommage, le vieux philosophe est un bon garçon, et, de plus, c'est le secrétaire particulier du patron. Vous avez entendu parler de *Maitlands Consolidated*, je pense ?

Dick hocha la tête. Le palais de marbre où opérait le richissime Maitland, sur le *Strand Embankment*, était un des bâtiments connus de Londres.

– Je travaille chez lui, employé à la bourse, lui confia le jeune homme, et Philo pourrait m'aider si mon père voulait bien l'inviter. Mais dans ces conditions je suis destiné à rester petit employé toute ma vie.

La main blanche de la jeune fille lui ferma la bouche :

– Voyons, tu seras riche un jour, mon cher Ray. C'est ridicule de blâmer papa.

Elle étouffa de sa petite main le grognement de son frère. Il eut un rire un peu amer.

– Père a essayé de s'enrichir par tous les moyens, et...

– Oui, et pourquoi ça ?

La voix était dure, pleine de colère. Ils n'avaient pas vu revenir John Bennett.

– Ah ! tu fais un travail qui ne te plaît pas ! Grands dieux ! Et moi donc ! Il y a vingt ans que j'essaie d'en sortir. J'ai essayé tous les moyens imaginables, c'est vrai, mais c'était pour vous...

Il s'arrêta brusquement en voyant l'air embarrassé de Dick.

– Je vous ai invité à dîner, et voilà que je me mets à faire une scène de famille, dit-il avec une brusque jovialité.

Il prit Dick par le bras et le conduisit par l'allée, entre les buissons de roses.

– Je ne sais pas pourquoi je vous ai demandé de rester, jeune homme, une impulsion sans doute, ou une mauvaise conscience. Ces jeunes gens n'ont pas une vie fort aimable à la maison, et je fais un piètre compagnon. C'est trop ennuyeux que vous ayez été témoin du premier tiraillement qu'il y ait eu entre nous depuis bien des années.

Sa voix et ses façons étaient celles d'un homme bien élevé. Dick se demanda quelle pouvait bien être sa profession et en quoi celle-ci était désagréable pour qu'il cherchât un moyen de s'y soustraire.

La jeune fille fut silencieuse pendant le dîner. Elle était à la gauche de Dick, et parla peu. De temps en temps, Dick lui lançait un regard furtif ; il lui sembla qu'elle était préoccupée et troublée, et il devina que sa présence en était la cause.

Il n'y avait, selon toutes apparences, aucun domestique dans la maison. La jeune fille fit le service elle-même, et elle venait de changer les assiettes, lorsque John Bennett s'enquit :

– J'ai l'impression que vous n'êtes pas aussi jeune que vous le paraissez, monsieur Gordon. Qu'est-ce que vous faites dans la vie ?

– Je suis déjà très vieux ! (Dick eut un sourire :) J'ai trente et un ans.

– Trente et un ans ! (Ella en eut le souffle coupé et devint toute rouge de confusion :) Et moi qui vous parlais comme à un enfant !

– Croyez-bien que j'ai l'âme d'un enfant, répondit Dick d'une voix grave. Quant à ma profession : je poursuis les voleurs, les criminels, et tous les vauriens en général. Je m'appelle Richard Gordon.

John Bennett laissa échapper son couteau qui tomba avec bruit, et sa figure devint livide.

– Gordon... Richard Gordon, répéta-t-il d'une voix sourde.

Pendant une seconde, leurs yeux se rencontrèrent, les yeux bleu clair et les yeux fanés.

– Oui, je suis sous-directeur de la Police judiciaire, dit Gordon, doucement, et j'ai idée que nous nous sommes déjà rencontrés.

John Bennett ne broncha pas. Sa figure était impénétrable.

– Pas professionnellement, je l'espère.

Sa voix avait pris les accents du défi. Dick rit de nouveau, comme si la question lui paraissait amusante.

– Non, pas d'une manière professionnelle, répondit-il avec un air de fausse gravité.

Cette nuit-là, sur la route de Londres, Dick fit des recherches actives dans sa mémoire, sans réussir à situer John Bennett, de Horsham.

2

Où l'on parle des Grenouilles

De modeste bureau qu'il était à l'origine, *Maitlands Consolidated* avait pris rapidement les proportions d'un palais. Mr Maitland était un homme âgé, d'aspect vénérable, sobre de paroles. Il était arrivé à Londres sans tambour ni trompette, et il était « arrivé » avant que Londres se fût aperçu de son existence. Dick Gordon, qui attendait dans le grand vestibule de marbre, vit le spéculateur pour la première fois. De taille moyenne, une barbe de patriarche, les yeux à demi cachés sous d'épais sourcils blancs, il était corpulent et marchait avec peine. Il traversa les bureaux où travaillaient une vingtaine d'employés, sous leurs lampes à abat-jour verts, et, sans regarder à droite ni à gauche, il disparut dans l'ascenseur.

– C'est le patron ; est-ce que vous l'aviez déjà vu ? demanda Ray Bennett, qui venait de rejoindre le visiteur. C'est un vieux bonhomme à l'air vénérable, mais il est d'une avarice sordide ! Rien à faire pour lui soutirer de l'argent, même en employant les grands moyens ! Philo reçoit un salaire dont n'importe quel petit secrétaire ne voudrait pas, et si ce n'était pas un aussi bon garçon, il y a longtemps qu'il aurait quitté cette place !

Dick Gordon était assez mal à l'aise ; il n'avait guère de prétexte qui motivât sa présence chez *Maitlands*. S'il avait pu dire la vérité à ce jeune homme qu'il honorait ainsi de sa visite pendant les heures de bureau, il aurait avoué : « Je suis amoureux de votre sœur. Vous ne m'intéressez pas spécialement mais vous pouvez me faciliter une rencontre ; voilà pourquoi je suis venu vous voir en prétextant que j'étais dans le voisinage. Et, à cause de cet amour insensé que j'ai pour votre sœur, je suis prêt à faire la connaissance de Philo qui sera sûrement très ennuyeux. » Au lieu de cela, il demanda :

– Vous êtes un ami de Philo... À propos, pourquoi l'appelez-vous ainsi ?

– Parce que c'est un vieux philosophe. Il s'appelle Philippe, répondit Ray, tout le monde aime Philo, c'est une de ces personnes qui se font facilement des amis.

La porte de l'ascenseur s'ouvrit alors, et un homme en sortit. Dick Gordon eut l'intuition que ce personnage d'âge mûr, chauve, à la figure joviale, était l'objet de leur conversation. Il tendit une liasse de documents à l'un des commis et s'avança vers eux.

– Mr Gordon, dit Ray. Mon ami, Mr Johnson.

Philo serra chaleureusement la main tendue vers lui.

C'était un homme de qui émanait une atmosphère réchauffante, stimulante, et Dick fut conquis par sa cordialité.

– Ray m'a dit que vous étiez Mr Gordon de la Police judiciaire, dit-il, je voudrais bien vous voir, un jour, poursuivre Mr Maitland ! C'est l'homme le plus suspect que j'aie jamais rencontré !

Mr Johnson sembla trouver sa plaisanterie fort drôle, car il se mit à rire.

– Mais il faut que je m'en aille, reprit-il, il est dans tous ses états aujourd'hui ; l'on pourrait croire que les Grenouilles sont à ses trousses !

Phil Johnson leur fit un joyeux signe de tête et s'engouffra dans l'ascenseur.

Était-ce de l'imagination ? Dick Gordon aurait pu jurer que la figure de Ray Bennett était devenue plus rouge et que son regard était anxieux.

– C'est gentil d'avoir tenu votre promesse. Je serai ravi de déjeuner un jour avec vous, Gordon, et ma sœur aussi, j'en suis sûr. Elle vient souvent en ville.

Ses adieux furent précipités et confus. Dick sortit dans la rue, perplexe. Il était sûr d'une chose : l'air angoissé du jeune homme avait été causé par cette plaisanterie au sujet des Grenouilles.

À son bureau, il trouva un chef de police, l'air inquiet, qui l'attendait. À sa vue, les yeux de Dick se firent plus perçants.

– Eh bien, et Genter... qu'est-il devenu ?

Le chef de police fit une grimace, comme s'il avalait une pilule amère :

– Ils m'ont glissé dans les doigts. La Grenouille est arrivée en auto, et je ne m'y attendais pas. Genter a sauté dans la voiture, et ils ont disparu avant que je ne m'en sois rendu compte. Oh ! je ne suis pas inquiet, Genter avait un revolver, et c'est un rude gaillard.

Dick Gordon regarda longuement l'homme devant lui, puis :

– Vous auriez dû prévoir qu'il viendrait en auto, dit-il, vous auriez même dû vous y attendre si le message de Genter était justifié et s'il était vraiment sur la piste de La Grenouille. Allons, asseyez-vous, Wellingdale.

L'homme aux cheveux gris obéit.

– Oh ! je n'essaye pas de me disculper, gémit-il. Mais j'avoue que les Grenouilles commencent à me faire peur. Et dire qu'il fut un temps où je ne les prenais pas au sérieux !

– Peut-être qu'en ce moment, nous ferions bien de ne pas les prendre trop au sérieux ? suggéra Dick en mordant le bout de son cigare. Ce n'est peut-être rien d'autre qu'une de ces sociétés secrètes sans intérêt. Tout le monde a le droit de faire partie d'une société secrète qui a ses signes mystérieux, ses mots de passe et ses insignes.

– Oui, mais depuis sept ans, la moitié des scélérats que nous réussissons à prendre ont une grenouille tatouée sur le poignet. Ça, encore, ils auraient pu le faire par esprit d'imitation, d'ailleurs tous les bandits de basse catégorie ont des tatouages. Mais depuis sept ans nous avons eu une série de vilains crimes. D'abord l'attentat sur le chargé d'affaires de l'ambassade des États-Unis, poignardé dans Hyde Park. Puis le cas du président de la *Northern Trading Company*, assommé comme il sortait de sa voiture à Park Lane. Puis encore l'incendie criminel qui anéantit les magasins de la *Mersey Rubber*, où les pertes en caoutchouc brut furent évaluées à quatre millions de livres sterling. Pour cela, il a fallu une douzaine d'incendiaires ; le feu fut mis à chacun des six dépôts, en deux endroits simultanément. Eh bien ! ce fut un coup des Grenouilles. Nous avons pris deux hommes qui avaient la marque de La Grenouille sur le poignet. L'un d'eux avoua qu'il avait reçu l'ordre de se charger d'exécuter la besogne, mais, le lendemain, il a rétracté tout ce qu'il avait dit. Jamais je n'ai vu un homme si terrifié ! Et, ma foi, je le comprends ! Si la moitié de ce qu'on raconte sur La Grenouille est vrai, son aveu a dû lui coûter cher ! Et voilà, Mr Gordon, je pourrais vous citer encore une douzaine de cas analogues. Genter est sur leur piste depuis deux ans. Il a parcouru la contrée, à pied, couché sous des haies, s'est mêlé à toutes sortes de canailles, faisant partie de leurs expéditions, commettant des vols, et lorsqu'il m'a écrit qu'il était en rapport avec la bande des Grenouilles et qu'il serait initié prochainement, j'ai bien cru que nous les tenions ! J'ai fait suivre Genter depuis son arrivée à Londres. L'échec de ce matin me rend malade.

Dick Gordon tira un tiroir de son bureau et en sortit un portefeuille qu'il ouvrit. Il contenait de nombreuses photographies de poignets d'hommes. Il les étudia avec soin, comme s'il les voyait pour la première fois. Puis il referma le portefeuille et le remit à sa place. Il resta un instant à méditer, tambourinant avec ses doigts sur le bord de la table, les sourcils froncés.

– La grenouille est toujours marquée sur le poignet gauche, toujours un peu inclinée de côté, et, dans chaque cas, il y a une petite tache en dessous de la marque. Ne trouvez-vous pas que c'est assez bizarre ?

Mais l'inspecteur, qui n'était pas une lumière, ne vit rien de bizarre là-dedans.

3

La Grenouille

Il faisait presque nuit lorsque les deux hommes qui longeaient le village de Morby reprirent la grande route. Contourner Morby n'avait pas été chose aisée : la pluie qui était tombée sans répit toute la journée avait transformé les champs labourés en marécages, ce qui mettait leur patience à rude épreuve.

L'un des deux était grand, mal rasé et pauvrement vêtu ; il était enfoui jusqu'au menton dans un pardessus brun tout passé, son chapeau trempé et déformé de travers sur sa tête. Son compagnon paraissait petit à côté de lui, bien qu'il fût bien bâti, large d'épaules et que sa taille fût au-dessus de la moyenne.

Ils allaient de l'avant sur la route boueuse, sans dire mot. À deux reprises le plus petit des deux hommes s'arrêta, regarda en arrière, comme s'il craignait d'être poursuivi, et, tout à coup, il empoigna le bras de son compagnon et se dissimula avec lui derrière quelques buissons qui bordaient la route : une automobile passa en ronflant dans un grand éclaboussement de boue.

Ils marchèrent un certain temps, puis quittèrent la grande route, et, après avoir traversé un champ, ils arrivèrent devant un grand terrain vague que traversait une ancienne piste.

– Nous y sommes bientôt, grommela le plus petit des deux.

L'autre répondit par un grognement. Mais en dépit de son indifférence feinte, les yeux perçants de ce dernier remarquaient les moindres détails de l'endroit. Dans le lointain, il discernait un bâtiment solitaire, qui pouvait être une grange. Il avait pu constater (grâce au numéro de l'automobile qui venait de passer) qu'ils étaient dans le comté d'Essex. Ce terrain vague menait sans doute à une carrière abandonnée. Près du portail, il y avait un écriteau sur un poteau branlant, mais il faisait trop nuit pour en lire les lettres à demi effacées ; il put discerner le mot « Lime ». Limestone ? Ce serait facile à repérer. Il y avait un danger : les Grenouilles seraient-elles en nombre ? Dans ce cas, la bataille serait chaude. Subrepticement, il changea son revolver de place, le mit dans la poche extérieure de son pardessus.

Il n'y avait aucun secours à espérer. Carlo l'avait cueilli aux confins de la ville, dans sa vieille guimbarde, et l'avait conduit sous la pluie, par des chemins détournés en évitant les villes et les villages. Wellingdale et ses détectives n'avaient pas prévu qu'on viendrait le chercher en auto. Lui-même fut pris par surprise lorsque la voiture s'arrêta au bord du trottoir et qu'il entendit la voix sifflante de Carlo : « Allons ! saute là-dedans ! »

Ils étaient au sommet d'un tertre herbeux et Genter pouvait voir en contrebas un amas de rails enchevêtrés, de trolleys rouillés. Au delà, perchée sur le versant abrupt de la carrière, on distinguait une cabane vers laquelle Carlo le conduisit.

– As-tu peur ? demanda Carlo d'un ton ironique.

– Pas trop, répondit calmement Genter. Je pense que les autres sont dans cette cahute ?

– Non, il n'y a que La Grenouille ; il vient par la carrière, de là il prend un escalier qui le mène directement dans la cabane. Bonne idée, hein ? Impossible de l'apercevoir de l'extérieur, même en se penchant, je l'ai essayé une fois. Ils auraient beau amener quarante millions d'agents, jamais ils n'arriveraient à l'attraper !

– Oui, mais s'ils entourent la carrière, suggéra Genter.

Mais l'autre se moqua de lui :

– Allons, tu crois vraiment qu'il se laisserait cerner comme cela ? Voyons, La Grenouille sait toujours tout.

Genter jeta un coup d'œil sur la main de son compagnon, qui reprit :

– Ça ne fera pas mal, et d'ailleurs ça en vaut bien la peine. Tu auras toujours des amis sur qui compter, Harry, et si tu te fais pincer, tu auras le meilleur avocat pour te défendre. Tu es le genre d'homme qu'il nous faut, il y a trop d'imbéciles qui cherchent à faire partie de la bande uniquement pour ramasser nos miettes. Mais toi, tu auras du travail intéressant, et les missions spéciales rapportent gros. Et puis, si tu es malade ou dans la misère, sois sûr que les Grenouilles te dénicheront et te viendront en aide. C'est tentant, qu'en dis-tu ?

Genter ne répondit pas. Ils étaient à une dizaine de mètres environ de la cabane. C'était une construction solide, en poutres épaisses. Elle n'avait qu'une porte et une seule fenêtre aux volets clos.

Faisant signe à Genter de s'arrêter, Carlo se dirigea vers la fenêtre. Le volet fut entrouvert ; il s'ensuivit une longue conversation à voix basse. Puis Carlo revint en arrière.

– Il dit qu'il a quelque chose pour toi, qui te rapportera 1 000 livres sterling. Tu en as de la chance ! Connais-tu Rochmore ?

Genter fit un signe de tête, il connaissait bien ce faubourg aristocratique.

– Eh bien ! il y a un homme là-bas qui nous gêne. Il rentre chaque soir de son club par le train de 11 h 5, puis il fait le reste du chemin à pied. La route est très sombre, et l'on peut, sans danger, l'abattre d'un coup de matraque. Ce n'est pas un vrai meurtre, tu comprends ?

– Pourquoi veut-il que ce soit moi qui le fasse ? demanda Genter avec curiosité.

L'explication était logique :

– Chaque nouveau membre doit montrer son courage et sa loyauté. Alors ça te va ?

Genter n'hésita pas :

– Oui, je le ferai, dit-il.

Carlo retourna vers la fenêtre, puis il appela son compagnon.

– Tiens-toi là, et passe ton bras gauche par la fenêtre, lui ordonna-t-il.

Genter releva la manche de son pardessus trempé, et glissa son bras nu par l'ouverture. Sa main fut serrée fortement et tout de suite il sentit qu'on lui appliquait quelque chose de mou et d'humide contre le poignet : un timbre en caoutchouc, pensa-t-il, et il se prépara à la douleur qui devait suivre. Ce fut comme le picotement de mille épingles, qui le fit tressaillir malgré lui. Sa main fut libérée, il la retira pour regarder avec curiosité la marque confuse où le sang et l'encre se mêlaient.

– Ne l'essuie pas, dit une voix assourdie venant de l'intérieur de la cabane. Tu peux entrer maintenant.

Le volet se referma, il y eut un bruit de serrure et la porte s'ouvrit. Genter se trouva dans une obscurité complète ; l'inconnu refermait la porte à clef.

– Tu as le numéro K 971, reprit la voix sourde, et quand tu verras ce numéro dans les petites annonces du *Times*, où que tu te trouves, tu viendras te présenter ici. Tiens, prends ceci...

Genter tendit la main et on lui remit une enveloppe. Il semblait que La Grenouille pût voir dans la nuit.

– Voici l'argent pour le voyage et une carte de l'endroit. Mais si tu dépenses l'argent pour autre chose et que tu manques à l'appel lorsqu'on aura besoin de toi, tu mourras ! Est-ce bien clair ?

– Oui.

– Tu trouveras aussi d'autre argent pour couvrir tes frais. Maintenant écoute-moi bien : à Rochmore, au numéro 17 de Park Avenue, habite le banquier Hallwell Jones...

Il dut sentir le tressaillement de surprise que n'avait pu réprimer la nouvelle recrue.

– Tu le connais ?

– Oui, j'ai travaillé pour lui autrefois, répondit Genter.

Il sortit avec précaution son revolver de sa poche et en abaissa le cran de sûreté.

– Il faut que tu t'arranges pour nous en débarrasser avant vendredi, continua La Grenouille. Tu n'as pas besoin de le tuer, mais, s'il en meurt, cela n'a pas d'importance.

Genter avait enfin réussi à repérer son interlocuteur. S'habituant peu à peu à l'obscurité, il devina plutôt qu'il ne vit la forme devant lui. Tout à coup il saisit le bras de La Grenouille.

– J'ai un revolver, et je tirerai, dit-il les dents serrées. Tu vas venir avec moi, La Grenouille, et si tu résistes, je tire !

Pendant une seconde il y eut un silence de mort. Puis Genter eut son bras droit immobilisé par une poigne de fer. De l'autre main, il essaya de frapper son adversaire, mais celui-ci se baissa et le coup tomba dans le vide. Son revolver lui fut arraché et il y eut un corps à corps.

La figure de Genter toucha celle de La Grenouille. Il avait

donc un masque ?... Il sentit contre sa joue le contact froid des lunettes de mica. Ce qui expliquait cette voix sourde...

Bien que d'une force peu commune, Genter n'arrivait pas à se libérer de l'étreinte de son adversaire et la lutte continua plus âpre.

Soudain La Grenouille leva un pied. Genter, prévoyant un croc-en-jambe, se jeta de côté.

Il y eut un bruit de verre brisé et le détective respira une odeur légère, mais asphyxiante. Il suffoqua et ses bras retombèrent inertes.

La Grenouille le retint un instant, puis le laissa tomber dans un bruit sourd.

Au matin, une patrouille de police trouva le corps de l'inspecteur Genter dans le jardin d'une maison déserte. Une ambulance fut appelée en toute hâte, mais les gaz concentrés d'acide cyanhydrique avaient un effet foudroyant. Dix secondes s'étaient à peine écoulées depuis le moment où La Grenouille avait cassé le mince cylindre de verre qu'il tenait en réserve pour parer à de telles éventualités, que Genter était mort.

4

ELK

Personne au monde n'avait moins l'air d'un officier de police que le sergent Elk. C'était un homme grand, maigre et légèrement voûté, ce qui accentuait encore son air dégingandé. Ses habits pendaient tristement sur lui, et sa figure sombre et cadavérique avait d'ordinaire une expression lugubre. En général, ses chefs le trouvaient déprimant. N'ayant jamais pu obtenir de l'avancement, il s'était peu à peu laissé aller à l'amertume. Son instruction insuffisante lui avait joué un mauvais tour. Dix fois il s'était présenté à l'examen, dix fois il avait échoué, toujours sur le même sujet : l'histoire.

Dick, qui le connaissait mieux que ses chefs immédiats, crut deviner que ces échecs ne le troublaient pas autant qu'on le supposait. Il lui sembla même que Mr Elk se faisait une gloire de ne pas se rappeler les dates historiques. Il avait d'ailleurs avoué dans un moment d'épanchement, qu'un poste plus élevé aurait embarrassé un homme si peu instruit.

– Ah ! il n'y a pas de repos pour les gens de mon espèce, Mr Gordon, soupira-t-il en s'asseyant. Je pensais qu'on me donnerait des vacances après ce voyage aux États-Unis !

– Il me faut des renseignements sur Lola Bassano ; que je sache qui sont ses amis ; pourquoi elle s'est subitement prise d'affection pour Raymond Bennett, employé chez *Maitlands Consolidated* ; et en particulier pourquoi elle l'a retrouvé à l'angle de St James Square, la nuit dernière, et l'a ramené chez lui en voiture. Je les ai vus par hasard en sortant de mon club, et je les ai filés. Ils sont restés dans l'auto à parler pendant au moins deux heures. J'étais derrière leur voiture, sous la pluie, à écouter ce qu'ils disaient. S'il lui avait fait la cour, j'aurais compris, mais non, ils parlaient d'argent ! Ce n'est qu'à 4 heures du matin qu'il s'est décidé à rentrer chez lui et que Lola est partie.

Elk, la pipe à la bouche, hocha la tête tristement.

– Oh ! de toute façon Lola ne parlerait guère que d'argent. Elle est comme la reine – je ne sais plus laquelle – qui est morte en 1077... ou était-ce en 1573 ? Elle épousa le roi Henri... ou le roi Charles – je ne sais plus au juste – parce qu'il possédait une tabatière en or dont elle avait envie. Je ne me souviens pas si c'est d'une tabatière en or ou d'un lit d'argent qu'il s'agissait. Quoi qu'il en soit, elle l'a obtenu et on l'a exécutée en... j'ai oublié la date.

– Merci pour la comparaison, et Dick sourit. Mais Lola ne court pas après des tabatières en or ou en argent. Le jeune Bennett n'a pas un sou vaillant. Je voudrais bien connaître le motif de cette amitié subite.

Elk fumait toujours d'un air pensif.

– Le jeune Bennett a une sœur, dit-il enfin à la grande surprise de Dick. Elle est jolie. Le vieux Bennett, lui, est un individu assez louche. Il n'a pas de travail régulier. Il disparaît parfois pendant des jours entiers, puis réapparaît les traits tirés et l'air abattu.

– Comment ! vous le connaissez ?

– Oui, le vieux Bennett m'intriguait. La police locale avait signalé ses allées et venues suspectes. J'ai ouvert l'œil, mais je n'ai pas réussi à percer le mystère. Il a tout essayé dans ce bas monde : il a écrit une pièce de théâtre qui a fait fiasco au bout de quatre jours ; puis il a essayé de parier aux courses d'après un système spécial : il a failli s'y ruiner. Ensuite, il a lançé une école par correspondance à Horsham, où il a de nouveau perdu de l'argent. En ce moment, il est photographe.

– Et cela fait longtemps qu'il change ainsi de métier ?

– Depuis des années. J'ai pu remonter dix-sept ans en arrière ; il dirigeait alors un bureau de dactylographie. Du reste, tous ces essais n'ont pas été infructueux, quelques-uns lui ont rapporté de l'argent ; mais je donnerais beaucoup pour savoir quelle est sa véritable occupation. Il disparaît régulièrement une fois par mois, quelquefois deux, parfois plus souvent ; impossible de le trouver ou de le suivre. J'ai interrogé tous les filous de la ville, ils sont tous aussi intrigués que moi. Lew Brady, le grand athlète qui travaillait avec Lola, aimerait bien savoir ce que fait Bennett ; un jour il a essayé de le lui faire avouer par force, mais Bennett a eu le dessus.

– Allons donc ! ce vieux bonhomme ? fit Dick incrédule.

– Mais oui, ce vieux est fort comme un taureau, vous feriez bien de vous en souvenir. J'essayerai de voir Lola ; au fond, ce n'est pas une mauvaise femme, mais les aventurières ne sont pas mon genre. Alors, il paraît que Genter est mort, et que c'est encore un coup des Grenouilles ?

– Sans aucun doute. (Dick se leva :) Et voici un de ses meurtriers.

Dick s'approcha de la fenêtre, Elk derrière lui, mais le personnage qui se trouvait sur le trottoir venait de disparaître.

– Où donc ? demanda Elk.

– Il n'est plus là. Je...

À cet instant, la vitre vola en éclats et Dick tira Elk violemment en arrière, le mettant à couvert.

– Cela vient du toit du numéro 94 d'Onslow Gardens, dit Richard Gordon avec calme. Je me demandais d'où ces coquins allaient tirer. C'est la seconde fois qu'ils en veulent à ma vie depuis ce matin.

Une cartouche vide sur le toit plat du numéro 94 d'Onslow Gardens et des empreintes de pas étaient les seuls signes que l'assassin eût laissés derrière lui. La maison était vide ; le concierge reconnut qu'il avait l'habitude de sortir tous les matins pour acheter ses provisions. Un fournisseur les renseigna : il avait vu un homme entrer dans la maison, portant ce qui lui parut être une canne à pêche... c'était évidemment une carabine dans une fourre de toile.

– C'est simple comme bonjour. (Dick se tourna vers Elk.) La Grenouille a bien combiné son coup : l'assassin pouvait fuir par une demi-douzaine de chemins différents, sans oublier l'échelle de sûreté.

Elk était silencieux et sombre. Dick Gordon, l'air enjoué, garda le silence jusqu'au moment où ils se retrouvèrent dans son bureau.

– C'est l'enquête que j'ai faite au garage qui leur a déplu, dit-il, mais ils n'ont pas perdu leur temps. Je rentrais chez moi, lorsqu'ils ont fait une habile manœuvre pour m'écraser avec une petite auto. Cette diable de machine a même grimpé sur le trottoir derrière moi !

– Quel numéro ?

– X L 19741, répondit Dick. Mais il est faux ; ce numéro n'existe pas. Le conducteur a décampé avant que j'aie pu l'arrêter.

Elk se caressa le menton et regarda Dick d'un air incrédule.

– Hum !... Cela commence à devenir intéressant. J'ai entendu parler de ces Grenouilles sans y prêter grande attention : de nos jours, les sociétés secrètes fourmillent. Jusqu'à présent je croyais que ce genre d'organisation n'existait que dans les livres... (Il se remit à tripoter sa joue.) Mais tout de même, j'ai peine à y croire, reprit-il après avoir réfléchi. Ce n'est pas naturel qu'une bande de malandrins fasse quoi que ce soit de systématique. Cela m'a l'air trop bien combiné. Je parie qu'il n'y a dans tout cela qu'un tas de coïncidences étranges. Et, ajouta-t-il avec inconséquence, je gage que Lola en sait long sur leur compte !

Elk se dirigea vers Scotland Yard, en prenant le chemin le plus détourné. Avec son vieux parapluie pendu à son bras, il avait l'air d'un commis sans emploi, et ses lunettes à bord d'acier, de travers sur son nez, complétaient la ressemblance. Hiver comme été, il portait un pardessus crasseux, brun-fauve, qu'il ne boutonnait jamais, et on lui avait vu de tout temps le même complet brun-jaune. Il tombait une pluie fine, persistante, son chapeau était tout mouillé mais il n'ouvrit pas son parapluie : personne ne l'avait jamais vu s'en servir.

Il atteignit Trafalgar Square, et là il s'arrêta, réfléchit un instant, puis décida de retourner sur ses pas. Un homme s'était posté juste en face du bureau de Richard Gordon. C'était un individu de haute taille, qui vendait des allumettes, des porte-clefs, des crayons et autres menus articles, le tout recouvert d'une toile cirée brillante.

Elk, qui ne l'avait pas remarqué jusque-là, s'étonna que cet homme eût choisi l'endroit le plus exposé et le plus inconfortable de tout Whitehall, où aucun passant n'aurait songé à s'arrêter pour acheter quelque chose, même par un temps plus clément. Le colporteur était vêtu d'un manteau de pluie qui descendait jusqu'à ses talons ; son feutre mou était tiré sur ses yeux, mais Elk aperçut une face de faucon et s'arrêta.

– Ça va les affaires.

– Non.

Elk fut intrigué. Cet homme était américain, mais il essayait de se faire passer pour cockney, tâche surhumaine, car l'intonation et l'accent geignant du cockney sont inimitables.

– Vous êtes américain ? de quel État ?

– De la Georgie, lui fut-il répondu. (Cette fois l'individu ne chercha pas à déguiser sa voix.) J'ai fait la traversée sur un cargo pendant la guerre.

Elk tendit la main :

– Montre-moi ton permis, mon vieux, lui dit-il.

Sans hésiter le colporteur le lui présenta. Il était au nom de Joshua Broad et parfaitement en règle.

– Vous n'êtes pas de la Georgie, mais cela n'a pas d'importance. Vous devez être du Hampshire ou du Massachussets.

– Du Connecticut, pour être exact, répondit l'autre calmement. Mais j'ai habité la Georgie. Voulez-vous un porte-clef ?

Une lueur de malice brilla dans ses yeux.

– Je ne possède pas de clefs, je n'ai jamais rien eu qui valût la peine d'être mis sous clef, fit Elk qui tripotait les différents articles étalés devant lui. L'endroit n'a pas l'air très fructueux ?

– Non, répliqua l'autre. C'est trop près de Scotland Yard, Mr Elk.

Elk lui lança un coup d'œil.

– Comment ! Vous me connaissez ?

– Oh ! vous êtes un homme assez connu, n'est-ce pas, fit l'autre d'un air innocent.

Elk l'examina attentivement, puis lui faisant un signe d'adieu, il continua sa route. Le colporteur le suivit des yeux. Quand Elk fut hors de vue, il recouvrit son plateau et, après l'avoir solidement attaché, se mit à marcher dans sa direction.

Comme il sortait de chez *Maitlands* pour aller déjeuner, Ray Bennett vit un homme mal vêtu et l'air mélancolique qui attendait au bord du trottoir. Il ne lui donna qu'un coup d'œil rapide : il ne connaissait pas Elk et ne se douta pas que ce dernier le suivrait jusqu'au petit restaurant où Philo et lui avaient l'habitude de déjeuner. En aucune circonstance Ray n'eût repéré pareille filature, aujourd'hui entièrement absorbé par la récente offense de ce vieux barbu de Maitland.

– Le vieux démon ! dit-il en marchant à côté de Johnson. Réduire les salaires de dix pour cent, et commencer par moi ! Et ce matin les journaux racontent qu'il vient de donner 5 000 livres sterling aux hôpitaux du Nord !

– C'est un vieux philanthrope ; quant à ton salaire, il devait ou le réduire ou te renvoyer. Allons ! C'est inutile de regimber, le commerce est dans le marasme et le marché en souffre. Le patron voulait même te renvoyer... il disait que tu n'étais pas indispensable. Voyons Ray, ne peux-tu voir le bon côté des choses ?

– Le bon côté, ricana le jeune homme, et sa figure s'empourpra de colère. Je reçois le salaire d'un enfant, et j'ai besoin d'argent, Philo.

Philo soupira, sa figure d'ordinaire si joviale se rembrunit. Puis un large sourire vint détendre ses traits.

– Si je raisonnais comme toi, je serais devenu fou, ou un grand escroc. Je ne gagne que cinquante pour cent de plus que toi et pourtant je manie des millions. Ce n'est pas de veine.

Mais la mesquinerie de Mr Maitland ne lui coupait pas l'appétit. Son repas terminé, il repoussa son assiette et alluma une cigarette.

– Vois-tu, l'art d'être heureux, c'est de ne rien désirer, continua Philo. Alors on a toujours plus qu'il ne vous faut. Comment va ta sœur ?

– Oh ! Elle va très bien, répondit Ray d'une voix indifférente. Elle a les mêmes idées que vous, mais c'est facile de faire de la philosophie quand il s'agit des autres. Qui est ce vilain oiseau ? ajouta-t-il comme quelqu'un s'asseyait à une table près d'eux.

Philo rajusta ses lunettes, il était myope.

– Ça, c'est Elk, un homme de Scotland Yard, dit-il en souriant au nouveau venu qui vint s'installer à leur table.

Ray en fut agacé et légèrement mal à l'aise.

– Mon ami Mr Bennett... l'inspecteur Elk, Ray.

– Sergent, grommela Elk. Je n'ai pas de chance aux examens : je ne peux pas me rappeler les dates.

Loin de cacher ses échecs, Elk ne se lassait jamais d'en expliquer la cause :

– Mais pourquoi un homme serait plus fin limier parce qu'il sait quand George Washington est né et quand Napoléon est mort, ça c'est un vrai mystère ! Est-ce que vous déjeunez toujours ici, Bennett.

– Oui, fit Ray d'un signe de tête.

– Je connais votre père, je crois, John Bennett, de Horsham n'est-ce pas ? Oui, c'est bien ce que je pensais.

Ray n'y tenant plus, se leva avec un mot d'excuse et les laissa seuls.

– Il est gentil, ce garçon, dit Elk.

5

Mr Maitland rentre chez lui

Ils approchaient de l'imposant bâtiment de la *Maitlands Consolidated* lorsque Johnson s'interrompit brusquement au milieu du captivant exposé de sa philosophie et se mit à presser le pas. Ray Bennett était sur le trottoir à quelques mètres de là et près de lui se trouvait une mince silhouette féminine. Elk reconnut Ella Bennett, bien qu'elle eût le dos tourné. Il ne l'avait aperçue que deux fois, mais avait une mémoire étonnante.

Comme le gros Johnson venait à elle, le chapeau à la main, elle se retourna et l'accueillit avec un sourire.

– Je ne m'attendais pas au plaisir de vous voir, miss.

– Je ne pensais pas venir en ville, mais mon père est parti pour une de ses mystérieuses expéditions, dit-elle avec un petit rire, et le plus bizarre est que je suis sûre de l'avoir vu tout à l'heure dans un autobus, bien que son train soit parti il y a deux heures.

Elle jeta un regard sur Elk qui se tenait à l'arrière-plan, mais la vue de sa mine maussade dut évoquer en elle quelque souvenir désagréable car une ombre passa sur son visage.

– Mon ami Elk, fit Johnson d'un air un peu embarrassé.

Elk la salua :

– Enchanté de faire votre connaissance, miss, dit-il, éprouvant une secrète satisfaction à voir l'aspect contrarié de Ray.

Elle le salua d'une légère inclination de tête, puis se tourna vers son frère et lui dit quelques mots à voix basse. Le jeune homme fronça les sourcils.

– Je ne rentrerai pas tard, lui dit-il assez fort pour que le détective l'entendît.

Elle tendit la main à Johnson, gratifia Elk d'un signe de tête distant, et les quitta. Elk et Johnson la regardèrent s'éloigner ; son frère était rentré chez *Maitlands Consolidated.*

– Vous connaissez miss Bennett ?

– Un peu, répondit Elk sans enthousiasme. Je connais un peu tout le monde, les bons et les mauvais ; plus ils sont bons, et moins je les connais. Quel drôle d'individu !

– Qui ? demanda Johnson, surpris. Vous parlez de son père ? J'aimerais bien qu'il ne soit pas si froid avec moi !

– Ça, je le crois volontiers ! répliqua Elk sèchement. À bientôt.

Il s'éloigna d'un pas nonchalant pendant que Johnson gravissait les marches qui menaient chez *Maitlands*, mais il n'alla pas loin : traversant la rue il revint sur ses pas, et surveilla la porte d'entrée.

À 4 heures, un taxi s'arrêta devant la porte imposante de l'immeuble ; au bout de quelques minutes, le vieux Mr Maitland sortit, marchant avec peine, sans regarder ni à gauche ni à droite. Elk l'observa avec curiosité. Il connaissait le financier de vue et s'était rendu dans ses bureaux à deux où trois reprises, au sujet de menus vols commis par des nettoyeurs. C'est ainsi qu'il avait fait la connaissance de Philo Johnson, le vieux Maitland ayant délégué son subordonné à sa place.

Elk estima que le vieillard devait avoir soixante-dix ans environ, et il se demanda où il habitait et quel était son train de vie. Avait-il une famille ? C'était assez bizarre qu'il ne sût rien du financier, et, de tous les chefs de la Cité, c'était celui dont on parlait le moins dans les journaux.

Le détective n'avait pas à s'occuper du directeur de cette affaire florissante, sa tâche était de découvrir quels étaient les rapports entre Lola Bassano et ce jeune commis de banque sans le sou.

Il savait bien au fond de lui-même que Dick Gordon s'intéressait au jeune homme pour un motif qui n'était pas entièrement désintéressé, et il soupçonna avec raison que la jolie sœur de Ray en était la cause. Mais Elk sentit sa curiosité s'éveiller à l'idée que l'on ne savait rien de la vie privée du financier, et il ne put résister à l'envie d'en savoir plus long. Comme le taxi s'ébranlait, il en arrêta un autre.

– Suivez ce taxi, dit-il.

Le chauffeur obéit sans poser de question : il n'y en avait pas un dans la ville qui ne connût ce policier mélancolique.

Le premier véhicule roula rapidement dans la direction du nord de Londres, et s'arrêta à un croisement de rues dans Finsbury Park. Les grands financiers ne choisissaient pas en général cette partie de la ville pour y habiter : c'était un quartier ouvrier, formé de petites maisons abritant deux familles ou plus.

Aussi lorsque le détective vit le vieillard descendre du taxi, sa bouche s'arrondit dans un « Oh» de surprise.

Mr Maitland ne régla pas la course et s'engagea rapidement dans une rue animée, Elk à ses talons. Cent mètres plus loin, il monta dans un tramway. Elk fit un bond et sauta dans la voiture en marche. Le vieux bonhomme trouva un siège, sortit un journal défraîchi de sa poche et se mit à lire.

Le tramway suivit Seven Sisters Road pour arriver à Tottenham, où Mr Maitland descendit. Il s'engagea dans une rue transversale qui paraissait interminable, traversa la chaussée et prit une rue étroite et plus misérable encore que celle qu'il venait de quitter. Puis, à la stupeur d'Elk, il poussa le portail de fer d'une petite maison à l'aspect sombre et sordide, ouvrit la porte et la referma derrière lui.

La rue grouillait d'enfants pauvres. Elk regarda de nouveau la maison, n'en pouvant croire ses yeux : les fenêtres étaient sales, les rideaux crasseux et en loques, la cour extérieure avait un aspect négligé. C'était là le domicile de Mr Ezra Maitland, propriétaire de millions, l'homme qui venait de donner 5 000 livres sterling aux hôpitaux de Londres ! C'était vraiment incroyable.

Elk se décida à frapper à la porte. Il attendit un certain temps, puis un bruit de pas se fit entendre dans le corridor et une vieille femme au visage jaunâtre lui ouvrit.

– Pardon, je crois que ce monsieur qui vient d'entrer a laissé tomber ceci, dit Elk en sortant un mouchoir de sa poche.

Elle l'examina d'un œil farouche, puis, allongeant la main, le lui arracha et lui ferma la porte au nez.

– Et voici la fin de mon beau mouchoir, pensa Elk avec amertume.

Il n'avait pu apercevoir qu'un corridor sombre avec une bande de tapis usé et un escalier aux marches nues. Il essaya de faire parler les gens du quartier :

– Il s'appelle Maitland ou Mainland, lui confia le boutiquier du coin. Il sort tous les matins à 9 heures et rentre à cette heure-ci. Je ne sais pas qui il est, ni ce qu'il fait, tout ce que je puis vous dire c'est qu'il ne mange presque rien. Il achète toutes ses provisions ici, mais ils vivent tous deux de ce qu'un enfant mangerait à un seul repas !

Elk retourna du côté de l'ouest, décidé à approfondir cette affaire. Pour l'instant, il avait à s'occuper de cette intéressante jeune femme : miss Bassano.

Il y avait dans une des rues élégantes qui partent de Cavendish Square un immeuble locatif habité par de riches locataires. Les loyers en étaient extraordinairement élevés, même pour ce quartier luxueux ; aussi Elk fut-il stupéfait d'apprendre que Lola Bassano occupait un appartement dans cet immeuble.

Il se dirigea vers Caverley House, après avoir constaté que les bureaux de *Maitlands* étaient fermés. Le portier, regardant Elk d'un œil quelque peu soupçonneux, l'informa que miss Bassano habitait au troisième étage.

– Est-ce qu'il y a longtemps qu'elle habite ici ?

– Ça ne vous regarde pas, répondit l'homme, et je crois, mon ami, que vous feriez mieux d'entrer par la porte de service.

– Regardez ça, répliqua Elk.

À la vue de son insigne, l'homme devint poli et plus loquace.

– Elle est ici depuis deux mois, dit-il et à la vérité je me suis souvent demandé comme elle avait pu louer un appartement dans Caverley House. On m'a dit qu'elle dirigeait autrefois une maison de jeu dans Jermyn Street. Voici la porte. (Le portier, sortant de l'ascenseur, lui indiqua une des deux portes d'acajou qui donnaient sur le palier.) L'autre appartement est à un milliardaire américain.

– Est-ce qu'il en existe réellement ? demanda Elk. Il allait ajouter quelque chose lorsque le portier fit quelques pas et examina un des panneaux de la porte avec curiosité :

– Comme c'est bizarre, dit-il. Qu'est-ce que ça peut être ?

Elk le rejoignit et il comprit au premier coup d'œil.

On avait imprimé sur le panneau une petite grenouille blanche, pareille à celles dont Dick lui avait montré des photographies. Une grenouille accroupie, légèrement de travers.

Il toucha la marque : l'encre était encore fraîche. Au même moment, il se passa une chose étrange : la porte s'ouvrit brusquement, et un homme apparut tenant un revolver dont il menaça Elk.

– Haut les mains ! dit-il brutalement, puis il se tut et regarda le détective avec ébahissement.

Elk le regarda à son tour, muet d'étonnement ; l'homme élégant qu'il avait devant lui était le colporteur au visage de faucon qu'il avait vu à Whitehall !

L'Américain fut le premier à se remettre de sa surprise. Pas un muscle de sa figure ne bougea et Elk remarqua de nouveau la lueur de malice qui passa dans ses yeux tandis qu'il se retirait en ouvrant la porte toute grande.

– Entrez, monsieur Elk, lui dit-il, puis se tournant vers le portier ahuri :

– Ça va bien, Worth, j'ai voulu faire une farce à Mr Elk.

Il ferma la porte derrière lui et du geste invita le détective à entrer dans un salon meublé avec goût.

– Nous sommes tout à fait seuls, Mr Elk, et vous n'avez pas besoin de baisser la voix. Puis-je vous offrir un cigare ?

Elk allongea le bras distraitement, et choisit un gros cabana.

– Si je ne me trompe, je vous ai déjà vu ce matin, commença-t-il.

– Mais oui, vous ne vous trompez pas, répondit l'autre calmement. Vous m'avez vu à Whitehall où je vendais des porte-clefs. Je m'appelle Joshua Broad, et vous ne pouvez pas m'accuser de faire du colportage sous un faux nom. Je suis américain, et je m'intéresse aux questions sociales ; il m'a semblé que la meilleure façon de comprendre les pauvres gens était de vivre au milieu d'eux.

Il était à l'aise, très sûr de lui, bien qu'il eût l'air de s'excuser.

Elk rajusta ses lunettes, et ses regards se fixèrent sur la poche de Mr Broad, où se trouvait le revolver.

– Nous sommes ici en pays libre, dit-il avec assurance, et n'importe qui peut vendre des porte-clefs, même s'il est membre de la Chambre des lords. Une chose n'y est pas permise : mettre des armes à feu sous le nez de respectables policiers.

Broad étouffa un rire.

– J'avoue que j'ai agi un peu précipitamment, dit-il, mais la vérité est que j'attendais depuis près d'une heure que quelqu'un vienne à ma porte, et lorsque j'ai entendu vos pas furtifs... C'est idiot, un homme de mon âge aurait dû savoir... Je vous assure que je suis navré de cette histoire, ajouta-t-il.

Les yeux perçants d'Elk ne quittaient pas son visage.

– Je ne vous ferai pas l'injure de vous demander si vous attendiez un ami, dit-il, mais j'aimerais bien savoir le nom de cette personne.

– Moi aussi, répondit Broad, et il y a un tas de gens qui seraient heureux de le savoir.

Il avança la main pour faire tomber la cendre de son cigare, tout en considérant Elk d'un air rêveur.

– J'attendais un homme qui a de bonnes raisons pour me craindre, dit-il. Il s'appelle... oh ! cela n'a pas d'importance, je ne l'ai rencontré qu'une fois dans ma vie et je n'ai pas vu son visage. Je ne suis resté que cinq minutes avec lui, et la chambre était sombre, éclairée par une lanterne posée sur la table. Je crois que c'est à peu près tout ce que je puis vous en dire, inspecteur.

– Sergent, murmura Elk ; c'est curieux le nombre de gens qui me prennent pour un inspecteur.

Il y eut un silence embarrassant. Elk ne savait quelle question poser et son hôte n'avait pas l'air de vouloir lui donner de plus amples renseignements.

– Les gens qui habitent sur le même palier sont ils de vos amis ? demanda Elk.

– Qui ? Lola Bassano et son ami ? Non. Est-ce que vous êtes à leurs trousses ?

Elk secoua la tête.

– Une visite d'ami, rien d'autre. Je reviens de votre pays, Mr Broad ; c'est un beau pays, mais beaucoup trop grand.

Il resta quelques instants à méditer en regardant le tapis, puis :

– J'aimerais faire la connaissance de votre ami, Mr Broad. Est-ce un Américain ?

Broad fit un signe négatif. Ils n'échangèrent pas un mot dans le corridor qui menait à la porte d'entrée. Elk parut vouloir s'en aller sans dire au revoir, sortit distraitement, puis se retourna comme si l'idée de prendre congé venait subitement de traverser son esprit :

– Je serai heureux de vous revoir, Mr Broad. Peut-être vous verrai-je à Whitehall...

Puis son regard se tourna vers la porte et se posa sur la petite grenouille blanche. Broad, sans dire mot, toucha la marque qui se brouilla sous son doigt.

– Elle est tout fraîche, dit-il d'une voix traînante. Eh bien, qu'en pensez-vous, Elk ?

Elk examinait le paillasson sur lequel il vit une petite tache blanche. Il se baissa et put constater qu'elle était encore humide.

– Oui, c'est encore tout frais, on a dû le faire juste avant mon arrivée. (Puis son intérêt pour les grenouilles eut l'air de s'éteindre.) Allons, il faut que je m'en aille, dit-il en faisant un signe d'adieu.

Dans le ravissant salon du numéro 6, Lola Bassano s'était confortablement installée dans un immense fauteuil, au milieu de nombreux coussins, les pieds ramenés sous elle, une cigarette entre les dents, l'air boudeur. De temps à autre, son regard se posait sur l'homme qui était près de la fenêtre, les mains dans les poches, regardant dans le square. Il était grand, lourdement bâti et avait une tête de brute. Tous les artifices de son tailleur et de son valet de chambre ne réussissaient pas à cacher son origine : c'était un ancien boxeur qui avait pris de l'embonpoint. Pendant un temps très court, Lew Brady avait été champion poids lourd d'Europe, mais un homme découvrit son point faible et sa gloire s'évanouit rapidement. Toutefois, il avait un avantage sur ses camarades qui devait le sauver de la misère : un philanthrope l'avait tiré tout enfant du ruisseau, et l'avait envoyé dans une bonne école, où ses camarades parlaient un anglais correct. Il en garda une manière de parler remarquablement affinée pour quelqu'un de son état, et les gens qui l'entendaient pour la première fois en restaient sidérés.

– À quelle heure attends-tu ce moustique ? demanda-t-il.

Lola leva ses épaules recouvertes de soie, retira la cigarette de sa bouche pour mieux bâiller et chercha une position plus confortable encore.

– Je n'en sais rien. Il quitte le bureau à 5 heures.

Lew Brady quitta la fenêtre et se mit à arpenter le salon à pas lents.

– Je ne comprends pas pourquoi La Grenouille s'occupe de lui, grommela-t-il. Lola, La Grenouille commence à me fatiguer.

– Tu en as assez, peut-être, de recevoir de l'argent sans rien faire, dit-elle. Personnellement ce genre de choses ne me lasse pas. Il y a un fait certain, La Grenouille ne s'occupe pas sans raison du jeune Bennett.

Il tira sa montre :

– 5 heures. Je suppose que ce garçon ne sait pas que tu es ma femme ?

– Ne fais pas l'imbécile, répondit Lola d'un air lassé. Crois-tu que j'aie envie de m'en vanter ?

Il ricana et se mit à arpenter la chambre. La sonnette tinta faiblement. Brady regarda Lola, qui se leva, secoua les coussins, puis lui fit un signe de tête.

– Ouvre la porte, dit-elle.

Lew Brady obéit.

Ray Bennett traversa le salon d'un pas rapide et prit la main de la jeune femme dans les siennes.

– Je suis en retard : le vieux Johnson m'a fait courir à gauche et à droite. Mais Lola ! Quel somptueux salon ! Je ne savais pas du tout que vous meniez pareil train !

– Je pense que vous connaissez Lew Brady ?

Ray le salua en souriant. Il nageait dans le bonheur, et la présence de Brady ne le gênait pas. Il avait rencontré Lola dans une boîte de nuit et savait que Brady et elle étaient en relations d'affaires.

– Et maintenant, parlez-moi de cette affaire magnifique, lui dit-il. (Elle lui fit signe de s'asseoir à côté d'elle.) Est-ce que Brady est au courant ?

– C'est Lew qui en a eu l'idée, dit-elle gaiement. Il est toujours à l'affût de bonnes affaires, pas pour lui, mais pour les autres.

– Oui, c'est un de mes faibles, dit Lew qui s'en excusait. Du reste je ne sais si l'idée vous tentera. Je l'aurais bien fait moi-même, mais je suis trop occupé. Est-ce que Lola vous a dit de quoi il s'agissait ?

Ray fit un signe affirmatif :

– Je ne peux pas y croire, dit-il, j'ai toujours pensé que ce genre de choses n'arrivait que dans les romans-feuilletons. Lola m'a dit que le gouvernement du Japon désirait avoir un agent secret à Londres... quelqu'un qu'il pourrait désavouer le cas échéant. Mais en quoi cela consiste-t-il ?

– Je n'en sais pas plus long que vous. De ce que j'ai pu découvrir, il semble que vous n'avez rien d'autre à faire qu'à vous laisser vivre ! Le gouvernement du Japon voudra peut-être que vous le teniez au courant de ce qui se passe dans le monde politique. Ce qui ne me plaît pas là-dedans, c'est qu'il vous faudra mener une double vie. Personne ne doit savoir que vous êtes employé chez *Maitlands Consolidated* ; vous pourrez prendre le nom qui vous plaira, et il vous faudra organiser votre vie du mieux que vous pourrez.

– Ce sera facile, interrompit le jeune homme. Mon père m'a dit qu'il me fallait avoir une chambre en ville : il trouve que le trajet de Horsham revient trop cher à la longue et j'ai arrangé tout cela avec lui dimanche dernier. Il faudra bien que j'aille de temps à autre passer le week-end à la maison... Mais que dois-je faire et à qui faut-il me présenter ?

Lola se mit à rire doucement :

– Le pauvre garçon, lui dit-elle, moqueuse, le voilà qui se tourmente à l'idée d'avoir un bel appartement, et de me voir tous les jours.

6

Mr Maitland fait son marché

Eldor Street, dans le quartier de Tottenham, est l'une des milliers de rues grises et laides qui forment les faubourgs du centre de Londres. Représentez-vous deux rangées de maisons séparées par une rue toute droite, éclairée de loin en loin par des lumières jaunes. Chaque maison a son bow-window. Toutes sont séparées de la rue par une grille de fer et un portail. Elles ont chacune une minuscule cour extérieure où même les plantes les plus robustes vivent avec peine ; une porte en retrait, et, à l'étage supérieur, deux fenêtres identiques.

Elk se trouva dans Eldor Street ce soir-là, à 9 heures ; il pleuvait à torrents, aussi la rue était-elle déserte. La plupart des maisons n'étaient pas éclairées : les habitants d'Eldor Street vivent dans leur cuisine qui se trouve sur le derrière. Au numéro 47, sous le store baissé, il y avait un rai de lumière ;

Elk s'approcha avec précaution de la fenêtre et put entendre, à de longs intervalles, un bruit confus de voix.

On avait peine à croire qu'il se trouvait devant la maison d'Erza Maitland. Le matin même, les journaux avaient parlé d'une nouvelle spéculation de *Maitlands Consolidated*, une affaire qui chiffrait par plus d'un million de livres sterling. Et celui qui avait dirigé cette opération vivait d'une manière si sordide !

Elk était toujours près de la fenêtre quand la lumière s'éteignit ; il entendit des pas dans le corridor. À peine s'était-il dissimulé dans l'ombre de l'autre côté de la rue que la porte s'ouvrit et livra passage à deux personnes : Maitland et la vieille femme. Lorsqu'ils passèrent sous un réverbère, Elk remarqua que Maitland portait un manteau boutonné jusqu'au menton, la vieille femme avait un long pardessus d'hiver et tenait un filet à la main. Ils allaient faire leur marché ! C'était un samedi soir, à une heure où les victuailles s'obtiennent à très bon compte.

Lorsqu'ils furent hors de vue, Elk suivit la rue jusqu'au bout, puis, tournant à gauche, longea un mur recouvert d'affiches jusqu'au moment où il se trouva devant le passage étroit qui séparait les jardins : petite ruelle sombre, large d'un mètre environ, qui courait entre les palissades goudronnées.

Il compta les portails à sa gauche à l'aide de sa lampe de poche, puis, s'arrêtant devant l'un d'eux, il le poussa doucement. Ce portail était fermé à clef et la serrure portait les traces d'un usage récent. Elk poussa un grognement de satisfaction, et tirant un étui de sa poche, il en sortit un petit manche de bois auquel il fixa un crochet de fer choisi avec soin parmi une douzaine d'autres. La serrure était plus compliquée qu'il ne s'y attendait et ce ne fut qu'après avoir essayé deux ou trois crochets différents que le pêne bougea et que la porte s'ouvrit.

Le derrière de la maison était dans une obscurité complète, la cour libre de tout obstacle. Il la traversa et à sa grande surprise s'aperçut que la porte de service n'était pas fermée ; remettant ses outils dans sa poche il entra. Il se trouvait dans une petite cuisine ; traversant le corridor il entra dans la pièce où il avait vu de la lumière. C'était une chambre meublée d'une façon misérable : près de la cheminée on voyait un fauteuil dont les ressorts étaient cassés, dans un coin, un lit en désordre, et, au milieu de la chambre, une table recouverte d'un tapis rapiécé sur laquelle il y avait deux ou trois manuels d'école et des feuilles de papier couvertes d'une écriture enfantine ; l'enfant devait se trouver dans la maison…

Jetant un coup d'œil circulaire, Elk vit encore un méchant gramophone, et, sur le buffet, une demi-douzaine de disques rayés et ébréchés.

Après avoir allumé le gaz, Elk alla pousser le verrou de la porte d'entrée pour éviter toute surprise. Vue à la lumière, la chambre qu'il venait de quitter avait un aspect plus sordide encore : le tapis était usé, couvert de trous, il n'y avait pas un meuble qui n'eût été réparé une fois ou l'autre. Il vit un papier sur la cheminée : c'était la copie du contrat d'un million de livres sterling que Maitland avait signé le matin même ; au bas de la feuille se trouvait sa signature claire et nette avec son paraphe caractéristique.

Elk remit le papier à sa place et se mit à inspecter les lieux. Dans une commode près de la cheminée il découvrit une boîte qui paraissait à moitié remplie de monnaies, ainsi qu'une centaine de lettres adressées à « Mr E. Maitland, 47, Eldor Street, Tottenham ». Elk y jeta un coup d'œil : c'étaient des prospectus ou des circulaires d'ordre politique, dont tout citoyen est abreuvé. Pas une enveloppe n'avait été ouverte. Maitland en connaissait évidemment le contenu et ne s'était pas donné la peine de les ouvrir.

Il n'y avait rien d'autre d'intéressant. C'était là, de toute évidence, la chambre ou couchait le vieillard... Mais où pouvait bien se trouver l'enfant ?

Elk éteignit la lumière et monta à l'étage au-dessus. Une des portes était fermée à clef, mais ses instruments ne pouvaient lui être d'aucun secours, la serrure, qui avait été posée récemment, étant d'un système breveté.

L'enfant était là, peut-être. L'autre chambre, qui devait être celle de la vieille femme, n'était pas mieux meublée que celle d'en bas. Il revint sur le palier et posait son pied sur la première marche lorsqu'il entendit un léger déclic qui venait d'en bas. C'était le bruit d'une porte qui se fermait. Elk resta immobile écoutant attentivement, mais le bruit ne se répéta pas, et il descendit doucement. Il crut tout d'abord que c'était le vieillard qui rentrait et qui essayait d'ouvrir avec sa clef la porte dont Elk avait tiré le verrou. À pas de loup il s'approcha, mais tout était tranquille. Alors, retirant le verrou, il se dirigea vers la seconde chambre du rez-de-chaussée et braqua sa lampe sur la porte.

Elk était un homme à qui rien n'échappait et il se souvenait parfaitement d'avoir trouvé cette porte ouverte lorsqu'il était entré dans la maison, et maintenant elle était fermée à clef de l'intérieur.

Était-ce l'enfant, effrayé par sa présence ? Elk, sans perdre son temps à approfondir cette question, traversa le jardin en toute hâte et se retrouva dans la rue.

Là, se plaçant de manière à voir Eldor Street dans toute sa longueur, il se mit à faire le guet, surveillant le passage qui coupait le mur. Au bout d'un instant il vit Maitland et la vieille femme qui rentraient. Le vieux portait le filet qui était plein à craquer ; Elk entrevit le feuillage d'une carotte lorsqu'ils passèrent sous le réverbère. Il les suivit du regard, puis, l'obscurité les ayant engloutis, il n'entendit que le bruit de leur porte qui se fermait.

Cinq minutes plus tard, une ombre noire surgit de l'étroit passage. C'était un homme ; Elk se lança à sa poursuite. L'étranger se jeta dans le labyrinthe de petites rues, le détective sur ses talons. L'homme allait d'un pas accéléré, mais Elk, bon marcheur le suivait sans peine. L'inconnu affronta alors la lumière de la rue principale. Elk à dix pas derrière lui. Il ne pouvait voir sa figure et ne reconnut le fugitif que lorsque celui-ci s'arrêta devant une limousine qui attendait, ouvrit la portière et sauta dans l'auto. Au même instant Elk le rattrapa et le salua gaiement de la main. L'homme qui était dans l'auto fermée resta une seconde déconcerté, puis il ouvrit la portière :

– Venez Elk, ne restez pas sous la pluie, dit-il.

C'était Joshua Broad, le riche Américain qui vendait des porte-clefs à Whitehall, vivait dans un des plus luxueux appartements de Londres et trouvait encore le temps de s'intéresser aux faits et gestes d'Erza Maitland.

Il se tourna brusquement vers Elk comme celui-ci prenait place à côté de lui.

– Dites-moi, Elk, avez-vous vu l'enfant ?

Elk secoua la tête.

– Non, dit-il.

Son compagnon eut un rire étouffé ; la voiture roula vers les rues plus civilisées de l'ouest de Londres.

– Eh bien ! je l'ai vu, moi, dit Mr Broad en tirant des bouffées d'un cigare qu'il venait d'allumer, et croyez-moi, Elk, j'ai cessé d'aimer les enfants. Parfaitement, l'éducation des jeunes ne m'intéresse plus.

– Où était-elle ?

– Vous voulez dire : où était-il ? Excusez-moi si je ne réponds pas à votre question. J'ai passé une heure dans cette maison avant votre arrivée... j'étais dans la chambre du fond, qui, soit dit en passant, est vide. Vous m'avez fait peur ; quand vous êtes entré, j'ai cru que c'était le vieux à la barbe blanche, surtout quand j'ai vu qu'on allumait la lampe. Je n'avais pas encore éteint lorsque vous avez ouvert la porte de service ; à propos, c'est moi qui l'avais laissée ouverte, je voulais garder une porte de sortie ! Eh bien ! quelle est votre opinion ?

– Sur Maitland ?

– Original, n'est-ce pas ? Et vous ne savez pas tout !

La voiture s'arrêtait à la porte de Caverley House lorsque le détective rompit un long silence.

– Au fond, qui êtes-vous, Mr Broad ?

– Je vous le donne en mille, répondit l'autre d'un ton léger en sautant de la voiture.

– Un membre des services secrets ? suggéra Elk.

– Non... vous voulez dire des services secrets des États-Unis ? Non, vous n'y êtes pas. Je suis un détective privé qui s'amuse à étudier la basse pègre. Voulez-vous monter et boire quelque chose ?

– Je monterai volontiers, mais je ne boirai rien, répondit Elk vertueusement. Mon séjour aux États-Unis m'a gâté la digestion.

Broad introduisait sa clef dans la serrure lorsque le policier sentit un frisson descendre le long de son épine dorsale. Il posa sa main sur le bras de l'Américain :

– N'ouvrez pas cette porte, lui dit-il d'une voix rauque.

Broad se retourna, surpris : le visage de son compagnon était sérieux, ses traits tirés.

– Pourquoi ?

– Je ne sais pas, une espèce de pressentiment... Je suis Écossais de naissance et assez superstitieux. Quelque chose me dit de ne pas ouvrir cette porte.

Broad laissa tomber sa main.

– Êtes-vous sérieux ?

– Tout à fait... Il y a quelque chose de dangereux derrière cette porte, je le jurerais ! Donnez-moi ça.

Il prit la clef des doigts de Joshua Broad, la mit dans la serrure et la tourna. D'une main il poussa Broad à l'abri contre le mur, de l'autre il ouvrit brusquement la porte. Une seconde passa...

puis : « Courez ! » cria Elk qui s'élança vers l'escalier. L'Américain apercevant la première volute d'un brouillard vert jaunâtre qui s'échappait de la porte, s'empressa de le suivre.

Le concierge allait fermer son bureau pour la nuit, lorsqu'il vit arriver Elk sans chapeau et hors d'haleine.

– Pouvez-vous téléphoner aux locataires ? bien ! Appelez vite ceux qui sont au troisième étage et en dessous, dites-leur de n'ouvrir leur porte sous aucun prétexte. Dites-leur aussi de boucher les fentes avec du papier, de fermer leur boîte aux lettres et d'ouvrir leurs fenêtres. Allons ne discutez pas, faites-le vite ! L'immeuble est rempli de gaz toxiques !

Il téléphona lui-même aux pompiers qui arrivèrent quelques secondes plus tard, dans un bruit de cloches, et qui, munis de leurs masques, envahirent les escaliers.

Tous les locataires, heureusement, sauf Broad et sa voisine, s'étaient absentés pour le week-end.

– Et Miss Bassano ne rentre qu'au petit jour, les informa le portier.

L'aube se leva avant que l'immeuble fût débarrassé des gaz toxiques à grand renfort de pompes à air et de précipitants chimiques. Á part l'argent noirci, les vitres et le miroir recouverts d'un dépôt jaunâtre, les dégâts étaient peu considérables. Une odeur de moisi régnait encore dans l'appartement, en dépit des fenêtres ouvertes, mais la brise matinale finit par dissiper les dernières traces malodorantes de cet attentat. Les deux hommes se mirent ensemble à chercher par où l'on avait pu introduire le gaz.

– Par cette cheminée ouverte, remarqua Elk ; le gaz est plus lourd que l'air : on a pu le verser là-dedans aussi aisément que de l'eau.

Une perquisition faite sur le toit plat de l'immeuble confirma sa théorie. Ils trouvèrent dix gros cylindres de verre, une longue corde attachée à un panier d'osier, et de plus, l'un des tuyaux de cheminée était rayé et décoloré.

– L'homme chargé de ce travail a dû monter pendant que le portier avait le dos tourné ; il faisait probablement marcher l'ascenseur. Il sera monté sur le toit, portant la corde et le panier. Un acolyte, posté dans la rue, a dû l'aider à hisser les cylindres l'un après l'autre jusqu'ici. C'était facile à exécuter, mais l'idée était ingénieuse. Ils doivent avoir soigneusement inspecté les lieux à l'avance, sans quoi ils n'auraient jamais su quelle cheminée menait à votre chambre.

Ils redescendirent dans l'appartement, et, cette fois, Joshua Broad était sérieux.

– C'est heureux que mon domestique soit en congé, dit-il, sinon il serait au ciel à l'heure qu'il est.

– Je l'espère, répondit Elk pieusement.

Le soleil effleurait le haut des toits lorsque le détective, perplexe et ayant quelque peu sommeil, quitta enfin l'appartement. Avant d'arriver au vestibule, il entendit un bruit de voix exubérantes. Devant la porte, il vit une belle voiture ; un jeune homme en tenue de soirée était au volant, à côté de lui se trouvait Lew Brady ; sur le trottoir se tenait une jeune femme en robe du soir.

– Bonne soirée, n'est-ce pas Lola ? Quand je suis déchaîné, rien ne m'arrête !

La voix de Ray Bennett était épaisse et mal assurée. Il avait bu... il s'en fallait de peu qu'il ne fût ivre.

Il accueillit bruyamment le détective quand celui-ci apparut sur le trottoir.

– Quoi ! C'est Elk, l'Elk des Elk ! Salut, le plus noble des flics. Lola, je te présente Elky de Elksville, Sherlock en chair et en os, le limier...

– C'est une belle voiture que vous avez là, interrompit Elk qui la considérait d'un air rêveur. C'est un cadeau de votre père ?

La mention de son père rendit le jeune Bennett plus calme.

– Non, dit-il d'un ton tranchant, elle appartient à un ami. Bonne nuit, Lola !

Il mit le pied sur le démarreur :

– À bientôt, Elk !

La voiture fit un bond en avant ; Elk la suivit des yeux.

– Ce jeune homme court le risque de finir mal, dit-il. Vous vous êtes bien amusée Lola ?

– Oui, pourquoi ?

Elle le regarda d'un œil soupçonneux et interrogateur.

– Vous n'avez pas oublié de fermer le gaz en sortant ? Si j'étais Sherlock Holmes, je pourrais peut-être le deviner à la tache qui est sur votre gant.

– Qu'est-ce que cette histoire de gaz ? Je ne me sers jamais du fourneau.

– Eh bien ! quelqu'un a failli nous cuire pour de bon, un ami et moi !

Elle fronça les sourcils, perplexe. Puisqu'elle était femme, il s'attendait à ce qu'elle sût jouer la comédie. Néanmoins, quelque chose le poussait à croire qu'elle était sincère.

– Il y a eu un attentat au gaz dans Caverley House, expliqua-t-il, et ce n'était pas du gaz de cuisine, je pense que vous le sentirez en montant.

– Quel genre de gaz ?... gaz toxique ?

Elk fit un signe affirmatif.

– Mais qui l'a mis là, ou versé... je ne sais pas ce que l'on fait avec le gaz.

Elk la regarda avec cet air offensé qui irritait tant ses victimes.

– Si je le savais, Lola, je ne serais pas ici à discuter avec vous ! Je n'en sais rien. Le gaz a été versé dans l'appartement de Mr Broad.

– L'Américain qui habite en face de nous... de moi ? dit-elle. Je ne l'ai vu qu'une fois, il a l'air charmant.

– Eh bien ! quelqu'un n'était pas de cet avis, dit Elk. Dites-moi, Lola, que fait ce garçon... le jeune Bennett ?

– Pourquoi me demandez-vous cela ? Il gagne un tas d'argent en ce moment, et il fait la fête. Ils sont tous les mêmes !

– Ça n'a jamais été mon cas, répliqua Elk, mais si j'avais fait de l'argent, et si j'avais voulu entreprendre quoi que ce soit, je n'aurais pas choisi un boxeur raté comme entraîneur !

La colère empourpra son joli visage et elle lui lança un regard venimeux.

– Et je crois que j'aurais pris quelques renseignements sur mes belles amies, poursuivit Elk impitoyablement. Je comprends que son argent vous attire, mais ce qui m'épate, c'est d'où vient cet argent.

– Ce ne sera pas la seule chose qui t'épatera, mon vieux, murmura-t-elle entre ses dents comme elle franchissait impétueusement le seuil de Caverley House.

Elk resta immobile pendant cinq minutes, la figure mélancolique et impénétrable, puis lentement il se dirigea vers sa garçonnière qui se trouvait au-dessus d'un tabac, fermé pour la nuit ; personne d'autre n'habitait la maison.

Traversant Gray's Inn Road, il leva les yeux machinalement et remarqua que ses fenêtres étaient fermées ; un autre détail le frappa : chaque vitre était couverte d'une buée jaunâtre, opalescente.

Elk aperçut à quelque distance un tas de gravier : on réparait la rue à cet endroit. Il s'en approcha, choisit trois cailloux ronds puis, se mettant au milieu de la route, il lança d'une main sûre un caillou contre ses fenêtres. Il y eut un bruit de verre cassé et, par le trou du carreau, Elk vit sortir des flots de vapeur empoisonnée.

– Vraiment, cela devient monotone, soupira Elk avec lassitude, avant de se diriger vers le poste d'alarme le plus proche.

7

Mr Maitland reçoit une visite

Aux yeux du monde, John Bennett avait l'air de trouver naturelle la nouvelle vie de son fils, mais au fond de lui-même il était mal à l'aise et inquiet. Ray était son seul fils et il en était très fier, bien qu'il ne le montrât jamais. Personne ne savait mieux que John Bennett les tentations qui guettent les jeunes gens dans la grande cité et, de plus, il connaissait trop bien Ray.

Ella ne voulait pas en parler à son père, mais elle devinait son tourment et elle prit la résolution d'agir d'une manière ou d'une autre.

Le dimanche précédent, Ray s'était amèrement plaint de la réduction de son salaire ; très excité, il avait parlé de lâcher sa place et d'en chercher une autre : cette éventualité n'était pas sans inquiéter Ella. Les Bennett vivaient très simplement de leurs maigres ressources. Le cottage leur appartenait. Une femme du village venait tous les matins faire les gros ouvrages, et une fois par semaine aidait à la lessive. C'était le seul luxe que permettait le revenu de son père, aussi n'envisageait-elle pas sans appréhension la perspective d'un Ray sans travail. Elle imagina un plan d'action : un beau matin, Johnson vit apparaître une délicieuse figure dans le vestibule de marbre et il se précipita à sa rencontre.

– Chère miss, quelle heureuse surprise ! Ray est sorti, mais si vous voulez bien attendre...

– Quelle chance qu'il ne soit pas ici, dit-elle soulagée. Je voudrais voir Mr Maitland. Est-ce possible ?

Le visage jovial du philosophe se rembrunit.

– Je crains que ce ne soit difficile, dit-il, le patron ne voit personne, pas même les grands financiers. Il déteste les femmes et tout visage nouveau. À quel sujet désirez-vous le voir ?

Elle hésita.

– C'est au sujet du salaire de Ray.

Comme il secouait la tête, elle continua d'une voix pressante :

– C'est si important, Mr Johnson, Ray a des goûts de grand seigneur, et si on lui réduit son salaire cela va... enfin, vous connaissez Ray !

Il hocha la tête.

– Je ne suis pas sûr de pouvoir vous aider, dit-il d'un air dubitatif. Je vais prévenir Mr Maitland, mais vous avez peu de chances d'être reçue.

Lorsque Johnson revint, sa figure était tout sourire :

– Venez vite avant qu'il ne change d'avis, dit-il en entraînant Ella vers l'ascenseur. Ce sera à vous de parler, miss. Je vous préviens que c'est un vieil original au cœur dur comme la pierre !

Il la fit entrer dans une petite pièce confortablement meublée où se trouvait un bureau couvert de papiers.

– Voici ma tanière, expliqua-t-il.

Une grande porte en bois de rose communiquait avec le bureau de Mr Maitland. Johnson frappa doucement à la porte, et, le cœur battant, Ella fut introduite auprès de l'étrange vieillard qui dominait la bourse.

La pièce était vaste, luxueuse dans ses moindres détails. Les parois en bois de rose étaient incrustées d'argent. La lumière venait de lampes dissimulées dans la corniche ainsi que des longues fenêtres en verre de couleur. Chaque meuble représentait une fortune, et le moelleux tapis dans lequel les pieds s'enfonçaient valait certainement à lui seul le contenu d'une maison ordinaire.

Derrière un bureau aux bronzes dorés, le grand Maitland, assis tout droit dans son fauteuil, l'observait sous ses épais sourcils blancs. Lorsqu'il leva la main pour balayer d'un geste quelques poils de sa barbe immaculée qui traînait sur le bureau, elle remarqua qu'il portait des gants de laine sans doigts. Son crâne était complètement chauve et ses grandes oreilles écartées de la tête la fascinèrent. Il était repoussant ; il y avait quelque chose de vulgaire, d'obscène en lui qui la blessa au vif.

Elle s'attendait à plus d'assurance : il paraissait nerveux ; mal à l'aise. Son regard allait de la jeune fille à son secrétaire, de là aux fenêtres, puis revenait se poser furtivement sur la jeune fille.

– Voici miss Bennett, Sir. Comme vous le savez, Bennett est notre commis de bourse ; c'est un garçon éveillé. Miss Bennett désirerait savoir s'il est possible de revenir sur votre décision concernant la réduction du salaire de son frère.

– Voyez-vous, Mr Maitland, interrompit Ella, nous ne sommes pas riches et cette diminution de salaire aurait les plus graves conséquences pour nous !

Maitland secoua sa tête chauve avec impatience.

– Que voulez-vous qu'ça me fiche, à moi, si vous êtes riches ou non ? dit-il d'une voix dure. Quand j'réduis les salaires, j'les réduis. Compris ?

Ella le regarda avec stupéfaction : la voix était rude et vulgaire, il parlait comme un homme des rues.

– Et si ça ne lui plaît pas, il n'a qu'à s'en aller, continua-t-il. (Ses yeux tombèrent sur Johnson qui avait l'air mal à l'aise). Quant à vous, si ça ne vous plaît pas, vous pouvez filer aussi. Il y a assez d'gens dans les rues pour vous remplacer, c'est pas les chômeurs qui manquent ! Voilà, c'est tout !

Johnson sortit sur la pointe des pieds et ferma la porte derrière la jeune fille.

– Quel horrible personnage ! s'écria-t-elle. Comment pouvez-vous le supporter, Mr Johnson ?

Il sourit calmement.

– Avec un million et demi de chômeurs dans les rues vous comprendrez que je ne puisse me permettre de perdre une bonne place ! C'est un homme qui s'est fait lui-même et, s'il est grossier, il n'est pas méchant dans le fond. Je me demande pourquoi il vous a reçue.

– Est-ce qu'il ne reçoit personne ?

Il secoua la tête.

– Pas à moins que ce ne soit absolument nécessaire, et cela n'arrive qu'une ou deux fois par an. Je crois qu'il n'a jamais parlé à aucun des employés de la maison, pas même aux chefs de service.

Il la reconduisit jusqu'au hall. Ray n'était pas rentré.

– À dire vrai, confessa Johnson lorsqu'elle l'interrogea, Ray n'est pas venu au bureau ce matin. Il a fait dire qu'il ne se sentait pas très bien et je me suis arrangé à ce qu'il ait congé pour la journée.

– Il n'est pas malade, j'espère, s'enquit-elle angoissée.

Johnson la rassura :

– Non, je lui ai téléphoné... il a le téléphone dans son nouvel appartement.

– Mais je croyais qu'il n'avait loué qu'une chambre ! dit-elle troublée. Un appartement... où donc ?

– À Knightsbridge, répondit Johnson doucement. Oui, je sais, cela paraît en effet hors de prix, mais je crois qu'il a pu le sous-louer à des conditions exceptionnelles. Puis-je être franc, miss ?

– Je vous supplie de l'être, si cela concerne Ray, répondit-elle avec vivacité.

– Ray m'inquiète un peu, commença Johnson. Je fais tout ce que je peux pour lui épargner des ennuis, mais cela devient difficile et le patron ne tolère pas les paresseux. Il vit sur un pied qui n'est sûrement pas en rapport avec ses moyens, et je l'ai vu habillé de façon à faire pâlir les gens les plus riches de la ville... ou qui passent pour tels.

La jeune fille fut prise de panique.

– Il n'y a rien de... d'anormal au bureau ? demanda-t-elle avec anxiété.

– Non, je me suis permis de regarder ses livres. Ils sont en ordre. Son compte de caisse est juste à un centime près. Pour dire la chose carrément, il ne vole pas... du moins au bureau. Autre chose encore : il se fait appeler Raymond Lester à Knightsbridge. Ayant appris cela par hasard, je l'ai interrogé. Il m'a dit qu'il ne voulait pas que son père sût qu'il menait si grand train. Il a trouvé un travail rémunérateur en dehors du bureau, mais il ne veut pas dire ce que c'est.

Ella avait envie d'être seule : elle se réfugia dans le parc et s'assit sur une chaise pour réfléchir tranquillement. Après tout, Ray avait peut-être trouvé un travail rémunérateur, beaucoup de jeunes gens occupaient leurs loisirs d'une façon lucrative... seulement Ray n'avait jamais été un travailleur.

Elle était tellement absorbée par ses pensées qu'elle ne s'aperçut pas que quelqu'un s'était arrêté devant elle.

– C'est un vrai miracle ! fit une voix joyeuse.

Ses yeux rencontrèrent les yeux bleus de Gordon.

– Et maintenant, racontez-moi ce qui vous préoccupe ! dit-il en s'asseyant à côté d'elle.

– Qui vous a dit que j'étais préoccupée ? répliqua-t-elle.

– Je l'ai lu sur votre visage, et j'ai idée que c'est au sujet de votre frère, dit-il. Je viens de le voir... Tenez ! le voici !

Ella suivit la direction de son regard et fut saisie d'étonnement. Sur la piste cavalière qui courait parallèlement à l'allée du parc se trouvaient deux personnes, un homme et une femme. Ella reconnut Ray, dans un costume d'équitation du dernier chic. La jeune femme à ses côtés était mince, jeune et jolie.

Les cavaliers passèrent devant eux sans les remarquer. Ray était fort gai et son rire parvenait à Ella qui restait muette d'étonnement.

– Mais je ne comprends pas... Connaissez-vous cette femme, Mr Gordon ?

– Je la connais très bien par ouï-dire, répondit Gordon d'un ton sec. C'est Lola Bassano.

– Est-ce une femme du monde ?

Un éclair de gaieté passa dans les yeux de Dick.

– Elk dit qu'elle ne l'est pas, mais je n'en sais rien.

Ella était silencieuse, l'esprit troublé.

– J'ai l'impression que vous avez besoin d'aide... au sujet de votre frère commença Dick doucement. Il commence à vous inquiéter, n'est-ce pas ?

Elle fit un signe d'assentiment.

– C'est bien ce que je pensais. Il m'intrigue. Je sais tout ce qui le concerne : son salaire, cette étrange idée de s'affubler d'un faux nom. Tout cela ne m'inquièterait pas beaucoup, les jeunes gens adorent les mystères. Malheureusement ce sont des fantaisies très onéreuses et je voudrais bien savoir comment il peut vivre tout d'un coup en pareil équipage.

Il mentionna une somme qui stupéfia Ella.

– Oui, cela coûte cher. Elk, qui a une passion pour les détails et qui sait à un sou près ce qu'a coûté ce costume d'équitation, m'a renseigné très exactement.

Ella eut un tel geste de désespoir qu'il regretta d'avoir parlé avec une franchise aussi brutale.

– Quel genre de personne est cette demoiselle Bassano ?

– Tout à fait charmante, répondit-il après un léger silence

Remarquant son air évasif, Ella n'insista pas. Elle changea de sujet et lui raconta sa visite à Erza Maitland. Il écouta son récit sans manifester de surprise.

– C'est un homme fruste. Elk connaît quelque chose à son sujet qu'il ne veut pas me dire, mais j'ai eu des renseignements sur Maitland de différents côtés.

– Pourquoi porte-t-il des mitaines au bureau ? demanda-t-elle à l'improviste.

– Des mitaines !... Je ne savais pas cela, dit-il surpris. Mais pourquoi n'en porterait-il pas ?

Elle secoua la tête.

– Je ne sais pas... une idée stupide, mais il m'a semblé... Il m'est venu ensuite à l'esprit...

Il attendit.

– Lorsqu'il a levé la main pour lisser sa barbe, je suis presque sûre d'avoir aperçu un tatouage au bout de son poignet gauche, entre le bord du gant et la manche... la tête et les yeux d'une grenouille.

Dick Gordon écoutait atterré.

– Êtes-vous bien sûre que ce n'est pas de l'imagination de votre part, mademoiselle ? demanda-t-il. Je crains que les Grenouilles ne deviennent une obsession !

– Peut-être, mais j'étais tout près de lui et la lumière éclaira en plein son poignet pendant l'espace d'une seconde.

– En avez-vous parlé à Johnson ?

– Non, j'ai pensé qu'il n'avait peut-être jamais remarqué le tatouage. Je me souviens maintenant que Ray m'avait dit que Mr Maitland portait toujours des mitaines au bureau, l'été comme l'hiver.

Dick était perplexe. Il était peu crédible que cet homme, à la tête d'une grande affaire financière, fût associé à une bande de malandrins. Et pourtant...

– Quand est-ce que votre frère va à Horsham ? demanda-t-il.

– Dimanche, il nous a promis de venir déjeuner.

– Je pense, dit l'astucieux jeune homme, qu'il ne vous est pas possible de me demander de faire le quatrième ?

– Vous ferez le cinquième, dit-elle en souriant, Mr Johnson vient aussi ; le pauvre homme est terrorisé par mon père et je crois que la crainte est réciproque. Mon père est comme Mr Maitland, en ce sens qu'il déteste les étrangers. De toute façon, je vous invite, ajouta-t-elle, et la perspective de le revoir la rasséréna.

Ce soir-là, Elk vint le trouver comme il s'apprêtait à aller au théâtre. Dick lui raconta les soupçons de la jeune fille. À sa grande surprise, Elk le prit très calmement.

– Il est possible qu'il soit tatoué, mais ce n'est peut-être pas une Grenouille. Le vieux Maitland a couru les mers comme enfant... du moins c'est ce que raconte la seule biographie qui existe de lui. Je vais vous dire une chose, Mr Gordon : je suis prêt à croire n'importe quoi au sujet du vieux Maitland !

– Pourquoi cela ? demanda Dick surpris.

Il ne savait rien de ce que le détective avait découvert.

– Parce que... ceux qui font des millions ne sont pas comme tout le monde ; s'ils l'étaient ils ne deviendraient pas multimillionnaires... je me renseignerai au sujet de ce tatouage.

Cette semaine-là, Dick dut se charger d'une mission qui détourna son attention des Grenouilles. Le mardi le ministre des Affaires étrangères l'envoya chercher et, à sa grande surprise, il fut introduit auprès de cet auguste personnage. La raison de cet honneur insigne lui fut alors dévoilée.

– Capitaine Gordon, lui dit le ministre, il va venir de France un document relatif au traité commercial qui doit être signé entre nous et les gouvernements français et italien. Il est de la plus haute importance que ce document soit bien gardé, car – et je vous le dis en confidence – il traite d'une révision des tarifs douaniers. Je désire renforcer la surveillance de la police en vous envoyant à la rencontre du messager à son débarquement à Douvres. Trois membres de la Sûreté française et italienne l'accompagneront à Douvres, où vos hommes se relaieront et resteront auprès de lui jusqu'au moment où vous déposerez personnellement le document en sûreté dans mon coffre-fort.

Comme la plupart des missions importantes, celle-ci fut dénuée d'intérêt. Le messager fut cueilli sur le quai de Douvres, mis dans un wagon Pullman réservé pour lui, et le couloir en fut gardé par deux hommes de Scotland Yard. À la gare de Victoria, une automobile conduite par un agent chauffeur, gardée par des policiers armés, conduisit le messager et Dick à Calden Gardens. Le secrétaire des Affaires étrangères examina soigneusement les cachets, puis, en présence de Dick et du détective qui commandait l'escorte, il mit l'enveloppe dans le coffre-fort.

– Je ne pense pas, dit le ministre des Affaires étrangères, avec un sourire, que cela intéresse nos amis les Grenouilles. Pourtant, si bizarre que cela paraisse, je les ai eus à l'esprit, et c'est ce qui a motivé les précautions extraordinaires que nous avons prises. Rien de nouveau, je pense, au sujet de l'assassinat de Genter ?

– Non, monsieur, pas que je sache. Ce genre de crime n'est pas réellement de mon ressort. De toute manière le préposé aux poursuites criminelles n'a rien à faire avant qu'il y ait un accusé à présenter, dont le dossier soit complet.

– C'est dommage, fit Lord Farmley, j'aimerais bien que cette affaire des Grenouilles ne soit pas uniquement entre les mains de Scotland Yard ; cela devient un tel danger pour la société que j'aurais été plus tranquille si un service supplémentaire avait eu le contrôle des opérations.

Le lendemain, de bonne heure dans l'après-midi, Dick fut convoqué à Downing Street et fut informé qu'un service spécial avait été créé pour s'occuper exclusivement des Grenouilles.

– Vous avez carte blanche, capitaine Gordon. On me blâmera peut-être de vous avoir confié ce poste, mais je suis persuadé que vous êtes l'homme qu'il me faut, lui dit le Premier ministre, et vous pouvez choisir n'importe quel officier de Scotland Yard pour vous seconder.

– Je prendrai le sergent Elk, dit Gordon vivement.

Le Premier ministre eut un air indécis.

– Il n'est pas d'un grade très élevé, observa-t-il avec hésitation.

– C'est un homme qui a trente années de service à son actif, repartit Dick, et c'est seulement son échec à l'examen de culture générale qui l'a empêché d'être promu. Laissez-moi me l'adjoindre, Sir, en lui donnant le grade provisoire d'inspecteur.

Le ministre se mit à rire.

– C'est bien, faites comme vous voudrez, dit-il.

Un peu plus tard dans l'après-midi, Elk fut salué de son nouveau titre alors qu'il se présentait pour faire son rapport. Pendant un instant, il en resta étourdi, puis un sourire vint lentement éclairer son visage.

– Je parie que je suis le seul inspecteur en Angleterre qui ne sache pas où la reine Elisabeth a été enterrée ! s'écria-t-il non sans fierté.

8

OÙ RAY DEVIENT AGRESSIF

Dick avait beau se répéter que c'était absurde, il n'en barrait pas moins sur le calendrier les jours qui le séparaient du dimanche où il reverrait Ella.

Était-ce à cause de son joli visage ? Dick en avait admiré tant d'autres. Était-ce sa démarche gracieuse, la distinction de ses manières ?... Dick renonça à analyser le charme d'Ella Bennett ; il était certain d'une chose : il attendait dimanche avec impatience.

Lorsque Dick ouvrit le portail, il aperçut le gros Johnson confortablement installé dans un fauteuil de jardin. Le secrétaire se leva et, avec un large sourire, lui tendit la main. Dick aimait cet homme patient et consciencieux.

– Ray m'a prévenu que vous viendriez, Mr Gordon... Il est dans le verger avec sa sœur et je crois qu'elle est en train de lui dire ses quatre vérités. Que pensez-vous de tout cela ?

– À-t-il renoncé à se rendre au bureau ? demanda Dick en enlevant son cache-poussière.

– Je crains qu'il n'en soit sorti pour de bon, dit Johnson d'un air triste. J'ai dû lui signifier son congé. Le patron a dévouvert qu'il manquait le bureau et, je ne sais comment, il a appris que Ray allait grand train. Un comptable a vérifié ses livres : Dieu merci, ils sont en ordre ! J'ai failli moi-même être renvoyé.

C'était là une occasion favorable et Dick la saisit :

– Est-ce que vous savez où habite Maitland ? Quel genre de vie il mène ? A-t-il une maison en ville ?

Johnson sourit.

– Oh ! oui, il a bien une maison de ville, répondit-il railleur. Il y a un an seulement que je l'ai découverte et je n'en ai parlé à personne jusqu'à présent, même maintenant je ne vous donnerai pas de détails. Le vieux Maitland habite dans un quartier misérable où il vit avec sa sœur d'une manière sordide... et il est riche à millions !

– Dites-moi, Mr Johnson, pourquoi porte-t-il des mitaines au bureau ?

Johnson hocha la tête.

– Je n'en sais rien. J'avais pensé que c'était pour cacher la cicatrice qu'il a sur le dos de la main, mais il n'est pas homme à porter des mitaines pour cela. Il a des tatouages tout le long du bras : ancres, couronnes, dauphins...

– Et des grenouilles ? demanda Dick d'un ton calme.

Sa question sembla étonner Johnson.

– Non, je n'ai jamais vu de grenouilles... il a des serpents entortillés sur l'un de ses poignets, mais c'est tout ce que j'ai vu. Mais pourquoi... Est-ce que le vieux Maitland serait une Grenouille ? demanda-t-il.

Dick eut un sourire en remarquant son air angoissé.

– C'est ce que je me demandais, dit-il.

La figure de Johnson devint grave.

– Après tout, il est assez véreux pour être une Grenouille, ou n'importe quoi d'autre, dit-il.

À ce moment, Ray et sa sœur les rejoignirent. Ray avait un front orageux, et sa figure s'assombrit encore à la vue de Dick. Ella, toute rouge, était sur le point de pleurer.

– Hello Gordon ! fit Ray sans préliminaires. Je pense que c'est vous qui avez mouchardé... et avez dit à Elk de m'espionner. Ça j'en suis sûr, je l'ai surpris au moment...

– Ray, tu ne dois pas parler ainsi à Mr Gordon, interrompit la jeune fille avec feu, il ne m'a jamais dit du mal de toi ; tout ce que je sais, je l'ai vu de mes propres yeux. Il me semble que tu oublies qu'il est notre invité.

– Tout le monde s'occupe de moi, grommela Ray, même le vieux Johnson.

Il lui sourit d'un air gêné, mais Johnson ne se dérida pas.

– Il faut bien que quelqu'un s'occupe de toi, mon garçon, dit-il.

John Bennett, qui rentrait son appareil photographique sur le dos, dissipa le malaise qui pesait entre eux.

– Ah ! Mr Johnson, dit-il en venant à eux, je m'excuse d'avoir tant tardé à vous inviter, mais je suis ravi de vous avoir enfin à la maison. Est-ce qu'on est content de Ray au bureau ?

Johnson lança un regard désespéré à Dick.

– Oh ! certainement, Sir, tout à fait content, laissa-t-il échapper.

Ainsi l'on ne devait pas dire au vieux Bennett que son fils s'était lancé dans une nouvelle carrière ! Dick se sentait mal à l'aise et cette dissimulation semblait réduire Johnson au désespoir. Quand le déjeuner fut terminé, ce brave homme lui confia :

– Je ne trouve pas que ce soit très loyal, ce que nous faisons là ; vraiment, Ray aurait dû tout lui dire.

Dick était de cet avis mais il n'était guère diposé à ce moment-là à discuter des faits et gestes de Ray. Il s'apercevait que le prestige qui entoure l'aimée ne s'étend pas nécessairement aux parents et amis de celle-ci ! Il fit aussi une autre découverte : Mr Johnson était amoureux de la jeune fille. Devant elle, il était nerveux, incohérent ; loin d'elle il était malheureux. Son malheur s'accrut lorsque Dick, prenant hardiment le bras d'Ella, la conduisit vers la roseraie, derrière la maison.

– Je ne sais ce que cet homme vient faire ici, dit Ray rageur, lorsque les deux jeunes gens eurent disparu. Ce n'est pas un homme de notre monde, et il me déteste.

– Je ne crois pas qu'il te déteste, Ray, dit Johnson, sortant du triste songe dans lequel il semblait plongé. C'est un homme tout à fait charmant.

– Quelles sornettes ! fit l'autre, d'un ton insolent. C'est un snob ! Et puis, de toute façon, c'est un homme de la police, et je déteste les flics. Si vous croyez qu'il ne nous regarde pas de haut, vous et moi, vous vous trompez. C'est moi qui vous le dis... je vaux autant que lui, et je parie qu'au bout du compte c'est moi qui aurai le plus d'argent !

– L'argent n'est pas tout, remarqua Johnson sentencieusement. Ray, quel est ton nouveau travail ?

– Je ne peux pas vous le dire, c'est une affaire confidentielle, répondit Ray mystérieusement. Je n'ai pas même pu le dire à Ella, bien qu'elle m'ait bassiné pendant des heures. Il y a certaines situations dont un homme ne peut pas parler sans trahir des secrets qui ne lui appartiennent pas, et c'est mon cas.

Dans la roseraie, Ella avait un interlocuteur plus sympathique.

– Je sens que mon père se doute de quelque chose, disait-elle. Hier, il a été absent la plus grande partie de la nuit. J'étais éveillée lorsqu'il est rentré : il avait une mine affreuse. Il m'a dit qu'il avait marché pendant des heures, et je le croirais volontiers à en juger par la boue qui était sur ses souliers.

Dick n'était pas d'accord.

– Si peu que je connaisse votre père, je ne crois pas qu'il soit homme à souffrir en silence à cause de votre frère. Je crois plutôt qu'il lui ferait une scène terrible. Pourquoi votre frère est-t-il, tout à coup, si désagréable avec moi ?

Ella leva les épaules.

– Je n'en sais rien. Ray a beaucoup changé dernièrement ; quand il m'a embrassée ce matin, il sentait le whisky... il n'avait pas l'habitude de boire. Cette nouvelle existence sera sa perte... Pourquoi s'affublerait-il d'un faux nom si... si ce qu'il faisait était honnête ?

Le temps était radieux, le ciel sans nuages, Ella se mit en devoir de servir le repas sur la pelouse. Dick et Johnson l'aidèrent avec empressement, galvanisés qu'ils étaient par le désir de lui rendre service. Ray garda son attitude hostile et, après quelques essais infructueux, Dick renonça à l'amadouer.

La présence de John Bennett, qui s'était tenu à l'écart pendant tout l'après-midi, n'améliora pas la situation.

– L'inconvénient qu'il y a à faire partie de la police est qu'on doit toujours être de service, dit-il pendant le repas. Ainsi je pense que vous prenez note, mentalement, de tout ce qui se dit afin de vous en servir le cas échéant !

Dick plia tranquillement une tartine en deux avant de répondre.

– Il est certain que j'ai une bonne mémoire, dit-il ; cela m'aide à oublier, et cela me permet de rester silencieux quand les circonstances sont difficiles ou pénibles.

Soudain Ray fit demi-tour sur sa chaise.

– Je vous avais bien dit qu'il était de service ! cria-t-il triomphant. Regardez ! Voici le chef des espions : le fidèle Elk !

Dick était stupéfait. Elk, qu'il avait laissé se préparant à partir vers le nord pour suivre une nouvelle piste des Grenouilles, Elk était là, les mains appuyées sur le portail, le menton baissé, qui les contemplait mélancoliquement pardessus ses lunettes.

– Puis-je entrer, Mr Bennett ?

John Bennett, sur le qui-vive, lui fit signe de venir vers eux.

– J'étais près d'ici et j'ai eu l'idée de venir vous voir. Bonjour miss, bonjour Mr Johnson.

– Donne ta chaise au sergent Elk, commanda Bennett d'une voix revêche à son fils qui se leva, l'air hargneux.

– Inspecteur ! rectifia Elk. Non, merci, je préfère rester debout, Sir. Oui, je suis inspecteur, j'ai peine à le croire moi-même, et j'oublie de répondre lorsque mes hommes me saluent.

Il se tourna vers Dick Gordon.

– Mon capitaine, pourriez-vous me donner un jour de congé la semaine prochaine ?... j'ai des ennuis domestiques.

Elk poussa un gros soupir. Dick, qui ne savait pas que son ami eût une famille fut étonné.

– Vraiment je suis fâché d'apprendre cela, Elk, dit-il avec sympathie.

– Oui, c'est bien dur, dit Elk ; mais je crois qu'il faut que je vous en parle... Voulez-vous m'excuser, miss.

Dick se leva et accompagna le détective au portail ; alors Elk lui dit à voix basse :

– La maison de Lord Farmley a été cambriolée ce matin et les Grenouilles se sont emparées du traité.

La jeune fille les observa furtivement, mais rien dans l'attitude de Dick ne pouvait lui faire supposer qu'il avait reçu des nouvelles qui le concernaient personnellement. Il revint lentement vers eux.

– Je crains qu'il ne me faille partir, dit-il ; les ennuis d'Elk sont assez sérieux pour que je doive retourner en ville.

C'est avec satisfaction qu'il lut le regret dans les yeux d'Ella ; les adieux furent courts : il lui fallait rentrer en ville le plus tôt possible.

Pendant le trajet en auto, Elk lui donna des détails. Lord Farmley avait passé le week-end dans sa maison de ville ; il travaillait à deux nouvelles clauses que l'on devait ajouter au traité sur la demande de l'ambassadeur américain. Celui-ci avait également réussi à amender une clause relative aux transbordements, défavorable à son pays. Dick ne prit connaissance de cette information que plus tard : à ce moment il ne savait pas encore que l'ambassade avait eu connaissance du traité.

Lord Farmley avait remis le document dans le coffre-fort, un « Cham » dernier modèle, construit dans le mur de son bureau. Il ferma les portes de fer à double tour, vérifia la sonnette d'alarme et se mit au lit.

Il n'eut pas l'occasion, le lendemain, d'ouvrir le coffre-fort avant l'après-midi, En apparence, les portes du coffre n'avaient pas été touchées. Après le déjeuner, désirant se remettre au travail, Lord Farmley mit la clef dans la serrure : la clef tourna à vide... il tira la poignée ; celle-ci lui resta dans les mains, le coffre-fort n'était plus fermé à clef. Quant au traité, notes et amendements, tout avait disparu.

– Par où sont-ils entrés ? demanda Dick qui conduisait son auto à furieuse allure.

– Par la fenêtre de l'office... une invention d'architectes-cambrioleurs ! répondit Elk. Ce fut un travail soigné ; je n'ai rien vu d'aussi bien fait depuis vingt ans, et il n'y a que deux hommes au monde qui en soient capables. Aucune empreinte digitale, pas de vilains trous. Tout a été fait proprement et soigneusement. Cela fait plaisir à voir.

– J'espère que Lord Farmley en tire autant de satisfaction que vous, fit Dick sévèrement.

– Il ne riait pas, dit Elk d'un ton moqueur, du moins quand je l'ai quitté.

Lord Farmley ne riait pas non plus quand Elk revint.

– C'est terrible tout cela, Gordon... vraiment terrible ! Le Cabinet se réunira ce soir à ce sujet : le Premier ministre est rentré en ville. Ce sera la ruine de ma carrière.

– Pourquoi croyez-vous que c'est l'œuvre des Grenouilles ?

Pour toute réponse, Lord Farmley ouvrit la porte du coffre-fort. À l'intérieur se voyait une marque blanche, pareille à celle que Elk avait trouvée sur la porte de Mr Broad. Il fallait être un expert pour découvrir comment on avait ouvert le coffre-fort. Elk fit remarquer comment l'on avait habilement détaché la poignée : les voleurs avaient ainsi pu faire sauter la serrure au moyen d'un explosif puissant que personne n'avait entendu.

– Ils ont employé un silencieux, dit Elk. C'est aussi facile que d'empêcher la détonation d'un pistolet. Je vous le répète, il n'y a que deux hommes au monde qui ont pu faire cela.

– Qui sont-ils ?

– Le jeune Harry Lyme... il est mort depuis des annnées, et Saul Morris... il est mort, lui aussi.

– Comme ce travail n'a pas été fait par des hommes qui ne sont plus en vie, vous feriez bien d'en trouver un troisième, dit le ministre agacé.

Elk hocha la tête lentement.

– Il doit y en avoir un troisième, et c'est le plus habile de tous, pensa-t-il à haute voix. Je les connais tous, Wal Cormon, Georges, le Rat, Billy Harp, Ilke Vellaco, Pheeny More... et je jurerais que ce n'est pas l'un d'eux. Ceci est un travail de maître, Sir ; c'est le travail d'un grand artiste comme on en rencontre rarement de nos jours, et j'ai l'impression que je sais qui c'est.

Lord Farmley qui avait écouté aussi patiemment que possible cette rapsodie, sortit de la bibliothèque, laissant les deux hommes seuls.

– Mon capitaine, dit Elk, en fermant la porte derrière le ministre, savez-vous par hasard où se trouvait le vieux Bennett la nuit dernière ?

Elk demandait cela d'un air négligent, mais Dick sentit la signification profonde de cette question et son cœur se mit à battre plus fort : il pensait à tout ce que cela signifierait pour Ella, qui lui était plus chère encore qu'il ne pensait.

– Il était hors de chez lui pendant la plus grande partie de la nuit, dit-il. Miss Bennett m'a dit qu'il est parti le vendredi et n'est rentré que ce matin à l'aube. Pourquoi ?

Elk sortit un papier de sa poche, le déplia lentement et remit ses lunettes d'aplomb.

– Un de mes hommes a pris note de toutes les absences du vieux Bennett, dit-il calmement. Ce fut facile : la femme qui va tous les jours faire leur ménage a une mémoire étonnante. L'an dernier, il s'est absenté quinze fois, et à chacune de ses absences il y a eu quelque part un cambriolage de premier ordre.

Dick respira profondément.

– Qu'entendez-vous par là ?

– Je veux dire, répondit Elk tranquillement, que, si le vieux Bennett ne peut pas rendre compte de ses actions pendant la nuit de samedi, je le ferai arrêter. Je n'ai jamais rencontré Saul Morris, ni le jeune Wal Cormon, car je ne m'occupais pas alors d'affaires aussi importantes. Mais, si mon intuition est juste, Saul Morris ne serait pas aussi mort qu'on le croit. Je m'en vais aller rendre visite à l'ami Bennett, et j'ai idée que je vais assister à une petite résurrection.

9

Celui qui disparut en mer

Le lendemain matin de bonne heure, John Bennett travaillait à son jardin quand Elk vint le trouver. L'inspecteur alla droit au fait.

– On a cambriolé la maison de Lord Farmley dans la nuit de samedi à dimanche... probablement entre minuit et 3 heures. On a fait sauter le coffre-fort, et des documents importants ont été volés. Je vous demande de me rendre compte de vos actes pendant la nuit de samedi à dimanche.

Bennett regarda le détective droit dans les yeux.

– J'étais sur la route de Londres ; je suis rentré à pied de la ville. À 2 heures, j'ai parlé à un gendarme à Dorking ; à minuit j'étais à Kingsbrigde, et là, également, j'ai parlé à un gendarme. Ces deux hommes me connaissent car je passe fréquemment par ces endroits. À Dorking, l'agent est un photographe amateur comme moi.

Elk réfléchit.

– J'ai une voiture ici... vous pourriez venir avec moi pour voir ces gendarmes... suggéra-t-il.

À sa grande surprise, Bennett accepta sans l'ombre d'une hésitation.

À Dorking, ils découvrirent l'homme qu'ils cherchaient au moment où il quittait son service.

– Oui, Mr Bennett je me souviens d'avoir causé avec sir Bennet ; nous avons parlé de la photographie des animaux.

– Êtes-vous bien sûr de l'heure ?

– Tout à fait sûr. À 2 heures le sergent de ronde est venu me voir, et il est arrivé pendant que nous parlions.

Le sergent en question, réveillé dans son sommeil matinal, confirma ce récit. L'enquête faite à Kingsbridge eut les mêmes résultats.

Elk ordonna au chauffeur de retourner à Horsham.

– Je ne m'en vais pas vous faire des excuses, Bennett. Vous connaissez assez mon métier pour comprendre la situation.

– Oh ! je ne me plains pas, fit Bennett, le devoir c'est le devoir ; mais ce que j'ai le droit de savoir, c'est pourquoi vous me soupçonnez entre tous.

Elk frappa contre la vitre avec sa canne, et l'auto s'arrêta.

– Marchons, dit-il, nous pourrons parler plus librement.

Ils descendirent de voiture et marchèrent quelque temps sans échanger un mot.

– Bennett, vous êtes suspect pour deux raisons. D'abord vous êtes un homme mystérieux ; personne ne sait comment vous faites pour vivre ; vous n'avez pas de rentes et vous n'avez pas de carrière. À intervalles irréguliers, vous disparaissez de chez vous et personne ne sait où vous allez. Si vous étiez plus jeune, je vous soupçonnerais de mener une double vie, dans le sens habituel du mot ; mais ce n'est pas votre genre. C'est la première raison. Et voici la seconde : chacune de vos disparitions coïncide avec un cambriolage important qui est à mon avis, toujours l'œuvre des Grenouilles. Ces gens-là sont toujours prêts à payer généreusement des auxiliaires habiles pour accomplir certaines besognes.

– Et vous pensez que je suis un de ces... auxiliaires ?

– Oui, c'est ce que je supposais. Chez Lord Farmley, les Grenouilles ont employé un expert... comme Saul Morris.

Les yeux perçants d'Elk ne quittaient pas le visage de Bennett, qui l'écoutait sans sourciller.

– Je me souviens de Saul Morris, dit-il lentement. Je ne l'ai jamais vu, mais j'en ai beaucoup entendu parler. Est-ce que... Est-ce qu'il me ressemblait ?

– Si vous savez quoi que ce soit sur Saul Morris, vous ne devez pas ignorer qu'il n'a jamais été entre les mains de la police, et que personne, en dehors de sa bande, ne l'a vu de manière à pouvoir le reconnaître.

Il y eut un nouveau silence.

– Je ne savais pas cela, dit Bennett.

Lorsqu'ils retournèrent vers l'automobile, Bennett reprit :

– Je ne vous en veux pas ; mes actions peuvent à bon droit vous paraître suspectes. Quant aux cambriolages, je les ignore absolument, et je vous ferais cette réponse de toute façon, même si j'en savais quelque chose. Je vous demanderai de ne pas en parler à ma fille... je pense qu'il est inutile de vous dire pourquoi.

Elk ne fit pas d'objection.

Ce matin même, il avoua son erreur à Gordon.

– Je ne sais pas pourquoi j'ai tiqué sur Bennett. Décidément, je rajeunis ! Alors, les journaux se sont déjà emparés de ce cambriolage ?

– Oui, mais ils ne savent pas ce qui a été volé, lui confia Dick à voix basse, cela doit rester secret.

Ils se trouvaient dans le petit bureau que Dick occupait provisoirement. Deux ouvriers réparaient la paroi abîmée par la balle qui avait été tirée sur lui quelques jours auparavant. Les Grenouilles les obsédaient à tel point que machinalement, Dick et son compagnon observèrent le poignet gauche des deux ouvriers... La vue de la paroi endommagée rappela à Elk ses préoccupations au sujet de l'identité de Carlo. Malgré toutes les précautions prises par Gordon, Carlo avait disparu et tous les efforts faits pour le retrouver étaient restés sans résultat. Dick prenait la chose très à cœur. Carlo était en effet le fameux « Numéro sept », l'homme qui, après La Grenouille était le plus important de la bande.

– J'aimerais bien voir ce Carlo, dit Elk pensivement. Ça ne servirait à rien de reprendre le plan de Genter. Ce truc-là ne prend pas deux fois. Je me demande ce que Lola sait de tout cela.

– Oh ! les Grenouilles ne se fieraient pas à une femme, lui répondit Dick. Il est bien possible qu'elle travaille pour eux mais, comme vous le disiez, ils doivent employer des personnes qui ne sont pas de leur bande pour exécuter certaines besognes payées généreusement.

Elk passa le reste de la journée en enquêtes vaines. Le soir, de retour à son bureau au quartier général, il resta longtemps à méditer, enfoncé dans son fauteuil, les mains dans les poches, regardant son buvard d'un œil fixe ; puis il sonna et Balder, son secrétaire, entra :

– Allez aux archives et apportez-moi tout ce qui concerne les cambrioleurs de coffres-forts. Laissez de côté les Français et les Allemands, mais il y a un ou deux Suédois qui sont de première force à manier la lampe. Et n'oubliez pas les Américains.

Après une longue attente, il vit Balder qui revenait apportant une lourde pile de rapports, photographies et empreintes digitales.

– Vous pouvez aller, Balder ; le gardien de nuit rapportera les dossiers.

Et Elk se mit à compulser ces pièces avec attention.

Vers la fin de ce travail, il fut frappé par la photographie d'un jeune homme aux moustaches tombantes, aux cheveux drus et bouclés. C'était une de ces photographies nettes et dures, montrant les moindres imperfections de la peau. Sous la photographie se trouvait un nom écrit avec soin : « Henry John Lyme, R.V. »

« R.V. » était le code de la prison. Chaque année de 1874 à 1899 était désignée par une lettre majuscule. À partir de 1899, on employait les minuscules. Le « R » signifiait qu'Henry J. Lyme avait été condamné aux travaux forcés en 1891, le « V » qu'il avait subi une nouvelle condamnation en 1895.

Elk lut le court mais terrible dossier. Né à Guernesey en 1873, cet homme avait été condamné six fois avant de s'en prendre pour vingt ans. (Les condamnations de peu d'importance n'étaient pas indiquées dans le code.) Au bas de l'espace consacré au détail des crimes, on lisait : « dangereux, porte des armes à feu. » Puis, d'une autre écriture, à l'encre rouge dont on se sert pour marquer la fin des carrières criminelles, on avait ajouté ces mots : « Mort en mer. *Channel Queen*. Black Rock. Février 1898. »

Elk se souvint de ce bateau postal qui avait fait naufrage à Black Rock.

Il retourna la page pour lire les détails donnés sur les crimes de cet homme, ainsi que les commentaires ajoutés par ceux qui avaient eu affaire officiellement avec lui. C'était dans ces notes que se trouvait la véritable biographie. « Travaille seul » était-il indiqué, et ailleurs : « Pas de piste féminine ; on ne voit jamais de femmes avec lui. » Un troisième commentaire fut difficile à déchiffrer. Lorsque Elk y parvint, il se leva à demi de son fauteuil, en proie à une vive agitation. Il y avait : « Ajouter à la description physique D.C.P. 14, une grenouille tatouée sur le poignet gauche. Nouveau J.J.M. »

La date à laquelle on avait inscrit ceci correspondait à la dernière condamnation de Lyme. Elk chercha la feuille « D.C.P. 14 » intitulée « Description des condamnés ». Le numéro 14 correspondait à Harry Lyme, mais on n'y mentionnait pas de grenouille tatouée. Quelqu'un avait omis cette indication. Elk lut mot à mot la description :

« Henry John Lyme, dit Young Harry, dit Thomas Martin, dit Boy Peace, dit Boy Harry, dit… Cambrioleur (dangereux, porte des armes à feu). Taille 5 pieds 6 pouces. Thorax 38. Teint frais, yeux gris, dents saines, bouche moyenne, une fossette au menton. Nez droit. Cheveux bruns, bouclés, portés longs. Visage rond. Moustaches tombantes ; porte des favoris. Pieds et mains normaux. Petit orteil gauche amputé à la première articulation à la suite d'un accident. H.M. Prison Portland. Parle bien, bonne écriture. Manies : aucune. Fume des cigarettes. Se fait passer pour un fonctionnaire public, percepteur, employé du service du Gaz ou des Eaux. Parle couramment le français et l'italien. Ne boit jamais. Joue aux cartes sans être joueur. Retraites favorites : Rome ou Milan. Pas de condamnations à l'étranger. Pas de famille. Excellent organisateur. Immédiatement après un crime, le chercher dans un bon hôtel des Midlands, ou sur la route de Hull à destination des bateaux danois ou suédois. A fait des séjours à Guernesey... »

Suivaient ses mensurations, suivant le système Bertillon – les empreintes digitales n'étaient pas encore employées – mais l'on ne parlait pas de grenouille sur le poignet gauche. Elk trempa sa plume dans l'encre pour réparer cette omission. Au-dessous, il ajouta : « Cet homme n'est peut-être pas mort », et il signa de ses initiales.

10

À Harley Terrace

Pendant qu'Elk était occupé à écrire, la sonnerie du téléphone ralentit ; posément, il termina sa phrase et sécha la feuille avant de décrocher le récepteur.

– Le capitaine Gordon désire que vous sautiez dans le premier taxi venu pour vous rendre chez lui... c'est très urgent, dit une voix. Je vous appelle depuis *Harley Terrace.*

– C'est entendu.

Elk prit son chapeau et son parapluie, fit remettre les documents à leur place, et sortit dans la cour.

Scotland Yard a deux entrées : l'une donnant sur Whitehall, qui était la route tout indiquée pour Elk, puisque remplie de taxis ; l'autre donnant sur le quai de la Tamise, où les taxis sont fort rares à cette heure avancée de la nuit ; de plus, c'était la plus longue. Elk, plongé dans ses réflexions, se trouva sur le quai de la Tamise avant de s'être rendu compte où il allait. Il se dirigea du côté du palais du Parlement et, dans Bridge Street, trouva un vieux taxi, donna son adresse et sauta dedans. Le chauffeur était âgé et probablement un peu gris car il dépassa le numéro 273 et ne s'arrêta que sur les injonctions péremptoires d'Elk, une douzaine de portes plus loin.

En attendant que le chauffeur eût déboutonné ses couches successives de vêtements pour trouver de la monnaie, Elk jeta un coup d'œil en arrière : une automobile attendait non loin de la porte de Dick Gordon, les phares mis en veilleuse. En soi, le fait n'avait rien d'inquiétant. On ne pouvait en dire autant des deux hommes qui étaient sur le trottoir, immobiles, le dos appuyé à la balustrade, sûrement postés de chaque côté de la porte. Le ronflement du moteur arrivait jusqu'à lui. Elk regarda le trottoir opposé : deux individus y attendaient également, veillant en face du numéro 273.

Elk se retourna. Il était devant la porte d'un docteur ; il ne lui fallut pas longtemps pour prendre une décision.

– Attendez-moi.

– Ne restez pas trop longtemps, supplia le vieux chauffeur, les cafés vont fermer dans un quart d'heure.

Par bonheur, le docteur était chez lui ; Elk lui révéla son identité et quelques secondes plus tard il était en communication avec le poste de police de Mary Lane.

– Elk de la Police centrale, dit-il rapidement. Envoyez tous les hommes disponibles pour cerner *Harley Terrace* de chaque côté du numéro 273. Arrêtez toutes les automobiles dès que vous verrez mon signal lumineux. Dans combien de temps vos hommes seront-ils là ?

– Dans cinq minutes : les patrouilles de nuit rentrent en ce moment et j'ai justement deux camions sous la main... je viens de coffrer les deux conducteurs qui étaient ivres.

Elk raccrocha le récepteur et retourna dans le hall.

– Est-ce grave ? interrogea le docteur, surpris de voir Elk sortir son revolver.

– Je l'espère, Sir, répondit Elk sincèrement. Si j'ai fait sortir la division pour arrêter des innocents appuyés contre une balustrade dans *Harley Terrace*, je m'attirerai des ennuis !

Il attendit cinq minutes, puis, ouvrant la porte, il sortit. Les individus suspects étaient toujours à leur poste. Aussitôt débouchèrent deux camions à chaque extrémité de la rue qui s'arrêtèrent en travers de la chaussée.

Elk donna le signal avec sa lampe électrique puis bondit sur le trottoir.

Ses soupçons étaient bien fondés : les quatre hommes qui surveillaient le numéro 273 ne firent qu'un bond vers l'auto aux phares en veilleuse sautant sur les marchepieds de la voiture qui démarrait. C'était trop tard : la voiture essaya bien d'éviter le camion qui bloquait la rue, mais celui-ci fit marche arrière. Il y eut une collision et un bruit de verre cassé. Quand Elk arriva sur les lieux, les cinq occupants de la voiture étaient entre les mains des agents de police qui avaient pris position dans la rue.

Les prisonniers n'offrirent aucune résistance ; l'un d'eux (le chauffeur), qui essayait de se débarrasser discrètement de son revolver, fut pris sur le fait. On lui mit les menottes ; quant aux autres, ils se tinrent tranquilles.

Au poste de police, Elk put examiner ses prisonniers. Quatre d'entre eux étaient de beaux spécimens du genre apache. Ils portaient gauchement leurs nouveaux complets de confection. Le cinquième, le chauffeur, qui donna un nom russe, était un homme de petite taille dont les yeux perçants regardaient les gens avec inquiétude.

Deux des prisonniers portaient des revolvers chargés ; dans l'automobile, on trouva quatre cannes plombées.

– Enlevez vos vestes et remontez vos manches, commanda l'inspecteur.

– C'est pas la peine, Elk, s'écria le chauffeur. On est tous de braves Grenouilles.

– Il n'y a pas de braves Grenouilles, répliqua Elk. Ce ne sont que des crapules, et La Grenouille est la pire de toutes. Mais assez causé. Sergent, enfermez ces hommes dans des cellules séparées. J'emmènerai Litnov au quartier général.

Le chauffeur, visiblement inquiet, regarda tour à tour Elk et le sergent.

– Pour quoi faire ? demanda-t-il. Vous n'avez pas le droit d'employer le troisième degré en Angleterre.

– La loi a changé, fit Elk d'un ton qui ne présageait rien de bon, tandis qu'il lui remettait les menottes.

La loi n'avait pas changé, mais le petit Russe n'en savait rien. Pendant le trajet, il eut le temps de réfléchir, et lorsqu'on l'eut poussé dans le bureau d'Elk, il était prêt à parler.

Dick attendait le détective quand il retourna à *Harley Terrace* raconter son aventure.

– Je ne pensais pas que c'était un guet-apens avant d'avoir aperçu ces bandits qui m'attendaient, confessa Elk. C'est évident que vous ne m'avez pas téléphoné ; c'est là qu'ils m'ont pris par surprise. Les Grenouilles avaient tout prévu. Ils pensaient que je quitterais Scotland Yard par l'entrée de Whitehall et avaient envoyé un taxi pour m'enlever ; mais, pour être sûrs de ne pas me manquer, ils avaient aussi posté des hommes à *Harley Terrace*. C'était parfaitement combiné !

– Qui leur a donné les ordres ?

Elk haussa les épaules.

– Mr Personne. Litnov a reçu les siens par la poste, signés « Sept », lui donnant le lieu de rendez-vous, et c'est tout. Il dit n'avoir jamais vu une Grenouille depuis qu'il a été initié. Il ne se souvient plus où s'est passé cet événement. L'auto appartient aux Grenouilles et il reçoit tant par semaine pour s'en occuper. En temps habituel, il est employé par le *Heron's Club*… Il conduit leur camion. Il a raconté qu'il y avait une vingtaine d'autres voitures cachées dans Londres, attendant dans leur garage. Chacune a son chauffeur attitré qui va une fois par semaine la laver et la mettre en état.

– *Heron's Club*... c'est le dancing mené par Lola et Lew Brady, fit Dick pensivement.

– Je n'y avais pas pensé ; mais les gérants du *Heron's Club* ne sont pas sensés savoir ce que fait Litnov après ses heures de travail. Je ferai une enquête à ce sujet.

Cette peine lui fut épargnée : le lendemain matin, un homme qui l'attendait à son bureau se présenta à lui :

– Je suis Mr Hagn, le gérant du *Heron's Club*. J'ai su qu'un de mes hommes avait été arrêté. Que s'est-il passé, Mr Elk ?

– Je ne peux vous renseigner, fit Elk.

– Puis-je le voir ?

– Vous ne pouvez même pas le voir, répondit Elk. Il a bien dormi et il envoie ses amitiés à tous ses amis.

Hagn semblait désemparé.

– Est-il possible de savoir où il a mis la clef de la cave à charbon ? demanda-t-il d'une voix suppliante. C'est très important. C'est lui qui la garde habituellement.

Le détective hésita.

– Je vais le lui demander.

Laissant à son secrétaire le soin de ne pas perdre Hagn de vue, il traversa la cour pour se rendre à la cellule du Russe.

En voyant la porte s'ouvrir, Litnov se leva de son lit de planches.

– Un de vos amis est venu, dit Elk. Il voudrait savoir où vous avez mis la clef de la cave à charbon.

Elk surprit un éclair de compréhension dans les yeux du Russe.

– Dites-lui que je l'ai laissée à l'homme de Wandsworth.

– Hum ! fit Elk.

De retour auprès de Hagn, il déclara froidement :

– Il fait dire qu'il l'a laissée dans Pentonville Road.

Hagn eut l'air satisfait de cette réponse.

En retournant vers les cellules, Elk rencontra le geôlier.

– Le Russe vous a-t-il demandé où on allait le mener ?

– Oui, répondit le gardien. Je lui ai dit qu'on le mènerait à la prison de Wandsworth... D'habitude nous disons aux prisonniers où on va les envoyer pour le cas où ils voudraient en informer leur famille.

Elk avait deviné juste : l'histoire de la clef avait été arrangée d'avance.

– On enverra ces hommes à la prison de Wormwood Scrubbs. Ils ne doivent pas savoir où ils iront, commanda Elk.

Dans l'après-midi, une voiture cellulaire traînée par des chevaux sortit de Cannon Row et suivit Whitehall. Au croisement de St. Martin's Lane et Shaftesbury Avenue un camion se jeta contre elle, lui brisant une roue. En un clin d'œil la voiture de la prison fut entourée d'une foule bizarre. Il semblait que tous les voyous du monde n'attendaient que ce moment pour s'attrouper autour de la voiture démolie. La porte fut arrachée, et le geôlier de garde en sortit. Avant qu'on ait pu lui régler son compte, vingt policiers de Scotland Yard sortaient de la voiture et de toutes les rues adjacentes arrivaient une foule d'agents à cheval. La bagarre dura moins de trois minutes. Quelques individus à l'air sinistre réussirent à s'enfuir, mais la plupart, enchaînés deux à deux, furent emmenés sans résistance par les gendarmes à cheval.

Dick Gordon, organisateur hors pair, avait surveillé toute l'affaire du haut d'un omnibus plein d'agents de police, qui avait suivi la voiture cellulaire. Il rejoignit Elk lorsque toute cette agitation eut cessé.

– Avez-vous arrêté quelqu'un d'important ? demanda-t-il.

– C'est encore trop tôt pour le savoir, fit Elk. Ils me font l'effet de n'être que de vulgaires têtards. Je pense que Litnov est arrivé à Wandworth maintenant... Je l'ai envoyé dans une auto de la police, avant que la voiture cellulaire ne soit partie.

Lorsqu'il arriva à Scotland Yard, Dick Gordon passa les Grenouilles en revue, sur deux rangs séparés, observé par la foule curieuse qui se pressait aux deux entrées. Il examina leurs poignets : chacun d'eux portait la marque de La Grenouille.

Il eut enfin terminé, et ses prisonniers furent parqués dans une cour intérieure sous la garde d'un policier armé.

– Un homme désire vous parler, Sir, lui glissa l'officier de service.

Elk lança un regard à son chef.

– Voyez-le, fit Dick, tout renseignement nous sera utile.

Un agent de police leur amena une Grenouille, un homme grand, avec une barbe de huit jours, pauvrement vêtu, et crasseux. Son chapeau informe était tiré sur ses yeux, ses poignets puissants sortaient de manches trop courtes pour lui.

– Eh bien ! Grenouille, interrogea Elk d'un air menaçant, quel est ton coassement ?

– Coassement est un bon mot, approuva le prisonnier.

Croyez-vous vraiment que votre vieux tacot de police est arrivé à Wandsworth ?

– Qui êtes vous ? demanda Elk en le regardant de plus près.

– Ils veulent avoir Litnov pour lui régler son compte, et si le malheureux s'imagine que c'est par amour fraternel que La Grenouille prend toute cette peine, il se fait de grandes illusions !

– Broad ! Comment... !

L'Américain mouilla son doigt et effaça la grenouille qu'il avait au poignet.

– Je vous expliquerai cela plus tard, Mr Elk, mais suivez le conseil d'un ami et téléphonez à Wandsworth.

Le téléphone sonnait éperdument quand Elk parvint à son bureau. C'était le poste de Wandsworth qui appelait :

– Votre automobile a été arrêtée devant la prison, deux de vos hommes ont été blessés et le prisonnier a été tué.

– Merci, répondit Elk avec amertume.

11

Mr Broad donne des explications

Mr Broad ne fut pas le moins du monde surpris ou déconcerté de se trouver sous la surveillance de la police. Dick Gordon et son assistant atteignirent Wandsworth dix minutes après que la nouvelle leur fut parvenue ; ils trouvèrent l'automobile complètement démolie, entourée d'une foule compacte tenue en respect par la police.

On avait amené le corps de Litnov dans la prison en compagnie d'un des agresseurs. Celui-ci avait été capturé par des geôliers qui retournaient à leur poste après le déjeuner.

Un examen sommaire de Litnov ne leur apprit rien de plus. La balle avait traversé le cœur et la mort avait dû être instantanée.

Le prisonnier, que l'on fit sortir de sa cellule, était un homme d'une trentaine d'années, plus instruit que la majorité des Grenouilles. On n'avait trouvé aucune arme sur lui et il protestait de son innocence. À l'entendre, il n'était qu'un honnête chômeur qui se promenait sur la place lorsque la bagarre avait éclaté. Il avait aperçu la seconde voiture qui emportait les assaillants et on l'avait arrêté alors qu'il courait à la poursuite des meurtriers.

Ses gardiens racontèrent une tout autre histoire : l'individu était sur le point de monter dans l'auto lorsqu'un policier l'avait fait tomber en lui lançant sa matraque à la tête. L'auto avait démarré sans que ses occupants aient eu le courage de s'arrêter pour emmener leur camarade. La présence d'une grenouille à son poignet prouvait définitivement sa culpabilité.

– Grenouille, tu es un homme mort, dit Elk d'une voix sépulcrale.

Il traversa la cour et le fit entrer dans une petite dépendance. Les murs étaient crépis à la chaux... C'était là qu'on pendait les prisonniers et Elk se mit en devoir de lui expliquer comment on procédait.

– Vous... ne pouvez pas... me pendre, balbutia l'homme épouvanté. Je n'ai rien fait.

– Tu as tué un homme, dit Elk en fermant la porte à clef. Tu es le seul que nous ayons pris. Tu paieras pour le reste de la bande… Tu ferais mieux d'avouer.

Le prisonnier, livide, porta sa main tremblante à ses lèvres.

– Je dirai tout ce que je sais, dit-il d'une voix rauque.

Elk le ramena dans sa cellule.

Une heure plus tard, Dick roulait à vive allure dans la direction de Scotland Yard, muni d'amples renseignements. Son premier soin fut de retrouver Joshua Broad ; l'homme au visage de faucon apparut, l'air réjoui.

– Et maintenant, Mr Broad, j'aimerais bien entendre votre histoire.

Dick lui fit signe de s'asseoir. Joshua Broad prit un siège avec lenteur.

– Il n'y a pas grand-chose à raconter, dit-il. Depuis une semaine, je me suis mêlé aux Grenouilles. Supposant qu'ils devaient se connaître les uns les autres, je me suis attaché aux pas du premier que j'ai trouvé. Je l'ai rencontré dans une pension à Deptford. J'ai su qu'il y avait un appel en masse pour une besogne importante aujourd'hui et j'ai suivi le mouvement. Les Grenouilles savaient que la vraie attaque aurait lieu ailleurs ; c'est lorsque j'ai été amené à Scotland Yard que j'ai appris qu'on avait envoyé des hommes à Wandsworth pour attendre Litnov.

– Avez-vous vu quelques-uns des chefs ?

Broad fit un signe négatif.

– Ils se ressemblaient tous, mais il devait sûrement y avoir deux ou trois chefs de bande. Il n'a jamais été question de sauver Litnov. Ils ont su que Litnov avait lâché le morceau et son sort a été réglé… je pense qu'ils l'ont eu ?

– Oui… ils l'ont eu ! répondit Dick. Pourquoi vous intéressez-vous aux Grenouilles ?

– Tout à fait par hasard, répondit Broad nonchalamment. J'ai beaucoup d'argent, beaucoup de temps, et je m'intéresse vivement à la criminologie. J'ai entendu parler des Grenouilles voilà quelques années. Ils ont frappé mon imagination, et je me suis mis à leurs trousses.

Son regard ne bronchait pas sous l'œil scrutateur de Dick.

– Et maintenant, pouvez-vous me dire comment il se fait que vous soyez si riche ? Vous êtes arrivé ici vers la fin de la guerre sur un cargo… ayant en poche une vingtaine de dollars. Je me suis renseigné à votre sujet. En mai 1917, vous avez loué une vieille bicoque près d'Eastleigh, dans le Hampshire. Tout à coup, vous avez disparu et, la même année, vous vous trouviez à Paris la veille de Noël. Comme vous vous êtes distingué lors du sauvetage d'une famille, ensevelie sous les décombres d'une maison après un bombardement aérien, l'on a pris votre nom dans l'idée de vous donner une récompense. Le rapport de la police française signale que vous étiez pauvrement vêtu… On pensait que vous étiez peut-être un déserteur de l'armée américaine. Et pourtant, en février, vous étiez à l'*hôtel de Paris* à Monte-Carlo avec de l'argent plein vos poches et une garde-robe bien fournie ! Ce passage subit de la pauvreté à la richesse fut pour le moins étonnant.

– C'est vrai, repartit Broad, et si l'on en croit les apparences, le passage de la richesse à la pauvreté est tout aussi soudain !

Dick regarda le gueux sale et dépenaillé qu'il avait devant lui et se mit à rire silencieusement.

– Vous voulez dire que, puisqu'il vous est possible de jouer la comédie en ce moment, cela vous a été possible aussi précédemment et que vous avez bien pu être riche alors, en dépit des apparences ?

– Tout à fait juste, répondit Joshua Broad.

Gordon devint sérieux.

– Je préférerais vous voir redevenir un homme présentable, dit-il, je ne voudrais pas devoir dire à un Américain que je vais être obligé de l'expulser, car j'aurais l'air d'admettre que c'est une punition de retourner aux État-Unis ; mais il est possible qu'il n'y ait pas d'autre alternative.

Joshua Broad se leva.

– Mr Gordon, ceci est trop clair pour être une allusion et trop aimable pour être une menace. À partir de ce moment, Joshua Broad est un membre respectable de la société. La seule chose que je vous demande est de ne pas me faire retirer mes permis, ajouta-t-il.

– Vos permis ? fit Dick en levant les sourcils.

– Je porte deux revolvers sur moi. Un moment viendra où ce sera à peine suffisant, et ce moment approche.

12

La transformation de Mr Maitland

Ce soir-là, on donnait un concert à Queen's Hall : il y avait foule pour entendre un violoniste de talent. Dick Gordon se rappela soudain qu'il avait réservé une place ; il était éreinté, désemparé, et ne savait plus à quel saint se vouer, ayant reçu une lettre de Lord Farmley le pressant d'agir immédiatement en vue de retrouver le document volé. Il décida de laisser là son travail et de se rendre au concert.

Pendant l'entracte, il alla fumer une cigarette dans le hall. La première personne qu'il rencontra était un homme de Scotland Yard, qui eut soin d'éviter son regard ; un autre détective se trouvait près de l'escalier qui menait au bar, un troisième fumait sur le pas de la porte... Elk était prévoyant.

Une sonnerie avait annoncé la fin de l'entracte. Dick venait d'écraser sa cigarette lorsqu'une limousine somptueuse s'arrêta devant le bâtiment ; un valet de pied stylé se hâta d'ouvrir la portière et Mr Maitland descendit lourdement de voiture.

Dick, entendant une exclamation étouffée, tourna la tête.

Elk était derrière lui ; il avait endossé pour l'occasion son habit de soirée, le seul qu'il eût jamais possédé.

« Bon sang ! » exclama-t-il d'une voix blanche. Sa stupéfaction était facile à comprendre. Non seulement Maitland arrivait dans un équipage digne d'un monarque, avec ses garnitures d'argent, sa carrosserie laquée et les livrées impeccables de ses laquais, mais le vieillard lui-même portait un habit à la dernière mode. Il avait raccourci sa barbe de quelques centimètres, et sur son gilet immaculé s'étalait une lourde chaîne d'or. À ses mains des bagues nombreuses scintillaient aux lumières de la rue. Il avait un camélia à la boutonnière, et sur la tête le plus reluisant des hauts-de-forme. S'appuyant sur une canne en ébène incrustée d'ivoire, il traversa fièrement le trottoir.

– Chaussettes de soie... souliers vernis, seigneur !... Mais regardez ses bagues, observa Elk d'une voix sifflante tandis que cette apparition splendide faisait son entrée dans le hall.

« Sapristi, il se lance » et il suivit Maitland d'un pas de somnambule.

De sa place, Dick pouvait observer à loisir le millionnaire. Celui-ci tint les yeux fermés pendant la seconde partie du concert ; il était si lent à applaudir après chaque morceau que Dick supposa que le vieux bonhomme dormait et que les applaudissements le réveillaient.

Lorsque le concert fut terminé, Maitland regarda de tous côtés d'un air effaré, comme pour s'assurer que c'était vraiment la fin, puis il se leva et se dirigea vers la porte de sortie, tenant, d'un air gauche, son chapeau à la main.

Un des régisseurs se précipita pour aider le vieillard à monter en voiture.

– Qui est-ce ? demanda Elk oiseusement au régisseur qui revenait.

– C'est Maitland, le multimillionnaire, Mr Elk. C'est la première fois que nous le voyons ici, mais depuis qu'il a une maison en ville...

– Où donc ? demanda Elk.

– Il s'est installé dans la maison du prince de Caux, dans Berkeley Square, répondit le régisseur.

Elk le regarda attentivement, croyant qu'on se moquait de lui.

– Voulez-vous répéter ce que vous venez de dire ?

– Il s'est installé dans la maison du prince de Caux, reprit le régisseur. Mieux encore, il l'a achetée... Un agent d'affaires me l'a annoncé cet après-midi.

Elk était muet d'étonnement ; le régisseur continua son récit extraordinaire :

– Je ne crois pas qu'il comprenne grand-chose à la musique, mais il a réservé sa place pour chaque concert important de la saison. Son secrétaire est venu cet après-midi... Il avait l'air un peu sous le coup.

– Pauvre Johnson ! pensa Dick.

– Il m'a demandé d'arranger des leçons de danse pour le vieux bonhomme...

Elk réprima à grand-peine une exclamation.

– C'est sérieux, ce que vous dites là ?... Le vieux Maitland s'adonne à la danse et aux dancings ?

– Certainement ! Il n'a pas encore commencé à danser, mais quant au reste... Tenez ! il va au *Heron's Club* ce soir, je l'ai entendu donner l'adresse au chauffeur.

Le détective était complètement abasourdi par ces nouvelles.

– Eh bien, le *Heron's Club* est tout à fait l'endroit que je choisirais pour terminer cette agréable soirée, murmura Elk en respirant profondément.

Il fit un signe à un homme de son escorte :

– Combien vous faut-il d'hommes pour cerner le *Heron* ?

– Six, lui fut-il vivement répondu ; dix, pour une descente de police, et vingt s'il doit y avoir une bagarre.

– Amenez-en trente, commanda Elk avec emphase.

Le *Heron's Club*, vu de l'extérieur, était un bâtiment sans prétention ; mais l'intérieur offrait une allure toute différente. Un vestibule somptueux, aux lumières douces et aux tapis épais, menait à la grande pièce qui servait à la fois de restaurant et de salle de danse.

Dick attendit sur le seuil l'arrivée du gérant ; il admirait le confort et le luxe de cette salle. Les tables étaient placées autour d'un espace libre réservé aux danseurs. Les sons d'un orchestre nègre venaient d'une galerie située à l'autre bout de la salle et une douzaine de couples évoluaient sur le parquet brillant, au rythme saccadé de la musique.

Maitland était à la table la plus en vue de la salle ; devant lui se trouvait une chope de bière.

– Il a ses petites faiblesses, dit Elk.

Hagn arriva à cet instant, souriant, affable, obséquieux.

– Nous avons plusieurs hôtes de marque, ce soir, annonça-t-il en se frottant les mains. Lord et Lady Belfin..., le fameux Maitland... son secrétaire doit être par ici... le pauvre homme, je crains qu'il ne s'amuse pas beaucoup... je l'ai invité moi-même... il est utile d'être en bons termes avec les... comment dirai-je... les hommes de confiance des grands personnages.

– Johnson ? demanda Dick étonné. Où donc ?

Un instant après, il découvrait cet homme replet et philosophe assis dans un coin isolé, l'air mal à l'aise dans son habit démodé. Il était attablé en face d'une orangeade.

Dick Gordon se mit à rire silencieusement et dit à mi-voix à Elk :

– Amenez-le ici.

Elk, jamais intimidé, traversa la pièce au milieu des danseurs et rejoignit Johnson qui, surpris, leva la tête et lui serra la main avec effusion, comme si Elk était son sauveur.

– C'est gentil de me demander de venir à votre table, dit Johnson en serrant la main de Dick. Tout ceci est nouveau pour moi et je me sens aussi malheureux qu'un poisson hors de l'eau.

– C'est la première fois que vous venez ici ?

– Et la dernière, déclara Johnson avec emphase. Ce n'est pas le genre de vie qui me convient. Cela m'empêche de m'adonner à la lecture... et puis, c'est triste à voir.

Ses yeux se portaient sur un petit groupe de soupeurs bruyants qui étaient assis à une table vis-à-vis d'eux. C'étaient Ray, plus déchaîné que jamais, Lola Bassano, dans une toilette éblouissante plutôt osée, et Lew Brady, l'ex-champion de boxe.

Ray Bennett n'avait pas remarqué la présence de son ancien patron. Il était trop ravi de se trouver avec Lola et trop excité par sa présence pour s'intéresser à autre chose qu'à leur joyeux trio.

– Vous vous rendez ridicule, Ray, tout le monde vous regarde, avertit Lola.

Il jeta un regard autour de lui et, pour la première fois, remarqua les gens qui étaient dans la salle. Ses regards tombèrent sur le crâne chauve de Mr Maitland et sa figure s'allongea. Il ne pouvait en croire ses yeux. S'étant levé, il traversa la pièce d'un pas mal assuré, coudoyant les danseurs, se heurtant contre les tables et les chaises. Il s'arrêta devant la table de son ancien patron.

– Ma parole ! s'écria-t-il, c'est vous !

Le vieillard, qui avait tenu les yeux fixés sur la nappe pendant plus de dix minutes, les leva lentement et son regard d'acier rencontra celui du jeune homme.

– Vous voilà, vieille fripouille !

– Allez-vous-en, gronda Mr Maitland.

– Ah ! vous croyez que je vais m'en aller ! Je n'ai que trop de choses à vous dire, espèce de vieux rapiat.

Ray s'assit brusquement sur une chaise et se mit à contempler sa victime, avec une gravité d'homme saoul. Mais ses avertissements ne furent pas formulés. Quelqu'un le prit par le bras, le remit brutalement sur pied et ses yeux rencontrèrent le visage sombre de Lew Brady.

– Dites donc... commença-t-il.

Mais Brady l'emmena et le reconduisit à leur table.

– Idiot ! dit-il les dents serrées ; qu'as-tu besoin de t'afficher ainsi ? Tu es un fichu agent secret, toi !

– Mêlez-vous de ce qui vous regarde, répliqua Ray grossièrement, libérant son bras d'un mouvement brusque.

– Assieds-toi, lui dit Lola à voix basse. La moitié de Scotland Yard est dans ce club et te surveille.

Il suivit son regard et aperçut Dick Gordon qui l'observait d'un air grave. D'un bond, il se leva pour aller vers lui.

– C'est moi que vous cherchez ? demanda-t-il d'une voix forte. Que me voulez-vous ?

Dick fit un signe de dénégation.

– Espèce de sale espion ! cria le jeune homme, blanc d'une rage irraisonnée. Il faut encore que vous mettiez vos limiers à mes trousses ! Que faites-vous ici, Johnson, faites-vous partie de la police, maintenant ?

– Mon cher Ray..., murmura Johnson.

– Mon cher Ray, répéta le jeune homme en ricanant. Vous êtes jaloux, pauvre vermisseau que vous êtes, jaloux de ce que je me sois tiré des griffes de ce vampire! Quant à vous, et il brandit un doigt menaçant à la figure de Dick, laissez-moi tranquille, compris ? Vous avez autre chose à faire qu'à raconter des sornettes à ma sœur.

– Je crois que vous feriez bien d'aller rejoindre vos amis,

repartit Dick avec sang-froid, ou mieux encore, de rentrer vous coucher.

Toute la scène avait eu lieu pendant un intervalle entre les danses. À ce moment, l'orchestre se remit à jouer. Bien que l'attention des soupeurs ne se relâchât pas, ils n'entendaient plus la voix perçante de Ray, couverte par le bruit du tambour.

Dick chercha Hagn des yeux. Il savait que le gérant ou un de ses assistants allait venir rétablir l'ordre. Ce ne fut pas Hagn, mais le maître d'hôtel qui apparut. Il repoussa le jeune homme en arrière.

Toute l'assistance était fascinée par le spectacle de ce jeune homme congestionné, aux prises avec le maître d'hôtel et ses aides. Personne ne fit donc attention à un individu qui, du seuil de la porte, surveilla la scène un instant avant de se frayer un passage jusqu'au milieu de la pièce.

Ray, en se retournant, aperçut son père et se calma un peu.

L'homme aux cheveux gris, vêtu de son vieil habit de tweed, offrait un contraste frappant avec cette foule brillante. Il observait son fils, les mains derrière le dos, la figure blanche et dure. Ray ne put soutenir son regard.

– Viens Ray, dit-il simplement.

Les couples abandonnèrent le parquet, la musique cessa comme si l'on avait averti le chef d'orchestre que quelque chose allait mal.

– Viens, retournons à Hosham, mon garçon.

– Je resterai ici, dit Ray avec un air de défi. Je ne suis plus un enfant. Vous n'avez pas le droit de venir ici me couvrir de ridicule.

Il regarda son père d'un œil hostile.

– Vous m'avez assez humilié jusqu'à présent en me refusant l'argent auquel j'avais droit. Et qui êtes-vous pour prétendre être froissé de ce que je suis dans un club convenable et de ce que je porte des habits convenables ! Je marche droit ; pouvez-vous en dire autant ? Et si je ne marchais pas droit, pourriez-vous m'en blâmer ? Vous n'allez pas faire le bon père avec moi...

– Allons, viens !

La voix de John Bennett était rauque.

– Je resterai ici, répartit Ray avec violence. Et à partir d'aujourd'hui, j'aimerais qu'on me laisse en paix. La rupture devait venir un jour ou l'autre, autant que ce soit tout de suite.

– Viens, supplia doucement John Bennett, en posant sa main sur le bras du jeune homme.

Ray se dégagea avec un rugissement de fureur... En une seconde, le geste était accompli. Le coup fit chanceler John Bennett mais il ne tomba point.

À ce moment, Ella parut parmi les soupeurs qui entouraient Bennett et son fils. Elle comprit aussitôt ce qui s'était passé. Elk s'était glissée derrière le jeune homme afin de l'empêcher de frapper à nouveau, mais Ray se tenait immobile, glacé d'horreur, muet, incapable de faire un geste.

– Père, chuchota la jeune fille, les lèvres blanches.

John Bennett baissa la tête et se laissa emmener.

Dick Gordon aurait aimé les suivre et les consoler, mais il remarqua que Johnson l'avait devancé. Il alla se rasseoir à sa table. La musique reprit et Ray fut ramené à sa place où il resta sans mouvement, la tête dans les mains, jusqu'à ce que Lola fît signe au garçon de remplir son verre.

– Il arrive souvent, observa Elk, que le fils prodigue et le veau gras se ressemblent tellement qu'on ne peut les distinguer.

Dick ne répondit pas, ému par la scène. Il avait vu passer sur le visage de John Bennett l'angoisse des damnés.

13

Une perquisition à Eldor Street

Johnson ne reparut pas : Dick et Elk n'en furent point fâchés. Peu après que le bruit se fut calmé, le vieux Maitland quitta la salle ; il avait assisté à la scène entre Ray et son père sans manifester le moindre intérêt. Son esprit semblait trop occupé pour s'intéresser à ce qui se passait autour de lui.

– Il part sans régler sa note, glissa Elk dans l'oreille de Dick.

Cinq minutes plus tard, le *Heron's Club* était entre les mains de la police. À 1 h 15, il était vide, à l'exception des trente agents et du personnel du club.

– Où est Hagn ? demanda Dick au maître d'hôtel.

– Il est rentré chez lui, Sir. Il s'en va toujours très tôt.

– Vous mentez, s'écria Elk. Conduisez-moi à son bureau.

Celui-ci se trouvait au sous-sol, dans une partie de l'ancienne salle des missions restée en état. Ils entrèrent dans le cabinet particulier de Hagn, grande pièce sans fenêtres, confortablement aménagée. Hagn avait disparu. Pendant que ses hommes examinaient un à un les papiers et les livres qui se trouvaient dans le bureau du secrétaire, Elk se mit à inspecter la chambre de Hagn. Il aperçut un coffre-fort dans un coin sur lequel il apposa des scellés ; sur un canapé, on avait jeté pêle-mêle des vêtements enlevés à la hâte. Elk les approcha de la lumière et les retourna en tous sens : c'étaient les habits que Hagn avait sur lui quand il les avait conduits à leur table.

– Amenez-moi le maître d'hôtel, commanda Elk.

Mais cet individu ne pouvait ni ne voulait leur donner aucun renseignement.

– Mr Hagn a l'habitude de changer de vêtements avant de rentrer chez lui, dit-il.

– Pourquoi est-il parti avant la fermeture du club ?

Le maître d'hôtel haussa les épaules :

– Je n'ai pas à m'occuper de ses affaires.

Elk le congédia.

Une table de toilette était adossée au mur. Elk tourna le commutateur et, à la lumière crue des deux lampes sans abat-jour qui se trouvaient de chaque côté du miroir, il se mit à inspecter cette table. Il trouva quelques cheveux qu'il examina contre la manche noire de son habit. Dans le tiroir il découvrit une petite bouteille de colle et un pinceau qu'il regarda avec intérêt. Passant ensuite à l'examen de la corbeille à papier, il en reversa le contenu sur la table. Il trouva des fragments de notes, des lettres d'affaires et des circulaires qu'on avait déchirées, trois bouts de cigarettes et quelques petits papiers divers : l'un d'eux avait été enduit de colle et plié par le milieu.

– C'est là-dessus qu'il a essuyé son pinceau, observa Elk en détachant avec peine les deux bords. Il y avait trois lignes écrites à la machine :

« Urgent. Voir "Sept" à E.S 2. Pas de perquisition en vue. Apporter la déposition de M. Urgent. F. 1. »

Dick prit le papier des mains de son subordonné, et le lut à son tour.

– Il a tort en ce qui concerne la perquisition. « E.S. » signifie évidemment Eldor Street, et le 2 indique le numéro 2 ou 2 heures.

– Qui est M. ? interrogea Elk, soucieux.

– Mills, sûrement… L'individu que nous avons arrêté à Wandsworth. Il a fait une déposition écrite, n'est-ce pas ?

– Il en a signé une, répondit Elk pensivement.

Il fouilla de nouveau parmi les papiers et trouva ce qu'il cherchait : c'était une petite enveloppe, adressée à C.V Hagn en caractères dactylographiés, et qui portait le timbre des Messageries du district.

Le personnel du club était resté sous la garde de la police et Elk fit chercher le portier.

Ancien soldat, il était le seul parmi ses camarades qui eût l'air de se rendre compte de la situation.

– À quelle heure a-t-on apporté ceci ? demanda Elk en lui montrant l'enveloppe.

– À 9 heures, Sir, répondit-il sans détour.

Il montra son carnet pour prouver ses affirmations. C'est un employé des Messageries qui l'a apporté, ajouta-t-il sans nécessité.

– Mr Hagn reçoit-il souvent des lettres par les Messageries ?

– Très rarement, précisa le portier. Sir, excusez-moi, mais que comptez-vous faire de moi ?

– Vous pouvez rentrer chez vous sous escorte, fit Elk. Défense de communiquer avec qui que ce soit et de raconter à vos camarades que je vous ai interrogé au sujet de cette lettre. Vous m'avez compris ?

– Oui, Sir.

Pour plus de sûreté, Elk appela la centrale téléphonique et fit mettre l'embargo sur toutes les communications. Il était à ce moment 1 h 45.

Laissant à une demi-douzaine d'agents la garde du club, il fit monter le reste dans l'auto qui les avait amenés et, en compagnie de Dick, partit à toute allure dans la direction de Tottenham.

À une centaine de mètres d'Eldor Street, l'automobile s'arrêta et les hommes descendirent. Il était de toute importance que les Grenouilles n'eussent pas vent de leur arrivée, et, surtout, il ne fallait pas éveiller l'attention des sentinelles qui devaient être postées à chaque extrémité de la rue. Dick, envoyant ses hommes par des chemins détournés, s'avança seul avec Elk dans Eldor Street. Au coin de la rue, sous un reverbère, Elk discerna la silhouette sombre d'un homme : c'était la sentinelle que Dick avait prévue. Elk se mit à parler alors avec animation d'un certain Mr Brown et Gordon, devinant que cette conversation était destinée aux oreilles du guetteur, lui donna la réplique. L'espion hésita un instant de trop. Comme ils passaient devant lui, Elk s'arrêta.

– Avez-vous une allumette ? demanda-t-il.

– Non, grogna l'autre.

Une seconde plus tard il était par terre, le genou d'Elk pesant sur sa poitrine et la main osseuse du détective autour de son cou.

– Si tu cries, Grenouille, je t'étrangle ! lui souffla le policier d'un air féroce.

Il n'y eut ni lutte ni bruit. La scène s'était déroulée si rapidement que même s'il y avait eu d'autres sentinelles dans la rue, elles n'auraient pu se rendre compte de ce qui s'était passé. Le prisonnier, bâillonné, menotté, se trouva entre les mains d'un agent et en route vers la voiture de police avant d'avoir repris ses esprits.

Elk se mit à chanter d'une voix lamentable. Il y avait sans doute une deuxième sentinelle à l'autre extrémité de la rue et l'idée de jouer au pochard était ingénieuse. Quelqu'un était posté en effet dans l'ombre d'un réverbère : c'était un homme grand, trapu, qui prenait son rôle plus au sérieux que son camarade, car Dick remarqua qu'il avait un objet brillant à la bouche, sans doute un sifflet.

– Auprès de ma blonde... beuglait Elk, en titubant légèrement.

Tout en chantant, il faisait de grands gestes. En passant devant la sentinelle il lui arracha le sifflet de la bouche. Les deux détectives se ruèrent alors sur lui pour le faire tomber. Elk lui prit sa casquette et la lui colla sur la bouche, tandis que passait devant les yeux de la sentinelle un objet noir et brillant ; l'apache sentit alors le froid contact d'un tube qu'on lui appliquait derrière l'oreille.

– Si tu fais du bruit, tu es mort, Grenouille, lui dit Elk. Confiant l'individu à un de ses hommes qui accourait à cet instant, il remit tranquillement son stylo à plume dans sa poche.

Le troisième homme de garde était dans l'étroit passage qui séparait les jardins ; il n'avait rien entendu. Elk s'avança sur la pointe des pieds et s'arrêta à l'entrée de l'allée sombre : un bruit de pas lui parvint. Ayant fait signe à Dick de rester là où il était, il se glissa dans la ruelle, marchant aussi doucement que possible… mais l'homme qui faisait le guet dressa l'oreille.

– Qui va là ? fit-il d'une voix basse mais rude.

– C'est moi, chuchota Elk. Ne fais pas tant de bruit.

– Tu n'as rien à faire ici, reprit l'autre d'une voix autoritaire. Je t'ai dit de rester sous le réverbère.

Elk avait joué au football dans sa jeunesse : calculant la distance du mieux qu'il le put, il se baissa et frappa bas. L'homme s'effondra si brutalement qu'il en eut le souffle coupé. Elk lui mit un genou sur la gorge.

– Fais ta prière, Grenouille, mais ne crie pas ! souffla-t-il dans l'oreille de son prisonnier.

Celui-ci, incapable de crier, était encore à demi étranglé lorsque les agents le jetèrent dans la voiture de police.

– Il nous faut entrer par derrière, mes enfants, dit Elk à voix basse.

Cette fois-ci, la tâche fut aisée : la porte du jardin n'était pas fermée à clef. La porte de la cuisine en revanche l'était bel et bien, mais Elk réussit à forcer une fenêtre. Il avait enlevé ses souliers et, sans bruit, en chaussettes, s'aventura le long du couloir. Le mobilier misérable de la maison s'y trouvait encore, car il toucha la table qu'il avait remarquée dans le hall à sa première visite. Il arriva à la chambre de Maitland, tourna doucement la poignée et poussa la porte. La chambre était vide, plongée dans une obscurité complète. Elk revint vers la cuisine.

– Il n'y a personne au rez-de-chaussée, dit-il. Essayons en haut.

Lorsqu'il fut parvenu au milieu de l'escalier, il entendit un murmure de voix et s'arrêta. Il y avait un rai de lumière sous la porte de la chambre qu'occupait la vieille femme. Elk tendit l'oreille mais ne parvint pas à saisir ce qu'on disait. Il ne fit que trois bonds jusqu'au palier et se rua contre la porte : elle était fermée à clef. La lumière s'éteignit aussitôt. Elk dut s'y reprendre à trois reprises avant que la porte ne cédât.

– Haut les mains tout le monde ! cria-t-il.

L'obscurité la plus complète régnait dans la pièce, le silence était absolu. Accroupi dans l'embrasure de la porte il sortit sa lampe électrique : il n'y avait personne ! Les agents envahirent la chambre… la lampe sur la table était encore chaude… ils se mirent à fouiller partout, ce qui ne fut pas long. Il y avait bien un lit sous lequel on aurait pu se cacher, mais ils ne trouvèrent rien. Près du lit, contre la paroi, se trouvait une armoire pleine de vieilles robes pendues à des crochets.

– Enlevez ces habits, commanda Elk. Une porte doit communiquer avec l'autre maison.

Un coup d'œil par la fenêtre l'avait convaincu de l'impossibilité de s'échapper par là. Il ne fallut pas longtemps aux policiers pour jeter les vêtements pêle-mêle sur le plancher et se mettre à attaquer la paroi de bois qui formait le fond de l'armoire.

C'était effectivement une porte qui menait à la maison voisine. Pendant qu'ils étaient occupés à la démolir, Dick examina les papiers qui étaient restés sur la table. Il fit une trouvaille et appela Elk.

– Savez-vous ce que c'est ? dit-il en lui tendant quatre pages dactylographiées.

– La confession de Mills ! s'écria Elk stupéfait. Il n'y en a que deux copies : j'en ai une et votre service possède l'autre, capitaine Gordon !

À cet instant la porte fut fracturée, et les détectives pénétrèrent dans la maison attenante.

Ils firent ainsi une découverte intéressante : une douzaine de maisons communiquaient entre elles, et elles n'étaient pas vides. Trois hommes de la gent Grenouille occupaient la chambre que les policiers envahirent en premier. Ils en trouvèrent d'autres à l'étage inférieur, et il fut bientôt évident que tout le pâté de maisons allant jusqu'au bout de la rue avait été transformé en asile de nuit pour les recrues de cette fameuse association. Comme le « Numéro Sept » pouvait se trouver parmi elles, toutes les Grenouilles furent mises sous arrêt.

Les portes communicantes étaient ouvertes. Si ce n'était dans la maison de Maitland, on n'avait pas essayé de camoufler les ouvertures, de simples rectangles taillés grossièrement dans les parois de briques.

Essoufflé et sale, Elk revint alors que Dick examinait le reste des papiers découverts :

– Je ne sais si nous avons attrapé le « Numéro Sept » mais j'en doute. Je n'ai vu personne qui eût l'air intelligent.

– Aucun n'a échappé ?

Elk fit un signe négatif.

– La rue et le passage entre les jardins sont gardés par mes hommes ; de plus, des agents en uniforme sont arrivés. N'avez-vous pas entendu le coup de sifflet ?

Un détective vint alors parler à Elk.

– On a trouvé un homme caché dans une des cours, Sir. Désirez-vous le voir ?

– Amenez-le ici, fit Elk.

Quelques minutes plus tard, le prisonnier, menottes aux poignets, comparut devant eux.

C'était un homme de taille au-dessus de la moyenne ; il avait les cheveux blonds et longs, une barbe en pointe fort soignée.

Dick l'observa avec étonnement pendant un instant.

– Carlo, je pense ? interrogea-t-il.

– C'est Hagn, j'en suis sûr ! corrigea Elk. Allons, espèce de Grenouille, enlève vite cette perruque et nous parlerons chiffres, en commençant par le sept !

Hagn ! Dick n'en croyait pas ses yeux. La perruque était si admirablement faite, et la barbe si ingénieusement fixée, qu'il ne pouvait admettre que c'était bien là le gérant du *Heron*. Mais lorsque celui-ci ouvrit la bouche, Dick ne douta plus de son identité.

– Le « Numéro Sept » ? répliqua Hagn d'une voix traînante. J'ai idée que le Numéro Sept passera à travers votre cordon sans être molesté, Mr Elk. Il est en bons termes avec la police.

– Je vous arrête pour le rôle que vous avez joué dans le crime de l'inspecteur Genter, la nuit du 14 mai, répondit Elk.

Hagn eut un sourire railleur.

– Pourquoi n'arrêtez-vous pas Broad ? Il était là… Il viendra peut-être témoigner pour moi.

– Quand je le verrai…, commença Elk.

– Regardez par la fenêtre, interrompit Hagn. Il est là !

Dick s'approcha de la fenêtre, l'ouvrit, et se pencha dehors. Les habitants du quartier, des châles ou des pardessus sur les épaules, observaient le transfert des prisonniers. Dick aperçut le reflet d'un chapeau de soie et la voix de Broad le salua :

– Bonjour, capitaine Gordon. Les Grenouilles sont en baisse, qu'en pensez-vous ? À propos, avez-vous découvert l'enfant ?

14

UN AVIS AUX GRENOUILLES

Elk sortit dans la rue pour interroger l'Américain. Mr Broad était impeccable dans son habit de soirée. Les phares de son auto illuminaient la rue sordide.

– Vous avez certainement du flair, dit Elk avec respect, mais ce qui me dépasse c'est que vous ayez eu vent de notre présence ici, puisqu'il n'y a qu'une demi-heure que nous avons décidé de venir !

– Je ne savais pas qu'il fût question d'une rafle, avoua Joshua Broad, mais lorsque j'ai vu vingt détectives se ruer hors du *Heron's Club*, sauter dans une auto et s'en aller à toute allure, j'étais en droit de supposer que leur hâte n'était pas due au désir de se mettre au lit avant 2 heures du matin ! Mais, encore une fois, avez-vous vu le cher petit qui apprend à épeler r-a-t : rat ?

– Non, répondit Elk sèchement.

Il avait l'impression que cet Américain doux et placide se moquait de lui.

– Venez voir le chef.

Broad suivit l'inspecteur dans la chambre à coucher où Dick rassemblait les papiers que le « Numéro Sept » avait laissés derrière lui dans sa fuite. C'était de beaucoup le butin le plus intéressant qu'ils eussent récolté depuis le début de la campagne contre les Grenouilles.

En plus de la confession de Mills, il y avait un paquet de fiches dont une grande partie étaient énigmatiques ou inintelligibles pour le lecteur. D'autres, néanmoins, étaient en langage clair. Ces notes étaient dactylographiées et correspondaient évidemment aux ordres d'un chef d'armée. C'étaient, en fait, les instructions de La Grenouille sous le nom de son chef d'état-major : chacune de ces notes était signée « Sept ».

L'un d'elles était ainsi rédigée :

« Raymond Bennett doit aller de l'avant. L. doit lui révéler qu'il fait partie de l'association des Grenouilles. Tout ce qu'on pourra entreprendre contre lui devra être exécuté par quelqu'un qui ne puisse être soupçonné de faire partie de cette association. »

Et une autre :

« Gordon doit dîner à l'ambassade américaine jeudi. En finir. Elk a installé un nouvel appareil avertisseur sous la quatrième marche de l'escalier. Elk va à Wandsworth demain, à 4 h 15, pour interroger Mills. »

Il y avait d'autres fiches concernant des personnes dont Dick n'avait jamais entendu parler. Il était en train de relire la phrase qui le concernait tout particulièrement, et souriait à la recommandation « en finir » lorsque l'Américain fit son entrée.

– Asseyez-vous, Mr Broad... Je devine à l'air défait d'Elk que vous avez pu expliquer votre présence ici d'une manière satisfaisante.

Broad approuva d'un signe de tête en souriant.

– Et Mr Elk est difficile à convaincre, ajouta Dick.

Le regard de Broad tomba sur les papiers qui se trouvaient sur la table.

– Est-ce indiscret de vous demander si ce sont les Grenouilles qui ont laissé cela ?

– Fort indiscret, repartit Dick. En fait toute question relative aux Grenouilles serait le comble de l'indiscrétion, à moins que vous ne soyez prêts à nous donner quelque détail complémentaire.

– Je puis vous dire sans trop me compromettre que la Grenouille « Numéro Sept » a réussi à s'enfuir, déclara l'Américain avec calme.

– Comment le savez-vous ?

– Les Grenouilles s'en réjouissaient tout en défilant sous la garde de la police !

Elk eut un juron étouffé, mais sauvage.

– Expliquez-moi pourquoi vous vous intéressez tant aux Grenouilles, Broad ? demanda-t-il à brûle-pourpoint. Oubliez un instant que vous êtes un criminaliste amateur, voulez-vous ? Et supposez que vous êtes en train d'écrire la véritable histoire de votre vie.

Broad resta un instant songeur, examinant son cigare.

– Les Grenouilles en général ne sont rien pour moi... La Grenouille, en revanche, m'intéresse tout spécialement.

Et l'Américain se mit à considérer rêveusement les bouffées qu'il tirait de son cigare.

– Je suis fort curieux de savoir ce qu'il cherche à faire avec Ray Bennett, reprit-il. C'est certainement ce qui m'intrigue le plus dans les manœuvres de La Grenouille.

Ce disant, il se leva et prit son chapeau.

– Je vous envie de pouvoir fouiller cette admirable vieille maison, dit-il. (Et d'un air malicieux :) N'oubliez pas le *kindergarten*, Mr Elk.

Après son départ, Elk se mit à faire de minutieuses investigations dans la maison. Il découvrit deux livres d'enfant, aux pages défraîchies, et un cahier de calligraphie dans lequel une main inexpérimentée s'était appliquée à reproduire les modèles. Dans la commode où il avait trouvé le paquet de circulaires lors de sa première visite, il fit une nouvelle trouvaille : c'était un habillement complet pour un enfant de six à sept ans (autant qu'il en pouvait juger). Aucun de ces vêtements n'avait été porté. Elk s'en alla trouver Dick.

– Que pensez-vous de cela ? lui demanda-t-il en lui montrant son butin.

Dick examina chaque objet séparément, puis il se renversa dans son fauteuil et regarda dans le vague.

– Tout est neuf, remarqua-t-il d'un air distrait, puis un sourire éclaira lentement son visage.

Elk, qui ne voyait rien dans ce paquet de vêtements qui prêtât à rire, se demanda ce qui pouvait bien amuser son chef.

– Je crois que ces vêtements nous sont une précieuse indication. Et ceci, qu'en pensez-vous ?

Il lui tendit une feuille de papier. Elk lut les instructions suivantes :

« Tous les “bulls” devront écouter mercredi 3. 1 A.L.V.M.B. Important. »

– Il y a vingt-cinq copies de ce message simple, lui apprit Dick. Et comme il n'y a pas d'enveloppes, j'en conclus que Hagn devait les expédier, soit du *Heron's Club*, soit de son domicile particulier. Je crois que leur organisation est la suivante : La Grenouille « Numéro Un » fait exécuter ses instructions par le « Numéro Sept » qui connaît ou non l'identité de son chef. Hagn, qui soit dit en passant porte le « Numéro Treize » (et cela lui aura porté malheur), est le bras droit du « Sept » ; c'est lui qui communique avec les chefs de sections. Il n'est pas sûr qu'il connaisse « Sept » mais je suppose que oui. Sept suit les instructions de La Grenouille, mais il peut agir de lui-même en cas d'urgence ; je n'en veux pour preuve que cette lettre, dans laquelle il s'excuse d'avoir employé Mills.

– Est-ce écrit à la main ?

– Non… et il n'y a pas d'empreintes digitales.

Elk prit une feuille de papier, la regarda en transparence :

– Marque : *Three Lion Bond.* C'est écrit sur une machine à écrire neuve, par quelqu'un qui a pris des leçons de dactylographie et qui a l'auriculaire de la main gauche faible… les « q » et les « a » sont pâles, c'est ce qui dénote le dactylographe expérimenté… il emploie chaque fois le même doigt. J'ai arrêté un voleur dans une banque grâce à cela.

Il relut le message.

– « Tous les "bulls" doivent écouter mercredi… » les « bulls » sont les grands chefs, les Grenouilles mâles n'est-ce pas ? Mais où écouteront-ils ? « 3. 1. A. » ? Je n'y comprends vraiment rien. Et vous qu'en pensez-vous, chef ?

Dick le regarda d'un air bizarre.

– Cela ne me paraît pas difficile à comprendre. Mercredi, à 3 h 1 du matin, je guetterai le signal L.V.M.B. qui sera donné par sans-fil, et nous entendrons la voix de La Grenouille.

– Parlera-t-il de ce maudit traité ? bougonna Elk.

15

Le lendemain matin

Ray Bennett s'éveilla en gémissant. Ses tempes lui semblaient sur le point d'éclater et sa langue était sèche et brûlante. Il se versa un grand verre d'eau qu'il but tout d'un trait. Puis, assis sur le bord de son lit, la tête entre les mains, il se prit à réfléchir. Confusément, les événements de la nuit lui revinrent en mémoire. Il sentait qu'il s'était passé quelque chose d'effroyable. Peu à peu, ses idées s'éclaircirent et dans un profond accablement il se souvint d'avoir frappé son père. C'était odieux : il avait levé la main sur son père... Il lui écrirait pour lui présenter ses excuses en alléguant l'état d'ébriété dans lequel il se trouvait, et qui seul expliquait son acte. Ce ne seraient pas de plates excuses, mais quelque chose de digne et d'un peu distant. Après tout, il y avait bien des disputes dans chaque famille, et des parents pouvaient se brouiller avec leurs enfants, et se réconcilier plus tard avec eux. Un jour, lorsqu'il serait riche, il irait trouver son père... Il hésita.

Riche... Le serait-il un jour ? Il avait tout ce qu'il lui fallait à présent : un appartement luxueux, des billets de banque tout neufs qui lui arrivaient régulièrement par la poste, une automobile à sa disposition... mais combien de temps cela durerait-il ?

Il chassa cette pensée importune, et se dirigea vers la salle à manger. Ayant ouvert la porte il resta cloué sur place, paralysé par l'étonnement.

Ella était assise, le coude sur le rebord de la fenêtre ouverte, le menton appuyé sur sa main. Son visage était pâle, ses yeux étaient battus.

– Ella, que fais-tu ici ? Pour l'amour du ciel ! Comment es-tu entrée ?

– Le portier m'a ouvert avec son passe-partout quand il a appris que j'étais ta sœur, expliqua-t-elle d'une voix morne. Je suis venue de bonne heure ce matin. Oh ! Ray, n'as-tu... n'as-tu pas honte ?

– Et pourquoi ? Père aurait mieux fait de ne pas insister quand il a vu que j'étais éméché ! Je sais bien que mon geste est déplorable, mais je n'étais pas responsable de mes actes à ce moment-là. Qu'a-t-il dit ? interrogea-t-il, mal à l'aise.

– Rien... il n'a rien dit. Si au moins il avait dit quelque chose ! Ray ! Tu vas venir à Horsham le voir, n'est-ce pas ?

– Non... je vais laisser passer l'orage pendant un jour ou deux. Si... s'il me pardonne, il voudra que je retourne à la maison et que je reprenne mon ancienne vie. Il n'avait pas le droit de venir m'humilier ainsi devant tous ces gens.

– Ray, tu vas venir à Horsham, n'est-ce pas... aujourd'hui.

Il secoua la tête.

– Non, je n'irai pas, je lui écrirai. Je reconnais que j'ai eu tort et le lui dirai dans ma lettre. Je ne peux pas faire plus.

On frappa discrètement à la porte.

– Entrez, cria Ray.

C'était son domestique.

– Monsieur peut-il recevoir miss Bassano et Mr Brady ? lui demanda-t-il à voix basse en jetant un regard significatif du côté d'Ella.

– Il me verra certainement, dit une voix derrière la porte. Pourquoi tant de formalités ?... Ah ! je comprends !

Et le regard de Lola Bassano tomba sur la jeune fille assise près de la fenêtre.

– Ma sœur... Ella, je te présente miss Bassano et Mr Brady.

Ella regarda la silhouette qui se profilait dans la porte : c'était la première fois qu'elle se trouvait face à face avec Lola et elle ne put s'empêcher de l'admirer.

– Je suis ravie de faire votre connaissance, miss Bennett. Je pense que vous êtes venue tirer les oreilles de votre frère pour sa belle conduite d'hier soir ! Vous étiez complètement fou mon garçon ! C'était bien votre père, miss Bennett ?

Ella fit un signe affirmatif et Lew Brady eut un sourire de sympathie.

– Alors, que pensez-vous de l'appartement de votre frère ? demanda Lola qui s'assit en allongeant ses jambes au soleil.

– Il est très beau... dit Ella. Il trouvera Horsham bien terne lorsqu'il reviendra à la maison.

– S'apprête-t-il à y retourner ? Et Lola souriait au jeune homme tout en posant cette question.

– Jamais de la vie ! s'écria Ray énergiquement. Je n'arrive pas à faire comprendre à Ella que je ne peux pas lâcher mes affaires.

Lola acquiesça d'un signe. Alors l'antagonisme qu'Ella réfrénait par bonté, éclata soudain.

– Puis-je savoir quelles sont ces affaires si importantes ?

Ray se mit en devoir de lui donner des explications vagues et prudentes au sujet de son travail, et Ella l'écouta sans commentaires.

– Et si tu t'imagines que je fais quelque chose de louche, ou que mes amis ne sont pas tout aussi honnêtes que père et toi, tu ferais bien de t'enlever cette idée de la tête. Je n'ai pas peur de Gordon, d'Elk ou de sa bande, tu peux en être bien sûre. Et Brady ne le craint pas non plus, ni miss Bassano. Gordon est un de ces détectives ratés qui prennent leurs idées dans les livres.

– C'est parfaitement vrai, miss Bennett, remarqua Lew vertueusement. Gordon va un peu trop loin, il croit que personne n'est honnête, sauf lui. Figurez-vous qu'il a même envoyé Elk interroger votre père ! Non, je n'ai pas peur de Gordon ou...

« Toc... toc... toc, toc, toc... toc. »

Les coups étaient frappés contre la porte, lentement et clairement.

L'effet qu'ils produisirent sur Lew Brady fut étonnant ; son corps semblait se ratatiner et sa figure bouffie se creusa.

« Toc... toc... toc, toc, toc... toc. »

Brady porta une main tremblante à sa bouche. Ella détourna son regard, et le posa sur Lola. À sa profonde stupéfaction, elle vit que celle-ci avait pâli sous son rouge. Brady traversa la pièce d'un pas incertain, et le silence souligna le bruit de sa respiration oppressée.

– Entrez, dit-il les dents serrées.

Il ouvrit la porte toute grande. Sur le seuil se tenait Dick Gordon.

Ses yeux allèrent de l'un à l'autre, moqueurs.

– Le signal de La Grenouille a l'air d'effrayer quelques-uns d'entre vous, remarqua-t-il gaiement.

16

Où Ray apprend la vérité

Ray fit un pas vers Dick.

– Que désirez-vous ?

– Je voudrais vous parler en particulier, Ray.

– Il n'y a rien que vous ne puissiez dire devant mes amis, répliqua Ray qui s'échauffait.

– La seule personne à qui je reconnaisse ce titre est votre sœur, rétorqua Gordon.

– Allons, partons Lew, fit Lola en haussant les épaules.

Mais Ray Bennett les retint.

– Attendez un instant ! Suis-je ici chez moi, oui ou non ? Vous n'avez qu'à filer, Gordon. Je commence à en avoir assez, mêlez-vous de ce qui vous regarde. Vous forcez ma porte, vous êtes grossier envers mes amis... vous les faites partir... Vous en avez du culot ! Voici la porte, vous pouvez vous en aller.

– Je m'en irai, si c'est comme cela que vous le prenez. Mais je vous avertis que...

– Zut ! J'en ai assez de vos avertissements.

– Je vous avertis que La Grenouille a décidé que vous auriez à gagner votre argent ! C'est tout.

Il y eut un silence de mort. Ce fut Ella qui le rompit.

– La Grenouille ? répéta-t-elle les yeux grands ouverts. Mais... mais Mr Gordon... Ray ne fait pas partie... de la bande des Grenouilles ?

– Il ne le sait peut-être pas, mais il en est bel et bien, répondit Dick. Ces deux personnes en sont de fidèles adeptes, dit-il en les montrant du doigt. Et c'est de La Grenouille que Lola reçoit ses rentes, de lui aussi que son mari reçoit les siennes...

– Menteur ! s'écria Ray. Lola n'est pas mariée ! Vous êtes un sale menteur... Filez avant que je ne vous fiche à la porte ! Espèce de misérable chasseur de Grenouilles... vous vous imaginez que tout ce qui est encore vert vit dans une mare ! Fichez le camp et ne revenez plus !

Le regard suppliant d'Ella décida Dick à se diriger vers la porte. Là, il se retourna et son regard glacé s'appesantit sur Lew Brady.

– Sur le grand-livre des Grenouilles, il y a un large point d'interrogation à côté de votre nom, Brady. Faites attention !

Lew recula sous le choc. Il aurait volontiers suivi Gordon dans le corridor pour lui demander des renseignements supplémentaires, mais le courage lui fit défaut, et il resta immobile, figure pathétique, fixant des regards éperdus sur la porte que Dick avait fermée derrière lui.

– Aérons cette chambre, pour l'amour de Dieu ! s'écria Ray en ouvrant violemment les fenêtres. Cet individu est une vraie peste ! Mariée ! Il essaye de me faire croire cela !

Ella était allée reprendre son sac à main qu'elle avait posé sur le buffet.

– Tu pars, Ella ?

Ella fit un signe de tête affirmatif.

– Tu diras à mon père... Enfin je lui écrirai. Parle-lui, Ella, et montre-lui où il a eu tort.

Elle tendit la main :

– Adieu, Ray. Peut-être nous reviendras-tu un jour. Dieu veuille que cette folie finisse bientôt... Oh ! Ray, dis-moi que ce n'est pas vrai cette histoire des Grenouilles ? Tu ne fais pas partie de cette bande ?

Son rire la rassura momentanément.

– Bien sûr que non... c'est aussi vrai que cette blague à propos de Lola mariée ! Gordon a voulu faire le malin ; c'est toujours la même histoire avec ces détectives de troisième ordre : ils vivent de drames.

Ella adressa un signe de tête à Lola, et Ray l'accompagna vers l'ascenseur.

Ray revint auprès de ses amis.

– Ouf ! La voilà loin ! Quelle matinée ! Les Grenouilles... Les Grenouilles... Toujours les Grenouilles. Pauvre fou.

Lola ouvrit un petit étui incrusté de pierreries, en sortit une cigarette qu'elle alluma, puis éteignant l'allumette entre ses doigts elle tourna ses beaux yeux vers Ray.

– Après tout, qu'y a-t-il à dire contre les Grenouilles, demanda-t-elle froidement. Ce sont des gens qui payent bien et qui demandent peu de chose en échange.

Ray la dévisagea la bouche ouverte.

– Faites-vous partie de cette bande ? interrogea-t-il surpris. Mais ce ne sont que de vils criminels !

Elle hocha la tête.

– Non, pas tous, corrigea-t-elle. Les gros bonnets sont différents. J'en suis un, et Lew aussi.

– Que diable racontez-vous là ? intervint Lew avec un mélange d'effroi et de colère.

– Il devait être prévenu... Tôt ou tard il faudra qu'il l'apprenne, répondit Lola sans se troubler. C'est un garçon trop intelligent pour s'imaginer qu'une ambassade japonaise ou autre paierait des prix aussi exorbitants ; mieux vaut lui dire que lui aussi est une Grenouille.

Ray s'effondra dans un fauteuil.

– Une Grenouille, répétait-il machinalement. Que... que voulez-vous dire ?

Lola se mit à rire.

– Je ne vois pas pourquoi ce serait pire d'être une Grenouille qu'un agent d'un autre pays qui trahit pour de l'argent les secrets de sa patrie, dit-elle. Ne soyez pas ridicule, Ray ! Vous devriez être content et flatté d'avoir été choisi entre des milliers parce que vous êtes l'homme intelligent qu'il leur faut.

Ainsi elle le calma en le flattant, façonnant son âme malléable à sa manière.

– Je pense que ça va, déclara-t-il enfin. Mais je ne voudrais rien faire qui soit véritablement mal. Je n'approuve pas tous ces meurtres. Cependant, comme vous le disiez tout à l'heure, La Grenouille ne peut pas être rendue responsable de tout ce que font ses hommes. Cependant, il y a une chose dont je ne démordrai pas, Lola : je ne veux pas de tatouage !

Elle rit en étendant son bras.

– Suis-je tatouée ? demanda-t-elle. Et Lew est-il marqué ? Non, les gros bonnets ne portent aucune marque. Mon garçon, vous avez un avenir superbe devant vous.

Ray lui prit la main et la caressa.

– Lola... à propos de ce que Gordon racontait... que vous étiez mariée : ce n'est pas vrai, n'est-ce pas ?

Elle se remit à rire et tapota la main du jeune homme.

– Gordon est jaloux, dit-elle. Je ne peux pas vous dire pourquoi... maintenant ; mais il a de bonnes raisons.

Soudain son humeur s'égaya et elle se leva.

– Écoutez, je vais téléphoner pour retenir une table pour le déjeuner, et vous viendrez nous rejoindre. Nous boirons à la santé de la généreuse petite Grenouille qui nous entretient.

Le téléphone était sur le buffet, et comme elle décrochait le récepteur, elle aperçut la boîte de métal, carrée et noire, qui avait été fixée à sa base.

– Une nouvelle invention des téléphones ?

– Ils ont fixé cela hier. Cela s'appelle une « résistance ». L'ouvrier m'a dit que, quelqu'un ayant eu une mauvaise commotion en téléphonant pendant un orage, ils voulaient expérimenter ces appareils. Cela rend l'instrument plus lourd, et c'est laid, mais...

Lentement elle posa le récepteur, et se baissa pour l'examiner.

– C'est un microphone, expliqua-t-elle calmement. Et pendant que nous parlions, quelqu'un a pris note de tout ce que nous disions.

Elle alla vers la cheminée, prit un tisonnier et l'abattit sur la petite boîte...

L'inspecteur Elk, qui se trouvait dans un petit bureau au bord du quai de la Tamise, une paire de récepteurs collés aux oreilles, posa son crayon en soupirant. Prenant son téléphone il appela la centrale téléphonique.

– Vous pouvez couper ce microphone à Knightsbridge 9 3 7 1 8. Je crois que nous n'en aurons plus besoin.

– Vous ai-je donné la communication à temps, monsieur ? demanda la voix de l'opérateur. Ils venaient de se mettre à parler lorsque je vous ai appelé.

– Oui, oui, dit Elk. J'ai eu tout le temps.

Il rassembla ses notes et les posa soigneusement sur la table, à côté de son buvard.

Se mettant à la fenêtre, il contempla la rivière qu'éclairait le soleil ; il avait l'âme sereine : la veille, Mills avait décidé de raconter tout ce qu'il savait, en échange de sa grâce et de son passage au Canada. Et Mills avait encore beaucoup de choses à leur dire.

« Je puis vous donner un tuyau qui vous fera mettre la main sur le "Numéro Sept !", disait son message. » « Numéro Sept » ! Elk respira profondément. Le « Numéro Sept » était le pivot de l'affaire.

Elk se frotta les mains gaiement. Il semblait que le mystère de La Grenouille allait bientôt être éclairci. Peut-être que le « tuyau » les mettrait sur la piste du document volé... et à la pensée du traité, la figure d'Elk s'assombrit. Deux ministres, un département entier et des secrétaires innombrables passaient leur temps à écrire des lettres désespérées et interrogatives au quartier général, au sujet du vol dont Lord Farmley avait été victime.

– Ils veulent des miracles, fit Elk, se demandant si la journée en produirait un.

Il alla chercher un cigare dans la poche de son pardessus. Sa main rencontra un épais rouleau de papiers. Il le tira de sa poche et le jeta sur son bureau ; les mots en tête de la première feuille attirèrent son attention :

« Au nom de Sa Majesté le Roi... »

Elk voulut pousser un hurlement de joie, mais la voix lui manqua. Il saisit les papiers et les feuilleta d'une main tremblante.

C'était le traité volé !

Elk, tenant le précieux document, se rappela les événements de la nuit. Où avait-il enlevé son manteau ? Quand avait-il mis pour la dernière fois la main dans sa poche ? Il avait enlevé son pardessus au *Heron's Club* et ne se souvenait pas s'être servi de sa poche depuis lors. C'était un manteau léger, qu'il portait sur son bras ou sur lui, été comme hiver. Il l'avait sur le bras le matin même en arrivant au bureau.

Au club ! Probablement, lorsqu'il avait laissé son manteau au vestiaire. Mais alors, La Grenouille devait être là... peut-être était-ce un des garçons... un déguisement remarquable pour le chef de la bande. Elk s'assit et se mit à réfléchir.

Il était bien inutile d'interroger les gens du bâtiment : personne d'autre que lui n'avait touché ce manteau.

– Seigneur ! dit Elk en remettant le manteau à sa place.

Il sonna et Balder apparut.

– Balder, vous souvenez-vous de m'avoir vu passer par votre bureau ?

– Oui, Sir.

– J'avais mon manteau sur le bras, n'est-ce pas ?

– Je n'ai pas remarqué, répondit Balder avec satisfaction.

Il donnait toujours l'impression d'éprouver un sentiment de satisfaction à ne pas être en mesure de rendre service.

– C'est curieux, remarqua Elk.

– Quelque chose ne va pas ?

– Non, non... Vous avez bien compris ce qu'il faut faire de Mills ? Il ne doit voir personne. Dès qu'il arrivera, qu'on le fasse entrer dans la salle d'attente... seul. Défense de lui parler ou de lui répondre.

Lorsqu'il fut seul dans son bureau, Elk se remit à examiner sa trouvaille. Tout y était : le traité et les notes de Lord Farmley. Le détective téléphona à ce dernier et lui apprit la bonne nouvelle. Un peu plus tard, une petite députation du ministère des Affaires étrangères se présenta pour prendre possession des précieux documents et pour lui présenter, au nom du ministre, leurs remerciements pour les services rendus. Elk les accepta de bonne grâce. S'il avait échoué, on l'aurait maudit d'aussi grand cœur ; et pourtant, son mérite eût été le même.

Il avait donné l'ordre qu'on amenât Mills au quartier général à midi. Il lui restait une heure devant lui. Il la passa à interroger sans aucun résultat Hagn qui occupait une cellule isolée dans le poste de Cannon Row.

Hagn refusait d'avouer quoi que ce soit, même lorsqu'il fut formellement accusé du meurtre de l'inspecteur Genter. Lorsqu'il vit Elk, il lui fit une remarque à ce sujet.

– Vous n'avez pas de preuve, Elk, et vous savez que je suis innocent.

– Vous êtes la dernière personne qu'on ait vue en compagnie

de Genter, répliqua Elk d'une voix grave. Il a été établi que c'est vous qui avez rapporté son corps en ville. En plus de cela, Mills a tout avoué.

– Je sais ce que Mills a raconté, lança Hagn.

– Vous n'en savez pas tant que cela, répliqua Elk, et je vais vous annoncer quelque chose : le « Numéro Sept » a été arrêté ce matin...

À sa grande surprise, la figure de Hagn se détendit en un large sourire.

– Tout cela c'est du bluff. À la rigueur cela pourrait tromper un pauvre petit voleur, mais cela ne prend pas avec moi ! Si vous aviez pris le « Numéro Sept » vous ne me parleriez pas sur ce ton. Cherchez-le Elk, et, quand vous l'aurez trouvé, tenez-le bien. Ne le laissez pas se glisser entre vos doigts, comme ce sera le cas avec Mills.

Elk quitta le poste de police sentant que les choses ne s'étaient pas passées aussi bien qu'elles l'auraient pu... En sortant, il appela le chef de la police.

– Je vais mettre un mouchard dans la cellule de Hagn ; mettez-les ensemble, puis laissez-les tranquilles.

Le chef de police acquiesça d'un signe.

17

L'arrivée de Mills

On prenait ce jour-là toutes sortes de précautions pour transférer Mills de la prison où il se trouvait jusqu'au quartier général. Toute la nuit, le bâtiment avait été entouré d'un cordon d'agents armés tandis que des patrouilles se relayaient auprès du prisonnier.

Mills était un homme instruit qui avait éprouvé des revers de fortune et que les Grenouilles avaient enrôlé « en chemin » par l'intermédiaire de deux vagabonds, membres de la confrérie.

On le fit sortir de sa cellule à 11 heures et, en dépit de ses affirmations, il semblait nerveux et inquiet. De plus, il avait pris froid et toussait, symptôme évident de nervosité.

À 11 h 15, les grilles de la prison s'ouvrirent, et trois motocyclistes sortirent de front. Une automobile fermée les suivait, les rideaux baissés ; elle était gardée de chaque côté par des policiers armés à motocyclette, et une seconde voiture suivait, contenant des hommes de Scotland Yard.

Le cortège atteignit Scotland Yard sans mésaventure ; les grilles furent fermées, et le prisonnier emmené en hâte dans le bâtiment.

Balder, le secrétaire d'Elk, et un détective se chargèrent alors de Mills devenu livide et tremblant, et le firent entrer dans la petite chambre attenante au bureau d'Elk, dont les fenêtres étaient solidement grillagées. (On y avait enfermé des espions pendant la guerre.) Deux hommes furent alors postés de l'autre côté de la porte, et Balder fit son rapport.

– Nous avons mis cet individu dans la salle d'attente, Mr Elk.

– A-t-il dit quelque chose ? demanda Dick qui était venu pour l'interrogatoire.

– Non, Sir... sauf de demander si l'on pouvait fermer la fenêtre. Je l'ai fermée.

– Amenez le prisonnier, commanda Elk.

Ils attendirent un instant, un bruit de clefs leur parvint, puis un bourdonnement de voix excitées, et Balder se précipita vers eux.

– Il est malade... Il s'est évanoui, je crois, fit-il d'une voix entrecoupée.

Elk bondit vers la salle d'attente.

Mills était mi-assis, mi-couché, contre la paroi. Il avait les yeux fermés, et sa figure était pâle comme la cendre.

Dick se courba, étendit le prisonnier à plat sur le plancher, puis se penchant tout à fait il sentit une odeur particulière.

– Cyanure de potassium, déclara-t-il. Cet homme est mort.

Le matin même, on avait complètement déshabillé Mills et chacun de ses vêtements avait été fouillé avec soin. Pour plus de précautions, l'on avait cousu ses poches. Il avait parlé de son prochain départ pour le Canada aux deux détectives qui l'avaient accompagné pendant le trajet en automobile. Personne, hors les agents de police, ne l'avait touché, et il n'avait pas été en communication avec l'extérieur.

La première chose que Dick remarqua fut la fenêtre que Balder disait avoir fermée. C'était une fenêtre à guillotine, et il s'en fallait d'environ quinze centimètres qu'elle fût fermée en bas.

– Oui, Sir, je suis sûr de l'avoir fermée, insistait Balder. Le sergent Jeller me l'a vu faire.

Celui-ci croyait pouvoir l'affirmer. Dick releva complètement la fenêtre, et regarda dehors. Quatre barres horizontales traversaient le mur de briques ; en allongeant le cou, il put voir une échelle de fer fixée au mur, à trente centimètres environ de la fenêtre, et qui devait aller du toit au sol. La chambre où il était se trouvait au troisième étage, en bas il y avait des jardins où poussaient des buissons et, après cela, de hautes grilles.

– Que sont ces jardins ? demanda-t-il en indiquant l'espace au delà de la clôture.

– Ils appartiennent à Onslow Gardens, répondit Elk.

– Onslow Gardens ? répéta Dick pensivement. N'était-ce pas d'Onslow Gardens que les Grenouilles ont essayé de tirer sur moi ?

Elk hocha la tête, découragé.

– Que pensez-vous de tout cela, capitaine Gordon ?

– Je ne sais vraiment pas qu'en penser, avoua Dick. La théorie suivant laquelle quelqu'un aurait grimpé le long de cette échelle et remis le poison à Mills ne me paraît pas soutenable... et ce n'est pas non plus vraisemblable que celui-ci ait accepté de le prendre. Mais le fait est là. Balder jure que la fenêtre était fermée, et maintenant elle est ouverte. Vous avez confiance en Balder ?

Elk fit un signe affirmatif.

Le chirurgien divisionnaire arriva peu après. Comme Dick le craignait, il ne put faire autre chose que constater le décès, et confirma que le cyanure en était la cause.

Le cyanure a une odeur particulière. Je crois qu'il est indubitable que cet homme a été tué soit par un poison qui lui aurait été administré par une personne étrangère, soit par un poison qu'il aurait pris lui-même.

Lorsqu'on eut emporté le corps, Elk accompagna Dick Gordon à son bureau de Whitehall.

– Je n'ai jamais connu la peur, déclara Elk, mais ces Grenouilles me dépassent ! Voilà un homme tué pour ainsi dire sous nos yeux ! Il était surveillé, il n'a jamais été hors de notre vue, sauf pendant les quelques minutes qu'il a passées dans cette chambre, et néanmoins La Grenouille réussit à l'atteindre... C'est effarant, capitaine Gordon.

Dick ouvrit la porte de son bureau et fit entrer Elk dans cet intérieur confortable.

– Je ne connais pas de meilleur remède pour les ébranlements nerveux qu'un bon *Cabana Césare*, dit-il gaiement. Et sans vouloir me vanter, je peux vous dire une chose, Elk, ils ne m'effrayent pas plus qu'ils ne vous font peur. La Grenouille n'est qu'un homme après tout, et ses craintes aussi sont fort humaines. Où est l'ami Broad ?

– L'Américain ?

Dick fit un signe de tête affirmatif, et Elk, sans une seconde d'hésitation, attira le téléphone vers lui et donna un numéro.

Après un instant d'attente, la voix de Broad lui répondit.

– C'est vous, Mr Broad ? Que faites-vous en ce moment ? demanda Elk de la voix caressante qu'il adoptait au téléphone.

– C'est vous Elk ? Je sortais à l'instant.

– Il me semblait vous avoir aperçu à Whitehall voilà environ cinq minutes, fit Elk.

– Vous avez dû voir mon sosie, répliqua l'autre. Il n'y a pas dix minutes que je suis sorti de mon bain. Avez-vous besoin de moi ?

– Non, non, dit Elk d'un air aimable, je voulais simplement savoir où vous étiez.

– Pourquoi ? Quelque chose ne va pas ? interrogea vivement Broad.

– Tout va très bien, répondit Elk sur un ton peu audible. Venez me voir un jour à mon bureau... Au revoir !

– De Whitehall à Cavendish Square, l'on ne prend que quatre minutes en auto, calcula Elk. Cela ne signifie donc rien qu'il soit chez lui en ce moment.

Il demanda un nouveau numéro, appelant Scotland Yard.

– Je voudrais qu'on prenne en filature Mr Joshua Broad, de Caverley House ; qu'on ne le quitte pas de vue jusqu'à 8 heures du soir, et qu'on vienne me faire un rapport.

Lorsqu'il eut terminé il se renversa dans son fauteuil, et alluma le long cigare que Dick lui avait offert.

– Nous sommes aujourd'hui mardi, rumina-t-il, c'est demain mercredi. Où comptez-vous faire marcher la T.S.F., capitaine Gordon ?

– À l'Amirauté, répondit Dick. Je me suis arrangé avec le président pour être dans la chambre de l'opérateur à 3 h15.

– Je ne connais pas grand-chose à la T.S.F., observa Elk, bien que je ne sois pas de ces personnes qui croient que si Dieu avait voulu que nous nous servions du sans-fil, les poteaux télégraphiques seraient nés sans fil. Mais il me semble avoir lu quelque chose sur la « directive » : pour savoir d'où l'on émet un message, il faut écouter à différents endroits à la fois...

– Bien sûr ! que je suis bête ! s'écria Dick ennuyé. Il ne m'est jamais venu à l'idée que nous pourrions découvrir le poste émetteur !

– J'ai quelquefois des illuminations, expliqua Elk modestement. L'Amirauté a envoyé des instructions à Milford Haven, Harwich, Portsmouth et Plymouth, disant aux navires d'écouter et de nous donner la direction. Les journaux ne se sont pas encore emparés de cette histoire ?

– Au sujet de Mills ? Non, grand merci ! Cela s'ébruitera certainement lors de l'enquête, mais je me suis arrangé pour que cela soit retardé d'une semaine ou deux ; et je ne sais pourquoi, j'ai l'impression que quelque chose arrivera pendant ce délai.

– Nous arrivera, prédit Elk. Je n'ose plus manger une saucisse grillée depuis que cet individu a été tué ! Et j'ai un faible pour la saucisse !

18

Le message par T.S.F.

De retour à son bureau, Elk trouva Balder d'humeur chagrine. Il se plaignit amèrement à Elk :

– Il faut encore qu'ils s'agitent aux archives et qu'ils mettent toute la faute sur moi ! Je n'ai jamais vu des gens faire autant de problèmes !

– Voyons, qu'y-a-t-il ? demanda Elk.

– Eh bien ! vous vous souvenez d'avoir compulsé le dossier d'un homme qui s'appelait... Je ne peux pas me rappeler son nom en ce moment.

– Lyme ? suggéra Elk.

– Parfaitement. Eh bien ! il paraît qu'une des photographies a disparu. Le lendemain du jour où vous les avez regardées, je suis retourné aux archives pour reprendre ces documents pensant que vous en auriez besoin dans la matinée. Comme vous n'êtes pas venu au bureau, je les leur ai rapportés et ils prétendent maintenant qu'il leur manque une photographie et le signalement de cet individu.

– Voulez-vous dire qu'ils sont perdus ?

– S'ils le sont, ce n'est pas moi qui suis fautif. Je suppose qu'ils s'imaginent que je suis une Grenouille ou je ne sais quoi ; ils passent leur temps à m'accuser d'égarer leurs fiches dactyloscopiques !

– Balder, j'ai promis de vous donner l'occasion de vous distinguer et le moment est arrivé. Voulez-vous courir la chance ?

Balder acquiesca d'un signe, haletant.

– Hagn est dans une cellule isolée ; mettez–vous en civil, un peu débraillé, et je vous enfermerai avec lui. Si vous avez peur, vous pouvez prendre un revolver et je m'arrangerai pour que vous ne soyez pas fouillé. Faites parler Hagn : vous lui direz que vous avez été coffré pour avoir pris part au meurtre de Dundee. Il ne saura pas qui vous êtes. Cuisinez-le bien, Balder, et vous aurez votre promotion avant la fin de la semaine.

Balder hocha la tête. Lorsqu'il parla, sa voix avait perdu son intonation geignarde.

– C'est une chance à courir, et je vous remercie de me la donner, monsieur Elk.

Une heure plus tard, un détective amenait à Cannon Row un prisonnier sale et débraillé. Seul le chef inspecteur qui attendait le mouchard reconnut Balder ; il conduisit lui-même ce dernier à la cellule de Hagn.

– Bonne nuit Grenouille, lui dit-il en l'enfermant.

Balder lui répondit par une grossièreté.

Ayant surveillé l'emprisonnement de son subordonné, Elk retourna à son bureau, enleva le contact du téléphone, se jeta sur un canapé pour prendre quelques heures de repos. Il avait l'habitude, lorsqu'il était obligé de veiller toute la nuit, de faire ces siestes dans le milieu du jour, et il s'était entraîné à dormir dès que l'occasion s'en présentait ; mais il ne se servait pas d'ordinaire du canapé, meuble auquel il n'avait pas droit et qui prenait, ainsi que le faisaient souvent remarquer ses supérieurs, une place qui aurait pu être mieux employée.

N'arrivant pas à dormir, il se leva pour aller à Cannon Row. Le geôlier lui déclara que le nouveau prisonnier avait longuement parlé à Hagn et Elk rit sous cape. Il ne souhaitait qu'une chose, c'est que le nouveau prisonnier ne fût pas tenté d'exposer ses griefs contre l'administration de la police.

À 2 h 45, il rejoignit Dick Gordon dans la chambre d'écoute, à l'Amirauté. On avait mis un opérateur à leur disposition et les deux détectives prirent place autour de l'appareil. Dick écoutait, fasciné, les appels des bateaux au loin et le bavardage des postes émetteurs. Un instant, il entendit un faible bruit, si faible qu'il crut s'être trompé.

– Cape Race, annonça l'opérateur. Vous allez entendre Chicago, c'est l'heure où il se met à parler.

Les aiguilles de la pendule se rapprochaient de 3 heures. L'opérateur changea de longueur d'ondes pour essayer de capter le message. À 3 h 1 exactement, il leur dit soudain :

– Voilà votre L.V.M.B.

Dick entendit le signal, puis :

« Grenouilles, écoutez bien, Mills est mort. Le Numéro Sept l'a achevé ce matin. Le numéro Sept recevra une prime de cent livres sterling. »

La voix était claire et singulièrement douce : c'était une voix de femme.

« Le vingt-troisième district recevra les instructions du Numéro Sept à l'endroit habituel. »

Le cœur de Dick battait tumultueusement. Il avait reconnu la voix, ses inflexions charmantes et sa douce cadence.

Il ne pouvait y avoir aucun doute : c'était la voix d'Ella Bennett ! Dick se sentit mal. Voyant les yeux d'Elk fixés sur lui, il fit un effort pour se ressaisir.

– Il ne semble pas qu'il y ait autre chose, observa l'opérateur après quelques minutes d'attente.

Dick enleva ses écouteurs et se leva.

– Il nous faut encore attendre les renseignements concernant le lieu d'émission, fit-il d'une voix aussi ferme qu'il le put.

Ceux-ci ne tardèrent pas à arriver, et un officier de marine releva les indications qu'ils reçurent sur une carte à grande échelle.

– Le poste émetteur se trouve à Londres, déclara-t-il. Toutes les lignes se rencontrent quelque part dans le West End, probablement dans le cœur même de la ville. (Puis, se tournant vers l'opérateur :) Avez-vous eu de la difficulté à capter le message de la Grenouille ?

– Oui, Sir. Je crois qu'ils ont dû l'envoyer de tout près.

– D'où pensez-vous qu'ils l'ont envoyé ? interrogea Elk.

L'officier montra une ligne qu'il avait tracée au crayon.

– C'est quelque part sur cette ligne, déclara-t-il.

Elk, regardant par-dessus l'épaule de ce dernier, remarqua que la ligne passait par Cavendish Square et Cavendish Place et que, tandis qu'il s'en fallait de peu que la ligne de Portsmouth ne touchât Cavendish Place, les lignes de Harwich et de Plymouth se croisaient au sud du Square.

– Caverley House, évidemment, déclara Dick.

Il avait hâte de sortir, de discuter la chose avec Elk. Il se demandait si ce dernier avait aussi reconnu la voix. Ses doutes à cet égard furent vite dissipés. Ils n'avaient pas atteint Whitehall qu'Elk observait :

– Cette voix ressemblait étonnamment à celle d'une de nos amies : qu'en pensez-vous, capitaine Gordon ?

Dick ne répondit pas.

– Étonnamment, répéta Elk, comme s'il se parlait à lui-même. Le fait est que je suis prêt à jurer que je connais la jeune dame qui parlait au nom de La Grenouille.

– Mais pourquoi ferait-elle cela, gémit Dick, au nom du ciel pourquoi ?

– Je me rappelle l'avoir entendue il y a bien des années, continua Elk. Elle était alors sur les planches, une enfant encore. On l'appelait « l'enfant mime ». J'ai remarqué une chose, capitaine Gordon : la T.S.F. accentue les défauts de la voix comme le ferait une loupe si vous vous en servez pour regarder votre peau. Elle a toujours eu un léger défaut de prononciation, ses « s » ne sont pas francs. Vous ne l'avez peut-être pas remarqué, mais j'ai l'oreille très fine. L'avez-vous entendu tout à l'heure ?

Dick fit un signe affirmatif.

– Oui, c'était bien sa voix. Je ne savais pas du tout qu'elle eût été sur les planches... Son père est-il aussi dans cette affaire ?

– Elle n'a pas de père, que je sache, lui fut-il répondu.

Gordon s'arrêta, interloqué.

– Êtes-vous fou ? demanda-t-il. Ella Bennett a un père...

– Je ne parle pas d'Ella Bennett, corrigea Elk calmement, je parle de Lola Bassano.

Il y eut un silence.

– Êtes-vous sûr que c'était sa voix ? demanda Dick le souffle un peu court.

– Bien sûr que c'était Lola. Elle n'a pas mal réussi à contrefaire la voix de miss Bennett, mais n'importe quel mime vous dira que ces voix douces sont faciles à imiter. C'est la cadence de la voix qui fait tout...

– Vieux coquin, s'écria Dick très soulagé. Vous saviez fort bien que je parlais d'Ella Bennett et vous vous êtes bien gardé de me détromper !

– C'est cela, c'est ma faute ! fit Elk. Quelle heure est-il ?

Il était 3 h 30. Elk assembla les hommes disponibles et, dix minutes plus tard, les voitures de la police les déposaient à la porte de Caverley House. Le coup de sonnette fit apparaître le portier qui reconnut Elk.

– Y a-t-il de nouveau des gaz ? demanda-t-il.

– Je voudrais voir le plan de la maison, dit Elk.

Le policier écouta attentivement tous les renseignements que lui donna le portier au sujet des noms, occupations, et habitudes des locataires.

– À qui appartient l'immeuble ? interrogea le détective.

– À Maitland, de *Maitlands Consolidated*. Il a acheté la maison du prince de Caux dans Berkeley Square et...

– Oui, oui, je sais. À quelle heure miss Bassano est-elle rentrée ?

– Elle est restée chez elle toute la soirée... depuis 11 heures.

– Est-elle seule ?

L'homme hésita.

– Mr Maitland est arrivé avec elle, mais il n'est pas resté longtemps.

– Personne d'autre ?

– Personne à part Mr Maitland.

– Donnez-moi votre passe-partout.

Le portier hésita de nouveau.

– Cela me fera perdre ma place. Ne pouvez-vous pas frapper ?

– C'est bien une de mes spécialités ; il ne se passe guère de jour que je n'aie à frapper quelqu'un, répondit Elk. Mais j'ai besoin de cette clef.

Il ne doutait pas que Lola n'eût verrouillé sa porte. En effet, il dut frapper et sonner avant de voir de la lumière s'allumer. Lola apparut dans l'entrebâillement de la porte.

– Qu'est-ce que cela signifie, Mr Elk, demanda-t-elle sans même feindre l'étonnement.

– Une visite d'ami… puis-je entrer ?

Elle ouvrit la porte plus grande. Elk entra suivi de Dick et des détectives. Lola ignora Dick complètement.

– Je verrai le commissaire en chef demain, déclara-t-elle. Et s'il ne me donne pas satisfaction, je me plaindrai dans les journaux. Cette persécution est honteuse. Forcer ainsi la porte d'une jeune fille, au milieu de la nuit, lorsqu'elle est seule et sans défense… !

– S'il est un moment où une jeune fille doive être seule et sans défense, c'est bien au milieu de la nuit, rétorqua Elk avec dignité. Je m'en vais jeter un coup d'œil dans votre appartement, Lola.

Il n'y avait rien qui eût l'air suspect. Une salle de bains menait à la chambre à coucher. En passant par la salle de bains, Elk remarqua qu'une des fenêtres était ouverte : se penchant dehors, il promena la lumière de sa lampe le long du mur et découvrit bientôt une petite bobine de verre qu'on y avait fixée.

– Cela m'a tout l'air d'être un isolateur, déclara-t-il. Retournant vers la chambre à coucher, il se mit en quête de l'appareil. Contre un des murs se trouvait une haute armoire d'acajou. Il l'ouvrit et glissa sa main entre les rangs serrés de robes.

– Une armoire chaude, Lola ?

Elle ne répondit pas, mais elle le surveillait les bras croisés, l'air mécontent.

Elk referma l'armoire et, de ses doigts, il tâta la surface pour y découvrir le ressort qui devait y être dissimulé. Il lui fallut longtemps pour le trouver. Une petite lame de bois céda enfin sous la pression.

Il y eut un léger déclic, puis le devant de l'armoire se mit à tomber.

– Un lit-armoire ? C'est très pratique dans un petit appartement !

Mais ce ne fut pas un lit qui apparut, (et Elk aurait été fort déçu s'il en avait été ainsi), mais des rangées de lampes et autres transformateurs… bref tous les appareils nécessaires pour la transmission de messages par T.S.F.

Elk ne put s'empêcher d'admirer l'installation.

– Je pense que vous avez votre permis ? interrogea-t-il. Il ne supposait cependant pas qu'elle en eût un : il n'était pas facile d'obtenir l'autorisation de posséder un poste émetteur en Angleterre. Aussi fut-il fort surpris de la voir s'approcher de son secrétaire et en tirer le document en question. Elk se mit à le lire, puis il hocha la tête.

– Il n'y a rien à dire, c'est en ordre. Et maintenant voulez-vous me montrer votre licence de Grenouille ?

– Ne commencez pas à faire de l'esprit, Elk, répliqua-t-elle agacée. J'aimerais bien savoir si vous avez l'habitude de réveiller les gens pour leur demander leurs permis ?

– Vous avez employé cet appareil pour envoyer un message aux Grenouilles. Peut-être aurez-vous l'obligeance d'expliquer à Gordon dans quelle intention ?

Elle se tourna vers Dick pour la première fois.

– Je ne me suis pas servie de cet appareil depuis des semaines, dit-elle. Mais la sœur d'un de mes amis, vous la connaissez peut-être, m'a demandé de lui permettre de s'en servir. Elle est partie voilà environ une heure.

– Vous parlez de miss Bennett, évidemment ? fit Gordon.

Elle leva les sourcils, simulant l'étonnement.

– Comment avez-vous pu le deviner ?

– Je l'ai deviné, intervint Elk, dès que je vous ai entendue nous donner une de vos célèbres imitations. J'ai pensé qu'elle devait être ici, vous enseignant à parler comme elle ! Ma pauvre Lola, vous êtes cuite. Miss Bennett était à côté de moi quand vous avez commencé à parler aux Grenouilles ; elle m'a dit : « Eh bien ! Mr Elk, qu'en pensez-vous ? C'est assez réussi n'est-ce pas ? » Vous êtes cuite Lola et vous feriez mieux de tout nous raconter. Je m'arrangerai à vous tirer d'affaire. Nous avons réussi à attraper le Numéro Sept la nuit dernière et il a tout avoué. La Grenouille sera dans les fers aujourd'hui et je suis venu pour vous donner une dernière chance de salut.

– Comme c'est touchant de votre part ! s'écria-t-elle railleuse. Ainsi vous avez arrêté le Sept et vous allez vous emparer de La Grenouille ! Vous feriez bien d'en mettre un coup !

– Oui, reprit Elk avec aplomb. Nous avons arrêté le Sept et Hagn a tout raconté ! Mais j'ai un petit faible pour vous, Lola. Vous me rappelez une jeune fille dont j'étais fou… Je ne l'ai jamais épousée, ce fut toute une tragédie.

– Pas pour elle, répliqua Lola. Je m'en vais vous dire une chose, Elk ! Vous n'avez attrapé personne : vous avez mis un pauvre imbécile de mouchard nommé Balder dans la cellule de Hagn, dans l'idée de le faire parler mais vous allez avoir un terrible choc !

En d'autres circonstances, Dick aurait été amusé de la consternation d'Elk en apprenant ces nouvelles. Sa figure s'était allongée et il restait bouche ouverte, fixant des regards hébétés sur la jeune femme qui avait un sourire de triomphe. Mais son sourire s'effaça vite et elle déclara :

– Hagn n'a rien dit parce qu'il savait très bien que La Grenouille » pouvait l'atteindre et lui régler son compte tout comme ce fut le cas pour Mills et Litnov. Votre tour viendra lorsqu'il en vaudra la peine. Et maintenant, arrêtez-moi si vous le désirez. Je suis une Grenouille… Je n'ai jamais prétendu le contraire. Du reste vous avez entendu ce que je racontais à Ray Bennett par le microphone que vous avez fait mettre. Arrêtez-moi.

Mais Elk savait qu'il n'avait pas d'accusation valable pour la mettre en prison et qu'elle en était la première consciente.

– Croyez-vous que vous vous en tirerez, Bassano ?

C'était Dick qui lui avait parlé et elle lui lança un regard furibond.

– Je vous prie de m'appeler miss Bassano, Gordon, lui dit-elle aigrement.

– Tôt ou tard vous ne serez plus qu'un numéro, répondit Dick sans s'émouvoir. Vous rigolez, vous et votre bande, à cause de mon manque de réussite ou plutôt de ma malchance. Mais nous vous aurons un jour ou l'autre, moi ou mon successeur. Il n'est pas possible de triompher de la loi, parce que la loi est éternelle.

– Je veux bien qu'on fouille mon appartement mais je ne supporterai pas un sermon, répliqua-t-elle avec mépris. Et maintenant, si vous avez fini, messieurs, j'aimerais aller dormir pour me refaire une beauté.

– C'est la seule chose dont vous n'ayez pas besoin, dit le galant Elk.

Lola se mit à rire.

– Vous n'êtes pas un méchant homme, Elk, dit-elle. Vous êtes un mauvais détective, mais vous avez un cœur d'or.

– Si c'était le cas, j'aurais un peu peur de me trouver seul avec vous, lui décocha Elk en partant.

19

DANS LE BOIS D'ELSHAM

Dick Gordon, le cœur léger depuis qu'il avait pu se rendre compte que ses craintes étaient sans fondement, trouvait que la nuit avait été bien employée ; mais Elk n'était pas de cet avis. Il était devenu songeur pendant le trajet qui les ramenait au quartier général.

– Ces Grenouilles m'effraient, je l'avoue. Il y a une fuite dangereuse quelque part... Comment Lola pourrait-elle savoir, sans cela, que j'ai mis Balder dans la cellule de Hagn ? Cela m'a stupéfait. Il n'y avait, à part nous, que deux hommes qui fussent dans le secret ; et si les Grenouilles sont capables d'obtenir des renseignements de ce genre, il est probable que Hagn est prévenu qu'on essaie de le cuisiner. Voyez-vous, capitaine Gordon, j'ai peur de ces gens-là. Ils sont au courant de tout !

Dick hocha la tête.

– Le gros ennui, Elk, c'est que ces Grenouilles ne sont pas une association illégale. Il sera peut-être nécessaire de demander au Premier ministre d'interdire cette société.

– Il est peut-être lui-même une Grenouille. Qui sait ? Il y a des gens influents derrière ces apaches. Je commence à soupçonner tout le monde. À propos, voulez-vous que nous nous en assurions, capitaine Gordon ?

– Nous assurer de quoi ? demanda Dick interloqué.

– De ce que miss Bennett n'a rien à faire là-dedans.

– Vous n'imaginez pas qu'elle puisse en être ? s'écria Dick horrifié.

– Je suis prêt à croire n'importe quoi. La route est libre et nous pourrions être à Horsham dans une heure. Il est de notre devoir de tirer la chose au clair. Personnellement, je sais parfaitement bien que ce n'était pas la voix de miss Bennett que nous avons entendue ; mais quand il s'agira de faire notre rapport pour les gens d'en haut (les « gens d'en haut » était le nom qu'Elk donnait à ses chefs), nous aurons l'air un peu ridicules si nous disons que nous avons entendu la voix de miss Bennett, mais que nous n'avons pas pris la peine de vérifier où elle se trouvait à ce moment-là !

– C'est vrai, acquiesça Dick pensivement.

Elk se pencha par la portière pour donner de nouvelles instructions au chauffeur.

L'aube se levait lorsque la voiture traversa les rues désertes de Horsham avant d'attaquer la forte montée qui menait à *Maytree Cottage*, sur la route de Shoreham.

Ils n'eurent pas à réveiller John Bennett. Comme ils arrivaient à la porte de la maison, Elk entendit appeler et, levant la tête, il aperçut le mystérieux habitant de Horsham, les coudes appuyés sur le rebord de la fenêtre.

– Que se passe-t-il, Elk ? demanda-t-il à voix basse, comme s'il craignait de réveiller sa fille.

– Oh ! rien de grave, répondit Elk gaiement. Mais nous avons capté un message par T.S.F. dans la nuit, et j'ai l'impression que c'est la voix de votre fille que nous avons entendue.

John Bennett fronça les sourcils.

– C'est une histoire étrange, mais je veux bien vous croire. Je descends vous ouvrir.

Il descendit, vêtu d'une vieille robe de chambre, et les fit entrer dans le salon sombre.

– Je vais appeler Ella, et vous apprendrez de sa bouche qu'elle s'est mise au lit à 10 heures hier soir.

Il sortit de la pièce après avoir écarté les rideaux pour laisser entrer la lumière et Dick attendit avec une joyeuse impatience.

Bientôt ils entendirent Bennett redescendre l'escalier, et le virent revenir, l'air angoissé.

– Je n'y comprends rien, dit-il. Ella n'est pas dans sa chambre ! Le lit est défait, mais elle a dû se rhabiller pour sortir.

Elk se gratta le menton, en évitant de rencontrer le regard de Dick.

– Il y a beaucoup de jeunes gens qui aiment à se lever de bonne heure, dit-il. Quand j'étais jeune, rien ne pouvait me faire plus plaisir que d'assister au lever du soleil. A-t-elle l'habitude de faire ces promenades matinales ?

John Bennett secoua la tête.

– Non, pas que je sache. C'est étonnant que je ne l'aie pas entendue, car j'ai très mal dormi cette nuit. Voulez-vous m'excuser un instant, messieurs ?

Il monta dans sa chambre et reparut peu après, tout habillé. Ils sortirent ensemble dans le jardin. Maintenant il faisait jour, bien que le soleil ne fût pas encore levé. John Bennett alla jeter un coup d'œil derrière la maison, mais revint bientôt vers eux leur avouer que ses recherches avaient été vaines.

– Je vois que vous êtes venus en auto. N'avez-vous rencontré personne sur la route ?

Dick fit un signe négatif.

– Êtes-vous d'avis que nous prenions l'auto pour aller dans la direction de Shoreham ?

– J'allais justement vous le proposer, répondit Gordon. Il est dangereux de se promener toute seule à cette heure. Il y a tant de malfaiteurs qui courent les routes.

Bennett ne répondit pas. Il s'était assis à côté du chauffeur, et tenait les yeux fixés sur la route, devant lui. Ils roulèrent à bonne allure pendant une dizaine de kilomètres, puis refirent le même-trajet en sens inverse, fouillant du regard toutes les routes transversales. Ils approchaient de *Maytree Cottage* lorsque Dick étendit le bras dans la direction d'un bois épais, où menait un chemin.

– Quel est ce bois ? demanda-t-il.

– Le bois d'Elsham ; elle ne sera pas allée de ce côté, répondit Bennett d'un air vague.

– Essayons-le tout de même, proposa Dick.

La voiture s'engagea dans le chemin. Au bout de quelques minutes ils roulaient à travers bois, dans l'ombre des grands arbres.

– Il y a des traces de roues, observa soudain Dick.

John Bennett secoua la tête.

– On vient souvent faire des pique-niques ici.

Dick ne se contenta pas de cette réponse : les traces étaient récentes et elles allaient bientôt se perdre dans la profondeur des bois. Mais ils ne découvrirent aucune voiture et la direction des traces semblait confirmer la théorie de Bennett. Le chemin s'arrêtait un kilomètre plus loin devant un terrain couvert de fougères et hérissé de troncs d'arbres : on y avait fait de grandes coupes pendant la guerre.

Ils eurent quelque peine à tourner la voiture et s'en retournèrent par le même chemin. Comme ils sortaient du bois, Dick poussa une exclamation.

John Bennett venait d'apercevoir la jeune fille qui marchait rapidement sur la route et qui, sans se retourner, se mit à marcher sur l'herbe qui bordait le chemin pour les laisser passer. Lorsque la voiture stoppa à côté d'elle, la jeune fille leva les yeux et apercevant son père devint toute pâle.

Bennett sauta à terre.

– Ma chérie, lui dit-il d'un ton de reproche. Que fais-tu sur les routes à une heure pareille ?

Dick lui trouva un air effrayé. Et Elk la scruta de ses yeux perçants.

– Je ne pouvais pas dormir. Aussi me suis-je rhabillée pour aller prendre l'air, lui dit-elle. (Puis, faisant un signe de tête à Dick :) Vous êtes un homme étonnant, capitaine Gordon. Que faites-vous ici à une heure pareille ?

– Le capitaine Gordon a entendu ta voix par T.S.F. au milieu de la nuit, et il est venu faire une enquête à ce sujet, lui expliqua son père.

Si Bennett était soulagé de l'avoir trouvée, il n'en était pas moins préoccupé. Elk, qui l'observait, vit soudain que son soulagement devenait plus intense et grâce à son intuition en devina la cause avant que le père d'Ella n'eût ouvert la bouche.

– Était-ce Ray ? Est-il venu de la ville ?

La jeune fille fit un signe négatif.

– Non père, répondit-elle doucement. Quant à cette histoire de téléphonie sans fil, je n'ai jamais parlé dans un appareil de ce genre et je ne crois pas en avoir jamais vu ! ajouta-t-elle.

– Dites-moi une chose, miss Bennett, lui demanda Elk tranquillement, étiez-vous en ville cette nuit ?

Ella ne répondit pas.

– Ma fille s'est mise au lit à 10 heures, intervint John Bennett avec brusquerie. Cela n'a aucun sens de lui demander si elle a été à Londres cette nuit !

– Étiez-vous à Londres aux premières heures du jour, miss Bennett ? persista Elk.

À la stupéfaction de Dick, Ella fit un signe de tête affirmatif.

– Avez-vous été à Caverley House ?

– Non, répondit-elle aussitôt.

– Mais Ella, que pouvais-tu faire en ville ? demanda John Bennett. Était-ce pour aller voir ton misérable frère ?

Elle hésita, puis :

– Non.

– Étais-tu seule ?

– Non, répondit-elle, et ses lèvres se mirent à trembler. J'aimerais que vous ne me posiez plus de questions, car je ne suis pas libre d'y répondre. Père chéri, vous avez toujours eu confiance en moi, vous n'allez pas me la retirer maintenant, n'est-ce pas ?

Il lui prit affectueusement la main.

– J'aurai toujours confiance en toi, mon enfant, et ces messieurs devront faire de même.

Il regarda Dick avec un air de défi. Celui-ci acquiesça d'un signe de tête.

– Je suis prêt à partager cette confiance.

Ella lui lança un regard qui le récompensa.

Elk se frotta le menton énergiquement.

– Étant confiant de nature, je ne douterai pas de votre parole, miss Bennett, pas plus qu'il ne m'arriverait de douter de la mienne. (Il consulta sa montre et ajouta :) Je crois qu'il nous faudra rentrer pour sortir le pauvre Balder de la maison du péché.

– Ne voulez-vous pas manger quelque chose ?

Dick lança un regard suppliant à Elk qui, l'air résigné, accepta l'invitation.

– Après tout, Balder pourra bien attendre une heure de plus.

Pendant qu'Ella préparait le petit déjeuner, les deux détectives firent les cent pas sur la route.

– Eh bien ! que pensez-vous de tout cela, capitaine ? interrogea Elk.

– Je n'y comprends rien, mais je suis persuadé que miss Bennett n'a pas menti.

– La foi est une chose merveilleuse, murmura Elk.

Dick se tourna vers lui brusquement.

– Que voulez-vous dire ?

– Je veux dire ce que je dis. J'ai foi en miss Bennett. Et après tout, elle n'est qu'un petit morceau du puzzle et ce morceau trouvera tout naturellement sa place lorsque nous aurons découvert celui qui a la forme d'une grenouille. Et John Bennett fait aussi partie du puzzle, ajouta-t-il après un instant de réflexion.

De l'endroit où ils se trouvaient, ils pouvaient voir, dans la direction de Shoreham, l'entrée du chemin qui menait au bois d'Elsham.

– Ce qui m'intrigue, dit Elk, c'est pourquoi elle est allée se promener dans ce bois au milieu de la nuit…

Il s'arrêta. Le ronflement d'un moteur parvenait jusqu'à eux.

– Où peut être cette voiture ? interrogea-t-il.

La réponse ne se fit pas attendre. L'avant d'une automobile émergea lentement du chemin qui menait au bois : une grande limousine arrivait dans leur direction, accélérant à mesure qu'elle approchait. Comme elle passait devant leurs yeux, ils reconnurent le voyageur solitaire.

– Que le diable m'emporte ! s'écria Elk.

L'homme qui était dans la limousine n'était autre qu'Ezra Maitland. Dick comprit alors que c'était pour le voir que la jeune fille s'était rendue dans le bois d'Elsham.

20

HAGN

Une minute plus tard, Ella les appelait :

– Est-ce une auto qui vient de passer ?

Ils discernèrent une nuance d'anxiété dans sa voix.

– Oui, répondit Elk, c'était une grande voiture. Nous n'avons pas pu voir qui était dedans, mais c'était une grosse voiture.

Dick entendit son soupir de soulagement.

– Voulez-vous entrer, je vous prie ? dit-elle, le déjeuner nous attend.

Ils quittèrent *Maytree Cottage* une demi-heure plus tard. Chacun d'eux était si préoccupé que personne n'ouvrit la bouche avant d'avoir dépassé les villas où l'on avait trouvé le corps de Genter. On savait que Genter avait été tué près de Horsham et Dick s'en souvint en frissonnant. Il avait vu lui-même à la sortie de Horsham les pieds du cadavre dépassant à l'arrière d'un camion. Hagn devait mourir pour ce meurtre ; Grenouille ou non, il en avait été complice. Comme il devinait ses pensées, Elk se tourna vers Dick.

– Croyez-vous que vous ayez des preuves suffisantes pour faire pendre Hagn ?

– C'est ce que j'étais en train de me demander. Il n'y a pas d'autres preuves, hélas ! que la voiture que vous avez séquestrée et le fait que le garagiste pourra peut-être identifier Hagn.

– Malgré sa barbe ? interrogea Elk d'un air significatif. Croyez-moi, capitaine Gordon, nous aurons quelque peine à nous procurer une preuve décisive contre cette Grenouille-ci, et, à moins que Balder n'arrive à le persuader de faire une déposition écrite, nous aurons toutes les peines du monde à convaincre le jury.

Il donna l'ordre au chauffeur de les conduire directement à Cannon Row.

Dick avait l'esprit ailleurs.

– Que pouvait-elle bien avoir à faire avec Maitland ? demanda-t-il.

Elk secoua la tête.

– Je ne sais pas, mais je vous répète que c'est un des petits mystères qui seront éclaircis quand nous aurons mis la Grenouille à sa place dans le puzzle.

L'auto les déposa devant le poste de police de Cannon Row. Le sergent préposé au bureau se leva, les regardant avec étonnement.

– Je m'en vais faire sortir Balder, sergent.

– Balder ? fit l'homme surpris. Je ne savais pas que Balder fût enfermé.

– Je l'ai enfermé avec Hagn.

Une lumière se fit dans l'esprit du fonctionnaire.

– C'est curieux, je ne savais pas que ce fût Balder. Je n'étais pas de service lorsqu'il est arrivé, mais j'ai été prévenu par l'autre sergent qu'on avait enfermé un homme dans la cellule de Hagn. D'ailleurs, voici le geôlier.

Celui-ci fut aussi surpris que le sergent en apprenant l'identité du second prisonnier.

– Je ne savais pas qu'il s'agissait de Balder, Sir. Je m'explique maintenant leur longue conversation ; ils ont parlé jusqu'à 1 heure du matin.

– Est-ce qu'ils parlent encore ? demanda Elk.

– Non, Sir, ils dorment en ce moment. J'ai jeté un coup d'œil, il y a un instant... Vous m'aviez dit de les laisser tranquilles et de ne pas aller auprès d'eux !

Dick Gordon et son subordonné suivirent le geôlier le long d'un couloir interminable, revêtu de briques vernies ; dans le mur étaient encastrées par intervalles d'étroites portes noires. Au bout du corridor, ils tournèrent à angle droit. Il n'y avait qu'une porte à l'extrémité de ce second couloir. Tirant le verrou, le geôlier ouvrit la porte et Elk entra.

Il alla tout droit à la première des deux formes et retira la couverture qui lui couvrait le visage. Il la rejeta avec un juron.

C'était Balder, et il était étendu, couvert des pieds à la tête d'une couverture. Un foulard de soie lui servait de bâillon et non seulement on lui avait passé des menottes aux poignets, mais on lui avait solidement attaché les mains et les jambes.

Elk ne fit qu'un bond vers l'autre forme étendue, mais lorsqu'il toucha la couverture, celle-ci s'enfonça sous ses mains. Une veste pliée pour simuler une forme humaine, une paire de souliers usés placés au bout de la couverture pour compléter l'illusion... et c'était tout. Hagn avait disparu !

Ils transportèrent Balder dans le bureau d'Elk, lui donnèrent du cognac, puis Elk parvint à force de le houspiller à lui faire raconter son histoire.

– Je crois qu'il devait être à peu près 2 heures lorsque c'est arrivé, dit-il. J'avais parlé à Hagn pendant toute la soirée, bien que j'aie tout de suite vu qu'il m'avait repéré comme un agent de la police et s'amusait à me faire marcher. Malgré cela, j'ai persévéré, Mr Elk, et je croyais avoir vaincu sa défiance parce qu'il se mit à me parler des Grenouilles en me disant qu'on devait envoyer un message par T.S.F. à tous les chefs de bande cette nuit... c'est-à-dire la nuit dernière. Il m'a dit aussi que le « Numéro Sept » ne serait jamais arrêté parce qu'il était trop habile. Il m'a demandé comment Mills avait été tué, mais je suis sûr, à la manière dont il m'a posé cette question, qu'il le savait parfaitement bien. Nous n'avons plus beaucoup parlé après 1 heure du matin. A 1 h 15, je me suis couché. J'ai dû m'endormir presque tout de suite. Avant de pouvoir faire quoi que ce soit, ils me mettaient un bâillon. J'ai essayé de lutter mais ils me tenaient...

– Ils ? interrogea Elk. Combien étaient-ils ?

– Ils étaient peut-être deux ou trois... Je n'en suis pas sûr, répondit Balder. S'ils n'avaient été que deux, il me semble que j'aurais pu m'en tirer, parce que je suis assez fort. Ils devaient être plus nombreux, mais je n'en ai vu que deux à côté de Hagn.

– Est-ce que la porte de la cellule était ouverte ?

– Oui, Sir, elle était entrouverte, répondit Balder après un instant de réflexion.

– De quoi avaient-ils l'air ?

– Ils portaient de longs pardessus noirs mais n'essayaient pas de dissimuler leur visage. Je les reconnaîtrai n'importe où. Ils étaient jeunes... du moins l'un d'entre eux. Je ne sais pas ce qui s'est passé ensuite. Après m'avoir garrotté, ils ont tiré la couverture sur ma tête et c'est tout ce que j'ai vu ou entendu jusqu'à ce que la porte de la cellule se soit refermée. Je suis resté ainsi toute la nuit à penser à ma femme et à mes enfants...

Elk l'interrompit et, le confiant à un autre fonctionnaire de la police, retourna faire un examen minutieux de la cellule. Les deux couloirs étaient en forme de L, la cellule isolée se trouvant à l'extrémité de la branche la plus courte. À l'intersection des deux lignes, une porte à barreaux de fer menait à une cour où les voitures cellulaires venaient chercher les inculpés pour les conduire dans d'autres différents lieux de détention. Le gardien se trouvait à l'extrémité de la branche la plus longue dans une petite cage de verre où se trouvait le tableau des cellules ; chaque cellule était munie d'un bouton de sonnerie en cas d'urgence, et les signaux aboutissaient à ce petit bureau. De l'endroit où il était assis, le gardien commandait non seulement le couloir, mais encore la porte vue de profil. Lorsqu'on l'interrogea, il reconnut avoir été à deux reprises et pour quelques minutes dans la chambre d'arrêt, une fois lorsqu'un homme qui avait été appréhendé pour ivresse avait demandé à voir le docteur, et une autre fois vers 2 h 30 du matin environ, pour s'occuper d'un voleur qui avait été arrêté dans la nuit.

– Et naturellement, c'est pendant ce temps que ces bandits se sont échappés, fit Elk.

La porte menant à la cour était fermée à clef, mais le verrou n'avait pas été poussé. On pouvait l'ouvrir des deux côtés. La porte de la cellule pouvait aussi s'ouvrir des deux côtés ; à cet égard, elle différait des autres cellules du poste. Mais il y avait une raison à cela : elle était fréquemment employée pour des prisonniers importants qu'on devait soumettre à de longs interrogatoires, et l'on avait choisi ce modèle de serrure afin que les officiers de police qui se trouvaient dans la cellule pussent en sortir sans appeler le geôlier. La serrure n'avait pas été crochetée, ni celle de la porte de la cour.

Elk fit chercher les agents qui étaient de service à chaque entrée de Scotland Yard. Celui qui se trouvait du côté de la Tamise n'avait vu personne, mais l'homme de garde à l'entrée de Whitehall se souvenait avoir vu sortir un officier de police à 2 h 30. L'agent était sûr que c'était un inspecteur, car il avait remarqué qu'il portait un ceinturon et une étoile sur son épaulette. L'officier lui avait rendu son salut.

– C'en était peut-être un, observa Elk. Mais alors, que seraient devenus les deux autres ?

Les indices leur faisaient défaut. Les bandits avaient disparu comme s'ils s'étaient volatilisés.

– Nous allons nous couvrir de ridicule avec cette histoire, capitaine Gordon, et si nous nous en sortons sans être trop écorchés, nous aurons de la chance ! Heureusement que personne, excepté nous, ne sait que Hagn a été arrêté et quand je dis « nous », je voudrais bien que ce fût vrai ! Vous feriez bien d'aller vous coucher. Pour ma part, j'ai un peu dormi cette nuit. Et si vous voulez attendre un instant que je renvoie mon employé à sa femme et à ses enfants, je vous accompagnerai à pied jusque chez vous.

Dick attendait au coin de Whitehall quand Elk le rejoignit. Il était tout près de 10 heures et il se sentait à moitié mort de faim et de fatigue, n'ayant pas mangé à Horsham.

– Prenons un taxi, proposa Dick.

Lorsqu'ils arrivèrent à Harley Terrace, il offrit à Elk d'entrer.

– J'ai une chambre pour vous si vous voulez dormir, lui suggéra-t-il.

Elk fit un signe de tête négatif, mais accompagna Gordon dans la maison. Le domestique qui ouvrit la porte avait quelque chose à leur communiquer.

– Une personne est ici depuis une demi-heure et désire vous parler.

– Comment s'appelle-t-il ?

– Mr Johnson, Sir.

– Johnson ?

Surpris, Dick se hâta vers la salle à manger où l'on avait fait entrer le visiteur.

C'était bien le philosophe, même si Mr Johnson s'était à ce moment-là départi de son calme habituel. Cet homme replet était tourmenté, le visage défait, et lorsque Dick entra dans la pièce, il le trouva assis inconfortablement sur le bord d'une chaise, ses yeux mélancoliques fixés sur le tapis.

– J'espère que vous me pardonnerez d'être venu vous voir, capitaine Gordon. Je n'ai vraiment aucun droit de vous imposer mes ennuis.

– J'espère que vos ennuis ne sont pas aussi pressants que les miens, sourit Dick en lui tendant la main. Vous connaissez Mr Elk ?

– Mr Elk est un vieil ami, répondit Johnson dont la figure s'égaya un instant.

– Eh bien ! racontez-nous cela... Ne voulez-vous pas vous asseoir ? Je m'en vais m'offrir un déjeuner soigné, voulez-vous me tenir compagnie ? proposa Dick.

– Volontiers, Sir, je n'ai rien mangé ce matin : je fais en général un léger repas vers 11 heures, mais je ne peux pas dire que j'aie grand faim. Le fait est, Mr Gordon, que j'ai été congédié.

Dick leva les sourcils.

– Comment, Maitland vous a congédié ?

Johnson fit un signe affirmatif.

– Quand je pense que j'ai servi fidèlement ce vieux démon pendant des années pour un salaire de petit commis ! Je ne lui ai jamais donné la moindre raison de se plaindre ; j'ai manié des centaines de mille, des millions même, et, sans me vanter, je puis dire qu'il n'a jamais manqué un penny dans mes comptes. Du reste, si cela avait été le cas, il l'aurait découvert tout de suite ; c'est le meilleur mathématicien que je connaisse. Et il est d'une intelligence remarquable ! Il écrit deux fois plus vite que n'importe qui, ajouta Johnson à contrecœur.

– C'est assez curieux qu'un homme de son apparence et qui parle d'une manière aussi vulgaire ait des talents pareils, fit observer Dick.

– J'avoue que c'est un vrai mystère, mais je dois dire qu'il m'est une perpétuelle source d'étonnement. On pourrait croire que c'est un balayeur de rues lorsqu'il ouvre la bouche et pourtant c'est un homme cultivé et très instruit. C'est un drôle de personnage, assez déplaisant même. Il n'a pas la moindre parcelle de bonté ; tout ce qu'il a d'humain, c'est son affection pour ce petit garçon…

– Quel petit garçon ? interrogea Elk fort intéressé.

– Je ne l'ai jamais vu, répondit Johnson. L'enfant n'est jamais venu au bureau. Je ne sais qui il est ; j'ai idée que c'est un petit-fils de Maitland.

Il y eut un silence.

– Je comprends, fit Dick à mi-voix.

Il était en droit de le dire : à cet instant même, il commençait à comprendre qui pouvait être La Grenouille et quel était son secret.

– Pour quelle raison avez-vous été congédié ? demanda-t-il.

Johnson haussa les épaules.

– Pour une bêtise. Ce n'est presque pas la peine d'en parler. Il paraît que le vieux bonhomme m'a vu au *Heron's Club* l'autre soir et depuis ce moment il s'est mis à vérifier soigneusement mes comptes courants, dans l'idée, probablement, que je menais une folle vie ! Mais à part ses vexations habituelles, il n'y avait rien dans son attitude qui pût me faire prévoir son intention de se débarrasser de moi. Ce matin, quand je suis arrivé, il était déjà là ; en général il ne vient au bureau qu'une heure après que nous nous soyons mis au travail. « Johnson, m'a-t-il dit, vous connaissez une demoiselle Ella Bennett ? » Je lui ai répondu que j'avais le plaisir de la connaître. « Vous avez déjeuné là-bas à une ou deux reprises, n'est-ce pas ? » – « C'est parfaitement vrai, monsieur Maitland », ai-je répondu – « C'est bien, Johnson, reprit Maitland, vous êtes congédié. »

– Et ce fut tout ? interrogea Dick, stupéfait.

– Ce fut tout, répondit Johnson d'une voix sourde. Comprenez-vous cela ?

Dick aurait pu dire oui, mais il ne le fit pas. Elk, plus curieux, et anxieux d'en savoir plus long sur Maitland, avait une question à poser.

– Johnson, vous qui avez été à côté de Maitland pendant des années, vous n'avez jamais remarqué qu'il y eût quelque chose de particulièrement suspect ?

– Quel genre de chose, Mr Elk ?

– A-t-il eu des visiteurs suspects ? Ne l'avez-vous jamais vu, par exemple, agir d'une manière qui ait pu vous faire supposer qu'il était en relation avec les Grenouilles ?

– Les Grenouilles ?

Johnson ouvrit de grands yeux et sa voix témoignait de son incrédulité.

– Grands dieux, non ! Je ne crois pas qu'il connaisse ces gens-là ! Vous parlez de ces bandits qui ont commis tous ces crimes ? Non, Mr Elk, je n'ai rien entendu ou vu qui ait pu me suggérer une chose pareille.

– Vous avez vu les pièces relatives à la plupart de ses transactions, n'est-ce pas ? Y en a-t-il qui aient pu vous faire penser qu'il bénéficiait, par exemple, de la mort de Mr MacLean à Dundee, ou de l'attentat contre le marchand de laine à Derby ? Savez-vous s'il a été engagé dans des affaires de cognac ou de parfums ?

Johnson secoua la tête.

– Non, Sir, il ne s'occupe que d'affaires immobilières. Il possède des domaines dans ce pays-ci, dans le sud de la France et en Amérique. Il a fait quelques spéculations sur les changes et nous avons fait de grosses affaires jusqu'au moment où le mark est tombé.

– Et qu'allez-vous faire, maintenant, Mr Johnson ? demanda Dick.

– Que puis-je faire, monsieur ? répondit l'autre d'un air découragé. J'ai bientôt cinquante ans ; j'ai passé la plus grande partie de ma vie à travailler dans la même place et c'est fort peu probable que j'en trouve une autre. Heureusement que j'ai mis de l'argent de côté et que j'ai fait un ou deux bons placements, ceux-ci grâce à Maitland qui n'était pas ravi lorsqu'il a découvert que j'avais suivi son conseil ; mais ce n'est pas votre question. J'ai juste ce qu'il me faut pour vivre pendant le reste de mes jours si je ne fais pas de mauvaises affaires. Je suis venu vous voir, Mr Gordon, pour vous demander si vous aviez par hasard quelque chose pour moi. Je serais ravi d'avoir un peu de travail à faire dans mes heures libres et je serais fort heureux de remplir un emploi sous vos ordres.

Dick était un peu embarrassé, les occasions où il pourrait utiliser Mr Johnson n'étant pas fréquentes ; il était néanmoins disposé à l'aider.

– Laissez-moi réfléchir à cela pendant un jour ou deux, dit-il. Comment Mr Maitland va-t-il vous remplacer ?

– Je ne sais pas. C'est ce qui me préoccupe le plus. J'ai vu une lettre qui traînait sur son bureau, adressée à miss Ella Bennett et j'ai idée qu'il compte lui offrir ce poste.

Dick n'en pouvait croire ses oreilles.

– Qu'est-ce qui vous fait croire cela ?

– Je ne sais pas, mais à une ou deux reprises le vieux m'a demandé si Ray avait une sœur. Il s'est intéressé à elle pendant deux ou trois jours, puis il a laissé tomber le sujet. C'est assez bizarre.

Elk eut pitié du pauvre homme, il avait l'air si peu fait pour affronter l'âpre lutte de l'existence. D'ailleurs, les occasions qui pouvaient s'offrir à un homme de cinquante ans étaient pour ainsi dire inexistantes.

– En ce qui me concerne, je ne crois malheureusement pas que je puisse vous être utile, Mr Johnson. Et pour ce qui est de miss Bennett, je pense qu'il n'y a aucune chance qu'elle accepte une pareille proposition, en admettant que Maitland la lui fasse. Je prendrai tout de même votre adresse pour le cas où j'aurais à vous faire dire quelque chose.

– 431, Fitzroy Square, répondit Johnson. (Il lui tendit une carte défraîchie en s'en excusant :) Je ne me sers guère de cartes de visite.

Il se dirigea vers la porte et s'arrêta en hésitant, la main sur la poignée.

– J'ai beaucoup d'affection pour miss Bennett, et je voudrais qu'elle sache que Maitland est moins méchant qu'il n'en a l'air. Je dois lui rendre cette justice.

– Pauvre diable ! fit Elk en le suivant des yeux par la fenêtre. C'est dur pour lui. Vous avez failli lui dire que nous avions vu Maitland ce matin, n'est-ce pas ? Je m'en suis aperçu et j'étais prêt à intervenir. C'est un secret qui appartient à la jeune demoiselle.

– Plût au ciel qu'il n'en fût rien ! s'écria Dick du fond du cœur.

Il se rappela soudain qu'il avait invité Johnson à partager son déjeuner.

21

Mr Johnson reçoit une visite

Le numéro 431 de Fitzroy Square avait été divisé par son propriétaire en trois appartements distincts. Celui de Johnson se trouvait au rez-de-chaussée. Un quatrième appartement au sous-sol était occupé par un concierge et sa femme qui faisaient également son ménage.

Il était près de 10 heures lorsque Johnson le philosophe rentra chez lui ce soir-là, éreinté. Il avait passé la plus grande partie du jour à se présenter dans des maisons d'affaires immobilières ou des banques, et partout il avait reçu la même réponse. Patiemment, il essuyait chaque rebuffade et essayait ailleurs, toujours sans succès.

Il ouvrit la porte avec sa clef, se dirigea d'un pas fatigué vers le salon et, dans un soupir, se laissa tomber sur le divan n'étant guère habitué à prendre de l'exercice.

Le salon était meublé avec goût, sinon avec luxe. Un grand tapis vert recouvrait le plancher ; les murs étaient cachés par des bibliothèques, et il y régnait une certaine atmosphère de confort que l'argent ne peut procurer. Il se leva bientôt pour aller prendre un livre sur un des rayons et se mit à lire pendant deux heures. Minuit allait sonner lorsqu'il éteignit la lumière et alla se coucher.

Sa chambre se trouvait à l'autre extrémité du petit corridor ; cinq minutes plus tard il était déshabillé et s'endormait profondément.

Mr Johnson avait d'habitude un bon sommeil, mais à peine avait-il dormi une heure cette nuit-là qu'il se réveilla : sortant doucement de son lit, il mit ses pantoufles, s'enveloppa d'une robe de chambre et, après avoir pris quelque chose dans un tiroir de son bureau, marchant doucement sur le tapis du corridor, il se glissa jusqu'au salon.

Il n'avait entendu aucun bruit : seul le pressentiment du danger l'avait éveillé. Sa main était déjà sur la poignée de la porte lorsqu'il entendit le léger déclic d'un commutateur qu'on tournait. Le bruit venait du salon.

Brusquement, il ouvrit la porte et avança la main pour atteindre le commutateur ; à cet instant, une voix sortant des profondeurs obscures de la chambre lui parvint menaçante :

– Touchez cette lumière et vous êtes mort ! Je vous tiens en joue. Posez votre pistolet à vos pieds. Vite !

Johnson se baissa pour déposer le revolver qu'il avait pris dans son secrétaire.

– Et maintenant entrez, et vite !

– Qui êtes-vous ? demanda Johnson d'une voix ferme.

– Un nom en vaut un autre. Je m'appellerai La Grenouille. Lancez-moi la clef de votre bureau.

Il y eut un silence.

– Je n'ai pas ma clef ici, dit Johnson. Elle est dans ma chambre à coucher.

– Ne bougez pas !

Johnson s'était débarrassé de ses pantoufles et tâtait le sol de ses pieds pour retrouver son revolver. Il le trouva bientôt et l'amena vers lui à l'aide de ses doigts de pieds nus.

– Que voulez-vous ? demanda-t-il pour gagner du temps.

– Je veux voir vos papiers... Tous les papiers que vous avez apportés de chez *Maitlands Cons.*

– Il n'y a rien ici qui ait de la valeur, répondit Johnson.

Le revolver était maintenant à ses pieds, devant lui. Il était prêt à se baisser dès qu'il aurait déterminé la position exacte du voleur. Mais bien que ses yeux se fussent habitués à l'obscurité, il ne pouvait plus apercevoir son interlocuteur.

– Approchez, ordonna l'étranger, et tendez les mains.

Johnson fit semblant d'obéir, mais se laissa soudain tomber sur ses genoux. La détonation l'assourdit : il entendit un cri et aperçut à la lueur de son pistolet une silhouette sombre, avant d'être frappé violemment.

Quand il reprit connaissance dix minutes plus tard, la pièce était vide. Il se leva avec peine, alluma la lampe et retourna en chancelant dans sa chambre à coucher afin de se rendre compte de son état. Il tâta la bosse qu'il avait à la tête et fit une grimace. Quelqu'un frappait à la porte de manière autoritaire. Mettant un linge mouillé sur sa tête blessée, il suivit le corridor et ouvrit la porte d'entrée. Il se trouva devant deux agents de police, et aperçut un petit rassemblement sur le trottoir.

– N'a-t-on pas tiré des coups de feu ?

– Oui, c'est moi qui ai tiré... mais je ne crois pas avoir atteint qui que ce soit.

– Vous êtes blessé, Sir, était-ce des voleurs ?

– Je ne peux pas vous le dire. Entrez, voulez-vous ?

Johnson les conduisit à la bibliothèque où tout était bouleversé. Le courant d'air agitait le store, car la fenêtre donnant sur la rue transversale était ouverte.

– Vous manque-t-il quelque chose ?

– Je ne crois pas, répondit Johnson. J'ai l'idée que c'est une affaire plus sérieuse qu'un simple vol. Je vais téléphoner à l'inspecteur Elk de Scotland Yard, et je crois que vous ferez bien de laisser la pièce dans l'état où elle est jusqu'à son arrivée.

Elk était dans son bureau, préparant laborieusement un rapport sur la fuite de Hagn, lorsque le téléphone sonna. Il écouta attentivement, puis :

– Je vais venir, Johnson. Dites à l'agent de ne toucher à rien, j'aimerais lui parler.

Johnson eut le temps de s'habiller avant l'arrivée d'Elk.

– Eh bien ! il n'y a pas été de main morte, fit Elk en examinant la contusion d'un œil professionnel.

– Je ne m'y attendais pas, je pensais qu'il allait tirer : il a dû me frapper au moment où mon coup de feu partait.

– Vous dites que c'est La Grenouille ? demanda Elk d'un ton sceptique. J'en doute fort… La Grenouille n'a jamais exécuté personnellement ce genre de besogne, autant qu'il m'en souvient.

– C'est La Grenouille, ou l'un de ses fidèles émissaires, insista Johnson avec un sourire jovial. Regardez !

Au milieu de son buvard rose, on avait imprimé l'inévitable grenouille. On en voyait aussi une réplique sur un panneau de la porte.

– C'est censé être un avertissement, n'est-ce pas ? Eh bien ! pour ma part, avant d'avoir pu en tenir compte j'en ai subi les conséquences !

– Il y a pire que d'être assommé, répondit Elk avec cordialité. Il ne vous manque rien ?

Johnson secoua la tête.

– Non, rien.

Elk fit une rapide mais minutieuse inspection de la chambre. Près de la fenêtre ouverte, dans un des plis du rideau où le vent l'avait chassé, il découvrit un récépissé de consignation. C'était un papier vert qui était le reçu d'un sac de voyage ; il avait été délivré au terminus du *Great Northern Railway*.

– Est-ce que ceci vous appartient ? demanda-t-il.

Johnson prit le billet, l'examina et le lui rendit.

– Non. Je ne l'ai jamais vu.

Elk regarda le papier à la lumière de la lampe pour déchiffrer la date du timbre. La valise avait été consignée quinze jours auparavant et le nom du dépositaire n'était pas inscrit.

– Je ferai une enquête à ce sujet, déclara Elk en glissant le billet dans son portefeuille. Vous n'avez pas vu cet individu ?

– Je l'ai entraperçu au moment où je tirais et j'ai eu l'impression qu'il était masqué.

– Avez-vous reconnu sa voix ?

– Non, fit Johnson en secouant la tête.

Elk examina la fenêtre. C'était une fenêtre à guillotine dont la fermeture avait été habilement forcée ; habilement, en effet, car c'était un nouveau modèle qu'Elk connaissait bien mais qu'il n'avait jamais vu forcer de l'extérieur. Instinctivement, son esprit se reporta au vol audacieux dont Lord Farmley avait été victime ; à cette poignée si habilement détachée, cette serrure qu'on avait fait sauter silencieusement, et, bien que les deux besognes ne pussent être comparées, il y avait une similitude dans le fini du travail qui le frappa.

Le plus surprenant dans ce vol, c'était que pour la première fois l'on voyait apparaître quelqu'un qui prétendait être La Grenouille. Jusqu'ici, La Grenouille n'avait jamais donné de preuve tangible de son existence et Elk en savait assez sur cette association pour être certain qu'aucun de ses esclaves consentants n'aurait osé s'affubler de son nom. Et pourquoi s'intéressait-il personnellement à Johnson ?

– Non, déclara Johnson, il n'y a aucun document ici qui ait une valeur quelconque. Je rapportais souvent du travail chez moi, lorsque j'étais chez *Maitlands Cons* et cela m'occupait fréquemment jusqu'au milieu de la nuit. C'est pourquoi mon renvoi est signe d'ingratitude scandaleuse.

– Vous n'avez jamais conservé des papiers privés de Maitland que vous auriez oublié de lui rendre ? demanda Elk pensivement.

Le sourire de Johnson lui répondit.

– Vous avez une façon aimable de dire les choses, ajouta-t-il. Non, je n'ai aucun document qui lui appartienne. Si vous en avez envie, vous pouvez fouiller tous mes tiroirs, caisses et armoires, mais je vous assure que je suis un homme fort méthodique et que je sais exactement quels papiers je possède.

Tout en rentrant chez lui, Elk réfléchissait à cette surprenante apparition. À la vérité, il n'était pas fâché d'avoir un problème de plus à résoudre pour détourner son esprit de la séance fort désagréable en perspective du lendemain. Dick Gordon assumerait toute la responsabilité et Elk serait vraisemblablement exonéré de tout blâme ; mais pour le détective « les gens d'en-haut » étaient presque aussi redoutables que La Grenouille…

22

L'ENQUÊTE

Elk avait eu l'intention de se rendre de bonne heure le lendemain matin à la gare de King's Cross pour examiner le contenu du sac de voyage déposé à la consigne, mais il s'éveilla l'esprit exclusivement préoccupé de l'affaire « Hagn ». Il nota soigneusement dans son livre de rapports le vol commis chez Johnson, puis il enferma dans son coffre-fort le reçu de la consigne, trop angoissé qu'il était pour s'occuper de cette affaire.

– Ne vous inquiétez pas, conseilla Dick, nos amis d'en haut sont tellement ravis d'avoir retrouvé leur traité qu'ils ne s'agiteront pas au sujet de Hagn.

En effet, Elk fut soulagé et un peu surpris lorsqu'il constata (tous les commissaires et les chefs de la police étaient assemblés pour l'occasion) que l'attitude de ses supérieurs était plus bienveillante que désapprobatrice.

– Avec une organisation de ce genre, déclara le commissaire en chef, il faut s'attendre à des complications imprévues. En temps habituel, la fuite de Hagn demanderait une sanction sévère contre les personnes responsables. Dans ce cas particulier, il m'est vraiment impossible d'infliger un blâme. Balder semble s'être parfaitement bien conduit et je vous approuve entièrement pour l'avoir mis dans la cellule de Hagn. Quant au geôlier, je ne vois guère ce que je pourrais lui reprocher. La vérité est que ces Grenouilles sont des gens extrêmement puissants, plus puissants que les agents d'un gouvernement ennemi parce qu'ils travaillent en pays connu, étant nos propres concitoyens. Pensez-vous qu'il soit possible de les prendre d'un seul coup de filet, capitaine Gordon ? Ce serait une action gigantesque croyez-vous qu'elle soit possible ?

Dick hocha la tête.

– Non, Sir. Ils sont trop nombreux et ceux qui sont vraiment dangereux seront difficiles à identifier. Nous avons appris que les chefs de la bande, du moins quelques-uns d'entre eux, ne sont pas marqués. Mais je sais qui est La Grenouille, ajouta-t-il sans détours.

Il leur fallut un moment pour comprendre ce que Dick avait dit.

– Comment ça, vous savez qui est La Grenouille ? demanda le commissaire en chef d'un ton incrédule.

– Oui... mais si je vous disais son nom, vous me ririez au nez. Il me serait facile de me procurer un mandat d'arrêt contre lui ce matin-même, mais ce ne serait pas chose aisée que de produire des preuves assez accablantes pour le condamner. Il me faut toute liberté d'action pour réussir dans cette affaire.

– Mais comment avez-vous fait pour le démasquer, capitaine Gordon ? lui demanda le commissaire en chef.

Elk, complètement interloqué par cette déclaration de Dick, attendit, haletant, sa réponse.

– Tout m'a paru clair lorsque j'ai appris par Mr Johnson, l'ancien secrétaire de Maitland, que ce dernier dissimulait un enfant quelque part dans sa maison.

Dick sourit en regardant les figures ébahies de ses chefs.

– Je crains que cela ne vous paraisse guère convaincant, ajouta-t-il. Le moment venu vous saurez pourquoi, grâce à cette découverte, j'acquis la certitude de pouvoir mettre la main sur La Grenouille. Maintenant que je connais l'identité de cet individu, inutile de dire que les événements vont prendre une tournure plus intéressante. Je ne prétends pas expliquer comment Hagn s'est enfui... J'ai mes soupçons, mais ce ne sont encore que des soupçons. Si ma théorie est juste, comme j'en suis persuadé, cet événement sera facilement tiré au clair.

Elk resta muet jusqu'à la fin de la séance et ce ne fut que lorsque les deux hommes se retrouvèrent dans son bureau qu'il déclara, après avoir soigneusement fermé la porte :

– Si c'était du bluff, capitaine Gordon, je n'en ai jamais vu d'aussi remarquable... J'ai néanmoins l'impression que ce n'en était pas.

– Non, ce n'était pas du bluff, répondit Dick calmement. Je vous répète que je suis tout à fait persuadé de connaître La Grenouille.

– Qui est-ce ?

– Ce n'est pas le moment de vous le dire. Je ne crois pas qu'il soit utile de dévoiler mes vues... même à vous. Eh bien ! ne voulez-vous pas aller à la consigne des bagages présenter votre reçu ?

Trop occupé, Dick ne l'accompagna pas à la gare de King's

Cross. Elk y alla seul, donna le reçu et, après avoir payé la somme due, retira un sac de voyage en cuir brun, fermé à clef. Il le porta dans le bureau de police de la gare, força la serrure et l'ouvrit. Il y trouva un complet d'homme, une chemise avec col et cravate, un nécessaire de toilette, une petite bouteille de rocou (une matière colorante employée par les teinturiers), un passeport au nom de John Henry Smith où manquait la photographie, un browning chargé, une enveloppe contenant 5 000 francs et cinq billets de 100 dollars.

Elk examina chaque objet tandis qu'il les étalait sur la table.

– Que pensez-vous de cela ? demanda-t-il.

– Il me semble que c'est un équipement complet, répondit l'inspecteur.

– Un équipement préparé pour une fuite ? C'est aussi mon avis... et je parierais volontiers qu'un sac identique se trouve dans chaque station terminus de Londres.

Les vêtements ne portaient aucune marque, le browning était de fabrication belge. Tandis que le passeport pouvait avoir été contrefait, le formulaire sur lequel il avait été établi était certainement authentique (une enquête faite par le ministère des Affaires étrangères révéla plus tard qu'il n'avait pas été officiellement délivré).

Elk remit le tout dans le sac.

– Je vais l'emporter à Scotland Yard. Peut-être viendra-t-on le réclamer, mais je ne le crois pas...

Elk sortit du bureau de police sans savoir vraiment que faire. Devait-il rapporter ce sac à la consigne et poster un homme à l'affût ? Cela ne paraissait guère utile : personne ne viendrait réclamer le sac sans avoir le reçu et ce serait se priver inutilement d'un bon agent. Il se décida à porter le sac à Scotland Yard pour le soumettre à un examen plus minutieux encore.

L'un des trains du Nord venait d'entrer en gare avec deux heures de retard dûes à un dérangement de la ligne. Elk regarda distraitement la foule des passagers qui franchissaient les barrières, et aperçut tout à coup un visage connu. L'homme était déjà loin quand Elk se rappela son nom : c'était John Bennett, ombre furtive et pressée, sa valise à la main, un feutre sombre rabattu sur ses yeux.

Elk s'approcha de la barrière et s'adressa au contrôleur :

– D'où vient ce train ?

– D'Aberdeen, Sir.

– Quel est le dernier arrêt ? questionna Elk.

– Doncaster, répondit le contrôleur.

Pendant qu'il parlait, Elk vit revenir Bennett. Il devait avoir oublié quelque chose, car il avait l'air fort ennuyé et se frayait un chemin dans le flot humain qui venait en sens inverse. Elk se demanda ce qu'il avait bien pu oublier. Il n'eut pas longtemps à attendre pour le savoir.

Lorsque Bennett réapparut, il portait une lourde boîte brune pendue à une courroie. Elk reconnut l'appareil cinématographique avec lequel cet homme étrange se livrait à son passe-temps rémunérateur.

« Quel drôle de bonhomme ! » se dit-il, puis, ayant fait signe à un taxi, il emporta son butin au quartier général.

Une fois sur place, il mit le sac dans son coffre-fort, et fit chercher ses deux meilleurs policiers.

– Je désire que l'on fouille les consignes de toutes les gares terminus de Londres afin de découvrir des sacs comme celui-ci, leur dit-il en leur montrant la valise. Ces sacs auront probablement été déposés il y a des semaines. Faites une enquête pour savoir qui les a mis en consigne. Choisissez toutes les valises qui ressemblent à celle-ci et, pour plus de sûreté, faites-les ouvrir sur-le-champ. Si elles contiennent tout ce qu'il faut pour se raser, un pistolet automatique, un passeport et de l'argent, apportez-les à Scotland Yard et faites-les mettre à ma disposition.

Gordon, qu'il vit plus tard, approuva ses déductions au sujet de cette intéressante découverte.

– À n'importe quelle heure du jour ou de la nuit, il est prêt à fuir, et à chaque terminus il trouve de l'argent, un complet de rechange et un passeport pour l'emmener à l'étranger, du rocou pour se teindre la figure et les mains... Je suppose qu'il a toujours sur lui sa photographie. À propos, j'ai vu John Bennett.

– À la gare ? demanda Dick.

Elk fit un signe de tête affirmatif.

– Il revenait du Nord, de l'une des cinq villes suivantes : Aberdeen, Arbroath, Edimbourg, York ou Doncaster. Il ne m'a pas vu et je ne me suis pas montré. Capitaine, que pensez-vous de cet homme ?

Dick ne répondit pas.

– Est-ce votre Grenouille ? lui jeta Elk d'un air de défi.

Gordon se contenta de sourire.

– Vous n'allez pas découvrir ma Grenouille par un procédé d'élimination, Elk, et vous vous épargnerez de la peine si vous renoncez à l'idée que vous obtiendrez un résultat en m'interrogeant de la sorte.

– Je ne me suis jamais fait cette illusion, répliqua Elk, mais John Bennett m'intrigue. S'il était La Grenouille, il n'aurait pas pu se trouver dans le salon de Johnson la nuit dernière.

– Non, à moins d'être allé en auto à Doncaster pour attraper un train afin de se créer un alibi, rétorqua Dick. (Puis il ajouta après un instant :) Je me demande si la police de Doncaster va s'adresser à Scotland Yard ou s'ils confieront l'affaire à leur propre service secret.

– Quelle affaire ? demanda Elk.

– On a cambriolé *Mabberley Hall* qui se trouve un peu en dehors de Doncaster la nuit dernière, répondit Dick, et on a volé la tiare de diamants appartenant à Lady FitzHermann... Cela semble appuyer votre théorie, qu'en pensez-vous Elk ?

Elk ne répondit pas. Il regrettait à ce moment de n'avoir pas eu de prétexte pour fouiller le sac de John Bennett.

23

Une rencontre

Le *Heron's Club* avait été momentanément fermé par ordre de la police, mais il eut bientôt la permission de rouvrir ses portes. Ray y déjeunait toujours, à moins qu'il ne fût avec Lola qui préférait une atmosphère plus brillante à celle qu'offrait le *Heron's Club* en pleine journée.

Il n'y avait que quelques tables occupées lorsqu'il arriva. L'opprobre de la descente de police pesait encore sur le club et ses clients les plus prudents n'étaient pas encore revenus. On savait que quelque chose était arrivé à Hagn, qui n'avait pas réapparu depuis la fameuse nuit. On parlait de son arrestation, mais ce n'était que des rumeurs. Ray, comme il passait dans le hall, ne s'était pas donné la peine de demander s'il y avait du courrier pour lui, car il recevait fort peu de lettres au club. Il fut donc assez surpris lorque le garçon ayant pris ses ordres revint avec le chasseur qui tenait deux lettres à la main, l'une lourde et soigneusement cachetée, l'autre plus petite.

Il ouvrit en premier la grande enveloppe et y plongeait les doigts pour en extraire le contenu lorsqu'il se rendit compte qu'elle ne contenait que de l'argent. Il ne tenait pas à l'exhiber devant les gens qui se trouvaient là ; ayant jeté un coup d'œil dans l'enveloppe, il fut ravi en constatant le nombre des billets et leur valeur. Il n'y avait pas de message mais l'autre enveloppe portait la même écriture. Il l'ouvrit. La lettre avait ni en-tête, ni date et était dactylographiée. Voici ce qu'il lut :

« Vendredi matin, vous endosserez les habits qui vous seront envoyés et vous vous dirigerez du côté de Nottingham par la route. Vous prendrez le nom de Jim Carter et vous trouverez des papiers à ce nom dans les poches des habits qui vous seront apportés par messager spécial, demain. À partir de maintenant, vous ne devez pas vous montrer en public, ni vous raser, ni recevoir des visites, ni en faire. On vous dira à Nottingham ce que vous aurez à faire. Souvenez-vous qu'il vous faut voyager à pied et coucher dans les asiles de nuit, logements de l'Armée du Salut et autres logis fréquentés d'ordinaire par les vagabonds. À Barnet, sur la route du Nord, près de la neuvième borne, vous rencontrerez une personne que vous connaissez et vous l'accompagnerez pendant le reste du voyage. À Nottingham, vous recevrez de nouvelles instructions. Il est très possible qu'on n'ait pas besoin de vous et la besogne que l'on vous demandera de faire ne vous compromettra en aucune façon. N'oubliez pas que votre nom est Carter. Rappelez-vous que vous ne devez pas vous raser, rappelez-vous bien la neuvième borne, vendredi matin. Quand vous aurez gravé tout ceci dans votre mémoire, prenez cette lettre, son enveloppe et l'enveloppe qui contenait l'argent et brûlez-les dans la cheminée du club. Je vous verrai. »

La lettre était signée « La Grenouille ».

Ainsi le moment était venu : les Grenouilles avaient besoin de lui. Il avait vécu dans la terreur de ce jour et, pourtant, il l'attendait avec une certaine impatience, comme une personne qui a hâte de connaître le pire.

Il exécuta fidèlement les ordres qui lui avaient été donnés et brûla la lettre et les enveloppes sous les regards curieux des hôtes du *Heron's Club*.

Son pouls battait plus vite lorsqu'il se rassit devant son déjeuner auquel il n'avait pas encore touché. Ainsi la Grenouille était là ! Il regarda autour de lui et rencontra bientôt le regard d'un homme qui ne l'avait pas quitté des yeux depuis son arrivée. Son visage lui était connu, et pourtant il ne pouvait l'identifier.

Il appela le garçon d'un signe.

– Ne regardez pas maintenant, dit-il à voix basse, mais dites-moi qui est ce monsieur qui est assis dans la deuxième salle ?

Le garçon regarda négligemment autour de lui.

– C'est Mr Joshua Broad, Sir.

Ray quitta le *Heron's Club*. Il était content d'être seul pour réfléchir à l'extraordinaire message qu'il venait de recevoir. Cette aventure, ce déguisement avaient de quoi séduire un jeune homme romanesque comme Ray. Il y avait dans ces instructions une promesse délicieuse de danger, un je ne sais quoi d'illégalité plus passionnant encore. Il ne s'inquiéta pas de savoir quel serait le résultat de cette aventure : s'il avait eu le don de double vue, il aurait fui sans attendre, en quête de quelque endroit désolé, quelque trou dans la terre où il pût se cacher en frissonnant.

24

Où l'on parle de Saul Morris

Dick Gordon télégraphia au quartier général, et demanda Elk pour entendre son rapport.

– J'ai trouvé six valises, chacune avec un équipement complet et identique à celui que nous avons découvert à la gare de King's Cross.

– Aucune piste au sujet de la personne qui les a mises en consigne ?

– Non, pas même un indice. Quelques empreintes digitales, mais comme ces sacs ont été touchés par une demi-douzaine d'employés, je ne pense pas que nous en tirions grand-chose.

– Elk, je donnerais bien quelques années de ma vie pour démêler ce mystère de La Grenouille. J'ai fait suivre Lola, bien que je ne croie pas qu'elle fasse partie de cette bande. Je ne connais personne qui ait l'air moins d'une apache que Lola Bassano ! Lew a disparu. J'ai envoyé un homme s'enquérir de ce qui était arrivé au jeune Raymond Bennett, mais il n'a pu le rencontrer. Il a refusé de recevoir l'agent sous prétexte qu'il était malade et qu'il devait garder la chambre toute la journée. Elk, qui est La Grenouille ?

Elk se mit à arpenter la pièce, les mains dans les poches, ses lunettes descendant lentement le long de son nez.

– Il n'y a que deux possibilités. L'une est Harry Lyme, un ancien condamné qui est sensé s'être noyé dans le Channel Queen voilà quelques années. Je le choisis parce que c'était un organisateur de premier ordre, un super-filou, et l'un des deux hommes capables d'ouvrir le coffre-fort de Lord Farmley et la fenêtre de Johnson. Et croyez-moi, capitaine Gordon, c'est un artiste qui a cambriolé Johnson !

– Et l'autre ? interrogea Dick.

– Il est mort lui aussi, répondit Elk d'un ton amer : Saul Morris, le plus adroit de tous. J'ai examiné les dossiers de deux mille criminels connus et je suis arrivé à la conclusion que cela ne pouvait être qu'un de ces deux individus... et ils sont morts tous les deux ! On dit que les morts ne laissent pas de traces et si La Grenouille est l'un des deux, on a raison. Lyme est mort noyé. Morris a été tué dans un accident de chemin de fer aux État-Unis. La question est de savoir lequel de ces deux fantômes nous pouvons accuser.

Dick Gordon ouvrit un tiroir de son secrétaire et en tira une enveloppe. Il la lança par-dessus la table à Elk.

– Qu'est-ce que c'est, capitaine Gordon ?

– C'est une réponse à une question. Vous m'avez parlé de Saul Morris et j'ai fait une petite enquête à son sujet. En voici le résultat.

C'était un câblogramme du chef de la police de New York City.

« En réponse à votre demande de renseignements, Saul Morris est vivant, et on le croit en Angleterre en ce moment. Il n'est sous le coup d'aucune accusation ici, mais on suppose que c'est lui qui a cambriolé la chambre forte du *S.S. Mantania*, 17 février 1898, Southampton (Angleterre) et qui a disparu emportant 55 millions de livres. Accusez réception. »

Elk lut et relut le câblogramme, puis, le pliant soigneusement, le remit dans son enveloppe et le rendit à Dick.

– Saul Morris est en Angleterre, répéta-t-il machinalement. Cela me paraît expliquer bien des choses.

Les détectives avaient trouvé aux stations terminus de Londres neuf sacs de voyage qui tous contenaient les mêmes objets. Dans un cas seulement, il y eut une légère différence. La police découvrit à la gare de Paddington une valise un peu plus grande que les autres et qui contenait en plus une épaisse liasse de formules de chèque. Il y avait des chèques sur le Crédit Lyonnais, la *Ninth National Bank* de New York, la *Burrowstown Trust*, la Banque d'Espagne, les banques d'Italie et de Roumanie et environ cinquante succursales des cinq banques principales d'Angleterre. Trop occupé, Elk n'avait pas eu le temps de pousser une enquête très serrée, mais il décida de s'occuper le matin même de ces chèques. Il était persuadé que les recherches faites dans les banques dévoileraient chaque fois des déposants différents, mais les numéros lui permettraient d'en attribuer la possession à un seul individu ou à un groupe d'individus.

Elk arriva au bureau vers 10 heures après la première nuit de sommeil qu'il avait eue depuis des semaines. Il avait comme assistants Balder et un jeune sergent détective qui s'appelait Fayre, jeune homme plein d'avenir en qui Elk avait grande confiance. Dick Gordon arriva en même temps que le chef détective, et ils entrèrent ensemble dans le bâtiment.

– Il n'y a pas l'ombre d'une chance que nous arrivions à un résultat en essayant d'identifier ces chèques, dit Elk, et je suis tenté de croire que ces valises pourront nous en apprendre plus long, peut-être, lorsque nous leur aurons fait subir un examen minutieux. Tous ces sacs sont doublés, il est donc possible qu'ils aient des doubles fonds. Je compte les démonter complètement s'il reste quelque chose lorsque j'aurai terminé, les Grenouilles n'auront qu'à venir le prendre !

Balder et Fayre attendaient dans le bureau et Elk se mit en devoir de sortir la clef du coffre-fort : opération très compliquée qui l'obligeait à déboutonner son veston, son gilet et à plonger dans une poche là où l'on ne s'attendait pas à en trouver une... Cette cérémonie terminée, Elk inséra solennellement la clef dans le coffre-fort et l'ouvrit.

Un à un, il tendit les sacs à Fayre qui les posa sur la table.

– Nous allons commencer par celui qui provient de la gare de Paddington, déclara Elk en indiquant le plus grand des sacs. Et allez chercher un autre couteau, Balder.

Gordon et Elk sortirent de la pièce et suivirent le corridor, laissant Fayre seul avec les sacs.

– Entrevoyez-vous un dénouement, capitaine Gordon ?

– La fin des Grenouilles ? Mais oui, je le crois ; je dirais même que j'en suis persuadé.

Ils atteignaient la porte du bureau de Balder lorsque celui-ci apparut, tenant à la main une arme d'aspect redoutable.

– Voici le couteau, commença-t-il.

Au même moment, Dick fut jeté violemment à terre, Elk par-dessus lui. Il y eut un bruit de verre cassé, une forte pression d'air, et le tonnerre assourdissant d'une explosion.

Elk se releva le premier et courut à son bureau. La porte pendait misérablement à ses gonds ; il n'y avait plus ni vitres ni châssis. Une fumée épaisse s'échappait de la pièce ; Elk s'y jeta tête baissée. Il avait à peine fait un pas lorsqu'il trébucha sur le corps inanimé de Fayre ; il se pencha et le transporta comme il put dans le corridor. Il suffisait d'un coup d'œil pour constater qu'il aurait peu de chances d'en réchapper. L'alarme avait été donnée dans tout le bâtiment et l'on vit arriver la brigade de feu, tirant ses tuyaux derrière elle.

Le début d'incendie fut rapidement éteint, mais le bureau d'Elk n'était plus qu'une ruine. La porte du coffre-fort avait été projetée hors de ses gonds ; pas un seul meuble n'avait échappé au désastre et l'on apercevait un grand trou béant dans le plancher.

– Sauvez ces sacs, commanda Elk.

Il commença par s'occuper de l'homme blessé. Ce ne fut que lorsque celui-ci eût été emmené dans une ambulance qu'il retourna contempler les dégâts causés par la bombe.

– Oui, c'était bien une bombe, Sir, dit Elk.

Un groupe d'officiers de police étaient dans le corridor et contemplaient le désastre.

– Et c'était même une bombe particulièrement puissante. C'est un miracle que le capitaine Gordon et moi n'ayons pas été là. J'avais dit à Fayre d'ouvrir le sac, mais je pensais qu'il attendrait notre retour (nous avions été chercher un couteau pour découdre les doublures). C'est sans doute lorsque Fayre a ouvert le sac que la bombe a éclaté.

– Mais n’avait-on pas déjà examiné ces valises ? demanda le commissaire d’une voix irritée.

Elk fit un signe affirmatif.

– Je les ai toutes examinées moi-même hier. La valise trouvée à Paddington a été complètement vidée, chaque objet ayant été posé sur ma table et inventorié. Je les ai remis moi-même dans le sac. Il n’y avait pas de bombe.

– Mais alors, comment pouvait-on avoir accès à ces valises ?

– Je l’ignore, Sir. La seule autre personne qui ait la clef du coffre-fort est l’assistant-commissaire de mon service : le colonel McClintock, qui est en vacances. Nous aurions pu tous être tués !

– Quel explosif a-t-on employé ?

– La dynamite, répondit Elk vivement. L’explosion s’est faite de haut en bas. (Il indiqua le trou dans le plancher.) La nitroglycérine éclate en haut et de côté. Il n’y a pas de doute : c’est de la dynamite.

En examinant le bureau, Elk trouva par terre un fil d’acier tordu, puis le cadran cabossé d’un réveille-matin.

– À la fois l’heure et le contact, dit-il. Les Grenouilles ne laissent rien au hasard.

Il transporta ce qu’il put sauver du désastre dans le bureau de Balder.

Il ne put espérer tenir secrète cette affaire. L’explosion avait fait sauter la fenêtre et une partie du mur de briques ; un petit attroupement s’était formé sur le quai de la Tamise. En sortant du bâtiment, Elk aperçut déjà les placards des journaux annonçant l’événement.

Sa première visite fut pour l’infortuné Fayre qui se trouvait dans un hôpital non loin de là. Les nouvelles furent encourageantes. Les docteurs pensaient qu’avec un peu de chance non seulement ils parviendraient à sauver sa vie, mais qu’il en sortirait sans mutilations graves.

– Il perdra peut-être un doigt ou deux, mais il l’a échappé belle ! déclara le chirurgien. Je ne comprends pas comment il n’a pas été mis en morceaux !

– Ce que je ne comprends pas, repartit Elk avec emphase, c’est comment je n’ai pas moi-même été mis en morceaux !

Le chirurgien hocha la tête.

– Ces explosifs jouent parfois des tours bizarres. Si j’ai bien compris, la porte du coffre-fort a été démolie ; et pourtant, ce papier qui se trouvait à proximité est à peine roussi.

Il sortit un petit morceau de sa poche. Les angles en avaient été noircis ; un des coins était brûlé.

Elk le déplia et lut :

« Avec les compliments du Numéro Sept. »

– Je vais garder ceci, dit-il. (Il mit précieusement le papier dans son étui à lunettes.) Croyez-vous aux pressentiments, docteur ?

Le chirurgien sourit.

– Oui, jusqu'à un certain point.

– Eh bien ! j'ai le pressentiment que je m'en vais rencontrer le « Numéro Sept » très prochainement !

25

La promotion de Balder

Six jours après l'explosion de la bombe dans le bureau d'Elk, la police recommença ses perquisitions dans chaque gare terminus, et de nouveau on trouva dans chaque consigne un sac de voyage ayant le même contenu que les précédents, sauf que cette fois-ci le sac trouvé à Paddington ne différait en rien de ceux des autres gares.

Les sacs furent ouverts par l'inspecteur aux explosifs après de prudentes précautions préliminaires, mais ils ne contenaient rien de plus dangereux que le pistolet belge et les mêmes passeports, délivrés au nom de Clarence Fielding.

Elk avait terminé son rapport et le relisait d'un œil critique lorsqu'on lui annonça par téléphone un visiteur.

– Faites-le monter, dit Elk lorsqu'il eut entendu son nom. (Il sonna et Balder apparut.) Il vous faut donner ce rapport au capitaine Gordon pour qu'il le voie.

Comme il posait l'enveloppe, Joshua Broad fit son entrée.

– Bonjour, lui dit Elk. Entrez et asseyez-vous Mr Broad. Qu'est-ce qui me vaut le plaisir de votre visite ?... Excusez ma politesse, mais je suis toujours ainsi dans la matinée. Ça va bien, Balder, vous pouvez aller.

Broad tendit son étui à cigares au détective en lui disant :

– Je suis venu pour une affaire bizarre.

– On ne vient jamais ici pour autre chose, répliqua Elk.

– Cela concerne une personne qui habite à côté de chez moi.

– Lola Bassano ?

– Son mari, rectifia Broad, Lew Brady.

Elk remonta ses lunettes.

– Vous n'allez pas me dire qu'elle est vraiment la femme de Lew Brady ? demanda-t-il surpris.

– Je crois que cela ne fait aucun doute, bien que je sois parfaitement persuadé que son jeune ami Bennett n'en sache rien. Brady est à Caverley House depuis une semaine, il n'est pas sorti une seule fois. De plus, Ray n'est jamais venu les voir. Je ne crois pas qu'il s'agisse d'une dispute ; j'ai l'impression qu'il y a quelque chose de beaucoup plus grave là-dessous. Comme je sortais de chez moi, la domestique de Lola entrouvrait la porte pour prendre le pot à lait et j'ai aperçu Brady. Il avait la plus belle barbe que j'aie jamais vue sur un pugiliste retiré ! Cela piqua ma curiosité, ajouta-t-il en faisant tomber la cendre de son cigare dans le cendrier, et je me suis demandé s'il n'y avait pas un rapport entre cette subite crainte du rasoir et les agissements de Ray Bennett. Je suis allé le voir au club, ayant pris comme prétexte le fait d'avoir rencontré miss Bennett. Son domestique (il a un homme qui vient à la journée brosser ses habits et faire son ménage) m'a dit que Ray était souffrant et qu'il n'était pas disposé aux visites.

Mr Broad tira une bouffée de son cigare et en contempla pensivement la fumée.

– Si vous désirez qu'un domestique soit fidèle, il faut qu'il habite chez vous, continua-t-il. Ces domestiques d'occasion ne restent pas assez longtemps pour être dignes de confiance. Cela m'a coûté, au taux actuel du change, deux dollars et vingt-cinq cents pour découvrir que Mr Ray Bennett se laisse aussi pousser la barbe. Si nous étions à la veille d'une élection, je pourrais croire que ces deux personnages sont des fanatiques qui ont fait le vœu de ne pas toucher à leur rasoir jusqu'au retour de leur parti au pouvoir ou si Lew Brady était un véritable sportif, je me dirais qu'ils ont fait un pari. Mais comme ce n'est pas le cas, j'avoue être assez intrigué.

Elk fit passer son cigare d'un coin de sa bouche à l'autre.

– Je ne suis pas très versé dans le code, mais il ne me semble pas qu'il y ait une loi qui défende aux gens de laisser pousser leur barbe. La... quel est le mot ?... psy... ?

– Psychologie, suggéra Mr Broad.

– C'est cela ; la psychologie de la barbe ne m'a jamais beaucoup intéressé. Vous êtes américain, n'est-ce pas Mr Broad ?

– J'ai cet honneur, répondit son interlocuteur avec ce demi-sourire qui brillait si souvent dans ses yeux.

– Ah ! fit Elk distraitement en regardant par la fenêtre. Vous est-il arrivé d'entendre parler d'un certain Saul Morris ?

Elk reporta ses yeux sur Joshua Broad. Celui-ci fronça les sourcils, faisant un effort de mémoire.

– Il me semble que je me souviens de ce nom. C'était une espèce de criminel n'est-ce pas, un Américain, si je me souviens bien. Oui, j'en ai entendu parler. Je crois me rappeler qu'il est mort il y a quelques années.

Elk se frotta le menton avec irritation.

– J'aimerais bien voir quelqu'un qui ait assisté à son enterrement, dit-il, quelqu'un dont je pourrais croire la parole !

– Vous ne voulez pas insinuer que Lew Brady...

– Non, je n'insinue rien contre Lew Brady... excepté que c'est un piètre boxeur. Je ferai une enquête au sujet de cet alarmant concours de barbes, Mr Broad, et je vous remercie de m'en avoir parlé.

Elk n'était pas spécialement intéressé par la toilette bizarre de Ray. À 5 heures, Balder apparut et demanda la permission de rentrer chez lui.

– J'ai promis à ma femme... commença-t-il.

– C'est bien, fit Elk, vous pouvez aller.

Après le départ de son subordonné, Elk reçut une lettre officielle dont le contenu le ravit.

« Sir, disait la missive, je suis chargé par le commissaire en chef de la police de vous informer que la promotion de l'agent J.J. Balder au rang de sergent du service actif a été approuvée. La nomination est en date du 1er mai. »

Elk plia la lettre, enchanté. Il sonna, puis se souvint qu'il avait autorisé Balder à rentrer chez lui. Comme il n'avait rien à faire de sa soirée, il décida de lui faire part personnellement de cette bonne nouvelle.

« J'aimerais bien voir sa femme, se dit Elk et ses enfants dont il parle tant. »

Feuilletant le registre officiel, il découvrit l'adresse de Balder : 93 Leaford Road, Uxbridge. Elk fut déçu de ne pas y trouver les noms de sa femme et de ses enfants. Il aurait aimé pouvoir appeler ces derniers par leur nom, mais aucune nouvelle entrée n'avait été faite dans le livre depuis le recrutement de Balder.

La voiture de police le mena à Leaford Road ; le numéro 93 était une petite maison respectable, le genre de maison qui devait plaire à Balder. Une femme d'âge mûr, prête à sortir, répondit à son coup de sonnette. Elk s'aperçut avec surprise qu'elle portait un uniforme de garde-malade.

– Oui, Mr Balder habite ici, dit-elle, paraissant étonnée de voir le visiteur. C'est-à-dire, il a deux chambres ici. Mais il y passe rarement la nuit. Il vient d'habitude se changer, puis je crois qu'il va chez ses amis.

– Sa femme habite-t-elle ici ?

– Sa femme ! s'écria la garde-malade ébahie, je ne savais pas qu'il fût marié.

Elk avait apporté avec lui le dossier de Balder pour vérifier quelques dates nécessaires à la détermination de sa solde. Dans la place réservée à l'adresse, il remarqua pour la première fois qu'il y en avait deux : Leaford Road avait été barrée avec une encre si pâle qu'il le remarquait seulement à cet instant au grand jour. La seconde adresse était à Stepney.

– J'ai dû me tromper, dit-il, son adresse est à Orchard Street, Stepney.

La garde-malade eut un sourire.

– Il logeait chez moi, il y a plusieurs années, puis il a été à Stepney. Pendant la guerre, il est revenu ici pour se protéger des raid aériens qui se multipliaient dans l'Est de Londres. Je crois qu'il a gardé une chambre à Stepney.

– Ah ! fit Elk pensivement.

Il était au portail, lorsque la garde le rappela.

– Je ne crois pas qu'il soit à Stepney. Bien que je n'aie peut-être pas à raconter ses affaires à un étranger, si vous avez besoin de lui, je suppose que vous le trouverez à Slough. J'ai vu sa voiture entrer deux fois dans la propriété de *Seven Gables* sur la route de Slough. Je crois qu'il doit avoir un ami là-bas.

– La voiture de qui ? demanda Elk interloqué.

– La sienne ou peut-être celle d'un ami. Est-ce un de vos amis ?

– Oui, en un sens, répondit Elk prudemment.

Elle resta indécise un instant, puis :

– Voulez-vous entrer, s'il vous plaît ?

Il la suivit dans un petit salon propret.

– Je ne sais pas pourquoi je vous ai raconté tout cela, ni pourquoi je vous ai parlé si librement, dit-elle, mais la vérité est que j'ai prié Mr Balder de s'en aller. Il se plaint tout le temps et il est impossible de le satisfaire. Ce n'est pas comme s'il me donnait beaucoup d'argent... Je ne gagne pour ainsi dire rien avec ses chambres et je pourrais les louer à un meilleur prix. J'ai fait mettre une boîte aux lettres à sa porte : elle n'est parfois même pas suffisante pour contenir tout son courrier. Je ne sais quelle est son autre occupation. Les lettres qui viennent ici sont pour les usines chimiques de Didcot. Vous allez trouver que j'ai un caractère difficile... Après tout, il est absent dans la journée et vient rarement coucher ici le soir.

Elk respira profondément.

– Je trouve que vous êtes la femme la plus remarquable que j'aie jamais rencontrée, s'écria-t-il. Vous étiez sur le point de sortir, je crois ?

Elle fit un signe affirmatif.

– Je suis appelée pour une garde nocturne ; je ne rentrerai pas avant demain 11 heures. Vous avez eu de la chance de trouver quelqu'un à la maison.

– Je crois que vous avez dit « sa voiture » ; quelle sorte de machine est-ce ?

– Une auto noire... Je ne sais pas de quelle marque : une voiture américaine, je crois. Elle doit lui appartenir : un jour, j'ai trouvé un tas de catalogues de pneus dans sa chambre sur lesquels il avait fait quelques marques au crayon.

Elk posa une dernière question.

– Revient-il la nuit, lorsque vous êtes partie ?

– Rarement, je crois. Il a sa clef. Comme je sors très souvent la nuit, je ne sais pas s'il revient ou non.

– Puis-je vous déposer quelque part ? demanda Elk, un pied sur le marchepied de sa voiture.

La garde accepta son offre avec reconnaissance.

Elk retourna à Scotland Yard. Après avoir donné des instructions urgentes, il sauta de nouveau dans sa voiture pour aller à *Harley Terrace*. Dick était sorti, ayant été invité par quelques membres de l'ambassade américaine. Il était dans une loge du Théâtre Comique quand Elk ouvrit doucement la porte, lui toucha l'épaule et l'attira dans le couloir sans que le reste des invités se fût aperçu de sa disparition.

– Qu'y a-t-il, Elk ? demanda Dick.

– Balder a reçu sa promotion, déclara Elk solennellement.

Dick le regarda fixement.

– Il est sergent du service actif, continua Elk, et je ne sais pas de meilleur rang pour Balder. Lorsque cette nouvelle parviendra à sa femme et à ses enfants, il y aura des cœurs heureux, croyez-moi.

Elk ne buvait jamais. Ce fut la première pensée qui vint à l'esprit de Dick Gordon ; mais il était possible que les tracas et les angoisses de ces derniers temps l'eussent un peu détraqué.

– J'en suis ravi pour Balder, répondit Dick gentiment, et j'en suis aussi ravi pour vous, Elk, car je sais la peine que vous vous êtes donné pour aider ce pauvre malheureux dans son avancement.

– Allons, dites ce que vous êtes en train de penser.

Dick se mit à rire.

– À quoi pouvais-je bien penser ?

– Vous avez dû croire que je souffrais d'une insolation pour être ainsi venu vous déranger dans l'unique but de vous apprendre la promotion de Balder. Eh bien ! voulez-vous prendre votre manteau, capitaine Gordon, et venir avec moi ? Je voudrais annoncer la chose à Balder.

Gordon, intrigué, se dirigea vers le vestiaire, prit son manteau et rejoignit le détective dans le vestibule.

– Nous allons à Slough... à *Seven Gables*, ajouta Elk. C'est une belle demeure ; je ne l'ai pas vue, mais je sais que c'est une magnifique maison avec une allée pour les voitures, des meubles splendides, l'électricité, le téléphone et une salle de bains moderne. Ce sont des déductions ; et je vous dirai encore une chose, également une déduction, il y a des fils de fer avertisseurs sur la pelouse, des sonnettes d'alarme aux fenêtres, une centaine de domestiques...

– De quoi diable parlez-vous ? demanda Dick.

Elk eut un rire hystérique.

Ils roulaient dans Uxbridge lorsqu'une longue automobile les dépassa à toute allure : des hommes y étaient entassés les uns sur les autres.

– Ils ont l'air assez gais, remarqua Dick.

– En effet, répondit Elk laconiquement.

Quelques secondes plus tard, une deuxième voiture les dépassa à une allure encore plus folle que la première.

– Il me semble que c'est une de vos voitures de police, observa Dick.

– En effet, cela m'a tout l'air d'être une de mes voitures de police, acquiesça Elk. En Amérique, ils ont un bien meilleur système de cars pour les patrouilles ; j'aimerais l'introduire en Angleterre.

Comme la voiture d'Elk ralentissait pour suivre la rue étroite de Colnebrook, une troisième automobile les rasa de près. Cette fois, on ne pouvait se méprendre sur leur compte. Dick reconnut l'homme assis à côté du chauffeur, un détective inspecteur. Il adressa un clin d'œil à Elk et celui-ci répondit solennellement.

À Langley, la quatrième, puis la cinquième voiture de police les dépassèrent. Dick avait compris depuis longtemps que, s'ils roulaient à si faible allure eux-mêmes, c'était pour que les voitures chargées d'agents pussent les rattraper. Au delà de Langley, la route de Windsor tournait soudain à gauche, et Elk se pencha vers le chauffeur pour lui donner de nouvelles instructions. Il n'y avait pas trace des voitures de police ; apparemment, elles avaient continué jusqu'à Slough. Un agent solitaire posté au carrefour les regarda disparaître dans la nuit avec intérêt.

– Nous allons nous arrêter ici, déclara Elk.

La voiture stoppa au bord de la route.

Elk descendit.

– Promenez-vous un peu, pendant que je cause avec le capitaine Gordon, dit-il au chauffeur. Dick l'écouta stupéfait.

– Et maintenant, si je me souviens bien, nous aurons à marcher pendant cinq minutes. Il y a si longtemps que je n'ai pas été aux courses de Windsor que j'ai presque oublié où se trouvent les maisons.

L'entrée de *Seven Gables* était entre deux haies d'ifs. Il n'y avait pas de portail. Un large sentier couvert de gravier courait entre une épaisse ceinture de pins qui cachaient la maison. Elk marchait un peu en avant. Il s'arrêta bientôt et leva sa main en signe d'avertissement. Dick se rapprocha et regardant par-dessus l'épaule du détective aperçut pour la première fois *Seven Gables*.

C'était une grande maison avec des murs à revêtements de bois et de hautes cheminées tordues.

– Pseudo-élisabéthain, fit Dick admiratif.

– 1066, murmura Elk, ou était-ce 1599 ? Ça c'est une maison !

La nuit tombait, et l'on apercevait des lumières à l'une des fenêtres de l'autre côté de la maison. La porte d'entrée voûtée était juste en face d'eux.

– Retournons, fit Elk à mi-voix.

Ils revinrent sur leurs pas.

Lorsque l'obscurité fut complète, Gordon se laissa de nouveau conduire par Elk le long de l'allée. La lumière brillait encore mais les stores crème étaient baissés.

– Il n'y a rien à craindre jusqu'à la porte, chuchota Elk, mais attention à partir de là !

Il avait passé une paire de chaussettes sur ses souliers et en donna une à Dick. Puis avec sa lampe électrique, il avança le long du sentier qui courait parallèlement à la maison. Soudain, il s'arrêta.

– Enjambez-le, glissa-t-il à l'oreille de Dick.

Dick baissa les yeux et aperçut le fil noir qui traversait le sentier. Prudemment, il évita l'obstacle.

Quelques pas plus loin, Elk s'arrêta de nouveau pour lui montrer un second fil avertisseur presque invisible malgré la lumière puissante de sa lampe. Il ne bougea pas de sa place avant d'avoir minutieusement inspecté le sentier. Bien lui en prit : le troisième fil de fer était à moins de cinquante centimètres du deuxième.

Il leur fallut une demi-heure pour couvrir les vingt mètres qui les séparaient de la fenêtre. La nuit était chaude et l'une des croisées était ouverte. Elk se glissa contre le mur, tâtant le rebord de la fenêtre pour découvrir le fil d'alarme qu'il s'attendait à y trouver. L'ayant évité, il leva le bras et tira doucement le rideau de côté. Il découvrit une grande pièce aux boiseries de chêne, luxueusement meublée. La grande cheminée de pierre était garnie de fleurs. Devant, à une petite table, deux hommes étaient assis. Le premier était Balder, un Balder étonnamment en forme, sans nez rouge. Il était en habit de soirée et avait entre les dents un long fume-cigarettes d'ambre.

Dick, la joue appuyée contre la tête d'Elk, observait la scène avec intérêt. La seconde personne était Mr Maitland.

Celui-ci était assis, le visage dans ses mains, et Balder le regardait, un sourire cynique aux lèvres.

Les détectives n'étaient pas assez près pour entendre ce que les deux hommes se disaient, mais Maitland semblait recevoir un blâme. Au bout d'un instant, il releva la tête, se leva et se mit à parler. Le bourdonnement excité de sa voix parvenait aux deux policiers, mais ils ne pouvaient saisir ses paroles. Ils le virent brandir son poing à la figure de Balder, qui l'observait avec calme et détachement comme s'il avait devant lui quelque étrange insecte. Sur ce geste de défi, le vieux Maitland sortit de la pièce et la porte se ferma derrière lui. Quelques minutes plus tard, il sortit de la maison ; non pas par la porte d'entrée comme nos deux détectives s'y attendaient, mais apparemment par une porte de l'autre côté de la haie, car ils aperçurent la lumière des phares lorsque sa voiture passa.

Resté seul, Balder se versa quelque chose à boire et pressa un bouton de sonnette. Le domestique qui entra fixa l'attention de Dick. Il portait la livrée conventionnelle des laquais, les pantalons foncés et la veste rayée, mais ses mouvements indiquaient que ce n'était pas un domestique ordinaire. C'était un homme grand, taillé en athlète, et ses gestes étaient curieusement lents et réfléchis. Balder lui dit quelque chose et le laquais eut un signe d'assentiment. Puis prenant le plateau, il sortit de ce même pas calme, presque pompeux.

Alors Dick eut une illumination, et il glissa un mot à l'oreille d'Elk :

– Aveugle !

Elk acquiesça d'un signe. La porte s'ouvrit de nouveau, et cette fois trois laquais firent leur entrée, portant une lourde table recouverte d'un tapis. Dans un premier temps, Gordon supposa qu'on apportait son repas à Balder, mais il découvrit bientôt la vérité. Au-dessus de la cheminée pendait au bout d'un seul fil une grande lampe électrique éteinte. Se juchant sur une des chaises, un des laquais enleva la poire électrique et mit le contact avec un cordon relié à la table.

– Ils sont tous aveugles, chuchota Elk, et c'est l'appareil émetteur de Balder qu'on vient d'apporter.

Les trois domestiques sortirent et Balder s'étant levé alla fermer à clef.

D'autres fenêtres donnaient sur le côté de la maison. Balder en ferma une première et tira les volets. Il en était à la deuxième quand Elk mit le pied sur le rebord de la fenêtre et, écartant les rideaux, sauta dans la chambre.

Au bruit qu'il fit, Balder se retourna vivement.

– Bonsoir Balder, fit Elk.

L'homme ne répondit pas. Il resta immobile devant son ancien chef sans que son regard fléchisse.

– J'ai pensé que je pourrais venir vous annoncer votre promotion au grade de sergent du service actif, en date du 1er mai, en reconnaissance des services que vous avez rendus à l'État par l'empoisonnement de la Grenouille Mills, la libération de la Grenouille Hagn et la destruction de mon bureau à l'aide d'une bombe que vous y aviez placée pendant la matinée.

Balder ne disait toujours rien, il ne bougeait pas non plus. En cela il était sage, car le browning d'Elk visait le bouton inférieur de son gilet de piqué blanc.

– Et maintenant, reprit Elk avec triomphe, vous allez m'accompagner. J'ai besoin de vous, « Numéro Sept » !

– Êtes-vous sûr de ne pas vous être trompé, demanda Balder. La voix traînante était si différente de sa voix ordinaire qu'Elk fut pris par surprise.

– Je ne me suis jamais trompé sauf au sujet de la date à laquelle Henri VIII s'est marié ! reprit Elk.

– Qui supposez-vous que je suis ? interrogea cet homme du monde, bon enfant.

– J'ai cessé de supposer quoi que ce soit sur votre compte, Balder… je sais !

Elk se dirigea d'un pas rapide vers lui et appuya le canon de son pistolet contre l'abdomen de son prisonnier.

– Levez les mains et tournez-vous ! ordonna-t-il.

Balder obéit. Tirant une paire de menottes de sa poche, Elk les lui mit aux poignets, puis lui attacha adroitement les bras par derrière de manière à ne laisser aucun jeu aux mains de son prisonnier.

– C'est très inconfortable, observa Balder. Avez-vous l'habitude de pareilles méprises, Mr Elk ? Je m'appelle Collet-Banson

– Votre nom est Crapule, mais je suis prêt à écouter ce que vous avez à dire. J'aurais grand plaisir à connaître vos vues sur le cyanure de potassium. Vous pouvez vous asseoir.

Dick aperçut la lueur qui traversa les yeux de Balder ; évidemment Elk l'avait aussi remarqué.

– Ne vous imaginez pas que vos hommes vous seront d'aucun secours, fit Elk. Cinquante agents de police entourent la maison.

Balder se mit à rire.

– Qu'ils soient autour et sur le toit de la maison, cela m'est parfaitement égal, répliqua-t-il. Je vous le répète, inspecteur, vous avez fait une grave méprise qui vous coûtera cher. Si l'on ne peut pas rester chez soi, dans son salon, à écouter un concert de T.S.F. de La Haye sans que des policiers s'en mêlent… alors il est grand temps que la police soit réformée.

Il se dirigea négligemment vers la cheminée et, tournant le dos à celle-ci, il donna un coup de pied à l'un des chenêts de fer qui se trouvaient de chaque côté du foyer pour le faire tomber. Elk interpréta ce geste comme celui d'un homme nerveux et logiquement déstabilisé. Il ne s'en inquiéta pas.

– Vous croyez que je m'appelle Balder ? Eh bien ! tout ce que je puis vous dire…

Tout à coup il se jeta de côté sur le tapis. Mais Elk fut plus rapide que lui. Comme une longue bande de parquet cédait sous le poids de l'individu, Elk le retint par son col. Aidé de Dick, il le ramena au milieu de la chambre.

Les trois hommes luttèrent par terre, le désespoir donnant des forces inouïes à Balder. Son cri d'appel fut entendu. On frappa à la porte et un bourdonnement de voix furieuses leur parvint. Puis de la pelouse éclata une série de détonations : les policiers arrivaient en courant et avaient oublié la présence des pétards avertisseurs.

La lutte fut courte mais âpre. Les six laquais aveugles du « Numéro Sept » furent emmenés. Dans la dernière voiture prit place le sergent de police Balder, ce redoutable « Numéro Sept », le bras droit, l'âme damnée de la terrible Grenouille.

26

Mr Broad devient intéressant

Dick Gordon, ayant terminé l'interrogatoire de Mr Maitland vers 3 heures du matin, se rendit à Scotland Yard. Tout y était calme : Elk lui expliqua pourquoi.

– La prison de Pentonville est la plus sûre, aussi y ai-je envoyé Balder. J'ai demandé au gouverneur de le mettre dans la cellule des condamnés, bien que ce ne soit pas la règle. En tout cas, Pentonville est l'endroit le plus sûr que je connaisse et je crois (à moins que les Grenouilles ne mangent des pierres) qu'il y restera. Qu'est-ce que Maitland vous a raconté, capitaine ?

– Il raconte que c'est à la requête de Balder qu'il a été le voir : « Quand la police vous fait dire de venir, que doit-on faire ? » Je n'avais rien à répondre !

– Je ne doute pas une seule seconde, déclara Elk, que Maitland savait qui était Balder et que ce n'est pas en sa qualité de policier qu'il a été le voir. Il est évident que cet homme travaille de concert avec La Grenouille, mais ce sera difficile à prouver.

– Maitland m'intrigue, reprit Dick. Il a tout du tyran et avec cela c'est un pauvre vieillard terrifié. J'ai cru qu'il allait tomber par terre lorsque je lui ai fait connaître qui j'étais et pourquoi j'étais venu ; et quand je lui ai annoncé que Balder avait été arrêté, il s'est presque évanoui.

– Il nous faut suivre cette piste, dit Elk d'un air songeur. J'ai fait chercher Johnson : il doit savoir quelque chose des affaires du vieux ; il sera un témoin précieux si nous arrivons à tirer la chose au clair.

Le philosophe arriva une demi-heure plus tard, ayant été réveillé par un agent de Scotland Yard.

– Mr Elk a l'intention de vous faire part d'une nouvelle qui ne sera dévoilée que dans un jour ou deux : Balder a été arrêté en raison de l'explosion qui s'est produite dans le bureau de Mr Elk.

Il fut nécessaire d'expliquer à Johnson qui était Balder. Dick lui raconta la visite de Maitland à Slough. Johnson secoua la tête.

– Je ne savais pas que Maitland eût un ami de ce nom. Balder ? Quel autre nom portait-il ?

– Collet-Banson, répondit Dick.

Une lueur de compréhension passa dans les yeux de Johnson.

– Je connais fort bien ce nom. Mr Banson venait souvent au bureau, d'habitude tard le soir (Maitland passait trois soirées par semaine au bureau pour travailler après la sortie des employés, comme je le sais à mon détriment). C'est un homme grand, bien de sa personne, d'une quarantaine d'années. N'est-ce pas ?

– Oui, c'est bien cela.

– Il possède une maison près de Windsor. Je n'y suis jamais allé, mais je le sais parce que j'ai mis des lettres à la poste à son adresse.

– De quel genre d'affaires traitaient-ils ensemble ?

– Je n'ai jamais pu le découvrir. Je pensais qu'il avait des terrains à vendre : c'est le seul genre d'étrangers qui ait jamais été admis par Maitland. Je me souviens que l'enfant est allé en séjour chez lui pendant une semaine environ...

– L'enfant qui était chez Maitland ?

Johnson fit un signe affirmatif.

– Vous ne savez pas quels liens unissaient cet enfant et ces deux hommes ?

– Non, Sir. Mais je suis sûr que Mr Collet-Banson a eu le gamin chez lui, lui ayant envoyé des jouets sur l'ordre de Mr Maitland. C'était le jour où Mr Maitland a fait son testament ; je m'en souviens fort bien, vexé de ce qu'il ne me demandait pas de servir de témoin et me préférant deux employés du bureau pour signer. Ce sont de petites choses qu'on n'oublie pas, ajouta-t-il.

– A-t-il fait son testament en faveur de l'enfant ?

– Je n'en ai pas la moindre idée. Il ne m'en a jamais parlé ; il ne voulait même pas voir un notaire. Il m'a dit avoir pris le modèle de son testament dans un livre. Tout ce que je sais, c'est que je suis allé acheter des jouets et que je les ai rapportés au bureau. Le vieux s'en est amusé toute la matinée !

Dick Gordon alla de bonne heure ce matin-là à Pentonville pour interroger les prisonniers qu'il trouva peu coopérants.

– Je ne sais rien au sujet de cet enfant ; et si Johnson raconte qu'il a envoyé des jouets, il ment, répondit Balder avec défi. Je refuse de faire aucune déclaration concernant Maitland ou mes rapports avec lui. Je suis victime d'une persécution de la part de la police et je vous défie de prouver que j'ai fait quoi que ce soit dans ma vie qui soit passible de prison (à moins que ce ne soit un crime de vivre comme un homme du monde).

Les plus strictes précautions avaient été prises pour prévenir une évasion et pour que le « Numéro Sept » ne pût communiquer avec le monde extérieur. Son inculpation eut lieu à Bow Street, une heure avant les séances habituelles de la cour ; et son arrestation ayant été enregistrée en bonne et due forme, il fut renvoyé à Pentonville dans une voiture cellulaire, sous bonne escorte.

La troisième nuit de son emprisonnement, le second geôlier en chef de la prison de Pentonville eut une aventure sentimentale.

Il était jeune et célibataire, assez bien de sa personne, et vivait avec sa mère à Shepherd's Bush. Il avait l'habitude de rentrer le soir par l'autobus. Il en descendait ce jour-là lorsqu'une jeune dame qui était devant lui trébucha et tomba. Il se précipita vers elle et la remit sur ses pieds. Elle était jeune et remarquablement jolie ; aussi l'aida-t-il à traverser la rue.

– Ce n'est rien, dit-elle en souriant. C'était ridicule de ma part de venir en autobus ; je suis allée voir une ancienne domestique qui est malade. Voulez-vous appeler un taxi, s'il vous plaît ?

– Certainement, Madame, répondit le galant chef geôlier.

Il fit signe à un taxi qui passait. La jeune femme regarda autour d'elle, désemparée.

– Je préférerais ne pas rentrer seule ; j'ai peur de m'évanouir.

– Si cela ne vous ennuie pas, répondit-il, je vous accompagne chez vous.

Elle lui lança un regard reconnaissant et accepta son offre, murmurant ses regrets pour la peine qu'elle lui donnait.

Elle habitait un appartement magnifique. Le geôlier en fut ébloui. Il aurait bien voulu s'occuper de la foulure de la jeune femme, mais elle déclara se sentir mieux et d'ailleurs sa femme de chambre allait rentrer ; ne voulait-il pas se servir de whisky et ne voulait-il pas fumer ? Elle lui montra où se trouvaient les cigarettes. Pendant une heure le chef geôlier parla de lui-même, ravi de sa soirée.

– Je vous suis fort reconnaissante, Mr Bron, lui dit-elle lorsqu'il la quitta. Vous me feriez plaisir en venant me voir demain.

Il nota soigneusement l'adresse, celle d'une petite maison dans Bloomsbury Square. Le lendemain soir il sonnait à la porte ; mais cette fois-ci sans uniforme.

Il partit à 10 heures, heureux et comblé, « car le parfum de son charme (lui avait-il dit) pénétrait tout son être ». Dix minutes après son départ, la jeune femme ferma la porte derrière elle et sortit dans la rue. Le flâneur qui déambulait sur le trottoir jeta son cigare.

– Bonsoir, miss Bassano, dit-il.

Elle se raidit.

– Je crois que vous vous trompez, dit-elle sèchement.

– Non, pas du tout. Vous êtes miss Bassano. Je suis un de vos voisins.

Elle le regarda de plus près.

– Ah, Mr Broad ! dit-elle d'un ton plus gracieux. Je viens de rendre visite à une de mes amies qui est malade.

– C'est ce qu'on me dit, et votre amie habite un bien joli appartement, dit-il en lui emboîtant le pas. J'avais eu envie de le louer il y a quelques jours ; ces appartements meublés sont difficiles à trouver. C'était, il y a environ une semaine, répéta-t-il doucement, c'était la veille de votre lamentable accident à Shepherd's Bush.

– Je ne vous comprends pas, dit-elle sur la défensive.

– La vérité, expliqua Mr Broad, est que j'ai essayé de faire parler Bron, moi aussi.. J'ai étudié soigneusement le personnel de la prison ces deux derniers mois, et j'ai une liste de gens accommodants qui m'a coûté gros à dresser. Je ne pense pas que vous ayez déjà réussi à le faire parler de son intéressant prisonnier ? J'ai essayé la semaine dernière : il fréquente un club de danse à Hammersmith et j'ai fait sa connaissance par une jeune fille qu'il aime... À ce propos, vous n'êtes pas l'unique amour de sa vie.

Lola se mit à rire doucement.

– Quel homme habile vous êtes, Mr Broad ! s'écria-t-elle. Non, je ne m'intéresse guère aux prisonniers. À propos, de qui parliez-vous tout à l'heure ?

– Je parlais du « Numéro Sept », qui est dans la prison de Pentonville, répondit Mr Broad froidement. Et j'ai idée qu'il est un de vos amis.

– Le « Numéro Sept » ? (Sa perplexité aurait convaincu un homme moins endurci que Joshua Broad.) J'ai l'idée que cela a quelque chose à faire avec les Grenouilles.

– Cela, en effet, a quelque chose à faire avec les Grenouilles, répondit Broad gravement, dont j'imagine que vous avez lu des récits. Je m'en vais vous faire une offre, miss Bassano.

– Offrez-moi un taxi car je suis fatiguée de marcher,

répliqua-t-elle ; (puis, lorsqu'ils furent assis l'un à côté de l'autre, elle demanda :) voyons, que m'offrez-vous ?

– Je vous offre les fonds nécessaires pour quitter ce pays et en rester éloignée pendant quelques années jusqu'à ce que cette Grenouille saute en l'air, car elle sautera, je vous le garantis. Il y a longtemps que je vous observe et, si vous voulez bien ne pas considérer ceci comme une impertinence, vous me plaisez énormément. Vous avez beaucoup de charme ; ne craignez rien, je n'ai pas l'intention de vous faire la cour : j'ai une grande sympathie pour vous, mêlée d'un peu de pitié ; et je ne voudrais tout simplement pas que vous souffriez dans cette affaire.

Il était sérieux ; elle sentit sa sincérité et la phrase moqueuse qu'elle avait sur les lèvres ne fut pas prononcée.

– Êtes-vous tout à fait désintéressé ? s'enquit-elle.

– En ce qui vous concerne, certainement, répondit-il. Il va y avoir une terrible explosion et il est plus que probable que vous serez atteinte par un des éclats.

Lola ne répondit pas tout de suite. Ce qu'il venait de dire ne faisait qu'accroître son inquiétude.

– Je pense que vous savez que je suis mariée ?

– Je l'ai deviné. Emmenez votre mari avec vous. Et qu'allez-vous faire de ce jeune homme ?

– Qui ? Ray Bennett ?

Elle n'essayait même pas de jouer la comédie.

– Je ne sais pas, reprit-elle. J'aimerais bien qu'il ne fût pas mêlé à cela. Je l'ai sur la conscience. Cela vous fait rire ?

– Quoi donc ? Que vous ayez une conscience ? Non, je pensais bien qu'il en était ainsi... Pourquoi laisse-t-il pousser sa barbe ?

– Je n'en sais rien. Tout ce que je sais c'est que nous avons eu... mais pourquoi est-ce que je vous raconte tout ceci ? Qui êtes-vous, Mr Broad ?

Il eut un rire étouffé.

– Je vous le dirai un jour, et je vous promets que, si vous êtes à portée, vous serez la première à le savoir. N'y allez pas trop fort avec ce garçon, Lola.

Elle ne prit pas ombrage de ce qu'il employait ainsi son prénom ; elle en eut plutôt de la sympathie pour cet homme mystérieux.

– Et vous feriez bien d'écrire à Mr Bron, second geôlier

en chef de la prison de Pentonville que, devant quitter le pays, vous ne pourrez le revoir pendant une dizaine d'années.

Lola ne répondit pas. Broad la quitta à la porte de son appartement.

– Si vous avez besoin d'argent pour partir, je vous enverrai un chèque en blanc, dit-il en lui prenant une main dans les siennes. Il n'y a personne d'autre au monde à qui je donnerais un chèque en blanc, croyez-moi.

Lola baissa la tête, les yeux pleins de larmes. Elle était moralement à bout de forces et personne ne le savait mieux que cet homme au visage de faucon, qui la suivait des yeux tandis qu'elle rentrait chez elle.

27

Le meurtre

La pierre qui réveilla Ella Bennett avait été lancée avec une telle force que la vitre se brisa. La jeune fille se glissa vivement hors du lit et écarta les rideaux. Le ciel était si gris et la lumière si faible qu'elle distinguait à peine la silhouette de l'homme qui se tenait sous sa fenêtre. John Bennett l'entendit sortir de sa chambre et apparut sur le seuil de sa porte :

– Est-ce Maitland ? demanda-t-il.

– Oui, je crois.

Bennett fronça les sourcils.

– Je ne comprends pas ces visites. Crois-tu qu'il est fou ?

Elle secoua la tête. Maitland devait avoir quelque chose de fort urgent à lui dire. Tandis qu'elle traversait la salle à manger obscure pour sortir dans le jardin, elle entendit son père qui rentrait dans sa chambre.

– Est-ce vous, miss ? demanda une voix tremblante qui sortait des ténèbres.

– Oui, Mr Maitland.

– Est-ce qu'il est debout ? chuchota-t-il d'un ton angoissé.

– Qui, mon père ? Oui, il est réveillé.

– Il faut que je vous voie, gémit le vieillard. Ils l'ont attrapé.

– Attrapé ? Qui ? dit-elle d'une voix anxieuse.

– Cet homme, ce Balder, je savais bien qu'ils le pinceraient.

Ella se souvint d'avoir entendu Elk parler de Balder.

– Le policier ? interrogea-t-elle. L'assistant de Mr Elk ?

Mais Maitland changeait déjà de sujet.

– C'est à vous qu'il en veut. (Se rapprochant d'Ella, il lui saisit le bras.) Je vous ai avertie... ne l'oubliez pas. Vous lui direz que je vous ai avertie. Il me tirera de là, n'est-ce pas ?

Ella comprit confusément que la personne dont il parlait était Dick Gordon.

– Il a passé la plus grande partie de la nuit à me cuisiner. J'ai passé une nuit affreuse, miss, dit-il d'un ton larmoyant. D'abord Balder, puis lui. Il vous aura… Ce n'est pas du détective dont je vous parle mais de La Grenouille. C'est pour cela que je vous ai écrit de venir. Vous n'avez pas reçu ma lettre ?

Ella n'arrivait pas à comprendre où il voulait en venir. Elle écoutait le récit de ses craintes qu'il entremêlait d'imprécations contre « lui » sans qu'elle parvint à savoir à qui il faisait allusion.

– Répétez à votre père ce que je vous ai dit, ma mignonne… (Soudain, il se calma.) Matilda dit que j'aurais dû parler à votre père. Mais j'ai peur de lui, chère enfant, j'ai peur de lui !

Il luit prit une main dans les siennes et se mit à la caresser.

– Vous direz un mot en ma faveur, n'est-ce pas ?

Ella devina qu'il pleurait, bien qu'elle ne pût voir sa figure.

– Mais certainement, Mr Maitland. Ne devriez-vous pas voir un docteur ? demanda-t-elle anxieusement.

– Non, non, pas de docteur pour moi. Mais vous lui direz, n'est-ce pas… pas à votre père, à l'autre, au détective, que j'ai fait tout ce que j'ai pu pour vous. C'est pour ça que je suis venu vous voir. Ils ont pris Balder… (Tout à coup il s'arrêta net et tendit le cou.) Est-ce votre père ? demanda-t-il d'une voix rauque.

La jeune fille entendit les pas de John Bennett qui descendait l'escalier.

– Oui, je crois que c'est lui, Mr Maitland.

À peine eut-elle prononcé ces paroles qu'il retira brusquement sa main des siennes et se hâta le long de l'allée jusque sur la route où il disparut.

– Que voulait-il ?

– Je n'en sais vraiment rien, père. Je crois qu'il est un peu malade.

– Fou, tu veux dire ?

– Oui, et pourtant il a été tout à fait normal pendant un instant. Il m'a dit qu'on avait pris Balder. (Bennett ne répondit pas et elle crut qu'il n'avait pas entendu.) On a pris Balder, l'assistant de Mr Elk. Je suppose que cela signifie qu'on l'a arrêté ?

– Je le suppose, répondit John Bennett. (Puis il ajouta :) Ma chérie, tu devrais être au lit. De quel côté est-il allé ?

– Du côté de Shoreham. (Surprise, elle lui demanda :) Comptez-vous le rattraper ?

– Je marcherai un peu sur la route ; j'aimerais assez le voir, déclara John Bennett. Et toi, rentre te coucher, mon enfant.

Mais elle resta près de la porte à l'attendre. Cinq minutes, puis dix minutes passèrent ; au bout d'un quart d'heure, elle entendit le bruit d'une voiture et une grande limousine passa comme une flèche devant le portail faisant rejaillir la boue de tous côtés ; à ce moment son père revint.

– Alors, tu n'es pas au lit ? dit-il presque brutalement.

– Non père, je n'ai pas sommeil. Il se fait tard et je crois que je vais me mettre à l'ouvrage. L'avez-vous vu ?

– Qui, Maitland ? Oui, je l'ai aperçu un instant.

– Lui avez-vous parlé ?

– Oui, je lui ai parlé !

Bennett ne semblait pas enclin à poursuivre le sujet, mais cette fois Ella insista.

– Père, pourquoi a-t-il peur de vous ?

– Veux-tu me faire un peu de café ?

– Pourquoi a-t-il peur de vous ?

– Comment le saurais-je ? Ma chère enfant, ne me pose pas tant de questions, cela me fatigue. Il me connaît, il m'a vu... cela suffit. Balder a été arrêté pour meurtre. C'est un vilain individu.

Dans la journée, Ella reprit le sujet de la visite de Maitland.

– J'aimerais bien qu'il ne revienne plus, dit-elle. Il m'effraie.

– Il ne reviendra plus, prédit John Bennett.

La maison dans Berkeley Square qui était devenue la propriété d'Ezra Maitland avait été construite par un noble gentilhomme qui ne regardait pas à l'argent. Dans un salon somptueux aux colonnes de lapis-lazuli, aux cheminées d'onyx et d'argent et aux murs recouverts de boiseries précieuses et de tentures de soie, Mr Maitland était assis, recroquevillé dans un fauteuil Louis XV, un verre de bière à portée de la main et une pipe en terre noircie entre les dents. Avec un effort, il étendit le bras pour atteindre la chope de bière qui avait été fortement entamée et la vida d'un trait. Cela fait, il posa la chope et retomba dans sa torpeur. On frappa discrètement à la porte et un laquais poudré apparut.

– Trois messieurs désirent vous voir, Sir. Le capitaine Gordon, Mr Elk et Mr Johnson.

Le vieillard se redressa d'un mouvement vif.

– Johnson ? Que veut-il ?

– Ces messieurs sont dans le petit salon, Sir.

– Faites-les entrer, gronda Maitland.

La présence de deux officiers de police semblait le laisser indifférent et c'est à Johnson qu'il s'adressa.

– Que voulez-vous ? demanda-t-il avec violence. Que faites-vous ici ?

– C'est à ma requête que Mr Johnson nous a accompagnés, intervint Dick.

– Ah ! C'est à votre requête ! repartit le vieillard.

Son attitude était singulièrement insolente comparée à celle qu'il avait eue aux premières heures du jour.

– Je ne compte répondre à aucune de vos questions, cria-t-il. Je ne vais pas vous dire la vérité et je ne veux pas dire de mensonges.

Dick et son compagnon échangèrent un regard ; Elk secoua la tête pour marquer l'inutilité d'un interrogatoire dans de pareilles conditions. Toutefois, Dick fit encore un essai.

– Pourquoi êtes-vous allé à Horsham, ce matin ?

Prenant aussitôt conscience de sa maladresse, Dick s'en mordit les lèvres. Le vieillard fut tiré de sa torpeur.

– Je ne suis pas allé à Horsham, rugit-il. Je ne sais pas ce que vous racontez. Je ne vous dirai rien. Jetez-les dehors, Johnson.

Lorsqu'ils furent dans la rue, Elk posa une question à Johnson.

– Non, répondit celui-ci, je ne l'ai jamais vu ivre ; il a

toujours été d'une grande sobriété. Je ne pensais pas que j'arriverais à le faire parler.

– Moi non plus, déclara Dick.

Elk n'en fut pas peu surpris.

Dick lui fit signe de se débarrasser de Johnson. Lorsqu'ils eurent remercié et congédié le philosophe, Dick se tourna vers Elk et lui parla avec empressement.

– Il nous faut poster immédiatement deux hommes dans cette maison. Quelle excuse fournirons-nous pour introduire des détectives chez Maitland ?

– Je ne sais pas, avoua Elk. Il nous faudra un mandat avant de pouvoir l'arrêter ; nous pourrions facilement avoir un autre mandat pour perquisitionner dans la maison, mais nous ne pouvons guère faire plus. À moins qu'il ne demande notre protection.

– Alors arrêtez-le, reprit Dick avec vivacité.

– Pour quel délit ?

– Arrêtez-le comme suspect d'être en relations avec les Grenouilles ; et éventuellement, menez-le au poste de police le plus proche. Mais il faut que cela soit fait sur-le-champ.

À 4 heures seulement ils obtinrent les mandats nécessaires ; accompagnés de quelques officiers de police, ils se rendirent à la résidence princière de Maitland.

Le domestique qui leur ouvrit leur annonça que Mr Maitland se reposait et qu'il ne pouvait le déranger. Il fit chercher un autre laquais qui confirma son dire.

– Où est sa chambre ? demanda Dick Gordon. Je suis officier de police et je désire le voir.

– Elle est au second étage, Sir.

Il les conduisit à l'ascenseur qui les déposa au second étage. Ils se trouvèrent en face d'une grande porte à double battant, admirablement polie et couverte de dorures.

– On dirait l'entrée d'un théâtre, observa Elk à mi-voix.

Dick frappa à la porte. Il n'eut aucune réponse. Il heurta plus fort : toujours pas de réponse. Alors, à la grande surprise d'Elk, le jeune homme se lança de toute sa force contre la porte. Il y eut un craquement et la porte céda.

Ezra Maitland était à moitié étendu sur le lit, les jambes pendantes. À ses pieds gisait le corps de la vieille femme qu'il appelait Matilda. Tous deux étaient morts. L'âcre fumée de la poudre planait encore en un nuage bleu dans le haut de la chambre.

28

Le laquais

Dick courut vers le lit et un coup d'œil aux figures immobiles lui apprit tout ce qu'il désirait savoir.

– Ils ont été tués tous les deux. (Il leva les yeux vers le nuage qui planait au-dessus d'eux.) Cela a pu se passer... je ne sais quand... il y a un quart d'heure, peut-être : cette fumée persiste des heures durant.

– Empêchez tous les domestiques de sortir, dit Elk à voix basse aux hommes qui l'accompagnaient.

Une porte menait à une chambre plus petite que devait occuper la sœur de Maitland.

– Le coup a été tiré de cette entrée, annonça Dick, et l'on a probablement employé un silencieux ; mais nous saurons cela plus tard.

Il inspecta le parquet et trouva deux cartouches vides d'un automatique de gros calibre.

– Ils ont tué la femme, bien sûr, dit-il en faisant ses réflexions à haute voix. Je le craignais. Quel dommage que je n'aie pas pu faire entrer nos hommes à temps !

– Comment ! Vous saviez qu'on allait l'assassiner ? interrogea Elk, surpris.

Dick hocha la tête en signe d'assentiment. Il examinait la fenêtre de la chambre de la vieille femme. Elle n'était pas fermée et menait à un étroit parapet protégé par une balustrade basse. De là, on avait accès à une autre chambre sur le même étage. Le meurtrier n'avait essayé en aucune façon de dissimuler qu'il avait pris ce chemin. La fenêtre était grande ouverte et des empreintes de pas humides se détachaient sur le parquet. C'était une chambre d'amis, remplie de meubles, utilisée comme débarras.

La porte s'ouvrait sur le corridor, vis-à-vis d'un escalier

étroit qui menait aux chambres des domestiques. Elk se mit à genou et examina soigneusement le tapis.

– En haut, dit-il en courant en avant.

Le troisième étage renfermait uniquement les chambres de domestiques. Elk mit un certain temps à découvrir les traces de pas qui menaient directement à la chambre n° 1. Il tourna la poignée : la porte était fermée à clef. Reculant d'un pas, il lança un fort coup de pied contre la porte qui céda. Il se trouva dans une mansarde vide. Une fenêtre ouvrait sur le toit en pente d'un autre parapet. Sans une seconde d'hésitation, Dick enjamba la fenêtre et se mit à suivre cette voie peu sûre. Plus loin, une barrière de fer utilisée en cas d'incendie lui facilita les choses. Il suivit le « chemin », allant d'un toit à l'autre. Il se trouva bientôt devant un petit escalier de fer conduisant au toit plat d'une autre maison et à un escalier de secours dont la porte était ouverte. Dick dégringola les marches étroites qui aboutissaient à une cour : trois de ses côtés étaient entourés de hauts murs, le quatrième étant fermé par le dos d'une maison qui semblait inhabitée, tous les volets en étaient clos.

Dans le troisième mur, une porte était entrouverte. Passant par là, Dick se trouva dans une ancienne cour d'écurie. Un homme lavait une automobile ; les détectives l'abordèrent.

– Oui, Sir, répondit le chauffeur en essuyant son front moite du revers de la main, j'ai vu un homme passer, il y a environ cinq minutes. C'était un domestique, un laquais, je crois... Je ne l'ai pas reconnu, il avait l'air fort pressé.

– Portait-il un chapeau ?

Le chauffeur réfléchit.

– Oui, je crois, Sir ; il est allé dans cette direction, leur dit-il en étendant le bras.

Les deux détectives tournèrent dans Berkeley Street. Lorsqu'ils furent hors de vue, le laveur de voitures fit un pas vers la porte de son garage et siffla doucement. La porte s'ouvrit lentement et Mr Joshua Broad apparut.

– Merci, dit-il en remettant au chauffeur un billet de banque tout neuf.

Broad était déjà loin lorsque Dick et le détective revinrent, ayant renoncé à leur vaine poursuite.

Dick n'avait aucun doute concernant l'identité du meurtrier. L'un des laquais avait disparu. Les autres domestiques étaient de fort respectables personnes, de caractère irréprochable. Celui qui avait disparu était arrivé en même temps que Mr Maitland et, bien qu'il portât la livrée de laquais, il ne semblait avoir aucune expérience de ses fonctions. C'était un homme peu apprécié de ses camarades : il parlait fort peu, se tenait à l'écart et ne se mêlait pas à leurs conversations.

– Une Grenouille, évidemment, déclara Elk.

Le policier fut enchanté d'apprendre qu'il existait une photographie de cet individu.

– Le connaissez-vous ? lui demanda Dick lorsqu'il découvrit la photographie.

– Oui, j'ai eu affaire à lui et je crois que je n'aurai pas de peine à l'identifier, bien que son nom m'échappe en ce moment.

En effet, en consultant les dossiers, l'identité du fuyard fut dévoilée ; le soir même, sa photographie, son nom véritable, ses pseudonymes et son signalement furent insérés dans chaque journal de la métropole.

L'un des domestiques avait entendu la détonation, mais il avait cru que c'était une porte qui claquait... erreur pardonnable, car Mr Maitland avait l'habitude de fermer les portes bruyamment.

– Maitland était bien une Grenouille, annonça Elk lorsqu'il eut fait transporter le corps à la morgue. Il a un tatouage sur le poignet gauche, légèrement de travers.

Le meurtrier avait reçu un télégramme dans l'après-midi. Elk eut connaissance de ce détail lorsqu'il fut de retour à Scotland Yard. On lui amena une copie du message.

Il était laconique : « Finissez-en et disparaissez. »

Le message n'était pas signé. Il avait été consigné au bureau de poste du Temple à 2 heures et le meurtrier avait exécuté ses instructions sans perdre de temps.

Le bureau de Maitland était entre les mains de la police et l'on avait commencé une sérieuse inspection des livres et documents qui s'y trouvaient. À 7 heures du soir, Elk se rendit à Fitzroy Square. Johnson lui ouvrit la porte. Elk s'aperçut que le corridor était rempli de meubles et de caisses et il se souvint que Johnson lui avait dit le matin même qu'il allait déménager pour prendre deux chambres moins onéreuses dans le sud de Londres.

– Vous déménagez ?

Johnson fit un signe affirmatif.

– Je regrette de quitter cet endroit, mais il est beaucoup trop cher. Je ne trouverai probablement pas d'autre emploi et il faut que je m'arrange en conséquence. Si je vais habiter à Balham, je pourrai vivre confortablement ; je n'ai pas de goûts de luxe.

– Si vous en avez, vous pourrez les satisfaire, repartit Elk. Nous avons trouvé le testament de Maitland : il vous a légué tout ce qu'il possédait.

Johnson en resta la bouche ouverte, les yeux écarquillés.

– Vous voulez rire ?

– Je n'ai jamais été aussi sérieux. Le vieux vous a laissé absolument tout ce qu'il possède. Voici une copie de son testament, j'ai pensé que vous aimeriez le voir.

Elk tira un papier de son portefeuille, et Johnson lut :

« Moi, Ezra Maitland, habitant 193, Eldor Street, dans le comté de Middlesex, déclare que ce testament contient mes dernières volontés et qu'ainsi je révoque formellement tous testaments ou codicilles antérieurs. Je laisse tous mes biens, meubles et immeubles, tous biens-fonds, constructions, droits, actions et participations financières, tous bijoux, réversions, voitures, automobiles et autres possessions, en toute propriété à Philippe Johnson, habitant 431, Fitzroy Square, dans le comté de Londres, employé. Je déclare qu'il est le seul homme honnête que j'aie rencontré dans ma longue et triste vie et je lui demande de se vouer avec un soin infatigable à la destruction de cette société ou organisation connue sous le nom de Grenouilles et qui durant vingt-quatre ans m'a extorqué par chantage des sommes considérables. »

Le testament était signé d'une écriture que Johnson connaissait bien ; deux employés du bureau avaient servi de témoins.

Johnson s'assit et resta silencieux pendant un long moment.

– J'ai lu dans les journaux que Maitland avait été assassiné, dit-il enfin. Je suis même allé là-bas ; les agents m'ont dit de m'adresser à vous mais j'ai pensé que vous étiez trop occupé pour vous déranger. Comment l'a-t-on tué ?

– En tirant sur lui, répondit Elk.

– Ont-ils attrapé le meurtrier ?

– Nous l'aurons dans la matinée, repartit Elk avec confiance. Maintenant que nous avons pris Balder, il n'y aura plus personne pour avertir les hommes que nous cherchons.

– C'est terrible, s'écria Johnson. Je suis complètement bouleversé. Je ne sais que dire. Où a-t-on trouvé son testament ?

– Dans l'une des boîtes où il gardait ses contrats.

– Je regrette bien qu'il ait fait ça ! s'écria Johnson avec emphase. Je veux dire qu'il m'ait laissé son argent. Je déteste les responsabilités. Je ne suis pas fait pour diriger une grande affaire... Quel ennui !

Dans l'après-midi, Dick s'entretint avec le directeur de la Police judiciaire au sujet de Balder, et ce docte personnage se fit l'écho de ses craintes.

– Je ne vois pas comment nous pourrons obtenir un verdict de meurtre contre cet homme, même s'il est clair comme le jour que c'est lui qui a empoisonné Mills et manigancé l'attentat à la bombe. Mais on ne peut pas pendre un homme sur de simples soupçons, même si ces soupçons ne laissent point de place au doute. Comment a-t-il tué Mills, à votre avis ?

– Mills avait pris froid, expliqua Dick, il a toussé pendant tout le trajet en voiture et il a demandé à Balder de fermer la fenêtre. Balder fit semblant de la fermer, et lui glissa probablement une tablette de cyanure en lui disant que cela lui ferait du bien. Il est tout naturel que Mills ait pris la tablette et l'ait avalée. Je suis sûr que les choses se sont passées de cette façon. Nous avons perquisitionné au domicile de Balder à Slough et nous avons trouvé des clefs en double, dont celle du coffre-fort d'Elk. Balder s'est rendu au bureau de bonne heure dans la matinée pour installer la bombe, sachant qu'Elk et moi ouvririons les sacs ce matin-là.

– Et comment a-t-il aidé Hagn à s'évader ?

– Ce fut beaucoup plus simple encore, répondit Gordon. J'imagine que l'inspecteur que l'on a vu passer à 2 h 30 était Hagn. Balder avait dû garder son uniforme de police sous ses vêtements et détenait les menottes et clefs nécessaires. On ne l'a pas fouillé, j'en suis responsable autant qu'Elk. Le danger pour nous venait de la proximité de Balder et des facilités qu'il avait pour rendre compte de nos moindres mouvements. Son véritable nom est Kramer, c'est un Lithuanien de naissance. Il a été expulsé d'Allemagne à l'âge de dix-huit ans à cause de son activité révolutionnaire. Je ne sais pas à quelle époque il est entré en relations avec les Grenouilles, mais il semble que cet homme a trempé dans maintes opérations illégales depuis plusieurs années. Je crains cependant que vous n'ayez raison : il nous sera fort difficile de le faire condamner avant que nous nous soyons emparés de La Grenouille.

– Et croyez-vous que vous pourrez prendre La Grenouille ?

Dick Gordon eut un sourire énigmatique.

Profitant de ce qu'il avait un peu de répit, Dick se dirigea vers Horsham. Il trouva Ella Bennett dans le potager en train de récolter des pommes de terre. Elle courut à sa rencontre.

– Quelle bonne surprise ! lui dit-elle en rougissant. Vous devez être sur les dents ces jours-ci ! J'ai vu le journal ce matin. Pauvre Maitland ! Il était ici hier encore.

Dick hocha la tête.

– Je me demande, maintenant que Johnson est riche, s'il arrivera à persuader Ray de retourner chez *Maitlands Cons.,* dit-elle.

– Je me demande s'il arrivera à vous persuader...

Dick s'arrêta.

– Me persuader de quoi faire ? demanda-t-elle, surprise.

– Johnson vous aime... Il ne l'a jamais caché, et c'est un homme fort riche. Mais je ne crois pas que vous attachiez de l'importance à cela, ajouta-t-il précipitamment. Je ne suis pas un homme riche mais j'ai une bonne situation.

Les doigts d'Ella pressèrent les siens, puis soudain elle se retira.

– Je ne sais pas, dit-elle. Mon père m'a dit... (Elle hésita.) Je ne crois pas qu'il serait content ; il trouve qu'il y a une trop grande différence entre nos positions sociales

– Baste ! s'écria Dick sans élégance.

– Et puis il y a autre chose : je ne sais pas comment mon père gagne sa vie, mais c'est... quelque chose dont il a honte.

Elle prononça ces mots d'une voix si basse qu'il eut peine à les saisir.

– Supposez que je sache le pire au sujet de votre père, dit-il doucement.

– Est-ce vrai ? Dites-moi la vérité, Dick.

– Je crois que je devine, mais vous ne devez pas lui en parler, est-ce bien entendu ?

– Et sachant ce qu'il fait, cela changerait-il vos idées ?

– En aucune façon.

– Est-ce vraiment terrible ? A-t-il commis un crime ? Non, non, ne me le dites pas !

– Ma chérie...

John Bennett fut ravi de le voir ; il avait reçu un gros chèque pour quelques-unes de ses photographies d'animaux.

– L'année prochaine, à pareille époque, je serai un artiste, déclara-t-il, rajeuni de dix ans.

Dick lui offrit de le conduire en ville en auto, mais Bennett devait aller à Dorking. (Dick apprit par la jeune fille qu'on lui envoyait des lettres là-bas concernant ses voyages mystérieux.) Et ce fut le cœur léger que le jeune homme retourna à Londres.

29

Les deux vagabonds

Lew Brady était assis dans le joli salon de Lola Bassano. Sa barbe d'une semaine lui donnait l'aspect du scélérat le plus déplaisant ; ses vêtements tachés, ses souliers éculés, sa chemise crasseuse et sa propre saleté physique le rendaient presque repoussant. C'était ce que pensait Lola en le regardant d'un air anxieux.

– Quelles sont les instructions, Lew ? demanda-t-elle pour la vingtième fois.

Il secoua la tête.

– Je ne veux rien risquer, Lola. Je n'ai confiance en personne, pas même en toi.

Il sortit un flacon de sa poche et l'examina.

– Qu'est ce que c'est ? interrogea-t-elle, curieuse.

– Un narcotique quelconque.

– Cela fait-il partie de tes instructions ?

Il fit un signe affirmatif.

– Dois-tu prendre un faux nom ?

– Oui, fit-il d'une voix cassante. Ça suffit, ne me pose plus de questions. Je ne te répondrai plus, compris ? Je serai absent pendant quinze jours et, quand cette affaire sera terminée, j'en aurai terminé de cette Grenouille.

– Est-ce que Ray ira avec toi ?

– Comment le saurais-je ? Je dois rencontrer quelqu'un dans un lieu indiqué et c'est tout ce que je sais.

Il jeta un coup d'œil à la pendule et se leva en grognant. Adressant à Lola un bref salut de la tête, il descendit par l'escalier de service et se trouva dans la rue sans que personne ne l'ait aperçu.

La nuit était tombée lorsqu'il arriva à Barnet ; ses pieds le faisaient souffrir et il maudissait La Grenouille à chaque pas. Il avait encore une longue marche devant lui. Un clocher de village annonçait 1 heure du matin quand il arriva à la hauteur d'une personne assise au bord de la route, à peine visible dans le clair de lune. Il ne la reconnut qu'en entendant sa voix.

– Est-ce vous ? demanda une voix.

– Oui, c'est moi. Vous êtes Carter, n'est-ce pas ?

– Seigneur ! s'écria Ray en reconnaissant la voix de son interlocuteur, Lew Brady !

– Certainement pas, répondit l'autre d'une voix mauvaise. Je m'appelle « Phenan » et vous « Carter ». Asseyons-nous un instant, je n'en puis plus.

– De quoi est-il question ? interrogea le jeune homme lorsqu'ils furent assis l'un à côté de l'autre.

– Comment diable le saurais-je ? répliqua Lew, agacé.

Il enleva ses chaussures pour masser ses pieds endoloris.

– Je n'aurais pas imaginé que c'était vous que j'allais rencontrer, dit Ray.

– Moi, je savais bien que c'était toi ! Dieu seul sait pourquoi je suis obligé de traîner un pareil idiot dans cette contrée !

Après un instant de repos, Lew fut prêt à repartir.

– Dans le prochain village, il y a une grange qui appartient à un boutiquier. Il nous laissera bien y dormir pour quelques sous.

– Pourquoi n'essayerions-nous pas de trouver une chambre ?

– Ne fais pas l'imbécile, répliqua Lew. Qui donc, crois-tu, hébergerait un couple de vagabonds ? Nous savons que nous sommes propres, mais eux n'en savent rien. Non, nous devons agir comme agissent les vagabonds.

– Où allons-nous ? À Nottingham ?

– Je n'en sais rien. S'ils t'ont parlé de Nottingham, je suppose que c'est le dernier endroit du monde où nous irons. J'ai une enveloppe cachetée dans ma poche. Je l'ouvrirai quand nous atteindrons Baldock.

Ils dormirent cette nuit-là dans la grange. Ray eut une nuit agitée et rêva de son lit à *Maytree Cottage*. Il plut le lendemain et ils n'atteignirent Baldock que tard dans l'après-midi. Brady s'assit à l'abri d'une haie, ouvrit l'enveloppe et en lut le contenu. Ray le suivait d'un œil attentif.

« Vous bifurquerez à la sortie de Baldock et prendrez le premier train pour Bath. De là, vous irez par la route jusqu'à Gloucester. Au village de Laverstock, vous dévoilerez à Carter le fait que Lola Bassano est votre femme. Dans cette intention, vous l'emmènerez au *Lion Rouge* et vous le lui direz d'une manière aussi offensante que possible afin de provoquer une dispute. Mais ne lui permettez pas de s'éloigner de vous en aucune circonstance. Continuez votre route jusqu'à Ibbley Copse. Là, vous trouverez un terrain découvert près de trois arbres morts. Vous vous arrêterez , vous rétracterez ce que vous lui aurez dit au sujet de votre mariage et vous lui ferez des excuses. Vous portez un flacon de whisky : à ce moment, vous aurez mélangé le narcotique au whisky. Quand il sera endormi, vous irez à Gloucester, 289, Hendry Street, où vous trouverez des habits de rechange. Vous vous raserez et retournerez à Londres par le train de 2 h 19. »

Brady lut et relut le message soigneusement jusqu'à ce qu'il en sût les moindres détails. Alors il mit le feu au papier et le regarda brûler.

– Quels sont les ordres ? demanda Ray.

– Les mêmes que les tiens, je pense. Qu'en as-tu fait ?

– Je les ai brûlés. Vous a-t-il dit où nous allions ?

– Nous prendrons la route de Gloucester, comme je le pensais. Il nous faudra rejoindre la route de Bath. Nous pourrons aller à Bath en train.

– Dieu merci ! s'écria Ray avec ferveur. Je sens que je ne pourrais faire un pas de plus.

À 7 heures du soir, à la gare de Bath, deux vagabonds descendirent d'un wagon de troisième classe. L'un deux, le plus jeune, boitait légèrement. Il s'assit dans la gare sur un des bancs.

– Allons viens, tu ne peux pas rester ici, lui enjoignit l'autre rudement. Nous trouverons à nous loger en ville. Il y a un refuge de l'Armée du Salut quelque part dans Bath.

– Attendez un instant, supplia le jeune homme. Je suis tellement ankylosé que je peux à peine bouger.

Ils avaient rejoint le train de Londres à Reading et un flot de passagers en descendait. Du regard, Ray suivait avec envie ces gens qui, eux, allaient dormir dans de bons lits ! Tout à coup, il aperçut un homme grand et maigre qui portait d'une main une lourde boîte et, de l'autre, une valise.

C'était son père !

John Bennett descendit les marches menant au passage souterrain et ne jeta qu'un regard distrait aux deux vagabonds assis sur le banc, sans se douter que l'un d'eux était son fils, ce fils pour lequel il faisait à ce moment même des plans d'avenir.

Le lendemain matin, après une mauvaise nuit, John Bennett alla chercher son appareil cinématographique dans le café où il l'avait déposé ; il le suspendit en bandoulière et se mit en route, sa valise à la main.

Après une longue marche, il atteignit une combe boisée. Dans le train, on lui avait signalé cet endroit comme étant un paradis pour ceux qui aiment la nature. En effet, à peine y était-il arrivé qu'il vit une belette poursuivre un lapin terrifié ; un épervier planait au-dessus de sa tête ; bientôt il aperçut ce qu'il cherchait : l'entrée ingénieusement dissimulée d'un terrier de blaireau.

Il prit un certain temps pour préparer son appareil et le placer en le dissimulant derrière un buisson de lauriers sauvages. Des expériences souvent malheureuses lui avaient enseigné l'art du camouflage. Le film devait être pris d'assez loin : le blaireau, très craintif de nature, l'est doublement lorsqu'il a des petits, dont Bennett supposait la présence.

Bennett avait un appareil automatique qui lui permettait de travailler avec plus de sûreté. Il déroula le long cordon, se posta sur la pente de la colline une centaine de mètres plus loin, et s'installa confortablement. Il enleva sa veste dont il fit un oreiller, y appuya ses bras, et posa ses jumelles à portée de la main.

Au bout d'une demi-heure d'attente, il crut voir quelque chose qui bougeait à l'entrée du terrier. Il s'arma de ses jumelles : c'était l'extrémité d'un museau noir. Il saisit la poire de déclenchement et se tint prêt à faire fonctionner l'appareil. Cinq minutes s'écoulèrent, puis dix, puis quinze et rien ne se passait. La chaleur du jour engourdissait John Bennett et le sommeil le gagna. Il s'endormit. Il rêva de succès et de paix. Il se voyait libéré de tout ce qui avait brisé son cœur et lui avait rendu la vie amère.

Dans son rêve, il entendait des voix, puis un bruit sec, pareil à une détonation ; il savait que ce n'en était pas une et il frissonna. Il connaissait bien ce bruit et, tout en dormant, serra convulsivement les mains. Il n'avait pas lâché la poire de déclenchement.

Ce matin-là, à 9 heures, deux vagabonds arrivaient en traînant la jambe à Laverstock. Le plus grand des deux s'arrêta à la porte du *Lion Rouge* et un aubergiste peu engageant les examina pardessus le rideau derrière lequel s'abritaient les habitués du café.

– Allons, viens, fit Lew Brady.

Ray ne demandait pas mieux que de le suivre, mais le cafetier leur barra le passage.

– Que voulez-vous ? demanda-t-il.

– À boire.

– On ne donne pas à boire pour rien, déclara l'aubergiste en toisant ce client dont la solvabilité paraissait incertaine.

– Qui vous parle de donner à boire pour rien ? répliqua Brady d'une voix mauvaise. Mon argent est aussi bon que celui de n'importe qui, je pense ?

– Oui, si c'est de l'argent honnête. Faites-en voir un peu la couleur.

Brady sortit une poignée de pièces d'argent et le maître du *Lion Rouge* s'effaça.

– Entrez, dit-il, mais ne vous éternisez pas ici. Quand vous aurez bu quelque chose, vous pourrez déguerpir.

Lew commanda deux whiskies que le cafetier leur servit aussitôt.

– Tiens Carter, voici le tien.

Ray s'étouffa en avalant le liquide de feu.

– Je serai content de rentrer… fit Lew à mi-voix. Tout ça c'est bien pour vous, célibataires, mais ce n'est pas une existence pour nous autres hommes mariés, même si nos femmes ne sont pas ce qu'elles devraient être.

– Je ne savais pas que vous étiez marié, répondit Ray sans grand intérêt.

– Il y a beaucoup de choses que tu ne sais pas, ricana l'autre. Bien sûr que je suis marié. On te l'a dit une fois, mais tu as été assez bête pour ne pas le croire.

Ray regarda Lew, bouche bée.

– Comment ! Vous parlez de ce que Gordon a dit un jour ?

Lew fit un signe affirmatif.

– Lola est votre femme ?

– Mais oui, certainement c'est ma femme, répondit Lew froidement. Je ne sais pas combien de maris elle a eus, mais je suis son mari actuel.

– Seigneur ! murmura Ray.

– Eh bien ! qu'est-ce qui te prend ? Ne fais pas cette tête, ajouta Lew méchamment. Je ne t'en veux pas de lui avoir fait la cour ; je suis content que ma femme ait du succès, même auprès de gosses comme toi.

– Votre femme ! répéta Ray. (Il ne pouvait croire que ce fût vrai.) Est-elle Grenouille ?

– Et pourquoi n'en serait-elle pas une ? repartit Brady. Baisse la voix, entends-tu ? Ce vieux démon derrière le comptoir nous écoute. Bien sûr qu'elle est une Grenouille et une aventurière. Nous sommes tous des aventuriers. Toi aussi, tu en es un. Lola est ainsi faite, elle a un faible pour les escrocs. Peut-être que lorsque tu auras fait un ou deux bons coups, tu auras la chance de…

– Espèce de brute ! s'écria Ray en le frappant au visage.

L'aubergiste intervint :

– Sortez d'ici, tous les deux, cria-t-il.

Lew Brady se remit sur ses pieds et fixa Ray d'un regard menaçant.

– C'est bien, Mr Carter, nous réglerons ceci un de ces prochains jours.

– Je vous réglerai votre compte, moi ! s'écria Ray, hors de lui.

Un vigoureux valet de ferme le jeta dehors.

Il attendit Brady sur la route.

– J'en ai assez, dit-il, le visage blanc et les lèvres tremblantes. J'en ai assez de vous et de votre bande immonde ! Je rentre !

– Non, tu ne rentreras pas, répliqua Brady. Voyons, qu'est-ce qui te prend ? Nous devons aller à Gloucester et nous ferions bien de terminer notre affaire. Ensuite, si tu as envie de me quitter... eh bien ! tu feras ce qui te plaît.

– J'irai seul, rétorqua Ray.

– Ne sois pas ridicule.

Lew Brady lui prit le bras.

Ray hésita, puis haussant les épaules, se laissa emmener docilement.

– Je ne vous crois pas, dit-il au bout d'une demi-heure. Pourquoi m'avez-vous menti ?

– Je ne pouvais plus supporter ta bonne humeur, voilà la vérité. Il fallait que je te pousse à bout sans cela je serais devenu fou.

– Mais est-ce vrai ce que vous racontiez sur Lola ?

– Bien sûr que non, mentit Brady. Crois-tu qu'elle voudrait d'un homme comme moi ? Ce n'est pas possible ! Lola est une bonne fille. Oublie tout ce que j'ai dit, Ray.

– Je le lui demanderai moi-même. Elle ne me mentira pas, dit le jeune homme.

– Non, certainement, acquiesça l'autre.

Ils approchaient du lieu de leur rendez-vous… la petite combe au milieu des collines. Les yeux de Lew cherchaient les trois troncs blancs que la foudre avait atteints. Il les distingua bientôt.

– Allons là-bas et je te raconterai tout cela, proposa Lew Brady. Je n'irai pas plus loin aujourd'hui : mes pieds sont en bouillie.

Il marcha devant, entre les pins, puis s'arrêta enfin.

– Allons, assieds-toi, mon garçon ; nous allons boire et fumer.

Il remplit un gobelet, puis, regardant ce qui restait dans la bouteille :

– Je bois à la santé de Lola… non, à toi de boire en premier.

Ray lui arracha le gobelet des mains et d'un trait en avala le contenu ; puis il lança le récipient à son compagnon.

– Ouf ! Je n'aime pas ce whisky !

Il bâilla, puis s'étendit sur le dos, les mains sous la tête.

Lew Brady vida le contenu du flacon, remit le bouchon puis s'approcha du jeune homme endormi.

– Hé, lève-toi !

Il n'eut aucune réponse.

– Allons, lève-toi !

Ray se tourna en gémissant et ne bougea plus. Soudain Brady fut pris de craintes. Si Ray était mort ? Il devint blême. Cette querelle si ingénieusement combinée par La Grenouille suffirait pour le faire condamner. Il tira la bouteille de sa poche et la glissa dans celle du dormeur. Puis, entendant du bruit, il se retourna et aperçut un homme qui l'observait. Lew ouvrit la bouche pour parler, mais : « Plop ».

Il vit la flamme avant que la balle ne l'atteigne. Il essaya de parler, mais : « Plop »…

Lew Brady était mort avant de toucher le sol.

Le nouveau venu retira le silencieux de son pistolet et, s'avançant vers Ray, lui glissa l'arme dans la main. Il se pencha vers l'homme qu'il avait tué, prit un cigare dans sa poche et l'alluma. D'un pas tranquille, il s'en retourna par où il était venu et retrouva la voiture qu'il avait laissée sur le bord de la route.

Dans l'automobile, un jeune homme, la bouche ouverte, les yeux perdus dans le vague, l'attendait.

– Tu connais cet endroit, Bill ?

– Oui, Sir. (La voix était rauque.) Ibbley Copse.

– Tu viens de tuer un homme, comme tu l'as raconté dans ta confession.

Le jeune crétin fit un signe d'assentiment.

– Je l'ai tué parce que je le détestais.

La Grenouille hocha la tête et se mit au volant.

John Bennett s'éveilla en sursaut. Il se rendit alors compte qu'il serrait encore dans sa main la poire de déclenchement, et avec un sourire navré se mit à enrouler le cordon. Il atteignit bientôt le buisson derrière lequel il avait dissimulé son appareil ; à sa grande consternation, il s'aperçut que le compteur indiquait la perte de cent cinquante mètres de film. Il jeta un coup d'œil plein d'amertume au terrier des blaireaux et distingua l'extrémité d'un museau noir qui le narguait. Un peu plus loin, deux hommes étendus dormaient. Ils avaient l'air d'être des vagabonds.

Bennett s'en retourna au village de Laverstock, espérant y trouver un train qui l'amènerait à Bath assez tôt pour sauter dans l'express de Londres, et tout en marchant il calculait ce que lui avait coûté cette malheureuse journée.

30

L'usine de produits chimiques

Elk avait promis de dîner avec Gordon. Dick l'attendait depuis déjà vingt minutes. Vingt-cinq minutes après l'heure de leur rendez-vous, Elk arriva en toute hâte.

– Pourquoi êtes-vous en retard, Elk ? Je ne vous en fais pas le reproche, mais quand vous n'êtes pas à l'heure, je crains toujours qu'il ne vous soit arrivé quelque chose de fâcheux.

– Il ne m'est rien arrivé de fâcheux, mais nous avons eu

une enquête à Gloucester. J'ai cru que c'était encore un coup des Grenouilles, mais les deux hommes en cause n'en portaient pas la marque.

– Qui sont ces gens ?

– L'un d'eux s'appelle Phenan... c'est celui qui est mort.

– Un meurtre ?

– Je le crois, répondit Elk en piquant une sardine. Il était mort depuis quelque temps quand ils l'ont trouvé à Ibbley Copse. On a pincé l'homme qui était avec lui ; il était complètement ivre. Il ressort de l'enquête qu'ils étaient passés à Laverstock, au *Lion Rouge* où ils se sont disputés et battus. Prévenue, la police a téléphoné au village suivant pour qu'on prévienne le gendarme posté sur la route d'avoir l'œil sur ces deux individus : ne les voyant pas passer, on a dépêché des agents à bicyclette, craignant un éventuel cambriolage.

– Et ils les ont trouvés ?

Elk fit un signe affirmatif.

– L'un est mort, et l'autre saoul. Il semble qu'ils se sont disputés et que l'homme ivre a tué l'autre. Ce sont des vagabonds ; les pièces d'identité qu'on a trouvées sur eux montrent qu'ils viennent du pays de Galles. Ils ont passé la nuit chez Rooney, à Bath. C'est tout ce qu'on sait d'eux. Le meurtrier s'appelle Carter ; on l'a emmené à la prison de Gloucester. C'est un cas fort simple, et à la police de Gloucester on a haussé les épaules à l'idée de faire appel à Scotland Yard. Ce crime est à leur mesure, d'après eux.

– En ce moment la police de province croit devoir faire des remarques désobligeantes sur nos propres facultés intellectuelles, fit Dick en souriant.

– Laissez-les, repartit Elk d'un ton moqueur. Il faut bien que ces gens s'amusent un peu, et je serai le dernier à leur en vouloir. À propos, j'ai aperçu John Bennett à Paddington ce soir. Je le rencontre toujours dans une gare ou l'autre. Il portait un appareil cinématographique. Je lui ai parlé ; il était navré parce qu'il s'est endormi en pressant la poire de déclenchement, et, tout en rêvant, il a perdu ainsi une fortune en film. J'ai justement lu l'autre jour un article au sujet de ses photographies. Il est en train de devenir un vrai artiste... J'ai reçu un mot de l'ami Johnson me demandant l'adresse de Ray. Il veut lui offrir une situation. Johnson a décidément de grandes qualités.

– Lui avez-vous donné l'adresse ?

– Oui, et je suis allé voir le jeune homme, mais il n'est pas en ville... il est parti, il y a quelques jours et ne reviendra probablement pas avant deux semaines. J'espère que cela ne lui fera pas perdre cette place.

Leur repas terminé ils passèrent au fumoir, et Elk alluma un cigare. Dick écrivit un mot à Ella. Quand il eut terminé, Elk se tourna vers lui :

– J'ai chargé un homme de prendre des renseignements au sujet d'une usine de produits chimiques. Ce n'est qu'une soi-disant compagnie. Seuls une douzaine d'employés y travaillent, et encore pas régulièrement. Cette usine possède une installation électrique de première puissance. Anciennement c'était une fabrique de gaz toxiques ; la compagnie actuelle l'a rachetée pour une somme dérisoire. Deux hommes que nous tenons en sont les acheteurs nominaux.

– Où se trouve cette usine ? interrogea Dick.

– Entre Newbury et Didcot. J'ai découvert que, lorsque l'usine était sous le contrôle du gouvernement, il avait été prévu qu'elle fournirait une contribution annuelle aux Sapeurs-pompiers de Newbury ; quand la nouvelle compagnie reprit l'usine, elle fut obligée de prendre ce contrat à sa charge. Elle essaie maintenant de se soustraire à ses engagements et a demandé aux Sapeurs-pompiers de Newbury de rendre l'usine indépendante de leur service d'alarme. La brigade de Newbury n'a pas voulu en entendre parler et a refusé d'annuler un contrat encore valable pendant deux ans.

– Oui, c'est fort curieux, dit-il distraitement.

Dick n'était guère intéressé par cette dispute entre une usine de produits chimiques et les Sapeurs-pompiers. Il eut plus tard l'occasion d'apprécier l'intérêt de cette conversation, mais il ne pouvait alors en prévoir l'importance.

Deux semaines après la mystérieuse disparition de Ray Bennett, Elk accepta l'invitation à déjeuner que Joshua Broad lui avait adressée.

Broad attendait le détective qui arriva dix minutes en retard. Elk déplia un journal qu'il venait d'acheter.

– Ce sont encore ces batraciens que vous cherchez ?

– Quoi ? Elk le regarda perplexe.

– Les Grenouilles.

– Non, ce n'est pas ce que je cherche ; du reste il n'y a pas grand-chose dans les journaux au sujet de ces animaux intéressants ; mais cela va changer.

– Quand ? demanda Broad avec défi.

– Quand nous aurons la Grenouille « Numéro 1 ».

– Croyez-vous que vous attraperez le « Numéro 1 » avant moi ? demanda-t-il calmement.

Elk le regarda par-dessus ses lunettes.

– Je me le demande depuis longtemps, répondit-il.

Leurs regards se rencontrèrent.

– Pensez-vous que c'est moi qui l'attraperai ? interrogea Broad.

– Si mes calculs sont justes, je crois que oui, répondit Elk.

Ses yeux tombèrent soudain sur un article qui attira son attention.

– C'est du travail rapide, dit-il. Sur ce point, nous vous battons, vous autres Américains.

– Sur quel point ? demanda Broad. Je suis assez peu chauvin pour reconnaître qu'il y a des choses en Angleterre que vous faites mieux que nous.

Elk regarda le plafond.

– Quinze jours ! calcula-t-il. Oui, il est arrivé juste à temps pour les assises.

– Qui donc ?

– Ce Carter qui a tué un vagabond près de Gloucester, expliqua Elk.

– Que lui est-il arrivé ?

– Il a été condamné à mort ce matin, répondit le détective.

Joshua Broad fronça les sourcils.

– Condamné à mort ce matin ? Carter, dites-vous ? Je n'ai pas lu le récit du meurtre.

– L'affaire n'était pas compliquée, dit Elk. Deux vagabonds se sont disputés... je crois qu'ils avaient bu... et l'un d'eux a tué l'autre. On le trouva endormi, ivre, à côté de l'homme tué. Il n'y a pas de preuve absolue ; le prisonnier a refusé de faire aucune déclaration et n'a pas voulu prendre d'avocat. Ce doit être le procès criminel le plus rapidement liquidé qu'on ait jamais enregistré.

– Où cela est-il arrivé ? demanda Broad en sortant de sa rêverie.

– Près de Gloucester. On en a fort peu parlé dans les journaux ; ce n'était pas un crime intéressant. Aucune femme n'y était mêlée autant qu'on a pu l'établir, et les avatars de deux vagabonds n'intéressent guère le public.

Elk plia le journal et discuta pendant le reste du repas des méthodes employées par la police aux États-Unis, sujet sur lequel Broad paraissait tout particulièrement bien informé.

Le but de l'invitation de l'Américain était évident. À plusieurs reprises il essaya de détourner la conversation sur Balder, mais Elk en revenait aux mérites de la méthode dite du « troisième degré », moyen sûr de faire parler les criminels.

– Vous êtes peu communicatif, déclara Broad en appelant le garçon pour régler l'addition. Pourtant j'en sais aussi long que vous sur le compte de Balder.

– Eh bien, dites-moi dans quelle prison il se trouve ? interrogea Elk.

– Il est à Pentonville, division sept, cellule 84, répondit Broad sur-le-champ. (Elk sursauta, stupéfait.) Et ne vous donnez pas la peine de le changer d'endroit uniquement parce que j'ai réussi à le découvrir ; je serais aussi bien informé si vous le mettiez à Brixton, Wandsworth, Holloway, Worwood Scrubs, Maidstone ou Chelmsford.

31

Dans la prison de Gloucester

Ray Bennett occupait la dernière cellule à l'extrémité d'un long corridor, dans le vieux bâtiment de la prison de Gloucester. À côté de sa cellule s'en trouvait une autre jamais occupée. Celle dans laquelle on avait mis Ray était mieux meublée que les autres : il y avait un lit de fer, une table de sapin, un fauteuil confortable et deux chaises. Sur l'une d'elles était assis un gardien qui veillait nuit et jour.

La cellule avait trois portes : l'une menant au corridor, l'autre à une petite annexe munie d'une cuvette et d'une baignoire, la troisième sur la cellule inoccupée dans laquelle se voyait une trappe située au milieu du plancher. Ray Bennett ne savait pas qu'il se trouvait aussi près de la chambre d'exécution, mais, s'il l'avait su, cela lui aurait été indifférent. La mort était le dernier de ses soucis.

Ray était sorti de sa narcose pour se trouver enfermé dans un poste de police où il avait entendu, l'esprit encore vague, l'accusation de meurtre qui était portée contre lui. Il ne se souvenait pas de ce qui s'était passé. Tout ce qu'il savait, c'est qu'il avait détesté Lew Brady au point de souhaiter le tuer. Ensuite il gardait le souvenir de l'avoir accompagné et de s'être assis par terre, quelque part.

On lui apprit que Brady était mort et que l'instrument du crime avait été trouvé dans sa main. Ray se torturait l'esprit en essayant de se rappeler s'il avait eu un revolver sur lui, ou non. Il avait dû en avoir un. Ils avaient bu du whisky au *Lion Rouge.* Lew avait probablement dit quelque chose sur Lola, et c'est pourquoi il l'avait tué. Il ne pensait pas à Lola avec regret : son amour pour elle s'était évanoui. Elle et Lew appartenaient au passé. L'important était avant tout qu'Ella et son père ne fussent pas mis au courant de cette affaire. À tout prix, il fallait leur en éviter le déshonneur. Il avait attendu impatiemment l'issue du procès afin de rentrer dans l'ombre. Le meurtre, heureusement, n'offrait pas un intérêt suffisant pour les photographes. Il avait hâte d'en finir et espérait bien mourir inconnu. Le pire qui puisse lui arriver était d'être identifié.

Il n'osait penser à Ella ni à son père. Il était Jim Carter, sans parents et sans amis. Mais il n'avait pas peur. Il ne craignait qu'une seule chose : être reconnu.

Un jour, le gouverneur de la prison vint le voir pour lui communiquer une nouvelle grave.

– Carter, dit le gouverneur d'une voix mal assurée, le secrétaire d'État m'a informé qu'il ne voyait aucune raison pour suspendre le cours de la loi. L'exécution a été fixée à mercredi matin, à 8 heures.

Ray inclina la tête.

– Merci, Sir.

32

La Grenouille dans la nuit

John Bennett sortit du petit hangar qu'il avait converti en chambre noire, tenant une boîte plate et carrée dans chaque main.

– Ne me parle pas pendant une minute, Ella, ou je vais tout embrouiller. Ceci (et il tendit sa main droite) est un film sur la vie des truites : ce sera un grand succès ! s'écria-t-il avec enthousiasme. Je l'ai pris dans un élevage de truites et le temps était superbe.

– Et l'autre, père ?

John Bennett fit une grimace.

– C'est celui qui est raté, répondit-il tristement. Cent cinquante mètres de film gâchés ! Il se peut qu'il y ait une ou deux bonnes vues, mais je ne puis me payer le luxe de le faire développer au hasard. Je le conserverai précieusement, et un jour, lorsque je roulerai sur l'or, je pourrai satisfaire ma curiosité.

John Bennett écrivit les étiquettes, les humecta et, au moment de les coller, hésita. Il appela sa fille.

– Ella, te rappelles-tu quelle boîte contient le film des truites ?

– Celle qui était dans votre main droite, père.

– C'est bien ce que je pensais, dit-il en se remettant au travail.

Lorsqu'il eut étiqueté les boîtes, il fut pris de doutes. Où se trouvait-il lorsqu'il avait posé les boîtes ? De quel côté de la table ? Haussant les épaules, il enveloppa le film des truites et l'emporta sous son bras au bureau de poste du village.

Dick arriva sur ces entrefaites.

– Pas de nouvelles de Ray ? demanda-t-il.

La jeune fille secoua la tête.

– Qu'en pense votre père ?

– Il ne parle pas de Ray ; je n'ai pas insisté sur le fait que nous n'avons pas de ses nouvelles.

Les deux jeunes gens se dirigèrent vers le petit pavillon que John Bennett avait construit alors que Ray n'était encore qu'un enfant.

– Ella, interrogea Dick. Êtes-vous une personne qui tient sa promesse ?

– Oui, dit-elle, surprise.

– Dans n'importe quelles circonstances ?

– Certainement. Si je ne crois pas pouvoir tenir ma promesse, je n'en fais pas. Pourquoi ?

– Je voudrais que vous me promettiez quelque chose.

Ella détourna les yeux, puis :

– Cela dépend de quoi il s'agit.

– Je voudrais que vous me promettiez d'être ma femme, dit Gordon.

Il tenait la main d'Ella dans la sienne et elle ne la retira pas.

– C'est... un peu... rondement mené, me semble-t-il, dit-elle en mordant sa lèvre inférieure.

– Voulez-vous me le promettre ?

Elle le regarda les larmes aux yeux, mais le sourire aux lèvres ; alors Dick la prit dans ses bras.

Ella Bennett se sentait des ailes ce jour-là. Sa vie était transformée, ses doutes et ses craintes avaient disparu, et l'avenir lui paraissait enchanteur.

Son père alla à Dorking dans l'après-midi, et en revint précipitamment avec cet air hagard qu'elle n'aimait pas lui voir.

– Il me faut aller en ville, chérie, dit-il. Une lettre m'attendait là-bas depuis deux jours ; la cinématographie m'a absorbé à un tel point que j'en ai oublié mes autres devoirs.

Il partit en toute hâte, sans lui dire au revoir. Lorsqu'elle rentra dans la maison, elle s'aperçut que dans sa précipitation il avait oublié son appareil de prises de vues.

Ella ne craignait pas de rester seule. Cela lui était arrivé souvent, et la maison se trouvait sur la grand-route. Elle se fit du thé, puis se mit à écrire à Dick. Elle se reprocha cette faiblesse, car il n'y avait pas plus de deux ou trois heures qu'il était parti ; elle lui écrivit cependant, car la logique n'est pas le fort des amoureux.

Elle mit la lettre à la boîte qui se trouvait au bord de la route, à une centaine de mètres. La nuit était claire, et les habitants des maisons voisines se tenaient sur le seuil de leurs portes, devisant entre eux sur son passage. La jeune fille rentra chez elle, ferma la porte à clef, tira les verrous, et prenant sa corbeille à ouvrage se mit à tirer l'aiguille pour remplir l'heure avant d'aller se coucher, l'esprit entièrement occupé par Dick Gordon.

La salle à manger n'était éclairée que par une lampe à pétrole posée sur une table à côté d'elle. En dehors des rayons de la lampe tout était sombre. Lorsqu'elle eut reprisé une paire de chaussettes appartenant à son père, elle posa son aiguille. Ses yeux se posèrent sur la porte qui menait à la cuisine. Elle était entrouverte, et quelqu'un la poussait lentement.

Pendant un instant elle resta immobile, paralysée par la terreur.

– Qui est là ? cria-t-elle.

Une forme apparut dans l'ombre de la porte, dont la vue étouffa le cri qui montait à ses lèvres. C'était un homme qui paraissait grand et qui portait un pardessus collant. Sa tête était dissimulée derrière un masque hideux en caoutchouc. La lumière de la lampe qui se reflétait dans les grandes lunettes de mica les remplissait d'un feu menaçant.

– Ne criez pas, ne bougez pas ! fit l'homme masqué. (Sa voix sonnait creuse et distante.) Je ne vous ferai pas de mal.

– Qui êtes-vous ? balbutia-t-elle.

– Je suis La Grenouille, répondit l'étranger.

Ella resta muette, incapable de faire un mouvement, et il reprit :

– Combien y a-t-il d'hommes qui vous aiment, Ella Bennett ? Gordon, et Johnson... et La Grenouille qui vous aime plus que tous les autres !

Il s'arrêta comme s'il s'attendait à une réponse, mais Ella était incapable de parler.

– C'est pour une femme que les hommes travaillent, c'est pour une femme qu'ils tuent, et derrière tout ce qu'ils font d'honnête ou de malhonnête, il y a une femme, continua La Grenouille. Et pour moi, cette femme, c'est vous, Ella.

– Qui êtes-vous ?

– Je suis La Grenouille, répéta-t-il et vous saurez mon nom lorsque vous le porterez. Vous m'appartiendrez ! Ne craignez rien pour l'instant, dit-il en voyant son air terrifié. Vous viendrez à moi de votre plein gré.

– Êtes-vous fou ? s'écria-t-elle. Je ne vous connais pas. Comment puis-je... oh ! comment pouvez-vous supposer... je vous en prie, allez-vous-en.

– Je m'en vais tout de suite. Ella, voulez-vous m'épouser ?

Elle fit un signe négatif.

– Ella, voulez-vous m'épouser, répéta-t-il.

– Non.

Elle avait retrouvé son calme et un peu de son assurance.

– Je vous donnerai...

– Vous me donneriez tout l'or du monde, que je ne vous épouserais pas, répliqua-t-elle.

– Je vous donnerai quelque chose de plus précieux encore, la voix se faisait plus douce, à peine perceptible. Je vous donnerai une vie... Je vous donnerai la vie de votre frère.

Pendant un instant, tout tourna autour d'elle ; elle saisit le dossier d'une chaise pour ne pas tomber.

– Que voulez-vous dire ? demanda-t-elle.

– Je vous donnerai la vie de votre frère, condamné à mort dans la prison de Gloucester.

Ella se laissa tomber sur la chaise.

– Mon frère, répéta-t-elle sans comprendre, condamné à mort ?

– Nous sommes lundi, reprit La Grenouille. Il sera exécuté mercredi. Donnez-moi votre main, et je le sauverai.

– Comment pouvez-vous le sauver ? demanda-t-elle machinalement.

– Un nommé Gil, un malheureux crétin, a écrit une confession. Il s'imagine avoir tué Lew Brady.

– Brady ? s'écria-t-elle.

La Grenouille fit un signe de tête affirmatif.

– Ce n'est pas vrai, dit-elle en reprenant son souffle, vous mentez. C'est pour m'effrayer que vous me racontez cela !

– Voulez-vous m'épouser ? insista-t-il.

– Non ! Jamais, jamais... s'écria-t-elle. J'aimerais mieux mourir ! Vous m'avez menti.

– Lorsque vous aurez besoin de moi, appelez-moi. Mettez une carte blanche à votre fenêtre, et je sauverai votre frère.

Ella s'appuya sur la table, la tête dans ses bras.

– Ce n'est pas vrai, ce n'est pas vrai, murmurait-elle.

Il n'y eut pas de réponse. Levant la tête, elle s'aperçut que la chambre était vide. La porte de la cuisine était ouverte ; jetant un coup d'œil dehors, elle n'aperçut personne. Elle eut encore la force de verrouiller la porte et se traîna jusqu'à son lit, où elle s'évanouit.

Le lendemain matin, elle se réveilla pâle et défaite, les yeux rougis de larmes, la tête qui tournait. Cela avait été un cauchemar, ce n'était pas vrai, ce ne pouvait être vrai. Elle n'avait pas entendu parler de meurtre ; et s'il y en avait eu un, ce ne pouvait être Ray qui l'eût commis. Elle l'aurait su, Ray aurait demandé son père.

Elle prit un bain froid ; une demi-heure après, enfin calmée, elle put réfléchir. Ray était vivant, et cet homme avait voulu l'effrayer. Qui était-il ? Elle frissonna.

Elle n'entrevoyait qu'une solution. Avalant une tasse de thé, elle se rendit en ville et sauta dans le premier train pour Londres. Elle ne songea pas un instant à se soumettre et à suspendre une carte blanche à sa fenêtre pour sauver son frère. Mais au fond d'elle-même, elle sentait que La Grenouille n'avait pas inventé cette histoire. Qu'y aurait-il gagné ?

Dick déjeunait en compagnie d'Elk lorsqu'elle arriva. Un coup d'œil sur son visage lui apprit qu'elle apportait de mauvaises nouvelles.

– Ne partez pas, Sir, dit-elle comme l'inspecteur repoussait sa chaise, il faut que vous m'entendiez.

Aussi brièvement qu'elle le put, Ella leur raconta les événements de la nuit précédente. Dick l'écouta, bouillonnant de colère.

– Ray, condamné à mort ? demanda-t-il d'un ton incrédule. Ce n'est évidemment pas vrai.

– Où a-t-il dit qu'il se trouvait ? demanda Elk.

– Dans la prison de Gloucester.

– La prison de Gloucester ? répéta Elk lentement. Il y a un homme condamné à mort là-bas, qui s'appelle... (il essaya de se rappeler le nom). Carter, dit-il enfin. C'est cela... Carter, un vagabond. Il a tué un autre vagabond du nom de Phenan.

– Bien sûr que ce n'est pas Ray, déclara Dick en prenant la main d'Ella. Cette brute a essayé de vous effrayer. Quand a-t-il dit que l'exécution devait avoir lieu ?

– Demain, répondit Ella en sanglotant.

– Ray est probablement sur le continent, lui dit Dick pour la rassurer.

Elk jugea bon de se retirer.

Il n'était pas aussi convaincu que Gordon du mensonge de La Grenouille. Aussi à peine fut-il à son bureau, qu'il fit venir son nouvel assistant.

– Apportez-moi tous les renseignements que vous trouverez au sujet d'un nommé Carter, condamné à mort, et qui se trouve en ce moment dans la prison de Gloucester. Je voudrais sa photographie, ses empreintes digitales, et les détails du crime.

L'homme revint au bout de dix minutes, apportant un petit portefeuille.

– Nous n'avons pas encore reçu sa photographie, Sir. Dans le cas de meurtre, la police locale ne nous envoie les dossiers complets qu'après l'exécution.

Elk envoya la police locale à tous les diables, et se mit à examiner le dossier, qui ne lui apprit pas grand-chose. La taille et le poids de l'individu correspondaient, pensa-t-il, à ceux de Ray. Il n'y avait pas de signes distinctifs ; le signalement indiquait seulement une légère barbe...

Elk se redressa d'un mouvement brusque. Légère barbe ! Ray Bennett avait laissé pousser sa barbe pour une raison mystérieuse. Il se souvint que Broad avait attiré son attention là-dessus.

– Voyons ! s'écria-t-il. Ce n'est pas possible !

C'était impossible, et pourtant...

Il prit un formulaire de télégramme, et écrivit :

« Gouverneur. Prison. Gloucester. Très urgent. Envoyez par messager spécial photographie de James Carter, condamné à mort dans votre prison, aux Archives Scotland Yard. Le messager doit prendre le premier train. Très urgent. »

Il prit la liberté de signer du nom du commissaire en chef. Ayant expédié le télégramme, il se plongea de nouveau dans l'examen de la feuille contenant le signalement de l'individu, et y découvrit un détail qui lui avait échappé :

« Marques de vaccination sur l'avant-bras droit. »

Le détail avait son importance. D'habitude, on vaccine au bras gauche, un peu en dessous de l'épaule. Il nota ce détail avant de se mettre au travail. À midi, il reçut un télégramme lui annonçant la photographie. Il apprit cette nouvelle avec satisfaction, bien qu'il ne vît pas comment on pourrait sauver Ray si c'était lui le coupable. Elk souhaitait de tout son cœur que La Grenouille eût menti.

Un peu avant 1 heure, Dick téléphona pour lui demander de venir déjeuner avec eux au club de l'Auto.

Quand Elk y arriva, ponctuellement cette fois, il trouva la jeune fille d'humeur calme, gaie même. Son œil perçant eut tôt fait d'apercevoir à son doigt une bague d'un éclat surprenant. Dick Gordon avait fait bon emploi du temps que lui avaient laissé ses occupations de la matinée.

– Je crains de négliger un peu mes affaires, Elk, dit-il pendant le repas, mais je suppose que vous avez fort bien passé la matinée sans moi.

– Certainement, répondit Elk, j'ai eu une matinée très intéressante. Une épidémie de petite vérole s'est déclarée dans l'Est de Londres et l'on parle à Scotland Yard de faire vacciner tout le personnel. Je ne suis pas du tout pour ces vaccinations. À mon âge, je devrais être à l'abri de tous les germes !

La jeune fille se mit à rire.

– Pauvre Mr Elk, vous avez toute ma sympathie. Nous avons passé un affreux moment lorsqu'on nous a vaccinés il y a cinq ans, Ray et moi, au moment de la grande épidémie. Et pourtant nous avions un excellent docteur, qui avait des idées tout à fait spéciales au sujet de la vaccination.

Elle releva sa manche et montra trois petites marques sur le dessous de son avant-bras droit.

– Le docteur l'a fait à un endroit où ça ne se verrait pas. Bonne idée, n'est-ce pas ?

– Oui, répondit Elk lentement, et a-t-il vacciné votre frère au même endroit ?

Ella fit un signe affirmatif.

– Qu'y a-t-il Mr Elk ?

– Rien, j'ai avalé un noyau d'olive.

Le temps lui parut interminable. Le repas se termina enfin. La jeune fille devait consulter des catalogues de meubles que Dick avait commandés par téléphone.

– Vous n'irez pas au bureau ? interrogea Elk.

– J'aurais aimé vous voir pendant dix minutes, fit l'autre négligemment, peut-être un quart d'heure.

– Venez à la maison.

– Non, peut-être que je pourrais vous voir ici ; il y a à côté un salon pour dames. Si miss Bennett veut bien nous excuser...

– Mais certainement, dit-elle, et si je suis de trop j'irai au salon. Voulez-vous m'en montrer le chemin ?

Lorsque Dick revint, le détective fumait, les coudes sur la table, le menton posé sur ses mains jointes, et il admirait d'un œil connaisseur le plafond sculpté.

– Qu'y a-t-il, Elk ? demanda Gordon en s'asseyant.

– L'homme condamné à mort est Ray Bennett, annonça Elk sans préliminaires.

33

Le film

Dick pâlit :

– Comment le savez-vous ?

– Sa photographie nous a été envoyée. Elle sera à Londres dans l'après-midi ; mais je n'en ai plus besoin. L'homme condamné à mort a trois marques de vaccination à l'avant-bras droit.

Il y eut un silence pesant.

– Je me demandais pourquoi vous aviez lancé cette conversation sur les vaccins. J'aurais dû comprendre que ce n'était pas sans raison. Que pouvons-nous faire ?

– Il y a une chose que nous ne devons pas faire, répliqua Elk. Nous ne devons pas en parler à Ella Bennett. Il faut que vous vous arrangiez pour que cette jeune fille n'en sache rien. Ray doit avoir des raisons pour vouloir mourir incognito. Vous allez passer une terrible après-midi, capitaine Gordon, dit Elk avec douceur, et je préfère ne pas être à votre place : il vous faudra jouer la comédie et simuler l'entrain, sans cela cette jeune femme va deviner que quelque chose ne va pas.

– Mon Dieu ! c'est effroyable, murmura Dick.

– Oui, et nous ne pouvons rien faire. Il nous faut croire à sa culpabilité, ou devenir fou. D'ailleurs même s'il est innocent, que pourrions-nous faire pour annuler son exécution ?

– Pauvre John Bennett, fit Dick à mi-voix.

– Si vous devenez sentimental, s'écria Elk luttant contre sa propre émotion, je m'en vais. Au revoir.

Mais Dick le retint.

– Attendez, je n'ai pas le courage d'affronter Ella tout de suite. Accompagnez-nous à la maison.

Elk hésita, puis y consentit à contre-cœur.

– Dieu merci, ces catalogues sont arrivés ! s'écria Dick en

apercevant la volumineuse pile de papiers qui encombrait son bureau.

– Pourquoi « Dieu merci » ? interrogea Ella en souriant.

– Parce que sa conscience le tourmente et qu'il a besoin d'un prétexte pour se mettre au travail, dit Elk en venant au secours de Dick.

La tension était insupportable, aussi lança-t-il un regard suppliant à Gordon.

Celui-ci fit un signe, et c'est avec soulagement qu'il se leva pour partir.

– Je m'en vais, miss. Je suppose que vous aurez fort à faire cet après-midi pour meubler votre maison. Il faudra que j'aille voir cela, ajouta-t-il d'un air innocent, bien qu'il ne me semble pas qu'on puisse mettre encore de nouveaux meubles à *Maytree.*

À cet instant, ils entendirent des voix dans le hall... la voix d'une femme, aiguë, insistante, hystérique. Avant que Dick ait pu atteindre la porte, celle-ci fut ouverte avec violence, et Lola se précipita dans la pièce :

– Gordon ! Gordon ! Mon Dieu ! sanglota-t-elle, êtes-vous au courant ?

– Chut ! fit Elk.

Mais la jeune femme était hors d'elle :

– Ils ont pris Ray et vont le pendre ! Lew est mort.

Le mal était fait. Ella se leva lentement, glacée d'effroi.

– Mon frère ? demanda-t-elle.

Lola, qui ne l'avait pas encore aperçue, baissa la tête.

– Je viens de le découvrir, gémit-elle. J'avais des soupçons, et j'ai écrit... J'ai reçu une photographie de Phenan... j'ai reconnu Lew tout de suite, et j'ai deviné le reste. La Grenouille a fait cela : c'est lui qui a tout combiné depuis des mois. Ce n'est pas Lew que je plains, je le jure, c'est Ray. Je l'ai envoyé à sa mort, Gordon...

Des sanglots convulsifs l'empêchèrent de continuer.

Elk souleva la jeune femme dans ses bras, et la transporta dans la salle à manger.

– Est-ce vrai ? dit Ella à mi-voix.

Dick baissa la tête.

– Je crains que oui, Ella.

Elle s'assit lentement.

– Je me demande où je pourrais joindre mon père, dit-elle d'une voix calme, comme s'il ne s'était rien passé.

– Vous ne pouvez rien faire, Ella. Il ne sait rien. Croyez-vous que ce soit charitable de le lui dire ?

– Oui, vous avez raison... Vous devez avoir raison, Dick. Mon père ne doit rien apprendre. Est-ce que je ne pourrais pas le voir ? Je veux dire, voir Ray ?

– Ella, si Ray n'a pas parlé, c'était pour vous éviter tout cela. Si vous allez le voir, son courage, son endurance n'auront servi à rien.

– Oui, c'est vrai... Je ne sais pas ce que je dois faire. Je me sens complètement anéantie. Que dois-je faire ?

– Vous ne pouvez rien faire, ma chérie.

Dick l'entoura de son bras, et Ella reposa sa tête fatiguée contre son épaule.

– Non, je ne peux rien faire, murmura-t-elle.

Elk entra.

– Un télégramme pour miss Bennett. On vient de l'apporter. Il a été réexpédié de Horsham, je suppose.

Dick le prit.

– Ouvrez-le, supplia la jeune fille ; il est peut-être de mon père.

Il déchira l'enveloppe, et lut :

« J'ai développé votre film. Ne peux comprendre le meurtre. Est-ce un essai de fiction ? Venez me voir, maison Silenski, Wardour Street. »

– Qu'est-ce que cela veut dire ? demanda-t-elle.

– Je n'y comprends rien, répondit Dick. Qu'est-ce que votre père avait filmé ?

– Des truites, répondit-elle en rassemblant ses souvenirs. Mais il y avait un autre film, qu'il avait pris... en dormant. Il était en pleine campagne, et guettait un blaireau. Puis il s'est endormi, en pressant la poire de déclenchement. Il a cru que le film était raté. Comme on ne parle pas de truites, ce doit donc être ce second film.

– Allons à Wardour Street.

C'était Elk qui avait parlé. Il appela un taxi et s'y installa avec les deux jeunes gens. Lorsqu'ils arrivèrent à Wardour Street, Mr Silenski était sorti déjeuner, et personne n'avait entendu parler du film.

Ils attendirent pendant une heure et demie, trépignant d'impatience, tandis qu'on envoyait des messagers à la recherche de Silenski. C'était un agréable petit Juif, qui arriva enfin, se perdant en excuses.

– Oui, c'est un film curieux, dit-il en les menant à la salle de projection. Saviez-vous que votre père faisait des essais de fictions ? Si c'est le cas, la scène est assez bien jouée. Mais je ne comprends pas pourquoi il a fait cela : la boîte est étiquetée « Truites dans un étang » ou quelque chose de ce genre, il n'y a ni truites ni étang.

La salle fut plongée dans l'obscurité. Sur l'écran ils virent apparaître l'ouverture d'un terrier d'où l'on voyait sortir le museau d'un petit animal bizarre.

– C'est un blaireau, expliqua Mr Silenski. Le film promettait beaucoup jusque-là, mais je ne sais pas ce que Mr Bennett a fait. Vous remarquerez qu'il a changé l'orientation de son appareil.

Comme il disait ces mots, l'image fut déplacée violemment à droite comme si on l'avait tirée. Ils se trouvèrent alors en face de deux hommes qui avaient tout l'air de vagabonds. L'un d'eux était assis la tête dans ses mains, l'autre, tout près de lui, versait du whisky dans un gobelet.

– C'est Lew Brady, chuchota Elk.

À ce moment l'autre individu leva la tête et Ella poussa un cri :

– C'est Ray ! Oh ! Dick, c'est Ray !

Cela ne faisait pas l'ombre d'un doute. Sa barbe disparaissait dans les ombres que projetait la lumière du soleil. La scène se déroula devant eux : Brady offrait à boire à Ray qui avala d'un trait le contenu du gobelet avant de le lancer à Lew. Ils virent le jeune homme s'étirer en bâillant, puis se coucher, étendu sur le dos. Ils observèrent Lew qui se penchait pour glisser quelque chose dans la poche du jeune homme. Ils distinguèrent le reflet du verre.

– Le flacon, dit Elk.

Soudain le personnage central se retourna brusquement. Un homme s'avançait vers lui. Ils ne pouvaient voir son visage ; pas une fois il ne tourna la tête du côté de l'objectif.

Ils le virent lever le bras, aperçurent l'éclair des deux coups de feu, et suivirent haletants et médusés le drame qui se déroulait.

L'homme se pencha et plaça le pistolet dans la main du jeune homme endormi. Puis, comme il se tournait, l'écran redevint blanc.

– C'est la fin du film, annonça Mr Silenski, et Dieu sait ce qu'il signifie.

– Il est innocent ! Dick, il est innocent ! s'écria la jeune fille impétueusement. Vous avez vu, ce n'est pas lui qui a tiré !

Elle était à demi folle de terreur et de chagrin. Dick la prit par les épaules :

– Vous allez rentrer chez moi et vous reposer. Entendez-vous Ella ? Vous ne sortirez pas, vous resterez tranquille et vous lirez. Vous lirez n'importe quoi mais vous ne penserez pas à cette affaire. Elk et moi ferons le nécessaire .

Elle se domina et essaya de sourire.

– Oui, je le sais, dit-elle en claquant des dents. Ramenez-moi chez vous.

Dick conduisit la jeune fille à *Harley Terrace*. Puis il se fit amener sa voiture et se rendit au bureau du directeur de la police auquel il raconta les événements.

– C'est une histoire singulière, et je ne peux rien faire évidemment. Vous feriez bien d'aller voir tout de suite le secrétaire d'État, Gordon.

– À quelle distance de la ville se trouve la maison de Mr Whitby ?

– À environ cinquante kilomètres… de ce côté-ci de Tunbridge Welles.

Dick inscrivit l'adresse sur un morceau de papier.

Une demi-heure plus tard, une longue Rolls jaune traversait le pont de Westminster à furieuse allure. Quarante minutes après son départ de Whitehall, Dick arrivait au domicile du secrétaire d'État.

Le domestique qui lui ouvrit la porte ne fut pas encourageant.

– Je crains que Mr Whitby ne puisse vous recevoir, Sir. Il a eu une mauvaise attaque de goutte et les docteurs lui ont ordonné de se reposer.

– C'est une question de vie ou de mort, insista Dick. Il faut que je le voie. Ou alors il faudra que je m'adresse au Roi.

La gravité de son message le fit recevoir.

– Que me voulez-vous, Sir ? demanda le ministre d'un ton cassant lorsque Dick entra. Je ne suis pas en état de m'occuper de n'importe quelle affaire. Je souffre le martyre avec ce diable de pied. Allons, dites-moi pourquoi vous êtes venu.

Dick Gordon lui fit part de sa découverte.

– C'est une histoire stupéfiante, déclara le ministre avec une grimace de douleur. Où est ce film ?

– À Londres, Sir.

– Je ne peux pas aller à Londres ; c'est humainement impossible. Ne pouvez-vous pas demander à quelqu'un du *Home Office* de certifier l'exactitude de votre récit ? Quand doit-on pendre cet homme ?

– Demain matin, Sir, à 8 heures.

Le secrétaire d'État réfléchit, se frottant les mains avec irritation.

– Je ne serais pas un homme si je refusais de voir ce sacré film, bougonna-t-il, mais je ne peux aller en ville autrement qu'en ambulance. Vous feriez bien de téléphoner à Londres pour qu'ils envoient une voiture ou, mieux encore, d'en commander une dans un proche hôpital.

Tout semblait conspirer contre le malheureux Gordon : l'ambulance de l'hôpital du district était en réparation... Dick réussit enfin à en faire venir une de Londres, et on lui promit qu'elle serait en route dix minutes plus tard.

– Quelle histoire extraordinaire ! Il est certain que je peux vous accorder un délai de grâce. Et si cette affaire me paraît convaincante, nous pourrions joindre le Roi dès ce soir. Je pourrais même vous promettre un sursis officiel. Mais vous aurez ma mort sur la conscience si je prends froid !

Deux heures s'écoulèrent avant l'arrivée de l'ambulance : le chauffeur avait crevé deux fois en cours de route. Puis il fallut transporter le malade avec des précautions infinies dans la voiture.

Le trajet parut interminable à Dick. Il avait téléphoné à Silenski pour lui demander de ne pas fermer avant son arrivée. À 8 heures seulement, le ministre prenait place dans la salle de projection et la séance commençait.

Mr Whitby suivit le drame avec un vif intérêt. Lorsque le film fut terminé, il respira profondément.

– Tout ça c'est fort bien ; mais comment puis-je savoir que ceci n'est pas un film inventé de toutes pièces afin d'obtenir un sursis pour cet homme ? Et comment puis-je savoir que ce vagabond est bien votre homme ?

– Je puis vous le prouver, Sir, intervint Elk. J'ai reçu ceci de Gloucester.

Il posa deux photographies de Ray sur la table, l'une de profil, l'autre de face.

– Je voudrais revoir le film, déclara le ministre. (De nouveau le drame se déroula sous leurs yeux.) Comment cet homme a-t-il pu prendre ce film ?

– J'ai découvert depuis lors, Sir, que cet homme était dans le voisinage. Il voulait filmer un blaireau ! Mr Silenski m'a renseigné à ce sujet.

Mr Whitby se tourna vers Dick.

– Vous faites partie de la Police judiciaire, n'est-ce pas, capitaine Gordon ? Je crois en votre parole. Ce n'est pas un délai qu'il faut, c'est un sursis ; jusqu'à ce que les circonstances de ce drame aient été tirées au clair.

– Merci, Sir, répondit Dick en essuyant son front ruisselant.

– Vous feriez bien de me conduire au *Home Office*, bougonna le ministre. Demain je maudirai votre nom et votre souvenir, bien que je doive avouer que cette promenade m'a fait du bien. Je voudrais emporter ce film.

Ils durent attendre que le film fût remis dans sa boîte, puis Dick et Elk aidèrent le secrétaire d'État à prendre place dans l'ambulance.

À 8 h 15, un sursis qui n'attendait que le sceau du roi fut entre les mains de Dick. Celui-ci se rendit avec le ministre au palais royal.

Le ministre disparut dans une antichambre. Il réapparut bientôt, faisant un signe à Dick. Le jeune homme le suivit le long d'un long corridor recouvert d'un tapis rouge, où se trouvaient des laquais poudrés vêtus d'écarlate et d'or. Ils arrivèrent bientôt à une porte devant laquelle se tenait un autre laquais. Celui-ci frappa à la porte et une voix leur dit d'entrer.

L'homme qui était assis à la table se leva pour les recevoir. Il portait l'uniforme des généraux, sa poitrine était barrée du ruban bleu de l'ordre de la Jarretière. Ses yeux décelaient une bonté et une humanité que Dick ne s'attendait pas à y trouver.

– Voulez-vous prendre un siège ? leur proposa-t-il. Et maintenant, veuillez me raconter votre histoire le plus brièvement possible : j'ai un rendez-vous ailleurs et, comme vous le savez, l'exactitude est la politesse des rois.

Il écouta attentivement le récit de Gordon, l'interrompant ici et là pour lui poser une question. Lorsque le jeune homme eut terminé, le Roi prit la plume et mit sa signature au bas du document. Il le tendit au secrétaire d'État.

– Voici votre sursis. J'en suis fort heureux.

Dick, s'inclinant devant la main qu'on lui tendait, sentit une onde de joie envahir son être qui lui fit oublier un moment le terrible danger que Ray avait couru ; il en oubliait aussi le point le plus important : La Grenouille qui, sans doute, préparait sa vengeance.

Lorsqu'il eut pris congé du ministre irascible mais bienveillant, Dick se précipita à son bureau et s'empara du téléphone.

– Donnez-moi le Gloucester 8585.

– Je regrette, Sir, on ne peut pas communiquer avec Gloucester, la ligne est dérangée : les fils ont été coupés, lui annonça le téléphoniste.

Dick posa lentement le récepteur. Alors seulement, il se souvint que La Grenouille était encore en vie…

34

En route vers Gloucester

Quand Elk vint le rejoindre, Dick était en train d'écrire des télégrammes. Ils étaient tous adressés au gouverneur de la prison de Gloucester, afin de le prévenir qu'un sursis allait être délivré à James Carter. Chaque télégramme devait être expédié par des voies différentes.

– Pourquoi cela ? demanda Elk.

– La ligne téléphonique pour Gloucester est dérangée, expliqua Dick.

Elk se mordit la lèvre en réfléchissant.

– Si le téléphone est dérangé…

– Je ne veux pas penser à cela, repartit Dick.

Elk décrocha le récepteur.

– Donnez-moi le bureau central du télégraphe, miss. Je voudrais parler au chef d'exploitation… Oui, de la part de l'inspecteur Elk, du département criminel.

Il attendit un instant, puis :

– Oui, c'est l'inspecteur Elk. Nous avons à envoyer des

télégrammes à Gloucester. Est-ce que la ligne fonctionne ? Sa figure resta impassible tandis qu'il recevait la réponse, puis : Oui, je comprends. Est-ce qu'on ne peut y arriver par une ligne détournée ? (Un silence.) Vraiment ? Merci.

Elk reposa l'appareil.

– Toutes les lignes pour Gloucester sont coupées. La ligne interurbaine a été sectionnée à trois endroits ; on a également fait sauter, en trois lieux, la ligne souterraine communiquant avec Birmingham.

Dick cligna des yeux.

– Essayez la T.S.F. Il y a un poste à Devizes et un autre près de Cheltenham ; ils pourraient envoyer un message.

– La station de radio ? C'est l'inspecteur Elk de Scotland Yard qui parle. Je voudrais envoyer un message à Gloucester, à la prison de Gloucester, via... quoi ? J'aurais pensé qu'il vous serait possible de surmonter cet obstacle. Depuis combien de temps y a-t-il cette interruption ? Merci.

Il reposa le récepteur pour la seconde fois.

– Quelqu'un s'est mis à brouiller les messages, annonça-t-il. Une personne inconnue posséderait un poste secret employé par les Allemands pendant la guerre ; quand ce poste fonctionne, il est impossible de faire passer quoi que ce soit.

Dick regarda sa montre, il était 9 h 30.

– Vous pourriez prendre le train de 10 h 5 pour Gloucester, Elk... mais je crains qu'il n'arrive pas à destination.

Elk, patiemment, décrocha le récepteur pour la troisième fois.

– Allô ! Donnez-moi la gare de Paddington, s'il vous plaît. Je voudrais parler au chef de gare. Allô ! C'est le chef de gare ?... Ici l'inspecteur Elk, du département criminel. Y a-t-il un dérangement sur votre ligne cette nuit ?... (Un long silence.) Seigneur ! s'écria Elk calmement. Y a-t-il moyen de passer ?... Aucun ? À quelle heure le service pourra-t-il reprendre ?... Merci.

Il se tourna vers Dick.

– À Swindon, on a fait sauter trois petits tunnels et un pont à 7 heures. À Reading, deux tunnels ont été démolis et à Slough il y a eu des éboulements. Je crois qu'il est inutile de téléphoner aux autres lignes, parce que... eh bien ! parce que La Grenouille a tout prévu.

Dick ouvrit une armoire, en sortit un manteau de cuir et un léger casque de cuir. Dans son tiroir, il prit deux brownings qu'il vérifia soigneusement avant de les glisser dans sa poche. Puis il choisit une demi-douzaine de cigares qu'il mit dans la poche intérieure de son manteau.

– Pensez-vous vraiment aller là-bas tout seul, Gordon ? interrogea Elk, d'un air grave.

Dick fit un signe affirmatif.

– J'irai seul, dit-il. Si je n'arrive pas à destination, vous partirez à votre tour. Faites-moi suivre par une voiture de police et dites-leur de conduire prudemment. Je ne pense pas qu'ils m'arrêtent de ce côté de Newbury, ajouta-t-il. Je pourrai y arriver avant la nuit. Dites à miss Bennett que le sursis a été signé et que je suis en route.

Elk ne répondit rien. Il suivit son chef dans la rue et le regarda faire un examen minutieux de son véhicule

Dick Gordon prit la route de Bath. Les hommes armés qui le guettaient aux deux aérodromes de Londres au cas où il aurait choisi la voie des airs l'attendirent en vain. Dick évita la route directe pour Reading, choisissant le chemin le plus long. Il atteignit Newbury à 11 heures. Dans la ville, on ne parlait que des explosions qui avaient coupé les communications ferroviaires ; mais la route paraissait en bon état : une automobile venant de Swindon était passée par Newbury dix minutes avant l'arrivée de Dick.

– Vous pouvez aller à Swindon en toute sécurité, lui déclara un inspecteur de police à Newbury. Les vagabonds courent les routes ces temps-ci, mais mes hommes n'en ont pas rencontré aujourd'hui.

Une idée traversa l'esprit de Dick. Il entraîna l'inspecteur vers le poste de police.

– Je voudrais une enveloppe et du papier officiel, dit-il en s'asseyant devant le bureau.

Il se mit à copier le texte du sursis, cacheta l'enveloppe et la mit dans sa poche. Puis, s'étant déchaussé, il plaça le document authentique entre son pied nu et sa chaussette. Cela fait, il sauta dans sa voiture et se dirigea verd Didcot. Il avait allumé ses phares et la route devant lui était aussi claire qu'en plein jour. Toutefois, il conduisit prudemment ; un de ses brownings était posé sur le siège à côté de lui.

Il vit bientôt, se détachant sur le ciel, trois V renversés qui devaient être les extrémités d'un bâtiment, un aérodrome peut-être. Tout à coup, il se souvint qu'Elk lui avait parlé d'une usine de produits chimiques qui se trouvait dans cette région. C'était peut-être ce bâtiment et il redoubla de prudence. La route faisait un coude qu'il dépassa et il aperçut alors un agent de police. Il ralentit et s'arrêta près de lui.

– Vous ne pouvez pas passer par ici, Sir ; la route est coupée.

– Depuis combien de temps ? interrogea Dick.

– On l'a fait sauter, il y a vingt minutes, Sir. Il y a une route de traverse à un kilomètre et demi derrière vous qui vous mènera de l'autre côté de la voie du chemin de fer.

Dick fit marche arrière, mais comme il étendait la main pour changer de direction, l'agent qui marchait à côté de la voiture lui assena un coup sur la tête.

Dick avait la tête baissée. Incapable de se défendre, il dut la vie sauve à son casque. Avant d'avoir pu réaliser ce qui lui arrivait, tout devint noir et il perdit connaissance. À peine le coup avait-il été porté qu'une demi-douzaine d'individus sortirent de l'ombre. L'un d'eux sauta dans la voiture, sortit le corps inanimé et fit marche arrière dans l'allée qui menait à la fabrique. Puis il arrêta le moteur et éteignit les lumières.

L'agent de police se pencha sur Dick.

– Je croyais l'avoir assommé pour de bon, dit-il d'un air déçu.

– Eh bien ! achevez-le maintenant, fit une voix.

Mais l'agresseur semblait avoir changé d'avis :

– Hagn aura besoin de lui. Soulevez-le.

Ils portèrent l'homme inanimé dans l'usine en traversant la grande salle mal éclairée et arrivèrent au bureau situé à l'une des extrémités. Là, ils se débarrassèrent de leur fardeau en le jetant à terre.

– Voici votre homme, Hagn, lui annonça le faux agent. Je crois qu'il a eu son compte.

Hagn se leva et s'approcha de Dick Gordon.

– Je ne crois pas qu'il ait grand-chose, dit-il. On ne peut pas tuer un homme à travers un casque pareil. Enlevez-le-lui.

On obéit et Hagn examina le jeune homme inconscient.

– Non, il n'a rien, déclara-t-il. Jetez-lui de l'eau sur la figure. Attendez ! Fouillez-le auparavant. Je voudrais ses cigares, dit-il en montrant les cylindres bruns qui sortaient de la poche de Gordon.

La première chose qu'on trouva fut l'enveloppe bleue et Hagn l'ouvrit.

– C'est bien, dit-il en l'enfermant dans son secrétaire. Et maintenant, donnez-lui de l'eau !

Dick revint à lui avec un violent mal de tête et un sentiment d'irritation en pensant à l'évanouissement dans lequel on l'avait plongé. Il s'assit, se frotta la figure comme un homme que l'on tire d'un sommeil profond, cligna des yeux à la forte lumière puis il se remit péniblement sur ses pieds.

– Ah ! dit-il enfin. Qui m'a frappé ?

– Nous te donnerons sa carte de visite, ricana Hagn. Et où allais-tu à cette heure de la nuit ?

– Je vais à Gloucester, répondit Dick.

– Ah ! vraiment ! dit Hagn d'un ton moqueur. Mettez-le là-haut, mes garçons.

Dick fut mi-traîné, mi-poussé en haut d'un escalier qui partait du bureau et qui menait à une pièce au-dessus, dont on s'était servi pendant la guerre comme bureau supplémentaire. Il y avait là une large fenêtre d'où l'on dominait la grande salle de l'usine. Les vitres en étaient dégoûtantes et le plancher était couvert de débris de toutes sortes.

– Fouillez-le de nouveau pour vous assurer qu'il n'a pas de pistolet sur lui, et enlevez-lui ses chaussures, leur intima Hagn.

Une petite lampe jetait une pâle lueur sur le groupe qui entourait Dick Gordon. Celui-ci eut le temps de regarder autour de lui et il se rendit compte que l'escalier était la seule voie d'évasion.

– Vous resterez ici un jour ou deux, Gordon, mais vous aurez peut-être la vie sauve si le gouvernement nous rend Balder. Sinon, bonsoir !

35

LE CÂBLE À HAUTE TENSION

Dick Gordon savait que toute discussion avec ses cerbères serait inutile et qu'il était vain de répliquer. Sa tête lui faisait mal, mais à peine fut-il laissé seul qu'il se fit subir un traitement que lui avait enseigné un ostéopathe. Le menton baissé, touchant sa poitrine, il mit ses deux mains ouvertes derrière son cou, appuyant fortement du bout des doigts, puis lentement il releva la tête en ramenant ses doigts sur la jugulaire. Lorsqu'il eut répété cet exercice trois fois, la situation lui parut plus claire.

La porte était en bois mince et pouvait être facilement forcée mais la grande salle d'usine était pleine de gens. Bientôt la lumière fut éteinte et tout fut plongé dans l'obscurité. Il devina que Hagn ne désirait pas qu'on pût apercevoir la lumière de la route, même si une descente de police était peu probable : Hagn avait, sans doute, pris ses mesures avec la voiture qui le suivait. Comme on ne lui avait pas retiré ses allumettes, Dick en frotta une pour inspecter les lieux. Devant la cheminée, encombrée d'un amas indescriptible de lettres à demi brûlées et de poussière, il aperçut une plaque de fer qui portait des trous préparés pour recevoir des rivets ; c'était évidemment une partie d'un réservoir qui n'avait pas été monté. Contre le mur se trouvait un gros commutateur. Dick le tourna, espérant qu'il obtiendrait de la lumière, mais apparemment celle-ci était commandée d'en bas. Il frotta une autre allumette et suivit le tube qui menait au commutateur. Il arriva à un gros câble noir qui courait à la jonction du mur et du plafond. Il se terminait abruptement à droite de la cheminée. D'après les marques faites sur le plancher, Dick devina qu'à un moment donné une installation de soudure s'était trouvée à cet endroit.

Dick Gordon s'assit pour réfléchir. Il pouvait discerner un murmure de voix qui venait d'en bas et, à plat ventre sur le plancher, il colla son oreille contre la trappe, qu'il dégagea ensuite avec un morceau de fer trouvé dans la cheminée. Hagn semblait mener la conversation :

– Si nous faisons sauter la route entre ici et Newbury, ils pourront localiser le danger.

– C'est une proposition qui n'a pas de sens, Hagn. Qu'allons-nous faire de Gordon ?

– Je ne sais pas ; j'attends les ordres de La Grenouille. Peut-être que le chef voudra qu'on lui règle son compte.

– Ce serait pourtant un bon otage pour reprendre Balder, si La Grenouille trouve qu'il en vaut la peine.

Vers 5 heures, Hagn, qui était sorti du bureau, revint.

– La Grenouille veut qu'il meure, dit-il à voix basse.

Deux personnes se trouvaient dans le bureau de Dick Gordon. Il était 4 heures de l'après-midi. Elk s'était rendu pour la vingtième fois à Scotland Yard et en revenait pour la vingtième fois. Ella Bennett avait essayé de lire mais son esprit ne pouvait se concentrer. Elle posa son livre avec un soupir, les yeux fixés sur la pendule.

– Croyez-vous qu'il arrivera à Gloucester ? demanda-t-elle.

– Certainement, répondit Broad. Ce jeune homme passera à travers tout ; rien ne pourrait le retenir.

Il se garda bien de lui dire que deux voitures de police avaient été démolies par une mine. Il ne lui avoua pas non plus que l'on n'avait pas aperçu la voiture de Dick.

– Quels affreux personnages ! (Ella frissonna.) D'où ont-ils bien pu sortir, Mr Broad ?

Broad fuma en silence, puis il déclara :

– Je crois que je suis le père des Grenouilles.

Ella était stupéfaite.

– Vous ?

Il hocha la tête.

– Je ne savais pas que je produisais cette engeance, mais le fait est que j'en suis un peu responsable.

Mr Broad ne sembla pas disposé à s'expliquer davantage.

La sonnette ayant retenti, il se leva, croyant qu'Elk avait oublié la clef. Mais ce n'était pas le détective.

– Excusez-moi de vous déranger. C'est vous, Mr Broad ?

Le visiteur cherchait à voir dans l'obscurité.

– Oui, c'est moi. Vous êtes Mr Johnson, n'est-ce pas ? Entrez, voulez-vous ?

Broad le fit entrer dans le salon où se trouvait Ella Bennett.

– Voici un de vos amis : Mr Johnson.

Le philosophe tendit ses deux mains à la jeune fille.

– Je suis navré, miss Bennett, véritablement navré. Ce

doit être bien pénible pour vous. Puis-je vous être de quelque utilité ?

Elle secoua la tête, des larmes de reconnaissance aux yeux.

– C'est gentil de votre part, Mr Johnson. Vous avez déjà tant fait pour Ray. L'inspecteur Elk m'a dit que vous lui aviez même offert une place dans votre bureau.

– Oh ! ce n'est pas la peine d'en parler. J'aime beaucoup Ray et il a vraiment de belles qualités. Votre père ne sait rien ? Dieu merci !

– J'aurais préféré que ce ne fût pas dans les journaux, dit-elle, lorsqu'il lui eut raconté comment il avait appris cette malheureuse affaire.

– Silenski, bien sûr, expliqua Broad. Cela lui fait une publicité gratuite. Et comment appréciez-vous votre nouvelle position, Mr Johnson ? demanda-t-il pour changer de sujet.

– La tête m'en tourne. Je ne comprends pas pourquoi ce pauvre Mr Maitland a fait une chose pareille. À propos, j'ai reçu mon premier avertissement des Grenouilles. Je me sens presque un personnage important.

Il sortit un papier d'un vieux portefeuille. Il n'y avait que trois mots : « Votre tour viendra. »

Et le message portait le signe de La Grenouille.

– Je ne sais pas ce que j'ai fait à ces gens, mais ils ont l'air de m'en vouloir à mort ; ils ont essayé de m'empoisonner hier en mettant une drogue dans mon thé. Heureusement, je m'en suis douté à la première gorgée...

Elk arriva sur ces entrefaites et Johnson lui fit part de l'avertissement qu'il venait de recevoir.

Johnson les quitta à l'aube. Elk l'accompagna sur le seuil de la porte et le regarda suivre la route déserte. Comme Johnson atteignait le coin de la rue, un homme vint à sa rencontre en lui adressant la parole ; puis il y eut un éclair suivi d'un coup de feu. Johnson trébucha et son agresseur s'enfuit. En une seconde Elk fut auprès du philosophe. Il ne paraissait heureusement pas blessé, bien qu'il eût reçu une forte commotion.

– Non, je crois que ce n'est rien, balbutia-t-il. Je ne m'attendais pas à être attaqué de la sorte.

– Que s'est-il passé ? demanda Elk.

– Je traversais la rue lorsqu'un homme m'a abordé en me

demandant si je m'appelais Johnson ; puis, avant même que je ne réagisse, il a tiré.

Elk fit escorter Johnson à son domicile par l'un des deux détectives qui gardaient *Harley Terrace* puis il retourna auprès de la jeune fille.

Six heures sonnèrent et ils n'avaient pas reçu de nouvelles de Dick. À 7 heures, la jeune fille était dans un état pitoyable. Toute la nuit elle avait gardé un courage qui avait provoqué l'admiration des deux hommes, mais maintenant que l'heure fatale approchait elle semblait sur le point de défaillir. À 7 h 30, le chef de la police de Newbury téléphona.

– Le capitaine Gordon a quitté Didcot voilà une heure, annonça-t-il.

– Didcot ! s'écria Elk, consterné. (Il regarda la pendule.) Il y a une heure seulement ?

Il n'avait donc plus que soixante minutes pour rejoindre Gloucester…

À cet instant, Ella Bennett, qui s'était rendue dans la salle à manger, rentra dans le salon.

– Parfait ! ponctua Elk.

Il n'osait continuer la conversation en présence de la jeune fille et il raccrocha le récepteur.

– Quelles sont les nouvelles, Mr Elk ? demanda-t-elle.

– Les nouvelles, répondit Elk se forçant à sourire, sont excellentes.

– Que disaient-ils ? insista la jeune fille.

– Ils ? fit Elk en jetant un coup d'œil à l'appareil téléphonique. Ah ! ce n'était qu'un ami qui m'invitait à dîner.

Elle retourna à la salle à manger, à demi satisfaite, et Elk fit un signe à Broad.

– Allez chercher un docteur, dit-il à voix basse, et dites-lui d'apporter quelque chose qui fasse dormir cette jeune fille pendant douze heures.

– Pourquoi ? interrogea Broad. Les nouvelles sont mauvaises ?

Elk fit un signe affirmatif.

– Il n'y a aucune chance de sauver Ray, pas l'ombre d'une chance !

36

L'ÉVASION

Dick, l'oreille collée au plancher, entendit les mots « La Grenouille veut qu'on le tue » et ses lèvres sèches eurent un sourire moqueur.

– L'avez-vous entendu bouger ? demanda Hagn.

– Non, il a dû s'endormir, lui répondit-on. Il nous faudra attendre le jour : nous ne pouvons rien faire dans cette obscurité, nous ne ferions que nous entretuer.

Cette proposition eut l'assentiment de la plupart des individus présents. Dick compta six voix. Il frotta une allumette pour une nouvelle inspection des lieux et ses yeux retombèrent sur le câble électrique. Tout à coup, il eut une inspiration. À pas de loup il traversa la chambre ; il atteignit le câble et tira de toutes ses forces. L'isolateur qui le retenait céda sous son poids et par chance tomba sur le tas de débris devant la cheminée sans faire de bruit. Pendant une demi-heure, il travailla fébrilement à arracher le caoutchouc qui entourait le câble pour libérer les fils de cuivre. Ses mains saignèrent, il y cassa ses ongles, mais l'extrémité du câble était à nu. La porte s'ouvrait de l'extérieur ; prenant la plaque de fer il la posa contre elle de manière qu'en entrant on fût obligé de marcher dessus. Puis il se mit à fixer les fils de cuivre aux trous des rivets. À peine avait-il terminé son travail qu'il entendit des pas furtifs dans l'escalier.

Le jour s'était levé, et la lumière entrait à flots par le toit de verre de l'usine. Il entendit un chuchotement, puis un léger grincement tandis qu'on retirait les verrous de la porte. Alors il se glissa jusqu'au commutateur qu'il tourna.

La porte fut ouverte brutalement et quelqu'un marcha sur la plaque électrique. Avant que son cri eût pu avertir celui qui le suivait, un second individu était tombé sans connaissance.

– Que diable se passe-t-il ?

C'était la voix de Hagn. Il monta les escaliers en courant, posa un pied sur la plaque, resta une seconde immobile, puis dans un soubresaut, tomba à la renverse. Dick entendit le bruit de sa chute dans l'escalier.

Il n'attendit pas plus longtemps : sautant par-dessus la

plaque électrique, il dégringola l'escalier marchant sur la forme inanimée de Hagn. Le petit bureau était vide. Un de ses pistolets se trouvait sur la table ; il l'empoigna et, traversant en courant la salle déserte, il sortit dans le jardin par une porte ouverte. Il entendit alors un cri et, s'étant retourné, aperçut deux hommes qui se précipitaient sur lui. Il leva son pistolet, pressa sur la détente. Il y eut un déclic… Hagn avait vidé le magasin.

Un browning est une arme excellente, même non chargé. Dick Gordon l'abattit de toute sa force sur la tête de l'individu qui mettait la main sur lui. Puis il se remit à courir.

Il s'était imaginé à tort qu'il y avait six hommes seulement dans le bâtiment. Il devait y en avoir une vingtaine, et la plupart étaient à sa poursuite.

Il essayait d'atteindre la route dont il n'était séparé que par une haie de buissons. Mais il perdait du temps à chercher une ouverture, la haie dissimulant une barrière de fils de fer barbelés. Le terrain était inégal, il était en chaussettes et ne pouvait avancer aussi rapidement qu'il eût voulu. Les hommes à sa poursuite réussirent à le devancer faisant alors volte-face, il s'enfuit dans la direction du second des trois bâtiments.

Mais les bandits étaient à ses trousses. Il pouvait entendre la respiration de celui qui était à leur tête. Dick était presque à bout de forces lorsqu'il aperçut un avertisseur d'incendie au mur. En un éclair la conversation qu'il avait eue avec Elk lui revint en mémoire. De ses mains nues, il brisa la vitre et tira l'avertisseur. À ce moment ses agresseurs se ruèrent sur lui. Il se battit avec désespoir, mais toute résistance était vaine en face du nombre de ses assaillants. Il lui fallait gagner du temps.

– Allons, sauvez-vous, Hagn est mort ! cria-t-il.

Ce fut une déclaration malheureuse : Hagn sortait à ce moment du bâtiment voisin, fort ébranlé il est vrai, mais bien vivant. Il était livide de rage et marmottait des paroles dans une langue que Dick ne comprenait pas, mais qu'il crut être du suédois.

– Je te réglerai ton compte. Tu tâteras aussi de la plaque électrique, salaud !

Il lança son poing dans la figure du prisonnier, mais Dick tourna la tête et le coup atteignit le mur contre lequel il se trouvait. L'homme bondit sur lui en criant, déchirant et griffant à pleines mains. Ce fut le salut de Dick. Ceux qui tenaient ses bras le lâchèrent afin que leur chef eût le champ libre. Dick lui assena un coup de poing bien visé et Hagn tomba en poussant une clameur. Avant qu'on eût pu l'arrêter, Dick était déjà loin, courant cette fois-ci tout droit vers le portail.

Il l'atteignait lorsque la main d'un de ses poursuivants le saisit. Dick se dégagea et courut en trébuchant sur la route, où arrivait dans un fracas de cloches et un scintillement de cuivre, une pompe à incendie. Un instant, les hommes groupés à la grille restèrent saisis de stupeur devant cette apparition. Puis, sans plus s'occuper de leur proie, ils firent volte-face et s'enfuirent. Dick expliqua la situation au chef des pompiers. Une autre pompe à incendie arriva et les pompiers n'eurent aucun mal à neutraliser des Grenouilles dont ils n'avaient pas peur.

Tandis qu'on transportait Hagn dans une des voitures, Dick regarda sa montre. Il était 6 heures. Il se mit à la recherche de son automobile, craignant le pire, mais Hagn n'avait pas essayé de la mettre hors d'usage ; peut-être voulait-il s'en servir lui-même. Trois minutes plus tard, Dick, échevelé, sale, portant les empreintes des griffes de Hagn sur la figure, sautait dans sa voiture, et roulait à toute allure dans la direction de Gloucester. Il n'aurait pas pu aller plus vite, même s'il avait su que sa montre s'était arrêtée.

Ayant traversé Swindon à furieuse allure, il se trouva sur la route de Gloucester et regarda sa montre. Les aiguilles n'avaient pas bougé depuis 6 heures ; Dick tressaillit. Il marchait à la vitesse maximum, mais la route était mauvaise, et courait en lacets.

Un pneu creva et la voiture faillit se jeter dans une haie. Dick évita l'accident et continua sa route avec une roue plate. Son allure en fut considérablement ralentie, et Dick frissonna en pensant au chemin qu'il avait encore à parcourir.

Lorsqu'il aperçut enfin les flèches de la cathédrale de Gloucester, un second pneu éclata. Il ne pouvait s'arrêter, il lui fallait continuer sa route même s'il en était réduit à rouler sur les jantes. Mais son allure était lente et les minutes passaient.

Il traversait les faubourgs de la ville. Les routes étaient dans un état épouvantable. Il fut arrêté par un autobus ; sans s'occuper des règlements de la circulation, il continua sa route. Il aperçut une horloge : il était 7 h 58 et il avait encore cent mètres à faire. Dick serra les dents et pria.

Il frémit lorsque le clocher de la cathédrale sonna 8 heures au moment où il s'engageait dans la rue principale.

Rien ne pouvait retarder l'exécution hormis le sursis qu'il apportait. Ponctuellement, à une seconde près, Ray Bennett devait mourir. Dick, la mort dans l'âme, arrêta sa voiture devant la porte de la prison et courut en trébuchant tirer la sonnette. Il sonna deux fois : personne ne vint répondre. Dick enleva sa chaussette et en retira le document taché de sang car ses pieds étaient blessés. De nouveau, il sonna avec la fureur du désespoir. Un guichet s'ouvrit et la figure sombre d'un gardien apparut.

– Vous ne pouvez pas entrer, vous savez ce qui se passe ici.

– *Home Office*, dit-il d'une voix épaisse. Un message du *Home Office*. J'apporte un sursis !

Le guichet se ferma, et après un moment qui lui sembla une éternité, la clef tourna dans la serrure et la lourde porte s'ouvrit.

– Je suis le capitaine Gordon, déclara Dick d'une voix haletante, du département de la Police judiciaire et j'apporte un sursis pour James Carter.

Le gardien secoua la tête.

– L'exécution a eu lieu il y a cinq minutes, Sir.

– Mais l'horloge de la cathédrale… s'écria Dick avec désespoir.

– L'horloge de la cathédrale retarde de quatre minutes. Je crains bien que Carter ne soit mort.

37

L'HOMME MYSTÉRIEUX

Ray Bennett s'éveilla après une nuit sereine et s'assit sur son lit. Le gardien qui ne l'avait pas quitté de la nuit se leva et s'approcha de lui.

– Voulez-vous vos habits, Carter ? Le gouverneur de la prison a pensé que vous n'aimeriez peut-être pas remettre vos hardes.

– Et il a deviné juste ! s'écria Ray, avec reconnaissance.

Ceci m'a l'air d'être un fort beau complet, dit-il en passant le pantalon.

Le geôlier toussa pour se donner une contenance.

– Oui, c'est un beau complet, confirma-t-il.

Il n'en dit pas davantage, mais quelque chose dans son attitude exprimait son embarras. C'était des habits dans lesquels quelqu'un avait été pendu. Pourtant les mains de Ray ne tremblèrent pas tandis qu'il fixait ses bretelles. Pauvres habits qui devaient servir en de si lugubres occasions ! Ray espérait qu'on leur épargnerait l'humiliation d'une troisième épreuve.

On lui apporta son déjeuner à 6 heures. Le chapelain vint le voir. Ils parlèrent un instant puis le gardien proposa à Ray d'aller prendre un peu d'exercice dans la cour. Le jeune homme fut heureux de revoir une dernière fois le ciel bleu et de pouvoir respirer à pleins poumons l'air pur du dehors.

Il devinait pourquoi on lui accordait ce privilège. On allait vérifier la trappe dans la pièce attenant à sa cellule et on ne voulait pas le démoraliser.

Une demi-heure plus tard, il rentra dans sa cellule.

– Avez-vous quelque chose à déclarer, Carter ? Est-ce votre nom ?

– Non, Sir, ce n'est pas mon nom, répondit Ray calmement. Mais cela n'a pas d'importance.

– Avez-vous tué cet homme ?

– Je ne sais pas, répondit Ray. J'avais envie de le tuer, il est donc probable que je l'aie fait.

À 7 h 50, le gouverneur de la prison vint lui serrer la main. Les aiguilles de l'horloge de la prison avançaient, inexorables, et Ray pouvait les voir par la porte ouverte. Le gouverneur ferma la porte. Il était 7 h 59, et bientôt la porte allait s'ouvrir de nouveau. Ray la vit s'entrouvrir et son calme l'abandonna un instant. Il tourna le dos à l'homme qui arrivait d'un pas rapide et qui lui attacha les mains.

– Que Dieu me pardonne ! Que Dieu me pardonne ! murmura le nouveau venu.

Au son de cette voix, le jeune homme fit volte-face.

Le bourreau était John Bennett !

Le père et le fils, le bourreau et le condamné à mort se

trouvèrent face à face puis, d'une voix à peine perceptible, John Bennett articula un nom :

– Ray !

Ray baissa la tête. À cet instant son esprit se reporta aux voyages mystérieux de son père et au dégoût de ce dernier pour le travail que les circonstances lui avaient imposé.

– Ray ! répéta John Bennett.

– Connaissez-vous cet homme ?

C'était le gouverneur de la prison qui parlait, et sa voix tremblait.

John Bennett se retourna.

– C'est mon fils.

D'un geste rapide il détacha les liens qui enserraient les poignets du jeune homme.

– Vous devez faire votre devoir, Bennett.

La voix du gouverneur était sévère.

– Faire mon devoir ? répéta John Bennett, machinalement. Tuer mon propre fils ? Êtes-vous fou ? Croyez-vous que je sois fou ? (Il prit le jeune homme dans ses bras.) Mon garçon, oh ! mon garçon ! dit-il en passant sa main dans ses cheveux.

Puis, redevenant maître de lui-même, il poussa Ray dans la chambre d'exécution, l'y suivit, claqua la porte et la verrouilla.

Il n'y avait pas d'autre porte que celle-ci et il en avait la clef. Ray regarda autour de lui, vit la corde jaune qui pendait, les repères marqués sur la trappe à l'endroit où l'on plaçait les pieds du condamné et il s'appuya contre le mur, les yeux fermés, frissonnant. Alors, John Bennett se mit à hacher la corde en plusieurs morceaux puis, faisant fonctionner la trappe, il jeta les tronçons de la corde dans le trou béant.

– Père !

Ray le regardait avec stupeur. Sans prendre garde aux coups qui pleuvaient contre la porte, John Bennett prit la figure de son fils entre ses mains et l'embrassa.

– Me pardonneras-tu, Ray ? demanda-t-il d'une voix brisée. J'ai été obligé de faire ce métier. Je t'assure que j'ai souffert de la faim avant d'y être réduit. Je l'ai fait une fois… par curiosité, pour aider le bourreau… un docteur ruiné qui s'était chargé de la besogne. Il était malade… et j'ai pendu le meurtrier. Je venais de sortir de l'école de médecine et cela ne me paraissait pas si horrible à ce moment-là. J'ai essayé de gagner ma vie autrement et toute ma vie j'ai vécu dans la terreur que quelqu'un ne me montre du doigt en disant : « Voilà Benn, le bourreau. »

– Benn, le bourreau, répéta Ray étonné. Êtes-vous Benn ? John Bennett fit un signe affirmatif.

– Benn, venez ! s'écria le gouverneur. Je vous donne ma parole d'honneur que je remettrai l'exécution à demain. Vous ne pouvez pas rester là-dedans.

Bennett jeta un coup d'œil autour de lui. L'exécution ne pouvait suivre son cours. La corde devait être délivrée par l'administration supérieure des prisons. Il était impossible d'employer une autre corde. Tous les accessoires servant aux exécutions, jusqu'au morceau de craie qui sert à marquer le T sur la trappe à l'endroit où le condamné pose ses pieds, devaient être fournis suivant le rite par l'administration supérieure des prisons et lui être retournés selon les mêmes formes.

John Bennett retira les verrous, ouvrit la porte et sortit.

Les visages de ceux qui étaient dans la cellule des condamnés à mort étaient bouleversés. Celui du gouverneur de la prison était pâle et tiré, le *sheriff* était assis sur le lit, la tête entre ses mains.

– Je télégraphierai à Londres pour leur expliquer la situation, déclara le gouverneur. Je ne vous blâme pas, Benn. Il aurait été monstrueux de s'attendre à ce que vous exécutiez… une chose pareille.

Un geôlier arriva. Derrière lui apparut en boitant un homme échevelé, couvert de poussière, le visage maculé de sang, les yeux rougis de fatigue. John Bennett ne le reconnut pas tout de suite.

– Un sursis, de la main du Roi, annonça Dick Gordon d'une voix étranglée.

Il tendit l'enveloppe tachée de sang au gouverneur de la prison.

38

LE RÉVEIL

Ella Bennett avait fini par avaler la potion calmante que le docteur lui avait préparée. Épuisée par l'effort qu'elle avait dû faire pour supporter la tension de la nuit, elle s'endormit enfin. Lorsqu'elle s'éveilla, elle se rendit confusément compte qu'elle se trouvait dans un lit et que quelqu'un lui avait enlevé ses chaussures et dénoué les cheveux. En ouvrant les yeux, elle aperçut une femme qui lisait près de la fenêtre. La chambre, qui lui parut d'aspect très masculin, sentait légèrement le tabac.

– C'est le lit de Dick, murmura Ella.

La femme posa son livre et s'approcha de la jeune fille.

Ella l'observa, étonnée. Pourquoi portait-elle ce bandeau blanc autour du front et ce grand fourreau bleu aux manchettes blanches ? C'était une garde-malade, bien sûr. Ella ferma les yeux et retourna au pays de ses rêves.

Lorsqu'elle rouvrit les yeux, la femme était encore là. Cette fois-ci, la jeune fille avait l'esprit plus clair.

La garde lui apporta un verre d'eau qu'elle but avidement.

– Quelle heure est-il ? interrogea-t-elle.

– Il est 7 heures.

– 7 heures ! (La jeune fille frissonna et voulut se lever.) 7 heures du soir ! Oh ! qu'est-il arrivé ?

– Votre père est en bas, miss, dit la garde. Je vais l'appeler.

– Mon père est ici ? (Elle fronça les sourcils.) Y a-t-il d'autres nouvelles ?

– Mr Gordon est aussi en bas, miss, avec Mr Johnson.

– Personne d'autre ? demanda Ella à mix-voix.

– Non, miss. Le jeune monsieur arrivera demain ou le jour suivant… je parle de votre frère.

La jeune fille enfouit son visage dans son oreiller.

– Vous ne dites pas la vérité !

– Mais si, miss.

Quelque chose dans son rire frappa Ella et lui fit relever la tête.

La garde sortit de la chambre. Au bout de quelques minutes

la porte s'ouvrit et John Bennett apparut. Elle se jeta dans ses bras en sanglotant de joie.

– Est-ce vrai, père chéri, est-ce vrai ?

– Oui, ma chérie, c'est vrai, répondit John Bennett. Ray arrivera demain. Il reste quelques formalités à remplir avant qu'il puisse être mis en liberté. Nous parlons de son avenir. Oh ! ma fille, ma pauvre chère fille !

– Quand avez-vous appris la chose ?

– Ce matin, répondit son père d'une voix calme.

Il passa ensuite à un autre sujet.

– Johnson veut confier à Ray la direction de *Maitlands*, dit-il. Ce serait une position splendide pour Ray. Ella, ton frère a changé.

– L'avez-vous vu ? demanda-t-elle surprise.

– Oui, je l'ai vu ce matin.

La jeune fille trouva tout naturel que son père ait pu le voir et elle ne l'interrogea pas pour savoir comment il avait pu franchir les portes jalousement gardées de la prison.

– Je ne crois pas que Ray acceptera l'offre de Johnson, continua-t-il. Je ne crois pas qu'il veuille accepter une position toute faite. Il veut travailler par lui-même. Il va revenir à la maison, Ella.

Ella désirait lui poser une question, mais craignait de le froisser.

– Père, quand Ray sera revenu, dit-elle après un long silence, vous sera-t-il possible d'abandonner ce… travail que vous détestez ?

– Je l'ai abandonné, chérie, répondit-il tranquillement. Jamais plus… jamais plus… jamais plus, Dieu merci !

Ella ne pouvait voir sa figure, mais elle sentit le frisson qui traversa le corps de celui qui la tenait dans ses bras.

Le bureau de Gordon était bleu de fumée. Dick était assis, la tête bandée, trois égratignures lui abîmant le visage, une pipe entre les dents… il était la satisfaction personnifiée !

– C'est très aimable à vous, Johnson, dit-il. Je me demande si Ray Bennett acceptera votre offre. Croyez-vous réellement qu'il soit assez compétent pour diriger cette énorme affaire ?

Johnson eut un air dubitatif.

– Il n'était qu'employé chez *Maitland*. N'êtes-vous pas un peu trop généreux ?

– Je ne sais pas, peut-être bien, dit Johnson tranquillement. Je voudrais simplement lui venir en aide. Il y a peut-être d'autres positions moins importantes que je pourrais lui offrir s'il ne se soucie pas d'assumer de trop lourdes responsabilités.

– Je suis sûr qu'il refusera, déclara Dick avec décision.

– Il me semble, déclara Elk, que le plus important est de tirer le jeune Bennett des pattes des Grenouilles. Ils ne lâchent pas volontiers leur proie et La Grenouille ne se tiendra pas pour battue. Nous en avons encore eu une preuve hier : ils ont tiré sur Johnson dans cette rue-ci.

Dick retira sa pipe, envoya une bouffée au plafond et déclara :

– La Grenouille n'en a plus pour longtemps. La question est de savoir quel est le moyen d'en finir. Balder a été arrêté, Hagn est en prison. Lew Brady, qui était l'un de leurs meilleurs agents, bien qu'il n'eût pas un poste exécutif… est mort ; Lola…

– Lola n'en est plus. (C'était l'Américain qui parlait.) Elle est partie ce matin pour les États-Unis et je me suis permis de faciliter son départ… Il ne reste donc plus que La Grenouille et l'organisation qui dépend de ce personnage. Lui arrêté, c'est la fin de cette engeance.

John Bennett revint sur ces entrefaites et la conversation prit un autre cours ; peu après, Joshua Broad et Johnson s'en allèrent ensemble.

– Vous n'avez rien raconté à Ella, Mr Bennett ? demanda Dick.

– À mon sujet ?… Est-ce nécessaire ?

– J'espère que vous n'en verrez pas la nécessité, répondit Dick tranquillement. Que cela reste votre secret et celui de Ray. Je m'en doutais depuis longtemps.

John Bennett baissa la tête.

– Vous saviez, et malgré cela…

Il hésita.

Dick hocha la tête.

– Je ne savais rien des circonstances qui vous ont obligé à prendre ce métier, Mr Bennett, lui dit-il doucement. À mes yeux, vous êtes un officier de la loi, ni plus ni moins effrayant que moi qui contribue à envoyer tant d'hommes à l'échafaud. Pas moins honorable que le juge qui les condamne et qui signe leur arrêt de mort. Nous sommes les instruments de l'ordre.

Ella et son père passèrent la nuit à *Harley Terrace* et se rendirent dans la matinée à la gare de Paddington à la rencontre de Ray. Dick et Elk les laissèrent seuls.

– Il y a une chose qui me paraît inconcevable, déclara Elk. C'est que ni l'un ni l'autre nous n'ayons identifié Bennett.

– Et pourquoi l'aurions-nous fait ? Ni vous ni moi n'assistons aux exécutions et l'identité du bourreau est plus ou moins inconnue sauf de quelques rares personnes. Bennett craignait la publicité, évitait les gares des villes où avaient lieu les exécutions et descendait en général dans quelque village d'où il gagnait la ville à pied. Le geôlier en chef de la prison de Gloucester m'a dit qu'il n'arrivait jamais avant le milieu de la nuit qui précédait une exécution. Il arrivait et repartait subrepticement.

– Le vieux Maitland avait dû le reconnaître, n'est-ce pas ?

– Oui. Maitland a été en prison à une certaine époque de sa vie et il a dû le voir. Bennett louait depuis des années une chambre à Dorking où il se faisait adresser les lettres officielles. Comme personne ne le connaissait là-bas, ses mystérieuses expéditions en ville n'intriguaient pas les habitants de Dorking.

Quand Elk revint à *Harley Terrace*, il fut surpris de n'y point trouver Dick. Le domestique lui apprit que son maître avait dormi, puis qu'il s'était habillé pour sortir. Il n'avait pas dit où il allait. Elk supposa qu'il s'était rendu à Horsham. Il dîna et ne voulut pas aller se coucher avant d'avoir vu son chef… bien qu'il eût vivement désiré retrouver son lit !

Il s'installa dans le bureau et s'endormit dans un fauteuil. Il fut réveillé par quelqu'un qui le secouait doucement par l'épaule. Quand il ouvrit les yeux, Dick était devant lui.

– Bonsoir ! dit-il encore tout endormi. Comptez-vous rester debout toute la nuit ?

– Ma voiture est à la porte, lui annonça Dick. Prenez votre manteau : nous allons à Horsham.

Elk bâilla en regardant la pendule.

– Ella aura envie d'aller se coucher, dit-il en protestant.

– Je l'espère, mais j'ai mes craintes. La Grenouille a été aperçue sur la route de Horsham ce soir à 9 heures.

– Comment le savez-vous ? interrogea Elk, soudainement éveillé.

– Je l'ai filé pendant toute la soirée, répondit Dick, mais il m'a glissé entre les doigts.

– Vous avez suivi La Grenouille ? répéta Elk lentement. Savez-vous qui c'est ?

– Je le connais depuis un mois environ, repartit Dick Gordon. Prenez votre pistolet !

39

OÙ L'ON VOIT RÉAPPARAÎTRE LA GRENOUILLE

Il y a un bonheur qui n'a pas son pareil dans la vie : celui de retrouver un être cher. De retour à Horsham, Ray Bennett respirait avec émotion l'atmosphère d'affection et de tendresse qui rayonnait dans la maison.

– Allons, rapproche ta chaise de la table, mon garçon, dit John Bennett comme Ella apportait la théière qu'elle posa sur la table.

Ray obéit, plaçant sa chaise à sa place habituelle, à la droite de son père.

John Bennett inclina la tête pour rendre grâce à Dieu. C'étaient les grâces que Ray avait entendues répéter par son père année après année et qui l'avaient bien souvent fait sourire mais elles prenaient en ce jour une signification si belle qu'il en était oppressé.

– Que le Seigneur rende nos cœurs reconnaissants pour les bienfaits que nous avons reçus en ce jour.

Ce fut vraiment un repas merveilleux, plus merveilleux que tous ceux qu'il avait mangés au *Heron's Club* ou autres restaurants luxueux qu'il avait fréquentés.

– Ah ! être chez soi ! s'écria-t-il tout simplement.

Son père lui serra la main avec tant de force que le jeune homme en fit la grimace.

– Ray, Johnson voudrait que tu prennes la direction de *Maitlands Cons.* Que penses-tu de cela, mon garçon ?

Ray secoua la tête.

– Je ne suis pas plus capable de diriger *Maitlands Cons.* que je ne suis capable d'être le président de la Banque d'Angleterre, dit-il avec un petit rire bref. Non, père, mes ambitions sont plus modestes. Je crois que je pourrai gagner ma vie respectablement en cultivant des pommes de terre... et je serais heureux de le faire.

John Bennett regardait la table d'un air songeur.

– Je... j'aurai besoin d'un assistant si mes films ont du succès, comme le prévoit Silenski. Peut-être pourras-tu cultiver des pommes de terre d'ici-là, lorsque Ella sera mariée.

La jeune fille rougit.

– Ella va se marier ? Vraiment Ella ?

Ray se leva d'un bond pour embrasser sa sœur.

– Ella, ce qui m'est arrivé ne sera pas un empêchement, je suppose ?

– Je ne crois pas, Ray. Je suis engagée.

Le front de la jeune fille se marqua soudain d'une ride inquiète.

– Qu'y a-t-il ? demanda John Bennett.

– Je pensais à un souvenir désagréable.

Pour la première fois, elle lui parla de l'odieuse apparition.

– La Grenouille voulait t'épouser ? dit Ray, les sourcils froncés. C'est incroyable ! As-tu vu sa figure ?

Ella fit un signe négatif.

– Il était masqué. Mais ne parlons plus de cela.

Elle se leva vivement et se mit à desservir ; Ray, pour la première fois depuis bien des années, se mit à l'aider.

– La nuit est affreuse, dit la jeune fille en revenant de la cuisine. Le vent a ouvert la fenêtre et éteint la lampe ; dehors, il pleut à torrents.

– Toutes les nuits sont de bonnes nuits pour moi, dit Ray.

Dans son rire, Ella discerna un sanglot.

C'est la seule allusion qui fut faite au terrible événement : il avait été tacitement entendu que ce cauchemar ne resterait pour eux qu'un mauvais rêve ; rarement il trahissait un peu de ce qu'avait été l'angoisse de ces trois semaines d'attente.

– Tire les verrous de la porte de service, ma chérie, dit John Bennett, levant la tête tandis qu'Ella sortait.

Les deux hommes fumèrent en silence, chacun d'eux absorbé par ses pensées. Puis Ray se mit à parler de Lola.

– Je ne crois pas qu'elle était mauvaise. Elle ne pouvait pas savoir ce qui allait se passer. L'affaire fut combinée d'une manière si diabolique que j'étais persuadé d'avoir tué Brady jusqu'au moment où Gordon m'a appris ce qui s'était passé réellement. Cet homme doit avoir le cerveau d'un général. (Bennett acquiesça d'un signe de tête.) J'ai toujours eu l'impression que Maitland devait avoir à faire avec La Grenouille. Je crois que c'était en effet le cas. J'ai deviné cela lorsqu'il a fait son apparition au *Heron's Club*… Qu'y a-t-il ?

– Ella, appela John Bennett. (Il n'y eut pas de réponse.) Je ne veux pas qu'elle reste là-bas à relaver la vaisselle. Ray, mon garçon, va la chercher.

Ray se leva, ouvrit la porte de la cuisine. Celle-ci était plongée dans l'obscurité.

– Père, voulez-vous apporter la lampe, cria-t-il.

John Bennett se hâta vers lui.

La porte de la cuisine était fermée, mais les verrous n'étaient pas tirés. Quelque chose de blanc traînait par terre. Ray se baissa pour le ramasser : c'était un morceau du tablier que portait Ella.

Les deux hommes se regardèrent, puis Ray courut à sa chambre en haut de l'escalier et en redescendit, portant une lampe tempête qu'il alluma.

– Elle est peut-être dans le jardin, dit-il d'une voix étouffée.

La pluie tombait sans merci ; les deux hommes furent trempés avant d'avoir fait une dizaine de mètres. Ray inspecta le sol à l'aide de sa lampe... Il y avait de nombreuses traces de pas ; soudain il reconnut les traces d'Ella. Elles disparaissaient au bord de la pelouse mais se dirigeaient droit vers le petit portail latéral qui s'ouvrait sur un étroit chemin. Ce dernier débouchait sur la route et menait à un champ derrière *Maytree Cottage*. Le portail qui séparait le chemin de la route était en général fermé au moyen d'une chaîne et d'un cadenas. Ray fut le premier à discerner les traces de roues, puis il découvrit que le portail était ouvert ; la chaîne cassée gisait dans la boue. Il courut sur la route : les traces tournaient à droite.

– Va vite en ville téléphoner à Gordon, dit John Bennett avec une voix étrangement calme.

Un quart d'heure plus tard, Ray sautait à bas de sa vieille bicyclette devant *Maytree Cottage* rapportant de mauvaises nouvelles.

– La ligne téléphonique a été coupée, dit-il d'une voix étranglée. J'ai loué une auto au garage. Nous essaierons de suivre les traces.

L'automobile venait d'arriver lorsque la voiture de Dick fit son apparition. Gordon sut le pire avant de sauter à terre. Ils échangèrent quelques mots puis Dick traversa la cuisine, suivit les traces jusqu'à la route et trouva Elk en train d'inspecter soigneusement le côté opposé de la route à l'aide de sa lampe électrique.

– Il y a une légère trace de roue ici, annonça-t-il. Elle est trop profonde pour une bicyclette, mais trop légère pour une automobile ; j'ai l'impression que c'est la trace d'une motocyclette.

– C'est une auto, répliqua Dick brièvement, et une très grande auto.

Il envoya Ray et son père changer de vêtements. Ils réapparurent, revêtus de grands manteaux de pluie, et sautèrent dans la voiture qui démarrait.

Les traces étaient visibles pendant cinq kilomètres. Ils arrivèrent à un village. Un agent de police leur dit avoir vu passer une automobile « un instant auparavant »... et un motocycliste.

– Où se trouvait le motocycliste ? interrogea Elk.

– Il était derrière la voiture, à une centaine de mètres, répondit l'agent. Je lui ai fait signe d'arrêter parce que ses lumières étaient éteintes, mais il n'y a pas pris garde.

Ils continuèrent leur route pendant un kilomètre et arrivèrent à une portion nouvellement goudronnée où les traces se perdaient. Un kilomètre plus loin, ils arrivèrent à un carrefour : la route se divisait en trois. Deux des routes étaient en macadam et ne révélaient aucune trace ; la troisième, bien qu'ayant une surface moins dure, ne leur offrit aucun indice.

– C'est l'une des deux autres, déclara Dick. Essayons celle de droite.

Le macadam continuait jusqu'au village. Là, la route était en réparation ; le gardien de nuit secoua la tête lorsque Dick l'interrogea.

– Non, Sir, aucune voiture n'est passée ici ces deux dernières heures.

– Retournons, proposa Dick, la mort dans l'âme.

La voiture changea de direction et s'élança sur la route jusqu'au carrefour.

Ils prirent la seconde route et bientôt le cœur de Dick bondit en apercevant la lumière arrière d'une voiture. Hélas ! Ce n'était qu'une voiture en panne au bord de la route. Toutefois, son conducteur leur donna des renseignements précieux. Une voiture l'avait dépassé trois quarts d'heure auparavant ; il la leur décrit minutieusement et put même leur en dire la marque.

– Le motocycliste conduisait une *Red Indian*, ajouta-t-il.

– De nouveau le motocycliste ! s'exclama Elk.

– À quelle distance se trouvait celui-ci ? questionna Gordon.

– À une centaine de mètres de la voiture, si je me souviens bien.

On leur signala de nouveau la voiture par la suite, mais dès le second village plus personne n'avait vu de motocycliste.

Il était plus de minuit losqu'ils aperçurent la voiture qu'ils poursuivaient. Elle se trouvait devant un garage sur la route de Horsham ; Elk fut le premier à s'y précipiter. L'auto était vide et, à l'intérieur du garage, le propriétaire était occupé à faire de la place pour cette nouvelle voiture.

– Oui, Sir, on l'a amenée ici il y a un quart d'heure, répondit le garagiste quand Elk se fit connaître. Le chauffeur m'a dit qu'il allait chercher à se loger dans la ville.

Ils firent un examen minutieux de l'intérieur de la voiture dans un coin ils trouvèrent une petite broche d'ivoire que John Bennett avait offerte à sa fille pour son anniversaire.

Une chose intriguait Elk : où avait bien pu disparaître le motocycliste ? S'il était vrai qu'il roulait à une centaine de mètres de l'auto et qu'il avait abandonné sa poursuite entre les deux villages, ils auraient dû le dépasser. Il y avait bien un ou deux cottages au bord de la route où il aurait pu entrer, mais Elk ne s'arrêta pas à cette éventualité.

– Nous ferions bien de retourner en arrière, dit-il. On a dû faire descendre miss Bennett en chemin. Le motocycliste est maintenant notre meilleure piste : elle a dû être emmenée par lui. Cet homme est La Grenouille ou l'un de ses acolytes.

– Ils ont disparu entre Shoreham et Morby, déclara Dick. Vous qui connaissez le pays, Mr Bennett, voyez-vous un endroit où ils auraient pu aller dans les environs ?

– Oui, je connais le pays, répondit Bennett, mais je ne vois pas où ils auraient pu aller. Il n'y a que quelques maisons en dehors de Morby. Évidemment, il y a *Morby Fields*, mais je ne suppose pas qu'Ella ait été conduite à cet endroit.

– Qu'est-ce que *Morby Fields* ? interrogea Dick tandis que la voiture roulait lentement dans la direction qu'ils venaient de quitter.

– *Morby Fields* est une carrière abandonnée. La compagnie a fait faillite il y a plusieurs années, répondit Bennett.

Ils traversèrent Morby à une allure d'escargot et interrogèrent l'agent qui n'avait rien de nouveau à leur apprendre.

– Vous êtes sûr de n'avoir pas aperçu de motocycliste ?

– J'en suis certain, Sir, répondit l'homme. L'automobile a passé si près de moi que j'ai dû monter sur le trottoir pour ne pas être éclaboussé. Il n'y avait pas de motocycliste. J'ai eu l'impression que l'auto était vide.

– Pourquoi cela ? demanda Elk vivement.

– En premier lieu parce qu'elle n'avait pas l'air chargée, ensuite parce que le chauffeur fumait. Dans mon esprit j'associe toujours un chauffeur qui fume avec une voiture vide.

– Mon garçon, s'écria Elk avec admiration, vous avez l'étoffe d'un détective.

Il pensa que ce serait une bonne recrue pour Scotland Yard.

– J'ai idée que l'agent a raison, remarqua Dick comme ils retournaient à leur voiture. L'auto était vide quand elle est passée par ici et c'est ce qui explique la disparition du motocycliste. Il nous faut chercher entre Morby et Wellan.

Ils avancèrent lentement, inspectant chaque côté de la route. Ils n'avaient pas fait cinq cents mètres qu'Elk cria « halte ! » et sauta hors de la voiture.

Au bout de cinq minutes il appela Dick, et les trois hommes le rejoignirent. Ils le virent devant une grosse motocyclette rouge, à l'abri d'un mur à moitié démoli. Ils ne l'avaient pas remarquée car elle était derrière le mur : seul le reflet du phare sur le guidon dépassant légèrement avait attiré l'attention d'Elk.

La motocyclette était presque neuve ; elle était couverte de boue, la vitre de son phare était froide au toucher. Soudain Elk eut une idée : il se mit à défaire la sacoche à outils qui était attachée à l'arrière du siège.

– Si cette machine est neuve, le fabricant aura mis le nom et l'adresse du propriétaire dans la sacoche.

Il ouvrit.

– Grands dieux ! s'écria-t-il.

À l'intérieur de la sacoche on avait peint soigneusement sur le cuir :

– Joshua Broad, 6, Caverley House, Cavendish Square.

40

À Morby Fields

La première chose qu'Ella remarqua en retournant à la cuisine fut que la nappe à thé qu'elle avait mise à sécher sur un fil de fer était tombée. Soudain elle se sentit prise dans les plis d'une étoffe lourde et humide. Un bras l'entoura et une main couvrit sa bouche en lui renversant la tête en arrière. Elle voulut crier, mais aucun son ne sortit. Affolée, elle essaya de lancer un coup de pied contre la porte mais une main saisit sa robe et tira son pied en arrière. Elle entendit le bruit d'une étoffe qu'on déchirait. Puis on lui attacha les chevilles. La jeune fille sentit un courant d'air tandis que la porte s'ouvrait. La seconde d'après, elle se trouvait dans le jardin.

– Marchez, lui souffla-t-on à l'oreille.

Elle se rendit compte que ses pieds étaient détachés.

Elle ne pouvait rien voir. La pluie tombait dru sur l'étoffe qui lui couvrait la tête et la violence du vent faisait adhérer si fort l'étoffe à son nez et à sa bouche qu'elle pouvait à peine respirer. Où la menait-on ? Ce ne fut que lorsque ses pieds pataugèrent dans la boue liquide qu'elle devina qu'ils étaient dans le chemin latéral. À peine eut-elle compris où elle se trouvait qu'elle se sentit soulevée à bras le corps et déposée dans une automobile qui attendait. Quelqu'un grimpa dans la voiture à côté d'elle et la machine démarra brusquement. Alors seulement, l'un des hommes à ses côtés lui enleva adroitement l'étoffe qui lui couvrait la tête. Devant elle, sur un strapontin, elle distingua la forme sombre d'un individu dont elle ne pouvait voir la figure.

– Que faites-vous ? Qui êtes-vous ? demanda-t-elle.

Lorsqu'elle entendit la voix de l'homme qui était assis devant elle, elle sut qu'elle était entre les mains de La Grenouille.

– Je vais vous donner votre dernière chance, dit-il. Après cette nuit, cette chance n'existera plus.

Avec effort Ella réprima le tremblement de sa voix :

– Qu'entendez-vous par dernière chance ?

– Vous vous engagerez à m'épouser et à quitter le pays avec moi demain matin. Je vous croirai sur parole, tant j'ai confiance en vous.

La jeune fille secoua la tête, puis se rendit compte qu'il ne pouvait la voir dans l'obscurité.

– Je ne le ferai jamais, répondit-elle calmement.

Ils n'échangèrent pas d'autre parole pendant le trajet. À un certain moment, l'homme au masque (elle pouvait apercevoir le reflet des lunettes de mica bien que les rideaux fussent tirés) dit quelque chose à l'oreille d'un de ses acolytes qui se retourna et, regardant dehors par la vitre de derrière, répondit :

– Non, rien.

On n'usait d'aucune violence à son égard, elle était libre de ses mouvements, mais elle savait qu'il était inutile de penser à s'échapper.

La voiture roulait sur une route de campagne lorsqu'elle ralentit et s'arrêta. Les passagers en descendirent ; quelqu'un lui prit le bras et l'aida à descendre, puis elle fut conduite par l'ouverture d'une haie dans ce qui lui sembla être un champ labouré.

Un des individus la suivit, lui apportant un manteau imperméable, et l'aida à l'endosser.

La pluie tombait avec violence ; l'homme qui lui tenait le bras marmottait entre ses dents. La Grenouille marchait en avant et ne se retourna qu'une fois. La jeune fille glissa et serait tombée sans la main qui la retint.

– Où me menez-vous ? demanda-t-elle enfin.

Il n'y eut pas de réponse. Elle était à se demander si elle pourrait se dégager et se cacher quelque part dans l'obscurité lorsqu'elle aperçut le reflet de l'eau à sa droite.

– C'est *Morby Fields*, dit-elle soudain, reconnaissant l'endroit. C'est à la carrière que vous me conduisez ?

De nouveau, pas de réponse. Ils continuèrent à marcher dans la direction de la carrière. Ella se demandait avec angoisse ce qui se passerait lorsqu'elle refuserait définitivement de se soumettre. Est-ce que cet homme atroce allait la tuer ?

– Attendez, cria La Grenouille qui disparut dans l'ombre.

Elle aperçut alors de la lumière qui venait d'une cabane : deux taches lumineuses, une longue et une carrée : une porte et une fenêtre. La Grenouille ferma les volets. Puis sa silhouette se profila dans la porte.

– Venez, dit-il.

Elle s'avança.

Devant la porte de la cabane elle eut un geste de recul, mais la main qui tenait son bras resserra son étreinte. On la poussa à l'intérieur et la porte fut verrouillée.

Elle était seule avec La Grenouille.

La curiosité fut plus forte que sa crainte. Elle regarda autour d'elle. La pièce dans laquelle elle se trouvait faisait environ trois mètres de long et deux mètres de large. Le mobilier était fort simple : un lit, une table, deux chaises et une cheminée. Le plancher était couvert d'un vieux tapis sale. Contre le mur on avait empilé deux caisses peu profondes. Le bois en était neuf. L'homme au masque suivit la direction de son regard et elle entendit son rire étouffé.

– C'est de l'argent, dit-il brièvement. Votre argent et mon argent. Il y a là un million de livres sterling.

Elle regarda les caisses, fascinée. À côté, quatre longs cylindres de verre contenaient une substance opaque ou liquide qu'elle ne put identifier. La Grenouille ne se donna pas la peine de la renseigner sur ce point.

– Asseyez-vous, lui enjoignit-il.

Il parlait d'un ton sec et autoritaire. Elle s'attendait à ce qu'il enlevât son masque, mais il n'en fut rien. L'homme masqué s'assit en face d'elle ; la jeune fille voyait ses yeux durs qui l'observaient à travers les lunettes de mica.

– Eh bien, Ella Bennett, quelle est votre réponse ? Voulez-vous m'épouser ou bien préférez-vous sombrer dans l'oubli ? Vous quitterez cette cabane comme ma femme ou nous la quitterons tous deux… morts.

Il se leva, et s'approcha des cylindres.

– J'en briserai un d'un coup de pied, dit-il en les lui montrant du doigt, et j'enlèverai mon masque ; vous aurez du moins la satisfaction avant de mourir de savoir qui je suis, mais seulement avant de mourir !

Elle le regarda sans broncher.

– Pourquoi voulez-vous m'épouser ? demanda-t-elle.

– Parce que je vous aime. Je ne sais si l'amour que je vous porte est pareil à celui de Dick Gordon. Peut-être m'êtes-vous d'autant plus précieuse que je ne puis vous avoir… Jusqu'à présent aucun de mes désirs n'a été contrarié.

– Je préfère la mort, dit-elle vivement.

Il eut un ricanement.

– Il y a des choses qui sont pires que la mort pour une femme sensible, dit-il avec un air significatif. Et vous ne mourrez pas avant la fin.

Il se tut et, tirant un paquet de cartes à jouer, il se mit à faire une patience. Au bout d'une heure, il jeta les cartes dans la cheminée et se leva.

Il se tourna vers elle et son regard la glaça d'effroi.

– Vous ne verrez peut-être jamais mon visage, dit-il.

Il allongea le bras pour atteindre la lampe.

La flamme diminuait de plus en plus quand ils entendirent des coups légers frappés contre la porte.

« Toc… toc… toc, toc, toc… toc ! »

La Grenouille resta immobile, une main sur la lampe.

« Toc… toc… toc, toc, toc… toc ! »

Les coups furent répétés. La Grenouille haussa un peu la flamme et s'approcha de la porte.

– Qui est-ce ? demanda-t-il.

– Hagn, fit une voix basse.

La Grenouille fit un pas en arrière, stupéfait.

– Vite ! Ouvrez ! insista Hagn.

L'homme masqué retira la lourde barre et, sortant la clef de sa poche, la tourna dans la serrure.

– Hagn, comment avez-vous fait pour fuir ?

La porte fut poussée avec une telle violence qu'il fut projeté contre le mur. Ella poussa un cri de joie.

Un homme, vêtu d'un manteau de pluie ruisselant, se tenait nu-tête dans l'embrasure de la porte.

C'était Joshua Broad.

– Ne bougez pas !

Il ne la regardait pas, mais la jeune fille comprit qu'il s'adressait à elle, aussi resta-t-elle immobile. Broad, les mains enfoncées dans ses poches, ne quittait pas La Grenouille des yeux.

– Harry, dit-il doucement. Tu sais ce que je veux.

– Tiens ! hurla La Grenouille.

Son geste fut si prompt qu'Ella ne put le suivre.

Deux coups furent tirés simultanément. La Grenouillle chancela et retomba contre le mur qui se trouvait à quelques centimètres des cylindres de verre. Il levait le pied pour en écraser un lorsque Broad tira de nouveau. La Grenouille tomba en arrière, la tête dans la cheminée. L'homme se remit péniblement sur pied mais retomba en arrière, les bras étendus.

Un bruit de voix leur parvint du dehors ; John Bennett apparut et la jeune fille se jeta dans ses bras. Broad se retourna. Elk et Dick Gordon étaient sur le seuil de la porte et contemplaient la scène.

– Messieurs, dit Joshua Broad, je vous prends à témoin : je n'ai tué cet homme que pour me défendre.

– Qui est-ce ? interrogea Dick.

– C'est La Grenouille, répondit calmement Joshua Broad. Harry Lyme est son autre nom. C'est un criminel anglais.

– Je savais que c'était Harry Lyme, dit Elk. Est-il mort ?

Broad se pencha et glissa sa main sous le gilet de l'homme étendu à terre.

– Oui, il est mort, annonça-t-il tranquillement. Je regrette de vous avoir ravi votre proie, Mr Elk, mais il était de toute importance que cet homme mourût avant de m'avoir tué : l'un de nous devait mourir cette nuit.

Elk s'agenouilla et se mit à défaire le masque hideux.

– C'est ici que Genter a été tué, observa Dick à mi-voix. Voyez-vous le gaz ?

Elk jeta un coup d'œil aux cylindres de verre et acquiesça d'un signe de tête. Puis ses yeux se reportèrent sur l'Américain.

– Saul Morris, je suppose ?

Joshua Broad fit un signe affirmatif.

Elk resta un instant songeur, puis il posa ses regards sur l'homme immobile à ses pieds.

– Et maintenant, La Grenouille, montre-nous ta vraie figure.

Elk lui arracha son masque.

Le visage du philosophe Johnson lui apparut.

41

Où Mr Broad donne des explications

Le soleil entrait à flots par les fenêtres de *Maytree Cottage* ; le petit déjeuner était à peine terminé que Mr Broad se mit à raconter son histoire.

– Mon nom, comme vous l'avez deviné, Mr Elk, est Saul Morris. Je suis du point de vue de la morale un criminel, bien que je ne me sois rendu coupable d'aucun acte criminel depuis dix ans. Je suis né à Hertford, dans le Connecticut, sans doute avec les doigts agiles et un goût très vif pour l'argent que je n'avais pas gagné, car je n'ai pas été corrompu : je n'ai pas eu de tentations et je n'ai pas eu de mauvais camarades. Mes débuts de carrière furent donc singulièrement différents de ceux de toutes les carrières criminelles que je connais.

» J'ai étudié les vols dans les banques comme un docteur entreprendrait l'étude de l'anatomie. Un cambrioleur qui commencerait à travailler sans connaître les difficultés et les obstacles qu'il lui faudra surmonter est, pour employer la même image, comme le docteur qui se met à opérer sans savoir quelles artères, tissus et nerfs il est en train de trancher.

» Après avoir décidé quelle serait ma carrière, je me mis à travailler pendant cinq ans chez le plus grand fabricant anglais de coffres-forts, à Wolverhampton, où j'étudiais les serrures, les coffres-forts et la dilatation du fer. Mes heures de loisirs furent consacrées à une étude tout aussi importante : celle du transport des valeurs négociables.

» Je rentrai en Amérique à l'âge de vingt-cinq ans et me mis à collectionner un assortiment d'outils qui me coûta sept mille dollars ; au moyen de cet outillage, j'ai cambriolé tout seul la *Ninth National Bank*, en emportant à mon premier essai trois cent mille dollars. Je ne vous donnerai pas la liste de mes crimes, j'en ai volontairement oublié quelques-uns ; les autres sont trop importants pour que je vous les raconte en détail. Il suffit de dire qu'il n'y a aucune preuve qui puisse me rendre responsable de n'importe lequel de ces délits. Mon nom n'a été mêlé qu'à une affaire… le cambriolage de la chambre forte du *Mantania*.

» En 1898, j'appris que le *Mantania* devait transporter en France cinquante-cinq millions de francs en billets de banque. Après avoir été soumis à la pression hydraulique pour en réduire le volume, ceux-ci avaient été emballés dans deux caisses solides. L'une des caisses contenait trente-cinq paquets de mille billets de mille francs chacun, et l'autre ne contenait que vingt paquets. Souvenez-vous bien qu'il y avait deux caisses : cela vous aidera à comprendre la suite des événements.

» Le navire devait toucher un port français, Le Havre, je crois : à cette époque, les paquebots transatlantiques n'abordaient pas à Cherbourg. Tous mes plans étaient faits, le vol avait été commis et les caisses se trouvaient dans ma cabine (j'avais laissé dans la chambre forte du *Mantania* des caisses de forme identique) lorsque, à ma grande consternation, nous perdîmes une des pales de l'hélice au large de la côte d'Irlande. Le capitaine décida de s'arrêter à Southampton sans toucher le port français.

» Pour un homme de ma profession, un changement de plans

est presque aussi embarrassant qu'un changement de tactique au milieu d'une bataille. J'avais pris pour l'occasion un aide qui mourut ensuite de *delirium tremens*. Il m'était impossible de travailler seul ; l'affaire était trop importante et c'était un homme en qui j'avais toute confiance.

– Harry Lyme ? suggéra Elk.

Joshua Broad secoua la tête.

– Non. Je ne vous dirai pas son nom… Il est mort. C'était un homme fidèle et loyal, bien qu'un peu porté sur la bouteille, faiblesse que je n'ai jamais partagée. Nous étions fort embarrassés parce que, si nous avions débarqué en France, le vol n'aurait pas été découvert ; il était peu probable en effet que le caissier se rendît à la chambre forte avant que le paquebot ne fût dans les eaux de Southampton. J'avais tout arrangé : le principal était de passer nos sacs à la douane. Ce changement de plan nous obligeait à trouver le moyen de débarquer avant que le vol ne fût découvert, ce qui semblait impossible.

» Heureusement, le brouillard se fit si dense sur le Solent que le navire dut avancer lentement. Si vous vous souvenez des détails de cette affaire, vous savez que le *Mantania*, en remontant le Solent, entra en collision avec un bateau de pêche qui allait à Portsmouth. Le mât de misaine du bateau de pêche se prit dans le beaupré du *Mantania* et il fallut un certain temps pour les séparer. Je saisis cette occasion. Nous étions, mon ami et moi, sur le pont, nos bagages à la main, prêts à débarquer. Le bateau de pêche se trouva soudain à notre niveau et, après avoir jeté nos sacs, nous sautâmes, d'un bord à l'autre.

» Comme je le disais tout à l'heure, le brouillard était épais : l'équipage du bateau de pêche ne nous découvrit pas avant que nous ne fussions éloignés du *Mantania* et, bien que le récit que nous fîmes au capitaine fût peu vraisemblable (je lui dis que nous avions pensé que c'était un transbordeur qui était venu nous chercher), il ne fit pas d'objections et accepta les vingt dollars que je lui offris.

» Nous atteignîmes Portsmouth, non sans difficulté, tard dans la soirée. Il n'y eut pas de visite de douane et nous transportâmes nos sacs sans encombre sur la terre ferme. J'avais l'intention de passer la nuit à Portsmouth et, après avoir trouvé un gîte, nous nous rendîmes dans un café pour boire un coup. Là, nous entendîmes quelque chose qui nous fit rentrer au logis dare-dare. Le vol était découvert et la police recherchait deux hommes qui s'étaient enfuis sur un bateau de pêche. Comme c'était le capitaine de ce dernier qui m'avait recommandé notre logis, j'avais fort peu d'espoir de pouvoir sauver notre butin sans être pris.

» Nous y avons tout de même réussi et, comme nous disparaissions à un coin de la rue, la police faisait son entrée par l'extrémité opposée. Je portais un des sacs, mon ami avait l'autre et nous nous sommes mis à marcher. À l'aube nous arrivâmes à Eastleigh. Vous vous souvenez, Mr Elk, que c'est à Eastleigh que je me suis rendu après avoir traversé sur un cargo, pendant la guerre. Et que là tout à coup, de pauvre gardien de bestiaux je suis devenu un riche habitué des jeux à Monte-Carlo.

» Dans un instant je vous expliquerai comment. À Eastleigh, mon compagnon est allé en ville acheter de quoi manger, mais il ne revint pas. Je suis parti à sa recherche et le trouvais étendu dans la rue, ivre-mort. Il n'y avait rien d'autre à faire qu'à le laisser là, ce que je fis. J'achetai quelques provisions puis, m'emparant des deux sacs, je repris ma route. Je m'aperçus bientôt que ces deux sacs pesaient trop lourd et je dus trouver une solution.

» Il y avait au bord de la route un vieux cottage qui était à vendre. Je notai l'adresse indiquée, celle d'un avocat de Winchester, puis sautant par-dessus la barrière, je me mis à inspecter le jardin. Dans un coin abandonné, je découvris un vieux puits asséché, recouvert de planches pourries. J'y laissai tomber le plus léger de mes fardeaux que je recouvris de cailloux. J'aurais pu y enfouir mes deux sacs : cela m'aurait évité bien des ennuis, mais je n'avais pas le courage d'abandonner entièrement ce qui m'avait coûté tant de soins et de soucis ; j'emportai l'autre sac avec moi à Winchester. Là, j'ai acheté des habits de rechange et je me suis rendu chez le notaire à qui appartenait le cottage.

» J'avais un peu d'argent anglais sur moi, ce qui me permit de boucler l'affaire. Je me suis fait passer pour un riche Australien qui voulait racheter la maison où il était né. J'ai stipulé que la maison ne devait pas être louée en mon absence, et qu'on ne devait pas y toucher avant mon retour d'Australie.

» De Winchester je suis allé à Londres, sans penser que j'étais en danger. Mon compagnon m'avait donné le nom d'un escroc anglais qui était, disait-il, le meilleur cambrioleur de coffres-forts de toute l'Europe, un nommé Lyme. Le fameux Harry Lyme. Il m'avait dit que Lyme m'aiderait si j'étais en danger.

» Le danger n'était pas loin. La première personne que

j'aperçus en descendant du train à la gare de Waterloo était le caissier du *Mantania*, accompagné du détective du bateau. Il y avait heureusement un train de banlieue qui partait du quai opposé et je continuai ainsi ma route vers Surbiton, pour atteindre Londres d'un autre côté. J'appris plus tard que mon compagnon avait été arrêté, et que, dans l'état d'ébriété où il se trouvait, il avait raconté tout ce qu'il savait. Il me fallait donc cacher le reste de l'argent, trente-cinq millions de francs. Je pensai à Harry Lyme. Je ne me suis jamais fait l'illusion qu'il y eût une règle d'honneur entre les voleurs : ma propre expérience m'a démontré que le proverbe selon lequel les loups ne se mangent pas entre eux est le plus stupide de tous. Mais je pensais que Lyme trouverait son intérêt à me tirer d'affaire.

» Les journaux m'avaient appris que la police avait mis à mes trousses un contingent spécial d'agents. On surveillait tout particulièrement les maisons de criminels connus, chez qui l'on pensait que je pourrais me réfugier. Je crus à du bluff, mais je découvris bientôt qu'il en était autrement. J'atteignis le domicile de Lyme, dans Camden Town. Le brouillard était dense et jaunâtre et j'eus quelque peine à trouver mon chemin. J'arrivai à une petite maison dans une rue détestable, et on mit du temps à répondre à mes coups. Enfin, la porte s'ouvrit avec circonspection.

» "Est-ce vous Lyme ?" demandai-je. "Il n'est pas à la maison", répondit l'homme qui voulut refermer la porte. Mais j'avais eu l'intuition que c'était justement lui que je cherchais et j'avais mis mon pied dans l'entrebâillement. "Entrez", dit-il enfin. Il me conduisit à une chambre qui n'était éclairée que par une lanterne posée sur la table. Le brouillard entrait dans la pièce car la fenêtre était ouverte… pour permettre à Lyme de s'échapper, ainsi que je l'appris plus tard.

» "C'est vous l'Américain ? interrogea-t-il. Vous êtes fou de venir ici ; la police a surveillé cette maison tout l'après-midi."

Je lui expliquai mon cas. "J'ai ici trente-cinq millions de francs. Pouvez-vous me les garder jusqu'à ce que je sois en lieu sûr ? – Oui, dit-il et quelle sera ma part ? – Vous aurez la moitié." Il sembla satisfait.

» Il parlait comme un homme cultivé ; j'appris plus tard qu'il avait été destiné à une autre profession, mais que, comme moi, il avait choisi la route la plus facile. Maintenant, vous ne me croirez peut-être pas si je vous dis que je n'ai pas vu sa figure.

Mais je fus frappé d'une chose : il avait une grenouille tatouée au poignet ; il réussit plus tard à se faire enlever cette marque par un docteur espagnol à Valladolid. La Grenouille était un peu de travers ; je savais donc et il le savait également, que, bien qu'il ne me fût pas possible de me rappeler son visage, la marque qu'il portait m'aiderait à l'identifier.

» Je devais lui téléphoner à une adresse donnée dès mon arrivée au États-Unis et il fut convenu qu'il m'enverrait l'argent par lettre recommandée au Grand Hôtel de Montréal. Bref, je réussis à fuir et j'atteignis le continent par la Hollande. De Brême, je pris le bateau pour les États-Unis, d'où j'envoyai immédiatement un télégramme à Lyme, puis je me rendis à Montréal pour attendre l'argent. Comme je n'en recevais point, j'envoyai un second télégramme, mais rien ne vint.

» Plusieurs mois plus tard, je fus informé de ce qui s'était passé. Une coupure de journal m'apprit que Lyme s'était noyé en allant à Guernesey. Mais Lyme était bien vivant. Il avait pour trente cinq millions de francs français en billets de banque et il n'avait qu'à les négocier. Son premier acte fut de s'installer dans une ville de l'intérieur où il se fit passer pendant six mois pour un homme d'affaires tandis qu'il changeait son signalement en rasant sa moustache et en se créant une calvitie à l'aide de quelque drogue.

» Pendant ce temps, ayant décidé de garder pour lui tout mon argent, il organisa sa compagnie des Grenouilles. Le but de cette association était de multiplier la marque d'identification qui me ferait le reconnaître, cette Grenouille tatouée un peu de travers. Mais personne n'aurait supporté pour rien la torture du tatouage. Aussi inaugura-t-il son curieux fonds de secours mutuel. C'est de là qu'est partie cette grande organisation des Grenouilles. L'un des premiers individus qu'il rencontra fut un vieux criminel du nom de Maitland, un homme qui ne savait ni lire ni écrire.

Il y eut une exclamation.

– Mais bien sûr ! s'écria Elk en frappant son genou avec dépit. C'est ce qui explique l'enfant !

– Il n'y avait pas d'enfant, en effet. L'enfant était Maitland lui-même qui apprenait à écrire. Les habits d'enfant qui avaient été laissés à votre intention à Eldor Street furent fournis par Johnson. L'histoire des jouets fut inventée pour vous mettre sur une fausse piste. Il n'y a jamais eu d'enfant. Il amena Maitland à Londres et *Maitlands Cons.* fut fondé. Maitland n'avait rien à faire, si ce n'est rester dans son bureau et faire le figurant. Son secrétaire, l'acteur le plus remarquable que j'aie jamais rencontré, était le véritable chef de l'affaire et il ne resta le secrétaire de Maitland qu'aussi longtemps que cela favorisait ses plans. Quand il crut que les soupçons se tournaient sur lui, il se fit congédier. Puis ayant deviné que vous l'aviez découvert, il simula l'attentat de *Harley Terrace* ; l'un de ses hommes tira sur lui à blanc. Il était le vrai Maitland.

» Pendant ce temps, l'association des Grenouilles se développait et il se mit à réfléchir à la manière d'en tirer avantage. L'argent sortait et cela ne lui plaisait guère. De nouveaux candidats se présentaient chaque jour, et ils lui coûtaient cher. Parmi les recrues, il y avait une ou deux brillantes intelligences : Baler, Hagn et d'autres que nous ne connaîtrons peut-être jamais.

» Une fois à la tête de *Maitlands Cons.*, il n'eut aucune difficulté à disposer de ses francs. Puis il se mit à spéculer ; lorsque ses spéculations ne réussissaient pas, il trouvait moyen d'éviter les pertes. Mais il fit une grave erreur en laissant Maitland vivre comme un chien dans une maison qu'il avait achetée. Lorsqu'il s'aperçut que le vieillard avait été filé, Johnson le fit changer de domicile, le déménagea à Berkeley Square, le fit habiller à la dernière mode et finit par l'assassiner pour avoir osé aller à Horsham. Je pus voir le meurtrier s'échapper, car j'étais sur le toit ; ce jour-là, je l'ai moi-même échappé belle !

» Mais j'en reviens à mon récit. Il y a cinq ans, me trouvant à bout de ressources, je me suis décidé à un nouvel essai pour rentrer en possession de mon argent. Une somme importante m'attendait encore à Eastleigh, à condition qu'on ne m'eût pas identifié avec la personne qui avait acheté la maison. M'étant assuré que je n'étais pas connu, je partis sur un cargo, muni de l'acte de propriété, et je débarquai à Southampton, comme vous le savez, Elk, avec quelques dollars en poche. Je me rendis tout droit à la maison que je trouvai en piteux état. Je m'y installai aussi confortablement que possible, tandis que, nuit après nuit, je travaillais dans le puits à retrouver mon argent. Lorsque, enfin, je fus en possession de mon bien, je partis pour Paris… et vous savez le reste en ce qui concerne ma vie publique.

» Je me mis à suivre la piste de La Grenouille et j'acquis bientôt la conviction que, si je comptais sur le tatouage comme seule marque d'identification, mes recherches seraient vaines. Évidemment, lorsque je découvris que Maitland était aussi une Grenouille, le cercle de mes investigations s'en trouva resserré.

» Par un moyen fort simple, je me rendis compte que Maitland était totalement illettré : l'ayant abordé un jour au moment où il rentrait chez lui, je lui montrai une enveloppe sur laquelle j'avais écrit : “Vous êtes un imposteur”, en lui demandant s'il connaissait cette adresse. Il m'indiqua une maison à une petite distance et se hâta de rentrer chez lui.

» J'ai su aussi que Maitland était un illettré lorsque j'ai appris que des vêtements d'enfant avaient été oubliés à Eldor Street, déclara Dick, et c'est à partir de ce moment que j'eus la certitude que Johnson était La Grenouille.

Joshua Broad hocha la tête.

– Et voilà tout ce que je devais raconter. Johnson était un génie. C'est une merveille de voir comment il a dirigé cette énorme organisation entre ses heures de bureau. Il attirait tout le monde dans ses filets et personne ne le connaissait. Balder fut une bonne aubaine pour lui ; c'était probablement l'agent le mieux payé de tous : son revenu atteignait cent mille livres sterling !

Quand Joshua Broad fut retourné à Londres, Dick accompagna Elk jusqu'au portail.

– Je n'irai pas en ville tout de suite.

– C'est bien ce que je supposais, repartit Elk. Dites-moi, capitaine Gordon, que sont devenues les caisses qui se trouvaient dans la cabane, la nuit dernière ?

– Je ne les ai pas vues.

– Je les ai vues, moi, répliqua Elk. Elles y étaient quand nous avons emmené miss Bennett ; quand je suis retourné là-bas avec la police, elles n'y étaient plus. Joshua Broad était resté dans la cabane en mon absence.

Leurs yeux se rencontrèrent.

– Je ne ferai pas une enquête trop approfondie à ce sujet, déclara Dick. Je dois bien quelque chose à Broad.

– Je lui dois aussi quelque chose, reprit Elk non sans enthousiasme. Savez-vous qu'il m'a enseigné des quatrains, la nuit dernière ? Il y a environ cent cinquante vers, mais je n'en sais que quatre. Cela commence ainsi :

« Guillaum' le Conquérant fit preuve de malice
À la Bataill' d'Hastings en mil soixante-six. »

» N'est-ce pas remarquable, capitaine Gordon ? Si j'avais su cela, il y a dix ans, je serais peut-être un commissaire en chef à l'heure qu'il est !

Elk se dirigea à pied vers la gare, car il rentrait à Londres par le train. Le soleil étincelait sur les feuilles mouillées des passeroses qui remplissaient tous les jardins. Soudain, une petite bête verte sortant d'une haie sauta sur la route ; Elk s'arrêta. Le batracien regarda fixement le détective de ses yeux noirs.

– Grenouille, fit Elk, en levant un doigt en signe de reproche, rentre chez toi… Ce n'est pas le jour de te montrer !

Et comme si elle avait compris, la grenouille fit un bond et disparut dans l'herbe verte.

1926

LE MYSTIFICATEUR

Traduit de l'anglais
par Pierre Cobor

Ce roman a paru sous le titre original :
THE JOKER

1

Mr Stratford Harlow appartenait à la classe privilégiée. D'un caractère calme et posé, la précipitation lui faisait horreur. Il aimait à se promener et observer les gens et les choses autour de lui. Au cours de ses flâneries, les faits les plus ordinaires retenaient son attention ; il avait l'âme d'un badaud et possédait de belles qualités d'observateur. Mais il considérait toutes choses avec objectivité et les questions de sentiment avaient fort peu de prise sur lui.

On raconte que Léonard de Vinci installait son chevalet au pied de l'échafaud, afin de mieux saisir l'expression torturée des malfaiteurs agonisants. Mr Harlow pouvait, lui aussi, s'arrêter sur son chemin pour contempler des spectacles qui auraient fait frissonner d'horreur le commun des mortels. Il ne négligeait cependant pas le spectacle du beau et il lui arrivait, même s'il était très pressé, de s'accouder quelques instants pour admirer la splendeur du soleil couchant.

À 48 ans, Mr Harlow était un homme robuste, solidement bâti, blond et déjà un peu chauve. Son visage, rasé de près, était encore exempt de rides. Les yeux de Mr Harlow étaient d'un bleu pâle, presque transparents, au point que certaines personnes, le voyant pour la première fois, le croyaient aveugle. Son grand nez avait la même épaisseur de sa racine à son extrémité. Quant à sa bouche, son passeport portait la mention « charnue ». Il avait en effet les lèvres épaisses et très larges. Son menton était rond, avec une fossette en son milieu, ses oreilles extraordinairement petites pour un homme de sa taille.

Sa voiture puissante rangée sur le bord de la route, Mr Harlow, une main au volant, regardait les prisonniers faire leur exercice dans la cour. Ce spectacle l'incitait à la réflexion et toutes sortes de plans et d'idées germaient en son esprit.

La vue des prisons produisait toujours sur lui un étrange effet et stimulait son imagination.

À présent les hommes traversaient le préau, conduits par un garde maigre et dégingandé. Ils avaient des visages tannés et portaient des vestes rayées. L'ancien système, suivant lequel on décorait le bonnet des forçats de lettres indiquant leurs condamnations antérieures, avait été abandonné. Mr Harlow se souvint d'avoir lu effectivement quelque chose à ce sujet. Les forçats longeaient maintenant le chemin, derrière la grille. Leur gardien jeta un regard de méfiance dans la direction de cet étranger bien vêtu qui les observait, mais les détenus, nullement gênés, le dévisageaient même avec une certaine effronterie. Ils semblaient être conscients de l'intérêt qu'ils pouvaient offrir en tant que spectacle. Les uns lui souriaient en passant devant lui, d'autres lui jetaient des regards malveillants. Une file passa, puis deux, puis trois.

Le second prisonnier de la dernière chaîne avançait, sans regarder à droite ni à gauche. Une expression sarcastique sur le visage, la bouche amère, il haussait de temps à autre les épaules dans un mouvement de dédain ou d'indifférence, à ce qu'il sembla à Mr Harlow. Celui-ci se retourna sur son siège, afin de suivre des yeux la petite colonne jusqu'à la porte de la prison, puis il fit faire demi-tour à sa voiture. Tavistock et Ellenbury attendraient bien encore un jour, une semaine même si c'était nécessaire. Pour l'instant, il lui était venu une idée, qu'il lui fallait approfondir sur-le-champ.

L'automobile s'arrêta sans bruit devant le *Duchy Hotel*. Le portier se précipita.

– Avez-vous oublié quelque chose, Monsieur ?

– Non. J'ai changé d'avis : je resterai encore un jour. Mon appartement est-il libre ? Sinon, donnez-moi n'importe quelle chambre.

Le chasseur monta ses bagages. Mr Harlow pensa tout à coup que, si Ellenbury pouvait venir le rejoindre, cela lui épargnerait l'ennui de passer toute une journée dans la petite ville de Tavistock.

Il l'appela au téléphone et bientôt la voix anxieuse d'Ellenbury se fit entendre :

– Faites donc un saut jusqu'à Princetown. Je suis au *Duchy*. Mais que personne ne puisse deviner que vous me connaissez. Nous ferons connaissance après le déjeuner, au fumoir.

Mr Harlow était assis à une table qui lui permettait de voir ce qui se passait sur la terrasse. Comme il terminait son frugal repas, Ellenbury apparut sur la pelouse. C'était un homme petit et nerveux, très mince, au visage encadré de favoris blancs.

En entrant dans la vaste salle à manger, son regard fit le tour des tables. Il reconnut tout de suite Mr Harlow et vint se placer à une table voisine de la sienne.

Il n'y avait pas grand monde dans cette salle à manger : deux groupes d'automobilistes en excursion parlaient bruyamment dans un coin ; plus loin, un homme entre deux âges et sa femme de forte corpulence ; enfin, à une troisième table, une jeune fille, l'air absent.

Les femmes n'intéressaient Mr Harlow que dans la mesure où elles représentaient un élément d'un problème, d'une expérience. Sa disposition d'esprit naturelle l'obligeait à classer tout ce qu'il voyait. Dès qu'il eut vu la jeune fille, il la classa immédiatement dans la catégorie « Jolies ». Elle avait quelque chose de plus : une personnalité. Il considérait d'ailleurs que la beauté à elle seule était une chose exceptionnelle. Un jour, il s'était posté à la sortie d'une usine. Sur deux mille jeunes filles qui avaient passé devant lui, il n'en avait remarqué qu'une qui fût vraiment jolie, et deux passables ; le reste n'était pas favorisé par la nature.

À son point de vue, il était donc remarquable que cette jeune fille assise à deux pas de lui fût jolie. Ce qu'il voyait de son visage était parfait. Les yeux baissés ne lui avaient pas encore livré le secret de leur couleur. Quant à son teint, il était éblouissant. Une toque noire cachait en partie ses cheveux. Il admira surtout ses mains ; il se fiait beaucoup au langage des mains et il trouvait celles de l'inconnue admirables. Il ne pouvait la voir en entier puisqu'elle était assise, mais elle lui parut de silhouette gracieuse, et tandis qu'il la détaillait ainsi, tant soit peu indiscrètement, elle leva les yeux sur lui.

« Elle est splendide ! pensa-t-il. Mais comme la perfection n'est pas de ce monde, je parierais qu'elle a une voix effroyable... »

L'intérêt qu'elle lui inspirait était d'ordre purement esthétique. Deux femmes avaient joué un rôle dans sa vie, une jeune et une plus âgée. Maintenant il pouvait penser à elles sans émotion, avec détachement. Il ne les aimait plus, il ne les détestait pas ; il considérait les femmes comme des objets d'art que l'on peut admirer mais auxquels il convient de ne pas attacher trop d'importance.

Le maître d'hôtel s'approcha de sa table.

– C'est Miss Rivers, dit-il en réponse à la question qu'on lui posait. Cette jeune dame est arrivée ce matin et elle doit repartir ce soir même pour Plymouth par le dernier train. Elle est venue ici pour voir quelqu'un.

Il cligna de l'œil.

Mr Harlow leva ses épais sourcils :

– À l'hôtel ?

Le maître d'hôtel ne répondit pas directement à la question :

– Elle a son oncle ici, Arthur Ingle, l'acteur, vous savez !...

Mr Harlow fit un signe affirmatif. Ce nom lui était familier. Ingle ?...

Il se plongea dans ses pensées. Il avait assisté au procès d'Ingle et il se souvenait même d'une petite scène assez drôle : le juge avait fait un signe avec le bouquet que chaque magistrat porte sur lui – vieille coutume qui voulait à l'origine qu'un bouquet d'herbes protégeât contre les atteintes de la fièvre – et trois petites fleurs de mouron étaient tombées sur la tête du greffier. Maintenant il se souvenait ! Ingle ! Un visage taillé à la hache, l'air mauvais, Ingle, l'acteur escroc, qui avait finalement été attrapé...

Mr Harlow se mit à rire doucement. Non seulement il se souvenait du nom, mais de l'homme... Il l'avait vu le matin même. N'était-ce pas celui qui, passant devant lui, avait haussé les épaules avec mépris, le regard perdu au loin ? C'était bien Ingle, l'acteur !

Mr Harlow était resté à Princetown précisément pour découvrir qui était ce forçat...

Tout à coup il s'aperçut que la jeune fille quittait la salle à manger. Il se leva et la suivit. Le salon était désert. Il choisit le coin le plus sombre, s'assit et sonna pour son café. Cinq minutes plus tard, Ellenbury entrait à son tour. Mais, pour le moment, Mr Harlow avait d'autres soucis. À travers la fenêtre, il vit miss Rivers traverser la place et entrer dans le bureau de poste. Il se leva et courut après elle.

Elle était en train d'acheter des timbres et il put constater que sa voix ne méritait aucune de ses craintes.

On peut se permettre à 48 ans ce qui, à 28, risquerait de vous attirer des ennuis...

– Bonsoir, Mademoiselle ! Vous êtes ma voisine de table, n'est-ce pas ?

Il dit ces mots avec un sourire paternel, ou qui se voulait tel.

Elle lui jeta un regard de côté et sourit.

– J'ai déjeuné au *Duchy*, en effet, mais je n'y habite pas. Quelle horrible petite ville !

– Elle a pourtant un certain charme, protesta Mr Harlow.

Il lança six pence sur le comptoir et demanda un horaire. La jeune fille ramassa sa monnaie et ils sortirent ensemble.

L'une des hautes cheminées de la prison était visible de la place. Elle vit son regard et secoua la tête.

– Ce bâtiment, évidemment, est affreux, dit-il. J'ai essayé de prendre mon courage à deux mains et de le visiter, mais je ne puis...

– Avez-vous ?... commença-t-elle.

– Un ami enfermé, oui. Un ami très cher. Mais le pauvre type était faible, sans caractère. Il a fait des bêtises... J'ai promis d'aller lui rendre visite, mais je redoute tellement d'entrer là-dedans...

Mr Harlow n'avait pas d'ami en prison.

La jeune fille le regarda avec compassion.

– Ce n'est pas si terrible que cela. J'y suis déjà allée.

Et elle ajouta sans aucun embarras :

– Mon oncle est là-bas.

– Vraiment ?

Sa voix avait juste l'intonation de sympathie et d'intérêt qui convenait.

– C'est ma seconde visite en deux ans. Naturellement, ce n'est pas un plaisir pour moi, et je me réjouis quand j'ai fini.

Ils retournaient lentement à l'hôtel.

– C'est surtout pénible parce qu'on a tellement pitié de tous ces pauvres gens...

Elle souriait en disant cela. Il en fut presque choqué.

– Tout de même, ça ne m'impressionne pas trop, reprit-elle. Je sais que je dois vous paraître cynique ! Mais il n'y a aucune espèce d'affection entre mon oncle et moi ; je suis sa seule parente, c'est moi qui m'occupe de ses affaires, de son argent... Et il est très difficile à contenter.

Mr Harlow prenait un intérêt de plus en plus vif aux confidences de la jeune fille.

– Bien sûr, ce serait très triste pour moi de venir le voir, si je l'aimais ou s'il m'aimait... Mais nous n'avons que des conversations d'affaires.

Elle s'immobilisa sur la première marche du perron de l'hôtel, puis entra après avoir fait à Mr Harlow un petit salut de la tête.

Mr Harlow resta un long moment debout, adossé au mur, les yeux dans le vague, mais l'esprit très actif. Finalement, il retourna à son café refroidi et se lança dans une conversation sur la pluie et le beau temps avec le petit homme qui l'attendait.

Ils étaient maintenant tout à fait seuls. Les automobilistes avaient quitté l'hôtel et le vieux monsieur venait de partir en excursion avec son imposante moitié.

– Alors, tout va bien, Ellenbury ?

– Oui, Mr Harlow, dit le petit homme précipitamment. Tout est en ordre. J'ai pu arranger le procès que les assureurs français intentaient à la *Rata Company*, et...

Soudain il se tut et regarda par la fenêtre. Mr Harlow suivit la direction de son regard.

Huit forçats descendaient la rue, en direction de la gare. Mais, contrairement à ceux qu'il avait vus le matin, ceux-ci portaient des menottes. Harlow les désigna de son cigare.

– Ce n'est pas un spectacle très réjouissant, dit-il.

Dans ses moments de bonne humeur sa voix était plaisante et bien timbrée.

– Les gens de Princetown y sont accoutumés. Ces hommes sont transférés dans une autre prison, je suppose. Avez-vous jamais imaginé ce que vous pourriez ressentir à être ainsi ligoté et muselé, comme une bête sauvage ?

– Pour l'amour de Dieu, taisez-vous, dit le petit homme d'une voix rauque, ne parlez pas de ça.

Il se couvrit le visage de ses mains tremblantes et poursuivit d'une voix à peine distincte :

– J'ai dû faire un effort sur moi-même... C'est la première fois que je viens ici. Lorsque la voiture est passée sous cette arche j'ai failli m'évanouir.

Mr Harlow sourit avec indulgence.

– Vous n'avez rien à craindre, mon cher Ellenbury, dit-il

paternellement. J'ai réparé vos... erreurs, en un certain sens. (Il répéta :) En un certain sens. Je ne sais pas si un juge verrait les choses de la même manière. Vous connaissez d'ailleurs la loi mieux que moi. Mais ce dont je suis sûr, c'est que vous êtes libre, que vos dettes sont payées et que l'argent que vous aviez volé à vos clients leur a été rendu.

Le petit homme avala sa salive. Il était pâle jusqu'aux lèvres et, lorsqu'il essaya de lever son verre, sa main tremblait au point qu'il dut le reposer sur la table.

– Je vous suis très reconnaissant... très, très reconnaissant, je vous demande pardon... Je suis tellement bouleversé...

– Naturellement, fit Harlow.

Il sortit un carnet de sa poche et traça quelques lignes. Puis il déchira le feuillet et le tendit au petit notaire.

– Je désire savoir tout ce qui concerne cet Arthur Ingle, dit-il. La date à laquelle il sera libéré, l'endroit où il habite, à Londres ou ailleurs, l'origine de ses moyens d'existence. J'aimerais aussi savoir où sa nièce travaille, si elle travaille... Vous trouverez son nom sur ce papier. Je veux connaître ses goûts, sa situation financière et aussi ses fréquentations.

– J'ai compris, dit Ellenbury en prenant le papier et le mettant dans sa poche.

Soudain il tressaillit et s'exclama :

– Ah ! j'oubliais, Mr Harlow, lundi dernier, j'ai eu la visite de la police dans mon bureau de la rue de Lincoln's Inn.

Harlow tourna vers lui ses yeux froids :

– Ah ! Et à quel sujet ?

– Je ne sais pas exactement. Mr Carlton n'a pas été très précis.

– Carlton, demanda Harlow, mais c'est l'homme du Foreign Office ?

Ellenbury hocha la tête.

– Et alors ?

– C'est à propos de l'incendie du caoutchouc. Vous vous rappelez l'incendie de la fabrique *United International* ? Il voulait savoir si la *Rata* avait une assurance pour le stock qui a brûlé. Naturellement, je lui ai répondu que nous n'en avions pas.

– Ne dites pas « nous »... Dites le Syndicat de la *Rata* n'en avait pas...

– C'est tout, dit Ellenbury. Il a été très vague...

– Il est toujours vague, interrompit Harlow en souriant. Et il n'a jamais de scrupules. Souvenez-vous de ça, Ellenbury : l'inspecteur James Carlton est l'homme le plus dépourvu de scrupules que Scotland Yard ait jamais employé. Il est voué à un échec total ou à une réussite glorieuse. J'ai une grande admiration pour lui. Je ne connais personne au monde qui puisse lui être comparé sous le rapport du manque de scrupules et de la perspicacité.

Il s'arrêta de parler, regarda sa montre, puis reprit :

– Je serai à Park Lane vendredi, à 11 heures du soir. Je pourrai vous donner dix minutes.

Ellenbury se frotta les mains nerveusement :

– Mais n'est-ce pas bien risqué de votre part ? souffla-t-il. Peut-être suis-je idiot, mais je ne comprends pas pourquoi vous assumez de tels risques... avec votre argent...

Harlow se renversa sur son siège, une pointe de malice dans le regard.

– Si vous aviez des millions, à quoi les emploieriez-vous ? D'abord à ne rien faire, naturellement. Ensuite à acheter, ou à faire bâtir une belle maison ? Et ensuite ?

– Je ne sais pas, dit le petit homme. Je voyagerais, il me semble...

– Les Anglais pensent parvenir au bonheur de deux manières, d'ailleurs bien différentes : en voyageant ou en restant tranquille ! Je pourrais avoir une écurie de courses, mais j'ai horreur de ce sport. Je pourrais acheter un yacht, mais je déteste la mer. D'autre part, j'aime les émotions. J'en ai besoin ; comme tout le monde, d'ailleurs. Quelles sont les émotions que dispensent les cartes, les chevaux, les femmes, le golf, etc. ? Quelles joies trouve-t-on dans la montagne, les explorations, les découvertes scientifiques ? Toujours la joie de l'effort, puis du record battu. Faire quelque chose de mieux qu'autrui, aller plus loin que celui qui vous a précédé...

Il fuma pendant quelques minutes en silence :

– Quand on est millionnaire, de deux choses l'une : ou l'on s'occupe exclusivement de soi-même et l'on s'abrutit, ou l'on s'occupe trop des autres et on finit par les ennuyer. Mais réussir dans une branche quelconque, voilà une véritable satisfaction, qu'il s'agisse de golf ou d'archéologie.

– Or, réussir pour moi est plus difficile que pour les autres, en raison du but même que je me suis choisi. Les dollars et les livres sterling sont mes soldats. Ne me demandez rien d'autre...

Il fit un signe de la main. Mr Ellenbury comprit qu'on n'avait plus besoin de lui et se dirigea vers la porte. Quelques instants plus tard, il roulait dans un taxi, s'appliquant à ne pas regarder du côté de la prison lorsqu'il passa près du morne bâtiment.

2

Environ huit mois plus tard, un accident eut lieu sur un quai de la Tamise.

La jeune personne qui trottait en imperméable jaune et le jeune homme casqué de cuir conduisant la voiture, tous deux pressés pour des raisons différentes, ne s'accordèrent pas réciproquement d'attention au tournant de la rue. Un léger brouillard promettait de s'épaissir à la nuit tombante et l'humidité faisait de la chaussée un miroir glissant. N'importe quelle compagnie d'assurances aurait considéré comme une témérité gratuite de se lancer sur un terrain aussi dangereux et aurait refusé d'indemniser la victime.

Le pare-chocs de la vieille Ford heurta Aileen Rivers juste au-dessus du coude. Elle pirouetta plusieurs fois sur elle-même. Ensuite son nez heurta un bouton de métal, et finalement elle échoua aux pieds d'un agent de police passablement éberlué. Il releva la jeune fille, l'examina de haut en bas et la laissa un instant pour se rendre auprès de la voiture, dressée contre un bec de gaz, les phares tordus, piteuse et lamentable.

– Qu'est-ce qui vous a pris ? demanda-t-il d'une voix rude.

Il sortit son carnet de sa poche. De sa main dégantée, le jeune homme en casque de cuir s'essuyait le visage.

– Est-ce que la jeune fille est blessée ? fit-il pour toute réponse.

– Laissez la demoiselle tranquille. Montrez voir un peu votre permis.

En dépit de cette injonction, le jeune homme se précipita vers sa victime. Debout au milieu d'un cercle de badauds, celle-ci affirmait à une vieille dame qu'elle n'avait aucun mal.

Cela semblait vrai d'ailleurs, puisqu'elle pouvait se tenir sur ses jambes sans chanceler.

– Remuez un peu vos doigts de pied, conseilla une vieille femme à la voix rauque, si vous ne pouvez pas les remuer, c'est que vous avez les reins cassés.

La jeune fille ne put tenter l'expérience, car, à ce moment précis, le conducteur de la voiture se fraya un chemin au milieu des curieux.

Un homme lui dit avec un fort accent cockney :

– S'agirait de faire attention, hein ! Quand vous aurez amoché quelqu'un...

– Êtes-vous blessée, miss ? demanda le jeune homme très inquiet. Je vous demande pardon, je suis vraiment désolé : je ne vous ai aperçue qu'au moment où j'étais trop près pour pouvoir freiner. Voulez-vous me laisser votre nom et votre adresse ?

Il fouilla dans ses poches et en sortit une vieille enveloppe et attendit.

– Vraiment, je vous assure, ce n'est pas la peine. Je n'ai aucun mal !

Mais il insista et elle finit par se laisser convaincre. Il était en train d'écrire, lorsque l'agent le rejoignit.

– Dites donc, fit-il sur un ton courroucé, il me semble que je vous ai demandé quelque chose ! Vous pourriez m'écouter quand je vous parle. Montrez-moi votre permis !

– Avez-vous remarqué la limousine bleue qui m'a coupé le passage, au moment où j'allais tourner ? Où est-elle ?

– Pour l'instant, ne vous occupez pas de la limousine bleue, répondit l'agent, au comble de l'exaspération. Allez-vous, oui ou non, me montrer votre permis ?

Le jeune homme se décida alors à extraire quelque chose de sa poche, mais ce quelque chose ne ressemblait guère à un permis. L'agent jeta un coup d'œil sur le document qui lui était tendu.

– Hum, hum, fit-il. Toutes mes excuses, Monsieur...

– Allons, ne vous frappez pas, lui répondit l'inspecteur James Carlton, de Scotland Yard. Je vais envoyer quelqu'un pour éclaircir cette histoire et disperser la foule. Maintenant répondez-moi : avez-vous vu la limousine bleue ? Dans quelle direction est-elle partie ?

– J'ai seulement remarqué qu'elle avait son capot égratigné.

– Ah oui ? Très bien ! Je me souviendrai de vous, mon ami. Il faudrait reconduire cette jeune fille chez elle, en taxi. Attendez, non ; je vais m'en charger moi-même.

Cette perspective ne semblait pas enthousiasmer la jeune fille.

– Après toutes ces émotions, répondit-elle, je sais que je préfère marcher.

L'inspecteur avait fait écarter la foule et, comme il demeurait seul en face de la jeune fille, il en profita pour révéler son identité.

– J'appartiens à la police, miss, lui expliqua-t-il.

Aileen le considéra avec étonnement. Il ne ressemblait guère à un agent ordinaire et avait plutôt l'apparence d'un mécanicien. L'espèce de casque qu'il portait semblait avoir connu de meilleurs jours, son long manteau également. Quant à ses gants, ils étaient noirs de cambouis.

Il devina les pensées de la jeune fille et son étonnement, car il reprit, légèrement ironique :

– Je ne suis pas un agent de la circulation, je suis inspecteur.

– Pourquoi me dites-vous tout cela ?

Il avait déjà hélé un taxi et invitait la jeune fille à y monter.

– Parce que j'ai pensé que vous ne seriez peut-être pas très fière de rentrer chez vous escortée par un agent, dit-il en riant, tandis que ma situation m'autorise à vous servir de chaperon.

Elle ne put faire autrement que de monter dans le taxi, hésitant entre le rire et les larmes, car d'une part cet inspecteur l'amusait, et de l'autre, elle souffrait de son coude plus qu'elle n'avait voulu le confesser tout à l'heure.

– Rivers, murmurait l'inspecteur, Aileen Rivers... C'est un nom qui ne m'est pas inconnu... Je dois vous avoir rencontrée quelque part ! Mais je ne parviens pas à me rappeler où...

– Peut-être qu'en consultant mon dossier à Scotland Yard... fit-elle, impertinente et vexée à la fois.

– Oui, j'y ai déjà pensé, répondit-il avec le plus grand calme. Mais je ne crois pas que... Aileen Rivers... Non, je n'arrive pas à vous situer.

En réalité il savait fort bien qu'il avait à ses côtés la nièce d'Arthur Ingle, le fameux interprète de Shakespeare, condamné à cinq ans de prison pour fraudes et escroqueries.

Mais Mr Carlton, malgré son excellente éducation, avait

pour mentir un don tout à fait hors du commun, et une puissance d'invention remarquable.

L'inspecteur, très en verve, se mit à faire toutes sortes de plaisanteries, dont quelques-unes n'étaient pas d'un goût très fin.

– Je vous en prie, Mr..., commença la jeune fille, mais le nom de son compagnon lui échappait.

– Carlton... Je suis vaguement apparenté à l'hôtel. Vous avez donc devant vous un homme célèbre ! Vous disiez ?

– Je voulais justement vous demander de ne pas trop parler... Cela me fatigue. N'oubliez pas que vous avez failli me tuer tout à l'heure... Il faut me laisser reprendre mes esprits...

Le jeune homme regardait au-dehors à travers la vitre embuée.

– Je vois là une vieille femme qui vend des chrysanthèmes. Je veux vous offrir quelques fleurs, cela vous consolera...

Il s'interrompit, puis il ajouta très vite :

– Je vous demande pardon si je vous ai froissée, ce n'était pas mon intention...

Quelques minutes plus tard, le taxi stoppa devant le portail de Fotheringay Mansions.

– Fichtre..., fit l'inspecteur.

– Oh ! je n'habite pas ici, dit Aileen ; j'y viens seulement de temps à autre pour surveiller les travaux et les nettoyages. Cette maison appartient à un parent qui se trouve actuellement à l'étranger...

– À Monte-Carlo ? interrogea-t-il. Charmante ville. Rien ne va plus. Faites vos jeux ! Personnellement, je préfère San Remo, ciel bleu, mer bleue, collines vertes, maisons blanches... Parlons de choses bleues, d'accord ? Vous avez eu de la chance de ne pas être happée par la limousine bleue. Elle allait beaucoup plus vite que moi, mais ses freins étaient meilleurs. J'ai accroché son réservoir à essence en passant, mais cela ne l'a pas empêchée de continuer. Bonne voiture.

Elle se mit à rire.

– Un criminel échappant à la justice... Comme c'est romanesque !...

– Ou plutôt un millionnaire qui se rend à un banquet. La seule chose que je lui reproche, personnellement, c'est de porter des diamants larges comme des soucoupes sur son plastron... C'est de très mauvais goût.

– Je vous remercie infiniment de m'avoir accompagnée jusqu'ici, dit Aileen, et elle lui serra la main.

L'inspecteur la regarda s'éloigner.

– Scotland Yard ! cria-t-il au chauffeur. Et vite ! Vous roulez comme on danse le tango... Faites-nous un peu de jazz et du fox-trot même, vous me rendez malade avec cette lenteur.

Le taxi s'exécuta et parvint sans dommage à la porte de Scotland Yard. Jim Carlton salua le planton d'un geste amical et monta l'escalier quatre à quatre. Arrivé dans son bureau, il se mit en devoir d'enlever le cambouis qui couvrait son visage et ses mains.

L'inspecteur Elk entra.

– Vous vous préparez pour une soirée ?

– Non. Je me lave. Cela m'arrive quelquefois...

Elk s'assit et fouilla toutes ses poches, l'une après l'autre.

– J'en ai, dit Carlton, regardez dans la poche intérieure de mon veston... Prenez-en un ! Un seul... D'ailleurs, je les ai comptés.

Elk poussa un profond soupir et prit un cigare dans l'étui de son collègue.

– Les cigares ne sont plus ce qu'ils étaient autrefois... Je me souviens du temps où, pour six pence, on pouvait avoir un vrai Havane...

Le visage de Jim Carlton émergea de la serviette éponge.

– De quoi vous plaignez-vous ? Je ne me souviens pas de vous avoir jamais vu acheter un cigare... Vous ne pouvez pas les avoir pour moins cher qu'en les chipant dans mon étui...

L'inspecteur Elk n'avait l'air nullement offensé.

– Il m'est arrivé, autrefois, de fumer des cigares merveilleux, dans le bureau de Gordon, vous savez, celui qui exterminait les grenouilles...

– Les grenouilles ? Ah ! oui je me souviens. Et ce Gordon a de bons cigares ?

– Excellents... Je ne veux pas dire que les vôtres soient mauvais, mais enfin...

Et tout d'un coup, sans transition :

– Avez-vous pincé Stratford Harlow ?

Jim Carlton fit une grimace de dégoût.

– Et pourquoi le pincerai-je ? Qu'a-t-il fait ? Dites-le-moi !

– Il a quelque chose comme dix millions de livres... Personne n'a jamais pu gagner dix millions honnêtement...

– Il en a hérité trois de son père, un d'une tante, un d'une autre tante. Les Harlow ont de tout temps été une famille riche ; deux de ces tantes ne se sont pas mariées, et puis il avait un parent qui vivait en Amérique, qui lui a laissé huit millions de dollars...

Elk soupira mélancoliquement et se gratta le nez.

– Il est dans la *Rata* aussi, fit-il d'un ton plaintif.

– Et puis après ? Ellenbury est son homme de paille, mais, même s'il n'en était pas ainsi, il n'y aurait rien à dire. Ce n'est pas un crime de faire partie de la *Rata*.

– Oh ça ! ... répondit Elk, et cette exclamation en disait long sur son opinion personnelle.

Pourtant il n'y avait rien de clandestin dans cette société. La *Rata* était dûment enregistrée et avait ses bureaux dans Old Broad Street, au milieu de la City. Les bureaux de l'agence de New York étaient situés dans Wall Street. La *Rata* occupait dix employés, dont trois avaient le titre de directeur et recevaient de gros traitements. Le capital avoué était singulièrement modeste, mais les ressources de la compagnie semblaient énormes. Chaque penny investi dans l'affaire était inscrit dans les livres.

Sauf les cinquante mille dollars que quelqu'un avait versés à Lee Hertz et à ses deux amis.

Hertz était arrivé à New York un vendredi après-midi. Le dimanche matin, les magasins de la *United Continental Rubber Company* étaient en flammes, et près de dix-huit mille tonnes de caoutchouc étaient détruites dans cet incendie bien organisé... Le lendemain, le cours du caoutchouc montait de quatre-vingts pour cent. Au bout d'une semaine il avait atteint les deux cents pour cent. Les stocks qui assuraient la stabilité du marché avaient disparu en un clin d'œil, pour le plus grand profit de la Rata Incorporated.

La police new-yorkaise avait envoyé à Scotland Yard le télégramme suivant :

« Lee Hertz, Joe Klein et Philip Serrett doivent être à Londres-stop-Voyez dossier NY 9514 envoyé octobre-stop-Probablement mêlés, affaire incendie de la *United Continental.* »

Lorsque Scotland Yard avait enfin retrouvé la trace de Lee

Hertz, il était trop tard. Il venait de s'envoler et jouait à Paris le riche Américain oisif.

– Cela me semble louche, dit Elk, tirant de longues bouffées de son cigare. Voilà la *Rata* tout à fait médiocre, sans aucun avenir. Et tout d'un coup, bing ! un quart des réserves du pays prend feu et naturellement les prix grimpent. Est-ce que la *Rata* savait que la *United* ne battait plus que d'une aile ?

– Eh bien, moi, je crois que ça peut très bien avoir été un accident, répondit Jim qui pensait juste le contraire.

– Drôle d'accident. Le feu a pris simultanément en trois endroits différents. Les pompiers ont trouvé des traces d'essence. La veille du sinistre, Joe Klein avait été vu, buvant dans un bar, avec le gardien des hangars. D'autre part, ce gardien a juré qu'il n'avait jamais vu Joe, mais il mentait probablement. Les gens du peuple mentent aussi facilement qu'ils boivent. Dix millions ! Et si Harlow est derrière la *Rata*, il a fait davantage encore. Achetant des actions partout à Toronto, à Rio, à Calcutta. Chaque petit bout de caoutchouc a été levé sur les marchés. Et tout d'un coup, crac, l'incendie... On a beau dire...

La sonnerie du téléphone retentit à ce moment. Jim Carlton décrocha le récepteur.

– Pourrais-je parler à Mr Carlton ?

– Certainement, miss Rivers.

– Ah, c'est vous ! (Sa voix trahissait un immense soulagement.) Pourriez-vous passer au 63, Fotheringay Mansions ?

– Qu'est-ce qui ne va pas ?

– Je ne sais pas exactement... Mais j'ai peur. La porte de l'une des chambres à coucher est fermée et je suis sûre qu'il y a quelqu'un à l'intérieur...

3

Les deux policiers sortirent de l'ascenseur ; la jeune fille se tenait debout sur le seuil de l'appartement. La vue de l'inspecteur Elk parut la déconcerter quelque peu, mais Jim le présenta comme un ami.

– Je sais bien que j'aurais mieux fait d'alerter la police

proprement dite, mais j'ai de bonnes raisons de m'en abstenir..., dit Aileen Rivers.

Jim la regardait, étonné. Il ne l'aurait jamais crue capable de se mettre dans un pareil état. La découverte qu'elle venait de faire l'avait sans doute bouleversée et ses explications manquaient à tel point de cohérence et de clarté qu'il avait peine à la suivre.

– Je viens ici régulièrement pour réexpédier le courrier de mon oncle... Je vous ai déjà dit que ce n'est pas moi qui habite ici... Il est à l'étranger... Son nom est Jackson... Oui, à l'étranger... Deux fois par semaine, j'ai deux femmes de ménage qui viennent tout nettoyer et mettre en ordre... Parce que moi, je n'ai pas le temps... Je travaille dans un bureau...

Elle avait dit cela très vite, et à présent elle se taisait, à bout de souffle, fixant sur les deux hommes un regard affolé.

L'inspecteur Elk examinait des gravures dans le hall. Carlton en profita pour entraîner miss Rivers dans le salon et mettre les choses au point en quelques mots, pendant qu'ils étaient seuls.

– Miss Rivers, ce n'est pas la peine de me cacher quoi que ce soit... Je sais que vous êtes la nièce d'Arthur Ingle.

Son ton était très courtois et il la regardait avec compassion. Pourtant, elle se sentit rougir en l'écoutant.

– Il est bien naturel que vous ne vous vantiez pas de cela, mais je vous mets tout de suite au courant, afin de vous éviter des complications et des mensonges, les uns et les autres ne facilitent pas notre enquête...

– Oui, avoua-t-elle, c'est en effet l'appartement de Mr Ingle... Mais je n'ai pas vraiment menti, puisqu'il se faisait appeler Mr Jackson... Le saviez-vous ?

Il fit signe que oui.

– Tenez, c'est cette porte, dit-elle en pénétrant dans la salle à manger.

L'appartement était bizarrement agencé. Il y avait une immense salle à manger voûtée ; de cette pièce, une porte conduisait à la cuisine, une autre dans la chambre à coucher d'Arthur Ingle et une troisième dans une sorte de débarras. C'était cette dernière porte qu'Aileen désignait.

Jim essaya de l'ouvrir. La poignée résista. Il mit un œil à la serrure et vit que la fenêtre était ouverte.

– Ces portes sont-elles toujours tenues fermées ?

– Toujours.

– Et cette autre porte ?

– Elle mène à la cuisine.

Aileen l'ouvrit et le précéda dans cette pièce. Tout y était d'une propreté parfaite. L'inspecteur se dirigea vers la fenêtre, la considéra un instant, puis l'enjamba. La jeune fille se précipita et s'accrocha de toutes ses forces à son pardessus.

– Ne faites pas cela, je vous en prie, vous allez vous tuer !

Il se mit à rire, car le risque n'était pas grand. Il se glissa le long du mur et atteignit la seconde fenêtre, celle de la chambre fermée. D'un bond, il fut dans la pièce. Il tourna la lumière. Un indescriptible désordre s'étalait devant ses yeux. Des quantités de cartons, de boîtes, trois malles empilées l'une sur l'autre, des valises, le tout amoncelé au milieu de la pièce. Mais son attention fut bientôt attirée par un coffre-fort, scellé dans la muraille, dont la porte était grande ouverte. Un morceau de la porte avait été découpé à l'aide d'une lampe à hydrogène, qui avait été oubliée par le cambrioleur. Il ramassa le morceau de fer : il était encore chaud ! Carlton se dirigea alors vers la porte et l'ouvrit. Elk et la jeune fille se précipitèrent.

– C'est du beau travail, dit Elk avec une admiration sincère. Et naturellement, le coffre-fort est vide... Toby Haggittt ou Lew Yakobi, je parie... Il n'y a que ces deux-là qui aient pu faire le coup.

La jeune fille regardait le « beau travail » avec effarement. Elle était devenue très pâle. Jim le remarqua, mais se méprit sur la cause de cette pâleur.

– Qu'y avait-il dans le coffre ? demanda-t-il.

Elle secoua la tête.

– Je n'en sais rien. J'ignorais qu'il y avait un coffre-fort dans cette chambre. Les malles empilées cachaient toute la paroi. C'est épouvantable ! Il va devenir fou quand il apprendra...

Carlton savait que « Il », c'était Ingle.

– En tout cas, vous n'êtes pas obligée de le lui dire tout de suite.

– Si. Il sera libéré mercredi prochain.

Elk se grattait le menton d'un air pensif.

Quelqu'un était sans doute au courant de sa libération. Avait-il un associé ou un complice ?

Arthur Ingle travaillait seul. Personne ne l'avait soupçonné jusqu'à la minute de son arrestation. Ses escroqueries diverses s'étendaient sur une période de douze ans.

– Allons, ne vous faites pas de mauvais sang. Ce n'est pas votre faute, dit Jim en posant une main sur l'épaule de la jeune fille.

Elk examinait la lampe à hydrogène.

– Je paric que c'est Toby, dit-il en courant à la fenêtre. Il se promène sur les toits comme d'autres sur les boulevards.

Jim Carlton réfléchissait. Une centaine de possibilités, de suppositions, d'hypothèses se présentaient à son esprit, mais aucune ne le satisfaisait complètement.

À moins que...

Décidément, Harlow devenait une obsession. Il le voyait partout. En tout cas, il était sûr d'une chose : le coffre-fort n'avait jamais contenu d'argent. Ingle n'était pas homme à cacher sa fortune dans un coffre-fort. Il devait avoir de nombreux comptes en banque, sous des noms différents.

Ils retournèrent dans la vaste salle à manger boisée. La disposition de l'appartement intéressait Jim Carlton. Une quantité de détails luxueux et raffinés attestait le bon goût du propriétaire.

Il se souvint qu'Arthur Ingle n'avait été inculpé que pour trois délits. Pour les autres, les preuves avaient manqué. Il avait donc sûrement pu mettre de côté beaucoup d'argent. Cet appartement seul représentait déjà une fortune. Jim se tourna vers Miss Rivers :

– Connaissez-vous bien votre oncle ?

– Non. Je le voyais assez souvent quand j'étais petite, à l'époque où il était acteur... Autrement dit, avant qu'il ne devînt riche ! Depuis, je l'ai perdu de vue. Néanmoins, je suis sa seule parente.

Soudain elle sursauta, on avait frappé à la porte.

– C'est probablement la femme de ménage, dit-elle, et elle traversa le corridor en courant.

Un homme se tenait debout sur le seuil. Sanglé dans un costume coupé à la perfection, il avait fière allure. Sur son plastron, des diamants de toute beauté jetaient mille feux.

Aileen rencontra le regard de l'homme et frissonna. Il y avait quelque chose de surhumain dans ce regard pâle. Elle avait l'impression de se trouver brusquement en présence d'un tigre.

– Je m'appelle Harlow, dit-il. Nous nous sommes rencontrés à Dartmoor, vous souvenez-vous ?... Puis-je entrer ?

Il sourit et son visage devint tout à coup charmant.

La surprise de la jeune fille était telle qu'elle perdit un instant l'usage de la parole.

– Mais entrez donc, cria Jim Carlton de l'intérieur, et il poursuivit sur un ton ironique :

– Je serais heureux de connaître vos impressions sur le bagne. Est-ce vraiment aussi pittoresque qu'on le raconte ?

4

La jeune fille admira la sérénité, l'indulgence, la courtoisie avec lesquelles Mr Harlow répondit à son impertinent interlocuteur. Il semblait considérer Carlton comme un freluquet sans importance, et le traitait en conséquence. Quant à lui, il était le grand Harlow.

Tous ceux qui travaillent à la City ont entendu parler de Stratford Harlow, de ses coups de bourse fameux, de ses réussites incroyables. Les gens de la haute finance parlaient de lui avec respect. Il se livrait avec sa fortune à de véritables tours de passe-passe : tantôt il la gonflait démesurément, tantôt il la réduisait à sa plus simple expression, puis l'escamotait complètement pour la faire surgir brusquement plus puissante et solide que jamais.

Aileen avait aussi entendu parler de son commissariat de police modèle. Quand Harlow entreprenait quelque chose, il allait jusqu'au bout. Il avait adressé plusieurs lettres aux journaux pour attirer l'attention sur l'insuffisance et l'inconfort des commissariats londoniens. Les autorités compétentes avaient fait la sourde oreille. Alors, Harlow avait fait construire, à ses frais, un bâtiment de police modèle, le plus beau que l'on eût jamais vu, et il en avait fait cadeau à la municipalité. C'était une vraie merveille, que les journaux et revues avaient célébrée à l'envi, pendant des semaines. La City avait cessé de considérer Harlow comme un excentrique.

Mais les hommes d'affaires avaient un peu peur de lui : sa fortune était trop liquide pour être tout à fait stable.

– Je ne savais pas que vous connaissiez mon ami Carlton, dit Harlow à miss Rivers. Suis-je de trop ? Dites-le-moi franchement.

Il regardait la jeune fille, et son expression, aussi bien que le ton de sa voix, disait clairement : « Je suppose que ceci est une descente de police concernant votre oncle... »

Carlton comprit fort bien la pensée du nouveau venu, et dit d'un ton où perçait la malice :

– Cet appartement vient d'être cambriolé et miss Rivers nous a appelés.

Stratford Harlow exprima à la jeune fille ses regrets et sa sympathie.

– Je vous félicite d'avoir eu la bonne fortune de tomber sur le meilleur limier de Scotland Yard, dit-il en tournant son regard vers Jim. Et je félicite la direction de la police de vous avoir enlevé au Foreign Office. Vous méritiez mieux.

– Pardon, fit Carlton, mais j'appartiens toujours au Foreign Office. J'occupe mes loisirs à Scotland Yard, c'est tout. Chacun ses distractions, n'est-ce pas ? À propos, comment avez-vous trouvé Dartmoor ?

Harlow sourit tristement.

– Très impressionnant. Tragique même. Je parle de Princetown, bien entendu, où j'ai passé deux nuits.

Aileen se demandait ce qui pouvait bien amener ce magnat de la finance dans l'appartement d'un forçat.

Harlow jeta un regard éloquent aux deux inspecteurs et, comprenant son désir, ceux-ci se retirèrent dans la chambre cambriolée.

– Excusez-moi, miss, j'ai pensé que je pourrais peut-être vous être de quelque secours... Mon nom est Stratford Harlow...

– Je sais, dit Aileen Rivers.

– Il est assez difficile de vous expliquer le but de ma visite... J'ai beaucoup pensé à vous, depuis ma visite au *Duchy Hotel*. Votre situation – encore une fois, je vous prie de me pardonner – est presque tragique... Je crois que je pourrais vous proposer un excellent emploi. Fréquenter des malfaiteurs et des gens malhonnêtes a un effet déplorable, même sur les natures les mieux douées.

Elle se mit à rire :

– Autrement dit, Mr Harlow, vous avez l'impression que je dépends de mon oncle matériellement et vous vous offrez à me faire la vie un peu plus facile !

Il sourit à son tour :

– Vous me comprenez admirablement...

– C'est très aimable de votre part, dit-elle avec sincérité, mais je ne suis pas si malheureuse que vous l'imaginez. J'ai une excellente situation chez un avocat, Mr Stebbings. Il est très bon pour moi.

– Comment dites-vous ? Stebbings ? De l'étude Stebbings, Field et Farrow ? Pas possible ! J'ai été leur client pendant des années.

Elle le savait.

– De très braves gens, mais un peu timorés en affaires ! Je suppose que vous avez entendu Mr Stebbings parler de moi ?

– Seulement une fois. Mr Stebbings est la discrétion même et ne parle jamais de ses clients à qui que ce soit.

Mr Harlow se mordillait les lèvres.

– C'est un très honnête homme, en effet. Je me suis souvent demandé si j'avais eu raison de confier à d'autres le soin de mes affaires. Voulez-vous lui dire cela de ma part, lorsque vous en aurez l'occasion. J'avais cru comprendre que vous travailliez au Nouveau Syndicat de la Librairie.

– C'est curieux ! Vous ne vous trompiez pas de beaucoup, d'ailleurs, puisque les bureaux de ce Nouveau Syndicat de la Librairie se trouvent tout à côté de l'étude Stebbings.

– Ah ! fit-il, je vois l'origine de l'erreur. Un de mes amis, qui est souvent dans ces parages, vous a vue entrer dans cette maison, d'où la confusion.

À ce moment, on frappa à la porte.

– Voulez-vous m'excuser une minute, dit la jeune fille, cette fois, je crois que ce sont les femmes de ménage. Je n'en aurai pas pour longtemps.

Dès qu'elle fut hors de la salle à manger, Jim Carlton et Elk y revinrent.

– Quelle charmante jeune fille ! s'exclama Harlow.

– Très, répondit Carlton.

– Les femmes ne m'intéressent pas beaucoup, fit Harlow, comme se parlant à lui-même. Elles suivent des chemins qui ne me sont pas familiers... Elles sont faibles, inconstantes, d'une sensibilité morbide...

Sa voix fut couverte à cet instant par une clameur venant du corridor. Une voix aigre, haut perchée et geignarde :

– Je sais bien, M'dame, je sais bien qu'on est en retard... Mais, avec ce brouillard, on met plus de temps à venir...

Deux pauvres silhouettes maigres et voûtées passèrent devant la porte ouverte.

– Je suppose, dit James Carlton, que vous ne connaissez pas Mr Ingle ? Une belle crapule... Mais une crapule avec des côtés faibles, oui... Il croit en toutes sortes de choses, la révolution, les réformes sociales, le sang, la révolte, la guillotine...

Il se tut et se tourna vers Harlow.

Celui-ci se tenait debout au centre de la pièce, les mains crispées sur le bord d'une petite table à laquelle il se cramponnait. Son visage, d'une pâleur de cire, était figé en une expression d'horreur indescriptible.

Elk bondit et le rattrapa par sa manche au moment où il allait s'affaler sur le tapis. Le malheureux se laissa conduire au divan et lorsqu'il fut étendu, il se couvrit le visage de ses mains, répétant sans cesse :

– Ô mon Dieu ! Ô mon Dieu !...

5

– C'est le cœur, dit Stratford Harlow, en posant sur un plateau le verre d'eau qu'il tenait à la main. Je suis vraiment navré de vous avoir fait peur... Il y a des années que je n'ai eu d'attaques...

Il était encore très pâle et sa main tremblait légèrement. Il s'essuya le front avec un mouchoir de soie blanche et se leva.

– Si vous me laissiez vous ramener chez vous ? proposa l'inspecteur Elk.

Harlow secoua la tête.

– C'est tout à fait inutile. J'ai ma voiture en bas, et je connais un excellent remède contre les troubles cardiaques...

Elk l'accompagna jusqu'à sa voiture. Il entendit Harlow crier à son chauffeur :

– À la gare de Charing Cross, bâtiment de la force motrice !

Elk regarda démarrer la longue automobile et se demanda ce que Harlow pouvait bien aller faire à pareille heure dans une usine de force motrice.

Mais les ingénieurs de service connaissaient bien Mr Harlow, et sa visite tardive ne leur causa aucune surprise. L'un d'eux se précipita au-devant de lui et lui plaça une chaise tout près des machines.

Harlow demeura une bonne demi-heure au milieu des générateurs, des dynamos et des machines de toutes sortes. Leur mouvement régulier l'apaisait, ramenait la lucidité en son esprit troublé. Rien au monde ne lui semblait plus captivant que le spectacle de ces énormes machines en fonctionnement.

Il se leva, le sourire aux lèvres :

– Ça va mieux... Je vous remercie, Harry.

Il glissa quelque chose dans la main de l'assistant et sortit.

Pour bien comprendre le caractère de Mr Stratford Harlow, il est indispensable de connaître un peu son enfance et sa jeunesse.

La famille Harlow comptait cinq membres quand Stratford naquit. Tous les cinq étaient immensément riches. Sa mère mourut peu après lui avoir donné le jour. L'enfant fut confié à sa tante, miss Mercy Harlow. C'était une vieille fille qui passait, même auprès des gens bien intentionnés, pour une originale. Elle ne consentit jamais à envoyer son neveu à l'école, et se chargea elle-même de son éducation. Elle se consacra entièrement à son neveu, veilla sur lui avec passion, avec jalousie. La moindre intervention de l'un ou l'autre des membres de sa famille la mettait en fureur. La seule visite que ses deux sœurs lui firent, le jour du septième anniversaire de Stratford, dégénéra en une querelle épouvantable. Cette scène devait fournir un sujet de conversation à miss Alice Harlow, la plus jeune des trois, pour le restant de ses jours. Il n'y avait pas de semaine qu'elle n'évoquât cette visite mémorable !

À la suite de cet incident, miss Mercy Harlow vendit son hôtel particulier, et acheta un petit cottage à Teignmouth. Elle s'y établit avec son neveu et sa domestique, Mrs Edwins, et y demeura sept ans. Ensuite elle déménagea à nouveau et s'installa à Bournemouth.

Chaque mois, régulièrement, elle envoyait à son frère de

New York et à ses sœurs une lettre dont le contenu ne variait que bien peu d'une année à l'autre.

« Miss Mercy Harlow vous présente ses compliments et vous informe que l'enfant est en bonne santé, qu'il reçoit une instruction correcte à tous égards et qu'il est élevé dans les principes de la foi protestante. »

Elle avait engagé un précepteur. C'était un grand jeune homme, licencié de l'Université d'Oxford, qui se nommait Marling et portait une petite barbe blonde et bouclée. Elle avait daigné informer son frère de l'arrivée chez elle de ce Mr Marling, puisqu'elle ne s'était pas querellée avec lui.

Cependant, miss Alice Harlow apprit un jour sur Mr Marling une histoire qui lui sembla digne d'être rapportée à sa sœur... Elle lui écrivit donc que Mr Marling n'était pas un homme à qui l'on pût confier le soin de former un jeune esprit... Après quelques semaines, elle reçut une réponse à son épître.

« Miss Mercy Harlow remercie Miss Alice Harlow du renseignement qu'elle a bien voulu lui donner. Elle l'informe qu'une enquête très approfondie a été faite à Oxford, d'où il ressort que Mr Marling s'est toujours conduit d'une manière honorable et qu'il n'a rien fait qui puisse le rendre indigne de diriger les études de Mr Stratford. »

Ceci se passait juste une année avant la mort de miss Mercy. Lorsqu'elle eut rendu son âme à Dieu, sa sœur cadette, miss Alice, accourut à Bournemouth. Elle se trouva en présence d'un grand jeune homme de 23 ans, vêtu d'un complet noir trop large. Il avait l'air assez sombre ; pourtant, miss Alice remarqua que ses yeux ne portaient nulle trace de larmes... Elle s'en réjouit et le soupçonna même d'être soulagé de se voir débarrassé de la tutelle de sa tante.

Mrs Edwins lui expliqua que le précepteur était parti depuis plus de quinze jours.

– Tant mieux, répondit miss Alice, sans quoi c'est moi qui l'aurais congédié. Ah, ça n'aurait pas traîné !

Un conseil de famille fut réuni pour décider du sort de Stratford Selwyn Mortimer Harlow.

Après un long débat, il fut convenu que l'on louerait pour le jeune homme un appartement dans Park Lane afin de lui permettre de goûter un peu plus aux plaisirs et aux distractions de son âge. Ses premiers pas dans le monde seraient dirigés

Bon. Eh bien, j'attends patiemment que vous vouliez bien me raconter ça...

Harlow s'était levé et se dirigeait vers le hall. Il ouvrit la porte d'un petit ascenseur et invita la vieille femme à y prendre place avec lui.

– Merci. Je préfère monter à pied.

– Je croyais que vous étiez fatiguée, dit-il pour la taquiner.

Il pressa le bouton et l'ascenseur s'élança.

Arrivé au troisième étage, il attendit Mrs Edwins en sifflotant doucement.

– Mais c'est que vous êtes une véritable championne ! s'exclama-t-il dès qu'elle fut auprès de lui.

Il ouvrit une porte et pénétra dans une chambre décorée dans le goût chinois. De lourds rideaux masquaient les fenêtres. Dans un coin de la pièce se dressait un lit en bois laqué, très ancien.

Devant un petit bureau, un homme était assis. La première chose qui frappait en lui était son front, curieusement bombé, et sa barbe d'un blond doré. Il semblait du même âge que Harlow, et pourtant aucun cheveu gris n'apparaissait dans sa chevelure ni dans sa barbe.

Il était en train de lire, le menton posé dans sa main, et il ne leva les yeux de son livre que lorsque Harlow lui eut adressé la parole.

– Bonsoir, Marling !

L'homme se renversa dans son fauteuil, marqua la page et referma le volume.

– Bonsoir, répondit-il à voix basse.

– C'est l'heure de notre petite promenade...

Et Harlow se dirigea vers une seconde porte.

– En effet, dit encore l'homme, et il se leva, le regard toujours attaché à son livre, comme s'il ne le quittait qu'à regret.

– Que lisiez-vous là ?

– Les *Odes* d'Horace. Une traduction anglaise. Fourmillante d'erreurs, naturellement.

– Oh ! fit Harlow, c'est bien tard pour lire Horace.

Mrs Edwins se tenait près de la porte, les yeux fixés sur son maître.

– Savez-vous qui vous êtes, mon ami ? demanda affectueusement Harlow.

L'homme à la barbe bouclée porta la main à son front.

– Je suis Saül Marling, licencié de Balliol, dit-il.

Harlow poursuivit :

– Mais encore ?

De nouveau, l'homme se passa la main sur le front.

– Je ne peux pas me souvenir... C'est ridicule... Je crois que c'était quelque chose que j'ai vu, n'est-ce pas ? demanda-t-il anxieusement.

– Oui, quelque chose que vous avez vu, convint Harlow. Juste avant la mort de miss Mercy.

L'autre poussa un profond soupir :

– Elle est morte si soudainement... Comme elle était bonne pour moi ! Elle avait l'habitude de causer un moment avec vous, après le dîner... Et un soir, après le dîner, elle est tombée de sa chaise...

– C'est cela, l'encouragea Harlow. Mais ce n'est pas tout. Vous avez vu quelque chose ? Quoi donc ? Une petite bouteille et une sorte de liquide bleuâtre, n'est-ce-pas ? Voyons, faites un effort, Marling, réveillez-vous.

L'homme secoua la tête.

– Je me souviens mal... C'était avant que vous et Mrs Edwins m'ayez emmené... On m'a donné des comprimés blancs... Ils faisaient pétiller l'eau comme du champagne dans mon verre... Ensuite...

– Vous êtes allé à la campagne, lui souffla Harlow. Vous étiez malade, mon pauvre vieux... Mais nous avons tout fait pour arranger cela et je crois que ça va mieux, maintenant, n'est-ce-pas ?

– Les choses sont un peu confuses encore dans ma tête, répondit l'homme.

Harlow le prit par le bras, puis il ouvrit une petite porte au fond de la pièce, et ils s'engagèrent tous deux dans un étroit escalier en colimaçon. Harlow sortit encore une fois son trousseau de clefs. La dernière porte franchie, ils se trouvèrent sur le toit de Greenhart House, un large espace asphalté, entouré d'un parapet de pierre. Pendant une demi-heure, les deux hommes arpentèrent la terrasse, Harlow parlant, questionnant sans relâche, Marling répondant par petites phrases hachées.

Le brouillard devenait de plus en plus dense, l'homme à la barbe d'or frissonna. Son compagnon s'en aperçut :

– Vous avez froid ? Vous auriez dû mettre votre écharpe.

Nous allons redescendre. Il fait trop humide pour que cette promenade puisse vous faire du bien.

Lorsqu'ils furent revenus dans l'appartement, Harlow jeta un regard investigateur autour de lui. Vraiment, tout était confortable, luxueux et apaisant dans cette pièce. Un gros paquet à demi défait était posé sur une table. Il portait la marque d'un grand éditeur. Harlow s'approcha et regarda les titres des ouvrages que contenait le paquet.

– Vous trouverez cette histoire d'Auguste un peu ardue... Même pour un diplômé d'Oxford... Bonsoir, Marling, dormez bien.

Il referma la porte à clef derrière lui. Il s'arrêta un instant sur le palier et se tourna vers Mrs Edwins :

– Eh ! bien, il ne va pas mal.

– Vous trouvez ?

Sa voix aigre résonna dans la cage de l'escalier.

– Comment pouvez-vous dire cela, puisqu'il lit et écrit de nouveau ?

– Il écrit ? demanda Harlow précipitamment. Et quoi ?

– Oh ! des histoires sur les Romains. Mais des choses sensées, il m'a semblé. Ça se lit.

Mr Harlow réfléchit pendant un instant, les sourcils froncés.

– Je ne pense pas, dit-il enfin, que cela doive nous inquiéter.

– Non, mais je tenais à vous le dire quand même. Il est très calme en ce moment.

Elle ajouta, sur le même ton :

– Qui est Mr Carlton ?

Harlow eut un haut-le-corps.

– Il n'est pas venu ici, j'espère ?

– Si, si, cet après-midi. Il m'a demandé si je n'étais pas l'ancienne femme de chambre de miss Mercy Harlow...

– Alors ?

– J'ai trouvé cela étonnant, mais il m'a dit qu'il était chargé d'enquêter sur la disparition de Saül Marling.

– Chargé par qui ?

– Il ne me l'a pas dit. En tout cas, c'était une véritable enquête. Il m'a montré ses papiers. Je lui ai dit que Marling était mort... Il m'a demandé où et j'ai répondu : en Amérique du Sud.

Stratford Harlow frotta ses mains l'une contre l'autre.

– À Pernambuco, parfaitement... Pendant l'épidémie de choléra... Hum... Réponse très habile, très... Je vous remercie.

6

Aileen Rivers habitait le quartier de Bloomsbury, afin de n'être pas trop éloignée de son travail.

Elle avait passé une mauvaise nuit. Et au matin, elle dut faire face à toutes sortes de désagréments à son bureau. Son chef était absent et elle eut affaire au plus jeune associé. C'était un homme désagréable, indécis et pointilleux. Il laissait toujours aux autres le soin de prendre des initiatives, mais il se réservait d'en critiquer les résultats. Désordonné, il ne se passait pas de jours sans qu'il égarât tel ou tel document et il accusait toujours les employés de ces disparitions.

Aussi, Miss Rivers poussa-t-elle un énorme soupir de soulagement lorsque l'horloge du bureau sonna 6 heures.

Comme elle poussait la porte de la rue, Aileen vit une petite voiture s'arrêter au bord du trottoir, juste en face d'elle.

– Ah ! c'est vous ! fit-elle avec mauvaise humeur.

– Oui, répondit Jim Carlton, et votre ton est offensant. Il se peut que je vous importune, mais sachez que, normalement, Elk et moi, nous aurions dû vous faire subir un interrogatoire d'au moins une heure... C'est justement pour ne pas vous gêner dans votre travail que...

– Un interrogatoire ? Mais au nom du Ciel, que voulez-vous que je vous dise encore ? Vous en savez autant que moi. Car je suppose que vous voulez parler de ce cambriolage ?

– Bien sûr ! Mais je vois que vous ne connaissez rien à la police ni aux policiers. Vous imaginez sans doute que Scotland Yard nous dit : « Il y a eu un cambriolage à Victoria ; mais comme personne ne sait rien, nous allons classer l'affaire... » Vous vous trompez, cela ne se passe pas ainsi.

– Tant mieux, mais je vous avertis tout de suite que je suis beaucoup trop affamée pour continuer à discuter ainsi sur le trottoir.

– Je connais à King's Cross un petit restaurant sans prétention, où la sole bonne femme est une pure merveille.

Elle hésita une seconde et finalement se décida.

– Bon. Allons-y. C'est ça votre voiture ? Elle est plutôt bizarre, remarqua-t-elle peu aimablement.

– Il n'y a rien de bizarre dans cette voiture. D'ailleurs, elle n'est pas à moi. On me l'a prêtée.

La nuit était fraîche, et le ciel étoilé. Elle dut convenir que cette petite promenade lui faisait beaucoup de bien. Le restaurant était bondé lorsqu'ils arrivèrent. Aileen Rivers se tint un instant sur le seuil, hésitant à se faufiler à travers les tables.

– Il vaut mieux chercher ailleurs. Nous ne trouverons pas de places.

– Entrons par la porte de derrière, j'ai réservé une table.

La salle était très coquettement arrangée et la lumière tamisée flattait le beauté des femmes. Leur table était éclairée par une petite lampe à abat-jour rose.

En attendant qu'on leur serve leur dîner, Aileen et Jim bavardaient. Elle l'examinait et s'étonnait de lui trouver l'air plus jeune que la veille. Avec ses yeux bleus rieurs et son nez droit, elle le trouvait plutôt sympathique.

– Vous pouvez commencer à me poser des questions, dit-elle en enlevant ses gants.

– *Primo*. Qu'est-ce que Harlow vous a raconté, hier soir, lorsque je me suis retiré avec une discrétion que vous avez, j'espère, remarquée et appréciée ?...

– Nous n'avons pas parlé du cambriolage et ça ne peut pas vous intéresser. Mais comme c'est sans importance je vais vous le dire tout de même : Mr Harlow m'a offert une situation.

– Où ?

– Je ne sais pas. Il n'a pas eu l'occasion de me le dire, parce que je lui ai répondu tout de suite que je me trouvais parfaitement bien chez Mr Stebbings, lequel, d'ailleurs, a été pendant de nombreuses années le notaire des Harlow.

– Il vous a appris ce détail ?

– Il y a fait allusion, mais je le savais déjà.

– A-t-il eu l'air impressionné lorsque vous lui avez dit que vous travailliez pour Stebbings ?

Elle se renversa sur sa chaise et se mit à rire :

– Vraiment, je vous trouve ridicule, par moments... Pensez-vous sérieusement que Mr Harlow puisse être impressionné par quoi que ce soit ? Revenons à ce cambriolage. Que désirez-vous savoir au juste ?

– Rien du tout, merci. Je vous ai épargné une quantité de corvées aujourd'hui. C'est moi qui, à votre place, ai fourni tous les renseignements à la police. Vous ne serez même pas convoquée.

Il demeura un instant silencieux, puis reprit :

– Votre onclc sera libéré demain, le saviez-vous ?

– Demain, répéta-t-elle avec un peu d'appréhension dans la voix.

– Oui. Elk ira à sa rencontre et lui apprendra la mauvaise nouvelle... Il agira en l'occurrence comme le bouclier... C'est lui qui essuiera les premiers feux de sa colère. Car je suppose qu'il sera furieux !

– Terriblement furieux ! renchérit la jeune fille. Je suis bien contente qu'il soit libéré. Il me donne deux livres par semaine pour le temps que je perds à surveiller ses femmes de ménage, mais je me passerai volontiers de cet argent.

– Arthur Ingle devrait avoir honte de vous mêler ainsi à ses petites affaires. Cette fréquentation peut vous faire du tort un jour. Dites-moi encore une chose : votre oncle était-il un grand spéculateur ?

– Je ne saurais vous le dire. Il ne me parlait jamais d'opérations financières.

– Pourtant, lorsque vous alliez le voir à Dartmoor, vous parliez affaires... Je sais bien que je me conduis comme un triste individu à vous tirer les vers du nez au sujet de votre oncle... mais je suis là pour ça, n'est-ce-pas ?... Vous a-t-il jamais parlé de placements à l'étranger, les Chemins de fer américains, l'Électricité argentine, etc ?

Elle secoua la tête.

– Non, jamais. Je ne crois pas que lui-même soit très au courant de ces choses-là... Naturellement, je sais qu'il a de l'argent – et vous ne l'ignorez pas non plus...

Elle baissa la voix :

– Je suppose que c'est de l'argent volé, et qu'il l'a caché quelque part...

– Certainement, acquiesça Jim Carlton.

La jeune fille remarqua que lorsqu'il n'avait pas le visage tordu par des grimaces ou des ricanements, il était assez plaisant à regarder.

– Votre martyre touche à sa fin ; je n'ai plus qu'une question à vous poser : votre oncle faisait-il partie, à un titre quelconque, d'une compagnie qui s'appelle le Syndicat Rata ?

– Non, je ne l'ai jamais entendu prononcer ce nom.

Jim Carlton repoussa son assiette.

– La sole bonne femme est un excellent reconstituant pour les cerveaux épuisés par le travail. Que voulez-vous boire maintenant ?

À partir de ce moment, il ne parla pas plus d'Arthur Ingle que s'il n'avait jamais existé. Il se mit à raconter des anecdotes sur Scotland Yard. La jeune fille l'écoutait avec plaisir.

– Je vais vous laisser mon numéro de téléphone. Comme cela, si jamais vous aviez besoin de moi...

Il déchira un feuillet d'un carnet.

– Et pourquoi aurais-je besoin de vous ? demanda-t-elle, moqueuse.

– On ne sait jamais. J'ai idée que vous aurez besoin de moi un jour. Je suis l'homme des pressentiments. J'ai une sorte de sixième sens, qui me permet de deviner ce qui va se passer... En ce qui vous concerne, j'espère que je me trompe...

Il regarda sa montre. Elle pensa qu'il était pressé, mais qu'il n'osait la planter là, par politesse. Ce fut elle qui donna le signal du départ en mettant ses gants.

– Je m'aperçois que j'ai parlé tout le temps de moi et que je ne sais rien de vous, dit-il une fois assis au volant. Je suppose que vous êtes célibataire ?

Elle fit oui de la tête.

– Êtes-vous fiancée ?

– Non...

– Vous êtes la femme la plus...

– Taisez-vous...

– Charmante que j'aie jamais rencontrée...

– Et voilà ! J'étais sûre que vous diriez quelque chose d'affreusement banal... Ma maison est la troisième à gauche... N° 63... Mais vous n'êtes pas obligé de m'écrire, à moins qu'il ne s'agisse encore d'une affaire de police... Bonne nuit et merci.

Elle sauta sur le trottoir.

Jim Carlton se rendit ensuite à Whitehall Gardens ; pendant tout le parcours il souriait à quelque image intérieure, et son sourire ne l'avait pas quitté lorsqu'il pénétra dans la bibliothèque de sir Joseph Layton.

Ce nom – Joseph Layton – est familier à tous ceux qui ont un passeport, car c'est celui du secrétaire d'État au Foreign Office. Sir Joseph était en outre l'un des hommes politiques les plus caricaturés de Grande-Bretagne. Il était long, mince, de visage presque ascétique.

Jim Carlton pénétra dans son bureau en faisant un petit salut. Sir Layton leva les yeux sur lui :

– Asseyez-vous, Carlton, je suis à vous dans un instant.

Il passa méticuleusement le tampon-buvard sur la lettre qu'il venait d'écrire et la mit sous enveloppe. Puis il se tourna vers son visiteur :

– Je viens seulement de rentrer de la Chambre. J'espère que vous n'êtes pas déjà venu une fois pour rien.

– Non, Monsieur.

Sir Layton, les extrémités de ses doigts jointes en une attitude familière, examinait l'inspecteur à travers ses lunettes.

– Y a-t-il du nouveau ? J'ai vu les câbles que vous m'avez fait parvenir... Ils sont très curieux en effet... Comment sont-ils venus en votre possession ? Vous les avez interceptés ?

– Oui, tout au moins quelques-uns d'entre eux. Mais il y en a assez pour prouver que la *Rata* prépare un grand coup. Je suis persuadé que tous les grands courtiers du monde ont reçu des instructions semblables.

Sir Joseph ouvrit l'un des tiroirs de son bureau et en sortit un dossier. Il en feuilleta le contenu, l'air préoccupé, et sortit un télégramme :

– « *Rata Syndicate* – Wall Street, lut-il à mi-voix. Soyez prêts à vendre à quinze pour cent. Laissez tomber les valeurs ci-dessous. »

Suivait une liste de plus de deux pages.

– Oui, reprit Sir Joseph, c'est vraiment singulier...

Il tourmentait sa petite moustache entre son index et son pouce d'un geste machinal.

– Comme vous me le faisiez remarquer, il s'agit des stocks dont nous aurions un besoin immédiat en cas de guerre... Mais contre qui pourrions-nous nous battre ? Je ne vois pas... La situation sur le continent n'a jamais été aussi satisfaisante qu'en ce moment. La question du Maroc est réglée. Avez-vous eu le texte de mon discours d'hier entre les mains ?

James Carlton fit signe que oui.

– Personne plus que moi ne se défie de l'optimisme béat !

Mais réellement, fouillant le monde de la Chine au Pérou, on ne trouverait pas la moindre raison de s'affoler, pas le plus petit nuage !

– Est-ce qu'il n'y a pas quelque chose qui cloche quelque part en Amérique du Sud ? Il me semble avoir lu quelque chose...

Sir Joseph sourit.

– Vous pouvez toujours compter sur des troubles éventuels en Amérique du Sud. Vous le savez bien...

– Et la Russie ? suggéra Jim.

Sir Joseph se remit à friser sa moustache.

– On ne donne pas la fessée à un enfant malade, n'est-ce pas, si méchant qu'il soit... D'ailleurs, nos relations de ce côté s'améliorent plutôt.

Jim Carlton prit toute la liasse de feuillets en main et recommença à les lire attentivement, bien qu'il sût déjà ce qu'ils contenaient. Le Ministre le regardait faire, à la fois sceptique et amusé.

– Je sais ce qui vous tracasse... Vous imaginez que le gouvernement va être la proie d'un complot diabolique, dont le but est de mettre le monde à feu et à sang... Est-ce que je me trompe ? Agents secrets, trafics suspects, rencontres dans des caves blindées, personnalités haut placées mettant un masque, ou une cagoule, pour sortir à la nuit tombante...

– Rien d'aussi romantique, sourit Jim Carlton. Je ne suis pas aussi naïf que vous semblez le croire. Je sais comment les guerres commencent et pourquoi elles se terminent.

Sir Joseph continuait à sourire, à demi convaincu.

– Avouez que votre « conspirateur » préféré, votre conspirateur type, est Mr Stratford Harlow... Vous croyez qu'il détient quelque redoutable secret capable de mettre la terre en ébullition... Ah ! je vous connais, mon cher Carlton... Vous pensez encore que Harlow est derrière la *Rata*...

– Je crois simplement qu'il y a du Stratford Harlow derrière toutes les catastrophes...

Les deux hommes se dévisagèrent ; sir Joseph était surpris du ton convaincu et presque passionné dont l'inspecteur avait prononcé ces paroles.

– Cet homme-là a trop d'argent... Ne pouvez-vous pas lui en prendre une partie ?

– Nous faisons de notre mieux, répondit le Ministre d'un

ton sec. Mais c'est une des rares personnalités à qui les impôts ne fassent pas peur. Et pourtant Dieu sait s'il en paie !

Jim Carlton soupira et se leva.

De retour à Scotland Yard, il se mit à la recherche de l'inspecteur Elk. Mais il apprit que son camarade était parti pour le Devonshire : il devait aller attendre Arthur Ingle à sa sortie de prison et l'accompagner à Londrcs. Mais ce n'était pas uniquement pour lui apprendre qu'il venait d'être cambriolé qu'il se rendait à la rencontre du forçat, pas davantage pour éviter à Aileen le désagrément d'avoir à lui annoncer elle-même cette nouvelle... La police n'est pas tellement philanthrope...

Il fallait absolument savoir ce que le coffre-fort d'Ingle contenait. Pas de l'argent, sûrement. Mais quelque chose de précieux, puisqu'un homme avait risqué la prison pour l'obtenir. Cette soudaine apparition de Harlow, juste après le cambriolage, lui paraissait une coïncidence bien étrange et même suspecte. Il savait que ce soir-là, Harlow était attendu à un banquet. Jim l'avait pris en filature toute la journée... Pourtant, le lendemain matin, son nom figurait parmi ceux des personnalités qui avaient assisté à ce banquet.

L'inspecteur arpentait les quais de la petite gare de Princetown sous une bise glaciale. Il y avait peu de monde à cette heure matinale. Quelques ouvriers se rendaient à leur travail ; un voyageur de commerce bâillait de sommeil en montant dans le train de Plymouth.

Elk commençait à se demander s'il n'était pas venu pour rien, lorsque deux hommes débouchèrent de la salle d'attente : l'un portait l'uniforme des gardiens de prison, l'autre était vêtu d'un complet bleu trop grand, dans lequel ses jambes flottaient. Le gardien tendit un billet à son compagnon.

– Je ne vous dis pas au revoir, Ingle... Au contraire, je souhaite que vous n'ayez plus jamais l'occasion de revenir ici... Adieu... Bonne chance !

Les deux hommes se serrèrent la main.

Arthur Ingle monta dans un compartiment vide et s'apprêtait à refermer la porte sur lui, mais Elk l'en empêcha ; il bondit sur les marches et s'assit à son tour. L'ex-détenu le regardait fixement. Il l'avait reconnu tout de suite.

– Qu'est-ce que vous faites ici ? lui jeta-t-il d'une voix rageuse.

Elk se tourna vers lui, un candide étonnement se lisait sur son visage.

– Mais c'est Ingle, je ne me trompe pas ! Alors, comment ça va ? Comme le temps passe !... Cela fait donc déjà cinq ans que...

L'autre lui coupa la parole :

– Qu'est-ce que vous me voulez ?

– Moi ? Mais rien. Je reviens de la prison où j'avais une petite enquête à faire... D'ailleurs ça n'a rien donné. Le bonhomme n'a rien voulu dire... Il n'a pas été touché par l'intérêt et la sollicitude que je lui témoignais...

L'inspecteur sortit un étui, choisit un cigare et le passa à l'ancien forçat. Celui-ci se mit à fumer avec une avidité qui révélait qu'il avait été longtemps privé de tabac. Au bout d'un moment, Elk se gratta le front :

– Attendez... Il me semble que j'ai entendu parler de vous l'autre jour. Mais à propos de quoi ?

L'inspecteur se prit la tête dans les mains, vivante image de la perplexité. Arthur Ingle ne le quittait pas de l'œil.

– Ah ! J'y suis ! Votre appartement a été cambriolé.

L'ancien prisonnier se dressa sur ses pieds :

– Cambriolé ? glapit-il. Qu'est-ce qu'ils m'ont pris ?

– Ils ont forcé votre coffre-fort, dans votre chambre de débarras.

– Le coffre-fort ! s'écria Ingle. (Les lèvres retroussées sur ses dents pointues, il avait l'air d'un loup prêt à mordre.) Ah ! les bandits ! Ça ne leur suffit pas de m'avoir collé ici pour cinq ans... Il faut qu'ils me cambriolent, maintenant.

Elk le laissa invectiver, délirer ainsi pendant dix bonnes minutes sans l'interrompre. Lorsqu'il se fut un peu calmé il s'enquit poliment :

– J'espère qu'on ne vous a pas pris d'argent ?

– De l'argent ? fit l'homme avec mépris. Suis-je assez bête pour garder mon argent dans un coffre ? Vieux renard, vous saviez bien ce qu'on m'a pris... (De son poing fermé, il menaçait l'inspecteur assis en face de lui). Vous le savez très bien, c'est la police qui a fait le coup, et vous, vous êtes venu exprès pour me cueillir, hein ?

– Mon pauvre vieux, mais voyons, remettez-vous ! Vous me faites de la peine. Je ne comprends pas un traître mot de ce que vous dites ! Si le train n'était pas en marche, vous n'auriez qu'à ouvrir cette porte et à vous en aller où bon vous semble ! Vous êtes libre comme l'air !

Il se tut un instant, puis reprit :

– Que vous ont-ils volé ?

– Puisque vous prétendez l'ignorer, je vais vous l'apprendre. Je suis un paria, un lépreux. Vous m'avez retranché de l'humanité. Vous m'avez appelé un voleur et vous m'avez enfermé...

Il recommençait à s'agiter sur sa banquette. Elk se demanda où il voulait en venir.

– Et pourtant qu'avais-je fait ? Volé quoi ? Un peu de ce qui appartient à tout le monde. J'ai pris un peu d'argent à des riches, et puis après ? Mais cet argent m'appartenait, à moi, et à beaucoup d'autres. Ce n'est pas du vol, c'est de la récupération. Cet argent que j'ai pris, c'était mon argent, l'argent des pauvres diables comme moi. Je l'ai dérobé à de vieilles canailles grasses et ventrues et je m'en félicite. Si cela a privé leurs horribles femmes d'un bijou, tant mieux. S'ils ont acheté une automobile de moins, bravo ! J'en ai épargné l'astiquage à leurs esclaves...

Il s'interrompit, à bout de souffle.

– C'est un point de vue, fit Elk en souriant.

Mais déjà l'ex-forçat avait repris le fil de son discours.

– Et vous, qu'êtes-vous donc ? De votre plein gré, vous vous êtes fait le larbin de la classe possédante, le bourreau à gages, le fournisseur des prisons et du bagne...

– Tout à fait juste, fit Elk sans s'émouvoir.

– Si ceux qui ont trouvé mes papiers – dans le coffre-fort – les ont lus, eh bien, je crois que cela les fera réfléchir... Plus que cela, je crois que je peux me flatter de leur avoir fait passer une mauvaise nuit, peut-être plus d'une... Et si un seul homme, ayant lu mes notes, réfléchit et change de camp, je me tiendrai pour satisfait et je consentirai même à retourner sur-le-champ à Princetown.

Son exaltation était extrême, ses yeux brillaient comme des braises. Elk l'attrapa par le bras et le fit asseoir.

– Mais, mon vieux, ne vous agitez donc pas comme cela... Alors, c'était ça que vous teniez précieusement enfermé dans un coffre-fort : des papiers, des trucs révolutionnaires ?

La déception se lisait sur son visage. Arthur Ingle répondit qu'en effet il s'agissait d'un manuscrit.

– Et c'est tout ? Eh bien, ceux qui vous l'ont pris ont perdu leur temps.

– Je ne le pense pas. Il y avait là-dedans assez de choses pour me faire arrêter... J'ai écrit que je déteste l'Angleterre et tous les Anglais, que je hais les classes privilégiées... Lorsque j'étais acteur et que je crevais de faim, il fallait que je fasse le pitre devant leurs bedaines et leurs triples mentons...

– Ah ! Il y aurait tout un livre à faire sur les gens gras, sur les rapports qui existent entre l'embonpoint et le caractère..., convint Elk. Prenez par exemple Harlow, quoiqu'il ne soit pas gras à proprement parler, seulement bien nourri...

– Harlow ?... répéta Ingle.

Il semblait que ce nom lui rappelât quelque chose.

Elk lui tendit une perche :

– Encore un vendu, ou un acheté...

– Pas celui-là. C'en est un qui découpe la graisse en larges tranches sur la panse des riches... Du moins, c'est ce que l'on racontait là-bas.

Il fit un geste de la main dans la direction de la prison.

– Si c'est ainsi, il n'y a rien à dire, répliqua Elk, il est du côté de la loi et de l'ordre. D'ailleurs, un homme qui fait cadeau d'un poste de police à son pays ne peut pas être tout à fait mauvais...

Lorsque le train arriva en gare de Plymouth, les deux hommes se séparèrent. Il fallait changer de quai. Mais l'inspecteur Elk se rendit tout d'abord au bureau de poste et expédia à Jim Carlton la dépêche suivante : « Littérature subversive. Rien d'important. »

Il monta dans le même train que l'ancien détenu, mais pas dans le même wagon. Comme ils approchaient de Bath, il eut la surprise de voir Arthur Ingle s'encadrer sur le seuil de son compartiment. Il entra et il entama tout de suite la conversation :

– Est-ce que vous savez quelque chose de ma nièce ? Est-elle au courant du cambriolage ? Je ne peux rien me rappeler de ce que vous m'avez dit tout à l'heure... J'étais trop en colère !

Elk, bon garçon, lui fit un récit détaillé de tout ce qu'il savait à ce sujet. En apprenant que Harlow était venu rendre visite à sa nièce ce soir-là, Arthur Ingle eut une exclamation de stupeur.

– Harlow ! Mais pourquoi est-il venu chez moi ? Est-ce qu'il connaît Aileen ? Comment ? Ils se sont rencontrés à Dartmoor ?

Il réfléchit, puis se donna une claque sur le genou :

– Mais j'y suis. Je me souviens maintenant de l'avoir vu un jour rôdant autour de la prison en voiture. Je ne l'ai pas reconnu sur le moment, mais maintenant je suis sûr que c'était bien lui. Est-ce qu'il a rencontré Aileen à Dartmoor pour la première fois, ou se connaissaient-ils déjà avant ?

– Non. Ils ont fait connaissance à Princetown.

Arthur Ingle se mit à rire :

– Je suppose qu'il lui fait la cour... Elle lui plaît... Ça prouve qu'il a bon goût. C'est un beau brin de fille. Il n'a pas besoin de courir après l'argent... Quant à Aileen, elle est assez grande pour savoir ce qu'elle fait...

7

Arthur Ingle avait télégraphié à sa nièce pour lui demander de venir le rejoindre à son appartement le soir de son arrivée.

Il finissait de dîner lorsqu'elle arriva chez lui.

– Oui, dit-il, répondant à sa question, j'ai entendu parler du cambriolage... Il n'y avait dans le coffre-fort rien qui puisse avoir une valeur pour d'autres que pour moi... Non, non, sois tranquille, ni argent, ni bijoux, ni rien. Je ne te reproche qu'une chose, c'est d'avoir appelé la police... (Il lui jeta un regard courroucé.) La police ! A-t-on idée ?

– Et qui vouliez-vous donc que j'appelle ? répondit-elle, un médecin ? Que fait-on d'habitude lorsqu'on découvre que l'on a été cambriolé ? On appelle la police. J'ai fait ce que n'importe qui aurait fait. D'autre part, comment pouvais-je deviner qu'il n'y avait rien de précieux dans le coffre ? Évidemment, si j'avais su qu'il ne contenait que des paperasses...

– N'en parlons plus, interrompit-il d'une voix désagréable. Maintenant, autre chose : il paraît que tu connais Harlow ?

– C'est une manière de parler. Je l'ai vu deux fois en tout. Le soir du cambriolage, il est venu ici pour me proposer du travail...

– Quel travail ? Pourquoi ?

– Parce qu'il s'est dit que j'aurais de la peine à trouver une situation en tant que parente d'Arthur Ingle, ex-forçat... Je lui ai répondu que, jusqu'à présent, ce lien de famille ne m'avait causé aucun tort.

Il se leva et vint à elle.

– Je n'ai plus besoin de toi. Tu m'as été très utile et je te remercie. Je crois que tu n'as pas eu à te plaindre de moi...

Il fouilla dans sa poche et en sortit un billet de banque.

– Tiens, voilà pour tes étrennes.

– Non, merci, dit Aileen, je n'ai besoin de rien.

Il avait prévu qu'elle refuserait cette espèce de pourboire. Sans insister, il reprit l'argent et dit :

– C'est tout ce que j'avais à te dire.

Ils échangèrent une brève poignée de main et se séparèrent. Comme elle allait sortir de l'appartement, elle revint sur ses pas jusqu'au seuil de la salle à manger :

– C'est le jour des femmes de ménage, elles vont venir tout à l'heure. Vous devriez en garder une, ce sont de très braves femmes. Je crois qu'une tous les jours vous serait plus utile que deux venant trois fois par semaine... Enfin, je n'ai pas de conseil à vous donner, vous ferez comme vous voudrez.

Arthur avait du travail pour toute la soirée, de vieilles caisses à ouvrir, des vêtements à sortir des malles et des papiers à mettre en ordre.

Il se dirigea d'abord vers le grand divan où Aileen s'était si souvent allongée, un livre entre les mains, en attendant le départ des femmes de ménage. Ce divan s'ouvrait comme un coffre. Le sommier ne contenait pas de ressorts, mais des papiers, une boîte d'acier et toute une collection de faux passeports. Ingle s'occupait de politique. Il ne pactisait avec aucun parti bien défini. C'était un de ces innombrables révoltés, mécontents, qui veulent tout chambarder, sans jamais franchir le stade des déclarations. En tout cas, ses idées justifiaient à ses yeux tous ses agissements.

À la prison, l'aumônier avait souvent entrepris de combattre ses opinions, de le raisonner, mais sans succès. Ingle le haïssait. D'ailleurs, il haïssait tout le monde ; il était le seul prisonnier qui se sentît soulagé, le soir, lorsque la porte de la cellule se refermait sur lui, pour toute la nuit, une longue et bienfaisante nuit pendant laquelle il n'aurait pas à subir la compagnie de ses semblables. Il n'était pas sociable et ne savait se faire aimer de personne. À la prison, tous les autres détenus l'évitaient ou ne lui adressaient la parole que pour lui crier des injures. Et pourtant ce cœur aride, incapable d'affection, était accessible à la pitié : il méprisait ses compagnons d'infortune, mais il ne passait jamais à côté du pauvre vieux cheval de la prison sans le flatter de la main, lui parler doucement. La pauvre bête était aveugle et il semblait que cela fût plutôt une grâce qu'une punition de la Providence. Ce qu'il y avait autour d'elle était tellement attristant, lamentable... Il valait mieux qu'elle fût laissée à son rêve confus et mélancolique de vieux cheval.

Lorsqu'il eut fini ses rangements, il referma son divan, s'étendit, les membres engourdis d'être resté longtemps accroupi. Au moment où il allumait une cigarette, le téléphone sonna et ce bruit autrefois familier, à présent oublié, le fit sursauter.

– C'est bien Mr Ingle qui est à l'appareil ?

– Oui, répondit-il d'un ton sec.

Il perçut un toussotement, et la voix reprit :

– Seriez-vous disposé à faire le sacrifice de vos principes et de certaines de vos opinions ?

Cette étrange requête plongea l'ancien forçat dans une stupéfaction totale.

– Vous voulez dire, fit-il, ce qui me reste de principes... et son rire grinça. Que me voulez-vous au juste ?

Il se méfiait ; ça pouvait être un ami d'autrefois dans la gêne qui voulait lui emprunter de l'argent. En ce cas, la conversation serait courte, car Arthur Ingle était avare comme un pou... Il n'avait de large que les idées...

– Je ne peux pas vous parler au téléphone. Pouvez-vous vous trouver ce soir dans l'allée qui fait face à la Horse Guards Parade ?

– Dans le parc ? (Son étonnement redoublait.) Dites-moi d'abord qui vous êtes. Je vous avertis tout de suite que je n'ai guère envie de sortir ce soir pour rencontrer un inconnu. D'autre part, et puisque vous me connaissez si bien, vous devez aussi savoir que j'ai aujourd'hui beaucoup de raisons d'être fatigué...

– Je suis... (un court silence) Harlow...

L'ex-forçat ne put retenir une exclamation.

– Stratford Harlow ? demanda-t-il, incrédule.

– Oui, Stratford Harlow.

Au bout d'un moment, Arthur Ingle reprit :

– Je trouve tout cela bien extraordinaire... Mais il me semble que vous ne devez pas avoir de mauvaises intentions à mon égard... Je ne vois pas pourquoi vous en auriez... J'irai donc ce soir vous attendre dans le parc... Mais comment puis-je savoir que c'est bien Stratford Harlow qui me parle ?

– Téléphonez-moi chez moi dans dix minutes, vous verrez bien... Alors, c'est entendu ?

– Oui, répondit Ingle. (Il y avait de l'hésitation dans sa voix.) À quelle heure ?

– À 10 heures exactement. Vous n'aurez pas à m'attendre. Je m'en voudrais de vous laisser arpenter les allées du parc par une nuit aussi fraîche. D'ailleurs, nous ne resterons pas là-bas. Vous monterez dans ma voiture et nous ferons un petit tour.

Arthur Ingle raccrocha, passablement perplexe. Il attendit dix minutes puis appela le numéro de Harlow. La même voix lui répondit :

– Eh bien, êtes-vous satisfait maintenant ?

– Ça va, je serai là à 10 heures.

Il y avait deux longues heures d'attente devant lui. Il n'eut de cesse de penser à ce coup de téléphone. Il échafauda les hypothèses les plus abracadabrantes, sans parvenir à trouver la raison de cette offre. « Faire le sacrifice de mes principes », se répétait-il... Qu'est-ce que cela pouvait bien vouloir dire ? Mais, à mesure que le temps passait, l'appréhension grandissait en lui. Finalement, en proie à une grande nervosité, il se dirigea vers un petit bureau et sortit un bloc d'un tiroir.

« Cher Mr Harlow,

« J'ai réfléchi. Je vais vous causer une déception, sans doute, mais je dois vous dire franchement que je soupçonne la police d'avoir organisé ce rendez-vous... Vous savez que je viens d'être libéré de prison et que, par conséquent, ce serait imprudent, pour ne pas dire fou, de ma part, de m'engager dans une affaire que je ne connais pas. Je crains que ce coup de téléphone n'ait été un habile moyen de me faire tomber dans un piège... Il faudrait que j'aie une preuve écrite que c'est bien vous qui m'avez téléphoné tout à l'heure.

« Sincères salutations.

« Arthur INGLE. »

Il glissa la lettre dans une enveloppe, écrivit l'adresse et ajouta urgent en grosses lettres dans un coin.

Il retourna s'étendre, mais il ne se sentait pas soulagé. Sa curiosité était piquée au plus haut point. Il importait qu'il sût tout de suite pourquoi Stratford Harlow avait fixé un rendez-vous à Arthur Ingle. D'une part, il se méfiait ; de l'autre, il était presque sûr que c'était bien Harlow qu'il avait eu au bout du fil tout à l'heure. Mais pourquoi cette rencontre mystérieuse ? Harlow n'aurait-il pas pu lui fixer rendez-vous en plein jour, dans un petit salon de thé discret ?

Brusquement, il se décida. Il courut à sa chambre à coucher et changea rapidement de vêtements.

Il passa par la cuisine. L'une des femmes de ménage frottait les carreaux, à genoux, brosse en main. Elle leva vers lui un pauvre visage exténué, avec des mèches grises qui lui tombaient dans les yeux.

– Je sors. Ce n'est pas la peine que vous attendiez mon retour. Vous partirez quand vous aurez fini et revenez demain matin à 8 heures.

Cette soudaine aventure le grisait, il se sentait presque jeune. Il marchait d'un bon pas, toute sa fatigue évanouie.

L'horloge des Horse Guards sonnait 9 heures trois quarts lorsqu'il déboucha dans Birdcage Walk. Il prit l'allée déserte parallèle au Horse Guards Parade. Il ralentit son allure car il était en avance. Un agent le croisa et le dévisagea. Cela lui fit penser qu'il devait se présenter au commissariat de son quartier et il maudit la chaîne qui, par le moyen des papiers et des formalités de police, le relierait toujours, quoi qu'il fît, au bagne de Dartmoor... Il passa sous une horloge ; il était 10 heures moins 5. Il revint sur ses pas, vers l'endroit convenu. À peine était-il arrivé qu'une longue limousine vint silencieusement se ranger sur le bord du chemin. La porte arrière s'ouvrit.

– Voulez-vous monter, Mr Ingle ? dit une voix de l'intérieur.

Sans répondre, il sauta sur le marchepied et tira la porte sur lui. Il était à présent assis à côté de Harlow le Magnifique, l'homme à la fortune fabuleuse.

L'automobile contourna Buckingham Palace et s'engagea dans Hyde Park. Là, elle roula plus doucement et Mr Harlow commença à parler.

Ingle écoutait comme en un rêve les extraordinaires propositions de son compagnon...

L'inspecteur Jim Carlton, cramponné à l'arrière de la voiture, s'aperçut avec mauvaise humeur que le tuyau acoustique qu'il avait fixé à l'intérieur ne lui servirait à rien. Il ne put recueillir aucun écho de cette conversation qu'il aurait eu tant d'intérêt à connaître. Sans doute son tuyau était-il comprimé et bouché par le crin des coussins. Transi par le froid et le brouillard, il maudit son sort et sa profession.

8

« Pouvez-vous faire un saut jusqu'ici entre 13 et 14 heures ? – A. R. »

Jim Carlton fixait ces deux initiales sans comprendre. Tout d'un coup il se dit qu'Aileen s'écrivait peut-être avec un A, et non avec un E, comme il l'avait pensé. Ce message avait été déposé à Scotland Yard pendant son absence. Il endossa le pardessus qu'il venait de quitter et se rendit à l'étude de Mr Stebbings. Il attendit la jeune fille devant la porte. Dès qu'Aileen l'aperçut, elle courut à lui :

– Vous allez me gronder, car je vous ai dérangé pour bien peu de chose... Je sais que vous êtes très occupé.

– Je ne vous gronderai pas... Je ne vous dirai pas ce que j'ai envie de faire, parce que vous penseriez que je suis mal élevé...

– Vous comprenez, poursuivit-elle sans s'excuser, vous êtes le seul policier que je connaisse et, bien que ce ne soit pas depuis très longtemps, j'ai pensé que vous ne m'en voudriez pas...

– Vous êtes terriblement solennelle ! Que s'est-il donc passé ?

– Mrs Gibbins a disparu... Elle n'est pas rentrée chez elle cette nuit, ni la nuit d'avant...

– Ah ! mon Dieu, fit-il, c'est affolant. (Pour se moquer d'elle, il imita sa voix :) Et son mari craint le pire.

Mais la jeune fille resta de glace.

– Je ne trouve pas que ce soit drôle. Et d'abord elle n'a pas de mari. Elle est veuve. Sa logeuse est venue me trouver ce matin, elle est très inquiète.

– Mais qui est cette Mrs Gibbins ?

– Ah ! C'est là que vous allez me gronder, et me reprocher de vous avoir dérangé pour bien peu... Mrs Gibbins était l'une des deux femmes de ménage que j'avais engagées pour entretenir l'appartement de mon oncle. Vous l'avez même aperçue, le soir du cambriolage, vous souvenez-vous ? Une femme pâle et maigre, avec des cheveux en désordre ? Je me fais beaucoup de souci à cause de sa disparition, parce que c'est une femme sans famille, sans amis, sans relations d'aucune sorte, par conséquent je ne sais pas où me renseigner à son sujet. J'ai téléphoné chez mon oncle ce matin. Il m'a répondu, presque aimablement, qu'il ne l'avait pas vue hier, ni avant-hier.

– Il se peut qu'elle ait été victime d'un accident. Dans ce cas, il faudrait faire le tour des hôpitaux, suggéra l'inspecteur.

La jeune fille secoua la tête.

– J'y ai déjà pensé. J'ai téléphoné partout, et aucun hôpital ne signale sa présence. C'est justement parce que je ne sais plus que faire, ni comment m'y prendre pour la retrouver que je vous ai écrit.

Cette histoire de Mrs Gibbins ne le passionnait pas outre mesure. Combien de personnes disparaissent ainsi, en un an, dans les grandes villes ! Il n'y avait là rien d'extraordinaire ni d'inattendu qui pût stimuler son zèle. Pourtant, à cause d'Aileen, qui paraissait très affectée par cette disparition, il décida d'entreprendre quelques recherches.

L'après-midi, il se rendit à Stanmore Rents, dans le Lambeth. Il y avait sur le quai une espèce de pension sordide qu'on lui avait indiquée comme étant la dernière résidence de Mrs Gibbins. Une grosse femme répondit à toutes les questions de l'inspecteur avec volubilité.

– Ah ! Pour sûr, c'était une brave femme, honnête, sérieuse et tout. Elle ne sortait jamais. Elle payait régulièrement. Elle recevait de l'argent chaque trimestre d'une parente éloignée.

– Voulez-vous me conduire dans sa chambre ?

La logeuse s'empressa de lui montrer le chemin. C'était la première fois que la police venait enquêter chez elle. Cela la flattait et lui donnait un sentiment d'importance.

Elle le précéda dans une petite chambre, sorte d'arrière-boutique, sombre, mais très propre. Il n'y avait que trois meubles : un lit, une commode et une penderie, ou plus exactement un rideau de cotonnade courant sur une tringle. Il tira le rideau. La garde-robe de la disparue était minable : deux jupes, un manteau d'été usé jusqu'à la corde, un chapeau sans âge.

En essayant d'ouvrir la commode, il s'aperçut que le premier tiroir était fermé à clef. Il sortit un trousseau de sa poche et réussit à l'ouvrir. La propriétaire le regardait faire avec admiration et respect.

Jim Carlton ne trouva rien qui pût orienter utilement son enquête. Un vieux nécessaire de toilette, dépourvu de ses accessoires, des talons de mandats postaux, des houppettes à poudre sales. Il était sur le point de refermer le tiroir, lorsque, par acquit de conscience, il ouvrit encore un vieux sac à main. Sans doute contenait-il quelque chose d'intéressant, car l'inspecteur l'emporta à la lumière de la fenêtre afin de mieux l'examiner. La poche du milieu était cousue. Il sortit un canif et fit sauter les points et vit deux feuillets de papier pliés en quatre. Vivement intriguée, la logeuse vint se placer derrière Jim Carlton, espérant lire par-dessus son épaule. Mais il se retourna brusquement, et lui dit d'un ton sec :

– Voulez-vous me laisser seul. Si vous pouviez trouver dans votre poubelle, ou votre corbeille à papiers, une enveloppe adressée à Mrs Gibbins, vous me rendriez service.

Dès qu'elle fut sortie, il s'accouda sur le rebord de la fenêtre et lut les papiers qu'il venait de trouver. Lorsqu'elle revint, il fixait le tapis, l'air tellement absorbé que la logeuse ne douta pas un instant qu'il avait découvert des taches de sang.

– Vous n'avez rien trouvé ? demanda-t-il. Alors, tant pis, je m'en vais.

Il referma le tiroir et se dirigea vers la porte, suivi de la grosse femme.

– Vous ne pensez pas qu'elle ait pu se noyer ? demanda-t-elle d'un ton larmoyant.

– Non. Pourquoi me demandez-vous cela ? Vous a-t-elle dit qu'elle pensait à se suicider ?

– Oh ! pas exactement, mais elle était bien malheureuse, la pauvre.

Là-dessus, elle fondit en larmes.

– Ne vous désolez pas. Elle peut encore revenir. Dans ce cas, je vous demanderai de m'envoyer un télégramme.

La logeuse s'essuyait le visage avec un coin de son tablier et Jim Carlton, sidéré, constata que l'endroit qu'elle venait de frotter était beaucoup plus clair que le reste de sa figure. Il se dit que, pour peu qu'elle pleurât encore un moment, elle serait presque propre...

Il lui laissa son nom et son adresse et, pour plus de sûreté, lui donna l'argent du télégramme. Puis il sauta dans sa voiture et roula à toute vitesse jusqu'à Scotland Yard.

L'inspecteur Elk n'était pas là. Jim Carlton s'assit à son bureau, relut les papiers qu'il avait trouvés dans le sac de Mrs Gibbins et dicta ensuite quelques lettres à une secrétaire, destinées toutes à des personnes qu'on aurait crues les dernières à s'intéresser à la disparition d'une femme de ménage...

Aileen Rivers ne s'attendait pas à revoir Jim Carlton ce jour-là. Aussi fut-elle surprise, plutôt agréablement, lorsqu'on vint la chercher de la part du jeune homme dans le bureau de Mr Stebbings.

– Vous allez compromettre ma réputation, dit-elle en riant.

Elle se hâta de mettre toutes ses affaires en ordre, puis ils sortirent.

– Que diriez-vous d'un petit restaurant dans Soho ? J'ai besoin de pittoresque et d'exotisme, ce soir...

– Je vous remercie, mais il faut que je rentre chez moi, répondit la jeune fille.

– Ce n'est pas chic. Moi qui me suis décarcassé pour retrouver la trace de Mrs Gibbins... fit-il d'un ton plaintif. J'étais tellement sûr que vous viendriez avec moi que j'ai dit à Scotland de m'appeler là-bas, s'il arrive quelque chose...

– Avez-vous de bonnes nouvelles, au moins ? demanda Aileen, et il devina qu'elle acceptait son invitation.

Comme ils pénétraient dans le restaurant, Jim Carlton s'entendit appeler par son nom. Il se retourna et reconnut un homme de Scotland Yard. Celui-ci lui dit :

– Je vous attendais. Il y a eu un coup de téléphone pour vous, juste après votre départ.

L'inspecteur prit le bout de papier qu'on lui tendait et le parcourut rapidement. Une expression de contrariété parut sur son visage.

– Bon, fit-il, dites-leur que je serai de retour dans une heure.

Dès qu'ils furent installés à une table, dans un petit coin discret, le jeune homme se pencha vers sa compagne et lui demanda :

– Pouvez-vous me dire si Mrs Gibbins se trouvait dans l'appartement, la nuit du cambriolage ?

Elle réfléchit.

– Non, elle ne devait pas être là au moment du cambriolage.

Vous vous souvenez que c'est beaucoup plus tard que je lui ai ouvert la porte. Harlow était déjà là.

– Parlez-moi un peu d'elle. Avait-elle bon caractère ? Était-elle bien élevée, instruite ?

– Oh ! répondit la jeune fille, c'était une illettrée. Elle savait tout juste écrire, et encore. Elle me laissait parfois des notes que j'avais peine à déchiffrer. L'orthographe était des plus fantaisistes.

– Vraiment ! répondit-il.

Il se tut un instant, puis reprit :

– Je pense que votre oncle, étant donné sa passion pour le genre humain, a versé d'abondantes larmes sur cette disparition... Tout de même, il y a quelque chose de tragique dans cette affaire. Imaginez ! Être seule et abandonnée de tout et de tous au point que personne ne se soucie de votre disparition. Ne manquer à personne. Seulement à son patron, pour gratter le fond des casseroles... Pas un parent, pas un ami pour avoir le moindre chagrin, le plus léger regret... C'est triste... Dans un instant, tous les théâtres et les music-halls seront pleins à craquer. Il y aura une réception à Buckingham. Des milliers de gens danseront ou dansent déjà, à travers la ville, dans des centaines d'appartements ou de boîtes de nuit. Qui, je vous le demande, se soucie de la disparition d'une humble femme de ménage ?

Jim Carlton avait dit tout cela d'un air si sérieux, que miss Rivers en était toute saisie. Après une brève pause, il reprit :

– La disparition d'une pauvre femme est une bien mince affaire ! Mais voilà que par la faute de miss Aileen Rivers, ce petit incident menace de devenir une grosse affaire... Le cas de Mrs Gibbins est examiné à l'heure actuelle par dix-huit mille agents et inspecteurs. Tous sont en train de se triturer les méninges à son sujet. Et, s'il le faut, nous réquisitionnerons toute la brigade des Guards. Et nous pourrions faire sortir les gens des restaurants, arrêter les danseurs, fermer les théâtres, si les besoins de l'enquête l'exigeaient... Nous pourrions mettre toute la ville sur les dents, jusqu'à ce que l'on ait retrouvé l'homme qui a frappé Mrs Gibbins, puis l'a jetée dans les eaux du Regent's Canal.

La jeune fille devint toute pâle et voulut se lever, mais Jim Carlton la maintint sur sa chaise d'une poigne solide.

– Je suis une brute, j'ai gâché votre dîner.

Elle murmura :

– Elle est donc morte ?

Il acquiesça de la tête.

– Assassinée ?

– J'ai beaucoup de raisons de le croire. On l'a repêchée quelques minutes avant que je vienne vous prendre à votre bureau et son visage portait des traces de coups. Mais que pouvait-elle bien faire près de Edgware Road, dans Regent's Park ? Je me le demande.

*

Le lendemain, Arthur Ingle eut la désagréable surprise de voir la police entrer chez lui. Mais il en savait beaucoup moins sur sa femme de ménage que sa nièce... Il ne put fournir aucun renseignement utile.

– Évidemment, je l'ai aperçue à une ou deux reprises, mais, si je la rencontrais dans la rue, je ne la reconnaîtrais pas.

L'inspecteur n'insista pas.

À Stanmore Rents non plus, il ne restait plus rien à apprendre qui pût faire avancer l'enquête. La logeuse se borna à répéter ce qu'elle avait déjà dit à Jim Carlton. Celui-ci retourna la voir encore une fois. Il était curieux de savoir si le mandat que la disparue recevait régulièrement tous les trois mois – et qui aurait dû arriver ce jour-là – serait expédié comme à l'accoutumée.

Il trouva la grosse logeuse dans tous ses états : le mandat n'était pas arrivé.

– Pensez, Monsieur, quel embarras !... Les gens vont croire que c'est moi qui ai empoché l'argent... Mais vous n'avez qu'à demander au facteur...

Jim Carlton lui coupa la parole :

– Je le lui ai déjà demandé. Savez-vous d'où venaient ces mandats ? Vous avez bien dû voir un jour ou l'autre le sceau de la poste sur les talons ?

Mais la brave femme jugea la question offensante. Elle jura ses grands dieux qu'elle n'avait jamais cherché à savoir d'où venaient ces mandats, qu'elle n'était pas curieuse et qu'elle considérait la curiosité comme le plus grand des défauts.

L'inspecteur de police du quartier était venu le jour précédent et avait emporté au commissariat les quelques vêtements laissés par l'infortunée Mrs Gibbins, ainsi que le sac, car la logeuse lui avait raconté par le menu la visite de l'inspecteur Carlton.

– Il n'a pas pu retrouver le papier, Monsieur.

– Il n'y avait pas de papier à trouver, répondit Carlton, qui n'hésitait pas à mentir, le cas échéant.

Il se rendait compte qu'il avait commis une action très grave en retirant la principale pièce à conviction de ce qui risquait de devenir une grosse affaire...

À son retour à Scotland Yard, il demanda audience à son chef et lui expliqua ce qu'il avait fait. Il lui fit part de ses soupçons et demanda que la preuve qu'il détenait fût tenue secrète. Tous les commissaires, réunis en conférence, décidèrent finalement d'agir selon le désir de James Carlton.

L'affaire fut provisoirement classée. L'expertise des médecins légistes établit que Mrs Annie Maud Gibbins avait été « trouvée morte », sans fournir d'explications plus détaillées quant à la cause de ce décès ou aux circonstances qui l'avaient entouré.

9

Aileen Rivers resta toute une semaine sans voir Jim Carlton et elle n'était pas sans ressentir un vif dépit de cet état de choses... Mr Stebbings s'aperçut que sa secrétaire travaillait depuis quelque temps avec moins de régularité qu'auparavant. Tantôt elle rêvassait, et il était obligé de lui répéter deux ou trois fois ce qu'il lui disait, tantôt elle pilonnait sa machine avec une ardeur farouche, et Mr Stebbings regardait avec étonnement ses sourcils froncés et sa bouche crispée. Il ne s'occupait jamais des ennuis personnels de ses employés. Il estimait qu'il n'avait pas à s'occuper de cela. Cependant, il lui vint à l'esprit que Miss Rivers souffrait peut-être tout simplement de surmenage, ayant fourni un gros effort depuis quelque temps. Il lui conseilla d'aller passer une semaine à Margate, pour se reposer.

Aux gens qui ne se sentaient pas bien, il recommandait

invariablement un séjour à Margate, qu'il s'agît de maux d'ordre physique ou moral, car dans son enfance, il avait été guéri de la coqueluche par l'air de Margate.

– Je me souviens, dit Mr Stebbings, d'avoir une fois envoyé miss Mercy Harlow à Margate. Elle en avait été fort satisfaite et m'avait remercié de...

Il s'interrompit, songeant que miss Rivers n'avait pas connu Mercy Harlow et que par conséquent cette référence ne lui disait rien. Mais la jeune fille répondit :

– Les Harlow étaient vos clients, autrefois, n'est-ce pas, Mr Stebbings ?

– Oui. C'était une grosse responsabilité, croyez-moi, et, si étonnant que cela puisse paraître, je n'ai pas été fâché de voir le jeune Stratford Harlow confier à un autre le soin de ses affaires !

Il n'en dit pas plus ce jour-là.

Mais, par un de ces hasards dont la vie est coutumière, elle croisa encore le chemin de la famille Harlow dans l'après-midi.

Aileen Rivers avait quelques recherches à effectuer dans les archives de l'étude. Comme son doigt parcourait l'index d'un dossier, elle tomba sur les mots : Harlow, Mercy Mildred. Harlow, Stratford Selwyn Mortimer... Elle tourna les pages et se pencha près d'une demi-heure sur la comptabilité de la défunte Miss Mercy.

À L. Edwins L. 125. Quatre mois plus tard : À L. Edwins, L. 183 17 s. 4 d.

Elle savait qui était Mrs Edwins. Elle avait eu entre les mains une copie du testament de Mercy Harlow. Elle l'avait relue après sa dernière visite à Dartmoore.

Elle feuilleta ensuite les comptes de Stratford Harlow. Ceux-ci étant peu compliqués, la jeune fille en conclut que Mr Harlow n'effectuait aucun paiement par le truchement de son notaire. Elle pensa qu'à la première occasion, elle essaierait de faire parler Mr Stebbings, mais il lui faudrait agir prudemment, car son patron avait horreur de la curiosité et de l'indiscrétion.

De temps à autre, au milieu de son travail et de ses recherches, une pensée venait la harceler... James Carlton... Il avait pourtant son adresse et savait que l'on pouvait l'atteindre par téléphone... Dieu merci, elle n'avait pas encore perdu toute lucidité et la partie raisonnable d'elle-même adressait des reproches à la partie sentimentale : n'avait-elle pas expressément recommandé à Jim Carlton de n'écrire qu'au cas où il y aurait du nouveau, soit dans l'affaire du cambriolage, soit dans celle de Mrs Gibbins ? Elle avait beau se répéter tout cela, la semaine lui paraissait interminable.

Bien sûr, elle aurait pu lui faire parvenir un message à Scotland Yard ou à son club. Elle trouverait bien une excuse... Elle avait même commencé une lettre, mais l'Aileen raisonnable s'insurgea et trouva cette manière d'agir scandaleuse... et elle finit par déchirer son billet.

Le samedi passa, puis le dimanche, également mornes et ennuyeux. Après le dîner, mécontente d'elle-même et des autres, elle s'apprêtait à se mettre au lit, lorsque la logeuse vint la chercher dans sa chambre : elle avait une visite. Un monsieur l'attendait au salon. C'était « *lui* ».

– J'arrive de la campagne, expliqua-t-il. Ne pourrions-nous pas sortir ensemble ce soir ? Et d'abord, avez-vous dîné ?

– Oui, il y a longtemps.

– Alors, allons prendre le café quelque part, ensuite nous irons nous promener... Il fait une nuit splendide.

Elle aurait pu lui répondre qu'il disposait un peu trop arbitrairement de son temps, qu'il était trop tard pour sortir et qu'elle était sur le point de se coucher... Mais, au lieu de tout cela, elle se précipita dans sa chambre, s'habilla en un clin d'œil et fut de retour, pimpante et souriante, en un temps record, ce dont le jeune homme ne manqua pas de lui faire compliment.

Ils marchèrent quelque temps en silence, puis subitement il lui dit :

– Vous savez que vous me donnez beaucoup de souci...

– Moi ? fit-elle, étonnée.

– Oui, vous... Ne m'avez-vous pas dit un jour que Mrs Gibbins avait l'habitude de vous faire des confidences ? Ou bien s'agissait-il de l'autre femme de ménage ?

Tout en parlant, Jim la dévisageait avec une expression légèrement anxieuse.

– Non, c'était bien de Mrs Gibbins que je parlais. Elle se confiait volontiers à moi, certains jours, elle me racontait ses petits ennuis.

– Dans ces moments-là, vous a-t-elle jamais parlé de sa vie passée ?

– Que voulez-vous dire ? Elle me parlait surtout de sa mère, qui est morte il y a quatre ans.

– Et comment s'appelait sa mère ? Connaissez-vous son prénom ?

– Louise, répondit Aileen sans hésitation. Comme vous êtes mystérieux, ce soir, Mr Carlton ! Qu'est-ce que tout cela peut bien avoir à faire avec la disparition de cette pauvre Mrs Gibbins ?

– Rien, si ce n'est que cette dernière se prénommait Annie Maud, et que les mandats qu'elle recevait étaient adressés à Louise 14, Ken Road, Birmingham, et réexpédiés à Londres par la poste. Une lettre est justement arrivée ce matin.

– Pauvre vieille ! fit la jeune fille.

– N'est-ce pas étrange ? Vous vous souvenez que je vous avais dit que dix-huit mille policiers se creusaient la tête au sujet de cette disparition ? Bon, les voilà maintenant tous les dix-huit mille dans un état d'agitation extrême, parce que la mère de Mrs Gibbins s'appelait Louise... Cette découverte – ce n'est pas à vous que je la dois, je le savais déjà – prouve deux choses : premièrement que Mrs Gibbins a commis un crime il y a environ quinze ans. Deuxièmement, que c'est la seconde fois qu'elle passe pour morte...

Jim Carlton se mit à rire. Il s'immobilisa sur le trottoir et, levant l'index, il demanda :

– Ai-je dit dîner, ou café ?

– Café, répondit-elle.

Le restaurant où ils entrèrent était tellement bondé qu'une fois leur café bu, ils se hâtèrent de ressortir. Comme ils descendaient Coventry Street, un long coupé les dépassa. L'homme qui conduisait était en costume de soirée. On distinguait le scintillement des diamants sur son linge, bien que la voiture ne fût pas éclairée de l'intérieur.

– Personne au monde, dit Jim Carlton, si ce n'est Harlow le Magnifique, ne se promène pareillement constellé de pierreries... Qu'est-ce qu'il vient faire par ici à cette heure tardive ?

L'automobile traversa Leicester Square et s'engagea dans Orange Street à toute petite allure.

Aileen pouffa de rire :

– Regardez-le. Quelle vision majestueuse ! Il devrait se

faire précéder d'une fanfare. Il roule comme s'il faisait partie d'une procession ou d'un cortège royal... Lorsqu'il est venu chez mon oncle, l'autre soir, il m'a impressionnée, et pourtant, je suis loin d'être timide ! Il se tenait là devant moi, si grand, si large, si puissant et solennel que j'en ai eu le souffle coupé pour cinq minutes.

Dans Long Acre, les camions et les charrettes des maraîchers n'étaient pas encore arrivés et la rue était sombre et déserte.

Jim Carlton prit la main de la jeune fille dans la sienne et il la balançait doucement en marchant, comme font les enfants. Au bout d'un moment, il dit :

– Peut-être que vous ne vous en êtes pas aperçue... Mais j'ai beaucoup d'amitié pour vous, beaucoup. Je ne sais pas pourquoi, mais c'est ainsi...

Il parlait d'une voix basse, presque étouffée. Aileen se sentit tout d'un coup très émue.

Au moment où il allait en dire davantage, Jim s'arrêta. Trois hommes venaient à leur rencontre, trois voyous mal vêtus, qui se querellaient violemment. Jim Carlton saisit le bras de sa compagne :

– Traversons, dit-il d'un ton bref. Vite.

Les trois louches individus traversèrent aussi. Alors Jim hâta le pas et dit à la jeune fille :

– Laissez-moi là et courez aussi vite que vous le pouvez à l'autre bout de Long Acre ; vous trouverez un agent au carrefour, ramenez-le, faites vite.

Sans demander la moindre explication, Aileen prit ses jambes à son cou et disparut bientôt au bout de la rue. Il était temps. Les trois hommes s'en prenaient maintenant à lui.

– Alors quoi ? Elle est en sucre, la petite dame ? Elle ne peut pas supporter les discussions ? Faut tout de suite qu'elle traverse la rue ? C'est plus permis de causer ? Le bruit vous écorche les oreilles ?

Les mains dans les poches, la lippe hargneuse, l'un des trois hommes s'approchait de Carlton.

– Restez où vous êtes, dit celui-ci. Je sais très bien ce que vous machinez, Donovan, je vous connais...

– Vas-y, crièrent les deux autres, te laisse pas faire, règle-lui son compte.

Jim Carlton sortit sa matraque de sa poche. Il en frappa son agresseur, qui tomba comme une mouche. Alors, les deux autres se ruèrent sur l'inspecteur et une lutte inégale s'engagea. Jim était résolu à défendre chèrement sa vie. Il réussit un instant à dégager son bras droit, qu'un des hommes lui tordait dans le dos, et assena un violent coup de matraque au hasard, dans le tas. Un second homme s'affaissa en poussant un hurlement de douleur. Jim reprit espoir.

– À nous deux, dit-il à l'homme qui essayait de lui arracher son arme.

Un taxi arriva sur ces entrefaites, ramenant Aileen et deux agents. La jeune fille considéra la scène, épouvantée : Jim était ensanglanté, deux hommes gisaient à terre et le troisième se débattait sauvagement entre les mains des policiers.

– Emmenez-le à Cannon Row, dit Jim aux agents.

Il garda le taxi, fit monter la jeune fille et la raccompagna chez elle. Pendant tout le trajet, Aileen se lamenta :

– Mais pourquoi vous ont-ils attaqué ? Que leur avez-vous fait ? C'est horrible !

Elle avait grand-peine à retenir ses larmes.

– Oh ! Je devine ce qu'ils ont voulu faire... C'est un vieux truc, l'attaque nocturne provoquée...

– Est-ce que vous les connaissez ?

– Un seul, Donovan.

La voiture princière de Stratford Harlow dépassa leur taxi. Il n'y avait rien d'extraordinaire à cela, en apparence. Sans doute Harlow se rendait-il à son club pour rencontrer des amis.

Mais l'inspecteur Carlton ne fut pas dupe de cette coïncidence : lui et Miss Rivers étaient « en observation ». Ils avaient été suivis pendant toute la soirée.

Ils arrivèrent devant la pension d'Aileen ; la jeune fille serra la main de son compagnon et exprima le souhait que ses blessures guérissent vite, puis ils se séparèrent.

James Carlton se fit conduire à Scotland Yard. Il trouva sur son bureau un télégramme de Birmingham :

« Votre enquête N° 793. Mrs Louise Gibbins est morte le 18 février 1921. La lettre qu'elle recevait régulièrement chaque trimestre et qui fut par la suite réexpédiée à Mrs Gibbins de Stanmore Rents, portait invariablement des timbres oblitérés à Nordwood. Ce fait a été vérifié auprès de la logeuse de la défunte Mrs L. Gibbins. Le véritable nom de Mrs Annie Maud Gibbins est Smith. Elle a épousé James

Smith, cheminot, le 3 mars 1910. Son mari a été tué pendant la Grande Guerre, le 5 juillet 1915.

« HOOGE. »

La plus grande partie de ces informations n'apportait rien de neuf à l'enquête, puisque Jim Carlton les connaissait déjà. Mais le renseignement relatif au cachet postal de Norwood était précieux. C'était précisément dans cette banlieue de Norwood qu'habitait Mr Ellenbury.

En plus de l'affaire Gibbins, Jim Carlton s'occupait activement d'Arthur Ingle. Non pas tellement à cause du cambriolage dont il avait été victime qu'en raison de la manière bizarre dont il se comportait depuis quelque temps. On ne le voyait plus sortir de chez lui. Il s'enfermait dans son appartement et s'adonnait avec rage à l'étude du cinématographe.

10

Pendant la semaine qui suivit, Jim Carlton fut tellement occupé qu'il ne put consacrer qu'une soirée à Aileen.

Au cours de leur conversation, elle lui raconta qu'un nouveau pensionnaire était arrivé à la pension et qu'il nourrissait à son égard une admiration tant soit peu encombrante... Ce jeune homme habitait une chambre située juste au-dessous de la sienne. Le matin, dès qu'il entendait marcher dans la chambre d'Aileen, il se levait et sortait en même temps que la jeune fille, qu'il accompagnait jusqu'à son bureau.

– Attendez, cela n'est encore rien, ajouta-t-elle. Quand je sors du bureau, qui est-ce que je vois ? Encore et toujours ce nouveau pensionnaire ! Je ne peux pas faire trois pas, où que ce soit, sans l'apercevoir...

– Est-ce qu'il vous a accostée ? demanda Jim, vivement intéressé...

– Oh ! non, je dois dire qu'il se conduit d'une manière tout à fait correcte. Quand il me suit, c'est à une distance respectueuse : il ne me marche pas sur les talons. Pendant les repas, il ne parle à personne. Ce doit être un original ou un timide.

– Eh bien, fit Jim en souriant, il ne doit pas être bien dangereux.

Le jour même, l'inspecteur Carlton convoqua le « suiveur » de miss Rivers.

– Dites donc, Brown, je vous ai dit de filer Miss Rivers comme son ombre... mais je vois que vous ne savez pas vous faire invisible. Vous jouez très mal les « ombres »... Il fallait suivre cette jeune personne sans qu'elle puisse s'en douter...

– Je vous prie de m'excuser, dit le détective Brown, confus, et dès lors il exécuta sa mission avec plus de discrétion.

James Carlton cherchait à rencontrer Arthur Ingle. Il connaissait les habitudes de l'ex-forçat et à plusieurs reprises il se rendit dans des restaurants, des cafés ou des bars qu'Ingle fréquentait autrefois. Il ne réussit jamais à l'apercevoir. Il questionna quelques habitués de Soho, quelques garçons de café, personne ne l'avait vu depuis sa libération.

L'inspecteur Elk et Jim passaient un soir devant Fotheringay Mansions. Instinctivement, les deux hommes levèrent la tête vers l'appartement d'Ingle. Une lumière vive brillait derrière les rideaux. Jim confia à son camarade son intention d'aller rendre visite à l'ancien acteur. Elk tâcha de l'en dissuader. Mais Jim monta tout de même.

Le liftier devait avoir reçu des instructions, car il déclara tout de suite :

– Mr Jackson n'est pas chez lui. Un monsieur est venu le voir il y a une heure et ne l'a pas trouvé.

– Je vais tout de même essayer, répondit Carlton.

Arrivé devant la porte, il sonna, tapa, sans obtenir la moindre réponse. Pourtant il était bien sûr qu'Ingle était chez lui. Tout à coup, il perçut un léger bruit, venant de l'appartement. Pourquoi cet homme se cachait-il ? Que pouvait-il bien comploter là-dedans ?

Il tendit l'oreille. À nouveau, le petit bruit métallique lui parvint et il chercha à l'identifier. Il l'avait déjà entendu quelque part, mais où ? À ce moment, l'ascenseur grinça et Jim fut obligé de s'éloigner de la porte. L'ascenseur monta à l'étage supérieur et s'arrêta en revenant :

– Vous descendez, Monsieur ? demanda le liftier. Je vous avais bien dit qu'il n'était pas chez lui... Ou plutôt, il est bien chez lui, mais il n'ouvre à personne ! Pensez, il ne sort même pas pour prendre ses repas.

– Il a une domestique, sans doute ?

– Une femme de ménage. Il en avait deux, mais...

Le liftier baissa la voix et raconta la disparition de Mrs Gibbins.

– L'autre vient chaque jour ; elle reste deux heures, prépare les repas, fait le ménage et achète les provisions. Pour ma part, je trouve que Mr Jackson ne mène pas une vie normale...

– Ah ! Et pourquoi donc ?

L'homme semblait perplexe, il haussa les épaules :

– Comment vous expliquer ? D'abord, quelqu'un qui ne met jamais le nez dehors, qui fait tout livrer à domicile... c'est pas normal. Et puis il y a un type qui vient presque tous les jours avec une sorte de boîte ronde en métal, le genre de boîte où l'on met les films, vous savez ?

La lumière se fit dans l'esprit de Jim. Maintenant il comprenait l'origine du petit bruit qu'il avait entendu tout à l'heure. Des films ! Voilà ce qui occupait Arthur Ingle toute la journée, des films. Il faudrait trouver la raison ou le but de cette soudaine passion pour le cinéma.

Le liftier continuait :

– Sans avoir l'air de rien, j'ai demandé à cet homme si c'était des pellicules qu'il avait dans sa boîte – parce que, vous comprenez, nous avons ici un règlement qui interdit d'entreposer des objets en celluloïd dans les appartements, à cause du feu – mais il ne m'a rien répondu.

Jim Carlton ne l'écoutait plus. Il réfléchissait à la découverte qu'il venait de faire. Évidemment, chaque homme a son faible, sa petite manie... Cependant il ne s'imaginait pas du tout Ingle se passionnant pour les stars et les jeunes premiers, ça ne cadrait pas avec l'homme.

– Alors ? lui cria Elk, dès qu'il fut sorti de la maison. Quoi ? Cinéma ? Incroyable ! (Il secoua la tête.) Je n'aurais jamais cru qu'il pût tomber si bas. C'est du gâtisme ! J'en ai connu d'autres, de ces vieux gredins, qui finissaient un jour par élever des pigeons ou collectionner les boutons de culotte, mais Ingle...

Jim Carlton posa sa main sur le bras de son camarade :

– J'aimerais en avoir le cœur net. Il serait intéressant de savoir quel genre de films l'intéresse.

Ils firent le tour de la maison. Jim remarqua que la sortie de secours était assurée par un petit escalier de fer, qui s'ébauchait sur le toit de l'immeuble pour aboutir dans une petite cour. Cette issue ne devant être utilisée qu'en cas d'incendie, Jim pensa que la porte de la cour était fermée à clef. Il s'approcha et eut la surprise de la trouver ouverte.

– On peut à la rigueur, dit Elk, se servir d'un truc comme ça quand on a le feu à sa chemise et qu'on ne sait pas par où s'échapper... Mais autrement... Je vous déconseille de vous y aventurer... Je me demande même si c'est assez solide.

Jim Carlton ne répondit pas et s'élança sur l'échelle de secours. Il grimpa avec une souplesse de chat le long du mur et, arrivé à l'étage d'Ingle, il s'agrippa prudemment aux barres des fenêtres et marcha le long d'une petite corniche ; en passant d'une fenêtre à l'autre, il devait sauter au-dessus du vide. C'était la partie la plus dangereuse de son expédition. D'en bas, Elk le suivait des yeux avec anxiété.

Lorsqu'il fut arrivé à la fenêtre qui l'intéressait, Jim s'aperçut que tous ses efforts avaient été vains. La chambre était éclairée, mais, en raison d'un épais rideau, il ne distinguait rien, si ce n'est la silhouette de l'ancien détenu. Brusquement, la lumière s'éteignit et Jim redoubla d'attention. Il devina qu'Arthur Ingle était en train de visionner un film ; une sorte de lueur clignotante et inégale filtrait à travers le rideau. Mais il se rendit compte qu'il perdait son temps : il lui était impossible de voir l'écran, à plus forte raison les images.

Il voulut regagner l'escalier de secours ; un morceau de la corniche s'effrita sous ses pieds et fit un grand bruit en tombant dans la cour. Il retint son souffle... Personne ne l'avait entendu. Il fit encore un pas, un second morceau se détacha. Alors, d'une main il empoigna solidement la barre d'une fenêtre, et de l'autre, il enfonça un des carreaux. Il passa sa main libre à l'intérieur et ouvrit la fenêtre. D'un bond, il se trouva dans la pièce. Il alluma la lumière. C'était une petite chambre à coucher qui devait être inoccupée : les meubles et les bibelots étaient couverts de poussière. Sur la pointe des pieds, il gagna la porte et l'ouvrit doucement. À ce moment, la sonnerie du téléphone le fit sursauter. Il revint en arrière et tira la porte de manière à entendre la conversation.

– Allô ! Oui, Jackson... Ah ! c'est vous ? Vous téléphonez d'une cabine publique, j'espère ? Bon... Oui, tout va bien... Je l'ai déjà entendu, mais seulement à la radio. Il faudrait que je puisse l'entendre prononcer un discours. Il parle bien ? Moi aussi... Ne vous en faites pas pour ça, il me reste encore de l'argent.

Ingle-Jackson raccrocha. Carlton attendit que la porte de la salle à manger se fût refermée pour sortir de sa cachette. Il avait bien envie de jeter un coup d'œil à l'écran, mais il se rendait compte qu'il ne pouvait pas pénétrer dans la salle à manger sans être vu. Il y renonça et se faufila dans le corridor. Il ouvrit la porte d'entrée sans difficulté et fut soulagé de constater que l'ascenseur était plus haut. Ainsi, il n'aurait aucune explication à fournir au liftier en sortant.

Il empoigna Elk par le bras.

– Je vous ai fait attendre, hein ? Vous êtes gelé. Nous allons faire un saut jusqu'à mon club.

En chemin, Elk demanda :

– Vous avez pénétré par effraction dans l'appartement de cet excellent Ingle ? Peut-on savoir ce que vous y avez vu ? Douglas Fairbanks, Mary Pickford ? On peut dire tout ce qu'on veut : les cinémas sont les endroits où l'on dort le mieux.

Jim Carlton lui raconta sa visite par le menu. Comme ils arrivaient dans le salon du club, Jim demanda à son compagnon :

– Quelle est votre idée ?

– Whisky, répondit Elk avec conviction.

– Je parlais d'Ingle, fit Jim en riant.

– Oh ! Comment voulez-vous essayer de comprendre des types comme cet Ingle ? Il ne faut pas oublier que c'est un acteur... Il prépare peut-être un film et se documente.

Jim Carlton secoua la tête.

– Je voudrais bien savoir ce qu'il faut penser de cette crise de cinéphilie.

– Sénilité, dégénérescence, suggéra Elk.

Au bout d'un moment, Jim dit à son compagnon :

– Je vais vous laisser rentrer seul au Yard puisqu'il n'y a rien de tellement urgent. Je vais aller me coucher.

Ils se levèrent et, comme ils passaient dans le corridor, le portier du club s'approcha de Jim.

– Il y a là un monsieur qui désire vous parler.

C'était un homme de Scotland Yard.

– Je vous ai cherché toute la soirée. L'un des gardes du parc a découvert l'endroit où Mrs Gibbins a été jetée dans le Regent's Canal. Il demande que vous alliez le rejoindre devant les bureaux de la Société zoologique. Il doit y être depuis deux heures.

– J'y vais, répondit Carlton.

Lorsque Elk apprit de quoi il s'agissait, il se mit à grogner :

– Ces détectives amateurs sont tous les mêmes : ils se croiraient déshonorés de faire leurs trouvailles en plein jour. Non, c'est la nuit qu'il leur vient des idées... Il gèle à pierre fendre et voilà qu'il faut que nous allions rôder autour d'un canal ! Ils vont nous montrer le trou que le corps de Mrs Gibbins a fait dans l'eau, en tombant...

Ils appelèrent un taxi et se firent conduire à l'endroit indiqué. Tout le long du chemin, Elk fulmina contre les gardiens de parcs, les femmes de ménage qui se laissent assassiner, etc. Devant la Société zoologique, ils trouvèrent un inspecteur qui était venu relever le garde de sa longue faction. Il monta dans le taxi et tous trois se dirigèrent vers l'endroit supposé du meurtre.

– Pour venir jusqu'ici, les malfaiteurs ont dû naturellement démolir la palissade. Mais ils l'ont si bien remise en place que c'est cet après-midi seulement que les gardes se sont aperçus qu'elle avait été forcée.

L'inspecteur avait apporté une lampe très puissante. Les trois policiers examinèrent le sol avec attention.

– Tout a été laissé comme les gardes l'ont trouvé : voilà le chapeau de la victime, l'emplacement où il se trouvait cet après-midi.

C'était un vieux chapeau de feutre brun, sale et démodé.

– Comme il a gelé depuis le jour du crime, les empreintes des semelles et talons ont été merveilleusement conservées, voyez...

– C'est quelqu'un qui portait des semelles de caoutchouc, fit remarquer Elk. On dirait qu'il y a eu lutte à cet endroit : regardez le grand nombre des empreintes, elles vont dans tous les sens.

Tout d'un coup, Jim poussa un cri :

– Regardez !

Dans la boue, on distinguait une enveloppe froissée, complètement incrustée dans le sol.

Jim Carlton prit son couteau et extirpa avec mille précautions le morceau de papier. La glace, fondant dans ses mains, brouilla l'écriture de l'enveloppe. Pourtant, deux mots étaient encore distincts, l'un en grosses lettres, URGENT, et l'autre, Harlow...

Jim mit la lettre dans son portefeuille. Arrivé dans son bureau de Scotland Yard, il s'assit près du feu, ouvrit l'enveloppe et se mit à lire. L'écriture de la lettre, préservée à la fois par l'enveloppe et par le gel, était parfaitement lisible.

« Cher Mr Harlow,

« J'ai réfléchi. Je vais vous causer une déception, sans doute, mais je dois vous dire franchement que je soupçonne la police d'avoir organisé ce rendez-vous... Vous savez que je viens d'être libéré de prison et que, par conséquent, ce serait imprudent, pour ne pas dire fou, de ma part, de m'engager dans une affaire que je ne connais pas. Je crains que ce coup de téléphone n'ait été un habile moyen de me faire tomber dans un piège... Il faudrait que j'aie une preuve écrite que c'est bien vous qui m'avez téléphoné tout à l'heure.

« Sincères salutations.

« Arthur INGLE. »

L'inspecteur Elk avait lu cette lettre en même temps que Jim Carlton. Lorsqu'ils eurent fini, les deux hommes se regardèrent, perplexes. Elk murmura :

– Ça alors, c'est plus fort que tout... Qu'est-ce que vous en pensez ?

– Attendez, répondit Carlton, et il commença à reconstituer les faits d'après le peu qu'il savait. Harlow a probablement fixé rendez-vous à Ingle. Celui-ci promit de s'y rendre, puis changea d'idée... C'est alors qu'il rédigea cette lettre, que Harlow n'a sans doute jamais lue. Comment elle a échoué entre les mains de Mrs Gibbins, cela est assez aisé à deviner : Ingle l'a laissée traîner sur son bureau et la curiosité a poussé la femme de ménage à l'emporter pour la lire... ou bien Ingle est entré comme elle s'apprêtait à l'ouvrir et elle l'a cachée dans son sac... Ou bien c'est parce que quelqu'un savait qu'elle avait cette lettre sur elle qu'on l'a assassinée, ou bien...

L'inspecteur Elk lui coupa la parole :

– Rentrez vous coucher, Carlton, vous dites des bêtises...

11

Aileen téléphona à son oncle pour prendre de ses nouvelles et lui demanda si elle pouvait lui rendre une petite visite.

– Pour quoi faire ? fit Arthur Ingle.

– On m'a adressé des factures qui vous concernent chez moi...

– Envoie-moi ces factures, je les réglerai immédiatement. Est-ce à cause de cela que tu voulais me voir ?

– Oui.

– Alors, ce n'est pas la peine de venir.

Il raccrocha. La jeune fille éprouva un soulagement à l'idée que cette visite peu agréable lui était épargnée.

Lorsque Jim Carlton vint la voir, ce jour-là, elle lui raconta son coup de téléphone, qui lui fut très utile comme entrée en matière. Elle voulait que Jim sache qu'Ingle n'était son oncle que par alliance, le mari d'une sœur de sa mère. Elle n'avait pas l'intention de lui annoncer cela d'emblée, elle aurait eu l'air ridicule... Elle sut très habilement glisser ce détail dans la conversation. Jim Carlton ne sembla pas d'ailleurs y attacher une importance démesurée. Il était venu pour obtenir un supplément d'information au sujet de Mrs Gibbins... Elle en ressentit un peu de dépit. Quand donc viendrait-il la voir pour elle-même et non toujours au sujet de Mrs Gibbins ou d'Arthur Ingle ? Elle répondit avec patience à toutes ses questions. Il semblait particulièrement désireux de connaître le caractère de la disparue, ses goûts, ses habitudes. Elle lui dit le peu qu'elle en savait, et, au bout de trois quarts d'heure de cette conversation, elle demanda :

– Mais je croyais que vous aviez classé cette affaire ?

– Provisoirement, répondit Carlton. Une affaire de meurtre n'est jamais classée définitivement que le jour où l'assassin est pendu...

– Vous êtes donc sûr maintenant qu'il s'agit d'un meurtre ?

– Moi, oui. Elk n'est pas de cet avis, les médecins légistes non plus. Il reste tout de même une toute petite possibilité que Mrs Gibbins soit morte accidentellement. À propos, comment va votre admirateur, vous savez, le nouveau pensionnaire ? ajouta-t-il à brûle-pourpoint.

– Je ne sais ce qu'il lui est arrivé. Depuis que je vous en ai parlé, je ne l'aperçois pour ainsi dire plus...

Le jeune homme prit congé d'elle. Elle était très déçue de constater qu'une fois ses problèmes réglés, il s'en allait vite, comme si rien désormais ne pouvait le retenir auprès de la jeune fille. Il était toujours tellement pressé, avare de son temps. Heureusement, elle avait apporté du travail chez elle et la soirée lui parut courte, bien qu'elle eût espéré un moment la passer en compagnie de Jim.

Le lendemain soir, au moment de quitter le bureau, Aileen Rivers s'entendit appeler par son patron. Vite, elle enleva ses gants, prit son bloc et son crayon et courut dans le bureau de Mr Stebbings.

– Non, fit celui-ci en la voyant s'installer à sa petite table, il ne s'agit pas d'une lettre, miss Rivers... J'ai une petite requête – oh ! pas pour mon propre compte – à vous adresser. Un ancien client de l'étude vient de me téléphoner pour me demander si je pouvait lui envoyer une secrétaire habile et d'une discrétion à toute épreuve, pour quelques heures ce soir... Sa secrétaire est malade, paraît-il. Il s'agirait d'une ou deux lettres qui ne peuvent pas attendre.

– C'est entendu, répondit Aileen, étonnée qu'il se lançât dans un si long préambule.

Mr Stebbings reprit :

– Il n'est plus notre client, mais j'ai toujours été dans les meilleurs termes avec sa famille, ainsi qu'avec lui-même d'ailleurs, et je serais heureux de pouvoir l'obliger en cette occasion... Il s'agit de Mr Stratford Harlow, 904 Park Lane...

– Harlow, répéta-t-elle, puis elle demanda tout de suite : À quelle heure dois-je me rendre chez lui ?

– À 9 heures. Je lui ai fait remarquer que c'était un peu tard, il m'a répondu qu'il ne dînait pas chez lui et qu'il ne voulait pas vous faire attendre.

Mr Stebbings tapotait nerveusement son buvard avec un coupe-papier. Il répéta :

– Il a beaucoup insisté sur la discrétion... Il vous connaît, je crois, car il m'a demandé si miss Rivers serait disposée à accepter cette tâche... Voilà, c'est tout, je vous remercie. Bonsoir, miss Rivers...

En rentrant dîner à la pension, la jeune fille se demanda si elle devait avertir Jim Carlton de cette visite chez Harlow.

Elle savait que Jim n'aimait pas cet homme et qu'il le soupçonnait de toutes sortes de mauvaises intentions. Réflexion faite, elle y renonça. Déjà, Jim se laissait trop entraîner par son imagination. Elle n'était pas loin de porter sur lui le même jugement que son collègue Elk, qui lui reprochait de raisonner d'une manière « trop fantasque ».

À 9 heures précises, elle sonnait à Greenhart House. Elle fut surprise que ce fût Harlow qui vînt lui ouvrir. En se trouvant brusquement en face de lui, elle se sentit à nouveau intimidée et impressionnée, comme le soir du cambriolage, chez son oncle. Il y avait décidément chez cet homme quelque chose d'imposant et de dominateur. Il posa sur elle son regard pâle et magnétique.

– C'est vraiment très gentil de votre part d'avoir sacrifié votre soirée. Très gentil aussi de la part de Stebbings. J'aurais pu demander une sténographe à une agence, mais j'ai préféré avoir affaire à quelqu'un que je connais...

Mr Harlow ouvrit la porte de sa bibliothèque et fit passer la jeune fille devant lui. Le parquet brillait comme un miroir. Aileen n'y prit pas suffisamment garde : elle patina un instant et alla finalement s'étaler au pied du fauteuil.

Elle devint toute rouge de confusion... Il fallait vraiment qu'une chose pareille lui arrive devant cet homme intimidant !... Elle se sentait parfaitement ridicule. Elle se releva avant qu'il eût eu le temps de l'aider. À sa petite grimace, elle comprit qu'il s'efforçait de dissimuler un sourire. Elle était furieuse contre elle-même.

– Vous êtes-vous fait mal ? Je suis navré ! C'est la faute de ce maudit parquet. Je vais faire poser un tapis par-dessus.

Elle marmonna quelque chose entre ses dents.

– Je vous en prie, l'interrompit-il, ce n'est pas une question de maladresse. Croyez que vous n'êtes pas la première personne à qui ce parquet ait joué un mauvais tour...

Il poursuivit, sans transition :

– J'ai une lettre très importante à envoyer. Il faut qu'elle parte ce soir, nous allons nous y mettre tout de suite, si vous le voulez bien. Vous avez apporté votre bloc ? C'est une excellente précaution, je ne sais pas où ma secrétaire tient le sien. Mettez-vous là. Êtes-vous bien assise ? Oui ? Parfait !

Il commença à dicter, lentement, clairement, épelant les

noms propres au passage. La lettre s'adressait à un certain Harry Mayburgh, 9003 Wall Street, New York, U.S.A.

La lettre se terminait ainsi :

« La situation européenne est stable et l'on peut même prévoir une recrudescence dans le commerce et les affaires pour les mois qui viennent. Pour ma part, je me refuse à croire qu'un incident aussi mince que celui de Bonn puisse causer la plus légère tension entre la France et la Grande-Bretagne. »

Elle se souvenait d'avoir lu cette histoire dans les journaux : un jeune sous-officier français et un colonel anglais s'étaient pris de querelle dans la rue et s'étaient crié des injures sur leurs pays respectifs.

Un député avait voulu évoquer cette affaire à la Chambre, mais il avait dû se rasseoir au milieu d'un éclat de rire général, c'est dire que l'incident semblait ridicule à tout le monde. Aileen s'étonna qu'un homme de l'importance de Harlow pût perdre son temps à en parler dans ses lettres.

– Voulez-vous me relire le tout, miss Rivers.

Elle relut sa sténographie, sans hésitation. Il l'en félicita.

– Admirable ! J'envie Mr Stebbings d'avoir une secrétaire aussi parfaite... Vous trouverez du papier et des carbones dans le premier tiroir à main gauche. Vous me ferez une copie. Je vous laisse, je dois sortir, mais je vous serais obligé de bien vouloir attendre mon retour avant de vous en aller.

Au bout de vingt minutes, Aileen eut fini de taper sa lettre. Elle se rejeta en arrière sur sa chaise et se mit à examiner la pièce dans laquelle elle se trouvait. Les murs étaient entièrement tapissés de livres richement reliés. L'ensemble en était à la fois luxueux et sobre. Elle admira particulièrement un lustre de cristal et la cheminée de marbre rouge, immense, où brûlait un feu de bûches. Elle se leva pour examiner de plus près les sculptures placées sur la cheminée. Une petite boule de papier roula du foyer jusque sur le tapis. Elle saisit les pincettes et l'enleva. Ce faisant, elle lut un mot, sur ce chiffon de papier, qui retint son attention : Marling... Elle déplia et tenta d'en déchiffrer davantage...

« ... Je vous prie de me rendre ma plume et mon encre. Laissez-moi de quoi écrire, je vous en supplie. Comment puis-je continuer mes travaux, si je n'ai rien pour prendre des notes ? »

« MARLING. »

Le commencement de la lettre, à demi brûlée déjà, n'était pas lisible.

À ce moment, la poignée de la porte bougea et Aileen Rivers eut un geste qui la surprit elle-même et qu'elle trouva malhonnête : elle fit prestement disparaître le feuillet chiffonné dans son sac... Debout devant sa table, elle refermait son sac, lorsque Mrs Edwins entra.

Sans saluer, elle s'avança jusqu'au bureau et se tint plantée devant Aileen, la dévisageant avec une insistance gênante.

– C'est vous, la dactylo ?

– C'est moi, répondit la jeune fille en souriant, quoiqu'elle se sentît légèrement mal à l'aise.

– Vous êtes la secrétaire de Mr Stebbings ?

La voix de la vieille femme parut étonnamment aigre et désagréable à Aileen. Elle ne répondit rien. Elle attendit la suite.

– Vous avez été envoyée ici par Mr Stebbings ? demanda encore la gouvernante sur un ton soupçonneux.

– Ce n'est pas tout à fait ça ! C'est Mr Harlow qui a demandé à Mr Stebbings que je vienne ici ce soir pour prendre du courrier.

Mrs Edwins changea d'attitude, elle devint un peu plus aimable et se présenta :

– Je suis Lucy Edwins, la gouvernante de Stratford Harlow.

Pendant dix minutes encore, Aileen eut à subir la conversation de la vieille femme, ou, plus exactement, l'interrogatoire.

Mr Harlow revint sur ces entrefaites. Mrs Edwins s'était éclipsée dès qu'elle avait entendu son pas dans le vestibule.

Il avait l'air mécontent lorsqu'il pénétra dans la pièce.

– Ma gouvernante est venue ici, n'est-ce pas ? demanda-t-il.

– Oui, Monsieur.

– Ma gouvernante est la femme la plus insupportable que j'aie jamais connue et que, vraisemblablement, je connaîtrai jamais... »

La jeune fille, embarrassée, ne répondit rien.

Harlow s'approcha d'elle et, la regardant dans les yeux, demanda :

– Savez-vous pourquoi je vous ai fait venir ici ?

Elle ouvrit la bouche pour répondre, mais il poursuivit :

– Ne me dites pas : « Pour écrire une lettre ! » Ce n'est pas ça ! Je n'avais aucune lettre urgente à dicter et, en outre, si j'en avais eu, j'aurais très bien pu la taper moi-même... Je ne suis pas si sot que l'absence de ma secrétaire me réduise à l'impuissance ! Non, je vous ai fait venir ici pour que nous ayons une conversation ensemble sur un sujet que me tient à cœur...

Il l'observa en silence pendant une minute.

– Je constate avec satisfaction que vous n'êtes pas devenue pâle et que vous n'avez pas l'air autrement émue... Si cela avait été le cas, je vous aurais souhaité le bonsoir et vous aurais reconduite jusqu'à la porte. Simplement...

La jeune fille toussota :

– Je ne comprends pas bien ce que vous voulez dire, Mr Harlow...

Il se mit à parcourir la bibliothèque à larges enjambées, comme un fauve en cage. Soudainement, il s'immobilisa devant Aileen, les bras croisés, les jambes écartées, et lui dit en martelant ses mots :

– Cette porte est fermée à clef... Il n'y a personne dans toute la maison, si ce n'est ma gouvernante qui m'est entièrement dévouée... Ce téléphone, vers lequel vous venez de jeter un coup d'œil, n'est pas branché... Aileen Rivers, je vous aime...

Il ne la quittait pas des yeux. Elle ne répondait toujours rien.

– Vous ne tremblez pas, vous ne pleurez pas, vous êtes devenue toute rose... mais c'est de la contrariété... Bravo, je n'en attendais pas moins de vous... Voulez-vous presser ce bouton... Vous verrez que je vous ai menti...

En effet, un valet de chambre répondit à l'appel, la porte n'était donc pas fermée, ni les domestiques couchés.

– Thomas, vous attendrez pour vous retirer que cette dame soit sortie. Nous sommes en train d'écrire une lettre que vous mettrez à la poste en rentrant chez vous.

– Bien, Monsieur.

Mr Harlow se tourna en souriant vers Aileen :

– J'ai commis un troisième mensonge : je ne vous aime pas... Et même un quatrième que j'oubliais : le téléphone n'est pas coupé ! Si cela peut vous faire plaisir, vous pouvez appeler Mr Carlton et lui faire le récit de vos émotions...

La jeune fille n'avait éprouvé d'inquiétude à aucun moment. Mais elle sentait à présent la colère lui monter au nez... On se moquait d'elle ! Elle demanda d'un ton tranchant :

– Dites-moi tout de suite où vous voulez en venir... Je suis fatiguée... J'ai beaucoup travaillé, je voudrais rentrer me coucher...

Harlow s'appuya des deux mains sur la table, son regard plongeant dans les yeux de la jeune fille :

– Tout ce que j'ai dit jusqu'à présent n'avait qu'une valeur d'expérience... Maintenant que je vous connais, je vais vous poser une question : consentiriez-vous à épouser un homme charmant qui est mon meilleur ami et colossablement riche, ce qui ne gâte rien...

Aileen secoua la tête sans rien dire.

– Vous êtes encore plus épatante que je ne le croyais... Vous n'avez pas répondu : « Il faut que je réfléchisse », d'un air douloureux ou « Jamais je ne me marierai pour de l'argent », avec un grand geste théâtral. J'ai horreur des clichés...

Aileen s'étonnait elle-même de son calme. Elle ne parvenait pas à trouver cet homme antipathique, bien qu'elle le soupçonnât de se jouer d'elle avec ses prétendues expériences. Elle se souvint que Jim lui avait dit que les yeux pâles, comme ceux de Harlow, se rencontraient également chez les grands meneurs d'hommes et chez les criminels... À quelle catégorie appartenait-il ? Jim penchait pour la seconde... Aileen pour la première.

Harlow la regardait toujours et reprit :

– Je sais à quoi vous pensez... Vous vous dites : Je me demande si c'est un bandit... Miss Rivers, êtes-vous libre ? Je parle de votre cœur...

– Je crois que je le suis.

– Ce qui veut dire que vous ne l'êtes plus... Ah ! C'est bien regrettable... J'aurais voulu que vous épousiez un homme qui représente ce que j'ai de plus cher au monde... Un homme que j'ai créé de toutes pièces, que j'ai préservé de la contamination des autres hommes, auquel j'ai épargné tout ce qu'il y a de sale et de bas dans la vie...

Cette fois-ci, la jeune fille était stupéfaite. Elle ne comprenait plus. Elle se demanda si Harlow, en dépit de son allure juvénile, n'avait pas un fils caché...

Son étonnement grandit encore lorsqu'elle vit Harlow pousser une chaise à côté de la sienne et lui prendre la main :

– Dans un sens, je suis heureux que vous ayez repoussé ma proposition. Si vous l'aviez acceptée, c'en était fait de moi, de ma maison, de mes richesses, de ma réputation... Il ne serait plus rien resté d'Harlow le Magnifique, que honte et scandale...

Aileen comprenait de moins en moins. Elle se demanda même si Harlow n'avait pas bu plus que de coutume.

Harlow se passa la main sur le visage. Lorsqu'il la retira, il sembla à la jeune fille qu'il avait vieilli : il paraissait las et découragé.

– Comme la vie est étrange... Ils sont deux là, en bas, à vous attendre... Jim Carlton et un autre détective, qui se nomme Brown. Ce Brown vous suit partout, sur l'ordre de Carlton. C'est un chic type, Carlton, mais dépourvu de scrupules. Un peu énervant par moments, avec sa manie de faire filer les gens... Il croit dur comme fer que je suis dangereux, que j'élabore des plans diaboliques... Ce brave Jim tremble pour vous. Il doit être dans tous ses états et trouver que vous restez bien tard chez moi...

Il poursuivit sans changer de ton :

– Je voudrais vous donner un million rien que pour voir ce que vous en feriez...

La jeune fille le questionna à son tour :

– Vous ne m'avez pas dit qui était cet homme que vous me proposiez pour époux ?

Il eut un geste désinvolte de la main :

– L'homme à la barbe d'or !

Elle ne sut s'il plaisantait ou s'il disait vrai. Il lui tendit la main et lui demanda :

– Vous ne me garderez pas rancune ?

Elle sourit. Vous êtes un diable d'homme, un peu fou, mais il est impossible de vous en vouloir, disait ce sourire.

Parvenue sur le trottoir, elle poussa un cri : Jim Carlton se tenait là dans l'ombre, en compagnie de Brown...

Dès que Mrs Edwins eut refermé la porte, elle se rendit dans la bibliothèque :

– Que voulait cette jeune fille ?

– Épouser celui qu'elle aime, répondit Harlow.

Mrs Edwins grogna :

– La moitié du temps, je ne comprends pas ce que vous dites... En tout cas, cette femme avait l'air louche, et fouineuse aussi... Pendant que vous êtes sorti, elle s'est promenée dans la pièce...

– Fouineuse vous-même, taisez-vous, répondit-il, excédé.

– Je n'aime pas son genre.

– Vraiment ? Eh bien, moi je l'aime beaucoup au contraire, son genre... Tellement que je ne pense pas pouvoir trouver pour Marling une femme plus ravissante...

Il entra dans l'ascenseur. Tandis qu'il montait, il entendit sa gouvernante ronchonner. Des bouts de phrases lui parvenaient : Imbécile... Imprudence... Témérité... Il savait que ce projet d'union pour Marling la mettait en colère et il s'en réjouissait.

Lorsqu'il pénétra dans l'appartement de Saül Marling, Harlow remarqua aussitôt qu'il avait l'air abattu et déprimé. Son cœur se serra. Pour bien des raisons, il tenait à ce que cet homme, si bizarres que fussent les conditions dans lesquelles il vivait, fût heureux...

Saül Marling ne lisait pas – comme c'était son habitude à cette heure-là. Les coudes sur sa table, le visage enfoui dans les mains, il semblait plongé dans une profonde rêverie. Il ne se retourna pas lorsque la porte s'ouvrit, et peut-être ne s'aperçut-il pas que quelqu'un était entré.

Stratford Harlow s'approcha doucement et posa une main sur l'épaule de l'homme.

– Eh bien, ça ne va pas ce soir.

– Je suis malheureux... Je suis seul... On me tourmente, répondit Marling à voix basse. J'ai à me plaindre de Mrs Edwins. Elle m'apporte n'importe quoi à manger... Comme à un chien, et si je me plains, ce qui m'est arrivé aujourd'hui, elle devient infernale...

Il se mit à fourrager nerveusement sa barbe :

– Cette femme a une voix... Je ne peux pas la supporter...

Harlow alla se jeter sur un canapé, en proie à une sourde colère :

– Cette femme est un démon, une véritable furie, une maudite sorcière. Mais je la materai, soyez tranquille, Saül, je la dresserai. Je veux que vous soyez heureux, que vous ayez tout ce que vous pouvez désirer. En tout cas, lorsqu'il vous manque quelque chose, ce n'est pas à Mrs Edwins qu'il faut le demander, c'est à moi. Pourquoi ne m'avez-vous pas dit jusqu'à maintenant qu'elle vous nourrissait mal ? Ah, la vilaine brute ! N'oubliez jamais, mon cher Saül, que je suis prêt à remuer ciel et terre pour vous, pour que vous soyez heureux ici...

Harlow se leva, fit quelques pas à travers la pièce et revint à la table. Il saisit un livre et en lut le titre :

– *L'interprétation des rêves...* Freud... Il ne faut pas lire ça, mon petit. Flanquez-moi ce bouquin dans la corbeille à papiers. C'est mauvais pour vous.

– J'ai quelques difficultés à suivre l'auteur, reconnut Marling.

– Savez-vous à quoi j'ai occupé ma soirée ? Vous ne pourrez pas le deviner... J'ai demandé une jeune fille en mariage pour vous... Mais elle n'a pas voulu...

– Une jeune fille ? s'exclama Marling, soudain très agité.

Il retira ses mains de son visage et les posa sur la table. Harlow remarqua que son compagnon tremblait comme une feuille.

– Je ne veux pas me marier, dit-il précipitamment.

Il y avait tant d'angoisse dans le regard qu'il porta sur Harlow que celui-ci en eut pitié.

– Ne vous faites pas de mauvais sang. Vous ne voulez pas vous marier, elle non plus, les choses en resteront donc là...

Ils se regardèrent un moment sans rien dire. Puis Marling demanda timidement :

– Est-ce que vous rêvez quelquefois ?

Sa voix était d'une douceur presque pathétique. Cette voix était la seule chose au monde qui pût émouvoir Stratford Harlow. Il aurait entrepris n'importe quoi pour exaucer un souhait exprimé par cette voix-là...

– Si je rêve ? Bien sûr. Je rêve de toutes sortes de blagues que je pourrais faire, de mystifications...

On connaissait le genre de blagues qu'aimait Stratford Harlow... Un jour, il avait écrit à un gros producteur de caoutchouc pour lui offrir d'acheter tout son stock. Le prix était raisonnable et aurait laissé un honnête bénéfice à la compagnie. Cependant, celui-ci refusa, flairant un achat forcé. Le prix du caoutchouc monta. Harlow attendit trois mois, achetant des stocks partout, sauf chez la *United Rubber Company*... Puis, un beau soir, leurs magasins, leurs hangars flambèrent...

Ç'avait été une bonne blague.

– Je n'aime pas vos plaisanteries, lui répondit Marling avec le plus grand sérieux.

– Je sais, je sais... Je ne devrais pas même vous en parler. Mais je n'ai pas de secrets pour vous. Il est vrai que je ne devrais pas salir votre merveilleuse honnêteté. J'ai tort. Si par hasard vous riiez, ou m'approuviez, lorsque je vous raconte l'emploi de ma journée, je serais atrocement déçu...

Son regard dur plongea dans celui de son ami et ce fut pour lui comme un bain de fraîcheur ; mais il y avait dans les yeux de Marling une telle pureté, une telle bonté, qu'Harlow s'en détourna vite.

– Mettez votre manteau et votre écharpe, nous allons faire un petit tour là-haut, et tout en marchant, je vous raconterai une petite mystification que je suis en train de préparer... La meilleure que j'aie jamais imaginée, je crois. Ça commence tout bêtement par une grande réception que je vais donner ici, et ça se termine par une petite somme de 20 millions environ qui permettra à quelqu'un de ma connaissance de vivre heureux jusqu'à sa mort...

*

Aileen Rivers fouilla dans son sac. Bien qu'elle eût honte de son geste, elle tendit à Jim Carlton le papier qu'elle avait ramassé près de la cheminée.

– Lisez-le, mais ne me dites rien... Surtout ne me remerciez pas. C'est une chose abominable de l'avoir pris – volé plutôt – et deux fois plus abominable de vous le montrer...

Ils s'arrêtèrent sous un bec de gaz.

La jeune fille fut stupéfaite de l'effet que ce bout de papier produisit sur son compagnon.

– Bonté divine, s'exclama-t-il, quel labyrinthe ! Marling, Ingle, Mrs Gibbins. Il y a sûrement un lien entre ces différentes histoires, mais comment le trouver ? Voilà Saül Marling qui réclame de quoi écrire, votre méchant oncle qui se prend de passion pour le cinéma et Mrs Gibbins qui meurt on ne sait comment, tenant en main une lettre qui n'a pas été remise à son destinataire, ni ouverte par qui que ce soit, si ce n'est moi... De tous ces fragments, faites-moi un tout cohérent !

– Que radotez-vous là ? Êtes-vous devenu fou ?

– Ah ! je voudrais bien être plus vieux de dix jours...

12

Lorsqu'ils arrivèrent à Oxford Street, Jim Carlton demanda à sa compagne :

– Êtes-vous déjà allée à la Chambre ?

– Non !

– Alors, venez avec moi, cela vous amusera peut-être.

Elle ignorait que la Chambre siégeait si tard. Elle ne s'intéressait pas à la politique et aurait préféré passer une heure tranquillement installée avec Jim dans un bar, mais elle ne voulut pas le contrarier et le suivit. Ils traversèrent un hall imposant, montèrent un large escalier. Jim disparut un instant et revint muni d'un laissez-passer pour Aileen. Il la conduisit à l'une des galeries. La jeune fille ne fut pas impressionnée par ce qu'elle vit. Un homme pâle et chauve parlait à la tribune, mais personne ne semblait prendre intérêt à son discours. Juste devant lui, trois vieillards étaient plongés dans une discussion animée. Des gens ne cessaient d'arriver, plus ou moins bruyamment : ils se saluaient et allaient s'asseoir. Tout d'un coup, les bruits s'atténuèrent. Jim pressa le bras de sa compagne pour attirer son attention sur sir Joseph Layton, ministre des Affaires étrangères, qui venait de faire son entrée.

Il était en jaquette, mais au lieu de l'habit classique, il portait une jaquette de velours noir. Il alla s'asseoir à sa place. D'un geste familier, il caressait les pointes de sa petite moustache blanche. L'orateur se tut et descendit de la tribune. Aileen vit un homme se lever et poser une question de sa place. Elle ne comprit pas de quoi il s'agissait. Elle vit sir Joseph se lever et l'entendit prononcer quelques mots d'une voix enrouée. Jim lui toucha le bras :

– Voulez-vous m'attendre dans le hall ; j'ai deux mots à dire à sir Joseph.

Lorsqu'il eut rejoint le ministre des Affaires étrangères, ils s'en allèrent bras dessus, bras dessous jusqu'au bureau du ministre.

– Alors ? Quoi de neuf ? Encore Harlow, je parie, hein ? Il est en train de tramer quelque chose de machiavélique...

Il s'assit et bourra sa pipe.

– Harlow ! Harlow ! Ils sont tous à me crier dans les oreilles : Harlow ! Harlow ! Bon, je vais avoir une petite conversation avec ce gaillard-là. Cela vous satisfait ? Il donne une réception mardi soir et j'ai promis d'y aller.

– Quel genre de réception ?

– Ah ! c'est un secret d'État, répondit sir Joseph en riant, il s'agit de réconcilier les ambassadeurs de deux petits pays des Balkans, deux espèces de brigands sanguinaires, qui voulaient naturellement se couper les oreilles... Bref, le dîner se donnera sous le signe de la branche d'olivier ! Un dîner vaut mieux qu'un duel pour régler ce genre de conflit !

Sans changer de ton, il demanda :

– Vous vouliez me demander quelque chose ?

– Oui... Le fameux nuage, vous savez, l'incident de Bonn. Est-ce que ça s'arrange ?

– Pfft ! fit le ministre avec un geste d'impatience, peut-on employer le mot « incident » ? Si nous risquons la guerre toutes les fois qu'un sous-officier français traite un colonel britannique de vieux gâteux, alors notre pauvre monde est bien fragile. Non, tout a été dit là-dessus : le jeune blanc-bec a été condamné à une peine militaire et le vieux colonel grincheux a été mis à la retraite. N'en parlons plus !

Jim Carlton prit congé et courut rejoindre Aileen. Au bout d'un moment, il demanda :

– Voyez-vous un inconvénient à ce que Brown demeure encore un peu auprès de vous ?

– Cela m'est égal, seulement je trouve que c'est parfaitement inutile, et onéreux pour la police, en outre...

– Ne vous en faites pas pour cela, répondit-il, et il lui serra la main.

*

Après avoir fait un détour à Scotland Yard, où il apprit qu'Elk était rentré chez lui, Carlton se rendit à Great Eastern Road, où habitait son collègue.

Il fut un peu vexé d'apprendre qu'Elk était déjà au courant du dîner offert par Harlow.

– Je l'ai appris tout à fait par hasard : Harlow nous a demandé deux agents pour mardi soir. Je me demande pourquoi ? Il paraît qu'il y aura des diplomates, c'est sans doute pour assurer leur sécurité.

Il surveillait Carlton du coin de l'œil. Il poursuivit :

– Ce n'est pas tout... J'ai encore appris autre chose... La Rata a acheté et installé de nouveaux bureaux, dans Moorgate Street. C'est Ellenbury qui dirige le tout. Ils ont trois ou quatre employés. Vous devriez aller le voir... Il vaut le dérangement, cet Ellenbury...

– J'irai lui rendre visite. Qu'est-il au juste ? Avocat ou banquier ?

– Avocat. Mais il connaît aussi bien la finance que la loi. Autrefois, il a perdu beaucoup d'argent. Ce sont ses relations qui le perdront : on le voit toujours en compagnie des gens les plus extraordinaires, les plus suspects même.

– Il habite Nordwood ?

– Oui.

– Nordwood, reprit Carlton, c'est de là que les mandats étaient expédiés à la pauvre Mrs Gibbins...

– Je vous vois venir... Mais faites attention, si vous allez chez lui... Il ne faut pas que Harlow se doute que vous enquêtez si près de lui pour l'affaire Gibbins...

– Comment Ellenbury se rend-il à Londres ? Par le train ? A-t-il une voiture ?

– Ni l'un ni l'autre. Un chauffeur de la Rata va le chercher tous les matins et le ramène chaque soir. Il habite une petite maison qui s'appelle « Royalton House ». Il a une femme, mais on ne le voit jamais avec elle. D'ailleurs, je crois qu'elle est malade et ne sort pas. Il sera difficile à joindre. D'autre part, si vous allez dans son bureau de Theobald Road, son employé vous répondra qu'il n'est pas visible. Il me semble que ça vaut tout de même la peine d'essayer, parce que cet homme doit en savoir long sur tout ce qui vous intéresse, mon cher Carlton...

– Croyez-vous qu'Ellenbury ait été en contact avec Harlow ?

Elk cracha dans le feu et se tapa sur les cuisses :

– S'il a été en contact ? Mon pauvre vieux, mais ils travaillent ensemble, ils sont comme les deux doigts de la main ! Tout le monde le sait ! Vous souvenez-vous du commissariat modèle dont Harlow avait fait don à la ville ? Oui ? Eh bien, c'est Ellenbury qui s'est occupé d'acheter le terrain, qui a traité avec les architectes et les peintres.

Jim Carlton décida de rendre visite sans tarder à Mr Ellenbury.

13

La maison de Mr Ellenbury, à Nordwood, était une sorte de grosse boîte en briques rouges, dépourvue de grâce et de style. Le seul agrément de cette habitation était le grand jardin qui l'entourait. Ce grand jardin aurait pu être charmant, si le potager avait été aménagé moins près de la roseraie, et si celle-ci n'avait pas été agrémentée de statues d'un goût peu sûr, ou plutôt d'un mauvais goût certain...

Mr Ellenbury s'était installé une sorte de bureau au premier étage de sa maison, qu'il appelait pompeusement sa bibliothèque. En réalité, on y voyait fort peu de livres, mais des meubles disparates et laids, et des paperasses traînant un peu partout.

En cette froide soirée de décembre, Mr Ellenbury se tenait à son bureau et se rongeait les ongles d'un air pensif. Il n'était pas aussi vieux qu'il en avait l'air. Il s'était usé dans une lutte continuelle contre lui-même, pour faire taire ses ambitions et accorder ses dépenses avec ses ressources. Chaque homme a son rêve secret. Mr Ellenbury rêvait de chevaux, depuis trente ans... Non pas de chevaux de course ou de monte. Non. Il rêvait de se promener dans une élégante voiture, traînée par une paire de chevaux de race.

Mr Ellenbury pensait tristement à tout ce que la vie lui avait refusé. Et tout naturellement, il en vint à penser à sa femme... Mrs Ellenbury était malade. Peut-être que, s'il avait été aidé, encouragé, soutenu par une femme intelligente et énergique, une partie de ses malheurs lui aurait été épargnée... Mais Mrs Ellenbury était malade. Une quantité de spécialistes de toutes sortes l'avaient examinée. Aucun n'avait su dire au juste ce dont elle souffrait. Récemment encore, Mr Ellenbury avait appelé en consultation un spécialiste très célèbre. Celui-ci avait posé une quantité incroyable de questions, les unes plus désobligeantes que les autres. Y avait-il des alcooliques dans la famille ? Son père jouissait-il de toutes ses facultés ? Sa mère n'était-elle pas hystérique ? Finalement, il était parti en déclarant que si Mrs Ellenbury voulait seulement faire montre d'un peu de bonne volonté, elle pourrait fort bien se lever et se tenir sur ses jambes, comme tout le monde. Il n'avait laissé aucune ordonnance.

Se remémorant cette visite, Mrs Ellenbury tremblait encore d'indignation. Elle qualifiait ce docteur de charlatan, de voleur et de crétin.

Pourtant, il avait vu tout à fait juste... Parvenue à l'âge de 35 ans, Mrs Ellenbury s'était aperçue que son teint commençait à se friper... Et comme elle n'avait jamais été jolie, la fraîcheur de son teint faisait tout son charme. Se trouvant peu à peu délaissée et dédaignée, dans les bals, les dîners, les fêtes, les parties de tennis et de croquet, elle sortit de moins en moins. Elle se négligea, ne s'occupa plus de ses robes ni de sa coiffure ; elle traînait des journées entières en peignoir, des savates aux pieds et ses cheveux dans le dos.

Elle décida un beau jour qu'il n'y avait rien d'aussi agréable que de rester au lit, à lire... Tout le reste n'était qu'illusion ! À partir de ce moment, elle devint une malade, une « invalide », comme disait son mari. Elle s'abonna à deux bibliothèques et se plongea dans la lecture de romans palpitants ; sa préférence allait à ceux dont l'héroïne était une femme incomprise ou délaissée.

Mr Ellenbury, qui n'était pas un méchant homme, avait d'abord été très affecté par la maladie de sa femme. Puis, peu à peu, il s'y était habitué, se consolant à la pensée que sa femme ne souffrait pas et qu'il était à même de lui offrir à peu près tout ce qu'une femme dans son état pouvait désirer. Il s'y était si bien accoutumé qu'il aurait peut-être trouvé désagréable maintenant de l'avoir tout le jour autour de lui, d'être obligé de sortir avec elle et de recevoir des gens chez lui. C'était si commode de dire : « Ma femme est malade, nous ne sortons jamais et nous ne recevons pas... »

Chaque matin et chaque soir, il montait dans sa chambre et lui demandait :

– Eh ! bien, comment allons-nous aujourd'hui ?

Elle le regardait, toute souriante, et lui répondait :

– Comme d'habitude, mon ami ; pas plus mal, en tout cas.

– As-tu envie de quelque chose ? Que puis-je te rapporter ce soir ?

– Rien, mon chéri, j'ai tout ce qu'il me faut.

Ce soir-là, Ellenbury n'était pas monté chez sa femme. Il se sentait fatigué. Il avait des soucis. Il avait besoin de réfléchir.

Stratford Harlow était en train de machiner une affaire gigantesque. Il avait été obligé de prendre la direction des nouveaux bureaux de la *Rata*. Jusqu'ici, il s'était borné à s'occuper de cette compagnie discrètement, sans paraître à son siège. Pour beaucoup de raisons, cela l'ennuyait de travailler si ostensiblement pour Harlow. Qu'est-ce qu'il pouvait y faire ? Rien ! Il était l'esclave de Harlow, sa chose... Son amour-propre en souffrait cruellement. Il haïssait Harlow de toutes ses forces, avec une virulence que l'on n'eût pas soupçonnée chez ce petit homme pâle et voûté. Lorsqu'il se laissait aller à la rêverie, c'était soit aux chevaux qu'il pensait, soit à Harlow, qu'il voyait dans toutes sortes de situations infamantes : devant le tribunal, répondant d'escroqueries et de crimes, ou enchaîné à d'autres forçats... Il se délectait à ces visions, il s'imaginait qu'on lui demandait de venir témoigner devant les jurés, et il se voyait accablant Harlow, le noircissant, contribuant pour une grande part à le faire condamner au bagne.

Mr Ellenbury se mordit le doigt pour revenir à la réalité. Son imagination l'entraînait trop loin.

Bientôt, il aurait du travail par-dessus la tête, à la *Rata*. Il lui faudrait s'occuper de chèques, toute la journée de traites. Ah, les traites, quelle admirable invention !... Une petite feuille de papier que l'on tend à un employé, à travers un guichet, et l'on reçoit des francs suisses ; les francs suisses sont changés en florins, puis les florins en dollars, et ainsi de suite, si bien que l'on ne sait plus très bien d'où vient la traite.

Dans la pièce voisine de la sienne, sa femme se passionnait

pour les aventures d'une comtesse imaginaire... Alors qu'il se passait des choses tellement plus extraordinaires dans la vie de tous les jours... Les traites, par exemple... Mauves, bleues, rouges...

« Payez à l'ordre de... Tant de dollars, de roupies, de yens... »

Harlow s'occupait de son argent avec minutie. Il savait lui-même, exactement, combien d'argent devait être versé à tel ou tel compte, à telle et telle date, pour telle et telle raison... De temps à autre, il lui donnait, à lui Ellenbury, en plus de ses appointements, un ou deux billets de mille, comme on jette un os à un chien...

Ellenbury ne se rendait pas compte que c'était là un « os » dont beaucoup se seraient contentés... L'ambition, la jalousie, la haine le dévoraient. Il oubliait que Harlow l'avait tiré d'une situation désespérée. Qu'il y avait eu un temps, pas très éloigné, où il voyait partout, dans la rue, au restaurant, des inspecteurs de police en civil, où il était traqué, guetté, poursuivi... Maintenant il était riche, mais insatisfait, aigri. Il pouvait aller se coucher, éreinté, et si Harlow lui téléphonait au milieu de la nuit : « Venez me rejoindre ici ou là », il lui faudrait se lever, malgré sa fatigue et son âge, et trotter comme un petit chien où son maître l'appelait. Il ne pourrait jamais, jamais s'habituer à cette existence d'esclave.

Soudain on frappa à la porte :

– Il y a un monsieur qui désire vous parler.

– Me parler ? (Ses yeux se portèrent sur sa montre : 11 heures et quart.) Si tard ? Qui est-ce ? Que me veut-il ?

– Il n'est pas entré. Il est resté dehors, dans une grande limousine.

Ellenbury comprit. Harlow ! Il se leva et se précipita au-dehors.

– Est-ce vous Ellenbury ?

– Oui, Mr Harlow.

– On va venir enquêter chez vous, au sujet de la femme Gibbins. C'est Carlton qui s'en occupe. Il a découvert que toutes les lettres ont été mises à la poste à Nordwood... Pourquoi avez-vous eu la maladresse de les expédier toutes du même endroit ?

– J'ai cru que c'était plus habile que de les mettre à la poste en ville...

– En tout cas, n'essayez pas de nier que vous avez expédié ces lettres. Mrs Gibbins, direz-vous, était une ancienne domestique de votre mère... N'aviez-vous pas une Mrs Gibbins ici, il y a quelque temps ?

– Elle est morte.

– Vous n'en serez que plus à l'aise pour mentir... Débrouillez-vous avec Carlton. Et la *Rata* ? Tout se passe bien ?

– Oui.

– Bonsoir, Ellenbury.

– Bonsoir, Mr Harlow.

C'était bien Harlow : donnant des ordres, n'enveloppant jamais ses phrases de la moindre formule de courtoisie. Toujours : faites ceci, dites cela... Ne remerciant jamais, ne s'excusant jamais. Il avait acheté une fois pour toutes l'obéissance de son employé...

Il remonta chez lui, frissonnant, car il n'avait pas pris le temps d'enfiler un pardessus.

Comme il passait devant la porte de sa femme, elle l'appela :

– Je ne sais pas ce que j'ai, je ne peux pas dormir...

Il la consola de son mieux, mais ne s'attarda pas auprès d'elle : il avait vu la femme de chambre lui monter, à 10 heures, une « collation » qui aurait suffi à tout un régiment... Personne n'aurait pu s'endormir après avoir englouti une telle quantité de nourriture.

Rentré dans sa chambre, il sortit de son bureau des prospectus de voyages. Madrid... Le Caire... Budapest, comme toutes ces villes devaient être merveilleuses !

Jusqu'aux premières lueurs de l'aube, il se plongea dans l'étude d'un horaire international.

Enfoncé dans un fauteuil, entouré de prospectus d'agences de voyages, il demeura là, insensible au froid et au sommeil, à griffonner des heures de départ et d'arrivée dans des villes étrangères...

14

Stratford Harlow avait fait preuve de flair en venant avertir Ellenbury : le lendemain de sa visite à Nordwood, Jim Carlton se présentait aux bureaux de Theobald Road.

– Voulez-vous remettre ce mot à Mr Ellenbury, dit l'inspecteur à l'employé qui le reçut.

Deux minutes plus tard, il pénétrait dans le bureau de Mr Ellenbury. Celui-ci se leva et vint à la rencontre du visiteur :

– Bonjour, monsieur l'inspecteur. Nous n'avons pas l'habitude de voir des policiers ici et c'est tant mieux... Voulez-vous me dire ce qui vous amène ?

Dans les grandes occasions, il essayait de prendre le ton et la manière froide de Harlow. Cela lui réussissait quelquefois. Néanmoins Mr Carlton fut peu impressionné par le ton glacial du petit homme.

– Je suis chargé d'enquêter sur la mort d'une femme nommée Gibbins.

– La femme que l'on a repêchée dans le Regent's Canal ?

– Précisément. Sa mère, Louise Gibbins, touchait une pension trimestrielle, laquelle, si mes renseignements sont exacts, était versée par vous ?

Il n'en savait rien, mais il voulait voir ce que répondrait Ellenbury. À sa grande surprise celui-ci acquiesça :

– En effet, je connaissais sa mère qui travailla chez moi pendant un certain temps. Elle a été très bonne pour ma pauvre femme qui est malade et, en considération des services qu'elle nous a rendus, nous lui servions une petite rente. Je n'ai appris qu'elle était morte qu'au moment où la disparition de sa fille a été annoncée par les journaux. C'est à ce moment que nous avons cherché à savoir si la mère...

Jim lui coupa la parole :

– Mais cette rente a été interrompue avant que toute cette affaire ait été publiée dans les journaux.

– Interrompue, non ; retardée seulement. C'est par le plus grand des hasards que cette somme n'a pas été expédiée à la date habituelle : j'était souffrant à ce moment-là. Nous avons conclu de toute cette histoire que Mrs Gibbins nous avait caché la mort de sa mère afin de pouvoir bénéficier de la rente.

Carlton comprit qu'il était inutile de finasser : on l'attendait de pied ferme. Sans doute, sa visite avait-elle été prévue.

– Je ne vais pas vous ennuyer plus longtemps avec mes questions, Mr Ellenbury. Dites-moi encore si vous connaissiez Mrs Annie Maud Gibbins ?

– Pas le moins du monde, répondit-il avec une telle emphase que l'inspecteur se dit que cela devait être vrai.

Jim prit congé et, une fois sur le trottoir, se souvint que l'étude de Stebbings était à deux pas...

Aileen ne s'attendait pas du tout à le voir pénétrer dans le bureau et ouvrit ses yeux tout grands lorsqu'elle l'entendit demander à parler à Mr Stebbings en personne.

Jim expliqua au notaire ce qui l'amenait.

– Marling ? Je me souviens de ce nom... Parfaitement, c'était le précepteur du jeune Stratford Harlow... Non, je ne le connais pas, tout au plus l'ai-je aperçu chez miss Mercy Harlow. Je sais par ouï-dire que c'était un étrange individu. Je crois qu'il s'est embarqué pour l'Argentine, à la mort de miss Mercy Harlow, et qu'il est décédé là-bas.

Mr Stebbings, qui appréciait la discrétion, ne se montra pas curieux de savoir ce qui pouvait bien amener Carlton à enquêter sur Marling. Il ne posa aucune question à l'inspecteur, se borna à s'excuser du peu d'aide qu'il pourrait vraisemblablement lui apporter en cette affaire.

– Êtes-vous bien sûr qu'il soit parti en Amérique ?

– Je vous répondrai qu'en tant qu'avocat je ne suis jamais sûr de rien... En tout cas, je puis vous affirmer qu'il a pris son billet, et, par conséquent, je suppose qu'il s'est embarqué...

– Pourriez-vous encore me dire quelque chose du caractère de Marling ? Je sais qu'il passait pour un original ! Mais avait-il réellement de la volonté, de la personnalité, bref, pensez-vous qu'il ait pu se laisser entièrement dominer par Mr Harlow ? Ou était-ce le contraire ? Avait-il une grande influence sur son élève ?

Le notaire eut un mince sourire :

– Pensez-vous qu'il y ait quelqu'un au monde qui puisse avoir une « grande influence » sur Mr Harlow ? Je l'ai perdu de vue depuis qu'il n'est plus mon client, mais je n'ignore pas qu'il a la réputation d'être tyrannique.

L'inspecteur Carlton eut beau poser d'autres questions sur l'enfance de Stratford Harlow, sur Marling, sur Mrs Edwins, il ne put rien tirer d'autre de Stebbings. Il avait espéré que le notaire lui montrerait une copie du testament de Mercy Harlow, ou quelques documents intéressants. Mais le vieil homme déclara tout net qu'il n'en ferait rien, à moins que Jim Carlton ne se présentât muni d'un ordre du juge d'instruction, s'il s'agissait d'un procès. Alors, mais alors seulement, il révélerait tout ce qu'il savait de Stratford Harlow.

L'inspecteur comprit qu'il était inutile d'insister. Il prit congé, en s'excusant pour le dérangement qu'il avait causé. En passant par le bureau d'Aileen, il eut la déconvenue de le trouver vide. Sans doute la jeune fille était-elle occupée avec le plus jeune des associés.

Il quitta l'étude Stebbings avec l'obscur sentiment qu'il n'avait pas retiré de sa visite tout ce qu'il en avait espéré...

Il marchait d'un bon pas, en réfléchissant à Saül Marling. Il était si absorbé qu'il faillit passer sous une voiture, en traversant une rue. Comme il sautait de côté pour l'éviter, une voix lui cria, de l'intérieur de la limousine :

– Eh ! bien, Mr James Carlton, vous êtes bien rêveur ce matin.

Jim leva la tête. Il avait déjà reconnu la voix de Harlow...

– Quelle heureuse rencontre !

– Pour lequel d'entre nous ? demanda Jim et il s'accouda en souriant à la portière de la voiture.

– Pour tous les deux. J'ai une proposition à vous faire. Que faites-vous en ce moment ? Pouvez-vous m'accompagner jusque chez moi ? Nous serons à l'aise pour causer.

Harlow ouvrit la porte et Jim monta.

Pendant tout le trajet, ils ne parlèrent que de choses insignifiantes. Dès qu'ils furent arrivés, ils s'installèrent dans la bibliothèque, la pièce préférée de Harlow.

Il y avait une cordialité dans les manières de cet homme, à laquelle il était bien difficile de rester insensible. Avec une bonhomie charmante, il s'empara du manteau et de l'écharpe de son hôte et les jeta sur un divan. Il lui mit la main sur l'épaule et le fit asseoir sur un fauteuil bas et profond. Puis il se dirigea vers un petit bar et se mit à fourrager à l'intérieur.

– Qu'est-ce que je pourrais bien vous offrir ?

Il sortit des verres, une bouteille de whisky et un siphon. Mais Jim fit un geste de la main :

– Non, pas à 10 heures du matin, je vous remercie...

Harlow pressa un bouton et un domestique se présenta presque aussitôt. Harlow demanda du thé.

Dès qu'il fut sorti, Harlow se tourna vers Jim :

– Ah ! vous êtes un homme précieux, Mr Carlton... Scotland Yard vous apprécie à votre juste valeur... On est très inquiet de vous avoir vu entrer ici en ma compagnie... On vous a suivi jusqu'ici... Quel cruel métier, par un temps pareil... Je ferai porter une tasse de thé à votre suiveur, si vous le permettez... Dites-moi, Mr Carlton, pourquoi n'avez-vous pas confiance en moi ?

Jim ne savait trop que répondre... On suivait effectivement Stratford Harlow dans tous ses déplacements. Celui-ci le tira d'embarras :

– Oh ! Je ne vous en veux pas. C'est quelquefois énervant, c'est tout. Vous pensez bien que si cela me contrariait sérieusement, il y a longtemps que j'aurais pu y mettre fin... Si tel est mon désir, douze hommes se lèveront demain à la Chambre pour interpeller le gouvernement au sujet de cette filature... Si je veux, demain je peux devenir propriétaire d'un journal et vous rendre la vie amère, je vous le garantis... Réellement, mon pauvre Carlton, j'ai tant de moyens de vous faire tenir tranquille, vous et tous vos chefs de Scotland Yard, que ma tête est trop petite pour les contenir...

Jim commença à se demander si Harlow l'avait ramené chez lui simplement pour lui passer un savon et lui faire peur. D'autre part, il avait la certitude qu'il ne se vantait pas et qu'il était dangereux de se dresser contre un tel homme.

– Vous n'avez que la loi à votre disposition pour me nuire, Carlton, car je sais que vous cherchez à me nuire... et je me demande bien pourquoi. Or, la loi ne vous servira à rien... Je suis au-dessus de la loi. Cette petite phrase semble prétentieuse, c'est ce que vous pensez, n'est-ce pas ? C'est ainsi : vous ne pourrez jamais m'avoir...

On frappa à la porte. C'était le domestique qui revenait avec le thé et toutes sortes de sucreries et de biscuits.

La conversation dévia.

– C'est une pernicieuse habitude que de boire du thé le matin ! Je ne la pratique pas, sauf quand je reçois des jeunes gens bien élevés, qui ne prennent pas d'alcool avant l'heure du déjeuner.

Il congédia le domestique et versa lui-même le thé à son

invité. Celui-ci admirait le service à thé en argent ciselé, et continuait à se taire, laissant à son hôte tout le souci de la conversation.

– Vous ne causez pas beaucoup, ce matin, Mr Carlton, remarqua Harlow. C'est très habile... Vous me laissez venir, comme on dit vulgairement...

Jim sourit.

– Sachez que si vous étiez un détective ordinaire, vous ne seriez pas là en train de grignoter mes petits fours... Mais voilà, vous n'êtes pas un quelconque officier de police, vous êtes James Carlton... Je vous observe, moi aussi, depuis longtemps, je m'intéresse à vous...

Il se tut un instant, puis reprit d'une voix plus basse :

– Vous ne roulez pas sur l'or, hein ? Votre salaire n'est pas proportionné à vos mérites... Vous avez une toute petite fortune personnelle, une vraie misère...

– Et que suggérez-vous pour remédier à cet état de choses ? demanda Jim, légèrement irrité.

– Ah ! Ah ! jeune homme, vous devenez sarcastique, vous trouvez que l'argent est une chose méprisable, que vous êtes au-dessus de ces sordides questions d'intérêt... Eh bien, vous vous trompez. L'argent est une chose très sérieuse et pas du tout dégoûtante. Avec de l'argent vous pouvez acheter n'importe quoi, n'importe où. L'argent est une chose sacrée, primordiale.

Il regarda le jeune homme dans les yeux.

– Vous vous en apercevrez le jour où vous éprouverez le désir de fonder un foyer... À votre âge, cela arrive quelquefois... Une femme, surtout si elle est jolie, les enfants, s'il en vient, ça coûte cher...

Jim ne broncha pas. Harlow attendit une réponse, un encouragement, une question. Il se décida à poursuivre :

– Je suis un homme riche. Je vous offre 5 000 livres par an.

– Et que me demandez-vous en échange de cette somme ? demanda Jim d'une voix douce.

– Vous surveillerez mes intérêts.

– Que faites-vous de ma conscience professionnelle ?

Harlow haussa les épaules. Il se leva et se rapprocha du jeune homme :

– Votre devoir professionnel n'aura pas à en souffrir le

moins du monde. Tout ce que je vous demande, c'est de me protéger contre moi-même, quand je me livre à de petites plaisanteries... De diriger habilement les recherches hors de mon chemin. Vous aimez le sport, Mr Carlton ? Vous aimerez à travailler pour moi. Il est pour les grandes personnes des jeux passionnants. Je vous en montrerai quelques-uns. Vous vous amuserez follement ! Je ne fais jamais de mal aux braves gens... Mes victimes sont toujours antipathiques... Que dites-vous de cela ?

Jim Carlton se leva.

– Je suis désolé, mais je ne peux pas accepter... Je préfère mon propre travail...

– Ah ! c'est dommage, s'exclama Harlow, il aurait pu y avoir un million pour vous dans notre petite combinaison... Et moi, j'aime que l'argent aille entre les mains des gens sympathiques...

Jim savait qu'il était sincère, qu'il pensait ce qu'il venait de dire et regrettait réellement de le voir refuser son offre.

– Mais pourquoi vous levez-vous ? Restez donc assis à boire votre thé. Croyez-vous que je vais vous mettre à la porte, parce que vous n'avez pas accepté mon offre ? Vous me connaissez mal... Je ne vous en veux pas. Je vous comprends même, mais je regrette, parce que je ne vous aurais pas demandé de commettre une seule mauvaise action.

– Je vous crois, répondit Jim en le regardant droit dans les yeux, mais, voyez-vous, j'ai horreur des complications. Et je crois qu'avec un homme comme vous...

– Les complications sont inévitables, acheva Harlow, et il éclata de rire. Pour vous prouver que nous restons bons amis, je vous invite à un dîner suivi d'une réception, que je dois donner mardi en l'honneur de la délégation macédonienne. Viendrez-vous ?

– Avec plaisir.

Et sans transition, de la même voix tranquille, il demanda :

– Mr Harlow, dites-moi où je puis trouver Saül Marling ?

Pas un muscle ne bougea sur le visage de Stratford Harlow.

– Marling ? Attendez... Où donc ai-je déjà entendu ce nom ? Est-ce que par hasard vous voulez parler de ce type que ma tante Mercy avait engagé comme précepteur ? Bonté divine ! Mais quelle question ! Je n'ai plus jamais entendu parler de lui, depuis le jour de son départ pour l'Amérique du Sud.

– Pour l'Argentine ? précisa Carlton.

Les yeux transparents exprimèrent le doute et la réflexion.

– Était-ce l'Argentine ? Je ne pourrais l'affirmer. Je crois pourtant me souvenir qu'il est mort de la peste, à moins que ce ne soit du choléra...

Il alla s'adosser à la cheminée.

– Comme c'est étrange !... Il suffit d'un nom pour vous remettre en mémoire toutes sortes de choses oubliées... Marling !... Je vois une succession de cottages mélancoliques... Une vieille femme capricieuse... Des versions et des thèmes grecs et latins... Comment peut-on farcir la cervelle d'un pauvre innocent avec tant de choses inutiles et diaboliques ?... Marling n'était pas commode... Nous n'étions pas très bons amis... Il ne savait pas me prendre. Il m'a traité jusqu'au dernier jour comme un bébé, une quantité négligeable... Mais ma tante avait toute confiance en lui... Je vous ennuie, avec mes réminiscences ? À propos, pourquoi m'avez-vous parlé de cet homme ?

– Nous sommes chargés par un de ses anciens associés d'effectuer une enquête sur lui...

Jim dit un nom. C'était celui d'un des camarades d'université du disparu.

Harlow hocha la tête :

– Je me souviens en effet de l'avoir entendu prononcer ce nom. Mais je ne me rappelle rien de précis... Je n'ai même jamais eu en main des preuves positives de la mort de Marling. Mais, si vous le désirez, je puis faire faire des recherches en Argentine. Je suis très bien avec le gouvernement argentin et je pourrais obtenir tous les renseignements très vite...

Un domestique vint annoncer un visiteur. Jim Carlton en profita pour se lever et partir.

Sur le seuil de la porte, Harlow rappela l'inspecteur :

– Je vous dois des excuses... Vous savez, l'autre soir, l'agression dans Long Acre... Du vilain travail. J'ai vraiment honte de moi-même. Mais j'avais mes raisons pour agir ainsi... Vous êtes un garçon courageux. Je vous en fais mes compliments.

15

– Vous en avez une veine d'aller à cette réception, s'exclama l'inspecteur Elk. Harlow n'est pas homme à faire des économies sur les cigares... Carlton, si vous êtes un vrai copain, vous glisserez quelques havanes dans votre poche et vous me les rapporterez.

– Agréable commission ! j'aime encore mieux vous emmener avec moi et vous vous servirez vous-même... aussi discrètement que possible.

– Mais je ne suis pas invité, gémit Elk d'une voix pitoyable.

– Ça ne fait rien, c'est moi qui vous invite. Harlow ne dira rien, au contraire... Il s'est pris d'amitié pour moi... et puis vous m'aiderez à découvrir pourquoi il donne ce dîner et cette réception... Je ne crois pas que ce soit à seule fin d'empêcher deux Macédoniens de se casser la figure... Il doit y avoir autre chose.

– Il a peut-être une femme à lancer...

– Vous avez l'esprit mal tourné, observa Jim Carlton.

Jim Carlton n'était pas le seul homme à passer des nuits blanches au travail.

Ellenbury ne sortait pas des nouveaux bureaux de la *Rata* avant 3 heures du matin. Son bureau restait illuminé chaque nuit. Toute la journée et une partie de la soirée, on apportait des piles de télégrammes.

À Scotland Yard on avait remarqué le caractère anormal et surprenant de cette activité. On surveillait la *Rata* de très près.

– Ils n'ont encore rien vendu, expliquait Jim à son chef, mais lorsqu'ils se décideront, ce sera la plus formidable baisse que l'on ait enregistrée depuis une trentaine d'années...

Son chef le rassurait :

– Ne vous en faites pas trop. Je sais de source sûre que le marché est stable. Si Harlow prépare un coup, pourquoi n'allez-vous pas le trouver ? Demandez-lui carrément ce qu'il a l'intention de faire...

– Je le verrai ce soir, chez lui, mais j'ai peu de chances de recevoir ses confidences au sujet de la *Rata*...

Elk n'était pas un homme du monde. Il ne s'en cachait pas et se vantait même d'être l'individu le plus mal élevé de tout Scotland Yard. Il avait à présent renoncé à s'élever au grade d'inspecteur-chef : chaque année, il avait échoué à l'examen que l'on faisait passer aux candidats. Il était brouillé avec les dates historiques, et ne savait jamais quand tel ou tel roi était monté sur le trône, quand il était mort, en quelle année s'était produite telle bataille ou telle révolution. C'était grâce à son propre mérite qu'il était devenu inspecteur. Il n'avait ni éducation, ni instruction, mais de la finesse, de la sagacité, de la suite dans les idées, de la fantaisie, et beaucoup de bon sens. Sur bien des points, il était plus fort que Jim Carlton. Celui-ci le savait. Il appréciait la compagnie de son collègue plus âgé, profitait de ses leçons, lui pardonnait ses petites manies, et lui vouait une véritable amitié.

Elk pénétra dans le bureau de Jim Carlton. Il s'immobilisa au milieu de la pièce, étendit les bras afin que son camarade pût admirer son costume de soirée... Son habit avait la queue chiffonnée, le pantalon portait les traces des manipulations d'un nettoyeur amateur et il empestait l'essence à dix mètres. Une chemise démodée et jaunie complétait cet ensemble assez piteux.

– Dites donc, Carlton, c'est la cravate qui me chicane. Faut-il qu'elle soit blanche ou noire ? Ma bonne m'a dit que la cravate blanche ne se porte que pour les mariages. Qu'est-ce que vous mettez, vous ?

– Ne vous en faites donc pas comme ça. Vous avez très belle allure, je vous assure.

– On va encore me prendre pour le maître d'hôtel, mais j'y suis habitué... La dernière fois que je me suis rendu à une soirée, un monsieur m'a planté un plateau sur les bras en me priant de faire passer les rafraîchissements... J'ai pris le plateau et me suis discrètement retiré dans une pièce déserte et...

– Je devine la suite ! Tâchez de bien vous tenir chez Harlow, et d'abord, avant de partir, convenons d'un endroit où nous pourrons nous retrouver. Il y aura beaucoup de monde et il est fort probable que nous nous perdrons de vue au bout de dix minutes.

– Bon, bon, je serai au bar... Et si ça s'appelle un buffet, alors je serai au buffet...

Devant Greenhart House, on distinguait de loin une file imposante de voitures, une foule de gens se pressant sur les trois marches de l'entrée.

Elk fit une petite grimace.

– Croyez-vous vraiment que je doive vous accompagner ? Ça m'a l'air tout ce qu'il y a de collet monté et snobinard, cette réception...

– Venez toujours. Plus il y aura de monde et moins on vous embêtera. C'est à peine si Harlow remarquera votre présence.

Les portes de la bibliothèque étaient grandes ouvertes. Debout au milieu d'un petit cercle d'amis – les privilégiés qui avaient assisté au dîner – Harlow, souriant, recevait ses invités.

Comme Jim l'avait prévu, Elk fut très cordialement accueilli. La bibliothèque était pleine de monde. Après avoir fait quelques pas, ils sortirent dans le hall, ne sachant trop que faire d'eux-mêmes. Tout à coup Elk pointa un doigt en direction d'un petit salon :

– Le bar est là, dans le fond de la pièce. J'y vais. Vous m'y trouverez quand vous voudrez... Ah ! Harlow est un homme de goût. Il a bien fait les choses...

Elk devenait lyrique ; Carlton savait ce que cela voulait dire. Il le laissa et se dirigea vers une galerie où le maître de maison conservait une très belle collection d'estampes.

Il était en train de l'admirer tout à son aise, lorsque Harlow vint le rejoindre :

– Quel sauvage vous faites ! À moins que vous ne soyez un sage... Quelle quantité effroyable de sottises il faut entendre, lorsqu'on se résigne à donner une réception de ce genre !... Je venais vous demander si vous avez vu sir Joseph aujourd'hui ? Il s'est excusé pour le dîner, ce qui m'a beaucoup contrarié, à cause de mes délégués. Il m'avait promis de venir aussitôt après, et il n'est pas encore là.

Jim n'eut pas le temps de répondre. Un domestique entra et annonça que le Secrétaire d'État au Foreign Office venait d'arriver. Les deux hommes allèrent à sa rencontre.

Sir Joseph portait sa fameuse jaquette de velours et sa non moins fameuse cravate noire, artistement enroulée autour de son cou maigre. Seule sa distinction naturelle l'empêchait d'avoir l'air un peu bohème. Mais la fantaisie qu'il affectionnait dans son habillement ne nuisait en rien à sa prestance aristocratique.

Lorsqu'il eut échangé quelques mots avec Harlow, sir Joseph se tourna vers Jim et lui prit la main affectueusement.

– Ah ! vous êtes là, vous aussi ! J'ai failli ne pas venir du tout. Deux journaux ont eu la sottise de donner de l'importance à une petite histoire déjà vieille de quelques semaines et vraiment ridicule. Il faudra donc que je me sauve dans quelques minutes pour aller à la Chambre où j'aurai à répondre à une interpellation au sujet de ce dérisoire petit incident.

Jim vit Harlow s'approcher tout près de sir Joseph et lui murmurer quelque chose. Discrètement, il s'éloigna un peu, sans cesser de les observer. Il fut étonné de constater que sir Joseph, d'ordinaire si réservé, s'était laissé aller à une vive animation : il gesticulait, secouait la tête, et son visage pâle devenait rouge peu à peu. Finalement, Harlow prit son invité par le bras et le conduisit dans un salon, dont il referma la porte sur lui.

Jim regarda autour de lui. Il ne connaissait personne. Au milieu de tous les invités qui papotaient, riaient, buvaient, il se trouvait l'air parfaitement idiot, assis dans son coin à regarder les autres.

Il se leva et gagna le bar. L'inspecteur Elk semblait très affairé au milieu des flacons et dans un état de parfaite euphorie. Il s'essuya la moustache à regret et suivit son compagnon. Comme ils franchissaient le seuil, ils virent Harlow et sir Joseph sortir par le jardin d'hiver et se diriger vers la voiture du Secrétaire d'État. Celui-ci aperçut les deux détectives et leur fit un petit signe de la main, en guise d'adieu.

Harlow, qui se tenait devant la porte de l'orangerie, se retourna pour voir à qui s'adressait ce geste familier. Il courut vers les deux hommes :

– Vous ne partez pas, j'espère ?

– Je suis désolé, mais moi aussi, je suis attendu à la Chambre...

Harlow se mit à rire.

– Ah ! je comprends. C'est vous qui êtes chargé de veiller sur la sécurité de sir Joseph... La police a bien choisi son homme. En somme, même si je ne vous avais pas invité, vous seriez venu ce soir, hein ? On se fait des illusions... On croit recevoir des amis, on ne reçoit que des détectives en service commandé... Dites donc, Mr Carlton, n'êtes-vous pas un peu myope ?

– Pourquoi ? demanda Jim, et son ton était si agressif, qu'à nouveau, Harlow éclata de rire.

– Je vous le dirai un de ces jours.

Les deux policiers hélèrent un taxi et se firent conduire à la Chambre.

Elk était de fort méchante humeur.

– Vraiment, Carlton, grogna-t-il, je ne comprends pas pourquoi nous partons de si bonne heure... J'étais tellement bien là-bas dans mon petit coin... Il ne venait presque personne. C'est curieux, on dirait que les gens du monde ont honte d'avoir soif...

– Quand on les regarde, oui, mais autrement ils ne se privent pas. Les ivrognes les plus invétérés...

Elk se tourna vers son ami, étonné par cette voix saccadée et rageuse.

– Êtes-vous fâché contre moi ? Qu'est-ce que j'ai fait ?

– Je ne suis pas fâché contre vous, mon cher Elk...

– Alors, qu'est-ce qui se passe ?

– Je ne sais pas. Mais je sens qu'il se trame quelque chose...

La Chambre était presque pleine, sauf les bancs du gouvernement, où seuls un ou deux sous-secrétaires étaient plongés dans l'étude de leurs dossiers.

Au bout d'un certain temps, quelqu'un se leva sur les bancs de l'opposition, et s'adressant à sir Joseph, dit :

– J'ai une question à poser à sir Joseph Layton. Sir Joseph Layton a-t-il eu connaissance d'un article publié par le *Daily Megaphone*, selon lequel les relations entre la France et l'Angleterre seraient très tendues à cause de l'incident connu sous le nom d'incident de Bonn ? Sir Joseph voudrait-il nous dire si un tel article peut paraître sans l'assentiment du Foreign Office et, au cas où effectivement il aurait paru avec son assentiment, voudrait-il nous renseigner sur ce que l'on doit penser au juste de l'incident de Bonn ?

Sir Joseph se leva, enleva puis replaça ses lunettes et, saisissant les revers de sa jaquette à deux mains, selon un tic qui lui était familier, se pencha en avant pour parler :

– L'honorable gentleman est bien informé, commença-t-il, et immédiatement le silence se fit dans la salle.

Tous les membres se regardèrent avec consternation.

– Il existe entre le gouvernement de sa Majesté et celui de la France une tension dont le moins qu'on puisse dire est qu'elle est très sérieuse... tellement sérieuse même que j'ai prié le Premier Ministre de faire annuler toutes les permissions de Noël dans l'Armée et la Marine et de mobiliser une partie de nos forces...

Pendant un instant un silence de mort plana sur l'assemblée, puis tout d'un coup ce fut un torrent d'injures, d'imprécations, de questions, à l'adresse du Secrétaire d'État au Foreign Office.

Le président eut grand-peine à rétablir le calme. Dès qu'il put se faire entendre, sir Joseph poursuivit :

– Je ne puis répondre à aucune autre question ce soir. Je prie les honorables membres de bien vouloir attendre jusqu'à lundi.

Là-dessus, sans s'inquiéter des cris et de l'indignation générale, il passa derrière la chaire du président et se dirigea vers la sortie.

Jim Carlton était pâle comme un linge.

– Mon Dieu ! Mais c'est la guerre !

Elk, qui s'était assoupi dès son arrivée, s'éveilla en sursaut, au milieu d'un vacarme indescriptible. Il chercha son camarade des yeux et le vit galopant vers la sortie. Il bondit de son siège et se lança à sa poursuite.

Jim frappa à la porte du bureau de sir Joseph. La pièce était vide et plongée dans l'obscurité.

Les deux policiers retournèrent sur leurs pas. Les Membres du Parlement, au comble de l'excitation, commentaient le discours qu'ils venaient d'entendre. En fendant les groupes, Jim captait des lambeaux de phrases :

« Le Premier Ministre passe le week-end dans l'Ouest, Le Premier Lord de l'Amirauté fait une tournée dans le Nord, le Secrétaire du Ministère de la Guerre également... » On ne savait pas plus où joindre les autres membres du Cabinet...

Jim laissa les députés se ruer vers les téléphones et se fit conduire à Whitehall Gardens, chez sir Joseph. Son inquiétude s'accrut lorsqu'il apprit qu'il n'était pas encore rentré chez lui.

Il remonta dans un taxi, et se rendit chez Harlow : il se pouvait que Sir Joseph fût retourné à Greenhart House en sortant de la Chambre. Mais Harlow parut très étonné.

– Mais pourquoi venez-vous le chercher ici ? Que se passe-t-il ? Il m'a dit qu'il rentrerait se coucher, en sortant de la Chambre. Mais entrez donc et venez prendre quelque chose.

– Merci. Je n'ai pas le temps, répondit Jim, et il remonta dans son taxi.

Il arriva à la Chambre en même temps que le Chancelier de l'Échiquier. Celui-ci le connaissait. Il l'emmena dans un bureau et lui dit :

– Je suis au courant, on m'a averti par téléphone... Êtiez-vous présent, lors de ce discours ? Oui ? Alors racontez-moi tout ce que vous avez vu et entendu.

Jim lui répéta presque mot pour mot le discours de sir Joseph.

– Il doit être devenu subitement fou, s'exclama le Chancelier avec désespoir.

– Sir Joseph serait-il dépressif ?

– Pas du tout. Il est peut-être devenu fou, mais il n'a jamais été dépressif. C'est – ou c'était – l'homme le plus intelligent, le plus lucide, l'esprit le plus sain que l'on puisse imaginer...

– Ne pourriez-vous pas donner un démenti ?

– Je n'en ai pas le droit, en l'absence du Premier Ministre, sans avoir vu sir Joseph.

– N'y a-t-il pas moyen d'empêcher les journaux de publier la nouvelle ?

– Trop tard. On l'imprime déjà, répondit le Chancelier de l'Échiquier laconiquement. Mais pourquoi a-t-il fait une chose pareille ? En tout cas, il a fichu le gouvernement par terre, c'est sûr... Et cela n'est encore rien... Quand je pense à ce qui va sans doute se passer...

– Quel va être, à votre sens, la première conséquence de ce discours ?

Le Chancelier leva les bras :

– Naturellement, ça va bouleverser la Bourse et les marchés. Mais ce qui est beaucoup plus inquiétant, c'est la réaction des Français. Malheureusement, et par une fâcheuse coïncidence, l'ambassadeur de France n'est pas à Londres en ce moment. Il passe ses vacances de Noël à Paris. Il faut absolument que je lui téléphone...

Toute la nuit, Jim fit la navette entre la Chambre des Communes et Whitehall Gardens. Sir Joseph demeurait invisible.

Déjà on pouvait lire dans les journaux du matin un démenti du Chancelier, imprimé en lettres grasses à la première page :

« Le Chancelier de l'Échiquier nous informe que l'incident

de Bonn n'a fait l'objet d'aucune discussion devant les Chambres, pour la simple raison que le gouvernement n'y attache aucune importance. Le Chancelier de l'Échiquier demande qu'il ne soit tenu aucun compte de l'extraordinaire discours de sir Joseph Layton à la Chambre des Communes. »

Il se passa néanmoins à la Bourse des scènes telles qu'on n'en avait plus vu depuis la déclaration de guerre en 1914. Les actions baissèrent dans une proportion catastrophique et les banques elles-mêmes ne restèrent pas insensibles à cette panique.

Il faudrait attendre 16 heures pour savoir comment les choses se passaient à New York.

À 17 heures, un communiqué, signé des Premiers ministres de France et d'Angleterre, fut diffusé à la presse :

« La nouvelle selon laquelle une grave tension se serait produite dans les relations franco-britanniques est absolument dépourvue de fondement. L'incident de Bonn a toujours été considéré, de part et d'autre, comme insignifiant et les déclarations du secrétaire d'État au Foreign Office ne peuvent qu'avoir été émises dans un moment d'aberration mentale. »

Mais Jim s'inquiétait assez peu des complications diplomatiques possibles, de la révolution en Bourse et de l'argent que Harlow devait ramasser à la pelle...

Chargé par ses chefs de veiller sur sir Joseph Layton, il l'avait perdu de vue un instant et cet instant avait suffi pour que le ministre disparût. Tout le drame se résumait là pour lui. Il avait été blâmé sévèrement pour son manque de vigilance. Il lui fallait, coûte que coûte, retrouver la trace de sir Joseph. Son honneur professionnel était en jeu.

Les deux policemen qui assuraient l'ordre devant Greenhart House la veille furent interrogés. Restés à leur poste jusqu'à 5 heures du matin, aidant les invités à dégager leurs voitures et surveillant la circulation, ils déclarèrent formellement n'être partis que lorsque tout dormait dans la maison. Or ils ne virent pas revenir sir Joseph, après sa première visite. Quelques amis personnels du ministre, présents à la réception, assurèrent également que sir Joseph n'avait pas réapparu.

Jim chercha une autre piste. Il envoya quelqu'un dans le Cheshire, où sir Joseph avait sa maison de campagne. Dans l'après-midi, le détective lui téléphona que sir Joseph avait loué sa propriété à un Américain. Le ministre demeurait introuvable.

La situation de l'infortuné Jim Carlton devenait de plus en plus inconfortable, à mesure que les heures passaient. Son chef immédiat, éreinté par sa nuit blanche et les coups de téléphone incessants qu'il recevait de tous côtés, commençait à s'énerver. En guise d'instructions il se bornait à frapper la table de son poing et à cricr :

– Sir Joseph doit être retrouvé ce soir même !

Le pauvre Jim ne savait plus à quel saint se vouer.

– Avez-vous été voir Stratford Harlow ? Lui avez-vous au moins demandé de quoi il avait parlé hier avec sir Joseph ? L'incident de Bonn a-t-il été évoqué à sa table ? Qu'en a-t-on dit ?

– Naturellement, répondit l'inspecteur, j'ai demandé tout cela, mais il paraît que la conversation n'a roulé que sur la Macédoine, la Grèce antique et moderne, etc. Une conversation tout à fait dépourvue d'intérêt, paraît-il. D'ailleurs, Harlow me l'avait déjà dit hier. Ce doit être vrai. Je pense qu'il faut chercher ailleurs la cause de cet extraordinaire discours.

Jim sortit du bureau de son chef complètement découragé et abattu. Il était près de 5 heures et tout ce qui pouvait être tenté pour retrouver sir Joseph avait été tenté depuis la veille. Que faire ? À bout d'imagination et de résistance nerveuse, il appela Aileen Rivers au téléphone, et lui demanda de venir prendre le thé avec lui à l'Automobile Club. Rien qu'au son de sa voix, la jeune fille devina qu'il avait des ennuis. Aussi ne se fit-elle pas prier et accepta-t-elle tout de suite.

À peine eut-il salué la jeune fille et pris des nouvelles de sa santé qu'il se plongea dans le récit de la disparition du Secrétaire d'État au Foreign Office.

Aileen l'écouta avec la plus grande attention.

– Ne pourriez-vous pas retrouver le chauffeur de taxi qui l'a emmené à sa sortie de la Chambre ?

Jim sourit, pour la première fois ce jour-là :

– Quelle intelligente petite fille vous êtes ! Et la preuve, c'est qu'effectivement nous avons essayé de retrouver ce taxi. Nous avons offert une prime. Mais jusqu'ici nous n'avons reçu aucune réponse.

Elle avait un petit air sérieux et absorbé qui le toucha.

– Voyez quelle vieille brute je suis ! Je vous invite à prendre le thé et, au lieu de vous dire des choses agréables, je me décharge sur vous de tous mes soucis, ou tout au moins je vous invite à les partager !

Elle le regarda avec douceur.

– Je suis très heureuse qu'il en soit ainsi car je veux vous aider dans vos recherches... Je sais que cela peut vous sembler présomptueux de ma part... Les détectives sont susceptibles... Je vais commencer par vous poser une question : avez-vous vu mon oncle ?

Il allait répondre qu'il ne voyait pas le rapport, mais il se ravisa, réfléchit une minute et s'exclama :

– J'avais complètement oublié l'existence d'Arthur Ingle ! Quel idiot je suis !

– Je vous parle de mon oncle surtout pour vous changer les idées. Lorsqu'on pense trop à une même chose, pendant des heures, on n'y voit plus clair. Tout s'embrouille. Il faut alors penser à autre chose, laisser reposer son esprit et soudain, la solution tant cherchée se présente sans effort à l'esprit.

Laissant délibérément de côté l'affaire qui préoccupait le jeune homme, elle se mit à lui parler de son oncle.

– Figurez-vous qu'oncle Arthur m'attendait ce matin, à ma sortie du bureau. Je ne l'avais pas revu depuis la fameuse nuit de son retour. Et à ma plus grande stupéfaction il vint à moi, tout aimable, tout souriant...

– Qu'est-ce qu'il voulait ?

Aileen se mit à rire.

– Ah ! vous ne devinerez jamais. Il venait me proposer d'habiter avec lui. Il s'ennuie tout seul, paraît-il... Une jeune fille mettrait de la gaieté chez lui... Je l'aiderais à recevoir... Je serais la fille de la maison... Il m'a offert pour ces fonctions de demoiselle de compagnie et maîtresse de maison, le double de mon salaire chez Stebbings... Il prendrait une domestique à demeure, je serais libre de tout mon temps... Je n'en suis pas encore revenue. Sur le moment, je dois dire que ça m'a coupé le souffle.

Jim lui jeta un regard inquiet.

– Vous n'avez pas accepté, j'espère ?

– Non. J'ai refusé. Tout de suite. Mais ce n'était pas gentil de ma part... C'est la première fois qu'il s'est montré aimable et généreux envers moi. Il a eu l'air sincèrement peiné de mon refus.

– Ne vous en faites pas pour les chagrins d'Arthur Ingle. Mais, à propos, l'avez-vous trouvé changé ?

– Oh ! il était d'une élégance surprenante. Je ne l'ai jamais vu aussi bien habillé, même au temps où il était acteur. Tout à fait l'air d'un grand seigneur. Il m'a dit : « Je me suis amusé à regarder tous les films que l'on a produits pendant ma détention. J'ai acheté un petit projecteur et j'ai loué les pellicules. » Il a toujours beaucoup aimé le cinéma.

– C'est tout naturel pour un acteur ! Ce qui l'est moins, c'est qu'il se barricade chez lui pour regarder Greta Garbo ou les Marx Brothers !

Elle hocha la tête.

– Attendez, ce n'est pas fini. Il m'a demandé de vos nouvelles. Ce qui est déjà étonnant. Mais il y a mieux : il s'imagine que nous sommes de grands amis...

– Comment, s'imagine ?... Il ne s'agit pas d'imagination... Nous sommes de grands amis...

Jim prononça ces paroles avec tant d'emphase qu'il fit sursauter une vieille dame qui prenait le thé non loin d'eux.

– Il m'a encore demandé qui nous a présentés l'un à l'autre. J'ai répondu que c'était votre horrible petite auto, sur le quai de la Tamise...

– Ne dites pas du mal des morts... Ma voiture a perdu un cylindre et son esthétique en cette affaire...

– Vous m'interrompez tout le temps ! Mon oncle m'a encore demandé si je ne voudrais pas vous amener chez lui, un jour. Je ne comprends pas pourquoi, ni comment, mais il semble s'être pris d'un grand intérêt pour vous !

– Je ne l'ai jamais vu, s'étonna Jim. Voilà qui est vraiment extraordinaire ! Si vous le voulez, nous pourrions aller lui rendre visite ensemble... Il en conclura que nous sommes fiancés, sans doute, mais...

– Je suis très au-dessus du qu'en-dira-t-on, trancha la jeune fille avec dignité, mais ses yeux brillaient de malice.

– Et si nous y allions tout de suite ?

– Si vous voulez.

Sur le moment, l'ex-forçat eut l'air passablement surpris en voyant les deux jeunes gens sur son palier. Mais il se ressaisit tout de suite et, dès qu'Aileen eut fait les présentations, il demanda jovialement :

– Eh bien ! Mr Carlton, où est l'ami Elk ? J'ai entendu dire que vous ne sortiez jamais l'un sans l'autre, en ces temps troublés, où les ministres se font kidnapper comme des enfants de millionnaires...

Dès qu'ils furent installés, Arthur Ingle apporta des biscuits et du Porto. Il offrit d'excellents cigares à Jim et des cigarettes à sa nièce.

– Aileen est une brave fille. Je vois qu'elle vous a fait part sans tarder de mon désir de vous rencontrer !

Il se tut un instant et reprit :

– Je m'intéresse, comme tout le monde, à la disparition de sir Joseph... J'ai beaucoup de temps à perdre en ce moment, alors, je réfléchis... J'échafaude des hypothèses... J'ai pensé que ma théorie pourrait vous intéresser...

Jim fit signe que oui.

– J'ai fait, moi aussi, ma petite enquête... Et j'ai découvert, ce qui offre, vous en conviendrez, un certain intérêt, que sir Joseph Layton se débat depuis quelque temps dans toutes sortes de difficultés financières... C'est un fait ignoré de ses amis, même les plus proches. Son domaine du Cheshire est fortement hypothéqué. Il est très à court d'argent. Que penseriez-vous, Mr Carlton, d'une hypothèse selon laquelle Sir Joseph aurait provoqué intentionnellement une panique en Bourse, sur la suggestion de quelqu'un qui l'aurait payé pour le faire ?

Tandis qu'Arthur Ingle parlait, Jim gardait son regard rivé sur lui et, peu à peu, il comprenait beaucoup de choses... Et tout d'abord, le pourquoi de ces séances de cinéma à huis clos... Et aussi la disparition de Sir Joseph... Lentement la lumière se faisait dans son esprit, mais pas du tout dans le sens qu'espérait Ingle...

Celui-ci ponctuait chaque point important de sa théorie par un geste qui lui était familier, la main droite saisissant la main gauche, et qui n'était pas inconnu à Jim Carlton... Pas plus que son mouvement de tête en avant...

Lorsque l'ex-détenu eut terminé son exposé, Jim lui dit :

– Je vous remercie, Mr Ingle ! Vous m'avez donné quelques aperçus intéressants sur cette affaire et je ne manquerai pas d'en informer mes chefs.

De toute évidence, cette réponse n'était pas celle qu'avait attendue Ingle... Il parut même légèrement contrarié pendant quelques minutes.

– J'ai l'impression, dit-il, que vous n'avez pas confiance en moi, Mr Carlton. Vous croyez que je manigance un coup quelconque, que j'ai une intention cachée en vous racontant toutes ces histoires et que ce n'est pas d'un ancien forçat que la police peut espérer assistance... Ne protestez pas. Je me mets très bien à votre place. Aussi, il faut que je vous dise que j'ai beaucoup changé... J'ai réfléchi et j'ai compris que mes idées et mes convictions n'étaient profitables ni à mon esprit, ni à mon portefeuille... C'est pourquoi, je vous le répète, j'ai changé... Je suis du côté de la loi et de l'ordre. La société n'a plus rien à craindre de moi. Je veux me « ranger ».

Arthur Ingle alla prendre sa nièce par le bras :

– Vous devriez user de votre influence sur cette jeune personne pour la persuader de participer à cette œuvre de régénérescence... Je crains fort qu'elle n'ait pas grande confiance dans tout ce que je viens de dire... Pourtant, je crois que nous ferions très bon ménage ensemble... Elle mettrait ici un peu de gaieté, de jeunesse : quant à moi, je pourrais la gâter, lui permettre de vivre sans travailler...

– Je crois, répondit Jim assez sèchement, que vous m'attribuez plus d'influence sur votre nièce que je n'en ai réellement. En aurais-je même, que j'hésiterais à donner un conseil dans une circonstance aussi délicate...

– Une jeune fille pauvre, enchaîna Aileen, n'a que sa réputation pour toute fortune.

– Vous êtes durs, tous les deux, murmura Ingle en les reconduisant, personne ne me donnera donc une chance...

Un quart d'heure plus tard, lorsqu'ils furent arrivés devant la porte de la jeune fille, celle-ci dit à Jim :

– J'espère que vous retrouverez sir Joseph et que vous serez le premier à me l'apprendre...

– Je doute beaucoup qu'il soit vivant à l'heure qu'il est, répondit Jim avec gravité.

16

Il était 11 heures du soir lorsque l'agent de service à l'angle d'Ivory Street vit arriver un Noir en costume de fantaisie, brandissant un banjo à bout de bras et chantant d'une voix puissante, au beau milieu de la chaussée. L'agent lui cria à plusieurs reprises de circuler, mais l'autre continua de plus belle. L'agent pensa qu'il s'agissait d'un musicien vagabond et, quittant sa faction, il se dirigea vers lui, résolu à l'emmener au poste. Les agents londoniens sont d'une patience exemplaire. Avant d'arrêter le chanteur ivre, l'agent d'Ivory Street essaya une dernière fois de l'exhorter à se taire et à rentrer chez lui. Peine perdue. Le Noir tirait de son banjo des sons de plus en plus horribles et discordants.

Lorsque le jazzman vit s'approcher le policeman, sa bonne humeur se changea en colère. Il se tut et assena sur le casque de l'agent un tel coup de son banjo que l'instrument se fendit en deux.

Cette fois, c'en était fait de la patience de l'agent. Il saisit l'homme d'une poigne de fer et l'emmena au commissariat d'Ivory Street.

Par une coïncidence étrange, Jim Carlton se trouvait précisément dans ce commissariat lorsqu'on y amena le fauteur de tapage nocturne. Jim l'eût à peine remarqué s'il n'avait pas résisté énergiquement et bruyamment lorsque deux agents le fouillèrent. Il injuria le gardien qui l'emmenait dans une cellule, à tel point que Jim s'exclama :

– Quel langage ! Cet homme ferait rougir un mineur de fond.

Jim était venu voir le commissaire d'Ivory Street, pour l'entretenir d'une affaire délicate... Il désirait fouiller Greenhart House et il avait besoin de l'assistance du commissaire, ne fût-ce que pour trouver un prétexte...

Mais il s'était dérangé inutilement : le commissaire était absent.

Il s'en retourna à Scotland Yard. Rien de nouveau ne l'y attendait. Aucun indice n'avait pu être recueilli concernant la disparition de sir Joseph Layton.

Le lendemain, il dut se rendre en correctionnelle pour une

petite enquête et eut la bonne fortune d'y rencontrer le commissaire d'Ivory Street. Celui-ci se précipita vers lui :

– Il paraît, Carlton, que vous étiez au commissariat, hier soir, lorsqu'on a amené un musicien noir ?

– Oui. Un étrange personnage, d'ailleurs ! Pourquoi me demandez-vous cela ?

– Nous sommes très embêtés à son sujet. Nous ne savons ni son nom ni son adresse, ni d'où il sort. En tout cas, une chose est certaine, c'est qu'il est drogué, mais là, ce qui s'appelle drogué... Le pauvre diable, il est dans un état... Une vraie loque. Je vais faire venir le médecin, il pourra peut-être nous dire avec quoi il s'est piqué, morphine ou coco... Je n'ai jamais vu personne avoir l'air si malade... Il reste à gémir, la tête dans les mains, des heures durant. Il nous a fallu le secouer à trois pour l'amener ici... Il n'y a pas moyen de tirer un mot de lui.

Bien que Jim n'eût plus rien à faire au tribunal, il y resta pour attendre l'affaire du chanteur noir.

– John Smith, appela enfin le président.

Le vagabond de la veille s'avança, soutenu par deux agents, dans un tel état de faiblesse et si ridicule dans son habit de soirée d'étudiant d'Eton, que Jim se sentit pris de pitié à sa vue.

En l'apercevant, le juge eut un haut-le-corps. Il releva ses lunettes et jappa d'une voix irritée :

– Pourquoi n'a-t-on pas donné à cet homme de quoi se laver le visage, avant de l'amener ici ?

Un des gardiens répondit :

– Excusez-nous, Sir, mais il n'était pas en état de faire quoi que ce soit, ce matin, lorsque nous l'avons réveillé... Et même s'il avait eu la force de se laver, cela n'aurait pas servi à grand-chose, parce qu'il faut une graisse spéciale pour enlever le maquillage...

Le magistrat marmonna quelque chose entre ses dents, puis se tournant vers le prévenu, il demanda :

– Avez-vous une déclaration à faire, Mr Smith ?

L'homme ne leva pas la tête.

– Mais qu'a-t-il donc ? Je vois que son adresse n'est pas indiquée sur sa fiche d'accusation. Où habite-t-il ? Quelle est sa profession ?

– Il n'a rien voulu dire...

– L'affaire est remise à huitaine pour supplément d'information ! conclut le juge.

Les deux gardiens se mirent en devoir de faire lever leur prévenu, ce qui n'était pas facile. L'homme semblait complètement insensible à ce qui se passait autour de lui.

Soudain, il parut se réveiller. Il retira son bras qu'un des agents secouait sans ménagement. Il jeta un regard autour de lui et s'écria d'une voix légèrement voilée :

– Voulez-vous avoir la bonté de me dire ce que je fais ici ?

La parfaite distinction avec laquelle ces mots avaient été prononcés surprit le magistrat.

Quant à Jim, il avait reconnu tout de suite cette voix. Il était impossible de s'y tromper... C'était la voix de sir Joseph Layton...

17

En proie à une vive agitation, Jim se fraya un chemin jusqu'au pupitre du juge et lui murmura quelques mots à l'oreille. Les lunettes tombèrent du nez du magistrat.

– Que dites-vous ? Mais c'est impossible !

Ses yeux scrutèrent le visage du prévenu. Celui-ci paraissait complètement épuisé. Ce fut d'une voix angoissée qu'il répéta sa question :

– Puis-je savoir, Messieurs, ce que je...

Il ne put achever. Il chancela. Ses deux gardiens se précipitèrent pour le soutenir et l'emmenèrent hors de la salle. Le juge se leva et cria :

– Conduisez-le dans mon bureau à côté, et couchez-le sur le canapé. L'audience est suspendue pour quinze minutes.

Puis il se tourna vers Jim :

– Êtes-vous bien sûr ? Vous devez vous tromper, Mr Carlton. J'ai vu sir Joseph à plusieurs reprises et je trouve que ce vagabond n'a qu'une très lointaine ressemblance avec lui...

– On a rasé ses moustaches, sans doute, mais, à part ce détail, c'est bien lui, j'en mettrais mes deux mains au feu. Je l'aurais reconnu rien qu'à sa voix.

Jim Carlton et le juge pénétrèrent dans le bureau. Sir Joseph était étendu, les yeux clos, sur un divan. Toute vie semblait l'avoir abandonné. Le juge le regarda un long moment et finit par dire :

– Ma foi, je crois que vous avez raison... Mais par quel étrange caprice du sort est-il venu échouer en correctionnelle ?

Au bout de dix minutes, le magistrat s'en retourna dans la salle et Jim demeura seul auprès du malade. Il envoya l'un des agents chercher un pot de cold cream dans une pharmacie voisine, et l'autre quérir un docteur.

Les cheveux blancs du ministre avaient été teints en noir. Une partie de cette teinture avait dégouliné sur la nuque et le col de sa chemise.

Dès qu'il fut en possession de la crème à démaquiller, Jim se mit à enlever la couche de fond de teint brun qui recouvrait le visage de sir Joseph. Il avait à peine terminé lorsque le docteur arriva. À présent, le visage du malade était d'une pâleur effrayante.

La première chose que fit le docteur fut de relever la manche du patient. Il désigna à Jim un grand nombre de petits points bleus :

– Il s'est piqué. Et comment... Pauvre homme ! Je ne sais pas exactement avec quoi, mais ce qui est certain, c'est que la drogue employée contenait une forte dose de scopolamine.

Laissant Sir Joseph aux mains du médecin, Jim se précipita vers la cabine du téléphone et appela le Premier Ministre.

– J'arrive dans dix minutes, lui répondit celui-ci, ébahi. En attendant, veillez à ce que la presse reste en dehors de tout cela. Demandez au juge, de ma part, de ne pas mentionner cette affaire.

Heureusement, il n'y avait ce matin-là dans la salle qu'un seul reporter judiciaire. Il semblait ne rien avoir remarqué d'anormal ou de particulièrement pittoresque, car il n'avait pas encore pris de notes.

Sir Joseph n'était pas revenu à lui lorsque le Premier Ministre arriva. Celui-ci le considéra un instant en silence, puis leva les bras, en signe de désespoir.

– Quelle affaire, mon Dieu, quelle affaire ! Un chanteur de jazz injuriant un agent, et par-dessus le marché, lui cassant un banjo sur le crâne... Que va-t-il sortir de tout ceci ? Toute cette histoire est à peine croyable... Ah ! Carlton, vous nous auriez rendu un énorme service si vous l'aviez reconnu hier soir, au moment où on l'a amené au commissariat d'Ivory Street...

– Si vous l'aviez vu maquillé, vous comprendriez pourquoi je n'ai pas pu réaliser ce souhait rétrospectif. En plus de cela, il était ivre. Effroyablement ivre... Il empestait le whisky à dix pas... Il ne m'est pas venu à l'idée d'établir une comparaison avec... »

Le Premier Ministre lui coupa la parole :

– Je comprends, bien sûr, bien sûr...

– Ce qu'il y a de plus extraordinaire, c'est qu'il a dû se droguer entre-temps, depuis son entrée au commissariat... Mais comment ? Personne ne le sait. Ils n'ont rien retrouvé, ni seringue, ni ampoules, ni poudre, ni rien.

Le médecin avait téléphoné pour demander une ambulance. Elle arriva sur ces entrefaites. Un infirmier enveloppa sir Joseph, toujours inconscient, dans une couverture et l'emporta.

Jim demeura encore quelques minutes seul avec le Premier Ministre, à discuter de cette affaire, puis ce dernier s'en retourna chez lui. Jim se fit conduire à la clinique où l'on avait emmené sir Joseph.

Le commissaire d'Ivory Street vint à sa rencontre :

– Devinez un peu ce que nous avons trouvé dans une poche de son pantalon ?

– Oh ! je n'essaierai pas de deviner... Ce doit naturellement être quelque chose d'extraordinaire...

L'officier de police ouvrit son portefeuille et en retira une carte de visite, ou plutôt un bout de carton, car il n'y avait rien d'imprimé dessus.

Jim prit le papier et en le regardant de tout près, il s'aperçut que l'on y avait tracé quelques mots, à l'aide d'une épingle. Il aurait fallu une loupe pour déchiffrer l'inscription. Jim ne distingua que deux mots, écrits en grosses lettres : « Harlow » et « Marling ».

Jim tailla un crayon et en fit tomber la mine, réduite en poudre, sur le carton. Il l'étendit du bout du doigt et put ainsi déchiffrer les premiers mots :

« La personne qui... », ensuite, un blanc, illisible, puis : « instamment priée... », ces deux mots étaient soulignés.

– Qu'en pensez-vous, inspecteur ? demanda le commissaire.

– Ce que je me demande surtout, c'est comment cette carte a bien pu venir se loger dans une poche du pantalon de sir Joseph, puisqu'elle n'y était pas hier, lorsque vous l'avez fouillé...

– Ah ! j'en suis tout à fait sûr, Mr Carlton. Je le jurerais sur ma propre tête. Il n'y avait pas de carte dans la poche de sir Joseph lorsque nous l'avons fouillé hier soir.

18

Le lendemain, tous les journaux publièrent en première page la nouvelle de la maladie de sir Joseph Layton.

« Sir Joseph Layton, Secrétaire d'État au Foreign Office, a été emmené d'urgence dans une clinique. Son état est jugé très grave. »

Mais hélas ! ces quelques mots étaient impuissants à effacer l'effet du discours prononcé par sir Joseph devant la Chambre.

Autour de Stratford Harlow, on parla naturellement beaucoup de la panique, de l'effondrement des valeurs, etc. Comme un de ses amis lui demandait si cette dégringolade pouvait être le résultat d'une manœuvre habile, Harlow haussa les épaules et répondit :

– C'est tout à fait impossible, voyons. Un pareil coup ne pouvait être monté qu'avec l'assistance ou la complicité du Secrétaire d'État au Foreign Office... Car son discours seul est responsable de tout ce qui s'est passé... Le discours seul... Il faut croire que Sir Joseph était déjà bien malade lorsqu'il a préparé son discours. Du surmenage sans doute... Enfin, quoi qu'il en soit, c'est bien lui qui porte la responsabilité de cette baisse vertigineuse.

Harlow poussa un petit soupir et poursuivit :

– Le plus curieux est que sir Joseph a passé la soirée chez moi, le soir de ce fameux discours, et il m'a paru tout à fait normal et même plus que normal : brillant. Parfaitement. Il nous a ravis par son esprit et sa vivacité. Vous jugez de mon étonnement lorsque...

Jim ne quittait pour ainsi dire pas le chevet de sir Joseph.

Il voulait absolument être présent lorsqu'il reprendrait connaissance.

Le troisième jour, comme le malade donnait quelques signes d'agitation dans son sommeil, Jim se fit installer un matelas dans la chambre et y passa la nuit. Vers 6 heures du matin, le sommier craqua et Jim s'éveilla en sursaut. Sir Joseph était assis sur son lit, regardant autour de lui avec étonnement. Il vit Jim et le reconnut tout de suite :

– Hello, Carlton ! dit-il d'une petite voix faible et enrouée, alors, vous êtes de la fête aussi ? La voiture est donc complètement hors d'usage ?

Jim s'approcha du lit :

– Rassurez-vous, sir Joseph, il n'y a rien de grave. Ne vous faites pas de souci...

Le malade parcourait du regard les murs blancs de la pièce :

– Nous sommes dans un hôpital, n'est-ce-pas ?

– Oui, une clinique...

– Êtes-vous blessé, Carlton ?

– Non, sir Joseph. Je suis venu vous rendre visite, pour vous tenir compagnie...

– J'ai l'impression que ma tête va éclater... C'est à la tête que j'ai reçu le choc, n'est-ce pas ? J'ai si mal, si mal... Pouvez-vous me donner quelque chose à boire ou cela m'est-il défendu ?

Jim lui versa un verre d'eau et le soutint pendant qu'il buvait.

– Alors, vous n'avez rien de cassé ? Tant mieux. C'est la faute du chauffeur... La route était gelée. Je lui ai dit d'aller doucement, mais il n'en a fait qu'à sa tête...

Il tendit le verre vide à Jim, puis il essaya de remuer ses jambes, l'une après l'autre, prudemment.

– Vous non plus, vous n'avez rien de cassé, sir Joseph. Seulement une forte commotion nerveuse... Ça passera très vite... Ce sera l'affaire de quelques jours...

– Commotion, répéta le malade et il se laissa retomber sur ses oreillers. Une commotion, c'est bien cela... Et Harlow...

Jim approcha sa chaise du lit. Il prit une main du malade dans les siennes :

– Harlow ? Qu'est-ce qu'il a fait, Harlow ?

– Je suis allé hier soir chez lui... (Il ne se rendait pas compte que trois jours s'étaient écoulés depuis cette fameuse soirée.)

C'est un homme charmant, tellement aimable... Il connaît beaucoup d'anecdotes très drôles... Il y avait des hommes à la peau mate, des Macédoniens ou des Bulgares. Harlow était le plus élégant, mais pas le plus distingué... Ah ! non, trop de diamants, beaucoup trop...

Le médecin, qui dormait dans la pièce à côté, s'était réveillé. Il frappa et entra, ayant passé une blouse blanche par-dessus son pyjama.

– C'est vous le docteur ? Bonjour, docteur. Je vais très bien, je vous remercie... Qu'est-ce qui m'est arrivé ? Un accident, puis une attaque, sans doute ?

Le docteur lui prit le poignet. Jim tourna le dos au malade et dit en clignant de l'œil au médecin :

– Sir Joseph se souvient fort bien de son accident de voiture...

Le vieil homme était dans un état de faiblesse extrême. Mais telle était la vivacité de son esprit, même en ces circonstances tragiques, qu'il se douta qu'on lui cachait quelque chose.

– Qu'est-ce qui s'est passé ? Je veux le savoir ! Dites-le-moi, docteur !

– Je vais vous poser une question : avez-vous l'habitude de prendre des stupéfiants ?

– Des stupéfiants ? s'indigna sir Joseph. Mais quelle folie ! Je ne prends même pas de remèdes, lorsqu'ils me sont prescrits par mon médecin ! J'ai horreur des drogues de toutes sortes, calmants ou autres.

– Alors, je ne vous prescrirai aucun médicament ! Les seules choses dont vous avez d'ailleurs besoin en ce moment sont le repos et le sommeil.

– Et la nourriture, ajouta sir Joseph, je meurs de faim et je crois que tous mes malaises viennent de là...

Le médecin et Jim se regardèrent et sourirent. Cet appétit leur semblait de très bon augure.

– Nous allons vous faire monter une aile de poulet !

Le médecin entraîna Jim hors de la chambre.

– Vous pouvez le laisser maintenant. Il est hors de danger. Je n'aurais jamais espéré qu'il retrouve ses esprits si vite... La dose était suffisante pour terrasser un cheval... C'est un crime. À son âge, il aurait pu en mourir...

Dans la matinée, Jim se rendit chez le Premier Ministre.

– Il ne se souvient de rien. Il croit que c'est hier qu'il a passé la soirée chez Harlow. Il est persuadé que sa voiture est entrée en collision avec une autre, en revenant de Greenhart House. Il ne se souvient pas de son discours... Le médecin défend qu'on lui parle de cela avant qu'il soit tout à fait rétabli.

– Nous ne sommes guère plus avancés qu'avant d'avoir retrouvé sir Joseph... Vous y comprenez quelque chose, vous, à toute cette histoire ? Pour moi, c'est du chinois !

– J'ai un très grave soupçon contre quelqu'un... Mais, comme je n'ai aucune certitude, il faudrait, pour poursuivre mon enquête, que je fasse quelque chose qui n'est pas admis par la loi... Que je m'introduise dans une maison par effraction, par exemple...

– Introduisez-vous où vous voudrez, mon cher Carlton, faites ce que bon vous semblera, mais tâchez d'éclaircir cette affaire. Quoi que vous entrepreniez, je vous soutiendrai et vous protégerai. Il faut lever cette suspicion qui pèse sur tout le Cabinet.

19

Quatre cent quinze télégrammes furent expédiés en un seul jour, tous rédigés de la même façon :

« Transmettre immédiatement par câble à la Lombard Bank, succursale de Carr Street, tous profits réalisés dans la Transaction 17. Accusez réception. Rata. »

Ces messages furent expédiés à 3 heures du matin, de la Poste Centrale.

L'un des directeurs de la Lombard Bank était une vieille connaissance d'Ellenbury. Ils avaient eu affaire ensemble autrefois.

Une fois entré dans la banque, Ellenbury alla droit à son bureau :

– J'attends des versements par câble, en grande quantité...

Le directeur fronça les sourcils :

– Encore la *Rata*, hein ? Comment pouvez-vous prêter la main à de telles affaires, Ellenbury ? Vous me surprenez. Se peut-il que vous ignoriez ce qui se dit dans la City au sujet de cette compagnie ?

Ellenbury se fit humble :

– Le destin ne m'a pas donné à choisir entre plusieurs solutions... J'ai trouvé une situation, une seule, et je l'ai acceptée. J'aurais été bien embarrassé d'agir autrement. Il faut bien se nourrir.

– Combien Harlow a-t-il mis dans sa poche à la faveur de cette gigantesque escroquerie ?

– Ça, mon cher ami, je vous le dirai lorsque je ne travaillerai plus pour lui...

Dans la soirée, les remises commencèrent d'affluer de toutes parts, Johannesburg, d'abord, puis Chicago, New York, Toronto, Sydney.

Ellenbury laissa les câbles s'amonceler pendant deux jours sur le bureau du directeur de la Lombard Bank.

Pendant ces deux jours, Ellenbury fit une curieuse découverte : il tenait à sa petite maison de Nordwood. Il l'avait toujours trouvée laide et croyait la détester. Pas du tout ! C'est lorsqu'on est sur le point de quitter les gens, ou les choses, qu'on s'aperçoit du degré d'affection qu'on leur porte.

Comme il rentrait chez lui ce soir-là, le jardinier vint à sa rencontre, un sac jeté sur ses épaules pour se protéger de la pluie.

– J'ai un ami qui se fait bâtir une petite maison. Il me donnerait de la terre pour combler la fosse, si vous le désirez.

Ellenbury ne répondit pas tout de suite. Ce grand trou béant au fond du jardin l'avait agacé depuis le premier jour. Pendant trente ans, il s'était refusé à le faire boucher. Il rêvait de le transformer en pièce d'eau, avec un jet d'eau au milieu, des nénuphars et des carpes... Maintenant, comme tout cela avait peu d'importance... La fosse demeurerait fosse. Cela lui était égal. Il n'avait plus la tête à s'occuper de pareils détails.

Il traversa le jardin et s'arrêta près du trou, pensif. Déjà, le jardinier avait accumulé sur le bord un tas de débris et détritus de toutes sortes.

– Bon, alors c'est entendu, nous allons boucher ça et nous n'en parlerons plus. Mais ça ne presse pas. Il y a du travail plus urgent dans le potager.

Ellenbury fit demi-tour et rentra chez lui.

Le lendemain, il descendit prendre son petit déjeuner de fort mauvaise humeur. Il s'était réveillé un peu tard et avait dû se dépêcher, et il avait horreur d'être bousculé le matin.

La voiture que la *Rata* louait pour lui au mois l'attendait déjà depuis une bonne demi-heure. Lorsqu'il ouvrit la portière, le chauffeur lui dit :

– Bonjour, Monsieur. Quel sale temps ! Il fait meilleur dans son lit que sur les routes !

Ellenbury ne répondit rien. Il connaissait un garage, lui, où les chauffeurs avaient la discrétion pour consigne, où ils ne posaient pas aux clients des questions intempestives, où ils s'abstenaient de toute familiarité. C'était le Garage Nova, bien connu d'un certain monde... Lorsque, par exemple, les détectives arrivaient chez Nova et demandaient :

– Quel est le chauffeur qui a conduit un étranger dans plusieurs bijouteries hier après-midi ? Nous sommes chargés d'enquêter sur un vol d'un demi-million de diamants.

Le Garage Nova répondait :

– Ah ! Est-ce possible ? Et comment était-il ce monsieur ?

– Comme ceci et comme cela...

Le gérant devenait alors très vague, prenait l'air résolument crétin :

– Je ne sais pas... Je ne l'ai pas vu... Il faudrait interroger les chauffeurs, ils sont au travail en ce moment.

La police attendait leur retour et la même scène recommençait : ils n'avaient rien vu et ne se souvenaient de rien. On avait beau aider leur mémoire défaillante avec des photos et des signalements, ils ne reconnaissaient personne. Ils voyaient trop de monde pour pouvoir se souvenir de la couleur des manteaux et des chapeaux de leurs clients.

Ce fut à ce garage d'un genre spécial qu'Ellenbury s'adressa dans l'après-midi de ce jour-là.

On lui donna un chauffeur qui avait l'air d'une brute épaisse. Les pointes de sa moustache noire tremblaient continuellement, car il mâchait du chewing-gum. Ellenbury se fit conduire à la Lombard Bank. Il avait acheté au préalable deux belles valises de cuir, de taille normale.

Tandis qu'il empilait des liasses de billets de banque dans ses deux valises, il eut à subir les remarques désobligeantes du directeur. Mais Ellenbury demeurait parfaitement calme et comptait et alignait soigneusement les paquets.

Lorsqu'il eut fini, il emporta ses valises après avoir salué le directeur d'un sourire. Il n'aurait jamais cru qu'une valise remplie de papier-monnaie pût être si lourde.

Un grave souci le tenaillait maintenant : comment allait-il se débrouiller avec la douane à Calais ? En admettant qu'on ouvrît une seule de ses valises, une pareille quantité d'argent ne manquerait pas de sembler bien étrange... Il faudrait fournir des explications. Que dirait-il au juste ? Il se ferait passer pour un vieux rentier avare, qui se méfie des banques. Peut-être valait-il mieux faire enregistrer la valise en transit. Il se décida finalement à se faire une sorte de cotte de mailles en billets de banque, à en mettre dans toutes ses poches et encore dans une mallette qu'il garderait à la main. Pour le reste, il allait se l'expédier par mandats et lettres recommandées, ce soir même, poste restante, à Lucerne, Davos, Venise, Florence, Rome, Monte-Carlo, etc.

20

Mr Ellenbury se fit arrêter devant une papeterie et envoya le chauffeur lui acheter des enveloppes toilées. Puis il donna l'adresse de son bureau personnel de Theobald Road. Il pria le chauffeur de l'attendre une petite heure et lui donna de quoi aller boire quelque chose.

Fiévreusement il se mit à faire de petits tas de billets de banque et à les mettre sous enveloppe.

Mr Ellenbury,
Hôtel Reina Christina,
Algésiras.

Partout où il connaissait le nom d'un hôtel, pour avoir reçu des lettres d'un client ou d'un ami, il s'adressa des lettres recommandées. Il se ferait un plaisir d'aller les cueillir, un peu partout, en se promenant.

Il nageait déjà en plein rêve, lorsqu'un léger coup frappé à la porte lui fit pousser un cri.

Furieux contre lui-même, il alla ouvrir la porte. Une jeune fille se tenait sur le palier, un parapluie dégoulinant à la main. Il ne s'était pas aperçu jusque-là qu'il pleuvait à torrents.

La jeune fille, qui n'avait jamais vu de sa vie autant d'argent étalé sur une table, demeurait bouche bée, oubliant ce qu'elle était venue faire. Agacé par cette contemplation silencieuse, Ellenbury lui dit :

– Eh bien ! miss ? Que désirez-vous ?

Aileen Rivers détacha ses yeux de la table fabuleuse.

– Excusez-moi, Monsieur, je voulais parler à votre clerc, mais je vois que vous êtes seul.

– Vous êtes la secrétaire de Stebbings, dit-il en la reconnaissant tout à coup. Qu'est-ce qui vous amène ici ?

Elle sortit une enveloppe de son sac et la lui tendit.

Il essaya de lire la lettre, mais les mots dansaient devant ses yeux. Il fit un effort surhumain pour comprendre quelque chose à ce qu'il lisait, mais cela lui fut impossible. Il ne voyait rien, il ne comprenait rien. Une seule chose comptait : on avait vu ses liasses de billets éparpillées sur la table, avec les deux valises toutes neuves, prêtes à les engloutir, et les enveloppes volumineuses, portant toutes la mention « Recommandé »...

– Je vois, je vois, bredouilla-t-il. Il s'agit d'un bail d'un de vos anciens clients... Je m'en occuperai demain ; aujourd'hui, je n'en ai pas le temps.

Miss Rivers répondit :

– Mr Harlow a été averti de son côté. Je dois lui apporter les papiers ce soir.

Le petit homme sursauta :

– Harlow ? Vous avez dit Harlow ? Vous allez chez lui ce soir ?

La jeune fille le regarda avec étonnement : n'avait-il donc pas lu la lettre ? Il s'agissait d'un ancien bail de miss Mercy Harlow, qui par mégarde était resté entre les mains de Mr Stebbings, son notaire.

– Oui, je me rends à Greenhart House en sortant d'ici.

Le cerveau d'Ellenbury refusait décidément de fonctionner. Il ne trouvait aucune solution, il ne voyait pas de moyen d'empêcher cette jeune fille de se rendre chez Harlow. Il s'assit, les jambes molles. La sueur perlait à son front. Et pourtant il fallait empêcher cette rencontre à tout prix. Que faire ? Il se sentait devenir fou. Il lui semblait entendre Harlow : « Avez-vous vu Mr Ellenbury ?

– Oui, il mettait de l'argent dans des enveloppes... Il en avait deux pleines valises devant lui... »

Il avait l'air si vieux, si fatigué, si malheureux, qu'Aileen ne fut qu'à demi étonnée lorsqu'il lui dit :

– Vous me voyez bien soucieux ce soir... Ma femme est malade, très malade... Elle n'a pas quitté son lit depuis quinze ans. Mais depuis quelques jours son mal s'aggrave. Aujourd'hui surtout, elle est bien bas...

Aileen se sentait tout apitoyée.

– Quelle extraordinaire coïncidence que vous soyez venue justement aujourd'hui ! Ma femme m'a demandé ce matin de vos nouvelles... Elle aimerait tant vous voir !

Aileen n'en crut pas ses oreilles et se demanda si le chagrin n'avait pas un peu dérangé la cervelle du vieil homme.

– Moi ? Mais elle ne me connaît pas ! Nous ne nous sommes jamais vues !

– Si, mais vous ne pouvez pas vous en souvenir : vous étiez un bébé encore ! Ma pauvre femme a très bien connu votre mère... Elles étaient amies de pension.

Aileen se dit qu'après tout c'était possible. Sa mère était morte depuis longtemps et elle n'avait conservé d'elle qu'un souvenir fort vague.

– Je voulais justement demander à Stebbings de me laisser vous enlever à 5 heures pour vous conduire auprès de ma femme. Une petite visite lui ferait tant de bien, ne serait-ce que pour la distraire un moment.

– Je ne sais pas si c'est possible ce soir... répondit la jeune fille. La journée n'est pas finie. Vous savez que je dois encore passer chez Mr Harlow, et ensuite, retourner à l'étude pour rendre compte de ma visite à Mr Stebbings...

– Vous aurez bien assez de temps. La voiture est devant la porte, je vous emmène et vous ramène en une heure. Voulez-vous venir ?

– Je veux bien, mais il faut que je sois de retour à 6 heures. Me permettez-vous de donner un coup de téléphone à Mr Stebbings, pour lui expliquer...

– Nous téléphonerons de Royalton House. Pour l'instant, dépêchons-nous. Voulez-vous m'aider à mettre tout cet argent dans ces deux valises. Tout cela appartient à Harlow, miss Rivers, le tas entier... Croyez-vous qu'il a de la veine ! Il faut dire aussi qu'il le mérite. C'est une intelligence remarquable.

– Remarquable, répéta Aileen avec conviction.

Elle s'était réjouie tout l'après-midi de cette visite. Il lui plaisait.

Pendant qu'ils roulaient vers Norwood, Ellenbury fit des efforts désespérés pour parler à la jeune fille et réfléchir à la fois. Elle était le seul obstacle qui se dressait entre son rêve et lui. Il fallait supprimer cet obstacle... Tandis qu'il envisageait divers moyens de procéder, il ne cessait de parler de sa femme, de sa maladie, de ses caprices. Il avait la sensation que sa tête était prise dans un étau.

Lorsqu'ils arrivèrent devant Royalton House, la grille était fermée. Le chauffeur voulut descendre pour l'ouvrir, mais Ellenbury l'en empêcha :

– Non, ce n'est pas la peine d'entrer. Il y a juste un petit bout de jardin à traverser. Ma femme est tellement nerveuse que je préfère lui éviter toute émotion superflue... Si elle entendait le bruit d'une voiture, elle se mettrait dans tous ses états.

Il glissa deux billets dans la main du chauffeur et le pria d'attendre un quart d'heure avant de s'en aller.

Il faisait un temps abominable. Aileen enfonçait dans la boue jusqu'aux chevilles. Elle regretta que son compagnon eût congédié la voiture à la grille. Le vent soufflait si violemment qu'ils ne pouvaient comprendre ce qu'ils se disaient. Bientôt, la jeune fille distingua la maison, mais à son grand étonnement, au lieu de se diriger vers elle, Ellenbury la conduisait vers le fond du jardin. La maison était maintenant derrière eux. Ellenbury s'arrêta devant une espèce de hangar, la chaufferie des serres, et en poussa la porte.

« Mais que diable venons-nous faire ici ? » se demanda Aileen.

– Attendez-moi une seconde, je vais chercher l'une des valises qui est restée devant la serre.

Aileen fit quelques pas, éclairée par un bout de chandelle qu'Ellenbury avait allumé en entrant. Elle poussa une porte et se trouva devant une sorte de fosse où rouillait de la vieille ferraille. Des pots de fleurs vides étaient entassés dans un coin.

Mais ce dont Aileen ne se doutait pas, c'est qu'elle avait bel et bien été enfermée dans le hangar par Ellenbury.

Il avait couru jusqu'à la maison. Là, il avait sonné la bonne et lui avait demandé de lui descendre un complet et son meilleur pardessus, car ses vêtements étaient mouillés. Il lui recommanda en outre de ne pas dire à sa femme qu'il était rentré.

La domestique revint avec le complet et le manteau, les posa sur un fauteuil, ranima le feu et annonça qu'elle allait faire du thé. Il la remercia et lui dit, lorsqu'elle eut apporté la théière et une tasse :

– Je n'ai plus besoin de vous. Vous pouvez retourner auprès de Madame.

Dès qu'elle fut montée, il se leva et descendit à la cave. Il y avait une hache pendue derrière la porte, avec d'autres outils. Il la décrocha et remonta dans la salle à manger.

Il la posa sur la table devant lui.

Quelle abominable chose qu'une hache ! Il fallait donc se servir de cet instrument barbare, lourd, épais, tranchant. Il frissonna.

« Il n'y a pas de bon Dieu... Il n'y a qu'une fatalité féroce. Ne pourrait-on pas me laisser partir tranquillement avec mes deux valises, moi, un pauvre vieil homme à cheveux blancs... Je n'ai peut-être plus qu'une ou deux années à vivre... Et voilà qu'au moment où j'allais goûter quelques joies, m'en aller pour toujours dans des pays ensoleillés et fleuris… » Les larmes jaillirent de ses yeux. La tête dans les mains, il sanglota pendant un bon moment.

Et cette pauvre jeune fille, si jeune, si belle, et qui n'avait fait de mal à personne... Pourquoi le sort lui réservait-il une mort si cruelle... Il se demandait s'il aurait la force... Et tout ça à cause de cette crapule de Harlow...

Il se leva. Il ne servait à rien de s'attendrir. Le temps pressait. Il mit la hache sous son bras et se dirigea vers le jardin.

Il ouvrit la porte du hangar. La bougie était preque entièrement consumée. La mèche nageait dans le fond du bougeoir et donnait encore une faible lueur bleue. La jeune fille se tenait debout devant lui, les yeux rivés sur la hache qu'il tenait à deux mains. Elle devint pâle comme la mort. Elle essaya de crier, mais aucun son ne sortit de sa bouche grande ouverte.

Fermant les yeux, retenant un sanglot, Ellenbury donna un grand coup de hache au hasard, de toutes ses forces.

21

Lorsque l'inspecteur Elk pénétra dans le bureau de son ami, il le trouva en train d'étudier un plan.

– Bonjour, comment va ?

Jim roula le plan et le mit dans sa poche.

– Pas mal. Voulez-vous m'aider dans une entreprise dangereuse... ? Il s'agit en fait de pénétrer par effraction chez quelqu'un de notre connaissance... Vous me seriez très utile...

– Entendu. Et où doit-il avoir lieu, votre cambriolage ?

– À Park Lane. Je projette l'inspection d'une demeure élégante.

– Ne serait-ce pas, par hasard, Greenhart House ?

– Bien deviné ! J'avais espéré qu'il y aurait du brouillard, mais la pluie l'a chassé.

– Tant mieux. Le brouillard n'est d'aucun secours à un cambrioleur tandis que la pluie incite les agents à s'abriter sous les porches.

La maison de Harlow avait ceci de particulier qu'elle se tenait à l'écart de ses voisines et que son petit jardin était entouré d'une grille, doublée d'une haute haie de lauriers-roses.

Jim réussit à grimper, grâce à des efforts inouïs, le long de la façade. En montant, il essaya à plusieurs reprises de pénétrer à l'intérieur par une fenêtre. Mais elles étaient toutes fermées de l'intérieur, avec un système de barres. Vouloir les forcer eût attiré l'attention à coup sûr. De fenêtre en fenêtre, d'étage en étage, il parvint jusque sur le toit de la maison, aménagé en terrasse. Prudemment, il déroula une échelle pliante et la fixa au parapet par deux crochets, pour se ménager une issue en cas d'alerte.

Il regarda autour de lui. La tempête soufflait furieusement. Il ne distinguait qu'une seule porte, de l'autre côté de la terrasse, et pas une quelconque porte de grenier, un panneau solide, clouté. Il se dirigea vers elle, sûr de la trouver verrouillée. Comme il s'approchait, il entendit un bruit de pas et de conversation, venant de l'intérieur. Il tendit l'oreille.

– Mais oui, mon pauvre ami, il pleut et il vente. Il pleut toujours à Londres, et quand il ne pleut pas, il y a du brouillard. Je reviens à l'instant du garage ; le temps de traverser le jardin et je suis trempé jusqu'aux os. Ça ne fait rien, vous ne pouvez pas rester continuellement penché sur vos livres. Il faut prendre l'air deux fois par jour, quel que soit le temps, autrement vous tomberez malade.

La porte s'ouvrit et deux hommes sortirent sur la terrasse.

Jim reconnut parfaitement la voix de Harlow, mais il fut surpris de la douceur de son intonation. Il parlait comme on parle aux enfants, avec bonne humeur et indulgence.

– Vous êtes vraiment un drôle de numéro. Vous avez encore oublié votre écharpe et vos gants... Il est vrai que tous les savants passent pour étourdis. Prenez mon cache-col, là, ça va mieux ?

– Je n'ai pas froid du tout...

– Tatata ! fit Harlow.

Jim le vit s'arrêter, enrouler sa propre écharpe autour du cou de son compagnon et boutonner son manteau.

– Je vous remercie, Harlow. Maintenant, je vais vous demander encore une fois de...

Le reste de la phrase se perdit dans le vent. Les deux hommes se trouvaient à l'autre bout de la terrasse, Jim était cramponné à la balustrade de pierre, côté extérieur, il ne pouvait se déplacer sans attirer l'attention sur lui. Il regrettait maintenant de n'avoir pas gardé son échelle de corde sur son dos et redoutait qu'Harlow ne la remarquât.

Les deux hommes firent demi-tour et revinrent sur leurs pas.

– Non, non, mon vieux, n'insistez pas... Ça me fait de la peine de vous refuser quelque chose, mais cette fois j'y suis obligé. Je trouve que vous vous fatiguez déjà beaucoup trop à lire toute la journée ! Si, en plus, vous vous mettez à écrire, ça n'ira plus. Je vous en prie, mon cher Marling, soyez raisonnable.

Marling ! Jim retint son souffle. Les deux promeneurs étaient tout près : s'il s'était levé, il aurait pu les toucher de la main.

Ils s'éloignèrent encore et s'accoudèrent au parapet, le dos tourné contre le vent.

Tout à coup une exclamation retentit :

– Qu'est-ce qui dégringole là ?

Jim perçut, en effet, un bruit métallique, la chute de quelque chose sur le sol, en bas... Il dut se mordre les lèvres pour ne pas pousser un cri : son échelle ! C'étaient les deux crochets de fer qui avaient fait ce bruit en tombant... Comment allait-il sortir de là ?

– C'est avec mon genou que j'ai poussé quelque chose, dit l'inconnu.

– Mais qu'était-ce donc ? interrogea Harlow avec impatience.

– Je ne sais pas, une sorte de crochet, il m'a semblé.

Il ne restait à Jim qu'une chose à faire : tandis que les hommes regardaient en bas, penchés sur le parapet, se glisser vite par la porte restée ouverte, descendre l'escalier et sortir par la porte d'entrée. Mais il n'eut pas le temps de mettre ce plan à exécution. Les deux hommes revenaient.

– Je suis absolument sûr de n'avoir rien posé sur cette balustrade. En tout cas, il n'y avait rien ce matin ; je l'aurais remarqué, d'autant plus que ce devait être quelque chose d'assez volumineux, si j'en juge par le bruit. Nous allons redescendre.

Jim entendit la porte se refermer sur eux et leurs pas dans l'escalier.

Il sortit de sa poche un calepin et en déchira une feuille. Il y griffonna un message pour Elk. Puis il entortilla une pièce de monnaie dans ce papier, de manière à lui donner du poids, et lança le tout dans la direction de son camarade. Il espérait qu'Elk entendrait la pièce tomber. Il attendit un quart d'heure, mais rien ne se passa. Alors il se mit à faire le tour de la terrasse pour se réchauffer.

Comme il passait devant la porte, machinalement, il essaya de l'ouvrir. Elle céda. Sans doute, Harlow, dans sa hâte, avait-il oublié de la verrouiller. Prudemment, il descendit quelques marches. Une faible lueur venue d'en bas éclairait l'escalier. Lorsqu'il eut descendu une trentaine de marches, il vit que l'escalier donnait directement dans une sorte de salon élégamment meublé. Il s'arrêta un instant et tendit l'oreille. Aucun bruit ne lui parvenait de cette pièce. Il voyait maintenant un bureau, couvert de livres et de papiers, et la petite lampe qui éclairait la pièce. Jim s'avança résolument dans la pièce et éteignit la lumière. Il ouvrit la porte et se trouva sur un large palier.

Toutes ces portes ouvertes, ou entrouvertes, ou avec la clef sur la serrure, comme celle qu'il avait à sa gauche, c'était là une chose assez étrange, à cette heure de la nuit. Il avait la certitude que sa présence avait été remarquée. Il perçut un bruit à l'extérieur. Il lui sembla reconnaître la voix de Harlow, entre autres. Il donna deux tours de clef et se précipita dans l'escalier. Il eut encore le temps d'entendre une exclamation de colère. Il descendit les étages quatre à quatre et eut la chance de ne rencontrer personne sur son chemin. Il se précipita sur la porte d'entrée, mais dès qu'il eut touché la poignée, une décharge électrique le jeta à plat ventre.

– Ah ! le bandit ! s'exclama-t-il en se relevant.

La violence du courant l'avait paralysé. Il s'approcha de la porte et l'inspecta de près à l'aide de sa lampe de poche. Il remarqua deux boutons de porcelaine sur le mur, et pressa l'un d'eux. Le lustre du hall s'alluma. Vite, il l'éteignit et pressa l'autre bouton. Aucune lumière ne s'alluma dans le hall. Ce doit être le courant, se dit Jim, et il toucha la poignée du bout du doigt, avec précaution. Puis il l'empoigna à pleine main et bondit au-dehors. Il l'avait échappé belle ! Il respira profondément et courut vers sa voiture, auprès de laquelle se tenait l'inspecteur Elk, dans un état voisin du désespoir.

– Ah ! enfin, vous voilà ! C'est pas trop tôt. J'étais sur le point d'aller chercher du renfort. Ça fait une heure que je vous ai perdu de vue !

– Vous n'avez pas reçu mon message ?

– J'ai reçu votre échelle sur le coin de la figure, si c'est ça que vous appelez un message.

Les deux détectives montèrent en voiture et retournèrent à Scotland Yard. Il était près de 2 heures du matin.

Le premier homme que vit Jim en entrant fut Brown. Il en ressentit un pincement au cœur.

– Qu'est-ce qui ne va pas ?

– Miss Rivers n'est pas rentrée à la pension ce soir... J'ai téléphoné chez Stebbings, il m'a répondu que la jeune fille a quitté l'étude à 4 heures et demie pour aller remettre deux lettres : l'une à Ellenbury, l'autre à Harlow. J'ai pu avoir Ellenbury au téléphone, il a vu miss Rivers à 5 heures moins un quart, mais ne sait pas ce qu'elle a fait depuis.

– Dites donc, fit Elk, pendant que vous étiez en train de vous promener sur les toits, j'ai vu Harlow arriver à son garage et ce qui m'a étonné, c'est qu'il ne conduisait pas sa propre voiture mais une sorte de vieux tacot... Il est resté très longtemps dans son garage. Je parie que...

Jim n'en entendit pas davantage. Lui aussi établissait une corrélation entre Harlow et la disparition de Miss Rivers.

À 2 heures et demie, les deux hommes sonnaient à la porte de Greenhart House, munis d'un mandat de perquisition en bonne et due forme.

Stratford Harlow était en train de fumer son dernier cigare. Lorsqu'il eut jeté les yeux sur le papier que lui tendait Elk, il s'exclama :

– Comme c'est amusant ! Mr Carlton, en votre qualité d'ami, j'espère que vous me permettrez de prendre une photo de ce document. Elle me serait précieuse car je prépare en ce moment mon autobiographie et je veux y mettre le plus de pittoresque possible.

Jim admira ce sang-froid.

– Économisez votre salive, Mr Harlow. J'aurais pu venir vous arrêter pour le meurtre de Mrs Gibbins ou pour l'outrage que vous avez commis sur la personne de sir Joseph Layton. Mais aujourd'hui, c'est autre chose qui m'amène...

L'inspecteur fut interrompu par une voix aigre et furieuse qui venait du corridor :

– Qui est-ce qui parle de meurtre ici et d'arrestation ? Qui a été tué, je voudrais bien le savoir ?

Mrs Edwins, la gouvernante, parut sur le seuil de la bibliothèque. Tout le monde se tourna vers elle. Ses yeux brûlaient d'une flamme mauvaise. Harlow se leva et la prit par le bras.

– Allez-vous-en, Lucy Edwins ! Nous n'avons pas besoin de vous. Ce n'est pas vous qui avez tué, ajouta-t-il plaisamment, votre passion des effets dramatiques vous perdra !

La vieille femme tourna sur ses talons et s'en alla, sans un mot.

– Trêve de plaisanteries, Mr Carlton ! Dites-moi ce que vous espérez trouver chez moi ? J'imagine que ce doit être quelque chose de très important, pour que vous vous dérangiez à 3 heures du matin !

– Je pense trouver ici beaucoup de choses. Mais avant tout je suis venu chercher miss Aileen Rivers... Elle est venue vous apporter une lettre ce soir à 6 heures ou 6 heures et demie, et elle n'a pas été vue depuis...

Harlow semblait s'amuser énormément :

– Pas été vue par vous ! C'est ce que vous voulez dire, je suppose ?

Son ton était tellement ironique que Jim aurait voulu le gifler. Il se contint et poursuivit :

– En sortant des bureaux d'Ellenbury, à 5 heures et demie, miss Rivers est montée dans une voiture de louage, en compagnie d'Ellenbury. La chose ne fait pas de doute. Voulez-vous me dire où se trouve Miss Rivers en ce moment ?

Harlow se dirigea vers son bureau en sifflotant. Il ouvrit un tiroir, en sortit un trousseau de clefs et le tendit à Jim :

– Tenez, mon ami, vous semblez tellement agité... Vous me faites vraiment pitié... Vous ne croiriez pas un mot de tout ce que je pourrais vous dire, alors, il vaut mieux que vous voyiez vous-même... Fouillez la maison de fond en comble...

Les trois hommes s'engagèrent dans l'escalier, Harlow montrant le chemin, Elk fermant la marche et furetant dans tous les coins, avec la conscience d'un chien d'arrêt.

– Ceci, Mr Carlton, est la chambre de ma gouvernante, celle que vous avez fermée à double tour, il y a un peu plus d'une heure...

– Et celle-ci ?

Harlow ouvrit la porte toute grande. Les deux policiers entrèrent. La pièce se trouvait exactement dans le même état qu'au moment où Carlton l'avait traversée, venant de la terrasse.

Il s'engagea dans l'escalier :

– Nous allons commencer par le toit.

Harlow ne se donna pas la peine de les accompagner. D'en bas, il leur cria :

– Avez-vous trouvé un escalier dérobé, ou une porte secrète ?

De toute évidence, il se moquait d'eux.

– Si je n'avais pas d'autres occupations, reprit-il, je me serais amusé à faire installer chez moi ce genre de dispositifs. On presse un bouton, un ressort se déclenche, et un étroit escalier apparaît, construit dans une colonne de marbre creuse, d'aspect innocent... Je trouve toutes ces inventions extrêmement poétiques.

Jim fouilla toutes les chambres. Furieux de n'avoir rien trouvé et ne pouvant pas se décider à sortir, il demanda :

– Vous avez des caves ? Puis-je les visiter ?

– Mais comment donc !

Harlow les conduisit dans la cuisine et de là à la cave, par un large escalier de pierre. Deux des caves servaient à conserver le vin et la troisième était remplie de charbon et de bois de chauffage.

– Comment, c'est tout ce que vous avez comme caves ? Dans une pareille maison ? s'étonna Jim.

– Mon Dieu, que vous êtes méfiant, mon cher Carlton ! Je n'ai pas d'autres caves que celles-ci. Mais, si vous le désirez, je vais vous conduire au garage, à l'autre bout du jardin. Ainsi vous aurez vraiment tout vu !

Ils sortirent et se dirigèrent vers le garage. Harlow ouvrit la porte et donna de la lumière.

L'angoisse de Jim grandissait de minute en minute. À la fin, n'y tenant plus, il se tourna vers Harlow et lui demanda pour la deuxième fois :

– Harlow, où cachez-vous Aileen Rivers ? Je suis sûr que vous savez où elle se trouve...

Harlow sourit et, d'un geste paternel, posa la main sur l'épaule du jeune homme.

– C'est beau l'amour, c'est beau la jeunesse... Voulez-vous faire une petite promenade avec moi ? Oh ! très courte ! Cette petite promenade vous apprendra tout ce que vous désirez savoir, et même davantage...

Ce disant, il ouvrit la porte de sa limousine et invita du geste les deux policiers à monter. Il ferma la portière sur eux et, au lieu de prendre place au volant, il courut au mur, éteignit la lumière et pressa un bouton. Un bruit de moteur se fit entendre.

La voiture commença de s'enfoncer lentement. Bientôt, ils virent le plancher du garage au-dessus de leurs têtes, avec le trou rectangulaire du monte charge au milieu.

Il leur sembla que l'ascenseur les emmenait jusqu'au fond de la terre, tellement le temps leur sembla long. Enfin, la machine s'arrêta, le monte-charge se souleva d'un côté et projeta la voiture dans une sorte de couloir. Elle vint buter contre deux tampons de caoutchouc.

Jim et son compagnon sortirent et firent le tour du local dans lequel ils se trouvaient. La pièce était équipée comme n'importe quel garage souterrain : murs blanchis, sol asphalté, une prise d'eau et d'électricité. C'était tout. Deux autres voitures s'y trouvaient déjà garées. L'une d'elles, une vulgaire berline, était couverte de boue encore fraîche. Dans le fond, se trouvait une porte de fer, fermée par un gros cadenas. « Une réserve de carburant », pensa Elk.

– Eh bien ! mon pauvre Elk ! Que pensez-vous de tout cela ?

– Je suis étonné, répondit simplement Elk. Je n'aurais pas cru que le dénouement était si proche...

– Quel dénouement ?

– Harlow est cuit. Toutes sortes de petites blagues, ça va. Mais le truc du chanteur noir était déjà un peu fort... Ça va se gâter, et vite.

Un petit bruit venant du fond de la pièce leur fit tourner la tête. On frappait à la porte de fer.

Les deux hommes se regardèrent, éberlués.

– Ce n'est pas un garage, murmura Elk, ce sont des oubliettes !

Il essaya d'ouvrir le cadenas et s'aperçut qu'il n'avait pas été fermé à clef. Il l'enleva sans peine et ouvrit la porte à deux battants.

Le spectacle qui s'offrit à leur vue les cloua de stupeur.

Un vieil homme se tenait immobile, debout au milieu de la pièce. Ses cheveux blancs en désordre lui couvraient le visage. Son regard était d'une fixité effrayante ; il avait retiré une partie de ses vêtements. Sans doute dormait-il, lorsque le bruit de l'ascenseur l'avait réveillé. Il y avait une sorte de grabat, fait de couvertures empilées, dans un coin de la pièce. Jim le considéra sans rien dire pendant un moment, puis s'exclama :

– Ellenbury !

C'était bien lui. Mais quel changement ! Le notaire de Theobald Road n'était plus que l'ombre de lui-même.

Jim Carlton en avait le souffle coupé. Il dévisageait le vieil homme et ne trouvait rien à dire. À quelle catastrophe venait-il d'échapper, et d'abord que faisait-il dans ce garage à vingt mètres sous terre ?

Ellenbury ne semblait plus jouir de toute sa raison. Il regardait les deux détectives d'un air hagard en se tapotant la bouche de ses doigts.

Elk le poussa de côté et entra dans la pièce. Ellenbury s'approcha de Jim et demanda d'une voix stridente :

– Où est-elle ? Où l'a-t-il emmenée ?

– Qui elle ? Voulez-vous parler de miss Rivers ?

Ellenbury ne répondit pas tout de suite. Il regardait Jim fixement, comme si sa voix lui rappelait quelque chose et qu'il ne pût trouver quoi... Il porta ses deux mains à sa tête et, le visage tordu, courut derrière Elk, qui soulevait l'une après l'autre les couvertures amoncelées par terre.

– Voulez-vous sortir d'ici ! Je suis chez moi, je vous défends de toucher à mes affaires !

– Laissez-le, mon vieux. Il ne faut pas l'énerver si l'on veut en tirer quelque chose, dit Jim à son compagnon. Visiblement, il n'est pas dans son état normal.

Jim attrapa le vieil homme par le bras et le regarda dans les yeux :

– Voyons, Ellenbury, qu'est-il arrivé à miss Rivers ?

– La secrétaire de Stebbings ?

– Précisément...

Ellenbury se dégagea d'un bond et faisant le geste de tenir une hache à deux mains il eut une mimique tellement expressive que le pauvre Jim se couvrit le visage de ses mains.

– Il l'a tuée, glapit le notaire, il l'a tuée.

Jim ne répondit rien. Elk vint à eux et ce fut lui qui reprit l'interrogatoire :

– Qui ça, il ?

– Harlow... Il a pris une hache, comme ceci...

– Et il l'a tuée ?

Ellenbury acquiesça d'un hochement de tête.

– Où ?

– Dans le potager. Il y a une sorte de fosse qui ne sert à rien... C'est-à-dire, elle sert pourtant à quelque chose : on peut y mettre les choses que l'on désire cacher. Vous pourriez mettre là-dedans une quantité de choses et personne ne s'en douterait... Harlow connaissait cette fosse.

Ellenbury se mit à rire tout d'un coup comme un enfant.

– Harlow connaît tout, il sait tout... Et moi je ne sais rien.

Il pouffa de nouveau.

– Je ne savais même pas que c'était lui le chauffeur... Pensez donc, il portait de grandes moustaches noires... Je ne l'ai pas reconnu. Et moi, je croyais que c'était un chauffeur ordinaire. Je lui donnais des ordres, je lui parlais de haut. Je lui disais : « Conduisez-moi là... Attendez-moi ici... » Je lui ai même donné un pourboire afin qu'il puisse aller prendre un verre en m'attendant...

Il s'étranglait presque de rire, tellement ce souvenir lui semblait drôle.

Les deux détectives échangèrent un regard navré.

– Il délire, dit Elk en prenant Jim par les épaules. Il n'y a peut-être pas un mot de vrai dans tout ce qu'il raconte. Je vois mal Harlow maniant une hache...

Elk conduisit Ellenbury jusqu'au tas de couvertures et les trois hommes s'assirent.

– Essayez d'être plus calme, Ellenbury. Nous ne sommes pas venus pour vous faire du mal. Réfléchissez bien avant de parler. Tâchez de vous souvenir exactement de ce qui s'est passé ce soir.

Elk laissa Ellenbury se reposer cinq minutes. Son exaltation tomba. Elk lui demanda :

– Oui ou non, Harlow a-t-il tué miss Rivers ?

– Avec ma hache, ma propre hache, répondit le notaire. Je l'ai vue tomber sur le carrelage, vous savez, près de la fosse. Quand j'ai vu qu'il l'avait tuée, je suis retourné à la maison, parce que je ne voulais pas être là quand il la jetterait dans la fosse...

Il leur souriait d'un air doux et poursuivit :

– Je ne voulais pas la voir dans cette fosse, au milieu des détritus du jardin... flottant dans l'eau verte... Quand il pleut beaucoup, la fosse est pleine d'eau verdâtre. Je ne voulais pas voir ça...

– Et depuis que vous l'avez vue tomber sur le sol du hangar, vous ne l'avez plus revue ? demanda Jim à voix basse.

Les mots sortaient avec peine de sa gorge contractée.

– Oh ! si, si, je l'ai revue...

– Où ?

– Sur la banquette arrière de la voiture... Elle était tout entortillée dans un plaid écossais. Moi, j'étais assis devant, à côté de Harlow. Ah ! Quel démon ! Il me parlait tout le temps et si gentiment que vous n'auriez jamais cru qu'il venait d'assassiner une jeune fille... Il me disait qu'il allait me payer de belles vacances, où je voudrais, et que je guérirais vite... Mais naturellement, je savais bien qu'il mentait, le diable est menteur... Maintenant, il y a un chaînon de plus à ma chaîne... Il m'a enfermé ici...

Ellenbury éclata en sanglots.

Jim le secoua violemment.

– Est-ce que vous dites la vérité ? Êtes-vous sûr de ce que vous venez de dire ?

– Morte, morte, morte ! répéta le notaire avec force. Ma hache était pendue derrière la porte... Elle était étendue par terre sans bouger et il y avait beaucoup de sang...

Elk regarda Jim et fut effrayé de l'expression de son visage.

– Je vous en supplie, Carlton, n'avalez pas tous les boniments de ce bonhomme comme pain bénit ! Il est fou !

– Moi, fou ? cria Ellenbury en se frappant la poitrine. Je ne suis pas fou. Je les ai vus : l'homme à la barbe jaune, la vieille femme et Harlow qui tenait la jeune fille dans ses bras, toujours enveloppée dans la couverture... Je suis resté avec eux assez longtemps. Ensuite on m'a amené ici.

Ellenbury tremblait de tous ses membres. Elk pensa qu'en dehors de sa démence le froid pouvait y être pour beaucoup. Il dit :

– Vous allez prendre froid. Il ne fait pas chaud dans votre palace ! n'avez-vous donc pas de vêtements ? Un manteau ? Un gilet ? Quelque chose ?

– Il y a des vêtements là-dedans, répondit Ellenbury en désignant une armoire. Mais je ne peux pas les mettre : ils sont beaucoup trop grands...

– Qu'est-ce que cela peut faire ? Même trop grands, ils vous tiendront chaud.

Il ouvrit la porte de l'armoire et poussa un cri.

Il avait devant lui, suspendus à des crochets, un pantalon, une jaquette de velours et une chemise blanche chiffonnée. Le pantalon et la chemise étaient quelconques, mais la jaquette de velours noir était reconnaissable entre mille : c'était celle de sir Joseph Layton.

22

Jim s'approcha de l'armoire à son tour et s'aperçut qu'elle était placée de façon à masquer une porte.

Il tira l'armoire et se trouva devant une porte d'acier semblable à la première et qu'il ouvrit avec non moins de facilité.

Ellenbury courut à eux :

– Ah ! si nous pouvions sortir !... C'est par là que je suis venu...

Les trois hommes se trouvaient à l'entrée d'un corridor obscur. Elk alluma sa lampe de poche. Ce vestibule était très court, Ellenbury chuchota :

– Il y a un ascenseur là, au bout...

– Savez-vous, demanda encore Jim, dans quelle chambre il l'a emmenée ? Nous avons cherché partout...

– Dans la chambre de Mrs Edwins. Il y a là une énorme armoire rustique. Le fond de cette armoire s'ouvre... On entre dans l'armoire et l'on se trouve dans une petite pièce, qui n'a pas d'autre issue que cette armoire... Pourquoi ne l'a-t-il pas laissée dans la fosse ? Elle aurait été mieux cachée.

Jim s'engagea dans le couloir.

– Il nous faut sortir d'ici. Voyons l'ascenseur.

C'était un ascenseur hydraulique et ni l'un ni l'autre ne connaissait le fonctionnement de ces appareils.

Ils retournèrent à la voiture et sortirent quelques outils du coffre.

– Savez-vous ce que je pense, Jim ? Lorsque nous avons fouillé la maison, nous n'avons vu Mrs Edwins nulle part, ni dans sa chambre, ni à l'office, ni dans la cuisine... Eh ! bien, je suis sûr qu'elle se trouvait dans l'ascenseur, avec Marling. Tant que nous avons fouillé les étages supérieurs, l'ascenseur est demeuré en bas. Lorsque Harlow nous a conduits au garage, l'ascenseur est remonté...

C'était en effet ainsi que les choses s'étaient passées. Le petit ascenseur, glissant d'étage en étage, avait échappé à leur vigilance.

Avec les outils qu'ils avaient trouvés dans la voiture, ils purent faire sauter la porte de l'ascenseur. Tandis qu'Elk l'éclairait, Jim descendit prudemment dans la fosse et l'examina afin de découvrir s'il y avait moyen d'immobiliser l'ascenseur. Son idée était d'atteindre le câble et de s'en servir comme d'une corde lisse afin de se hisser jusqu'au rez-de-chaussée. Cramponné à son câble, il attendrait que l'ascenseur se mît en mouvement, et au moment précis où il se trouverait au-dessus du grillage, il s'y accrocherait, lâcherait le câble et sauterait dans l'escalier. Il risquait gros, car l'ascenseur pouvait aussi bien descendre que monter... Si la fantaisie prenait à Harlow de venir rendre visite à Ellenbury, c'en était fait de lui. Il serait écrasé comme une punaise dans le fond de la fosse, parmi les poulies et les poutres.

Pour l'instant, l'ascenseur était arrêté au rez-de-chaussée et le câble ne descendait pas jusqu'à la fosse. Il n'y avait rien sur les parois de la cage, à quoi Jim pût s'accrocher pour l'atteindre.

Les deux policiers retournèrent dans le garage et ôtèrent des voitures tous les coussins qu'ils purent trouver. En les empilant les uns sur les autres, Jim put tout juste atteindre le câble. Il s'y suspendit, tira dessus de toutes ses forces, le filin résista. Il résolut de tenter sa chance.

Elk descendit à son tour dans la fosse, en sortit tous les coussins, afin de ne pas gêner le fonctionnement de l'appareil, et une fois remonté, referma soigneusement la porte.

Affalé sur sa couche, Ellenbury sanglotait toujours, répétant comme une litanie :

– Avec une hache... Avec une hache... Une si belle fille, et si jeune... Qui n'avait fait de mal à personne...

Jim n'avait pas encore atteint le plancher de l'ascenseur, lorsque celui-ci se mit soudainement en marche. Le départ avait été si brusque que Jim lâcha presque prise. Il n'eut pas le temps de sauter par-dessus la grille du rez-de-chaussée, trop occupé qu'il était à consolider sa position. Il laissa encore passer le premier étage. Mais au second, il étendit un bras, saisit la grille, lâcha le câble et se trouva en un instant sur un palier qu'il connaissait bien, celui sur lequel ouvraient les chambres de Marling et de Mrs Edwins.

Il entendit la voix de Harlow ; il s'approcha à pas de loup de la chambre de Marling.

– Je ne suis pas fâché, je suis déçu... Je ne savais pas que vous aviez une âme de pipelette... Vous aimez le mélodrame ? Vous m'en voyez chagriné... C'était tellement grand-guignolesque, votre message écrit à la pointe d'une aiguille... À la pointe d'une aiguille... Jamais je n'aurais imaginé...

Jim ne comprit pas ce que Marling répondait. Puis à nouveau ce fut Harlow qui parla :

– Il ne faut pas recommencer, mon ami... Vous me faites beaucoup de peine... Êtes-vous tellement malheureux ici ? Pourquoi ne me demandez-vous jamais rien ? Que désireriez-vous avoir ?

Jim colla son oreille à la porte.

– Je vous avais demandé du papier et un porte-plume...

– Ne recommencez pas, Marling. C'est inutile... Quelle créature obstinée vous faites ! Soyez un peu raisonnable...

Bien qu'il eût grande envie d'entendre la fin de cette conversation, Jim se hâta de descendre l'escalier, de peur que Harlow ne le surprît.

Comme il se trouvait sur le palier du premier étagc, Jim entendit la porte de l'ascenseur claquer. Vite, il se dissimula dans une encoignure. Il entendit Harlow entrer dans la bibliothèque et en refermer la porte. Jim vit là une chance inespérée. Il se précipita, entra dans l'ascenseur et pressa le bouton du deuxième étage.

Dans deux minutes, il aurait retrouvé Aileen, morte ou vive... Son cœur battait à grands coups dans sa poitrine.

Au moment où il allait atteindre le second étage, l'ascenseur s'arrêta net. Il perçut un petit claquement, la lumière du plafond s'éteignit.

Quelqu'un avait coupé le courant... Pour la seconde fois il se trouvait pris, comme une souris dans une trappe...

Il appela :

– Hé, Elk, vous m'entendez ?

– Oui, répondit une voix tout en bas.

– Le fusible a sauté. Essayez donc de sortir par le garage...

– Je veux bien essayer, mais ça me paraît presque impossible.

L'ascenseur s'était arrêté à trente centimètres du palier. S'il avait pu seulement ouvrir la porte, il lui eût été facile de sortir. Il n'osait même pas trop secouer la grille de peur de faire du bruit. Il se pouvait fort bien que cette interruption de courant fût accidentelle.

Il entendit un petit grincement venant de la chambre de Mrs Edwins. Il regarda de ce côté. La poignée de la porte tournait lentement, lentement...

Jim fixait cette poignée, fasciné. Il sentait son cœur s'arrêter... Qu'allait-il voir apparaître ? Une horrible vision passa devant ses yeux... Une Aileen morte que l'on emmenait sur une civière, ou empaquetée dans une couverture...

La porte s'entrouvrit, et la tête, bien vivante, d'Aileen Rivers se montra...

Incapable de se maîtriser, Jim cria de toutes ses forces :

– Aileen !

Et sa voix retentit dans le silence de la maison comme un coup de tonnerre.

Aileen s'approcha de l'ascenseur.

– Mon Dieu, est-ce possible, Jim Carlton ! Que faites-vous là ?

– Et vous-même ? Croyez-vous que ce soit une heure convenable pour rendre visite à un célibataire ? C'est du joli, je vous fais mes compliments...

– Attendez, je vous raconterai. Vous allez me raccompagner à la maison... C'est toute une histoire ! Cet Harlow est un amour !

– Ah ! vraiment, fit Jim d'un ton pincé, je ne l'avais pas remarqué.

23

Près de douze heures avant cette émouvante rencontre, un chauffeur à moustache noire s'était trouvé dans une situation délicate.

« Un fou et une femme évanouie... drôles de clients... »

Il souleva la jeune fille et la mit sur son épaule. De l'autre main, il empoigna Ellenbury par le col de son manteau et le secoua rudement.

– Vous me faites mal ! Vous m'étranglez !

Mais sans s'inquiéter des récriminations du petit homme, le chauffeur se dirigea en sifflant vers la maison, traînant l'un, portant l'autre, avec une aisance d'athlète ou de docker.

Il donna un grand coup de pied dans la porte. Elle s'ouvrit. Il entra dans la salle à manger et déposa délicatement la jeune fille dans un fauteuil.

Le feu crépitait encore dans la cheminée et cette bonne chaleur la ranima. Elle ouvrit les yeux. Un frisson la secoua. Elle avait pris froid dans le jardin.

Le chauffeur avisa un gong sur la cheminée et tapa dessus avec entrain. Bientôt la bonne apparut, enveloppée dans un manteau, car elle rentrait à l'instant de l'épicerie.

– Voulez-vous préparer du thé très chaud ? Et vite, hein !

Cette jeune dame se trouve mal. Avez-vous du rhum ou du cognac ? Dépêchez-vous.

L'autorité de ce chauffeur de taxi était telle que la femme de chambre ne discuta pas les ordres qu'il lui donnait.

Ellenbury s'était affalé sur une chaise basse. La hache posée en travers de ses genoux, il regardait dans le vague.

– Allez remettre cette hache où vous l'avez prise, lui dit le chauffeur.

Il se leva comme un automate et sortit de la pièce. Le chauffeur se tourna vers la jeune fille.

– Je vais avoir besoin de votre assistance, miss », dit-il.

Il portait une longue moustache noire à la gauloise qui pendait de chaque côté de sa bouche. Lorsqu'il parlait, sa moustache se trémoussait comiquement et Aileen dut retenir une forte envie de rire. Si elle s'était mise à rire en un tel moment, le chauffeur n'eût pas manqué de la qualifier d'hystérique. Or elle tenait à l'estime de ce chauffeur qui lui avait sauvé la vie.

Il remarqua que la jeune fille portait le plus vif intérêt à sa moustache... Tout à coup, à la grande stupéfaction d'Aileen, il l'arracha d'un coup sec... Il la tint délicatement entre deux doigts, sourit et dit :

– Je n'ai plus besoin de cet accessoire...

Ellenbury revint dans la pièce et regarda le chauffeur avec désespoir :

– C'est vous, Harlow ? souffla-t-il d'une voix éteinte.

– Eh ! oui, c'est moi ! Avez-vous rangé votre maudit instrument ? Espèce d'imbécile ! Une hache tout ébréchée ! Vous rêvez tout éveillé maintenant ? Je vous en veux pour cette petite. (Il regarda Aileen.) Mais je ne vous en veux pas pour ça... dit-il en désignant d'un doigt les deux valises. C'est ma faute... Il y a un proverbe qui dit : « Il ne faut pas tenter le bon Dieu. » À plus forte raison il ne faut pas tenter les hommes. Enlevez vos souliers et votre manteau.

Ellenbury obéit.

– Vous êtes bien gourmand... Une valise pleine d'argent est suffisante pour un homme. Je vous en laisse une sur deux... Choisissez !

Ellenbury cria :

– C'est votre argent.

– Ce n'est pas le mien. L'argent n'est à personne ou à tout

le monde. Il appartient à celui qui l'a dans sa poche. Je crois que vous êtes subitement devenu fou et j'en suis sincèrement désolé. Il faut que je contribue à votre guérison. Vous allez venir d'abord passer un jour chez moi pour vous remettre; vous n'êtes pas en état de voyager. Ensuite je vous conseille de choisir un séjour à la montagne. La montagne est préférable à la mer, dans votre cas. Saint-Moritz ou Gstaad, comme il vous plaira. Promettez-moi que vous ne penserez jamais plus à tuer quelqu'un.

– Non, sanglota le vieil homme.

Une sorte d'apaisement et une joie folle l'envahissaient à l'idée qu'il ferait tout de même son voyage sur le continent et qu'il partirait non pas avec de l'argent volé, mais de l'argent qui lui avait été donné. Donné... Il pleurait d'attendrissement, de remords et de reconnaissance.

– Notre cher ami Ingle part aussi demain pour Paris... Si vous vous sentez assez bien, vous pourrez prendre le même train que lui. Vous avez besoin d'un compagnon de voyage.

La servante apporta le thé. Harlow se tut pendant qu'elle disposait les tasses sur un guéridon. Lorsqu'elle fut sortie, il s'approcha d'Aileen et murmura :

– Je crois que j'y ai été un peu fort... Il m'effraie... En quelques heures il est devenu gâteux. Regardez-le. Il pleure, mais il ne répond pas à ce qu'on lui dit. Il n'écoute pas.

Harlow versa du rhum dans une tasse et l'apporta à Aileen.

– Buvez ça brûlant ! Cela vous remettra. Je voudrais bien que ce pauvre Ellenbury donne quelques signes d'intelligence. Je me sens fautif.

Il alla prendre le notaire par le bras et le fit asseoir devant le guéridon. Le vieil homme regarda les tasses sans comprendre et demeura, bras ballants, à pleurer en silence. Aileen le considérait, apitoyée. Elle voulut se lever pour lui verser du thé, mais Harlow l'en empêcha et s'en occupa lui-même.

– Miss Rivers, je vais être obligé de vous enlever... Telle que je vous connais, si je vous laissais libre, vous iriez vite raconter à Carlton tout ce qui s'est passé ce soir, et alors... ce serait la fin...

– La fin de quoi ?

– La fin de Harlow le Mystificateur... Voilà un bonhomme qui essaie de vous tuer à coups de hache, et pourquoi ? Voilà

Harlow le Magnifique se déguisant comme un détective de magazine. Voilà un vieux notaire devenu subitement fou ! Pourquoi ? Imaginez la police me posant toutes ces questions. On retrouverait Ellenbury sans peine, et celui-ci raconterait toutes sortes de choses, les unes vraies, les autres fausses. La police commencerait alors à fourrer son long nez dans toutes mes affaires, et je n'y tiens pas du tout... J'ai besoin de toute une journée devant moi... Je vais enfermer Ellenbury dans ma cave, parce que si je le laissais dans la maison, il serait capable de faire du scandale ou de s'en aller. Les domestiques se demanderaient qui est cet homme qui pleure toute la journée comme une fontaine. Je veux éviter les complications... Miss Rivers, consentez-vous à passer le restant de la nuit et toute la journée de demain, chez moi ?

– Très volontiers, cela me fera même plaisir. Vous voyez qu'il n'est pas besoin de parler d'enlèvement ! Vous ne serez pas obligé de me bâillonner pour m'emmener !

– Ne dites pas trop vite que ça vous fera plaisir ! Vous ne savez pas ce qui vous attend ! Je serai obligé de vous enfermer quelque part, sous un lit ou dans une armoire et les heures vous paraîtront longues. Mais je prévois une visite de votre adorateur dans la journée... Vous téléphone-t-il chaque jour ? S'il apprend que vous n'êtes pas rentrée chez vous cette nuit, votre temps de réclusion risque de se raccourcir... Il ne fera qu'un bond jusque chez moi. Il me considère comme le génie du mal ! Je me demande vraiment pourquoi.

Harlow se leva et remit son manteau de chauffeur. Il aida Ellenbury à mettre le sien. Puis il empoigna les valises. Il les soupesa et en mit une dans les mains d'Ellenbury. Il tendit l'autre à Aileen.

– Voulez-vous accepter un demi-million ?

– Non, je vous remercie. Je ne pense pas que l'argent puisse ajouter quoi que ce soit au bonheur.

– Quelle personne vertueuse ! Tout à fait les mêmes idées que Carlton... Est-ce lui qui a adopté les vôtres ou vous qui avez adopté les siennes ?

– Ni l'un ni l'autre, répondit-elle. C'est une simple coïncidence.

Harlow se mit à rire. Il trouvait Aileen extraordinairement sympathique. Il se pencha vers elle et lui dit :

– Vous n'entendrez bientôt plus parler de moi... Je n'ai

qu'une dernière blague à faire, et je m'en vais... Lorsque nous serons arrivés, nous nous restaurerons un peu et je vous raconterai cette ultime mystification par le détail... Vous me donnerez votre avis...

24

Aileen raconta toute cette histoire à Jim, tandis qu'il la raccompagnait chez elle, après qu'elle eut été chercher un agent pour le sortir de son ascenseur et libérer Elk.

Lorsqu'elle eut terminé son récit, Jim lui annonça son intention d'arrêter Harlow.

– Arrêter ? Mais pourquoi ? Il ne m'a fait aucun mal.

Jim se tourna vers elle et vit qu'elle riait silencieusement.

– Pourquoi riez-vous ? Je ne vois rien de drôle dans toute cette histoire.

Aileen pensait à la dernière mystification de Harlow... Elle répondit :

– Je ne pense pas que vous l'arrêterez... Mais si vous l'arrêtez, alors tenez-le bien...

Une heure plus tard, une demi-douzaine d'inspecteurs faisaient irruption dans la maison de Harlow. Ils n'y trouvèrent que Mrs Edwins, les mains croisées sur le ventre, le torse raide et le visage dur, comme à l'accoutumée.

– Mr Harlow est parti à la campagne ce matin. Je ne sais pas quand il doit rentrer.

La police fouilla la maison, comme Jim l'avait fait quelques heures auparavant, du haut en bas, sans rien trouver. L'homme à la barbe dorée avait sans doute accompagné Harlow dans son déplacement.

La gouvernante les attendait devant la porte d'entrée, furieuse et agressive :

– Qu'est-ce que vous venez chercher ici ? Vous n'avez pas honte ? Arrêtez-moi, pendant que vous y êtes ! Il faut bien six hommes pour emmener une vieille femme.

Les inspecteurs l'emmenèrent, effectivement.

*

En plus de son petit hôtel particulier de Park Lane, Mr Harlow possédait un domaine dans le Hampshire. Il n'y faisait que de rares séjours. Il préférait de beaucoup la ville à la campagne.

Mais ce que peu de gens savaient, c'est qu'il possédait également un luxueux pied-à-terre à Londres.

Mr Harlow avait pris toutes ses précautions. Il savait qu'un jour ou l'autre, la police lui demanderait des comptes...

Il aurait pu se rendre dans sa maison de campagne, partir en voyage, mais à quoi bon ? Tout cela n'aurait fait que retarder le dénouement. Pourquoi faire semblant de se promener, d'avoir besoin d'un changement d'air ? La police ne serait pas dupe. Elle lui courrait après, ou bien elle attendrait patiemment son retour, et tout serait à recommencer. Harlow raisonnait ainsi : quand on n'a rien à se reprocher, quand on ne craint rien, on reste chez soi. Si, au contraire, on a des raisons de redouter les investigations de la police, alors on fuit, on se cache, on brûle ses vaisseaux, carrément... Il en était arrivé là. Il n'était plus temps de faire le malin. Il fallait fuir.

– Marling, je vais vous emmener faire une petite promenade en voiture... Qu'en dites-vous ? Il y a longtemps que cela ne vous est arrivé... Je risque de me casser les reins à cause de vous, et néanmoins, je me cramponne à vous... Il est vrai que si je vous laissais derrière moi, cela ne m'avancerait pas à grand-chose non plus.

– Vous vous en allez ? Où ? interrogea Mrs Edwins.

Harlow lui jeta un regard froid :

– Vous êtes trop curieuse, et ce qui est pire, vous êtes bête... Téléphonez à Reiss et dites-lui d'amener la voiture. Il vous répondra peut-être qu'il ne lui est pas possible d'amener la voiture, pour une raison ou une autre... Il se peut aussi que vous entendiez au bout du fil la voix d'un agent de police, à moins que ce ne soit celle d'un inspecteur.

La vieille femme fut prise d'un tremblement.

– Que voulez-vous dire ?

– Téléphonez, je vous prie. Chaque minute qui passe vaut un million...

Ce fut au tour de Marling de s'agiter. Il saisit la main de Harlow :

– J’espère que je ne suis pour rien dans...

– Pour rien du tout... Ne vous énervez pas, ni l’un ni l’autre. Mon cher Marling, vous êtes victime de circonstances très particulières... Vous n’êtes ni très rusé, ni très perspicace, mais vous êtes incapable d’une mauvaise action. Je préférerais mourir plutôt que vous faire du mal... L’injustice me révolte.

– Que dois-je faire avec cette jeune fille que vous avez enfermée dans ma chambre ?

– Laissez-la tranquille. Elle n’y est plus pour très longtemps... Allez vite me chercher un second manteau pour Mr Marling, qui n’a pas l’habitude de l’automobile, et une écharpe.

Harlow entra dans la bibliothèque, sa pièce préférée, et en fit le tour pour la dernière fois. Puis, entendant un bruit de moteur, il rejoignit Marling dans le hall.

– Reiss a amené la voiture, venez.

Il prit son compagnon par le bras et sans même jeter un regard sur sa gouvernante, il sortit.

Pendant un bon quart d’heure, Mrs Edwins demeura figée sur le perron, regardant fixement devant elle, laissant le vent et la pluie s’engouffrer dans la porte grande ouverte.

La voiture s’arrêta devant un immeuble neuf dont le rez-de-chaussée était occupé par une banque. Stratford Harlow ouvrit une petite porte et les deux hommes se trouvèrent devant un escalier. Chose curieuse, aucune porte ne donnait sur le palier. Arrivés au troisième étage, ils s’arrêtèrent devant une petite porte, la seule qu’il y eût dans tout l’escalier.

Harlow sortit son portefeuille et y prit une petite clef. Dès qu’ils furent entrés, il dit avec bonne humeur :

– Nous voilà dans l’antichambre du bagne... Il n’existe pas beaucoup de ces appartements à Londres, peut-être une douzaine... Tous appartiennent à des banquiers, de grands financiers... On ne s’y retire que lorsque tout va mal... L’escalier que nous venons de monter est inscrit comme « escalier de secours » sur le plan de l’architecte... Et il mérite bien son nom. On croit que derrière la porte que nous venons de franchir se trouvent des échelles pour pendre aux fenêtres en cas d’incendie, des extincteurs ou même des kilomètres de tuyaux... Pas du tout, c’est un appartement...

Harlow enleva son pardessus, poussa une porte, puis une autre et revint en se frottant les mains.

– Nous pourrons vivre tranquillement ici pendant deux, ou même trois semaines, sans être obligés de sortir, comme deux rats dans un fromage... Le garde-manger est plein d'excellentes choses, les armoires aussi. Et si d'aventure il nous manquait ceci ou cela, eh bien, je descendrais l'acheter, en me collant une fausse moustache...

Saül Marling n'était pas encore revenu de son étonnement.

– Qu'est-il arrivé ?

Il y avait de l'angoisse dans sa voix.

– L'inévitable, répondit Harlow.

Mais il ne voulut pas effrayer son compagnon et changea de sujet :

– Je vais vous conduire dans votre chambre, mon cher Marling, je crois qu'il est temps pour nous de dormir un peu... si cela nous est possible.

La chambre dans laquelle ils entrèrent était non moins luxueuse que celle de Greenhart House. Les murs étaient tapissés de livres magnifiquement reliés. À leur vue, Marling s'épanouit. Parmi les livres il était dans son élément.

– Je crois, dit-il, que je vais être très heureux ici. D'autant plus que je vous aurai tout le temps auprès de moi. Je ne serai plus seul, je ne m'ennuierai plus. Je suis bien content...

Harlow lui passa affectueusement un bras autour des épaules.

– Vous êtes la bonté et la simplicité mêmes. Il y a quelque chose de pathétique dans ce que vous venez de dire... « Je ne serai plus seul... Je suis bien content. » Penser qu'il vous fallait si peu pour être heureux et que j'ai dû vous refuser cela... Il y a des jours où je voudrais être à votre place. Dites donc, mon cher ami, nous n'avons pas de domestique ici. Il va falloir que nous fassions le ménage. Si elle avait consenti à vous épouser, elle nous aurait été bougrement utile en cette occurrence...

– De qui parlez-vous ? fit Marling, passablement ahuri.

– De celle qui aurait pu être votre femme... Même les méchantes gens font des rêves... Trouvez-vous que je sois sentimental ?

Marling secoua la tête et Harlow sourit.

– Vous êtes l'homme le plus honnête que j'aie jamais rencontré... et vous êtes la seule créature au monde pour laquelle je ressente une affection véritable et profonde.

Les deux hommes se regardèrent et Marling sourit sans répondre. Il savait que Harlow était sincère.

– Vous avez le plus beau sourire du monde, poursuivit Harlow. Et ce n'est pas tout : vous êtes modeste. Toutes les vertus imaginables... »

Lui, le puissant Harlow, n'avait eu qu'un seul cauchemar durant les vingt années écoulées : que Saül Marling vînt à tomber malade. C'était la seule chose au monde qu'il craignît.

*

Qu'il fût enfermé ici ou là, la chose avait peu d'importance pour Marling. Il n'en allait pas de même pour Harlow. La journée lui parut terriblement longue. Il était habitué à sortir beaucoup. L'exercice lui était nécessaire. L'inaction lui mettait les nerfs en pelote. Il allait et venait d'un bout de l'appartement à l'autre, laissant les portes des chambres ouvertes, afin d'avoir plus d'espace devant lui. Il enviait la sérénité de Marling. Personnellement, il était trop préoccupé pour pouvoir se plonger dans un livre, si attrayant fût-il. Dès 10 heures du soir, il déclara qu'il allait se coucher. Depuis des années, il ne lui était pas arrivé de se mettre au lit avant minuit.

Le lendemain, il se leva dès 6 heures et faisant le moins de bruit possible, afin de ne pas réveiller Marling, il s'habilla et sortit pour aller acheter du lait et des journaux. Mis en appétit par cette brève – trop brève – promenade, il rentra et se prépara tout de suite du café. Ragaillardi par une longue nuit de repos et un copieux petit déjeuner, il se jeta dans un fauteuil, son paquet de journaux sur les genoux.

Il avait été bien imprudent de sortir... Toute la police était sur les dents. En ville d'abord, puis sur les aérodromes, dans les gares, dans les ports. On le cherchait partout. Son portrait s'étalait sur trois colonnes... Pour l'instant, on se bornait à signaler sa disparition, sans indiquer les raisons qui avaient pu l'inciter à fuir. Les journalistes étaient très prudents. Ils se gardaient de toute allusion trop directe.

Stratford Harlow apprit ainsi, entre autres choses, que Mrs Edwins avait été arrêtée et n'en conçut aucun chagrin. Il y avait dans cette femme quelque chose de borné et de dur qui l'exaspérait. Les journaux laissaient entendre que la gouvernante de Mr Harlow était d'un caractère très difficile et qu'elle s'enfermait dans un mutisme farouche... Harlow ricana. Il n'en attendait pas moins d'elle.

Ce qui l'intéressa davantage, ce fut le paragraphe concernant Saül Marling.

« La police attache la plus grande importance à retrouver la trace d'un homme qui accompagnait Stratford Harlow, lorsqu'il a quitté Greenhart House. Il est de grande taille, vêtu de sombre, son visage est pâle et orné d'une barbe frisée. »

Harlow tourna la page et lut la chronique de la Bourse. Il prit un crayon et fit un calcul sur un coin du journal... Il pouvait s'estimer heureux... Sa petite mystification avait brillamment réussi... Ce qui importait maintenant, c'était de se faire tout petit, tout petit, de laisser couler les semaines et les mois, de se faire oublier... Lorsqu'on ne penserait plus à lui, il sortirait de sa cachette.

Il alluma un cigare et laissa tomber le journal sur le tapis. Et si les choses tournaient mal, si la police se mettait à passer sa vie et ses actions au crible, si elle faisait certaines découvertes ?... Alors, après tant d'autres, il suivrait l'itinéraire fatal : la prison de Brixton, puis Pentonville, Wormwood Scrubbs, Dartmoor... Pire peut-être.

Il se mit à réfléchir aux événements des derniers mois. Mrs Gibbins avait succombé à une mort naturelle. Il aurait de la peine à le prouver, car le vrai n'est pas toujours vraisemblable. Mrs Edwins avait accompagné Annie Gibbins jusqu'au seuil de la bibliothèque. À peine celle-ci avait-elle fait trois pas que ses caoutchoucs avaient glissé sur le parquet luisant et qu'elle était tombée en arrière. Comme elle ne se relevait pas, il s'était précipité et l'avait empoignée par les épaules. Elle était morte. Telle était la vérité.

Quant à Mercy Harlow, elle était morte d'une embolie. Et la petite bouteille verte qui avait tant impressionné Marling ne contenait rien d'autre que le calmant que le docteur lui avait prescrit, en cas d'attaque.

Il se reversa un peu de café et fit la grimace, car il s'était complètement refroidi. Il remporta sa tasse dans la cuisine et, tandis que le café chauffait, il alla voir si Marling ne voulait pas lui tenir compagnie. Il frappa un coup léger. Point de réponse. Il frappa plus fort. Toujours rien. Alors il tourna la poignée, délibérément, et entra en lançant d'un ton jovial :

– Vous dormez du sommeil du juste !

Il s'arrêta court : la chambre était vide. La salle de bains également.

Il retourna à la cuisine, prit son café et alla s'asseoir pensivement devant la cheminée. Voilà qui bouleversait tous ses plans.

– Le malheureux, il va se faire écraser. Il n'est pas habitué à la circulation. Peut-être que les agents l'aideront... Ils verront cet homme à l'air doux et timide, avec sa jolie barbe bouclée et viendront à son secours.

Cette pensée le réconforta. Il se remit à lire les journaux.

25

Aileen Rivers se réveilla à midi. Elle aurait fort bien pu se passer d'aller à son bureau ce jour-là, mais elle savait que Mr Stebbings attendait son retour avec impatience et qu'une matinée de repos représentait déjà un gros retard dans son travail. Elle préféra se rendre à l'étude tout de suite plutôt que d'apporter du travail chez elle tous les soirs, pendant une semaine.

Mr Stebbings l'accueillit avec son sourire de tous les jours et ne fit aucune allusion à son absence du matin, pas plus qu'aux nombreux coups de téléphone qu'il avait reçus de la police à son sujet, la veille...

Le soir, elle resta un peu plus tard que de coutume. Avant de s'en aller, elle passa dans le bureau du directeur, afin de remettre divers documents dans leurs dossiers.

Sans aucun préambule et sans lever les yeux sur elle, Mr Stebbings lui dit :

– James Carlton appartient à une très bonne famille... J'ai très bien connu son père...

Aileen, qui ne s'attendait pas à ce discours, devint toute rouge.

– J'étais déjà couché lorsqu'il m'a téléphoné hier... Je n'ai jamais de ma vie entendu une voix aussi pathétique que la sienne... Il était très inquiet à votre sujet... C'est un beau garçon et, bien que sa situation matérielle ne soit pas très brillante, je crois qu'il appartient à cette catégorie d'hommes qui savent rendre les femmes heureuses...

Aileen, qui avait pourtant beaucoup de présence d'esprit, ne trouva rien à répondre. Mr Stebbings remarqua son trouble et sourit.

– Je suis un vieux bonhomme qui se mêle de ce qui ne le regarde pas... Voilà ce que vous pensez, miss Rivers, n'est-ce pas ? Puis-je vous demander de bien vouloir mettre cette lettre à la poste en rentrant chez vous ?

Elle prit l'enveloppe, balbutia un vague « bonsoir » et s'enfuit.

« Je suis complètement idiote, se disait-elle en rentrant chez elle. Stebbings doit avoir une haute opinion de moi... Je me conduis de façon invraisemblable. »

Le lendemain, en arrivant à la porte de l'étude, elle fut accostée par un homme de haute taille qui lui demanda :

– Pardon, Madame, je suis bien ici chez Stebbings, Field et Farrow ?

– Oui, répondit-elle, mais Mr Stebbings n'est pas encore arrivé. Voulez-vous entrer et l'attendre un moment, il ne saurait tarder.

Ils pénétrèrent tous deux dans le bureau. Aileen lui avança un fauteuil et lui apporta des revues. Elle remarqua à ce moment combien cet homme était bizarrement vêtu... Il n'avait ni col, ni chapeau. Il était enveloppé dans un manteau trois fois trop grand pour lui et portait un pyjama de soie grenat, en guise de pantalon.

Le bureau personnel de Mr Stebbings avait une entrée indépendante sur le palier. Lorsqu'il arrivait le matin, il sonnait deux coups pour avertir Aileen de sa présence, et trois lorsqu'il s'en allait faire une course.

Lorsque le signal retentit, Aileen se tourna vers l'inconnu et dit :

– Mr Stebbings est dans son bureau. Qui dois-je annoncer ?
– Dites-lui que Mr Stratford Harlow désire lui parler.
– Mr Harlow, répéta la jeune fille étonnée, mais où est-il ?
– Je suis Stratford Harlow, répondit l'homme avec calme.

*

L'homme qui avait porté le nom de Stratford Harlow pendant vingt-trois ans buvait une tasse de thé en mangeant des gâteaux, lorsque la sonnette retentit. Il ne broncha pas et grignota encore un biscuit. La sonnette carillonna de plus belle. D'une pichenette, Harlow se débarrassa des miettes tombées sur son veston. En passant dans le corridor, il décrocha son manteau et son chapeau. Il s'habilla en descendant l'escalier et ouvrit la porte. Jim Carlton s'approcha de lui.

– J'ai à vous parler, Mr Harlow...

– Je vous attendais, inspecteur Carlton. Est-ce là votre voiture ? Alors je monte ? J'ai mes papiers sur moi. Dites à vos hommes qu'ils n'ont pas besoin de me passer les menottes. Je ne suis pas armé. Je n'essaierai pas de vous échapper.

L'inspecteur Elk remisa les menottes dans sa poche et s'assit à la droite de Harlow, tandis que Jim s'installait de l'autre côté.

– Me permettez-vous de fumer un dernier cigare ?

Il sortit son étui de sa poche et Elk lui donna du feu.

– Où m'emmenez-vous ?

– Au plus proche commissariat...

– C'est-à-dire ?

– Celui d'Ivory Street...

C'était le fameux commissariat modèle dont Harlow avait fait présent à la ville de Londres.

La neige tombait en abondance et rendait opaques les vitres de la voiture. Harlow soupira.

– Quel temps ! Quand je pense qu'il y a des tas de pauvres bougres qui arpentent les quais des gares et des ports pour m'empêcher de prendre le large... Je les plains...

– Il ne faut pas que cela vous empêche de dormir. Dans une heure, ils sauront que vous avez été arrêté et pourront aller se chauffer les pieds...

– Pour l'amour du Ciel, Carlton, dites-moi si vous savez quelque chose de Marling ? Je suis horriblement inquiet. Avec ces autobus et ces autos... Est-il sain et sauf ?

– Soyez tranquille, Mr Stratford Harlow est en bonnes mains...

– Appelez-le Marling, si ça ne vous fait rien... Marling il est et Marling il restera jusqu'à preuve du contraire.

Tandis qu'ils pénétraient à l'intérieur du commissariat, l'inspecteur Elk ne put se retenir de dire :

– Eh bien, vous connaissez déjà les lieux...

Harlow regarda autour de lui en souriant, sans la moindre gêne.

– La roue tourne... J'ai été donateur, me voici pensionnaire... De toute façon, je suis chez moi. Quelle aubaine pour les journalistes ! Je les vois déjà aiguisant leurs traits... J'offre un million de livres au journaliste qui saura se retenir de faire un parallèle imbécile à ce sujet, et qui n'emploiera pas l'expression « ironic du sort ».

On le fit passer dans un bureau et Elk lui lut l'acte d'accusation. Harlow n'en interrompit la lecture qu'une fois, au sujet de Mrs Gibbins :

– Soupçonné d'avoir causé la mort de Mrs Gibbins ? Mais vous déraisonnez ! L'enquête dira si je suis coupable ou non.

Lorsque ce fut fini, un gardien emmena Harlow dans sa cellule. Jim ne se détendit que lorsqu'il eut entendu la clef tourner par deux fois dans la serrure.

– Cette fois-ci l'oiseau est pris...

– Où est le vrai Harlow ?

– Chez lui, à Greenhart House. Nous lui rendrons visite ce soir même. Nous emmènerons un sténographe. Il doit avoir beaucoup de choses à nous raconter...

26

« Je me nomme Stratford, Selwyn, Mortimer Harlow. J'ai été élevé, comme vous le savez, par ma tante, miss Mercy Harlow, vieille fille riche et excentrique.

« Je n'ai pas un souvenir très net de mon enfance, si étonnant que cela puisse vous paraître. Cela vient probablement de ce que je n'ai pas été un enfant comme les autres... Autant vous le dire carrément : j'étais un arriéré. Arriéré intellectuellement, car, physiquement, j'étais tout à fait normal et même plus grand que les enfants de mon âge.

« Miss Mercy vivait dans la crainte perpétuelle que je reste ainsi faible d'esprit et qu'elle ne puisse me donner l'instruction et l'éducation auxquelles ma fortune me donnait droit. Cette crainte devint chez elle une obsession, au point qu'elle n'essayait même pas de me la dissimuler, ce qui n'était pas fait pour me donner confiance en moi. Je devins de plus en plus timide et parlai de moins en moins.

« Un beau jour, deux autres de mes tantes annoncèrent leur visite. Miss Mercy se désespérait à l'idée de l'impression que je ferais sur elles. C'est alors que sa femme de chambre, autrement dit Mrs Edwins, lui proposa de présenter à ses sœurs son propre fils à ma place... Elle avait en effet un enfant de mon âge, remarquablement intelligent et très beau dont elle était extrêmement fière, à juste titre, il faut le dire. Cet enfant s'appelait Lemuel et fut par la suite toujours présenté à ma place aux membres de la famille qui venaient prendre de mes nouvelles.

« Je ne sais pas quelles circonstances entourèrent la naissance de Lemuel Marling. Ma tante ne l'appelait jamais Marling, mais Edwins.

« Quoi qu'il en soit, Marling était le seul enfant qui consentît à jouer avec moi ; les autres me trouvaient ennuyeux ou se moquaient de moi, ce qui m'éloignait d'eux. Je crois – ou plutôt je suis sûr – qu'il avait une réelle amitié pour moi.

« Dès qu'on l'eut envoyé à l'école, ses succès, sa facilité, les éloges de ses professeurs, tournèrent la tête à sa mère. C'était un garçon simple et charmant, pas vaniteux du tout. Mais sa mère avait de l'orgueil et de l'ambition pour deux. Elle supplia ma tante de lui avancer l'argent nécessaire à ses études. Ma tante accepta et on l'envoya à Oxford.

« Je vous signale en passant que c'est Marling lui-même et Mrs Edwins qui m'ont raconté presque tout cela, car je le répète, j'étais à cet âge trop stupide pour me rendre compte de ce qui se passait autour de moi. Sauf, bien entendu, de quelques événements qui m'avaient particulièrement frappé.

« Miss Mercy avait tellement peur que l'on se rende compte de ma faiblesse mentale, qu'elle voulut s'éloigner de Londres où demeuraient presque tous les membres de ma famille afin d'être à l'abri d'une visite imprévue. Nous avons déménagé à la campagne. Pendant quatre ans, je ne vis plus Marling. Je savais qu'il étudiait à Oxford. Un beau jour, ma tante m'apprit qu'elle avait engagé un précepteur et qu'il y avait un certain nombre de choses qu'il fallait absolument que j'apprenne... Elle m'a fait tout un discours, me suppliant de faire un effort et de me donner beaucoup de peine pour retenir ce que mon professeur m'enseignerait.

« Cette nouvelle me contraria fort, mais lorsque j'appris que mon précepteur ne serait autre que Marling, mon ancien compagnon de jeux, ma joie ne connut pas de bornes.

« Il avait beaucoup changé lorsqu'il nous revint, et je ne l'aurais pas reconnu, car il s'était laissé pousser la barbe, une barbe blonde et bouclée dont il était très fier.

« Nous eûmes de longues conversations ensemble, car il voulait reprendre contact, comme il disait, avant de commencer les leçons.

« Je suis la seule personne à qui Marling ait jamais fait des confidences... Peut-être suis-je le seul à connaître l'histoire de Mrs Gibbins.

« Elle était femme de chambre chez le recteur de l'Université lorsque Marling fit sa connaissance. C'était une personne très jolie et très gaie, paraît-il... Marling lui fit la cour. Je crois qu'ils allèrent trop vite en besogne, car le père de la jeune fille débarqua un beau jour chez Marling, et lui déclara que, s'il n'épousait pas sa fille, il avertirait le recteur... Marling se résigna afin d'éviter le scandale et par crainte d'être renvoyé de l'Université, quelques mois avant la fin de ses études. Ils se marièrent donc sans tambour ni trompette, à Cheltenham, et achetèrent un petit cottage dans la banlieue d'Oxford.

« Naturellement, ce mariage était désastreux. Marling s'aperçut très vite qu'il n'éprouvait aucun sentiment profond pour sa femme, vulgaire et frivole. Quant à la jeune femme, elle ne se contentait pas de ne point l'aimer, elle le haïssait. Il l'écrasait de sa supériorité. Il l'abandonna enfin, résolu à tout plutôt qu'à la supporter toute sa vie. À partir de ce moment il lui servit une petite rente. Trois ans plus tard, il reçut une lettre de sa belle-mère, qui lui annonçait la mort de sa femme. C'était un mensonge. Elle avait refait sa vie avec un certain Smith, qui est mort pendant la guerre. Ce second mariage n'avait aucune espèce de valeur devant la loi, d'ailleurs, puisque le premier n'avait pas été rompu.

« Marling reporta sur la mère la rente qu'il faisait à la fille. À cette époque il commença à remuer tant d'argent que cette petite rente faisait pour lui figure de goutte d'eau dans la mer. Quand la mère mourut, la fille ne put informer le donateur de ce décès, car depuis la prétendue mort de sa femme, Marling envoyait l'argent en gardant l'anonymat. Les deux femmes se doutaient bien d'où il pouvait venir, mais ne connaissaient pas l'adresse de Marling. À la mort de sa mère, Mrs Gibbins reprit son nom de jeune fille, afin de pouvoir profiter de cette rente, qui continuait à être versée régulièrement.

« Je dois dire en toute conscience que c'est grâce à Marling que se dissipèrent peu à peu les buées qui m'obscurcissaient le cerveau. Il a fait preuve à mon égard d'une patience infinie et d'une réelle affection. Ma tante m'aimait peut-être, mais elle n'a jamais su m'exprimer autre chose que sa crainte de me voir rester idiot. C'est Marling qui a su me donner confiance en moi et le courage de me mettre à l'étude.

« Ma tante est morte d'une attaque qui l'a prise à la fin d'un repas. Dès qu'elle fut tombée sur le tapis, Marling se précipita et lui versa quelque chose dans la bouche. Je me souviens de l'avoir accusé, sur le moment, de vouloir l'empoisonner. C'était le calomnier et jusqu'à maintenant, je me fais encore des reproches d'avoir pu concevoir un pareil soupçon. Marling a fait venir deux médecins pour constater le décès et leur a demandé, devant moi, si le contenu de cette petite fiole avait pu causer sa mort. Ils ont protesté avec force. Tous deux ont conclu à la mort par embolie. Je crois que Marling m'a pardonné mes soupçons, mais qu'il n'a jamais pu les oublier. C'est le seul nuage qui ait jamais terni notre amitié.

« La mort de ma tante, les circonstances qui l'avaient entourée, les affectueux reproches de Marling, tout cela m'avait bouleversé à tel point que je dus garder la chambre pendant trois semaines. Je sombrai à nouveau dans une sorte d'hébétude silencieuse.

« C'est à ce moment que Mrs Edwins imagina de me substituer son propre fils... Je vous ai déjà dit que son ambition pour son fils était démesurée. Toute la famille Harlow connaissait déjà Marling sous mon nom. La mystification était promise à un succès presque certain. Marling n'a jamais pardonné à sa mère de l'avoir lancé dans cette aventure. L'idée n'était pas de lui, je le répète.

« Lorsque sa mère lui eut enfin arraché son consentement, la première chose qu'ils firent fut de m'emmener dans un cottage du Berkshire où ils me séquestrèrent pendant plusieurs mois. Le mot « séquestrer » est peut-être un peu fort, puisque, à l'époque, je n'étais pas capable de me rendre compte exactement de l'endroit où je me trouvais. Je vécus là-bas de la même manière que chez ma tante Mercy, à ceci près que

Marling nous avait à nouveau quittés, Lucy Edwins et moi. Je ne l'ai revu que près d'un an plus tard, lorsqu'il vint me chercher à la campagne pour m'emmener à Park Lane.

« C'est à ce moment seulement que j'ai compris que Marling s'était purement et simplement substitué à moi... Je l'ai appris de sa propre bouche. Je n'ai pas besoin de vous décrire ma chambre, vous la connaissez. Il prit l'habitude de monter me voir deux fois par jour et, pendant ces visites, il me répétait inlassablement que j'étais Marling et qu'il était Harlow.

« La seule erreur psychologique qu'il ait commise a été de croire qu'il m'avait tout à fait convaincu... Au contraire, je me suis toujours souvenu de mon vrai nom, et si je ne me suis pas révolté contre Marling, c'est uniquement parce qu'étant Harlow, je n'aurais pas vécu autrement que le prétendu Marling. L'existence que je menais à Greenhart House était exactement celle que j'aurais choisie, si j'avais été libre, sauf peut-être en ce qui concerne les promenades. Une chose est certaine, c'est que cette vie calme, sans soucis, sans responsabilité d'aucune sorte, sans heurts, était un excellent remède contre ma torpeur intellectuelle.

« À partir du jour de mon entrée à Greenhart House je n'ai plus eu de rechute grave. L'amélioration a été constante. L'étude, qui avait été d'abord une corvée ardue, devint bientôt une passion. Marling eut fort à faire à m'approvisionner en livres et revues ! Nous eûmes ensemble de longues discussions sur les sujets les plus divers. Le matin, ses visites étaient courtes. Mais le soir, il passait volontiers deux heures ou même davantage avec moi. C'était le meilleur moment de la journée... La solitude me pesait terriblement, dans les derniers temps...

« Marling ne me cachait rien. Chaque soir, il venait me raconter sa journée par le menu.

« Un soir, il est arrivé chez moi tout agité. Il s'était rendu chez un nommé Ingle et avait reconnu en l'une des deux femmes de ménage qui travaillaient chez cet homme, son ancienne épouse... Il s'est évanoui, paraît-il.

« Ingle devait l'aider à réaliser un plan audacieux. Il s'agissait de faire passer Ingle pour sir Joseph Layton l'espace d'une soirée, juste le temps de lui faire prononcer quelques phrases à la Chambre... Vous savez lesquelles. Mais ce que vous ignorez peut-être, c'est qu'Ingle avait répété sa « scène » pendant plusieurs semaines, composant son personnage avec un soin minutieux. Marling lui avait acheté un projecteur et avait loué pour lui tous les films où figurait sir Joseph Layton. Lorsqu'il se sentit prêt, il en avisa Marling. C'est alors qu'eut lieu le fameux dîner en l'honneur des Macédoniens... Sous un prétexte quelconque, Marling entraîna sir Joseph dans un salon où ils se trouvèrent seuls. Il lui fit boire une préparation qui le terrassa en quelques minutes. On le dépouilla de ses vêtements, qu'Ingle revêtit à la hâte. Dix minutes plus tard, le faux sir Joseph roulait vers la Chambre. Il prononça un discours qui eut des conséquences très graves, à ce que j'ai cru comprendre. Mais vous devez connaître la situation mieux que moi-même, qui ai vécu le nez plongé dans mes livres ! Je n'ai qu'une notion extrêmement vague de ce qu'est la Bourse et de ce qu'on y fait...

« C'est par téléphone que Marling se mit en rapport avec Ingle. Ce dernier hésita à se rendre au rendez-vous que Marling lui avait fixé et écrivit une lettre pour s'excuser, à la dernière minute. Puis il changea encore une fois d'idée et se rendit au lieu fixé. Avant de sortir, il oublia sa lettre sur la table ; lorsque sa femme de ménage vint à 9 heures, elle vit cette enveloppe portant la mention *urgent*, et ne douta pas un instant qu'Ingle l'ait mise là afin qu'elle la portât à l'adresse indiquée. Elle se hâta donc de terminer ses tâches habituelles et se rendit chez Marling avant de rentrer chez elle.

« Elle glissa sur le parquet de la bibliothèque et tomba sans pousser un cri. Lorsqu'on la releva, elle était morte. Tout a été fait pour la ranimer, mais en vain.

« C'est alors que Marling se demanda ce qu'il ferait d'elle... Il n'eut pas le courage d'appeler la police comme je le lui conseillai. On lui demanderait ce que cette femme était venue faire chez lui et que répondrait-il ? Lui-même ne le savait pas. Il pensa qu'elle l'avait reconnu chez Ingle comme lui l'avait reconnue, bien qu'ils n'eussent fait que s'entrevoir.

« Finalement, Marling et Mrs Edwins mirent le cadavre dans une auto et allèrent le jeter dans le Regent's Canal. Des journaux ont raconté que le sol portait à cet endroit des traces de lutte. C'est faux : c'était la trace des chaussures de Mrs Edwins. De même, les ecchymoses relevées sur le visage de Mrs Gibbins n'ont pu être faites que par des branches ou des pierres, après l'immersion et non avant. Marling n'apprit l'existence de la lettre que plusieurs jours plus tard : ne retrouvant pas son enveloppe sur la table et apprenant que Marling avait reçu la visite de sa femme de ménage le même soir, Ingle avait deviné ce qui avait pu se passer.

« Je reviens à Sir Joseph. Marling se demandait comment le remettre en circulation. Fallait-il le conduire en taxi près de chez lui et le laisser dans la rue, inerte et inconscient, jusqu'à ce qu'un passant ou un agent vienne le remarquer et s'occupe de lui ? C'était risqué et inutilement cruel. Il faisait très froid cette nuit-là...

« Marling possédait un costume de fantaisie, sorte d'habit de soirée d'Eton, qu'il avait porté dans un bal costumé autrefois. Ingle s'en revêtit, se munit d'un banjo et sortit dans la rue, feignant d'être ivre. Il se fit appréhender par un agent et conduire au poste. Celui d'Ivory Street. Ici, je dois ouvrir une parenthèse. Ce commissariat n'a pas été offert à la ville par pure philanthropie... Vous comprendrez tout à l'heure pourquoi... Donc, Ingle fut enfermé dans la cellule N° 7. Au milieu de la nuit, le plancher de sa cellule remua, puis s'ouvrit comme une trappe... Sur les premières marches d'un escalier se tenait Marling, portant sir Joseph, toujours inconscient, sur son dos... Ingle se déshabilla en un tournemain et l'on passa ses vêtements à sir Joseph. Les deux hommes couchèrent le Secrétaire d'État au Foreign Office sur le lit et refermèrent la trappe.

« La principale qualité du commissariat d'Ivory Sreet, aux yeux de Marling, c'est qu'il se trouve à deux cents mètres de Greenhart House... Dans chacune des cellules se trouve une trappe, dissimulée sous le lit, semblable à celle du N° 7... Les douze petits escaliers aboutissent à un couloir, qui... »

Jim Carlton bondit sur ses pieds. Il était devenu vert. Sans en entendre davantage, il courut à Ivory Street.

Dix minutes plus tard, il était au commissariat modèle.

« Il faut que je voie Stratford Harlow tout de suite, dit-il d'une voix essoufflée. Conduisez-moi auprès de lui... Vite !

– Il dort, répondit l'inspecteur de garde.

– Je veux le voir quand même !

L'inspecteur ouvrit la cellule et poussa un juron : elle était vide.

Jim courut au garage. L'automobile bleue manquait. Marling-Harlow s'était envolé...

*

Jim apprit par la suite que le faux Harlow avait placé la plus grande partie de sa fortune en Espagne. Pourtant, lorsque, en voyage de noces, il traversa ce beau pays, au printemps suivant, il se soucia fort peu de retrouver sa trace. Il ne se laissa distraire par aucune préoccupation d'ordre professionnel... et consacra tout son temps à sa jeune épouse.

Une fois, une seule, il soupira :

– Ah ! si seulement j'avais pu me douter que le commissariat d'Ivory Street n'était qu'un...

Aileen lui coupa la parole et changea de sujet. Elle connaissait l'existence des trappes et du souterrain. Harlow n'avait pu résister à l'envie de lui raconter sa dernière facétie.

– Oh ! Jim, veux-tu bien te taire ! Comment peut-on parler de cellules, de police et de criminels, au milieu d'un site pareil... Regarde ce ciel, ce jardin et ces roses...

BIBLIOGRAPHIE

L'ÎLE D'ÈVE

Première parution : sous le titre *Captain Tatham of Tatham Island,* Gale & Polden, 1909, GB. Version revue sous le titre *The Island of galloping gold,* Newnes, 1916, GB. Version revue sous le titre *Eve's Island,* Newnes, 1926, GB.

Traduction française : Collection Les Meilleurs Romans étrangers, Hachette 1938.

Collection L'Énigme n° 21, Hachette 1940.

LE MYSTÈRE DU TRAIN D'OR

Premières parutions : sous le titre *Kate plus Ten,* Ward Lock, 1919, GB, Small Maynard, 1919, USA.

Traduction française : Collection Les meilleurs Romans étrangers, Hachette 1934.

Collection L'Énigme n° 36, Hachette 1948.

LE CERCLE ROUGE

Premières parutions : sous le titre *The Crimson Circle,* Hodder & Stoughton, 1922, GB, Doubleday, 1929, USA.

Traduction française : Le Livre de l'Énigme n° 1, Jeheber (Suisse), 1928.

DAN LE SOSIE

Premières parutions : sous le titre *Double Dan,* Hodder & Stoughton, 1924, GB. Sous le titre *Diana of Kara Kara,* Small Maynard, 1924, USA.

LA MARQUE DE LA GRENOUILLE

Premières parutions : sous le titre *The Fellowship of the Frog,* Ward Lock, 1925, GB, Doubleday, 1928, USA.

Traduction française : Le Livre de l'Énigme n° 8, Jeheber (Suisse), 1929. Réédition aux Éditions Néo, 1986, préface de François Rivière.

LE VENGEUR

Premières parutions : sous le titre *The Hairy Arm,* Small Maynard, 1925, USA. Sous le titre *The Avenger,* John Long, 1926, GB.

Traduction française : Le Livre de l'Énigme n° 2, Jeheber (Suisse), 1929.

LE MYSTIFICATEUR

Premières parutions : sous le titre *The Joker,* Hodder & Stoughton, 1926, GB. Sous le titre *The Colossus*, Doubleday, 1932, USA.

Traduction française : Collection Les Meilleurs Romans étrangers, Hachette, 1939.

Collection l'Énigme n° 10, Hachette, 1940.

FILMOGRAPHIE
par Jean-Jacques Schléret

KATE PLUS TEN (1919)
Kate Plus Ten
G.B. 1938
Réal. : Reginald Denham
Scén. : Jack Hulbert et Jeffrey Dell
avec : Jack Hulbert (Mike Pemberton) Geneviève Tobin (Kate Westhanger) Noël Madison (Gregori) Francis L. Sullivan (Lord Flamborough) Arthur Wontner (Colonel Westhanger) Frank Cellier (Sir Ralph Sapson) Peter Haddon (Boltover) Googie Whiters (Lady Moya) Edward Lexy (Sergeant) Felix Aylmer (l'évêque) Leo Genn (Dr Gurdon)

THE CRIMSON CIRCLE (1922)
1) The Crimson Circle
G.B. 1922
Réal. : George Ridgwell
Scén. : Patrick L. Mannock
avec : Madge Stewart (Thalia Drummond) Rex Davis (Jack Beardmore) Fred Groves (Inspecteur Parr) Clifton Boyne (Derrick Yale) Eva Moore (Aunt Prudence) Robert English (Felix Marl) Lawford Davidson (Raphael Willings) Sydney Paxton (Harvey Froyant) Norma Walley (Kitty Froyant)

2) Der rote Kreis
Allemagne 1929
Réal. : Friedrich Zelnick
Scén. : Howard Gaye
avec : Lia Mara, Hans Marlow, Louis Lerch, John Castle, Albert Steinbruek, Otto Waldurg
Nota : il existe une version anglaise de ce film (The Crimson Circle) dont les « dialogue sequences » furent réalisés par Sinclair Hill

3) Der rote Kreis
R.F.A. 1959
Réal. : Jurgen Roland
Scén. : Trygve Larsen et Wolfgang Menge

avec : Renate Ewert (Thalia Drummond) Thomas Alder (Jack Beardmore) Karl Saebisch (Inspecteur Parr) Klaus Jurgen Wussow (Derrick Yale) Richard Lauffen (Marles) Fritz Rasp (Froyant) Alfred Schlageter (James Beardmore) Eddi Arent (Sergeant Haggett) Erica Beer (Mrs Carlyle) Ernst Fritz Furbringer (Sir Morton) Edith Mill (Lady Doringham) Heinz Klevenow (Brabazon) Ulrich Beiger (Osborne) Albert Watson (sergent Johnson)

Sorti en France sous le titre : SCOTLAND YARD CONTRE LE CERCLE ROUGE.

THE FELLOWSHIP OF THE FROG (1925)
1) The Mark of the Frog
USA 1928 – Pathé Serial
Réal. : Arch Heath
avec : Donald Reed, Margaret Morris, Frank Lackteen.

2) The Frog
GB. 1937
Réal. : Jack Raymond
Scén. : Ian Hay et Gerald Elliott d'après la pièce de Ian Hay inspirée du roman d'Edgar Wallace
avec : Gordon Harker (Sergeant Elk) Carol Goodmer (Lola Bassano) Jack Hawkins (Captain Gordon) Felix Aylmer (John Bennett) Vivian Gaye (Stella Bennett) Richard Ainley (Ray Bennett) Esme Percy (Philo Johnson) Cyril Smith (Sergeant Balder) Noah Beery (Joshua Broad).

3) Der Frosch mit der Maske
RFA/Danemark 1959
Réal. : Harald Rainl
Scén. : Trygve Larson et J. Joachim Bartsch
avec : Siegfried Lowitz (Inspecteur Elk) Joachim Fuchsberger (Richard Gordon) Ernst Fritz Furbringer (Sir Archibald) Jochen Brockmann (Philo Johnson) Carl Lange (John Bennet) Eva Anthes (Ella Bennet) Erwin Strahl (Sergeant Balder).

Sorti en France sous le titre : LA GRENOUILLE ATTAQUE SCOTLAND YARD.

THE AVENGER (1926)
Der Räscher
G.B. 1960
Réal. : Karl Anton
Scén. : Gustav Kampendock et Rudolph Cartier
avec Heinz Drache (Michael Brixan) Ingrid Van Bergen (Stella Mendoza) Benno Sterzenbach (Sir Gregory Penn) Klaus Kinski (Lorenz Voss) Ina Duscha (Ruth Sanders)

Sorti en France sous le titre : LE VENGEUR DÉFIE SCOTLAND YARD.

Table

LA MARQUE DE LA GRENOUILLE

LE MYSTIFICATEUR

Achevé d'imprimer
Composition réalisée par COMPOFAC – PARIS
ISBN 2-7024-2392-2
Dépôt édit. 7203-10/1993
Collection 17 / N° Édition 01
Imprimé en Italie par G. Canale & C. S.p.A. - Borgaro T.se - Torino

52/0561/2